L Preller

Griechische Mythologie

2. Band - Die Heroen

L Preller

Griechische Mythologie
2. Band - Die Heroen

ISBN/EAN: 9783742869333

Hergestellt in Europa, USA, Kanada, Australien, Japan

Cover: Foto ©Thomas Meinert / pixelio.de

Weitere Bücher finden Sie auf **www.hansebooks.com**

GRIECHISCHE MYTHOLOGIE

VON

L. PRELLER.

ZWEITER BAND.
DIE HEROEN.

DRITTE AUFLAGE

VON

E. PLEW.

BERLIN,
WEIDMANNSCHE BUCHHANDLUNG.
1875.

INHALT.

Dritter Abschnitt.

	Seite
Die Heroen	1

A. Landschaftliche Sagen.

	Seite
1. Thessalien.	
Lapithen und Kentauren	9
2. Theben	21
a. Kadmos	22
b. Amphion und Zethos	30
3. Argos	34
a. Inachos	35
b. Phoroneus	36
c. Io	38
d. Danaos und die Danaiden	45
e. Proetos und die Proetiden	54
f. Perseus	58
4. Korinth	74
a. Sisyphos	74
b. Glaukos	76
c. Bellerophon	77
5. Lakonien und Messenien	89
a. Tyndareos und Leda	90
b. Die Dioskuren	91
c. Helena	109
6. Kreta	114
a. Europa	116
b. Minos	119
c. Minotauros	123
d. Talos.	125
e. Das Geschlecht des Minos	127
f. Rhadamanthys	129
g. Sarpedon	131
h. Atymnos und Miletos	133

	Seite
7. Attika	135
a. Kekrops, Erichthonios, Erechtheus	136
b. Die attische Königschronik	138
c. Prokne und Philomela	140
d. Kephalos und Prokris	144
e. Boreas und Oreithyia	145
f. Erechtheus und Eumolpos	152
g. Ion	154
h. Pandion und sein Geschlecht	156

B. Heldensage.

1. Herakles	157
I. Allgemeines.	
a. Der argivische Herakles	157
b. Herakles und Athena	160
c. Herakles und Apollo	162
d. Der orientalische Herakles	165
e. Der griechische Herakles in landschaftlichen und in Stammsagen	169
f. Die dichterische und mythographische Ueberlieferung vom Herakles	172
II. Der thebanische Herakles.	
Geburt und Jugend	176
III. Herakles als Dienstmann des Eurystheus und die zwölf Arbeiten	185
1. Löwe. 2. Hydra	189
3. Eber. 4. Hirschkuh. 5. Vögel	193
6. Augeiasstall. 7. Kretischer Stier	198
8. Die Rosse des Diomedes. 9. Der Gürtel der Hippolyte	200
10. Geryoneus	202
11. Die Aepfel der Hesperiden	216
12. Kerberos	222
IV. Herakles als Kriegsheld und in nationalen Sagen	224
1. Eurytos und Oechalia	224
2. Herakles bei der Omphale (Der lydische Herakles)	226
3. Der Zug gegen Troja und gegen die Amazonen	232
4. Die Aktorionen und der Zug gegen Elis	237
5. Periklymenos und der Zug gegen Pylos	239
6. Tegeatische Sagen und der Zug gegen Lakedaemon	240
7. Acheloos, Oeneus, Deianeira	243
8. Oetaeische Sagen	246
V. Die Apotheose des Herakles	253
VI. Der Cultus des Herakles	258
VII. Die Herakliden	278
2. Theseus	285
a. Geburt und Jugend	287

INHALT.

		Seite
b.	Der Weg nach Athen und der Kampf mit den Pallantiden	288
c.	Androgeos und der Marathonische Stier	292
d.	Der Befreiungszug nach Kreta	293
e.	Seine Stiftungen in Athen	297
f.	Theseus und die Amazonen	298
g.	Theseus und Peirithoos. Sein Ende und sein Bild	301

C. Heldendichtung.

1. Meleager 302
2. Die Argonauten 308
   - a. Athamas und die Athamantiden 310
   - b. Der Stamm des Kretheus und der Tyro . . . 314
   - c. Iason und Medea 318
   - d. Veranlassung und Zurüstung zur Fahrt . . . 321
   - e. Die Argonauten auf Lemnos 324
   - f. Kyzikos und Hylas 327
   - g. Der Faustkampf des Polydeukes mit Amykos . 328
   - h. Phineus 329
   - i. Kolchis 332
   - k. Die Rückkehr 335
   - l. Pelias Tod und Leichenspiele 338
   - m. Iason und Medea in Korinth 340
3. Der thebanische Cyclus 341
   - a. Oedipus 343
   - b. Die Sieben gegen Theben 350
   - c. Die Epigonen 365
   - d. Alkmaeon 367
4. Der trojanische Cyclus 371
   - I. Die hervorragendsten Geschlechter und Helden des trojanischen Sagenkreises 373
     - a. Troja und die Dardaniden 373
     - b. Argos und die Pelopiden 379
     - c. Hellas und die Aeakiden 390
     - d. Diomedes und Odysseus 405
   - II. Der Krieg 410
     - a. Die Kyprien 410
     - b. Die Ilias 426
     - c. Die Aethiopis 433
     - d. Kleine Ilias und Ilin Persis 441
   - III. Die Abenteuer der Heimkehr 447
     - a. Die Rückkehr der Atriden 448
     - b. Die Odyssee 456
     - c. Spätere Nostendichtung 463

Anhang.

	Seite
Die Heroen der Kunst	470
a. Die Heroen der Weifsagekunst	471
b. Die Heroen der Musenkunst	483
c. Die Heroen der bildenden und der Baukunst	497

DRITTER ABSCHNITT.

Die Heroen.

Der Glaube an Heroen und an ein Zeitalter der Heroen ist bei den Naturvölkern und in den Naturreligionen etwas so Allgemeines, dafs er nothwendig mit den wesentlichen Eigenthümlichkeiten derselben zusammenhängen mufs.

Eine der nächsten Veranlassungen war gewifs das Bedürfnifs sich die Anfänge des menschlichen und des nationalen Lebens auf eine der Menschheit und der Gottheit würdige Weise vorzustellen. Sind und bleiben solche Zeiten des Anfangs unter allen Umständen etwas Unbegreifliches und Wunderbares, wie viel mehr mufsten so erregbare Völker und Religionen aufgelegt sein in ihnen nichts als Wunder, Offenbarung und unmittelbare Betheiligung der Götter zu sehen. Die Eigenthümlichkeit der Naturreligion aber besteht ja eben darin dafs sie ihre Götter und Dämonen mit den Bewegungen und Vorfällen der Natur und des wirklichen Lebens dergestalt identificirt, dafs dieser natürliche Verlauf des Wechsels, Kampfes und Triumphes z. B. der himmlischen Mächte des Lichts über die der Finsternifs und alles irdischen Grauens zur eigenen mythischen Geschichte der Götter wird. Man brauchte also nur die nächste Beziehung der Götter zu dem Naturleben fallen zu lassen, das Aufserordentliche, Abenteuerliche, Verdienstvolle solcher Kämpfe einseitig festzuhalten und auf die frühesten Schicksale der Menschheit und des eigenen nationalen Daseins zu übertragen: so wurden die göttlichen Mächte von selbst zu Heroen d. h. zu solchen Wesen, welche zwar ganz wie Menschen geartet, aber doch weit über das gewöhnliche Maafs der menschlichen Natur mit Kraft, Muth und andern Vorzügen begabt und dadurch den Göttern verwandt waren. Und diese Heroen wurden dem Volke dadurch zu Helden und zu leuchtenden Idealbildern seiner ältesten Erinnerung, dafs sie alle jene aufserordentlichen Kräfte und Vorzüge zum Nutzen des Volks und zum Heile der Menschheit verwendeten, die Natur und das Land von Schrecknissen zu säubern, die Feinde der Nation zu überwinden, überall Ordnung und Bildung und Sitte zu begründen. Denn Heldenthum und Heroenthum sind von jeher unzertrennliche Begriffe gewesen und das eine läfst sich nicht wohl ohne das andere denken.

Und dafs dem wirklich so gewesen, dafs nicht etwa blos der Drang nach idealen Bildern der Vorzeit oder das Idealisiren wirklicher Vorgänge und einzelner aufserordentlicher Persönlichkeiten zu der Dichtung von den Heroen geführt habe: dafs vielmehr in den meisten Fällen wirklich Götter oder göttergleiche Wesen des örtlichen Volksglaubens zu Heroen geworden sind, dieses wird auch die eingehendere Behandlung der Heroensage bestätigen, namentlich die des ersten Abschnitts, wo die landschaftlichen Traditionen die Beziehungen auf Natur und Cultus meist noch sehr treu bewahrt haben. In der That scheint es eine Zeit gegeben zu haben wo alle griechischen Götter die Anlage hatten zu Heroen zu werden, wie denn viele diese Anlage immer behalten haben und z. B. der Kampf des Zeus mit Giganten und Titanen, der des Apoll mit Tityos und Python, der des Dionysos mit seinen Feinden eben so gut zu heroischen Dichtungen hätten Anlafs geben können als die Kämpfe des Herakles, ja beim Dionysos wirklich zu ähnlichen Dichtungen Veranlassung gegeben haben. Erst die Festsetzungen des Cultus und der Cultuspoesie scheinen eine sichere Scheidung zwischen Göttern und Heroen herbeigeführt zu haben, indem jene überwiegend dem Cultus anheimfielen und in demselben bald im lichten Aether des Himmels bald in der Tiefe des Meeres oder der Erde wohnend und von dort auf die Menschen wirksam gedacht wurden, während die Heroen mehr und mehr zum Eigenthum der Volkssage und der epischen Dichtung und von dieser in solchem Grade mit den Menschen und allen menschlichen Interessen verschmolzen wurden, dafs sie bald kaum von ihnen zu unterscheiden waren.

Wenn man den grofsen Reichthum an localen Göttern und Gottesdiensten bedenkt, welcher im ältesten Griechenland ein überschwenglicher gewesen sein mufs, sammt den vielen Krisen und Ab- und Zuwanderungen von Volksstämmen und Geschlechtern, so wird man sich mit dieser Ansicht noch leichter befreunden. Viele von diesen Göttern und Gottesdiensten blieben später von dem nationalen Cultus ausgeschlossen, theils weil sie untergeordnete Mächte der Natur z. B. Sonne, Mond und Sterne betrafen oder mit gewissen localen Traditionen zu eng verwachsen waren, aber grofsentheils auch deswegen weil sie ursprünglich Völkern oder Bevölkerungselementen angehörten, die später unterdrückt oder vertrieben wurden, so dafs das richtige Verständnifs ihrer Religionen verloren ging. Die Beleuchtung der einzelnen Sagen wird nachweisen dafs die Dichtung gerade aus solchen Elementen ihren reichsten Stoff gezogen hat. Und deshalb liegt es nahe dasselbe auch bei solchen Sagen und Dichtungen vorauszusetzen, welche auf den weiten und verwickelten Wegen der epischen Ueberlieferung ihrer ersten Beziehung auf landschaftliche Natur oder örtlichen Götterglauben frühzeitig entfremdet wurden, also bis zu ihren ersten und elementaren Vorstellungen nicht mehr erklärt werden können.

Wie dem nun sei, das Wichtigste und Eigenthümlichste der Heroensage, wenn man sie mit der theogonischen Mythologie und der Göttersage vergleicht, ist doch dieses dafs hier alter Glaube und alte Ueberlieferung, also Ideelles und Factisches, bis zu einem Grade wie sonst nirgends verwachsen sind: daher man auch vorzugsweise hier von der Sage zu reden pflegt, welche sich von dem Mythos durch das Gleichgewicht oder sogar ein Uebergewicht der historischen Elemente über die ideellen unterscheidet. Gewifs ist dafs die Heroensage den Griechen immer der älteste Abschnitt ihrer nationalen Geschichte gewesen ist, von der wirklichen dadurch unterschieden dafs sie den Historikern unzuverlässig schien, aber dem Volke und allen Dichtern und Künstlern um so lieber und gemüthsverwandter, wegen ihres aufserordentlichen Reichthums an idealen Gestalten, wunderbaren Thaten und ergreifenden Vorgängen, die einen unerschöpflichen Schatz für alle Volksbildung und Volksdichtung so wie für alle Gattungen der dichtenden und darstellenden Künste bildeten. Die Ursache aber weswegen sich gerade hier die meisten nationalen Erinnerungen angesetzt haben ist keine andere als die dafs die Heroen nothwendig zugleich die Helden ihrer Nation sind, ihre Könige und Gesetzgeber, ihre Vorkämpfer in der Schlacht, die Anführer bei jedem Abenteuer, die Bewältiger jeder Unsitte, die Begründer aller königlichen und edlen Geschlechter. Solche ideale Vorstellungen hatten die natürliche Folge dafs man ihnen Alles zuschrieb was man von den ältesten Schicksalen, Stiftungen, Kämpfen und Siegen der Vorzeit wufste, und wiederum diese Uebertragung aller thatsächlichen Erinnerungen auf die idealen Bilder der Heroen hatte zur Folge dafs diese Heroen immer nationaler und alle nationale Ueberlieferung um so mehr in das Gebiet des Idealen erhoben wurde: auf welche Weise sich ein Wechselverhältniſs zweier schöpferischer Factoren der Sage und der Dichtung bildete, welches ins Unendliche fortwirkend bei einem geistreichen und durch die Geschichte in groſsartige Kämpfe und Bewegungen verwickelten Volke zu auſserordentlichen Resultaten führen muſste. Die Heroen wurden auf diese Weise zu Depositären aller ältesten Ueberlieferung, die sich um die Erzählungen von ihnen wie um centralisirende Mittelpunkte ansetzte und ablagerte. Ja man gewöhnte sich mit der Zeit ziemlich alles Bestehende, wenigstens alle elementaren Lebensordnungen und Stiftungen auf die Heroen zurückzuführen, den Ursprung der Geschlechter, der Phratrien, der Phylen, der Bevölkerung überhaupt und ihrer Ansiedelung in Städten und Pflanzstädten, was zu der Verehrung der Heroen als ἐπώνυμοι, κτίσται und ἀρχηγέται führte und auch die Ueberlieferung von solchen Einrichtungen und Thatsachen in den allgemeinen Proceſs der Heroensage und Heroendichtung mit hinein zog.

Wie die Griechen selbst über ihre Heroen gedacht haben erfährt man zunächst aus den ältesten uns zugänglichen Quellen des Epos, der Ilias und der Odyssee. Beide Gedichte schwelgen noch in dem Reichthume einer Zeit, die bei auſserordentlicher Erregung mit einer eben so auſserordentlichen Thätigkeit des Geistes und der Einbildungskraft begabt war und die Sagen der Vorzeit in vielen und schönen Liedern und Liedergruppen überlieferte. Die Heroen treten in diesen Gedichten so ganz wie Menschen auf, daſs sie sich von diesen kaum unterscheiden, wenn sie nicht doch auch wieder den Göttern so nahe ständen und in vielen Stücken doch auch sehr wunderbar geartet wären. Sie sind weit kräftiger, schöner, muthiger, in jeder Hinsicht vorzüglicher als die Menschen wie sie jetzt sind (οἷοι νῦν βροτοί εἰσιν) und sie verkehren mit den Göttern wie mit ihres Gleichen; ja sie sind auch mit ihnen nahe verwandt und insofern wirklich ein anderes Geschlecht als der gemeine Mann aus dem Volke (ἀνὴρ ἐκ δήμου), wie man sich diesen unmittelbar aus den Händen der Natur hervorgegangen dachte. Ist nämlich dieser von der Erde geboren oder, wie das Epos sich ausdrückt, aus Steinen oder Bäumen entstanden (1, 63), so sind die Heroen wesentlich Söhne der Götter, also ein specifisch anderes und höheres Geschlecht als der gewöhnliche Mensch: daher bei den Heroen auf das Geschlecht (γένος) und die Abstammung durchweg ein so groſses Gewicht gelegt wird, wie später bei dem Adel, welcher mit seinen

Ansprüchen und Stammbäumen, die gleichfalls wo möglich bis zu einem Gott hinaufgeführt wurden[1]), bei jenen Vorstellungen der Heroensage anzuknüpfen pflegte. Doch hatte jene Dichtung selbst ursprünglich noch einen anderen und höheren Sinn als dafs sie blos gewisse Vorrechte des ständischen Unterschiedes hätte begründen wollen, wie sie sich denn auch in andern Religionen wiederfindet, ja selbst in der Bibel etwas Aehnliches ausgesprochen wird (1 Mos. 6, 1—4). Die Götter, heifst es, fanden Gefallen an den Frauen der Sterblichen weil sie so schön waren und liefsen sich herab zu ihnen und zeugten Kinder mit ihnen und diese wurden die Helden und die Gewaltigen der Vorzeit, von denen die Sagen so aufserordentliche Dinge erzählen. Offenbar dasselbe Bestreben die Anfänge der Menschheit zugleich begreiflicher zu machen und mit der Theilnahme einer höheren Welt zu verknüpfen, welches auf anderem Wege zu den Vorstellungen vom Paradiese und von dem unmittelbaren Umgange Gottes mit den Menschen geführt hat.

Wesentlich veränderten Ansichten und Zuständen begegnet man bei Hesiod, dessen späteres Zeitalter sich darin deutlich verräth. Die Zeit der Heroen ist eine verschwundene, das Andenken daran nur noch das reflectirende und hülfsbedürftige einer verfallenen Gegenwart, welche minder gut ist als jene ideale Vergangenheit und deshalb mit religiöser Verehrung auf dieselbe zurückblickt, wie auf ein zwischen Göttern und Menschen in der Mitte stehendes Geschlecht von Halbgöttern (ἡμίθεοι), dessen man sich durch Gebet und Opfer versichern mufs. In diesem Sinne hat Hesiod das Geschlecht der Heroen in die ältere Dichtung von den metallenen Geschlechtern eingeschoben, indem er es als eine höhere und bessere Generation der Vorzeit beschreibt, welche die Kriege und Abenteuer der epischen Sage aufgerieben; worauf Zeus diesen Helden einen eigenen Wohnsitz fern von den Menschen eingeräumt habe, auf den Inseln der Seligen wo Kronos über sie regiere (1, 70). Dahingegen der Volksglaube auch hier auf seinem Rechte bestand sich das Jenseitige zu

---

[1] So leitete der bekannte Historiker Hekataeos von Milet sein Geschlecht im sechszehnten Gliede von einem Gott ab, Herod. 2, 143, und sowohl in Griechenland als in den Colonieen und in Makedonien wetteiferten die Herakliden mit den Aeakiden in der Ableitung ihrer Geschlechter vom Zeus, von welchem sich in Athen z. B. Miltiades und Alkibiades und Thukydides als Aeantiden abzustammen rühmten, wie noch weit später der bekannte Herodes Atticus. *Vgl. auch Grote-Fischer griech. Mythol. 1, 74 f. 318 ff., Schoemann griech. Alterth. 2³, 153 ff., Welcker G. G. 3, 237 ff.

vergegenwärtigen und mitten unter seinen eigenen Gewohnheiten und Wohnstätten anzusiedeln. So nahm man zunächst die alten Grabeshügel einer verklungenen Vorzeit für diese Heroen der Sage in Beschlag, jene Hünengräber von Griechenland und Kleinasien, z. B. die noch immer bedeutungsvoll ragenden an der Mündung des Hellespont für Achill und Patroklos und Aias. Weiter errichtete man ihnen eigene Capellen und Tempel, suchte und fand ihre Gebeine, verehrte ihre Reliquien und schuf einen eigenthümlichen Cultus der Heroen, welcher, da er zunächst die Verehrung von Verstorbenen betraf, nothwendig mit dem der Unterirdischen grofse Verwandtschaft haben mufste. In den Homerischen Gedichten findet sich keine sichere Spur von solcher Verehrung, wohl aber beschäftigte sich der Volksglaube in den längsten und besten Zeiten von Griechenland mit den Heroen durchaus wie mit halbgöttlichen und dämonisch fortwirkenden Verstorbenen der Heldenvorzeit; wobei sich zugleich die Zahl dieser ältesten und eigentlichen Heroen dadurch fortgesetzt vermehrte dafs man alle Ordnungen ältester Zeit von gleichgearteten Stiftern ableitete, welche man sich, wenn sie noch nicht in der Sage existirten, wohl auch nach Maafsgabe der neu entstandenen Thatsache als ideale Urheber derselben erdichtete. Man gewöhnte sich zuletzt von allem Existirenden auf einen Heros zurückzuschliefsen und nicht allein die Länder und Städte, sondern auch die Innungen, die Dörfer pflegten ihre Heroen aufzustellen und als erste Urheber ihres Daseins und ihres Namens zu verehren[1]).

Eine noch weitere Ausdehnung und Anwendung erfuhr der Heroenglaube mit der Zeit dadurch dafs die Heroen und die Dämonen als ziemlich gleichartige Wesen gedacht wurden. Wo sich in einem Individuum ein aufserordentlicher, das gewöhnliche Naturmaafs überragender Grad von Kraft, Muth, Aufopferung, Talent, auch von körperlicher Schönheit offenbarte, da glaubte man etwas Uebernatürliches, Dämonisches, der Natur der Götter Verwandtes wahrzunehmen und sprach von Heroen und zwar nicht blos im Guten, sondern auch

---

[1]) Vgl. G. W. Nitzsch die Heldensage der Griechen nach ihrer nationalen Geltung, Kieler philol. Studien 1841 S. 377—467. Wie lebendig die Vorstellung des Volks namentlich von den durch die epische Sage verherrlichten Heroen blieb, lehren viele Beispiele bei Philostrat im Heroikos und die Erzählung b. Plut. Arat. 3, dafs ein Perser Orontes dem Alkmaeon, dem Sohne des Amphiaraos frappant ähnlich gesehen, desgleichen ein lakedämonischer Jüngling dem Hektor in solchem Grade, dafs der Arme durch den Andrang der Neugierigen sogar ums Leben kam.

im Bösen, so dafs nicht allein die geweihten Helden und grofsen Männer des Vaterlandes, ein Lykurg und die bei Marathon und Plataeae Gebliebenen, sondern gelegentlich auch wohl ein durch wunderbares Glück und grofse Kühnheit ausgezeichneter Räuber zu einem Heros erhoben wurde[1]).

Noch später wurden fast alle Verstorbenen der heroischen Ehren theilhaftig, indem man sich immer mehr in dem Glauben befestigte dafs die menschliche Seele etwas Dämonisches, eine höhere göttliche und unsterbliche Kraft sei. Mithin blieb für besonders ausgezeichnete und verdiente Personen kaum etwas Anderes übrig als sie nach dem Vorgange des Herakles von Heroen zu Göttern zu erheben, mittelst der sogenannten Apotheose, welche seit den Zeiten Lysanders in Griechenland immer häufiger und zuletzt zu einer eben so gewöhnlichen als verwerflichen Form der Adulation wurde, zumal seitdem man sie selbst auf lebende Personen anwendete[2]).

Natürlich gelten für uns blos die Heroen im engeren Sinne des Worts d. h. die der epischen Sage und der Mythologie des heroischen Zeitalters, welches nach einer herkömmlichen Abgrenzung bis zur Rückkehr der Helden von Troja und zur Rückkehr der dorischen Herakliden in den Peloponnes hinabreichte. Von da an begann nämlich in der geistigen und politischen Entwickelung der Nation und deshalb auch in der Ueberlieferung von ihren Schicksalen das geschichtliche Zeitalter.

Den reichen Inhalt dieser heroischen Sagen so zu ordnen dafs zugleich die inneren Unterschiede der Sagendichtung und der verschiedenen Zeitalter daran hervortreten, dazu werden am besten gewisse Merkmale der Ueberlieferung von den Heroen anleiten, nach denen sich drei verschiedene Massen solcher Sagen abtheilen lassen.

Die erste ist die der **örtlichen und landschaftlichen Sagen** d. h. solcher, wo der Charakter der Ueberlieferung von seinen ursprünglichen Bedingungen der landschaftlichen Natur oder des örtlichen Cultus abhängig geblieben ist, so dafs man eben deswegen hier am meisten von den Eigenthümlichkeiten der einzelnen Landschaften und Staaten und von ihrer ältesten Geschichte erfährt, obwohl diese Geschichte in vielen Fällen nur eine scheinbare und mit den mythischen Combinationen der ältesten Chroniken und der Logographie stark versetzt ist. Doch pflegen sich in diesem Ab-

---

1) Paus. 6, 9, 3 vgl. Plut. Rom. 28, Athen. 6, 88, Plin. 7, 152. Das Delphische Orakel ging auch in solchen Fällen nicht selten voran.
2) Nitzsch z. Od. 11, 602—604, Bd. 3. 343 ff., C. Keil Anal. epigr. et onomatol. 39 sqq., *Welcker G. G. 3, 294 ff.

schnitte auch die Anfänge der Volkssage und die der epischen Heroendichtung am unverhülltesten zu offenbaren.

Die zweite Gruppe ist die solcher Sagen, wo ein und derselbe Held der bindende Mittelpunkt sehr verschiedener Traditionen geworden und geblieben ist; man könnte sie deshalb die Heldensage im engeren Sinne des Worts nennen. Die Sage vom Herakles bildet den wichtigsten Inhalt dieses Abschnittes, die vom Theseus nur einen Anhang dazu. Das Eigenthümliche dieser Sagenbildung besteht darin dafs die verschiedensten Zeitalter und die verschiedensten Gegenden, sowohl Griechenlands als des Auslandes, ihre Sagenstoffe und den bildlichen Ausdruck ihrer Ideen darin abgelagert haben: daher solche Heroen, namentlich Herakles, obwohl immer dieselben, doch unter aufserordentlich verschiedenen und wechselnden Formen erscheinen, sowohl in denen der noch ganz allegorischen Naturdichtung als in denen der beinahe geschichtlichen Stammesüberlieferung.

Die dritte Masse ist die der eigentlichen epischen Heldendichtung (ἐποποιία), wo die blofse Natur- oder Cultusbeziehung der örtlichen Sage und die in sich nicht zusammenhängende Anhäufung vieler Sagen um die blos persönliche Identität eines und desselben Helden überwunden ist und gröfsere Complexe von örtlichen und Geschlechtssagen zu einem Ganzen von grofser nationaler und poetischer Wirkung verbunden sind, nämlich dadurch dafs sie auf alte und bedeutungsvolle Thatsachen der nationalen Erinnerung, alte Kriege, alte Katastrophen, alte Abenteuer bezogen wurden. Also die heroische Sage in der Gestalt wie sie das Epos der besten Zeit ergriffen und zu bestimmten Sagenkreisen und gröfseren Kunstganzen ausgebildet hat, namentlich in den vier Kreisen der Meleager-, der Argonauten-, der thebanischen und der trojanischen Sage. Auch das jüngere Epos und die dramatische Poesie und die bildende Kunst hat sich immer am liebsten auf diese durch die gediegenste Dichtkunst einer sehr bewegten Zeit aufs trefflichste vorbereiteten Sagenstoffe eingelassen. Die Krone des Ganzen und die der heroischen Sagenbildung überhaupt ist die des trojanischen Sagenkreises, weil seine Erinnerungen die frischesten und die ergreifendsten waren und weil diese den beliebtesten Stoff des epischen Gesanges in seiner besten und blühendsten Zeit bildeten.

Endlich wird ein Anhang über die Heroen der Kunst und Bildung eine kurze Uebersicht der die Wahrsagekunst, Dichtkunst, Baukunst und bildende Kunst betreffenden Sagen hinzufügen.

A. Landschaftliche Sagen.

1. Thessalien.

Diese Landschaft und ihre rings begrenzenden Gebirge müssen in einer sehr frühen Zeit aufserordentlich reich an Sagen gewesen sein, die sich sowohl durch Kühnheit und Eigenthümlichkeit als dadurch auszeichnen dafs das Hellenische sich hier am wenigsten mit ausländischen Elementen vermischt hat. Einzelne Bilder daraus sind der Olymp mit seinen Göttern und Musen, die Berge und Thäler welche das Schlachtfeld der Giganten und Titanen waren, die Aloiden, der Dreizack Poseidons und die ritterlichen Geschlechter welche sich von diesem Gotte ableiteten, Apollons Liebe und Freundschaft und sein Gesang und Lorbeer in dem romantischen Tempethale oder an den Abhängen des Pelion, Iolkos und die Minyer, Peleus und Thetis mit Achill und seinen Hellenen und Myrmidonen. Doch brachte es das Schicksal der fruchtbaren Landschaft mit sich, da sich von jeher viele Herren und viele Völker um ihren Besitz stritten, dafs die alte Bevölkerung sich früh zerstreute, daher manche von diesen Sagen in der Landschaft selbst nicht zur völligen Consistenz gelangt sind, sondern sich mit auswandernden Stämmen und Geschlechtern über andere Gegenden zerstreut haben.

Aufser den früher behandelten oder später zu behandelnden Sagen thessalischen Ursprungs war es besonders die von den Lapithen und Kentauren, welche zu allen Zeiten Dichtkunst und bildende Kunst sehr viel beschäftigt hat. Ihre Anfänge scheinen mit Naturbeobachtung und denselben Eigenthümlichkeiten der Landschaft zusammenzuhängen, welche sich auch sonst in den thessalischen Sagen widerspiegeln. Aus einem ursprünglich wohl nur märchenhaft gedachten Kampfe der wilden Recken und Kämpen des Gebirgs und seiner steinernen Burgen mit eben so wilden Dämonen des Gebirgs und der niederströmenden Gebirgsfluth[1]) hat die Sage und das Epos den berühmten Kampf der Lapithen und Kentauren geschaffen, wie wir ihn noch jetzt in so vielen der schönsten griechischen Bildwerke vergegenwärtigt sehen.

Denn von beiden, sowohl den Lapithen als den Kentauren, ging die Sage vorzüglich in den Thessalien rings umgebenden Gebirgen, am Pindos, am Olymp, am Pelion, an der Othrys. Namentlich

---

*1) Dafs die hier und im Folgenden gegebene Deutung der Kentauren als Personificationen wilder Gebirgsbäche nicht hinreichend begründet sei, glaubt der Herausgeber N. Jahrbb. f. Phil. 1873, 193 ff. nachgewiesen zu haben.

erzählte von den Lapithen die des Peneiosthales und der kühnen Felsen des Tempepasses unter dem Olymp, namentlich in der Gegend von Gyrton, welche auch als Heimath der Phlegyer genannt wird, der mythischen Doppelgänger der Lapithen; ferner die der Gegend unter dem Pelion, wo der Amyros und der boebeische See die fruchtbare Niederung bewässern, deren in der Sage vom Asklepios und in anderen Sagen gedacht ist. Diese letztere ist auch der Schauplatz jener wilden Kämpfe zwischen den Lapithen und Kentauren, welche immer die Hauptsache in den erhaltenen Traditionen der Dichtung sind.

Man hält die Lapithen gewöhnlich für ein wirkliches Volk und allerdings berichtet die Sage von ihnen in diesem Sinne. Doch machen gewisse Züge derselben und macht vorzüglich der Name entschieden den Eindruck eines mythischen Bildes von kühner Naturkraft und eben so kühnen und wilden Sitten, etwa nach Art unserer Hünen und Riesen. Im Peloponnes hiefs noch zur Zeit des Pausanias mehr als ein hohes Felsenhaupt des Gebirges Lapithensitz oder Lapithenberg[1]), welcher Name weiter an Lapersa, den Sitz der Dioskuren erinnert. Es scheint dafs das Wort mit λᾶς d. i. Stein, Fels zusammenhängt, nur in einer anderen Form welche sich in dem lateinischen lāpis (λίθος) erhalten hat, so dafs also bei jenen Benennungen ein felsiges Gebirg, eine felsige Burg gemeint wäre, wie man sie sonst in Griechenland mit dem in vielen Gegenden wiederkehrenden Namen Larissa zu nennen pflegte[2]). Die Lapithen also sind entweder die auf solchen felsigen Bergen heimischen Riesen und Recken der Vorzeit, wie denn auch die deutsche und nordische Sage sich die Riesen meist auf Felsen und Bergen hausend und ihre ganze Natur demgemäfs ausgestattet dachte[3]). Oder es ist vielleicht auch hier, wie bei den Dioskuren und beim Eurytos, dem grofsen

---

1) Λαπίθαιον auf dem Taygetos, nicht weit von dem H. der Artemis Derrheatis, Paus. 3, 20, 7 vgl. Apollod. 3, 10, 3 und Bd. 1, 244. Das Gebirge Λάπιθος, wo der Anigros entsprang, Paus. 5, 5, 5. Pindus et Othrys Lapitharum sedes Plin. 4, 30. Λαπίθη πόλις Θεσσαλίας Steph. B. Ὑψεύς König der Lapithen Pind. P. 9, 13. Nach Apollod. 1, 8, 2 und Palaeph. 1 waren Ixion und Peirithoos Könige von Larissa.

2) Λᾶα (Il. 2, 585) von λᾶς, mit eingesetztem σ Λάσα, wie auch λᾶσις für λᾶς gesagt wurde, Hes. v. Λάσαν u. λάσων. Daher Λάρισα oder Λάρισσα. Die Wörter Λαπίρσαι Λαπίθης setzen einen andern Stamm verwandter Bedeutung voraus.

3) Grimm D. M. 499.

Schützen der Bergfeste Oechalia, ein alter Höhencultus vorauszusetzen, worauf namentlich das eben so eigenthümliche als alterthümliche Symbol vom Rade des Ixion führen möchte. Genug aus solchen sehr alten, durch die Zeit entstellten Elementen des Volksglaubens sind durch Lied und Sage jene unbändigen Helden der Vorzeit geworden, deren Trotz man später durch den sprichwörtlichen Ausdruck λαπίζειν bezeichnete[1]), wie in Folge eines ähnlichen Gedankenzusammenhangs das Wort φλεγυᾶν die Bedeutung des höchsten Frevelmuthes bekommen hat: rechte Seitenstücke zu jenen Aloiden der Flur (1, 81) welche durch die Pflege des fruchtbaren Ackergrundes zu demselben Uebermuthe geführt wurden, wie diese gepanzerten Helden der felsigen Gipfel durch ihr Handwerk der Waffen und den Trotz ihrer kühnen Burgen. Die Ilias 12, 127 ff. schildert zwei Lapithen, den Polypoites und den Leonteus, wie sie vor Troja in dem wildesten Kampfe um die Mauer des griechischen Schiffslagers unerschütterlich fest vor den Thoren stehen „gleich hochragenden Eichen auf dem Gebirge, welche Tag für Tag dem Winde und dem Wetter trotzen, mit den gewaltigen Wurzeln fest in die Erde geklammert."

Eine von den Sagen der Gegend von Gyrton und Elateia d. h. der Ringmauer und der Fichtenwaldung erzählte vom Kaeneus d. h. dem Würger (καίνω) und von seinem Sohne Koronos, welcher Name auf einen gewundenen Bergesabhang deutet (1, 423, 4). Kaeneus heifst ein Sohn des Elatos d. h. des Fichtenmannes. Ursprünglich sei er eine schöne Jungfrau gewesen, die Poseidon geliebt und aus Liebe in einen Mann verwandelt und unverwundbar gemacht habe[2]). Im Kampfe mit den Kentauren wird er von diesen mit Felsen und Baumstämmen ganz überschüttet, bis er zuletzt, noch immer lebendig und unverwundet, in den Grund der Erde fuhr, wie davon schon Pindar dichtete[3]) und verschiedene Bildwerke die Scene vergegenwärtigen. Andere erzählten dafs er seinen Spiefs in der Mitte des

---

1) Vgl. die Lexic. v. λαπίζω, λάπισμα, λαπιστής.

2) Schol. Il. 1, 264, Schol. Apollon. 1, 51. Aehnliche Verwandlungen b. Antonin. Lib. 17.

3) Pind. fr. 144 (148) ὁ δὲ χλωραῖς ἐλάταισι τυπεὶς ᾤχετ' ἐς χθόνα σχίσαις ὀρθῷ ποδὶ γᾶν. Vgl. Apollon. 1, 59—64, Orph. Argon. 170—175, Ovid M. 12, 514 ff. und die bekannte Gruppe auf dem Fries von Phigalia, auch auf Vasenbildern, Roulez choix de v. p. t. 11 p. 48, 4, *Heydemann Arch. Ztg. 1871, 54, n. 40. — Nach Virg. A. 6, 448 Serv. ward er in der Unterwelt wieder zum Weibe. Nach Ovid M. 12, 172 bewohnte er die Othrys d. h. wohl Larissa Kremaste.

Marktes in die Erde gestofsen und dem Volke geboten habe, das solle sein Gott sein¹): die mifsverstandene Erinnerung an einen alten Dienst des Ares oder einen Blutbann. Von seinem Sohne Koronos erzählte die dorische Stammsage dafs er dem Herakles und dem Aegimios gefallen, von seinem Enkel Leonteus, dem Löwenherzigen, dafs er einer der Führer vor Troja gewesen sei (Il. 2, 745).

Die andere und bekanntere Sage ist die vom Ixion und Peirithoos, welche gleichfalls Könige von Gyrton genannt werden. Das Weib des Ixion heifst Dia, in der Ilias eine Geliebte des Zeus (14, 317), in der gewöhnlichen Sage Tochter des Deioneus d. h. des Feindlichen, des Kriegerischen und vom Ixion die Mutter des Peirithoos. Als jener um Dia wirbt, verspricht er dem Vater nach alter Sitte viele Brautgeschenke, hält aber nicht Wort. Deioneus legt deshalb auf seine Rosse Beschlag, Ixion aber stürzt den erst Betrogenen nun auf hinterlistige Weise in eine mit feurigen Kohlen gefüllte Grube, so dafs er umkommt. Und zwar war dieses Verbrechen an einem stammverwandten Manne das erste in seiner Art, daher Ixion von Aeschylos und Pindar der erste Mörder genannt wird, als welcher er auch zum Beispiel der Blutschuld und ihrer Sühne durch göttliche Gnade wurde²). Die Folge des Verbrechens ist wie in ähnlichen Sagen Wahnsinn (λύσσα) und Ixion kann von diesem nur durch Bufse und Sühne errettet werden, die ihm kein Gott und kein Mensch gewähren will, bis er zuletzt vom Zeus gereinigt und an seinem eigenen Heerde als Gastfreund aufgenommen wird. Da gelüstet es den Frechen und ganz Unverbesserlichen nach der hehren Himmelskönigin Hera, die ihm ein Wolkengebild ihrer eigenen Gestalt beilegt, welches darauf vom Ixion die Kentauren gebiert. Der Lapithenkönig ist verblendet genug sich seines vermeintlichen Glückes zu rühmen, worauf Zeus ihn durch Hermes auf das Rad flechten läfst und zum ewigen Strafexempel mit diesem in die Unterwelt versetzt³). Man sieht wie diese Sage frühzeitig eine didaktische

1) Schol. Il. u. Apollon. ll. cc. Vgl. Bd. 1, 269, 6.

2) Aesch. Eum. 441 σεμνὸς προσίκτωρ ἐν τρόποις Ἰξίονος. Auch der Name Ἰξίων scheint mit ἱκέτης und ἱκέσθαι zusammenzuhängen; obwohl Pott Z. f. vgl. Spr. 7, 86 u. G. Curtius Grundz.⁴ 137 vgl. 703 die Ableitung von der W. ἰκ — πᾶς vorziehn.

*3) Pind. P. 2, 21 ff., Pherek. fr. 103, Diod. 4, 69, Schol. Apollon. 3, 62, Hygin f. 62. Ueber den Ixion des Aeschylos s. Nauck tr. gr. fr. p. 22. Pherekydes nannte Ixion einen Sohn des Πείσων, Aeschylos des Ἀντίων, Euripides des Phlegyas, Andre des Ares. In die Unterwelt scheint Ixions Strafe erst von der späteren Sage versetzt zu sein, vgl. Bd. 1, 676. Ueber die bild-

Wendung genommen hatte, die Aeschylos nach seiner frommen und tiefsinnigen Weise noch weiter ins Theologische ausbildete. Ursprünglich bedeutete dieser auf das beflügelte Rad geflochtene und in ewigem Wirbel durch die Luft getriebene Ixion[1]) vielleicht nur das Rad der Sonne, welches von Indien bis Deutschland den Sagen und Gebräuchen der Völker bekannt ist; in welchem Falle erst dieses mifsverstandene Bild der Vorzeit zu dem Glauben an Frevel und Bufse geführt hätte. Die Wolke, welche von ihm den ersten Kentauren oder die Kentauren überhaupt und zwar auf dem Gipfel des Pelion bei der Chironischen Höhle gebiert, erklärt sich zum Theil aus der Natur dieses Gebirges, um dessen Häupter sich wie auf dem Gipfel von Aegina und Rhodos die Wolken zu lagern und den Anwohnern das Wetter zu verkündigen pflegten[2]). Und da die Kentauren, wie wir gleich sehen werden, ein dämonisches Waldgeschlecht sind, so würde auch ihre Abkunft vom Ixion und der Wolke sich auf diese Weise wohl erklären lassen.

Der eigentliche Nationalheld der thessalischen Lapithensage war **Peirithoos**, der Sohn des Zeus und der Dia (Il. 2, 741; 14, 318), obwohl die spätere Sage nur einzelne Nachklänge alter Dichtung erhalten hatte. Eine merkwürdige Probe derselben ist dafs er nicht weniger verwegen als Ixion die Persephone dem Pluton entführen wollte, worüber er in der Unterwelt in ewigen Ketten schmachten mufste[3]). Sonst war er vorzüglich durch seine Hochzeit mit der Deidamia und als deren Gemahl bekannt, die von ihm den Polypoites gebar, den andern Lapithen der trojanischen Sage und der Nostendichtung, nach welcher diese beiden Lapithen zuletzt bis Pamphylien verschlagen wurden.

---

lichen Darstellungen s. Klügmann N. Memor. d. Inst. 2, 388 ff., Ann. 1873, 93 ff., D. A. K. 2, 863.

1) ἐν πτερόεντι τροχῷ παντᾷ κυλινδόμενος Pind. l. c., vgl. Schol. Eur. Phoen. 1185 ὀργισθεὶς δὲ ὁ Ζεὺς ὑποπτέρῳ τροχῷ τὸν Ἰξίονα δήσας ἀφῆκε τῷ ἀέρι φέρεσθαι (oder ἐν ἀέρι περιελίσσεσθαι) μαστιζόμενον καὶ λέγοντα· χρὴ τιμᾶν τοὺς εὐεργέτας. οἱ δὲ ὅτι ἐπτέρωσεν αὐτόν, οἱ δὲ ὅτι καὶ πτερωτὸς ἦν τροχὸς φασιν. An das Sonnenrad dachte schon Panofka Zufluchtgottheiten S. 286 der Abh. d. Berl. Ak. v. J. 1853, vgl. A. Kuhn Z. f. vgl. Spr. 1, 535. Herabholung d. Feuers 48 ff. 69. 95 ff. Phoebi rota Stat. Silv. 5, 1, 17 und Bd. 1, 73, 3.

2) Theophr. d. sign. pluv. 22 ἐὰν ἐπὶ τὸ Πήλιον νεφέλη προσίζῃ, ὅθεν ἂν προσίζῃ, ἐκεῖθεν ὕδωρ ἢ ἄνεμον σημαίνει. Vgl. Bd. 1, 114 u. 118, 2. * Vgl. jedoch auch Welcker Kl. Schr. 3, 18 f.

3) Horat. Od. 3, 4, 80 amatorem trecentae Pirithoum cohibent catenae. Vgl. *D. A. K. 2, 862 und Bd. 1, 677. — Der Name Πειρίθοος scheint einen Umläufer zu bedeuten, Pott a. a. O. 92.

Später sollen diese Lapithengeschlechter, das vom Stamme des Peirithoos und das vom Stamme des Koronos, theils mit den Herakliden nach Korinth theils nach Attika ausgewandert sein, wo sie sich im engen Anschluſs an die ionischen Geschlechter niederliefsen¹). Daher die Sage von der groſsen Freundschaft und dem brüderlichen Bunde des thessalischen und des attischen Nationalhelden, des Peirithoos und des Theseus, von welchen der letztere dadurch zu einem Theilnehmer an der Kentauromachie und an andern Abenteuern des Peirithoos, namentlich auch an jenem gefährlichen in der Unterwelt geworden ist.

Endlich die Phlegyer erscheinen in der phokischen und boeotischen Sage als nahe Verwandte und Verbündete der Minyer von Orchomenos und als ein kriegerisches Volk (1, 264), das der Schrecken der ganzen Umgegend bis Krisa und Theben war. Die feste Burg ihrer Macht war das hochgelegene Panopeus, welches die gewöhnliche Straſse von der boeotischen Thalebene des kephisischen oder kopaischen Sees nach Delphi beherrschte; noch sieht man die Trümmer dieser alten Feste auf einem Berge in der Nähe von Chaeronea. Wie die Phlegyer überhaupt als räuberisch, gewaltthätig und ruchlos geschildert werden, so gelten sie namentlich für Feinde des Delphischen Apoll und Plünderer seines Heiligthums und der zu ihm Wallfahrenden, wie denn auch die Sage von dem Riesen Tityos und von seiner Gewaltthat gegen Leto in dieser Gegend heimisch war. Sie werden zuletzt entweder von Apollon mit seinen Pfeilen oder von Zeus mit seinen Blitzen vertilgt²), sie und ihr König Phlegyas, welchen die thessalische Sage als Vater des Ixion und der Koronis³), die spätere Dichtung als eins der warnenden Beispiele des bestraften Frevels in der Unterwelt kannte.

So unverkennbar nun auch in diesen Sagen alte Ueberlieferungen

---

1) Suid. Phot. Περιθοῖδαι, Harp. Κοιρωνίδαι, Steph. B. Φλεγύαι, Müller Orchom. S. 203. In Korinth galten die Kypseliden für Nachkommen des Kaeneus, Herod. 5, 92 vgl. Paus. 2, 4, 4; 5, 18, 2.

2) Hom. H. in Ap. Pyth. 100, Paus. 9, 36; 10, 4, Müller Orchom. 188 ff. Auch der gewaltige Phorbas, den Apoll überwindet (1, 217), galt für einen König dieser Phlegyer von Panopeus. Ovid M. 11, 414.

3) Pind. P. 3, 8 (14) Schol., Hom. Il. 16, 3, Apollod. 3, 5, 5, Schol. Il. 13, 301, in welchen Stellen Phlegyas und die Phlegyer bald in die Gegend von Gyrton bald in die des Dotischen Gefildes verlegt werden. Phlegyas in der Unterwelt b. Virg. A. 6, 618 Serv., Stat. Theb. 1, 713. Der Dichter Euphorion machte die Phlegyer zu ruchlosen Insulanern, welche durch Poseidon ihren Untergang gefunden; * vgl. Nonnos Dion. 18, 36.

mit rein mythischen Bildern verschmolzen sind, so einleuchtend scheint die blofse Dämonennatur der Kentauren, welche auch bei den Alten gewöhnlich nur für ein dämonisches Geschlecht gegolten haben, gleich den Satyrn, den Silenen, den Panen, denen sie auch hinsichtlich ihrer Natur und Naturbedeutung ziemlich nahe stehen. Auch die Kentauren sind nämlich Dämonen des Waldes und des Gebirgs, namentlich des quellenden und fluthenden, in Thessalien vorzüglich des Pelion, in Arkadien, wo Herakles mit ihnen kämpft, des einst ganz bewaldeten Gebirges Pholoe auf der Grenze von Elis, in andern Gegenden anderer Berge und anderer Ströme. Die thessalischen Kentauren des Pelion sind wenn nicht die ältesten, doch die durch die Sage am meisten gefeierten, unter ihnen der weise und heilkundige Chiron ($X\varepsilon i\rho\omega\nu$), ein Sohn des Kronos, welcher zu dem übrigen ganz rohen und wilden Volke der Kentauren einen merkwürdigen Gegensatz bildet, dem das gleichartige Verhältnifs des Pholos zu den arkadischen Kentauren offenbar nachgebildet ist. Ein Gegensatz dessen wahrer Grund in der Natur des thessalischen Pelion zu suchen ist, eines noch immer sehr fruchtbaren und an Quellen reichen, auch reichlich bevölkerten und angebauten Gebirgs, welches vollends in der älteren Zeit der hellenischen Stammesentwickelung ein Mittelpunkt der Bevölkerung und der Sagenbildung war. Namentlich wird in diesen Sagen der höchste Gipfel dieses Gebirgs ausgezeichnet, sowohl als Sitz jenes in der ganzen Umgegend angebeteten Zeus Akraios als wegen der Chironischen Höhle (1, 114. 375, 7) und eines wegen seines Reichthums an heilenden Kräutern berühmten Waldthals in der Nähe dieser Heiligthümer, welches eben wegen dieses Reichthums das Pelethronische hiefs[1]). Dagegen dasselbe Gebirge zu andern Zeiten, wenn Zeus auf der Höhe zürnte, Gewitter und Stürme in den Wäldern hausten, die angeschwollenen Gewässer in der Gestalt wilder Sturzbäche über die Aecker und Pflanzungen der Abhänge sich ergossen, einen nicht weniger unheimlichen Eindruck auf seine

---

[1]) ἄφθιτον Χείρωνος ἄντρον Pind. I. 7, 41, σεμνὸν ἄντρον P. 9, 30. Πηλίῳ ἐν νιφόεντι Πελεθρόνιον κατὰ βῆσσαν Nikand. Ther. 440. Πελεθρόνιον νάπος ib. 505 d. i. πολυφάρμακον von θρόνα d. i. φάρμακα, daher auch Chiron ὁ Πελεθρόνιος schlechthin hiefs, Hes. v. Schol. Nik. Ther. 438. 493. Theophr. hist. pl. 9, 15, 4 τῶν δὲ περὶ τὴν Ἑλλάδα τόπων φαρμακωδέστατον τό τε Πήλιον τὸ ἐν Θετταλίᾳ καὶ τὸ Τελέθριον τὸ ἐν Εὐβοίᾳ καὶ ὁ Παρνασός, ἔτι δὲ καὶ ἡ Ἀρκαδία καὶ ἡ Λακωνική. Dikaearch de Pelio (hist. gr. 2, 262) τὸ δὲ ὄρος πολυφάρμακόν τέ ἐστι καὶ πολλὰς ἔχον καὶ παντοδαπὰς δυνάμεις.

Anwohner machen mußte als in Arkadien und Attika (1, 101. 104) die entsprechenden Naturereignisse. Daher die verschiedene Auffassung und Schilderung der Kentauren, deren Name noch nicht mit überzeugender Sicherheit erklärt worden ist¹), deren halb thierische halb menschliche Gestalt aber sicher nach Analogie jener verwandten Berg- und Waldgeister, der Silene, der Satyrn, der Pane zu erklären ist, sei dafs es nun dafs durch die Rofsgestalt ein wildes Stürmen der Luft angedeutet werden sollte, da auch die Winde bisweilen in der Gestalt von Rossen auftreten (1, 388), oder dafs das galoppirende Wogen der aufgehäuften Fluth, wenn die Bäche sich stürmisch ins Thal ergossen²), ausgedrückt werden sollte. Auch Chiron ist Kentaur, ja er ist Aeltester und Anführer der Kentauren³), also halb Rofs und halb Mensch (διφυής) wie alle übrigen und ein Berggeist und grofser Jäger wie sie. Aber er ist weise und gerecht, wohlwollend und hülfreich, ein Freund der Götter und der Heroen, des Apollon⁴), des Asklepios, des Jason, des Peleus, des Achill, welcher wie Jason und Asklepios in seiner Höhle und in seiner Zucht herangewachsen ist, ein hülfreicher Freund auch des Herakles, der auf seinen Zügen gerne bei ihm einkehrte, bis zuletzt selbst der Tod des Chiron eine That der rettenden und aufopfernden Liebe ist, indem er sich im Schmerze über die unheilbare Wunde, die ihm der vergiftete Pfeil

---

1) Verschiedene Etymologieen b. Welcker kl. Schr. 3, 17, indem Einige sie für das mythische Bild eines Volkes, wo Rofs und Mann wie zusammengewachsen waren, Andre für berittene Büffeljäger erklären, vgl. Diod. 4, 70, Serv. G. 3, 113. Eher dürfte der Name ein bildlicher und malerischer sein, Κένταυρος wie Ἄναυρος d. i. χείμαρρος (Schol. Apollon. 1, 9), Πληξαύρη, Γαλαξαύρη, u. dgl. — A. Kuhn Z. f. vgl. Spr. 1, 513 ff. vergleicht die indischen Gandharven. * Jedoch sagt u. A. neuerdings A. Fick die Spracheinheit der Indogermanen, 1873, S. 153: „Die Vergleichung von Κένταυρος und skr. gandharva ist abzuweisen, weil den Lautregeln widersprechend".

2) Virg. A. 7, 674 ceu duo nubigenae quom vertice montis ab alto descendunt Centauri Homolen Othrynque nivalem linquentes cursu rapido: dat euntibus ingens silva locum et magno cedunt virgulta fragore, wo der reifsende Bergstrom sehr vernehmlich angedeutet wird. Vgl. Sil. Ital. 4, 520 ut torrens celsi praeceps e vertice Pindi cum sonitu ruit in campos magnoque fragore avulsum montis volvit latus, obvia passim armenta immanesque ferae silvaeque trahuntur, spumea saxosis clamat convallibus unda. Fluthen und Rofse 1, 482 ff. Auch die Satyrn haben auf den ältesten Bildwerken gewöhnlich Pferdeschwänze 1, 600, 2. * Vgl. jedoch oben S. 9, 1.

3) Hom. Κάμινος v. 17 δεῦρο δὲ καὶ Χείρων ἁγίτω πολίας Κενταύρους.

4) Il. 11, 832 vom Achill: ὅν Χείρων ἐδίδαξε δικαιότατος Κενταύρων. Vgl. Pind. P. 9, 29 ff. und die Schüler Chirons b. Xenoph. d. venat. z. A.

des Herakles zugefügt, dem Tode als Stellvertreter des Prometheus darbot und seitdem als Verklärter unter den Göttern wohnt¹). Eine Charakteristik welche ohne Zweifel mit den natürlichen Sagen jener Gebirgsgegend der Chironischen Höhle zusammenhängt, zumal da diese eine alte, durch Cultur und Volksglauben geweihte Heil- und Sühnungsstätte gewesen zu sein scheint. Daher Chiron d. h. der Berggeist der heilenden Hand zunächst und vorzugsweise immer als Arzt gedacht und als solcher nicht selten mit Apollon und Asklepios zusammengestellt wurde²), aber auch als ein Erzieher der heroischen Jugend zur Frömmigkeit und Gerechtigkeit und zur Musik, wie es denn sogar eigene Sammlungen frommer und guter Sprüche für die Jugend unter seinem Namen gab³). Dahingegen die übrigen Kentauren ganz wilde und ungeschlachte Bestien (θῆρες) sind, immer lüstern nach Weibern und nach Wein wie die Satyrn, auf der Jagd in den Bergen herumschweifend und mit wilden Thieren kämpfend oder in wilder Hast ins Thal hinabstürmend, ungestüm und übermüthig wie die Titanen und Giganten⁴). Auch die Genealogie ist eine verschiedene, da die wilden Kentauren entweder direct von dem ruchlosen Lapithen Ixion und der Wolke abstammen oder, wie Pindar dichtet, von ihrem Sohne Kentauros, einem von Göttern und Menschen gemiedenen Ungethüm, welches sich auf dem Pelion mit magnetischen

---

1) Paus. 5, 19, 2. Θεὸς b. Soph. Tr. 715. Am Himmel Arat. Phaen. 436, Lucan 6, 393. Hygin P. A. 2, 27 u. A.

*2) Asklepios sein Schüler 1, 424 vgl. Il. 4, 219 wo der Asklepiade Machaon die Wunde des Menelaos mit Kräutern heilt, τά οἵ ποτε πατρὶ φίλα φρονέων πόρε Χείρων. Nach Iustin M. d. monarch. 6 lernte auch Apollo die Heilkunde von ihm. Auch auf Bildwerken werden diese drei, Apollon Asklepios Chiron, zusammengestellt, z. B. auf einem Gemälde aus Pompeji D. A. K. 2, 793, Helbig Pompej. Wandg. n. 202. Τέρποι μὲν Ἀγηνορίδη, Μάγνητες δὲ Χείρωνι, τοῖς πρώτοις ἰατρεῦσαι λεγομένοις, ἀπαρχὰς κομίζουσι ῥίζαι γάρ εἰσι καὶ βοτάναι δι' ὧν ἰῶντο τοὺς κάμνοντας Plut. Symp. 3, 1, 3 vgl. Plin. 7, 196, Hygin f. 274. Ein Geschlecht in Demetrias, welches sich selbst und seine Kräuterkunde von Chiron ableitete b. Dikaearch l. c.

3) Χείρωνος ὑποθῆκαι von Hesiod, Χειρώνεια auf einem Vasenbilde, vgl. Schneidewin de Pittheo Troezen. p. 4—9. Ὁ σοφώτατος Χείρων, μουσικῆς τε ἅμα ὢν καὶ δικαιοσύνης καὶ ἰατρικῆς διδάσκαλος Plut. d. Mus. 40, vgl. die Verse der Titanomachie b. Clem. Al. Str. 1 p. 361 εἴς τε δικαιοσύνην θνητῶν γένος ἤγαγε δείξας ὅρκους καὶ θυσίας ἱερὰς καὶ σχῆματ' Ὀλύμπου.

4) Vgl. die 1, 58, 1 Citirten u. Pind. P. 2, 42 γόνον ὑπερφίαλον, οὔτ' ἐν ἀνδράσι γερασφόρον οὔτ' ἐν θεῶν νόμοις, Eurip. Herc. f. 181 τετρασκελές ὕβρισμα, das Sprichwort aus Pisander τοῖς οἳ παρὰ Κενταύροισι Hesych.

Stuten begattete¹). Chiron aber galt gewöhnlich für einen Sohn des Kronos d. h. des gescheuten Urältervaters der Götter und der Okeanide Philyra d. h. der Waldnymphe Linde. Sein Gemahl nannte man Chariklo d. h. die Wonnige²).

Eine sehr alte und ganz im Stile der thessalischen Sage gedichtete Fabel ist die von der **Kentaurenschlacht** bei der Hochzeit des Peirithoos, ob sie uns gleich erst von späteren Dichtern ausführlich erzählt wird. Die kühnsten und wildesten Helden der Vorzeit sind hier mit den wildesten Bergdämonen in einen Kampf auf Leben und Tod verwickelt, dessen furchtbare Bewegung eine Folge von Bildern und Gruppen schuf, welche die Phantasie der Künstler immer sehr viel beschäftigt und eine ganze Reihe ausgezeichneter Kunstwerke veranlafst haben. In der Ilias 1, 262 ff. erinnert Nestor an diese furchtbaren Kämpfe, durch welche jene Helden, Peirithoos und Dryas und Kaeneus und Exadios und Polyphemos, die gewaltigsten Männer ihrer Zeit die gewaltigsten Ungethüme, die im Gebirge hausenden, zottigen und thierischen Kentauren überwunden hätten³). Die Odyssee 21, 294 bemerkt dafs der Wein die erste Ursache des entsetzlichen Handgemenges gewesen sei. Dann berichtet Hesiod sc. Herc. 178 ff. ausführlicher von dieser in alten Liedern ohne Zweifel viel gesungenen

---

1) Pind. l. c. vgl. Lucan 6, 386 illic semiferos Ixionidas Centauros feta Pelethroniis Nubes effudit in antris, Diod. 4, 69, Eustath. Il. 102, 17. Andre nannten den ersten Kentaur Imbros (d. i. Ἴμβρος) und den Sohn einer Sklavin der Hera d. h. der Wolke, welcher Ixion und Pegasos in derselben Nacht beigewohnt hätten, Schol. Il. 1, 266, Tzetz. Chil. 7, 36 ff.; 9, 467 ff. Endlich Nonnos kennt dreierlei Kentauren, die gewöhnlichen und gehörnte, diese letzteren theils Söhne der Hyaden, welche Hera verwandelt hat, theils auf Kypros aus dem Samen des die Aphrodite verfolgenden Zeus entstanden, Koehler Nonnos S. 48.

2) Χείρων Φιλυρίδης Hesiod th. 1002, Οὐρανίδα γόνος Κρόνου Pind. P. 3, 4, N. 3, 17, vgl. Apollon. 2, 1231 Schol. und Πήλιον ὦ Φιλύρης νυμφήιον Kallim. Del. 118. Κρόνος ist der Uralte Bd. 1, 46, Φιλύρα die Linde, Schoemann op. 2, 129. Iason b. Pindar P. 4, 103 kommt ἄντροθε πὰρ Χαριχλοῦς καὶ Φιλύρας, ἵνα Κενταύρου με κοῦραι θρέψαν ἁγναί, vgl. Schol. v. 181 u. Apollon. 1, 554. Hesiod nannte sein Weib eine Najade. Ein Dichter hatte seine Höhle αὐτόχθων ἑστία genannt, weil er mit den Seinigen im Gebirge wohnte, Hesych.

3) Φῆρες (i. q. θῆρες) ὀρεσκῷοι λαχνήεντες, gewöhnliche epische Ausdrücke von den Kentauren, Il. 1, 268; 2, 743. Auch ihre Namen sind die von Wald- und Gebirgsdämonen, Πετραῖος, Οὔρειος, Πευκείδης, Δρύαλος u. s. w., s. Hesiod l. c. und die Namen auf Vasenbildern b. O. Jahn Einl. in d. Vasenk. CXVIII, 860. Natürlich vermehrten sich diese Namen mit der Zeit, sowohl die der Kentauren als die der Lapithen, deren Porphyrios nach Schol. Il. l. c. sechszig zu nennen wufste.

Schlacht, von der auch Pindar und Aeschylos gedichtet hatten, bis zuletzt Ovid M. 12, 210 ff. ein lebendiges, aber nach Art der späteren Mythendichtung ausgeführtes Bild des Vorganges giebt. Peirithoos rüstet zu seiner Hochzeit mit der Deidamia (auch Laodamia und Hippodamia) und ladet dazu auch die Kentauren vom benachbarten Gebirge ein. Im Rausche vergreift sich der wilde Eurytion an der Braut, worauf nach der Odyssee die anwesenden Lapithen dem allein geladenen Nase und Ohren abschneiden und ihn so hinausstoßen, so daß der eigentliche Kampf erst nach der Hochzeit beginnt. Dahingegen nach der späteren und gewöhnlichen Sage die beiden Parteien gleich beim Mahle und im Hochzeitssaale handgemein werden, indem die Kentauren, sobald sie den Duft des Weines wittern, von der ihnen vorgesetzten Milch nichts wissen wollen, sondern in vollen Zügen der Gabe des Bacchus genießen und darauf trunkenen Muthes an den Frauen sich vergreifen[1]). Alsbald beginnt ein entsetzliches Würgen und Toben in dem der Lust und Freude gewidmeten Saale[2]), indem die Helden mit ihren Schwerdtern, die Kentauren mit Felsen und Baumstämmen kämpfen, bis Theseus und Peirithoos den Kampf zum Vortheile der Lapithen entscheiden. Nach Ilias 2, 744 verjagte Peirithoos die Kentauren in die Gegend der Aethiker d. h. in das höhere Gebirg an der nördlichen Grenze von Thessalien, wo also auch von solchen Dämonen erzählt wurde[3]).

In der Tradition der Künstler blieb die Kentauromachie der grie-

---

1) Pind. fr. 143 (147) ἀνδροδάμαντα δ' ἐπεὶ Φῆρες δάεν ῥιπὰν μελιαδέος οἴνου, ἐσσυμένως ἀπὸ μὲν λευκὸν γάλα χερσὶ τραπεζᾶν ὤθεον, αὐτόματοι δ' ἐξ ἀργυρέων κεράτων πίνοντες ἐπλάζοντο, vgl. Schol. Pind. P. 2, 85. Immer ist der Wein und der trunkene Muth der Kentauren die erste Ursache des Kampfes, wozu später das Motiv hinzutritt daß Peirithoos durch Vernachlässigung des Ares dessen Zorn verschuldet habe, Theogn. 541 ὕβρις — Κενταύροις ὠμοφάγοις ὄλεσεν. Horat. Od. 1, 18, 7 ne quis modici transiliat munera Liberi Centaurea monet cum Lapithis rixa, vgl. 2, 12, 5; 4, 2, 14, Virg. Ge. 2, 455, A. 7, 304.

2) So in dem b. Athen. 11, 48 nach Polemon beschriebenen Gemälde, vgl. Ps. Kallisth. 1, 21 wo der Kampf des Odysseus mit den Freiern verglichen wird. Die Vasenbilder pflegen die erste Gewalttat des lüsternen Kentauren, den Kampf und den Ausgang des Kaeneus hervorzuheben. Eine der ältesten Darstellungen ist die auf der François-Vase, s. O. Jahn a. a. O. CLV. CCVIII, Roulez choix de v. p. t. 11 p. 45 sqq.

3) Andere ließen die Kentauren in die Gegend des Dotischen Gefildes (Hes. v. Ἱερωνία) oder nach Arkadien entkommen oder wo sonst von ihnen erzählt wurde, vgl. unten die Kentauromachie des Herakles.

chischen Helden zwar immer das beliebteste Thema, indem dieser Kampf wie der mit den Amazonen bald zu einem Symbole des Sieges griechischer Bildung und Menschlichkeit über das Barbarenthum wurde, vorzüglich in den attischen Kunstschulen, da Theseus neben Peirithoos der hervorragendste Held der Kentauromachie war. Doch kannte die Kunst die Kentauren auch noch in einem andern mythischen Zusammenhange, wo sie nun wieder ganz die Dämonen des Waldes und Gebirges sind, nehmlich als Anhänger und Begleiter des Bacchus, dessen Thiasos unter den übrigen halbthierischen Gestalten und Aufgeregten auch diese oft zeigt, namentlich so, dafs Kentauren den Triumphwagen des Gottes und seiner Ariadne ziehen. Ihre Bildung war in älterer Zeit insofern von der späteren verschieden, dafs vorne ein ganzer Waldmensch zu sehen war, der Leib und die Hinterbeine eines Pferdes in seinem Rücken angewachsen[1]). Aufser den erwähnten Vorgängen sieht man die Kentauren endlich nicht selten in allerlei Scenen des ihnen eigenthümlichen Naturlebens, jagend und zechend, auf alterthümlichen Werken besonders Stiere jagend oder untermischt mit Stieren. Die elegantere und gemüthlichere Kunst der späteren Zeit dagegen liebte es das Bild der Kentauren gleich dem der Satyrn immer mehr ins Schöne und Liebenswürdige zu übertragen und neben den Kentaurenmännern ähnliche Kentaurenweiber mit ihren Kindern zu zeigen[2]) oder sie mit Nymphen und Eroten zu gruppiren, als dämonisches Stillleben im Walde oder in der heftigen Aufregung eines Kampfes mit wilden Thieren oder mit bacchischen Attributen. Endlich in der späteren Tradition von den Erfindungen gelten bald die Lapithen bald die Kentauren zugleich für die ersten Reiter und Rossebändiger[3]), eine natürliche Folge ihrer aus Rofs und Mann zusammengesetzten Bildung und der Sage vom Ursprunge des Rosses in Thessalien.

---

*1) Vgl. die Bronze auf der Burg v. Athen b. Rofs archäol. Aufs. 1, 104 (b. A. K. 2, 592), Helbig Ann. d. Inst. 1863, 226 f., Bull. 1871, 65.

*2) Vgl. das Gemälde des Zeuxis b. Lucian Zeux. 3—6 u. Philostr. im. 2, 3, worüber Stephani compt. rend. 1864, 195 f.; 1867, 89, 4. Ein schönes Kentaurenpaar schildert Ovid M. 12, 393 ff. Merkwürdig ist auch das pompej. Wandg. Arch. Ztg. 1872, Tfl. 67. — Ueber die Darstellungen jagender Kentauren s. Stephani a. a. O. 1867, 113 f. Hierzu gehört u. A. ein schönes Mosaik Mon. d. Inst. 4 t. 50.

3) Virg. Ge. 3, 115 ff., Lucan 6, 395 ff., Plin. 7, 202, Hygin f. 274, in welchen Stellen der Name Pelethronios, eigentlich Chiron, bald auf das Volk der Kentauren bald auf das der Lapithen übertragen wird.

2. Theben.

Das hohe Alterthum und die aufserordentliche Bedeutung dieser alten Haupt-stadt von Boeotien tritt nirgends so sehr als in der griechischen Sagengeschichte hervor; sie ist in dieser neben Argos im Peloponnes durchaus die erste Macht und die fruchtbarste Mutter der verschiedensten Ueberlieferungen. Auch die Blüthen der heroischen Cultur, Musik und Dichtkunst, müssen hier sehr früh gereift sein, da die thebanischen Sagen z. B. von Kadmos und Harmonia, von Amphion und Zethos, von Dionysos und Semele, vom Aktaeon, vom Pentheus u. A. eine alte Schule des lyrischen Gesanges verrathen und immer zu den beliebtesten gehörten[1]). Und so ist auch das thebanische Epos ein sehr reiches, woran sich wieder die vielen Tragödien verwandten Ursprungs anschliefsen. Doch werden wir auf diese von dem Epos durchgearbeiteten Stoffe erst später zurückkommen und hier nur die Sagen berühren, welche sich auf die Ursprünge Thebens beziehen. Es sind dieses die vom Kadmos und die vom Amphion und Zethos. Jener galt für den Urheber der Kadmeia d. h. der ältesten Stadt und aller ältesten Landescultur, auch für den ersten König und den Stammvater des königlichen Geschlechts der epischen Sage, neben welchem die Geschlechter der Sparten auch wenigstens durch ihn entstanden waren, endlich für den Vater jener berühmten Heroinen, der Semele, der Ino, der Autonoe, der Agaue, mit welchen sich die Sagen und Gottesdienste des Landes, namentlich die des bacchischen Kreises so viel beschäftigten. Amphion und Zethos, die Söhne der Antiope, einer Tochter des Asopos, sind keine eigentlichen Thebaner, da ihre Heimath vielmehr die Gegend von Eleutherae und Hysiae am Kithaeron und an der attisch-boeotischen Grenze ist. Doch war ihre wesentliche Bedeutung in der Landessage die, dafs sie die Stadt Theben, welche von der Kadmeia, der Burg und Altstadt, wohl zu unterscheiden ist, zuerst mit Mauern und den berühmten sieben Thoren umgeben hatten.

---

[1]) Pindar dichtete einen Hymnos an die Thebaner, in welchem viele von diesen Sagen berührt wurden. Vgl. auch den Eingang zu Isthm. 7 und Stat. Theb. S, 227ff. Unter den speciellen Bearbeitungen der thebanischen Sagen war die des Alexandriners Lysimachos viel im Gebrauch. In der neuern Zeit sind sie mit grofser Gelehrsamkeit bearbeitet worden von R. Unger Thebana Paradoxa I. Hal. Sax. 1839.

a. Kadmos.

Die Sage vom Kadmos ist auch deshalb interessant, weil uns in ihr das erste Beispiel eines angeblichen Orientalen in der Geschichte Griechenlands entgegentritt. Eines angeblichen, denn die griechische Geschichtschreibung hat ihn allerdings seit Herodot für einen Phoeniker gehalten[1]), so gut wie Danaos in Argos für einen Einwanderer aus Aegypten galt. Doch sind gegen diese Einwanderungen neuerdings wohlbegründete Bedenken erhoben worden, gegen die des Kadmos namentlich diese[2]), dafs sich sowohl sein Name als das was sonst von ihm erzählt werde recht gut aus dem Griechischen erklären lasse, und dafs erst die Logographie d. h. die älteste, in Ionien angeregte Geschichtsforschung der Griechen sich durch gewisse Thatsachen der Culturgeschichte habe verleiten lassen, den thebanischen Kadmos mit dem phoenikischen, dem Repräsentanten der phoenikischen Cultur und Ansiedelung im Abendlande zusammenzuwerfen. Insbesondere gilt dieses von der ältesten griechischen Buchstabenschrift, welche die kadmeische d. h. eine aus dem Morgenlande eingeführte genannt wurde[3]), und von der Technik des Bergbaus, welche durch die Phoeniker hin und wieder an den Küsten und auf den Inseln, namentlich auf der Insel Thasos und an der benachbarten Küste von Thrakien verbreitet war. Waren aber einmal diese beiden mythischen Personen, der griechische und der phoenikische Kadmos, zu einer und derselben geworden, wie sich davon zuerst die kleinasiatischen Ionen überzeugt zu haben scheinen, so konnte es nicht fehlen dafs der Grieche Kadmos, der mythische Gründer von Theben, zum Einwanderer aus Phoenikien wurde, zumal diese ersten Versuche

---

1) Herod. 2, 49; 1, 147; 5, 57—59. Für einen Aegypter galt er erst weit später, als man nicht mehr zwischen der Kadmeia und der Stadt Theben unterschied und dieses von dem aegyptischen Theben ableitete, Diod. 1, 23, Paus. 9, 12, 2 u. A.

2) O. Müller Orchom. 113 ff. Für die phoenikische Abkunft des Kadmos streitet bes. Movers Phönizier 1, 507 ff. 2, 2, 85 ff., * und neuerdings wieder J. Brandis Hermes 2 (1867), 259 ff., dessen Argumente sich gröfstentheils sehr leicht widerlegen lassen.

3) Herod. 5, 58, Bekk. Anecd. 783. Καδμήια γράμματα sind Φοινικήια. Kadmos in dieser Bedeutung von קדם. Von den Goldgruben auf Thasos und am Pangaeos Herod. 6, 47. * Einen besondern phönikischen Kadmos darf man wohl nicht annehmen. Auch ohne durch Namensähnlichkeit verleitet zu sein konnte die älteste Speculation über Völkerkunde und Culturgeschichte zu dem Resultate kommen, in gewissem Sinne die griechische Cultur und somit die Repräsentanten der ältesten griechischen Staaten aus dem Orient abzuleiten.

der Völkerkunde und Culturgeschichte ohnehin sehr geneigt waren, die bekannten Völker von einer und derselben Wurzel und die griechische Cultur von der orientalischen abzuleiten. Auch gab es verschiedene Geschlechter kadmeischer d. h. altthebanischer Abkunft in Ionien[1]), welche sich dadurch dafs sie auf diese Weise zu Phoenikern wurden geschmeichelt fühlen mochten. Genug auf diesem Wege scheint jene seit alter Zeit herkömmliche Genealogie entstanden zu sein, nach welcher Belos (Baal, der Herr) und Agenor (der Grofsmächtige) für Brüder und für die ältesten Könige von Aegypten und Phoenikien, Aegyptos und Danaos für die Söhne des Belos, Kadmos Phoenix und Kilix für die des Agenor, also alle die durch diese Namen repräsentirten Völker und Staaten für Geschlechtsverwandte gehalten wurden: Aegypten Phoenikien Kilikien d. h. die mächtigsten Küstenländer des östlichen Mittelmeeres, und Argos und Theben d. h. die ältesten und mächtigsten Culturstaaten im alten Griechenland.

Dahingegen von denjenigen, welche den einheimischen Ursprung der Sage behaupten, mit Recht bemerkt wird dafs Kadmos zunächst nichts Anderes sei als der Repräsentant des ältesten thebanischen Staates und Landes d. h. der Burg und Altstadt Kadmeia und der Bevölkerung dieser Stadt und ihres Gebietes, welche Kadmeer oder Kadmeionen genannt wurden und den ihnen benachbarten Gephyraeern in Tanagra und seinem Gebiete nahe verwandt waren[2]). Eine zahlreiche Bevölkerung, deren Geschlechter sich durch spätere Ereignisse vertrieben über Thessalien, den Peloponnes und Attika bis nach Illyrien, Libyen und Kleinasien verbreitet hatten und welche für eine Einwanderung aus Phönikien nicht wohl gehalten werden darf, so wenig ihr Name und der des Kadmos selbst phoenikischen Ursprungs zu sein scheint. Vielmehr bedeutete dieser Name, welcher sich in den pelasgischen Ueberlieferungen der Insel Samothrake wiederholt[3]),

---

1) Herod. 1, 146. Namentlich lassen sich Καδμεῖοι in Milet und Priene nachweisen. In Milet war Thales von diesem Stamme, daher auch er ein Phoeniker heifst, Herod. 1, 170, Diog. L. 1, 22, vermuthlich auch der alte Geschichtschreiber Kadmos. Ueber Priene Hesych v. Καδμεῖοι, Strabo 14, 636.

2) Καδμείωνες Il. 4, 385; 5, 804, Καδμεῖοι Il. 4, 388; 5, 808, Hesiod th. 326, sc. Herc. 13 und oft bei den Tragikern, Θήβῃ Καδμηίδι γαίῃ Hes. O. D. 162, τὴν νῦν Βοιωτίαν, πρότερον δὲ Καδμηίδα γῆν καλουμένην Thuk. 1, 12. Von den Gephyraeern d. h. den Brückenbauern kadmeischen Stammes, welche darüber auch zu Phoenikern geworden sind, Herod. 5, 57. Auch das in Sparta, Thera und Kyrene ansässige Geschlecht der Aegiden (1, 205. 3) war kadmeischen Ursprungs.

3) Hermes Κασμῖλος oder Καδμῖλος, auch Κάδμος, wahrscheinlich in der

nach griechischer Etymologie vermuthlich den Ordner, den Fürsten schlechthin: eine Auffassung welche allerdings sowohl zu der Sage vom Kadmos als zu der Rolle, welche das kadmeische Theben in der ältesten Geschichte von Griechenland spielt, recht gut passen würde.

Die vollständige Sage, welche sich an die vom Raube der Europa aufs engste anschliefst, also diese als bereits existirend voraussetzt, ist nach den uns zugänglichen Quellen[1]) folgende:

Libye gebiert vom Poseidon zwei Söhne, Belos und Agenor. Jener wird König über Aegypten, dieser über Phoenikien[2]), wo Telephassa d. h. die Fernleuchtende[3]) von ihm Europa gebiert und die drei Söhne Kadmos, Phoenix und Kilix. Als Europa verschwunden ist, sendet Agenor diese Söhne aus, sie zu finden oder nicht wiederzukehren. Umsonst war ihr Suchen, daher sich Phoenix in Phoenikien niederläfst, Kilix in dem benachbarten und stammverwandten Kilikien, Kadmos aber im fernen Westen, wo man von seiner Ankunft und seiner Ansiedelung in verschiedenen Gegenden erzählte, namentlich auf Rhodos, auf Thasos und der benachbarten Küste, und auf der Insel Thera[4]). Auf der thrakischen Küste soll er seine

---

Bedeutung des Ordners, Erhalters, also i. q. Σάων s. Bd. 1, 310, 2; 703. Κάδμος nennt diesen Hermes Lykophr. 219, dahingegen Et. Gud. 290, 23 Καδμῖλος zu schreiben ist. Der Name hängt zusammen mit κόσμος und κεκάσθαι s. Welcker kret. Col. in Theb. 23 ff., L. Meyer Z. f. vgl. Spr. 6, 161 ff., Eustath. Il. 487, 33 δοκεῖ δὲ ἀπὸ τοῦ κάζω τὸ κοσμῶ παρῆχθαι ὁ Κάδμος etc.

1) Eurip. Phoen. 5 ff., 639 ff., Phrix. fr. 816. Apollod. 3, 1, 1; 4, 1, 2, Ovid M. 3, 1—130, Paus. 9, 5, 1; 12, 1—3. Auszüge aus Pherekydes, Hellanikos, Lysimachos u. A. b. Schol. Eur. a. a. O., Schol. Il. 2, 494, Apollon. 3, 1179. Auch Stesichoros hatte davon gesungen.

*2) Gewöhnlich in Tyros, daher sowohl Kadmos als Europa tyrischer Abkunft sind, Herod. 1, 2; 2, 49, Eurip. Phoen. 639, hin und wieder jedoch in Sidon, Eur. Bacch. 171, Phrix. fr. 816 u. A. In einem inschriftlich erhaltenen Gedicht auf den Nemeischen Sieg eines Sidoniers etwa aus dem dritten Jahrh. v. Chr. heifst Sidon ἀγαθῶν οἶκος Ἀγηνοριδᾶν, Waddington inscr. d. l. Syrie n. 1866, a.

3) Τηλέφασσα (auch Τηλεφάασσα u. Τηλεφάη) d. i. Τηλεφάεσσα, vermuthlich Eos als Sinnbild des Morgenlandes, vgl. Τήλεφος und Πασιφάεσσα, Εὐρυφάεσσα, Lob. Prol. Path. 40, Meineke z. Mosch. id. 2, 40. Andre nannten sie Ἀργιόπη d. h. die Glänzende, Schimmernde, Schol. Apollon. 3, 1186, Hygin f. 6. 178. 179.

4) Von Thera, wo die Aegiden diese Sage veranlafst haben mögen, Herod. 4, 147, Paus. 3, 1, 7, von Rhodos Diod. 5, 58, von Thasos, wo der phoenikischen Cultur zu Liebe ein eigner Thasos aus Phoenicien, ein Sohn bald des Agenor, bald des Kilix, bald des Poseidon angenommen wurde, und der thrakischen Küste Herod. 2, 44, Apollod. 3, 1, 1, Paus. 5, 25, 7, Konon 37. Auri metalla et conflaturam Cadmus Phoenix ad Pangaeum montem (invenit) Plin. 7, 197 vgl. Str. 14, 680.

Mutter, die mit ihm das verlorne Kind suchte begraben, dann aber nach Delphi gegangen sein, um hier nach der Schwester zu fragen. Das Orakel bedeutet ihm[1]), er solle nicht länger die Europa suchen, wohl aber einer Kuh, welche ihm begegnen werde, folgen und da, wo sie sich niederlassen werde, eine Stadt gründen. So geschieht es: als er durch Phokis geht, begegnet ihm die Kuh[2]) und er folgt ihr durch Boeotien, bis sie sich auf der Stätte von Theben niederlegt. Kadmos wollte das Thier seiner Schutzgöttin, der Athena Onka opfern, deren Heiligthum auch für seine Stiftung galt[3]), und schickt deshalb nach der benachbarten Aresquelle, um Wasser zur Libation zu holen. Aber ein schrecklicher Drache, welcher diese Quelle bewachte und gewöhnlich für einen Sohn des Ares galt[4]), würgt seine Leute, daher er nun selbst sich aufmacht und das Ungeheuer mit Hülfe der Pallas durch einen Steinwurf oder mit seinem Schwerdte tödtet, ein Vorgang welcher durch verschiedene Vasenbilder vergegenwärtigt wird[5]). Die Zähne dieses Drachen säet dann Athena oder auf ihr Geheiß Kadmos in die Erde[6]), worauf sich aus dieser alsbald geharnischte Männer erheben, welche man nach dieser Aussaat Σπαρτοὶ nannte, und welche nach Art des ehernen Geschlechts und der Giganten beschrieben werden. Es sind wilde bewaffnete Recken, deren Grimm durch einen Stein, welchen Kadmos unter sie wirft, alsbald zu solcher Wuth entzündet wird, daß sie sich unter

---

1) Der Spruch selbst b. Schol. Eur. Phoen. 638 ff., offenbar jüngerer Redaction und aus der Sammlung des Mnaseas.

2) Die Kuh begegnet ihm auf den Weiden des Πελάγων Ἀμφιδάμαντος, der sonst nicht erwähnt wird. Nach dem Orakel u. Paus. 9, 12, 1, Hygin f. 178 hatte sie das Zeichen des Mondes an beiden Seiten. Nach Apollon. 3, 1184 war sie von Apoll gesendet. Man erklärte τὸ Θούριον bei Chaeronea, weil die Kuh dem Kadmos hier begegnet sei, θῶρ γὰρ οἱ Φοίνικες τὴν βοῦν καλοῦσι, Plut. Sulla 17.

3) Schol. Eur. Phoen. 1062, Paus. 9, 12, 2, oben I. 153, 5. Natürlich galt auch dieser Name für einen phoenikischen.

4) Eur. Phoen. 656 ἔνθα φόνιος ἦν δράκων Ἄρεος ὠμόφρων φύλαξ, Ovid M. 3. 32 ff., oben I. 267. Genealogen nannten ihn einen Sohn des Ares und der Erinys von Tilphusa, Schol. Soph. Ant. 126, Unger l. c. 117.

*5) Darunter bes. das b. Gerhard etr. u. camp. Vas. t. G, vgl. Welcker A. D. 3, 354 ff., Heydemann Archaeol. Ztg. 1871, 35 ff. Nach Hellanikos tödtete Kadmos den Drachen durch einen Steinwurf, nach Pherekydes mit dem Schwerdte. Eur. Phoen. 662 ὃν ἐπὶ χέρνιβας μολὼν Κάδμος ὤλεσε μαρμάρῳ. 1062 φίλα Παλλάς, ἃ δράκοντος αἷμα λιθόβολον κατείργασαι.

6) Eur. Phoen. 667 Παλλάδος φραδαῖς. Schol. 670 ὁ Στησίχορος ἐν Εὐρωπείᾳ τὴν Ἀθηνᾶν ἐσπαρκέναι τοὺς ὀδόντας φησίν. 939 von der Erde, ἥ ποθ' ἡμῖν χρυσοπήληκα στάχυν Σπαρτῶν ἀνῆκεν.

einander aufreiben. Nur fünf blieben übrig, die Stammväter der edelsten Geschlechter im kadmeischen Theben, Οὐδαῖος d. h. Bodenmann, Χθόνιος d. h. Erdmann, Ἐχίων d. h. Schlangenmann, Πέλωρ d. i. der Riese, Ὑπερήνωρ der Uebergewaltige, lauter Namen die auf außerordentliche Kraft und autochthonischen Ursprung deuten[1]). Kadmos aber mußte wegen des vergossenen Blutes zuerst ein ewiges Jahr d. h. die gewöhnliche pythische Sühnperiode von acht Jahren dienstbar werden, wie Apollo selbst nach der Erlegung des Python (1,229). Darauf, nachdem er wieder rein und sein Eigner geworden, wurde ihm das höchste Glück beschert, als Athena ihn zum Könige machte, Zeus aber Harmonia, das liebliche Kind des Ares und der Aphrodite herbeiführte, daß sie sein Weib werde, eine Ehe wie die des Peleus und der Thetis und ein beliebtes Thema vieler Gesänge[2]). Alle Olympier verließen den Himmel um an der Hochzeit auf der Kadmeia theilzunehmen und das junge Paar zu beschenken, und die Musen sangen das Hochzeitslied, und Kadmos schenkte seiner Frau einen herrlichen Peplos, den ihm Athena gewirkt, und das sagenberühmte Halsband, welches Hephaestos dem Kadmos oder nach Pherekydes Zeus der Europa, diese aber dem Bruder geschenkt hatte. Aus dieser Ehe also gingen jene Töchter hervor: Semele, die Mutter des Dionysos (1,546), Ino, dessen Pflegerin und die Mutter des Melikertes (1,493), Autonoe, die Geliebte des Aristaeos und Mutter des Aktaeon (1,375), Agaue, welche von dem Sparten Echion den Pentheus geboren (1,566), endlich der einzige Sohn Polydoros d. h. der Gabenreiche, der Vater des Labdakos, dessen Sohn Laios der Vater des Oedipus war[3]). Ein Geschlecht, dessen Ruhm zu allen Sterblichen drang, aber auch ein von so außerordentlichem Verhängniß verfolgtes daß Kadmos zuletzt Theben, der Gründer seine Stadt verlassen haben und zu den Encheleern in Illyrien ausgewandert sein soll, er und Harmonia, welche in diesen fernen Gegenden einen neuen Thron gründeten und das Volk der Illyrier mit einem Stamm-

---

1) Pindar in Theb. fr. 6 ἢ Κάδμον ἢ Σπαρτῶν ἱερὸν γένος ἀνδρῶν ἢ τὰν κυανάμπυκα Θήβαν. Auch Aeschylos hatte jener fünf gedacht, Schol. Phoen. 942.

2) Pindar fr. 6 ἢ γάμον λευκωλένου Ἁρμονίας ὑμνήσομεν; vgl. Aristid. 2 p 353 τὸν Κάδμον φησίν (Πίνδαρος fr. 9) ἀκοῦσαι τοῦ Ἀπόλλωνος μουσικὴν ὀρθὴν ἐπιδεικνυμένου, Pind. P. 3, 90 ff., Theogn. 15—18 (Bd. 1, 397), Eur. Phoen. 822.

3) Ino Leukothea kennt schon die Odyssee 5, 333 als T. des Kadmos, alle vier Töchter und den Polydoros Hesiod th. 975—78.

vater seiner Könige beschenkten¹). Dort kamen sie endlich auch zur Ruhe, indem sie in Schlangen verwandelt als Genien an ihrem Grabe fortlebten, selbst aber von Zeus nach Elysion versetzt wurden²).

Ohne Zweifel hängt dieser Auszug des Kadmos mit der Eroberung und Zerstörung Thebens durch die Epigonen zusammen, nach welcher die Kadmeer gleichfalls über Thessalien zu den Encheleern ausgewandert sein sollen³): ein Beweis mehr, dafs die ganze Erzählung eine Combination der Mythographie und kein reines Product der Volkssage ist. Wie denn auch der Antheil des Orakels von Delphi und der Pythischen Sühnungsgesetze an der Gründung von Theben auf den Einfluss einer jüngern Zeit hinweist. Im Uebrigen aber sind es alte Vorstellungen der griechischen Heimath und des thebanischen Götterkreises, die uns hier entgegentreten. So die Kuh als Symbol der Ansiedelung, ein eben so sprechendes als gewöhnliches Sinnbild und bei der Gründung des Kadmos um so mehr an seiner Stelle, da er und seine Nachkommen im Heiligthume der Demeter Thesmophoros gewohnt haben sollen⁴). Neben dieser Göttin vertritt Athena die Wehrhaftigkeit des Helden und seines Stammes, während die Aresquelle und der an ihr lagernde Drache wie in so vielen anderen Sagen den blutigen Unfrieden des Orts vor der festen menschlichen Ansiedelung ausdrückt. Das Märchen von der Drachensaat und den aus ihr entstandenen Gewappneten wiederholt sich in der Argonautensage, so sehr hatte sich dieses Bild für die Streitbarkeit und den einheimischen Ursprung der kadmeischen Geschlechter der Phantasie

---

1) Eurip. Bacch. 1314 ff., Apollod. 3, 5, 4, Paus. 9, 5, 1, Strabo 7, 326, Diod. 19, 53. Ihr Sohn hiefs Ἰλλύριος, Dionys. P. 95, 389. Schol. Veron. Virg. p. 83 Keil: Hunc serpens spiris suis innexuit et donec ad adultos veniret annos amplexu corporis fovit imbuitque viribus, quibus omnem illam regionem sibi subdidit. Auch diese Sage scheint Euripides gekannt zu haben, fr. 922.

2) Kadmos, Peleus u. s. w. in Elysion Pind. Ol. 2, 78 vgl. Schol. Pyth. 3, 153. Grab und Hain am Drilon in Illyrien Apollon. 4, 516, Kallim. h. Str. 1, 46 (* vgl. O. Schneider zu fr. 104), Nikand. Ther. 608, Ovid M. 4, 563—603, Skylax p. 24, Eratosth. b. Steph. B. v. Δερράχιον, Phylarch b. Athen. 11, 6, Steph. B. v. Βουθόη.

3) Herod. 5, 57. 61 vgl. 1, 56.

4) Paus. 9, 16, 3. Die Samniten siedeln sich dort an wo der sie führende Ackerstier sich niederläfst, Str. 5, 250, ein Ochs zeigt die Stelle zum Bau der Kirche von Herforden, Kuhn Sagen u. Gebr. v. Westfalen 1, 266. Alter Demeterdienst auf der Kadmeia Eur. Phoen. 682 Schol. Nach dem Orakel opferte Kadmos die Kuh der Ge, d. h. der Demeter.

des Volkes empfohlen¹). Die Zähne des Drachen scheinen speciell auf den scharfen Zahn der Lanze hinzuweisen, welche das angeborne Wahrzeichen aller Abkömmlinge der Sparten blieb. Die Erweckung ihres Grimmes durch einen Steinwurf, den Jeder dem Andern Schuld giebt, und das gegenseitige Würgen sind gleichfalls alte und herkömmliche Züge der griechischen Sage²). Der eigenthümlichste und sinnreichste Zug aber ist die Ehe des Kadmos und der Harmonia, obgleich grade diese später zu manchen Künsteleien und Mifsverständnissen Anlafs gegeben hat. Eigentlich ist Harmonia ein der Aphrodite, der Peitho, der Hebe, den Chariten, Horen und Musen verwandtes Wesen der Lust und der Liebe und des heiteren Lebensgenusses³). In dieser Sage aber, als Kind des Ares und der Aphrodite, welche in Theben als Stammgötter der Kadmeionen verehrt wurden⁴), ist sie ein Sinnbild jener höheren Ordnung und Blüthe eines Stammes und Staates, in welchem die Streitbarkeit der Männer durch die Liebe und Anmuth der Frauen gemildert wurde⁵), bis später Philosophen wie Heraklit, Philolaos und Empedokles in der Harmonie das höchste Gesetz der natürlichen und sittlichen Weltordnung erkannten.

In der jüngeren Zeit hat sich die Kadmossage in Folge verschiedener Combinationen noch mehr verändert. Einmal wurde der the-

---

1) Apollon. 3, 1176 ff. Schol., nach denen Pherekydes erzählt hatte dafs Ares und Athena die Hälfte der Drachenzähne dem Kadmos, die andere Hälfte dem Aeetes gegeben hatte, vgl. Schol. Pind. I. 6, 13. Man sagte für Σπαρτοί auch Σπαρτιᾶται, daher die den Kureten verwandten Spartiaten auf Kreta, Steph. B. v. Σπάλλητον, Lob. Agl. 1117, wo auch von dem Zeichen der Lanzenspitze (λόγχη,) am Leibe der Sparten. Pind. I. 6, 10 Σπαρτῶν ἀκαμαντολογχᾶν.

2) Vgl. die βαλλητύς der Eleusinier Bd. 1, 651, 2 u. Lob. Agl. 680.

3) Hymn. Ap. P. 16 αὐτὰρ ἐϋπλόκαμοι Χάριτες καὶ ἐΰφρονες Ὧραι Ἁρμονίη θ' Ἥβη τε Διὸς θυγάτηρ τ' Ἀφροδίτη ὀρχεῦντ' ἀλλήλων ἐπὶ καρπῷ χεῖρας ἔχουσαι, zum Spiele Apolls und dem Gesang der Musen. Aesch. Suppl. 1041 δίδοται δ' Ἁρμονία μοῖρ' Ἀφροδίτας. Eurip. Med. 830 von Athen, ἔνθα ποθ' ἁγνὰς ἐννέα Πιερίδας Μούσας λέγουσι ξανθὰν Ἁρμονίαν φυτεῦσαι. Athen. 10, 25 Harmonia anstatt der Hebe den Göttern Wein schenkend. Aphr. Ἅρμα in Delphi Plut. Amator. 23, harmoniae Veneris Lucr. 5, 1240, Ἀφρ. βασίλεια ἁρμονίης Coluth. rapt. Helen. 28.

4) Bd. 1, 267, 3. Das Heiligthum lag auf der Burg. Paus 9, 16, 2 sah drei ξόανα der Aphrodite in Theben, die für Weihgeschenke der Harmonia galten, der Οὐρανία, Πάνδημος u. Ἀποστροφία vgl. 1, 278, 1. Aphrodisienfeier Xen. Hell. 5, 4, 1, Polyaen 2, 4, 2.

5) Plut. Pelop. 19. Von der Weltordnung des Zeus Aesch. Pr. 551 οὔποτε τὰν Διὸς ἁρμονίαν θνατῶν παρεξίασι βουλαί.

banische Kadmos als identisch mit dem phoenikischen immer mehr zum Träger gewisser Erfindungen, nicht blos der Buchstaben, sondern auch des Bergbaus und der Metallurgie¹). Zweitens combinirte man ihn in dieser späteren Zeit, so viel wir wissen seit Ephoros, mit jenem Kadmilos oder Kadmos auf Samothrake d. h. dem ithyphallischen Hermes der Pelasger, durch welchen auch verschiedene neuere Mythologen die wahre Bedeutung des thebanischen Kadmos erklärt zu haben glauben²). Die Folge war dafs auch Harmonia nun auf Samothrake einheimisch und zur Tochter des Zeus und der Elektra wurde, welche Kadmos von dort entführt, so dafs sie sogar in gewissen Festen auf Samothrake als eine Verschwundene gesucht worden sein soll³), oder Kadmos feiert nun auf dieser Insel sein Beilager, nicht mehr in Theben. Ja dieser samothrakisch-thebanische Kadmos, welcher zugleich für Hermes und für den Stammvater des Bacchus gelten konnte, wird endlich auch zum Gehülfen des Zeus bei dem Kampfe mit Typhon, in welchem Sinne namentlich Nonnos die alte Sage in seinem Gedichte von den Thaten des Bacchus von neuem überarbeitet hat⁴). Eine andere Folge dieser Wechselwirkung der örtlichen Sage und der combinirenden Poesie war die, dafs man von der Flucht und einem Versteck der Europa nun nicht mehr blos auf Kreta, sondern auch in der Gegend von Theben erzählte⁵), während andrerseits Harmonia auch wohl auf Kreta genannt oder wie Kadmos für eine geborne Phoenikerin gehalten wurde.

---

1) Dikaearch Hist. gr. fr. 2 p. 258, Plin. 7, 195, Clem. Al. Str. 1 p. 363, Hygin f. 274.

2) O. Müller Orchom. 461, Proleg. 146 ff., Welcker kret. Col. in Theb. 23 ff., Gr. G. 1, 330, Engel Kypros 2, 50 ff. u. A. Es ist zu beachten dafs Hermes, so viel wir wissen, in Theben zu den ältesten und angesehensten Göttern nicht gehörte, wohl aber in dem benachbarten und stammverwandten Tanagra.

3) Ephoros b. Schol. Eur. Phoen. 7, vgl. Schol. Apollon. 1, 916, Mnaseas b. Steph. B. v. Δάρδανος, Arrian b. Eustath. Dion. P. 391, Georg. Sync. chronogr. 199, 2, Diod. 5, 48, oben 1, 702. Vielleicht war auch der Name Harmonia in einheimischen Traditionen der Insel gegeben. Kannte doch Pherekydes eine Najade der Landschaft Themiskyra Namens Harmonia, welche vom Ares die Amazonen geboren, Apollon. 2, 990 Schol.

4) Koehler Dionysiaka d. Nonn. v. P. 2—11. Auch der jüngere Pisander hatte von dem Antheil des Kadmos an jenem Kampfe berichtet, da gewöhnlich Hermes und Aegipan genannt wurden, Schoemann op. 2, 373.

5) Antimachos b. Steph. B. v. Τευμησσός, Et. M. v. τευμήσατο, Paus. 9, 19, 1. Vgl. Vib. Seq. Lethaeus insulae Cretae ita dictus quod Harmonia Veneris filia Cadmon ibi oblita dicitur u. Euhemeros b. Athen. 14, 77.

b. Amphion und Zethos.

Die Odyssee 11, 260 ff. kennt ihre Mutter als eine Tochter des Flusses Asopos[1], die in den Armen des Zeus geruht und von ihm die beiden Söhne Amphion und Zethos geboren habe, welche zuerst das siebenthorige Theben mit Mauern und Thürmen versahen. Denn sie konnten, setzt dieses Gedicht hinzu, die weit ausgedehnte Stadt ohne den Schutz der Mauern nicht mehr bewohnen, so stark sie waren: bei welchen Worten die Ausleger an die gefährliche Nachbarschaft der Phlegyer von Orchomenos und Panopeus erinnern. Es ist das die berühmte Mauer der Unterstadt (ἡ κάτω πόλις), wie das über mehrere Hügel und die dazwischen liegenden Gründe zerstreute Theben zum Unterschiede von der kadmeischen Burg genannt wurde, berühmt durch ihre sieben Thore und durch den Sturm der sieben Helden.

Spätere Gedichte, namentlich die Hesiodischen Eoeen, die Kyprien und der alte Dichter Asios[2] waren ausführlicher. Antiope stammt nun aus Hyria, bei welchem Orte man wahrscheinlicher an Hysiae am Kithaeron als an den alten Hafenort der Küste von Aulis, den angeblichen Geburtsort des Riesen Orion denkt[3]. Ihr Vater hiefs in den Kyprien Lykurgos, gewöhnlicher Nykteus d. h. der Nächtliche, dessen Bruder Lykos d. h. der Lichte, offenbar ein beabsichtigter Gegensatz. Im weiteren Verlauf der Sage sind beide Könige von Theben, was durch die Minderjährigkeit des Königs vom kadmeischen Stamme motivirt wird, aber wohl eigentlich nur die Folge der Uebertragung von Hysiae nach Theben ist. Zeus schwächt die

---

[1] Bei Andern gilt Thebe für ihre Mutter, die Heroine der Stadt Theben, deren Name eigentlich die Hügelstadt bedeutet, denn θῆβαι sind nach altgriechischer und altitalischer Sprache i. q. colles, Varro d. r. r. 3, 1, 6.

[2] Paus. 2, 6, 2 vgl. Apollod. 3, 5, 5, Schol. Apollon. 4, 1090.

[3] Schon wegen der Abstammung der Antiope vom Asopos, auch wegen der Epiphanie des Zeus als Satyr, da der bacchische Cultus in der Gegend von Hysiae und Eleutherae sehr alt war. Auch die Genealogien b. Apollod. 3, 10, 1 sind in diesem Sinne aufzufassen: Alkyone gebiert vom Poseidon eine Tochter, die schöne Αἴθουσα d. i. die Strahlende, welche vom Apollo Mutter des Eleuther, des Eponymen von Eleutherae wird, und die beiden Söhne Ὑριεύς und Ὑπερήνωρ, in welchem Zusammenhange also jener gleichfalls besser für den Eponymen von Hysiae als für den des Hafenortes Hyria (1, 370. 383) gehalten wird. Hyrieus ist der Vater des Nykteus und Lykos, Nykteus der der Antiope. Ὑρία ist nur eine andere Form für Ὑσιά oder Ὑσιαί, auch galten beide Städte für nah verwandt, Str. 9, 404, Steph. B. v. Ὑρία und Ὑσία.

Antiope in Gestalt eines Satyr, darauf entführt sie Epopeus d. i. der König der Höhe nach Sikyon, wo Antiope neben der Aphrodite Urania verehrt und in anderen Ueberlieferungen mit dem Sonnengotte gepaart wurde[1]). Nykteus vermag nichts gegen Epopeus, wohl aber zwingt Lykos ihn die Entführte wieder herauszugeben, wodurch der Gegensatz zwischen diesen Brüdern noch deutlicher wird. Als Antiope mit Lykos zurückkehrt, gebiert sie die Zwillinge am Wege in der Gegend von Eleutherae, nach der gewöhnlichen Fabel beide vom Zeus, nach der vermittelnden Sage den Amphion vom Zeus, den Zethos vom Epopeus. Beide wurden als Schutzgötter von Theben und als Heroen auf weifsen Rossen verehrt (λευκόπωλοι), nach Art der spartanischen Dioskuren[2]), die wie sie ein engverbundenes Brüderpaar, Söhne des Zeus und göttliche Mächte des Lichtes waren, nur dafs bei diesen ein weitverbreiteter Cultus die Grundidee so viel mehr entwickelt und in sehr verschiedenen Beziehungen durchgeführt hatte. Auch darin sind beide Dioskurenpaare einander ähnlich dafs die Brüder bei aller Innigkeit ihres Bundes doch nicht gleichartig waren, von den thebanischen Amphion ganz musikalisch, Zethos ganz rüstig und kräftig, wie namentlich Euripides ihre Charaktere weiter ausgeführt hatte, vermuthlich nach Andeutungen der örtlichen Sage. Auch die Mutter dieses Paares bedeutete ohne Zweifel eine Macht der Natur, wahrscheinlich die des Mondes, der wie die Sonne in diesen landschaftlichen und örtlichen Sagen unter immer neuen Bildern wiederkehrt; es spricht dafür sowohl der Name[3]) als die nahe Beziehung zur Aphrodite und zum Helios in Sikyon. Nach der boeotischen Fabel wurde sie im Winter als Tochter des Nykteus, als rasende Maenade gedacht, ein Bild welches in den Sagen dieser Landschaft, wo der bacchische Cultus der vorherrschende war, etwas sehr Gewöhnliches ist; daher auch Zeus ihr in Gestalt eines Satyr, des bacchischen Walddämon beiwohnt. Oder sie wird entführt, aber um im Frühlinge mit „dem Lichten" zurückzukehren

---

1) Paus. 2, 10, 4. Nach Eumelos waren Aloeus und Aeetes Söhne des Helios und der Antiope. Aloeus beherrschte die Asopia, dann Epopeus, der wohl nur eine andere Figur des Helios ist, s. Marckscheffel Hes. Eum. cet. fr. p. 397 sqq.

2) Eurip. Phoen. 606, Herc. f. 29, Hes. v. Διόσκοροι, οἱ Ἑλένης ἀδελφοί καὶ Ζῆθος καὶ Ἀμφίων, λευκόπωλοι καλούμενοι. Schol. Od. 19, 518 οὗτοι τὰς Θήβας οἰκοῦσι πρῶτοι καὶ καλοῦνται Διὸς κοῦροι λευκόπωλοι. Noch Tiberius errichtete vor einem T. des Dionysos zu Antiochien zwei hohe Säulen zu Ehren τῶν ἐξ Ἀντιόπης γεννηθέντων Διοσκούρων. Io. Malalas p. 234, 17.

3) Ἀντιόπη, das Gesicht gegenüber am Himmel.

und vom Zeus die Mutter der lichten Zwillinge zu werden. Auch phokische Sagen aus der Gegend am nördlichen Parnafs erzählten von bacchischer Raserei der Antiope und von ihrer Entführung, doch wird sie auch hier gerettet und zuletzt mit ihren Söhnen göttlich verehrt[1]).

Aber auch mit der Geburt der Zwillinge hatte sich das Schicksal der Antiope noch nicht erfüllt, wenigstens nicht nach der Fabel von Theben, welche sich an die von Hysiae scheinbar ergänzend, eigentlich nur wiederholend anschliefst. Antiope geräth nehmlich jetzt in die Gewalt der Dirke, der bösen Frau des milden und freundlichen Lykos, welche die arme Antiope eben so erbarmungslos peinigt als dieser ihr gewogen ist, bis sie endlich durch ihre im Walde und bei den Hirten des Kithaeron herangewachsenen Söhne auch aus dieser Noth errettet wird. Das war der Inhalt eines der besten Stücke des Euripides, welches Dichter und Künstler zu manchen Nachbildungen derselben Fabel angeregt hat[2]). Antiope ist glücklich der thebanischen Haft entkommen und in finsterer Nacht, im rauhen Winter über den Asopos in den Kithaeron geflüchtet. Da gelangt sie zu dem Gehöfte wo ihre Söhne, die sie am Wege bei Eleutherae geboren hatte und dem Zufall überlassen mufste, in der Pflege eines Hirten herangewachsen sind. Amphion ganz der Musik und Poesie und dem zarteren Gemüthsleben, wozu ihm Hermes eine Laute geschenkt hatte, Zethos ganz kräftig und derbe und der Jagd und Viehzucht ergeben. Den zarter fühlenden Amphion zog es gleich zur Mutter, aber Zethos hatte Bedenken, also sah sich Antiope von neuem preisgegeben. Nehmlich auch Dirke wird jetzt durch die trieterische Dionysosfeier in den Wald geführt, findet dort die Antiope und beschliefst sie auf entsetzliche Weise zu strafen. Auf einen wilden Stier sollte sie gebunden und von diesem geschleift werden und die eigenen Söhne sind eben im Begriff diese Strafe an der Antiope zu vollziehen, da verräth der alte Hirt das Geheimnifs ihrer Abkunft und die Wuth der Jünglinge richtet sich nun gegen Dirke. Diese wird an den Stier gebunden und von ihm durch das Gebirge ge-

---

1) Paus. 9, 17, 3; 10, 7, Steph. B. v. Τιθοραία.
2) Unter den Dichtern Pacuvius und Propert. 3, 15. In der Kunst ist die grofse Gruppe in Neapel, der s. g. toro Farnese berühmt. Vgl. Hygin f. 8, Welcker Gr. Tr. 811—828 (Nauck p. 326), A. D. 1, 352 ff., O. Jahn Archäol. Ztg. 1853 n. 56. 57, * C. Bötticher Dirke als Quelle und Heroine, Berl. Winckelmannsprogr. 1861, s. jedoch auch Lit. Centralbl 1866, 369.

schleift, bis sie in eine Quelle verwandelt wurde[1]), welche Verwandlung auf örtlicher Sage beruht und zugleich manches Andere erklärt. Man zeigte den Ort der Verwandlung im Gebirge, welches gleichfalls nach der Dirke hiefs[2]), so dafs diese eigentlich eine örtliche Nymphe des kithaeronischen Waldgebirges gewesen zu sein scheint. Der von dort abfliefsende Strom mochte durch stürmischen Lauf und verheerende Wirkung zu dem Bilde des Stieres geführt haben (1, 448). Aufserdem gab es aber auch bei Theben eine Quelle und einen Flufs Dirke, einen so angesehenen dafs Theben und sein Gebiet nicht selten danach benannt wird[3]); und zwar galt die Quelle dieses Flusses gewöhnlich für identisch mit der Aresquelle der Kadmossage. Hier aber scheint man auch ein Grab der Dirke gezeigt und an demselben sühnende Todtenopfer und andre abergläubische Gebräuche begangen zu haben[4]), welche Gebräuche zugleich die Veranlassung gewesen sein mögen, Dirke die Rolle eines den Gründern der Stadt und ihrer Mutter feindlichen Plagegeistes spielen zu lassen.

Amphion und Zethos gelangen endlich zur Herrschaft in Theben und erbauen die Mauer, wobei die Sage wieder jenen charakteristischen Unterschied zwischen beiden geltend machte. So erzählt namentlich Apollon. 1, 738 ff. dafs Zethos gewaltige Steine mit gewaltiger Kraft herbeigeschleppt habe, während Amphion, ein zweiter Orpheus[5]), mit seiner Laute zweimal so grofse Felsblöcke von selbst in Bewegung setzt. Die Zusammenwirkung beider Kräfte, der mechanischen Gewalt um die schweren Blöcke zu bewegen und der Harmonie um sie nach sinnigem Maafse zu fügen, wiederholt sich in der troischen Sage vom Mauerbau des Apoll und des Poseidon, wo jener Gott dem Amphion, dieser dem Zethos entspricht, und in

---

1) Hygin f. 7 ex cuius corpore in monte Cithaerone fons est natus, qui Dircaeus est appellatus, beneficio Liberi, quod eius baccha fuerat.

2) Mons Dircaeus b. Stat. Th. 9, 678 ff. Vgl. Virg. Ecl. 2, 23 Amphion Dircaeus in Actaeo Aracyntho, das ist ein Theil des Kithaeron an der attischen Grenze, Prop. 3, 15. 42, Unger l. c. p. 89.

3) Aesch. Sept. 307, Soph. Antig. 844, Eurip. Phrix. fr. 816, Phoen. 1026, Hippol. 555. Θῆβαι Διρκαῖαι Str. 8, 387, Prop. 3, 17. 33. Aresquelle und Dirke s. Unger l. c. p. 107 sqq.

4) Plut. d. gen. Socr. 5, vgl. die portenta vor der Zerstörung der Stadt durch Alex. d. Gr. b. Diod. 17, 10, Aelian V. H. 12, 57, das Gedicht des Soterichos b. Ps. Kallisth. 1, 46.

5) Mit diesem hatte ihn namentlich der Dichter der Europia d. h. Eumelos verglichen, Paus. 9, 5. 4. Vgl. Unger l. c. p. 31 sqq.

der von Megara, wo Apollo seinem Freunde, dem Pelopiden Alkathoos, bei der Erbauung der Burg hilft¹). Auch wurde die anmuthige Fügung und Bauart der Stadt Theben und die bekannte Siebenzahl der Thore zum Beweise der Legende angeführt, speciell für den Antheil Amphions, dessen Leier zuerst sieben Saiten gehabt habe²). Wie Amphion denn überhaupt in der Geschichte der griechischen Musik einen grofsen Ruhm hatte und in diesem Sinne auch in Sikyon, der zweiten Heimath seiner Mutter, genannt wurde.

Aufserdem war Amphion als Gemahl der Niobe bekannt, während Zethos gewöhnlich Gemahl der Thebe genannt wurde, aber in andern Sagen, welche wie die von der Niobe kleinasiatischen Ursprungs zu sein scheinen, Gemahl der Nachtigall. In beiden Anknüpfungen tritt wieder die Naturbedeutung dieser thebanischen Dioskuren hervor, der Boten des Frühlings, seiner Fruchtbarkeit und seiner Gesänge.

3. Argos.

Auch diese Landschaft ist aufserordentlich reich an Sagen, ja sie ist so reich wie keine andre, man bedenke die ganze Folge der Mythenbildung, welche sich von Inachos und Io durch die Heraklessage bis Agamemnon und Diomedes hinabzieht. Pindar giebt Nem. 10 eine gedrängte Uebersicht dieses Reichthums, welcher seit dem alten Sagenschreiber Akusilaos von vielen Genealogen und Mythographen in der allgemeinen griechischen Sagengeschichte oder in besonderen localen Erörterungen vorgetragen wurde. Aeltere und jüngere Elemente sind dabei zu einem fortlaufenden Ganzen geschickt verwebt worden. Zu jenen gehören vorzüglich die symbolischen Grundzüge der Fabel von der Io, von Danaos und den Danaiden, von Perseus und seinen Abenteuern, welche auf die alten Culte der Landesgötter, den Zeus von Argos und Nemea, die Hera am Berge Euboea, die Athena von Argos, den lykischen Apollo und die auf vielen Höhen verehrte Artemis zurückweisen. Für etwas Jüngeres ist namentlich jene merkwürdige Beziehung der Io- und Danaossage auf Aegypten zu halten, welche als Merkmal einer späteren Sagenbildung der Beziehung der thebanischen Kadmossage auf Phoenikien genau entspricht. Denn die schon bei Herodot so ausgemachte Gleichsetzung

---

1) Theogn. 773. Paus. 1, 42. 1.
2) Paus. 9, 8, 3 vgl. 5, 4. Plut. de mus. 3, Unger p. 39 sqq. 254. Speciell haftete die Sage von der Leier des Amphion an dem neitischen Thore, ib. 304. Nonnos erklärt die sieben Thore durch die sieben Planeten.

der argivischen Io und der aegyptischen Isis kann doch erst erfolgt sein nachdem Aegypten den Griechen näher bekannt geworden war, wie dieses für die Griechen überhaupt erst seit den Zeiten des Psammetich und Amasis der Fall war, worauf dieser Verkehr von den Argivern insbesondere durch Vermittlung ihrer Colonieen auf Rhodos betrieben wurde[1]). Und so ist auch die Verschmelzung der verschiedenen örtlichen Sagen von Argos, Tiryns und Mykenae offenbar erst durch die auf Chronologie und Genealogie bedachte Hand der Logographen erfolgt. Denn die Traditionen dieser drei alten, neben einander bestehenden Städte und Burgen von Argos, mit welchem Namen eigentlich die Landschaft und ein grofser Theil des Peloponnes benannt wurde, lassen sich in den argivischen Fabeln noch sehr deutlich unterscheiden. Nach Argos gehören namentlich die Sagen vom Phoroneus und Danaos, nach Tiryns die vom Proetos, nach Mykenae die vom Perseus.

a. Inachos.

An der Spitze der argivischen Genealogieen steht Inachos, der als Landesvater verehrte Flufs der Landschaft, ein Sohn des Okeanos wie alle andern Flüsse[2]) und Vater der befruchtenden Quellen des Gebirgs, die seinen Strom nährten[3]). Ein seltsamer Glaube, der mit den Sagen von Argos Amphilochikon und der Verehrung des Acheloos zusammenhängt, liefs ihn am Lakmon im Lande der Perrhaeber entspringen, in dem der Amphilochen sein Gewässer mit dem Acheloos vermischen und von dort durch das Meer nach Argolis gelangen, wo seine Quellen in dem arkadischen Grenzgebirge der Gegend von Lyrkeia gezeigt wurden[4]). Eine andere Fabel suchte die Erschei-

---

1) Herod. 2, 154; 178. Vgl. O. Müller Orchom. 109 ff.

2) Sophokles im Satyrdrama Inachos b. Dionys. H. 1, 25 Ἴναχε γεννᾶτορ, παῖ τοῦ κρηνῶν πατρὸς Ὠκεανοῦ, μέγα πρεσβεύων Ἄργους τε γύαις Ἥρας τε πάγοις καὶ Τυρσηνοῖσι Πελασγοῖς.

3) Aesch. b. Schol. Ar. Ran. 1344 u. Plat. rep. 2 p. 381 D, wo Hera in Gestalt einer Priesterin für diese Nymphen sammelt: ὀρεσσιγόνοισι Νύμφαις κρηνίσιν κούραις θεαῖσιν ἁγίου Ἰνάχου Ἀργείου ποταμοῦ παισὶν βιοδώροις, was auf entsprechenden Cultus in Argos deutet. Vgl. Ovid M. 1, 642 Naides ignorant, ignorat et Inachus ipse.

4) Sophokles b. Str. 6, 271 vgl. Steph. B. v. Λάκμων u. Paus. 2, 25, 3 πηγαὶ γάρ δή, τῷ ὄντι εἰσὶν αὐτῷ. Diese Quellen befanden sich nämlich in der Gegend von Lyrkeia, Str. 8, 370, Schol. Apollon. 1, 125. Steph. B. Λύρκειον, wo das Λυρκεῖον ὕδωρ vermuthlich der Inachos ist, doch unterscheidet Stat. Theb. 4, 711 den Lyrcius et ingens Inachus. Es ist dasselbe Gebirge

nung zu erklären, dass ihm und einigen andern Flüssen der Landschaft in trocknen Sommern, wenn es nicht regnete, das Wasser ausging: auf welchen Umstand gewöhnlich auch der im Epos herkömmliche Ausdruck δίψιον oder πολυδίψιον Ἄργος d. h. das durstige, das wasserlose bezogen wurde¹). Inachos und jene andern Flüsse, so erzählte man, wären vom Poseidon mit dieser Schwäche bestraft worden, weil sie bei dem Streite zwischen ihm und Hera um die Landschaft für die letztere entschieden hätten²).

b. Phoroneus.

Mit dem Inachos paarte die Landessage eine Okeanine Melia d. h. Esche, welche Nymphe in demselben Sinne die Mutter des ersten Menschen von Argos genannt wurde, wie sonst die Menschen überhaupt oder einzelne Geschlechter aus Bäumen oder durch Baumnymphen entstehen³). Der Sohn des Inachos und der Melia ist Phoroneus, seinem Namen nach der Repräsentant des fruchtbaren Ackergrundes der Landschaft, nach der argivischen Sage der erste Mensch schlechthin, wie die Argiver denn die ältesten von allen Griechen zu sein behaupteten, daher verschiedene Genealogieen der Umgegend bei demselben Stamme anknüpften⁴). Zugleich galt er für den ersten

---

welches nach einem berühmten Heiligthume der Artemis oberhalb Oenoë das Artemision genannt wurde, Paus. l. c. u. 8, 6, 2.

1) Indessen war man über diese Deutung keineswegs einig, da Andre im Gegentheil das Land und die Stadt Argos für wasserreich und deshalb jene alten Epitheta anders erklärten, s. Str. 8, 370, Welcker ep. Cycl. 2, 546 ff., * auch Nitzsch Beitr. z. ep. Poësie 440, G. Curtius Grundz. 643.

2) Apollod. 2, 1, 4, Paus. 2, 15, 4, wo ausser dem Inachos der Kephisos und der Asterion genannt wird. Dieser ist ein kleiner Bach beim H. der Hera (1, 129, 1), der Kephisos scheint identisch zu sein mit dem Charadros bei Argos, Polemon b. Schol. Eur. Med. 827, Strabo 9, 424 (* wo Meineke wohl mit Unrecht die auf Argos bezügliche Notiz athetirt hat), Paus. 2, 20, 5.

3) Apollod. 2, 1, 1, Schol. Il. 1, 22, Schol. Eur. Or. 920. 1239, Tzetz. Lykophr. 177, wo Aegialeus und Phegeus aus den Genealogieen von Sikyon und Psophis hinzugefügt sind, s. Paus. 2, 5, 5, Steph. B. v. Φίγεια. Ueber Μελία und verwandte Sagen s. Unger Theb. Parad. 227, Schoemann op. 2, 132.

4) Ἀκουσίλαος γὰρ Φορωνέα πρῶτον ἄνθρωπον γενέσθαι λέγει, ὅθεν καὶ ὁ τῆς Φορωνίδος ποιητὴς εἶναι αὐτὸν ἔφη πατέρα θνητῶν ἀνθρώπων Clem. Al. Str. 1 p. 380 P. Vgl. Plato Tim. p. 22 περὶ Φορωνέως τε τοῦ πρώτου λεχθέντος καὶ Νιόβης, Soph. El. 4 παλαιὸν Ἄργος, Aristid. 1 p. 307 Ἀργεῖοι παλαιότατοι τῶν Ἑλλήνων ἀξιοῦσιν εἶναι. Dichter nennen die Argiver überhaupt Phoroniden, Theokr. 25, 200, oder Inachiden, Hes. χθονίοις Ἰναχίδας, αὐτόχθονας καὶ οὐκ ἐπήλυδας. Der Name Φορωνεὺς von φέρω φορά s. Pott Z. f. vgl. Spr. 11, 340 ff.

Begründer der Cultur des Landes und der Stadt Argos, daher man ihm namentlich die Stiftung des Heradienstes am Berge Euboea und die erste Ansiedlung der Stadt zuschrieb, endlich überhaupt die Anfänge der bürgerlichen Ordnung und des Gottesdienstes¹). Jene erste Ansiedlung nannte man das ἄστυ Φορωνικόν, welcher Ausdruck nichts Andres zu bedeuten scheint als die erste Hestia von Argos mit der heiligen Lebensflamme des ewigen Feuers, welches man im Heiligthume des lykischen Apollo am Markte zeigte; daher man Phoroneus in Argos anstatt des Prometheus für den Urheber des Feuers hielt, welches er zuerst vom Himmel auf die Erde gebracht habe. Seine Frau heißt bald Kerdo d. h. die Kluge, die Gewinnende, bald Telodike d. h. die das Recht weithin Verbreitende, bald Peitho d. i. die Macht der Ueberredung²): lauter neue Züge zu diesem Gesammtbilde der bürgerlichen Ordnung und des städtischen Verkehrs. Seine Kinder sollen gewesen sein Apis und Niobe, jener, nach welchem das Land den Namen Apia erhalten habe, eine Gestalt an welche sich Ueberlieferungen der Apollinischen Sühne anlehnten³), diese galt für die erste Sterbliche welche Zeus seiner Liebe gewürdigt. Sie gebiert von diesem Gotte den Argos, nach Einigen auch den sonst für einen Autochthonen geltenden Pelasgos⁴), die beiden Repräsentanten von Stadt und Land, an welche sich die übrigen Genealogieen anschlossen. Niobe, welches auch der Name einer argivischen Quelle war, wurde in anderen Genealogieen die Mutter von

---

1) Paus. 2, 15, 4; 19, 5. Schol. Soph. El. 4 u. 6, Steph. B. Ἄργος, Clem. Protr. p. 38 u. 184, Hygin f. 143 u. A. Ueber das H. des lyk. Apollo Bd. 1, 202, 3. Das Wort ἄστυ hängt zusammen mit ἑστία. * Jedoch vgl. Bd. 1, 342, 1.

2) Κερδώ nach Paus. 2, 21, 1. Τηλοδίκη nach Schol. Plat. Tim. 22, Tzetz. Lyk. 177, nach welchen auch bei Apollodor dieser Name herzustellen ist. Πειθώ nach Schol. Eur. Or. 1239, während Pherekydes nach Schol. Eur. Phoen. 1116 die Frau des Argos so genannt hatte; vgl. Bd. 1, 418, 3.

3) Aesch. Suppl. 260 ff. kennt ihn noch nicht als Sohn des Phoroneus, wie Apollod. 1, 7, 6, von dem wieder Paus. 5, 1, 6 abweicht. Auch in den sikyonischen Sagen wurde er genannt, vgl. Apollod. 2, 1, 1. wo dieser peloponnesische Apis nach dem Vorgange Andrer mit dem aegyptischen Sarapis identificirt wird, vgl. Clem. Str. 1 p. 383, Röm. Myth. 726, 4. Ἆπις scheint zusammenzuhängen mit ἤπιος. Man leitete davon sowohl den Namen Ἀπία ab als den der Ἀπιδόνες, Str. 8, 371, Steph. B. Ἀπία, Meineke Anal. Al. 182. * G. Curtius Grundz. 463 leitet Ἀπία sowie die Flußnamen Ἀπιδανός und Ἀπιδών von dem St. ἀπ d. i. aqua, Wasser ab.

4) Hesiod u. Akusilaos b. Apollod. 2, 1, 1, vgl. Aesch. Suppl. 250 ff., Sophokl. oben S. 35, 2.

fünf Töchtern genannt, von welchen, so hiefs es, die Nymphen des Gebirgs und die nichtsnutzigen Satyrn und die tanzlustigen Kureten abstammten[1].

c. Io.

Diese Fabel gehört wesentlich zu der Umgebung des argivischen Heradienstes, eben so wesentlich wie die ihr in mehrfacher Hinsicht verwandte Heraklesfabel. Sobald aber die am Himmel beobachteten Vorgänge auf die Erde übertragen und im Sinne der mythischen Geographie erklärt und weiter ausgeführt wurden, hat sich daraus unter Einwirkung des Verkehrs mit Byzanz und Aegypten eine Geschichte gebildet, in welcher der symbolische Kern zwar noch zu erkennen, aber durch so viele jüngere Elemente doch sehr verdunkelt ist.

Io ist der Mond[2] als wandelbarer und wandelnder, wie diese beiden Eigenschaften des Mondes denn das Gemüth und die Phantasie des Volkes und seiner Märchen und Sagen von jeher am meisten beschäftigt haben. Sie ist eine Priesterin der Hera, weil diese die Himmelskönigin ist. Als schöne Jungfrau erregt sie die Liebe des Zeus und wird deswegen von der Hera in eine Kuh verwandelt (das gewöhnliche Symbol des gehörnten Mondes) und dem Argos Panoptes zur Hut übergeben, dem riesigen Hirten mit den tausend Augen, welcher den gestirnten Himmel bedeutet (1, 317) und im Minotauros oder Asterion, dem Wächter des kretischen Labyrinths, sein Gegenbild findet. Ob die Dichtung von diesem Argos Panoptes und vom Hermes Argeiphontes gleich ursprünglich zur Sosage gehörte oder nicht, mufs dahingestellt bleiben; jedenfalls bedeutet die Entführung der Kuh durch Hermes am wahrscheinlichsten das zeitweilige Verschwinden des Mondes und seine Wanderung durch unbekannte Gegenden, bis er im Osten als Vollmond wiedererscheint. Denn mit

---

1) Hesiod b. Str. 10, 471 vgl. Bd. 1, 510, 3 u. Plin. 4, 17.

2) Späte Schriftsteller behaupten dafs Ἰώ im Dialekte der Argiver den Mond bedeute, Suid. v. Ἰώ, Eustath. z. Dion. P. 92 (* sicher eine ganz grundlose Erfindung). Welcker Aeschyl. Tril. 127 erklärte das Wort durch ἴκμα, doch ist die erste Sylbe in Io gewöhnlich lang. (Ovid Her. 14, 103 gebraucht sie kurz.) Andre haben an einen Ursprung dieses Namens aus Aegypten gedacht, da ioh im Koptischen der Mond heifse. Doch war der aegyptische Mondgott männlich oder mannweiblich, s. Plut. Is. Osir. 43 (Parthey S. 191) u. Pott Jbb. f. class. Phil. Suppl. 3, 300 ff. * Dafs die Deutung der Io auf den Mond und des Argos auf den Sternenhimmel nicht haltbar sei, glaubt der Hrgbr. N. Jahrbb. 1870, 665 ff., vgl. 1873, 697, nachgewiesen zu haben.

dieser Entführung beginnt der Wahnsinn der Io und ihr Umherirren durch den finsteren Norden bis zu dem Lande der Verheifsung im lichten Osten, wie diese Schilderungen uns besonders durch Aeschylos bekannt sind. Die geographische Beschreibung dieser verworrenen Bahn wurde theils durch das beliebte Spiel mit Namen bestimmt, wie dieses bei der Beziehung des ionischen Meeres und der beiden Bospori auf den Namen und die Gestalt der Io der Fall ist, deren schon durch die Mythe bestimmtes Bild die griechischen Seefahrer und Ansiedler in jene Gegenden begleitete[1], theils durch das Entgegenkommen des verwandten Bildes der Isis in Aegypten[2]. Dieses führte weiter dahin dafs Io in Aegypten die Mutter des Epaphos d. h. des aegyptischen Apis[3] und durch ihn die Stammmutter eines Geschlechtes von Königen und Helden wurde, welches sich nach den Lehren der griechischen Logographie von Aegypten aus über Phoenikien, Kilikien, Theben und Argos verbreitet hatte.

Io hiefs als argivisches Landeskind nach der gewöhnlichen Ueberlieferung einfach eine Tochter des Inachos[4], wie Phoroneus und hin und wieder auch Argos Panoptes. Doch liefsen andre Genealogen sie von andern Heroen der argivischen Vorzeit abstammen, welche an solchen alten Namen reich war: bald vom Iasos, durch welchen man einen älteren Namen der Landschaft Ἴασον Ἄργος zu erklären suchte[5], bald vom Peiren oder Peiras oder Peirasos, den die Ueberlieferung des argivischen Heradienstes als Stifter des ersten, angeblich aus einem Birnbaum zu Tiryns geschnitzten Bildes dieser Göttin

---

1) Βόσπορος eigentlich eine so enge Meeresstrafse dafs eine Kuh hinüberschwimmen kann, dann auf die Io bezogen, wie dieses namentlich am thrakischen (früher mysischen) und am kimmerischen Bosporos der Fall war, aufser welchen man später auch einen indischen Bosporos kannte, s. Aesch. Pr. 133, Suppl. 544. Eurip. Iph. T. 393, Schol. Apollon. 2, 168, Steph. B. v. Βόσπορος, Eustath. Dionys. P. 140 u. A. Die Erklärung dieser Benennung durch argivische Ansiedler in Byzanz b. O. Müller Proleg. 132 scheint mir weder nöthig noch sonst gerechtfertigt.

2) Herod. 2, 41 τὸ γὰρ τῆς Ἴσιος ἄγαλμα γυναικήιον βούκερών ἐστι κατάπερ Ἕλληνες τὴν Ἰοῦν γράφουσι. * Vgl. N. Jahrbb. 1870, 668 ff.

*3) Oder vielleicht richtiger, dafs Epaphos, der Sohn der Io, mit dem aegyptischen Apis identificirt wurde; vgl. a. a. O. S. 671.

4) So bei Herodot, den Tragikern, Ovid, Lukian u. A.

5) Apollod. 2, 1, 3. Paus. 2, 16, 1 vgl. Odyss. 18, 246 m. d. Schol. u. Eustath., Hesych. Steph. B. v. Ἴασος. Aristid. rhet. p. 3 ed. Ddf. Ἴασος γὰρ ἂν οὕτω γε τύχοι, περὶ λόγους καὶ Κρίασος καὶ Κρότωπος καὶ Φορωνεὺς καὶ εἴ τις Ἀργεῖος ἐκ μύθου.

nannte¹). Dieselbe Ueberlieferung kannte Io als erste Priesterin der Hera und zwar unter dem Namen Καλλιθόη oder Καλλιθυια, welcher die Bedeutung einer Schwärmenden hat²), also wie jener Wahnsinn und die Irren der Io auf die verworrenen Wege des Mondes deutet. Unter diesem Namen wurde Io in dem seit Hellanikos von den Chronologen oft benutzten Verzeichnisse der argivischen Herapriesterinnen als die erste einer langen Reihe genannt. Ja eine spätere Ueberlieferung kannte diese Kallithyia auch als Mutter eines argivischen Heroen, des Trochilos, welcher zugleich für den ersten Fuhrmann des Landes gleich dem attischen Erichthonios und für den ersten Hierophanten gelten mufste, so dafs man ihn sogar zum Vater des attischen Triptolemos und diesen dadurch zu einem argivischen Heroen gemacht hat³).

Die gewöhnliche Erzählung aber der Sage, wie sie seit Hesiod, Akusilaos und Aeschylos bis Ovid und Hygin wiederholt zu werden pflegte⁴), ist folgende. Zeus liebt die schöne Priesterin der Hera, welche sie aus Eifersucht verwandelt, oder wie zuerst Hesiod erzählt hatte, Zeus verwandelt seine Geliebte in eine Kuh, nämlich um seine Liebe zu ihr abschwören zu können⁵). Immer ist diese Kuh eine schimmernd weifse und strahlende⁶) wie der Mond, und immer ist

---

1) Plut. de Daedal. b. Euseb. pr. ev. 3. 8 λέγεται δὲ Πείρας (gen. Πείραντος) ὁ πρῶτος Ἀργολίδος Ἥρας ἱερὸν εἱσάμενος τὴν ἑαυτοῦ θυγατέρα Καλλιθύιαν ἱέρειαν καταστήσας ἐκ τῶν περὶ Τίρυνθα δένδρων ὄχνην τεμὼν εὐκτέανον Ἥρας ἄγαλμα μορφῶσαι, vgl. Clem. Protr. p. 41 u. Bd. 1, 139, 2. Paus. 2, 16, 1; 17, 5 u. Schol. Eur. Or. 920 nennen ihn Πείρασος, bei Hesiod u. Akusilaos hiefs er Πειρήν, s. Apollod. l. c. u. Herodian π. μον. λεξ. 17, 4.

2) Die Phoronis b. Clem. Str. 1 p. 418 Καλλιθόη κληδοῦχος Ὀλυμπιάδος βασιλείης Ἥρης Ἀργείης etc. Καλλίθυια Πείραντος heifst sie bei den Chronologen und b. Aristides l. c., vgl. Scaliger z. Euseb. p. 24 A. Ἰὼ Καλλιθύεσσα b. Hesych s. v. Vgl. Aesch. Suppl. 291 κληδοῦχος Ἥρας, v. 548 ed. G. Hermann θεὰς Ἥρας d. h. eine in heiliger Aufregung Schwärmende, s. Bd. 1, 563, 4.

3) Τροχίλος von τροχός das Rad, vgl. Schol. Arat. Phaen. 161 u. Paus. 1, 14, 2.

4) Hesiod im Aegimios u. in den Katalogen, s. Kirchhoff Philol. 15, 13. Vgl. Apollod. 2, 1, 3, Ovid. M. 1, 582—750, Hygin f. 145.

* 5) Vgl. Bd. 1, 110, 3. Bei Aesch. Suppl. 299 verwandelt Hera, um ihre Priesterin dem Zeus zu entziehen, die Io in eine Kuh, worauf Zeus sich in einen Stier verwandelt.

6) βοῦς λευκή b. Apollod., nitens, nivea b. Ovid. * Auf Bildwerken erscheint Io bald als Kuh, z. B. auf den Münzen von Byzanz mit der Inschrift Πυ, welche eine über einen Delphin hinschreitende Kuh zeigen, auch auf alterthümlichen Vasenbildern und einer Gemme, bald als παρθένος βούκερως d. h.

das Symbol älter als die Sage, wie dieses Symbol denn ohne Zweifel eine alte Ueberlieferung des Cultus der Hera war. Hera fordert darauf die Kuh vom Zeus und setzt ihr zum Wächter den Argos Panoptes, welcher in der späteren Tradition auch zum Heroen mit verschiedenen Genealogieen und verschiedenen Abenteuern geworden ist[1]). Argos bindet die ihm anvertraute Kuh an einen Oelbaum des Hains der Hera zwischen Myken und Argos, welcher fort und fort gezeigt wurde[2]), während die Dichter diese Weide der Io bald auf die lernaeische Flur bald in den schönen Thalgrund von Nemea verlegten[3]). Dann erscheint Hermes im Auftrage des Zeus um die Tausende der Augen des Wächters durch den Zauber seiner Flöte und seines Stabes einzuschläfern, worauf er ihm mit einem Sichelschwerdte, demselben welches Hermes später dem Perseus überliefs, den Kopf abschneidet[4]). *Die Augen setzt Hera auf den Schweif des Pfaus, des ihr geheiligten Vogels[5]). *Der ganze Vorgang, von der Verwandlung der Io bis zur Enthauptung des Argos und ihrer Flucht, ist auf vielen Denkmälern, namentlich Vasen- und Wandgemälden im Bilde vergegenwärtigt[6]). Denn gleich nach dem Tode des bewachenden Riesen beginnt die grofse Wanderung der Io durch den Norden nach Osten, wie andere Dichtungen von der grofsen Bahn der Selene reden, nach welcher dieselbe frisch gebadet im Okeanos mit leuchtendem Gespanne wiederkehre, eine Geliebte des

---

als gehörnte Jungfrau. Eine Terracotta, welche angeblich Io als Kuh mit menschlichem Oberleibe darstellen sollte, ist unecht: Brunn Arch. Ztg. 1868, 112.

1) Bei Aeschylos ist er γηγενής, bei Andern galt er für einen Sohn des Inachos oder des Agenor oder des Arestor u. s. w. Seine Thaten betreffen meist Arkadien, Apollod. l. c.

2) Apollod. οὗτος ἐκ τῆς ἐλαίας ἐδέσμευεν αὐτήν, ἥτις ἐν τῷ Μυκηναίων ὑπῆρχεν ἄλσει. Plin. 16, 239 Argis olea etiam nunc durare dicitur, ad quam Io in vaccam mutatam Argus adligaverat. Also in dem Haine am Berge Euboea, welcher bald zu Myken bald zu Argos gerechnet wurde, je nachdem dieses oder jenes die Oberherrschaft hatte (Bd. 1, 129, 1). Auch der Name der Insel Εὔβοια wurde gewöhnlich auf die Io bezogen, *Strabo 10, 445, St. B. Ἀβαντίς u. Ἀργοῦρα, Et. M. Εὔβοια.

3) Aesch. Pr. 673 ff., Lukian D. D. 3, Et. M. v. Ἀφέσιος.

4) Falcato ense b. Ovid M. 1, 717 und auf einer Gemme, während Hermes auf den Vasenbildern gewöhnlich mit einem Schwerdte bewaffnet ist. Bei Apollodor warnt ein Falke den Argos, und Hermes tödtet dann den letzteren durch einen Steinwurf.

5) Oder der Pfau entsteht aus dem Blute des Argos, Mosch. id. 2, 58.

*6) El. ceramogr. 3 t. 95—101. Overbeck Kunstmyth. d. Zeus 465 ff.

Zeus und von ihm die Mutter der Pandia d. h. des Vollmondes (1, 363). Motivirt wird dieser verworrene Lauf durch wilde Angst und Wahnsinn, in welchen Io durch eine von der Hera auf sie losgelassene Kuhbremse, die Plage der Heerden in südlichen Ländern, versetzt wird[1]. So geängstigt rennt sie zunächst nach Norden längs der Küste des Meeres, welches von ihr den Namen des ionischen bekommen haben soll[2], dann über Illyrien und den Haemos an den thrakischen Bosporos bei Byzanz, wo man sich mit ihrem Andenken viel beschäftigte[3]. Von dort führte sie die gewöhnliche Sage weiter nach dem Lande der Skythen und an den kimmerischen Bosporos, worauf sie noch viele andre Länder und Meere durchirren mußte[4], bis sie endlich nach Aegypten kommt, wo sie durch Zeus ihre alte Gestalt wiedergewinnen und die Mutter des Epaphos werden sollte. Natürlich wurden diese Wanderungen der Io von den Dichtern mit freier Phantasie geschildert, wie davon namentlich Aeschylos ein Beispiel giebt, der noch dazu selbst in den Schutzflehenden anders dichtet als im Prometheus. In jenem Stücke nämlich v. 544 ff. rennt sie, nachdem sie den thrakischen und kimmerischen Bosporos durchschwommen, durch Phrygien, Mysien, Lydien, Kilikien und von da wie es scheint über Cypern durch das Meer nach Aegypten. Im Prometheus dagegen vs. 706 ff. und 790 ff. sind diese Wege weit künstlicher und schwieriger, obwohl wir dem Dichter nicht sicher folgen können, denn offenbar sind manche Verse ausgefallen und verschiedene Namen sind nicht verständlich. Vom ionischen Meere

---

1) Aesch. Suppl. 540 ἔνθεν Ἰὼ οἴστρῳ ἐρεσσομένα φεύγει ἁμαρτίνοος, πολλὰ βροτῶν διαμειβομένα φῦλα, vgl. Odyss. 22, 300, Virg. Ge. 3, 148. Daher οἰστροπλήξ b. Aesch. Pr. 681 u. Soph. El. 5. Im Prometheus des Aeschylos wird sie vom Gespenst des getödteten Riesen verfolgt, bei Ovid M. 1, 725 durch eine schreckliche Furie, bei Hygin f. 145 durch die personificirte Formido.

2) Aesch. Pr. 829 ff., Apollod., Hygin, bei welchen sie vor Angst ins Meer springt, vgl. Schol. Apollon. 4, 308, Tz. Lykophr. 630.

3) Man zeigte bei Byzanz die Weide der Io in dem anmuthigen Wiesengrunde, welcher jetzt den Namen der süßen Wasser von Europa führt. Ihre angebliche Tochter Κερόεσσα d. h. die Gehörnte d. i. Io selbst galt für die Mutter des Byzas. Vgl. Hesych Miles 6—9 (Fr. H. Gr. 4, 148). Ueber die Münzen der Stadt s. oben S. 40, 6.

4) Apollod. πολλὴν χέρσον πλανηθεῖσα καὶ πολλὴν διανηξαμένη θάλασσαν Εὐρώπης τε καὶ Ἀσίας. Hesych Mil. Ἥρα δὲ χολωθεῖσα ἐπὶ τῷ γενομένῳ οἶστρον ἐπιπέμπει τῇ δαμάλει καὶ διὰ πάσης αὐτὴν ἐλαύνει ξηρᾶς τε καὶ ὑγρᾶς. Später ließ man sie auch wohl umgekehrt zuerst an die beiden Bospori und dann an das ionische Meer gelangen Amm. Marc. 22, 8, 13.

ist sie durch die skythische Wüste zum Prometheus gelangt (1, 79), welcher den ihr noch bevorstehenden Weg als Seher beschreibt. Sie werde von dort weiter an den Kaukasos und über denselben zu den Amazonen gelangen, welche sie über den kimmerischen Bosporos, die Grenze von Europa und Asien, führen würden. Hier solle sie weiter gegen Morgen gehen und werde dann noch viele unbekannte Gegenden bis an die äufsersten Grenzen des Südens und des Nordens durchschweifen müssen[1]), bis sie endlich zu den Aethiopen an den Quellen des Helios (1, 353) und an den Flufs Aethiops gelangen werde. Dieser werde sie an den Nil und der Nil in das Delta seiner Mündung führen, wo ihrer und ihres Stammes die bessere Zukunft warte. Denn dieses bleibt immer das Ziel der Verheifsung und der letzte Ausgang von so vielen Leiden und Prüfungen. Dort, so sagen die Dichter seit Aeschylos und Pindar, an der Nilmündung von Kanobos, habe Io ihre alte Gestalt und Schönheit wiedererlangt und vom Zeus mit sanfter Hand berührt den Epaphos geboren[2]), den Sohn des Zeus und gesegneten König des fruchtbaren Nilthales, wo er viele Städte, namentlich Memphis gründete[3]). *Er wurde mit dem aegyptischen Apis identificirt, welcher vornehmlich in Memphis verehrt wurde[4]), da Io je länger desto mehr mit der Isis verschmolz.

1) Offenbar sind die Graeen und Gorgonen einerseits und die Greife und Arimaspen andrerseits nur die äufserste Grenze der Wanderungen, über welche im Einzelnen nicht mehr aufs Klare zu kommen ist. Die Aethiopen sind nach Suppl. 285 die Nachbarn der Inder.

2) Aesch. Pr. 846 ff. Der Name Ἔπαφος von der Berührung des Zeus, βοὸς ἐξ ἐπαφῆς Suppl. 16, vgl. 45. 312. 535. Schol. Eur. Phoen. 678 ὅτι ὁ Ζεὺς ἐπαφησάμενος τῆς Ἰοῦς πάλιν εἰς γυναῖκα αὐτὴν μετεμόρφωσε. Apollod. ὅποι τὴν ἀρχαίαν μορφὴν ἀπολαβοῦσα γεννᾷ παρὰ τῷ Νείλῳ ποταμῷ Ἔπαφον παῖδα. Ovid M. 1, 738 vultus capit illa priores fitque quod ante fuit. Stat. Theb. 6, 278, Hygin f. 145. Io als Kuh durch das Meer schwimmend, Zeus sie am Nil berührend und verwandelnd, Hermes den Argos tödtend, d. h. die Wanderung, ihr Anfang und ihr Ende, in drei Bildern an einem goldenen Korbe b. Mosch. 2, 44—61. *Zwei Wandgemälde zeigen die Ankunft der Io in Aegypten. Overbeck a. a. O. 485; das eine abgebildet b. Zahn 3, 8.

3) Pind. N. 10, 5 πολλὰ δ' Αἰγύπτῳ κατῴκισεν ἄστη ταῖς Ἐπάφου παλάμαις, nämlich Argos durch den von dort stammenden Epaphos. Vgl. Pyth. 4, 14 u. Aesch. Suppl. 584, welcher den Epaphos δι' αἰῶνος μακροῦ πάροιχον nennt. Nach Aesch. Suppl. 311 wurde Epaphos in Memphis geboren, nach Apollod. heirathete er Μέμφιν τὴν Νείλου θυγατέρα und benannte nach ihr die Stadt.

4) Herod. 2, 38. 153; 3, 27. Strabo 17, 807, welcher den Apis für identisch mit Osiris erklärt. Vgl. Ovid. M. 1, 747 ff. *und oben S. 39, 3.

vorzüglich in den Zeiten und an den Orten griechischer Bildung z. B. in Alexandrien.

Auch die phoenikische Astarte wurde als wandernde Kuh gedacht und unter diesem Bilde oder als gehörnte Frau dargestellt, daher auch sie mit der Isis und in Folge davon mit der Io identificirt wurde. Also sucht nun auch diese, gleich der aegyptischen Isis, nachdem sie durch böse Mächte ihren Knaben verloren, denselben durch ganz Phoenikien und Syrien, auf welcher neuen Wanderung Io namentlich in Byblos einkehrt[1]). Darauf wendet sie sich, nachdem sie den Epaphos gefunden, zurück nach Aegypten, wo sie jetzt dem Könige Telegonos ihre Hand reicht und ein Bild der Ceres stiftet, vielleicht das der Ceres oder Isis Pharia, welches wegen seiner alterthümlichen Form mehrfach erwähnt wird[2]). Wieder andre Sagen und Culte sind aus der Verschmelzung dieser Fabeln mit der jüngeren argivischen Mythologie entstanden, da zu solchen Combinationen im hellenistischen Zeitalter nicht selten zufällige Namensanklänge einen hinreichenden Anlaß gaben. z. B. wenn man erzählte dafs der argivische Triptolemos von seinen Landsleuten ausgeschickt sei um die in Tyros verschwundene Io zu suchen. Er sei deshalb zuerst in Kilikien umhergestreift, wo damals einige Argiver seiner Begleitung Tarsos gegründet hätten, und darauf nach Syrien gelangt wo er sich am Orontes niedergelassen habe, während sein Sohn Gordys noch weiter vorgedrungen sei. Die Nachkommen jener argivischen Ansiedlung am Orontes seien später nach Antiochien verpflanzt worden, wo Triptolemos als Heros verehrt wurde[3]) und neben ihm Io, welche sich aus Aegypten in diese Gegend geflüchtet und einem Orte Ione

---

1) Apollod. l. c., * ein Anklang daran Hygin f. 150; vgl. Plut. Is. Osir. 15. 16. Lukian Dea Syr. 7. Damit hängt zusammen das Fest der ἄφεσις Ἰοῦς ἐκ Φοινίκης, Plut. l. c. 50, wodurch sich ein Gedicht des Kallimachos Ἰοῦς ἄφεσις Suid. erklärt. * Ueber dieses letztere urtheilt etwas anders O. Schneider Callim. 2 p. 334 ff.

2) Tertull. Apol. 16, ad Nat. 1, 12. Auch diese Isis wurde mit der Io identificirt, welche den Boden Aegyptens zuerst auf der Insel Pharos betreten habe, Sync. p. 237. Daher die Pharia invenca, quae bos ex homine est, ex bove facta dea, und welche die Sternkundigen auch am Himmel nachzuweisen wußten, Ovid F. 5, 619 ff., Hygin P. A. 2, 21.

3) Strabo 16, 750 vgl. O. Müller Antiqu. Antiochen. 18 sqq. Eine ähnliche Bewandtnifs hat es mit der Io in der Gegend von Gaza und Iope s. Stark Gaza 586. * Vgl. auch A. v. Gutschmid Ztschr. d. DMG. 15, 24.

oder Iopolis am Berge Silpion ihren Namen gegeben habe; daher sich Antiochien zugleich von Argos und von Athen abzustammen rühmte. So hatte sich mit dem Strome der Bildung auch der Strom der Sage geradezu umgekehrt, denn dieser attisch-argivische Triptolemos in Antiochien ist in der That nichts Anderes als ein umgekehrter Kadmos.

d. Danaos und die Danaiden.

Mit Danaos und den Danaiden kehrt der Stamm der Io und des Epaphos aus Aegypten wieder nach seiner Heimath Argos zurück, dieses ist der angeblich historische Sinn der folgenden Sage, welche insofern die unmittelbare Fortsetzung der Iosage ist. Doch kann es uns bei näherer Prüfung nicht entgehen dafs auch hier die älteren Elemente des Mythos einheimisch argivischen Ursprungs und der Natur der argivischen Landschaft entlehnt sind, die Beziehung auf Aegypten also erst in jenem Zeitalter hinzugefügt sein kann, in welchem die Anfänge der griechischen Völkerkunde und Geschichtschreibung liegen, wahrscheinlich in Folge der schon gegebenen Identificirung der Io mit der Isis.

Danaos ist der erdichtete Repräsentant der Danaer, welches bei Homer der gewöhnliche Name für die Bevölkerung der argivischen Landschaft ist. Seine engere Bedeutung ist die des Gründers von Argos, sowohl der Stadt als der Burg Larisa, da Phoroneus nur den ersten Heerd gestiftet hatte (S. 37). Seinen Namen hat man durch δανός d. i. dürre, trocken erklären wollen, als ob Danaos ein Sinnbild der Dürre und Trockenheit des Bodens von Argos wäre[1], wie Skiros und Kranaos allerdings eine ähnliche Bedeutung in Salamis und Athen hatten. Doch wurde dieses Wort gewöhnlich nur von trockenem Holze gebraucht, auch ist die erste Silbe lang, während sie in den Wörtern Δαναοί Δαναός Δανάη kurz ist, ein etymologisches Bedenken welches auch die Erklärung dieser Namen durch δήν und δηναιός im Sinne eines hohen Alterthums verbietet[2]. Auch

---

[1] O. Müller Proleg. 185. Man sagte namentlich δανὰ ξύλα d. h. trocknes Holz und erklärte dieses bald durch δάν d. i. δήν d. h. τὰ διὰ τὸν χρόνον ξηρά, bald durch δαίω d. i. καίω, also i. q. τὰ καύσιμα, Od. 15, 322, Arist. Pac. 1134, Et. M. Hes.

[2] So erklärt der apokryphische Prolog zur Danae des Euripides den Namen Danae durch ὁθούνεκα πολὺς παρῆλθεν εἰς γονὴν παίδων χρόνος, also von δήν, δηναιός d. i. in der Ilias 5, 407; 6, 131 langlebig, später aber alt,

ist die Dürre des argivischen Bodens in Wahrheit nur eine vorübergehende, denn sowohl die Stadt als das Land, namentlich das Gebirge, waren reich an Brunnen und Quellen, welche von der Landessage noch dazu ausdrücklich dem Danaos und seinen Töchtern zugeschrieben wurden. Von Danaos hiefs es deswegen gewöhnlich dafs er die ersten Brunnen in Argos gegraben habe, deren es dort viele und leicht zugängliche gab; auch wurden mehrere unter ihnen nach Art des griechischen Quellencultus heilig gehalten und selbst die bürgerlichen Corporationen scheinen sich zum Theil an diesen Cultus angelehnt zu haben[1]. Im Lande aber und im Grenzgebirge von Arkadien war der Quellencultus mit dem der Landesgötter eng verbunden, der Hera, des Poseidon, der Artemis, der Athena[2]; daher man ohne Zweifel die funfzig Danaiden für einen Gesammtausdruck dieser zahlreichen Quellen der Stadt und des Landes erklären darf, da sie von der Sage sehr bestimmt als die Nymphen des Danaerlandes charakterisirt werden. Im Sommer nun pflegten die meisten von diesen Quellen bei anhaltender Dürre zu versiegen und in Folge davon auch die gröfseren Flüsse, namentlich der Inachos und Kephisos[3], daher der alte Ausdruck δίψιον Ἄργος und jene Fabel von dem Zorne Poseidons[4]; dahingegen Danaos und die Danaiden dieses

uralt. Aesch. Pr. 794 αἱ Φορκίδες Δυναιαὶ κόραι von den Graeen, 912 Δυναῶν θρόνων von Kronos, Kallim. Iov. 60 Δυναιοὶ ἀοιδοί * (vgl. jedoch Schneider zu d. St.), Lykophr. 145 Δυναιᾶς ἁλός.

1) Hesiod in dem öfters angeführten Verse: Ἄργος ἄνυδρον ἐὸν (für δίψιον) Δαναὸς ποίησεν ἔνυδρον, wo Andre lasen Δανααὶ θέσαν, weil man in Argos eben so wohl die Danaiden als den Danaos für die Urheberinnen dieses Ueberflusses hielt, vgl. Str. 8, 370 u. 371 und Serv. V. A. 7, 286 apud quos magna erat societas inter eos qui uno puteo utebantur, denn auch die Brunnen hatten ihre Nymphen, s. Bd. 1, 451, 1. Nach Polybios b. Str. 1, 23 wurde Danaos eben wegen dieser Anlage von Brunnen der König von Argos, vgl. Plin. 7, 195 puteos Danaus (invenit) ex Aegypto advectus in Graeciam quae vocabatur Ἄργος δίψιον. Argos die Stadt des Danaos und der Danaiden b. Pind. N. 10, 1 u. Eurip. Or. 876.

2) Diese nach Kallim. Iav. Pall. 45 ff. Vom Dienste der Artemis in der Gegend der Inachosquellen s. oben S. 35, 4.

3) S. 36, 2. Vgl. die Beschreibung b. Stat. Theb. 4, 699 ff. wie die Nymphen im Auftrage des Bacchus die argivischen Flüsse austrocknen: Protinus Inachios hausit sitis ignea campos, diffugere undae, squalent fontesque locusque u. s. w.

4) Apollod. ἄνυδρον τῆς χώρας ἐπαρχούσης, ἐπειδὴ καὶ τὰς πηγὰς ἐξήρανε Ποσειδῶν μηνίων Ἰνάχῳ.

durstende Argos zu einem wohlbewässerten gemacht haben sollen und namentlich Amymone, die niemals versiegende Quelle bei Lerna, einer ganz besonderen Gunst Poseidons sich erfreute. In der nassen Jahreszeit aber hatte man eher über das entgegengesetzte Uebel zu klagen, da die Flüsse dann heftig und stürmisch wurden und Ueberschwemmungen verursachten, wie namentlich die Gegend bei Argos und Myken bei mangelnder Cultur an Versumpfung gelitten haben soll[1]). Ein Umstand durch den sich zugleich die wahre Bedeutung des Aegyptos und der Aegyptiaden in diesem Mythos ergiebt, welche ihre Namen allerdings der historischen Voraussetzung einer Abkunft und Einwanderung aus Aegypten verdanken, in Wahrheit aber wie Danaos und die Danaiden auf jenen eigenthümlichen Wechsel von Dürre und Ueberschwemmung in der argivischen Landschaft sich zu beziehen scheinen. Es sind die Bäche und Flüsse der Landschaft, welche als Sturzbäche[2]) in der nassen Jahreszeit üppig und muthwillig dahinströmten, also wohl für zudringliche Freier der Landesnymphen angesehen werden konnten, während diese sie im Sommer tödteten und ihnen die Köpfe abschnitten d. h. das Wasser an der Quelle entzogen. Denn die Köpfe der Flüsse sind ihre Quellen (1, 449, 2) und es ist eine sehr deutliche Hinweisung auf diesen Sinn wenn die Landessage erzählte, die Danaiden hätten die Köpfe der Aegyptiaden in dem lernaeischen Wiesengrunde versenkt, weil nämlich dieser Ort immer Ueberfluss an Wasser, ja des Guten zu viel hatte, wie darauf auch die Fabel von der lernaeischen Wasserschlange deutet. Also im Wesentlichen derselbe Zusammenhang wie in jenem Märchen von Tegea in Arkadien, wo erst Skephros d. h. der Dörrling den Leimon d. h. den Feuchtling verleumdet, dann Leimon den Skephros tödtet und endlich selbst von der Artemis getödtet wird (1, 380), für welche letztere man nur die jungfräulichen Nymphen ihrer Umgebung zu setzen braucht, wie für den Leimon die Aegyptiaden, so hat man dieselbe Fabel. Nur dafs in dieser den funfzig Danaiden zu Liebe, welche Zahl wie die der funfzig Nereiden und ähnlicher Gruppen zu verstehen ist, auch funfzig Aegyptiaden erdichtet sind, nachdem sie in Folge der Herleitung aus dem fremden

---

1) Aristot. Meteor. 1, 14 p. 352, 9 Bekk. vgl. Schol. Eur. Or. 920, wo Inachos als erster König von Argos λιμναζόμενον τὸ περὶ τὸν Ἴνεχον πεδίον trocken legt.

2) Einen χαραδρώδης ποταμός nennt Strabo 8, 370 den Inachos. Dasselbe sagt der Name Χάραδρος von dem andern Flusse bei Argos.

Lande zu Söhnen des Aegyptos geworden waren d. h. des grofsen Stromes in Aegypten, welcher die Einbildung der Griechen vorzüglich durch seine Abnahme und seine Ueberschwemmungen, je nach den verschiedenen Jahreszeiten, beschäftigte.

Danaos galt in Argos namentlich für den Stifter des sehr alten, am Markte gelegenen Heiligthumes des lykischen Apollo, dessen Wolf das gewöhnliche Sinnbild der Münzen von Argos ist, und eben diese Stiftung scheint ihm vorzugsweise den Charakter eines Einwanderers aus der Fremde und eines Schutzflehenden verliehen zu haben, in welchem er bei Aeschylos und überhaupt in der Danaidensage erscheint. Der einheimische König, welcher ihn gastlich aufgenommen, ist bei Aeschylos ein Sohn des Pelasgos, in der argivischen Ortsüberlieferung aber heifst er Gelanor, welches Wort von angeblich karischer Abstammung einen königlichen Mann bedeutet[1]). Dieselbe Ueberlieferung erzählte dafs Danaos, der Brunnengräber aus der Fremde, und Gelanor, ein Sohn des Sthenelas, welcher des Krotopos Sohn genannt wurde[2]), vor dem Volk ihre Ansprüche verhandelt und die Entscheidung auf den folgenden Tag verschoben hatten. Da sei am frühen Morgen ein Wolf in die vor den Thoren weidende Heerde gestürzt und habe deren Leitstier ($\beta o\tilde{v}\varsigma$ $\dot{\eta}\gamma\epsilon\mu\omega\nu$) erwürgt, ein Vorgang welchen ein altes Bildwerk beim Tempel des lykischen Apollo vergegenwärtigte[3]). Der Wolf bedeutete den Flüchtling aus der Fremde, der Leitstier seiner Heerde den einheimischen König, welcher nach diesem Zeichen dem Fremdling weichen mufste. Der lykische Apollo war es welcher durch jenes Zeichen für ihn entschieden hatte, denn der Wolf galt für ein Sinnbild seiner Gnade und aller Schutzbedürftigen (1, 203). Deshalb, so hiefs es in der Stadt, habe Danaos diesem Apollo jenes sehr angesehene Heiligthum gestiftet. In demselben befand sich ein altes

---

[1]) Paus. 2, 19, 3 vgl. Plut. Pyrrh. 32, Apollod. 2, 1, 4, Schol. Il. 1, 42, Eustath. 37, 32. Steph. B. v. Σωσάγγελα — καλοῦσι γὰρ οἱ Κᾶρες σοῦαν τὸν τάφον, γήλαν δὲ τὸν βασιλέα. Doch findet sich das Wort auch in griechischen Ueberlieferungen, vgl. die Γελέοντες und Ζεὺς Γελέων in Attika (Rofs Demen p. IX) und Gela, Gelas, Gelon in Sicilien.

[2]) P. 2, 16, 1. Krotopos galt für den Vater der Psamathe, der Mutter des argivischen Linos, welche Fabel gleichfalls auf den Dienst des lykischen Apoll zurückweist, Bd. 1, 379.

[3]) P. 2, 19, 6. Artemis warf auf demselben mit einem Steine nach dem Stiere. Sie ist die beständige Gefährtin ihres Bruders. Den Stier deuteten Andre auf Poseidon. Serv. V. A. 4, 377.

Schnitzbild mit den herkömmlichen aegyptisirenden Zügen, welches die Gedanken vollends auf Aegypten richtete.

Ein andrer Umstand trug wohl noch mehr dazu bei. In Lindos, der argivischen, an der östlichen Küste von Rhodos gelegenen Colonie, wo man einen lebhaften Verkehr mit Phoenikien und Aegypten unterhielt, gab es ein altes Heiligthum der lindischen Athena (Ἀθηνᾶ Λινδία) mit einem gleichartigen Schnitzbilde, auch dieses eine Stiftung des Danaos und der Danaiden[1]. Daher die Sage dafs Athena dem Danaos zuerst den Gedanken der Flucht über See eingegeben habe, indem sie ihn zum Bau eines Funfzigruderers anleitete, des ersten, der sich auf dem Mittelmeere blicken liefs[2]. Auf demselben kommt er mit seinen funfzig Töchtern zuerst nach Lindos, stiftet dort jenes Heiligthum und schifft von dort weiter nach Argos. Drei Danaiden sollen sogar in Lindos geblieben sein, vermuthlich weil Danaos auch hier wie in Argos in der Umgebung seiner Töchter verehrt wurde.

Die Danaiden erscheinen in der Sage zugleich als jungfräulich widerstrebende und als die Mütter der Danaer, was offenbar wieder mit ihrem Charakter als Quellnymphen zusammenhängt. Mit den Aegyptiaden kämpfen sie gleich Amazonen[3], mit denen sie Aeschylos vergleicht. Ihnen und dem Vater ist die Ehe mit den zudringlichen Vettern so verhafst dafs sie sich ihrer durch Mord entledigen, eine Gräuelthat welche die ältere Dichtung sogar verherrlichte. Dann aber giebt der Vater sie den einheimischen Jünglingen, welche im Laufe gesiegt hatten, und durch diese wurden sie Mütter der Danaer, da das Volk früher Pelasger genannt worden war[4]. Hypermnestra, die einzige welche den ihr vermählten Aegyptiaden verschont, deutet schon durch ihren Namen auf Liebe und Freien[5]. Auch sollen die Danaiden insgemein den pelasgischen Frauen des Landes zuerst die Weihe der Thesmophorien überliefert haben, welche nun

---

1) Herod. 2, 182, Str. 14, 655, Diod. 5, 58.

2) Apollod. 2, 1, 4. Plin. 7, 206.

3) So namentlich in der Danais, wo der Kampf schon am Nil entbrannte, b. Clem. Str. 4 p. 618 καὶ τότ' ἄρ' ὡπλίζοντο θοῶς Δαναοῖο θύγατρες, πρόσθεν ἐυρρείου ποταμοῦ Νείλοιο ἄνακτος. Vgl. Aesch. Suppl. 287.

4) Hygin f. 170 extr., Eurip. fr. 230 vom Danaos: Πελασγιώτας δ' ὠνομασμένους τὸ πρὶν Δαναοὺς καλεῖσθαι νόμον ἔθηκ' ἀν' Ἑλλάδα.

5) Ὑπερμνήστρα von μνάομαι. Sie galt für die Stifterin eines Bildes der Aphrodite und für die zweite Priesterin der Ehegöttin Hera. Noch eine Schwester heifst Μνήστρα.

auch für aegyptisch gilt[1]), aber in Wahrheit ein ächt griechischer Cultus war und die Geheimnisse der Ehe betraf. Wie gesagt, auch dieses hängt nothwendig mit dem Cultus der Quellen und Quellnymphen zusammen. Diese wurden gewöhnlich als reine Jungfrauen gedacht, vollends wenn sie die Umgebung der Artemis oder der kriegerischen Pallas bildeten, aber auch als Beförderinnen der Ehe und des Kindersegens (1, 452. 596).

Die vollständige Sage, welche ein älteres episches Gedicht unter dem Titel der Danais behandelt hatte, worauf verschiedene Lyriker und Tragiker einzelne Acte daraus bearbeiteten[2]), ist folgende.

Epaphos, der Sohn des Zeus und der Io, König von Aegypten, hatte eine Tochter Libya, das ist das libysche Festland am Mittelmeere, nach älterem Sprachgebrauch mit Inbegriff des Nildelta. Sie gebiert vom Poseidon die beiden Söhne Agenor und Belos. Jener verbreitet den Stamm der Io über Phoenikien, Kilikien und Theben[3]), Belos bleibt in Aegypten und wird dort König. Mit der Anchirrhoe d. h. der Starkströmenden, einer Tochter des Nil, zeugt auch er zwei Söhne, den Aegyptos und Danaos[4]). Diesen setzt er über Libyen, den Aegyptos über Arabien, von wo aus er das Land der Schwarzfüssler unterwirft und nach sich Aegypten nennt. Aegyptos hat von vielen Weibern fünfzig Söhne, Danaos eben so viele Töchter[5]). Nun aber bedrängt Aegyptos auch den eignen Bruder und die Aegyptiaden die Danaiden, daher Danaos mit Hülfe der Athena den Funfzigruderer erbaut und auf diesem mit seinen Töchtern entflieht, über Rhodos nach Argos. Aeschylos schildert in seinen Schutzflehenden seine Ankunft und die Angst der kaum gelandeten Mädchen, die

---

1) Herod. 2, 171 vgl. Bd. 1, 639.

2) Archilochos dichtete von der Fehde zwischen Lynkeus und Danaos, Malal. 4, 68 (*? frg. 150), Aeschylos und Phrynichos dichteten Danaiden, Theodektes einen Lynkeus. Zu der Erzählung bei Apollodor vgl. Schol. Il. 1, 42, Eustath. 37, 20, Zenob. 2, 6, Hygin f. 168—170, Schol. Eur. Hek. 869.

3) Daher bei Eurip. Phoen. 677 der Chor der phoenikischen Frauen den Epaphos, τὸν προμάτορος Ἰοῦς ποτ' ἔκγονον, um seinen Schutz in Theben bittet.

4) Nach Euripides auch den Kepheus und Phineus. Die Lesart Ἀγχιρρόη ist der andern Ἀγχινόη vorzuziehn.

5) Pherekydes b. Schol. Apollon. 3, 1186 kennt nur eine Frau des Aegyptos und des Danaos, welche letztere er Μελία nennt, vgl. oben S. 36, 3. Nach Hippostratos fr. hist. 4, 432 hiefs die Mutter der Aegyptiaden Εὐρρόη, die der Danaiden Εὐρώπη, beide Töchter des Nil.

wohlwollende Aufnahme des einheimischen Königs, eines Sohnes des Autochthonen Pelasgos, der in ihnen den Stamm der argivischen Io erkennt, die Verfolgung der feindlichen Aegyptiaden, welche den Danaiden bis Argos nachsetzen, den Schutz des pelasgischen Königs und den Einzug des Danaos und seiner Töchter in die Stadt ihrer Zukunft.

Danaos findet das Land durch den Zorn Poseidons vertrocknet und sendet deshalb seine Töchter aus um Wasser zu suchen. Eine von ihnen, Amymone d. h. die Tadellose wirft ihren Speer nach einem Hirsche, trifft aber einen im Gebüsche schlafenden Satyr. Dieser verfolgt sie mit seiner Brunst, sie ruft zum Poseidon, welcher alsbald erscheint, den Satyr verjagt und von der schönen Danaide durch Hingebung belohnt wird, worauf er aus Liebe zu ihr den nie versiegenden Quell von Lerna entspringen läfst, welcher gleichfalls den Namen Amymone führte[1]). Aeschylos hatte diese Fabel in einem Satyrdrama bearbeitet und auch sonst hatte sie Dichtern und Künstlern zu anmuthigen Compositionen Anlafs gegeben[2]). Die Frucht aber dieser Liebe Poseidons war Nauplios, der arglistige Seemann von Nauplia, welcher viele Schiffe durch falsche Feuerzeichen auf Klippen lockte, sich selbst dadurch sehr bereicherte und viele Menschen umbrachte, bis er nach einem sehr langen Leben, denn man erzählte von ihm noch unter den Abenteuern der Rückkehr von Troja, zuletzt selbst auf dieselbe Weise umgekommen ist[3]). Seine Söhne waren der erfindungsreiche Palamedes, Oiax der Steuermann und Nausimedon der Schiffsherr.

Von den Aegyptiaden erzählte die Sage bald dafs sie den Da-

---

[1]) Hygin f. 169 id in quo loco factum est Neptunus dicitur fuscina percussisse terram et inde aquam profluxisse, qui Lernaeus fons dictus est, et Amymonium flumen. Eustath. Il. 461, 5 ἐξ ἧς καὶ ἀμυμώνια ἐν Ἄργει ὕδατα, denn es waren drei Sprudel, vgl. Bd. 1, 480. Auch die Quelle Φυσάδεια, welche einer andern Danaide den Namen gegeben hatte, befand sich in jener Gegend. Sie scheint mit dem s. g. Quell des Amphiaraos identisch gewesen zu sein, Kallim. lav. Pall. 47, Paus. 2, 37, 5, Meineke Anal. Al. 54.

[2]) Böttiger Amalth. 2, 277—301, O. Jahn Vasenb. 34—40, Archäol. Aufs. 29, R. Rochette peint. d. Pomp. t. 2, *Heydemann Neapler Vasens. n. 1980 D. A. K. 2, 83 f.

[3]) Apollod. l. c. vgl. Alkidam. decl. p. 670 ed. Bekk. und die Erzählung vom Telephos, den Nauplios auf die Seite schaffen soll, Apollod. 3, 9, 1, P. 8, 48, 5. Als Sohn des Poseidon und Gründer von Nauplia kennen ihn Eurip. Iph. A. 198, Str. 8, 368, P. 2, 38, 2; 4, 35, 2. Οἴαξ spielte eine Rolle im Palamedes des Euripides, vgl. Eur. Or. 432, Pacuv. Dulor. fr. 17 p. 68 Ribb.

naos und die Danaiden auch in Argos belagert und bedroht hätten, bald dass sie freundlich um Versöhnung und Vermählung baten. Immer ist der Hass des Danaos ein unversöhnlicher. Daher gab er ihnen zwar die Töchter und bestimmte die Paare, ein willkommner Anlass für die Dichter ausdrucksvolle Namen für so viele Mädchen und Jünglinge zu erfinden[1]. Aber er gab seinen Töchtern zugleich Dolche für die Brautnacht, nachdem sich die Freier beim Hochzeitsschmause weidlich bezecht hatten. Alle fielen durch die Dolche ihrer Verlobten, bis auf den einzigen Lynkeus, eine furchtbare That, welche aber oft von den Dichtern gepriesen wurde[2]. Hypermnestra wollte lieber schwach heissen als eine blutige Mörderin, worüber sie für alle Zeiten berühmt und die Mutter der Könige von Argos geworden ist[3]. Der Vater zürnte darüber sehr und warf sie in ein finsteres Gefängniss. Die andern Danaiden vergruben die Köpfe der Aegyptiaden in dem feuchten Wiesengrunde von Lerna[4], die Leiber aber bestatteten sie vor den Thoren der Stadt. Auch billigten die Götter ihre That, denn Athena und Hermes reinigten sie auf Befehl des Zeus von dem vergossenen Blute.

Lynkeus soll nach Lyrkeia entkommen sein, welcher Name in der Gegend der Inachosquellen vielleicht mit dem seinigen zusammenhängt[5]. Seine glückliche Rettung durch die Flucht wurde

---

1) Verzeichnisse solcher Namen b. Apollodor u. Hygin f. 170. Die der Danaiden sind grossentheils die von Nymphen, die der Aegyptiaden drücken häufig Uebermuth und kriegerischen Ungestüm aus. Sogar in thessalischen Genealogieen wurden Danaiden anstatt der Nymphen des Landes genannt, Pherekyd. b. Schol. Apollon. 1, 1212, Antonin. Lib. 32.

2) Eurip. Herc. f. 1017 ὁ φόνος — τότε μὲν περισημότατος καὶ ἄριστος Ἑλλάδι τῶν Δαναοῦ παίδων. Danaos mit gezücktem Schwerdte unter seinen Töchtern im Porticus des Palatinischen Apoll zu Rom, Prop. 2, 31, 1—4, Ovid Am. 2, 2, 3, A. A. 1, 73, Trist. 3, 1, 60.

3) Aesch. Pr. 866 vgl. Pind. N. 10, 6, Horat. Od. 3, 11, 33 ff., Ovid Her. 14. Aeschylos scheint in den Θαλαμοποιοί und den Δαναΐδες den Mord der Aegyptiaden und den Triumph der Liebe durch Hypermnestra auf die Bühne gebracht zu haben. Nach Einigen schonte diese des Lynkeus weil er ihrer Jungfräulichkeit geschont hatte, Apollod. l. c., Schol. Il. 4, 171, Schol. Pind. N. 10, 10, nach Horat. l. c. und Schol. Eur. Hek. 869 nachdem er ihr Gatte geworden war.

4) Paus. 2, 24, 3. Daher das Sprichwort Λέρνη κακῶν, Zenob. 4, 86.

5) Wenigstens versichert Paus. 2, 25, 4 dass Λύρκεια früher Λύγκεια geheissen habe, worauf O. Müller de Lynceis Gott. 1837 seine Erklärung des argivischen Lynkeus durch die weite Aussicht von jenem Berge gründet. Es gab aber auch einen Fluss Λύρκειος d. i. der Inachos in der Nähe seiner Quellen,

in Argos alljährlich durch ein Fest „der Feuerzeichen" gefeiert, durch welche sich der Sage nach Hypermnestra und Lynkeus, jene auf der Burg von Argos dieser zu Lyrkeia verständigt hatten. Später gelang ihm die Rückkehr und die Verbindung mit der liebenden Hypermnestra, nachdem Danaos diese vor ein öffentliches Gericht gestellt und dasselbe sie freigesprochen hatte[1]). Lynkeus, der Nachfolger des Danaos, war in den Traditionen von Argos überdies bekannt als Stifter des ritterlichen Wettkampfes im Dienste der argivischen Hera, bei welchem sich der altepische Ruhm des rossseliebenden Argos (Ἄργος ἵππιον, ἱππόβοτον) im höchsten Glanze geltend machte. Der Preis dieser Spiele war nicht ein Kranz, sondern ein Schild, angeblich weil Lynkeus bei der Stiftung seinen Sohn Abas mit dem Schilde des Danaos beschenkte, den dieser in seiner Jugend getragen und später in das Heiligthum der Hera geweiht hatte[2]); daher der Name des Wettkampfes „der Schild in Argos". Auch wird Lynkeus als Stammvater des nachfolgenden Geschlechts, darunter des Perseus und des Herakles, nicht selten mit Auszeichnung genannt[3]).

Auch zwischen Aegyptos und Danaos soll durch ein Schiedsgericht der Besten unter den Argivern und Aegyptern entschieden sein, auf derselben Stätte des Gipfels der Burg Larisa, wo die Argiver in ähnlichen Fällen zu Gericht safsen[4]). Endlich wurden auch die übrigen Danaiden vermählt, indem der Vater für die werbenden Freier einen Wettkampf der Leibesübung ausschrieb, wie in viel späteren Zeiten Kleisthenes, der Tyrann von Sikyon, für seine Tochter auf demselben Wege einen Mann suchte. Danaos stellte die Schaar seiner Töchter am Morgen an das Ziel der Rennbahn und

---

s. oben S. 35, 4. Nimmt man an dafs dieser nicht ganz versiegte, während dieses beim untern Inachos der Fall war, so würde sich dadurch, wenn anders jene Namen wirklich identisch sind, die Sage von dem Entkommen des Lynkeus wohl erklären.

1) Paus. 2, 19, 6; 20, 5; 21, 1. Nach Archilochos (?) b. Malal. 4, 68 kam es sogar zum Kriege zwischen Lynkeus und Danaos. Nach Schol. Eur. Hek. 869 rächte er den Mord seiner Brüder durch den Tod des Danaos und der Danaiden.

2) Hygin f. 170. 273. vgl. Boeckh expl. Pind. Ol. 7 p. 175 u. Bd. 1, 145.

3) Hesiod sc. Here. 327 Λυγκέος γενεῇ, von Herakles und Iolaos, Apollon. 1, 125 Λυγκήιον Ἄργος, vgl. Steph. B. v. Ἄργος.

4) Eur. Or. 871 ff. m. d. Schol., nach denen diese Stätte Ἀλιαία, später Ἡλιαία hiefs, offenbar von ἁλία d. i. ἐκκλησία. Diese vielen Gerichtsverhandlungen deuten auf frühzeitige Entwicklung des demokratischen Princips in Argos, wie wir davon auch sonst unterrichtet sind, Paus. 2, 19, 2.

hatte noch vor Mittag für jede einen sieggekrönten Freier, daher diese Spiele fortan mit dem Gesange des Hymenaeos gefeiert wurden[1]). Aus dieser Vermählung der Danaiden mit den raschesten Jünglingen des Landes sind alle edlen Geschlechter der Danaer entsprossen.

Höchst wahrscheinlich wurden die Danaiden in Argos auch als wasserschöpfende Nymphen dargestellt; wenigstens glaubt man derartige Statuen, deren verschiedene erhalten sind, auf die Danaiden beziehen zu dürfen[2]). Auch scheint es ein altes Bildwerk gegeben zu haben, auf welchem dieselben Danaiden in ein durchlöchertes Faß Wasser schöpften, wodurch vermuthlich zunächst die Natur solcher Quellen ausgedrückt werden sollte, deren Strömung im Sommer zu versiegen pflegte. Doch war ein solches Wasserschöpfen mit dem Siebe oder in ein durchlöchertes Faß oder mit zerbrochenen Krügen zugleich ein beliebtes Bild für jedes fruchtlose Bemühn, in welchem Sinne es also auf die Strafen der Unterwelt übertragen wurde, namentlich für solche welche während ihres Lebens ihre Seligkeit in jener Welt verscherzt hatten[3]). Daher die Danaiden in der Unterwelt, deren Strafe man gewöhnlich durch jenen gräulichen Mord ihrer Verlobten erklärte, während Hypermnestra im Gegensatze zu ihnen fort und fort als die treue Liebende, die noch im Tode mit ihrem Lynkeus Vereinigte gepriesen wurde[4]).

c. *Proetos und die Proetiden.*

Der Sohn des Lynkeus und der Hypermnestra ist Abas. Diesem gebiert eine arkadische Nymphe[5]) die feindlichen Brüder Akrisios und Proetos, welche sich schon im Mutterleibe balgten. Als sie herangewachsen waren, unterlag im fortdauernden Streite Proetos. Er flüchtet

---

1) Pind. P. 9, 111 ff. vgl. Hygin f. 273, Aristot. Pepl. b. Schneidewin Philol. 1, 11. Auch für den Stifter der Sthenien galt Danaos, Plut. d. mus. 26.

2) O. Jahn Archäol. Aufs. 25 ff.

3) Plato Gorg. 493 B, de rep. 2 p. 363 D, vgl. Zenob. 2, 6, Suid. εἰς τὸν τετρημένον u. εἰς τετρημένον, Schol. Eur. Or. l. c. u. A. b. O. Jahn Ber. d. sächs. Ges. (1856) S, 276 mit t. 2.

4) Hygin f. 168 vgl. Paus. 2, 21, 2 u. die Bilder in Delphi, P. 10, 10, 2, der Könige und Heroen von Danaos bis Herakles, darunter Hypermnestra ὅτε καθαρὰ χεῖρας μόνη τῶν ἀδελφῶν.

5) Nach Apollodor Ὠκαλία ἢ Μαντινέως, Schol. Eur. Or. 953. Das Balgen der Zwillinge im Mutterleibe wiederholt sich in der Sage vom Krisos und Panopeus, Tz. Lyk. 939 vgl. Preller Ber. d. sächs. Ges. 6, 121. In Argos wurde diese Tradition durch örtliche Denkmäler und Gebräuche unterstützt, Paus. 2, 25, 6, Hes. Δαυλίς, ἑορτὴ ἐν Ἄργει, μίμημα τῆς Προίτου πρὸς Ἀκρίσιον μάχης.

darauf nach Lykien, zum Könige Iobates oder Amphianax, vermählt sich mit seiner Tochter und wird von ihm durch eine Heeresfolge von Lykiern in seine argivische Herrschaft wieder eingesetzt: wobei etwas Geschichtliches zu Grunde zu liegen scheint, denn die Einwirkung jener Gegenden auf Argos und Korinth ist unverkennbar und wird in der Sage von Bellerophon noch bestimmter hervortreten. Nun beherrscht Proetos als sehr mächtiger König in seinem Tiryns, wo die Kyklopen ihm eine unüberwindlich feste Burg baueten, das argivische Land und Korinth[1]), während des Akrisios nur noch in der Sage von der Danae und ihrem Sohne Perseus gedacht wird. Beide alte Burgen, die von Larisa, in welcher der mythische Akrisios d. h. der König der Höhe haust, und die von Tiryns[2]), in welcher Proetos d. h. der Kampflustige herrscht, sind in ihren Trümmern erhalten und erklären durch ihre Lage von selbst die Sage von den unaufhörlichen Kämpfen der Brüder. Tiryns liegt auf einem niedrigen Hügel nicht weit von der Küste und von Nauplia, wo Nauplios und Palamedes zu Hause sind. Es scheint den Hafen der alten Königsburg und der Stadt Tiryns d. h. der Ummauerten ($τύρρις$, turris) gebildet zu haben, die ohne Zweifel auch auf der See mächtig war. Nur die Rücksicht auf die Nähe jenes trefflichen Hafens und auf den Verkehr zur See kann zur Wahl jenes Hügels veranlafst haben.

Die Frau des Proetos ist die leidenschaftliche Königstochter aus Lykien Stheneboea oder Anteia, die Potiphar der argivischen Sage. Von seinen Töchtern, den Proetiden, erzählte Hesiod dafs sie sehr schön gewesen, so dafs alle Hellenen ($Πανέλληνες$, Strabo S. 370) um sie freiten. Sie aber waren hochfahrend und gottlos, daher sie die Weihe des Dionysos verschmähten, wie Hesiod, oder das alte Bild und das einfach ehrwürdige Heiligthum der Hera verspotteten, denn das Haus ihres Vaters sei viel reicher und prächtiger, wie Akusilaos und

---

1) Il. 6, 158 $ὅς ῥ' ἐκ δήμου ἔλασσεν, ἐπεὶ πολὺ φέρτερος ἦεν, Ἀργείων, Ζεὺς γάρ οἱ ὑπὸ σκήπτρῳ ἐδάμασσεν$. Die Herrschaft über Korinth erhellt aus der Bellerophonsage. Auch Sikyon und ein guter Theil von Arkadien scheint zu dieser alten argivischen Herrschaft gehört zu haben.

2) Curtius Pelop. 2, 385 ff., * Bursian Geogr. 2, 57 f. Die Burg von Tiryns hiefs eigentlich $Λίκυμνα$. Der alte Dualismus der Burgen von Argos und von Tiryns tritt auch Il. 2, 559 hervor, $οἱ δ' Ἄργος τ' εἶχον Τίρυνθά τε τειχιόεσσαν$. Ueber die bauenden Kyklopen, von denen man auch in Myken erzählte, Bd. 1, 514, 2. Der Name $Προῖτος$ wiederholt sich in den $Προιτίδες πύλαι$ zu Theben, Unger Theb. Parad. 297. Nach Eust. 631, 56 ist $Προῖτος$ i. q. $προϊστικός$ d. h. $ὁρμητίας$.

Pherekydes erzählten¹). Dafür werden sie mit garstiger Krankheit und schwerer Raserei bestraft, in welcher sie in den Bergen und Wäldern von Argos und Arkadien, ja durch die ganze Halbinsel umherirrten, immer einsam und rastlos. Nach Hesiod strafte Aphrodite sie mit Mannstollheit und Aussatz, worüber ihnen die Haare ausfielen²), nach Andern hielten sie sich für Kühe, so dafs sie brüllend durch das Land liefen³). Der Vater wendet sich an den berühmten Propheten und Priester Melampus, den Sohn des Amythaon im neleischen Pylos, dafs er seine Töchter heile. Melampus kommt und fordert als Lohn den dritten Theil der Herrschaft, was dem Proetos zu viel war. So wird das Uebel immer schlimmer, ja auch die andern Frauen des Landes werden angesteckt, so dafs sie ihre Männer verliefsen und ihre Kinder tödteten, worauf Melampus abermals angegangen wird und nun ein zweites Drittheil für seinen Bruder Bias fordert⁴). Proetos mufs sich dazu entschliefsen und nun versammelt Melampus die kräftigsten Jünglinge und jagt mit ihnen unter Geschrei und begeisterten Tänzen⁵) die Proetiden aus den Bergen auf bis in die Gegend von Sikyon. Während dieser Jagd stirbt die älteste der drei Proetiden, die übrigen beiden aber werden gereinigt und darüber vernünftig⁶), worauf Proetos die eine dem Melampus, die andere dem Bias zum Weibe giebt. So ist das berühmte Geschlecht der Amythaoniden, aus welchem Adrastos und der kriegerische Seher Amphiaraos sammt andern Helden der Thebais stammten, nach Argos gekommen. Neben ihnen werden in den thebanischen Sagen aber auch Helden vom Stamme des Proetos als Theilnehmer am Zuge der Sieben genannt, namentlich Kapaneus und Eteoklos.

---

1) Schol. Od. 15, 225. Gewöhnlich werden nur zwei Proetiden genannt, Λυσίππη und Ἰφιάνασσα, wofür Aelian V. H. 3, 42 Ἐλέγη und Κελαινή nennt. Die dritte, die verstorbene, heifst Ἰφινόη.

2) Hesiod in den Katalogen p. 261 ed. Göttl. Vgl. Aelian l. c.

3) Virg. Ecl. 6, 48 Proetides implerunt falsis mugitibus agros, vgl. Serv.

4) So Apollodor und schon Herod. 9, 34 kennt dieselbe Sage, nur dafs Melampus bei ihm zuerst die Hälfte, und dann noch ein Drittel für seinen Bruder fordert. Wieder etwas anders Schol. Pind. N. 9, 30. Vgl. Schol. Od. u. Eustath. 288, 28; 1480, 5.

5) μετ' ἀλαλαγμοῦ καί τινος ἐνθέου χορείας, Apollod.

6) Die Heilung wurde nach Schol. Od. dadurch bewirkt, dafs Melampus διά τε ἱκεσιῶν καί θυσιῶν die Hera versöhnte. T. der Hera an der Grenze von Sikyon u. T. der Peitho zu Sikyon, beide von Proetos, Paus. 2, 7, 7; 12, 1. Nach Andern bewirkte Asklepios die Heilung, der in der Gegend verehrt wurde, Schol. Pind. P. 3, 96, Sext. Emp. adv. Math. 1, 261.

Die drei Töchter des Proetos bedeuten höchst wahrscheinlich wieder den Mond und seine unablässigen Wandlungen, deren Phasen die Alten so viel beschäftigten[1]. Das Abnehmen des Mondes und seine Irrbahn bis zum völligen Verschwinden, endlich der neue Aufgang mit dem vollen Lichte erschienen wie eine Krankheit und Raserei, welche bald wie in dem verwandten Mythos der Io durch den Zorn der Hera motivirt wird oder der ihr nahestehenden Aphrodite, bald durch den des Dionysos, auf welchen das bacchantische Umherschweifen durch Berge und Wälder führte[2]. Die Jagd der Jünglinge macht ganz den Eindruck einer alten Ceremonie, mit welcher man den verschwundenen Mond aus seinem Versteck wieder aufjagen wollte[3]. Nach der Sühnung und Herstellung, von welcher man in verschiedenen Gegenden erzählte, wurden der Sage nach vom Proetos unter andern Göttern namentlich der Artemis Heiligthümer gestiftet, zwei in Arkadien, nämlich das der Artemis Κορία, welcher Beiname sich auf die Heilung der Mädchen bezog, und das in dieser Fabel besonders oft erwähnte Heiligthum der Artemis Ἡμέρα oder Ἡμερασία, d. h. der Besänftigenden zu Lusoi in der Gegend von Klitor[4], wo gleichfalls eine Heilquelle des Melampus gezeigt wurde. Ein drittes ist das Artemision auf einer Anhöhe oberhalb Oenoë, schon auf argivischem Ge-

---

1) Sophokles b. Plut. Demetr. 45: ὥσπερ σελήνης δ' ὄψις εὐφρόνας δύο στῆναι δύναιτ' ἂν οὔποτ' ἐν μορφῇ μιᾷ, ἀλλ' ἐξ ἀδήλου πρῶτον ἔρχεται νέα πρόσωπα καλλίνουσα καὶ πληρουμένη, χὤτανπερ αὑτῆς εὐγενεστάτη φανῇ, πάλιν διαρρεῖ κἀπὶ μηδὲν ἔρχεται. Vgl. Plin. 2, 41—43 u. Welcker G. G. 1, 555.

2) Hes. Ἀγράνια ἑορτὴ ἐν Ἄργει ἐπὶ μιᾷ τῶν Προίτου θυγατέρων, vgl. Ἀγριάνια νεκύσια παρὰ Ἀργείοις und die bacchischen Agrionien Bd. 1, 567. Wahrscheinlich betrafen jene Gebräuche die verstorbene Proetide, Apollod. κατὰ δὲ τὸν διωγμὸν ἡ πρεσβυτάτη τῶν θυγατέρων Ἰφινόη μετήλλαξεν. Dem Zorne des Dionysos schreibt auch Diod. 4, 68 die Krankheit zu.

3) Plut. de fac. in o. l. 29 vgl. Bd. 1, 106, 3; 375, 2.

4) Kallim. in Dian. 234 ἄλλον μὲν Κορίης, ὅτι οἱ συνελέξαο κούρας οἴρεα πλαζομένας Ἀζηνία, τὸν δ' ἐνὶ Λουσοῖς Ἡμέρῃ, οὕνεκα θυμὸν ἀπ' ἄγριον εἵλεο παίδων, vgl. Paus. 8, 18, 3, nach welchem Melampus die Proetiden aus einer Höhle, welche wahrscheinlich die des Klosters Megaspilaeon ist, durch geheime Opfer und Weihungen nach Lusoi hinabführte, welchen Namen man durch die reinigenden Waschungen erklärte, vgl. Steph. B. v. Λουσία u. Curtius Pelop. 1, 397, wo auch von den beiden Quellen zu Lusoi und bei Klitor. Des T. zu Lusoi gedenkt Polyb. 4, 18. 25; 9, 34. Auf die Reinigung der Proetiden in demselben bezieht sich das Vasenbild D. A. K. 1, 11. Weihungen der Mädchen an die Artemis in den Krisen der mannbaren Jahre waren allgemein, Hippokr. b. Kuehn Med. Gr. 22, 528. Auch am Anigros in Triphylien erzählte man von der Reinigung der Proetiden, Str. 8, 347.

biete, aber nicht weit von der Grenze des Gebiets von Mantinea¹). Ja es scheint derselbe Mythos mit wenig veränderten Grundzügen auch in andern Gegenden von Griechenland erzählt zu sein, namentlich in Lokris, wo man eine Tochter des Proetos und der Anteia Namens *Maira* d. h. die Strahlende kannte, welche jungfräulich geblieben und mit der Artemis gejagt habe, bis sie vom Zeus die Mutter des Lokros und darüber von der Artemis erschossen wurde²). Dieser Lokros wurde neben Zethos und Amphion als Gründer von Theben genannt.

f. Perseus.

Auch diese Fabel beruht auf alten Märchen von der Natur der Dinge, welche ins Wirkliche hinabgezogen sich dann auch geographisch immer weiter ausgebreitet haben. Der Kern ist der Mythos vom Perseus dem Sieger über die schreckliche Gorgo, seine Anfänge werden in dem Kreise der argivischen Dienste des Zeus und der Athena zu suchen sein³). Den Namen kennen wir aus der Theogonie als den eines Titanen, welcher Bruder des Astraeos und Pallas und von der Asteria Vater der Hekate, also eine Personification himmlischer Lichterscheinungen ist⁴), wie denn auch die Okeanine Perse oder Perseis, die Gemahlin des Helios und Mutter der Kirke und des Aeetes, des Königs auf dem Sonneneilande Aea (1, 354), auf eine ähnliche Vorstellung führt. Der argivische Perseus aber wird noch bestimmter durch die Sage selbst als Sonnenheros und eine jener

---

1) Hes. ἀκρουχεῖ Ἄκρον ἔχει (eine Glosse aus Sophokles), Ἄκρον δὲ ὄρος τῆς Ἀργείας, ἐφ᾽ οὗ Ἀρτέμιδος ἱερὸν ἱδρύσατο Μελάμπους καθάρας τὰς Προιτίδας, vgl. Steph. B. Οἴνη oder Οἰνώη, daher Οἰνωάτις Ἄρτεμις ἡ ἐν Οἰνώῃ τῆς Ἀργείας ἱδρυμένη, ὑπὸ Προίτου. Es ist das Oenoë in der Nähe der Inachosquellen s. oben S. 35, 4. Vielleicht wurden neben dieser Artemis die Chariten verehrt, * s. Hes. v. ἀκρουχεῖ am Ende und v. Προιτίδες; über das Nähere ist jedoch nicht zur Klarheit zu gelangen, s. auch Lobeck Agl. 299, c.

2) Schol. Od. 11, 325 nach Pherekydes, vgl. Paus. 10, 30, 3, wo diese *Maira* ist eine T. Προίτου τοῦ Θερσάνδρου, ὁ δὲ Σισύφου.

3) Nach der Sage von Nemea stiftete Perseus den Dienst des Zeus Apesantios auf der Höhe Apesas, welche auch in der Sage vom nemeischen Löwen bedeutsam hervortritt, vgl. Bd. 1, 100, 2. Ohne Zweifel wußte die Sage von Myken noch viel mehr vom Perseus zu erzählen.

4) Bei Hesiod heißt der Titane Πέρσης, bei Andern (Περσεύς oder) Περσαῖος. Man hat den Namen bald von περάω abgeleitet bald von πρήθω d. i. πίμπρημι mit dem Aor. ἔπρεσε für ἔπρησε b. Hesiod th. 856, vgl. Schoemann op. 2, 232. 243 und Bd. 1, 10, 4.

lichten Gestalten charakterisirt, welche die Heldensage aller Völker viel beschäftigt haben; in der griechischen sind Bellerophon und Herakles seine nächsten Verwandten. Ausgerüstet von gütigen Göttern und unter ihrem Geleite eilt er freudig seine Bahn über das grofse Weltmeer in den nächtlichen Untergang, um von dort als Sieger über die Gorgo zurückzukehren, diesen Inbegriff alles Grauens und aller Schrecknisse der Nacht und des Todes. Mit dem abgeschlagenen Haupte des Ungeheuers kehrt er zurück und durch ihn ist es ein Schmuck an der Brust der Pallas geworden (1,157). Vorher aber übt es in seinen eignen Händen jene versteinernde Wirkung, welche die Sage immer geflissentlich hervorhebt und bei fortgesetzter Ueberarbeitung sogar zur Hauptsache macht. Dieses und der andere Umstand, dafs sich auch hier verwandte Ueberlieferungen des Orients mit den griechischen verschmolzen, hat einen wesentlichen Einflufs auf die späteren Erzählungen ausgeübt.

Eine jüngere Stelle der Ilias kennt die Liebe des Zeus zur schönen Danae, der Tochter des Akrisios, und den vielberühmten Perseus als deren Frucht[1]), da Homer sonst nur die Gorgo und ihre schrecklichen Blicke und ihr Haupt an der Aegis des Zeus und der Athena oder am Schilde seiner Helden und in den Händen der Persephone, der furchtbaren Königin der Unterwelt kennt[2]). Bei Hesiod th. 270 ff. und sc. Herc. 216 ff. liegt der Mythos von Perseus, dem Sieger über die Gorgo, ziemlich vollständig vor, auch finden sich hier zuerst die Gracen und die Gorgonen, beide in der Mehrzahl, und der Name Medusa für die enthauptete Gorgo. Hernach sammelte vorzüglich Pherekydes die zerstreuten Nachrichten[3]). Unter den Tragikern hat Aeschylos die Fabel in einer Trilogie behandelt, während Sophokles und Euripides einzelne Acte daraus, namentlich die Sage von Perseus und der Andromeda bearbeiteten[4]). Auch die bildlichen Ausführungen dieser Sage sind zum Theil sehr alterthümlich, insbe-

---

1) Il. 14, 319 οὐδ' ὅτε περ Δανάης καλλισφύρου Ἀκρισιώνης, ἣ τέκε Περσῆα πάντων ἀριδείκετον ἀνδρῶν.

2) Il. 5, 740 ff.; 8, 349; 11, 36; Od. 11, 634.

3) Schol. Apollon. 4, 1091. 1515, vgl. Apollod. 2, 4, 1. 2, Zenob. 1, 41, Tzetz. Lyk. 838.

4) Von Aeschylos gehörten dahin die Δικτυουλκοί und die Φορκίδες. Von Sophokles gab es eine Andromeda und einen Akrisios in Larisa, von Euripides eine Danae, eine Andromeda und einen Diktys, von Naevius eine Danae und eine Andromeda, beide wahrscheinlich nach Euripides. Vgl. Hygin f. 63. 64.

sondere die auf einer der Metopen von Selinus und auf archaistischen Vasenbildern, welche sehr an die Beschreibung bei Hesiod im Schilde des Herakles erinnern.

Akrisios, der Burgherr von Larisa, ist ohne Nachfolge, die er sich sehnlichst wünscht. Das Orakel zu Delphi warnt ihn, er werde eine Tochter bekommen, diese aber einen Sohn gebären, der ihn selbst tödten und über sein Land und viele andere Länder herrschen werde[1]). Dennoch wird ihm eine Tochter geboren. Er nennt sie Danae und sperrt sie, um eine Geburt von ihr unmöglich zu machen, in ein unterirdisches Gewölbe[2]). Aber der goldene Regen des Zeus d. h. die Ergiefsung des himmlischen Lichtes dringt bis in das tiefe Dunkel des unterirdischen Verliefses, oder wie sich die gewöhnliche Tradition ausdrückte: Zeus verwandelt sich aus Liebe zur Danae in Gold und strömt so durch die Decke des Gefängnisses[3]). So wird Perseus geboren, der Sohn des Lichtes aus dem tiefen Dunkel, in demselben Sinne wie Apollo ein Sohn des Zeus und der nächtlichen Leto ist.

---

1) Nach dem apokryphischen Prolog zur Danae des Euripides b. Nauck trag. gr. fr. p. 552 nannte das Orakel den Perseus einen geflügelten Löwen, ὑπόπτερον λέοντα. Die Frau des Akrisios heifst gewöhnlich Εὐρυδίκη, eine T. Λακεδαίμονος καὶ Σπάρτης τῆς Εὐρώτα Apollod. 3, 10, 3, b. Hygin f. 63 Ἀγανίππη.

2) Pherek.: θάλαμον ποιεῖ χαλκοῦν ἐν τῇ αὐλῇ τῆς οἰκίας κατὰ γῆς. Apollod.: ὑπὸ γῆν θάλαμον κατασκευάσας χάλκεον, vgl. Soph. Antig. 944. Offenbar so ein mit ehernen Platten ausgeschlagener Thalamos wie die s. g. Schatzhäuser bei Myken und ähnliche Gebäude der vorhellenischen Zeit.

3) Pherek.: ἐκ τοῦ ὀρόφου χρυσῷ παραπλήσιος ῥεῖ, ἡ δὲ ὑποδέχεται τῷ κόλπῳ, καὶ ἐκφήνας αὐτὸν ὁ Ζεὺς τῇ παιδὶ μίγνυται, ein erklärender Zusatz, denn eigentlich ist der goldene Regen das Befruchtende. Soph. Antig. 950 Ζηνὸς γονὰς χρυσορύτους. Pind. P. 12, 17 υἱὸς Δανάας, τὸν ἀπὸ χρυσοῦ φάμεν αὐτορύτου ἔμμεναι. Derselbe soll anderswo den Proetos als Verführer der Danae und dieses den Grund des Krieges zwischen Proetos u. Akrisios genannt haben, Schol. Il. 14, 319. χρυσὸς ῥύεις Isokr. Hel. 59. Perseus ὁ χρυσόπατρος Lykophr. 838, quam clausam implevit foecundo Iupiter auro Ovid M. 4, 698. Ueber die Bedeutung des goldnen Regens, welcher sich auch bei der Geburt der Athena und des Herakles zeigt, vgl. Bd. 1, 157, 1; 193. — Danae und der goldne Regen, Mutter und Kind von Akrisios in den Kasten gesperrt, auf einer Vase aus Caere * Welcker A. D. 5, 275 ff., Tfl. 16. 17, vgl. auch Heydemann Arch. Ztg. 1872, 37 ff.; ein Pompej. Gemälde b. Zahn t. 68, geschnittener Stein D. A. K. 2, 48; vgl. überhaupt Overbeck Kunstmyth. d. Zeus 406 ff., dazu auch Heydemann Neapler Vasens. n. 3140. Die Vasen- und Wandgemälde, welche sich auf die Mythen von Perseus (mit Ausschlufs der Andromedasage) beziehen, behandelt O. Jahn Philol. 27, 1—17.

Akrisios erfährt von dem Kinde, da er seine Stimme beim Spiele 61
hört, läfst seine Tochter beim Hausaltare des Zeus die Wahrheit beschwören ohne ihr zu glauben und sperrt darauf Mutter und Kind in einen Kasten, den er den Fluthen des Meeres übergiebt. Voll Demuth und Ergebung harrt die Mutter mit dem schlummernden Kinde der Rathschlüsse des Zeus, wie dieses Simonides in einem ergreifend schönen Gedichte ausgeführt hatte[1]). Ein eben so rührendes als anmuthiges Bild des neugeborenen Licht- und Sonnengottes, wie er sanft schlummernd und von geängsteter Mutterliebe und seinem himmlischen Erzeuger behütet, noch in dunkler Haft verborgen von den Fluthen des Meeres geschaukelt wird: ein Bild welches von selbst an die schwimmende Insel der Geburt des Apollon (1,192) und an den in seinem goldenen Becher schlummernden, von der strömenden Fluth des Okeanos seinem neuen Aufgange entgegen geführten Helios (1,355) erinnert.

Endlich landet der Kasten bei Seriphos, einer Insel wie Delos, welche mehr Klippe als Land war, ein Aufenthalt der Fischer und von so elender Beschaffenheit, dafs sie in dieser Hinsicht sprichwörtlich geworden war. Der damalige Zustand aber wird nach Märchenart ganz anders geschildert. Zwei Brüder bewohnen die Insel, Diktys und Polydektes, jener durch seinen Namen als Netzfischer, dieser als gastlicher König bezeichnet[2]). Diktys ist ein redlicher, frommer und genügsamer Mann, wie die armen Fischer von Seriphos bei ihrer harten Arbeit gewesen sein mögen, Polydektes ist verschlagen und lüstern. Diktys rettet die Mutter und das Kind, indem er sie mit seinen Netzen aus dem Meere emporzieht[3]) und sich ihrer darauf schützend und behütend annimmt, Polydektes begehrt der schönen Mutter und 62 trachtet dem Sohne deshalb nach dem Leben. Dazu bietet ein Schmaus Gelegenheit, wo der König nach alter Sitte von seinen versammelten Edlen Beiträge zu seiner Brautfahrt fordert, auf welcher er angeblich um Hippodamia, die Tochter des Oenomaos zu werben

---

1) Dionys. H. de comp. verb. 26, Poet. lyr. ed. Bergk p. 1136.

2) Auch Hades heifst Πολυδέκτης und zwar in demselben Sinne s. 1, 660. Aber daraus folgt nicht, dafs Polydektes auf Seriphos und der unterweltliche dieselbe Person sind. Bei den Genealogen galten die Brüder bald für Söhne des Magnes, Hesiod p. 259 G., Apollod. 1, 9, 6, bald für die des Peristhenes, eines Abkömmlings des Nauplios, Pherek. b. Schol. Apollon. 4, 1091.

3) Daher die Δικτυολκοί des Aeschylos. Bei Euripides in der Danae trieben die Nereiden den Kasten in die Netze der Fischer von Seriphos. *Vgl. die bei Overbeck a. a. O. 413 f. angeführten Gemälde.

dachte¹). Die Andern versprechen Pferde, der hochherzige Perseus verspricht Alles und sollte Polydektes selbst den Kopf der Medusa fordern. Der hält ihn beim Wort und damit beginnt die Heldengeschichte des Perseus.

Traurig geht der Jüngling seines Weges, da erscheinen ihm Hermes und Athena, die Führer aller Helden, denen sie durch Muth und List über alle Gefahren helfen. Sie verschaffen ihm Wehr und Waffen gegen das gräfsliche Ungethüm, lehren ihn deren Gebrauch, führen ihn zur That und helfen ihm bei der Ausführung, gerade wie dem Herakles bei seinen zahllosen Abenteuern. Namentlich ist Athena die Schutzgöttin des Perseus auf allen seinen Wegen²), wobei die Bedeutung der himmlischen Göttin, welche das Haupt der Medusa an ihrer Brust trägt, wohl zu beachten ist.

Das Abenteuer führt den Perseus zuerst zu den Graeen, dann zu den Gorgonen, denn beide sind in derselben Weltgegend zu Hause und hängen auch in der Vorstellung aufs engste zusammen. Immer wohnen diese fabelhaften Wesen nämlich an den äufsersten Enden der Welt, bei Hesiod im Okeanischen Westen, wo die Quellen des Okeanos, die Hesperiden und Atlas zu finden sind, wo die Sonne untergeht und die Nacht mit ihren Kindern haust, bei Aeschylos Prom. 793 ff. in einer Gegend des äufsersten Südens oder Westens, wo weder Sonne noch Mond scheint, bei noch Andern im äufsersten Westen von Libyen oder in den Gegenden des fabelhaften Tritonsees oder in denen von Tartessos: immer an den Enden der Welt und am Okeanos, denn dieses ist das Wesentliche solcher Beschreibungen, bei denen es mit jenen nach genauerer geographischer Bestimmung herumtastenden Bildern nicht so genau zu nehmen ist³). Bei Hesiod th. 270 ff. sind beide, die Graeen und die Gorgonen, die Töchter des Phorkys und der Keto, der personificirten Ungeheuerlichkeit des Meeres und

---

1) Ein s. g. Eranos, vgl. Pind. P. 12, 14, Pherek. b. Sch. Apollon. 4, 1515, Apollod. l. c., Schol. Pind. P. 10, 72, Tzetz. l. c.

2) Aristid. 1 p. 25 (φασὶ γὰρ) Περσέα αὐτόπτειρον εἰς Γοργόνων χώρους κομισθῆναι τῆς Ἀθηνᾶς προπεμπούσης καὶ οὔτε ἁλῶναι τῇ θέᾳ, καὶ ὡς ἀπότεμε τὴν κεφαλὴν κομίσαντα ὀπίσω τοῖς μὲν σὺν ὕβρει ταῦτα ἐπιτάξαντας καὶ τὸ πολὺ τοῦ δήμου λίθους ποιῆσαι αὐτὸν δ' ἀπαθῆ διαφυγεῖν εἰς τέλος, ἀλεξιφάρμακον τὴν τῆς Ἀθηνᾶς ἔχοντα παρουσίαν εἰς ἅπαντα.

3) Schol. Pind. P. 10, 72 αἱ δὲ Γοργόνες κατὰ μέν τινας ἐν τοῖς Ἐρυθραίοις μέρεσι καὶ τοῖς Αἰθιοπικοῖς, ὅ ἐστι πρὸς ἀνατολὴν καὶ μεσημβρίαν, κατὰ δέ τινας ἐπὶ τῶν περάτων τῆς Λιβύης, ὅ ἐστι πρὸς δύσιν. Vgl. Eurip. Bacch. 990 Γοργόνων Λιβυσσᾶν γένος, Ovid M. 4, 772.

der Fluth und so haftet namentlich an den Graeen der Name der Phorkiden¹). Graeen (γραῖαι) das sind Greisinnen, ja sie sind als solche d. h. mit grauen Haaren zur Welt gekommen²). Aeschylos nennt sie κυκνόμορφοι d. h. gestaltet wie der troische Kyknos, dessen Kopf oder dessen ganzer Leib von seiner Geburt an weiſs war³), eine Andeutung seiner Meeresnatur wie bei der Leukothea und andern Wesen der Art, während der Name der Graeen und jene Schilderung an die Meeresgreise Proteus, Phorkys, Nereus erinnert, welche man schlechthin die Greise (γέροντες) nannte und gleichfalls mit weifsen Haaren ausstattete⁴). Die Namen der drei Schwestern sind Πεφριδώ, welcher ängstliches Geschwätz oder Ueberlegung, Ἐννώ, welcher jähes Geschrei, Δεινώ, welcher beständige Angst ausdrückt⁵), wie sich die griechische Volksdichtung denn überhaupt gern auf die Charakteristik solcher alten und verlebten Weiber einliefs⁶). Alle drei haben nur ein Auge und einen Zahn, die sie abwechselnd gebrauchen und dann einander zureichen. Doch wissen sie von verborgenen Dingen, ein neues Merkmal der Dämonologie des Meeres, welchem schon die Alten diese Greisinnen zugewiesen haben⁷). Nur dafs hier nicht von dem gewöhnlichen Meere die Rede ist, sondern vom Okeanos d. h. dem grofsen Weltmeere und der Gegend des Sonnenunterganges und der Nacht, mit allen ihren verborgenen Geheim-

---

1) Daher die Φορκίδες des Aeschylos, in welchem Stücke dieser Dichter die That des Perseus schilderte. Auch bei ihm sind die Graeen und Gorgonen Schwestern, vgl. Pind. P. 12, 13 Φόρκοιο γένος. Die Kyprien wuſsten von einer Sarpedonischen Insel im Okeanos, wo die Gorgonen, die Kinder des Phorkys und der Keto wohnten. Stesichoros in seiner Geryoneïs setzte dieselbe Insel ins Atlantische Meer.

2) ἐκ γενετῆς πολιαί Hesiod th. 270, γραῖαι ἐκ γενετῆς Apollodor.

3) Theokr. 16, 49 τίς — ἔζευν ἀπὸ χροιᾶς Κύκνον ἔγνω; Schol. λευκὸς γὰρ ἦν τὴν χροιὰν ἐκ γενετῆς, ὥς φησιν Ἑλλάνικος. — Ἡσίοδος δέ φησιν αὐτὸν τὴν κεφαλὴν ἔχειν λευκήν.

4) Bd. 1, 454, 3; 459; 493, 2; 500.

5) Πεφριδώ von φράζω oder φράζεσθαι. Eine andre Lesart ist Πεφριδώ von φρίσσω, die Zitternde. Ἐννώ wie Ἐννάλιος und dessen Mutter 1, 265. Andre Erklärungen b. Schoemann op. 2, 211. * Ueber die Graeen s. R. Gaedechens de Graeis, Göttingen 1863; vgl. jedoch auch Lit. Centralbl. 1863, 979 f.

6) Vgl. die Ortsnamen γραίας στῆθος, γραὸς γάλα, καλογραίας βουνός d. i. στῆθος, γραίας γόνυ, γραίας σῆμα b. Meineke Steph. B. p. 601, z. Theokr. 5, 121.

7) Eustath. Il. 116, 25 ἰστέον δὲ ὅτι πολιὰν ἅλα ὁ μῦθος λέγει τὴν γραῖαν καθὰ καὶ τὸν Νηρέα γέροντα, ὁ δ' αὐτὸς καὶ Γραίας τινὰς πλάττει θαλασσίας δαίμονας ἐκ γενετῆς, καθὰ καὶ ὁ τῆς ἱστορίας Κύκνος περιᾴδεται. Vgl. 976, 54.

nissen und Schrecknissen. Diese letzteren sind in den Schwestern der Graeen personificirt, den Gorgonen, welche in der Perseussage gleichfalls in der Dreizahl auftreten. Ihr Aeufseres wird eben so furchtbar beschrieben als es auf den Bildwerken erscheint, namentlich auf den älteren. Sie haben thierische Ohren, eine geplätschte Nase, einen grinsenden Mund, aus welchem grofse Schweinshauer hervorragen, Schlangen in den Haaren, Flügel zum Verfolgen, eherne Fäuste zum Packen; dazu die versteinernde Wirkung ihres Anblicks[1]). Ihre Namen sind Σθενώ, d. h. die Gewaltige, Εὐρυάλη die Weitschweifende, Μέδουσα die Herrschende[2]). Diese letztere ist sterblich als die von Perseus getödtete, die andern sind unsterblich. Dieser Umstand und die Dreizahl, auch der Gattungsname Gorgo d. h. die Schreckliche und die drei Eigennamen vereinigen sich am besten zu der Vorstellung dafs auch bei diesen Schreckbildern einer sehr alten Ueberlieferung der Mond gemeint sei, und zwar der Mond als das gespenstische Gesicht der Nacht und als jene Gottheit von unheimlicher Wirkung auf alle Natur, namentlich auf Gemüth und Geist der Menschen, mit welcher sich der Aberglaube aller Völker so viel beschäftigt, der der Griechen in den Ueberlieferungen von der Hekate, der thessalischen Brimo, der Kirke, der Medea. Auch ist es nicht der Mond in seiner gewöhnlichen Erscheinung, welchen diese Fabel wenn ich sie recht verstehe meint, sondern er ist das kosmische Bild der Nacht und des Unterganges der Dinge überhaupt, wie Helios so oft den lichten Tag und den Aufgang der Dinge bedeutet; daher die Gorgonen in derselben Gegend zu Hause sind wo die Phantasie der Griechen solche Schrecknisse überhaupt zu denken gewohnt war, jenseits des grofsen Weltmeers in tiefer tiefer Nacht, wo Perseus sie in einer finstern Höhle schlafend antrifft. Möglich dafs bei ihrer Dreizahl und dem Tode der Medusa wieder der Wech-

---

1) Aesch. Pr. 798 ἀδελφαὶ τοῖς κατάπτεροι δρακοντόμαλλοι Γοργόνες βροτοστυγεῖς, ἃς θνητὸς οὐδεὶς εἰσιδὼν ἕξει πνοάς. Apollod. εἶχον δὲ αἱ Γοργόνες κεφαλὰς μὲν περιεσπειραμένας φολίσι δρακόντων, ὀδόντας δὲ μεγάλους ὡς συῶν καὶ χεῖρας χαλκᾶς καὶ πτέρυγας χρυσᾶς, δι' ὧν ἐπέτοντο, τοὺς δὲ ἰδόντας λίθους ἐποίουν. Vgl. die Bd. 1, 158, 1 citirten Abhandlungen, D. A. K. 2, 901—920. *und auch G. Dilthey Ann. d. Inst. 1871, 212ff. Der letztere erklärt das Gorgoneion für die Gewitterwolke; die neueste Schrift über diesen Mythus, Lolling de Medusa, diss. Gött. 1871, deutet das Medusenhaupt auf die Sonne — der beste Beweis, wie misslich diese ganze Art der Deutung überhaupt ist.

2) Εὐρυάλη, von ἀλᾶσθαι Schoemann op. 2, 211, Hes. Th. S. 157. Auch die Mutter des Orion 1, 368 wird vielleicht besser so erklärt werden.

sel des Mondes und der Neumond im Spiele ist; jedenfalls ist Perseus der freudige Sonnenheld, welcher unter dem Schutze gütiger Himmelsmächte leichten Fluges dem Dunkel entgegeneilt, um selbst in seinem Untergange noch über die Mächte des Todes und der Finsternifs zu triumphiren. Medusa dagegen wird noch in dem Augenblicke ihres Todes die Mutter furchtbarer Erscheinungen. Denn als Perseus ihr den Kopf abhaut, springt aus dem Rumpfe hervor der gewaltige Chrysaor d. h. Goldschwerdt und das bekannte Flügelpferd Pegasos, dieser ein Bild für die geflügelte Donnerwolke, daher er sich gleich zum Throne des Zeus emporschwingt[1]), Chrysaor eine Personification des blitzenden Feuerstrahls, welcher wie ein goldnes Schwerdt aus dem dunkelnden Ungewitter hervorzuckt: beide die Frucht einer Umarmung des Poseidon, welcher nach Hesiod auf weicher Wiese unter Frühlingsblumen neben der Medusa geruht hatte. Auch dieses pafst auf den Mond, dem man von jeher einen eminenten Einflufs auf das Wetter zugeschrieben hat und von welchem die Alten glaubten dafs er aus dem Meere und anderem Gewässer die Dünste aufsauge und daraus Gewölk und Gewitter braue[2]), wie andrerseits den Sonnenhelden, namentlich dem Bellerophon und Herakles, auch sonst eine Macht über Blitz und Donner zugeschrieben wird. Medusa hat darüber, entweder weil sie als Geliebte Poseidons gedacht wurde oder weil die Erscheinung des Mondes von selbst dazu einlud, den Charakter einer zugleich höchst anziehenden und höchst verderblichen Gewalt bekommen, in welchem Sinne sie sowohl von der jüngeren Poesie geschildert als von der jüngeren Kunst gebildet wird. Schon bei Pindar heifst sie schön[3]) und die späteren Dichter gehen darin noch weiter, namentlich in dem Preise ihrer schönen Haare, welche bei den Göttern des Lichts immer bedeutsam sind. Ja man erzählte nun dafs sie sich wegen dieses Vorzugs und der Buhlerei mit Poseidon den Zorn der Minerva zugezogen und darüber zu den Schlangenhaaren gekommen und von Perseus, dem Ritter der Minerva, getödtet worden sei.

---

*1) Hesiod th. 278 ff. vgl. Bd. 1, 95, 4. Zum Χρυσάωρ vgl. den karischen Zeus mit dem Attribut des Doppelbeils 1, 112, 2.

2) Vgl. Bd. 1, 210, Schoemann op. 2, 207 und Sueton p. 210 luna larga est roris et dux humentium substantiarum. Die Zeit des Mondwechsels galt für besonders stürmisch, Theophr. d. vent. 7, Veget. d. re mil. 5, 10.

3) Pind. P. 12, 16 εὐπαράου κρᾶτα συλάσας Μεδοίσας. Vgl. 1, 159, 1. Auch das Medusenhaupt der jüngeren Kunstbildung zeichnet sich immer durch sehr schönes und reiches Haar aus, dazu durch Flügel über den Schläfen und zwei gröfsere als Kopf- und Halsband geknotete Schlangen.

Ueber den Weg auf welchem Perseus zu den Gorgonen gelangt und seine Ausrüstung liegen verschiedene Erzählungen vor. Nach Pherekydes und Apollodor führen ihn Hermes und Athena zuerst zu den Graeen. Als hier gerade eine der andern das gemeinsame Auge und den Zahn reicht, also keine sieht, nimmt Perseus ihnen beide weg. Nun jammern und schreien sie und bitten flehentlich um Rückgabe des Unentbehrlichen. Perseus versteht sich dazu nicht eher als nachdem sie ihm den Weg zu den Nymphen gewiesen, welche den Helm des Aïdes, die Flügelschuhe und den Sack (κίβισις) besitzen, deren er bei dem bevorstehenden Abenteuer bedarf[1]). Die Graeen sagen ihm den Weg, Perseus giebt den Zahn und das Auge zurück und eilt weiter zu jenen Nymphen, von denen er das Verlangte erhält. Also wirft er jetzt den Sack um, welcher später das Medusenhaupt bewahrt, wenn es nicht gesehen werden soll, bindet die Flügelschuhe an seine Füfse, kraft deren er wie ein Vogel durch die Luft fliegt, und setzt den Helm des Aïdes auf seinen Kopf, der ihn unsichtbar macht, während er selbst Alles sieht. Dazu giebt ihm Hermes die Harpe von gehärtetem Stahl, womit er dem Argos den Kopf abgeschlagen[2]) und so geht die Fahrt weiter zu den Gorgonen. Die Nymphen, welche diese wunderbaren Gegenstände besitzen, werden auch in der Heraklessage genannt, bei der Fahrt dieses Helden zu den Hesperiden. Sie heifsen hier Töchter des Zeus und der Themis, wohnen in einer Höhle am Eridanos und lehren Herakles den Nereus finden, welchen der Held zwingt ihm den Weg zu den Hesperiden zu offenbaren[3]). Ein alterthümliches Vasen-

---

1) Der κίβισις gedenken Hesiod sc. Herc. 224 u. A. Nach Hesych war das Wort auf Cypern im Gebrauch. Man erklärte es παρὰ τὸ κεῖσθαι ἐκεῖ ἐσθῆτα καὶ τὴν τροφήν oder leitete es ab von κίειν, s. Et. M. und den alten Zusatz zu Apollodor. Also eine Jagd-, Boten- oder Reisetasche. Auf späteren Bildwerken erscheint sie als Gefäfs und wird auch von jüngeren Berichten ἀγγεῖον genannt. Jedenfalls hatte es auch mit dieser Tasche eine besondere Bewandtnifs.

2) ἅρπη ist ein griechisches Wort (Bd. 1, 45, 3), doch ist die Waffe des Perseus nicht immer dieselbe. Bald ist es eine Sichel bald ein Schwerdt, gewöhnlich ein Sichelschwerdt d. h. ein dolchartiges Schwerdt mit einem sichelartigen Widerhaken, wie auch Hermes Argeiphontes oft ein solches führt. Dieses scheint orientalischen Ursprungs zu sein und eine hieratische Bedeutung gehabt zu haben. Man sieht es noch auf den Taurobolienaltären der römischen Kaiserzeit.

3) Pherekydes b. Schol. Apollon. 4, 1396, Apollod. 2, 5, 11; *vgl. Hes. Θεμιστιάδες νύμφαι, wo nichts zu ändern sein wird.

bild nennt sie Najaden, denn auch die Tradition der Künstler kannte diese Version der Perseussage¹), und auch Pindar muſs sie gekannt haben, da er unsern Helden P. 10, 30 ff. auf der Fahrt zu den Gorgonen zu den Hyperboreern kommen und an ihren Opferschmäusen theilnehmen läſst; denn der Eridanos gehört zu den Hyperboreern. Jene Nymphen oder Najaden des Eridanos scheinen also in diesem Zusammenhange dämonische Wesen des hohen Nordens zu bedeuten, der Region der Stürme und des Nebels. Daher die windesschnellen Flügelschuhe und der Helm des Aïdes, welcher nichts Anderes ist als die auch unsern Märchen und Sagen wohlbekannte Tarn- oder Nebelkappe (1, 655).

Bei Aeschylos Prom. 794 dagegen wohnen die Graeen und die Gorgonen nahe bei einander, beide in derselben Gegend einer ewigen Nacht, wo weder Sonne noch Mond scheint. Und so hatte er auch in den Phorkiden gedichtet, in welchem Stücke das Abenteuer ausführlich beschrieben wurde. Er hatte in demselben die Graeen die Vorhut der Gorgonen genannt, also wahrscheinlich auch im Uebrigen so gedichtet wie die sich auf ihn berufenden Erklärer des Sternbildes Perseus erzählen²). Dem Hermes verdankt dieser hier die Nebelkappe und die Flügelschuhe, wozu Hephaestos ihm die Harpe schenkt. Als Perseus zu den Graeen kommt, wartet er den Augenblick der Uebergabe des Auges ab und wirft dieses in den Tritonsee, so daſs die Graeen die Pflicht ihrer Wache nicht mehr erfüllen können. Darauf dringt er in die Höhle der Gorgonen³), findet sie schlafend und enthauptet die Medusa.

Ein anderer oft wiederholter Zug dieser Sage ist daſs Perseus von seiner Schutzgöttin Athena unterrichtet wird wie er die Medusa ohne sie anzusehen d. h. ohne versteinert zu werden enthaupten kann. Athena schenkt ihm deshalb einen spiegelblanken Schild von Erz und

---

1) Im T. der Chalkioekos zu Sparta sah man ein Bild davon wie die Nymphen dem Perseus jene Gegenstände geben, Paus. 3, 17, 3. Dieselbe Darstellung auf dem Vasenbilde b. Gerhard A. V. B. t. 323, 2.

2) Hygin P. A. 2, 12, Eratosth. catast. 22, Schol. Arat. Phaen. u. German. Arat. 250. Nach Artemid. 4, 63 gab Hermes dem Perseus nur einen Schuh, indem er den andern behielt.

3) So ist wohl der Vers b. Athen. 9, 65 zu verstehn: ἔδυ δ' ἐς ἄντρον ἀσχίδωρος ὥς d. h. wie ein Eber. Auch b. Ovid M. 4, 772 ff. wohnen die Graeen am Eingange einer Schlucht am Atlas, in welcher die Gorgonen hausen, Alles in ihrer Nähe versteinert.

läfst ihn in dem Spiegel desselben nach dem Haupte blicken welches er mit seiner Harpe abschneidet, oder sie führt ihm wohl gar selbst die Hand[1]). Jüngere Vasenbilder gehen so weit die Göttin mit ihrem Schützlinge förmliche Vorübungen an einem Phantom anstellen zu lassen, bei denen Perseus in den Spiegel eines Brunnens blickt[2]).

Sobald Perseus das Haupt der Medusa abgeschlagen hat, springen aus ihrem Rumpfe hervor jene beiden Kinder Poseidons, der geflügelte Pegasos und Chrysaor, der Vater des Geryoneus; in welchem Sinne er dieses ist wird sich später zeigen. Auch diese Geburt veranschaulichen verschiedene Bildwerke[3]), das eine so dafs Perseus auf dem Pegasos davon reitet wie sonst Bellerophon. Doch war diese Tradition auch den Dichtern bekannt.

Schnell steckt er das Medusenhaupt in jene Tasche und eilt davon „hurtig wie ein Gedanke". Die beiden Schwestern der Medusa aber wachen nun auf und klagen und die Schlangen an ihrem Haupte pfeifen und zischen, was Athena auf die Erfindung der Flötenmusik, insbesondere des vielköpfigen Nomos gebracht haben soll (1,182.3). Sie verfolgen den Mörder ihrer Schwester, aber vergeblich, denn der Helm des Aïdes machte ihn unsichtbar. So enteilend war Perseus auf dem Schilde des Herakles nach der Beschreibung Hesiods und auf dem Kypseloskasten abgebildet und so sieht man ihn noch jetzt auf alterthümlichen Vasenbildern[4]). Es ist der siegreich aus dem Kampfe mit der Finsternifs zurückkehrende, leicht am Himmel dahin schwebende Sonnenheld, ὁ πετόμενος ἱερὸν ἀνὰ Διὸς αἰθέρα γοργοφόνος, wie es

---

1) So erzählen Pherekydes, Apollodor, Lukian D. M. 14, Ovid und Lucan 8, 659 ff. Vgl. die im Bullet. Napolet. 1853 t. 5, 1 abgebildete Terracotta u. das Gemälde b. Zahn 3, 23, Mus. Borbon. 12, 49. Bei Schol. German. l. c. ist der Schild von Glas und Perseus kann durch ihn die Gorgonen sehen ohne von ihnen gesehen zu werden.

2) S. das Vasenbild b. O. Jahn Ber. d. sächs. Ges. 1, 287 ff. und die etr. Spiegel b. Gerhard t. 122—124. *Jedoch erklärt O. Jahn Philol. 27, 11 die Darstellung des angeführten und ähnlicher Vasenbilder für eine Scene nach der Tödtung der Medusa.

3) Z. B. die Metope aus Selinus D. A. K. 1, 24 u. die Terracotta ib. 51. Vgl. Iuvenal 3, 117 ripa nutritus in illa, ad quam Gorgonei delapsa est pinna caballi d. h. Perseus auf dem Pegasos. Bei Ovid M. 4, 786 entstehen der Pegasos und Chrysaor aus dem Blute der Medusa.

4) Hesiod sc. Herc. 230, Paus. 5, 18, 1, D. A. K. 2, 897, *R. Gaedechens H. Allg. Encycl. 1 Sect. 74, 413 ff., Conze Ann. d. Inst. 1866, 288 ff., Klügmann ebd. 443 ff.

in einem Verse des Euripides heifst¹). Immer ist diese schwebende Leichtigkeit ein Merkmal seiner Erscheinung, ja sie wurde auch an seinen Nachkommen gerühmt²).

Schon Herodot, Pherekydes und Kratin kennen die Fabel vom Kepheus und der Andromeda im fernen Osten³). Doch gehört die weitere Ausführung dieses neuen Abenteuers der späteren Zeit, namentlich den Tragikern, und die alexandrinischen Dichter und Fabulisten sind noch einen Schritt weiter gegangen, indem sie sich darin gefielen vorzugsweise die versteinernden oder sonst schädlichen Wirkungen des Medusenhauptes auszumalen. Da Perseus über Libyen hinflog, sollen Tropfen vom Blute der Medusa auf die Erde gefallen und daraus die vielen giftigen Schlangen der libyschen Wüste entstanden sein⁴). Andre lassen auch den Atlas durch Perseus zu Stein werden und selbst die Korallen im Meere durch das Medusenhaupt entstehen⁵), wie diese jüngere Poesie denn solche Metamorphosen nicht wenig liebte, während die jüngere Kunst Parodieen suchte und in diesem Sinne Perseus mit dem Medusenhaupte oder einem Phantome desselben unter die Satyrn gerathen liefs⁶). Ohne Zweifel erzählte man sich auch in örtlichen Sagen oft von diesem Spuk, wie sich davon noch in den Traditionen des Mittelalters gewisse Nachklänge nachweisen lassen⁷).

Das Ziel seiner Fahrt nach Osten aber ist Aethiopien, wobei vielleicht wieder die Beobachtung des Sonnenlaufs zu Grunde liegt. Hier findet er Andromeda, die Tochter des Königs Kepheus, an eine Klippe gebunden und einem Meeresungeheuer preisgegeben. Denn Kassiepeia, die Frau des Kepheus, hatte sich vermessen mit den Ne-

---

1) Plut. Symp. 9, 15, 2.

2) Himer or. 8, 4. Perseus der erste Jäger, namentlich der schnellen Thiere, Oppian Kyneg. 2, 8.

3) Herod. 7, 61, Pherek. b. Schol. Apollon. 4, 1091, Kratin b. Poll. 10, 156.

4) Apollon. Rh. 4, 1513 ff., wo Perseus den Beinamen Εὐρυμέδων führt, den ihm die Mutter gegeben, Ovid M. 4, 617 ff., Lucan 9, 619 ff.

5) Ovid M. 4, 631 ff. 744 ff.

*6) So auf Vasengemälden b. O. Jahn Philol. 27, 16 Tfl. 1; auch auf einem etr. Spiegel Mon. d. Inst. 6 t. 24, wo Tarsu i. q. Σάτυρος zu sein scheint.

7) Gervas. otia imper. p. 11 und 93 ed. Liebrecht. Aber auch als Apotropaeon diente das Gorgoneion oft; daher ein merkwürdiger, von Stephani Apollo Boedr. t. 4, 7. 8 S. 34, 5 edirter Sardonyx, auf der einen Seite Perseus mit dem Medusenhaupte und der Harpe fliegend, auf der andern die Worte: φε[ῦ]γε ποδάγρα, Περσεύς σε διώκει d. h. διώξει.

reiden an Schönheit zu wetteifern, ja sie rühmte sich vorzüglicher zu sein als alle zusammen. Deshalb zürnten die Nereiden und Poseidon mit ihnen, daher er das Land mit Ueberschwemmung und einem schrecklichen Ungeheuer aus dem atlantischen Meere heimsuchte, welches Menschen und Heerden vertilgte. Das Orakel des Ammon versprach Hülfe in dieser Noth, wenn die schöne Andromeda, die Tochter der Kassiepeia, dem Ungeheuer als Beute preisgegeben werde, und der unglückliche Vater wurde von seinen Aethiopen gezwungen sie wirklich preiszugeben, daher man sie an den Felsen im Meere gebunden hatte. Perseus sah sie, liebte sie und versprach dem Kepheus sie zu retten, wenn er sie ihm zum Weibe geben wolle. Als der Vater es geschworen, tödtet er von oben sich herabstürzend den Drachen, befreit Andromeda und führt sie aus dem Rachen des Todes zur Vermählung. Doch war sie von ihren Eltern schon früher verlobt worden, an den eigenen Bruder des Kepheus, den König Phineus, welcher deshalb den Perseus bei der Hochzeit mit einer starken Schaar von Kriegern überfällt, worauf unser Held sie alle mit seinem Medusenhaupte versteinert. Endlich bricht er mit seiner Andromeda auf nach der Heimath, so sehr die Eltern ihr Kind auch zu halten suchten. In dieser Gestalt ungefähr wurde die Fabel in den Tragödien des Sophokles und Euripides überliefert, von denen namentlich der letztere eines seiner besten Stücke derselben entlehnt hatte[1]). Die Schönheit des hüllosen Mädchens, ihre begeisterte Liebe zu ihrem Befreier, dem sie selbst als Sklavin durch die ganze Welt zu folgen bereit ist, das Glück ihrer Vermählung wurde mit den lebhaftesten Farben geschildert. Daher dieses Paar und die glückliche Errettung der Andromeda aus so großer Gefahr auch in der späteren Poesie und Kunst immer sehr beliebt geblieben ist, namentlich hat die letztere diese Vorgänge in manchen schönen Gruppen und Gemälden verewigt[2]). Der Ort war nach

---

1) Hygin P. A. 2, 9—11, Eratosth. catast. 15—17, vgl. Nauck trag. gr. p. 312 sqq. Die spätere Dichtung vertritt Ovid M. 4, 662 — 5, 235, wo namentlich der Hochzeitsschmaus und die Unterbrechung des Festes durch Phineus sehr ausführlich beschrieben wird. Vgl. auch Lukian D. M. 14.

2) Beschreibungen solcher Gemälde b. Philostr. 1, 29 u. Achill. Tat. 3, 6. 7. Gruppe von Marmor u. A. b. K. F. Hermann Pers. u. Androm. Gött. 1851, Pompejan. Gemälde b. *Helbig Pompej. Wandg. n. 1183 ff. Perseus u. Andromeda an einer Quelle, er ihr das Haupt im Spiegel derselben zeigend. Mus. Borbon. 12 t. 49—52. * Vgl. überhaupt Fedde de Perseo et Andromeda Berl. 1860 p. 47 ff., Arch. Ztg. 1862, 358*, R. Gaedechens a. a. O. 418 ff., A. Treudelenburg Ann. d. Inst. 1872, 105 ff.

der älteren Ueberlieferung das mythische Land der Aethiopen und Kephenen, deren Eponym König Kepheus ist, ein Volk welches man in den Südosten von Asien verlegte, ohne über diese Weltgegend und ihre Bevölkerung genauer unterrichtet zu sein[1]). Später verlegte man das Abenteuer in die Gegend von Iope an der philistaeischen Küste[2]). Der tiefere Grund scheint auch hier eine alte Naturfabel zu sein, die sich in der Sage vom Herakles und der Hesione und in der vom Iason und der Medea wiederholt. Es ist der Mond in der Gestalt einer schönen Jungfrau, den die Finsternifs in der Gestalt des Drachen zu verschlingen droht, ein Märchen welches beinahe alle Völker kennen.

Nun kehrt Perseus nach Seriphos zurück, wo er seine Mutter und Diktys als Schutzflehende an den Altären findet, dahin hatten sie sich vor der Gewalt und der Begierde des Polydektes retten müssen. Es galt diesem das gegebene Wort zu lösen. Also heifst er ihn seine Edlen versammeln, zeigt ihnen das als Beitrag zum Eranos versprochene Haupt der Medusa und versteinert Alle, auch die Insel[3]), auf welcher es seitdem sehr stille und öde geworden ist. Nur der gute Diktys und die Seinigen sind dort geblieben, ein Volk von Fischern, welche dem Meere mühsam das tägliche Brot abgewinnen[4]). Selbst die Frösche, so behauptete ein griechisches Sprichwort, waren auf Seriphos verstummt, das sich nun noch obenein von den Komikern mufste verspotten lassen[5]).

Nachdem Perseus auf solche Weise sein Wort gelöst und die Mutter befreit hatte, giebt er die Flügelsohlen, den Sack und die Nebelkappe dem Hermes, der sie zurück an die Nymphen bringt, das

---

1) Κηφεὺς und Φινεὺς seit Euripides Söhne des Βῆλος. Κηφῆνες hiefsen nach Herodot 7, 61 ehemals die Perser, nach Hellanikos b. Steph. B. v. Χαλδαῖοι die Chaldaeer, vgl. Movers Phöniz. 2, 1, 284 ff. Spätere hielten sie für einen Stamm der Aethiopen, Strabo 1, 42.

2) Str. 16, 759, Paus. 4, 35, 5 u. A. Daher Iope nun eine Frau des Kepheus und dieser der Gründer von Iope wird, Steph. B. v. Ἰόπη, Tzetz. Lyk. 836, vgl. Stark Gaza S. 255. 593. Auch b. Iuven. 3, 117 ist diese Küste vorauszusetzen, Schoemann op. 3, 271—273. Warte des Perseus an der Küste von Aegypten, Herod. 2, 15.

3) So erzählt Pindar Pyth. 10, 46; 12, 12 ff., ohne der Episode in Aethiopien zu gedenken. Vgl. Schol. Pyth. 10, 72, Apollon. 4, 1515.

4) Ein solches Leben schildern Euripides fr. 672 und die Fischer Theokrits.

5) Str. 10, 487, welcher auf die Komiker verweist. Namentlich hatte Kratin Σερίφιοι und darin von der Fahrt des Perseus gedichtet, Meineke fr. com. gr. 2, 1, 132—141.

Medusenhaupt aber der Athena, welche es auf ihren Schild setzt. Er selbst eilt mit der Danae und Andromeda nach Argos, um seinen Grofsvater Akrisios aufzusuchen. Aber dieser hat aus Angst vor dem Orakel, welches ihm den Tod von der Hand des Sohns verkündete, inzwischen Argos verlassen und ist zu den thessalischen Pelasgern nach Larisa gegangen[1]), wo die Sage und örtliche Denkmäler auch von einem Könige Akrisios erzählten, welcher sogar als Stifter der Delphischen Amphiktyonie genannt wurde[2]). Also läfst Perseus Weib und Kind in Argos und sucht den Akrisios auf in Thessalien. Schon ist es ihm gelungen ihn zur Rückkehr zu bewegen, da ereilt ihn dennoch das Verhängnifs. Teutamias, so heifst der König von Larisa, giebt seinem verstorbenen Vater zu Ehren Leichenspiele. Perseus schleudert den Diskos, dieser fällt auf den Fufs des Akrisios, der darüber den Tod findet. Also begraben ihn der Enkel und die Larisaeer vor den Thoren der Stadt[3]) und Perseus kehrt zurück nach Argos. So hatte Sophokles in seinem Akrisios oder die Larisaeer gedichtet. Ein alter Zug scheint der unglückliche Diskoswurf zu sein, welcher wie in der Fabel von Apoll und Hyakinthos (1,204) die tödtlichen Strahlen der Sonne bedeuten möchte.

Perseus kehrt endlich nach Argos zurück, vermeidet aber die Burg des von ihm getödteten Akrisios, die er an Megapenthes, einen Sohn des Proetos, gegen Tiryns austauscht, neben welchem er noch die beiden Burgen Midea und Mykenae gründet, das berühmte Mykenae, welches sich des Perseus vorzugsweise als seines Stifters rühmte[4]). Bei seiner

---

1) Pherek. b. Schol. Apollon. 4, 1091 εἰς τοὺς Πελασγοὺς εἰς Λάρισαν, Apollod. ἀπολιπὼν Ἄργος εἰς τὴν Πελασγιῶτιν ἐχώρησε γῆν, Paus. 2, 16, 2 ἐς Λάρισαν τὴν ἐπὶ τῷ Πηνειῷ. Die Sagen von dem pelasgischen Argos in Thessalien und die von Argos im Peloponnes durchkreuzen sich mehr als einmal. Auch der Sohn des Königs Pelasgos b. Aeschyl. Suppl. 250ff. regiert über beide Länder. Bei Hygin f. 63. 273 stirbt Akrisios bei den Leichenspielen des Polydektes auf Seriphos.

2) Str. 9, 420, Schol. Eur. Or. 1087.

3) Nach Clem. Al. Protr. p. 39 befand sich das Grab im T. der Athena auf der Burg von Larisa.

4) Man erklärte den Namen bald durch μύκης in der Bedeutung der Scheide (τοῦ ξίφους γὰρ ἐνταῦθα ἐξέπεσεν ὁ μύκης αὐτῷ) oder in der Bedeutung des Pilzes (Perseus habe einen Pilz aus der Erde gerissen und darunter Wasser gefunden um seinen Durst zu löschen), bald durch eine in der Odyssee und den Eoeen erwähnte Heroine Μυκήνη, eine Tochter des Inachos, oder einen Heros Μυκηνεύς, den man einen Sohn des Sparton und Enkel des Phoroneus nannte, Paus. 2, 16. 3, Steph. B. v. Μυκῆναι u. A.

Ummauerung sollen wie in Tiryns die Kyklopen geholfen haben, welche Perseus von seinen Fahrten mitbrachte¹). Er wird dann der Stammvater des berühmten Geschlechts der Persiden, aus welchem die beiden ungleichen Vettern Eurystheus und Herakles stammten²), welcher letztere in mehr als einer Hinsicht für den wiedererstandenen Perseus gelten kann.

Aber auch im Orient wurde Perseus genannt, ohne Zweifel in Folge ähnlicher Ueberlieferungen. Namentlich galten die Könige der Perser für seine Nachkommen, oder wie sich die damalige Welt- und Völkerkunde ausdrückte, noch im Orient bei ihrem Vater Kepheus hatte Andromeda dem Perseus einen Sohn Namens Perses geboren, welcher beim Kepheus blieb und Stammvater des königlichen Geschlechts der Perser wurde³). Daher sich die Könige von Pontos und Kappadokien, welche diesem Stamme verwandt waren, derselben Abkunft rühmten und das Bild des Perseus auf den Münzen dieser Gegenden oft zu sehen ist. Er selbst wurde darüber immer mehr zum Orientalen, wie sein Costüm auf den jüngeren Vasenbildern und anderen Kunstdenkmälern lehrt. Aber auch in Aegypten fand Herodot den argivischen Perseus, welcher nach seiner Ueberzeugung durch Danaos und Lynkeus eigentlich aegyptischer Abkunft war⁴). Ferner galt er nach späteren Traditionen für den Gründer von Tarsos in Kilikien, dessen Münzen sich seiner gleichfalls rühmen⁵). In Argos nannte man ihn in derselben Zeit als Sieger über den indischen Bacchus und seine Maenaden, ja Bacchus soll durch ihn den Tod gefunden haben

---

1) Eurip. Iph. A. 1500, Schol. Apollon. 4, 1091 vgl. oben S. 55 u. 1, 514. Auch der Pfirsich, περσέα, persica, soll durch Perseus aus Asien nach Myken verpflanzt worden sein, Nikand. Alexiph. 101 ff. Schol., Plin. 15, 46.

2) Sthenelos und Eurystheus sind als Persiden schon der Ilias bekannt, 19, 116. 123. Aufserdem nannte man als Söhne des Perseus: Alkaeos, den Vater des Amphitryon, und Elektryon, den der Alkmene, ferner Mestor, den Stammvater der Taphier, und Helcios, den Gründer von Helos in Lakonien, endlich eine Tochter Gorgophone. In einer argivischen Inschrift C. I. n. 1123 heifst es ᾧ καὶ ἐψηφισάμεθα τὰς Περσέως καὶ Ἡρακλέος τιμὰς καὶ χρυσοφορεῖν μετὰ πορφύρας.

3) Herod. 7, 61 vgl. 150, wo sogar Xerxes diese Abkunft seiner Vorfahren und die Verwandtschaft mit Argos anerkennt, obwohl die Perser nach Herod. 6, 54 den Perseus eigentlich für einen Assyrier hielten.

4) Herod. 2, 91. Auch Herakles ist also aegyptischer Abkunft, 2, 43.

5) Dio Chrysost. 33 p. 451 ed. Emper., Liban. or. 28 ad senat. 620, Io. Antiochen. Fr. Hist. Gr. 4 p. 544.

und in den lernaeischen See versenkt worden sein¹), eine Tradition der lernaeischen Mysterien wie es scheint. Endlich fabelte man vom Kasten der Danae und dem Perseus zu Ardea an der latinischen Küste, wo Turnus darüber zum Helden aus argivischem Stamme geworden ist²).

4. Korinth.

Korinth scheint bei seiner äufserst günstigen Lage zwischen zwei Meeren sehr früh von dem Handel gesucht, aber politisch unselbständig geblieben zu sein. Nach den alten Sagen und anderen Andeutungen zu schliefsen blieb es lange von jenen mächtigen Königsburgen und Geschlechtern der argivischen Landschaft abhängig.

So haben auch die ältesten Gestalten der korinthischen Sage, Sisyphos, Glaukos, Bellerophon, Medea durchaus keinen historischen, sondern einen symbolischen Charakter. Eine Vergötterung der elementaren, namentlich der himmlischen Naturgewalten schimmert auch hier deutlich durch, des Meeres, der Sonne, des Mondes.

a. Sisyphos.

Er galt in den alten Genealogieen für ein Glied jenes weitverbreiteten, an alterthümlichen Bildern und Ueberlieferungen reichen Stammes, dessen Stammvater der thessalische Aeolos, der Sohn des Hellen ist³). Seine eigentliche Heimath ist Korinth und der Isthmos, doch erzählte man auch in Thessalien, Boeotien und in Phokis vom Sisyphos. Und so kannte man auch die traurige Geschichte seines Sohnes Glaukos sowohl in Iolkos als zu Potniae bei Theben und auf dem Isthmos.

Sisyphos bedeutete wahrscheinlich zuerst die Fluth oder das Meer in seiner rastlos wandelbaren, Berge auf und nieder wälzenden, stets geschäftigen und verschlagenen, bis in die tiefste Tiefe eindringenden und doch immer wieder emporquellenden Natur, wie so manche Bilder und Sagen der eigentlichen Meeresgötter diese Anschauung ins Einzelne ausführen. Daher ist Korinth die doppelte Seestadt und der Isthmos die Brücke übers Meer seine rechte Wohnung. In Korinth haust Sisyphos oben auf der Burg, am Ursprunge der schönen Quelle

---

1) Schol. Il. 14. 319, Lobeck Agl. 573, Köhler Nonn. v. Panop. 89. vgl. Bd. 1, 576, 2.
2) Virg. A. 7, 371 vgl. Röm. Myth. 684.
3) Hesiod fr. 32 p. 259 Αἰολίδαι δ' ἐγένοντο θεμιστοπόλοι βασιλῆες Κρηθεύς ἠδ' Ἀθάμας καὶ Σίσυφος αἰολομήτης Σαλμωνεύς τ' ἄδικος καὶ ὑπέρθυμος Περιήρης. Vgl. Apollod. 1, 7, 3.

Peirene, welche die Burg und die darunter liegende Stadt mit Wasser versorgte und deren Ursprung von der Schlauheit des Sisyphos abgeleitet wurde¹). Am Isthmos ist er es der auf Geheifs der Nereiden den verstorbenen Melikertes aus den Händen der Mutter empfängt und ihm zu Ehren die isthmischen Spiele stiftet, aus denen später Spiele des Poseidon geworden sind²). Unter diesen isthmischen Meeresgottheiten zeigte man auch das Grab des alten Seekönigs.

Sehr früh hatte sich aus solchen Vorstellungen das bekannte Charakterbild des verschlagenen Sisyphos entwickelt, welches schon der Ilias geläufig ist und mit der Zeit zum Sprichwort wurde³). In diesem Sinne wurden die älteren Bilder zu sinnreichen Märchen und Fabeln überarbeitet. Aeschylos hatte dieses Charakterbild in verschiedenen Dramen sowohl von seiner ernsten als von seiner humoristischen Seite ausgeführt⁴). Nachmals fiel es in die Hände eines sehr talentvollen, aber durch Sophistik verdorbenen Mannes und Dichters und wurde darüber zum Typus einer in Bildung und Gesinnung vollendeten Sophistik⁵). Oder Sisyphos galt im Sinne des korinthischen Handels und Wandels für einen Erzrechenmeister und Erfinder von allerlei Ränken und Kniffen⁶), aber auch für den der Weifsagekunst durch Opferschau.

Sisyphos erschien in jenen Fabeln als Verbrecher gegen Zeus, weil er ihn dem Flufsgotte Asopos verrathen hatte, als Zeus dessen

---

1) Strabo 8, 379, Paus. 2, 5, 1. Ueber die Quelle Peirene Göttling gesammelte Abh. 1, 131. Unter der Peirene befand sich das befestigte Σισύφειον, Strabo l. c., Diod. 20, 103.

2) Pind. fr. 2 Αἰολίδαν δὲ Σίσυφον κέλοντο ᾧ παιδὶ τηλέφαντον ὅρσαι γέρας ἀποφθιμένῳ Μελικέρτᾳ. Vgl. Schol. Pind. Isthm. p. 514 u. Paus. 2, 1, 3; 2, 2.

3) Σίσυφος von σοφός (* vgl. G. Curtius Grundz. 458), in demselben Sinne, wie Proteus, Nereus u. A. Il. 6, 152 ἔστι πόλις Ἐφύρη μυχῷ Ἄργεος ἱπποβότοιο, ἔνθα δὲ Σίσυφος ἔσκεν, ὁ κέρδιστος γένετ᾽ ἀνδρῶν, Σίσυφος Αἰολίδης. Ephyra ist der ältere Name für Korinth.

4) Er dichtete einen Sisyphos Steinwälzer (πετροκυλιστής) und ein Satyrspiel Sisyphos δραπέτης d. i. der Ausreifser. Auch von Euripides gab es ein Satyrspiel Sisyphos.

5) S. den merkwürdigen Auszug aus dem Sisyphos des Kritias b. Sext. Emp. adv. Math. 9, 54.

6) Pind. Ol. 13, 52 πυκνότατος παλάμαις. Aristoph. Acharn. 391 μηχανὰς τὰς Σισύφου. Vgl. Hes. Σισυφίοις, Κορινθίοις, κακοῖς, ἀπὸ Σισύφου βασιλέως u. Σίσυφος ἀπαιτητικός, οἱ δὲ ἐπὶ τῶν μεγαλαυχούντων u. Diod. 6, 8. Lykophr. 980 gebraucht Σισυφεύς in dem Sinne von Rechenmeister.

Tochter Aegina, die Mutter des Aeakos, von Phlius über Korinth nach Aegina entführte. Er verrieth dieses dem Asopos unter der Bedingung dafs er eine Quelle auf Akrokorinth entstehen lasse, worauf jener die berühmte Peirene entspringen liefs. Zeus will den Sisyphos wegen dieses Verraths tödten und schickt also den Tod über ihn. Aber Sisyphos fesselt diesen mit starken Banden, so dafs Niemand sterben kann, bis zuletzt Ares den Tod befreit und ihm den Sisyphos übergiebt. Dieser trägt seinem Weibe, der Plejade Merope (1,383) auf ihm die gebührenden Todtenopfer in den Hades nicht nachzuschicken, worüber Pluton und Persephone zu kurz kommen. Sisyphos klagt darauf bei diesen mit listigen Reden dafs er von seinem Weibe vernachlässigt werde, die dafür gezüchtigt werden müsse, bis sie ihn wieder aus dem Hades herauslassen[1]). Als er oben ist, will er nicht eher wieder hinunter als nachdem er natürlichen Todes gestorben ist und zwar bei hohen Jahren. Endlich leidet er in der Unterwelt die bekannte Strafe.

b. Glaukos.

Glaukos, der Sohn des Sisyphos und der Vater des Bellerophon, scheint ein altes Bild aus dem Culte des Poseidon Hippios zu sein, und zwar in einer sehr eigenthümlichen Auffassung. Wie beim Glaukos Pontios (1, 501, 2) deutet schon sein Name aufs Meer, in demselben Sinne wie die Augen des Poseidon γλαυκοί genannt wurden (1, 475, 3), und so wurde Bellerophon nach der gewöhnlichen Sage ein Sohn des Poseidon oder des Glaukos genannt[2]). Unter den Poseidonischen Heiligthümern auf dem Isthmos wurde er als Ταράξιππος verehrt d. h. als Schreckgespenst der rennenden Pferde, dergleichen es auch in dem Hippodrome zu Olympia gab[3]). Die gewöhnliche Sage war

---

1) Pherekydes b. Schol. Il. 6, 153, vgl. Theogn. 703 ὅστε καὶ ἐξ Ἀίδεω πολυιδρίῃσιν ἀνίλθεν, πείσας Περσεφόνην αἰμυλίοισι λόγοις u. Eustath. Il. 631, 37, Od. 1701, 50. Bei Schol. Pind. Ol. 1, 97 führt Hermes den Sisyphos zuletzt mit Gewalt hinab. Vgl. das Märchen vom Tod und dem Spielhansel, der jenen auf einen Baum festbannt, so dafs 7 Jahre lang Niemand stirbt.

2) Il. 6, 154 Σίσυφος Αἰολίδης, ὅ δ' ἄρα Γλαῦκον τίκτε' υἱόν, αὐτὰρ Γλαῦκος ἔτικτεν ἀμύμονα Βελλεροφόντην, wozu die Schol. bemerken ἦν δὲ φύσει μὲν παῖς Ποσειδῶνος, ἐπίκλησιν δὲ Γλαύκου. Auch nennt Pindar den Bellerophon ausdrücklich einen Sohn des Poseidon Hippios, s. Schol. Pind. Ol. 13, 98. Seine Mutter hiefs nach Apollodor Εὐρυμίδη, nach Hygin f. 157 Εὐρυνόμη. Nach Schol. Il. 6, 191 war er ein Sohn des Poseidon καὶ μητρὸς τῆς Ἐρυσίχθονος, wo zu lesen ist Μήστρας, s. 1, 638.

3) Paus. 6, 20. 8. 9 vgl. Lykophr. 42 Tzetz. u. Alkiphr. 3, 62 ὁ εἷς τῶν Ὀλυμπίασι βασκάνων.

daß Glaukos bei den in der ältern epischen Tradition sehr berühmten Leichenspielen des Pelias in Iolkos verunglückte. Doch erzählten Andere dasselbe von dem Orte Potniae bei Theben, wo gleichfalls einmal berühmte Spiele gehalten sein müssen; daher der Beiname Ποτνιεύς, unter welchem ihn Aeschylos in einer Tragödie verherrlicht hatte¹). Immer wiederhohlt sich der eine Grundzug daß Glaukos von seinen eigenen Pferden, nachdem sie wüthend geworden und mit ihm durchgegangen waren, zerrissen sei, wobei die Wuth der Pferde durch verschiedene Erklärungen motivirt wird, bald dadurch daß Glaukos sie ihre Brunst nicht habe befriedigen lassen, bald daß er sie mit Menschenfleisch gefüttert habe. Die ganze Figur erinnert sehr an Aktaeon. Die rasenden Rosse des Glaukos bedeuteten vermuthlich die wüthenden Wogen des Meeres in der stürmischen Jahreszeit²), die dem eigenen Herrn Gewalt anthun, wie Zeus und Dionysos um dieselbe Jahreszeit in ihren Elementen Gleichartiges leiden.

c. Bellerophon.

Eine dem argivischen Perseus nahe verwandte Gestalt, wie denn auch Bellerophon im Sinne der alten Fabel für einen argivischen Heroen gelten muß und beide, Perseus und Bellerophon, nicht selten neben einander genannt und abgebildet wurden³). Nur daß Bellerophon bei gleicher Naturbedeutung doch weit mehr zu einem nationalen Helden geworden war und zwar mit sehr bestimmter Beziehung auf Lykien und die Lykier, deren landschaftliche und nationale Erinnerungen sich vorzugsweise um das Andenken dieses Heroen gesammelt hatten. Dieses Bild eines alten lykischen Licht- und Sonnendienstes scheint also in Folge sehr früher Berührungen und Einwanderungen

---

1) G. Hermann de Aesch. Glaucis, Opusc. 2, 59 sqq. Auf die Sage von Potniae beziehen sich die Ausdrücke Ποτνιάδες πῶλοι b. Eurip. Phoen. 1124, Potniades quadrigae b. Virg. Ge. 3, 267, Ovid Ibis 557. Die Spiele zu Potniae waren vielleicht die zu Ehren des Laios oder des Oedipus, deren auch sonst gedacht wird.

2) Vgl. θάλασσα ἀεσίμαινα u. Neptunus vesanus, Bd. 1, 475. Das Wort θάλασσα hängt zusammen mit ταράσσειν, θράσσειν.

3) Besonders interessant sind in dieser Hinsicht die beiden Terracotten aus Melos D. A. K. 1, 51. 52. Vgl. Paus. 2, 27, 2 vom Throne des Asklepios: τῷ θρόνῳ δὲ ἡρώων ἐπειργασμένα Ἀργείων ἐστὶν ἔργα, Βελλεροφόντου τὸ εἰς τὴν Χίμαιραν καὶ Περσεὺς ἀφελὼν τὴν Μεδούσης κεφαλήν u. die Mon. ed. Ann. d. Inst. 1856 p. 101 sqq. edirten Bronzen: Perseus, Bellerophon den Pegasos bändigend, Herakles den Acheloos, ders. den Antaeos bändigend.

aus Kleinasien nach Korinth übertragen zu sein. Als Sonnenheld gilt Bellerophon für einen Sohn des Glaukos oder des Poseidon, weil die Sonne aus dem Meere aufsteigt; daher sich dieselbe Vorstellung in manchen alterthümlichen Sagen wiederholt und auch darin bewährt dafs Poseidon und Apollo oder Poseidon und Helios nicht selten neben einander verehrt wurden¹). Zu bemerken ist auch dafs der Cult des Sonnengottes in Korinth ein sehr alter war und dafs Helios in diesem Culte nach einer gleichfalls nicht ungewöhnlichen Vorstellung als die streitbare Macht des Himmels schlechthin verehrt wurde, so dafs er auch wie Zeus κεραύνιος im Gewitter seine Macht offenbart. Blitz und Donner zogen neben Licht und Glanz als Rosse den Wagen dieses korinthischen Helios (1, 350, 3) und Pegasos, das Rofs des Bellerophon, ward sonst als das des Zeus Keraunios gedacht. So werden wir auch in den Dichtungen vom Herakles dieses Schwanken der Vorstellung zwischen dem Sonnengotte und dem furchtbaren Gotte des Gewitters finden.

Der Name Βελλεροφῶν oder Βελλεροφόντης wird von den Alten gewöhnlich durch den unfreiwilligen Mord seines Bruders oder eines korinthischen Edlen Namens Belleros erklärt, in Folge dessen Bellerophon zum Proetos gegangen sei um bei diesem Reinigung zu suchen²). Andere nahmen ein seltenes Wort ἔλλερα zu Hülfe, welches etwas Böses und Feindliches bedeute³). Neuere Etymologen haben eine Erklärung des Wortes und der Vorstellung durch indische Parallelen zu geben versucht⁴). Fassen wir die Thaten des Bellerophon ins Auge, so charakterisiren ihn diese alle als einen Ueberwinder

---

1) Bd. 1, 207 u. 349, 3. Vorzüglich scheinen sich beide Culte am Taygetos und auf Taenaron durchdrungen zu haben. Aber auch auf dem alten Akrokorinth mag etwas Aehnliches der Fall gewesen sein. Vgl. unten vom Sarpedon und Salmoneus.

2) Apollod. 2, 3, 1 nennt den Bruder Δηλιάδης oder Πείρην oder Ἀλκιμένης, nach Hesych u. Eustath. 632, 6 hiefs Bellerophon selbst auch Βέλλερος, vgl. Schol. Il. 6, 155, Zenob. 2, 87, Tzetz. Lyk. 17.

3) Eustath. 635, 6 Βελλεροφόντης d. i. Ἑλλεροφόντης ἤτοι φονεὺς κακίας, ἔλλερα γάρ φασι κατὰ διάλεκτον τὰ κακά. Kallimachos sagte von einem Ungeheuer ἵν᾽ ἔλλερα πολλὰ τέλεσκεν und Zenodot soll in der Ilias Ἑλλεροφόντης für Βελλεροφόντης gelesen haben, * s. Callim. ed. Schneider 2 p. 607.

4) Pott Z. f. vgl. Spr. 4, 416 ff. erklärt Bellerophon durch Vritrahan d. i. Vritratödter d. i. Indra in der indischen und Zend Mythologie. Vritra eigentlich Wolke, Finsternifs, dann das Böse überhaupt. Dagegen spricht M. Müller in ders. Ztsch. 5, 140 ff., welcher selbst βέλλερος erklärt durch villosus, ein zottiges Ungeheuer.

des Wüsten, Bösen und Feindlichen, wie es sich in den Sagen der Völker unter den verschiedensten Gestalten darzustellen pflegt, in der Bellerophonsage vorzüglich in der der Chimaera, neben welcher in Lykien selbst aber auch andre wilde Thiere genannt wurden[1]).

Die Korinthier wufsten sich sehr viel mit ihrem Bellerophon[2]), doch ist seine Bedeutung in der dortigen Sage eigentlich nur die Bändigung des Pegasos mit Hülfe der Athena. Ja dieses geflügelte Wunderpferd war zu dem Abzeichen der Stadt geworden, wie ihre zum Theil sehr alterthümlichen Münzen lehren. Wir haben dieses Pferd bereits in der Perseussage kennen gelernt, welcher sich die Bellerophonsage auch insofern anschliefst. Seinem Namen nach bedeutet es zunächst ein starkes, kräftiges Pferd, wie derselbe Name denn auch von einem der Rosse Achills gebraucht wird[3]). Doch haben die Griechen ihn früh auf Quellen bezogen, daher der Pegasos bei Hesiod th. 282 an den Quellen des Okeanos geboren wird, während er sich nach anderen Ueberlieferungen von Quellen nährt oder mit seinem Huf Quellen aus dem Boden schlägt, namentlich die bekannte Quelle der Musen auf dem Helikon[4]), worüber der Pegasos selbst zum Musenpferde geworden ist. Eigentlich aber ist es das Donnerrofs des Zeus und wird als solches auch in der Bellerophonsage charakterisirt, nach späteren

---

1) Von Bellerophons Kampfe mit einem wilden Eber erzählt Plut. d. virt. mul. 9 nach lykischer Sage. Auf einem lykischen Grabe bei Tlos soll er mit einem Leoparden kämpfend abgebildet sein, Spratt and Forbes trav. 1, 34. Nach Schol. Il. 6, 155 hiefs B. in Korinth früher Λεωφόντης d. i. volkstödtend und Ἱππόνους, was auf die Bändigung des Pegasos zu beziehen ist.

2) Theokr. 15, 92 Κορίνθιαι εἰμὲς ἄνωθεν ὡς καὶ ὁ Βελλεροφῶν. Ein τέμενος Βελλεροφόντου in Korinth Paus. 2, 2, 4.

3) Πήγασος von πηγός d. i. dick, stark, kräftig, Il. 9, 124 δώδεκα δ' ἵππους πηγοὺς ἀθλοφόρους, vgl. Schoemann op. 2, 206, Kuhn u. G. Curtius Zeitschr. f. vgl. Spr. 1, 461; 2, 156. Das Pferd des Achill heifst Πήδασος, ein gewöhnlicher Lautwechsel, wie in Πήγασα Πήδασα und andern Ortsnamen in Lykien und Karien, s. Steph. B. v. Πήγασα, Fellows Lycia p. 459. Daher man πηγή von πηδῶ ableitete, Orion p. 138 vgl. Schol. Il. 6, 155 Πήγασος ὅτι ἐκπεπηδήκοι ἐκ τοῦ τῆς Γοργόνος τραχήλου.

4) Strabo 9, 379, Hes. v. Ἱπποκρήνης, Bd. 1, 401, 1. Pegasos von Nymphen gepflegt auf einem Wandgemälde Millin gall. myth. 97, 394. Bellerophon den Pegasos an der Quelle tränkend auf einem der schönen Reliefs b. Braun zwölf Basreliefs t. 1. Bellerophon u. Pegasos an einer Quelle, deren Wasser durch dessen Huf flofs, Paus. 2, 3, 5. Ueber die Darstellungen des Pegasos überhaupt vgl. Stephani compt. rend. 1864, 31 ff. — Sonnengötter als Urheber von Quellen, Röm. Mythol. 151.

Dichtern auch das Pferd der Eos. Nach seiner Abkunft galt es bekanntlich für eine Geburt der Gorgo vom Poseidon, in welchem Sinne, das ist oben erläutert worden[1]. Das Symbol selbst scheint nicht allein bei den Griechen, sondern auch in Kleinasien, namentlich in Lykien und Karien verbreitet gewesen zu sein[2].

Die Sonne als ein den Himmelsraum durchlaufendes Rofs zu denken ist ein nicht ungewöhnliches Bild altindischer Lieder[3]. Daher die Pferde als Vorspann des Sonnenwagens und die dem Sonnengotte in vielen Gegenden geweihten oder als Opfer dargebrachten Pferde. Gewifs war die schnelle Leichtigkeit des Sonnenlaufes dabei die leitende Vorstellung. Den Sonnengott als Reiter zu denken scheint weniger üblich gewesen zu sein als zu Wagen, doch ist auch dieses Bild nicht unerhört[4]. Indessen ist der Pegasos jedenfalls etwas Anderes als das gewöhnliche Sonnenrofs, da er auf das Geleit von Donner und Blitz deutet. Aber auch hier kommt uns, wie gesagt, jenes korinthische Viergespann zu Hülfe[5], auf welchem Helios nicht blos als Herr und Meister über Licht und Glanz, sondern auch über Donner und Blitz erschien. Ja es giebt einige Vasenbilder, wo zu dem Wagen des Helios ausdrücklich das Attribut des Blitzes hinzugefügt wird[6]. Nach dieser Analogie also wird Bellerophon zugleich als ein dem Sonnengotte und dem Zeus Keraunios ähnlicher Held zu denken sein.

Die korinthische Sage erzählte bei der Perseussage anknüpfend dafs dieses Flügelrofs, nachdem es der Gorgo entsprungen war, durch den Himmel schwebend sich zuerst auf Akrokorinth niedergelassen

---

1) S. 65. Paul. p. 101 Hippius i. e. equester Neptunus dictus est vel quod Pegasus ex eo et Pegaside natus sit vel etc. Diese Πηγασίς ist eine spätere Fiction.

2) Auf lykischen Münzen und Denkmälern sieht man den Pegasos in derselben Gestalt wie auf den korinthischen, auch auf denen von Alabanda in Karien und einer andern kleinasiatischen Stadt, wahrscheinlich Lampsakos, b. L. Müller Numism. d'Alex. le Grand n. 601 ff. p. 195, n. 1144 ff. p. 257. * Statt Lampsakos dürfte jedoch Erythrae zu setzen sein, s. J. Brandis Münzwesen in Vorderasien S. 326; Münzen von Halikarnassos zeigen gleichfalls den Pegasos, a. a. O. S. 290.

3) Roth Z. d. D. morgenl. Ges. 2, 223, Kuhn Herabk. d. Feuers 55 ff.

4) R. Rochette Hercule Assyrien p. 139. 217.

5) Schol. Eur. Phoen. 3 vgl. Bd. 1, 350.

6) Archäol. Ztg. 1848 n. 20 1. 20, 1. 2 vgl. Stephani Nimbus u. Strahlenkranz S. 89.

und dort von der Quelle Peirene, dem Wunder der Burg und dem
Stolze der Stadt, getrunken habe. An derselben versucht Bellerophon
es zu fangen und zu zähmen, aber vergeblich. Endlich heifst ihn
Polyidos, der berühmte Seher, sich neben dem Altare der Athena
zum Schlafe legen, der hehren Göttin von Korinth, deren behelmter
Kopf auf so vielen Münzen der Stadt und ihrer Colonieen neben dem
Pegasos zu sehen ist. Sie erscheint dem Bellerophon im Traume und
reicht ihm einen goldenen Zaum, den solle er seinem Vater, dem
Rossebändiger Poseidon, zeigen und ihm dazu einen weifsen Stier
opfern. Der Held erwacht, findet den Zaum neben sich, opfert den Stier,
weiht auf das Geheifs des Sehers der Athena Hippia einen Altar und legt
darauf mit leichter Mühe dem Pegasos den Zaum an. Schnell schwingt
er sich hinauf im Schmucke seiner Waffen und das Rofs folgt willig
dem Spiele seiner Hand. So dichtet Pindar, vielleicht nicht ganz in
Uebereinstimmung mit der korinthischen Legende. Wenigstens erzählte man im Culte der nach dieser Erfindung benannten Athena
Χαλινῖτις, dafs die Göttin selbst den Pegasos gezäumt und ihn
darauf dem Bellerophon übergeben habe¹).

Die Fortsetzung der Sage spielt nicht in Korinth, sondern in
Tiryns, am Hofe des Proetos, dessen Herrschaft auch über Korinth
ausgedehnt ist²). Darauf deutet die Ilias, welche die Geschichte des
Bellerophon sehr ausführlich erzählt (6, 150—211), vielleicht aus dem
Grunde weil die Könige der ionischen Griechen in Kleinasien sich
Nachkommen Bellerophons zu sein rühmten (Herod. 1, 147). Der
schlaue Sisyphos habe den Glaukos, dieser den wackern Bellerophon
gezeugt, dem die Götter Schönheit und liebreizende Männlichkeit verliehen. Der mächtige Proetos aber führte Arges wider ihn im Schilde
und trieb ihn aus seinem Lande, woran seine Gemahlin schuld war,
jene Königstochter aus Lykien, welche Homer Anteia nennt, die
attischen Tragiker aber Stheneboea. Diese entbrennt für den schönen
Jüngling aus Korinth, er aber ist keusch wie Joseph, daher die Königin ihre Zuflucht zur List nimmt. Entweder mufst du sterben,
spricht sie zum Gemahl, oder du mufst den Bellerophon tödten, der

---

1) Paus. 2, 4, 1 vgl. Pind. Ol. 13, 63—86 und Bd. 1, 178. Auch das Fackel-
spiel der Ἑλλώτια bezog man in Folge einer falschen Etymologie auf die Bändigung des Pegasos, Schol. Pind. Ol. 13, 56. * Die Bändigung des Pegasos
durch Bellerophon scheint dargestellt auf einem Thonrelief b. R. Schoene,
griech. Rel. n. 132.

2) Das erkannte auch Pausanias 2, 4, 2.

mich verführen will. Darum sendet Proetos den Jüngling mit einem Uriasbriefe¹) zu seinem Schwäher nach Lykien, womit seine Heldenbahn beginnt, wie die des Perseus mit der Sendung des Polydektes, die des argivischen Herakles mit dem Dienste beim Eurystheus. Durch Sophokles und Euripides wurde die Leidenschaft der Sthenoboea zu einer romantischen Verwicklung²), daher auch der Abschied des Bellerophon aus Tiryns später in diesem Sinne aufgefaßt wurde. So giebt es einige Vasenbilder späterer Erfindung, wo der Heldenjüngling den verrätherischen Brief des Proetos in Gegenwart der Sthenoboea empfängt, die dabei noch immer mit zärtlichen Blicken an ihm hängt.

Bellerophon macht sich auf von den Göttern behütet und wird in Lykien von dem Könige erst neun Tage lang sehr ehrenvoll bewirthet. Am zehnten fragt er nach seinem Anliegen, empfängt den Brief des Proetos und schickt ihn nun von einem lebensgefährlichen Abenteuer ins andere.

Die erste Aufgabe ist der Kampf mit der Chimaera, dem gräfslichen Ungeheuer, welches Bellerophon tödten soll. Nach der Ilias war es göttlichen Ursprungs, vorne Löwe, hinten Schlange, in der Mitte eine wilde Bergziege (χίμαιρα), schreckliches Feuer in dicken Flammen ging aus seinem Munde. In einem anderen Zusammenhange (16, 327 ff.) erwähnt sie des Lykiers Amisodaros, der dieses Ungethüm zum Verderben vieler Menschen gehegt habe³). Die zahlreichen Bildwerke, unter denen die etruskische Chimaera von Arretium (jetzt in Florenz) besonders berühmt ist, zeigen sie gewöhn-

---

1) πόρεν δ' ὅγε σήματα λυγρά, γράψας ἐν πίνακι πτυκτῷ θυμοφθόρα πολλά. Die alten Grammatiker verstanden unter diesen Zeichen Bilder (εἴδωλα) nach Art der aegyptischen Hieroglyphen oder der Zeichen der Skythen (Runen). Auf dem attischen Theater waren Briefe der Heroen oder Heroinen etwas Gewöhnliches. Der Vater der Sthenoboea heifst gewöhnlich Iobates.

2) Sophokles hatte einen Iobates, Euripides eine Sthenoboea gedichtet. Der Abschied des Bellerophon auf einem Vasenbilde Mon. d. Inst. 4 t. 21. Merkwürdig ist der Spiegel Mon. d. I. 6 t. 29, 1, wo der König Oinomaos heifst (für Proetos), das Flügelpferd Ario(n), Bellerophon, der den Brief in seiner Hand hält, Melerpanta.

3) Ἀμισώδαρος, wie der karische Name Pisedaros, Pixodaros oder Pixodoros vgl. C. I. n. 4253. 4276ᵇ (p. 1125), Meineke Com. Gr. 3, 540. Die Ilias kennt zwei Söhne des Amisodaros Namens Ἀτύμνιος und Μάρις. Spätere nennen auch den Vater der Sthenoboea Amisodaros. Nach Plutarch de mul. virt. 9 hiefs er bei den Lykiern Ἰοβάτης und war ἐκ τῆς περὶ Ζέλειαν ἀποικίας Ἀξίων gekommen. Vgl. Amisos am Pontos.

lich als Löwen, aus dessen oberem Rücken in der Mitte der Kopf einer wilden Ziege hervorragt, die das stürmisch Wilde und Unbändige in der Natur des Ungeheuers ausdrücken sollte, wie der Löwe das glühend Verzehrende, die Schlange das Giftige und Mörderische. Bei Hesiod th. 319 ff. stammt es vom Typhon und der Echidna, die εἰν Ἀρίμοισι haust, wo der alte Mittelpunkt der vulkanischen Kräfte von Kleinasien ist (1, 55). Auch er nennt die Chimaera feuerspeiend, groſs, schrecklich, schnellfüſsig und stark, giebt ihr aber drei Köpfe[1], mit welcher Beschreibung auch Apollodor übereinstimmt, bei dem dieses Ungethüm das Land und die Heerden zerstört. Die wahrscheinliche Bedeutung ist die vulkanischer Kräfte, unter denen auch Lykien zu leiden hatte, wie davon die auch hier einheimischen Fabeln von Giganten, Kyklopen und Telchinen zeugen[2] und einige Reste noch im späteren Alterthum beobachtet wurden, ja noch jetzt sich bemerkbar machen[3]. Der Kampf des Bellerophon mit der Chimaera läſst sich insofern mit dem des Zeus und Typhon vergleichen. Er ist häufig abgebildet und beschrieben, gewöhnlich so daſs der Held auf seinem Flügelrosse schwebend das Unthier von oben tödtet, bald mit dem Bogen bald mit der Lanze bald mit dem Schwerdt, in welcher Art schon Hesiod und Pindar den Kampf schildern[4]. Auf

---

[1] μία μὲν χαροποῖο λέοντος, ἡ δὲ χιμαίρης, ἡ δ᾽ ὄφιος κρατεροῖο δράκοντος. Diese scheinbaren Abweichungen gleichen sich aus, wenn der Schwanz in den Kopf einer Schlange auslief, wie beim Kerberos und bei der Chimaera des melischen Reliefs (D. A. K. 1, 52). Die von Arretium (D. A. K. 1, 287) ist am Schwanze verstümmelt. Bei der Ziege ist an die wilde Bergziege der lykischen und kretischen Gebirge zu denken, welche denen der Schweiz gleichen soll.

[2] Hes. Γιγαντία ἡ Λεξία πρότερον καὶ οἱ κατοικοῦντες Γίγαντες, vgl. τὰ ἐπονομαζόμενα θεῶν ἀγρίων ἄντρα im Gebirge Kragos Steph. B. v. Κράγος, Lob. Agl. 1186i. Telchinen und Kyklopen Bd. 1, 499, 1; 514.

[3] Plinius H. N. 2, 236; 5, 100 vgl. Skyl. peripl. 100. Seneca ep. 79, 3, Palaeph. d. incred. 29 u. A. b. Ritter Asien 9, 2, 741 ff., wo χίμαιρα für ein phoenikisches Wort erklärt wird, Chamirah d. i. adusta, also wie die phrygische Katakekaumene.

[4] Hesiod th. 325 τὴν μὲν Πήγασος εἷλε καὶ ἐσθλὸς Βελλεροφόντης. Pind. Ol. 13, 87 σὺν δὲ κείνῳ καί ποτ᾽ Ἀμαζονίδων αἰθέρος ψυχραῖς ἀπὸ κόλπων ἐρήμων (aus der heitern Höhe des Himmels) τοξότων βάλλων γυναικεῖον στρατὸν καὶ Χίμαιραν πῦρ πνέουσαν καὶ Σολύμους ἔπεφνεν. Vgl. die Beschreibung der Sculpturen am T. zu Delphi b. Eurip. Ion 201 u. Aristid. 2. 277 ὁ Βελλεροφόντης, ὥς φασιν οἱ ποιηταί, τὴν Χίμαιραν ἐχειρώσατο — εἰς τὸν ἀέρα ἀναβὰς ἐπὶ τοῦ Πηγάσου. Apollod. 2, 3, 2 ἀρθεὶς εἰς ὕψος ὑπὸ τούτου κατετόξευσε τὴν Χίμαιραν. Ueber die Abbildungen auf Vasen, Mün-

einem in dieser Hinsicht besonders bemerkenswerthen Vasenbilde ist sein Haupt von einer grofsen Strahlenglorie umflossen, wodurch er vollends deutlich als der streitbare Sonnenheld charakterisirt ist[1]). Ohne Zweifel ist die eigentliche Heimath dieser und der folgenden Sagen in dem schönen und fruchtbaren Xanthosthale zu suchen, dem alten Mittelpunkte der lykischen Cultur, wie davon auch verschiedene örtliche Ueberlieferungen[2]) und die neuerdings bekannt gewordenen lykischen Denkmäler zeugen. Obwohl auch in Griechenland aufser Korinth das benachbarte Sikyon einen lebhaften Antheil an dieser Fabel genommen zu haben scheint, da die Chimaera auf seinen Münzen ein eben so häufiges Zeichen ist wie die fliegende Taube, das Symbol der Aphrodite.

Der zweite Kampf, in welchem Bellerophon vollends als nationaler Held der Lykier erscheint, der gegen die Feinde der Nation kämpft, ist der mit den Solymern, nach der Ilias eine sehr heifse Schlacht, wie nachher auch Bellerophons Sohn Isander im Kampfe gegen die Solymer bleibt, deren Gebirge die Odyssee 5, 285 in derselben Gegend nennt. Zu beachten ist dafs die Lykier nach einer sehr bestimmten Tradition von Kreta her in das kleinasiatische Xanthosthal eingewandert waren, wo sie selbst sich Termilen nannten[3]), während

---

zen, Gemmen u. s. w. Müller Handb. § 414, 1 mit den Zusätzen von Welcker und dazu die Darciosvase *Heydemann Neapler Vasens. n. 3253; vgl. auch Vasens. Santangelo n. 20. Eine kolossale Statue des Bellerophon auf dem Pegasos gab es in Constantinopel, früher in Antiochien. Auf den Vasenbildern gebraucht B. gewöhnlich die Lanze, auf dem Melischen Relief das Schwerdt.

1) O. Jahn archäol. Beitr. t. 5 S. 119. Stephani Nimb. u. Strahlenkranz S. 31—35 will weder die solarische Natur des Bellerophon noch jene Erklärung des Strahlenkranzes gelten lassen.

2) Virg. Cul. 13 von Apoll: sive educat illum Arna Chimaereo Xanthi perfusa liquore seu decus Asteriae etc., wo Arna Xanthi die Stadt Xanthos ist s. Steph. B. Ἄρνα u. Haupt Berl. Mtsber. 1858 S. 648. Andre Sagen aus dem Xanthosthale, namentlich von neptunischen Beschädigungen, welche Bellerophon veranlafst habe, Plut. d. mul. virt. 9. Ueber das Land und seine Denkmäler Ritter a. a. S. 982 ff.

3) Herod. 1, 173; 7, 92 vgl. Steph. B. Τρεμίλη u. Antonin. Lib. 35 ἡ Μιλύας ist speciell die von Fellows p. 227 beschriebene Hochebene. Der Name ist noch bei Polybios im Gebrauch. Der der Termilen verräth sich als der nationale auch in manchen Ortsnamen. Auf den durch Fellows bekannt gewordenen Inschriften werden Tramelae und Trooes genannt, von welchen jene für die Einwohner der Gegend von Xanthos, diese für die der Gegend von Tlos gehalten werden, s. Fellows p. 274. Tlos und Tros ist derselbe Name,

sie den Griechen den Namen der Lykier zu verdanken scheinen, vermuthlich wegen des Cultus des lykischen Apoll. Eben dieses Xanthosthal (ἡ Μιλυάς) war früher von den Solymern bewohnt gewesen, die von den Lykiern in das Hochland auf der Grenze von Lykien und Pisidien¹) zurückgedrängt wurden, nach heftigen und langdauernden Kämpfen, wie diese Sage lehrt. Der Name Solymer soll in phoenikischer Sprache Bergbewohner bedeuten, auch scheinen sie selbst wie die ihnen benachbarten Pisider, Isaurer und Kiliker semitischen Stammes gewesen zu sein²).

Drittens der Kampf mit den Amazonen, von dem sowohl die Ilias als Pindar berichtet. Nach diesem kämpft Bellerophon auch gegen sie aus der Höhe, mit dem Bogen, getragen vom Pegasos, so dafs also auch die Amazonen in dieser ältesten aller Amazonenschlachten noch ein sehr mythisches Ansehn gehabt haben mögen. Diese kriegerischen Frauen, die in grofsen Schaaren als Umgebung der Mondkönigin auf wilden Rossen einherstürmen, machen in solchen Fabeln ganz den Eindruck eines wilden Heeres am Himmel, eines Heeres von Stürmen und Wolken, das den unheimlichen Eindruck der asiatischen Mondgöttin nicht wenig verstärkt. Bald ist daraus eine Umgebung von kriegerischen Hierodulen geworden, wie wir sie im Gottesdienste der Artemis von Ephesos und anderen Gegenden Kleinasiens kennen gelernt haben (1, 254), bald das bekannte Bild einer kleinasiatischen Bevölkerung, wie in den Sagen von Kämpfen der Phryger und Lyder mit den Amazonen³). Häufig veranlafste zu solchen Localisirungen die kriegerische Weise roher Völker, bei

der sich wie der der Lykier und andere karische und lykische Namen am troischen Idagebirge wiederholt.

1) Strabo 1, 21; 13, 630, nach welcher Stelle Strabo in der Ilias Ἡσίανδρος las, nicht Ἴσανδρος, 14, 667, Schol. Il. 6, 199.
2) Ritter Asien 9, 2, 725 ff. Ein Ζεὺς Σολυμεύς aus derselben Gegend C. I. n. 4366 k. Ueber die Solymer bei Choerilos, welche bald auf die Juden bald auf die Phoeniker bezogen werden, s. Naeke Choeril. p. 130 sqq., Fischer Bellerophon (Leipzig 1851) S. 25 ff.
3) Von den Kämpfen der Phryger, an denen Priamos theilnahm, erzählt die Ilias 3, 189, von denen der Lyder, welche in einem alten Gedichte besungen wurden, Nic. Damasc. fr. Hist. Gr. 3, 396. Dafs auch in der Gegend von Troja die Sage von den Amazonen heimisch war beweist Penthesilea und das σῆμα πολυσκάρθμοιο Μυρίνης Il. 2, 814, wohl der älteste von jenen zahlreichen Grabhügeln einer unbekannten Vorwelt, die man nach den Amazonen benannte. * Vgl. auch das Bd. 1, 254, 2 Angeführte.

denen die Frauen unter den Männern kämpften oder sie zum Kampfe begleiteten, anderswo die den Asiaten und Griechen unbekannte Gynaekokratie (Herrschaft von Königinnen) oder überhaupt die freiere und selbstständigere Stellung des weiblichen Geschlechtes bei nördlichen Völkern. Indem sich solche Bilder den Griechen mittheilten, wurden sie durch diese zu festen Vorstellungen der mythischen Völkerkunde, die man von den Gegenden am Kaukasos bis in den hohen Norden verfolgen kann. In älteren Zeiten wurde vorzugsweise eine Gegend am schwarzen Meere für die Heimath der Amazonen gehalten, die Ebene von Themiskyra mit dem Flusse Thermodon, wo wahrscheinlich wieder der Dienst jener asiatischen Mondgöttin im Spiele war[1]). Doch kennen schon Aeschylos und Herodot auch die skythischen Amazonen, welche man für eine aus Themiskyra über die See verschlagene Schaar hielt, worauf sie sich mit den Skythen vermischt und in der Gegend östlich vom Tanais das Volk der Sauromaten gestiftet hätten[2]). Spätere Schriftsteller übertrugen dieselbe Vorstellung auf das westliche Libyen[3]. Wir werden derselben Sage, welche sowohl die epische Dichtung als die bildende Kunst der Griechen aufserordentlich viel beschäftigt hat, auch beim Herakles, beim Theseus und im trojanischen Kriege wiederbegegnen und dann auch individuelle Amazonenbilder von sehr lebendiger Wirkung kennen lernen[4]). Werden diese Frauen nämlich von den Dichtern auf der einen Seite als derbe und rauh und gegen alle weiblichen Gefühle abgehärtet geschildert[5]), so waren sie doch in dem jüngeren Epos und der entsprechenden Kunst zugleich immer sehr schön und auch der Liebe zugänglich, ja in dieser, wenn sie einmal davon ergriffen waren, von so starker und sinnlich glühender Leidenschaft, dafs sie

---

1) Aesch. Pr. 722 ff., zu welcher Stelle s. G. Hermann Aesch. 2, 156. Vgl. Apollon. Rh. 2, 370 ff. 966 Schol., Strabo 11, 505. Diod. 2, 45. Justin 2, 4, Ritter Asien 9, 1, 95 ff. 113 ff.

2) Aesch. Pr. 415 ff. Herod. 4, 110, Steph. B. Ἀμαζόνες. Nachmals wurden die Amazonen am Kaukasos noch einmal durch die Feldzüge Alexanders d. Gr. und des Pompejus berühmt.

*3) Diod. 3, 52, wobei vielleicht die Herod. 4, 180 erwähnte Sitte einen Anknüpfungspunkt bot.

4) Zur Uebersicht vgl. Max Steiner üb. d. Amazonenmythus in der antiken Plastik, mit 5 Taf. Leipz. 1857.

5) Die gewöhnlichen Vorstellungen b. Apollod. 2, 5, 9. Von der Verstümmelung der einen Brust wissen blos die späteren Sagenschreiber, nicht die Künstler. Aesch. Suppl. 274 nennt sie χρησφόρους.

eben dadurch sowohl für die darstellende Kunst als für die beschreibende Poesie im höchsten Grade anziehend wurden. Dazu kam der aufserordentliche Reiz des Contrastes und der Gruppirung, den diese Kämpfe griechischer Helden mit kriegerischen Frauen von barbarischen Sitten und gleichartigem Costüm von selbst darboten.

Als Bellerophon auch aus dem Amazonenkampfe siegreich zurückkehrte, versucht der König von Lykien es mit einem Hinterhalt. Er wählt dazu die besten Ritter seines Landes und doch kehrt keiner von ihnen zurück, sondern alle fallen dem tapfern Bellerophon. Da sah der König ein, fügt die Ilias hinzu, dafs er es mit dem hochgebornen Sohne eines Gottes zu thun hatte, daher er ihn bei sich behält und ihm seine Tochter zum Weibe und die Hälfte seiner Herrschaft zur Ausstattung giebt, und die Lykier schenken ihm ein grofses Gut von ausgezeichneter Fruchtbarkeit, beides für Baumzucht und für Ackerbau, auf dafs er bei ihnen bleibe und wohne. So erreicht er den Gipfel der Ehre und des Glücks, als Vater blühender Kinder, des Isandros, Hippolochos und der Laodameia, die vom Zeus den Sarpedon geboren. Siehe da ergreift ihn böse Verstörung des Geistes, allen Göttern wird er verhafst, einsam irrt er umher auf dem Felde der Irren (κὰπ πεδίον τὸ Ἀλήϊον), voll finsteren Unmuths, alle Wege der Menschen vermeidend. Nun tödtet Ares seinen Sohn Isandros im Kriege gegen die Solymer und Laodameia fällt dem Zorne der Artemis[1]).

Damit berührt die Ilias eine merkwürdige Wendung in den Schicksalen des Bellerophon, welche an die gleichartigen Verstörungen des Herakles erinnert und ohne Zweifel auch denselben Grund wie diese hatte. Die scheinbaren Störungen der Sonnen- und der Mondbahn erschienen nämlich den Alten wie ein regelloses Umherschweifen, welches sie sich mythologisch durch die Vorstellung einer schweren Krankheit oder einer geisterrüttenden Verschuldung erklärten, wie bei den Proetiden und der Io. Und dieses führte mit der Zeit weiter zu der religiösen Idee der Bufse und zu der tragischen der Strafe und einer endlichen Versöhnung, wie denn gerade in dieser Hin-

---

1) Es bleibt Hippolochos, der Vater des Glaukos. Dieser und Sarpedon sind bekanntlich die Führer der Lykier vor Troja. Demos Βελλεροφόντειος auf einer Inschr. a. Tlos C. I. n. 4235^b vol. 3 p. 1121, Demos Ἰοβάτειος ib. p. 1124 n. 4269^d, vgl. Steph. B. Γλαύκου δῆμος ἐν Λυκίᾳ u. Τλήφιος δῆμος καὶ Τλήφου κρήνη, Λυκίας. Vom Stamme des Glaukos leiteten sich die Könige der asiatischen Ionen ab.

sicht der Mythos vom Bellerophon und der vom Herakles, letzterer in Verbindung mit dem Apollinischen Cultus, manches Schöne und Tiefsinnige angeregt haben. Diese Heroen sind insofern der menschlichen Natur noch näher verwandt als die übrigen, indem sie nicht blos die Vorbilder idealer Vorzüge, sondern auch die von Schuld und Bufse waren: obwohl diese Vorstellungen beim Bellerophon nur angedeutet sind und erst durch die lyrische Poesie und die tragische Bühne mehr hervorgehoben wurden, dahingegen sie in der Heraklessage mehr als einmal und mit tiefer Bedeutung für die Verwicklung seiner Schicksale wiederkehren.

Jenes Feld der Irren war ohne Zweifel ein mythischer Begriff, wie so viele andere. Die spätere Mythographie fafste auch ihn geographisch und zwar suchte man dieses $\pi\varepsilon\delta\iota\text{ον}$ Ἀλήιον bald in Lykien bald in Kilikien, wo Tarsos seinen Namen durch den Sturz des Bellerophon zu erklären suchte[1]. Einen näheren Zusammenhang der Verschuldung des Bellerophon, worüber er zum Sturze gekommen, erzählt zuerst Pindar Isthm. 7, 44, Ol. 13, 91. Bellerophon, der siegreiche, nun übermüthige Held will auf seinem Pegasos gar bis in den Himmel dringen, in die Wohnung des Zeus, daher das Wunderrofs ihn abwirft und sich allein emporschwingt zu den Krippen des Zeus, während jener elendiglich umkommt. Nachmals hatte Euripides eine seiner kühnsten Tragödien daraus gedichtet. Bellerophon war ihm ein Beispiel jenes aus Lebensüberdrufs und Wissensdurst gemischten Hochmuthes, den wir aus Faust und Byron kennen. Nachdem ihm mitten im höchsten Glücke seine Kinder gestorben sind, wird ihm Trauer und Einsamkeit zu einer Schule des Zweifels und des Unglaubens. Er will in den Himmel, weil er den Himmel verachtet und nicht mehr an die Götter glaubt. Aber Zeus zerschmettert den kühnen Reiter mit seinem Blitze, dessen Rofs nun allein zum Himmel emporkringt, wo es den Donnerwagen des höchsten Gottes zieht[2]. Bellerophon stürzt hinab auf die Erde und

---

1) Hesych Ἀλήιον, Steph. B. Ταρσός, Eustath. Dion. P. 868. Antimachos dichtete dafs Bellerophon sich den Hafs der Götter zugezogen habe, weil er das von den Göttern geliebte Volk der Solymer getödtet habe, die er ableitete ἀπὸ Σολύμου τοῦ Διὸς καὶ Χαλδήνης, Schol. Il. 6, 200, Od. 5, 283, Steph. B. v. Πισιδία, wobei wohl ein Gerücht von Jerusalem und von dem Volke Gottes zu Grunde liegen könnte.

2) ἐφ' ἅρματ' ἐλθὼν Ζηνὸς ἀστραπηφορεῖ Aristoph. Pac. 722 ἐκ Βελλεροφόντου Εὐριπίδου Schol. Vgl. Horat. Od. 4, 11, 25 terret ambustus Phaethon

stirbt als ein Mitleid erregendes Beispiel gefallener Gröfse. Spätere Dichter lassen nach seinem Sturze Eos den Zeus um den Pegasos bitten und diese nun ihren täglichen Lauf am Himmel darauf vollenden[1]).

Auch die Liebe der Stheneboea hatte diesen Dichter der Leidenschaft zu einem Drama tragischen Inhaltes angeregt, das wie die Euripideischen Stücke gewöhnlich in der späteren Kunst und Dichtung fortwirkte. Nach den in Lykien glücklich bestandenen Kämpfen kehrt Bellerophon auf seinem Wunderrofs nach Tiryns zurück, schreckt den Proetos und entzündet die Königin von neuem zur Liebesgluth. Sie wagt es ihm auf den Pegasos und in seine neue Heimath zu folgen, wird aber unterwegs von ihm ins Meer gestürzt, worauf arme Fischer den Leichnam der Königin nach Tiryns zurückbringen[2]).

5. Lakonien und Messenien.

Die beiden Nachbarländer rechts und links vom Taygetos. Der Landschaft von Messenien ist von Natur gröfsere Fruchtbarkeit, der von Lakedaemon gröfsere Rüstigkeit der Bewohner geworden, daher sich das Uebergewicht von jeher zu diesen neigte. Die älteste Bevölkerung war lelegischen Stammes und die Dienste der Insel Kythera und des Vorgebirges Taenaron beweisen dafs das ausländische Element auch hier zeitig Eingang gefunden hatte. Leider sind aus der Zeit vor der dorischen Einwanderung nur zerrissene Ueberreste alter Sagenbildung vorhanden.

Die ältesten Städte in Messenien waren Andania und Arene, die in Lakonien Amyklae in der Gegend von Sparta und Pellana im Oberlande des Eurotas. Amyklae war unter den Achaeern ein eben so blühender Ort wie Mykenae in Argos, mit dem es in enger Verbindung stand. Der Zeus vom Taygetos (1, 100. 383) und der Apoll von Amyklae (1, 203) treten auch in der Landessage als die mächtigsten Götter hervor. Neben ihnen hat unverkennbar der Dienst der Aphrodite von Kythera (1, 272) einen tiefgreifenden Einflufs sowohl auf die Cultussage als auf die heroische Mythenbildung ausgeübt.

---

avaras spes et exemplum grave praebet ales Pegasus terrenum equitem gravatus Bellerophontem. Vgl. Welcker Gr. Trag. 785 ff.

1) Lykophr. 16 Tzetz., Schol. Il. 6, 155. Claudian IV cons. Honor. 561 nennt das Pferd der Eos Aethon.

2) Welcker a. a. O. 777 ff. Nauck trag. gr. p. 447.

Als die Trümmer der ältesten Sagen gesammelt wurden, fanden sich manche alte Namen, welche die Mythographen wie gewöhnlich in ein mythologisches Schema zu bringen suchten. Dahin gehören Tyndareos, der Vater der Dioskuren und der Helena und Klytaemnestra, Aphareus, der Vater des Idas und Lynkeus, Leukippos, der Vater der Leukippiden, Ikarios, der Vater der Penelope, endlich Perieres in Messenien und Oebalos in Lakonien, von denen in verschiedentlich wechselnden Genealogieen die Abstammung der so eben Genannten abgeleitet wird[1].

a. Tyndareos und Leda.

Tyndareos ist seinem Namen nach der Schläger, Stöfser[2]), vielleicht nur ein alter Beiname des Zeus vom Taygetos. Der der Leda (Λήδα) erklärt sich am natürlichsten durch ein in lykischen Inschriften wiederholt gebrauchtes Wort *lada* d. i. Weib oder Frau, ein Wort des karisch-lelegischen Sprachstammes, wie es scheint, welches vermuthlich auch bei dem Namen der Leto, der Mutter des Apollo und der Artemis, zu Grunde liegt[3]. Also wird Leda, die Mutter der Tyndariden und der Helena, ursprünglich eine Göttin gewesen sein, welche erst später zur Heroine geworden ist, sie und ihre Kinder; wobei zu bedenken dafs jene ältere Bevölkerung lelegischen Stammes dereinst auf den Inseln und an den Küsten von Griechenland weit verbreitet und mächtig gewesen war, später aber den Hellenen weichen mufste. Daher die Erzählungen von diesen über beide, Tyndareos und Leda, wenig Aufschlufs geben. Tyn-

---

1) Περιήρης gilt gewöhnlich für einen Sohn des Aeolos, Οἴβαλος für den des Kynortas, des S. des Amyklas (1, 204). Von ihm Οἰβαλία Οἰβάλιος Οἰβαλίς Οἰβαλίδης bei den späteren Dichtern für alles Lakonische und Spartanische. Perieres gilt bald für den Vater aller vier, des Aphareus Leukippos Tyndareos und Ikarios, bald werden die beiden letzteren Söhne des Oebalos genannt, welcher den grofsen Eoeen (Paus. 2, 2, 3) auch als Vater der Peirene bekannt war. Als eine der ältesten Heroinen beider Landschaften erscheint immer Γοργοφόνη, angeblich eine T. des Perseus. Stesichoros hatte sie die Gemahlin des Perieres genannt, Andre die des Oebalos. Vgl. Apollod. 1, 9, 5; 3, 10, 3. 4, Paus. 3, 1, 4 ff.; 4, 2, 3, Schol. Eur. Or. 458 u. A. Etymologische Versuche bei Pott Jbb. f. Philol. 1859 Suppl. 3, 325 ff.

2) Τυνδάρεος oder Τυνδάρεως, von demselben Stamme wie Τυδεύς, G. Curtius Grundz. 225. Vgl. Iupiter Pistor Röm. Myth. 173.

3) Fellows discov. in Lycia 475. Auch die karische Insel Λάδη, früher Λάτη (Plin. 5, 135), wird daher ihren Namen haben, desgleichen der Fl. Ληθαῖος in Karien und auf Kreta. Ueber Λητώ s. Bd. 1, 190.

dareos gilt immer für den Bruder des Ikarios, seltner für den des Hippokoon¹). Dieser, ein gleichfalls alter Name in den lakonischen Ueberlieferungen, dem wir in der Heraklessage wieder begegnen werden, soll Tyndareos vertrieben haben, worauf derselbe in Messenien oder in Aetolien eine Zuflucht suchte und sich hier mit der Leda vermählte, welche nach der gewöhnlichen Ueberlieferung für eine Tochter des aetolischen Königs Thestios galt²). Erst nachdem Herakles den Hippokoon und seine kriegerischen Söhne, die Hippokoontiden vernichtet hat, kehrt Tyndareos wieder nach Lakonien zurück, wo er also erst durch Herakles König wird, nach Einigen unter der Bedingung dafs er diese Würde für die Herakliden aufbewahre³). Also offenbar eine Combination der Zeit nach der Heraklidenrückkehr. Doch hatten sich von dem Streite der Tyndariden und Hippokoontiden auch sonst einige Spuren in der Landesüberlieferung erhalten⁴). Selbst der Name Thestios oder Thespios und das Andenken seiner Töchter wird mit besserem Rechte für ein altes Erbtheil der lakonischen Sage als für eine Entlehnung aus der aetolischen gelten dürfen⁵).

b. Die Dioskuren.

Diese sind vollends offenbar eigentlich Götter und keine Heroen, Götter des Lichtes in seiner Wandelbarkeit zwischen Aufgang und Untergang, strahlendem Glanze und nächtlicher Verdunkelung, sowohl in dem Wechsel des Tages als in dem des Jahres und der siderischen und atmosphärischen Erscheinung. Daher Zwillinge, aber

---

1) Apollod. 3, 10, 4. Diod. 4, 33. Ueber Ἰκάριος oder Ἰκαρίων s. Bd. 1, 551.
2) Paus. 3, 1, 4. Apollod. 3, 10, 5. Schol. Apollon. 1, 146. Daher auch Helena hin und wieder für eine Aetolerin gilt, Lykophr. 143 τῆς πεντάλεκτρου Θεστιάδος Πλευρωνίας vgl. Paus. 3, 13, 5.
3) Diod. 4, 33.
4) Am Amyklaeischen Throne u. A. Τυνδάρεω πρὸς Εὔρυτον μάχη, P. 3, 18, 7, d. i. wahrscheinlich der Hippokoontide Apollod. 3, 10, 5. Helena bedrängt von dem Hippokoontiden Ἐναροφόρος d. i. ἐναροφόρος spolia ferens Plut. Thes. 31. Die Hippokoontiden ἀντιμνηστῆρες τῶν Διοσκούρων b. Euphorion, Schol. Clem. Al. Pr. p. 108 Klotz. * Vgl. Alcman fr. 16, col. 1, v. 1 Bergk.
5) Paus. 3, 19, 4 εἰσὶ δὲ καὶ αἱ Θεστίου θυγατέρες ἐπὶ τῷ βωμῷ (unter dem Amyklaeischen Thron) καὶ Μοῦσαί τε καὶ Ὧραι. Der Name Θέστιος ist identisch mit Θέσπιος und scheint einen göttlich Begeisterten zu bedeuten, vgl. die funfzig Töchter des Thestios d. h. die Thespiaden in Thespiae in der boeotischen Heraklessage. Eumelos in seinen korinthischen Geschichten nannte Leda eine Tochter des Glaukos, des Sohns des Sisyphos, und der Panteidyia d. h. der Allwissenden, Schol. Apollon. 1, 146.

der eine sterblich der andere unsterblich; daher Bruder der Helena, welche auch eine Göttin war und für eine solche in Lakonien immer galt. Aber freilich sind diese Ueberlieferungen durch die epische Sage wieder sehr verdunkelt worden.

Die Dioskuren hiefsen gewöhnlich Tyndariden und sind bei Homer die wirklichen Söhne des Tyndareos, Od. 11. 298 ff., während ihre Schwester Helena bei demselben Dichter für eine Tochter des Zeus und der Leda gilt, Il. 3, 426. Od. 4, 184. 219. 569, Klytaemnestra die des Tyndareos genannt wird. Od. 24, 199. Hernach verbreitete sich der Name der Dioskuren (Διὸς κοῦροι, att. Διόσκοροι) und die Vorstellung dafs beide Söhne des Zeus und der Leda seien[1], obgleich man bald zwischen der ungleichartigen Natur der Zwillinge unterscheiden lernte und deshalb den sterblichen Kastor einen Sohn des Tyndareos, den unsterblichen Polydeukes einen Sohn des Zeus nannte. Auch die Kyprien dichteten in diesem Sinne[2], dasselbe Gedicht, welches zuerst die Nemesis, nicht Leda als Mutter der Helena nannte und höchst wahrscheinlich auch das in dieser Fabel so oft erwähnte Ei zuerst erwähnte. Nemesis nämlich, so heifst es in einigen noch erhaltenen Versen[3], verwandelte sich, die Liebe des Zeus fliehend, in die verschiedensten Thiergestalten des Meeres und des festen Landes, so dafs sie also wahrscheinlich zuletzt die eines Schwans annahm und in derselben Gestalt vom Zeus ereilt jenes Ei legte; sei es nun dafs dem Dichter dabei gewisse Anschauungen des Cultus der Aphrodite vorschwebten[4], oder dafs ihn die Ueberlieferungen des attischen Nemesisdienstes zu Rhamnus bestimmten, wo man auch von der Helena erzählte[5]. Das wurde dann von der Leda gefunden und aufbewahrt, bis Helena daraus entsprang; wenigstens hatte in dieser Weise Sappho gedichtet[6]. Oder man

---

1) Hesiod b. Schol. Pind. N. 10, 150. Hom. Il. 17. 33. wo beide zugleich Tyndariden und Söhne des Zeus genannt werden, οἳ Ζηνὸς Ὀλυμπίου ἐξεγένοντο.

2) Clem. Alex. Protr. p. 26 P.

3) Athen. 8, 10. Es bleiben verschiedene Bedenken, s. Henrichsen de carm. Cypr. p. 40 sqq., Welcker ep. Cycl. 2, 130 ff.

4) Sowohl das Ei als der Schwan sind Attribute der Aphrodite und die Beziehungen der Kyprien zu diesem Dienste zahlreich. s. Bd. 1, 274. 304. 305. Die syrische Aphrodite aus einem Ei geboren, welches die Fische im Euphrat fanden und eine Taube am Ufer ausbrütete, Röm. Myth. 744. Blüthe, Frucht und das Ei als Symbole der Belebung auch auf dem Harpyienmonument aus Lykien.

5) Paus. 1, 33, 7 vgl. Bd. 1, 439, * vgl. jedoch Anm. 2 zu Ende.

6) Sappho fr. 56 φαῖσι δή ποτα Λήδαν ὑακίνθινον πεπυκασμένον ὤιον

fabelte, und dieses scheint die gewöhnliche Tradition von Rhamnus gewesen zu sein, daſs es in „dortigen Sümpfen" gefunden und der Leda überbracht worden sei, welche darauf die Geburt der Helena abwartete und diese wie ihr eignes Kind nährte und erzog¹). Dahingegen später, zuerst soviel wir wissen bei Euripides²), Leda selbst vom Zeus in der Gestalt des Schwans befruchtet das Ei legte, eine Dichtung, welche nun auf verschiedene Weise mit jener von der Nemesis ausgeglichen³) und auch für die Maler und die bildende Kunst ein sehr beliebter Gegenstand wurde⁴). Bis zuletzt, aber erst in der jüngeren Tradition der Dichter und der Künstler, auch die Dioskuren aus einem Ei geboren werden⁵), nachdem früher Ibykos von einer gleichen Entstehung der Molioniden gedichtet hatte, jedenfalls um die unzertrennliche Natur der Zwillinge auch auf diese Weise auszudrücken.

Die Geburtsstätte der Dioskuren wurde nach alter Sage an den Abhängen der wilderhabenen Taygetosküste am messenischen Meerbusen gezeigt, auf einer kleinen Felseninsel bei Pephnos, dem Ha-

εἴρη. Auch die folgenden Worte ᾠῷ πολὺ λευκότερον b. Athen. 2, 50 gehören dazu, denn offenbar ist von der Helena die Rede, vgl. Lukian Somn. 17 εἶδον γὰρ λευκὴν μέν τινα καὶ ἐπιμήκη, τὸν τράχηλον, ὡς εἰκάζειν κύκνου θυγατέρα εἶναι. * Vgl. jedoch Bergks Note zu der ersten Stelle.

1) Apollod. 3, 10, 7. Vgl. Paus. l. c. Ἑλένῃ Νέμεσιν μητέρα εἶναι λέγουσι, Λήδαν δὲ μαστὸν ἐπισχεῖν αὐτῇ καὶ θρέψαι. In der Parodie dieser Fabel durch den Komiker Kratin brütete Leda selbst das Ei aus. Meineke Com. Gr. 2, 1, 80 sqq.

2) Eurip. Hel. 17—21. 214. 257. 1144. 1645, Or. 1387, Iph. A. 794 ff.

3) Isokr. Hel. 59 κύκνος γενόμενος εἰς τοὺς Νεμέσεως κόλπους κατέφυγε, τούτῳ δὲ πάλιν ὁμοιωθεὶς Λήδαν ἐνύμφευσεν. Oder Leda wird in die Nemesis verwandelt und dgl. Schol. Eur. Or. 1371, Lactant. 1, 21, 23, Clem. Ro. Homil. 5, 13 Νεμέσει τῇ τοῦ Θεστίου τῇ καὶ Λήδᾳ νομισθείσῃ κύκνος ἢ χὴν (die Gans wird wiederholt anstatt des Schwans genannt) γενόμενος Ἑλένην ἐτεκνώσατο καὶ αὖθις Κάστορα καὶ Πολυδεύκην ἐξέφηνεν.

*4) Overbeck Kunstmyth. d. Zeus 489—514.

5) Horat. A. P. 147 nec gemino bellum Troianum orditur ab ovo mit Beziehung auf die Kyprien, welche mit der Geschichte der Dioskuren anhuben, vgl. Sat. 2, 1, 26 und Ovid M. 6, 538 geminus coniux von Tereus als Gemahl der beiden Schwestern. Bei Hygin f. 77 gebiert Leda von dem in einen Schwan verwandelten Zeus ad Eurotam compressa Polydeukes und Helena, vom Tyndareos Kastor und Klytaemnestra. Wieder anders Auson ep. 56, wo alle drei, die Dioskuren und Helena, in demselben Ei stecken. Vgl. Schol. Od. 11, 298, Tzetz. Lyk. 88, Schol. Kallim. Dian. 232. * Das Pompejanische Gemälde, auf welchem ein Mädchen ein Nest mit drei kleinen Kindern in der Hand hält, und welches gewöhnlich auf Leda und die drei Kinder gedeutet wird, stellt ein Erotennest dar, s. Helbig Pompej. Wandg. n. 821 ff.

fenorte von Thalamae¹). Namentlich hatte Alkman so gedichtet, der spartanische Nationaldichter und Verfasser eines vielgesungenen, in einigen gröfseren Bruchstücken noch erhaltenen Hymnos auf die Dioskuren, doch mit dem Zusatze dafs Hermes die kaumgeborenen nach Pellana, dem alten Königssitze des Tyndareos gebracht habe, wo man auch von den Freiern der Helena und von ihrem Beilager mit Menelaos erzählte. Immer galt Lakedaemon und das Eurotasthal für die wahre Heimath der Dioskuren²) und vorzüglich waren Amyklae und Therapne reich an Erinnerungen an sie und ihre liebreizende Schwester, sowohl an ihr Leben als an ihren Tod.

Die Naturbedeutung der Dioskuren offenbart sich in dem Streite mit den Aphariden Idas und Lynkeus und in ihrer Vermählung mit den beiden Töchtern des Leukippos, Hilaïra und Phoebe, ferner in ihrer Epiphanie zur Zeit des längsten Tages, wo das Licht am meisten gegenwärtig ist, aber auch die Tage schon wieder merklich abnehmen, endlich in dem S. Elmsfeuer, welches in Sturm und Finsternifs plötzlich aufleuchtend erscheint und von den Schiffern weit und breit als Epiphanie der Dioskuren auf dem Meere und als ihre Rettung in der höchsten Noth begrüfst wurde. Ueberall sind sie, wie gesagt, Mächte des Lichts, so gut wie Apollo, aber nicht als die sich gleich bleibende, auf göttlichem Grunde beruhende Thatsache der Erscheinung, sondern als streitende Mächte des Lichts, daher als Heroen und als Zwillinge, deren Dasein von Aufgang und Untergang so gut wie das wechselnde Licht des Tages bedingt ist. Die indische Mythologie hat etwas Aehnliches an den beiden gleichfalls berittenen Açvina, welche Söhne des Sonnengottes genannt und am frühen Morgen, sowie des Mittags und Abends angerufen wurden. Auch sollen die Kelten und andre nördliche Völker ähnliche Götter verehrt haben³). Bei den Griechen aber ist aus diesem Brüderpaar vermöge der gewöhnlichen Uebertragung des in der Natur gegebenen Bildes auf sittliche Begriffe zugleich ein Heldenpaar von der ansprechendsten Art geworden. Denn wie das Licht den Alten überall die Vorstellung von starkem Muthe, schöner und anmuthiger Jugend,

---

1) Paus. 3, 26, 2 vgl. Hom. H. 17 und 33 τοὺς ὑπὸ Τηυγέτου κορυφῆς εἴχε πότνια Λήδη. Auch hier haftet der Cultus der Lichtgötter an einer Klippe.

2) Il. 3, 239. Theogn. 1087 Κάστορ καὶ Πολύδευκες, οἳ ἐν Λακεδαίμονι δίῃ ναίετ' ἐπ' Εὐρώτᾳ καλλιρόῳ ποταμῷ, Arist. Lysistr. 1301 Τυνδαρίδας τ' ἀγασώς, τοὶ δὴ παρ' Εὐρώταν ψιάδδοντι.

3) Timaeos b. Diod. 4, 56 vgl. Tacit. Germ. 43.

hülfreicher Macht und grofser Güte erweckt hat, so sind namentlich die Dioskuren durch das Epos zu Idealbildern einer so rüstigen und freudigen Jugend, eines so ritterlichen Adels, eines so liebenswürdigen und allgemein wohlthuenden Wesens geworden, dafs sie in dieser Hinsicht zu den anziehendsten und wohlthuendsten Gestalten der griechischen Heldensage gehören.

In der Ilias 3, 236 ff. ist von beiden als Verstorbenen die Rede, nach der Odyssee 11, 298 ff. leben beide als Verstorbene fort, indem sie einen Tag um den andern leben und sterben und dabei göttlicher Ehre geniefsen[1]). Die Kyprien und Pindar Nem. 10, 55 ff. erzählen die Veranlassung dieses eigenthümlichen Schicksals, beide mit dem Zusatze dafs Kastor durch seine Abstammung vom Tyndareos sterblich, Polydeukes durch die vom Zeus unsterblich gewesen sei[2]). Immer ist der Kampf mit den Aphariden die entscheidende Thatsache. In gemeinschaftlicher Unternehmung mit ihren Vettern erbeuten die Tyndariden in Arkadien eine Heerde von Rindern, welche sich die Aphariden allein zueignen[3]). Darüber entbrennt der Streit, in welchem sich die Dioskuren, um ihren Feinden aufzulauern, in einer hohlen Eiche verbergen[4]). Aber Lynkeus d. i. der Luchsäugige hat einen so scharfen Blick dafs er durch Steine und Bäume, ja bis in die tiefe Erde und Unterwelt hineinsehen konnte. Vom Taygetos herunter übersieht er die ganze Pelopsinsel, entdeckt die Dioskuren

---

1) V. 301 οἳ καὶ νέρθεν γῆς τιμὴν πρὸς Ζηνὸς ἔχοντες ἄλλοτε μὲν ζώουσ᾽ ἑτερήμεροι ἄλλοτε δ᾽ αὖτε τεθνᾶσιν, τιμὴν δὲ λελόγχασι ἶσα θεοῖσιν.

2) Κάστωρ scheint zu der Wurzel καδ κάζω κεκασμένος zu gehören, obwohl Pott Z. f. vgl. Spr. 5, 259 ff., 6, 103 den Namen mit candere zusammenstellt. Πολυδεύκης ist mit Schol. Apollon. 1, 1037 von δεῖκος i. q. γλυκύ abzuleiten. Vgl. dulcis und γλυκύς, ἀγλευκής und ἀδευκής, Ahrens Dial. Dor. 108: *jedoch erklärt G. Curtius Grundz. 484 dieses δεῖκος für sehr zweifelhaft. Derselbe hat in der 4. Aufl. ganz darauf verzichtet, eine Etymologie des Namens Πολυδεύκης aufzustellen. Verschiedene Erklärungsversuche s. b. Schoemann G. A. 2, 533, 9.

3) Aufser Pindar und den Kyprien vgl. Apollod. 3, 11, 2. Idas soll theilen, zerlegt deshalb einen Ochsen in vier Theile und bestimmt, wer seinen Antheil zuerst verzehre solle die Hälfte der Beute bekommen, der Nächste das Uebrige. Er selbst wird zuerst mit seinem Antheile, dann mit dem seines Bruders fertig und treibt darauf die erbeutete Heerde mit demselben nach Messenien, wo die Dioskuren sie aufsuchen und den Aphariden die Heerde und vieles andre Gut rauben. Also war Idas ein βουφάγος wie Herakles.

4) Ein hohler Baum als Versteck, ein auch der nordischen Mythologie bekanntes Bild.

in der hohlen Eiche und stürmt mit seinem Bruder hinunter, wo Idas den Kastor im Baume ersticht. Nun springt Polydeukes hervor und kämpft mit beiden. Idas schleudert ihm einen Stein vom Grabe seines Vaters Aphareus an die Brust¹), doch durchbohrt Polydeukes den Lynkeus mit scharfer Lanze und der andere Gegner Idas fällt von einem Blitzstrahle des Zeus zerschmettert. Vergeblich beschwört Polydeukes diesen seinen göttlichen Vater ihn mit dem über Alles geliebten Bruder sterben zu lassen, denn er ist als Sohn des Zeus (wie Helena als dessen Tochter) unsterblich und es bleibt keine Wahl als mit seinem Bruder d. h. ungetrennt von diesem bald im Dunkel der Unterwelt bald in den goldenen Sälen des Himmels zu weilen. Und so bringen sie nun immer zusammen abwechselnd einen Tag beim Vater Zeus, den andern in ihrem Grabe von Therapne zu, weil Polydeukes lieber ein wechselndes Schicksal mit seinem Bruder theilen als allein im Himmel und ein Gott sein wollte²). Die Bedeutung dieser seelenvollen Dichtung ist die abwechselnd erblassende und die wieder aufleuchtende Erscheinung des Lichts im regelmässigen Wechsel von Abend und Morgen, welcher das Gemüth und die Phantasie des höheren griechischen Alterthums auch sonst viel beschäftigt und in dem Culte des Apollo und Hermes, der gleichfalls eng verbundenen Brüder, zu der früher besprochenen Dichtung vom Rinderdiebstahle des Hermes geführt hat³). Das feindliche Brü-

---

1) Wohl nur ein Zug der wilden Leidenschaft, die in der Wuth des Streites selbst des väterlichen Grabes nicht achtet. Als Ort des Kampfes wurde später bald Aphidna, die Heimath der Leukippiden, bald Amyklae genannt, beide in Lakonien, s. Lykophr. 559, Ovid F. 5, 708, Hygin P. A. 2, 22. Steph. B. Ἀφιδνα. Doch zeigte man auch in Sparta Gräber des Aphareus, des Kastor und des Idas und Lynkeus. Paus. 3, 11, 8; 13, 1; 14, 7.

2) Von ihrem Grabe in Therapne, das sie lebendig (ζώοντες) bewohnen, dichtete auch Alkman (fr. 5). Vgl. Pindar N. 10, 55 μεταμειβόμενοι δ' ἐναλλὰξ ἀμέραν τὰν μὲν παρὰ πατρὶ φίλῳ Δὶ νέμονται, τὰν δ' ὑπὸ κεύθεσι γαίας ἐν γυάλοις Θεράπνας, πότμον ἀμπιπλάντες ὁμοῖον. P. 11, 63 τὸ μὲν παρ' ἆμαρ ἕδραισι Θεράπνας τὸ δ' οἰκέοντες ἔνδον Ὀλύμπου. Prokl. Auszug aus den Kyprien: καὶ Ζεὺς αὐτοῖς ἑτερήμερον νέμει τὴν ἀθανασίαν. Vgl. den ἑτερήμερος κήρυξ Aethalides, διὰ τὸ μίαν μὲν ἡμέραν ὑπὸ τὸν ᾅδην μίαν δ' αὖ ὑπὲρ γῆν διάγειν, Pherek. b. Schol. Apollon. 1, 645. 647.

3) Bd. 1, 309. 316. Die Erklärung der Dioskuren durch Abend- und Morgenstern b. Welcker Gr. G. 1, 606 ff. u. A. scheint dem Verfasser jetzt zu eng zu sein. (*Dieselbe beruht übrigens auf Welckers falscher Vorstellung von dem Wesen der sg. Heteremerie). Erst bei späteren Dichtern werden sie dafür erklärt, z. B. b. Stat. Silv. 4, 6, 15. Auf bildlichen Denkmälern erscheinen die

derpaar der Aphariden Idas und Lynkeus ist nicht deutlich genug charakterisirt um sicher beurtheilt werden zu können. Doch hat Lynkeus offenbar seinen Namen dem scharfen Blick des Luchses zu danken und war in dieser Hinsicht sprichwörtlich geworden[1]). Auch Idas bedeutet wahrscheinlich den Sehenden[2]), obwohl bei ihm wie sonst beim Herakles und anderen Recken die Gefräfsigkeit hervorgehoben wird. Ueberhaupt sind beide Aphariden weit roher und gigantischer gedacht als die Dioskuren, wohl eine Folge der älteren und durch spätere Kunst nicht verfeinerten Dichtung; wie namentlich Idas zugleich als Nebenbuhler und Gegner des Apollo in dem Streite um Marpessa bekannt war, wo der Sterbliche seinen Bogen selbst wider den lichten Gott zu spannen wagt (1, 219), auch dieses ein Merkmal der verwandten Natur des Lichts. Diese Brüder aus Messenien scheinen also dieselbe Erscheinung und denselben Wechsel der himmlischen Kraft in der örtlichen Sage jener Landschaft bedeutet zu haben, welche die Dioskuren für Lakonien ausdrückten. Und so mag auch ihr Unterliegen in dem Kampfe mit den Dioskuren eine Nachwirkung des traurigen Verhängnisses ihres Vaterlandes gewesen sein. Obwohl sie sonst für wenigstens eben so rüstige Helden gegolten hatten als die Tyndariden, da die epische Sage und Dichtung auch von ihnen bei vielen kriegerischen Gelegenheiten Gebrauch machte.

Diese Identität beider Brüderpaare bestätigt sich dadurch dafs beide mit den Leukippiden vermählt gedacht wurden, woraus später die Dichtung entstand dafs die Tyndariden diese Mädchen den Aphariden geraubt hätten und dafs darüber der Streit entstanden wäre[3]).

Dioskuren neben der Sonne und dem Monde oder dem Morgen- und Abendstern als Bilder des Wechsels von Tag und Nacht, O. Jahn Arch. Beitr. 85, Wieseler Phaethon 52.

1) Arist. Plut. 210 βλέποντ' ἀποδείξω σ' ὀξύτερον τοῦ Λυγκέως. Cic. ad fam. 9, 2, 2 quis est tam Lynceus qui in tantis tenebris nihil offendat, nunquam incurrat? Horat. S. 1, 2, 90, Ep. 1, 1, 28. Vgl. Apollon. 1, 151 ff., Valer. Flacc. 1, 462, Schol. Ar. Plut. l. c., Schol. Pind. N. 10, 114, Suid. v. Λυγκεύς.

2) Ἴδας von dem alten Stamme εἴδω d. i. sehen und erkennen, wie Helios zugleich die Ursache des Gesichts und der Erkenntnifs ist. Wegen der in der Sage hervorgehobenen Wildheit galt er bei Vielen für einen Sohn Poseidons, Apollod. 3, 10, 3.

3) Theokr. 22, 137 ff., welches Gedicht sich besonders mit dem Kampfe zwischen Lynkeus und Kastor (denn die Brüder wurden oft verwechselt) beschäftigt, der in der späteren Poesie eben so berühmt war wie der des Polydeukes mit dem Riesen Amykos. Vgl. Lykophr. 544 ff., Ovid F. 5, 699 ff., Hygin

98 Ihre Namen Hilaïra und Phoebe verkünden strahlendes Licht und heiteren Glanz, ihr Vater Λεύκιππος, der Bruder des Aphareus, ist zu verstehn wie λευκόπωλος ἑμέρα und ähnliche Ausdrücke; die Kyprien nannten sogar Apollon als ihren Vater. Das Φοιβαῖον in der Nähe von Therapne, dem alten Wohnsitze der Dioskuren, war zugleich deren Tempel und der Mittelpunkt der Erinnerungen an sie und ihre Schwester Helena[1], und in Sparta gab es ein Heiligthum der Leukippiden mit jungfräulichen Priesterinnen, welche gleichfalls Leukippiden hiefsen und wo an der Decke des Heiligthums in Binden verhüllt das Ei der Leda schwebte[2]. Die Heimath dieser weiblichen Genien des Lichtes ist bald Messenien bald Lakonien und die Dioskuren vermählen sich mit ihnen immer durch Raub, was im Sinne des höheren Alterthums zu dem nothwendigen Herkommen einer Hochzeit gehörte. Als Sohn des Polydeukes und der Phoebe wurde Μνησίλεως d. h. der Helfer in der Noth, als der des Kastor und der Hilaïra Ἀνώγον d. h. der Herr und Meister genannt, an andern Orten jener Μνασίνοος, dieser Ἄναξις, was auf dasselbe hinauskommt[3]. Die hülfreiche Natur der Väter war in ihren Kindern noch einmal personificirt worden, wie beim Asklepios in seinen Töchtern, beim Herakles in seinen Söhnen von der Hebe: führte doch auch die Mutter der Dioskuren, Leda, den Beinamen Μνησινόη[4]. Im Anakeion zu Athen sah man den Raub der Leukippiden, welcher überhaupt ein beliebter Gegenstand der Kunstdarstellung war, die Dioskuren neben ihren berittenen Söhnen stehend, und die Dioskuren als Theilnehmer der Argonautenfahrt, in Gemälden welche von der Hand der älteren Meister Polygnot und Mikon waren[5].

f. 80. Lactant. 1, 10, 5. Schol. Pind. N. 10, 112. welche in der Hauptsache derselben jüngeren Version folgen.

1) Herod. 6, 61. Paus. 3, 14, 9; 20, 1. Steph. B. Θεράπναι. Vgl. Alkman fr. 4 καὶ ναὸς ἁγνᾶς εὐπύργω Σεράπνας, Pind. I. 1, 31 Τυνδαρίδας ἐν Ἀχαιοῖς ὑψίπεδον Θεράπνας οἰκέων ἕδος. Für Ἱλάειρα findet sich auch Ἐλάειρα, Steph. B. Ἀφίδνα, Schol. Pind. N. 10, 112.

2) Paus. 3, 16, 1. 2. H. der Φοιβνός, einer Schwester der Leukippiden, in Sparta ib. 12, 7. *Ein Priester Λευκιππίδων καὶ Τυνδαριδᾶν Bull. d. Inst. 1873, 188.

3) Paus. 2, 22, 6; 3, 18, 7. Tzetz. Lyk. 511.

4) Plut. d. Pyth. or. 14.

5) Paus. 1, 18, 1. Raub der Leukippiden P. 3, 17, 3; 18, 7; 4, 31, 7. *Bursian D. u. F. 1852, 433 ff., dazu ein V. B. der Sammlung Jatta n. 1096 und eine Terracotta b. O. Jahn Darst. d. Europa S. 45. a.

Die Epiphanie und Rettung der Dioskuren war eine doppelte, zu Lande und zu Wasser. Dort erscheinen sie meist im Getümmel der Schlacht und zwar zu Pferde, hier bei Sturm und Wetter und in der Gefahr des Schiffbruchs, immer als Retter in der Noth, wenn sie am gröfsten ist¹). Was aber jene Epiphanieen der Schlacht betrifft, wo sie gewöhnlich mit unerwarteter Hülfe einen geisterhaft schnellen Botendienst des Sieges verbinden, so ist es gewifs nicht zufällig dafs diese in allen bekannten Fällen um die Zeit des längsten Tages stattfinden²). Offenbar hängt dieses zusammen mit ihrer Festfeier in der nämlichen Jahreszeit, welche bei den Griechen in den verschiedensten Gegenden herkömmlich gewesen zu sein scheint und die Vorstellung, dafs die Erscheinung der Dioskuren mit dieser in allen Naturreligionen so bedeutsamen Jahreszeit der längsten Tage zusammenhänge, sehr deutlich ausspricht. Es ist dieses das Fest der Θεοξένια, dessen Feier in Agrigent und andern Gegenden wir durch Pindar und seine Scholiasten und aus andern Quellen kennen³). Sie folgte der Zeit nach unmittelbar auf die Feier der Olympien, welche bekanntlich gleichfalls in der Zeit der längsten Tage begangen wurde⁴); daher die Sage dafs Herakles die Dioskuren zu Kampfwarten bei den von ihm gestifteten Olympischen Spielen gemacht habe⁵) und dafs die Dioskuren in dieser ihrer Eigenschaft die Feier der Theoxenien zu der der Olympien hinzugefügt hätten⁶). Dieselbe Feier läfst sich aber auch in Argos nachweisen, von wo sie nach Agrigent verpflanzt worden war und wo der Dienst der Dioskuren und der Helena an Alterthum und Ansehn mit dem in Sparta wetteiferte⁷): ferner in

---

1) Theokr. 22, 6—9.

2) A. Mommsen Philol. 11, 706 ff., Jbb. f. Philol. Suppl. 3 (1859), 355 ff., dessen Erklärung dieses Umstands durch die gleichzeitige Erscheinung der Zwillinge am frühen Morgen der Verfasser indessen nicht billigen kann, s. unten Vgl. Röm. Myth. 659 ff.

3) Pindar Ol. 3 z. A. m. d. Schol., Thiersch über Paros u. parische Inschriften, K. Bayersch. A. d. W. 1835, 622 ff., vgl. C. I. vol. 2 p. 1074 n. 2374ᵉ.

4) Um die Zeit des ersten Vollmonds nach dem Sommersolstiz, Boeckh expl. Pind. 138. * Vgl. jedoch auch G. F. Unger Philol. 33, 227 ff.

5) Pind. Ol. 3, 36 ff.

6) Schol. Pind. p. 90, daher Theron seinen Sieg zu Olympia bei der Theoxenienfeier erfuhr und Pindar sein Epinikion für diese bestimmte.

7) Didymos b. Schol. Pind. p. 91, vgl. Paus. 2, 22, 6. Sophokl. fr. 869 νή, τοὺς ἐν Ἄργει καὶ κατὰ Σπάρτην θεούς. Schol. Pind. P. 1, 127 ἱστοροῦσί τινες τοὺς Διοσκόρους μετῳκηκέναι εἰς Ἄργος, Theokr. 24, 129 φεύγας Ἄργος ἐνθών (* wo die Lesart Κάστωρ durch Apollod. 2, 4, 9 gesichert scheint), Plut.

100 Sparta, wo das Fest der Dioskuren (τὰ Διοσκούρεια) dieselbe Bedeutung einer Feier ihrer Epiphanie hatte¹): auch in Kyrene und Kroton, an welchen Orten der Cultus der Dioskuren gleichfalls in einem sehr hohen Ansehen stand²). Ueberall dieselben Gebräuche, welche auf dem Glauben beruhten, dafs die Dioskuren dann die Erde und ihre guten Freunde besuchend von einem Orte zum andern gingen; daher man sich mit Opfern und Gebeten zu ihrem Empfange vorbereitete und mit heitern Schmäusen, zu denen sie und andre Götter eingeladen wurden, ihre geglaubte Gegenwart oder auch wohl ihre sichtbare Epiphanie feierte³), wie man sich denn von solchen aufserordentlichen Erscheinungen der lichten Jünglinge in dieser Jahreszeit an vielen Orten viele wunderbare Dinge erzählte. Also derselbe Glaube, dieselben Gebräuche und höchst wahrscheinlich auch dieselbe Jahreszeit wie bei den Theophanieen und Theoxenien des Apollo⁴), da dieser Gott und die Dioskuren ohnehin gewifs gegenseitig bei solchen Festen betheiligt waren, namentlich die Dioskuren bei den Theoxenien zu Delphi, wo sie neben Apollo auch sonst ausgezeichnet wurden⁵). Immer ist es das Licht und die lichteste Zeit des Jahres mit allen ihren Segnungen an Heiterkeit und an Früchten, aber auch der bevorstehende Abschied von dieser schönsten Zeit des jährlichen Verlaufs der Dinge, welcher die Gedanken und die Gebräuche solcher Feierlichkeit bestimmte.

Als Krieger erscheinen die Dioskuren in der Erzählung dafs sie

---

Qu. Gr. 23 Kastor in Argos begraben und unter dem Namen μιξαρχαγέτας verehrt, Polydeukes als einer der Olympischen Götter, Paus. 2, 36, 7 in der Gegend von Lerna ein H. der Διόσκουροι Ἄνακτες.

1) Vgl. die Erzählung b. Paus. 4, 27, 1. Der Name des Festes war Διοσκούρεια wie in Kyrene, Schol. Pind. P. 5, 6 vgl. C. I. n. 1444. *Eine Anzahl von Reliefs aus Sparta, die Dioskuren darstellend, besprechen Conze und Michaelis Ann. d. Inst. 1861, 3ff.; 1870, 277. dazu vgl. Bull. 1873, 183.

2) Ueber Kyrene Thrige Cyren. 290. Boeckh expl. Pind. 284. über Kroton Meineke Com. Gr. 2, 2, 1228 sqq.

3) Schol. Pind. Ol. 3 p. 91 vgl. Hes. Θεοξένια, Thiersch l. c., Preller fragm. Polemon. 67. *Das Bild einer Vase aus Kameiros und ein Relief aus Larissa, letzteres mit der Inschrift Θεοῖς μεγάλοις, stellen die Theoxenien dar, indem über einer reich verzierten Kline in der Luft die Dioskuren zu Rofs erscheinen, s. Heydemann Arch. Ztg. 1872, 35.

4) Bd. 1, 212. *vgl. jedoch Anm. 1 zu Ende.

5) Plut. T. Flaminin. 12. *Das früher auf die Ankunft der Dioskuren in Delphi gedeutete V. B. bei Gerhard D. u. F. 1853 t. 59 ist von Conze Arch. Ztg. 1871, 163 mit Recht anders erklärt.

die alte Burgfeste *Λᾶ* oder *Λᾶς* an den Abhängen des Taygetos oberhalb Gytheion zerstört hätten und darüber den in Sparta gewöhnlichen Namen *Λαπέρσαι* bekommen hätten¹). Doch fragt es sich sehr ob diese Erklärung richtig ist und die Dioskuren diesen Namen nicht vielmehr demselben Umstande verdankten wie die Lapithen den ihrigen, nämlich weil sie überhaupt als Bewohner der Bergeshöhen und Burgen, speciell jenes alten Felsennestes gedacht wurden²).

Doch war die Vorstellung von ihren kriegerischen und ritterlichen Tugenden eine allgemein verbreitete, besonders bei allen Landbewohnern und in ihrer kriegerischen Heimath. Und zwar wurden beide als Helfer in der Schlacht gewöhnlich zu Rofs gedacht, auf strahlend weifsen Rossen leicht dahinschwebend³), daher diese Pferde der Dioskuren, mit denen sie gelegentlich auch bei den Wettkämpfen der heroischen Vorzeit auftreten, zu den berühmtesten der Heldensage gehörten und unter den Namen Xanthos und Kyllaros, zu denen Stesichoros noch zwei andre, Phlogeos und Harpagos, hinzugefügt hatte, von Dichtern und Künstlern viel gefeiert wurden⁴). Denn auch auf den Bildwerken erschienen sie meist mit ihren Pferden, entweder neben ihnen stehend oder auf ihnen reitend⁵) oder sie bändigend, wie in der berühmten Gruppe auf dem Quirinal, oder

---

1) ἡ *Λᾶ* oder ὁ *Λᾶς*, der Il. 2, 585 erwähnte Ort *Λάα* und dasselbe Wort wovon *Λάσα Λάρισα*, s. oben S. 10, 2. Eben deshalb kann das Wort *Λαπέρσαι* mit der kurzen Silbe nicht gut dadurch erklärt werden, wie b. Schol. Il. l. c., Strabo S. 364 u. A. geschieht. In Sparta schwur man νὴ τὼ *Λαπέρσα* wie sonst νὴ τὼ σιώ. Die Stadt Las auch b. Liv. 38, 30. 31 (vicus maritimus) u. A., s. * Bursian Geogr. 2. 146 f.

2) Nach Paus. 3, 24, 5 dachte man sich die Dioskuren dort wohnhaft. vgl. Hes. *Λαπέρσαι — ἀπὸ Λαπέρσης πόλεως*, Steph. B. *Λαπέρσα — ὄρος Λακωνικῆς — ἀπὸ τῶν Λαπερσῶν Διοσκούρων*, Lykophr. 511 *Λαπέρσιοι* u. 1369 *Ζεὺς Λαπέρσιος*.

3) *λευκόπωλοι*, *εὔιπποι* Pind. P. 1, 66, Ol. 3, 39, *ἵπποις μαρμαίροντε* Eurip. Iph. A. 1154, nive candidioribus ambo vectabantur equis Ovid M. 8, 373, duo iuvenes — eximia magnitudine et albis equis et coccineis paludamentis Iustin 30, 3.

4) Die alte Dichtung scheint gewesen zu sein, dafs Hera den Dioskuren diese Rosse gegeben habe, nachdem sie selbst sie vom Poseidon empfangen hatte. Namentlich dichtete Alkman so, vgl. Virg. Ge. 3, 89, Schneidewin Philol. 7, 738. Stesichoros dichtete in seinen *ἆϑλα ἐπὶ Πελίᾳ* (fr. 1 Bergk) die andern beiden hinzu, als *ὠκέα τέκνα Ποδάργας*, welche Hermes den Dioskuren giebt. Der Name *Κύλλαρος* (vgl. das Gymnasion *Κυλλάραβις* in Argos) wird gewöhnlich abgeleitet von *κέλλειν*, in der Bedeutung *ὁ ταχύς*.

5) Paus. 3, 18, 8.

endlich als χρυσάρματοι d. h. mit dem Kriegsgespann und als Wagenlenker. Obwohl sie nach Anleitung eines alten epischen Verses auch so unterschieden zu werden pflegten daſs der eine Bruder, bald Kastor bald Polydeukes, als ritterlicher und reisiger Held zu Wagen oder zu Roſs, der andere als abgehärteter, dem Herakles ähnlicher Kämpfer mit der Faust geschildert wurde, oder jener im Gegensatze zu diesem als leichter Läufer¹). Immer sind sie Idealbilder der kriegerischen Tapferkeit und Gewandtheit, die Schutzgötter der streitbaren Landesjugend, besonders der vornehmeren, welche in der Reiterei oder in der schwerbewaffneten Phalanx kämpfte. Daher sie auch wohl selbst in der Schlacht mitkämpften und für Erfinder kriegerischer Weisen und Tänze und für ἐναγώνιοι galten, sowohl in Griechenland als in Italien. In Sparta gab es ein altes Symbol der göttlichen Brüder, zwei parallele Balken, welche durch Querhölzer verbunden waren, das begleitete die ausrückenden Spartaner immer in den Krieg, so lange beide Könige auszogen beide Dioskuren, später nur einer²). Auch pflegten die Spartaner, wenn es zur Schlacht ging, eine Weise des Kastor unter Flötenbegleitung zu singen³). Ferner galten die Dioskuren in Sparta für die Erfinder des kriegerischen Waffentanzes der Pyrrhiche, zu welchem ihnen Athena mit der Flöte aufgespielt habe⁴), und sowohl in Sparta als in Olympia wurden sie in den Rennbahnen und Palaestren neben Hermes, Herakles und andern Heroen als Kampfesgötter viel verehrt⁵). Auch kannte man

---

1) Κάστορά θ' ἱππόδαμον καὶ πὺξ ἀγαθὸν Πολυδεύκεα. Il. 3, 237 vgl. Horat. Od. 1. 12. 25. Ovid. F. 5, 700 u. A. Kastor der berühmteste διφρηλάτης von Sparta, Pind. I. 4, 16, Erfinder der ἵππορις, Schol. Pind. P. 5, 6, ἱππαλίδης, ταχύπωλος, αἰολόπωλος u. s. w. Theokr. 22, 34; 24, 129. Dahingegen Polydeukes dunkel und bräunlich ist wie ein Athlet. Theokr. 22. 34. Daher Simonides (fr. 8) von einem berühmten Faustkämpfer dichtete: οὐδὲ Πολυδεύκεος βία χεῖρας ἀντείναι' ἂν ἐναντίον αὐτῷ οὐδὲ σιδάρεον Ἀλκμήνας τέκος, nach Lukian pro imag. 19. Bei Theokr. 24, 125 lernt Herakles vom Kastor den ganzen Hoplitenkampf, vgl. Apollod. 2, 4, 9. Der eine πυκτικός der andre δρομικός nach Plut. Ti. Gracch. 2. Πολυδεύκης ἱμαντόμαχος in einem Orakel b. Ps. Kallisth. 1. 46.

2) Die s. g. δόκανα Plut. de frat. am. z. A., vgl. Welcker Aeschyl. Tril. 224. 389, Gr. Götterl. 2, 420 u. Herod. 5, 75.

3) Καστόρειος νόμος, τὸ Καστόρειον, Pind. P. 2, 69, Plut. Lyk. 22, d. mus. 26, Müller Dor. 2, 334ff.

4) Epicharm b. Athen. 4, 84, Plato de leg. 7 p. 796 B, Aristid. 1 p. 24 Διόσκοροι δ' ἐπ' αὐτῇ περριχίζουσιν. Nach Lukian d. saltat. 10 lernten die Spartaner von den Dioskuren τὸ καρυατίζειν.

5) Pind. Ol. 3, 36, N. 10, 51.

sie als rüstige Jäger, den einen zu Fuſs, den andern zu Pferde, wie namentlich die Kastorischen Hunde gewöhnlich von der Zucht des Kastor abgeleitet wurden[1]. Andre Gegenden hoben mehr das Ideal der ritterlichen Eleganz an ihrer Erscheinung und an ihrer Kleidung hervor, die immer sehr glänzend und prächtig war, was auch auf die gewöhnliche Auffassung ihrer Bilder auf Vasengemälden, Münzen u. s. w. eingewirkt hat[2]. Auch ihre Epiphanie in heiſser Schlacht, wovon man in mehr als einer Gegend erzählte, wurde in diesem Sinne beschrieben, z. B. in dem blutigen Kampfe der italischen Lokrer mit den Krotoniaten am Flusse Sagra.

Daneben die seelenvolle Eigenschaft der reinsten Bruderliebe und einer zarten Empfänglichkeit für alle Beweise von Freundschaft und Gastlichkeit, verbunden mit eigner Liebe zur heitern Geselligkeit mit Spiel und Tanz. Um seines Bruders willen wollte Polydeukes lieber in den Tod gehen als ohne ihn ein ewiges Leben im Himmel haben, und man erzählte daſs er, als einmal ein Olenier Eurymas seinen Bruder bei ihm verleumden wollte, diesen ohne Weiteres mit der Faust zu Boden geschlagen habe[3]. Daher Theognis v. 1089 die beiden Dioskuren mit dem Wunsche anruft, daſs wenn er einmal Arges gegen seinen Freund im Schilde führe, ihn doppelt soviel treffen möge, aber auch umgekehrt den Freund, sollte dieser gegen ihn so gesinnt sein. Ihre dankbare Freundschaft erfuhr der Dichter Simonides in einem berühmt gewordenen Falle. In einem Gedicht auf den Aleuaden Skopas hatte er Vieles zu ihrem Lobe gesagt und darauf von dem reichen Manne nur die Hälfte des bedungenen Lohns mit dem Bescheide erhalten, wegen der andern Hälfte solle er sich an die von ihm so hochgepriesenen Tyndariden halten. Bald darauf wurde er hinausgerufen, zwei Jünglinge zu Pferde wünschten ihn zu sprechen. Er geht hinaus. Niemand ist da, aber hinter ihm stürzt der Saal ein, wo er eben noch mit Skopas und seinen Sippen geschmaust hatte.

---

[1] Xenoph. d. venat. 3, 1. Poll. 5, 39. Oppian Kyneg. 2, 14 ff.

[2] Vgl. bes. die Talosvase Bullet. Napolet. 3 t. 2. 6; 4 t. 6 und Arch. Ztg. 1846 t. 44. 45. Suid. Διόσκοροι beschreibt ihre Bilder nach Aelian: νεανίαι μεγάλοι, γυμνοὶ τὰς παρειὰς ἑκάτεροι, ὅμοιοι τὸ εἶδος καὶ χλαμύδας ἔχοντες, ἐπὶ τῶν ὤμων ἐφημμένην ἑκατέραν, καὶ ξίφη ἔφερον τῶν χλαμύδων ἠρτημένα καὶ λόγχας εἶχον παρεστώσας ἐν αἷς ἠρείδοντο, ὁ μὲν κατὰ δεξιὰν ὁ δὲ κατὰ λαιάν. Epiphanieen in der Schlacht b. Iustin 20, 3. Paus. 4, 27, 1.

[3] Plut. d. frat. am. 11, Hesych v. Εὐρύμας, mit Verweisung auf Pherekydes, Paroemiogr. 1 p. 332. Liban. ep. 389 p. 196.

die nun elendiglich umkamen¹). Aehnliches wurde von Phormio, dem Strategen der Krotoniaten in jener Schlacht mit den Lokrern erzählt, er sei weil er die Dioskuren gastlich aufgenommen hatte, von den Wunden die er von dem einen bekommen auf wunderbare Weise geheilt und hernach, als er zu Hause die Theoxenien feiern wollte, zu dem Mahle des Battos nach Kyrene versetzt worden²). Dahingegen jede Ungastlichkeit und Knickerei von ihnen auf das strengste bestraft wurde, wie man davon ein merkwürdiges Beispiel in Sparta erzählte³). Ueberhaupt liebten sie die Menschen und allen menschlichen Verkehr, vorzüglich in jener lichten Zeit des hohen Sommers zur Zeit der Theoxenien, wenn sie von Ort zu Ort ihre alten Freunde besuchten und von den reicheren Städten und prächtigen Höfen, wie zu Kyrene und Agrigent, mit glänzenden Festschmäusen empfangen wurden, sie und ihre liebreizende Schwester Helena, welche gewöhnlich mit ihnen zusammen gefeiert wurde⁴). Dann waren sie fröhlich mit den Fröhlichen, legten die Waffen ab und griffen zur Laute, wie Achilleus und andre griechische Helden, die man sich ohne die Meisterschaft in beiden Uebungen nicht zu denken vermochte⁵). Vertauschte doch selbst der viel derbere Herakles seine Keule nicht selten mit den Freuden der Musen und des Mahles.

In Athen wurden sie unter dem Namen Ἄνακες oder Ἄνακοι verehrt, daher ihr Heiligthum Ἀνάκειον hiefs und das ihnen begangene Fest Ἀνάκεια⁶). Nach der gewöhnlichen Legende hatte

---

1) Cic. de Orat. 2, 86, 352 nach Kallimachos (fr. 71 Bentl., * ed. Schneider vol. 2 p. 223 ff.), Val. Max. 1, 8 ext. 7, Quintil. 11, 2, 11, vgl. Schneidewin Simon. reliq. p. XI.

2) Theopomp. b. Suid. Φορμίων, Plut. non posse s. v. s. Epic. 22, Meineke Com. Gr. 2, 2, 1227 sqq.

3) Paus. 3, 16, 3.

4) Pind. Ol. 3, 1 Τυνδαρίδαις τε φιλοξείνοις ἀδεῖν καλλιπλοκάμῳ θ' Ἑλένᾳ κλεινὰν Ἀκράγαντα γεραίρων εὔχομαι, vgl. N. 10, 49, Bacchyl. b. Athen. 11, 101, Herod. 6, 127 Ἀζήν ἐκ Παίου πόλιος Λαφάνης Εὐφορίωνος τοῦ δεξαμένου τε ὡς λόγος ἐν Ἀρκαδίῃ λέγεται τοὺς Διοσκούρους οἴκοισι καὶ ἀπὸ τούτου ξεινοδοκέοντος πάντας ἀνθρώπους und die Geschichte des Iason b. Polyaen 6, 1, 2. Daher ἐπηλῷ Διοσκόρῳ Aristoph. b. Poll. 7, 15.

5) Theokr. 22, 23 ἱππῆες κιθαρισταὶ ἀεθλητῆρες ἀοιδοί. 215 φίλοι δέ τε πάντες ἀοιδοὶ Τυνδαρίδαις Ἑλένᾳ τε καὶ ἄλλοις ἡρώεσσιν.

6) Hesych, Poll. 1, 37, Bekk. An. 212, 12. C. I. n. 82, 6 u. A. Ἀνάκεια ἑορτή, Διοσκούρων Ἀνάκοιν, Pausan. b. Eustath. Od. 1425, 60. Von einer ἱπποδρομίᾳ an diesem Feste ist die Rede bei Lysias b. Dionys. II. de vi dic. in Demosth. 11, von einer τραπεζία, bei welcher auch Helena betheiligt war,

Menestheus diesen Dienst gestiftet, als er nach Vertreibung der Thesiden von ihnen zum Könige von Attika gemacht worden war; auch erzählte man von ihrer frühzeitigen Zulassung zu der eleusinischen Weihe¹), wie von der des Herakles und des Asklepios. Den Namen Ἄνακες erklärte man gewöhnlich durch Σωτῆρες, wie sie denn als solche d. h. als Heilande und Retter in der Noth weit und breit und bei vielen Gelegenheiten angerufen wurden²). Vorzüglich immer zur See von den durch Sturm und Schiffbruch bedrängten Seeleuten³), wodurch wir auf eine neue Art ihres heilsamen Wesens und ihrer Epiphanie im Lichte geführt werden. Verschiedene Dichter beschreiben diese ihre Erscheinung in der höchsten Gefahr, wenn der Himmel ganz verdüstert ist, die Stürme toben, die Wogen das Schiff bald hoch emporschnellen bald in der Tiefe zu begraben drohen, vorzüglich einer der kleineren Homerischen Hymnen⁴). In solcher Noth des Sturmes und der Wogen, heifst es hier, steige der Schiffer auf die Höhe des Steuers und bete dort zu den Dioskuren mit einem Opfer von weifsen Lämmern, worauf diese plötzlich erscheinen, mit röthlichen Flügeln durch die Luft schiefsend: ein günstiges Zeichen für die Bedrängten, da sich nun gleich das Stürmen und die tobende Meeresfluth beruhige. Das ist das S. Elmsfeuer, welches im Dunkel der Nacht oder des Ungewitters auf den Speeren der Soldaten und an den Segelstangen und andern Spitzen der Schiffe sich zu zeigen

---

Eustath. 1425, 62, von einer Speisung der Dioskuren Athen. 4, 14, * vgl. R. Schöll Hermes 6, 17 f. Der ἱερεὺς Ἀνάκων καὶ ἥρωος ἐπιτεγίου [?] hatte einen Sitz im Theater, K. Keil Philol. 23, 241. Ob die Ἀνάκεια auf einem Relief bildlich angedeutet sind, wie K. Bötticher Philol. 22, 404 ff. meint, bleibe dahingestellt.

*1) Plut. Thes. 33, Aelian V. H. 4, 5, Aristid. 1 p. 607; vgl. Bd. 1, 650 und die dort angeführten beiden Vasenbilder. — Ἄνακες sind wohl eigentlich ἄνακτες, doch sagte man auch Ἀνακοί und erklärte beide Namen durch ἀνακῶς ἔχειν oder ἀπὸ τῆς τῶν δεινῶν ἀνασχέσεως oder von ἀνέκας in der Bedeutung von ἄνω, also διὰ τὴν τῶν ἀστέρων ἐπιφάνειαν, Plut. l. c. und Numa 13, Eustath. Od. 1425, 59. Nach Cic. N. D. 3, 21, 53 wurden auch die Tritopatoren in Athen (1, 389) Ἄνακες genannt, welcher Name also die allgemeinere Bedeutung schätzender Dämonen oder Heroen hatte so gut wie ἄνακτες, σωτῆρες u. dgl.

2) Σωτῆρες ἐσθλοὶ κἀγαθοὶ παραστάται, Aelian V. H. 1, 30 vgl. Lobeck Agl. 1231.

3) Plato Euthyd. 293 ὥσπερ Διοσκούρων ἐπικαλούμενος σῶσαι ἡμᾶς — ἐκ τῆς τρικυμίας. Strabo 1, 48 τοὺς δὲ Διοσκούρους ἐπιμελητὰς τῆς θαλάττης λεχθῆναι καὶ σωτῆρας τῶν πλεόντων. Himer. or. 1, 10 κυβερνῶσι τὰς τύχας τῶν τὰ πελάγη διαβαινόντων Διόσκοροι. Vgl. Artemid. 2, 37.

4) Hom. H. 33, 6—17 vgl. Theokr. 22, 6—22, Horat. Od. 1, 12, 27—32.

pflegt und bei den Alten, wenn zwei Flämmchen neben einander erschienen, für heilsam gehalten wurde, wenn aber nur eine einzige, für verderblich¹). Daher sie eben solche Doppelflammen die Sterne (ἀστέρες oder ἄστρα) der Dioskuren nannten und deren Erscheinung, wie sie aus der lichten Himmelshöhe plötzlich herunterschiefsen und in dem Dunkel des Ungewitters Heil und Rettung bringen, oft beschreiben²); welche Sterne der Dioskuren man nicht für wirkliche Sterne halten darf, da das Sternbild der Zwillinge erst weit später und nicht einmal von allen Astronomen durch die Dioskuren erklärt wurde³). Wohl aber war der Glaube an jene Epiphanie der Dioskuren im S. Elmsfeuer ein alter und namentlich zur See allgemein verbreiteter; auch erinnert er an den Apollo Delphinios und dessen aufserordentliche Erscheinungen und Hülfen z. B. bei der Insel Anaphe (1, 207). Es gab wenige Häfen, Inseln und Küsten, wo die Dioskuren nicht aus diesem Grunde verehrt worden wären⁴), auch ist die weite Verbreitung ihres Emblems, der beiden Schiffermützen mit den Sternen darüber, auf den Münzen der griechischen

---

1) Eine solche Einzelflamme nannte man Helena und hielt deren Erscheinung also auf der See für eben so verderblich als die ihrer Brüder für heilsam. Plin. 2, 101, Mythogr. lat. 2, 132, Sosibios b. Schol. Eur. Or. 1632. Drei goldene Sterne auf einem ehernen Mastbaum weihen die Aeginaten b. Herod. S. 122.

2) Eurip. Hel. 140 ἄστροις σφ' ὁμοιωθέντε φάσ' εἶναι θεώ. 1495 πόλοιτε ποθ' ἵππιον ἅρμα δι' αἰθέρος ἱέμενοι παῖδες Τυνδαρίδαι etc. El. 991 οἳ φλογερὰν αἰθέρ' ἐν ἄστροις ναίουσι, βροτῶν ἐν ἁλὸς ῥοθίοις τιμὰς σωτῆρας ἔχοντες. 1349 δι' αἰθρίας στείχοντε πλακός. Or. 1636. Vgl. die Dichterstelle b. Plut. d. def. or. 30 u. Non posse s. v. s. Epic. 21, Kallim. Pall. 24 Λακεδαιμόνιοι ἀστέρες, Horat. Od. 1, 3, 2 lucida sidera, Hes. Διόσκουροι — καὶ ἀστέρες οἱ τοῖς ναυτιλλομένοις φαινόμενοι, Maxim. T. 15, 7 εἶδον δὲ καὶ Διοσκούρους ἐπὶ νεὼς ἀστέρας λαμπροὶς ἰθύνοντας τὴν ναῦν χειμαζομένην. Immer ist nicht an wirkliche Sterne, sondern an die sternenartige Erscheinung zu denken, daher Plut. d. pl. ph. 2, 18 Ξενοφάνης τοὺς ἐπὶ τῶν πλοίων φαινομένους οἷον ἀστέρας, Plin. 2, 101 existunt stellae et in mari terrisque etc., Seneca Nat. Qn. 1, 1, 11 quasi stellae velo insidentes.

3) Arat kennt sie nur als Zwillinge. Die älteste Erwähnung der Dioskuren am gestirnten Himmel ist die des Periegeten Polemon b. Schol. Eur. Or. 1632, wo neben ihnen Kabiren genannt werden. Vgl. Ovid F. 5, 692—720, Serv. V. A. 6, 121, Hygin P. A. 2, 22, Nigidius b. Schol. German. Arat. p. 50.

4) Einige Beispiele: auf Kerkyra Thuk. 3, 75, C. I. n. 1874, an der Küste von Epiros ib. n. 1821—27, auf Kreta Pashley 2, 78, 91, * auf dem triopischen Vorgebirge Newton Halic. Inscr. n. 24, an der Küste von Libyen eine Insel Διοσκουριὰς und Διοσκούρων κῶμαι, Steph. B., im innersten Becken des Pontos unter dem Kaukasos der lebhafte Handelsplatz Διοσκουριάς, Str. 11, 497.

See- und Handelsstädte der beste Beweis für die Popularität dieses Glaubens¹). Daher man später auch eine Genealogie für diese Dioskuren ausdachte. Zeus habe sie in der Gestalt eines Sterns mit der Leda erzeugt²), und seit alter Zeit die Dioskuren als unentbehrliche Theilnehmer der Argonautenfahrt zu denken gewohnt war, welche Fahrt für die Sagen und den Glauben der Schiffer und Seefahrer die allgemeinere Bedeutung einer ersten Ueberwindung der Gefahren zur See hatte, vorzüglich bei der eben so gefährlichen als gewinnbringenden Schifffahrt des Pontos. Auch wurden aus demselben Grunde die Dioskuren oft mit den Kabiren oder grofsen Göttern von Samothrake zusammen angerufen oder wohl gar ganz mit ihnen identificirt, wie dieses sowohl auf Samothrake³), dem alten Mittelpunkte dieses Kabirendienstes, als auf andern Inseln und Küsten der griechischen Gewässer der Fall war⁴). Ja man erzählte nun ausführlich wie die Argonauten zuerst an der troischen Küste, dann im Pontos von einem fürchterlichen Sturme überfallen wären, so dafs sie hätten verzweifeln müssen, wenn Orpheus nicht zu den Göttern von Samothrake gebetet hätte, worauf sich der Sturm gleich gelegt habe und zwei Sterne hernieder auf die Köpfe der Dioskuren gefallen wären. Daher stamme der Brauch der Schifffahrer in der Noth zu jenen Göttern zu beten und das S. Elmsfeuer (τὰς τῶν ἀστέρων παρουσίας) als Epiphanie der Dioskuren zu deuten. Das zweitemal, als die Argonauten durch

---

1) Bei den Mützen dachte man gewöhnlich an das Ei der Dioskuren, Lykophr. 506. Lukian D. D. 26, 1 τοῖ ᾠοῖ τὸ ἡμίτομον καὶ ἀστὴρ ἐπεράνω. Vgl. Hemsterh. zu ds. St.

2) Tzetz. Lyk. SS. 511, Clem. Ro. Homil. 5, 13, Iul. Firm. p. 54 Burs.

3) Plut. Aemil. Paul. 23 von der Flucht des Perseus διέπλευσεν εἰς Σαμοθρᾴκην καὶ διαφυγὼν ἐπὶ τοὺς Διοσκούρους ἱκέτευεν, wo die Kabiren gemeint sind. Eben so Ovid Tr. 1, 10, 45 vos quoque Tyndaridae, quos haec colit insula u. Serv. V. A. 3, 12 simulacra Castoris et Pollucis in Samothracia ante portum. Vgl. Bd. 1, 794.

4) C. I. n. 2296 aus Delos, ein Priester θεῶν μεγάλων Διοσκόρων Καβείρων. Münze von Syros, die beiden Dioskuren mit ihren Lanzen und Sternen und der Umschrift Θεῶν Καβείρων D. A. K. 2, 821. *Hierher zieht auch L. Heuzey das von ihm publicirte Relief aus Stoboi Rev. arch. 1873, 2, 40, vgl. unten S. 109, 3. Philo Bybl. b. Euseb. Pr. Ev. 1, 10, 11 Διόσκουροι ἢ Κάβειροι ἢ Κορύβαντες ἢ Σαμοθρᾷκες (auch ein nicht ungewöhnlicher Ausdruck für die auf Samothrake verehrten Götter) πρῶτοι πλοῖον εὗρον. Vgl. Paus. 3, 24, 4; 10, 33, 3; 38, 3. Grofse Götter hiefsen die Dioskuren im attischen Demos Kephalae, P. 1, 31, 1 und zu Klitor in Arkadien 8, 21, 2; *vgl. auch das Relief aus Larissa oben S. 100, 3.

den Pontos rückwärts in die Heimath fahren, erscheint, nachdem das Wunder sich wiederholt hat, Glaukos der Meeresdämon in der Nähe der Argo, begleitet sie zwei Tage und zwei Nächte und weifsagt dem Herakles und den Tyndariden ihre Zukunft. Auch fordert er sie auf zur Verehrung der Götter von Samothrake, denen sie zu wiederholtenmalen ihre Rettung verdankten, daher die Argonauten, sobald sie das aegaeische Meer erreicht, zur heiligen Insel fahren und die Schalen „welche noch jetzt gezeigt werden" als Weihgeschenke niederlegen[1]. So lag auch aus der geschichtlichen Zeit ein berühmtes Beispiel der Dioskurenhülfe zur See vor in den Erinnerungen an die Schlacht bei Aegospotamoi, wo das Admiralschiff Lysanders, als es aus dem Hafen gegen die Feinde hinausfuhr, zu beiden Seiten von ihren Sternen begleitet wurde. Daher Lysander unter anderen Bildwerken, welche das Andenken an diesen Sieg in Delphi verewigen sollten, auch zwei goldene Sterne als Sinnbilder der Dioskuren geweiht hatte. Man erzählte sich dafs dieselben später vor der Schlacht bei Leuktra von selbst wieder verschwanden[2].

Es erhellt aus dem Allen dafs wir es hier nicht mit eigentlichen Heroen zu thun haben, sondern mit Göttern welche wegen jenes Wandels zwischen Leben und Sterben für Heroen gehalten wurden, wie sich dasselbe in verschiedenen andern Fällen beobachten läfst, beim Dionysos, Asklepios, Aristaeos, Herakles u. s. w. Ja der Gottesdienst der Dioskuren war einer der am weitesten verbreiteten, auch in den westlichen Gegenden, wo er sich durch die griechischen Colonien von Sparta und Argos früh nach Sicilien und Italien und von da weiter zu den Etruskern, Latinern und Römern fortgepflanzt hatte. Auch hier dieselben Eigenschaften: Hülfe in der Schlacht und ritterliches Wesen in den Landstädten, Hülfe zur See in den Seestädten[3]. In Rom waren sie früh heimisch, vorzüglich in den Kreisen der Ritterschaft geehrt und neben den Diensten des Apollo, der Demeter, der Aphrodite eines der wichtigsten Institute hellenischer Art und Sitte[4].

---

1) Diod. 4, 43. 48.

2) Cic. de Divin. 1, 34. 75. Plut. Lys. 12. 18. Wirklich sah Paus. 10, 9, 4 nur Bilder der Dioskuren, nicht die Sterne.

3) Z. B. in Ardea Serv. V. A. 1, 44. Auch bei den Etruskern scheint den Spiegeln zufolge die Verehrung der Dioskuren sehr verbreitet gewesen zu sein, und zwar in der späteren Vermischung mit Korybanten und Kabiren, worauf auch die Legende von Thessalonich deutet, Clem. Pr. p. 16 P. vgl. Bd. 1, 708, 2.

4) Röm. Myth. 658—662.

c. Helena.

Helena ist ihrem Namen nach die Glänzende, die Strahlende[1]), also ein Wesen wie jene den Dioskuren so eng verbundenen Leukippiden Phoebe und Hilaïra, sei es dafs man dabei an das strahlende Bild des Mondes dachte, dessen griechischer Name Selene dem ihrigen sogar verwandt ist, oder an die Morgenröthe, den schönen Anbruch des Tages, in welchem Falle sie mit der Eos und der *Mater Matuta* Italiens sich vergleichen liefse. Denn wie die letztere wurde sie in Sparta von Mädchen und Frauen als eine Göttin der Kinderpflege und des weiblichen Reizes verehrt[2]), neben ihrem Gemahle dem Menelaos in einem eignen nach diesem benannten Heiligthume auf einem Hügel oberhalb des Dioskurenortes Therapne[3]). Auch wurde ihr zu Ehren ein eignes Fest gefeiert, wo die spartanischen Jungfrauen in bedeckten Wagen zu ihrem Tempel wallfahrteten[4]), da sie sie sonst als Chorführerin ihrer Reigen zu Ehren der Artemis oder der Athena

---

1) Der Name lautete eigentlich $Fελένη$ und dieses ist verwandt mit $Fέλα$ d. i. strahlender Glanz und $Fέλειν$ d. i. strahlen, glänzen, auch mit σέλας und σελήνη, und $Fελάνη$ oder σέλαινα d. i. Fackel, vgl. Christ Grundz. d. gr. Lautl. 235. 257, *auch G. Curtius Grundz. 541.

2) Vgl. die Legende b. Herod. 6, 61, wo die Amme die ihr Kind in das H. der Helena trägt an Artemis Κορυθαλία und das Ammenfest der Tithenidien erinnert, Bd. 1, 243, 3.

3) Isokr. Helen. encom. 63, wo ausdrücklich hinzugesetzt wird: ἔτι γὰρ καὶ νῦν ἐν Θεράπναις τῆς Λακωνικῆς θυσίας αὐτοῖς ἁγίας καὶ πατρίας ἀποτελοῦσιν οὐχ ὡς ἥρωσιν, ἀλλ' ὡς θεοῖς ἀμφοτέροις οὖσιν. Vgl. Paus. 3, 15, 3; 19, 9 u. A. b. Rofs in Gerhards D. u. F. 1854, 217 ff. t. 65, 5 — 13 (*Archaeol. Aufs. 2, 341 ff.) von den dort gefundenen Votivfiguren in Blei, welche meist streitbare Männer oder Frauen in einer eigenthümlichen Tracht, einige auch Pferde mit und ohne Reiter darstellen. *Neuerdings sind einige Reliefs aus Sparta (Ann. d. Inst. 1861, 38 ff. tav. D) und eines aus Stoboi (Rev. arch. 1873, 2, 40) bekannt geworden, auf denen ein weibliches Götterbild zwischen den Dioskuren steht. Conze und Michaëlis a. a. O. vermuthen darin die Helena, vgl. auch oben S. 104, 4 und Bursian Geogr. 2, 129, 1; anders erklärt L. Heuzey in der rev. arch. a. a. O., s. oben S. 107, 4.

4) Hesych κάνναθρα — ἅμαξα πλέγματα ἔχουσα, ὑφ' ὧν πομπεύουσιν αἱ παρθένοι, ὅταν εἰς τὸ τῆς Ἑλένης ἀπίωσιν, welche Wagen in Sparta auch bei andern Processionen z. B. am Feste der Hyakinthien zu Amyklae in Gebrauch waren, Polem. fr. 133 sqq. Der Name des Festes der Helena scheint Ἑλένεια gewesen zu sein, Hes. Ob die Ἑλενηφόρια b. Poll. 10, 191 und die von Hesych erwähnten Θεραπνατίδια auf dasselbe Fest zu beziehen sind bleibe dahingestellt. Das letztere könnte auch ein Fest der Mägde sein. Hes. Θεράπνη, θεραπαινίς, δούλη, θεραπνίον θεραπαινίδιον, δουλίδιον.

am Eurotas zu preisen pflegten¹). In Argos galt sie für die Stifterin eines Tempels der Geburtsgöttin Eileithyia²), angeblich als Mutter der Iphigenia, was an die Sage von der Auge, der Mutter des Telephos, erinnert. Auch in Rhodos wurde sie verehrt und zwar hier vorzugsweise von den Mägden und unter dem Beinamen δενδρῖτις d. h. der am Baume hängenden³), was an die attische Fabel von der Erigone erinnert und wahrscheinlich wie dort und in andern Fällen mit dem alterthümlichen Gebrauche sogenannter Aeora zusammenhängt. Was ihre Abstammung betrifft, so kennt die Ilias 3, 236 ff. sie als Schwester der Dioskuren von derselben Mutter Leda, wie sie denn auch bei den Griechen überall für deren Schwester galt und als solche bei ihren Ehren betheiligt wurde, namentlich an den Theoxenien. Ihr Vater ist bei Homer immer Zeus und sie selbst vorzugsweise Διὸς κούρη, Il. 3, 426 κούρη Διὸς αἰγιόχοιο, Od. 4, 184 Ἀργείη Ἑλένη Διὸς ἐκγεγαυῖα u. a. Doch wußte schon Hesiod von einer andern Abkunft, da er sie Tochter des Okeanos und der Tethys, also eine Okeanide genannt haben soll⁴). Um so weniger darf die Dichtung der Kyprien befremden daſs Nemesis, gewöhnlich eine Tochter des Okeanos, ihre Mutter gewesen. Da eben diese Göttin Nemesis zu Rhamnus in Attika einer ausgezeichneten Verehrung genoſs, so wurde später natürlich nicht blos in Sparta, sondern auch in Attika von der Geburt der Helena erzählt und zwar in einer die beiderseitigen Ansprüche ausgleichenden Form, wie davon bei den Dioskuren die Rede gewesen. Ja man erklärte nun auch den Namen der Helena dadurch daſs das von der Nemesis gelegte Ei in den Sümpfen (ἐν τοῖς ἕλεσιν) bei Rhamnus gefunden und von dort entweder durch Hermes oder durch einen Hirten nach Sparta zur Leda gebracht worden sei⁵). Dahingegen die gewöhnliche Fabel diese

1) Aristoph. Lysistr. 1314, Theokr. 18, 22 ff., Plut. Thes. 31.
2) Paus. 2, 22, 7.
3) Paus. 3, 19, 9 vgl. Ptolem. Steph. p. 189 Westerm., wo auch das Kraut ἑλένιον, welches Helena wider den Schlangenbiſs gepflanzt haben sollte, unter dem Baume der Helena auf Rhodos wächst, vgl. Aelian N. A. 9, 21. Hes. v. Quelle der Helena auf Chios, Steph. B. Ἑλένη.
4) Schol. Pind. N. 10, 150, wo Welcker ep. Cycl. 2, 132 liest Ὠκεανίδος καὶ Διός. Verschiedene andre Genealogieen und Fabeln, welche aber als Combinationen einer sehr freien Phantasie ohne andre Gewähr kein Gewicht haben, b. Ptolem. Steph.
5) Apollod. 3, 10, 7, wo für ἐν τοῖς ἄλσεσιν zu lesen ἐν τοῖς ἕλεσιν, vgl. Tz. Lyk. 88 und Ptolem. Steph. p. 189, 18. Am Fuſsgestell der gewöhnlich

war dafs Zeus an den Ufern des Eurotas in der Gestalt eines Schwans und wie von einem Adler verfolgt in den Schoofs der Leda geflüchtet sei, wie denn auch die Künstler den oft erwähnten Vorgang meistens in derselben Weise vergegenwärtigt haben[1]).

Die eigene Geschichte der Helena[2]) beschäftigt sich fast nur mit ihrer Entführung nach Osten und mit ihrer Wiederkehr, eine Vorstellung welche ursprünglich höchst wahrscheinlich auch mit ihrer Bedeutung im Naturleben zusammenhing, aber von der Sage und dem Epos zu einer lediglich romantischen Verwicklung umgebildet wurde und als solche zu einem der fruchtbarsten Motive des troischen Sagenkreises geworden ist. Man erzählte bei der Helena sogar von einer dreimaligen Entführung. Die älteste Fabel der Art ist die aus der Geschichte des trojanischen Kriegs bekannte von der Entführung durch Paris, wo die gegenseitigen Beziehungen des Dienstes der Aphrodite am Ida und zu Kythera sichtlich eingewirkt haben, aber auch die Geschichte der Auge verglichen werden kann, die aus derselben Gegend, nämlich aus Tegea in dieselbe Gegend, nämlich nach Mysien verschlagen und dort die Gemahlin des Teuthras wird, der dem troischen Paris entspricht; wie alte Berührungen zwischen der kleinasiatischen und der peloponnesischen Sage denn auch sonst wiederkehren. Neben dieser Dichtung scheint aber auch die von einem Entweichen der Helena nach dem entlegeneren Morgenlande d. h. von einem Aufenthalte in Phoenikien und Aegypten eine alte zu sein. Schon die Ilias 6, 290 weifs von einem Aufenthalte des Paris und der Helena in Sidon und die Odysse 4, 227 von einem längeren Verweilen des Menelaos und der Helena in Aegypten. Nach Herodot 2, 112 ff. zeigte man zu Memphis im Quartier der Tyrier, also in einem von Phoeniken bevölkerten Stadtviertel, ein Heiligthum des Proteus (4, 500) und in demselben einen Tempel der ausländischen Aphrodite (ξείνης Ἀφροδίτης), welche Herodot und die aegyptischen Priester für die Helena erklärten. Diese sei auf der Entführungsreise mit Paris an die Nilmündung verschlagen und darauf in Memphis geblieben, bis Menelaos sie wieder abgeholt habe. Später nannte man

---

dem Phidias zugeschriebenen Nemesis zu Rhamnus sah man die Helena, wie sie von ihrer Pflegemutter Leda zu ihrer wirklichen Mutter Nemesis geführt wurde, in Begleitung des Tyndareos, der Dioskuren u. A. Paus. 1, 33, 7.

1) Eurip. Hel. 18ff., Hygin f. 77 u. A. Vgl. oben S. 93.

*2) Vgl. Lehrs über die Darstellungen der Helena in der Sage und den Schriftwerken der Griechen, Popul. Aufs. S. 8—32.

jene Göttin auch die hellenische Aphrodite oder Selene¹). Genug die Ueberzeugung von einem Aufenthalte der Helena in Aegypten hatte sich festgesetzt, daher bei den griechischen Dichtern aus diesem Widerspruche zwischen der epischen Dichtung und der örtlichen Sage eine neue Fabel entstanden ist, indem man, ohnehin für den guten Ruf der später oft hart geschmähten Helena besorgt, nun von einem Scheinbilde (εἴδωλον) erzählte, welches Paris anstatt der wirklichen Helena nach Troja geführt habe. Diese neue Dichtung scheint zuerst²) von Stesichoros ausgeführt zu sein, der in einem seiner mythologischen Gedichte Gehässiges von der Helena ausgesagt hatte³) und dafür, so glaubte man, durch sie und die Dioskuren mit dem Verluste seines Augenlichts bestraft worden war. Er dichtete also die sogenannte Palinodie mit der nachdrücklichen Erklärung, es sei gar nicht wahr daſs Helena nach Troja entführt worden sei, und bekam seine Augen wieder: eine jener populären und oft wiederholten Legenden, mittelst welcher der Wunderglaube der Griechen auch in ihre Literaturgeschichte eingedrungen ist⁴). Hernach hat bekanntlich Euripides, obgleich er gewöhnlich von der Helena viel Böses sagt, dieselbe Fabel seiner noch erhaltenen Helena zu Grunde gelegt⁵). Hera hat dem Paris ein Scheinbild der Helena anstatt der wirklichen untergeschoben, welche von Hermes durch die Luft entrückt und zum weisen und frommen Proteus nach Aegypten gebracht wird, bis Menelaos nach der Zerstörung Trojas dahin kommt und sie wieder heimführt.

Endlich die ziemlich junge Sage von einer Entführung der Helena

---

1) Strabo 17, 807, Horat. Od. 3, 26, 10 von der Venus: quae beatam diva tenes Cyprum et Memphin.

*2) Die Notiz eines Schol. zu Lykophr. 822 ed. Bachmann, wonach πρῶτος Ἡσίοδος περὶ τῆς Ἑλένης τὸ εἴδωλον παρήγαγε, entbehrt aller Glaubwürdigkeit; die Scholien bei Müller enthalten nichts der Art.

3) Wahrscheinlich in der Ἰλίου πέρσις. (* Anders Bergk Stesich. fr. 26. 35). Man vermuthet, daſs die strafbaren Verse die gewesen, wo er die Töchter des Tyndareos διγάμους τριγάμους τε καὶ λιπεσάνορας genannt hatte, wozu die von ihm vernachlässigte Aphrodite sie gemacht habe, Schol. Eur. Or. 239. In Sparta fabelte man weiter daſs Tyndareos in der Ueberzeugung daſs Aphrodite an solcher Schmach seiner Töchter Schuld sei ihrem Bilde Fesseln um die Füſse gelegt habe, Bd. 1, 291, 2.

4) Plat. Phaedr. 243 A, Rep. 9. 586 C, Isokr. Hel. 64 u. A. b. Bergk a. a. O. * Vgl. auch Lehrs a. a. O. 274 ff.

5) Vgl. Eurip. Elektra 1280, wo Zeus das Bild der Helena nach Troja sendet, ὡς ἔρις γένοιτο καὶ φόνος βροτῶν.

durch Theseus. Zuerst wird sie durch Ilias 3. 144 angedeutet, doch gehört diese Stelle zu den Interpolationen der Pisistratidenzeit, welche der attischen Sage zu Liebe vorgenommen wurden. Ausführlicher hatten das nachhomerische Epos, Alkman und Pindar davon gedichtet, auch bemerkte Pausanias diese Sage unter den Bildern des Kypseloskastens[1]). Dann wurde sie zur stehenden Episode der mythischen Geschichte von Attika, wobei man sich auf verschiedene Denkmäler und örtliche Traditionen berief, von denen Herodot 9. 73 und Plutarch Thes. 31—33 erzählen. Zu bemerken ist dafs immer Aphidnae als die feste Burg genannt wird, wo Theseus seine Beute geborgen und die Dioskuren sie wieder befreit hätten; fast sieht es aus als ob die Identität des Namens für den Ort, aus welchem diese letzteren die Leukippiden und aus welchem sie die Helena entführten, nicht zufällig wäre. Nach der gewöhnlichen Erzählung wurde Helena in Sparta beim Reigentanze der Artemis Orthia von Theseus und Peirithoos, den eng verbundenen Freunden geraubt. Sie loosen um ihren Besitz mit der Bedingung dafs der welchem sie zufallen werde dem Andern bei seiner Werbung beistehn solle. Theseus erhält sie und bringt sie nach jenem attischen, zwischen Dekeleia und Oropos gelegenen Aphidnae, wo sie nach Stesichoros und anderen Dichtern die Iphigeneia von ihm gebar[2]). Er selbst geht darauf mit Peirithoos gleich auf das neue Abenteuer in das Molosserland um mit dem Freunde die Persephone zu entführen, worüber beide in der Unterwelt verhaftet bleiben. Inzwischen kommen die Dioskuren nach Attika (mit der Zeit ist ein ganzer Feldzug daraus geworden) um ihre Schwester zu befreien. Nach der älteren Sage erfahren sie ihren Aufenthalt durch die Einwohner von Dekeleia, welches deshalb bei den Einfällen der Spartaner während des peloponnesischen Krieges von ihnen verschont geblieben sein soll. Nach der späteren ist ihr Zug gegen Athen gerichtet, bis ihnen hier durch Akademos der Aufenthalt der Helena in jener festen Stadt verrathen wird, daher auch die Akademie von den Spartanern verschont wurde[3]). Aphidnae

---

1) Paus. 1. 41. 5. Schol. Il. 3. 242. Hygin. f. 79. Diod. 4. 63. Hes. Ἀσαναίων πόλιν, τὰς Ἀφίδνας, vermuthlich aus Alkman. Das Bild am Kypseloskasten, wo Helena die Aethra mit Füfsen trat und an den Haaren rifs, beschreiben Paus. 5. 19, 1 u. Dio Chrys. 11 p. 163. Auf dieselbe Entführung bezügliche Vasenbilder b. Gerhard A. V. t. 168 u. M. d. I. 6 t. 12.

2) P. 2, 22. 7. Tz. Lyk. 851.

3) Dikaearch leitete den Namen der Akademie und den Marathons ab von

Preller, griech. Mythologie II. 3. Aufl. 8

wurde durch Verrath genommen, nach Andern erst nach heftigen Kämpfen, in welchen Aphidnos, nach Einigen Theseus selbst tapfere Thaten verrichtete¹). Nach der Befreiung der Schwester werden die Dioskuren von Menestheus, der sich während jener Gefangenschaft des Theseus der Herrschaft in Athen bemächtigt und deshalb die Dioskuren willkommen heifst, sehr freundlich in Athen aufgenommen, so dafs sie selbst in die eleusinischen Mysterien eingeweiht und als Anakes göttlich verehrt wurden (S. 104). Aethra aber, die Mutter des Theseus, welcher dieser die Obhut der Helena anvertraut hatte, wird mit derselben als Gefangene und ihre Dienerin nach Sparta und von dort durch Paris nach Troja geführt, wo erst die Söhne des Theseus sie nach der Zerstörung Trojas wiederfinden und nach Athen zurückführen.

Diese seltsamen Combinationen des Witzes und der Phantasie haben die Geschichte der Helena in einen so handgreiflichen Widerspruch mit der Chronologie gesetzt, dafs man sich oft darüber lustig machte²). Andre suchten die Continuität ihrer Geschichte dennoch zu behaupten und machten dadurch das Uebel noch schlimmer.

6. Kreta.

Diese grofse und fruchtbare Insel mufs in einer sehr frühen Zeit einen sehr bedeutenden Einflufs auf die griechischen Inseln und Gewässer, aber auch auf verschiedene Theile des griechischen Festlandes ausgeübt haben: die natürliche Folge einer für alle Unternehmungen im mittelländischen Meere überaus günstigen Lage und einer sehr alten Cultur. Die älteste Bevölkerung scheint dieselbe gewesen zu sein wie die sonst über einen grofsen Theil von Kleinasien³), die Inseln und viele Theile von Griechenland verbreitete; ja diese Bevölkerung scheint eben in dem Minoischen Kreta den Mittelpunkt zu einer grofsen Macht-

---

zwei Begleitern der Dioskuren aus Arkadien, Echemos und Marathos, Plut. Thes. 32. Steph. B. Ἐχαδήμεια. Als Verräther von Aphidnae wurde Τιτακός genannt, der Eponym des Demos der Τιτακίδαι, Steph. B.

1) Eine megarische Fabel s. Plut. Thes. 32. Paus. 1, 41, 4. Aphidnos soll den Kastor am rechten Schenkel verwundet haben, Schol. Il. 3. 242. Nach Hygin P. A. 2, 22 u. Schol. German. Arat. p. 50 fiel Kastor sogar in diesem Kampfe.

2) Lukian Somn. 17 vgl. Serv. V. A. 2, 601 si immortalis Helena non fuisset, tot sine dubio saeculis durare non potuisset. Man berechnete das Alter der Helena bei dieser ersten Entführung auf 7 bis 10 Jahre, das des Theseus auf 50 Jahre u. s. w.

3) Nach Kleinasien weist besonders die Identität des Dienstes der Rhea und des idaeischen Zeus, Bd. 1, 104 ff. 527 ff. 540 ff.

entwicklung gefunden zu haben. Den bestimmteren Anlafs dazu gaben die Einflüsse der orientalischen Culturstaaten, namentlich der Phoeniker, auf welche viele Merkmale hinweisen. So liegt von Knosos, dem wichtigsten Orte der Minoischen Vorzeit, die bestimmte Ueberlieferung vor dafs diese Stadt und der Flufs an dem sie lag früher $Καίρατος$ geheifsen habe, was auf ein weitverbreitetes Stammwort phoenikischer Städtegründung deutet und zugleich am besten den altherkömmlichen Namen der Insel $Κρήτη$ erklärt[1]). Gortys, der zweite Hauptort der Minoischen Vorzeit, berühmt durch seine Sagen und seine Culte der Europa und des Zeus Asterios, hiefs früher mit Beziehung auf den Dienst der Europa Hellotis, welches Wort von den Alten gleichfalls aus dem Phoenikischen erklärt wird[2]). Ebenso entschieden weist Phaestos mit seinem Talos, Leben durch seinen Namen, Itanos mit seiner ausdrücklich bezeugten Abkunft, der Flufs Iardanos bei Kydonia, der durch die Insel verbreitete Dienst der Astarte und des Baal Moloch auf eine aus jener Gegend verbreitete Cultur zurück. Erst mehrere Generationen nach der Rückkehr der Herakliden[3]), um dieselbe Zeit wo von Griechenland viele Unternehmungen zur See ausgingen, welche sich zuletzt des ganzen Archipels und eines grofsen Theiles von Kleinasien bemächtigt haben: erst in dieser Zeit ist Kreta hellenisirt worden und zwar durch zwei auf einander folgende Einwanderungen achaeischer und dorischer Abkunft, welche sich vorzüglich eben jener alten phoenikischen Pflanzstädte bemächtigten, also die Erben ihrer Cultur wurden. Darauf entwickelte sich eine Sagenbildung in welcher wie gewöhnlich Historisches und Mythisches gemischt ist, das letztere indessen über-

---

1) Strabo 10, 476 $ἐκαλεῖτο\ δὲ\ ἡ\ Κνωσὸς\ Καίρατος\ πρότερον,\ ὁμώνυμον\ τῷ\ παραρρέοντι\ ποταμῷ$. Hes. $Καιράτιοι\ οἱ\ Κνώσιοι\ ἀπὸ\ ποταμοῦ$. Der Name des Flusses erhielt sich länger als der der Stadt, Kallim. Dian. 44. Virg. Cir. 112. Es ist dasselbe Wort קרה in der Bedeutung von Burg und Stadt, welches in den Namen Melkart, Melikertes, Karthago, Karthaea u. a. hervortritt.

2) Steph. B. v. $Γόρτυν$, $πρότερον\ γὰρ\ ἐκαλεῖτο\ Ἑλλωτίς\ οὕτω\ γὰρ\ παρὰ\ Κρησὶν\ ἡ\ Εὐρώπη$. Etym. M. $Ἑλλωτία\ ἡ\ Εὐρώπη,\ ὅτι\ οἱ\ Φοίνικες\ τὴν\ παρθένον\ ἐλλωτίαν\ καλοῦσιν$. Vgl. Movers Phönizier 2, 2, 80 und über die andern Namen 258 ff. Ueber den Zusammenhang zwischen Kreta und Philistaea s. Stark Gaza 98 ff. *Gegen die Ableitung von $Ἑλλωτία$ aus dem Phoenikischen erklärt sich Gildemeister bei O. Jahn Europa, Wien. Denkschr. 1870, 24, 4.

3) Die Dorier auf Kreta Od. 19, 177 sind ein Anachronismus, wie deren bei Homer verschiedene vorkommen. Aus demselben ist bei einem späteren Grammatiker die Hypothese einer dorischen Colonie aus Thessalien nach Kreta entstanden.

wiegt und zwar mit der eigenthümlichen Erscheinung dafs mehr als irgendwo auf bestimmte Traditionen des Cultus, namentlich auf alte Cultusbilder phoenikischen Ursprungs Rücksicht genommen wird. Die Ueberlieferung von diesen Fabeln und überhaupt von den alten Zeiten blieb eine unvollkommene, weil die gewöhnliche griechische Sagengeschichte Kreta nur wenig berührte. Nur das attische Theater und die attischen Sagenschreiber wurden durch die Erinnerungen aus der Vorzeit ihrer eignen Heimath auf die Geschichten von dem mächtigen Seekönige Minos oft zurückgeführt.

a. Europa.

Schon die Ilias kennt Europa, die Tochter des weitberühmten Phoenix, welche vom Zeus den Minos und den göttlichen Rhadamanthys geboren (14, 321). Nachmals haben Hesiod, Eumelos, manche Lyriker und die Logographen diese Sage ausführlicher besprochen[1]). Europa heifst bei diesen späteren Dichtern und Schriftstellern eine Tochter des Agenor, des mythischen Repräsentanten der Macht von Sidon, der Metropole aller älteren Colonieen und Ansiedelungen der Phoeniker und ihnen verwandter Bevölkerungselemente[2]). Seit Hesiod galt Europa nicht blos für die Mutter des Minos und Rhadamanthys, sondern auch für die des Sarpedon, des mythischen Stammhelden von Lykien, dessen Cultus gewöhnlich von einer Einwanderung aus Kreta abgeleitet wurde[3]).

Phoenikische Sagen und Münzen zeigen das Bild der Astarte auf dem Stier, wobei ein altes Cultusbild von Sidon zu Grunde lag[4]). Es ist die Himmelskönigin in der Gestalt der wandernden Mondgöttin, die vom Himmelskönige Zeus in der Gestalt des Sonnenstiers getragen und über das Meer entführt wird, aus den Gegenden des Aufgangs

---

1) Schol. Il. 12, 292. Ausführlichere Erzählungen b. Moschos id. 2, Ovid M. 2, 833—875, F. 5, 605 ff., vgl. Höck Kreta 1. 83 ff.

2) Für Sidon nennen Herodot, Euripides u. A. das bei Homer noch nicht erwähnte Tyros. Φοῖνιξ wird als Heros genannt in dem Eide der Stadt Dreros, eines von Knosos abhängigen Ortes. Philol. 9, 694 ff.

3) Hesych Καρπαῖος kennt auch einen Κάρπος als Sohn des Zeus und der Europa, höchst wahrscheinlich nach kretischer Ueberlieferung.

4) Lukian de dea Syria 4. Ein Gemälde der Entführung im T. der Astarte zu Sidon beschreibt Achill. Tat. 1, 1. Beide, Astarte und Zeus Asterios, waren als himmlische Mächte zugleich Gottheiten der See, Hes. θαλάσσιος Ζεὺς ἐν Σιδῶνι τιμᾶται. Europa auf dem Stiere auf sidonischen, kilikischen und kyprischen Münzen, Höck Kreta 1, 98, * Stephani compt. rend. 1866, 115. Nach Malal. Chron. p. 31 feierten die Tyrier noch zu seiner Zeit die Entführung der Europa unter dem Namen der κακὴ ὀψινή, d. h. des bösen Abends.

in die des Untergangs, weil von einer Verdunkelung des Mondes die Rede ist. Denn Εὐρώπη ist die Dunkle, die Verdunkelte¹), daher in Kreta und Boeotien von ihrem Versteck in einer Höhle erzählt wurde²). Und damit scheint auch die Benennung des östlichen und westlichen Ländercomplexes am Mittelmeere durch Asien und Europa zusammenzuhängen, welche wahrscheinlich nicht von den Griechen, sondern von der früheren Bevölkerung Kleinasiens und der Inseln ausgegangen ist. Liegt nämlich bei dem Namen Asien ein Sprachgebrauch von Sardes, dem Mittelpunkte des lydischen Reiches zu Grunde, welcher mit der Zeit in immer größerem Umfange angewendet wurde³), so scheint die Ursache der Benennung von Europa eben das Nächtliche, dem Westen und Norden Zugewendete der Lage dieser damals noch wenig bekannten Gegenden zu sein⁴).

Das durch Cultus und Sage geweihte Local der Fabel war auf Kreta die Gegend von Gortys und Phaestos an der südlichen Küste. Auf dem Flusse Lethaeos, dessen Name in Karien wiederkehrt und wahrscheinlich wie der der Leda zu erklären ist (oben S. 90), leitet Zeus seine schöne Beute nach Gortys, um hier der Liebe mit ihr zu pflegen, unter einer Platane welche, so behauptete man, niemals ihre Blätter verlor⁵). Zeus Asterios d. i. der Herr des gestirnten Himmels und der Sonne, dessen Symbol der schimmernd weiße Stier war⁶),

---

1) Hesych εὐρωπόν, σκοτεινόν, πλατύ. Εὐρώπη χώρα τις δύσεως ἡ σκοτεινή, vgl. Eustath. z. Dion. P. 270 und Demeter Εὐρώπη zu Lebadeia Paus. 9. 39, 3, Εὐρωπία ἡ Ἥρα Hes., χάσμα εὐρωπὸν πέτρας Eurip. Iph. T. 626. Andre halten das Wort für ein semitisches, vgl. hebr. ereb Abend, z. B. Buttmann Mythol. 2, 176. Noch Andre erklären Εὐρώπη durch εὐρύωψ in dem Sinne von Vollmond, Welcker kret. Col. 17.

2) Die Teumesische Höhle b. Theben, Paus. 9, 19, 1 Εὐρώπην δὲ ὑπὸ Διὸς κρυφθῆναί φασιν ἐνταῦθα s. oben S. 29, 5.

3) Ἄσιος λειμών am Kayster, die lydische Phyle Asias und ein gleichnamiger Eponym, Il. 2, 461. Herod. 4, 45. Str. 14, 650, ἅπασα Ἀσὶς μηλοτρόφος als Gebiet der Perserherrschaft b. Aesch. Pers. 763. Ἀσία die Gemahlin des Iapetos oder Prometheus. Herod. l. c., Lykophr. 1283 Tzetz. Asia und Europa unter den Okeaninen b. Hesiod th. 357. 359 vgl. Bd. 1, 453. Asia und Hellas als Heroinen auf der Dareiosvase (s. oben S. 83, 4 z. E.).

4) Europa heißt zuerst das nördliche Festland zum Unterschiede vom Peloponnes und den Inseln, Hom. H. in Apoll. P. 73. 113. Daher man später den Namen auch wohl speciell auf Thrakien bezog, Schol. Eur. Rhes. 28, Et. Gud. Εὐρώπη.

5) Theophr. hist. pl. 1, 10, 5, Varro r. r. 1, 7, Plin. 12, 11, Solin 11.

6) ἀργιμήτας ταῦρος ταχύματις ἢ λευκὸς — ἐπὶ τοῦ διακομίσαντος τὴν Εὐρώπην Hesych cf. Didymi fr. p. 88 ed. M. Schmidt, Ovid M. 2, 852 color

neben ihm Europa unter dem Beinamen Hellotis d. i. der Mond unter dem gewöhnlichen Bilde eines schönen Mädchens¹), endlich Atymnos d. i. vermuthlich der Abendstern, dieses waren die wichtigsten Religionen von Gortys und Phaestos, welche letztere Stadt auch den Cult der Aphrodite kannte. Die Münzen beider Städte sind reich an Beziehungen auf die alte Cultussage vom Raube der Europa, indem sie bald den Stier allein, bald Europa auf dem Stiere, bald Europa auf dem Stamme der heiligen Platane d. h. als Neuvermählte zeigen²). Man feierte sie an den Hellotien mit einem Myrtenkranze der zwanzig Ellen lang war und in Procession herumgetragen wurde³).

Nach der gewöhnlichen Sage sah Zeus die Europa, da sie bei Sidon auf der Frühlingswiese Blumen las, worauf er von Liebe entzündet sich in einen Stier verwandelt und die Schöne erst auf seinen Rücken lockt, darauf mit ihr das Meer bis nach Kreta durchschneidet. In Gortys gebiert sie von ihm die drei herrlichen Söhne Minos, Rhadamanthys und Sarpedon, die unter der Obhut des kretischen Königs Asterion aufwachsen, dem Zeus die Europa überlassen hat und welcher eigentlich derselbe Zeus Asterios, der Vater des Minos, in anderer Gestalt, nämlich als örtlicher König ist. Nicht blos die Dichter, sondern auch die Künstler haben sich mit dieser Entführungsgeschichte immer viel beschäftigt, die letzteren indem sie bald die der Entführung vorangehende Blumenlese auf der Frühlingswiese bald die Entführung durch das jubelnde Meer mit allen seinen phantastischen Gestalten und Geschöpfen vergegenwärtigten⁴).

nivis est. Ζεὺς Ἀστέριος in Gortys Cedren. 1 p. 217. Tzetz. Chil. 1, 473. Antehom. 99—101. Es ist der Βηλσάμην d. h. der Sonnengott als Herr des Himmels bei den Phoeniken, Euseb. Praep. Ev. 1, 10, 5. Auf einer M. von Gortys (* Overbeck Kunstm. d. Zeus Münztfl. 6, 11) ist der Stier mit der von ihm getragenen Europa von einem grofsen Strahlenkreis umgeben, Stephani Nimb. u. Strahlenkr. 15, 1.

*1) Neuerdings haben O. Jahn und Overbeck die Europa für eine Erdgöttin erklärt, wobei jedoch ersterer a. a. O. S. 31 eine Verschmelzung von Mond- und Erdgöttin annimmt.

2) M. von Gortys D. A. K. 1, 186. Bei Lukian D. Mar. D. 15, 4 führt Zeus die Europa in die Diktaeische Höhle, vgl. Lykophr. 1300.

3) Das Fest hiefs Ἑλλώτια, der Kranz ἑλλωτίς, s. Hesych s. v., Athen 15, 22. Vgl. Athena Ἑλλωτίς in Korinth Bd. 1, 160, 4.

*4) Mosch. id. 2, 115 ff., Achill. Tat. l. c. Der Stier mit der Europa in Erz von Pythagoras Varro l. l. 5, 31. Vgl. jetzt über die Entführung der Europa auf antiken Kunstwerken O. Jahn, Denkschr. der Wien. Akad. 1870, phil. hist. Cl. S. 1—54, Stephani compt. rend. 1866, 99—127, Overbeck Kunstmyth. d. Zeus 420—465.

Alte historische Episoden dieser Sage sind die Erzählungen von den Brüdern der Europa, die von dem Vater sie zu suchen ausgesendet werden und darüber im Auslande bleiben (oben S. 24) und die von der Entzweiung und Zerstreuung der Söhne der Europa, namentlich des Minos und des Sarpedon, auf den wir zurückkommen werden.

b. Minos.

Minos (Μίνως) scheint der Sonnenheld und Sonnenkönig von Kreta zu sein, in einer dem phoenikischen Herakles Melkart verwandten Gestalt. Schildern ihn die älteren Berichte vorzüglich als Gesetzgeber und weit und breit berühmten König, dessen Gerechtigkeit ihm noch in der Unterwelt das Amt des Richters sicherte, so fehlt es in andern Nachrichten nicht an deutlichen Merkmalen eines nicht historischen sondern symbolischen Charakters.

Die älteste und wichtigste Stelle, aus welcher wir von dem Minoischen Kreta erfahren, ist Od. 19, 172 ff., wo Kreta als eine reiche, blühende, dichtbevölkerte Insel beschrieben wird, mit der Hauptstadt Knosos, wo Minos in neunjährigen Perioden (ἐννέωρος) als Sohn und Vertrauter des Zeus regiert habe[1]). Und so preist auch Hesiod in einigen bei Plato Min. 320 D erhaltenen Versen den Minos als den großen, den mächtigen König, den König der Könige (ὃς βασιλεύτατος γένετο θνητῶν βασιλήων), der mit dem Scepter des Zeus weit und breit über die benachbarten Völker und Länder geherrscht habe. Alle neun Jahre, erzählen die Späteren nach Anleitung jenes Ausdrucks der Odyssee, sei Minos in eine durch alten Glauben geheiligte Höhle gegangen, um dort eine Zeit lang des Umgangs mit seinem Vater Zeus zu pflegen und Gesetze für seine Insel von ihm zu empfangen[2]), was ohne Zweifel mit dem besonders durch die Apollinischen Sühnungen bekannten enneaeterischen Jahrescyclus (1, 229) zusammenhängt. Die Minoischen Gesetze selbst galten für die ältesten in den von Griechen bevölkerten Gegenden und für die Vorbilder der

---

1) ἔνθα τε Μίνως ἐννέωρος βασίλευε Διὸς μεγάλου ὀαριστής d. i. confabulator, οἱ γὰρ ὄαροι λόγοι εἰσὶ καὶ ὀαριστής συνουσιαστής ἐστιν ἐν λόγοις, Plat. Min. 319 E, vgl. Il. 13, 449 ὃς πρῶτον Μίνωα τέκε Κρήτῃ ἐπίουρον, und die Verse des Euripides aus den Kretern fr. 475 Φοινικογενοῦς τέκνον Εὐρώπας καὶ τοῦ μεγάλου Ζανός, ἀνάσσων Κρήτης ἑκατομπτολιέθρου. Knosos seine Residenz auch b. Diod. 33, 13, Serv. V. Ecl. 6, 60. Ueber das Wort ἐννέωρος vgl. H. Weber Philol. 17, 163 ff.

2) Plat. Min. l. c., Strabo 10, 476; 16, 762, Val. Max. 1, 2 ext. 1.

Lykurgischen, die ihnen auch darin glichen dafs sie als Inspirationen einer Gottheit, hier des Pythischen Apollon erlassen wurden. Was die Herrschaft des Minos betrifft so wird diese immer als Thalassokratie geschildert d. h. als Herrschaft über das Meer und seine Inseln, welche damals meist von Karern und Phoeniken bevölkert waren[1]. Also ein mächtiger Inselstaat unter der Oberhoheit von Kreta, der von orientalischen Bildungselementen durchdrungen war und von einer kriegerischen, auf der See heimischen und sehr unternehmenden Bevölkerung getragen wurde und auf die Zustände aller umliegenden Gegenden jedenfalls grofsen Einflufs ausgeübt hat, wie dieses auch durch die zahlreichen Specialüberlieferungen von Minoischer Herrschaft und Minoischen Ansiedlungen bestätigt wird.

Neben solchen Ueberlieferungen von dem weisen Gesetzgeber, dem mächtigen Seekönige Minos gab es aber auch viele minder günstige und dabei durchaus mythische Aussagen. Minos erscheint darin als eine starke, aber dämonische und gewaltsame Macht wie schon die Odyssee 11,322 von dem grimmen Minos (ὀλοόφρων) erzählt und nachmals die attische Bühne mit ihren steten Beziehungen auf die Schmach vor Theseus dieses Bild von dem hartherzigen und tyrannischen Minos noch weiter ausgeführt hat[2]. Seine Gemahlin ist Pasiphae, welche eine Tochter des Helios und der Perseis[3] und unsterblich genannt wird und offenbar eine Mondgöttin wie Kirke und Medea war, worauf schon der Name Πασιφάη deutet. Auch wurde die Mondgöttin unter demselben Namen an der messenisch-lakonischen Küste bei Thalamae, dem Geburtsorte der Dioskuren, als Inhaberin eines Traumorakels verehrt, welches in Sparta sehr heilig gehalten wurde und selbst auf die öffentlichen Zustände Einflufs ausübte[4]. Als Mond aber erschien die kretische Pasiphae wie gewöhnlich unter dem Bilde einer schimmernd weifsen Kuh, wie der Sonnengott unter dem eines schim-

---

[1] Herod. 1, 171. Thuk. 1, 4. 8. Aristot. Pol. 2, 7, 2, Strabo 14, 661, Diod. 5, 84 διόπερ ἐν ταῖς νήσοις, ἀλλὰ καὶ κατὰ τὴν Ἀσίαν τὰς ἐπωνυμίας ἔχουσι Κρητῶν ἐπαίνες καὶ Μινῷαι καλούμεναι. Vgl. Höck Kreta 2, 201 ff.

[2] Plato Min. 318 D. 320 D, Plut. Thes. 16 καὶ γὰρ ὁ Μίνως ἀεὶ διατελεῖ κακῶς ἀκούων καὶ λοιδορούμενος ἐν τοῖς ἀττικοῖς θεάτροις.

[3] Dasselbe Paar von welchem Aeetes und Kirke stammen, s. Apollod. 3, 1, 2, Antonin. Lib. 41, Cic. N. D. 3, 19, 48 Circe autem et Pasiphae et Aeetes e Perseide Oceani filia nati patre Sole in deorum numero non habebuntur? Andre nannten ihre Mutter Κρήτη und eine Tochter des Asterios.

[4] Cic. de Div. 1, 43, 96, Plut. Kleom. 7, Agis 9, Paus. 3, 26, 1, *Bd. 1, 195, 4.

mernd weifsen Stiers: woraus die seltsame Fabel von der Liebe der Pasiphae zu dem Stiere des Minos entstanden ist, für deren Frucht Minotauros galt, ein altes Symbol des kretischen Zeus- oder Baalcultes. Nach der gewöhnlichen Erzählung[1]) opferte Minos bei seiner Wahl zum Könige vor allem Volke seinem Vater Zeus am Meeresstrande und betete dabei zum Poseidon, ihm den Opferstier aus feuchter Tiefe emporzusenden. Da entsteigt dem Meere ein wunderbar schöner und starker und dabei schneeweifser Stier, welches Wunder dem Minos die bestrittene Herrschaft sichert. Er aber entzieht das Thier seiner Bestimmung und steckt es unter seine Heerde, welche bei Gortys weidete und von einigen Erzählern ausdrücklich eine Sonnenheerde genannt wird[2]). Darüber erzürnt macht Poseidon den Stier wild und flöfst zugleich der Königin eine unnatürliche Begierde zu ihm ein, so dafs er aus jener Stallung hervorbrechend durch die Insel stürmt, Pasiphae aber in brünstiger Liebe ihm durch Berge und Wälder folgt, bis endlich der Tausendkünstler Daedalos ihn wieder auf seine Weide lockt und dort die Begierde der Pasiphae auf die bekannte Weise stillt[3]). Also eine Heerde wie die in der Odyssee beschriebene (1, 354), die zu Taenaron und die von Theokrit beschriebene des Königs Augeias zu Elis, und als Leitstier derselben der Sonnenstier[4]), wie Pasiphae in der Gestalt der Kuh neben ihm die Mondkönigin, die einzelnen Thiere aber die einzelnen Tage und Nächte des Jahres bedeuteten. Die Liebe der Pasiphae zu diesem Stiere erschien bald als widernatürlich, daher jenes Motiv erfunden wurde. Und doch erzählte man in Babylon von einem ähnlichen Gelüste der Semiramis zu einem Pferde, welches gleichfalls ein Bild der Sonne ist[5]). Dafs eine solche Fabel sich so weit verbreiten und so lange behaupten konnte, dazu mag der natürliche Reiz solcher Allegorieen des gestirnten Himmels und der des Phantastischen beigetragen haben, bei den griechischen Dichtern

---

1) Aufser Apollod. l. c. u. Tzetz. Chil. 1, 19 s. Virg. Ecl. 6, 45—60.

2) Serv. u. Intp. Bern. z. Virg. l. c. Gortyna, Cretensis civitas, ubi putabantur Solis fuisse armenta.

3) Der kretische Stier, welchen Herakles und später Theseus bändigen, wird gewöhnlich für identisch mit diesem erklärt, während Akusilaos ihn für den der Europa hielt, Apollod. 2, 5, 7. Die unnatürliche Lust der Pasiphae erklärten Andre durch den Zorn der Aphrodite, Hygin f. 40, Serv. V. A. 6, 14.

4) Philostr. im. 1, 16 γέγραπται δὲ ὁ μὲν ταῦρος ἀγέρωχός τε καὶ ἡγεμὼν τῆς ἀγέλης, εὔκερως τε καὶ λευκός etc., vgl. Oppian Kyneg. 2, 46 ff. und Boeckh C. I. 1 p. 811.

5) Plin. 8, 155, Hygin f. 243.

überdies der Anlaſs zur Schilderung einer leidenschaftlichen Verirrung der Liebe¹), bei den Künstlern das Interesse der körperlichen Form. Namentlich haben sich diese, sowohl die Maler als die Bildner, oft und gerne an diesem Problem versucht, gewöhnlich so daſs die Anfertigung der für die Pasiphae bestimmten Kuh durch Daedalos dargestellt wurde²).

In noch andern Sagen von Kreta erscheint Minos als grosser Jäger, der in den Bergen und Wäldern seiner Insel das Wild und die Nymphen jagt, wie wir namentlich von seiner Liebe zur Diktynna und zur Prokris wissen, die wieder den Mond bedeuten, wie Minos in solchen Fabeln die heiſse und feurige Sonne zu bedeuten scheint. Daher die Fabel daſs Pasiphae aus Eifersucht ihren Gemahl mit schrecklichem Zauber verzaubert habe, so daſs seine Liebe allen Frauen zum Verderben gereichen muſste³), bis Prokris ihn durch Anwendung eines mächtigen Gegenzaubers heilt und zum Danke dafür von ihm den unentfliehbar raschen Zauberhund und den unvermeidlich sichern Zauberspeer erhält, welche durch Prokris in die Hände des Kephalos gelangen.

Sein Ende fand der groſse König im fernen Abend, wo die Sonne untergeht. In der Nähe von Agrigent auf Sicilien hatte er sein Grab gefunden; es bestand aus einem doppelten Raume, von denen der verschlossene die Gebeine des Minos enthielt, der zugängliche ein Heiligthum der Aphrodite (Astarte). Als Veranlassung zu seinem Tode ward erzählt daſs Minos den nach jenem der Pasiphae erwiesenen Dienste flüchtig gewordenen Daedalos verfolgt habe. Der Künstler hatte beim Könige Kokalos in Kamikos Zuflucht gefunden, einem alten Königssitze der Sikaner, der späteren Burg von Agrigent. Dessen Töchter tödten den Minos, als er von ihrem Vater die Auslieferung des Künstlers verlangt, indem sie ihm beim Bade siedendes Wasser

---

1) Bd. 1 S. 295. Euripides hatte in seinen Kretern die Liebe der Pasiphae und deren Frucht besprochen, Arist. Ran. 849 Schol. Lukian d. saltat. 49 nennt diese Fabel unter den gewöhnlichen Gegenständen des Pantomimos, vgl. Sueton Nero 12.

2) Vgl. die Beschreibungen solcher Werke b. Virg. A. 6, 25, Philostr. 1, 16, das Relief b. Braun zwölf Basrel. t. 12, Campana op. in Plast. t. 59, O. Jahn Archäol. Beitr. S. 237 ff., *Helbig Pompej. Wandg. n. 1205 ff.

3) Apollod. 3, 15, 1 ὁπότε ἄλλῃ συνηυνάζετο, εἰς τὰ ἄρθρα ἐφίει θηρία καὶ οὕτως ἀπώλλυντο. Antonin. Lib. 41 ὁ γὰρ Μίνως οὔρεσκεν (1, 370, 6) ὄφεις καὶ σκορπίους καὶ σκολοπένδρας, καὶ ἀπέθνησκον αἱ γυναῖκες ὅσαις ἐμίγνυτο.

über den Kopf giessen: ein Bild welches vielleicht auf den Untergang der Sonne in den Fluthen der abendlichen Gewässer deutet[1]). Es scheint dafs Sophokles in seinen Kamikiern die Fabel in diesem Sinne bearbeitet hatte, während spätere Dichter, namentlich Kallimachos, noch andre märchenhafte Züge hinzufügten[2]). Die mit Minos nach Sicilien gekommenen Kreter aber sollen ihrem Könige jenes Grab gestiftet und die Stadt Minoa erbaut haben, welche phoenikischen Ursprungs war[3]). Ein andrer Haufe soll landeinwärts gezogen sein und im Innern der Insel die feste Stadt Engyon gegründet haben, wo sie sich nach Trojas Fall durch Meriones und seine Kreter verstärkt behaupteten und das Heiligthum der Mütter (τῶν Μητέρων) stifteten, ein der ganzen Insel sehr ehrwürdiger Gottesdienst mit einem prächtigen Tempel, vielen kostbaren Weihgeschenken und einem reichen Besitz an heiligen Grundstücken und Heerden. Man sagte dafs es dieselben Göttinnen wären, welche auf Kreta als Ammen des Zeus und Pflegerinnen seiner zarten Jugend verehrt wurden[4]).

c. Minotauros.

Ein altes Symbol des kretischen Zeusdienstes zu Gortys und Knosos, in einem Bilde das wir uns nach Anleitung von Münzen und von alterthümlichen Vasenbildern, welche den Kampf des Theseus mit dem Minotauros darstellen, noch vergegenwärtigen können[5]). In Gortys scheint es das Bild des Zeus Asterios gewesen zu sein, da Minotauros gleichfalls Asterios oder Asterion und dieser wieder, sonst der Pflegevater des Minos, König von Gortys genannt wird[6]). In Knosos dagegen erscheint Minotauros gewöhnlich als Inhaber des Labyrinths, dessen Abbildung auf den Münzen von Knosos sehr gewöhnlich ist.

---

1) Horat. S. 1, 4. 29 surgente Sole ad eum quo vespertina tepet regio, vgl. das warme Bad des Helios 1, 353 und die warmen Bäder des Herakles. Wie das Grab des Minos in Kamikos, so war das des tyrischen Melkart in Gades, wo die cubilia Solis sind, s. b. Geryoneus.

2) Schol. Il. 2, 145, Hygin f. 44 u. A. Agatharchides b. Phot. bibl. 443, 25 καὶ τοῦ Μίνω δὲ ἀμήχανον εἶναι παραλῦσαι τὸν βίον, εἰ μή τις αὐτῷ ζέον ὕδωρ καταχέαι. Ovid. Ib. 291 sicut Minoia fata, per caput infusae fervidus humor aquae. Aus andern Quellen schöpfte Zenob. 4, 92.

3) Der phoenikische Name war Makara und Rus-Melkart, Heraklid. polit. 29, Movers Phön. 2, 2, 318.

4) Diod. 4, 79. 80, Plut. Marcell. 20, Cic. in Verr. 4, 44. 97.

5) L. Stephani, der Kampf zwischen Theseus und Minotauros, Leipz. 1842. Vgl. O. Jahn Arch. Beitr. S. 257 ff. und unten bei Theseus.

6) Apollod. 3, 1, 3. Paus. 2, 31, 1, Lykophr. 1301 Tzetzes.

Neben den gangbaren Namen *Μινώταυρος* oder *ταῦρος Μινώιος*¹) oder *ὁ τοῦ Μίνω ταῦρος* kommt auch der einfachere *Ταῦρος* d. i. der Stier schlechthin vor, so dafs er also von jenem Sonnenstiere des Minos und des Zeus Asterios nur im Bilde und auf mythologische Weise verschieden gewesen sein kann d. h. sofern er für einen Sohn der Pasiphae und jenes der Sage nach von Poseidon dem Minos geschenkten Stiers gehalten wurde. Immer wurde er in menschlicher Gestalt, doch mit einem Stierkopfe gebildet, auf älteren Münzen mit einem Beine knieend, das andre aufgestemmt und den einen Arm nach oben, den andern nach unten gewendet. Auf einigen Vasenbildern ist er am Leibe fleckig und hält in den Händen aufgehobene Steine um sich damit gegen Theseus zu vertheidigen.

Ganz wesentlich zum Minotauros gehört ferner immer das bekannte kretische Labyrinth, welches aber weder zu Knosos jemals wirklich existirt noch zu Gortys anders als in einer sehr unvollkommenen Gestalt hat nachgewiesen werden können²). Höchst wahrscheinlich ist auch hier der Grundgedanke ein allegorischer, das Labyrinth selbst zunächst ein Ding des Glaubens und der Phantasie, welches man, wie gewöhnlich solche symbolische Vorstellungen, in Tänzen und entsprechenden Anlagen nur nachbildete. Und zwar ist es vermuthlich ein Bild des gestirnten Himmels gewesen, des Himmels mit seinen ins Unendliche verschlungenen Windungen und Bahnen, in denen sich Sonne Mond und Sterne doch so sicher bewegen. Mithin stellte Minotauros in einem Culte, der wie es scheint am meisten in der Hauptstadt Knosos blühte, den Himmelskönig vor, wie er unter den Sternen waltet und nach phoenikischer Weise von den Menschen blutige Opfer forderte, wie Baal Moloch, dessen Cultus dem des kretischen Zeus Asterios oder Kronos im Allgemeinen entspricht³). So lange Knosos,

---

1) So auf einer alterthümlichen, den Kampf des Theseus darstellenden Vase, Mon. d. I. 6, 15.

2) Höck Kreta 1 S. 56 ff., * Bursian Geogr. 2, 566. Von dem Geranostanze, der auf Kreta und Delos die verschlungenen Windungen des Labyrinths nachahmend darstellte, s. in der Theseussage. Auf knosischen Münzen zeigt das Labyrinth bald einen Stierkopf in der Mitte, bald einen grofsen Stern in der Mitte und vier kleinere in den Seitenfeldern, bald im Felde einen Stern oder den Blitz, s. Pashley trav. 1, 202 u. 208.

3) Porphyr. de abstin. 2, 56 Ἴστρος ἐν τῇ συναγωγῇ τῶν Κρητικῶν θυσιῶν φησι τοὺς Κουρῆτας τὸ παλαιὸν τῷ Κρόνῳ θύειν παῖδας. Zur Zeit des Agathokles wurden dem Kronos in Karthago 200 Knaben aus den besten Familien geopfert, s. Lactant. 1, 21 u. Diod. 20, 14, welcher hinzusetzt: ἦν

der Herrschersitz des Minos, über viele Inseln und Küsten gebot, forderte und empfing der Minosstier natürlich seine Opfer und Gaben auch von diesen Inseln und Küsten; namentlich von Athen, dessen Sendungen auserwählter Jünglinge und Jungfrauen zu jener Gattung von Tempelsklaven gehören, welche bei den orientalischen Culten und in Griechenland bei dem des Pythischen Apoll zu Delphi etwas Gewöhnliches waren[1]). Auf eine weite und dauernde Ausdehnung der durch das Symbol des Minotauros vertretenen Herrschaft des Minoischen Kreta läfst auch der merkwürdige Umstand schliefsen dafs selbst die Römer bis zum zweiten Consulate des Marius den Minotauros unter ihren Feldzeichen führten.

d. Talos.

Eine verwandte Figur desselben kretischen Sterndienstes und zwar vorzugsweise im Culte zu Phaestos; wenigstens zeigen die Münzen dieser Stadt das Bild des Talos in seiner einheimisch kretischen Gestalt[2]). Es ist eine nackte geflügelte Jünglingsfigur, welche laufend ausschreitet, indem sie zugleich in jeder Hand einen Stein oder was so aussah hält und damit wie zum Wurfe ausholt. Die griechische Dichtung erzählte von diesem Talos in der Argonautensage, s. Apollon. 4, 1638, Apollod. 1, 9, 26. Als die Argonauten an der Küste von Kreta landen wollen, empfängt sie der eherne Talos mit Steinwürfen, ein Ueberbleibsel vom ehernen Geschlechte, den Zeus der Europa als Wächter der Insel geschenkt hat. Dreimal am Tage[3]) läuft er um die Insel, so grofs sie war, mit ehernen Füfsen und mit einer Schnelligkeit, die in ihrer Art sprichwörtlich geworden war[4]). Der ganze Mann war

---

δὲ παρ' αὐτοῖς ἀνδριὰς Κρόνου χαλκοῦς ἐκτετακὼς τὰς χεῖρας ὑπτίας ἐγκεκλιμένας ἐπὶ τὴν γῆν, ὥστε τὸν ἐπιτεθέντα τῶν παίδων ἀποκυλίεσθαι καὶ πίπτειν εἰς τι χάσμα πλῆρες πυρός. Aehnlich Klitarch b. Schol. Plat. rep. 1 p. 396 Bekk.

1) Die des Minotauros wurden auch als Colonieen in entlegene Gegenden versendet. Plut. Thes. 16, ganz wie die Tempelsklaven des Pythischen Apoll.

2) Cavedoni Annal. d. Inst. 7, 154, L. Mercklin die Talossage u. das Sardonische Lachen, Petersb. 1851 t. 1, 1—4, Gerhard D. u. F. 1853 t. 58, 5. Aehnliche Figuren sieht man auf kyprischen Münzen und unter anderen Resten der phoenikischen Kunst.

3) Bei Plato Min. 320 C ist daraus eine polizeiliche Person des Minos geworden, die dreimal im Jahre das Land besucht und auf Recht und Ordnung sieht, ἐν χαλκοῖς γραμματείοις ἔχων γεγραμμένους τοὺς νόμους, ὅθεν χαλκοῦς ἐκλήθη. Vgl. Lukian Philops. 19.

4) Catull. 55, 23 non custos si fingar ille Cretum. Es gab einen panto-

von Erz und unverwundbar, daher auch erzählt wurde dafs er ein Kunstwerk des Hephaestos und von diesem an Minos geschenkt worden war. Doch hatte er eine kleine, mit zarter Haut bedeckte Blutfistel an der Ferse, und er mufste sterben sobald er hier verletzt wurde¹), oder wie Andre erzählten, es lief ihm eine Blutader vom Nacken bis zu den Füfsen hinunter, welche durch einen ehernen Nagel geschlossen war. Sobald dieser herausgezogen oder ein Bruch der Ader bewirkt wurde, mufste er sterben. Bei jener Landung der Argonauten bewirkte dieses Medea durch Zaubergesang oder durch List, oder Poeas, der Vater des Philoktet, traf jene Stelle mit dem verhängnifsvollen Bogen des Herakles, so dafs Talos verbluten mufste und plötzlich zusammensank. Der ganze Vorgang ist auf einem schönen apulischen Vasengemälde dargestellt, wo Talos in Folge des Zaubers der Medea in den Armen der Dioskuren stirbt²). Andre Erzählungen von ihm gehen auf den alten und schwer verständlichen Ausdruck „Sardonisches Gelächter" zurück. Der eherne Talos habe die an den Strand von Kreta Verschlagenen in seine Arme genommen, sei dann mit ihnen ins Feuer gesprungen und habe sie an seine glühende Brust gedrückt, bis sie verbrannten³); eine deutliche Hinweisung auf die schauerlichen Menschenopfer des phoenikischen Molochdienstes. Da Apollodor zu seiner Erzählung ausdrücklich hinzufügt dafs Talos auch Tauros genannt sei⁴) und da die hastige Bewegung der Figur sammt den Steinen in seiner Hand, woraus jene Sage entstanden, der Bildung des Minotauros entsprechen, so wird auch Talos für ein altes Symbol des Sonnengottes zu halten sein, auf welchen die Alten auch seinen Namen deuteten⁵). Seine Bildung von Erz, um derentwillen ihn schon Simonides ein Werk des Hephaestos genannt hatte, möchte ursprünglich weniger Unverwundbarkeit als strahlenden Glanz ausgedrückt haben, sein eiliger

---

mimischen Tanz, welcher τὸν Τάλω τὸν χαλκοῦν τῆς Κρήτης περίπολον darstellte, Lukian de saltat. 49.

1) Apollon. l. c. Agatharch. b. Phot. bibl. 443, 24 τὴν δὲ ζωὴν μόνον τῶν ἐμψύχων τούτου ἐν τῷ στύρῳ κεκτῆσθαι. Sophokles hatte in seinem Daedalos von ihm gedichtet, u. a. ὅτι εἵμαρτο αὐτῷ τελευτῆσαι ῥαγείσης τῆς σύριγγος. Schol. Apollon. 4, 1638.

2) Bullet. Napol. 3 t. 2. 6, Panofka Arch. Ztg. 1846 t. 44. 45 u. 44, *Bull. d. I. 1868. 34.

3) Zenob. 5, 85, Eustath. Od. p. 1893, 8, Schol. Plat. rep. 1 p. 396, Suid. v. Σαρδάνιος γέλως.

*4) Vgl. jedoch Hercher Hermes 5, 287.

5) Hesych Τάλως ὁ ἥλιος.

Lauf erinnert an ähnliche Schilderungen des Sonnengottes¹). Auf den Münzen von Phaestos ist er geflügelt und sein Ansehn ein knabenhaft jugendliches. Ibykos hatte ihn unter den ersten Liebhabern schöner Knaben auf Kreta genannt, namentlich als den des Rhadamanthys²), Kinaethon in seinen Genealogieen den Rhadamanthys einen Sohn des Hephaestos, diesen des Talos und diesen des Kres³).

c. Das Geschlecht des Minos.

Minos ist als ältester König von Kreta zugleich der Repräsentant der ältesten Zeit dieses Landes und Vater von vielen Söhnen und Töchtern, bei denen die Ueberlieferungen nicht blos von Kreta, sondern auch die von vielen andern Inseln, wie von Milet und Attika anknüpften⁴). Unter seinen Töchtern sind die bekanntesten Akakallis⁵), Ariadne und Phaedra, unter seinen Söhnen Katreus, der Erstgeborne und Nachfolger zu Knosos, Deukalion, der Vater des aus Homer bekannten Idomeneus⁶), ferner Glaukos und Androgeos, von denen dieser uns in der Theseussage, jener bei den Erzählungen vom Seher Polyidos beschäftigen wird; abgesehen von verschiedenen andern Namen, welche entweder in den örtlichen Traditionen auf Kreta⁷) oder auf den Inseln genannt werden, namentlich auf Paros⁸), wo das Andenken an die

---

1) Mithra heifst in den Zendbüchern der blendende, mächtig laufende Held. Vgl. Psalm 19, 6 Derselbe gehet heraus wie ein Bräutigam aus seiner Kammer und freuet sich wie ein Held zu laufen den Weg.

2) Athen. 13, 80, Suid. v. Θάμυρις.

3) Paus. 8, 53, 2. Nach Schol. Plat. leg. 1 p. 416 galt er bei Manchen für einen dritten Bruder des Minos und Rhadamanthys.

4) Apollod. 3, 1, 2, Diod. 4, 60. Nach Milet gehört namentlich Εὐξάντιος, Sohn des Minos und der Dexithea oder Dosithoe, Vater des Miletos nach Schol. Apollon. 1, 186 vgl. O. Schneider Nicandrea 133.

5) Sie ist die Mutter des Kydon bald vom Hermes bald vom Apoll, Paus. 8, 53, 2, Steph. B. Κυδωνία, vom Apoll auch die des schönen Miletos, nach Antonin. Lib. 30, und des Oaxos, nach welchem die Stadt Oaxos am Ida benannt war. Auch in Libyen soll sie vom Apoll einen Sohn geboren haben, bei dem die dortigen Sagen anknüpften, Apollon. 4, 1491 Schol., Steph. B. Ὄαξος.

6) Und seines Halbbruders Μόλος, dessen Sohn Μηριόνης der Knappe des Idomeneus ist, Il. 2, 645ff.; 13, 219.451; 23, 870, Od. 19, 180, Diod. 5, 79, Apollod. 3, 3, 1 u. A.

7) Vgl. Diod. 4, 60, wo Minos I., Vater des Lykastos, des Eponymos einer Stadt am Ida, und Minos II., der erste Thalassokrat und Gemahl der Pasiphae unterschieden werden, und Schol. Theokr. 3, 50.

8) Vier Minossöhne auf Paros, welche Herakles erschlägt, Apollod. 2, 5, 9; 3, 1, 2, wo zu lesen ist: ἐκ Παρίας νύμφης. Paros hiefs Μινῴα und soll zuerst von Kretern bewohnt gewesen sein, Steph. B. — Εὐρυάλη, die Mutter des Orion, eine T. des Minos, Clem. Ro. Homil. 5, 17, Bd. 1, 368.

Herrschaft des Minos besonders lebendig geblieben war. Dahingegen die Ueberlieferungen vom Katreus¹) auf alte Verbindungen mit Rhodos hinweisen, der wichtigsten Insel nächst Kreta, deren älteste Ueberlieferungen gleichfalls von Phoeniken und Karern erzählen. Es heifst nämlich vom Katreus dafs er drei Töchter und einen Sohn gehabt, den Althaemenes, welchen ein Orakelspruch, dafs er seinem Vater das Leben nehmen werde, von Kreta vertrieben habe. Er landet auf Rhodos²), besteigt den hochragenden Atabyrios, von dessen Gipfel er weit über die Inseln und bis nach Kreta sehen konnte, und gründet dort in Erinnerung an die Götter seiner Heimath den Dienst des Zeus Atabyrios, welcher wie der des Zeus Asterios auf Kreta phoenikischen Ursprungs und demselben nahe verwandt gewesen zu sein scheint³). Hernach wird Althaemenes zuerst der Mörder seiner Schwester Apemosyne, welche ihm nach Rhodos gefolgt war, dann der seines Vaters. Hermes liebte die schöne Apemosyne und als er sie nicht fangen konnte, denn sie war geschwinder als er, breitete er frische Felle auf ihrem Wege aus, so dafs sie ausgleitend seine Beute wurde. Das wollte Althaemenes der Schwester nicht glauben, als er über ihre Schande erbittert sie durch seine Mifshandlungen tödtete. Katreus aber hatte inzwischen seine beiden andern Töchter Aerope und Klymene, weil er sie bei gemeiner Leidenschaft ertappt hatte, dem Nauplios übergeben dafs er sie ins Meer versenke⁴). Aber Nauplios behielt die Klymene für sich und überliefs Aerope dem Pleisthenes, von dem sie Mutter des Agamemnon und Menelaos wurde, wie Klymene vom Nauplios die des Oeax und Palamedes. Katreus also, nun ganz vereinsamt und bei hohen Jahren, beschliefst seinen Sohn auf Rhodos aufzusuchen. Er landet an einer wüsten Stelle, wird mit seiner Schaar für Seeräuber gehalten, es kommt zum Handgemenge, in welchem Katreus, wie ihm vorhergesagt war, durch einen Speerwurf seines Sohnes Althaemenes

---

1) Apollod. 3, 2, 1. Diod. 5, 59.

2) Diodor nennt Kameiros als den Ort der Landung, Apollodor Κρητινία. Er lag am Fufse des Atabyrios.

3) Der Berg heifst bald Ἀτάβυρον bald Ἀτάβυρις. Der Name ist identisch mit Tabor d. i. Berg. Auch dort befand sich in dem H. des Zeus ein heiliger Stier und Kühe von Erz, von denen man Wunderbares erzählte. Cyrill g. Julian 3 p. 88C, Tzetz. Chil. 4, 390 ff., der sich auf Pindar und Kallimachos beruft. Von Rhodos war der Dienst des Z. Ἀτάβυριος durch Colonieen nach Agrigent verpflanzt worden, s. Pind. Ol. 7, 87 (159) Schol., Polyb. 9, 27, 7; vgl. Bd. 1, 108, 1.

4) Soph. Ai. 1295 Schol., wo auf die Κρῆσσαι des Euripides verwiesen wird. Auch Apollod. 2, 1, 5 ext. beruft sich auf Tragiker.

stirbt. Dieser war darüber so bekümmert, dafs er nicht länger leben mochte, sondern einsam umherirrte, bis die Erde ihn verschlang, worauf die Rhodier ihn als Heros verehrten. So die gewöhnliche Erzählung, bei welcher der Einflufs der Tragiker deutlich genug ist. Nach dem ursprünglichen Zusammenhange möchte Katreus vielmehr der Repräsentant der phoenikisch-karischen Vorzeit von Kreta und Rhodos gewesen sein, namentlich ihres Unterliegens unter dem Andrange der hellenischen Ansiedlungen. Wenigstens hängt sein Name höchst wahrscheinlich mit dem von Καίρατος, dem älteren Namen von Knosos zusammen[1]), während Althaemenes, sein Sohn, durch den er fällt, sonst ein Heraklide und Argiver genannt wird, der die Hellenen vom Peloponnes nach Kreta und Rhodos geführt habe[2]). Thatsache ist dafs jene ältere Bevölkerung und Cultur auf beiden Inseln, den wichtigsten in diesen Gewässern, den von Griechenland aus immer lebhafter um sich greifenden Unternehmungen der hellenischen Stämme weichen mufste, worauf die Phoeniker ihre Ansiedlungen mit um so besserem Erfolge auf Sicilien, Afrika und Spanien concentrirten.

f. Rhadamanthys.

Rhadamanthys, dessen Name die Etymologie viel beschäftigt hat[3]), ist nach der älteren Ueberlieferung der einzige Bruder des Minos. Eigentlich scheint sein Reich kein Land von dieser Welt zu sein, sondern ein Gebiet des Glaubens und der Phantasie, nämlich Elysion oder die Inseln der Seligen im okeanischen Westen, wohin die aus diesem Leben Entrückten versetzt werden und von Rhadamanthys regiert eines unsterblichen Daseins geniefsen. So namentlich die Schilderungen der Odyssee und Pindars[4]), während andre Dichter sich begnügen seine Gerechtigkeit, seine Unschuld, seine Weisheit aufs höchste zu preisen

---

1) Καιρεύς galt für den Gründer einer Stadt Κάτρι, oder Καιρεύς, Steph. B., Paus. 8, 53, 2, d. i. vermuthlich Καίρατος, s. oben S. 115, 1.

2) Strabo 10, 484, Konon 47.

3) Ῥαδάμανθυς aeol. Βραδάμανθυς. Zoega de obelisc. 296 suchte die Erklärung im Aegyptischen. Kuhn Z. f. vgl. Spr. 4, 88ff. erklärt ihn mit Hülfe von skr. manth für einen „Gertenschwinger", Pott ib. 5, 257ff. aus dem Griechischen durch „späte Einsicht". *G. Curtius hat in der 4. Aufl. der Grundz. auf eine Deutung des Namens verzichtet.

4) Od. 4, 564, womit auch die Erzählung übereinstimmt dafs die Phaeaken ihn nach Euboea gebracht hätten ἐποψόμενον Τιτυόν, Od. 7, 324 vgl. Bd. 1, 518, 6. Auch bei Pindar Ol. 2, 68ff. liegt dieselbe Vorstellung zu Grunde, obwohl die Seligen hier nicht mehr Entrückte sind, sondern durch dreimaliges Leben Geprüfte.

und damit auf den Grund jener Auszeichnung hinzudeuten¹). Später ist daraus der gerechte Richter in der Unterwelt geworden, welcher nach Plato Gorg. 524 als Asiate über die Verstorbenen aus Asien richtet, wie Aeakos als Europäer über die Europäer, während Minos die letzte Entscheidung in zweifelhaften Fällen hat. Minos und Rhadamanthys werden hier als Asiaten bezeichnet, ohne Zweifel weil sie als Söhne der Europa vom Phoenix oder Agenor abstammten. Denn beide wurden in dieser Zeit allgemein für wirkliche Könige gehalten, und zwar Rhadamanthys entweder für einen Gehülfen oder für das ältere Vorbild des Minos²) oder für den Inselkönig schlechthin, worin das ältere Gerücht von seiner Herrschaft über die Inseln der Seligen nicht zu verkennen ist. Es heißt nun daß alle Inseln und ein großer Theil der Küste von Asien seines gerechten und strengen Regimentes wegen sich ihm freiwillig ergeben hätten, auch wurden alle ältesten Könige in diesen Gegenden von ihm abgeleitet, Erythros in Erythrae als sein Sohn, Oenopion auf Chios, Thoas auf Lemnos, Enyeus auf Skyros, Pamphylos auf Peparethos, Euambeus in Maroneia, Alkaeos auf Paros, Anion auf Delos, Andreus auf Andros als seine von ihm selbst eingesetzten Nachfolger³). Andre erzählten von seinen gerechten Urtheilen und dem von ihm als sichres und schnelles Entscheidungsmittel eingesetzten Eide, nach welchem man wohl bei Thieren und Bäumen schwören durfte, z. B. bei der Gans oder beim Hunde oder bei der Platane oder beim Widder u. dgl., aber nicht bei den Göttern⁴). Oder

---

1) Pind. P. 2, 73 ὁ δὲ Ῥαδάμανθυς εὖ πέπραγεν ὅτι φρενῶν ἔλαχε καρπὸν ἀμώμητον etc. vgl. Bd. 1, 670, 1 und Demosth. Erot. p. 599 εὑρήσομεν γὰρ Αἰακὸν μὲν καὶ Ῥαδάμανθυν διὰ σωφροσύνην — ὑπὸ θεῶν ἀγαπηθέντας.

2) Plato Min. 320, Ephoros b. Str. 10, 476. Nach Paus. 8, 53, 2 galt Gortys für einen Sohn des Rhadamanthys.

3) Diod. 5, 79. 84. Ueber Anios oder Anion auf Delos und Oenopion auf Chios s. Bd. 1, 557 f. Εὐαμβεύς in Maroneia ist gleichfalls ein dem Dionysischen Cultus entlehnter Name. Dahingegen das Volk der Rhadamanen bei Nonnos und Zeus Κρηταῖος und Minos in Gaza und Antiochien zu jenen gelehrten Spielereien des hellenistischen Zeitalters mit mythischen Namen und Vorstellungen der Vorzeit gehört, auf welche nichts zu geben ist, s. Stark Gaza 580 ff.

4) Plato leg. 12 p. 948 B u. Arist. Av. 520, wo die Scholien diese Verse Kratins citiren, vgl. Schol. Plat. p. 331, Suid., Hes. Ῥαδαμάνθυος ὅρκος, Zenob. 5, 81 u. A.: οἷς ἦν μέγιστος ὅρκος ἅπαντι λόγῳ κύων, ἔπειτα χήν, θεοὺς δ' ἐσίγων. b. Meineke Com. Gr. 2, 1, 155. Auch Sokrates und die Sokratiker sollen so geschworen haben. Offenbar waren es ursprünglich heilige Bäume und heilige Thiere.

von seiner Flucht aus Kreta nach Boeotien, wo er sich mit der Alkmene verbunden und den jungen Herakles zur Tugend und Weisheit erzogen habe, obwohl die ältere Sage nur von einer Vereinigung der verklärten Alkmene und des Rhadamanthys auf den Inseln der Seligen wußte[1]). Also immer erscheinen diese als seine eigene Heimath, daher zu vermuthen ist daß Rhadamanthys ursprünglich nur ein ideales Gegenbild zum Minos war, dieser das Muster eines Königs in dieser, jener in jener Welt, zumal da ähnliche Vorstellungen sich auch in den Sagen der Inder und Perser nachweisen lassen[2]).

g. Sarpedon.

Als lykischer Heros hinlänglich bekannt aus der Ilias, er und Glaukos, die Anführer der Lykier aus dem Xanthosthale, reich und glänzend, tapfer und vornehm, beide vom Geschlecht des Bellerophon. Sarpedon ein Sohn des Zeus und der Laodameia und Liebling des Apollo, zu welchem auch Glaukos, der Sohn des Hippolochos, als zu dem lykischen Stammgotte betet[3]). Dagegen später und zwar seit Hesiod ein zweiter Sarpedon auftaucht, den man einen Kreter von Geburt nannte, Sohn des Zeus und der Europa, also Bruder des Minos und Rhadamanthys, welcher in Folge eines Streites mit Minos von Kreta nach Lykien entwichen sei und die den Kretern und Karern verwandten Termilen, die späteren Lykier, dahin geführt habe[4]). Man unterschied denselben gewöhnlich von jenem zu Xanthos in einem prächtigen Denkmale verehrten Heros Sarpedon[5]) als einen älteren, aber mit Unrecht, da wie gewöhnlich nur andere Traditionen zu Grunde lagen, welche die spätere Chronologie nicht zu vereinigen wußte. Erzählte man doch auch von der Entführung der Europa durch Xanthos,

---

1) Pherekydes b. Antonin. Lib. 33.

2) Windischmann, Ursagen der arischen Völker, München 1852 (Abh. d. K. Bayr. Akad.), wo Minos mit dem indischen Manu, Rhadamanthys mit Yama verglichen und diese beiden Namen durch „Völkersammler" übersetzt werden, von yam, δαμάω, δαμάζω.

3) Il. 2, 876; 5, 479 ff. 635; 6, 196 ff.; 12, 292; 16, 514 ff. 666 ff.

4) Eurip. Res. 28 ἢ τὸν Εὐρώπας, Λυκίων ἀγὸν ἀνδρῶν, wo die Scholien sich auf Hesiod und Hellanikos berufen. Vgl. Herod. 1, 173, Strabo 12, 573, Diod. 5, 79, oben S. 84, 3.

5) Das Σαρπηδόνειον Appian bell. civ. 4, 78. 79. Der Name Σαρπηδών Σαρπηδόνις ist nicht selten in kleinasiatischen, besonders lykischen Inschriften. Vgl. C. I. vol. 3 n. 4269 b p. 1123 Λίχμων Ἀπολλοδότου Σαρπηδόνος ναυαρχήσας κατὰ πόλεμον ἁπάντων Λυκίων — Σαρπηδόνι καὶ Γλαύκῳ ἥρωσι χαριστήριον, nach vielen Siegen zu Wasser und zu Lande.

132 einen König der Kreter¹), offenbar mit Beziehung auf die bekannte Hauptstadt der Lykier und einen Landesgott desselben Namens, während es in dem benachbarten Kilikien in der Nähe von Seleukia auf einem nach Sarpedon benannten Vorgebirge ein Heiligthum des Apollo Sarpedonios und der Artemis Sarpedonia mit einem Orakel gab, welches den Glauben dieser Gegenden noch in den Zeiten Aurelians beschäftigte²). Man erzählte dafs Sarpedon auf diesem Vorgebirge begraben liege oder dafs er von Kreta zunächst nach Kilikien zu seinem Oheim Kilix geflohen sei und sich mit dessen Unterstützung eines Theils von Lykien bemächtigt habe³). Eben jenes Vorgebirge galt aber auch für sehr stürmisch, wodurch wir auf einen neuen und eigenthümlichen Zug dieser Ueberlieferungen geführt werden, denn auch in andern Gegenden wurden verschiedene Gebirge, Küsten und Inseln mit dem Namen Sarpedons benannt, welche dadurch als Sammelpunkte für Sturm und Ungewitter bezeichnet werden sollten. So hatte Simonides gedichtet dafs Boreas die Oreithyia nach dem Sarpedonischen Felsen d. h. nach seiner Burg in Thrakien (1, 387) entführt habe, und Stesichoros und die Kyprien wufsten von einer Sarpedonischen Felseninsel im grofsen Weltmeere, wo die Gorgonen hausten⁴). Ja es gab bei Aenos an der thrakischen Küste einen wegen seiner Stürme und brandenden Wogen verrufenen Strand mit einem Heiligthume Poseidons, wo man von einem wilden Recken Sarpedon, einem Sohne Poseidons, erzählte, der durch die Pfeile des Herakles gefallen sei⁵), und auch der Name Σαρπηδών wird sich wie der der Harpyien am natürlichsten durch ἁρπάζειν er-

---

1) Varro b. Augustin C. D. 18, 12. C. I. n. 4269 c p. 1123 Αἴχμων Ἐπαφροδίτου τοῦ Αἴχμωνος Ξάνθιος ἱερασάμενος τοῦ πατρῴου θεοῦ Ξάνθου, wahrscheinlich der Flufsgott als ältester Landeskönig, in welcher Eigenschaft er auch von Diod. 5, 81 Ξάνθος ὁ Τριόπου τῶν ἐξ Ἄργου βασιλέων καὶ κατασχὼν μέρος τι τῆς Λυκίας χώρας und Steph. B. Ξάνθος ἀπὸ Ξάνθου Αἰγυπτίου ἢ Κρητὸς οἰκιστοῦ erwähnt wird.

2) Strabo 14, 676. Diod. 32, 11 (b. Phot. bibl. p. 377), Zosim. 1, 57, R. Koehler Rh. Mus. N. F. 14, 471ff. In Troas gab es ein Traumorakel des Sarpedon, Tertull. d. an. 46.

3) Apollod. 3, 1, 2 vgl. Aesch. Suppl. 870 κατὰ Σαρπηδόνιον χῶμα πολυψάμαθον.

4) Herodian π. μον. λέξ. p. 9, 8 Σαρπηδὼν Σαρπηδόνος, εἴτε ὁ ἥρως εἴτε ἡ πέτρα εἴτε ἡ ἀκτή, εἴτε ἡ νῆσος u. s. w. Vgl. Sophokl. fr. 42. 375, Schol. Apollon. 1, 211, Schol. Eur. Rhes. 28, Hesych. Σαρπηδόνιον.

5) Apollod. 2, 5, 9 vgl. Herod. 7, 58, Strabo 7, 331, 52, Zenob. 5, 86. Ganymedes entführt im Hafen Ἁρπαγίας; Schol. Il. 20, 234, oder in Chalkis auf der Stätte Ἁρπάγιον Athen. 13, 7.

klären lassen. Also scheint bei allen diesen zerstreuten Zügen einer alten Tradition ein Glaube der Kiliker, Lykier und Karer, denn auch bei diesen wurde Sarpedon genannt und zwar als Gründer von Milet¹), vermuthlich auch der alten Kreter zu Grunde zu liegen, der Glaube an einen Gott, welcher zugleich dem Zeus und Apollon oder Helios und auf der andern Seite dem Poseidon verwandt war, also an einen Zenoposeidon, durch welchen Namen die Griechen den karischen Osogos umschrieben (1,475). Sind uns doch auch in der korinthischen und lykischen Sage vom Bellerophon, dem Sonnenheros und Herrn des Donnerrosses Pegasos, welcher für einen Sohn Poseidons gehalten wurde, ähnliche Züge einer Verschmelzung von solarischer und neptunischer Macht bereits begegnet, abgesehn vom Apollo Delphinios und andern Gottesdiensten, wo den himmlischen Mächten zugleich eine Gewalt über das Meer und seine Stürme eingeräumt wurde.

h. Atymnos und Miletos.

Hat uns die Sage vom Sarpedon nach Lykien geführt, so gehören diese beiden dem Volke der Karer, obgleich auch die Sage von ihnen bei den Alterthümern von Kreta und bei der Geschichte der Europa und ihrer Söhne anknüpft. **Atymnos** oder **Atymnios** wurde in Gortys als Bruder der Europa verehrt und als einer welcher sich sichtbar darstelle, vorzüglich am Abend, wo seine Erscheinung die erhabenste sei²): das ist deutlich genug der Abendstern, welcher unter dem Namen Phaethon neben der kyprischen Aphrodite, einer andern Gestalt der Astarte, verehrt wurde (1,279). Man nannte den Atymnos einen Sohn der Kassiepeia und des Phoenix, oder vielmehr eigentlich des Zeus in der Gestalt des Phoenix³). Auch kannte man ihn als Liebling des Sarpedon, der seinetwegen mit Minos zerfallen sei⁴), oder des Apollo, der ihn als einen früh Verstorbenen mit bitterem Weh beklagt habe, wie man denn auf Kreta dem Atymnos ein eignes Trauer- und Klagefest feierte⁵). Doch war seine Verehrung auch in

---

1) Ephoros b. Str. 14, 634 vgl. 12, 573 u. Schol. Apollon. 1, 186.

2) Solin 11 idem Gortyni et Atymnum colunt Europae fratrem, ita enim memorant. Videtur hic et occurrit, sed iam vesperato augustiore se facie visendum offerens. Ein Bruder der Europa, sofern auch diese gewöhnlich zwar eine T. der Telephassa, aber von Einigen die der Kassiepeia genannt wurde, Eustath. Il. 989, 35.

3) Schol. Apollon. 2, 178, Clem. Homil. 5, 13 vgl. Recognit. 10 p. 54 ed. Burs.

4) Apollod. 3, 1, 2.

5) Nonnos 19, 180 vgl. 12, 217 und 11, 131. 258, wo Φοῖβος Ἀτύμνιος mit

Karien einheimisch, da ohnehin der Name ein wesentlich karischer ist¹). Auch ist er höchst wahrscheinlich identisch mit dem schönen Knaben Miletos, von dem man gleichfalls sowohl auf Kreta als im kleinasiatischen Karien erzählte; denn auch auf Kreta gab es eine Stadt Miletos oder Milatos²), welche sich des Milet als ihres Urhebers rühmte und für die Metropole des berühmteren Milet am Maeander galt. Den Knaben Miletos aber hielt man für einen Sohn des Apollo und der Areia oder der Akakallis und für die Ursache der Entzweiung zwischen Minos und Sarpedon, weil beide Brüder ihn gleich sehr geliebt hätten³). Er aber habe sich zum Sarpedon gehalten, daher er mit diesem oder mit seiner Unterstützung von Kreta entfloh, bei nächtlicher Weile und auf einem Kahn, zunächst nach Samos, wo es auch eine Stadt Milet und eine Sage von der Europa gab⁴), darauf nach Karien. Hier wurde sein Name verewigt durch die Gründung jener gewaltigen Handelsstadt, die man bald ihm bald seinem Sohne bald dem Sarpedon zuschrieb, des berühmten Milet mit seinen vier Häfen und seinen über den ganzen Pontos Euxinos und die Propontis und viele andre Gegenden verbreiteten Colonieen, welche den Namen des Gründers zu einem der berühmtesten in der Geschichte des alten Handels gemacht haben. Schon zur Zeit der Karer und Leleger war dieses Milet eine ansehnliche Stadt gewesen⁵), doch gelangte es erst durch die Ionier auf die

---

diesem Beinamen. Clem. Ro. Hom. 5, 15 (1, 216, 3), wo Ἀτέμνιος (die handschr. Ueberlieferung ist Τυμναῖος) unter den Lieblingen des Apoll genannt wird.

1) Ἀτέμνιος und Μάρις, Söhne des Amisodaros, im Gefolge Sarpedons vor Troja, Il. 16, 317 ff. Sonst war Τέμνις ein karischer Name Herod. 5, 37; 7, 98. auch Τέμνος und Τυμνησός für Städte, Steph. B. Der in Karien ansässige und verehrte Kreter vom Stamm des Rhadamanthys Namens Ἀτύμβρος oder Θέμβρος b. Et. M. Ἄκαρα ist wahrscheinlich Atymnos, Höck Kreta 2, 327.

2) Il. 2, 647, Strabo 10, 479; 12, 573; 14, 634, nach welchem diese Stadt von Lyttos zerstört wurde. Doch existiren οἱ Μιλάτιοι neben den Lyttiern noch in der Inschrift von Dreros aus makedonischer Zeit, wo Milet und Dreros in einem Grenzstreit begriffen sind, s. Philol. 9, 709.

3) Areia eine T. des Kleochos, Akakallis die des Minos, s. Apollod. 3, 1, 2, Antonin. Lib. 30, nach welchem Miletos von der Mutter im Walde ausgesetzt und dort von Wölfen, den Thieren seines Vaters Apoll, genährt wurde, vgl. die M. von Kydonia b. Eckhel D. N. 2, 310. Nach Schol. Apollon. 1, 186 galt er für einen Sohn des Euxantios s. oben S. 127, 4, nach Ovid M. 9, 443 für einen S. des Apoll und der Deione. Den Namen erklärte man ὅτι ἐκρύβη ἀπὸ τῆς μητρὸς ἐν μίλακι.

4) Asios hatte nach Paus. 7, 4, 2 gedichtet ὡς Φοίνικι ἐκ Περιμήδης τῆς Οἰνέως γένοιτο Ἀστυπάλαια καὶ Εὐρώπη. Vgl. Schol. Apollon. l. c.

5) Il. 2, 867 ff. Aelian V. H. 8, 5.

Höhe seines Ruhms im gewerblichen Verkehr sowohl als in der Wissenschaft und Kunst. Nach karischen Legenden erzählte man dafs in dieser Gegend zuerst Anax d. h. der Herr, ein Sohn der Erde, darauf dessen Sohn Asterios als König geherrscht habe[1]). Dann sei Miletos von Kreta gekommen und habe die Stadt gegründet, oder, wie Andre erzählten, er habe Oikus mit einem berühmten Heiligthum der Aphrodite und erst sein Sohn Keladon habe Milet auf einer Insel gegründet, welche darauf mit Oikus durch eine Brücke verbunden wurde[2]). Die andern Kinder des Miletos, ihm von einer Tochter des Flusses Maeander geboren, sind das durch seine unglückliche Liebe bekannte Zwillingspaar Kaunos und Byblis, von welchen jener die Schwester und das Haus des Vaters meidend nach Lykien auswanderte und die Stadt Kaunos gründete, Byblis aber, nachdem sie lange in wilder Verzweiflung den Bruder gesucht hatte, in Thränen schmelzend zur Quelle Byblis und eine Gespielin der Hamadryaden wurde[3]).

7. Attika.

Attika behauptete zwar nachmals nur von Autochthonen bewohnt zu sein, indessen kann dieses Land als Halbinsel den Schicksalen, welchen die übrigen Inseln und Küsten dieses Meeres unterworfen waren, nicht wohl entgangen sein. Auch finden sich hin und wieder deutliche Spuren von ausländischen Ansiedelungen oder Einwirkungen und die Erinnerung an eine dauernde und schwere Abhängigkeit von dem Minoischen Kreta gehörte zu den ältesten Thatsachen der attischen Geschichte. Erst um die Zeit der allgemeinen Aufregung in Griechenland, welche die Dorier nach dem Peloponnes und viele hellenische Bevölkerungselemente nach Attika führte, scheint dasselbe aus dem passiven Verhalten der pelasgischen Vorzeit herausgerissen und zu einem entschlosseneren Auftreten auf dem Festlande und zur See veranlafst zu sein. Die Sage hat die Erinnerung an solche Vorgänge meist unter dem Namen des Ion und des Theseus verzeichnet. Alle älteren

---

1) Paus. 1, 35, 5; 7, 2, 3, Steph. B. v. *Μίλητος*.

2) Schol. Dionys. P. 825. Als Geliebte des Milet wird hier genannt *Ἰοίη ἡ Μαιάνδρου*, wofür wohl zu lesen *Εἰδοθέα*. *Κελάδων* ist der Rauschende, also der Maeander bei Milet. Ueber *Οἰκοῦς* und das H. der Aphrodite s. Bd. 1, 278, 2; 296, 3.

3) Antonin. Lib. 30 nach Nikander, wo *Εἰδοθέα ἡ Εὐρύτου* d. h. des Wohlströmenden wieder die T. des Maeander ist, Parthen. 11 (Meineke Anal. Al. 313), Ovid. M. 9, 453 — 665, welcher Cyanee f. Maeandri als Mutter nennt, Konon 2, Schol. Theokr. 7, 115.

Sagen haben entweder den Anstrich ländlicher Naturdichtung oder den von Cultussagen des Athenadienstes der Hauptstadt. Die Anfänge des ganzen Sagengewebes, welches von den Logographen und Atthidenschreibern[1]) weiter ausgesponnen wurde und der attischen Bühne und der attischen Kunst natürlich besonders vertraut war, können nicht viel älter sein als die Zeit des Solon und Pisistratos. Das Homerische Epos kümmert sich bekanntlich von allen griechischen Ländern am wenigsten um Attika und würde von seinen Sagen und Helden noch weniger wissen, wenn nicht eben jene Zeit des Pisistratos das früher Versäumte durch lebhafte literarische Industrie, die seitdem in Athen einheimisch blieb, wieder gut zu machen gesucht hätte.

a. Kekrops, Erichthonios, Erechtheus.

Derselbe bildliche Grundgedanke in drei aufeinander folgenden Gestalten, denn so haben die Mythographen diese Namen alter Sage später geordnet. Dieser Grundgedanke ist der eines erdgebornen Urmenschen, der mit dem Athenadienste der Burg von Athen aufs engste zusammenhängt und im Sinne desselben die Landescultur begründet und beschirmt. Erichthonios und Erechtheus werden ausdrücklich für identisch erklärt und Homer nennt den letzteren wo die spätere Sage den ersteren zu nennen pflegte (1,163). Kekrops theilte die Schlangenbildung mit Erichthonios, nur daſs dieser ganz, jener nur zur Hälfte Schlange war, welche in diesen attischen Sagen die Bedeutung des heimlichen und verborgenen Wachsthums der irdischen Dinge, namentlich des erdgebornen Menschen hatte. Alle drei fanden sich endlich in dem Heiligthum der Landesgöttin auf der Burg wieder zusammen, entweder als Heroen, die an ihren Gräbern verehrt wurden, oder als dämonische Theilnehmer der Ehren und Opfer, welche dieses Allerheiligste des attischen Staates und der attischen Religion belebten.

Kekrops galt in der gewöhnlichen Sage für den ersten Ansiedler von Athen d. h. der späteren Burg Kekropia. Der Name scheint mit καρπός und κρώπιον zusammenzuhängen, so daſs sich also schon dadurch die Beziehung auf Frucht und Erndte ankündigen würde[2]).

---

1) Der namhafteste unter diesen war Philochoros, dessen Zeitalter in die Blüthe der alexandrinischen Literaturperiode fällt, ein sehr fleifsiger Forscher, aber ganz Euhemerist.

2) κρώπιον ist Sichel und ein Zweig desselben Stammes wie καρπός, carpo u. a., vgl. den att. Demos Κρωπία Κρωπίδαι u. G. Curtius Grundz. 141, * der den Namen „Vielschnitt" übersetzt.

Auch hält ihn die ältere Ueberlieferung durchaus für einen Autochthonen: erst die gelehrte Forschung und Meinung eines jüngeren Zeitalters, wo man auch an die aegyptische Abkunft der Athena glaubte, hat ihn für einen Einwanderer aus Aegypten erklärt[1]). Seine körperliche Bildung, wie sie den Atheniensern durch viele Bildwerke vergegenwärtigt wurde, war die menschliche mit einem Schlangenleibe[2]). Man nannte ihn den ersten König, den ersten Gesetzgeber, den Stifter der ältesten Gottesdienste auf der Burg von Athen d. h. des Zeus Hypatos[3]) und der Athena Polias. Namentlich schrieb man ihm die Entscheidung in dem Streite zwischen Poseidon und Athena zu Gunsten der letzteren zu, nach der einfacheren Erzählung so daſs er von beiden zum Schiedsrichter gewählt wurde, nach einer jüngeren daſs Zeus aus den zwölf Göttern ein Gericht zusammensetzte, vor welchem Kekrops auftrat und den Gedanken ausführte daſs das Meer überall, aber der Oelbaum durch Athenas Huld etwas dem attischen Lande Eigenthümliches, also eine Aufforderung zur fleiſsigen Cultur des Bodens sei[4]). Die Töchter des Kekrops, die drei Thauschwestern, sind die Dienerinnen dieser wohlthätigen Göttin, Pandrosos ihre erste Priesterin. Dieselbe gebiert vom Hermes den Keryx, den Stammvater des sehr angesehenen Geschlechtes der Keryken, Herse von demselben Gotte den Kephalos,

---

1) Müller Orchom. 106 ff.

2) Daher heiſst er διφυής d. i. δίμορφος, Lykophr. 111, Diod. 1, 28, geminus Ovid M. 2, 555. Mehrere Statuen der Art, die ein Gebälk getragen zu haben scheinen und vermuthlich den Kekrops und nach seinem Vorbilde andere Autochthonen oder Eponymen darstellten, befinden sich in Athen. Vgl. Eurip. Ion 1163 Κέκροπα θυγατέρων πέλας σπείραισιν εἱλίσσοντ', Ἀθηναίων τινὸς ἀνάθημα, Aristoph. Vesp. 438 τὰ πρὸς ποδῶν δρακοντίδη, Eupolis b. Meineke Com. Gr. 5, 1 p. LXXVIII τὸν Κέκροπα τἄνωθεν ἀνδρός φασ' ἔχειν μέχρι τῶν κοχωνῶν, τὰ δὲ κάτωθεν θυννίδος. Himer. or. 7, 4 οὕτω καθαρὸς ὁ Κέκροψ ἄνθρωπος, ἅτε τὰς ἐκ λαγόνων σπείρας τῆς μητρὸς εἶχεν, nämlich als γηγενής. * Mehrere Kunstdarstellungen zeigen den Kekrops als Zuschauer bei der Geburt des Erichthonios, sowohl in Mischgestalt als in menschlicher Gestalt, zum Theil mit königlichen Attributen; vgl. E. Curtius Arch. Ztg. 1872, 53 ff. 111.

3) Paus. 8, 2, 1 vgl. 1, 26, 6 u. Bd. 1, 103. Philochoros schrieb dem Kekrops auch die Stiftung der Kronien zu, deren Feier wahrscheinlich mit dem Dienste des Zeus ὕπατος zusammenhing, Macrob. S. 1, 10, 22, Bd. 1, 41. Auch das älteste Xoanon der A. Polias wurde gewöhnlich dem Kekrops zugeschrieben, Euseb. chron. 2, 4 p. 226 ed. Mediol.

4) Kallimachos (fr. 384) b. Schol. Il. 17, 54. Noch Themistokles hatte mit dem Vorurtheil zu kämpfen daſs Attikas Bewohner vorzüglich zur Cultur des Bodens berufen seien. Plut. Themist. 19.

den Eos liebt und nach dem Morgenlande entführt. Endlich Aglauros gebiert vom Ares die Alkippe, deren Schicksal zur Stiftung des Areopag Veranlassung gab (1, 268). Ein angeblicher Sohn des Kekrops, Namens Erysichthon, scheint mehr der Sage von Delos und Prasiae als der von Athen anzugehören[1]).

Erichthonios d. i. Genius des fruchtbaren Bodens der Gegend von Athen (1, 164) hat dagegen immer die engere Bedeutung eines ersten Sprößlings und Pfleglings der Landesgöttin behalten. In Schlangengestalt wurde er geboren und von der Göttin als Geheimniß den Kekropiden anvertraut[2]). Als er dann im Heiligthume der Athena und unter ihrer Pflege herangewachsen war, wurde er König des Landes, lehrte die Verehrung des alten Holzbildes seiner Schutzgöttin und stiftete das ritterliche Spiel der Panathenaeen, welches nächst dem der Eleusinien für das älteste in Griechenland gehalten wurde[3]).

Endlich Erechtheus galt gewöhnlich für einen Enkel des Erichthonios. Sein Bruder wurde Butes genannt, der Stammvater des Geschlechtes der Eteobutaden, die im erblichen Besitze des Priesterthums der Burggöttin und des Poseidon Erechtheus waren. Für seine Schwestern galten Prokne und Philomela, die Töchter des Pandion, der darüber zum Sohne des Erichthonios geworden ist. In der attischen Geschichte war Erechtheus der letzte König vom Mannsstamme des Athenakindes, der in dem entscheidenden Kampf mit Eumolpos, in welchem die alte Feindschaft zwischen Athena und Poseidon noch einmal auflöderte, mit seiner ganzen Familie zum Märtyrer des Vaterlandes und der Göttin seines Stammes geworden sei.

b. Die attische Königschronik.

Diese war aus solchen alten Erinnerungen und anderen Namen, welche oft nur gewisse Eigenthümlichkeiten des Landes, seiner Ge-

---

1) Namentlich galt er für den Stifter der Theorie von Athen über Prasiae nach Delos und für den des ältesten Xoanon des Apoll auf dieser Insel, Paus. 1, 2, 5; 31, 2, Phanodem b. Athen. 9, 47, Plutarch b. Euseb. Praep. Ev. 3, 8 p. 88. Nach P. 1, 18, 5 brachte er das älteste Xoanon der Eileithyia von Delos nach Athen.

2) Nach Eurip. Ion 21 als ein von zwei Schlangen behütetes d. h. wohl umschlungenes Kind, puer dracone involutus nach Varro b. Augustin C. D. 18, 12, vgl. den Sohn des Kadmos oben S. 27, 1.

3) Aristid. Panath. 1 p. 308 καὶ μὲν τούτων προσβύτατος ὁ τῶν Παναθηναίων, εἰ δὲ βούλει ὁ τῶν Ἐλευσινίων, vgl. Harpokr. v. Παναθήναια, Aristot. Pepl. p. 11 sqq. Schneidewin Philol. 1, nach welchem es zum Andenken an den Sieg der Pallas über den Giganten Asterios gestiftet wurde, Marm. Par. ep. 10 u. A.

stalt, seines Bodens ausdrückten, auf das willkürlichste zusammengesetzt, wie sie denn vollständig erst bei den späteren Mythographen und Chronologen vorliegt. Zuerst wurde Ogyges genannt, von dem man auch in Boeotien fabelte, ein Repräsentant der grofsen Fluth, eigentlich identisch mit Okeanos (1, 27, 1). Dann folgte Aktaeos oder Aktaeon von ἀκτή d. i. die Steilküste an der sich das Meer bricht, weil Attika eine Halbinsel war und wegen solcher Küstenbildung Ἀττική genannt wurde[1]). Für seinen Nachfolger galt Kekrops, in der Geschichte ein Repräsentant aller ältesten Einrichtungen des doch erst weit später zu einem Ganzen vereinigten Landes, namentlich der ältesten zwölf Städte und ihrer Verbindung in verschiedenen Gruppen[2]); ja er wurde in Folge von attischen Ansiedelungen oder späteren Fabeleien auch in Megara, auf Euboea und selbst zu Salamis auf Cypern genannt[3]). Nun folgte Kranaos, eine Personification des felsigen Bodens von Attika, welches, in seinem Innern von verschiedenen Gebirgszügen durchkreuzt, gröfstentheils wohl ein guter Boden für Hirten und Heerden, aber nicht für fremde Ansiedler war[4]), daher die Dichter von dem „felsigen Athen" zu sprechen pflegen[5]). Nach diesem Kranaos hatte man einen Amphiktyon eingeschoben, auf welchen weiter 140

---

1) Strabo 9, 391. 397, Paus. 1, 2, 5, Steph. B., Et. M., Suid. v. ἀκτή. Die alexandrinischen und römischen Dichter sagen nicht selten ἄκτιος ἀκραῖος für ἀττικός u. s. w.

2) Philoch. b. Str. 9, 397, Et. M. ἐπακρία χώρα, Suid. v. ἐπακρία, Steph. B. ἐπάκρια.

3) Ἀθῆναι Διάδες in Euboea, seine Gründung Euseb. Chron. p. 281, Synkell. p. 153 C, nach Strabo 10, 446 ein κτίσμα Ἀθηναίων. In Megara erzählte man von seiner Entführung durch Athena αἴθυια, doch wurde von Andern Pandion genannt, Hesych ἐνδαφθρία vgl. Lykophr. 359, Paus. 1, 5, 3; 41, 6, Bd. 1, 178, 1. Von Salamis auf Cypern, wo angeblich die Kekropide Aglauros mit Menschenopfern verehrt wurde, Porphyr d. abstin. 2, 54. Auch die fabelhafte Doppelstadt in Boeotien, Athen und Eleusis, wurde dem Kekrops zugeschrieben, Str. 9, 407.

4) Thuk. 1, 2 vgl. die Phyle der Αἰγικορεῖς und die noch von Solon für erschlagene Wölfe angesetzten Belohnungen, Plut. Sol. 23, welcher hinzusetzt ἀρχαῖον δὲ τοῖς Ἀθηναίοις τὸ πολεμεῖν τοῖς λύκοις, βελτίονα νέμειν ἢ γεωργεῖν χώραν ἔχουσι.

5) Ἀθῆναι κρανααί Pind. Ol. 7, 82, Aristoph. Acharn. 75, Av. 123, nämlich διὰ τὸ τραχὺ καὶ λεπτόγεων, Schol. Av. l. c., Suid. v. κραναῶν. Daher Πελασγοὶ κραναοί für die ältesten Einwohner von Attika Herod. 8, 44. Einen ἱερεὺς τοῦ Κραναοῦ aus dem Geschlechte der Χαρίδαι erwähnt Hesych s. v., sein Grab im Demos Lamptrae Paus. 1, 31, 2.

Erichthonios[1]) und dessen Sohn Pandion folgte, wieder ein alter und mythischer Name, auf den wir zurückkommen werden. Darauf wiederholte sich dieselbe Reihe noch einmal, so ärmlich war der Vorrath an älteren Ueberlieferungen, im Erechtheus, dem angeblichen Sohne Pandions, welcher eigentlich mit Erichthonios identisch ist, und in einem der Chronologie zu Liebe erdichteten Kekrops II. und Pandion II. Reicher scheint die örtliche Ueberlieferung der Demen d. h. der Dörfer und kleineren Landstädte gewesen zu sein, wo noch Pausanias viele Erinnerungen fand, die mit der Chronik von Athen nicht harmoniren wollten[2]), obwohl die Mehrzahl der hundert Eponymheroen, welche man später herzuzählen wußte, sicher nach griechischer Weise erst aus den Ortsnamen erdichtet war[3]). Die trockne Monotonie jener Königsnamen aber wird auf das anmuthigste unterbrochen durch folgende Märchen.

c. Prokne und Philomela.

Der schöne, aber wehmüthige Gesang der Nachtigall, der in die allgemeine Lust des Frühlings wie ein tiefer Schmerz hineinklingt, hat die Alten zu mehr als einem Märchen veranlaßt. Herkömmlich blieb es den schwermüthigen Vogel als verwandelte Prinzessin zu denken, welche um ihr durch eigne Schuld verlornes Kind Itys oder Itylos (mit dem die langgezogenen Töne nachbildenden Namen) klage[4]); die sonstige Umgebung aber wechselte verschiedentlich. So vergleicht schon Penelope Od. 19, 518 ff. ihre nächtlichen Klagen mit denen der Nachtigall, wenn sie im Frühlinge so wunderschön singe, in den

---

1) Dieser ist noch b. Isokr. Panath. 126 der unmittelbare Nachfolger des Kekrops. Vgl. Plato Krit. 110 Κέκροπός τε καὶ Ἐρεχθέως καὶ Ἐριχθονίου καὶ Ἐρυσίχθονος, τῶν τε ἄλλων τὰ πλεῖστα.

2) Paus. 1, 14, 6; 31, 3.

3) Herodian π. μον. λεξ. 17, 8 Ἀραφὶν εἰς τῶν ἑκατὸν ἡρώων. Hundert Demen nach dem Zehn-Phylen-System des Kleisthenes. Herod. 5, 69 vgl. Sauppe de demis urban. p. 5—9.

4) Aesch. Ag. 1143 ταλαίναις φρεσὶν Ἴτυν Ἴτυν στένουσ' ἀμφιθαλῆ κακοῖς ἀηδὼν βίον. fr. 283 θρηνεῖ δὲ γόον τὸν ἀηδόνιον. Soph. El. 107 τεκνολέτειρ' ὥς τις ἀηδών. 148 ἃ Ἴτυν αἰὲν Ἴτυν ὀλοφύρεται ὄρνις ἀτυζομένα, Διὸς ἄγγελος (als Frühlingsbote). 1077 ἁ πάνδυρτος ἀηδών. Eurip. Rhes. 550 παιδολέτωρ μελοποιὸς ἀηδών. Hel. 1110 ἀηδόνα δακρυόεσσαν. Arist. Av. 212 τὸν πολύδακρυν Ἴτυν ἐλελιζομένη διεροῖς μέλεσι. Ἴτυλος ist die Deminutivform von Ἴτυς, das ι nur der kurze Vorschlag des langgezogenen τύ τύ τύ. Vgl. das Aristophanische τιὸ τιὸ τιὸ τιοτίγξ.

dichtbelaubten Büschen klagend um ihr liebes Kind Itylos, das sie aus Versehen getödtet habe; doch ist die Nachtigall hier eine Tochter des Pandareos, angeblich eines Milesiers von Kreta, der sich durch seinen Diebstahl eines goldnen Hundes, eines Werks des Hephaestos, aus dem Heiligthum des Zeus von Kreta und durch seine Theilnahme am Verrath des Tantalos bekannt gemacht hatte[1]. Auch ist sie noch nicht mit dem Thrakerkönige Tereus vermählt, sondern mit Zethos, dem Bruder Amphions, daher man nachmals erzählte, sie habe aus Neid über den reichen Kindersegen ihrer Schwägerin Niobe den ältesten Sohn derselben tödten wollen, aber in der Nacht und aus Versehn ihr eignes Kind getroffen[2]. Zu der Nachtigall aber gesellte sich bald die Schwalbe, ein Frühlingsvogel wie jene und als solcher in Griechenland sehr populär[3], auch ein Sinnbild der Klage wie die Nachtigall, ja man ging so weit der Schwalbe und ihrem Gezwitscher eine Vorbedeutung von frühem Tode und großer Trauer beizulegen[4]. Schon Hesiod W. T. 568 und Sappho nannten sie eine Tochter Pandions[5], dessen Name mit der Feier der Pandia d. h. des Frühlingsvollmondes zusammenzuhängen scheint, so daß diese Genealogie nur eine Umschreibung der Erscheinung der Schwalbe mit dem ersten Frühlinge wäre. Hesiod soll auch die Fabel vom Thrakerkönige Tereus gekannt und die völlige Schlaflosigkeit der Nachtigall, so wie die halbe der

---

[1] So erklärte man das traurige Schicksal seiner Töchter. Od. 20, 66 vgl. Bd. 1, 299. Πανδάρις Πανδάρεος Πανδάρεως (wie Τυνδάρεως) galt für einen Milesier aus dem kretischen Milet, welcher jenen Hund dem Tantalos am Sipylos überliefert habe und später nach Athen und Sicilien flüchtig geworden sei, Paus. 10, 30, 1, Schol. Od. 19, 518; 20, 66, Eustath. Od. 1875, 32, Schol. Pind. Ol. 1, 90. 97, Antonin. Lib. 36.

[2] Paus. 9, 5, 5, Schol. Od. l. c., Eustath. 1875, 15.

[3] Hesiod W. T. 568 τὸν δὲ μετ' ὀρθρογόη (die mit dem frühen Morgen singende) Πανδιονὶς ὦρτο χελιδὼν ἐς φάος ἀνθρώποις ἔαρος νέον ἱσταμένοιο. Simonid. fr. 74 ἄγγελε κλυτὰ ἔαρος ἀδυόδμου, κυανέα χελιδοῖ. Arist. Thesm. 1, Horat. Od. 4, 12, 5, Ep. 1, 7, 13, Grimm D. M. 723. Daher die χελιδονισμοὶ der Knaben d. h. Umzüge durch die Stadt und Bittgesänge, wenn die Schwalben wiederkamen und in die alten bekannten Häuser wieder einkehrten, ὥστε χελιδὼν ἕστηχ' ἐν προθύροις ψιλὴ πόδας Hom. Eires. 12, vgl. den Gesang der Knaben auf Rhodos b. Athen. 8, 60, * Bergk P. L. G. 3 p. 1311.

[4] Artemid. 2, 66 vgl. Hesych πύθον χελιδόνος u. ἀδωνὶς ἡ χελιδών. Auch Isis klagt wie die Schwalbe Plut. Is. Osir. 16. Vgl. Jes. 38, 14 Ich winselte wie eine Schwalbe.

[5] Sappho fr. 88 Πανδιονὶς ὤραννα χελιδών. Ueber Pandia und ihr Fest Bd. 1, 363, 2 vgl. Hygin fab. pr. ex love et Luna Pandia.

Schwalbe durch das in Thrakien begangene Verbrechen erklärt haben[1]). Eine Eigenthümlichkeit der attischen Fabel aber sind die Namen Prokne und Philomela, von welchen jener eigentlich der Nachtigall galt und auf die Süfsigkeit ihres Gesangs deutete[2]), dieser der Schwalbe, wahrscheinlich um ihre Liebe zu Haus und Hof auszudrücken[3]). Schon dem Tragiker Aeschylus war diese Fabel geläufig, darauf wurde sie durch Sophokles zu einem Stücke von lebhafter dramatischer Wirkung überarbeitet[4]). Prokne und Philomela waren beide Töchter des attischen Königs Pandion, also Schwestern. Der Wiedehopf (ἔποψ) wurde als ihr Widersacher gedacht, weil er sie in der Natur verfolgt[5]), übrigens ein streitbares und kriegerisches Thier, weil sein grofser Schnabel und der Helmbusch auf dem Kopfe einen solchen Eindruck machte[6]), daher

---

1) Aelian V. H. 12, 20 vgl. Hes. ἀηδόνειος ἐπὶ μὲν ὕπνον τὸ ἐλάχιστον, ἐπὶ δὲ λύπης τὸ σφοδρότατον u. Bekk. An. 349, 8 ἀηδόνειος ὕπνος.

2) Πρόκνη, vgl. προκνίς eine Art von Feigen, Athen. 14, 67. Hom. Il. in Pan. 17 von der Nachtigall ἥτ' ἔαρος πολυανθέος ἐν πετάλοισι θρῆνον ἐπιπροχέουσα ἱεῖ μελίγηρυν ἀοιδήν. Arist. Av. 659 τὴν ἡδυμελῆ ξύμφωνον ἀηδόνα Μούσαις. Nach Eustath. Od. 1688, 31 war auch Πρόκρις ein weiblicher Eigenname. *Anders G. Curtius Grundz. 275.

3) Φιλομήλα von μῆλον d. i. Zuchtvieh. Vgl. die Namen Πολυμήλη und Φιλομήλα Bd. 1, 322 u. b. Eustath. Il. 1053, 52, wo auch Εὔμηλος und Πόλυβος verglichen werden. Also hiefs die Schwalbe Φιλομήλα in demselben Sinne wie Aesch. fr. 52 πέδοικος χελιδών sagt d. h. σύνοικος und andre Dichter sie ὁμορόφιος nennen. Erst als der Name auf die Nachtigall übertragen worden, dachte man an μέλη. Nach der älteren Erzählung, welcher gewifs auch Sophokles folgte, wird Prokne immer zur Nachtigall, Philomela zur Schwalbe, Thuk. 2, 29, Eurip. Herc. f. 1021. Arist. Av. 660 ff., Aristot. rhet. 3, 3, Varro l. l. 5, 76, auch in der Kunst, s. Paus. 1, 24, 3 Prokne im Begriff den Itys zu tödten, ein Werk des Alkamenes. Anders Welcker ep. Cycl. 1, 274. 443 und A. D. 2, 65, welcher sowohl den Namen Εὔμηλος wie den der Philomela vom Gesange versteht, von μέλος, durch Verlängerung des ε. * Die χρυσῆ Φιλομήλη auf einer Vase b. Gerhard A. B. t. 59 gehört nicht hierher, s. auch Klügmann Arch. Ztg. 1863, 46 ff.

4) Aesch. Ag. 1142, Suppl. 60—67, fr. 297, Welcker Gr. Trag. 374 ff. Später hatte Philokles eine Pandionis gedichtet und Livius und Attius die Fabel für das römische Theater bearbeitet. Die vollständige Erzählung b. Ovid M. 6, 474 – 674, Apollod. 3, 14, 8, Schol. Ar. Av. 212, Konon 31, Achill. Tat. 5, 5 u. A.

5) ἔποψ ἀεὶ ἀηδόνας καὶ χελιδόνας διώκουσιν Konon 31. Vgl. Aelian N. A. 2, 3 u. Achill. Tat. l. c. Einige deuteten den Gesang des Wiedehopfs als Klage um Itys, Andre als ein Suchen nach den beiden Schwestern ποῦ ἄρα εἰσίν; Plato Phaed. 85 A, Zenob. 3, 14. Eustath. Od. 1875, 13.

6) Hesych μαχεσίκρανος ἔποψ διὰ τὸ ἔχειν ἐπὶ τῆς κεφαλῆς καθάπερ λόφον. καὶ κορυθαίολον αὐτὸν λέγουσι. πολυώνυμον δὲ τὸ ζῷον, οὕτινα τε γὰρ αὐτὸν καὶ ἀλεκτρυόνα καὶ γέλασον λέγουσι. Aesch. fr. 297 θρασὺν πετραῖον ὄρνιν ἐν παντευχίᾳ. Vgl. Arist. Av. 94 ff., Ovid M. 6, 672.

ein Thrakerkönig und Sohn des Ares. Doch dachte man sich in Athen als seine Heimath nicht das nördliche Thrakerland, sondern die Gegend von Daulis, einer an den Abhängen des Parnaſs vor dem Passe von Boeotien nach Phokis gelegenen Stadt, wo man auch von Thrakern fabelte und wo schon der Name Daulis an Gebüsch und Nachtigallenschlag erinnerte[1]. Man erzählte also daſs Pandion, der König von Athen, in einem Kriege mit Labdakos, dem Könige von Theben, den Tereus zum Verbündeten gehabt und ihm zum Lohne für seinen tapfern Beistand seine Tochter Prokne zur Frau gegeben habe. Das Kind dieser Ehe ist Itys. Aber der üppige Barbar begehrt auch der Philomela, die er im Namen der Schwester in Athen abholt und unterwegs schändet. Damit die Geschwätzige nichts verrathe, reiſst er ihr die Zunge aus und versteckt sie in einem Stall im Walde: eine Andeutung des gewöhnlichen Aufenthalts der Schwalbe und ihres zugleich geschwätzigen und stammelnden Gezwitschers[2]. Aber geschickt wie sie ist im Bau der Nester weiſs sie der Schwester trotz ihrer Verstümmelung Nachricht zu geben, durch ein kunstreiches Gewand, mittelst dessen sie ihre Geschichte durch eingewebte Bilder und Buchstaben ausdrückte[3]. Die Aufregung der nächtlichen Bacchusfeier führte darauf zur Vereinigung beider Schwestern, diese zur blutigen Rache. Der Knabe Itys wird geschlachtet und seinem eignen Vater als Mahl vorgesetzt, eine Nachahmung des Thyestischen Mahls[4]. Tereus verfolgt nun die

---

1) Δαυλίς von δαυλός d. i. δασυλός, δασύς. Thuk. 2, 29 πολλοῖς δὲ καὶ τῶν ποιητῶν ἐν ἀηδόνος μνήμῃ Δαυλιὰς ἡ ὄρνις ἐπωνόμασται d. i. eigentlich der Vogel im Busch, Μοῦσα λοχμαία Arist. Av. 737. Vgl. Hes. Δαυλίαν κορώνην, Zenob. 3, 14 und die örtliche Ueberlieferung b. Paus. 10, 4, 5 ff. Die Thraker von Daulis sind wahrscheinlich eine Folge der dortigen Bacchusfeier, an welcher die attischen Thyiaden theilnahmen, Paus. 10, 4, 2. Die Nachtigallen schlagen in den dortigen Gebüschen nach wie vor. Bei Ovid und Hygin f. 45 ist die Handlung im eigentlichen Thrakien.

2) Zenob. ὅθεν ἔτι καὶ νῦν αἱ χελιδόνες τετμημένας τὰς γλώσσας ἔχουσι. Eustath. Od. 1875, 11 διὸ τραχύφωνός ἐστιν ἡ χελιδὼν καὶ ἀηδὲς τὸ μέλος οἷα κολουσθεῖσα τῆς γλώττης καὶ συχνὰ τὸν Τηρέα ὑποτραυλίζουσα κατὰ στόμα προφέρει. Daher τραυλὴ χελιδών Anth. Planud. 141, 1 und χελιδονίζειν in dem Sinne von βαρβαρίζειν. Aesch. Ag. 1050. Arist. Ran. 681. Ihrer Geschwätzigkeit gelten die χελιδόνων μουσεῖα ib. 93 vgl. Clem. Al. Str. 5, 5 p. 660.

3) Dieser in den meisten Erzählungen hervorgehobene Zug fand sich auch b. Sophokles, Arist. Poet. 16 ἐν τῷ Σοφοκλέους Τηρεῖ ἡ τῆς κερκίδος φωνή, vgl. Achill. Tat. 5, 5 καὶ πρὸς αὐτὴν ἃ πέπονθε τῇ κερκίδι λαλεῖ.

*4) Ueber die wenig zahlreichen Kunstdarstellungen, die sich auf diesen Mythus beziehen, s. Klügmann Ann. d. Inst. 1863, 106 ff.

Schwestern mit geschwungenem Schwerdte, bis alle drei in die Vögel verwandelt werden, deren Naturleben das alte Drama noch immer fortsetzt, Tereus in den Wiedehopf, Prokne in die Nachtigall, Philomela in die Schwalbe. Später, namentlich bei den lateinischen Dichtern[1], haben die Schwestern ihre Rolle vertauscht, worauf das Ausschneiden der Zunge Philomelens auf das Verstummen der Nachtigall nach der Lust des Frühlings gedeutet wurde[2]. Oder man nannte nun den verwandten und oft mit ihm verwechselten Specht anstatt des Wiedehopfes, indem man jenen im Walde hackenden und hämmernden Vogel zu einem kunstreichen Zimmermann machte, die Schwalbe aber zu einer wasserschöpfenden Magd und Dienerin ihrer Schwester: in welcher Gestalt man sich das Märchen in der Gegend von Ephesos und Kolophon erzählte[3]. Oder der thebanische Zethos verwandelt sich in den Boreaden Zetes und sein Kind Itylos in einen Ἄιτυλος[4].

d. Kephalos und Prokris.

Auch die Sage vom Kephalos wurde in verschiedenen Gestalten überliefert. Die ältere Poesie und Kunst scheint nur seine Entführung durch Eos gekannt zu haben[5]. Er war der Schönste unter den Schönen, dabei ein rüstiger Jäger, der früh Morgens in die Berge ging und dort von der Eos seiner Schönheit wegen entführt wurde, denn Eos liebt alle Jäger und ist brünstiger Natur[6]. Das Kind dieser Liebe ist

---

1) Virg. Ecl. 6, 79, Ge. 4, 15. 511. Horat. Od. 4, 12, 5—8, Ovid. Am. 2, 6, 7, F. 2, 854, Hygin f. 45, Plut. Symp. 8, 7, 2.

2) Himer. or. 24, 5.

3) Antonin. Lib. 11 Πολύτεχνος ὁ τέκτων wird zuletzt zum πελεκᾶς d. i. der Specht παρὰ τὸ πελεκᾶν τὰ ξύλα, daher Tereus bei Apollodor ein Beil gegen die Schwestern schwingt, vgl. Röm. Myth. 298, 1. Pandareos, der Vater der Nachtigall, von Demeter mit unverwüstlicher Verdauungskraft begabt, wird hier zum Seeadler u. s. w.

4) Hellad. b. Phot. bibl. 531. Ἄιτυλος οἱονεὶ ἐξ αὑτοῦ γένος ἔχων Eustath. Od. 1875.

5) Eurip. Hippol. 451 ὅσοι μὲν οὖν γραφάς τε τῶν παλαιτέρων ἔχουσιν αὐτοί τ᾽ εἰσὶν ἐν μούσαις ἀεί, ἴσασι μὲν Ζεὺς ὥς ποτ᾽ ἠράσθη, γάμων Σεμέλης, ἴσασι δ᾽ ὡς ἀνήρπασέν ποτε ἡ καλλιφεγγὴς Κέφαλον ἐς θεοὺς Ἕως ἔρωτος οὕνεκ᾽. Vgl. Paus. 1, 3, 1; 3, 18, 7 und die Vasenbilder b. O. Jahn Archäol. Beitr. 93 ff., Gerhard A. V. 3, 39, 33, * Stephani compt. rend. 1867, 87 f., Helbig N. memor. d. Inst. 2 t. 15, 1, Bull. 1872, 43; 1873, 4. 167, Heydemann Neapler Vasens. n. 3355, Santangelo n. 205; 212. Ein Thonrelief b. E. Curtius Arch. Ztg. 1872, 76.

6) Opitz an die Morgenröthe: Wer seinen Muth will letzen Mit schneller

Phaethon d. h. der Abendstern, welchen Aphrodite zum nächtlichen Aufseher ihres Heiligthums machte, wie Hesiod th. 986 erzählt (Bd. 1, 365). Oder man berichtete nach attischer Ueberlieferung dafs Kephalos ein Sohn des Hermes und der Kekropide Herse gewesen, den Eos nach Syrien entführt habe, wo er durch sie der Vater des Tithonos und durch diesen weiter der Stammvater der ältesten Könige von Syrien, Kilikien und Kypros geworden sei[1]. Immer scheint er den Morgenstern zu bedeuten, sowohl als rüstiger Jäger des schönen frischen Morgens mit seiner erquickenden Kühlung und dem belebenden Nafs[2]) als in der Bedeutung eines Repräsentanten des Morgenlandes und seiner Völker und Könige, in welcher Hinsicht er dem Tithonos und dem Memnon gleicht. So wird sich auch seine Liebe zur Prokris am besten in diesem Sinne erklären lassen, denn Πρόκρις ist der Mond unter dem gewöhnlichen Bilde einer Frau von ausgezeichneter Schönheit und Würde[3]), in einer Auffassung welche vorzüglich in Kreta und Attika heimisch war und in Sagen und Volksliedern seit alter Zeit gefeiert wurde. Man sang von ihrer Liebe, ihrer Heilkraft, ihrer männlichen Lust zur Jagd, wodurch sie eine Gefährtin der Artemis geworden, und von ihrem niemals fehlenden Jagdspeere, welcher sogar zum Sprichwort wurde[4]). Die Odyssee 11, 321 nennt sie neben den Minostöchtern Phaedra und Ariadne, so dafs sie wohl eigentlich nach Kreta gehört. In Attika erzählte man von ihr und ihrer Liebe zum Kephalos vorzüglich in Thorikos an der südöstlichen Küste der Halbinsel, wo kre-

---

Jagd und Hetzen, Der stehet auf mit Dir. Du bist der Brünste Mutter, Dein Thau erzeugt das Futter Für Wild und alles Thier. Vgl. Bd. 1, 356, 2.

1) Apollod. 3, 14, 3, wo Phaethon ein Sohn des Tithonos ist.

2) Daher die Abstammung von Hermes, dem Gott des Zwielichts und der Herse, denn auch der Morgenstern spendet Thau, so gut wie Eos, Bd. 1, 359, 4; 365, 3. Selbst der Name ist wohl in diesem Sinne zu erklären, Κέφαλος von κεφαλή, vgl. den Kopf des Helios und den Lockenkopf des Abendsterns b. Kallim. Del. 303.

3) Πρόκρις, d. i. ἡ προκεκριμένη, eximia, wie schon Eustath. Od. 1688, 30 erklärt. Hesiod sagte πρόκριν für πρόκρισιν Cramer An. Oxon. 1, 16, 31. Vgl. Hesiod. th. 411 von der Hekate: τὴν περὶ πάντων Ζεὺς Κρονίδης τίμησε. 415 ἀθανάτοις τε θεοῖς τετιμημένη.

4) Eustath. 1688, 27 ἰστέον δὲ ὅτι περιᾴδεται ἐπ' ἀνδρίᾳ καὶ ἡ Πρόκρις αὕτη, καθὰ καί τις Ἀργανθώνη (eine mysische Heroine, Steph. B. Ἀργανθών) καὶ ἑτέρα Ῥοδογούνη (ein persischer Name) καὶ ἄλλη Ἀταλάντη, καὶ ὅτι παροιμία ἐξ αὐτῆς φέρεται τὸ Πρόκριδος ἄκοντα von nimmer fehlenden Schützen, vgl. Suid. s. v., Diogen. 7, 55, Apostol. 16, 71. Eurip. Ion 1155 vom Vollmonde: κύκλος δὲ πανσέληνος ἠκόντιζ' ἄνω.

tische Schiffer anzulegen pflegten¹) und das attische Geschlecht der Kephaliden heimisch war. Und zwar erscheint Kephalos in dieser Sage nicht als eingeborner, sondern als eingewanderter Held, ein Sohn des Königs von Phokis Deion oder Deioneus d. h. des Streitbaren, vom Stamme des Aeolos; denn auch in diesen Gegenden erzählte man und zwar seit älterer Zeit vom Kephalos²), auch in Boeotien und auf den kephallenischen Inseln, für deren Eponymos er galt. Prokris wurde nun zur Tochter des attischen Königs Erechtheus (Bd. 1, 165, 3) Kephalos zugleich von ihr und von der Eos geliebt, weil der Morgenstern zugleich der Nacht und dem frühen Morgen angehört. So entstand die rührende Geschichte von der zärtlichen und doch so schwer gekränkten, endlich durch ihren Tod besiegelten Liebe der Prokris, welche Pherekydes in ihrer einfacheren Gestalt erzählte³), Sophokles zu einer Tragödie verarbeitet hatte. Bei den Späteren sind die verschiedenen Ueberlieferungen der attischen, der kretischen, der boeotischen und der kephallenischen Sage zu einem fortlaufenden Ganzen verschmolzen worden⁴). Es war die zärtlichste Liebe, welche Kephalos und Prokris verband, bis er einst früh Morgens in die Berge ging um zu jagen und nicht wiederzukehren, denn Eos hatte ihn entführt⁵). Er aber wollte von keiner anderen Liebe wissen als von seiner Prokris. Da beredet ihn Eos ihre Treue in Versuchung zu führen, indem sie seine Gestalt verwandelte und ihn mit kostbaren Geschenken ausstattete. So ging er zur schmachtenden Prokris, die seiner Verführung nachgab und dann erfahren mußte daß der eigene Gatte ihr Verführer gewesen. Voll von Scham und tiefer Kränkung entwich sie nun nach

---

1) Hom. H. in Cer. 126 vgl. O. Müller Dor. 1, 230. Von der Einwanderung der Kephaliden und ihrer Verehrung des pythischen Apoll Paus. 1, 37, 4. *Vgl. übrigens Bursian Geogr. 1, 354, 1.

2) Die Nosten kannten ihn als Gemahl der Klymene, einer T. des Minyas, und Vater des Iphiklos, Paus. 10, 29, 3. Δηίων oder Δηιονεύς von δῆιος.

3) Schol. Od. 11, 321. Die Eifersucht des Kephalos wird hier durch die Untreue der Prokris, die der Prokris durch ihren Tod bestraft.

4) Ovid M. 7, 687—758. 796—862, Hygin f. 189, Antonin. Lib. 41.

5) Bei Pherekydes gab er eine Blutschuld vor, die ihn auf acht Jahre entferne, kam aber dann in fremder Gestalt und reichem Schmuck zurück um die Treue der erst vor kurzem mit ihm vermählten Prokris in Versuchung zu führen. Nach Apollod. 3, 15, 1 ließ Prokris sich von Pteleon (wohl dem verstellten Kephalos) durch einen goldnen Kranz verführen. Von der Tragödie des Sophokles ist nicht mehr als der Titel Prokris bekannt.

Kreta, wo sie mit der Artemis jagte[1]) und von ihr jenen berühmten Jagdspiefs bekam, der niemals fehlte, auch den nicht weniger berühmten Hund Lailaps, dem kein Wild zu entfliehen vermochte. So ausgestattet kehrt sie zurück zum Kephalos, welcher sie reumüthig aufnimmt und für das Geständnifs seiner Schuld die Wundergaben der Artemis als Geschenk bekommt[2]). So sind sie von neuem vereint, doch ist der Stachel des Argwohns einmal in ihrer Brust geweckt. Sie erfährt dafs Kephalos früh Morgens auf der Jagd oft und verlangend nach der Aura rufe d. h. nach der frischen Morgenluft[3]), hält diese für eine Nebenbuhlerin und schleicht ihm nach ins Gebirge. Sie versteckt sich im Gebüsch, er sieht sich etwas bewegen, glaubt es sei ein Wild, schleudert den niemals fehlenden Speer und ach! die Gute stirbt durch ihr eignes Geschenk. Ein anmuthiges Bild für den sich versteckenden und erblassenden Mond, wenn der junge Morgen kommt und den Tag heraufführt, wie auf jenem Vasenbilde, welches den Sonnenaufgang darstellt, Eos dem Helios voraneilend nach dem Kephalos hascht, Selene aber auf ihrem Maulthiere langsam in die Tiefe hinabreitet (1, 356). Andre wufsten von jenem Hunde dafs er ein Kunstwerk des Hephaestos gewesen, von Erz, aber beseelt, ein Geschenk des Zeus an die Europa, der Europa an Minos, des Minos an Prokris, der Prokris an Kephalos[4]); denn auch die Geschichte des Minos erzählte von der Prokris, er habe sie geliebt, sie aber habe ihn von einem bösen Zauber befreit, mit welchem ihn seine Gemahlin Pasiphae verzaubert hatte, und dafür zum Lohne als Jägerin jenen Hund und den Speer gefordert. Der Hund aber gab weiter einen Anlafs zur Verschmelzung der attischen Sage mit der boeotischen. Kephalos wird wegen seiner Blutschuld aus Attika verbannt[5]) und begiebt sich nach Theben um hier dem Amphitryon bei der Jagd des teumessischen Fuchses mit seinem Hunde beizustehen. Dieser Fuchs war ein bösartiges Thier, welches Dionysos oder Poseidon in seinem Grimm über die Kadmeer hatte kommen lassen,

---

1) Kallim. Dian. 209 καὶ Κεφάλου ξανθὴν ἄλοχον Δηιονίδαο Πότνια σὴν ὁμόθηρον ἐθήκαο. Vgl. Paus. 9, 19, 1.

2) Was Ovid nur andeutet, erzählen Hygin und Antonin. Lib. genauer.

3) Ovid M. 7, 811 ff. Nach Pherekydes rief Kephalos auf dem Gipfel eines Berges stehend ὦ Νεφέλη παραγενοῦ, was auf dasselbe Bild hinausläuft, denn Aura und Νεφέλη sind die begleitenden Erscheinungen der Morgenröthe. Also eigentlich wieder die Eos. Zugleich ein Beweis dafs beide Dichtungen, die von der Eos und Kephalos und die von der Prokris, ursprünglich getrennt waren.

4) Nikander b. Poll. 5, 38 vgl. Apollod. 3, 15, 1 u. Antonin. Lib. l. c.

5) Hellanikos b. Schol. Eur. Or. 1643. Paus. 1, 37, 4. Apollod. l. c.

die es frafs und beschädigte, Menschenopfer fordernd¹); dazu konnte es nimmer erjagt werden. So verfolgt der Hund, dem nichts entging, den nimmer erjagbaren Fuchs, eine ewige Jagd, welcher Zeus dadurch ein Ende machte dafs er beide Thiere in Stein verwandelte²). Offenbar ist der Rothfuchs wie in den Märchen andrer Völker ein Bild des Kornbrandes³), der Hund das gewöhnliche Bild des Sirios, weil der Kornbrand in der Zeit der gröfsten Hitze am meisten zu fürchten ist. Kephalos aber ist auch hier an seiner Stelle, weil der Morgenthau gegen solche Beschädigung die beste Hülfe gewährt. Endlich begiebt sich der Held mit Amphitryon auf den Zug gegen die Teleboer, wo er sich nach Einigen die Herrschaft über die Kephallenen durch seine Thaten verdiente, nach Andern als verzweifelnder Liebhaber durch den Sprung vom leukadischen Felsen sein Leben endete⁴).

c. Boreas und Oreithyia.

Gleichfalls ein altes Naturmärchen, in welchem Oreithyia nur deswegen für eine Tochter des Erechtheus gilt, weil das Märchen attischen Ursprungs war. In der Umgegend von Athen, auf den Höhen der Berge, an den Quellen des Ilissos und Kephissos, müssen die heftigen Stofswinde des Meeres und der Einflufs dieses Windes auf Luft und Wetter besonders häufig beobachtet sein. Oreithyia ist nämlich der Morgennebel, der sich bei kalter Luft an den Bergen und über den Feldern und Flüssen lagert und, wenn er von heftiger Bewegung emporgerissen steigt, ein regnichtes und stürmisches Wetter bringt, wie es die Hesiodischen Wetterregeln genau beschreiben⁵). Aus der attischen Fabel wird uns eine Hauptscene, die Entführung des luftigen

---

1) Jeden Monat bekam es einen Knaben, sonst würde es viele gefressen haben, Apollod. 2, 4, 7.

2) Nikander l. c., Ovid M. 7, 759—793, Apollod. 2, 4, 6. 7, Paus. 9, 19, 1. Hygin P. A. 2, 35, Eratosth. cat. 33.

3) ἐρυσίβη von der rothen Farbe, daher Apollo ἐρυσίβιος auf Rhodos. Es hängt zusammen mit ἐρυθρός, robigo, rufus, roth, G. Curtius Grundz. 251. Vgl. die Robigalia in Rom Röm. Myth. 437 u. die Fabel bei Babr. 11, Simsons Füchse Buch der Richter 15, 4. 5.

4) Strabo 10, 452, Apollod. l. c., Schol. Il. 2, 631. Der Kopf des Kephalos auf den kephallenischen Münzen.

5) Hesiod W. T. 547—53, bei kalter Luft, wenn der Boreas wehe, lagere sich ein befruchtender Nebel über die Felder, der sich aus den Flüssen schöpfend verstärke und darauf ἰχθῦ ὑπὲρ γαίης ἀρθεὶς ἀνέμοιο θυέλλῃ ἄλλοτε μέν θ' ὗε ποτὶ ἕσπερον ἄλλοτ' ἄησι πυκνὰ Θρηϊκίου Βορέου νέφεα κλονέοντος. Diese Erklärung der Fabel ist von Welcker, vgl. G. G. 1. 87.

Mädchens durch den gewaltsamen Gott der thrakischen Berge, in mehreren schönen Vasenbildern vergegenwärtigt[1]). Aeschylos hatte eine Tragödie desselben Inhalts gedichtet. Boreas habe anfangs in bester Manier um die attische Königstochter geworben, aber als rauher und struppiger Thraker gar nicht gefallen. Da folgt er seiner Natur[2]) und entführt die Schöne mit Gewalt, als sie mit den Töchtern des Kekrops, den Thauschwestern, am Ilissos oder an den Quellen des Kephissos Blumen pflückte und spielte, oder, wie Andre erzählt hatten, auf dem Areopag oder als ihr Vater sie als Kanephore der Athena Polias auf die Burg geschickt hatte[3]). Er entführt sie weit übers Meer nach Thrakien und an die stürmische Sarpedonische Küste[4]), wo die attische Prinzessin nun an der Seite des mächtigen Boreas Königin über alle Winde wird und zwei Söhne und zwei Töchter von ihm gebiert, Zetes und Kalaïs, die geflügelten Sturmjünglinge der Argonautensage, und Kleopatra und Chione. Jene ward die unglückliche Gattin des Phineus, Chione d. i. die Schneejungfrau, das wahre Kind des stürmischen Nordwindes und der kalten Bergluft[5]), wird vom Poseidon Mutter des **Eumolpos**, dessen Geschichte ein seltsames Gewebe von mythischen Gedanken und historischen Thatsachen ist[6]). Die Mutter wirft ihn aus Angst vor ihrem Vater ins Meer, wo Poseidon sein Kind aufnimmt und nach Aethiopien zu seiner Tochter Benthesikyme bringt. Dem Erwachsenen giebt deren Gemahl eine von seinen Töchtern zur Ehe, ihn aber treibt das wilde thrakische Blut wie Tereus auch der andern zu begehren, worüber er flüchten muss. Eumolpos begiebt sich nun mit seinem Sohne Ismaros oder Immarados zum Könige der Thraker in Boeotien Tegyrios, welcher Name auf die Gegend von Orchomenos und auf Apollinischen und Dionysischen Enthusiasmus

---

*1) Vgl. L. Stephani Boreas und die Boreaden (mém. de l'Ac. imp. des sciences de St. Pétersbourg, sér. 7, tome 16, 1871) S. 6—14, Heydemann Neapler Vasens. n. 2912, Ann. d. Inst. 1870, 225 f., Helbig Bull. d. Inst. 1872. 43.

2) Aesch. fr. 275, Ovid M. 6, 690 ff.

3) Akusilaos b. Schol. Od. 14, 533, Apollon. 1, 212 ff. Schol., Paus. 1, 19, 6. Nach der gewöhnlichen Sage wurde Oreithyia am Ilissos, nach Simonides vom Brilessos, nach Choerilos an den Quellen des Kephissos entführt.

4) Sophokl. b. Str. 7, 195, wo es von dieser Entführung heifst: ὑπέρ τε πόντον πάντ' ἐπ' ἔσχατα χθονὸς Νυκτός τε πηγὰς Οὐρανοῦ τ' ἀναπτυχάς, Φοίβου παλαιὸν κῆπον. Ueber die Sarpedonische Küste s. oben S. 132.

5) Od. 14, 475, Xenoph. Anab. 4, 5, 3. 4.

6) Apollod. 3, 15, 4.

deutet¹). Er wird darauf selbst König dieser Thraker und zieht als solcher den befreundeten Eleusiniern zu Hülfe, als sie sich mit Athen und Erechtheus im Kriege befinden. Also nördliche Abkunft wie bei den Musenjüngern vom Olymp (1, 399), eine Erziehung im fernen Osten, wo Licht und Weisheit zu Hause ist, nach der späteren Auffassung in Aegypten, an dessen Einfluſs auf die eleusinischen Mysterien man allgemein glaubte, endlich Niederlassung und Herrschaft zu Tegyra und zu Eleusis, weil deren Culte vermuthlich einen gleichartigen Einfluſs jener mit Dionysischen Religionselementen verwachsenen Poesie und Musik erfahren hatten, welche Eumolpos als thrakischer Sänger und Mystagog vertritt.

Die Athenienser aber rühmten sich seit jener Zeit mit Boreas auf einem besonders guten Fuſs zu stehen, da er ihr Verwandter sei. Wie ihnen namentlich zur Zeit der Perserkriege vom Orakel zu Delphi der Rath gegeben wurde „den Schwiegersohn zu Hülfe zu rufen," daher sie den König der Winde eifrig verehrten, zumal in den Tagen vor der Seeschlacht bei Artemision, wo die wiederholte Beschädigung der persischen Flotte durch Sturm und Schiffbruch, zuerst beim Athos dann bei der Küste Sepias unter dem Pelion, der befreundeten Macht des Boreas zugeschrieben wurde. Simonides hatte in seiner Beschreibung jener Seeschlacht davon gesungen, auch Choerilos in seinem Gedicht von den Perserkriegen, und der Altar des Boreas am Ilissos in Athen wurde damals gestiftet²). Wurde doch auch zu Delphi zu derselben Zeit ein Altar und Gottesdienst der Winde gegründet³), da der Parnaſs ohnehin an gewaltsamen Erscheinungen der Luft und des Wetters reich war und die Schneejungfrauen dem Pythischen Heiligthume noch in der Zeit des keltischen Plünderungszugs zu Hülfe kamen⁴).

---

1) Müller Orchom. 147. Der Name Ἴσμαρος deutet auf die Thraker in der Gegend von Maroneia, s. Steph. B. Μαρώνεια, Bd. 1, 604, 3. Er ist verwandt mit Ἴσμαρος, Ἰσμήνη u. a., daher Pott Z. f. vgl. Spr. 9, 415 Ἰσμάραδος erklärt durch ἱερόφωνος, von ἀείδω, so daſs er nur ein andrer Εὔμολπος wäre. Die Geschichte des letzteren ist wahrscheinlich im Erechtheus des Euripides erzählt worden. Als Diener des Dionysos ist er auch Urheber der cultura vitium et arborum, Plin. 7, 199.

2) Herod. 7, 188. 189, Schol. Apollon. 1, 212, Paus. 1, 19, 6, Himer. or. 1, 18.

3) Herod. 7, 178. Der Ort dieser Stiftung war ein Heiligthum der Θυία, einer Göttin des Sturmes und der stürmischen Begeisterung, auch „die Schwarze" genannt, T. des Kephissos, Geliebte des Apoll und erste Priesterin des Dionysos, Paus. 10, 6, 2.

4) Ego providebo rem istam et albae virgines lautete der Spruch des

Um so mehr kam es den Bürgern von Thurii attischer Abkunft zu sich dem Boreas dankbar zu beweisen, als er ihnen in einem Kriege mit dem Tyrannen Dionysios durch Zerstörung seiner Flotte half. Sie erklärten ihn für ihren Mitbürger, stifteten ihm ein Haus und Grundstück und brachten jährliche Opfer[1].

Auf die Boreaden der Argonautensage werden wir bei dieser zurückkommen. Aufserdem erzählte man von Boreaden auf Naxos und Delos, aber in sehr entgegengesetztem Sinne, wie schon die Sage vom Eumolpos einen solchen Gegensatz ankündete. Dort sind es wilde Thraker und Diener des thrakischen Dionysos, welche der Sage nach aus ihrer nördlichen Heimath nach der fruchtbaren Insel des Dionysos verschlagen waren und ihre Weiber durch Raub der Maenaden aus dem Waldgebirge im phthiotischen Achaja gewonnen hatten[2]), hier sanfte und feierliche Priester des Apollo, nämlich die erblichen Priesterkönige der Hyperboreer, welche auf der seligen Insel des Lichtgottes im nördlichen Weltmeere die Erscheinung des Gottes von der Frühlings- Tag- und Nachtgleiche an bis zum Aufgange der Plejaden durch Gesang und Saitenspiel feierten, welches ganze Schaaren heiliger Schwäne durch ihre Umzüge und ihren Gesang begleiteten. Die ersten Priesterkönige dieses Volks waren wirkliche Boreaden gewesen, Söhne des Boreas und der Chione, drei Brüder, jeder sechs Ellen lang, ihre Nachfolger waren desselben Geschlechts[3]). Auch galten später die

---

Gottes, der diese Hülfe versprach, Cic. de Divin. 1, 37, 87. Vgl. das Märchen vom Δαιδαλίων d. h. dem Habicht (accipiter), dem Sohne des Morgensterns, und seiner Tochter Chione d. h. der Schneejungfer, welche nach derselben Nacht vom Apollo den Philammon, vom Hermes den Autolykos gebar und durch Artemis umkam, weil sie ihre Schönheit mit der der jungfräulichen Göttin zu vergleichen gewagt, Ovid M. 11, 290 ff., Hygin f. 200. Pherekydes erzählte dasselbe von der Philonis, einer T. des Deion, welche so schön war dafs die Götter ihretwegen auf einander eifersüchtig wurden, Schol. Od. 19, 432.

1) Aelian V. H. 12, 61.
2) Diod. 5, 50. Boreas hat hier zwei Söhne, Lykurgos d. i. der Winterkönig der thrakischen Dionysossage (1, 566) und Βούτης d. i. der Stiertödter, welcher mit seinem Anhange nach Naxos auswandert. Dieser stirbt im Wahnsinn bei jenem Raube der Maenaden des Gebirges Δρίος in der Phthiotis, wahrscheinlich in der Gegend von Theben, s. Bd. 1, 566, 2. Der Gottesdienst zu Naxos wird dem dieser Gegend und dem thrakischen verwandt gewesen sein. Auf diese Sage von Butes will Stephani a. a. O. 23 ff. jedoch wohl mit Unrecht auch mehrere Bildwerke beziehen.
3) Diod. 2, 47, Aelian N. A. 11, 1, beide nach Hekataeos von Abdera.

Hyperboreerinnen auf Delos, die ersten Dienerinnen der Artemis, für Töchter des Boreas[1]).

So verschieden waren die Anschauungen, welche sich bei den Griechen mit dem Gedanken an den Norden und den dort hausenden Nordwind verbanden, dessen Residenz auf der Grenze der wildesten Sturmregion und jenes ewig heiteren Nordlandes des Lichtgottes lag (1, 196). Wie der Sturm und Winter des Boreas denn noch einmal hervorbricht in der Fabel von dem wilden Thrakerkönige Harpalykos und seiner Tochter Harpalyke, einer ächten Windsbraut, welche schneller war als die schnellsten Rosse, schneller als die Strömung des Hebros[2]), und dabei eine so rüstige Amazone dafs sie ihrem Vater in der Schlacht das Leben rettete. Doch erschlug diesen zuletzt sein eigenes Volk, weil er gar zu wild war, worauf die Tochter sich in die Wälder warf und lange vom Raub der jungen Zicklein und Böcke lebte, die sie aus den Ställen entführte. Keiner konnte sie einholen, auch auf dem schnellsten Rosse nicht, bis sie sich zuletzt in ausgespannte Jagdnetze verfing und von den Hirten erschlagen wurde. Noch an ihrem Grabe wurde sie durch Kampf und Streit geehrt.

f. Erechtheus und Eumolpos.

Erechtheus ist in diesem Kampfe der Repräsentant von Athen, dem alten autochthonisch ursprünglichen, mit dem Dienste seiner eben so wohlthätigen als kriegerischen Burggöttin und dem von ihr selbst gegründeten Königsstamm[3]), Eumolpos der von Eleusis und von den ausländischen Elementen der eleusinischen Weihe, aber auch der des stürmischen Poseidon, dessen Sohn Eumolpos ist und dessen Kampf mit der Burggöttin sich in diesem Kriege erneuerte. Es ist der sogenannte eleusinische Krieg, welcher wie gewöhnlich mit der Zeit immer gröfsere Proportionen angenommen hatte[4]). Er endigte

---

1) Kallimach. Del. 293 vgl. Bd. 1, 239.

2) Virg. A. 1, 317 (* wo Hebrum nicht zu ändern sein wird) vgl. Serv. u. Hygin f. 193.

3) Soph. Ai. 202 γενεᾶς χθονίων ἀπ' Ἐρεχθειδᾶν von der Bevölkerung von Attika und Salamis, in demselben Sinne wie Hes. χθονίους Ἰναχίδας d. h. αὐτόχθονας καὶ οὐκ ἐπήλυδας von den Argivern. Vgl. Eur. Ion 24. Denn Erechtheus ist der wahre Stammheros der Ἀθηναῖοι und Athena seine Schutzgöttin, sowohl die Pflanzerin des Oelbaums als die Inhaberin der Gorgo, Eurip. Erechth. fr. 353, 362, 46.

4) Xenoph. Memorab. 3, 5, 10 τὴν Ἐρεχθέως τροφὴν καὶ γένεσιν καὶ τὸν πόλεμον τὸν ἐπ' ἐκείνου γενόμενον πρὸς τοὺς ἐκ τῆς ἐχομένης ἠπείρου πάσης. Vgl. Thuk. 2, 15. Lobeck Agl. 206 sqq., O. Müller kl. Schr. 2, 249.

mit dem Aussterben des Erechthidenstammes, statt dessen der hier zuerst auftretende Ion ein neues Geschlecht und eine neue Zeit ankündigt. Ueberdies vergleicht man sich über die Aufnahme der Eumolpiden in den attischen Staat und die eleusinische Priesterschaft und über eine Verschmelzung der eleusinischen Heiligthümer mit den attischen, so dafs jene nach Athen verpflanzt und alte attische Geschlechter neben den Eumolpiden und eingebornen Eleusiniern dabei betheiligt wurden. Das ist der geschichtliche Kern der Sage und es ist zu vermuthen dafs dasselbe Zeitalter, welches auch sonst die attischen Zustände von Grund aus umgestaltete, nämlich das der ionischen Stammesentwicklung in Attika, auch diese Verschmelzung von Eleusis und Athen, den früher getrennten, herbeiführte. Im Uebrigen ist Alles mythisch, aber beseelt von einer schönen und schwungvollen patriotischen Gesinnung, welcher Euripides in seinem Erechtheus eine sehr beredte Sprache geliehen hatte. Erechtheus wird durch Eumolpos und seine Thraker aufs äufserste bedrängt. Der Delphische Apoll verheifst den Sieg, wenn eine seiner Töchter sich für das Vaterland opfern werde. Mutter und Tochter, Praxithea, eine Tochter des Flusses Kephissos, und Chthonia, welche bald ihr jüngstes bald ihr ältestes Kind genannt wurde[1]), wetteifern an Edelmuth und aufopfernder Liebe zum Vaterlande, das mit allen seinen Reizen und Verdiensten, seinem schönen Himmel, seiner glücklichen Lage, seiner ungemischten Bevölkerung geschildert und gepriesen wurde. Nachdem das Opfer gefallen war, kam es zur Schlacht und in dieser zum Zweikampf zwischen Erechtheus und Eumolpos, in welchem dieser unterlag[2]). Erechtheus aber fiel durch den Dreizack Poseidons oder auf dessen Verlangen durch den Blitz des Zeus, worauf die Erde seinen Leib verschlang und er selbst zu einem Gott erhöht wurde, er und seine hochherzigen Töchter, da die Schwestern der Chthonia, Protogeneia und Pandora, mit ihr durch Schwur und Bündnifs zum unauflöslichen Verein ver-

---

1) Praxithea rieth ihrem Gemahle, dem Erechtheus, die eigne Tochter fürs Vaterland zu opfern, d. h. sie war ganz anders gesinnt als Klytaemnestra. Die Rede wodurch sie es that hat Lykurg g. Leokrates erhalten, s. Nauck tr. gr. 369 sqq. Nach Apollod. 3, 15, 4 wurde die jüngste Tochter geopfert, nach Stob. Flor. 39, 33 die älteste Namens Persephone, wohl nur ein andrer Name für Chthonia.

2) Den entscheidenden Zweikampf des Erechtheus und Eumolpos sah man in einer ehernen Gruppe auf der Burg, Paus. 1, 27, 5. Nach der gewöhnlichen Ueberlieferung fiel nicht Eumolpos, sondern sein Sohn Immarados.

bunden, nach ihrem Tode auch nicht länger leben mochten[1]). Eine andere Tradition, und diese ist von geschichtlichem Inhalt, berichtete dafs Xuthos aus Thessalien in die attische Tetrapolis eingewandert war und dafs dessen Sohn Ion von dort dem Erechtheus zu Hülfe kam, die Thraker besiegte und darüber die Herrschaft in Athen gewann[2]). Die dichterische Sage wufste diesen Helfer in der Noth noch in anderer Weise mit den alten attischen Geschichten und mit dem eingebornen Königsstamme zu verschmelzen.

g. Ion.

Ion ist nach dieser Sage nicht ein Sohn des Xuthos und Fremdling, sondern ein Spröfsling vom reinen autochthonischen Stamme des Erechtheus, den Apollo mit neuem Keime befruchtet. Die ionischen Geschlechter verehrten nämlich den Apollo als Patroos d. h. als ihren Stammvater (1, 217), weil sie diesen Gott, namentlich den pythischen zu Delphi, für den Vater des Ion hielten, ja wahrscheinlich ist Xuthos nur der zum Heros gewordene Apollo mit den goldstrahlenden Locken[3]). In der attischen Sage galt Kreusa d. i. die Herrin, die jüngste Tochter des Erechtheus, für die Geliebte des Apoll und für die Mutter des Ion. Auch Sophokles hatte ihre und ihres Sohnes Geschichte in einem Drama behandelt, welches Kreusa hiefs, dann Euripides in dem noch erhaltenen Ion. Kreusa pflückt Frühlingsblumen am nördlichen Abhange der Burg von Athen, bei den sogenannten langen Felsen, in derselben Gegend wo man noch jetzt die Pansgrotte sieht[4]). Da überrascht sie Apollo, dessen Sohn von Kreusa in derselben Grotte ausgesetzt wird wo Apoll ihrer Liebe genossen hatte. Hermes bringt das Kind nach Delphi, wo die Prophetin es aufzieht und Ion dann der Oberaufseher

---

[1] Eurip. Ion 281, vgl. Cic. d. nat. d. 3, 19, 49, Apollod. 3, 15, 4, Hygin f. 46. Nach Eurip. Ion 277 blieb nur Kreusa als kleines Kind übrig. Ueber die drei Erechthiden Protogeneia Pandora Chthonia, das ζεῦγος τριπάρθενον Eur. Erechth. fr. 359, s. Bd. 1, 165, 3.

[2] Philoch. b. Harpokr. Suid. βοηδρόμια vgl. Et. M. βοηδρομεῖν u. Βοηδρομιών, Strabo 8, 383, Konon 27.

[3] ξονθός i. q. ξανθός. Eurip. Ion 887 ἐλθεῖς μοι χρυσῷ χαίταν μαρμαίρων. Vgl. Müller Dor. 1, 239. 245, Proleg. 273. Schoemann op. 1, 157. Andre Genealogen machten den Apollo Patroos der Ionen zum Sohne der Erechthiden-Stammgötter, Hephaestos und Athena, 1, 166, 3.

[4] Auch Apollo wurde dort in einer etwas höher gelegenen Grotte verehrt. Paus. 1, 28, 4, vgl. Göttling ges. Abh. 1, 100 ff., * s. auch C. Bötticher Philol. 22, 69 ff.

des Tempels und seiner Schätze wird. Kreusa vermählt sich später dem eingewanderten Xuthos, dem Sohne des Aeolos, mit dessen Hülfe Erechtheus nach dieser Erzählung einen Krieg mit den Chalkodontiden auf Euboea bestanden hatte[1]). Die Ehe bleibt ohne Kindersegen, daher sich Xuthos und Kreusa nach Delphi wenden, wo Apollo jenem den Bescheid giebt, der ihm beim Heraustritt aus dem Tempel zuerst Begegnende werde sein Sohn sein[2]). Dazu findet sich nach manchen Verwicklungen die rechte Erklärung, worauf Xuthos den Ion für seinen Sohn anerkennt. Zuletzt verkündigt Athena die neue Blüthe des alten, im Ion wieder aufblühenden Erechthidenstammes[3]), wie durch ihn erst Attika eine neue Ordnung gewinnen, dann die Kykladen und die asiatische Küste von den Ionen bevölkert werden und zuletzt Athen der herrschende Mittelpunkt dieser reichen Stammesausbreitung über Asien und Europa sein werde. Immer ist Ion der Urheber der Benennung und der Blüthe des Stammes der Ionen in Attika[4]) und in Kleinasien, ja er wurde von Manchen auch für den Anführer dieser wichtigen Ansiedelungen in Asien gehalten[5]), während Andere ihn von Attika nach Achaja führten und nach der Rückkehr von dort in Attika sterben liefsen[6]).

---

1) Eurip. Ion 59 ff. Chalkodon und sein Geschlecht sind die Repräsentanten der Vorzeit von Euboea, Il. 2, 536 ff. Ehe die Ionen sich von der Tetrapolis aus auf Euboea festsetzten, hatten sie mit der älteren Herrschaft gewifs harte Sträufse zu bestehen. Xuthos heifst bei Euripides οὐκ ἐγγενής, Αἰόλου δὲ τοῦ Διὸς γεγὼς Ἀχαιός d. h. ein Sprössling der thessalischen Achaeer.

2) Ein Spiel mit dem Namen Ἰών, ἰόντι δῆθεν ὅτι συνήντετο, Eurip. v. 661. 831.

3) Eurip. v. 1463 ἄπαιδες οὐκέτ' ἐσμὲν οὐδ' ἄτεκνοι· δῶμ' ἑστιοῦται, γᾶ δ' ἔχει τυράννους, ἀνηβᾷ δ' Ἐρεχθεύς ὅ τε γηγενέτας δόμος οὐκέτι νύκτα δέρκεται, ἀελίου δ' ἀναβλέπει λαμπάσιν. Ion galt für den Urheber der vier ionischen Phylen, unter denen wenigstens die Ὁπλῆτες aus wirklichen Ionen bestanden haben mögen.

4) Herod. 8, 44 Ἀθηναῖοι δὲ ἐπὶ μὲν Πελασγῶν ἐχόντων τὴν νῦν Ἑλλάδα καλεομένην ἦσαν Πελασγοὶ ὀνομαζόμενοι Κραναοί, ἐπὶ δὲ Κέκροπος βασιλέος ἐπεκλήθησαν Κεκροπίδαι, ἐκδεξαμένου δὲ Ἐρεχθέος τὴν ἀρχὴν Ἀθηναῖοι μετωνομάσθησαν, Ἴωνος δὲ τοῦ Ξούθου στρατάρχεω γενομένου Ἀθηναίοισι ἐκλήθησαν ἀπὸ τούτου Ἴωνες.

5) Vell. Pat. 1, 4. Vitruv 6, 1. Auch Eurip. Ion 74 nennt ihn κτίστορ' Ἀσιάδος χθονός.

6) Strabo l. c., Paus. 1, 31, 2; 7, 1, 2. Das Grab des Ion befand sich zu Potamoi in der Gegend von Prasiae und Thorikos, Schoem. op. 1, 177, wahrscheinlich in Folge des dortigen Verkehrs mit den Inseln und Kleinasien.

h. Pandion und sein Geschlecht.

Dieser Pandion, der mehr der megarischen als der attischen Sage angehörte, galt in Athen für den Sohn des Kekrops, jenes eingeschobenen ältesten Sohnes des Erechtheus, der von seinen Vettern, den Metioniden, vertrieben sich nach Megara geflüchtet habe. Hier wird er erst Gemahl der einheimischen Königstochter, dann selbst König und Vater des Aegeus, Pallas, Nisos und Lykos, von denen aber Aegeus nicht für einen ächten Sohn des Pandion gehalten wurde. Diese vier Pandioniden ziehen darauf gegen die Metioniden in Athen, vertreiben sie und theilen sich in Attika, so dafs dieses nun in vier Theile zerfiel: eine der wenigen Thatsachen, worüber alle gewichtigeren Atthidenschreiber einig waren, obwohl die Grenzen jener vier Gebiete sehr verschieden angegeben wurden[1]). Aegeus bekam Athen mit der Kephissosebene und dem Küstenstrich bis zum Pythion d. h. wahrscheinlich dem Heiligthume des Apollo beim Kloster Dafni (1, 214, 1), Pallas den Süden der Halbinsel, Lykos die Diakria mit der Tetrapolis und den dortigen Apollinischen Heiligthümern, welche die Sage von ihm wie die vom Xuthos erklären[2]), endlich Nisos den Isthmos und Megara. Doch sollten sich die Brüder dieser neuen Ordnung nicht lange erfreuen, da Lykos von Aegeus vertrieben nach Kleinasien flüchtete, Nisos und Megara dem Minos fiel, endlich Aegeus sowohl durch die Pallantiden als durch Minos in schwere Bedrängnifs gerieth, aus welcher ihn erst sein Heldensohn Theseus zu befreien vermochte. Die Metioniden d. h. die Nachkommen des Metion, des jüngsten Sohns des Erechtheus, zu denen auch Daedalos, der Repräsentant der attischen Hand- und Kunstarbeit gehörte, scheinen eigentlich die Handwerker in der Bedeutung eines eignen politischen Verbandes zu sein,

---

1) Apollod. 3, 15, 5, Strabo 9, 392, Schol. Arist. Lysistr. 58. Nach Sophokles b. Philoch. bekam Aegeus ἀκτὰς τῆσδε γῆς d. h. Athen und sein Gebiet mit der Küste, Lykos τὸν ἀντίπλευρον κῆπον Εὐβοίας, Nisos τὴν ὅμαυλον χθόνα Σκείρωνος ἀκτῆς, endlich Pallas τὸ πρὸς νότον. Philochoros bestimmte das Gebiet des Nisos ἀπὸ Ἰσθμοῦ μέχρι τοῦ Πυθίου, womit die Angabe b. Schol. Arist. übereinstimmt, Aegeus habe bekommen τὴν παρὰ τὸ ἄστυ μέχρι Πυθίου. Andron gab als Grenze an das Thriasische Gefilde, welches gleich jenseits des Passes beim Kloster Dafni begann.

2) Pythion zu Oenoe, Delion und ein Altar des pythischen Apoll zu Marathon, dessen Eponym für einen Sohn Apollons galt, Schol. Soph. O. C. 1047, Suid. Μαραθών. Lykos ist ein Sinnbild des lykischen Apoll wie Xuthos das des pythischen, Bd. 1, 202, 3.

wie diese in den alten attischen Ueberlieferungen denn auch sonst in solchem Sinne erwähnt werden¹).

B. Heldensage.

1. Herakles.

Herakles ist ein Heros wie Perseus und Bellerophon, wie diese ein Kind der argivischen Sage und der streitbare Sonnenheld: nur dafs sich um diese Dichtung mit der Zeit so verschiedenartige Elemente des religiösen Glaubens und der Mythenbildung angesetzt haben, hellenische und ausländische, dafs sie zuletzt die umfassendste und mannichfaltigste von allen heroischen Sagen geworden ist. Alte Naturdichtung und epische Heldendichtung, landschaftliche Sage und hellenische Stamm- und Geschlechtersage, mythische Erd- und Völkerkunde, geschichtliche Erinnerungen, Tragisches und volksthümlich Komisches, das Alles findet sich hier in bunter Mischung neben einander, ohne eine andere Einheit als die Identität der persönlichen Beziehung auf den einen Herakles, auf einer sehr breiten Basis sowohl des Schauplatzes als der Zeit der Handlung. Eben deshalb bedarf es, ehe wir die einzelnen Sagen beleuchten, nothwendig einer allgemeinen Bevorwortung.

I. Allgemeines.

a. Der argivische Herakles.

Der argivische Herakles ist wenn nicht schlechthin der älteste, doch jedenfalls der welcher in der griechischen Sagenbildung vom Herakles für den ältesten angesehen werden mufs und eben deshalb immer das Vorbild und der centralisirende Kern aller übrigen Dichtungen von diesem Heros geblieben ist. Schon der Name Ἡρακλῆς altgriechischen Ursprungs weist deutlich genug hin auf die argivische Hera, jenen berühmten Dienst der Himmelskönigin, zu welchem sich die ältesten Städte der Landschaft Argos und Tiryns und

---

1) Μητίων von μῆτις. Bei Plato Ion 533 A ist Daedalos Sohn des Metion, b. Diod. 4, 76 dieser Sohn des Eupalamos d. h. des geschickten Handarbeiters, und Eupalamos S. des Erechtheus. Aber bei Apollodor u. A. ist die Folge diese: Erechtheus, Metion, Eupalamos, Daedalos. Apollod. 3, 15, 5 kennt auch eine T. des Eupalamos Namens Μητιάδουσα, als Mutter des Pandion. Vgl. den Demos der Δαιδαλίδαι und die ionische Phyle der Ἐργάδεις d. h. δημιοεργοί.

Myken wetteifernd bekannten. Wie derselbe auf die Anfänge und den weiteren Verlauf der hellenischen Sagendichtung überhaupt einen bedeutenden Einfluß ausgeübt hat, so ist es namentlich interessant auf die Parallele zwischen Io und Herakles zu achten, welche sich nicht allein dem Geschlechte nach so nahe stehen. Beide sind der Hera scheinbar verhaßt und werden von ihr der Sage nach aufs bitterste verfolgt, bis zur endlichen Aussöhnung. Und doch sind beide eigentlich Diener und Verehrer der Hera, so daß selbst ihre Leiden und Schicksale zur Verherrlichung der großen Göttin dienen, wie andrerseits ihre eigne Verherrlichung nur die Folge dieser ihnen von der Hera auferlegten Schicksale ist. Das haben schon die Alten bei der Erklärung des Namens Herakles erkannt[1]), obwohl wir uns das Verhältniß als ein noch tiefer begründetes denken dürfen, denn wie Io eigentlich der wandelnde Mond im Dienste der Himmelskönigin ist, so ist Herakles eigentlich der streitende Sonnenheld im Dienste derselben Göttin des himmlischen Glanzes, und erst aus diesem Verhältniß ergiebt sich sowohl der volle Sinn seines Namens (1, 128, 1) als der rechte Schlüssel der argivischen Heraklessage. Diese ist ihren Grundzügen nach folgende. Herakles ist zwar der geliebte Sohn des Zeus, ja dessen Lieblingssohn schlechthin, den sein himmlischer Vater auf alle mögliche Weise schützt und fördert. Aber er ist wie Dionysos der Sohn eines Kebsweibes und deshalb Hera seine unversöhnliche Feindin, so lange er auf Erden wandelte. Das ist sein böses Geschick, wodurch er zuerst in die unwürdige Abhängigkeit vom Eurystheus gekommen ist, die ihm sein ganzes Leben verbittert. Er ist insofern der Gegenstand eines beständigen Antagonismus zwischen den beiden obersten Himmelsmächten, den eine sehr alte Dichtung in großartigen Zügen ausgeführt hatte und dessen ganze Anlage und Auffassung, wie sie durch das Epos mit der Zeit zu einer allgemein anerkannten Thatsache der griechischen Götter- und Heroensage geworden war, sich offenbar in diesem argivischen Sagenkreise vom Herakles und in dem sinnverwandten der Io zuerst ausgebildet hatte. Sein böses Geschick beginnt damit daß er nicht in Argos, sondern in Theben geboren wird, im Auslande, im Exil, wohin seine Eltern in Folge einer Verschuldung hatten flüchten müssen; wenigstens scheint dieses der Sinn seiner Ge-

---

1) ὅτι δι' Ἥραν ἔσχε κλέος Diod. 4, 10. Schon Pindar hatte den Namen so erklärt Prob. Virg. Ecl. 7, 61. Viele andre Erklärungen, aber mit dem Bemerken daß die Meisten den Namen verständen παρὰ τὸ ἐκ τῆς Ἥρας τὸ κλέος ἐσχηκέναι b. Et. M. Vgl. Διοκλῆς Ζηνοκλῆς Ἀθηνοκλῆς Διονυσοκλῆς u.s.w.

burt in Theben im Zusammenhange der ältesten Sage gewesen zu sein. Aber auch so dachte ihm Zeus das mächtigste aller Reiche zu verschaffen d. h. das argivische mit den beiden alten Persidenburgen Myken und Tiryns. Das verkündigt er aufs feierlichste bei grofser Götterversammlung, an demselben Tage wo die Geburt des Herakles bevorstand (Il. 19, 103 ff.). Aber Hera, die stolze Kronidentochter, die gegen ihren Gemahl immer aufsätzige, auf die Rechte und Pflichten der Ehe, die ihre eigenen Rechte und Pflichten sind, unausgesetzt eifersüchtige Himmelskönigin weifs dieses zu hintertreiben und den Herakles in die schimpflichste Abhängigkeit zu bringen, welche die Bedingung aller seiner Thaten, aber auch die von allen seinen Leiden ist[1]). Listig weifs sie ihren Gemahl zu dem Schwure zu bewegen, dafs der an diesem Tage zuerst Geborne der so feierlich angekündigte König und Herrscher sein soll, eilt dann schnell nach Argos, wo die Gemahlin des Sthenelos, der gleichfalls Perside war, im siebenten Monat schwanger lag, bewirkt als Herrscherin über alle Geburten dafs dieses Kind alsbald ans Licht kommt und hält die Wehen der Alkmene in Theben zugleich so lange auf bis Eurystheus geboren ist: so dafs Zeus trotz aller Wuth über die Ate, die seinen Sinn berückt hat, sein Wort halten mufs. Der schwächliche, der feige Eurystheus wird der Herrscher über Argos und über Herakles, und Zeus bereut seine Uebereilung stets von neuem, so oft er seinen geliebten Sohn in diesem unwürdigen Dienste sich abmühen sieht[2]). Hera aber läfst es nicht bei diesem ersten Anfange bewenden, sondern auch noch im Dienste des Eurystheus, ja in seinem ganzen Leben und bis zu seinem Tode, denn die Ilias weifs nur von diesem und leitet auch ihn von dem Zorne der Hera ab[3]), verfolgt sie den Helden mit allen Listen und Ränken und das mit einer Energie und Ausdauer, welche selbst nach den schwersten Züchtigungen, die der ergrimmte Olympier von Zeit zu Zeit über sie verhängt und welche, wie dieses schon die alten Ausleger empfanden[4]), eigentlich aufser allem

---

1) Od. 11, 620 Ζηνὸς μὲν πάϊς ἦα Κρονίονος, αὐτὰρ ὀϊζὺν εἶχον ἀπειρεσίην· μάλα γὰρ πολὺ χείρονι φωτὶ δεδμήμην, ὁ δέ μοι χαλεποὺς ἐπετέλλει' ἀέθλους.

2) Il. 19, 132 τὴν αἰεὶ στενάχεσχ' ὅθ' ἑὸν φίλον υἱὸν ὁρῷτο ἔργον ἀεικὲς ἔχοντα ὑπ' Εὐρυσθῆος ἀέθλων.

3) Il. 18, 117 οὐδὲ γὰρ οὐδὲ βίη Ἡρακλῆος φύγε Κῆρα, ὅσπερ φίλτατος ἔσκε Διὶ Κρονίωνι ἄνακτι, ἀλλά ἑ Μοῖρ' ἐδάμασσε καὶ ἀργαλέος χόλος Ἥρης.

4) Il. 14, 250 ff.; 15, 18 ff. Diese furchtbar leidenschaftlichen Scenen zwischen Zeus und Hera, deren Anlafs nach der Ilias nichts Anderes war als der

Verhältnifs zu dieser Ursache sind, nicht abnimmt. Alle die grandiosen Bilder von himmlischen Naturkämpfen, welche wir aus der Ilias kennen, werden an diesem Faden aufgereiht, ja selbst die bekannte Liebesscene auf dem Berge Ida scheint nach einem älteren Vorbilde des epischen Gesanges vom Herakles gedichtet zu sein. Und die späteren Dichter sind in gleichartigen Motivirungen nicht zurückgeblieben, daher fast alle widrigen Momente in der Geschichte des Herakles, von den Schlangen die den Säugling bedrohen und ein Bild der Kämpfe seines ganzen Lebens sind, bis zu den schrecklichen Ungeheuern, gegen welche ihn Eurystheus aussendet, ja alle feindseligen Plane und Aufgaben des Eurystheus und zu guter letzt auch noch dessen Hafs gegen die Herakliden von der Hera abgeleitet werden. Es ist ganz im Sinne der ältesten Zeit und ihrer Poesie dafs dieser gewaltige Antagonismus der höchsten himmlischen Mächte nicht blos den geistlichen, sondern auch den weltlichen Gesang viel beschäftigte und die Heraklessage darüber zum Mittelpunkte einer immer weiter um sich greifenden Sagenbildung wurde.

b. Herakles und Athena.

Eine andre Eigenthümlichkeit dieses ältesten Gesanges vom Herakles war sein inniges Verhältnifs zu Athena, auch dieses in den argivischen Dichtungen von Perseus und Bellerophon vorgebildet und für die gesammte Heldendichtung der späteren Geschlechter gleichfalls etwas Mafsgebendes. „Wie oft", sagt die Göttin gelegentlich in der Ilias[1]), „habe ich dem Lieblingssohne des Zeus helfen müssen, wenn er in seiner Noth, da Eurystheus ihn in immer neue Kämpfe schickte, zum Himmel emporweinte und Zeus mich dann zu seinem Beistande vom Himmel herabsandte! Vollends als er den Hund des Aïdes aus dem Erebos hinaufführen sollte, wäre er ohne mich niemals der schrecklichen Strömung der Styx entkommen." Auch die spätere Dichtung und Erzählung giebt manche einzelne Züge dieser beständigen Fürsorge der Athena für den gröfsten Heroen der griechischen Sage, aber vorzüglich gewähren hier wieder die älteren Vasen-

---

sterbliche Herakles, verletzten schon die alten Ausleger dergestalt dafs Zenodot durch Streichen zu helfen suchte, während Andre um so nachdrücklicher auf allegorische Interpretation bestanden. Vgl. Bd. I, 132 ff.

1) Il. 8, 362 οὐδέ τι τῶν μέμνηται ὅ οἱ μάλα πολλάκις υἱὸν τειρόμενον σώεσκον ἐπ' Εὐρυσθῆος ἀέθλων. ἤ τοι ὁ μὲν κλαίεσκε πρὸς οὐρανόν, αὐτὰρ ἐμὲ Ζεὺς τῷ ἐπαλεξήσουσαν ἀπ' οὐρανόθεν προΐαλλεν.

bilder eine aufserordentlich reiche Ausbeute, indem sie darin wie oft die ältere epische Ueberlieferung noch treuer widerspiegeln als die gewöhnliche Tradition; daher dieses Verhältnifs die neuere mythologische Kunsterklärung viel beschäftigt hat¹). Die ganze Folge der Kämpfe liegt in einer Reihe eben so alterthümlich gedachter als lebendig anschaulicher Bilder vor und immer sehen wir dabei den Herakles begleitet und umgeben von jenen beiden Göttern die alle Helden schützen, Athena und Hermes²): so dafs sein ganzes Dasein und alle seine Thätigkeit, vollends wenn man das verborgene Walten des Zeus und der Hera hinzudenkt, durchaus im Geiste des alten Epos nicht als seine oder eine irdische Angelegenheit, sondern als die der ganzen olympischen Götterwelt erscheint. Athena aber ist in solchem Grade seine Freundin dafs sie ihn nicht blos in alle Gefahr begleitet, sondern auch in allen Augenblicken der Ruhe und des erlangten Sieges als eine wahre Athena Nike bei ihm ist, indem sie ihm den Preis seiner Anstrengungen reicht oder sich seiner Erholung freut und zu seiner Erquickung beiträgt, bald in idyllischer Natureinsamkeit bald an seinem eignen Heerde mit ihm ausruhend; wie denn auch die gewöhnliche Sage davon zu erzählen wufste dafs Athena ihrem Helden zu Liebe einen schönen Peplos gewirkt oder warme Quellen zu einem erquickenden Bade für ihn habe entstehen lassen, ja dafs zuletzt, nachdem sie ihn durch alle Gefahren seiner mühseligen Lebensbahn begleitet hatte, auch seine Aufnahme unter die Götter recht eigentlich durch sie bewirkt worden sei³). Um so weniger werden wir zu der Annahme berechtigt sein dafs aller schriftlichen Ueberlieferung und der allgemeinen Ueberzeugung von dem jungfräulichen Charakter der Göttin zuwider ein geheimer Liebesbund zwischen ihr und Herakles bestanden habe, zumal da die Gruppen und Andeutungen jener Vasenbilder, so naiv sie oft die Fürsorge der Göttin für ihren Lieblingshelden und dessen Ehrfurcht vor seiner Schutzgöttin ausdrücken, zur Begründung einer so bedenklichen Annahme doch keineswegs ausreichen.

*1) Vgl. die Anführungen bei Welcker G. G. 2, 750. Dafs Athena auf einer Vase Bull. d. Inst. 1866, 181 als Ἡρακλέος κόρη d. i. Geliebte des Herakles bezeichnet wäre, halte ich trotz Dilthey Arch. Ztg. 1873, 83 Anm. für unmöglich.

2) Od. 11, 626 von dem Abenteuer der Unterwelt: Ἑρμείας δέ μ' ἔπεμψεν ἰδὲ γλαυκῶπις Ἀθήνη.

3) Pisander b. Schol. Ar. Nub. 1050 u. Zenob. 6, 49. Vgl. Aristid. 1 p. 25 φαίνεται γὰρ αὕτη καταλέξαμένη θεὸν εἰς θεοὺς αὐτόν, εἰ δὲ καὶ ὅτε ἦν ἐν ἀνθρώποις εἰς ἅπαντας ἡγεῖτο τοὺς ἄθλους αὐτῷ.

c. Herakles und Apollo.

Sehr eigenthümlich und folgenreich ist ferner das Verhältnifs zwischen Herakles und Apollo und zwar sind wir auch hier vorzüglich durch antike Bildwerke unterrichtet. Schon aus Pausanias wufste man von der Darstellung eines Kampfes zwischen Apollo und Herakles um den pythischen Dreifufs, der zu Delphi in einer gröfseren Statuengruppe ausgeführt war, und auch die Dichter haben demselben Schriftsteller zufolge einst von diesem Kampfe gesungen[1]). Neuerdings sind als Belege dazu viele alterthümliche Reliefs desselben Inhalts, die auf ein anathematisches Vorbild zurückweisen, und eine grofse Anzahl von älteren und jüngeren Vasenbildern derselben Darstellung bekannt geworden[2]), so dafs diese Thatsache jedenfalls eine sehr bedeutsame gewesen sein mufs. Immer ist Herakles im Begriff den Dreifufs davonzutragen, Apollo ihn daran zu hindern, worüber ein Kampf zwischen beiden entbrennt, bei welchem andere Götter vermittelnd einschreiten. Darauf versöhnen sich der Gott und der Heros, ja sie sind seitdem die innigsten Freunde und Verbündete geworden, gerade wie Apollo und Hermes nach dem Streite um die Heerden Apollons und um die Leier (1, 315), welcher Vorgang überhaupt mit jenem die gröfste Aehnlichkeit hat. Beide scheinen nämlich in der That nur darum erdichtet zu sein, um nach Art der mythologischen Motivirung durch den Streit dessen Ausgang und Resultat d. h. die innige Verbrüderung des lichten Gottes und des lichten Helden um so nachdrücklicher hervorzuheben. Denn Herakles ist als solcher nicht blos Diener und Verherrlicher der argivischen Hera, sondern auch des pythischen Apollo, und der Dreifufs, das Symbol des pythischen Apollo, ist bei diesen Ueberlieferungen nicht blos der mantische, in welchem Sinne die Alten jenen Streit erklären, sondern das Symbol des pythischen Dienstes überhaupt in dem ganzen Umfange seiner Stiftungen, Eroberungen und Sühnungen, wie Herakles denn von der Sage als Diener und Gehülfe des Gottes in allen diesen Beziehungen geschildert wird. Schon als Knabe war er nach thebanischer Sage ein Daphnephor des ismenischen Apollo seiner Vaterstadt, wofür der Vater nach herkömmlicher Sitte in dessen Tempel einen Dreifufs

---

1) Paus. 10, 13, 4 παραδεξάμενοι δὲ οἱ ποιηταὶ τὸν λόγον μάχην Ἡρακλέους πρὸς Ἀπόλλωνα περὶ τρίποδος ᾄδουσιν. Ueber die Veranlassung jener Gruppe Herod. 8, 27, Paus. 10, 1, 4, Müller Handb. § 89, 3.

*2) Vgl. Stephani compt. rend. 1868, 31—51, Heydemann Neapler Vasens. n. 2435, Santangelo n. 120.

weihete¹). Dann erscheint Herakles in manchen örtlichen Legenden als Verbreiter des pythischen Gottesdienstes, indem selbst von seinem Wegtragen des Dreifußes und von dem Streite mit Apollo nicht selten in diesem Sinne berichtet wird²). Ferner ist Herakles in verschiedenen hellenischen, namentlich auch den dorischen Stammsagen offenbar der heroische Vorkämpfer des Apollinischen Dienstes zu Delphi, in welchem Sinne er z. B. den Kyknos erlegt, die Dryoper unterjocht und die thessalischen Lapithen züchtigt, den Gottesfrieden auf der heiligen Strafse nach Norden schützt und überhaupt in jedem Sinne ein Held der pythischen Amphiktyonie ist. Endlich ist Herakles aber auch eben so deutlich ein Bild und Diener des pythischen Sühnungswesens, worüber sich sein eigener Charakter im Laufe der Zeit nicht wenig verändert hat. Herrscht nämlich in den älteren Dichtungen durchaus das Ideal des unter allen Gefahren ausdauernden und löwenmuthigen Heroen vor, so ist er mit der Zeit mehr und mehr zum Σωτήρ und Ἀλεξίκακος geworden, der durch seine Thaten Götter und Menschen von allem Unheil befreit und der allgemeine Erretter und Heiland ist: eine Auffassung welche der des Apollinischen Lichtdienstes nahe verwandt ist. Schon die Hesiodische Dichtung kennt ihn von dieser Seite und seine Bedeutung in der Sage vom Prometheus und in der Gigantomachie ist im Wesentlichen dieselbe. In anderen Fabeln tritt noch die höchst merkwürdige, aber der pythischen Religion durchaus entsprechende Auffassung hinzu dass Herakles, welcher als sehr leidenschaftlich und von Zeit zu Zeit Geistesstörungen unterworfen gedacht wurde, erst selbst zum Verbrecher wird und als solcher das pythische Orakel und die pythische Sühnungsstätte aufsucht, welche ihm dann bestimmte Werke der Bufse auflegt, damit er durch diese wieder zur Reinheit und zur Versöhnung gelange: wodurch selbst die Bedeutung seiner Dienstbarkeit beim Eurystheus mit der Zeit eine ganz andere geworden ist. Die spätere Ueberlieferung pflegt

---

1) Paus. 9, 10, 4 vgl. Pindar P. 11, 5 Schol.

2) Vgl. besonders die Sage von Pheneos, wo H. für den Gründer des Pythion galt. Paus. 8, 15, 2, Plut. d. s. n. v. 12 und die von Gytheion Paus. 3, 21, 7, und von Ambrakia Antonin. Lib. 4. Auch die Legende von Tripodiskos zeugt für diese weitere Bedeutung des pythischen Dreifußes, P. 1, 43, 7, desgleichen die Dreifüße auf den Münzen so vieler Städte, z. B. Krotons, wo Herakles auch für den Gründer galt. Scheint es doch in älterer Zeit allgemein herkömmlich gewesen zu sein, bei solchen unter der Hoheit des pythischen Apollo unternommenen Ansiedelungen einen geweihten Dreifuß von Delphi mitzunehmen, Zenob. 5, 18.

namentlich zwei Thaten des Herakles als solche Verbrechen hervorzuheben und danach sogar die ganze Geschichte des Helden in zwei Hauptabschnitte zu zerlegen. Zuerst den Mord seiner Kinder von der thebanischen Megara, bei welchem unverkennbar ein älterer Naturmythos zu Grunde liegt und zu dessen Sühnung ihm nach der gewöhnlichen Sage von Apoll der Dienst beim Eurystheus aufgelegt wurde, dessen Dauer nun auch nach Maafsgabe der pythischen Sühnungsgebräuche auf eine Ennaeteris bestimmt wurde [1]. Zweitens den Mord seines ihm arglos vertrauenden Gastfreundes Iphitos, dessen schon die Odyssee 21, 22 ff. mit starker Mifsbilligung erwähnt und um dessentwillen ihm nach späterer Sage vom pythischen Apoll der Dienst bei der lydischen Omphale auferlegt wurde. Und bei dieser Gelegenheit bringt die gewöhnliche Tradition nun auch jenen merkwürdigen Kampf um den Dreifufs zur Sprache, indem sie denselben durch den zuletzt erwähnten Vorgang motivirt [2]. In Folge seines Verbrechens an schwerer Krankheit leidend habe Herakles Auskunft und Hülfe von der Pythia gefordert, diese aber sich dessen mit Abscheu geweigert. Darauf bricht Herakles mit Gewalt [3] in den Tempel, reifst den heiligen Dreifufs des Orakels von seinem Postamente und trägt ihn fort um damit anderswo ein Orakel zu seinem Gebrauch zu stiften. Dawider erhebt sich Apollo kämpfend und es wäre zum ernsten Streit gekommen, wenn Zeus nicht einen Blitz zwischen seine Söhne geschleudert hätte. Endlich erhält Herakles den Spruch dafs er zur Sühne seines Verbrechens dienstbar werden müsse und fügt sich der auferlegten Bufse willig, so dafs er also während derselben im Sinne der pythischen Sühnungsgebräuche ein Geweihter und Hierodul des Apollo war, so gut wie Orestes und andre Büfsende.

---

1) Apollodor 2, 4, 12 spricht von zwölf Jahren, nämlich mit Beziehung auf die zwölf Arbeiten. Aber 2, 5, 11 heifst es ausdrücklich: τελεσθέντων δὲ τῶν ἄθλων (*allerdings nur die ersten zehn) ἐν μηνὶ καὶ ἔτεσιν ὀκτώ, vgl. Eustath. p. 717, 58.

2) Apollod. 2, 6, 2, Paus. 10, 13, 4, Plut. de EI ap. Delph. 6, welcher diese Gewaltthat des Herakles mit seiner damaligen Jugend entschuldigt.

3) Wie nach der bekannten Erzählung, also nach dem Vorgange seines Ahnen, Alexander d. Gr., Plut. Alex. 14, Ps. Kallisth. 1, 45, wo Alexander sagt: εἰ μὴ βούλει μαντεύσασθαι, βαστάξω κἀγὼ τὸν τρίποδα ὥσπερ ὁ Ἡρακλῆς ἐβάσταξε τὸν φοιβόλαλον τρίποδα, die Scene aber nicht in Delphi spielt, sondern in Tegyra, wie es scheint, vgl. über das dortige Orakel Plut. Pelop. 16 u. Bd. 1, 226, 6. Dieselbe Parallele scheint dem Künstler Euthykrates vorgeschwebt zu haben, Plin. 34, 66 optime expressit Herculem Delphis et Alexandrum.

d. Der orientalische Herakles.

Wie der Name Dionysos und der von andern griechischen Göttern bald zu einem Collectivnamen für die verwandten Gottesdienste und Ueberlieferungen vieler andrer Völker geworden ist, so wurde der des Herakles dasselbe für die entsprechenden Nationalhelden, ein Umstand welcher nicht wenig zur Erweiterung der Heraklessage über den ganzen Umfang der den Alten bekannten Welt beigetragen hat. Auf viele derartige Gestalten werden wir gelegentlich zurückgeführt werden, vorzüglich bei den Erzählungen von der Fahrt gegen Geryon und von der nach den Aepfeln der Hesperiden. Andre aber müssen gleich hier zur Sprache kommen, da sie sichtlich auch auf die frühere Entwickelung der griechischen Heraklessage von Einfluſs gewesen sind, d. h. wie dieselbe seit Hesiod, Stesichoros, Pisander und Panyasis erzählt zu werden pflegte. Es sind dieses der assyrische und der phoenikische Herakles[1]), beide unter einander verwandt, aber doch auch durch wesentliche Merkmale unterschieden. Der Dienst und die Fabel vom assyrischen Herakles hatte sich mit andern Einflüssen des groſsen assyrischen Centralreiches von Ninive und Babylon[2]) in frühen Zeiten über Kleinasien verbreitet, namentlich über Kilikien, wo Tarsos, Anchiale und Kelenderis für seine Gründungen galten[3]),

---

1) O. Müller Sandon und Sardanapal Rh. Mus. 1829 u. kl. d. Schr. 2, 100—113, R. Rochette Mémoires d' Archéologie comparée sur l' Hercule Assyrien et Phénicien, P. 1848.

2) Dieses Reich ist gemeint b. der Ueberl. des Agathias 2, 24 p. 117 nach Berosos u. A., daſs die alten Perser verehrt hätten Zeus unter dem Namen Belos, Herakles als $\Sigma άνδης$, Aphrodite als Anaitis. Auſser den babylonischen Cylindern und den neuerdings bekannt gewordenen Denkmälern von Ninive ist bemerkenswerth Tacit. A. 12, 13, wo der assyrische Herakles als groſser Jäger nach der Art des Nimrod erscheint.

3) Von Tarsos Ammian. Marc. 14, 8, 3, wo ex Aethiopia (codd. ex aethio) profectus Sandan quidam nomine vir opulentus et nobilis als Gründer genannt wird, wofür Dio Chr. or. 33 p. 451. 467 Emp. den Herakles nennt, vgl. Basil. de mirac. S. Theclae 2, 15, wo zwei Personen stammen $ἐκ\ μιᾶς\ πόλεως\ τῆς\ δαμάλιδός\ τε\ καὶ\ Σάνδα\ τοῦ\ Ἡρακλέος\ τοῦ\ Ἀμφιτρύωνος$ d. h. aus der Stadt der Io und des Herakliden Sandes d. i. wahrscheinlich Tarsos. Kelenderis (auf der Grenze gegen Syrien) nannte seinen Gründer $Σάνδακος$, einen Abkömmling der Eos und des Kephalos, Apollod. 3, 14, 3, Anchiale (in der Nähe von Tarsos) den Sardanapal, dessen Bild dort zu sehen war, mit einer Inschrift in assyrischen Buchstaben (Keilschrift), nach welcher er Anchiale und Tarsos in einem Tage gegründet habe. Strabo 14, 672, Arrian 2, 5, Athen. 12, 39, Steph. B. v. $Ἀγχιάλη$, u. A.

und nach Lydien, aus dessen ältester Geschichte von guten Gewährsmännern die merkwürdige Thatsache überliefert ist, dafs 500 Jahre (1222—716) dieses Land von Sardes aus durch eine Dynastie assyrischer Herakliden beherrscht worden, welche sich von Ninos, dem Sohne des Belos, des Alkaeos, des Herakles ableiteten[1]). Der einheimische Name dieses Herakles war Sandes oder Sandon[2]); doch scheinen auch die fabelhaften Ueberlieferungen vom Sardanapal und seinem Ende auf ihn bezogen werden zu müssen. Immer gilt er im Geschmacke des Orients zugleich für sehr üppig in allen sinnlichen Genüssen und für einen sehr starken und muthigen Helden, in Sardes bekanntlich für den Sklaven und Buhlen der Omphale, mit welcher er die Kleider tauscht, eine Vermischung der Geschlechtseigenthümlichkeit welche sich, wie bei den gleichartigen Ueberlieferungen des asiatischen Aphroditedienstes, auch in den Gebräuchen der Festfeier ausdrückte[3]). Denn beide, Omphale und dieser assyrische Herakles, waren eigentlich Götter, sie eine der Astarte, der Semiramis, der Aphrodite Urania verwandte Mondgöttin, er der Sonnengott, als himmlischer Held und König, in der Geschichte des Landes das erste Herrscherpaar, von welchem jene Dynastie der Herakliden ihr Geschlecht ableitete. Aus Tarsos hören wir von der Selbstverbrennung dieses Herakles, welche jährlich durch Errichtung und Verbrennung eines Scheiterhaufens mit seinem Bilde gefeiert wurde[4]), ein Fest der

---

1) Herod. 1, 7. Höchst wahrscheinlich gehört das von Herodot auf Sesostris bezogene Monument auf der Strafse von Sardes nach Smyrna in diese Periode der assyrischen Herrschaft, Kiepert Archäol. Ztg. 1843 n. 3ff., Lepsius ib. 1846 n. 41.

2) Nach Io. Lyd. d. mag. 3, 64 erklärte Sueton den Namen Σάρδων durch das durchsichtige und fleischfarbige Gewand σάρδες, womit Omphale ihn nach Art der lydischen Frauen bekleidet habe, vgl. Plut. an s. s. g. resp. 4 καθάπερ ἔνιοι τὸν Ἡρακλέα παίζοντες οὐκ εὖ γράφουσιν ἐν Ὀμφάλης κροκωτοφόρον etc. Nach Poll. 1, 45 beschenkte der tyrische Herakles nach Erfindung des Purpur die von ihm geliebte Nymphe Tyros (wohl Astarte als Stadtgöttin) mit einem damit gefärbten Gewande.

3) Eine Nachwirkung davon im Heraklesculte zu Kos, Plut. Qu. Gr. 58, vgl. Bd. 1, 419 u. R. Rochette a. a. O. 91 ff. — Hes. Πλακάτεια, ἀγὼν ἐν Λακεδαίμονι ἀπὸ Πλακάτου, ὅς ἦν ἐρώμενος Ἡρακλέους, ὥς φησι Σωσίβιος, doch wohl von πλακάτη, d. i. der Spinnrocken, Buttmann Mythol. 2, 358 ff.

4) Dio Chr. l. c. πυρᾶς οὔσης, ἣν πάνυ καλὴν αὐτῷ ποιεῖτε. Vgl. die Münzen von Tarsos b. R. Rochette pl. 4, 1—11 und die Pyra zu Hierapolis b. Lukian d. dea Syr 49, wo eine ähnliche Feier gegen Frühlingsanfang begangen wurde. Auch unser Weihnachtsfeuer und das Feuer auf den Bergen zu Ostern

Wiederkehr und Auferstehung der Sonne aus dem Tode und der Finsternifs des Winters, welches vermuthlich auch in dem alten Sardes begangen wurde¹). Bei den vielfachen Beziehungen Griechenlands zu Kleinasien und dem lydischen Reiche konnte es nicht fehlen dafs solche Vorbilder und Analogieen auf die griechische Heraklessage eine Rückwirkung ausübten, zumal sobald auch dieser Herakles zu einem Gott gleich andern Göttern geworden war, welches früh genug der Fall war²). So verräth namentlich die Apotheose des Herakles und seine Selbstverbrennung auf dem Oeta recht deutlich dieses Vorbild, abgesehn von der lydischen Episode der Heraklesfahrten und gewissen Thierkämpfen und Eigenthümlichkeiten des Costüms, welche gleichfalls auf den Orient zurückweisen. Auch wird in solchen Dingen der phoenikische Herakles sich nicht wesentlich von dem assyrischen unterschieden haben, obwohl die eigenthümliche Cultur dieses Volks und die weite Verbreitung seines Handels und seiner Colonieen über das Mittelmeer und darüber hinaus auch seinen Ueberlieferungen über die Thaten und Fahrten seines ersten Helden in vielen Punkten ein eigenthümliches Gepräge verliehen. Die alte Metropole dieses Dienstes war Tyros, für dessen Gründer dieser Herakles galt³) und wo König Hiram, der Zeitgenosse Salomos, den Tempel des Herakles und den der Astarte wiederhergestellt und das Fest einer Auferweckung (ἔγερσις) des Herakles gestiftet hatte, welches um die Zeit des kürzesten Tages wahrscheinlich gleichfalls mit einer Pyra begangen wurde⁴).

---

und Johannis kann verglichen werden, immer in den kritischen Zeiten des Sonnenlaufs. Auf jenen Münzen sieht man bald Herakles allein bald seine Figur in der Pyra, die auf einem hohen cubischen Untersatze steht, auf ihrer Spitze ein auffliegender Adler, das Symbol der Apotheose. Herakles steht auf einem gehörnten Wunderthiere und ist nach orientalischer Weise bekleidet, dazu bald mit Bogen und Köcher bald mit dem Doppelbeil bald mit einem Kranze versehn. Mit der R. macht er den Gest, welchen die 165, 3 citirten Schriftsteller am Bilde des Sardanapal zu Anchiale beschreiben.

1) Wenigstens zeigt eine M. von Philadelphia in Lydien ein ähnliches Gepräge.

2) Od. 11, 601 αὐτὸς δὲ μετ' ἀθανάτοισι θεοῖσιν τέρπεται ἐν θαλίῃς καὶ ἔχει καλλίσφυρον Ἥβην, vgl. Hesiod th. 950 ff., welche Stellen man gewöhnlich für Interpolationen des Zeitalters des Pisistratos hält, und Hom. Il. 15.

3) Herod. 2, 44, Arrian 2, 16, Lukian de dea Syr. 3 u. A.

4) Menander b. Joseph. Antiq. 8, 5, 3 vgl. Clem. Recogn. 10 p. 35 Burs. Herculis (sepulchrum) apud Tyrum, ubi igne crematus est. Mehr zu seiner Charakteristik als des Herrn der himmlischen Heerschaaren und der Jahreszeiten, in dessen Tempel ein ewiges Feuer brannte und kein Bild gedultet wurde,

Zugleich galt er für den ersten König und für den ersten Erfinder der Schifffahrt und des Purpurs, auch für den Anführer der Colonieen und Heereszüge bis in die entfernten Gegenden von Mauretanien und Andalusien, welche seinen Namen und den der Phoeniker schon zu einer sehr frühen Zeit zu einem weltberühmten machten. Er hiefs bald Melkart d. h. Stadtkönig, bald Maker oder Mokar, was dasselbe bedeutete¹). Man kann seine Spur über Cypern, Rhodos, Kreta, Sicilien und Sardinien, Malta und Libyen bis nach Gades und Spanien verfolgen, in welcher Gegend, der Grenze der alten Schifffahrt, der Heraklesdienst von Gades ein neuer Mittelpunkt der Sagenbildung wurde und sein Ansehen auch in dem römischen Reiche behauptete. In den griechischen Gewässern war der Dienst auf der Insel Thasos besonders wichtig, da hier die Elemente des phoenikischen und des griechischen Glaubens sich zuerst durchdrungen zu haben scheinen²). Die griechische Sage hat auch von diesem Herakles manche Züge angenommen, z. B. seine Thaten und Kämpfe sowohl auf dem festen Lande als zur See, wie davon die griechischen Dichter seit Pindar viel zu erzählen wissen³). Daher Herakles nach tyrischem Muster auf einem aus Holz gezimmerten Flosse stehend, mit geschwungener Keule und einem Pfeile in der Hand abgebildet wurde, wie dieses namentlich zu Erythrae in Ionien der Fall war⁴), oder auf einem aus Krügen oder Schläuchen gebildeten Flosse liegend und mit gespanntem Segel durch die Fluth schiffend, wie man ihn nicht selten auf Scarabaeen abgebildet sieht, welche besonders im südlichen Italien gefunden wer-

---

b. Nonn. 40, 369 ff., Sil. Ital. 3, 14 ff., Philostr. v. Apollon. 5, 5 p. 86 (diese beiden letzteren über den Dienst zu Gades) vgl. Movers Phönizier 1, 385 ff.; 2, 2, 109 ff., Stark Ber. der Sächs. Ges. 1856 S. 44 ff.

1) Μελίκαρθος ὁ καὶ Ἡρακλῆς Philo Bybl. b. Euseb. Pr. Ev. 1, 10, 19. Μάλικα τὸν Ἡρακλέα Ἀμαθούσιοι Hesych, Μάκαρις Paus. 10, 17, 2. Vgl. Movers 2, 2, 117 u. Olshausen Rh. Mus. N. F. 8, 328.

2) Herod. 2, 44. Ueber die Lage des Tempels Conze Reise a. d. Ins. d. thr. Meers S. 17, *auch Perrot Arch. d. miss. scientif. N. S. 1 (1864), 81 ff. Das Bild war den älteren Münzen von Thasos zufolge das eines τοξότης, wie das des persischen Königs auf den Dareiken. Ein andres beschreibt Paus. 5, 25, 7.

3) Pind. N. 1, 62 ὅσσους μὲν ἐν χέρσῳ κτανών, ὅσσους δὲ πόντῳ θῆρας ἀϊδροδίκας. I. 3, 75 ναυτιλίαισί τε πορθμὸν ἁμερῶσαις. Soph. Tr. 1011 πολλὰ μὲν ἐν πόντῳ κατά τε δρία πάντα καθαίρων. Eurip. Herc. f. 225 ποντίων καθαρμάτων χέρσου τ' ἀμοιβάς. 400 ποντίας θ' ἁλὸς μυχοὺς εἰσέβαινε θνατοῖς γαλανείας τιθεὶς ἐρετμοῖς.

4) Paus. 7, 5, 3 vgl. die Münzen von Erythrae b. R. Rochette t. 3, 8—11 p. 175.

den¹). Oder man erzählte von seinen Zügen und Abenteuern in Libyen und Spanien, wie dieses vorzüglich in den späteren Versionen der Sage vom Geryon und von den Aepfeln der Hesperiden der Fall ist. Oder man verehrte ihn und den Sonnengott neben der Astarte in der Bedeutung der Aphrodite Urania, von welchem Vereine sich die Spuren in verschiedenen Gegenden des griechischen und punischen Verkehrs nachweisen lassen²). Dahingegen der aegyptische Herakles, auf welchen Herodot nach seiner Art ein besonderes Gewicht legt, dieses in der älteren Zeit der Sagenbildung und selbst im Zusammenhange der aegyptischen Götterlehre keineswegs gehabt zu haben scheint³). Erst in den späteren der allgemeinen Auflösung und Vermengung nationaler Traditionen wurde er nicht selten mit dem punischen identificirt und dadurch zu einem Eroberungshelden wie dieser, vornehmlich wie es scheint in dem Kreise des libyschen und gaditanischen Heraklesdienstes⁴).

c. Der griechische Herakles in landschaftlichen und in Stammsagen.

Was die weitere Entwicklung der griechischen Heraklessage betrifft, so bewährt sich der argivische Herakles als der älteste auch dadurch dafs die übrigen örtlichen Sagen meist auf ihn zurückweisen, vollends im Peloponnes, dessen Sagenbildung auch in dieser Hinsicht von der argivischen abhängt. Sie beschäftigt sich mit dem Helden von Argos in vielen bald landschaftlich symbolischen bald geschichtlichen Sagen, von denen jene gewöhnlich die älteren und von den combinirenden Dichtern der Heraklessage unter den zwölf Arbeiten untergebracht, diese oft spätere Nachklänge davon und örtliche Erinnerungen sind. Nächst den Sagen von Argos sind besonders die

---

1) Stephani ausr. Herakles S. 126.
2) Auf Akrokorinth Helios neben Aphrodite u. Eros, Paus. 2, 5, 1. Herakles Verehrer der kytherischen Aphrodite zu Hypata, Aristot. Mirab. 133 (145), der erycinischen in arkadischen und sicilischen Ueberlieferungen. Neben der Apaturos, für welche er gegen die Giganten kämpft, zu Phanagoria u. Pantikapaeon, Strabo 11, 495, Boeckh z. C. I. n. 2120. H. von den s. g. pythischen Göttern entführt im T. d. Aph. zu Massilia, C. I. n. 6769. Der tyrische H. u. Astarte in England, C. I. n. 6506. 6507.
3) Herod. 2, 43. Nach dem Et. M. hiefs er $N\tilde{\omega}\nu$, nach Hesych $\Gamma\iota\gamma\tilde{\omega}\nu$ oder $\Gamma\iota\gamma\tilde{\omega}\nu$. Vgl. Parthey z. Plut. Is. Os. 210. 238, * Brugsch zu Herod. 2, 42 ed. Stein.
4) Diod. 1, 24, Plut. 10, 13, 4; 17, 2, Zenob. 5, 48; Sil. Ital. 3, 24 ff., Philostr. v. Apollon. 5, 5, Mela 3, 6. *Ueber eine Vermengung des Herakles mit Sesostris vgl. Lepsius Ztschr. f. ägypt. Spr. u. Alt. 1871, 52 ff.

von Arkadien und Elis alterthümlich und lehrreich. Bei den meisten liegt deutlich genug eine alte landschaftliche Naturdichtung zu Grunde, wo die Sonne als triumphirender Held über alle Schrecknisse des Himmels und der Erde erscheint.

Nächst dem argivischen Herakles wurde immer der thebanische und boeotische für den ältesten und für den eigentlich griechischen gehalten¹). Zunächst geschah dies wegen seiner Geburt in Theben (Θηβαγενής), von welcher schon das älteste Epos erzählte. Es läfst sich aber nicht leugnen dafs die boeotischen Sagen vom Herakles auch sonst einige alterthümliche Züge erhalten haben, die auf eine eigenthümliche Verehrung des Sonnenheros schliefsen lassen. Nachmals blieb der boeotische Herakles immer vorzugsweise das Vorbild der Gymnastik und Athletik.

Ferner ist der oetaeische Herakles von hohem Interesse, sowohl wegen seiner nahen Beziehung zum Apoll von Delphi als wegen einer eigenthümlichen, auch für das Epos eine Zeitlang recht fruchtbaren Mythenbildung, endlich wegen seiner hohen Bedeutung für die dorische Stammsage. Von der letzteren sei hier nur so viel bemerkt dafs, so wichtig sie auch für die spätere Zeit wegen der aufserordentlichen Erfolge des dorischen Stammes und der dorischen Herakliden wurde, dieser Herakles doch unmöglich für so alt gelten kann als er namentlich durch O. Müller erklärt ist²), eben so wenig wie der dorische Apoll. Vielmehr scheint der dorische Herakles wesentlich mit jenem Apollinischen Herakles zu Delphi zusammenzugehören, der als Held des dortigen Orakels und der um diesen heiligen Mittelpunkt begründeten Amphiktyonie zugleich der Stammheld der einzelnen in dieser Amphiktyonie vereinigten Völker, darunter der Dorier wurde. Was jene eigenthümliche Mythenbildung betrifft so gehören dahin namentlich die Sagen vom Könige Keyx zu Trachis, vom Könige Aegimios, von dem Verkehre mit Chiron, der Theilnahme an der Argonautenfahrt, dem Zuge gegen die Dryoper und die Lapithen, von der Zerstörung Oechalias und der Selbstverbrennung auf dem Oeta, kurz die Mehrzahl der thessalischen, lokrischen und trachinischen Sagen, welche viel Eigenthümliches haben

---

1) Plut. de Herod. mal. 14 καίτοι τῶν παλαιῶν καὶ λογίων ἀνδρῶν οὐχ Ὅμηρος, οὐχ Ἡσίοδος, οὐκ Ἀρχίλοχος, οὐ Πείσανδρος, οὐ Στησίχορος, οὐκ Ἀλκμάν, οὐ Πίνδαρος Αἰγυπτίου ἔσχον λόγον Ἡρακλέους ἢ Φοίνικος, ἀλλ' ἕνα τοῦτον ἴσασι πάντες Ἡρακλέα τὸν Βοιώτιον ὁμοῦ καὶ Ἀργεῖον.

2) Dor. 1, 411—458.

und in der nachhomerischen Periode des epischen Gesanges manchen vorzüglichen Dichter beschäftigten.

Ferner gab es einen **attischen** Heraklesdienst, dessen alter Mittelpunkt zu Marathon war, wo die Sage bei der Freundschaft zwischen Herakles und Theseus und bei der Geschichte der dorischen Herakliden anknüpfte. Dasselbe that der **makedonische** Heraklescult, welchem mit der Zeit als dem des Stammheros des regierenden Hauses, aus welchem auch Alexander der Große hervorging, eine besondere Auszeichnung zu Theil wurde.

Endlich war auch die Gegend von Aetolien bis **Thesprotien** die Heimath alter Sagen vom Herakles, der auch in diesen bald für das Wohl des Landes arbeitend bald Kriege führend bald als Stammvater der königlichen Geschlechter erscheint. In Aetolien bilden die Sagen von dem Kampfe des Herakles mit dem Flußgotte Acheloos, seiner Vermählung mit Deianira, der Tochter des Oeneus, der Mutter des Hyllos, seinem Wohlleben bei dem Weinkönige Oeneus, seinem Auszuge über den Euenos, bei welchem Herakles den Kentauren Nessos tödtet, dieser der Deianira das verhängnißvolle Gift einhändigt, eine eigenthümliche und in dem Zusammenhange der gewöhnlichen Tradition bedeutungsvolle Gruppe. Bei den Thesprotern war Ephyra, einer der ältesten hellenischen Stammsitze, der Mittelpunkt von Traditionen, deren schon die Ilias 2, 658 ff. erwähnt. Aus dieser Gegend führte Herakles die Mutter des Tlepolemos mit sich nach Argos, von wo dieser Heraklide später nach der Insel Rhodos flüchtet, deren Völker er im trojanischen Kriege führt. Und auch in Thessalien gab es Herakliden, welche ihr Geschlecht aus der Gegend des thesprotischen Ephyra ableiteten.

Aber auch die asiatische Heraklessage von **Troas**, die der **mysischen** Herakliden und die **lydischen** Traditionen theilten sich früh den Griechen mit, denen sie viele und bedeutende Beiträge zu ihrer Dichtung von diesem Helden geliefert haben. Bringt man dazu noch die vielen Städte in Anschlag, welche sich nach Herakles nannten und großentheils auch von ihm begründet zu sein behaupteten[1]),

---

[1] Steph. B. v. Ἡράκλεια zählt 24 auf, welche Zahl sich vermehren ließe. Die wichtigsten sind Ἡράκλεια ἡ Τραχινία, welches die Spartaner auf das Gesuch der stammverwandten Malier in derselben Gegend anlegten, wo ehedem Trachis gelegen hatte und von wo sie selbst zur Eroberung des Peloponnes ausgezogen waren, Diod. 12, 59. Ferner das pontische Herakleia, Ἡράκλεια ἐν Πόντῳ, dessen Sagen Herodor geltend zu machen wußte.

ferner die Elemente der libyschen, sicilischen, italischen, keltischen und skythischen Heraklessage, die Nachklänge verwandter Heldensage dieser Länder und Völker, welche die griechische Dichtung allmählich in ihr auf Universalmythologie angelegtes Schema mithineinzog, endlich die aus den griechischen Colonieen und früher von Phoeniken bewohnten oder auf die Dauer von ihnen colonisirten Gegenden immer zahlreicher zuströmenden Elemente der orientalischen Heraklessage: so wird man begreifen, dafs es sich hier von einem Helden handelt, der nur bedingter Weise ein hellenischer genannt werden darf. Vielmehr war Herakles, wie Dionysos unter den Göttern, zuletzt ganz zu einer so zu sagen oekumenischen Gestalt und centralisirenden Macht der alten Mythologie und Religion geworden, zu welcher alle Völker und alle Bildungsepochen des vorchristlichen Alterthums ihre Beiträge geliefert haben.

f. Die dichterische und mythographische Ueberlieferung vom Herakles[1]).

Diese Ueberlieferung ist vorzüglich bei Apollodor und Diodor zu finden[2]) und eine Compilation der verschiedenartigsten Sagen nach einem wahrscheinlich seit längerer Zeit herkömmlichen Systeme, wo die Massen der Thaten und Abenteuer in zwei Abschnitte zerlegt werden, in den der sogenannten zwölf ἆθλοι, welche grofsentheils eine symbolische Bedeutung haben und von denen die Fahrten in entferntere Gegenden wieder zur Anknüpfung für kleinere episodisch eingefügte Abenteuer (s. g. πάρεργα) dienen mufsten, und in den der sogenannten πράξεις, das sind meistens Feldzüge, wie die gegen Oechalia, Ilion, Elis, Pylos u. s. w., auch diese nach einer gewissen historischen Folge geordnet, die aber theils eine ganze willkürliche theils durch gewisse traditionelle Wendungen der Sage z. B. den Mord des Iphitos, die Vermählung mit der Deianira, das Leben in Trachis, das Ende auf dem Oeta bedingt ist. Vor dem ersten Ab-

---

1) O. Müller Dor. 2, 493 ff., A. Vogel Hercules secundum Graecorum poetas et historicos antiquissimos descriptus et illustratus, Hal. Sax. 1830 * E. Des Essarts du type d'Hercule dans la littérature grecque depuis les origines jusqu'au siècle des Antonins, Paris 1871 ist dem Herausgeber nicht bekannt geworden.

2) Apollod. 2, 4, 5 ff., Diod. 4, 8 ff. Aufserdem ist wichtig die Tafel mit dem Relief des Ἡρακλῆς ἀναπαυόμενος, jetzt in der Villa Albani. Die Inschrift C. I. G. n. 5984. Bild und Inschrift mit vielfach belehrender Erläuterung b. Stephani der ausruhende Herakles, S. Petersb. 1854 (Mem. de l'Acad. T. 8); * s. jetzt auch O. Jahn Bilderchroniken S. 6 ff., 39 ff., 68 ff.

schnitte wurde nach boeotischen Sagen von der Geburt und Jugend des Helden, nach dem zweiten von seiner Verklärung und nach dorischen und attischen Sagen von den Schicksalen der Herakliden erzählt. Eine in vieler Hinsicht mangelhafte Ordnung, welcher wir aber doch folgen müssen und auch unbeschadet eines eingehenderen Verständnisses folgen können, nur dafs bei jeder einzelnen Erzählung ihr ursprünglicher Zusammenhang in der örtlichen Dichtung und Erinnerung und im Ganzen der gesammte Verlauf der epischen und poetischen Behandlung ins Auge gefafst werden mufs, welcher letztere auch in eigenthümlicher Hinsicht interessant ist. Es stellt sich nämlich in ihm ein beständiger Kampf zwischen zwei sehr entgegengesetzten Einflüssen dar, dem einer künstlerischen Gliederung und Bearbeitung der Sage nach dem epischen Interesse einheitlicher Handlung und dem entgegenstrebenden des stets von neuem aus so vielen Quellen der örtlichen Sage anschwellenden Stoffes, dessen überschwenglicher Reichthum zuletzt eben nicht anders als auf diese compilatorische Weise überwältigt werden konnte.

Gleich in der ältesten Zeit, der besten des epischen Gesanges, müssen die argivischen Sagen vom Herakles die Dichter viel beschäftigt haben, da die Grundzüge dieser Sagengruppe schon in der Ilias ausgebildet vorliegen. Herakles, der löwenmüthige Sohn des Zeus[1]), ist durch die Ungunst der Hera ein Dienstmann des Eurystheus geworden, als welcher er jene Arbeiten verrichten mufs, welche die spätere Dichtung auf die Zahl zwölf bestimmt hat. Aufser diesen Arbeiten kennt die Ilias auch mehrere Feldzüge des Herakles, die sie von den Arbeiten wie die spätere Tradition zu unterscheiden d. h. unabhängig von dem Dienste des Eurystheus zu denken scheint, den gegen Pylos, gegen Ephyra, auch die Geschichte von Oechalia und Iphitos, besonders aber den Zug gegen Ilion, auf den sie wiederholt und mit ziemlich ausführlicher Erzählung zurückkommt. Offenbar wird sie dazu vornehmlich durch ihren eignen Inhalt vermocht, doch ist es merkwürdig genug zu beobachten dafs in ihren Andeutungen über diesen trojanischen Krieg des Herakles verschiedene Umstände und Verwicklungen erwähnt werden, welche sich in dem der Pelopiden und Aeakiden wiederholen[2]), so dafs es beinahe den Anschein ge-

---

1) θυμολέων ist bei Homer und später ein gewöhnliches Beiwort des Herakles, in demselben Sinne wie θρασυμέμνων, μένος αἰὲν ἀτειρές, βίη Ἡρακληείη, Il. 5, 638 vgl. Hom. Il. 15 εἰς Ἡρακλέα λεοντόθυμον.

2) Aufser der Spannung zwischen Zeus und Hera die Ankunft zur See,

winnt als hätte die Sagendichtung vom trojanischen Kriege ihren historischen Hintergrund anfangs bei dem Argos der Persiden, erst später bei dem der Pelopiden gesucht.

Eine zweite Epoche dieser Sagendichtung ist die, deren Mittelpunkt der oetaeische Herakles von Trachis und seine Verwicklung mit den örtlichen Sagen der Umgegend war. Namentlich gehören dahin die Hesiodischen Gedichte vom Könige Keyx und seinem Hochzeitsschmause, bei welchem auch sein Freund Herakles einkehrt (Κήυκος γάμος), ferner das noch erhaltene Gedicht vom Kampfe des Herakles mit Kyknos, dem Sohne des Ares, wo die Beschreibung der Waffen und des Schildes nach dem Vorbilde der Ilias eine Hauptsache ist, ferner die vom dorischen Könige Aegimios und seinem Bunde mit Herakles, endlich die von der Zerstörung Oechalias durch Herakles und von seiner Entführung der Iole (Οἰχαλίας ἅλωσις): ein Gedicht welches schon wegen der mächtigen Motive der Leidenschaft in Liebe und Rache, die in dieser Handlung thätig waren, von großer Wirkung gewesen sein muß. Lauter kleinere Epopoeen der jüngeren Hesiodischen und Homerischen Kunstschule, deren Einfluß auf die spätere Tradition bedeutend gewesen ist und welche sich noch den richtigen Takt bewahrt hatten daß bei einer so reichen und weit zerstreuten Sage nicht das Ganze, sondern nur einzelne in sich zusammenhängende Abschnitte behandelt werden durften[1]).

In einer noch späteren Zeit (Ol. 33) fand Herakles einen neuen Dichter an Pisander von der Insel Rhodos, der aber nun schon eines ganz andern Geistes Kind war. Wahrscheinlich sang er zuerst von den zwölf Kämpfen, deren Abschluß man gewöhnlich zu spät setzt[2]) und deren erster seitdem der mit dem Löwen blieb, welcher dem Helden zu seiner nun herkömmlichen Ausstattung mit Löwenhaut und Keule verhalf[3]). Herakles war ihm übrigens ganz Alexikakos,

---

womit die Tradition vom hölzernen Pferde zusammenhängt, die Erstürmung und Zerstörung der Stadt, endlich der Sturm auf der Rückkehr. Die späteren Dichter fügten die Theilnahme der Aeakiden hinzu.

1) Auch die Heraklea des Kinaethon behandelte vorzugsweise die trachinischen Fabeln, doch ist der Zusammenhang unbekannt.

2) Welcker kl. Schr. 1, 83ff. u. über den falschen Pisander ep. Cycl. 1, 97 ff.

3) Strabo 15, 688 von den indischen Zügen des Bacchus und Herakles: καὶ ἡ τοῦ Ἡρακλέους δὲ στολὴ ἡ τοιαύτη πολὺ νεωτέρα τῆς Τρωικῆς μνήμης ἐστί, πλάσμα τῶν τὴν Ἡράκλειαν ποιησάντων, εἴτε Πείσανδρος ἦν εἴτ᾽ ἄλλος τις· τὰ δ᾽ ἀρχαῖα ξόανα οὐχ οὕτω διεσκεύασται. Andre nannten nämlich den Stesichoros.

sein Heldenthum ein frommer Dienst der Menschheit, die er durch sein Würgen vom Unheil befreien wollte[1]), also wahrscheinlich im Dienste des pythischen Apoll. Dahingegen die gröfseren mythologischen Gedichte des **Stesichoros** wieder einzelne Abenteuer des Herakles (Kyknos, Kerberos, Geryoneis) mit grofser Lebendigkeit wie es scheint, aber auch mit grofser Freiheit behandelten.

Endlich erschien in **Panyasis** von Halicarnafs, einem älteren Verwandten des Herodot, ein Dichter der sich nicht auf die ἆθλοι oder auf einzelne Abenteuer allein beschränkte, sondern eine Zusammenstellung aller Thaten und der ganzen Geschichte des Herakles versuchte, wie theils die Ausführungen der älteren Dichter theils die Quellen der örtlichen Sage sie inzwischen gestaltet und erweitert hatten. So entstand ein weitschichtiges Gedicht von zwölf Büchern, welches den Namen einer Heraklea führte und in der That nur diese Einheit der persönlichen Identität des Helden besafs. Panyasis scheint der Urheber des Systems von Erzählungen zu sein, nach welchem die Geschichte des Herakles fortan vorgetragen wurde[2]), nur dafs unter den Logographen vorzüglich **Pherekydes**, von den halb philosophisch halb historisch gebildeten Schriftstellern zur Zeit des Sokrates **Herodor** aus dem pontischen Herakleia[3]) noch manche weniger bekannte Sagen der örtlichen Ueberlieferung und allerlei eigenthümliche Erklärungen hinzugefügt haben.

Wieder in anderer Hinsicht hat das **Theater** und die **Philosophie** auf die Vorstellungen und die Traditionen vom Herakles eingewirkt, die Tragödie indem sie die Sagen der Leidenschaft und des Verhängnisses, die Komödie und das Satyrdrama indem sie die volksthümlich komischen und zur Parodie geeigneten Elemente pflegte, wie sie in vielen örtlichen Traditionen und märchenhaften Erzählungen gegeben waren. Endlich der Philosophie verdankt man jenes ethischdidaktische Bild des Herakles am Scheidewege, wie ihn zuerst der bekannte Sophist und Moralphilosoph Prodikos von Keos, ein Zeit-

---

1) Charakteristisch ist das Fragment b. Olympiodor in Plat. Alkib. I. p. 157, nach welchem Pisander den Herakles den allergerechtesten Würger nannte. δικαιοτάτου τε φονῆος, wie Olympiodor hinzusetzt: ἐπὶ γὰρ καθαρότητα φόνους ἐποίει.

2) Aufser O. Müller a. a. O. s. Meineke Anal. Alex. p. 363 sqq. u. Tzschirner Panyas. Halicarn. Heracleadis fr. Vratisl. 1842. Die Fragmente des Pisander u. Panyasis b. F. Dübner Hesiodi. aliorum carmina P. 1840.

3) Fragm. Hist. Gr. ed. C. Müller 2, 27 sqq.

genosse des Sokrates, in einer allegorischen Erzählung geschildert hatte, welche in ihrer Art Epoche machte.

Zuletzt beschäftigten sich mehrere Dichter der alexandrinischen Periode mit der Heraklessage im Ganzen[1]) oder mit einzelnen Abschnitten derselben, darunter besonders Theokrit und Moschos, deren kleinere Gedichte solches Inhaltes zu dem Besten gehören, was die mythologische Poesie der späteren Zeit darbietet.

B. Der thebanische Herakles.

Geburt und Jugend.

Diese Sage ist reich an eigenthümlichen Zügen und scheint sich ursprünglich unabhängig von der argivischen entwickelt zu haben. Im Zusammenhange der ganzen Geschichte des Helden aber knüpft sie bei dieser an, schaltet dann die örtlichen Ueberlieferungen ein und schliefst mit der Raserei des Herakles, in welcher er seine eignen Kinder tödtet und darauf Theben für immer verläfst. Hesiod scheint eine Hauptquelle für diese Sagen gewesen zu sein, wie er es noch im Schilde des Herakles ist[2]). Aber auch Pindar hat manche Züge aus diesen Erzählungen von dem ersten Helden seiner Vaterstadt erhalten.

Von den Persiden (oben S. 73, 2) hatte Elektryon d. h. der Strahlende[3]) eine blühende Schaar von Söhnen, die alle in einem Handgemenge mit den Teleboern umkamen, der seeräuberischen Bevölkerung der an der Küste von Akarnanien gelegenen Inseln, welche das Meer und die Küsten weit und breit beunruhigte. Nur die einzige Tochter Alkmene d. h. die Starke bleibt ihm, die er nun dem Sohne seines Bruders Alkaeos, dem Amphitryon d. h. dem unermüdlichen Kriegsmann verlobt: so drücken schon die Namen der Eltern des Herakles die Grundzüge seiner Natur aus, unverwüstliche Stärke, Muth und Kriegesruhm[4]). Durch Amphitryons Hand fällt Elek-

---

1) So Rhianos von Kreta, s. Meineke Anal. Alex. 176 sqq.
2) Sc. Herc. 1—56, ein Bruchstück der Eoeen.
3) Ἠλεκτρύων von ἠλέκτωρ d. i. Sol, Bd. 1, 358, 1. Dahin führt auch die Ueberlieferung von seinen Heerden, s. unten b. Geryon.
4) Ἀλκμήνη wie Ἀλκμάων Ἀλκμάν Ἀλκμαίων von ἀλκιμος, Hes. th. 526 Ἀλκμήνης καλλισφύρου ἄλκιμος υἱός. Ἀμφιτρύων von τρύω ich ermüde und dem verstärkenden ἀμφί, also der ganz Ermüdende, vgl. Ἀτρυτώνη und Ἀμφίμαχος Ἀμφιάρεως Ἀμφίδικος u. s. w. Dessen Vater Ἀλκαῖος von ἀλκή.

tryon¹), worauf er mit seiner Verlobten nach Theben flüchtig wird. Noch ist er ihrer nicht froh geworden, denn sie hat ihm das feierliche Gelübde abgenommen ihr nicht eher zu nahen als nachdem er ihre Brüder an den Teleboern gerächt habe, daher er von Theben aus zu diesem Zuge rüstet. Schon hat er den König des feindlichen Volkes Pterelaos d. h. den König der beflügelten Ruderer²) und alle Inseln bezwungen und schon kehrt er zurück nach Theben, da begiebt sich Zeus in der Gestalt ihres Gemahls zur Alkmene³), bringt einen goldnen Becher als Pfand des Sieges und ruht bei der reizenden Jungfrau, die späteren Dichter sagen drei Nächte lang, da er die Sonne um einen Tag zurückgehalten⁴). In derselben Nacht kommt Amphitryon, siegesfroh und liebeschmachtend⁵). Dann erfüllt sich die Zeit wo die Frucht der

---

obwohl auch Herakles selbst, ehe das Delphische Orakel ihm diesen Namen gab, Ἀλκαῖος geheifsen haben soll, oder Ἀλκείδης, auch dieses von ἀλκή, denn als Enkel des Alkaeos ist er Ἀλκαίδης, Pind. Ol. 6, 68 σεμνὸν θάλος Ἀλκαιδᾶν. Vgl. Hesych Ἀλκεῖδαι θεοί τινες παρὰ Λακεδαιμονίοις.

1) Nach der gewöhnlichen Erzählung in Folge eines unglücklichen Zufalls, nach Hesiod tödtete ihn Amphitryon ἶφι δαμάσσας χωσάμενος περὶ βουσί.

2) Πτερέλαος Πτερέλας Πτερέλεως in dem Sinne wie man πτερὰ νηός für die Ruder oder die Segel sagte, Od. 11, 125, Hesiod W. T. 628. Daher sein Sohn Εὔρης Apollod. 2, 4, 6. Seine Tochter heifst Κομαιθώ d. i. Brandhaar. Er selbst ist durch Poseidons Gunst unsterblich, indem er wie Nisos in Megara ein rothes Haar auf seinem Haupte hat, welches Komaetho, wie dort Skylla (I, 508) aus Liebe zum Amphitryon oder zum Kephalos abschneidet, denn auch dieser nahm an dem Zuge Theil, s. oben S. 148. Die Sage von demselben war berühmt und es gab sogar ein eigenes Gedicht darüber, s. Schol. Od. 3, 267, vgl. Apollod. 2, 4, 5—7, Tzetz. Lyk. 932. Auch Pindar gedenkt der Thaten des Amphitryon Nem. 10, 15. Attius scheint eine Tragödie von diesem Zuge gedichtet zu haben, s. Ribbeck trag. latin. p. 327 sqq. Vgl. den Amphitruo des Plautus.

3) Pindar Nem. 10, 15, Isthm. 6, 5, wo Zeus um Mitternacht in einem goldenen Regen herabkommt, welches Bild nach Analogie der Sagen von der Geburt der Athena und des Perseus zu verstehen ist. Das Geschenk des Zeus kannte schon der Künstler des Kypseloskastens, Paus. 5, 18, 1. Vgl. Pherekydes b. Schol. Od. 11, 266.

4) Daher τριέσπερος λέων b. Lykophr. 33 d. h. der Löwe von drei Nächten. Andre dachten an drei Tage und drei Nächte, Lukian D. D. 10, 1, Aristid. 1 p. 53, dagegen Hygin f. 29 in dem oben angedeuteten Sinne zu verstehen ist, Ovid Am. 1, 13, 45, Seneca Agam. 814 ff. Man behauptete dafs Iphikles eine Nacht später empfangen und geboren wurde, Theokr. 24, 2. Plin. 7, 48.

*5) Aus zwei V. B. scheint sich eine eigenthümliche Wendung der Sage zu ergeben, nach der Alkmene zur Strafe für ihre vermeintliche Untreue von Amphitryon auf einem Scheiterhaufen verbrannt werden soll, aber durch die

Preller, griech. Mythologie II. 3. Aufl.

göttlichen und der menschlichen Umarmung ans Licht drängt und Zeus kündigt den Göttern seinen Sohn als den mächtigsten Herrscher der Zukunft an. Hera verleitet ihn zu dem verhängnifsvollen Schwur, eilt schnell nach Myken um die Frau des dritten Persiden Sthenelos von dem Siebenmonatskinde Eurystheus zu entbinden und hemmt und erschwert zugleich die Geburt der Alkmene durch bösen Zauber, gerade wie bei der Geburt des Lichtgottes Apollo[1]. Geboren werden Herakles und Iphikles, dieser jenem weder an Muth noch an Kräften gleich, aber der Vater seines treuen Freundes Iolaos. Nun sendet Hera die Schlangen, um das kaum geborene Heldenkind zu tödten, eine Dichtung welche schon Pindar Nem. 1, 35 ff. erzählt. Der kleine Herakles aber tritt ihnen muthig entgegen und erwürgt sie mit seinen Händen: das Probestück und anmuthige Sinnbild seiner grofsen und mühevollen Zukunft und in diesem Sinne von Tiresias gedeutet und später von den Künstlern viel gefeiert[2]. Von seiner Nahrung wufste die ältere Dichtung nur dafs ihn wie alle Kinder Thebens das kräftige Wasser der Dirke genährt habe, wie Pindar mit patriotischem Stolze rühmt P. 9, 88. Später wurde und zwar im Zusammenhange mit der Apotheose des Herakles erzählt dafs Hermes das Kind auf den Olymp getragen und dort an die Brust der Hera gelegt habe, ein Vorgang auf welchen auch verschiedene Vasenbilder hindeuten[3]. Noch später

---

Dazwischenkunft des Zeus und ein von ihm gesandtes Unwetter gerettet wird. Vielleicht hatte Euripides in seiner Alkmene so gedichtet. Vgl. Engelmann Ann. d. Inst. 1872, 5—18.

1) Auch Wölsungs Geburt war eine schwere, Raszmann D. Heldens. 1, 54. Moschos id. 4, 84 spricht von zehnmonatlicher Schwangerschaft, ein absichtlicher Gegensatz zu dem schwächlichen Siebenmonatskinde Eurystheus.

2) Vgl. die weitere Ausführung bei Theokrit id. 24. Von Zeuxis gab es ein Gemälde Hercules infans dracones strangulans, Alcmena matre coram pavente et Amphitryone, Plin. 35, 63, vgl. Philostr. j. 5 u. das Epigramm der Anthol. Planud. 4, 90. * Erhalten in Statuen, kleinen Bronzen, Reliefs, Münzen, Wandgemälden u. s. w., s. Friederichs Philostr. Bilder 11 ff., Heydemann Arch. Ztg. 1868, 33 f.; 1869, 37. — Nach Pherek. b. Apollod. 2, 4, 8 schickte Amphitryon die Schlangen, um auf diese Weise zu erfahren welches von den beiden Kindern sein Sohn sei.

3) Vgl. Braun Gr. G. § 545, O. Jahn Vasens. z. München n. 611 und den Spiegel b. Gerhard t. 126. Nach Paus. 9, 25, 2 zeigte man in der Nähe von Theben einen Ort wo Hera den Herakles gestillt hatte κατὰ δή τινα ἀπάτην ἐκ Διός, nach Diod. 4, 9 geschah es in der Nähe von Argos und auf Veranlassung der Athena. Vgl. Lykophr. 1328, das Epigramm εἰς ἄγαλμα Ἥρας θηλαζούσης τὸν Ἡρακλέα Anthol. Pal. 9, 589 u. Bd. 1, 139, 1.

erklärte man sich die Milchstraße (γάλα οὐράνιον, γαλαξίας) aus der bei dieser Gelegenheit vergossenen Milch[1]).

Im weiteren Verlauf dieser Erzählung mischen sich die Züge von feiner Sitte und Bildung mit denen einer sehr ungestümen Kraft. Man wußte von seiner Erziehung daß ihn die besten Helden und Meister in den ritterlichen Künsten, der fromme Rhadamanthys in Tugend und Weisheit, Linos in der Musik unterrichtete, bis dieser ihn beim Unterrichte züchtigt, worüber der ungestüme Knabe seinen Meister gleich mit der Laute todtschlägt, auch ein beliebtes, von der Kunst und dem attischen Theater verherrlichtes Abenteuer[2]). Andre Sagen heben eine alte Beziehung zum Dienste des ismenischen Apoll von Theben hervor, was wegen des früher über das Verhältniß zwischen Herakles und Apollo Bemerkten wichtig ist. Als Knabe habe er als Apollinischer Daphnephoros dem Chore der Mädchen den Lorbeer vorgetragen und sein Vater Amphitryon darauf einen Dreifuß für ihn, noch mit dem Namen Alkaeos, in das Heiligthum des ismenischen Apollo geweiht[3]). Noch andre Lieder und entsprechende Kunstwerke betonten vorzüglich das gewaltige Bedürfniß seiner athletischen Natur und das Vorgefühl seiner Bestimmung, er habe schon als Knabe auf einer Löwenhaut geschlafen, Fleisch und Brot in gewaltigen Portionen genossen u. s. w.[4])

Nachdem er den Linos erschlagen schickt Amphitryon ihn ins

---

[1]) Nach Eratosthenes war es Hermes den Hera stillte, nach Andern Herakles, Hygin P. A. 2, 43, Eratosth. cat. 44.

[2]) Welcker kl. Schr. 1, 46, O. Jahn Ber. d. sächs. Ges. 1853 t. 10 S. 145. Linosgrab in Theben Paus. 9, 29, 3. Ursprünglich war sein Tod durch Herakles wohl so gemeint wie der durch Apoll, s. Bd. 1, 378. — * Eine eigenthümliche, im Einzelnen jedoch nicht mit Sicherheit festzustellende Version dieser Sage findet sich auf einem mit Inschriften versehenen V. B. dargestellt, s. Helbig Ann. d. Inst. 1871. 86 ff. t. F.

[3]) Der für Herakles geweihte ist auf dem Albanischen Relief abgebildet. Die Inschrift des Dreifußes ist: Ἀμφιτρύων ὑπὲρ Ἀλκαίου τρίποδ' Ἀπόλλωνι. Da nur die edlen und eingebornen Familien zu Theben an diesem Dienste theilnahmen und solche Dreifüße weiheten, so hatte dieser zugleich die Bedeutung den Herakles als Καδμογενής zu qualificiren, wie Soph. Tr. 116 ihn nennt, vgl. Pind. P. 11, 5 Schol., Herod. 5, 59, Paus. 9, 10, 4. *Vgl. O. Jahn Bilderchroniken 43 f.

[4]) Theokr. 24, 133 ff. So stellten auch die Künstler oft den kleinen Herakles mit Löwenhaut und Keule vor, zuweilen als Vorbild für die gymnastische Jugend, C. I. n. 5984[b] ἡλικίην παῖς εἰμι, βρέτας δ' ἐστήσατο φίλης Ἡρακλέους εἰκώ, οἶσθά με κἀκ Προδίκου, die Inschrift zu einem solchen Bilde.

Gebirg und unter die Hirten, wo er nach Einigen ganz aufgewachsen ist, wie Amphion und Zethos, Kyros und Romulus. Hier lebt er der Jagd und der freien Natur, wobei das Gewächs seiner Glieder mächtig emporschofs, so dafs er länger und stärker als Alle wurde und leuchtendes Feuer aus seinen Augen strahlte[1]. Achtzehn Jahre alt tödtete er nach einer örtlichen Sage von Thespiae einen mächtigen Löwen, der auf dem Kithaeron hauste und von dort die Heerden des Amphitryon und die des Thespios, des Königs von Thespiae würgte. Bei diesem herbergte er als er dem Unthier auflauerte und beschlief in einer Nacht die funfzig Töchter des Thespios und der Megamede, die sogenannten Thespiaden, welche wie die funfzig Töchter des Endymion und der Selene in der Sage von Elis (1, 361) eine kalendarische Bedeutung zu haben scheinen, etwa die der funfzig Monde des pentaeterischen Festcyclus der Erotidien; obwohl man sie später für Landesnymphen nahm, und von ihren funfzig dem Herakles gebornen Söhnen sieben zu Thespiae, drei zu Theben als Landesheroen verehrte, die übrigen vierzig aber mit Iolaos nach Sardinien auswandern liefs[2]. Als Herakles von dieser Löwenjagd siegreich zurückkehrt, mit dem Fell bekleidet, der Rachen sein Helm, begegnen ihm die Herolde des Minyerkönigs Erginos von Orchomenos, welche von Theben Tribut forderten. Ein edler Thebaner hatte nämlich bei den Spielen des Poseidon zu Onchestos den Vater des Erginos durch einen Steinwurf getödtet, weshalb dieser gegen Theben gezogen war und die Thebaner zu einem Tribute von jährlich hundert Rindern auf zwanzig Jahre gezwungen hatte, den jene Herolde jetzt eintreiben wollten. Aber

---

1) Herodor gab ihm eine Länge von vier Ellen und einem Fufs (*über die Zahl vgl. die oben S. 169, 4 angeführte Abhandlung von Lepsius), Ion von Chios eine dreifache Reihe von Zähnen. Der Künstler Euthykrates hatte ihn Thespiis venatorem gebildet, mit Beziehung auf die kithaeronische Löwenjagd, Plin. 34, 66.

2) Θέσπιος heifst auch Θέστιος, wie der aetolische s. oben S. 91, 5. Als König von Thespiae galt er für einen S. des attischen Erechtheus. Die Namen der Thespiaden b. Apollod. 2, 7, 8. Heiligthum des Herakles in Thespiae mit einer jungfräulichen Priesterin (daher eine der Thespiaden jungfräulich bleibt, eine andere dafür Zwillinge gebiert) Paus. 9, 27, 5. Pentaeterische Erotidien Plut. Amator. 1. Nach Paus. l. c. beschlief H. alle funfzig Thespiaden in einer Nacht, nach Diod. 4, 29 u. Apollod. 2, 4, 9 in funfzig Nächten, nach Herodor b. Athen. 13, 4 in sieben. Man nannte dieses wohl den dreizehnten Athlos. In Rom gab es Statuen der Thespiaden von Kleomenes, Plin. 36, 33, 39, wahrscheinlich die der sieben zu Thespiae als Mütter der δήμαρχοι verehrten.

Herakles schneidet ihnen Ohren und Nasen ab¹), bindet ihnen die Hände um den Hals und heifst sie diesen Tribut nach Orchomenos bringen. So kommt es zum Kriege, in welchem Amphitryon und seine beiden Söhne Herakles und Iphikles Wunder der Tapferkeit verrichten. Herakles wird von seiner Freundin Athena mit Waffen versehen, stellt sich an die Spitze der Thebaner, erschlägt den Erginos und zwingt die Minyer fortan den doppelten Tribut an Theben zu zahlen. Oder man erzählte genauer dafs Herakles die thebanischen Jünglinge bewogen habe sich mit den von den Vätern in den Tempeln geweihten Waffen zu rüsten (denn die Minyer hatten alle Waffen weggenommen) und dafs er den Feind darauf in einem Engpasse überfallen, den König und sein ganzes Gefolge erschlagen, die Stadt Orchomenos zerstört und den königlichen Palast verbrannt habe²). Amphitryon hatte in diesem Kriege den Tod gefunden. Seine beiden Söhne ehrte Kreon, der damalige König von Theben dadurch dafs er ihnen seine Töchter gab, dem Herakles die Megara, welche schon die Odyssee 11, 269 als Gemahlin des Herakles kennt, dem Iphikles die jüngere Pyrrha.

Vermuthlich hatte Hesiod, etwa in den Eoeen, diese Sagen erzählt. Derselbe Dichter hat im Schilde des Herakles auch vom Halbbruder des boeotischen Helden, dem **Iphikles** und von seinem tapfern Sohne **Iolaos**, den eine Tochter des Pelopiden Alkathoos von Megara³) geboren hatte, noch einige Erinnerungen aus älterer Sage aufbewahrt (v. 90 ff.). Iphikles verläfst zuerst Weib und Kind und begiebt sich in den Dienst des Eurystheus, während Herakles und Iolaos von Theben

---

1) Daher ein Bild des H. ῥινοκολούστης in der Nähe von Theben, Paus. 9, 25, 4. Aehnlich verfahren die Lapithen mit dem Kentauren Eurytion, Od. 21, 300. Die ganze Geschichte dieses Kriegs gegen die Minyer war sehr populär und Euripides, Isokrates u. A. spielen oft darauf an. Welcker ep. Cycl. 1, 253 ff. bezieht das alte Epos der Minyas auf diese Sage.

2) Diod. 4, 10, Apollod. 2, 4, 11. Auch der Cult des H. ἱπποδέτης in der Gegend von Onchestos oder in der von Theben wurde durch diesen Krieg erklärt, Hesych v., Paus. 9, 26, 1. Vgl. Plut. Parall. 7, wo H. in einer Fehde mit Euboea den feindlichen König Ἡράχιης durch angebundene Pferde in zwei Stücke zerreifsen läfst. Nach Andern verstopfte Herakles in jenem Kriege die bekannten Abzüge (Katabothren) des kephisischen (kopaïschen) Sees, verursachte dadurch eine Ueberschwemmung und bezwang so die Stadt Orchomenos, die er mit der Königsburg zerstörte, Paus. 9, 38. 5, alban. Tafel 3—8 (* b. Jahn 203 ff.) u. Diod. 4, 18.

3) Eine dem thebanischen Herakles verwandte Gestalt, denn auch Alkathoos ist dem Apollo ergeben, erschlägt wie Herakles einen kithaeronischen Löwen und tödtet seinen Sohn mit einem Feuerbrande, Paus. 1, 41, 4; 42, 7.

aus für Apollon gegen Kyknos ziehn, bis später der Mord seiner Kinder auch ihn in diesen Dienst treibt¹). Iolaos ist hinlänglich bekannt als der treue Freund und Wagenlenker des Herakles, als welcher er diesem bei den ritterlichen Gelegenheiten zur Seite stand und unter den berühmtesten Wagenlenkern der Vorzeit genannt wurde²). Wie er an den meisten Kämpfen seines Freundes und Waffenbruders theilgenommen, so ist er auch nach dessen Tode der Schutz und Rather seiner Kinder, wovon die Dichtung in rührenden Zügen erzählte, wie diese epischen Freundespaare Herakles und Iolaos, Achill und Patroklos, Orestes und Pylades überhaupt zu den Perlen der griechischen Heldendichtung gehören.

Das Ende der thebanischen Heraklessage ist die Dichtung vom rasenden Herakles (μαινόμενος), der seine eignen Kinder mordet und deshalb sein Vaterland für immer verläfst. Auch dabei scheinen ältere und hieratische Traditionen zu Grunde zu liegen, da namentlich von geistesverwirrenden Krankheiten in mehr als einem Zusammenhange erzählt wurde³), wahrscheinlich in demselben Sinne wie vom Bellerophon (oben S. 87). Und so wird auch der Mord seiner eignen Kinder, welcher sich in der gleichartigen Sage des Alkathoos von Megara wiederholt, ursprünglich wohl dem verzehrenden Sonnengott gegolten haben. Unter den griechischen Dichtern hatten schon die Kyprien und Stesichoros von dieser blutigen That erzählt, die uns am vollständigsten aus dem rasenden Herakles des Euripides bekannt ist. Hera ist es, die unversöhnliche Feindin, welche auch diese Plage über den Helden schickt, deren Wirkungen Tollwuth und Geistesabwesenheit

---

1) Vgl. Moschos id. 4, 52 ff., 111 ff. und Nicol. Damasc. fr. 20 (fragm. Hist. gr. 3, 369). Nach der gewöhnlichen Sage blieb Iphikles im Kriege des Herakles gegen Elis oder gegen Lakedaemon.

2) Pindar Isthm. 1, 14 ἐθέλω ἢ Καστορείῳ ἢ Ἰολάου ἐναρμόξαι μιν ὕμνῳ· κεῖνοι γὰρ ἡρώων διφρηλάται Λακεδαίμονι καὶ Θήβαις ἐξέχωθεν κράτιστοι, vgl. Paus. 5, 8, 1; 17, 4. πολυάρματος Θήβη oder εὐάρματος ein oft wiederholtes Epithet, Soph. Antig. 149. 845. Iolaos zu Wagen, Athena ihm zusprechend auf Vasen, Roulez choix t. 9 p. 35. Oft neben Herakles verehrt und als sein Beistand (παραστάτης) angerufen, Plut. de frat. am. 21.

3) Sowohl die Aerzte als die Komiker beschäftigten sich mit diesen Affectionen des Herakles. Jene hielten sie für eine ἱερὰ νόσος und Epilepsie, diese liefsen Silen und seine Satyrn durch ein Klystier Heilung anbieten u. dgl. Von Epicharm gab es einen Herakles παραφόρος. Auch zielt auf diesen H. der Komiker Hyperides pro Lycophr. p. 25 ed. Schneidew. καὶ ταῦτα δοκεῖ ἂν ἐμὶν Ἡρακλῆς ἐκεῖνος ὁ μαινόμενος ποιῆσαι ἢ Μαργίτης ὁ πάντων ἀβελτερώτατος, * wenn hier nicht vielmehr ἢ Αἴας zu lesen ist.

sind. So fallen alle Kinder seinen Pfeilen[1]), bei Euripides auch seine Mutter, ja nach einer thebanischen Sage wäre selbst sein Vater, hier also noch am Leben, durch ihn gefallen, wenn nicht Athena zu rechter Zeit eingeschritten wäre, indem sie ihm einen Stein an die Brust wirft, worauf der Unsinnige in einen tiefen Schlaf fällt und in diesem wieder zu sich kommt[2]). Nach der gewöhnlichen Ueberlieferung wendet sich Herakles darauf nach Delphi, wird dort von der Pythia in den Dienst des Eurystheus geschickt und bei dieser Gelegenheit zuerst mit dem Namen Ἡρακλῆς begrüfst, denn es werde ihm auch diese bittre, von der Hera über ihn verhängte Schmach der Dienstbarkeit zum unsterblichen Ruhme gereichen[3]).

Man zeigte in Theben die Trümmer des Hauses, wo Amphitryon mit den Seinigen gewohnt habe, das Gemach der Alkmene, das Denkmal der gemordeten Kinder mit entsprechenden Bildwerken. Es war einer der ältesten heroischen Dienste des Herakles, der im Herakleion begangen wurde, das mit älteren und jüngeren Bildern des Helden und mit verzierenden Gruppen aus dem Cyclus seiner Thaten geschmückt war[4]). Dasselbe lag in der Nähe der Heiligthümer des ismenischen

---

1) Ueber Zahl und Namen lauten die Berichte wie gewöhnlich sehr verschieden. Pindar I. 3, 81 spricht von acht Kindern der Megara, Pherekydes u. Apollodor, bei denen H. die Kinder ins Feuer wirft, von fünf eignen und zweien des Iphikles. Megara begleitete den Herakles nach der gewöhnlichen Sage nach Tiryns, s. ihre Klage b. Moschos id. 4. Um die Vermählung mit der Deianira zu motiviren erzählte man dafs Herakles sie seit diesem Morde gemieden und hernach dem Iolaos vermählt habe. *Ein V. B., welches die Raserei des Herakles darstellt, s. b. H. Hirzel Ann. d. Inst. 1864, 324 ff. Μεγάρα und zwei Ἡρακλεῖδαι in der Unterwelt, auf der Vase von Altamura inschriftlich bezeugt, U. Koehler ebd. S. 289 f.

2) Nach Paus. 9, 11, 1 nannte man diesen Stein in Theben den λίθος σωφρονιστής. Auch Euripides erzählt davon, obgleich er sonst die Handlung durch Einmischung des attischen Theseus sehr verändert hat.

3) Prob. V. Ecl. 7, 61 Alcides Hercules ab Alcaeo avo s. ἀπὸ τῆς ἀλκῆς i. e. fortitudine. Pindarus initio Alciden nominatum, postea Herculem dicit ab Ἥρα, — quod eius imperiis opinionem famamque virtutis sit consecutus. Vgl. Apollod. 2, 4, 12, Diod. 1, 24; 4, 10, Aelian V. H. 2, 32, Tzetz. Lyk. 663, wo das Orakel den Namen anders deutet: Ἡρακλέην δέ σε Φοῖβος ἐπώνυμον ἐξονομάζει, Ἥρα γὰρ ἀνθρώποισι φέρων κλέος ἄφθιτον ἕξεις. Vgl. oben S. 158, 1.

4) Paus. 9, 11, 2 vgl. Schol. Pind. N. 4, 32. Im Tempel stand ein Bild des H. Πρόμαχος, daher Thrasybul und seine Gefährten, als sie von Theben zur Befreiung Athens aufbrachen, in das thebanische Herakleion zwei Bilder der Athena und des Herakles weiheten. Wunder vor der Schlacht b. Leuktra, Cic. d. Divin. 1, 34, 74. Die Gruppen des Giebels waren von Praxiteles.

Apollo und daran stiefs ein Gymnasium und ein Stadium, wo die thebanische Jugend nach dem Vorbilde des grofsen Heros der körperlichen Uebungen pflegte. Man nannte dieses Gymnasium nach dem Iolaos und feierte Ἡράκλεια und Ἰολάεια, so dafs also auch im Cultus und in den Erinnerungen der Jugend die beiden Freunde aufs engste verbunden blieben. Am Tage vor dem Feste wurde der treuen Magd Galanthis oder Galinthias gedacht, des personificirten Hauswiesels (1, 423), von dem man eine seltsame Geschichte erzählte. Als die Stunde der Alkmene gekommen, habe Hera die Göttinnen der Geburt zu ihr gesendet, nicht um zu helfen, sondern um zu hindern, zu welchem Zwecke sie sich mit verschränkten Händen und Beinen vor die Wochenstube gesetzt hätten. Da habe sie Galanthis aus- und einlaufend bemerkt und durch die falsche Botschaft, es sei ein Knäblein ans Licht getreten, so erschreckt dafs sie aufsprangen und die Hände aufschlugen, worauf die Geburt alsbald vor sich ging, Galanthis aber zur Strafe in jenes Thier verwandelt wurde[1]. Der Tag der Geburt und des Festes war der vierte[2], weil Herakles „ein Viereckiger" war in der ausgezeichnetsten Bedeutung des Worts, welches die Griechen von männlicher Tüchtigkeit an Leib und Seele gebrauchten, der Monat fiel vermuthlich in den Sommer, wie der des Herakles zu Delphi[3]. Viele Erinnerungen der Landesgeschichte und der örtlichen Sage wiesen zurück auf diesen thebanischen Helden, welcher nach boeotischer

---

1) Antonin. Lib. 29 nach Nikander, Ovid. M. 9, 284 ff., Aelian N. A. 12, 5 u. A. b. Welcker kl. Schr. 3, 190 ff. Plin. 28, 59 adsidere gravidis digitis pectinatim inter se inplexis veneficium est idque compertum tradunt Alcmena Herculem pariente; peius si circa unum ambove genua, item poplites alternis genibus imponi. Nach Paus. 9, 11, 2 waren es φαρμακίδες, welche die Niederkunft hinderten, und Ἱστορίς, die T. des Tiresias, welche sie durch die gewöhnliche ὀλολυγή bei Geburten hinterging. Hinsichtlich der Zeit des Opfers der Galinthias ist zu vergleichen das des Konnidas bei den Theseen in Athen, Plut. Thes. 4.

2) Daher das Sprichwort τετράδι γέγονας von tüchtigen Menschen, die sich für Andre abmühten, Zenob. 6, 7, Apostol. 16, 34, Hesych τετράδι, Schol. Plat. p. 334. Auch die Apotheose des Herakles wurde auf den vierten verlegt. Vgl. Simonides b. Plat. Protag. 339 B ἄνδρ' ἀγαθὸν μὲν ἀλαθέως γενέσθαι χαλεπόν, χερσίν τε καὶ νόῳ τετράγωνον, ἄνευ ψόγου τετυγμένον.

3) Der Delphische Mt. Ἡράκλειος entsprach dem attischen Thargelion. Nach Poll. 1, 30 hiefs H. in Theben u. Boeotien Μήλων, weil man ihm μῆλα ὡραῖα, die in der Gestalt von Böcken aufgeputzt wurden, opferte. Aehnliches wird von dem attischen Heraklesdienste im Quartier Melite erzählt, Hes. Μήλων, Zenob. 5, 22.

Weise vorzugsweise als schwergerüsteter Krieger und als Athlet mit entsprechender körperlicher Bildung gedacht wurde d. h. sehr groſs und stämmig, ein gewaltiges Gliedergebäude, das Vorbild der Palaestra und der Athleten von Profession, wie namentlich auch die Künstler, vor allen Lysippos dieses Ideal ausgebildet haben. Wenn Pindar ihn gelegentlich kurz von Gestalt nennt¹), so ist das eben nur im Gegensatze zu dem libyschen Riesen Antaeos gesagt. Immer blieb es ein vorzüglicher Ruhm von Theben, daſs Dionysos und Herakles dort geboren und dort zuerst erkannt wurden.

III. Herakles als Dienstmann des Eurystheus und die zwölf Arbeiten.
Der argivische Herakles.

Das Dienstverhältniſs zum Eurystheus, welches sehr an das gleichartige des Perseus zum Polydektes, des Bellerophon zum lykischen Könige, des Siegfried zum Könige von Burgund erinnert, ist als Grundlage der Sagendichtung vom argivischen Herakles schon in der Ilias sehr weit ausgebildet. Es ist ein ganz unbilliges Verhältniſs (Il. 19, 133, Od. 11, 621), denn Eurystheus ist eben so schwach als feige²), ja er ist in beständiger Angst vor dem gewaltigen Helden, den er in seinem Dienst hat, wie davon die späteren Dichter manchen spaſshaften Zug zu erzählen wuſsten, daſs Eurystheus den Herakles nicht in das Thor von Myken habe hineinlassen wollen und daſs er sich, als er den Löwen oder den Eber lebendig brachte, in ein Faſs verkrochen habe. Vielleicht hängt es damit auch zusammen daſs Herakles in Tiryns wohnt, Eurystheus dagegen in Myken. Selbst das beständige Hin- und Herlaufen des Herolds Kopreus³), durch den Eurystheus nach der Ilias 15, 638 dem Herakles seine Aufträge zukommen lieſs, erklärt sich am natürlichsten aus dieser conventionellen Trennung der sehr ungleichen Vettern.

Von mehreren im Auftrage des lykischen Königs verrichteten Kämpfen (ἆϑλοι) wuſste auch die Sage vom Bellerophon. In der vom argivischen Herakles waren schon zur Zeit der Ilias der Kämpfe

---

1) I. 4, 53 (3, 71) μορφὰν βραχύς, ψυχὰν δ' ἄκαμπτος, vgl. Paus. 5, 8, 3 εἰ δὲ καὶ Ἡρακλεῖ τῷ Θηβαίῳ μέγεθος παρισοῖτο ὁ Λύγδαμις ἐγὼ μὲν οὐκ οἶδα, λεγόμενον δὲ ὑπὸ Συρακουσίων ἐστί.

2) Denn er ist ἀλιτήμερος Hesiod sc. Herc. 91 d. h. ἠλιτόμηνος, ein Siebenmonatskind, Et. M. ἠλιτόμηνος, Eustath. Il. 1175, 39 vgl. ἀλιτόκαρπος d. i. ματαιότεκνος Hes. Eurystheus ἀτάσϑαλος b. Apollon. 1, 1317.

3) Κοπρεύς d. i. der Bote durch Dick und Dünn.

so viele geworden dafs man zwei Gruppen zu unterscheiden anfing, solche die im Dienste des Eurystheus und solche die unabhängig von demselben verrichtet wurden, ein Unterschied der sich mit der Zeit immer mehr feststellte. Die Zahl der Kämpfe war in älterer Zeit keineswegs eine geschlossene, sondern künstlerische und poetische Rücksichten bestimmten die Auswahl aus beiden Gruppen, wie man z. B. am Theseion in Athen folgende zehn Kämpfe abgebildet sieht: Löwe Hydra Hirsch Stier Rosse Kerberos Kyknos Amazonen Antaeos Hesperiden, von denen Kyknos, die Amazonen und Antaeos nicht zu den ἄθλοις im engeren Sinne des Wortes gehörten[1]. Doch war bereits am Zeustempel zu Olympia das ganze System der zwölf Kämpfe, so wie es vermuthlich von Pisander festgestellt war, in Bildern vergegenwärtigt. Nach solchen Vorgängen haben die Künstler und Dichter der späteren Zeit, da das Schematisiren in allen mythologischen Dingen immer geläufiger wurde, die Folge der von Eurystheus aufgegebenen Werke in der Weise fixirt wie sie fortan besungen und abgebildet wurden, obwohl selbst dann noch kleinere Abweichungen vorbehalten blieben und namentlich bei der Folge der beiden letzten Kämpfe, der Hesperiden und des Kerberos, offenbar zwei verschiedene Systeme beobachtet wurden[2]. Eine vorzügliche Hülfe zur richtigen Auffassung dieser Kämpfe in bildlicher Hinsicht gewähren die hier wieder ganz besonders reichen und mannichfaltigen Vasengemälde, vorzüglich die älteren Stils[3]. Die Bedeutung dieser Arbeiten ist im Allgemeinen

---

1) So bemerkte Pausanias unter den alterthümlichen Bildwerken im Tempel der Athena Chalkioekos zu Sparta πολλὰ μὲν τῶν ἄθλων Ἡρακλέους, πολλὰ δὲ καὶ ὧν ἐθελοντὴς κατώρθωσε, 3, 17, 2 und am T. des Herakles zu Theben waren beide Klassen eben so wenig geschieden.

2) Lysippos hatte die ἄθλοι für das Herakleion der Stadt Alyzia in Akarnanien gearbeitet, welche Bildwerke sich später in Rom befanden, Strabo 10, 459. Aufserdem kennen wir einen in Bildern ausgeführten Dodekathlos zu Pergamon, Anthol. Plan. 4, 91, zu Gaza, Stark Gaza 601. Dazu kommen die bestimmten Erwähnungen bei Theokr. 24, 82 u. Apollon. 1, 1318 u. die Aufzählungen in der Anthol. v. 2 p. 651 sqq., b. Apollodor, Diodor, Hygin f. 30, auf der alban. Tafel u. s. w. Vgl. Zoega Bassiril. t. 61—63, T. 2, 43—88, Campana Op. in Plast. t. 20—26, die Vasenbilder b. Gerhard A. V. 2, 35 ff. u. die Nachweisungen b. Stephani ausr. Herakl. 199 ff. 214, 2. Sechs Kämpfe, darunter die Kentauromachie und ein Kampf mit der Sphinx an der Basis einer Heraklesst. Mon. d. Inst. 1854 p. 92. Krater mit den Arbeiten des H. u. griech. Inschrift aus der Gegend von Frascati Ann. d. I. 29, 101. * Vgl. auch Klügmann Ann. d. Inst. 1861, 304 ff., Matz ebd. 1868, 249 ff.

3) Vgl. O. Jahn Einl. z. Münchn. Vasensammlung p. CLXV. Weniger

eine symbolische, ihr örtlicher Ursprung aber ein sehr verschiedener, da manche offenbar orientalischen Ursprungs, andere dagegen aus der landschaftlichen Natur in Argos, Arkadien und Elis hervorgegangen sind. Der zu Grunde liegende Charakter des Herakles ist bei den meisten der des siegreichen und triumphirenden Helden der Sonne und des Lichtes. Eine gewisse Steigerung dieser Aufgaben ist insofern gegeben als Herakles durch sie immer weiter von Myken entfernt und die Aufgabe selbst eine immer gefährlichere wird, in welcher Hinsicht der Kerberos einen würdigen Schluſs bildet. Die Zwölfzahl hatte gewiſs in älterer Zeit keine andere Bedeutung als die der zwölf Götter, nämlich die einer numerisch abgerundeten Folge und Gliederung, ohne daſs deswegen die Stelle der einzelnen Glieder immer nothwendig dieselbe blieb. Erst in einer dem Geiste des höheren Alterthums entfremdeten Zeit verband man damit gewisse systematische Vorstellungen vom Laufe der Sonne und vom Thierkreise.

Die Bewaffnung des Herakles bei diesen und überhaupt bei seinen Kämpfen war in der ältesten Zeit die mit Pfeil und Bogen, wodurch man von selbst an Apoll den Ferntreffer erinnert wird. So verwundet Herakles Il. 5, 393 ff. Hera und Aïdes mit seinem Pfeil, vgl. Od. 8, 224, wo Herakles und Eurytos (ihre Bogen waren später die des Philoktet und des Odysseus) die berühmtesten Schützen der Vorzeit genannt werden, „die es wohl selbst mit den Unsterblichen aufnahmen", und die grandiose Schilderung des Heraklesbildes in der Unterwelt, die, wenn auch an ihrer Stelle eingeschoben[1]), doch jedenfalls ein Nachklang alter Tradition und Darstellung ist, des furchtbaren Schützen und Würgers, wie er im dichten Gedränge der Sterbenden einer finstern Wolke gleich einherschreitet, mit gespanntem Bogen, den Pfeil auf der Sehne, schrecklich blickend und immer zielend, um seine Brust ein Wehrgehenk mit Verzierungen von wilden Thieren und Kampfscenen, ganz wie man sie noch jetzt auf den ältesten Vasenbildern und etruskischem Erzgeräth sieht. Auch behaupteten sich diese Waffen des Herakles immer sowohl in der bildenden Kunst als in der Poesie[2]), obwohl mit der Zeit die Keule hinzutrat, die Pfeile

---

häufig und in einem andern Sinne aufgefaſst sind die Thaten und Abenteuer des H. auf den Vasen des jüngeren Stils und auf denen von apulischer und lucanischer Fabrik, ib. CCX. CCXXIII.

1) Od. 11, 601 ff. Auſser Nitzsch vgl. Lauer Qu. Hom. Berl. 1843 p. 25—44.
2) So scheint b. Athen. 12, 6 bei der Ὁμηρική στολή an dieses älteste Costüm gedacht werden zu müssen, desgleichen bei den Bildwerken des Ky-

mit dem Gifte der lernaeischen Hydra vergiftet und Bogen und Köcher gewöhnlich nach skythischen Mustern abgebildet wurden, daher spätere Mythographen und Dichter dem Helden einen Skythen zum Lehrmeister in der Kunst des Bogens geben. Die völligere kriegerische Ausstattung nach Art der troischen Helden scheint nicht so alt wie Pfeil und Bogen, sondern erst in Folge des jüngeren Epos vom thebanischen und trachinischen Herakles nach dem Muster des älteren trojanischen erdichtet zu sein. Wenigstens ist dieses bestimmt bei dem Hesiodischen Gedichte vom Schilde des Herakles der Fall[1]), wo auch das Rofs Areion vor dem Kriegswagen des Herakles diesem nicht ursprünglich eigen, sondern aus der Thebais und von Adrast erborgt ist. Endlich seit Pisander und Stesichoros wurde das Bild des Herakles mit Löwenhaut und Keule das gewöhnliche, vermuthlich nach orientalischen Vorbildern. Beide gaben dem Herakles das wildere Ansehn einer noch nicht civilisirten Vorzeit, wie er denn vorzugsweise für den Entwilderer galt, obwohl daneben auch die älteren Waffen d. h. Bogen und Pfeil und das Schwerdt beibehalten blieben. Das Fell des Löwen ward für unverwundbar gehalten und damit hängt es wohl zusammen dafs auf allen älteren Vasen, bei denen dieser Anzug durchaus der vorherrschende ist, das Fell von dem Helden eng anliegend d. h. über einen kurzen Chiton um den Leib geschnürt getragen wird[2]), dahin-

pseloskastens nach Paus. 5, 17, 4, wo das σχῆμα nichts Anderes als den H. τοξεύων bedeutet vgl. 19, 2. Auch das Schwerdt führte H. auf diesem Kunstwerke 18, 1. Vgl. Preller Arch. Ztg. 1854 n. 72 S. 293. *S. auch Hirzel Ann. d. Inst. 1864, 326 f.

1) Ueber den Schild O. Müller kl. Schr. 2. 616 ff. Die Bemerkung von dem Panzer vs. 125 scheint auf den Krieg gegen die Minyer zu gehen, vgl. Apollod. 2, 4, 11. Der Pfeile wird vs. 130 als einer bekannten Hauptsache, aber beiläufig gedacht. Ueber das Rofs Areion s. 1, 484. Auch in Sparta kannte man das Bild des Herakles in voller Rüstung, ὡπλισμένος, Paus. 3, 15, 3. Polycletus fecit Herculem, qui Romae, hageter a arma sumentem, Plin. 34, 56 d. h. als ἀγητήρ, als Anführer im Kriege.

2) Ganz wie Apollod. 2, 4, 10 es beschreibt: χειρωσάμενος τὸν λέοντα τὴν μὲν δορὰν ἠμφιέσατο, τῷ χάσματι δὲ ἐχρήσατο κόρυθι. Vgl. Athen. 12, 6 τοῦτον οὖν, φησίν, οἱ νέοι ποιηταὶ κατασκευάζουσιν ἐν λῃστοῦ σχήματι μόνον περιπορευόμενον, ξύλον ἔχοντα καὶ λεοντῆν καὶ τόξα, καὶ ταῦτα πλάσαι πρῶτον Στησίχορον τὸν Ἱμεραῖον. Löwenfell u. Keule auf phoenikischen und kilikischen Münzen aus der Zeit des persischen Reichs b. R. Rochette a. a. O. t. 2, 1—5 vgl. Movers Phönizier 2, 2, 214. Eben so das von den Thasiern in Olympia gestiftete Bild des Onatas b. Paus. 5, 24, 7 u. viele Bronzen etruskischer Abkunft, Braun Gr G. § 553. Auch der tyrische und gaditanische Herakles führte die Keule.

gegen diese allerdings sehr unschöne Bekleidung in der jüngeren Kunst immer freier und loser, zuletzt beinahe zur malerischen Chlamys wird. Die Keule war der Wurzelstock eines wilden Oelbaums wie andere Keulen, welche man in den Händen der griechischen Recken und Riesen nicht selten sieht. Nach Einigen war sie künstlich geschnitzt und mit Erz beschlagen, also ein Werk des Daedalos oder Hephaestos.

Obwohl man sich diesen Helden meist mit Kampf und Streit beschäftigt dachte, so fehlte es in Sage und Dichtung doch auch nicht an friedlichen und gemüthlichen Scenen, wenn er bei seinen Freunden einkehrt oder unter den Seinigen lebt oder nach vollendeter Arbeit ausruht und sich durch Bad und Mahlzeit erquickt. In solchen Scenen pflegt er auch wohl die furchtbaren Waffen abzulegen und sich mit einem prächtigen Peplos zu bekleiden, den ihm der Sage nach wieder seine treue Freundin Athena, die grofse Weberin und Spinnerin zum Geschenk gemacht hatte. Oder er überläfst sich mit unbändiger Lebenskraft dem Genusse der Liebe und des Weins, zu welchem Zwecke ihm Aphrodite und Dionysos zur Hand sind, wie denn überhaupt alle Götter bis auf die einzige Hera gewetteifert haben sollen dem mit Mühsal überbürdeten Helden seine irdische Laufbahn zu erleichtern[1]).

1. Löwe. 2. Hydra.

Diese beiden Abenteuer waren nach altem Herkommen, jedenfalls seit Pisander, die ersten, weil Herakles durch sie erst zu der herkömmlichen Ausstattung gelangt, durch den Kampf mit dem Löwen zu dem unverwundbaren Löwenfell, durch den mit der Hydra zu den vergifteten Pfeilen, durch welche er zuletzt selbst sein Leben verliert. Auch hinsichtlich ihrer örtlichen Beziehung auf die argivische Landschaft, welche es zunächst zu säubern galt[2]), gehören diese Thaten zusammen.

Der Nemeische Löwe, in der griechischen Sage immer der Löwe des Herakles schlechthin, obwohl auch in Boeotien und auf Lesbos von seinem Kampfe mit dem Löwen erzählt wurde[3]), nach

---

1) Diod. 4, 14. Apollod. 2, 4, 11. Aristid. 1 p. 61. Mit dem Peplos ist er bei vielen nicht kriegerischen Gelegenheiten bekleidet, s. Gerhard A. V. 2, 116, Stephani ausr. Herakl. 255, 1. II. tunicatus Plin. 34, 93.

2) Sonst erscheint in argivischen Sagen der Apollinische Apis als ein solcher καθαρτής, 1, 231.

3) Den kithaeronischen Löwen (S. 180) nannten spätere Dichter den teumessischen. Vom lesbischen s. Schol. Theokr. 13, 6.

Hesiod th. 327 ff. ein Erzeugnifs des Typhon und der Echidna, ein Zögling der Hera. Diese Göttin setzt das Unthier in die Schluchten von Nemea, wo es nun in dem Tretosgebirge und am Apesas haust, welche den fruchtbaren, dem Zeus geheiligten Thalgrund von Nemea von zwei Seiten einschliefsen¹), ein Schrecken für die ganze Umgegend. Andre Dichter sagen mit bedeutsamer Anspielung dafs er das Heiligthum des Zeus verwüstet habe²), worunter eigentlich der Himmel zu verstehen ist. Denn es leidet wohl keinen Zweifel dafs die symbolische Bedeutung dieses Löwen die der Gluthhitze war³), so dafs Hera in solchem Zusammenhange die dem milden Zeus der guten Jahreszeit widerstrebende Himmelskönigin ist, die im Winter Sturm und Regen, im Sommer die schreckliche Gluthhitze sendet (1, 134). Herakles aber ist der siegreiche Sonnenheld der durch alle Schrecknisse des Jahres unbehindert seine Laufbahn vollendet und den Plan für sich und seinen Vater reinigt, ein Sinnbild des triumphirenden Lichtes im physischen und im ethischen Sinne, daher dieser Kampf namentlich den Orient in vielen und verschiedenen Bildern beschäftigte⁴). Die Geschichte des Kampfes erzählt aufser den gewöhnlichen Quellen in der Weise seines Zeitalters Theokrit id. 25, 164 ff. Eine Hauptsache ist die Unverwundbarkeit des Löwen, daher ihn Herakles nicht mit den gewöhnlichen Waffen, Pfeil und Bogen tödtet, sondern in seiner Höhle, nachdem er den einen Eingang derselben verstopft hatte, mit den Armen erwürgt, wie dieser Kampf auch auf unzähligen Bildwerken

---

1) Ueber das Tretosgebirge führt der Weg von Kleonae nach Nemea, in dessen Nähe man in alter Zeit die Höhle des Löwen zeigte, Paus. 2, 15, 1. 2, und noch jetzt zeigt. Panyasis nannte den Löwen den von Bembina, einem Dorfe jener Gegend, s. Steph. B. v. Βέμβινα, Theokr. 25. 202. Andre nennen ihn nach dem weiter entfernten Kleonae. Ueber den Apesas, einen alten Sitz des Zeus, der im Thale als Nemeischer verehrt wurde, s. 1, 100.

2) Eurip. Herc. f. 359 πρῶτον μὲν Διὸς ἄλσος ἐρήμωσε λέοντος. Nach Herodor, Nigidius Fig. u. A. liefs der Mond den Löwen auf den Wunsch der Hera auf den Berg Apesas fallen, Hist. Gr. fr. 2, 30 sqq., vgl. Meineke Anal. Alex. 55, wobei der Apesas als Heiligthum des Zeus, der Mond als die finstere, nächtliche, Unheil bringende Macht des Himmels zu denken ist.

*3) Es möge erwähnt werden, dafs Bursian Geogr. 2, 35 den Nemeischen Löwen für ein Symbol des in ungeregeltem Laufe das enge Thal verwüstenden Giefsbaches erklärt.

4) S. R. Rochette a. a. O. 105 ff. H. auf einem schreitenden Löwen auf M. von Nikaea, Germe u. Tripolis, auf letzteren mit einem Blitze in der Hand, Stephani a. a. O. 129.

aller Arten und Klassen gewöhnlich dargestellt wird¹). Auch das Fell des getödteten Löwen vermag der Held nur mit der Schärfe seiner eignen Klauen zu zertrennen, worauf er es als unverwundbare Schutzwehr um seine Glieder, den Rachen über sein Haupt thut²). So bedeutet er zugleich den in strahlende Gluth gekleideten Sonnengott und den löwenmüthigen, über alle Feinde des wüsten Widerstandes triumphirenden Sieger, wie Zeus und Athena in ihrer Aegis zugleich den unwiderstehlichen Sturm des blitzenden und donnernden Wolkenhimmels und den Sieg über die Titanen und Giganten bedeuten. Alexandrinische und römische Dichter fügen noch die Episode vom Molorchos hinzu, dessen Name einen Winzer und Baumzüchter bedeutet³). Er wird als ein armer Mann der Gegend von Nemea geschildert, bei welchem Herakles vor und nach dem Abenteuer einkehrt. Molorchos ist im Begriff seinen einzigen Bock für den Gastfreund zu schlachten, da räth ihm dieser das Thier bis zu seiner Rückkehr zu sparen. Dreifsig Tage solle er warten und dann entweder mit ihm dem Zeus Soter oder ihm als einem Verstorbenen opfern. Und wirklich waren dreifsig Tage vergangen ehe Herakles wieder einkehrte, Molorchos war grade im Begriff ihm die letzte Ehre zu erweisen⁴): eine Erzählung in welcher diese Zeit der dreifsig Tage vermuthlich auf die der Gluthhitze deutet, wo Löwe und Hund am Himmel dominiren (1, 372).

1) Pind. I. 5, 47 ἄρρηκτον φυάν, ὥσπερ τόδε δέρμα με νῦν περιπλανᾶται θηρός, ὅν πάμπρωτον ἄθλων κτεῖνά ποτ᾽ ἐν Νεμέᾳ. Vgl. Diod. 4, 11, Apoll. 2, 5, 1. Stat. Th. 6, 270 anhelantem duro Tirynthius augens pectoris attritu sua frangit in ossa leonem. Vgl. u. A. die nach sehr schönen Vorbildern geschnittenen Münzstempel zu Tarent und Herakleа, die statuarischen Werke b. Clarac pl. 783. 791, die Terracotta b. Campana t. 22, die V. B. b. Gerhard A. V. t. 93. 94, die Spiegelbilder b. dems. t. 132. 133, die Nachweisungen b. Zoega 2, 54—58, A. Michaelis Ann. d. I. 1859, 60 ff., *Roulez Ann. 1862, 192 ff.; s. auch Stephani compt. rend. 1861, 146, Klügmann Ann. 1871, 23.

2) Eurip. Herc. f. 362 πυρσοῦ δ᾽ ἀμφεκαλύφθη ξανθὸν κρᾶτ᾽ ἐπινωτίσας δεινῷ χάσματι θηρός. Vgl. Bd. 1, 372 u. die Löwen des gaditanischen Hercules Macrob. S. 1, 20, 12, auch Porph. d. abstin. 4, 16 καὶ θεοῖς δὲ οὕτω προσηγόρευσαν τὴν μὲν Ἄρτεμιν λύκαιναν, τὸν δὲ Ἥλιον σαῦρον, λέοντα, δράκοντα, ἱέρακα, τὴν δ᾽ Ἑκάτην ἵππον, ταῦρον, λέαιναν, κύνα.

3) Μόλοχος von μήλω und ὄρχος d. i. hortus. ὄρχατος, φυτῶν στίχος, sowohl von Weinbergen als von andern Pflanzungen, Od. 7, 727, Hesiod sc. Herc. 294. Vermuthlich opferten die Pflanzer nach Ablauf der Hundstage dem Zeus Soter.

4) Kallimachos hatte davon gedichtet, wie von der Einkehr des Theseus bei der Hekale. Vgl. Apollod. l. c., Virg. Ge. 3, 19. Tibull 4, 1, 12 ff., Martial 4, 64, 30, Stat. Theb. 4, 160, *Schneider Callim. 2, p. 67. 119.

Die lernaeische Hydra d. h. Wasserschlange, nach Hesiod th. 313 fl. gleichfalls ein Kind der Echidna und des Typhon, das Hera in unversöhnlicher Feindschaft wider Herakles grofsgezogen, welcher das Scheusal mit scharfem Schwerdte tödtet, unter dem Beistande des Iolaos und der Athena¹). Vollständiger ist die Erzählung bei Apollodor, welcher mit den Resten alter Dichtung und den zum Theil sehr alterthümlichen Bildwerken übereinstimmt²). Ein Ungeheuer mit neun Köpfen, von denen acht sterblich, einer unsterblich ist, sein Schlupfwinkel bei einer Platane in der Nähe des Quells der Amymone³), auf einem Hügel von dem es auf Raub unter den Heerden der Ebne ausgeht. Ihr Gift war so stark dafs es die Menschen durch blofsen Anhauch tödtete, selbst wenn sie schlief und Jemand über sie hinwegschritt, mufste dieser an den Folgen des Anhauchs sterben. Herakles liefs sich durch Iolaos zu Wagen bis an den Fufs des Hügels fahren, dann suchte er sie auf und zwang sie durch glühende Pfeile aus ihrem Schlupfwinkel herauszukommen. Alsbald packt er sie, während sie ihn umringelt. Aber sobald er einen Kopf abhaut⁴), schiefsen zwei neue dafür auf und zugleich kommt der Hydra ein mächtig grofser Seekrebs zu Hülfe, der den Helden in den Fufs beifst. Herakles zertritt diesen und ruft nun auch seinerseits den Iolaos herbei, welcher einen Theil der benachbarten Waldung niederbrennt und mit den Feuerbränden die abgehauenen Köpfe ausbrennt. Zuletzt fällt der unsterbliche Kopf, den der Sieger an einem benachbarten Orte unter einem schweren Felsblock begräbt. Mit dem Gifte der Hydra tränkt er seine Pfeile, die dadurch absolut tödtlich werden⁵). Eurystheus

---

1) Die auf V. B. auch bei dem Kampfe mit dem Löwen gewöhnlich zugegen ist.

*2) Sehr alterthümliches Vasenbild aus Aegina b. Welcker A. D. 3, 257 ff. t. 6, ein andres aus Argos b. Gerhard D. u. F. 1859 t. 125 u. 125. Andre Vorstellungen b. Gerhard A. V. t. 95, M. I. 3, 46 u. b. Welcker a. a. O.; vgl. auch C. Konitzer Herakles und die Hydra, Breslau 1861. — Auch Alkaeos dichtete von neun Köpfen, Simonides von 50, Euripides Hercf. f. 419 nennt die Hydra sogar μυριόκρανον κύνα Λέρνας. Auf den Bildwerken schwankt die Zahl zwischen drei bis zwölf.

3) Paus. 2, 37, 4, Apollod. 2, 5, 2, Hygin f. 76.

4) Bei Eurip. Ion 192 und auf verschiedenen Vasenbildern mit der Harpe, deren sich auch Iolaos bedient. Von dem Seekrebs erzählt Eratosth. cat. 11 nach Panyasis.

5) Soph. Tr. 714 τὸν γὰρ βαλόντ᾽ ἄτρακτον οἶδα καὶ θεὸν Χείρωνα πημήναντα χὤνπερ ἂν θίγῃ φθείρει τὰ πάντα κνώδαλα.

will den Kampf nicht gelten lassen, weil Iolaos geholfen habe. Ohne Zweifel bedeutet die Wasserschlange mit den vielen Köpfen, deren Zahl die Dichtung immer höher trieb, den feuchten Grund von Lerna mit den vielen Quellen, ihr Gift das schädliche Miasma, welches sich bei mangelnder Cultur aus dem stagnirenden Gewässer von selbst entwickeln mufste, der schon auf alterthümlichen Vasenbildern nicht fehlende Seekrebs einen verwandten Einflufs des benachbarten Seestrandes. Herakles ist in dieser Fabel wesentlich Alexikakos und Urheber der Cultur[1]), ein Beweis dafs auch der argivische Glaube den Helden in der doppelten Bedeutung des Sonnenhelden und des Helfers und Heilands im weiteren Sinne des Worts kannte. Seine feurigen Pfeile und das von Iolaos entzündete Feuer erinnern an das Feuer, mit dem man in Aegypten in der Zeit der gröfsten Hitze die Luft zu reinigen pflegte[2]).

3. Eber. 4. Hirschkuh. 5. Vögel.

Diese Abenteuer sind landschaftliche Naturdichtungen der arkadischen Wald- und Gebirgsgegend und zwar von sehr eigenthümlicher und lebendiger Auffassung, besonders das erste. Charakteristisch ist es auch dafs Herakles in diesen arkadischen Sagen vorzüglich als Jäger auftritt.

Der erymanthische Eber und die Kentauromachie auf der Pholoe, denn diese beiden Kämpfe gehören nothwendig zusammen, sowohl aus örtlichen Rücksichten als wegen des Zusammenhanges der Erzählung. Erymanthos hiefs sowohl das hohe Waldgebirge an der nördlichen Grenze von Arkadien als ein Flufs, welcher auf dem von Schnee strahlenden, dem grofsen Pan geheiligten Gipfel dieses Gebirges Λάμπεια entspringt[3]) und sich darauf durch das

---

1) Serv. V. A. 6, 287 constat hydram locum fuisse evomentem aquas vastantes vicinam civitatem, in quo uno meatu clauso multi erumpebant. Quod Hercules videns loca ipsa exussit et sic aquae clausit meatus. Vgl. Curtius Peloponn. 2, 368.

2) Suid. v. Ἰαχίν, nach Aelian.

3) Paus. 8, 24, 2, Stat. Theb. 4, 290 cundens iugis Lampia nivosis. Das ganze Gebirge dieser Gegend liegt so, dafs man Elis und die ionischen Inseln und das dortige Meer übersieht, daher auch mit Elis und von dort übers Meer viel Verkehr bestand. So erklärt sich der Dienst der erycinischen Venus in Psophis und die Sage b. Paus. l. c. dafs die Heroine dieser Stadt eine Tochter des Eryx gewesen sei, welche vom Herakles zwei Knaben geboren habe, Ἐχέφρων u. Πρόμαχος.

enge, aber fruchtbare Thal von Psophis eine Bahn nach Süden in das arkadische Centralbecken des Alpheios gräbt. Im Winter und im Frühjahre sind diese Bergströme eben so wild und stürmisch als sie im heifsen Sommer zahm und matt sind, daher ohne Zweifel der erymanthische Eber jener Bergstrom selbst ist, der wie eine wilde Bestie des Waldes aus dem Gebirge hervorbricht und die Felder von Psophis verwüstet¹), bis Herakles ihn ganz im Geschmacke des schon in der Odyssee 6, 103 erwähnten erymanthischen Jagdreviers mit wildem Halali bis hinauf in das Schneelager der Lampeia d. h. bis zu den Quellen des Erymanthos hetzt, wo er das ermattete Thier endlich mit der Schlinge fängt. Die Aufgabe des Eurystheus war das wilde Thier lebendig nach Myken zu bringen, daher der Held seinen Eber aufpackt und auf seinen Schultern bis auf den Hof des Königs trägt. Der erschrickt dermafsen darüber, dafs er sich in ein ehernes Fafs verkriecht, wie dieses viele alterthümliche Vasenbilder und andere Kunstdenkmäler auf naive Weise veranschaulichen. Auf dem Wege zu dieser Jagd geht Herakles über die Pholoe, das hohe und rauhe, in alter Zeit mit Wald bedeckte Grenzgebirge gegen Elis²). Hungrig und durstig kehrt er bei dem Kentauren Pholos ein, dem Sohne eines Silens und einer Waldnymphe Melia (Esche), der ganz nach dem Muster des Chiron auf dem thessalischen Pelion gedichtet ist. Als Pholos dem Helden zu essen giebt, fordert dieser auch zu trinken. Auch ist, wie es sich unter Kentauren von selbst versteht, ein trefflicher Wein in der Nähe, in einem grofsen Fafs, das ein Gemeingut aller Kentauren ist, ein Wein den Dionysos selbst ihnen geschenkt hat³), also so gut wie der welchen Maron dem Odysseus und dieser dem Kyklo-

---

1) Curtius Peloponn. 1, 386 ff. u. über die Pholoe 2, 44. Auch bei Sophokl. Tr. 1095 werden der erymanthische Eber u. die Kentauromachie der Pholoe als zusammenhängende Dichtungen behandelt. Ein Bergstrom Σῦς am Olymp, der den alten Ort Libethra zerstört, 1, 415, 3.

2) Φολόη, vermuthlich für Θολόη von θόλος Kuppel, wie Ὄφρυς für Ὀφρύς. Auch in Thessalien gab es ein Gebirge des Namens und auch dort erzählte man von Kentauren, Lucan 3, 198; 7, 449. 827.

3) Zum Lohne dafür dafs Pholos beim Streite des Dionysos und Hephaestos um die Insel Naxos dieselbe jenem zugesprochen hatte. Schol. Theokr. 7, 149. Die Naxischen Sagen von Dionysos und Hephaestos hatte Stesichoros berührt, Schol. Il. 23, 92, derselbe welcher von Herakles und Pholos gedichtet hatte (fr. 7): σκύφιον δὲ λαβὼν δέπας ἔμμετρον ὡς τριλάγυνον πίεν ἐπισχόμενος, τό ῥά οἱ παρέθηκε Φόλος κεράσας. Vgl. Iuvenal 12, 44 urnae cratera capacem et dignum sitiente Pholo.

pen giebt. Dionysos hat befohlen das Fafs solle erst dann angestochen werden, wenn sein guter Freund Herakles komme, daher Pholos es jetzt für seinen Gast anbricht. Beide zechen nun aus gewaltigen Humpen, da dringt der starke Duft zu den Nasen der übrigen Kentauren, die wie die Homerischen Kyklopen zerstreut im Gebirge wohnen und jetzt wie rasend herbeieilen und in die Höhle des Pholos dringen. Mit Felsblöcken und Fichtenstämmen, Fackeln und Beilen bewaffnet gehen sie dem zechenden Helden zu Leibe, der aber treibt die Eingedrungenen mit Feuerbränden zurück und vertilgt darauf die Uebrigen im Walde mit seinen Pfeilen, jedoch erst nach grofser Noth und Anstrengung. Denn ihre Mutter die Wolke kommt den Kentauren mit gewaltigen Regengüssen zu Hülfe, so dafs sich Herakles kaum auf den Beinen behaupten kann, während die Kentauren mit ihren vier Beinen in diesem Wasserschwall wie zu Hause sind. Endlich überwindet er sie doch, so dafs die Besten bleiben und die Uebrigen sich zerstreuen, die meisten nach Malea, wo auch von Silenen und Kentauren und vom Pan erzählt wurde¹). Der arme Pholos kommt auch um, grade wie Chiron. Er zieht aus einem der Gefallenen den Pfeil und wundert sich wie ein so kleines Ding so riesige Leiber zu tödten vermöge. Da gleitet der Pfeil aus seiner Hand, verwundet seinen Fufs und gleich ist er todt. Herakles begräbt ihn am Abhange des Gebirges, das von ihm seinen Namen bekommt. Bei der ganzen Dichtung liegen gewifs Elemente der einheimischen Naturdichtung zu Grunde, in welcher die Kentauren wie die thessalischen galoppirende Waldmänner und Dämonen der Bergfluth oder des im Waldgebirge brütenden Gewölks sind. Die dichterische Ausführung aber verräth eine Meisterhand, vielleicht die des Stesichoros²). Die grofse Popularität dieser Fabel bezeugen viele Vasenbilder.

---

1) Bd. 1, 606, 3 u. 614. Selbst den Chiron liefs man vor den Lapithen nach Malea flüchten und bei dieser Jagd des Herakles umkommen. Andre Kentauren fliehen in die Berge von Achaja oder nach Aetolien oder nach Eleusis, wo Poseidon sie in einem Berge versteckt, Apollod. 2, 5, 4, wenn dafür nicht mit Heyne die Sireneninsel Leukosia zu setzen ist, Lykophr. 670 Tz., Ptolem. Heph. 192, 22 Westerm. Vgl. Hom. Κάμινος 17 δεῦρο δὲ καὶ Χείρων ἀγέτω πολέας Κενταύρους, οἵ θ᾽ Ἡρακλῆος χεῖρας φύγον οἵ τ᾽ ἀπόλοντο.

2) Aus Pisander hat sich das Sprichwort erhalten νοῦς οὐ παρὰ Κενταύροισι, von Stesichoros s. Athen. 11, 99. 100, Panyasis war hier sehr ausführlich. Auch von Epicharm gab es einen Ἡρακλῆς παρὰ Φόλῳ. Die vollständigste Erzählung b. Apollod. l. c. u. Diod. 4, 12, Vasenbilder b. Gerhard A. V. t. 119. 120 T. 2, 125 ff. *Arch. Ztg. 1865, 81 ff. Auch am Amyklaeischen Thron war ἡ

Von der Hirschkuh erzählten die Theseis, Pisander und Pherekydes; für uns sind aufser Apollodor gelegentliche Erwähnungen bei Pindar und Euripides wichtig¹). Es war ein der Artemis heiliges Thier, welches die Plejade Taygete (1, 383) der arkadischen Himmelsgöttin geweiht hatte. Ein Wunderthier mit goldnen Hörnern und ehernen Läufen²), welches bald die kerynitische heifst, nach dem Gebirge und Jagdrevier Keryneia an der Grenze von Arkadien und Achaja³), bald nach dem berühmten Artemision bei Oenoe auf der Grenze von Argos und Mantinea (S. 57f.) benannt wurde. Die Aufgabe ist wieder das flinke Thier lebendig zu fangen, daher Herakles es im Laufe verfolgt. Er verfolgte es nach Apollodor ein Jahr lang, nach Euripides über viele Berge und Schluchten, Wiesen und Thäler, nach Pindar bis in die hyperboreischen Gegenden des Istros, worauf das ermüdete Thier dahin zurückkehrt wo diese grofse Jagd begonnen hatte, in das arkadische Waldgebirge, wo es zu dem Heiligthume der Artemis seine Zuflucht nimmt, aber endlich von Herakles am Flusse Ladon ereilt wird⁴). Schon war er im Begriff das heilige Thier zu tödten, da traten Apollo und Artemis ihm entgegen, so dafs er es verschonte und lebendig zum Eurystheus brachte, ein Zusammentreffen der göttlichen Geschwister und des Helden, auf welches auch verschiedene Kunstwerke deuten, die durch ihre Auffassung dieses Vorfalls sehr an den Kampf um den Dreifufs erinnern⁵). Ohne Zweifel ist diese wunderbare Hirschkuh mit den goldnen Hörnern, die ein Jahr lang und bis zu den Hyperboreern herumläuft, bis sie endlich

---

παρὰ Φόλῳ τῶν Κενταύρων μάχη abgebildet, Paus. 3, 18, 7. Nach Statius Theb. 10, 228 ff. wurden viele Pferde auf den Weiden der Pholoe gezogen.

1) Pind. Ol. 3, 26 Schol., Eurip. Herc. f. 375 u. b. Aelian N. A. 7, 39. Kallim. Dian. 109 u. A.

2) Eherne Läufe sind unermüdliche. Gegen die Hörner der Hirschkuh protestirten die Naturkundigen und die Grammatiker. Vgl. Boeckh expl. Pind. 139.

3) In der Gegend von Kalavryta und dem Kloster Megaspilaeon, auch dieses ein berühmter Jagdbezirk. Ein Berg bei Kalavryta heifst noch jetzt Kynegu, der Jägerberg.]

4) Virg. A. 6, 801 nec vero Alcides tantum telluris obivit, fixerit aeripedem cervam licet aut Erymanthi pacarit nemora et Lernam tremefecerit arcu.

5) Herakles im Begriff das Thier mit der Keule zu erschlagen, Apollo gegen ihn den Bogen spannend, auf einem Helm aus Vulci, Nouv. Ann. de l'Inst. 1, 3. Apollo u. Artemis gegen Herakles u. Athena auf einem Vasenbilde b. Gerhard A. V. t. 101. Vgl. Apollod. 2, 5, 3 u. O. Jahn Archäol. Beitr. 224.

zu dem Ausgangspunkte zurückkehrt, der Mond am arkadischen Himmel, als ob er von dem Sonnenhelden gejagt würde. Zur Bestätigung diene das einfachere Märchen von der Jägerin Arge d. h. der Weifsschimmernden, welche einen Hirsch verfolgend ausrief: Und solltest du auch so schnell und leicht laufen wie Helios, ich werde dich doch ereilen, worauf der darüber erzürnte Sonnengott sie in eine Hirschkuh verwandelt¹).

Die stymphalischen Vögel scheinen dagegen Sturm und Ungewitter, die Merkmale des Winters zu bedeuten²). Das Thal von Stymphalos ist eine Grube zwischen hohen Bergen und ohne sicheren Wasserabzug, so dafs sich bei plötzlichen Ergüssen des Regens von selbst Ueberschwemmungen bilden. Die Fabel macht daraus wie gewöhnlich einen mythischen Vorgang, durch dessen Erzählung sie zugleich die Art solcher stürmischen Wolkenbrüche schildert³). Eine Unzahl von wilden Vögeln hatte sich in der Vorzeit in diese Waldung geworfen, menschenfressende Vögel mit eisernen Schwingen, mit Federn die so spitzig und scharf wie Pfeile waren, ein Dichter nannte sie Schwimmvögel ($\pi\lambda\omega\iota\delta\varepsilon\varsigma$). Im Heiligthum der Artemis sah man Bilder von ihnen, einige davon nach Art der Harpyien d. h. der personificirten Sturmvögel. Herakles jagt sie durch den knatternden Lärm einer ehernen Handklapper aus dem undurchdringlichen Walde auf, worauf er sie theils tödtet theils verscheucht. Die Argonautensage erzählte dafs sie sich nach einer Insel des Ares im unwirthlichen Pontos gezogen hätten, wo jene kühnen Schiffer von ihrem herabfallenden pfeilscharfen Gefieder zu leiden haben, bis sie sie auch hier durch Geschrei und Waffenlärm verscheuchen, worauf diese Vögel „wie ein heftiges Schlofsenwetter" übers Meer dahinziehn⁴).

---

*1) Hygin f. 205.

*2) Anders erklärt A. Mommsen zur Kunde d. griech. Klimas, Progr. Schleswig 1870. S. 16.

3) Paus. 8, 22, 4, der sich auf Pisander bezieht, Apollon. 2, 105 Schol., wo Pherekydes u. Hellanikos citirt werden, vgl. Apollodor, Diodor, Stat. Silv. 4, 6, 100 quantusque nivalem Stymphalon quantusque iugis Erymanthon aquosis terrueris u. A. Auf den Bildwerken sind es kranichartige oder reiherartige Vögel, s. Gerhard A. V. t. 106 u. 324.

4) Plin. 6, 32 insula in Ponto — contra Pharnaceam Chalceritis, quam Graeci Ariam dixerunt Martique sacram et in ea volucres cum advenis pugnasse pinnarum ictu. Serv. V. A. 8, 300 Stymphalides aves, quae alumnae Martis fuisse dicuntur, quae hoc periculum regionibus irrogabant quod, cum essent plurimae

Und wirklich können sie nicht wohl etwas Anderes bedeuten als ein heftiges, durch dichten Hagel von Schlofsen sich entladendes Ungewitter, da auch der herabfallende Schnee oft genug und in den Märchen und Sagen verschiedener Völker mit Gefieder verglichen wird[1]. Herakles, der hier wieder die höchste Macht des lichten Himmels bedeutet, mochte in dem Thale von Stymphalos um so eher als Befreier von solcher Noth genannt werden, da er in dieser Gegend, namentlich in dem benachbarten Pheneos, ohnehin sehr heimisch war und als deren Held und Wohlthäter in manchen Sagen gefeiert wurde. So nannte man ihn auch den Urheber jener unterirdischen Abzüge, die diesen tiefen Thalkesseln anstatt eines regelmäfsigen Abflusses der leicht stagnirenden Gewässer dienen mufsten. Die eherne Handklapper, mit welcher Herakles, und der Lärm der Waffen, durch den die Argonauten diese Vögel verscheuchen, werden nach Art des Kuretenlärms[2] und ähnlicher Erzählungen bei den Alten zu erklären sein, oder wie man bei uns ehemals dem Geläute der Glocken einen gleichen Einflufs auf Wetter und Gewitter und alle böse Geister der Luft zuschrieb.

6. Augeiasstall. 7. Kretischer Stier.

Beide Fabeln gehören insofern zusammen als der König Augeias in Elis dem Könige Minos von Kreta wenigstens nahe verwandt ist, der kretische Stier aber vollends unmittelbar zu diesem zurückführt.

Augeias der reiche Epeierfürst zu Elis und seine Tochter Agamede, die aller Zauberkräuter auf der weiten Erde kundig ist, wird schon in der Ilias 11, 701. 739 erwähnt. Sein Sitz ist Ephyra,

---

volantes, tantum plumarum stercorumque de se emittebant ut homines et animalia necarent, agros et semina omnia cooperirent.

1) Die regio πτεροφόρος im hohen Norden, wo es immer schneit und wo man vor lauter Federn, ὑπὸ πτερῶν κεχυμένων, weder sehen noch fortkommen kann, πτερῶν γὰρ καὶ τὴν γῆν καὶ τὸν ἀέρα εἶναι πλέον καὶ ταῦτα εἶναι τὰ ἀποκλείοντα τὴν ὄψιν, wie Herodot 4, 7 den Skythen nacherzählt und dazu 31 selbst die richtige Erklärung giebt, vgl. Plin. 4, 88 und Aesch. Pr. 993 λευκοπτέρῳ νιφάδι, Pind. fr. 84, 8 νιφετοῦ σθένος ὑπέρφατον, Psalm 18, 12—14 Er setzte sich Finsternifs zur Hülle, dafs sie ihn umgab als ein Gezelt, wäfsrige Nacht, Wolken auf Wolken. Vom Glanz vor ihm trennete sich sein Gewölk mit Hagel und feurigen Kohlen u. s. w. Frau Holle schüttelt ihr Bett wenn es schneit, Grimm D. M. 246. „Im Winter wann die weifsen Mucken fliegen." Handwerkslied a. d. 16. Jahrh.

2) Hygin f. 20 wo die Argonauten ex Phinei monitu clypeos et hastas sumunt exque more Curetum sonitu eas fugant.

welcher Name sich auch in Korinth und Thesprotien wiederholt, in Korinth und Elis im Zusammenhange der Verehrung der himmlischen Mächte. Αὐγέας, Αὐγείας ist selbst der Strahlende¹); man erzählte dafs Strahlen von seinem Auge ausgingen, eine Eigenthümlichkeit aller Kinder der Sonne. Er wird ausdrücklich ein Sohn des Helios genannt und seine Tochter Agamede ist deutlich eine Mondgöttin wie Kirke und Medea und Megamede, die Gemahlin des Thespios (S. 180). Ein stehender Zug der Sage vom Augeias ist sein fabelhafter Reichthum an Heerden²), daher er zum Bilde des Reichthums überhaupt und sein Schatzhaus eben so berühmt wie das des Minyas geworden war. Von seinen Heerden erzählt mit ländlicher Anschaulichkeit Theokrit id. 25. Es sind Lämmer und Rinder, zahllos wie die Wolken am Himmel, darunter zwölf dem Helios geweihte Stiere, die so weifs wie schimmernde Schwäne sind, einer heifst Phaethon, der wie ein Stern funkelt. Das Gehöfte lag am Flusse Menios, die Aufgabe des Herakles war die unendlichen Stallungen an einem Tage und ganz allein auszumisten. Er erreicht es dadurch dafs er eine Oeffnung in den Grundmauern macht und darauf jenen Flufs so abgräbt dafs er hindurchströmt³). Es wird noch erzählt dafs Augeias ihm vorher den zehnten Theil seiner Heerden versprochen, sich aber hernach weil er sein Werk doch nur als Dienstmann des Eurystheus gethan dessen geweigert habe, wodurch zugleich die Auswanderung des Phyleus nach Dulichion⁴) und der spätere Krieg des Herakles gegen Elis motivirt wird. Jene Heerden des Augeias mögen ursprünglich wie die des Minos auf Kreta die himmlischen Heerschaaren der Gestirne, ihr Mist den Unrath des Winters bedeutet haben, dessen Gewölk und Nebel das schöne Gehöft des Himmels ganz bedeckt und entstellt. Herakles schafft eine Oeffnung dadurch dafs er eine Rinne macht und mit einer reifsenden Strömung hindurchfährt, vgl. Hiob 38, 25 Wer hat

---

1) Vgl. ἡλίου αὐγή z. B. Aesch. Pers. 504 φλέγων γὰρ αὐγαῖς λαμπρὸς ἡλίου κύκλος μέσον πόρον διῆκε, Suppl. 213 καλοῦμεν αὐγὰς ἡλίου σωτηρίους. Schol. Apollon. 1, 172 vom Augeias: ἐδόκουν δὲ ἀκτῖνες ἀπολάμπειν αὐτοῦ τῶν ὀφθαλμῶν.

2) Paus. 5, 1, 7 τούτῳ βοῦς τῷ Αὐγίᾳ καὶ αἰπόλια τοσαῦτα ἐγίνετο ὡς καὶ τῆς χώρας αὐτῷ τὰ πολλὰ ἤδη, διατελεῖν ἀργὰ ὄντα ἀπὸ τῶν βοσκημάτων τῆς κόπρου vgl. Apollod. 2, 5, 5, Diod. 4, 13.

3) Nach Hygin f. 30 Iove adiutore. Der Μήνιος, welchen Paus. u. Theokrit nennen, ist wohl ein in Gestalt eines halben Mondes fliefsender Bach. Andre nannten den Alpheios oder den Peneios.

4) Il. 2, 628 Schol.

dem Wasserguls die Rinne geöffnet und dem donnernden Blitze den Weg? Der Winter kommt und geht im Süden mit heftigen Stürmen und Ungewittern.

Den kretischen Stier d. h. den von Poseidon dem Minos geschenkten, von diesem der Sonnenheerde einverleibten, dann verwilderten und von der Pasiphae brünstig verfolgten kennen wir bereits aus der einheimischen Sage[1]. Die Aufgabe des Herakles ist wieder ihn nach Myken zu bringen. Er begiebt sich also nach Kreta, wo Minos ihm das wilde Thier fangen heifst. Also erst ein Kampf mit dem Stiere, von welcher Seite namentlich die Künstler und die Vasenbilder dieses Abenteuer darstellen. Dann der Transport nach Myken, indem Herakles den gebändigten Stier auf seinem Nacken trägt, durch das Meer aber sich von ihm tragen läfst[2]. Der weitere Verlauf wurde bald so erzählt, dafs Eurystheus das Thier der Hera von Myken opfert, bald läuft der Stier verheerend weiter durch die ganze Pelopsinsel und bis Marathon, wo die Theseussage anknüpft. Es ist der Sonnenstier und die schwimmende Fahrt durchs Meer nicht zu übersehn, da ähnliche Sagen in der Furt zwischen Italien und Sicilien und in der zwischen Troas und Lemnos erzählt wurden[3]. Wie die Mondkuh in der Iosage, der Stier des Zeus in der der Europa das Meer durchschneidet, so hier der Sonnenstier mit Herakles, dem das Meer bezwingenden Helden im Sinne des Minoischen Kreta, wo Herakles als Heros der Hafenstadt von Knosos verehrt wurde, die deshalb Herakleia hiefs.

8. Die Rosse des Diomedes. 9. Der Gürtel der Hippolyte.

Beide Abenteuer betreffen den Norden, beide erzählen von Sturm und wildem Wesen im Geschmack der nordischen Barbaren und des dort heimischen Ares.

Auch die Rosse des thrakischen Königs Diomedes sollten nach Myken geführt werden. Dieser König heifst ein Sohn des Ares und König der Bistonen, des streitbarsten aller thrakischen Völker, die ehe-

---

1) Akusilaos b. Apollod. 2, 5, 7 behauptete es sei derselbe Stier gewesen, auf dem Europa nach Kreta gekommen sei, vgl. Diod. 4, 13, Paus. 1, 27, 9, Serv. V. A. 8, 294, wo er Flammen speit, wie die Stiere auf Rhodos, Mythogr. l. 1, 47.

2) Diod. τὸ τηλικοῦτον πέλαγος ἐπ' αὐτῷ ναυστολήθείς. Bildliche Darstellungen b. Zoega Bassir. 2, 73, Gerhard A. V. 2, 47 ff. t. 98, Stark Arch. Stud. 90. Das Tragen des Stiers nachgebildet auf Mithrasdenkmälern.

3) Steph. B. Νέαι — ἀπὸ τοῦ προσηξάσθαι τὸν Ἡρακλέα. Vgl. die Geryonssage.

mals in der Gegend von Abdera wohnten, wo man die Burg des Diomedes noch später nicht weit vom Meeresstrande zeigte[1]. Die Rosse essen Menschenfleisch und sind so wild und stark, dafs sie mit eisernen Ketten an ehernen Krippen festgebunden werden mufsten. Ihre Nahrung war das Fleisch der an diese Küste Verschlagenen. Herakles begiebt sich zu Schiffe dahin[2], bezwingt die Rosse und ihre thrakischen Wächter und führt jene an den Strand, wo es noch einen heftigen Kampf mit den herbeieilenden Bistonen giebt, in welchem Diomedes von dem Helden erschlagen und darauf selbst den Rossen vorgeworfen wird. Inzwischen ist aber auch der schöne Abderos durch die unbändigen Thiere umgekommen, ein Sohn des Hermes und Liebling des Herakles, dem dieser nun einen Grabhügel errichtet und Spiele stiftet, welche die Abderiten jährlich feierten[3]. Die Rosse laufen von Myken auf den Olymp d. h. den Gipfel des lykaeischen Gebirgs in Arkadien, wo sie von wilden Thieren d. h. den Wölfen des Zeus Lykaeos zerrissen werden[4]. Ihre allegorische Bedeutung ist die des Sturms und der Wogen, daher der thrakische Hintergrund wie beim Ares, beim Lykurgos, beim Boreas. Diomedes ist selbst solch ein Sturm- und Winterkönig, seine Rosse sind die Sturmrosse der thrakischen Küste, die in dieser ganzen Gegend vermuthlich sehr unwirthlich ist und an die Sarpedonische Küste am

---

1) Strabo 7, 331 fr. 44, Aelian N. A. 15, 25, Plin. 4, 42; 25, 94.

2) Nach Euripides in der Alkestis zu Lande über Pherae, daher in diesem Stücke wiederholt von dem thrakischen Abenteuer die Rede ist, 65. 481. 501— 504 τί χρή με παισὶν οἷς Ἄρης ἐγείνατο μάχην ξυνάψαι, πρῶτα μὲν Λυκάονι (ein sonst nicht bekanntes Abenteuer, doch vgl. den Λύκος Θρᾷξ b. Paus. 1, 27, 7), αὖθις δὲ Κύκνῳ, τόνδε δ᾽ ἔρχομαι τρίτον ἀγῶνα πώλοις δεσπότῃ τε συμβαλῶν, vgl. Herc. f. 380 ff. Nach Hygin f. 30 hiefsen die vier Pferde Podargus, Lampon, Xanthus, Dinus. Vgl. Apollod. 2, 5, 8 u. Paus. 3, 18, 7 am Amyklaeischen Thron: Διομήδην τε Ἡρακλῆς τὸν Θρᾷκα καὶ ἐπ᾽ Εὐήνῳ τῷ ποταμῷ Νέσσον τιμωρούμενος.

3) S. das Gemälde b. Philostr. Imag. 2, 25, welcher Schriftsteller diesen Knaben anderswo mit Hylas, Hyakinth und Narkissos zusammenstellt, vgl. Clem. Homil. 5, 15 Ἡρακλῆς δὲ Ἀβδήρου, Δρύοπος, Ἰοκάστου, Φιλοκτήτου, Ὕλα, Πολυφήμου, Αἵμονος, Χώνου, Εὐρυσθέως. Abderos galt für einen Lokrer aus Opus oder Thronion, Apollod. 2, 5, 8, Steph. B. Ἄβδηρα, Alban. Tfl. 88. Auch die Stadt Abdera galt für eine Gründung des Herakles.

4) Bd. 1, 101, 3. Andere erzählen von einer Zucht edler Rosse in Argos, die von denen des Diomedes abstammten und noch zur Zeit Alexanders d. Gr. fortdauerten, Gell. 3, 9, Diod. 4, 15. Vgl. die Descendenz von den Sonnenrossen b. Virg. A. 7, 281 u. die Beispiele von menschenfressenden Pferden b. Welcker G. G. 2, 771, 61.

Eingange des Hellespont erinnert. Abderos scheint wie Hippolyt den Morgenstern zu bedeuten, dessen bildliche Figuren unter verschiedenen Gestalten in die Heraklessage hineinspielen.

Der **Gürtel der Hippolyte**, ein Geschenk des Ares und Symbol des wildesten Sturms und höchsten kriegerischen Muthes der Amazonenkönigin, ist so zu verstehen wie der Gürtel des Ares selbst (1, 264, 4). Aus der Erzählung von diesem Abenteuer ist frühzeitig die von dem Amazonenkriege des Herakles geworden, bei welchem wir darauf zurückkommen. Die Aufgabe war der Tochter des Eurystheus Admete, die sonst als Priesterin der Hera von Myken bekannt ist, jenen Gürtel zu bringen.

10. Geryoneus.

Ein Abenteuer welches die Volkssage, die Poesie und Kunst, auch die geographische und ethnographische Tradition und Forschung viel beschäftigt hat und der Erklärung manche Schwierigkeiten bietet[1]).

Die zu Grunde liegende Naturanschauung verrathen am meisten die Erzählung bei Hesiod th. 287 ff., einige Reste der Geryoneis des Stesichoros und verschiedene Andeutungen der Volkssage und der ältesten Bilder. Geryon oder Geryoneus[2]), wahrscheinlich von γηρύω, also der Schreier, der Brüller, wird genannt ein Sohn des Chrysaor d. i. des Blitzes (S. 65) und der Okeanine Kallirrhoe d. i. der Schönströmenden. Immer ist er Herr von grofsen Rinderheerden, recht fetten und strotzenden Kühen und Ochsen von purpurrother Farbe, welche unter der Hut eines Hirten Eurytion d. h. des Strömers und eines zweiköpfigen Hundes Orthros d. h. des mit dem frühen Morgen Wachen[3]), der vom Typhon und der Echidna abstammt, auf dem

---

*1) Verschiedene Erklärungen b. F. Jacobs verm. Schr. 6, 145—167, Schoemann opusc. 2, 199—205, Hes. Theog. S. 159 f., de Witte Hercule et Geryon, Nouv. Ann. de l'Inst. 1838 p. 107—141; 270—374, Wieseler Hall. A. Encyclop. v. Geryon, M. Bréal Hercule et Cacus (1863) p. 64 ff. u. A. — Vasenbilder b. Gerhard A. V. t. 104—108 u. 323, R. Schoene Ann. d. Inst. 1869, 246 ff., Heydemann Neapler Vasens. n. 1924. 2725. Ein merkwürdiges Relief aus Cypern s. Rev. archéol. 1872, 2, 223 ff., pl. 21. Auch die achte und neunte Metope an der Ostfront des Theseions zu Athen stellen nach E. Petersen Arch. Ztg. 1866, 257 f. den Kampf des H. gegen Geryoneus dar.

2) Der Name lautet bei den Schriftstellern Γηρυών, Γηρυόνης, Γηρυονεύς, wobei schon die alten Ausleger des Hesiod an den Winter dachten, ἀπὸ τοῦ γηρόω τοῦ φωνῶ, διὰ τὰς τότε τῶν ἀνέμων καὶ ὄμβρων ταραχάς, b. Schoemann p. 201, 82. Auf einem Vasenbilde ältesten Stils lautet der Name Γαρυόνης.

3) Apollod. 2, 5, 10 εἶχε δὲ φοινικᾶς βόας, ὧν ἦν βουκόλος Εὐρυτίων,

okeanischen Eilande Erytheia ihre Weide haben. Dieses Eiland, seinem Namen nach das röthliche, ist das des Sonnenuntergangs, daher auch die Heerden des Helios dort zu Hause sind, aber auch die des Aïdes, weil Sonnenuntergang und die Nacht des Todes sinnverwandte Gedanken sind[1]). Doch verband man mit dem Bilde von dieser Trift des Geryon und dem von seinem ganzen Wesen nichts desto weniger die Vorstellung einer üppigen und strotzenden Fülle und Fruchtbarkeit[2]), obwohl er selbst als ein wahres Ungethüm geschildert und abgebildet wird, mit drei Leibern ($\tau\rho\iota\sigma\acute{\omega}\mu\alpha\tau\sigma\varsigma$, tergeminus), drei Köpfen ($\tau\rho\iota\kappa\acute{\epsilon}\varphi\alpha\lambda\sigma\varsigma$), also sechs Händen und sechs Füfsen, und dazu riesig und ganz gewappnet, furchtbar stark und mit mächtigen Flügeln versehen, wie ihn namentlich Stesichoros schilderte und wie die alterthümlichen Vasenbilder ihn malen[3]). Was kann dieser dreileibige, brüllende, gewappnete und geflügelte Riese, der Sohn des Blitzes und der Fluth, mit seinen fetten Heerden auf der üppig getränkten Flur des abendlichen Okeanos, woher die Wolken kommen (1, 390), der Nachbar des Sonnenuntergangs und des Todes wohl anders bedeuten als den Sturm-

---

$\varphi\acute{\upsilon}\lambda\alpha\xi$ $\delta\grave{\epsilon}$ $"O\rho\vartheta\rho\sigma\varsigma$ $\dot{o}$ $\varkappa\acute{\upsilon}\omega\nu$ u. s. w. Vgl. Hesiod th. 293. 309. $E\ddot{\upsilon}\rho\upsilon\tau\acute{\iota}\omega\nu$ von $\epsilon\check{\upsilon}$ u. $\dot{\varrho}\upsilon\tau\acute{o}\varsigma$, wie $\dot{\varrho}\upsilon\tau\grave{\alpha}$ $\ddot{\upsilon}\delta\alpha\tau\alpha$ (*vgl. jedoch N. Jahrbb. 1873, 201). $"O\rho\vartheta\rho\sigma\varsigma$ ist mindestens eben so gut (vgl. $\dot{o}\rho\vartheta\rho\sigma\gamma\acute{o}\eta$ $\chi\epsilon\lambda\iota\delta\acute{\omega}\nu$ Hes. W. T. 568) wie $"O\rho\vartheta\sigma\varsigma$ d. i. erectus. Poll. 5, 46 nennt den Hund des Geryon einen Bruder des Kerberos und Gargettios, unter welchem Namen er ein Denkmal in Spanien habe.

1) Apollod. 1, 6, 1; 2, 5, 10.
2) Auf der komischen Bühne in Athen war Geryones zum Bilde eines grofsmächtigen Herren geworden, der seines Leibes mit auserlesenen Leckerbissen pflegte, s. Meineke Com. Gr. 1, 351; 3, 323.
3) Stesichoros b. Schol. Hes. th. 287, vgl. Eurip. Herc. f. 1271 wo bei den $T\iota\varphi\tilde{\omega}\nu\epsilon\varsigma$ $\tau\rho\iota\sigma\acute{\omega}\mu\alpha\tau\sigma\iota$ Geryoneus gemeint ist, Lucret. 5, 28 tripectora tergemini vis Geryonai, Horat. Od. 2, 14, 7 qui ter amplum Geryonen Tityonque tristi compescit unda, Virg. A. 8, 202, Sil. Ital. 1, 278; 13, 200 u. A. Er wurde mit der Zeit zu einem der populärsten Riesen der griechischen Mythologie, daher sich auch seine Gebeine an verschiedenen Stellen fanden. Die älteren Bildwerke zeigen immer drei zusammengewachsene Männer, s. Paus. 5, 19, 1 $\tau\rho\epsilon\tilde{\iota}\varsigma$ $\delta\grave{\epsilon}$ $\ddot{\alpha}\nu\delta\rho\epsilon\varsigma$ $\Gamma\eta\rho\upsilon\acute{o}\nu\eta\varsigma$ $\epsilon\dot{\iota}\sigma\grave{\iota}\nu$ $\dot{\alpha}\lambda\lambda\acute{\eta}\lambda\sigma\iota\varsigma$ $\pi\rho\sigma\sigma\epsilon\chi\acute{o}\mu\epsilon\nu\sigma\iota$, ausnahmsweise auch wohl zwei, was sehr an die Molioniden der Sage von Elis erinnert, s. de Witte p. 123, Gerhard Apul. Vas. t. 10. Die späteren kennen ihn als einen Mann mit drei Köpfen und einer entsprechenden Anzahl von Gliedern, wie auch Apollodor ihn beschreibt: $\tau\rho\iota\tilde{\omega}\nu$ $\ddot{\epsilon}\chi\omega\nu$ $\dot{\alpha}\nu\delta\rho\tilde{\omega}\nu$ $\sigma\upsilon\mu\varphi\upsilon\grave{\epsilon}\varsigma$ $\sigma\tilde{\omega}\mu\alpha$ $\sigma\upsilon\nu\eta\gamma\mu\acute{\epsilon}\nu\sigma\nu$ $\epsilon\dot{\iota}\varsigma$ $\ddot{\epsilon}\nu$ $\kappa\alpha\tau\grave{\alpha}$ $\tau\grave{\eta}\nu$ $\gamma\alpha\sigma\tau\acute{\epsilon}\rho\alpha$, $\dot{\epsilon}\sigma\chi\iota\sigma\mu\acute{\epsilon}\nu\sigma\nu$ $\tau\epsilon$ $\epsilon\dot{\iota}\varsigma$ $\tau\rho\epsilon\tilde{\iota}\varsigma$ $\dot{\alpha}\pi\grave{o}$ $\lambda\alpha\gamma\acute{o}\nu\omega\nu$ $\tau\epsilon$ $\kappa\alpha\grave{\iota}$ $\mu\eta\rho\tilde{\omega}\nu$, vgl. Lukian Toxar. 62 $\dot{o}\pi\sigma\tilde{\iota}\sigma\nu$ $\tau\grave{o}\nu$ $\Gamma\eta\rho\upsilon\acute{o}\nu\eta\nu$ $\sigma\dot{\iota}$ $\gamma\rho\alpha\varphi\epsilon\tilde{\iota}\varsigma$ $\dot{\epsilon}\nu\delta\epsilon\acute{\iota}\kappa\nu\upsilon\nu\tau\alpha\iota$, $\ddot{\alpha}\nu\vartheta\rho\omega\pi\sigma\nu$ $\dot{\epsilon}\xi\acute{\alpha}\chi\epsilon\iota\rho\alpha$ $\kappa\alpha\grave{\iota}$ $\tau\rho\iota\kappa\acute{\epsilon}$-$\varphi\alpha\lambda\sigma\nu$. Der $\Gamma\eta\rho\upsilon\acute{o}\nu\eta\varsigma$ $\tau\epsilon\tau\rho\acute{\alpha}\pi\tau\iota\lambda\sigma\varsigma$ b. Aristoph. Acharn. 1082 ist Lamachos als unwiderstehlicher Kämpe mit vier Federbüschen.

riesen des Winters, wie dieser in südlichen Ländern aufzutreten pflegt, mit heftigen Stürmen und Gewittern und Regengüssen¹), welche letztere die durch den heissen Sommer erschöpfte Natur zugleich erquicken und befruchten. Daher diese zugleich furchtbar drohende und üppig fruchtbare Gestalt, eine riesige, da der Winter als furchtbar starke und wilde Naturmacht auch sonst als solche personificirt wird²). Seine eigentlich mit den Heerden des Helios identischen und wie wir gleich sehen werden in örtlichen Ueberlieferungen gewöhnlich neben ihnen genannten Rinder, das sind die Tage des Jahres, wie in jener Fabel von den Heerden des Helios auf der Insel Dreispitz (1, 351) und in der von den Rindern des Apollo, die Hermes entführt (1, 316). Nur dafs in dieser Fabel nicht von dem täglichen Wechsel von Licht und Dunkel die Rede ist, sondern von dem jährlichen des Sommers und des Winters, der langen und kurzen Tage: daher Geryons Stallungen in der Gegend der Nacht und des finstern Aïdes sich befinden, in einer dunklen und schwer zugänglichen Höhle, deren schon die ältesten Dichter gedenken³), sein Gegner aber Herakles ist, der stärkere Held des lichten Tages und der lichten Jahreszeit, welcher trotz aller Schrecknisse in seine Höhle dringt, wie Perseus in die der Gorgonen, und die entführten Rinder befreit⁴). Darauf treibt er sie aus der nächtlichen Gegend zurück gegen Morgen, ein Segen und eine grofse Lust für alle Völker und Länder, durch die ihn der Weg führt, ihn und die Heerde des Geryon⁵), aber auch ein Gegenstand vieler Nachstellungen

---

1) Daher χειμών, hiems, vgl. Horat. Epod. 2, 29 tonantis annus hibernus Iovis, 51 intonata hiems, Plin. 2, 136 u. die Beschreibungen solcher Gewitter b. Minutoli Altes u. Neues a. Spanien 1, 22 u. b. Fernan Caballero: Es war eines Abends um die Tag- und Nachtgleiche. Der heitere glänzende Sommer schied und liefs die Erde ausgetrocknet und erschöpft zurück, der kalte strenge Winter kam sie wieder zu beleben, sie mit seinen Stürmen zu schütteln und mit seinem klaren Wasser fruchtbar zu machen. Er kündigte sich an durch ein furchtbares Gewitter, vor dem Alles erbebte, selbst die Gemüther der Menschen.

2) Grimm D. M. 749.

3) Hesiod th. 294 σταθμῷ ἐν ἠερόεντι. Stesich. fr. 5 ἐν κευθμῶνι πέτρας. Auch die Vedas kennen dieses Bild von der Höhle, in welcher die gestohlenen Himmelskühe versteckt werden, bis Indra sie wieder befreit, doch wird es gewöhnlich anders gedeutet, s. A. Kuhn in Haupts Zeitschr. f. D. Alterth. 6, 119 ff. Vgl. auch Röm. Myth. 618.

*4) Die Rinder des Geryoneus als ursprüngliches Eigenthum des Helios zu denken und eine Entführung derselben durch den Riesen anzunehmen, liegt nach der Ansicht des Hrgbrs. nicht im Sinne des Mythus; vgl. auch Bd. 1, 316, 3.

5) Eine beliebte Vorstellung sowohl für die Sage als für die Kunst, z. B.

von bösen Riesen und gefährlichen Recken, so dafs er eine ganze Kette von Abenteuern zu bestehen hatte. Zuletzt werden die Thiere der argivischen Hera, der hehren Königin des Himmels, als Opfer dargebracht.

Diese Fabel war in Griechenland sehr verbreitet, daher man ihr unter verschiedenen Auffassungen begegnet. Scheint es doch selbst in Myken ähnliche Ueberlieferungen gegeben zu haben; wenigstens würden sich die Heerden des Königs Elektryon d. h. des Strahlenden, welche die Söhne des Pterelaos entführen und bei dem Könige Polyxenos von Elis unterbringen, dessen Name von selbst an das Reich der Schatten erinnert, Amphitryon aber der Vater des Herakles nach Myken zurückführt¹), leicht so deuten lassen. Bestimmter sind die Andeutungen der Fabel in Akarnanien Epiros und Illyrien, in denen ausdrücklich von Geryon und seinen Heerden und von Erytheia und den Heerden des Helios die Rede ist. So namentlich in der Gegend von Apollonia und Orikos am ionischen Meerbusen, wo es ein Gefilde Namens Erytheia gab, auf welchem Geryones der Sage nach seine Heerde geweidet hatte²) und zugleich ein Dienst des Helios mit heiligen Heerden bestand, welche unter Aufsicht der angesehensten Bürger von Apollonia des Tages auf den Weiden des Flusses Aoos geweidet wurden, Nachts aber in einer Höhle fern von der Stadt ihre Stallung hatten³). Also werden wir ähnliche Verhältnisse in andern Gegenden voraussetzen dürfen, wie zu Ambrakia und in dem Lande der Amphilochen, wo nach der Behauptung des alten Geographen Hekataeos Erytheia und das Reich des Geryon zu suchen wäre, nicht in dem fernen Westen aufserhalb der Heraklessäulen, wohin es der gewöhnliche Glaube versetze⁴), ferner in Epiros und Chaonien, wo eine ausgezeichnete Rindviehzucht sich gleichfalls auf den Vorgang des Geryones berief, so steif und fest glaubte man an die historische Wirk-

---

am Amyklaeischen Thron Ἡρακλῆς τὰς Γηρυόνου βοῦς ἐλαύνων Paus. 3, 18, 7 und auf Vasenbildern.

1) Apollod. 2, 4, 6 vgl. Apollon. 1, 747 Schol., Tzetz. Lyk. 932. Πολύξενος wie Πολυδέκτης 1, 660 vgl. Aesch. Suppl. 157 τὸν πολυξεινώτατον Ζῆνα τῶν κεκμηκότων. Auch die Sagen vom Augeias und von den Molioniden deuten auf sinnverwandte Ueberlieferungen.

2) Skylax peripl. p. 26.

3) Herod. 9, 93, Konon 30.

4) Arrian exp. Alex. 2, 16. Noch jetzt blüht die Viehzucht in diesen Gegenden, Heuzey le Mt. Olympe et l'Acarnanie p. 234 ff.

lichkeit seiner berühmten Rinder¹). Und so hat es offenbar noch manche andre örtliche Tradition von diesen bedeutungsvollen Heerden, den Räubern die sich an ihnen vergriffen, der Strafe des Herakles gegeben, welche später sämmtlich mit den übrigen Erzählungen von der Geryonsfahrt zu einem Ganzen verarbeitet worden sind.

Eins von diesen Abenteuern muſs wegen seiner besonderen Eigenthümlichkeit noch vorläufig besprochen werden, da der die Sonnenrinder entführende Riese hier nicht allein unter einem neuen Namen, sondern auch unter ganz neuen Umgebungen auftritt. Es ist dieses der schon bei der Gigantomachie erwähnte Riese Alkyoneus, dessen Name auf Frost und Eis und auf die Zeit der kürzesten Tage hinweist²), also eine andere Personification des Winters, obwohl gleichfalls in der Gestalt eines Rinderhirten. Und zwar heifst es von ihm ausdrücklich, er habe die Kühe des Sonnengottes aus Erytheia hinweggetrieben³). Auch ist Herakles so gut sein Gegner wie der des Geryoneus, worüber wir vorzüglich durch verschiedene merkwürdige Vasenbilder belehrt werden, welche die Wichtigkeit dieser Quellen der mythologischen Tradition besonders einleuchtend machen⁴). Alkyo-

---

1) Vgl. die Nachrichten von den λαρινοὶ βόες, deren Name man bald ἀπὸ Λαρίνου βουκόλου κλέψαντος τὰς Ἡρακλίους βοῦς, bald richtiger von λαρὸν und λαρινεύειν i. q. σιτεύειν ableitete, also in dem Sinne von λιπαροί Suid. v., Schol. Arist. Av. 465, Aelian N. A. 12, 11. Dahingegen die Πυρρικοὶ βόες und Πυρρικὰ πρόβατα von der Zucht des Königs Pyrrhos abgeleitet wurden, Aristot. H. A. 3, 21; 8, 7, Plin. 8, 176. Selbst in Syrien dachte man bei einer ausgezeichneten Race von Stieren an Geryones, von dem man auch dort erzählte, Oppian Kyneg. 2, 100 ff., Tzetz. Lyk. 697.

2) Ἀλκυονεὺς vgl. ἀλκυών, alcedo, algeo, algor, Algidum. Der Spir. asper ist erst durch die falsche Etymologie für die alkyonischen Vögel von ἐν ἁλὶ κύειν entstanden. Den Bd. 1, 58 durch Vulcanismus erklärten zweiten Riesen von Phlegra Πορφυρίων würde ich vielleicht besser für einen Meeresriesen gleich dem Aegaeon gehalten haben, vgl. Il. 14, 16 ὡς δ' ὅτε πορφύρῃ πέλαγος μέγα κύματι κωφῷ. Od. 13, 84 κῦμα δ' ὄπισθεν πορφύρεον μέγα θῖε πολυφλοίσβοιο θαλάσσης. Eurip. fr. 672 βίος δὲ πορφυροῖς θαλάσσιος. Cicero b. Non. Marc. 162 Quid? mare nonne caeruleum? at eius unda, cum est pulsa remis, purpurascit.

3) Apollod. 1, 6, 1 οὗτος δὲ καὶ τὰς Ἡλίου βόας ἐξ Ἐρυθείας ἤλασε (*Hercher hat jedoch diesen Satz aus dem Texte gestrichen). Vgl. Pind. I. 5, 32 τὸν βουβόταν οὔρει ἴσον Ἀλκυονῆ. Schol. βουβόταν δὲ τὸν βουκόλον φησί, παρ' οὗ τὰς Ἡλίου βοῦς ἀπήλασε.

4) Sie sind herausgegeben und erklärt von O. Jahn Ber. d. sächs. Ges. 1853 t. 5. 7—9 S. 135—145 und Stephani Parerga Archaeol. 15 (mel. greco-rom. 1) S. 587 ff., vgl. Antiq. de Bosph. Cimmer. S. P. 1854 t. 63 a u. 1, *D. A. K. 2, 873. 881.

neus wird auf diesen Bildern immer als ein Riese von kolossaler Gröfse dargestellt, und zwar entweder in einen tiefen Schlaf versunken oder sich mit Mühe aus demselben aufrichtend, übrigens nach Art der Riesen ungeschlacht und mit einer Keule bewaffnet. Herakles überfällt ihn mit dem gewöhnlichen Beistande der Athena und des Hermes, auch des erstarrenden Todesschlafs, wie es scheint, welcher in Gestalt einer kleinen Flügelfigur nach Art der Keren zur Bezwingung des Riesen beiträgt. Also eigentlich ein Abenteuer für sich, wie es denn auch von Pindar bei wiederholter Erwähnung in diesem Sinne erzählt wird und die Thaten und Abenteuer des Herakles überhaupt erst durch die combinirende Sagendichtung in einen fortlaufenden Zusammenhang verwebt worden sind. So ist auch Alkyoneus später zu einer Episode geworden bald der Gigantomachie von Phlegra bald der Sage von der Heimkehr des Herakles mit den Rindern des Geryon, auf welche der Riese nun auf demselben thrakischen Isthmos von Pallene, wo jene Gigantomachie spielt, einen Angriff macht, einen so gewaltigen Felsen schleudernd (man zeigte ihn an Ort und Stelle), dafs zwölf Wagen und vier und zwanzig Mann darunter begraben wurden¹). Immer fällt er dem Herakles; doch sieht man leicht dafs in der älteren und unabhängigen Erzählung der erstarrende Schlaf, der ihn seiner Wehrkraft beraubte, eine Hauptsache gewesen sein mufs. Es ist der Schlaf des Winters, in welchem ihm die Augen fest zufallen, wie jene Bilder es zeigen; wie es in deutschen Liedern, die von dem Kampfe zwischen Sommer und Winter singen, heifst dafs dem Winter, wenn der Sommer über ihn kommt, die Augen ausgehn, dafs er gefangen daliege, seine Sache ganz verloren habe u. s. w.²). In der That die Parallele ist so einleuchtend wie möglich, nur dafs die griechische Mythologie die sinnlich vollen und reichlichen Gestalten der alterthümlichen Naturanschauung gewährt, Herakles als den Helden des Sommers und Alkyoneus oder Geryoneus für den Winter, das deutsche Lied dagegen nur die verkümmerten Nachklänge einer Vergangenheit, welcher durch das Christenthum die Wurzeln ihres Lebens abgeschnitten wurden.

---

1) Schol. Pind. N. 4, 43 vgl. zu I. 5, 47. In Folge der Theilnahme des Alkyoneus an der Gigantomachie behauptete man später in Neapel dafs er unter dem Vesuv liege, 1, 61, 1.

2) Grimm D. M. 725. Vgl. über dieses alte Spiel und die dabei gesungenen Lieder Uhland in Pfeiffers Germania 5, 257 ff.

Eine ganz andere Wendung freilich hat die Sage von Geryoneus und von seinem Rothland und von der Fahrt des Herakles in jener genommen. Sie ist, zur Anreihung von geographischen Fabeln und verwandten Märchen der westlichen Völker und Länder von selbst einladend, zu einer Hauptniederlage derartiger Erzählungen geworden.

Entscheidend war in dieser Hinsicht dafs man sich das mythische Erytheia als ein Eiland im grofsen Weltmeere gegen Westen, also aufserhalb der Säulen der Herakles dachte. Dadurch wurde man von selbst auf die Gegend von Gadeira oder Gades und auf den gesegneten Landstrich Tartessos im südlichen Spanien d. h. Turdetanien oder die spätere Baetica geführt[1]), welcher in mehr als einer Hinsicht geeignet war die mythisch schwebende Vorstellung von der Geryonsinsel geographisch zu befestigen. Einmal wegen ihrer ausgezeichneten Fruchtbarkeit und ihres Reichthums an edlen Metallen, da man sich den Riesen, den Sohn des Chrysaor, doch immer als einen sehr reichen Herrn und Erytheia als eine sehr gesegnete Trift vorgestellt hatte. Zweitens wegen des nahen Zusammenhangs der Ueberlieferungen aus dieser Gegend mit denen von Gades und dem dortigen Heraklesdienste, welcher wie die wichtige See- und Handelsstadt Gades und die Cultur von Tartessos phoenikischen Ursprungs und ein alter Anknüpfungspunkt für viele halb mythische halb historische Traditionen der benachbarten Gegenden von Libyen bis Spanien Sardinien Sicilien und Italien war. Herakles erschien in ihnen nach Art des tyrischen Colonialgottes als kühner Seefahrer oder als Heeresführer, welcher an der Spitze eines gemischten Völkerhaufens durch Libyen nach Spanien vorgedrungen sei und dort Gades und viele andere Städte gegründet und den ganzen Westen bezwungen habe[2]), bis er endlich zu Gades seinen Tod gefunden hatte, wie Minos in der sicilischen Stadt Minoa. Denn Gades galt zugleich

---

1) Tartessos der Griechen, das Tarsis der Bibel. Bei Stesichoros (Strabo 3, 148) ist es ein Flufs, nämlich Baetis oder Quadalquivir, sonst bei den älteren Schriftstellern immer ein Land, das Stromgebiet dieses Flusses, ein altes Colonialgebiet der Phoeniker, erst später eine Stadt, s. Movers Phön. 2, 2, 594 ff.

2) Aristot. Mirab. 100 (104), wo Iolaos Sardinien in Anspruch nimmt διὰ τὸ πάσης τῆς πρὸς ἑσπέραν κύριον Ἡρακλέα γενέσθαι. Vgl. Sallust Iug. 18. Plut. Sertor. 9, Varro b. Plin. 3, 8. Movers 2, 2, 110 ff. Als Gründer von Gades hiefs Herakles nach dem Kaiser Claudius b. Et. M. v. Γάδειρα Archaleus (Ἀρχαλεύς), welcher Name wohl erst aus dem italischen Hercoles entstanden ist. Gadeira d. i. Gadir, Agadir, Zaun, Mauer, Feste, ist die Insel und die Stadt. Vgl. Strabo 3, 168 ff., Movers 621 ff.

für die Gegend des Sonnenuntergangs und das westliche Ende der Welt, so dafs der tyrische Sonnenfürst dort natürlich zur Ruhe kam¹). Lauter Fabeln welche wie der gaditanische Heraklesdienst, der angesehenste nächst dem tyrischen, das Alterthum viel und lange beschäftigt haben, von der Zeit der ältesten Blüthe der Phoeniken in diesen Gegenden bis zu den letzten des römischen Reichs. Vorzüglich aber haben sie auf die Entwicklung der griechischen Geryonssage und der von den Hesperiden einen bedeutenden Einflufs ausgeübt, da viele Elemente derselben offenbar phoenikischen oder punischen Ursprungs sind. Was das Alter dieser Dichtungen betrifft so waren es bekanntlich die Fahrten der Samier und Phokaeer, welche zuerst in jene von der Fabel und dem Aberglauben ängstlich behüteten Gegenden aufserhalb der gaditanischen Meeresenge Licht gebracht haben²). Also werden in diesen Zeiten die Anfänge eines Gewebes zu suchen sein, an welchem die Sage, die Dichtung, die Historiographie des Westens weiter fortspann, zuletzt wohl Timaeos, welcher die meisten Fabeln des Westens zusammentrug. Genug es stand seit Hekataeos und Herodot, Aeschylos und Stesichoros fest, dafs Erytheia und andre Wunder des westlichen Oceans in der Gegend von Gadeira und Tartessos zu suchen seien.

Die Erzählung selbst zerfällt in die drei Acte der Hinfahrt, des Kampfes und der Rückkehr.

Die Hinfahrt ist eine verschiedene je nachdem die alte Okeanosinsel Erytheia oder das geographisch bekannte Tartessos hinter Gadeira vorschwebte. Jene Insel erreichte Herakles nach der älteren Dichtung auf dem Sonnenbecher, von welchem namentlich Pisander, Stesichoros, Panyasis und Pherekydes erzählten und in welchem man den Herakles auch auf einem Vasenbilde durch die Okeanosfluth schiffend sieht³).

---

1) Arnob. 1, 36 Tyrius Hercules — in finibus sepultus Hispaniae, vgl. Stat. Silv. 3, 1, 183, denn man glaubte dafs dort, am westlichen Ende der Welt, auch die Sonne untergehe, Sil. Ital. 1, 198 ff. vgl. 3, 399 Tartessos stabulanti conscia Phoebo. Der weit und breit berühmte T. des Herakles lag am östlichen Ende der Stadt Gadeira, ein T. des Kronos d. h. des punischen am westlichen, Strabo 3, 169. Mehr über diesen Dienst, ein Filial des tyrischen Herakles, auch mit denselben Eigenthümlichkeiten des Cultus, b. Diod. 5, 20, Arrian 2, 16, Appian Hisp. 2, Mela 3, 6 u. A. Vgl. oben S. 167.

2) Herod. 1, 163; 1, 152. Schon Anakreon wufste von dem reichen Tartessos und dem griechenfreundlichen Könige Arganthonios, Str. 3, 151.

3) Vgl. die Auszüge b. Athen. 11, 38, Macrob. S. 5, 21, 19 u. Serv. V. A. 7, 662; 8, 300, wo H. zum Geryon gelangt olla aerea transvectus, tergo leonis velificans. Helios und Selene in Barken, nicht zu Wagen, auch nach aegyp-

Preller, griech. Mythologie II. 3. Aufl.

Ohne Zweifel eine alte Vorstellung vom Herakles als dem durch die Fluth schiffenden Sonnengotte, wie bei jenem phoenikischen Bilde von dem Flosse und den verwandten Vorstellungen etruskischer Scarabeen (S. 168). Die Dichter und Sagenschreiber erzählen dafs Herakles sich diesen Becher vom Okeanos oder vom Nereus habe geben lassen, oder er zwingt den Helios ihn für die Fahrt herzugeben, wie Stesichoros dieses dichterisch ausgeführt hatte[1]). Darauf schifft sich der Held also ein, wird aber unterwegs durch eine drohende Erscheinung des Okeanos und eine heftige Wallung der Urfluth beunruhigt, worauf er seinen Bogen spannt und gleich giebt Okeanos sich zur Ruhe[2]). Nach der späteren Auffassung, wo Gades und Tartessos der Zielpunkt sind, zieht er dagegen im Sinne der phoenikischen Colonialsage mit vielem Volk durch Libyen, richtet die Säulen bei der Meerenge von Gades auf und gelangt darauf nach Erytheia. Eine Tradition welche vorzüglich auf der Insel Kreta und in Libyen in Folge örtlicher Traditionen eine festere Gestalt gewonnen hatte, da Herakles auf jener Insel ein Heer gesammelt haben und zu seinem Zuge aufgebrochen sein soll, nachdem er zuvor den heiligen Boden, auf welchem Zeus geboren war, von allen wilden Thieren gereinigt habe, Libyen aber damals zuerst dem Anbau und der menschlichen Ansiedelung zugänglich gemacht und in ihm eine grofse und volkreiche Stadt Hekatompylos d. h. mit Hundert Thoren gegründet hatte[3]). Was jene oft erwähnten Säulen des Herakles betrifft so waren darüber die verschiedensten Vorstellungen verbreitet, indem man sie bald für Inseln hielt bald für künstliche Aufschüttungen

---

tischer Vorstellung, Plut. Is. Os. 34. Herakles in der Sonne, Hermes im Monde ib. 41.

1) Stesichoros b. Athen. l. c., Pherekydes b. Athen. 11, 39 u. Apollodor erzählen dafs Herakles in dieser Gegend des Sonnenuntergangs so von der Sonne verbrannt worden sei, dafs er seinen Bogen wider den Sonnengott spannte, worauf dieser aus Bewunderung seiner Tapferkeit den Becher freiwillig hergegeben habe.

2) Pherekydes b. Athen. l. c. Ein alterthümlicher Zug, der an die Sagen von Apollo Delphinios und von den Dioskuren erinnert.

3) Diod. 4, 17. 18, welcher auch die Abenteuer mit Antaeos und Busiris hier einflicht. Zu den Begleitern aus Kreta gehörte Alkon, ein so guter Bogenschütze dafs er durch einen auf den Kopf eines Menschen gestellten Ring schofs, Haare mit Pfeilen, Pfeile mit den Spitzen von Schwerdtern und Lanzen spaltete, und eine seinen Sohn umringelnde Schlange so geschickt traf dafs sie getödtet, der Sohn nicht verwundet wurde, Serv. V. Ecl. 5, 11. Die Befreiung von wilden Thieren dankt das jetzige Kreta dem Apostel Paulus, Pashley 2, 261. Ueber Hekatompylos in Libyen s. Polyb. 1, 73. Diod. 24, 10.

bald für die Vorgebirge der beiden hier in ihren äufsersten Spitzen zusammentreffenden Erdtheile bald für Säulen, welche sich in dem Tempel des gaditanischen Herakles befänden¹). Ja nicht einmal die Zahl dieser Säulen stand fest und eben so wenig ihr Ursprung durch Herakles, da Andre den Kronos oder den Meeresriesen Briareos als ihren Urheber nannten, wie denn auch von dem Kampfe zwischen Zeus und den Titanen oder Giganten in diesen Gegenden erzählt wurde²). Sicher aber ist dafs auch die Vorstellung von diesen Säulen phoenikischen Ursprungs ist, indem sie mit einer gewissen herkömmlichen Symbolik des tyrischen Heraklesdienstes zusammenhängt³), und dafs das Wesentliche dieser Vorstellung für die Griechen der Glaube war dafs da wo sie ständen das westliche Ende der Welt, also auch das der Schifffahrt und überhaupt jedes vernünftigen Strebens sei⁴). Daher man in späteren Zeiten, als die Erfahrung diesen Glauben längst widerlegt hatte, auch wohl von Säulen des Herakles in andern Gegenden erzählte z. B. in den Gewässern der Frisen oder im schwarzen Meere⁵).

Es folgt der Kampf auf der Geryonsinsel, den die Vasenbilder so malen wie Apollodor ihn beschreibt. Als Herakles angekommen lagert er sich auf dem Berge Abas (Ἄβας d. i. ἄβατος). Der Hund des Riesen merkt ihn, springt auf ihn los, wird aber von der Keule des Helden niedergeschmettert, desgleichen der Hirt Eurytion, als er seinem Hunde zu Hülfe eilt. Nun treibt Herakles die Heerde fort längs der fetten Wiesen am Strome der Insel⁶). Da meldet Menoitios, welcher in derselben

---

1) Strabo 3, 168—170, Diod. 4, 18, Hesych στήλας διστόμους, Plin. 3, 4 u A.
2) Aelian V. H. 5, 3, Hesych Βριάρεω στῆλαι, Schol. Dionys. P. 64 u. 456. Säulen des Aegaeon nennt sie das Fragm. eines Dichters b. Schol. Pind. N. 3, 38. Titanomachie in saltibus Tartessiorum Iustin 44, 4 vgl. Movers Phöniz. 2, 2, 61, 14; 121, 236.
3) Vgl. die Säulen im T. des H. zu Tyrus Herod. 2, 44 und die beiden Säulen vor dem Salomonischen Tempel.
4) Pind. N. 4, 69 Γαδείρων τὸ πρὸς ζόφον οὐ περατόν, vgl. Ol. 3, 44, N. 3, 21, I. 4, 12 (3, 30), Str. 3, 170 ὡς Πίνδαρος καλεῖ πέλας Γαδειρίδας, εἰς ταύτας ὑστάτας ἀφῖχθαι φάσκων τὸν Ἡρακλέα, Herod. 2, 33; 4, 8. 42. 43. Aristid. Herc. p. 56 u. A.
5) Tacit. Germ. 34, Serv. V. A. 11, 262.
6) παρὰ ποταμὸν Ἀνθεμοῦντα, eine Andeutung der fetten Trift, vgl. Iustin. 44, 4 in alia parte Hispaniae — regnum penes Geryonem fuit. In hac tanta pabuli laetitia est, ut nisi abstinentia interpellata sagina fuerit, pecora rumpantur u. Pomp. Mela 3, 6. Auf den Vasenbildern ist Athena zugegen nebst einer andern weiblichen Figur, welche für Geryons Tochter Erytheia zu halten ist die Herakles nach der gewöhnlichen Sage mit sich fortführte.

Gegend die Heerden des Aides weidete, dem Geryones das Vorgefallene. Dieser also eilt dem Helden nach und ein heifser Kampf entbrennt zwischen ihm und dem dreileibigen Riesen, bis auch dieser seinem Bogen fällt. Merkwürdig sind die Heerden des Aides und ihr Hirt Menoitios oder Menoites[1]) neben denen des Helios und des Geryones, eine sinnreiche Umschreibung jenes Zwielichts in der Gegend des Sonnenuntergangs, in welcher das Dunkel und der Winter mit seinen kurzen Tagen zu Hause sind. Nach Stesichoros hauste Geryoneus beinahe gegenüber dem berühmten Erytheia (darunter verstand er gewisse Inseln in der Nähe von Gades) an den reichlich strömenden, im Silber wurzelnden Quellen des Flusses Tartessos (des Quadalquivir), in der verborgenen Schlucht eines Felsens[2]).

Endlich die Rückkehr von Erytheia nach Myken. Nach der älteren Sage, wie derselbe Stesichoros sie erzählt hatte, stellt Herakles die Rinder in den Sonnenbecher, schifft damit zurück bis Erytheia, giebt den Becher hier dem Helios zurück und setzt darauf seinen Weg zu Fuſs die Rinder vor sich her treibend fort[3]). Der weitere Weg diente zur Anknüpfung vieler örtlichen Sagen, deren Schema sich fortgesetzt erweiterte. Zunächst führt der Weg durch Iberien, wo Herakles bei einem frommen Könige einen Theil der Heerde zurückläfst, die nun zu seiner Ehre fort und fort unterhalten wird und jährlich den schönsten Stier zu seinem Opfer stellt[4]). Weiter kommt der Held zu den Kelten in Gallien, nach Einigen bis nach Britannien, denn auch in diesen Gegenden wie bei den Germanen gingen Sagen und Lieder um von einem Natio-

---

1) Μενοίτης Μενοίτας Μενοίτιος s. Bd. 1, 41, 2. Bei Apollod. 2, 5, 12 heifst er ὁ Κευθωνύμου d. i. ein Sohn von dem dessen Name nicht genannt werden darf.

2) Strabo 3, 148. Nach Hygin f. 30 durchbohrt Herakles alle drei Leiber mit einem Schufs. Nach Oppian Kyneg. 2, 112 tödtete er ihn ἐν σκοπιῇσιν d. h. zwischen hohen Felsen. Vgl. S. 204, 3.

3) Hier knüpfen namentlich die Verse des Stesichoros an, wie Helios nun seine Fahrt über den Okeanos zu den Seinigen angetreten habe, 1, 355, worauf von Herakles hinzugesetzt wird, er sei in einen Lorbeerhain getreten. Dafs auch Helios mit seinen Pferden in dem Becher fuhr sagt Pherekydes b. Athen. 11, 39.

4) Diod. 4, 18. Der Heraklescult war durch die Phoeniken in Spanien sehr verbreitet, namentlich in der Baetica, Movers 2, 2, 649. Doch verehrte ihn auch Sagunt als seinen Ktistes, Sil. It. 1, 273 ff. Derselbe erzählt ein Märchen vom Hercules und der Pyrene, von welcher das Gebirge seinen Namen bekommen, 3, 420 ff., vgl. Plin. 3, 3.

nalhelden oder einem Gott, welche sich auf den bekannteren Namen des Herakles übertragen liefsen. Vorzüglich galt Alesia, die durch Caesar und Vercingetorix berühmt gewordene Bergfeste, ein durch Religion und Sage geheiligter Mittelpunkt des alten Galliens, für eine Gründung dieses keltigen Hercules[1]. Ferner befindet sich zwischen Marseille und der Mündung der Rhone, in der Gegend von Arles ein ödes, kieselbedecktes Steinfeld (πεδίον λιθῶδες) von bedeutendem Umfange, eine wüste, baumlose, menschenleere Strecke, auf welcher Herakles der Sage nach einen furchtbaren Kampf mit den Ligyern zu bestehen hatte. Schon waren seine Pfeile verschossen, er selbst vor Mattigkeit in die Knie gesunken, da liefs Zeus seinem Sohne zu Liebe die vielen Steine vom Himmel regnen, mit denen er nun seine Feinde zu Paaren trieb[2]. Dann geht er zuerst über die Alpen, bändigt auch hier die Völker und gründet eine sichre Heerstrafse[3], durchzieht darauf das Flachland bis in die Gegend von Padua und hat in Ligurien neue Anfechtungen von zwei Söhnen des Poseidon Alebion und Derkynos zu bestehen, die ihm seine fetten Kühe nehmen wollen[4]. Weiter zieht er durch Tyrrhenien d. h. Etrurien, wo man auch an vielen Orten von ihm erzählte, nach Rom, wo er den Cacus bezwingt, ein Abenteuer welches mit den Zügen einer älteren griechischen Dichtung erst später auf den römischen Boden verpflanzt zu sein scheint[5]. Darauf gelangt er an der Küste hinziehend

1) Diod. l. c. Die Bildung des gallischen Hercules, welcher zugleich Bezwinger wilder Sitten und ein Held der Ueberredung war, beschreibt Lukian Herc., der ihn Ogmios nennt, während Inschriften b. Millin Mon. ined. 1 p. 97 t. 12 einen Hercules Hunnus oder Astoilunnus kennen. Eine britisch-keltische Fabel, welche der skythischen nachgebildet ist, erzählt Parthen. Erot. 30. Ueber den deutschen Hercules s. Grimm D. M. 337.

2) Davon dichtete Aeschylos im gelösten Prometheus fr. 193, doch in einem andern Zusammenhange. Dionys v. Hal. 1, 41 u. Hygin P. A. 2, 6 combiniren das Abenteuer mit der Rückkehr von Erytheia, auch Seneca d. m. Claud. 7. An der Mündung der Rhone soll einmal eine Stadt Herakleia gelegen haben, Plin. 3, 33. 34; 21, 37. Ueber jenes Steinfeld s. Stark Städtel. in Frankr. 29.

3) Diod. l. c. vgl. Aristot. Mirab. 85 u. Sil. Ital. 3, 496. Namentlich erklärte man sich den Namen der Grajischen Alpen durch seinen Uebergang, Plin. 3, 123. 134. Orakel des Geryon b. Padua, Sueton Tib. 14.

4) Apollod. Ἀλεβίων ist eine Art Alpenkönig, von dem keltischen Worte Ἀλπια, Ἄλβια. Ein Riese Alpus als Gegner des Bacchus 1, 581, 1. Einen König Dercennus im Lande der Aboriginer kennt Virg. A. 11, 850, auch gab es eine Quelle Dercynna in Thessalien u. eine Quelle Dercenna in Spanien, Philol. 10, 354. Bei Pomp. Mela 2, 5 kämpft H. bei Arles contra Albiona et Bergion, Neptuni liberos.

5) Röm. Myth. 648.

in die Gegend von Cumae, wo er auf den phlegraeischen Feldern mit den Giganten kämpft und am Strande den Damm aufthürmt, welcher ehemals den Averner- und Lucrinersee vom Meere schied¹). In dem Gebirge zwischen Rhegium und Lokri soll er von dem Geschwirre der Cicaden in der Ruhe gestört die Götter um deren Entfernung gebeten haben, worauf sie in dieser Gegend für immer verschwanden. Auf der Wanderung durch das südliche Italien hatte sich ein Stier von der Heerde verlaufen und war bei Rhegium nach Sicilien hinübergeschwommen, daher auch Herakles über die Furt nach dieser Insel hinübersetzt, welche gewöhnlich für die Insel Dreispitz mit den Heerden des Helios galt²) und mit Sagen und Erinnerungen an Herakles und seine Rinder ganz erfüllt war. Er soll sich an die Hörner eines Stieres haltend hinübergeschwommen sein, was von selbst an die Sage vom kretischen Stier erinnert³), und unterwegs die Skylla für einen Raub an seiner Heerde gezüchtigt haben. Dann zieht er weiter zunächst an der nördlichen Küste, wo Kephaloidion ihm die Eindämmung seines stürmischen Flusses Tymbris⁴), Himera und Egeste ihre warmen Bäder verdankten, welche die Nymphen zu seiner Erquickung entstehen liessen. Am Berge Eryx hatte er einen harten Kampf mit dem gleichnamigen Riesen zu bestehen, dem Sohne des Butes (wieder ein Rinderhirt) oder des Poseidon und der erycinischen Aphrodite, welcher jenen verlaufenen Stier unter seine Heerde gesteckt hatte und nicht wieder herausgeben wollte⁵), oder, wie

---

1) Der Damm der via Herculana, welchen Agrippa bei seiner Anlage des Portus Iulius durchstach, s. Preller Philol. 2, 485 u. Florus Epit. 2. 18. Noch andere Fabeln aus dieser Gegend b. Servius V. A. 7, 662 u. Tzetz. Lyk. 697. 717. Gigantomachie περὶ τὴν ἄκραν τὴν Ἰαπυγίαν Arist. Mirab. 97 (100), wo hinzugesetzt wird: λέγουσι δὲ πολλαχοῦ τῆς Ἰταλίας Ἡρακλέους εἶναι πολλὰ μνημόσυνα ἐν ταῖς ὁδοῖς ἃς ἐκεῖνος ἐπορεύθη, περὶ δὲ Παρδοσίαν τῆς Ἰαπυγίας ἴχνη τοῦ θεοῦ δείκνυται, ἐφ' ἃ οὐδενὶ ἐπιβατέον. Auch die Münzen bestätigen diese allgemeine Verbreitung der Heraklessage u. des Heraklesdienstes.

2) Für den Ort ihrer Weide und Stallung galt die Halbinsel von Mylae, Schol. Apollon. 4, 965, Schol. Od. 12, 301, Seneca Qu. Nat. 3, 26, 6.

3) S. oben S. 200. Nach Paus. 3, 16, 4 brauchte er auch hier den Sonnenbecher, doch ist die Lesart unsicher. In Messana wurde H. als Heilgott und als Schutzgott in den Gefahren der See verehrt, neben Poseidon, Aristid. p. 59. Das verlaufene Stück der Heerde ist dasselbe, welches zu der Benennung Italia Veranlassung gegeben haben soll, Hellanikos b. Dionys. H. 1, 35. Ueber die Skylla 1, 507. 2.

4) Schol. Theokr. 1, 118.

5) Apollod. 2, 5, 10, wo H. während des Suchens nach dem Stiere seine

Andere erzählten, mit allen Fremden auf den Tod zu kämpfen pflegte, in welcher Absicht er jetzt auch dem Herakles entgegentrat, sein Land gegen die Rinder des Geryon als Preis einsetzend. Doch unterlag er dreimal im Ringen, daher später ein Heraklide aus Sparta Dorieus auf das Land Anspruch zu machen und eine Stadt Herakleia zu gründen wagte, mitten im Gebiet der feindlichen Punier und Elymer, denen er und seine neue Gründung bald erlag. Herakles aber soll von dort weiter gezogen sein durch die ganze Insel, wie man denn fast überall von ihm erzählte. In Syrakus galt er für den Stifter des Gottesdienstes der beiden Göttinnen am Quell Kyane, im Innern für den Sieger über grofse Schaaren der eingebornen Sikaner und ihrer Anführer und Heroen. Bei Leontini bewunderte er die Schönheit des Thales und hinterliefs die Zeichen seiner Gegenwart, bei Agyrion, wo in dem felsigen Boden der Strafse die Hufe seiner Rinder zu sehen waren, stiftete er Heiligthümer und Spiele zum Andenken des Geryon und seines Waffenbruders Iolaos, während er sich selbst göttliche Ehren gefallen liefs. Endlich setzte er wieder hinüber nach Italien und zog nun am östlichen Gestade aufwärts an das ionische Meer, nachdem er unterwegs noch einmal einen Räuber seiner Rinder erschlagen hatte, den Lakinios, welcher dem Vorgebirge Lakinion und dem bekannten Dienste der Hera seinen Namen gab[1]), den Kroton aber ehrenvoll bestattet und den Ruhm der nach ihm benannten Stadt vorher gesagt hatte. Dann ging es weiter hinauf, immer zu Fufs, um das adriatische Meer in die vorerwähnten Gegenden von Illyrien und Epiros, wo man wieder viel von seinen Siegen und von Erytheia und Geryon zu berichten wufste, namentlich in Ambrakia, wo Herakles neben Apollo am meisten verehrt wurde[2]). Am Meerbusen von Ambrakia soll Hera eine Bremse unter die Rinder geschickt haben, so dafs sie sich im Gebirge verliefen, bis nach Thrakien, von wo Herakles die gesammelten an den Hellespont trieb, andre aber sind zurückgeblieben und ganz verwildert. Aergerlich über die Hindernisse, die ihm der Strymon beim Zusammentreiben der verlaufenen Thiere bereitet, füllt Herakles diesen Strom mit grofsen Felsblöcken. Ja die pontischen Griechen liefsen ihn bei diesem Abenteuer selbst bis zu den Skythen gelangen,

---

Heerde dem Hephaestos anvertraut, doch wohl am Aetna. Vgl. Herod. 5, 43 ff., Diod. 4, 23, Paus. 3, 16, 4, Plut. Pyrrh. 22, Serv. V. A. 1, 570; 5, 411, Mythogr. l. 1, 94.

1) Auch der T. der Hera wurde nach Einigen von Herakles gegründet, während Lakinios nach Andern mit Hülfe seiner Göttin den Helden in die Flucht schlug und darauf jenen T. stiftete, Serv. V. A. 3, 552.

2) Antonin. Lib. 4, vgl. oben S. 205.

wo neue Wunder von ihm erzählt wurden. Seine Pferde suchend habe er in einer Höhle eine Jungfrau, halb Weib halb Schlange, gefunden und von dieser die Pferde nicht eher wieder bekommen, als nachdem er die drei Stammväter der skythischen Nation, Agathyrsos, Gelonos und Skythes mit ihr gezeugt hatte[1]. Endlich treibt er den Rest der Heerde durch das Land der Aenianen[2] und über den Isthmos nach Myken, wo Eurystheus die Kühe der argivischen Hera opfert.

11. Die Aepfel der Hesperiden.

Nach der späteren Sage das letzte und entscheidende Abenteuer, daher der Hercules Victor dieser Auffassung mit den Aepfeln in der einen, mit der Keule in der andern Hand abgebildet zu werden pflegte. Es ist der aus der Fluth des Untergangs mit den Symbolen der ewigen Verjüngung wieder ans Licht und zum Frühling zurückkehrende Hercules invictus, den andre Bilder als den aus den Flammen des Scheiterhaufens neubelebt Aufsteigenden feierten.

Auch hier sind die Abenteuer des Wegs fast noch wichtiger als dessen Ziel, das Pflücken der Aepfel. Ueber die Richtung dieses Wegs war man sich nicht einig, da man sich den Stand des Atlas und die ihm benachbarten Hesperiden nicht immer an demselben Orte dachte. Nach der älteren Auffassung (1, 461) setzte man auch diese Wunder in den Okeanischen Westen, wobei mit der Zeit wieder die gaditanische Meeresenge, der libysche Atlas und Tartessos zur festeren Bestimmung dienten. So mögen namentlich phoenikische und libysche Sagen die Fabel erzählt haben, denen Diodor 4, 26. 27 u. A. folgen. Dahingegen sich bei Aeschylos, Pherekydes und Apollodor die merkwürdige Wendung findet dafs Atlas und die Hesperiden an den nördlich über den Rhipaeen gelegenen Ocean, also in die Gegend der Hyperboreer verlegt werden[3],

---

1) Herod. 4, 8 vgl. Diod. 2, 43. Auf dasselbe Abenteuer bezieht Zoega ein Relief, wo H. mit der Keule nach einer wie Echidna gebildeten Gestalt ausholt, Bassir. t. 63. Dieselbe Gruppe findet sich auf einer M. von Perinthos, auf alexandrinischen M. des Antonin. P. und auf einem Bildwerk aus Algier, Expl. de l'Alg. t. 26, 1 neben dem Kampfe mit dem nemeischen Löwen. Besser denkt man wohl an die lernaeische Hydra, die auch hin und wieder ἔχιδνα genannt wird, Diod. 4, 38. Ovid M. 9, 69.

2) Nach einer Inschrift von Hypata b. Aristot. Mirab. 145 weihete Herakles an diesem Orte der Aphrodite Phersephassa d. h. der Hekate einen Theil der Heerde und die Eurytheia, eine Tochter Geryons.

3) Apollod. 2, 5, 10 ταῦτα δὲ ἦν οὐχ ὥς τινες εἶπον ἐν Λιβύῃ, ἀλλ' ἐπὶ τοῦ Ἄτλαντος ἐν Ὑπερβορέοις. Er folgt wie gewöhnlich dem Pherekydes b. Schol. Apollon. 4, 1396.

worüber auch der Weg des Herakles ein ganz anderer geworden ist und zwar ein aufserordentlich weiter. Wieder eine Gelegenheit sehr verschiedene Fabeln anzuknüpfen, vorzüglich die sehr populäre libysche vom Antaeos und die aegyptische vom Busiris.

Zunächst gilt es den Ort der Hesperiden zu erfahren, zu welchem Ende Herakles durch Makedonien und Illyrien an den Eridanos d. h. im Sinne der späteren Sage (1, 358) in die Gegend des Po oder der Rhone geht. Hier trifft er „die Nymphen", dieselben von welchen auch die Perseussage erzählte und welche in dem Zusammenhange der Hesperidensage Töchter des Zeus und der Themis genannt oder mit den Atlantiden identificirt[1]), also wie Horen und Plejaden gedacht wurden. Sie rathen dem Herakles den Nereus zu beschleichen um von ihm das Geheimnifs der goldenen Aepfel zu erfahren. Also zwingt der Held den allwissenden Meeresgreis trotz seiner Verwandlung in Feuer, Wasser u. s. w. wie Menelaos den Proteus zur Auskunft[2]) und geht darauf über Tartessos zunächst nach Libyen. Hier trifft er den Riesen Antaeos, dessen Kampf mit Herakles, ein altes libysches Märchen, zu den beliebtesten Scenen der griechischen Heraklesdichtung gehörte, die an derselben das Ideal der Palaestra, das Bild des vollendeten Ringers entwickelt hatte. Pisander und Pherekydes erzählten davon und die bildenden Künstler, auch die Maler stellten diesen Kampf häufig dar, mit dem sich auch Pindar wiederholt beschäftigt[3]). Der eigentliche Wohnsitz des Antaeos scheint die libysche Wüste zu sein, wo der Riese der Sage nach alle Wanderer mit ihm zu ringen zwang und mit den Schädeln der Erschlagenen den Tempel seines Vaters, des Poseidon schmückte. Doch kannte ihn auch die Sage von Kyrene, wo Irasa als sein Wohnsitz genannt wurde, und die von Numidien und Mauretanien, wo sich der königliche Stamm von Herakles und dem Weibe des Antaeos

---

1) S. oben S. 66 u. Schol. Eur. Hippol. 737.
2) Vgl. die Vasenbilder b. Gerhard A. V. t. 112. 113, wo Athena und mehrere Nereiden zugegen sind, u. Preller Ber. d. Sächs. Ges. d. W. 1852 S. 93 t. 5. Nach Panyasis b. Athen. 11, 38 erlangte Herakles den Sonnenbecher, auf dem er nach Erytheia schiffte, durch Nereus.
3) Pind. P. 9, 105 ff., I. 3, 70 (4, 52) m. d. Scholien, doch berührt jene Stelle nicht die gewöhnliche Sage von H. u. Antaeos, sondern die kyrenaische von einem Wettlauf um seine Tochter, nach Art des Wettlaufs um die Töchter des Danaos, oben S. 53. Nach dieser kyrenaischen Sage galt die fruchtbare Gegend von Irasa (Herod. 4, 158) für seinen Sitz. Ob auch Pherekydes b. Schol. Pind. P. 9, 183 dasselbe Irasa meinte, mufs dahin gestellt bleiben.

ableitete und das Grab des Riesen zu Tingis d. h. Tanger gezeigt wurde¹). In der gewöhnlichen Sage aber vom Herakles tritt dieser, als er des Weges zog und auch mit ihm ringen soll, dem Ungethüm der Wüste muthig entgegen, im Verhältnifs zu ihm zwar nur klein, aber gewandt und muthig wie einer, eine kunstreich gebildete Athletengestalt, auf welche ganz Griechenland als Muster der Gymnastik zu blicken gewohnt war. Antaeos war ein Sohn des Poseidon und der Erde, aus welcher er wie der Gigant Alkyoneus stets von neuem zuwachsende Kraft zog, daher Herakles seiner nicht anders Herr werden konnte als indem er ihn von der Erde in die Höhe hob und ihn so mit seinen Armen umklammerte und würgte²). Man nannte den Herakles von diesem Kampfe oder von dem mit dem Flufsgotte Acheloos Παλαίμων d. i. den starken Ringer oder Πολέμων d. i. den Krieger, oder man erzählte dafs Herakles mit dem Weibe des erschlagenen Riesen den Polemon erzeugt habe³), welcher vermuthlich für den Stammvater der libyschen Königsgeschlechter gehalten wurde. Manche Erzählungen fügten als einen heitern Anhang zu diesem Kampfe den mit den fabelhaften Pygmaeen hinzu, den Zwergen und Liliputern der antiken Märchenwelt, die gleichfalls vorzugsweise im libyschen Sande zu Hause

---

1) Plut. Sertor. 9 vgl. Lucan 4, 589 ff., Mela 3, 10 und über die libyschen Herakliden Movers Phönizier 2, 2. 391. Daher noch Iuba II. auf seinen Münzen im Costüm des Herakles erscheint. Nach Plin. 5, 3 galt das benachbarte Lixos für die regia Antaei und den Ort wo Herakles und Antaeos gerungen, auch für die Stätte der horti Hesperidum, vgl. 19, 63, nach welcher Stelle dort auch ein H. des Herakles noch älter als das gaditanische lag. Dahingegen Andre diese libyschen Gärten der Hesperiden in die Gegend von Berenike an der grofsen Syrte verlegten oder in die des fabelhaften Tritonsees, Plin. 5, 31; 37, 38, Lucan. 9, 355 ff. *Auch in einem ägyptischen Gotte wollte man den Antaeos wiederfinden, s. Letronne recueil d. inscr. 1 n. 4, Brugsch geogr. Inschr. 1, 133 f.

2) Apollodor τούτῳ παλαίειν ἀναγκαζόμενος Ἡρακλῆς ἀράμενος ἅμμασι μετέωρον κλάσας ἀπέκτεινε, vgl. die ausführliche Beschreibung des Kampfes b. Lucan 4, 617 ff. u. Stat. Theb. 6, 893. Ein Bild b. Philostr. im. 2, 21. Die zahlreichen Darstellungen des Kampfes stellen ihn entweder nach der Art eines gewöhnlichen Ringkampfes dar (* und zwar scheint dies das ältere zu sein) oder den Antaeos emporgehoben und erdrosselt, s. die Nachweisungen b. *Stephani compt. rend. 1867, 13—16. Ein merkwürdiges Vasenbild aus Caere, wo Antaeos wie Alkyoneus dem Herakles gegenüber als ungeschlachter Riese erscheint. Mon. d. I. 1855 t. 5 p. 38.

*3) Pherekydes b. Et. M. v. Πολέμων, Tzetz. Lyk. 662 vgl. Hesych Παλαίμων ὁ Ἡρακλῆς u. Keil N. Jahrbb. Suppl. 4, 621 Ἡρακλεῖ Παλαίμονι (Bd. 1, 494, 4). Was der Kampf des H. mit Antaeos, war der des Theseus mit Kerkyon, beide die Vorbilder der Palaestra, Plat. leg. 7 p. 796.

und dem ionischen Epos und der Kunst vorzüglich als Helden der Geranomachie d. h. des Kampfes mit den Kranichen bekannt waren[1]). Hier gelten sie als die kleinen Kinder der Erde für nahe Verwandte des sechzig Ellen langen Antaeos, daher sie dem Herakles, als er nach dem Kampfe schläft, aus dem Sande auftauchend in vielen Zügen zu Leibe gehen, bis der Sieger erwacht und das ganze Heer in seine Löwenhaut sammelt[2]). Darauf zieht Herakles weiter nach Aegypten und trifft hier auf den Busiris, dessen Figur auf der attischen Bühne zu einer komischen geworden war. Es ist eigentlich Osiris d. h. sein Name mit dem vorgesetzten Artikel, und zwar scheinen Menschenopfer in diesem Dienste, welche vorzugsweise die an das aegyptische Ufer verschlagenen Fremden bedroht haben mögen, der Kern der Fabel zu sein[3]), welche in der gewöhnlichen, durch ein Satyrdrama des Euripides bestimmten Erzählung so lautete[4]). Nachdem Aegypten neun Jahre lang unter einer Hungersnoth gelitten, sei der Prophet Phrasios d. h. der Sager aus Cypern zum Busiris, dem König von Aegypten, einem Sohne des Poseidon und der Lysianassa, einer Tochter des Epaphos gekommen und habe Regen und Fülle verheifsen, sobald man dem Zeus jährlich einen Fremden opfere. Also opferte Busiris zuerst diesen Propheten, mästete dann seinen Bauch mit Ueberflufs und hielt streng auf das vorgeschriebene Opfer. Darauf kommt Herakles, der sich anfangs packen und als Opfer zum Altare führen läfst, dann aber wild wird, die Bande zerreifst und den Busiris sammt seinem Sohn Iphidamas, dem Opferherolde und dem Gefolge erschlägt, um es sich endlich an den reich besetzten Tafeln trefflich schmecken zu lassen, was bei den

---

*1) O. Jahn Archäol. Beitr. 418 ff., Stephani compt. rend. 1865, 119 ff. Auch in Aegypten, Indien und Karien erzählte man von ihnen.

2) Philostr. im. 2, 22. Sie wohnen in der Erde wie Ameisen und haben da ihr Wesen ganz wie unsere Zwerge und Gnomen, mit Rossen und Wagen, Waffen und Geräthen zum Ackerbau. Die Aehren sind für sie Bäume, wenn sie emporkommen wogt der Sand u. s. w.

3) Busiris kopt. Busiri oder Pusiri. Es werden zwei Orte des Namens genannt, an der aegyptischen Küste und in der Gegend von Memphis. An jenen dachte Eratosthenes b. Strabo 17, 802 vgl. Plin. 5, 49. 64, doch residirte Busiris nach Pherekydes b. Schol. Apollon. 4, 1396 zu Memphis. Auch Herodot 2, 45 kennt die Fabel, stellt aber Menschenopfer in Aegypten in Abrede. Vgl. aber Parthey z. Plut. Is. Osir. S. 206 u. 272; *anders Brugsch geogr. Inschr. 3, 49.

4) Apollod. l. c., Hygin f. 56. Auch diese Fabel war sehr populär, Virg. Ge. 3, 5 quis nescit Busiridis aras? *Ueber die Darstellung auf Vasenbildern s. Stephani compt. rend. 1868, 141 ff., Bull. d. Inst. 1872, 111, Heydemann Vasens. Santangelo n. 343.

komischen und travestirenden Darstellungen solcher Geschichten immer eine Hauptsache war¹). Dann geht er den Nil weiter aufwärts, kommt nach Theben, nach Aethiopien, wo er den Emathion, den Sohn des Tithonos tödtet und seinen Bruder Memnon wieder in die Herrschaft einsetzt²), macht von dort einen Streifzug in die libysche Wüste, die er mit seinem Bogen von den wilden Thieren säubert³) und gelangt so an den Okeanos, über den er von neuem auf dem Sonnenbecher hinüberschifft, jetzt nach Asien. Hier knüpften zunächst die Fabeln von dem indischen Herakles an, von welchem man seit Alexander d. Gr. und seinen Nachfolgern in dieser Gegend so gut wie vom Dionysos erzählte⁴), darauf die von der Befreiung des Prometheus, indem Herakles vom Indos weiter nördlich an den Kaukasos gelangt und hier den Prometheus zuerst von der Plage des Adlers befreit und darauf auch beim Zeus losbittet⁵). Prometheus sagt ihm den weiteren Weg zu Atlas und den Hesperiden, wie Aeschylos dieses in seinem gelösten Prometheus ausgeführt hatte. Durch das Land der Skythen werde er an die Rhipaeen (1, 387), von da zu den Hyperboreern kommen. Er solle die Aepfel nicht selbst pflücken, sondern den Atlas bitten es zu thun, und zwar drei Früchte des Wunderbaumes. Herakles übernimmt also die Last des Atlas, während dieser geht und die Aepfel bringt: wo die griechische Sage wieder einen Scherz einflicht. Atlas meint, er wolle die Aepfel selbst nach Myken bringen, Herakles möge nur fortfahren den Himmel zu tragen. Dieser geht auf den Vorschlag ein, nur wolle er sich vorher ein Kissen für den Kopf zurechtmachen. Der plumpe Atlas läfst sich damit berücken, nimmt die Last wieder auf seine Schultern und hat das Nachsehen. Herakles bringt die Aepfel dann dem

---

1) Meineke Com. Gr. 1, 354.

2) Aufser Apollodor u. Diod. 4, 27 vgl. d. alban. Tfl. 125 — 131 (* b. Jahn a. a. O. S. 73 f.) u. Pherekydes b. Schol. Hesiod th. 985.

3) Pherek. b. Schol. Apollon. l. c. Vgl. Porphyr. v. Pythag. 35.

4) Alban. Tfl. 110 Ἡρακλῆς δ' ἐπὶ τὸν Ἰνδὸν ἦλθε ποταμὸν καὶ πόλιν Ἡράκλειαν τὴν ἐν Σίβαις οἰκίζει. Vgl. Megasth. b. C. Müller Hist. gr. fr. 2, 416 sqq., Strabo 15, 687, Plin. 6, 48. 49. 76, Arrian 4, 28. Nach Hesych s. v. hiefs der indische Herakles Δορσάνης. Es ist Krischna, der verkörperte Vischnu, welcher von Zeit zu Zeit erscheint um die Sünden der Welt zu tilgen. Er trägt eine Keule, aber keine Löwenhaut, Lassen Indien 1, 647 ff. Herakles auf baktrischen Königsmünzen, Stephani ausr. Her. 156. 158.

5) Bd. 1, 79 u. von den auf diesen Vorgang bezüglichen Bildwerken O. Jahn Archäol. Beitr. 226 ff. Panaenos hatte ihn in Olympia gemalt, Paus. 5, 11, 2.

Eurystheus, aber dieser giebt sie ihm zurück, worauf Athena sie wieder in den Garten der Hesperiden trägt, denn sie durften, setzte die Erzählung hinzu, nicht anderswo sein. Eine durch alte Berichte und Bildwerke bezeugte Wendung[1]), obwohl Andere erzählten dafs Herakles selbst in den Göttergarten gegangen, den schrecklichen Drachen getödtet und dann mit eigner Hand jene Aepfel vom Baume des Lebens gepflückt habe, welchen man mit der um seinen Stamm emporgeringelten Schlange und umgeben von den Hesperiden, *die die Schlange tränken, — meistens ist Herakles, bisweilen auch Atlas hinzugefügt, — nicht selten auf nolanischen und apulischen Vasen und andern Bildwerken sieht[2]). Die ganze Fabel scheint, obwohl die Grundgedanken griechisch sind, doch viel Phoenikisches in sich aufgenommen zu haben, namentlich so weit die Erzählung Libyen berührt, wo der phoenikische Herakles seit alter Zeit zu Hause war. Knüpft doch selbst die Fabel von seinem Tode und von seiner Wiederbelebung und Apotheose wiederholt bei diesen libyschen Fabeln an, einmal bei dem Siege über den Riesen Antaeos[3]), welchen die libysche Sage auch in einen näheren Zusammenhang mit dem Pflücken der drei Hesperidenäpfel, dem Symbole seiner Unsterblichkeit bringt.

---

1) Schon am Kasten des Kypselos war Atlas abgebildet, seine Last auf der Schulter, die Aepfel in der Hand, die Herakles ihm mit dem Schwerdte abnöthigte, mit der scherzhaften Inschrift: Ἄτλας οὐρανὸν οὗτος ἔχει, τὰ δὲ μᾶλα μεθήσει Paus. 5, 18, 1. Andre Bildwerke ib. 5, 10, 2. 11, 2; 6, 19, 5, Philostr. im. 2, 20.

*2) Zoega Bassiril. 2, 82 ff. t. 84 p. 89 ff., Gerhard ges. Abhandl. 1, 50 ff. 219 ff. (v. J. 1836 u. 1841), Heydemann humoristische V. B. aus Unteritalien, Berl. Winckelmannsprogr. 1870, S. 4 ff. Der Drache heifst gewöhnlich Ladon, 1, 461, 2, oder Ὄφις d. h. Schlange schlechthin, Hesych Ὄφις — ὁ δράκων ὁ φυλάσσων τὰ χρυσᾶ μῆλα, ὃν ἀπέκτεινεν Ἡρακλῆς. Da man sich den Atlas später oft als König und als Astronomen dachte, so deutete man auch diese Fabel in demselben Sinne, dafs Herakles von ihm in der Astronomie unterrichtet worden sei, Herodor fr. 24, Diod. 4, 27 u. A. Daher der Glaube dafs H. den Tag einer Sonnenfinsternifs zu seiner Selbstverbrennung ausgesucht habe, Paul. p. 100 Hercules astrologus.

3) Didym. b. Io. Malal. 86, 17 (fragm. p. 361 ed. M. Schmidt), wo Herakles nach dem Siege über Antaeos erkrankt und sich selbst verbrennt, vgl. die Erzählung von dem phoenikischen Herakles nach Eudoxos b. Athen. 9, 47, wo dieser H. auf dem Zuge nach Libyen durch Typhon getödtet, von Iolaos aber dadurch dafs er eine Wachtel herbeiholt und ihn daran riechen läfst wieder ins Leben gerufen wird, mit der Erklärung von Stark Ber. der sächs. Ges. 1856 S. 32 ff.

12. Kerberos.

Dieser Höllenhund ist ein Bild des Erebos, des unterirdischen Dunkels und ewigen Verschlusses (1, 663. 668), so dafs der Sinn in welchem Herakles dieses Ungethüm von den Pforten des Aïdes in der Tiefe herauf ans Licht führt kein andrer sein kann, als dafs er auch in dieses ewige Dunkel siegreich hineingedrungen und jenen Pforten ihren unüberwindlichen Schrecken genommen hat, ein Bild der Auferstehung wie das der täglichen Sonne[1]). Im ältesten Epos war diese Aufgabe des Eurystheus die schwierigste von allen (Od. 11, 623) und die Erzählung schon ziemlich ausgebildet. Hermes und Athena geleiten den Helden, der von der jähen Strömung der Styx verschlungen wäre, wenn Athena nicht geholfen hätte (Il. 8, 367). In dem Thore des Aïdes kam es zum Kampfe mit dem Fürsten der Unterwelt, den Herakles mit einem Pfeil verwundete (Il. 5, 395). Später haben sich örtliche Sagen, das Interesse der Mysterien und combinirende Dichter jüngeren Zeitalters eingemischt[2]). Die gewöhnliche Erzählung war dafs Herakles durch den Schlund bei Taenaron hinabgestiegen und wieder heraufgekommen sei, obwohl später die Ansprüche sehr verschiedener Gegenden, namentlich die von Hermione und Troezen und von Herakleia am Pontos auszugleichen waren[3]). Die Mysteriensage berief sich auf die Einweihung des Herakles in die attischen Eleusinien, wodurch er von dem vergossenen Blute gereinigt und den herrschenden Mächten der Unterwelt so wohl empfohlen worden sei dafs sie ihm den Kerberos freiwillig überliefsen[4]). Als er in die Unterwelt eintritt, so fährt jene Erzählung fort, verbreitet er einen solchen Schrecken dafs alle Verstorbenen fliehen, bis auf Meleager und die Gorgo[5]). Gegen diese zieht

---

1) In dem Turiner Todtenbuche heifst es u. A. „Ich lebe wiederum auf nach dem Tode wie die tägliche Sonne" Brugsch aegypt. Stud. 195.

2) Stesichoros hatte einen Kerberos gedichtet.

3) S. Hekataeos b. Paus. 3, 25, 4, Eurip. Herc. f. 23. 615. Xenoph. Anab. 5, 10, 2, Strabo 8, 363, Paus. 2, 31, 2; 9, 34, 4, wo H. mit dem Hunde in Boeotien beim B. Laphystion emporkommt, Schol. Nik. Alexiph. 13.

*4) Vgl. Bd. 1, 650, 1. Unter den Schriftstellern gedenken dieser Einweihung zuerst Eurip. Herc. f. 613 u. Plato Axioch. 371 D. Als Grund der Reinigung wurde der Mord der Kentauren angegeben, Apollod. 2, 5, 12, Diod. 4, 14 (25).

5) Vgl. Od. 11, 605. 634. Durch Perseus war Gorgo zur Verstorbenen geworden. Nach Serv. V. A. 6, 392 las man beim Orpheus dafs Charon den Herakles aus Furcht gleich in seinen Kahn aufgenommen hatte und deswegen ein ganzes Jahr lang gefesselt wurde.

er sein Schwerdt, doch erinnert ihn Hermes dafs es nur ein wesenloses Bild sei. Meleager bittet ihn sich mit seiner Schwester, der durch seinen Tod vereinsamten Deianeira zu vermählen¹). Nahe bei den Pforten des Hades sieht er die tollkühnen Freunde, Theseus und Peirithoos, die dort sitzend an einem Felsen festgewachsen waren und flehentlich die Hände zu ihm emporstreckten. Den Theseus gelingt es ihm loszureifsen, als er es auch beim Peirithoos versucht, erbebt die Erde²). Auch den Askalaphos befreite er von dem auf ihm lastenden Felsen, doch verwandelte ihn Demeter nun in eine Eule³). Um die Schatten mit Blut zu erquicken schlachtet er eine von den Kühen des Hades, worüber er mit ihrem Hirten Menoites, dem Sohn des Keuthonymos (S. 212, 1) in Kampf geräth und ihm beim Ringen die Rippen zerbricht. Endlich gelangt er zum Pluton, der ihm den Kerberos preisgiebt, wenn er seiner ohne Waffen Herr werden könne; daher er ihn nur von seinem Harnisch und der Löwenhaut geschützt mit den Fäusten packt und trotz der Stiche des Schlangenschwanzes so lange würgt bis das Unthier mürbe wird. Darauf führt er ihn durch einen Aufgang in Troezen zu dem diesmals vollends entsetzten Eurystheus und bringt ihn zuletzt wieder in den Hades⁴). Auch viele Bildwerke stellen dieses Abenteuer dar und vorzüglich vergegenwärtigen einige Vasenbilder älteren Stils sowohl den Kerberos als den Antheil der begleitenden Götter, der Athena und des Hermes, durch lebendigen Ausdruck⁵).

---

1) Schol. Il. 21, 194 nach Pindar. Meleager wurde auch von Polygnot in seiner Unterwelt hervorgehoben, Paus. 10, 31, 1, wahrscheinlich nach dem Vorgange der dort citirten Minyas. Ein Gegenbild zum Achill in der Homerischen Unterwelt.

2) Aufser Apollodor s. Panyasis b. Paus. 10, 29, 4, Diod. 4, 26, Plut. Thes. 35, wo die Geschichte ganz euhemerisirt ist. Das Abreifsen des mit dem Gesäfs am Felsen festgewachsenen Theseus diente den Komikern zu allerlei Späfsen, Schol. Arist. Eq. 1368, Suid. v. λίσποι. — *Eine bildliche Darstellung dieser Scene scheint auf einem schönen Relief der Villa Albani b. Zoega Bassiril. 2, 103 erhalten zu sein, s. E. Petersen Arch. Ztg. 1866, 258 f.

3) Apollod. 1, 5, 3; 2, 5, 12. Vgl. Bd. 1, 681, 2.

4) Es gab in Argos eine Quelle Κυνάδρα, aus welcher die Freigelassenen tranken, daher man sie auch Ἐλευθέριον ὕδωρ nannte, jenen Namen aber dadurch erklärte dafs der Hund d. h. Kerberos bei ihr ausgerissen sei, Eustath. Od. 1747, 10, Hesych v. ἐλευθ. ὕδωρ.

5) Vasenbilder älteren Stils b. Gerhard A. V. t. 129—131; vgl. das sehr alterthümliche b. dems. D. u. F. 1859 t. 125 u. das von Conze edirte Mon. d. I. 6, 36, Ann. 31, 398 ff., wo Eurystheus wieder einmal in seinem Fasse steckt. Ueber die späteren Darstellungen der Unterwelt, wo die Bändigung des Kerberos

IV. Herakles als Kriegsheld und in nationalen Sagen.

Eine Gruppe vermischter Sagen, deren Gemeinsames das ist dafs Herakles darin nicht als Dienstmann des Eurystheus erscheint, sondern als Held von Lydien, von Arkadien, von Aetolien, von Trachis, was die combinirende Sagendichtung so gut als möglich in einen geschichtlichen Zusammenhang zu bringen suchte. Ursprung und Alter dieser Erzählungen ist ein sehr verschiedener. Während einige bei alterthümlichem bildlichem Inhalte entschiedene Ansätze zur epischen Sagendichtung verrathen, sind andre offenbar ziemlich später Entstehung und entweder aus landschaftlichen Ueberlieferungen oder aus den Tendenzen des jüngeren Epos hervorgegangen. Die Folge der Erzählung scheint bei den Dichtern und Mythographen in früherer Zeit eine freiere gewesen zu sein. Durch die gewöhnliche Tradition ist gleich das erste Abenteuer, das beim Eurytos in Oechalia, in zwei Hälften auseinandergelegt, von welchen die eine den Anfang, die andre den Schlufs der ganzen Sagengruppe bildet, weil nur auf diese Weise die Motive zu dieser neuen Reihe von Kämpfen und die zu dem Ende des Herakles auf dem Scheiterhaufen des Oeta gewonnen werden konnten.

1. Eurytos und Oechalia.

Von beiden erzählte man in Aetolien, in Thessalien, in der Gegend von Trachis, auf Euboea und in Messenien. Sehr alt war jedenfalls das thessalische Oechalia in der Gegend von Trikka und Ithome, wo die Sage von Asklepios und den Asklepiaden heimisch war[1]. Doch war nicht dieses, sondern das damit verwandte Oechalia an der Grenze von Arkadien und Messenien, in der Gegend von Andania und des karneasischen Heiligthums (1, 205), der Schauplatz der älteren Heraklessage, da namentlich die Ilias 2, 596, die Odyssee 21, 14 ff. und Pherekydes auf diese Gegend deuten[2]. Dahingegen das jüngere Epos von

---

durch Herakles eine stehende Gruppe ist, s. 1, 683 f. Andre Bildwerke bei Zoega Bassiril. 2, 58 sqq.

1) Il. 2, 729 vgl. die Scholien, Steph. B. v. Οἰχαλία u. Strab. 10, 418. Das thessalische Oechalia nennt Paus. 4, 2, 2 τὸ Εὐρύτιον. *In einer in Lamia gefundenen lateinischen Inschrift, worin die Grenzlinie des Gebiets der Lamier und Hypataeer festgesetzt wird, C. I. L. 3, 1 n. 586, wird u. A. ein monumentum Euryti erwähnt.

2) Pherek. b. Schol. Soph. Tr. 354, vgl. Paus. 4, 2, 2. 33, 5, Strabo 8, 339. 350. 360. 435, Curtius Pelop. 2, 189; *auch Nitzsch Beitr. z. ep. Poesie 153, 31.

der Eroberung Oechalias die Handlung nach Euboea und in die Nähe von Eretria verlegte[1]), vermuthlich schon mit Beziehung auf das Ende des Helden auf dem Gipfel des Oetagebirges. Immer ist Oechalia eine hochgelegene Feste (Soph. Tr. 327 διήνεμος, 354 ὑψίπυργος, 358 αἰπεινή) und liegt immer in Gegenden, wo der Apollinische Cult zu Hause ist und zwar in der Bedeutung des zürnenden Gottes mit dem gespannten Bogen, dessen ernste Macht in diesen tragischen Verwicklungen oft hindurchblickt. Eurytos galt für einen der berühmtesten Bogenschützen der Vorwelt und wahrscheinlich ist auch sein Name in diesem Sinne zu deuten[2]). In der Od. 8, 224 stirbt er eines frühen Todes, weil er mit Apoll in der Kunst des Bogens gewetteifert hatte, nach jüngeren Dichtern war sein Vater Melaneus ein Sohn des Apollo und er selbst von diesem Gotte in jener Kunst unterrichtet[3]). Sein Sohn ist Iphitos, durch den der Bogen des Eurytos, verhängnifsvoll wie der des Herakles, als Geschenk an Odysseus überging, der damit am Festtage des Apoll die Freier tödtete (Od. 21, 11 ff.). Von den merkwürdigen Sagen dieser Gruppe kennt die Odyssee den Tod des Iphitos durch Herakles, welcher ausgegangen war um verlorene Pferde und Maulthiere zu suchen[4]), darüber zum Herakles kam, bei dem die Thiere waren, und von diesem gegen alle Rechte der Gastfreundschaft ermordet wurde. Die spätere Form der Sage war von Kreophylos, dem Dichter der Einnahme von Oechalia ausgegangen, wie wir sie besonders aus Sophokles Trachinierinnen kennen. Eurytos ist der Liebling des Apoll, welcher ihm selbst den Bogen gegeben, Oechalia liegt in der Nähe von Eretria. Er hat mehrere Söhne, unter denen Iphitos bedeutender hervortritt, und eine einzige Tochter, die blonde Iole[5]). Eurytos bietet seine Tochter dem

---

1) Οἰχαλίας ἅλωσις von Kreophylos, Paus. 4, 2, 2 nennt es eine Herakleia, vgl. Welcker ep. Cycl. 1, 229 ff.; 2, 421. 557.

2) Εὔρυτος für Ἔρυτος der Bogenspanner, s. Welcker ep. Cycl. 1, 229 (*vgl. jedoch N. Jahrbb. f. Phil. 1873, 199). Nach Theokr. 24, 107 u. Apollod. 2, 4, 11 war Eurytos der Lehrer des Herakles im Bogenschiefsen.

3) Schol. Il. 5, 392 vgl. Apollon. 1, 88, der beide Sagen combinirt. Εὔρυτος ὁ Μελανέως Paus. 4, 2, 2; 33, 5, Antonin. Lib. 4, daher Μελανηὶς Ἐρέτρια Str. 10, 448, Steph. B. Ἐρέτρια. Pherek. l. c. nennt den Melaneus einen Sohn des Arkesilaos.

4) Nach den Scholien hatte sie Autolykos, der diebische Sohn des Hermes (1, 319, 2) gestohlen und an Herakles verkauft.

5) Nach Schol. Soph. Tr. 266 kannte Kreophylos zwei Söhne des Eurytos, Hesiod aber vier: Ἴφιτος Τοξεύς Κλύτιος und Δηίων, und dazu die Tochter Ἰόλη oder Ἰόλεια. Auf einer alterthümlichen Vase aus Caere, welche die erste

der ihn in der Kunst des Bogens übertreffen werde, Herakles kommt und siegt und wird von leidenschaftlicher Liebe zur schönen Iole ergriffen. Aber Eurytos weigert ihm sein Kind, ja er weist ihn schimpflich und mit harten Worten aus seiner Burg, indem er ihn an den gräfslichen Mord seiner Kinder und an den schimpflichen Dienst beim Eurystheus erinnert (Soph. Tr. 262 ff.). Bald darauf werden dem Eurytos jene Stuten gestohlen, Iphitos sucht sie beim Herakles in Tiryns und findet dort seinen Tod, indem der rachgierige Held ihn auf einen hohen Thurm seiner Burg führt, ihn dort nach den verlorenen Thieren aussehen heifst und darüber von der Zinne hinunterstürzt¹). Ueber diesen heimtückischen Mord des Gastfreundes ist selbst Zeus empört und fordert dafs er sich zur Sühnung des Verbrechens durch Hermes in die Sklaverei verkaufen lasse. Andre erzählten dafs Herakles und Iphitos gute Freunde gewesen und dafs Herakles ihn im Wahnsinne getödet habe, worauf er erst vergeblich bei Menschen Reinigung sucht, dann zum Apoll nach Delphi geht und auch hier abgewiesen wird, bis er mit ihm um den Dreifufs kämpft und so das Orakel erzwingt. Er solle sich um von seiner Krankheit zu genesen auf drei Jahre für drei Talente oder wie Andre richtiger erzählten auf ein Jahr²), nämlich ein grofses, verkaufen lassen und den Kaufpreis dem Eurytos als Blutgeld zahlen, welcher diese Versöhnung aber zurückweist.

2. Herakles bei der Omphale.
Der lydische Herakles.

Omphale scheint in den Sagen und Culten von Sardes und Lydien dasselbe bedeutet zu haben, was in anderen Gegenden der assyrischen und phoenikischen Ueberlieferung Astarte oder Aphrodite Urania war, eine kriegerische Mondgöttin, welche zugleich als erste Landeskönigin und als Stammmutter der lydischen Könige, speciell der Dynastie vom Stamme der assyrischen Herakliden gedacht wurde (S. 165 f.). Die Landessage nannte sie bald eine Sklavin bald eine Tochter des Iardanos

---

gastliche Aufnahme des Herakles beim Eurytos darstellt, * Welcker A. D. 5, t. 15, S. 261 ff., sind folgende Namen beigeschrieben: Εὔρυτος f. Εὔρυτος, Ἴφιτος, Κλύτιος, Τόξος f. Τοξεύς, Διδαίων mit der Reduplication f. Δηίων und Ϝιόλα d. i. Ἰόλη. Die Erzählung b. Schol. Il. 5, 392, Apollod. 2, 6, 1, Diod. 4, 31.

1) Pherek. b. Schol. Od. 21, 22, Soph. Tr. 248 ff.

2) Soph. Tr. 252 κεῖνος δὲ πραθεὶς Ὀμφάλῃ τῇ βαρβάρῳ ἐνιαυτὸν ἐξέπλησεν, ὡς αὐτός λέγει. Nach den Scholien stammen die drei Jahre aus Herodor.

d. i. eines lydischen Flufsgottes¹). Sie soll zuerst dem Tmolos d. h. dem fruchtbaren Berge als erstem Könige des Landes vermählt gewesen sein und von ihm die Herrschaft geerbt haben, dann vom Herakles, der nach der griechischen Sage aus Griechenland zu ihr kommt, einen oder mehrere Söhne geboren haben, die mit verschiedenen Namen genannt werden, wie bei diesen Ueberlieferungen von Abkömmlingen des Herakles und der Omphale denn überhaupt verschiedene Zeiten und Gegenden wohl zu unterscheiden sind²). Wie Omphale übrigens in den lydischen Sagen immer halb kriegerisch halb weichlich erscheint, eine kleinasiatische Semiramis, so ist auch der mit ihr verbundene Herakles, welcher bei den Lydern Sandon genannt wurde³) und im Sardanapal von Tarsos und Ninive sein Gegenbild hatte, zugleich ein Held der Schlacht und des Harem, eben so kühn und stark als weiblich und weibisch; daher der Austausch der Attribute und der Bekleidung zwischen Omphale und Herakles, welcher zugleich auf eine mannweibliche Natur von beiden in den Ueberlieferungen des Cultus hindeutet. Da er nach asiatischer Sitte als Hierodul gedacht wurde, erzählte man von jenem Verkauf wodurch er der Eigne der lydischen Göttin und Königin geworden und als solcher in ihrem Dienste ähnliche Thaten ausführte wie Bellerophon im Dienste des lykischen Königs und Herakles selbst in dem der argivischen Hera und des Eurystheus oder in dem des delphischen Apoll. Die herkömmliche Erzählung war dafs Hermes, den die Lydier Kandaules nannten⁴), mit Herakles auf den Sklavenmarkt gegangen sei und Omphale ihn dort gekauft habe. Seine Thaten sind wie gewöhnlich Feldzüge und Heldenthaten von nationaler Bedeutung, z. B. ein Zug gegen räuberische Grenznachbarn der Omphale⁵), ein

---

1) Herod. 1, 7, Apollod. 2, 6, 3. Iardanos ist der semitische Flufsname, der auch auf Kreta und in Elis alt ist, II. 7, 135. Das epheubekränzte Bild des Tmolos sieht man auf M. von Sardes, Eckel D. N. 3, 113. 123, vgl. das der puteolanischen Basis b. O. Jahn Ber. d. sächs. Ges. 1851 S. 135.

2) S. unten b. d. Herakliden.

*3) Vgl. oben S. 165 f., über den Namen Sandon auch M. Duncker Gesch. d. Alterth. 1⁴, 413.

4) Hes. Κανδαύλας Ἑρμῆς ἢ Ἡρακλῆς. Tzetz. b. Cram. Anecd. Oxon. 3, 351 τὸ Κανδαύλης λυδικῶς τὸν σκυλοπνίκτην λέγει, ὥσπερ Ἱππῶναξ δείκνυσι γράφων ἰάμβῳ πρώτῳ· Ἑρμῆ, κύναγχα μῃονιστὶ Κανδαῦλα, φωρῶν ἑταῖρε, δεῦρό μοι σκαπαρδεῦσαι. Also würde Κανδαύλης bedeuten einen Hundswürger s. G. Curtius Grundz. 158. Den Zusatz ἢ Ἡρακλῆς b. Hesych streicht Meineke Com. Gr. 1, 385.

5) Die Ἰτῶνιοι, deren Feste Herakles zerstört. Diod. 4, 31, Steph. B. v. Ἴτων.

andrer gegen die lykischen Tremilen wie es scheint¹), und noch ein andrer gegen die Amazonen, wo Herakles das Doppelbeil erobert und der Omphale überbringt, welches die lydischen Könige als Zeichen ihrer Würde trugen²). Doch beschäftigte sich die griechische Fabel keineswegs mit diesen Grofsthaten des lydischen Herakles, wohl aber und um so eifriger mit seinem üppigen Lebensgenusse in der Knechtschaft der Omphale, eine Auffassung welche den Griechen um so näher lag, da auch ihr eigener Herakles nach gethaner Arbeit weidlich auszuruhn und tüchtig zu zechen liebte. Auch war es ein natürlicher Reiz für die Phantasie, sich den gewaltigen Helden in einer so weibischen Abhängigkeit zu denken und an seiner Seite das mächtige und kräftige Weib als seine Herrin, auf welche sogar die Attribute seines Heldenthums, Löwenhaut und Keule, übergegangen waren. Das attische Theater war auch hier vorangegangen, die Komiker und verschiedene Dichter von Satyrdramen, namentlich Ion von Chios³). Andere Dichter und Sagenschreiber folgten, diese um so lieber, da die lydische Weichlichkeit ohnehin sehr verrufen war⁴), auch die Künstler, für welche die Darstellung eines solchen Paares, der Athletengestalt im weibischen Putz und des schönen Weibes mit den Attributen des Herakles, gleichfalls einen nicht geringen Reiz hatte. Den Hintergrund bildet bald der lydische Harem, wo Herakles den gehorsamen Diener seiner Herrin spielt und wie eine Magd, auch in solcher Kleidung, bald am Rocken spinnt oder Wolle krempelt, bald tanzt und dazu die Handpauke schlägt u. s. w.⁵). Oder man sieht beide, Herakles und Omphale, schwelgen und jene üppigen Bacchana-

---

1) Wenn die b. Steph. B. v. Τρεμίλη erhaltenen Verse des Panyasis so zu deuten sind.

2) Plut. Qu. Gr. 45, nach welchem dieses Beil später nach Karien kam und das Attribut des Z. Labandreus wurde, vgl. Bd. 1, 112, 2. Von den Schlachten der Lyder und der Amazonen hatte der alte Dichter Magnes aus Smyrna gesungen, Nicol. Damasc. fr. 62 (Hist. Gr. fr. 3, 396).

3) Die Fragmente b. Nauck tr. gr. 569 sqq. Auch von Achaeos gab es ein Satyrspiel des Inhalts ib. 584 und von Antiphanes u. Kratin d. j. Komödien.

4) Vgl. die Schilderungen des Klearch b. Athen. 12, 11, wo der phrygische Midas Gemahl der Omphale ist.

5) Stat. Theb. 10, 646 sic Lydia coniux Amphitryoniaden exutum horrentia terga perdere Sidonios humeris ridebat amictus et turbare colus et tympana rumpere dextra. Vgl. die Schilderungen b. Seneca Hippol. 317 ff., Tertullian de pallio 4 u. A. Der spinnende Herakles ist bekannt durch verschiedene Bildwerke. Ueber den tanzenden Herakles s. Aristides 2, 568 Ἡρακλῆς ἐν Λυδοῖς ὠρχήσατο.

lien feiern, durch welche der lydische Tmolos in der Nähe von Sardes berüchtigt war¹), wie Herakles denn auch sonst als Freund und Zechgenofs des Bacchus und als Theilnehmer seiner lärmenden Umzüge oft genug vergegenwärtigt wurde, in Kleinasien aber vollends diesem Gotte sehr nahe stand.

Noch andre Märchen von diesem lydischen Herakles sind die beiden gleichartigen vom Syleus und Lityerses, endlich das von den Kerkopen. Syleus und Lityerses sind nämlich im Wesentlichen dieselbe Figur, der eine ein Weinzüchter, der andre ein Besitzer von reichen Kornfeldern, beide hart und grausam gegen ihre Arbeiter, beide dafür bestraft vom Herakles, welcher in diesen Sagen eine Art von Schutzpatron der Winzer und der Schnitter ist, beide wie es scheint ein Product des lydischen und phrygischen Volksgesangs. Syleus zwingt die des Weges ziehenden Fremden in seinem Weinberge zu hacken und zu graben, bis Herakles kommt, den Weinberg um und um kehrt und den bösen Syleus und seine eben so hartherzige Tochter Xenodike todt schlägt²). In einem Satyrdrama des Euripides wurde Herakles durch Hermes förmlich an ihn verkauft, wie sonst an die Omphale. Er schickt den Arbeiter in seinen Weinberg, aber Herakles reifst die Stöcke mit der Wurzel aus und bereitet sich in dem Weinbergshause ein leckeres Mahl, wozu er den besten Ochsen schlachtet und den besten Wein aus dem Keller holt. Dann zecht er und schmaust und singt und läfst sich auch durch den Herrn nicht stören, vielmehr er lädt auch ihn zum Mahle und schlägt ihn da er schilt, und als Syleus Hülfe holt, setzt er das ganze Gehöft durch einen abgeleiteten Flufs unter Wasser³). Das Lied vom Lityerses und seiner Strafe war eins der beliebtesten und die Arbeiter

---

*1) Ovid F. 2, 303—356 vgl. O. Jahn Ber. d. sächs. Ges. 1855 S. 215—242, Helbig pompej. Wandg. n. 1137 ff., Stephani compt. rend. 1870, 71, 167 ff. Auch in Rom war Omphale eine beliebte Figur, Stephani ausr. Herakl. 203.

*2) Diod. 4, 31, Apollod. 2, 6, 3 und in eigenthümlicher Uebertragung auf Thessalien am Pelion b. Konon 17, auf die Gegend von Amphipolis epp. Socr. 30 p. 56 Or. Da Apollodor ebensowie Diodor dies Abenteuer mit des Herakles Dienstbarkeit bei Omphale in Verbindung bringt, so wird er Syleus wohl nach Lydien versetzt haben, sodafs bei ihm statt des verdorbenen ἐν Αὐλίδι mit O. Jahn Λυδίῃ zu lesen wäre, nicht mit Hercher Φύλλιδι, was allerdings zu der Gegend um Amphipolis passen würde. Ueber die Sage und ihre bildlichen Darstellungen vgl. O. Jahn Arch. Ztg. 1861, 157 ff., W. Helbig Bull. d. Inst. 1871, 120.

3) Nauck tr. gr. 453 sqq. Vielleicht hatte Euripides in den Theristen die Fabel vom Lityerses auf ähnliche Weise überarbeitet.

sangen es weit und breit beim Schneiden und beim Dreschen¹). Er wird ein Bastardsohn des Königs Midas genannt, welcher im fetten Grunde von Kelaenae am phrygischen Maeander üppige Kornfelder besessen. Ein fauler Arbeiter, aber ein um so fleifsigerer Fresser, der dreimal täglich drei mächtig grofse Brode verschlang und dazu in gleichem Verhältnifs des Weins genofs. Wenn ein Fremder des Weges kam, so lud er ihn erst zum Schmause und gab ihm zu essen und zu trinken. Dann aber zwang er ihn den heifsen Tag hindurch seinen mannshohen Waizen zu schneiden, schnitt ihm am Abende den Kopf ab, band den Leib in die Garben und lachte dazu des kopflosen Schnitters, der sich also hatte übertölpeln lassen. So trieb er es bis einst Herakles kam und den Spiefs umkehrte d. h. nach dem Mahle ihm selbst den Kopf abschnitt und den Leib in den Maeander warf, wofür ihn der Gesang der Arbeiter fort und fort als den besten Schnitter pries. Das beliebteste und am weitesten verbreitete Märchen war aber doch das von den Kerkopen, obgleich wenige Ausleger seinen schalkhaften Humor verstanden haben²). Schon Homer hatte von diesen ausgemachten Schelmen und gaunerischen Vagabunden gesungen³), vermuthlich nach kleinasiatischen Vorbildern, denn dort war dieses Märchen eigentlich zu Hause und dort, auf den Handelsmärkten zu Sardes und Ephesos, mochten auch die lebenden Vorbilder zu diesen durchtriebenen Dämonen, so weit sie als Diebe und Betrüger geschildert werden, zu finden sein⁴). Von dort wurden sie nach Athen und auf die attische Bühne verpflanzt, wo sie zu humoristischen Charakterbildern ver-

---

1) Von dem Volksliede s. Theokr. 10, 42 ff. u. Apollodor b. d. Scholien. Poll. 4, 54, Hesych Λιτιέρσας u. Μαριανδενός, Suid. Λιτιέρσης, Apostol. prov. 10, 74. Die Erzählung nach Sositheos b. G. Hermann opusc. 1, 54 u. Nauck tr. gr. 639, vgl. Schol. Theokr. l. c., Athen. 10, 8, Aelian V. H. 1, 27. Der Name lautet bald Λιτιέρσας bald Λιτιέρσης. * Vgl. auch O. Kämmel Heracleotica, Plauen i. V. Progr. 1869, S. 22 ff.; richtiger wohl W. Mannhardt die Korndämonen, Berl. 1868, S. 34 f.

2) Vgl. bes. Lobeck Agl. 1296—1308 u. Welcker ep. Cycl. 1, 409 ff.

3) Vgl. die Verse b. Suid. v. Κέρκωπες u. Harpokr. v. Κέρκωψ.

4) Diod. 4, 31, Apollod. 2, 6, 3. Eigentlich sind Κέρκωπες Geschwänzte, von κέρκος, daher der Name auch auf Affen übertragen wurde. Also geschwänzte Dämonen, etwa Silene, zumal da Diod. l. c. eine ganze Schaar kennt, oder ist es wie σαίνειν, ἐπισαίνειν vom schmeichlerischen und betrügerischen Schwänzeln zu verstehen? Immer sind es betrügerische Schelme, πανοῦργοι, ἀπατεῶντες, vgl. auch Paul. p. 56 cercopa Graeci appellant lucrari undique cupientem, quasi κέρδωνα, quem nos quoque lucrionem vocamus.

schmitzter Diebe geworden sind, an denen die komische Bühne überhaupt reich war¹). Und wieder unter einer anderen Form erschienen sie in der griechischen Heraklessage von Trachis und in der von Boeotien, wo sie als räuberisches Diebesgesindel geschildert werden, zwei Brüder Namens Olos und Eurybatos, die auf den Kreuzwegen zu Hause sind oder am Ausgange des Passes der Thermopylen, wo der Weg am engsten war, dem Wanderer auflauerten²). Die Mutter hatte sie wohl gewarnt sich vor dem Schwarzarsch (Μελάμπυγος) zu hüten, aber sie vermochten ihr diebisches Gelüste nicht zu bändigen und versuchten es selbst mit dem wandernden Herakles. Dieser hatte sich unter einem Baume schlafen und die Waffen abgelegt, da bemächtigten sich die Kerkopen derselben und wollten ihm damit zu Leibe. Herakles aber ergreift sie, bindet sie an einen Tragebalken und wirft diesen über seine Schultern um sie mit zu nehmen. So haben sie nun volle Muſse über die Warnung ihrer Mutter Betrachtungen anzustellen und thun das in so drolliger Manier, daſs Herakles darüber lacht und sie wieder laufen läſst. Die vielen und zum Theil sehr alterthümlichen Abbildungen dieses Vorfalls beweisen die groſse Popularität eines Märchens, welches in der That über die ganze civilisirte Welt der Alten verbreitet gewesen zu sein scheint³).

---

1) Namentlich hatte Kratin von ihnen gedichtet, aber auch Eubulos, Hermippos, Plato u. A., s. Bergk comm. de com. antiq. p. 24 sqq., Meineke Com. Gr. 2, 21 sqq., Vindic. Strab. 234. In Athen gab es eine ἀγορὰ Κερκώπων, wo gestohlenes Gut verkauft wurde, Eustath. Od. 1430, 37, Hesych, Diogen. 1, 3.

2) Herod. 7, 216. Μελάμπυγος ist ein derber Ausdruck für gewaltige Kraft und Männlichkeit, im Gegensatze zu entsprechender Charakteristik der Weichlichkeit. Daher das Sprichwort μή σύ γε μελαμπύγου τύχοις, welches schon bei Archilochos vorkam, obschon in anderer Bedeutung, Zenob. 5, 10, Append. 3, 62. Ὦλος und Εὐρύβατος (ein wohlbekannter Diebsname) heiſsen diese beiden Kerkopen bei Diotimos, dem Vf. einer Herakleia s. Bergk l. c. und bei Nikander s. O. Schneider Nicandr. 132. Andre Namen b. Lobeck 1305.

3) Die Verse Homers: πολλὴν δ' ἐπὶ γαῖαν ἰόντες ἀνθρώπους ἀπάτασχον ἀλώμενοι ἤματα πάντα. Die sehr alterthümliche Metope von Selinus D. A. K. 1, 25. Vgl. die Nachweisungen b. Gerhard A. V. 2, 86ff. u. b. Müller Handb. § 411, 1. Auf den Pithekusen wurde von der Verwandlung der Kerkopen in Affen erzählt, in Ligyen stehlen sie von den Geryonsrindern. Vgl. Plut. d. adul. et am. discr. 26, wo Alexander d. Gr., da er einen Narren reichlich beschenkt hatte, von einem Schmeichler mit Herakles und Dionysos verglichen wird, καὶ γὰρ ὁ Ἡρακλῆς Κέρκωψί τισι καὶ Σιληνοῖς ὁ Διόνυσος ἐτέρπετο.

3. Der Zug gegen Troja und gegen die Amazonen.

Vom Zuge gegen Troja erzählt schon die Ilias wiederholt und ausführlich. Der Anlaſs ist die Befreiung der Hesione, wofür Laomedon die Rosse versprochen hatte, die Zeus ihm für den Ganymed schenkte (1, 412), Laomedon aber später dem Helfer in der Noth verweigerte (Il. 5, 638 ff.; 20, 144). Herakles kommt mit sechs Schiffen und anderen Helden, zerstört Ilion und fährt dann wieder heimwärts. Da wird er auf dem hohen Meere durch die List der Hera, die sie mit Hülfe des Schlafes und des Boreas ausführt, durch schreckliche Stürme nach Kos verschlagen, bis Zeus aus seinem Schlafe erwacht, gegen die schuldige Hera schrecklich wüthet und seinen Sohn aus groſser Noth befreit und nach Argos zurückführt (Il. 14, 250 ff.; 15, 18 ff.).

Die spätere Erzählung hat sich insofern sehr verändert, als sie zur Vorbereitung des durch die Ilias gefeierten Zugs der Griechen gegen Troja den Aeakos und die Aeakiden auch bei diesem ersten betheiligt. Auch dehnte sie den Feldzug viel weiter aus, indem sie als eine Art Vorgeschichte einen Zug gegen die Amazonen hinzufügte und bei der Rückkehr andre Abenteuer, auch die Gigantomachie einschaltete.

So erzählt namentlich Pindar, der unermüdliche Sänger des Lobes der Aeakiden, daſs ihr Stammvater, der fromme Aeakos, mit Apollo und Poseidon an der Mauer von Troja gebaut habe, wobei gleich ein Zeichen die Zerstörung dieser Mauer durch seine Nachkommen verkündigt (Ol. 8, 30). Ferner weiſs er von der Theilnahme des Telamon am Zuge gegen Laomedon, gegen die Amazonen und selbst an der Gigantomachie, s. N. 3, 36 ff.; 4, 22, I. 5 (6), 24 ff., wo die schöne, nach den Scholien aus den groſsen Eoeen entlehnte Erzählung hinzugefügt wird, nach welcher Herakles auch den Ruhm des groſsen Aias im voraus verkündigte. Als er den Telamon zur Fahrt nach Troja abholt, trifft er diesen beim Schmause, stellt sich auf seine Löwenhaut, läſst sich vom Telamon die goldene Schale des Weihetranks reichen und betet zu seinem Vater Zeus daſs er dem Freunde einen Sohn schenken möge von so unverwüstlicher Kraft wie sein Löwenfell und von gleichem Muthe, worauf Zeus einen Adler ($αἰετόν$) als Gewähr sendet, daher das Kind den Namen Aias bekommen[1].

---

[1] Apollon. 1, 1289 Schol., Theokr. 13, 38, wo es von Herakles und Telamon heiſst, οἳ μίαν ἄμφω ἑταῖροι ἀεὶ δαίνυντο τράπεζαν. Vgl. Tz. Lyk. 455—61.

Nach solchen Vorgängen erzählen die Späteren, indem sie bald bei dem Aufenthalte des Helden in Lydien bald bei der Aufgabe den Gürtel der Hippolyte zu holen bald bei der Argonautensage anknüpften, dafs Herakles zu dem Zuge gegen die Amazonen viele Freunde und Helden, Telamon Peleus Theseus u. A. angeworben und mit einem Schiffe die kühne Fahrt unternommen habe[1]. Zuerst landet er auf der Insel Paros, wo damals die Söhne des Minos herrschten, Eurymedon, Chryses, Nephalion, Philolaos, durch welche zwei Gefährten des Herakles umkamen; daher dieser jene vier alsbald erschlug, die übrigen Parier aber so lange belagerte bis sie sich ergaben und zwei Ersatzmänner stellten, Alkaeos und Sthenelos, Söhne des Androgeos und Enkel des Minos, welche Herakles später auf Thasos ansiedelte[2]. Darauf gelangt er nach Mysien zu den Mariandynen, hilft ihrem Könige Lykos, dem Sohne des Daskylos, im Kriege gegen Amykos und die Bebryker und erobert das Gebiet der späteren Herakleia Pontike[3]. Endlich erreicht der Zug die Mündung des Thermodon, an welchem die Amazonenstadt Themiskyra gelegen[4]. Schon ist die Amazonenkönigin Hippolyte im Begriff den Gürtel des Ares dem Helden freiwillig zu überlassen. Da verbreitet Hera das Gerücht dafs die Königin in Gefahr sei, worauf alle Amazonen bewaffnet und zu Pferde gegen das Schiff der Griechen stürmen und ein heftiger Kampf entbrennt, in welchem Herakles die Hippolyte und viele ihrer Gefährtinnen, andre Helden andre Amazonen tödten. Denn die späteren Dichter gaben sich alle Mühe hinter den vielen Amazonenbildern und Amazonengruppen der Künstler ihrerseits nicht zurückzubleiben, worüber immer neue Namen und neue Schlachten erdichtet wurden[5].

1) Eurip. Herc. f. 408 ff., Apollod. 2, 5, 9. Theseus bekam bei diesem Zuge die Antiope, oder die Liebe der Antiope zum Theseus führte zur Eroberung von Themiskyra, wie die Nosten des Agias erzählten, Paus. 1, 2, 1. Auch Phidias liefs den attischen Helden an diesem Zuge theilnehmen, Paus. 5, 11, 2 vgl. Eur. Heraklid. 217, Schol. Pind. N. 3, 64. Auch von Epicharm gab es einen Ἡρακλῆς ἐπὶ τὸν ζωστῆρα.

2) Historisch ist die Colonisation der Insel Thasos von Paros, Thuk. 4, 104, Str. 10, 487. Bei Diod. 5, 79 erhält Alkaeos die Insel Paros durch Rhadamanthys, s. oben S. 130.

3) Vgl. Apollon. 2, 775 ff. Schol. Prachtvolle Kolossalstatue des H. auf dem Markte von Herakleia, Memnon fr. 52, sein Tempel auf der Burg, ib. 25, bei dem Vorgeb. Acherusion der Aufgang mit dem Kerberos, Schol. Apollon. 2, 354, Schol. Nik. Alexiph. 13 u. A., *s. O. Kämmel Heracleotica S. 48—59.

4) Das Oertliche b. Ritter Asien 9, 1, 95 ff.

5) Es gab verschiedene Ἀμαζονικὰ von jüngeren Dichtern, doch ist es

Bei der Rückkehr von diesem Zuge also landen die Helden bei Troja, über welche Stadt der Zorn des Apollon und Poseidon ein grosses Unglück verhängt hatte. Laomedon hatte ihnen den bedungenen Lohn für die Burgmauer geweigert, dafür sendet Apollon eine Pest, Poseidon ein Seeungeheuer, das aus der Fluth aufsteigt und alle Menschen und Herden verschlingt. Das Orakel verspricht Erlösung, wenn Laomedon seine Tochter Hesione dem Ungeheuer zur Speise gebe, worauf der König seine Tochter opfert (wie Kepheus die Andromeda), indem er sie an einen Felsen in der Nähe des Meeres anbinden läfst¹). Herakles sieht das Mädchen und verspricht sie zu retten, wenn Laomedon ihm jene Wunderpferde geben wolle. Der bedrängte König giebt sein Wort und Herakles besteht den Kampf unter dem Schutze eines hohen Dammes, den Athena und die Troer für ihn aufgeworfen hatten²), nach der späteren Erzählung so, dafs er gerüstet in den Schlund des Drachens hineinspringt und ihm von innen den Bauch aufschneidet. Ja er soll drei Tage darin verweilt und durch die Gluth der Eingeweide alle Haare seines Hauptes verloren haben³). Ein Märchen welches auch in bildlichen Darstellungen überliefert ist und in den Erzählungen andrer Völker von dem Monde oder der Sonne, welche ein Drache zu verschlingen droht⁴), seine natürliche Erklärung findet. Der treulose Lao-

---

eben so schwierig ihren Inhalt zu bestimmen als die Bedeutung derartiger Vasenbilder, wenn sie ohne Namen sind. Eine ausführliche Erzählung von dieser Amazonenschlacht bei Diod. 4, 16, Vasenbilder b. * Welcker A. D. 5, 334 ff. (vgl. jedoch Rosenberg die Erinyen S. 70), O. Jahn Ann. d. Inst. 1864, 239 ff., Roulez N. memor. d. I. 2, 353 ff. Namen von Amazonen b. Diod. l. c. und O. Jahn a. a. O. S. 244 ff.

1) Hier knüpft das Märchen von der Egesta an, mit welcher ihr Vater Hippotes, ein edler Trojaner, nach Sicilien flüchtet, weil er für sie das Schicksal der Hesione fürchtet. In Sicilien gebiert sie von dem in einen Hund verwandelten Flufsgott Krimisos den Egestos, den Gründer von Egesta oder Segesta, Serv. V. A. 1, 550; 5, 30. Die Verwandlung des Flusses in einen Hund ist semitischen Ursprungs, s. Ritter Asien 9, 2, 918.

2) Wenigstens ist dies der Sinn des τεῖχος ἀμφίχυτον Il. 20, 144 ff., welche Verse ein späterer Zusatz sind.

*3) Hellanikos b. Schol. Il. 20, 146, Lykophr. 33—38 Tzetz., Sext. Emp. adv. Math. 1, 255. Herakles in den Rachen des Meerungeheuers tretend und die befreite Hesione in bildlicher Darstellung Mon. d. Inst. 5 t. 9, 2, vgl. Wieseler Z. f. A. W. 1851 n. 40. 41 und Flasch angebl. Argonautenbilder S. 26 ff., der unabhängig von Wieseler zu derselben Deutung gelangt ist. Ausführliche Beschreibung des Abenteuers, welches hier und anderswo beim Argonautenzuge eingeschaltet wird, b. Valer. Fl. 2, 451 ff.

4) Ein Bild der Verfinsterung, Grimm D. M. 668. Vgl. oben S. 71.

medon weigert sich dann den versprochenen Lohn zu zahlen, worauf Herakles Rache drohend nach Argos schifft um zunächst den Gürtel der Hippolyte zu überbringen. Unterwegs berührt er Ainos, wo er vom Poltys gastlich aufgenommen wurde, aber dessen Bruder, den übermüthigen Sarpedon, einen Sohn des Poseidon, in welchem die Stürme und Wogen des dortigen Strandes personificirt sind[1]), mit seinen Pfeilen erschiefst. Ferner landet er auf Thasos, bändigt die dortigen Thraker und übergiebt die Insel den vorhin erwähnten beiden Söhnen des Androgeos aus Paros (S. 127. 233), welche wahrscheinlich neben ihm als Ktisten verehrt wurden. Von Thasos kommt er nach Torone auf der Sithonischen Halbinsel und tödtet hier Polygonos und Telegonos, die übermüthigen Söhne des Meergottes Proteus, welche ihn zum Ringen herausgefordert[2]). Endlich gelangt er nach Myken und übergiebt hier den Gürtel der Amazonenkönigin.

Darauf folgt der Zerstörungszug gegen Troja in der Begleitung des Telamon, Peleus, des Oïkles, Vaters des Amphiaraos und andrer Helden auf achtzehn Funfzigruderern; denn solche Züge pflegten bei fortschreitender Vermischung der verschiedenen Sagenkreise immer mehr Theilneher zu bekommen[3]). Als die Helden gelandet sind und gegen Troja hinaufstürmen, überfällt Laomedon die Wache der Schiffe unter Oïkles, der dabei sein Leben verliert[4]). Darauf wird

---

1) Vgl. oben S. 132. Apollodor 2, 5, 9 u. die Alban. Tfl. 78—86 (b. Jahn S. 71) erzählen von diesen Abenteuern.

2) Vgl. Bd. 1, 501, 1. Man scheint dem aegyptischen Proteus zu Liebe an eine submarine Verbindung zwischen der Halbinsel Pallene und Aegypten geglaubt zu haben, Lykophr. 124 Tzetz. Auch Sithon und seine Tochter Pallene fordern zum Ringen heraus und soll namentlich Bacchus die Pallene auf diese Weise erworben haben, Lykophr. 583. 1161, Nonn. 48, 90 ff., Konon 10, wobei der Anklang von Παλλήνη und πάλη im Spiele ist. Doch lehrt die Ueberlieferung der Vasenbilder daſs der Ringkampf des Herakles mit Triton oder einem tritonartigen Meeresgott alt ist, s. Gerhard A. V. t. 111, 2, 94 ff., *Stephani compt. rend. 1867, 21 f.

3) Apollod. 2, 6, 4, Diod. 4, 32, Hygin f. 89 u. A. — *Nach Schol. Soph. Philokt. 194, vgl. Steph. B. v. Νέαι opferte Herakles auf diesem Zuge unterwegs der Göttin Chryse (Bd. 1, 160), eine Handlung die auch auf zwei V. B. dargestellt zu sein scheint, s. Flasch angebl. Argonautenbilder S. 13 ff.

4) Auch Argeios, ein Sohn des Likymnios, bleibt bei diesem Kampfe, daher eine feierliche Bestattung der Leichen folgte, der Sage nach die erste Feierlichkeit der Art, s. Schol. Il. 1, 52, obwohl Andre dieses bei der Erstürmung von Oechalia anreihen, Apollod. 2, 7, 7. Der Kampf des Herakles und Telamon gegen Laomedon im Giebelfelde des Athenatempels auf Aegina, D. A. K. 1, 30.

die Mauer berannt, wo Telamon zuerst durchbricht, Herakles erst als der zweite: worüber der Held dermaßen ergrimmt daß er sein Schwerdt gegen den Freund zieht. Dieser besänftigt ihn dadurch daß er schnell Steine zusammenrafft und einen Altar des Herakles Kallinikos[1]) d. h. des Siegers schlechthin errichtet. Endlich fällt Laomedon mit allen Söhnen bis auf den Podarkes den Pfeilen seines Bogens, Hesione aber wird als schönster Siegespreis dem Telamon gegeben[2]), der sie mit sich nach Salamis führt, wo sie von ihm die Mutter des Teukros wird. Als man ihr erlaubt von den Gefangenen mit sich zu nehmen wen sie wolle, wählt sie ihren noch unmündigen Bruder Podarkes, der darüber seinen Namen Priamos bekommen haben soll[3]), denn die Schwester mußte ihm erst durch einen Scheinkauf, indem sie ihre goldene Kopfbinde für ihn gab, wieder zur Freiheit verhelfen. Dann folgt auf der Rückkehr der von der Hera verhängte Sturm und die Landung auf der von Meropern bewohnten Insel Kos, wo man die Helden, da man sie für Seeräuber hält, nicht landen lassen will, worüber es von neuem zu Sturm und Krieg kommt[4]). In demselben erschlägt Herakles den Eurypylos, einen Sohn des Poseidon, und seine Söhne; doch war es ein harter Kampf, in welchem der Held, von Chalkodon verwundet, sogar anfangs fliehen mußte und sein Leben verloren haben würde, wenn Zeus ihn nicht in der Noth gerettet hätte. Die Tochter des Eurypylos Chalkiope gebiert vom Herakles den Thessalos, dessen Söhne die Ilias 2, 679 unter den Führern vor Troja nennt. Als Herakles mit diesem Kampfe fertig ist, kommt Athena um ihn zur Schlacht der Götter mit den Giganten abzuholen, die ohne seinen Beistand nicht beendigt werden konnte (1, 59).

---

1) Nach Hellanikos b. Tzetz. Lyk. 469 des H. Alexikakos, was Buttmann Mythol. 2, 147 vorzieht. Doch ist H. Kallinikos zugleich Alexikakos.

2) Soph. Ai. 434. 1300, Xenoph. d. venat. 1, 9.

3) ἀπὸ τοῦ πρίασθαι, nach Apollodor u. Hygin. Bei Diod. 4, 32. 42. 49 setzt Herakles den Priamos gleich zum Könige ein, weil er sein Recht gegen den Vater vertreten. Bei Virg. A. S, 157 ff. macht Priamos seiner Schwester Hesione einen Besuch auf Salamis.

4) Pind. N. 4, 25, Schol. vs. 40, wo Chalkiope eine ähnliche Rolle spielt wie Iole in der Dichtung von Oechalia. Vgl. Pherekydes b. Schol. Il. 14, 255 und von der Flucht und Bedrängniß des Herakles auf Kos Schol. Theokr. 7, 131 u. Plut. Qu. Gr. 58. Chalkodon b. Apollod. 2, 7, 1, Chalkon b. Theokr. 7, 6. Herakles wurde auf Kos als Ἀλεξις d. h. Schutz und Hort verehrt, s. Aristid. Herc. p. 60, welcher hinzusetzt: καὶ αὐτοῖς ἔστηκεν Ἡρακλῆς ἐκ θεοπροπίου ἐπηρμένος τῷ νώτῳ τὸ ῥόπαλον ὡς κύριος ὢν καὶ τὸν οὐρανὸν εἰς συμμετρίαν ἄγειν.

4. Die Aktorionen und der Zug gegen Elis.

Die Sage von den beiden Aktorionen oder Molioniden in Elis, den gewaltigen Streitern des Augeias, die selbst den Herakles zurücktrieben und nur durch List von ihm überwältigt werden konnten, ist eine sehr alte. Sie waren nach der Ilias 23, 641 δίδυμοι, was man gewöhnlich so auffaſste daſs sie wie die drei Leiber des Geryon an einander gewachsen waren, wie sie auch durch alte Bildwerke vergegenwärtigt sein mögen[1]). Immer sind sie die Einheit von zwei Personen, daher stets im Dual benannt, Ἀκτορίωνε und Μολίονε oder zugleich Ἀκτορίωνε Μολίονε (Il. 11, 709. 750; 23, 638). Aktorionen hieſsen sie nach ihrem Vater Aktor d. i. der Führer[2]), der für einen Bruder des Augeias und für den Gründer der alten Epeierburg Hyrmine am Meere galt, doch nannte man sie auch Söhne des Poseidon (Il. 11, 751). Molioniden hieſsen sie als Reisige oder nach der Mutter d. h. als τέκνα Μολιόνης, wie sie bei Hesiod, Pindar und Ibykos genannt werden, welcher letztere sie gleich den Dioskuren aus einem silbern schimmernden Ei geboren werden lieſs[3]). Ihre eignen Namen sind Κτέατος und Εὔρυτος, was auf reichen Besitz und strömende Fülle deutet[4]). Nestor weiſs gewaltige Dinge von den Thaten seiner Jugend selbst wider solche Helden zu erzählen, die er in der Schlacht erlegt hätte, wenn nicht Posei-

---

Also ist für ῥόπαλον zu lesen τὸν πόλον. Auf Münzen von Kos sieht man Herakles mit dem kleinen Thessalos auf dem Arme.

1) Nach Schol. v. 638. 639 erklärte Aristarch den Ausdruck δίδυμοι nach Anleitung des Hesiod, der sie τερατώδεις nannte, durch διφυεῖς, δύο ἔχοντας σώματα καὶ συμπεφυκότας ἀλλήλοις, dahingegen Pherekydes nach Schol. Il. 11, 709 jedem einen Leib, zwei Köpfe, vier Hände und vier Füſse gab. Die ältere Bildung möchte der des Geryoneus geglichen haben, der auch bisweilen διφυής, nicht τρισώματος ist, s. oben S. 203, 3. Ἡρ. ἀποκτείνων τοὺς παῖδας τοὺς Ἄκτορος am Amyklaeischen Thron Paus. 3, 18, 8 vgl. Welcker A. D. 2, 328 ff., t. 16, 33.

2) Ἄκτωρ von ἄγω i. q. ἡγεμών, στρατηγός, βασιλεύς, Aesch. Pers. 557 Σούσιδος φίλος ἄκτωρ, Eum. 399 Ἀχαιῶν ἄκτορές τε καὶ πρόμοι.

3) b. Athen. 2, 50 τούς τε λευκίππους κόρους τέκνα Μολιόνας κτάνον, ἥλικας ἰσοκεφάλους ἐνιγυίους (d. h. mit einem und demselben Leibe), ἀμφοτέρους γεγαῶτας ἐν ᾠῷ ἀργυρέῳ, ohne Zweifel um ihre engverbundne Zwillingsnatur auszudrücken. Homer benennt Niemanden nach der Mutter, wie Schol. Il. 11, 709 bemerkt. Vielmehr wird in der älteren Dichtersprache Μολίων i. q. μαχητής sein, vgl. μόλος Ἄρηος i. q. μῶλος u. μόθος und Μόλος der Vater des Meriones. Ein Fest Μώλεια in Arkadien zum Andenken an einen einheimischen Helden und seinen Sieg, μῶλος γὰρ ἡ μάχη, Schol. Apollon. 1, 164.

*4) Vgl. jedoch N. Jahrbb. f. Phil. 1873, 197 ff.

don ihnen zu Hülfe gekommen wäre, und denen er in einem Wettrennen nur deshalb unterlag, weil sie δίδυμοι und deshalb geschickter zum Wagenfahren waren¹). Die eigentliche Glorie aber dieses Heldenpaars ist die dass selbst Herakles ihnen weichen musste, wovon gleichfalls alte Sagen erzählten (Pindar Ol. 11, 25 ff.), die wir in der Ueberarbeitung solcher Sagenschreiber kennen, welche sich durch örtliche Ueberlieferungen der arkadischen Stadt Pheneos bestimmen liessen. Denn es ist eine Eigenthümlichkeit des sich hier anschliessenden Kriegs gegen Elis, dass Herakles ihn von diesem Ort aus führte, der sich eines längeren Aufenthalts und verschiedener Arbeiten und Stiftungen des argivischen Helden rühmte, namentlich der Anlage der für die Cultur seines eng verschlossenen Thales überaus wichtigen Katabothren²). Der Zug ist gegen den König Augeias von Elis gerichtet, weil derselbe den für die Reinigung seines Stalls bedungenen Lohn geweigert und seinen dem Herakles eng befreundeten und verbündeten Sohn Phyleus vertrieben hat³). Die Sache des Augeias wird vertreten von den beiden Aktorionen und von Amarynkeus d. h. dem Strahlenden, dem auch der Ilias bekannten Epeierfürsten von Buprasion⁴). Beim ersten Angriff wird Herakles von den Molioniden mit grossem Verlust zurückgeschlagen, nach Pindar weil sie ihn aus einem Hinterhalte überfielen, nach Andern weil Herakles bei diesem Zuge krank war. Dann aber lauert ihnen Herakles in einem Hinterhalte bei Kleonae auf, als sie eine Procession von Elis nach dem Isthmos zur Feier der dortigen Spiele geleiten⁵), erschiesst sie und zieht dann von neuem gegen Elis und Augeias, den er jetzt gleich-

---

1) Il. 11, 750 ff.; 23, 638. Von den Molioniden stammen die Führer der Epeier vor Troja, Amphimachos u. Thalpios, geboren von zwei Zwillingsschwestern, Theronike u. Thereiphone, den Töchtern des Dexamenos von Olenos, Il. 2, 620, Paus. 5, 3, 4. Von einem Zuge der Molioniden gegen Dyme d. i. Olenos dichtete Antimachos.

2) Paus. 8, 14, 2 ff., Catull 68, 109, vgl. Curtius Peloponn. I, 185 ff. Ueber den Zug, auf welchem H. den Areion geritten haben soll, Paus. 8, 25, 5, Apollod. 2, 7, 2, Diod. 4, 33. Nach Hekataeos b. Str. 8, 341 nahmen auch die Epeier an dem Zerstörungszuge des H. Theil, und spätere Fabulisten liessen Pheneaten und Epeier mit dem H. sogar bis Rom gelangen, Dionys. H. 1, 34. 42.

3) Dem Phyleus allein hatte H. sich durch einen Eid verbindlich gemacht, Plut. Qu. Ro. 28.

4) Il. 23, 630 vgl. Paus. 5, 1, 7. 8, Schol. Pind. Ol. 11, 46. Ἀμαρυγκεύς von ἀμαρύσσω, ἀμάρυξ i. q. ἀμαργή.

5) Daher ein Denkmal der Molioniden zu Kleonae Paus. 2, 15, 1 vgl. 5, 2, 1—3, Plut. de Pyth. or. 13, Aelian V. H. 4, 5.

falls mit seinem Bogen tödtet¹). Der früher von seinem Vater vertriebene Phyleus kehrt aus Dulichion zurück, die Tochter des Augeias, deren Liebe dem Helden zur Eroberung von Elis geholfen, gebiert von ihm den Thestalos. Die Pheneaten aber zeigten die Denkmäler der auf jenem ersten Zuge Gebliebenen, namentlich das des Iphikles, den Buphagos bestattet habe d. i. wahrscheinlich Herakles selbst unter dem alterthümlichen Cultusnamen des Vielfrafs²). Wahrscheinlich stammt auch das Märchen von jenem engverbundenen Zwillingspaare aus einer älteren Natursymbolik, doch mufs die Bedeutung dahingestellt bleiben. Die epische Sage sah in ihnen offenbar nur ein mit wunderbaren Kräften ausgestattetes Kriegerpaar.

5. Periklymenos und der Zug gegen Pylos.

Schon die Ilias 11, 689 kennt den verwüstenden Zug des Herakles gegen Neleus und seine Pylier, von denen die Besten fielen. Doch ist auch bei dieser Sage die ältere Erzählung von der jüngeren zu unterscheiden. In jener scheint Periklymenos der hervorragende Held und sein Kampf mit Herakles der Kern der Sage gewesen zu sein. Die Odyssee 11, 286 kennt ihn als Bruder des Nestor, die Argonautensage als Theilnehmer dieser Fahrt. Ueber seine Natur erfahren wir aus Hesiod und andern Dichtern dafs er als Abkömmling des Poseidon, des Stammgottes der Neliden, von demselben die allen Dämonen des Meeres eigenthümliche Gabe der Verwandlung bekommen hatte, so dafs er bald als Adler, dann wieder als Ameise, als Biene, als Schlange, als Löwe erschien. Dadurch machte er dem Herakles so zu schaffen, dafs Pylos nicht zu bezwingen war, bis Athena ihrem Helden auch in diesem Kampfe half. Als Periklymenos sich nämlich in eine Biene verwandelt und sich in dieser Gestalt auf den Kriegswagen des Herakles setzt um ihn unversehens anzufallen, öffnet die Göttin diesem die Augen, so dafs er ihn mit dem Bogen erschiefst und nun mit den Uebrigen bald fertig wird³). Diese Elemente hat die spätere Dichtung dadurch wesentlich

---

1) Panyasis b. Clem. Al. Protr. 31 P. Wie ausgebildet die Sage war, in welche sich manche Erinnerungen aus dem Zuge der Herakliden mischten, sieht man aus Polyb. 4, 59, 5.

2) Paus. 8, 14, 6. Auch von Herakles selbst zeigte man in Pheneos Siegesdenkmäler, Aristot. Mirab. 58, Antigon. Mirab. 131.

3) Hesiod b. Schol. Apollon. 1, 156 u. Schol. Il. 2, 336. Nach Euphorion war Periklymenos so wandelbar wie Proteus. Nach Andern erschlug H. ihn mit der Keule, da er sich in eine Mücke verwandelt hatte.

erweitert dafs sie das von der Ilias 5, 395 höchst wahrscheinlich vom Thore der Unterwelt gebrauchte Wort πύλος für die Stadt Pylos nahm, also auch die Erzählung vom Kampfe des Herakles mit dem Fürsten der Unterwelt auf das Neleische Pylos übertrug, so dafs das Abenteuer jetzt vollends wunderbar geartet wurde, zumal da Poseidon als Schutzgott der Pylier von selbst zum Gegner des Helden ward, neben ihm aber auch Ares und nach andern Dichtern Hera gegen Herakles kämpften, während für diesen Zeus und Athena eintraten¹). Ja Pindar Ol. 9, 29 ff. fügte auch den Apollon hinzu, indem er dichtet dafs Herakles bei Pylos seine Keule gegen den Dreizack des Poseidon geschwungen und dafs Phoebos wider ihn mit dem silbernen Bogen, Aïdes mit seinem Herrscherstabe gekämpft habe, ohne dafs der gewaltige Held in seinem Siegeslaufe aufzuhalten war²). Als Ursache des Zuges wird gewöhnlich angegeben dafs Neleus dem Herakles die Reinigung vom Blute des Iphitos geweigert habe³). Der letzte Ausgang ist wieder, und zwar erzählte auch Hesiod davon, dafs Pylos zerstört und das ganze Geschlecht des Neleus ausgerottet wird, elf blühende Söhne, bis auf den einzigen Nestor den zwölften Sohn, der grade in Gerenos abwesend gewesen und deshalb nachmals der Gerenische genannt worden sei⁴).

6. Tegeatische Sagen und der Zug gegen Lakedaemon.

Diese tegeatischen Sagen hängen mit dem alterthümlichen Dienste der Athena Alea (1, 161) zusammen. Demselben entsprechend wurde als Landesheros Aleos genannt, dessen Sohn Kepheus König von Tegea ist und dessen Tochter Auge d. i. die Strahlende, ein Bild des Mondes.

---

1) Hesiod sc. Herc. 359, Panyasis b. Clem. Al. Protr. p. 31 P. u. Arnob. 4, 25, vgl. Paus. 6, 25, 3, Aristid. Herc. p. 55, Seneca Herc. f. 560.

2) Die Schol. zu vs. 43 bemerken dafs die Tradition sonst nur von dem Kampfe des Herakles und Apollon um den Dreifufs wisse. Das Vasengemälde b. Welcker A. D. 3 t. 18 S. 286 ff. wird mit gröfserer Wahrscheinlichkeit auf den Streit zwischen Idas und Apollon um Marpessa bezogen, vgl. O. Jahn Münchn. Vasens. p. 745.

3) Die späteren Erklärer suchten nach andern Gründen, weil die Blutreinigung bei Homer nicht erwähnt wurde, daher Einige den Uebermuth des Periklymenos als Grund angeben, Andre die Hülfe, welche die Pylier den Orchomeniern im Kriege gegen Theben geleistet, Andre dafs Neleus sich an den Rindern des Geryoneus vergriffen habe u. s. w., Schol. Il. 11, 690, Schol. Pind. Ol. 9, 43. Die letzte Vermuthung wiederholt Philostr. Her. p. 302 K.

4) Hesiod b. Steph. B. Γερηνία. Die Namen der Söhne b. Schol. Il. 11, 692. Nach Hygin f. 10 entkam auch Periklymenos.

die Priesterin der Athena heifst. Diese wird vom Herakles im Rausche geschwächt, bei einer Quelle in der Nähe des Tempels der Athena, als sie ihrer Göttin zu Ehren einen Reigentanz aufführt. Sie gebiert darauf einen Sohn und verbirgt das Kind aus Angst vor dem Vater in dem Heiligthume der keuschen Göttin, die das Land ihren Zorn über den Frevel durch eine Pestilenz empfinden läfst. Nun wird Τήλεφος d. i. der Fernleuchtende, der Morgenstern, in das der Artemis geheiligte Jungfrauengebirge (Παρθένιον ὄρος) auf dem Wege nach Argos getragen, wo eine gehörnte Hirschkuh, das heilige Thier der Artemis, das uns schon bekannte Symbol des Mondes (S. 196) es ernährt[1]). Die Mutter wird dem Nauplios übergeben um sie ins Meer zu versenken, doch wird sie erhalten und nach Mysien verschlagen, wo der Landeskönig Teuthras sie zu seiner Gemahlin erhebt. Telephos aber wächst unter den Hirten des Gebirges heran, sucht und findet endlich seine Mutter, wird von Teuthras als Sohn anerkannt und folgt ihm als König. Oder Mutter und Kind werden wie Danae und Perseus zusammen ins Meer gesetzt und gelangen so nach Mysien, wie namentlich Hekataeos von Milet erzählt hatte[2]). Doch mufs die Sage von Telephos auch der einheimischen Ueberlieferung der mysischen Völker vertraut gewesen sein, da er schon der Odyssee 11, 519 als asiatischer König und Held bekannt ist und als solcher noch mehr in dem Sagenkreise der Kyprien hervortrat, in welchem Gedichte vermuthlich die Identität des arkadischen und des mysischen Telephos zuerst ausgesprochen wurde. Nachmals ist die an aufserordentlichen Verhängnissen reiche Geschichte der Auge und des Telephos von den drei Meistern der attischen Tragödie, Aeschylos Sophokles und Euripides, dramatisch überarbeitet und dadurch die Fabel noch weiter ins Einzelne ausgebildet und verbreitet worden[3]), daher auch die Künstler sich oft mit ihr beschäftigten. Dazu

---

1) Τηλέφου τέμενος auf jenem Berge, Paus. 8, 54, 5. Τηλέφου ἑστία in der Gegend des Artemision von Oenoe, Apollod. 1, 8, 6. Auf einem Gemälde aus Herculanum b. Zahn 1, 18; 3, 1—3, *Helbig Wandg. n. 1143, findet Herakles sein Kind selbst bei der Hirschkuh im Gebirge, etwa so wie in der gleichartigen Sage von Phigalia, Paus. 8, 12, 2. Andre auf diese Sage bezügliche Bildwerke b. O. Jahn Teleph. u. Troilos 46 ff., Archäol. Beitr. 233 ff. Der Name Τήλεφος wurde gewöhnlich durch die Hirschkuh erklärt, θηλὴν ὑποσχούσης ἐλάφου Apollod. 3, 9, 1.

2) Paus. 8, 4, 6. Auch Euripides hatte so gedichtet, Str. 13, 615. Andre Erzählungen b. Alkidamas Od. p. 670 Bekk., Paus. 8, 48, 5, Diod. 4, 33, Hygin f. 99. 100, Seneca Herc. Oet. 366.

3) Es gehören dahin von Aeschylos die Myser, von Sophokles die Aleaden

kam dafs Telephos für den Nationalhelden und Archegeten der mysischen Pergamener und ihrer Könige, der Attalen galt[1]), daher er und sein Sohn, der aus der kleinen Ilias bekannte Eurypylos, zu den angesehensten Herakliden gehörten. Die ganze Sage ist auch deshalb von besonderem Interesse, weil die deutlich als Mondgöttin charakterisirte[2]) Auge dadurch dafs sie aus Tegea nach Mysien verschlagen wird eine Parallele zu der aus Amyklae nach Troja entführten Helena darbietet. Sie kann aber auch als Beispiel einer alten Verbindung zwischen Kleinasien und Italien angeführt werden, da auch in diesem Lande, namentlich bei den campanischen Tyrrhenern, die Fabel vom Telephos und seiner wunderbaren Jugend eine nationale war[3]).

Auch beim Zuge gegen Lakedaemon befindet sich Herakles in Tegea. Seine Feinde sind Hippokoon und die Hippokoontiden, welche den Tyndareos und die Tyndariden vertrieben und dem Herakles einen nahen Verwandten, Oionos den Sohn des Likymnios, zu Tode geprügelt hatten, als das Kind den Palast besehen wollte und sich gegen einen herausspringenden Hund durch einen Steinwurf vertheidigte[4]). Man erzählte auch hier dafs Herakles, als er diese That alsbald strafen wollte, sich zuerst an der Hand oder an der Hüfte verwundet zurückziehen mufste. Daher fordert er jetzt den König Kepheus von Tegea und seine zwanzig Söhne zur Theilnahme an der Rache auf. Kepheus weigert sich weil er einen Angriff der Argiver auf seine Stadt fürchtet, aber Herakles sichert diese dadurch dafs er eine von der Athena empfangene Locke des Medusenhauptes der Tochter des Kepheus Sterope übergiebt um

---

und die Myser, welche vermuthlich mit dem einmal citirten Telephos identisch waren, von Euripides die Auge. Die Sage dafs Herakles den Telephos im Rausch erzeugt habe pafste auch für die Komiker, s. Meineke Com. Gr. 1, 259. 360.

1) Τηλεφίδαι für Pergamener in dem Orakel C. I. n. 3538, 11. Die Pergamenischen Könige rühmten sich durch Telephos vom Herakles und durch Lysidike, die Mutter der Alkmene, vom Pelops abzustammen, s. die Verse Nikanders b. O. Schneider p. 1. 2. Grynus Eurypyli filius, Serv. V. Ecl. 6, 72. Grabmal der Auge bei Pergamon nach Art der lydischen und etrurischen, Paus. 8, 4, 6. Auch in Lykien gab es einen Τηλέφιος δῆμος und eine Τηλέφου κρήνη, Steph. B.

2) Vorzüglich dadurch dafs Eileithyia in Tegea Αὔγη ἐν γόνασιν hiefs, Paus. 8, 48, 5 vgl. 1, 422. Aber auch durch das parallele Bild der Μαῖρα d. h. der Schimmernden, Glänzenden im Gebiete von Mantinea, Paus. 8, 12, 4; 48, 4.

3) Röm. Myth. 666.

*4) Apollod. 2, 7, 3 vgl. Clem. Al. Pr. p. 31 P. u. die Scholien dazu p. 107 ed. Klotz, welche sich auf ein Gedicht des Alkman berufen; s. auch Alcm. fr. 15 Bergk. Vgl. Herod. 5, 60 u. Paus. 3, 15, 3; 19, 7, nach welchem sich ein Denkmal des Οἰωνός neben dem Herakleion in Sparta befand und der Beiname

sie beim Herannahen der Feinde dreimal über die Mauer zu halten¹). Als es zum Treffen kommt fallen alle Hippokoontiden, aber auch die grofse Mehrzahl der Söhne des Kepheus²). Darauf setzt Herakles Tyndareos und seine Söhne wieder in ihre Herrschaft ein, nach Einigen mit der Weisung dieselbe für seine Nachkommen aufzubewahren, worunter natürlich die dorischen Herakliden zu verstehen sind.

7. Acheloos, Oeneus, Deianeira.

Das in der Mythologie berühmte Aetolien ist das zwischen dem Acheloos und Euenos befindliche mit den am südlichen Abhange gelegenen Städten Pleuron und Kalydon, in der jetzigen Gegend von Missolunghi. Obwohl bei dem Kampfe zwischen Herakles und Acheloos weniger an diese zu denken ist als an die grofsentheils erst durch diesen Flufs, den bedeutendsten in Griechenland, geschaffene Landschaft von Oeniadae, wo der Flufsgott Acheloos eben so eifrig verehrt wurde als an seiner Quelle und von wo er sich bei Sophokles zu dem Kampfe mit Herakles einstellt³). Als reifsender Strom ist er ein ungestümer Freiwerber der Landesheroine und mit dem wühlenden Stierhorne ausgestattet (1, 448), aber auch Inhaber des Wunderhorns der Amalthea (1, 30), weil die Fruchtbarkeit des Landes wesentlich von ihm abhing. Er wirbt um die Hand der schönen Deianeira, der Tochter des Oeneus⁴),

---

des Asklepios Κοτυλεύς von der Heilung des an der Hüfte (κοτύλη) verwundeten Herakles verstanden wurde. Ueber ein Relief, das Herakles im Kampfe mit den Hippokoontiden, und eins, das ihn verwundet darstellt, s. Gerhard D. u. F. 1861, 169 ff. Mehr von den Hippokoontiden oben S. 91.

1) Apollod. l. c., Paus. 8, 47, 4, wo Kepheus diese Locke von der Athena Polias von Tegea selbst bekommt, welches dadurch für immer uneinnehmbar wird. Auch eine M. von Tegea bezieht sich darauf, s. O. Müller kl. d. Schr. 2, 171. 176. Das Gorgoneion hat in dieser Sage wie oft die Bedeutung eines magischen Schutz- und Schreckmittels.

2) Die Namen von zwölf Hippokoontiden b. Apollod. 3, 10, 5. Nach Diod. 4, 33 waren es zwanzig, doch fallen bei ihm nur zehn. Vom Tode des Iphikles in dieser Schlacht Plut. Qu. Ro. 90. Bei Eur. Herakl. 740 spricht der alte Iolaos mit Emphase von derselben.

3) Soph. Tr. 510 Ἀχελῷος ἀπ' Οἰνιαδᾶν, ὁ δὲ (Herakles) Βακχείας ἀπὸ ἦλθε Θήβας. Daher der Kopf des Acheloos auf den Münzen von Oeniadae, welcher Name zugleich den Mündungsdistrict des Acheloos und die Hauptstadt desselben bedeutet, Heuzey le Mt. Olympe et l'Acarn. 435 sqq., *Bursian Geogr. 1, 120 f. — Der Acheloos soll wegen seiner starken Strömung in alten Zeiten Θόας d. h. der Schnelle geheifsen haben. Str. 10, 450.

4) Andre nannten sie eine Tochter des Dionysos, s. 1. 550. Δηϊάνειρα ist ihrem Namen nach die Männerfeindliche.

des ersten Pflanzers der aetolischen Weinberge und des Vaters der beiden aetolischen Helden, des Meleager und des Tydeus. Sophokles in den Trachinierinnen schildert sowohl seine Werbungen als die von Herakles dem Vater und der Tochter in der Noth geleistete Hülfe. In dreierlei Gestalten kommt Acheloos zum Oeneus, bald als Stier, bald als gewundene Schlange, dann wieder als Mensch mit einem Stiergesicht, welchem quellende Ströme aus vollbärtigem Munde fliefsen¹), ein Schrecken für die bedrängte Deianeira. Da erscheint Herakles und befreit sie von dem Ungethüm durch einen Kampf, dessen furchtbare Anstrengungen in dem schönen Chorgesange v. 494 ff. beschrieben werden. Sie ringen und stofsen und quetschen sich, bis endlich Herakles dem mächtigen Flufsgotte sein Horn abbricht, wodurch er überwunden ist und willig das Horn der Amalthea zum Austausche bietet, dieses wunderbare Horn des aus dem Wasser quellenden Segens, welches Herakles nach Einigen dem Oeneus als Preis für die Tochter, nach Andern seinem Vater Zeus gab²); doch sieht man es auf bildlichen Darstellungen auch in seinen eignen Händen oder in denen des Dionysos, des Pluton, der Demeter, der Tyche und des guten Dämon, kurz bei allen Gottheiten welche strömende Fülle und Ueberflufs in ihrer Macht haben. Die Bedeutung des Kampfes ist offenbar die Bändigung der wilden Kraft des Stroms, denn diese drückt das Stierhorn aus, sei es durch Abdämmung und Regelung seines Laufs, wodurch ein fruchtbares Land gewonnen worden³), oder wie man sonst erklären mag. Als Ringkampf zwischen zwei so aufserordentlichen Gegnern war derselbe auch für die Palaestra und für die darstellenden Künstler immer sehr anziehend⁴).

1) Als Stier mit Menschengesicht erscheint er auf akarnanischen Münzen und auf denen der italischen Griechen, u. A. auf einer von Neapel, *D. u. F. 1862, Tfl. 168, 7, wo ein Wasserstrahl aus dem Munde hervorschiefst, wie bei Sophokles u. b. Philostr. i. im. 4. Als Mensch mit Stiergesicht, Schilf und Schale haltend, zeigen ihn gleichfalls italische Münzen; vgl. auch Bd. 1, 448.

2) Nach Pherekydes b. Apollod. 2, 7, 5 hatte es die Kraft ὥστε βρωτὸν ἢ ποτὸν ὑπὲρ εὔξαιό τις παρέχειν ἄφθονον, nach Diod. 4, 35 stellt es dar die Fülle alles Herbstsegens, βοτρύων τε καὶ μήλων καὶ τῶν ἄλλων τῶν τοιούτων. Nach Hygin f. 31 gelangte es von Herakles an die Hesperiden oder die Nymphen, die es mit Früchten füllten. *Ueber das Füllhorn als Attribut des Herakles vgl. unten Abschnitt VI.

3) Vgl. Str. 10, 458, Diod. 1, 34, Eustath. Dionys. P. 434. Auch Pindar hatte von diesem Kampfe gedichtet, Schol. Il. 21, 194.

4) *Eine Gruppe von Figuren aus vergoldetem Cedernholz, wo Ares dem Acheloos, Athena dem Herakles Beistand leistete, beschreibt Paus. 6, 19, 9. Vgl. P. 3, 18, 8, das Gemälde b. Philostrat d. J. 4 und die Zusammenstellung der

Herakles verweilt nun längere Zeit bei seinem aetolischen Schwiegervater, und zwar wird sein Leben bei dem mit Wein und Fülle gesegneten Oeneus als ein sehr genußreiches geschildert. Dahin gehört die Erzählung von dem Schmause des Helden beim Dexamenos d. h. dem Gastlichen, welcher kein Andrer als Oeneus selbst ist, bei welcher Gelegenheit Deianeira schon das Gelüste eines Kentauren erregt, der aber hier Eurytion heißt und vom Herakles alsbald gezüchtigt wird: ein Vorfall welcher von manchen Erzählern nach dem gegenüber gelegenen Olenos in Achaja verlegt wurde[1]). Dann unterbricht der Zug gegen das thesprotische Ephyra, den die gewöhnliche Tradition hier einschob, das heitere Leben mit Weib und Kind auf einige Zeit, bis er zurückkehrt[2]) und es sich noch einmal bei seinem Schwiegervater gut sein läßt. Da begegnet es ihm daß er einst beim Schmause einen Knaben, der ihm aus Ungeschick Badewasser über die Hände goß, durch eine allzuheftige Maulschelle tödtete[3]). Das wurde der Anlaß zu einer neuen Uebersiedelung.

Es folgt der verhängnißvolle Vorfall beim Uebergange des Flusses Euenos, den Sophokles Tr. v. 546 ff. in einem andern Zusammenhange erzählt. An diesem Flusse hauste der Kentaur Nessos, der ein Recht

---

erhaltenen Bildwerke b. O. Jahn in Gerh. D. u. F. 1862, 313 ff. und Stephani compt. rend. 1867, 18 ff. Ganz vereinzelt steht das Vasenbild b. Gerhard A. V. t. 115, wo Acheloos tritonenartig d. h. als Schlange mit einem gehörnten Menschenangesicht gebildet ist.

1) Apollod. 2, 5, 5, Hygin f. 31. 33, Müller Dor. 1, 418, *Stephani compt. rend. 1865, 103, auch O. Schneider zu Kallim. Del. 102. Auch mehrere Vasenbilder werden auf diesen Vorfall bezogen, s. Stephani a. a. O. S. 106 ff.

2) Auf diese Rückkehr geht das lebendig gedachte Vasenbild bei Gerhard A. V. t. 116, wo Deianeira dem in friedlichem Anzuge und in Begleitung der Athena heimkehrenden Herakles den kleinen Hyllos entgegenreicht, in Gegenwart des Oeneus. Vgl. Plin. 35, 139 Artemon (pinxit) Herculem et Deianiram. *Eine ähnliche Darstellung zeigt ein Neapler V. B. Arch. Ztg. 1867 Tf. 218. vgl. R. Kekulé ebd. 1866, 259 ff.

3) Apollod. 2, 7, 6, Diod. 4, 36 u. die Sammlung b. Athen. 9, 80. Der Knabe heißt bald Εὔνομος bald Εὐρύνομος und ein Verwandter des Oeneus, eine ähnliche Figur wie sie sonst den Dionysos umgeben. Schon Archilochos hatte von diesem Vorfall und in Verbindung damit von dem mit dem Kentauren Nessos erzählt, nach Schol. Apollon. 1, 1212, wo er Κύαθος heißt und ὁ Οἰνέως οἰνοχόος, Ἀρχιτέλους δὲ παῖς. Hellanikos nannte ihn Ἀρχίας oder Χερίας. Nikander in seinen Oetaicis, welche sich mehrfach mit Heraklessagen beschäftigten, nannte ihn Κύαθος und einen Sohn des Πύλης, dem Herakles in Proschion einen Hain gestiftet habe, welcher bis jetzt heiße τὸ Οἰνοχύον.

hatte die Reisenden überzusetzen¹). Als er die schöne Deianeira auf seinem Rücken fühlt, regt sich die Lust des Kentauren, aber augenblicklich durchbohrt ihn der vergiftete Pfeil des Herakles²). Er giebt der Deianeira von seinem geronnenen Blute, womit sie ihren Gatten, sollte er von andrer Liebe entzündet werden, wieder an sich fesseln könne. Also bewahrt sie es in einem ehernen Gefäfse und tränkt später das Festgewand damit, welches sie ihm bei seiner Rückkehr von Oechalia entgegensendet. Das war es was Zeus vorhergesagt hatte dafs Herakles nur durch einen Verstorbenen sterben könne³).

8. Oetaeische Sagen.

Das Gemeinsame dieser Sagen ist die Beziehung zum pythischen Apoll, zum Könige Keyx und zu der alten oetaeischen Burgleste Trachis. Für den pythischen Apoll kämpft Herakles, beim Keyx wohnt er mit den Seinigen und führt dort, wie es das Hesiodische Gedicht von der Hochzeit des Keyx schilderte, ein eben so genufsreiches Leben wie beim aetolischen Oeneus, endlich Trachis galt gewöhnlich für seine Gründung und seine Feste in dieser Gegend, wie er denn auch bei allen Zügen dieser Sage entweder von ihr ausgeht oder zu ihr zurückkehrt.

Die Entstehung von Trachis wird gewöhnlich in enger Verbindung mit dem Kampfe des Herakles gegen die Dryoper (Holsten) erzählt, einen alten Stamm, welcher die waldichten Gegenden vom Parnafs bis zum Oeta bewohnte und als räuberisch und dem delphischen Apollo feindlich geschildert wird. Die ältere Sage knüpft bei einem Märchen vom Herakles βουφάγος an, welches unter wenig veränderten Umständen auch auf der Insel Rhodos erzählt wurde⁴). Herakles wandert mit

---

1) Νέσσος hängt zusammen mit skr. nada d. i. Flufs, vom Rauschen nad, vgl. Νέδα Νέδων Νεδούσιος u. s. f. Pott Jbb. f. Philol. Suppl. 3, 313. Also wie Εὐρυτίων. *Vgl. jedoch auch N. Jahrbb. f. Phil. 1873, 202 f.

*2) Ueber die hierauf bezüglichen bildlichen Darstellungen s. Stephani compt. rend. 1865, 105 f., Heydemann Vasens. Santangelo n. 141. Ein Pompejanisches Wandgemälde, das den Mythos mit gröfserer Freiheit behandelt, s. b. Zahn 3, 11. 12, Helbig n. 1146, womit Philostr. d. I. im. 16 zu vergleichen ist.

3) Soph. Tr. 1159 ff. Nach Apollod. 2, 7, 6 u. Diod. 4, 36 war der angebliche Liebeszauber eine Mischung des von Nessos verspritzten Samens und seines an der Pfeilspitze klebenden Bluts. Zur Erzählung vgl. Seneca Herc. Oet. 491 ff.

4) Apollod. 2, 7, 7, Schol. Apollon. 1, 1212, Kallim. in Dian. 161. Von Rhodos Apollod. 2, 5, 11 u. Philostr. im. 2, 24. Die Fabel spielt hier bei Thermydrae, dem Hafen von Lindos, wo Herakles schon wegen der warmen Quellen verehrt wurde. Theiodamas ist zu einem Bauer geworden, der auf hartem Boden

Deianeira und dem Knaben Hyllos durch das Land der Dryoper. Unterwegs begegnet ihm ihr König Theiodamas mit einem Ochsengespann. Herakles hungert, er bittet um Speise, sie wird ihm abgeschlagen, da nimmt er den einen Stier vom Joche, schlachtet ihn und verzehrt ihn ganz. Alsbald stürmen die Dryoper wider ihn und er geräth in nicht geringe Gefahr, so dafs selbst Deianeira sich wappnen mufste. Doch schlägt er sie zurück, tödtet den König und nimmt seinen Sohn Hylas zu sich. Das Volk der Dryoper wird darauf theils vertrieben theils dem pythischen Apollo dienstbar gemacht oder in der Gegend von Trachis angesiedelt, ihr Land den Maliern gegeben, welche hellenischen Stammes und den Doriern nahe verwandt waren[1]. Ihr Fürst ist eben jener dem Herakles so nah befreundete Keyx, bei welchem sich der Held nun zu dauerndem Aufenthalte mit den Seinigen niederläfst. Dahin hat er seinen Sohn Hyllos, den erstgebornen und den Stammvater der dorischen Herakliden, auf eignem Arme aus Aetolien getragen und hier werden ihm von der Deianeira noch zwei Söhne geboren, Gleneus und Hodites.

Von jenem gewöhnlich dem Hesiod zugeschriebenen Gedichte von der **Hochzeit des Keyx** ist leider nur wenig erhalten[2], doch wissen wir aus dem Schilde des Herakles dafs dieser König von Trachis die Sage jener Gegenden als trefflicher und von den Göttern geliebter Fürst eines zahlreichen Volks auch sonst viel beschäftigte[3]. Die Hochzeit war jedenfalls ein von ihm ausgerichteter Hochzeitsschmaus, etwa für seinen Sohn oder seine Tochter[4], und Herakles erschien bei demselben

pflügt. Weil er dem Herakles geflucht, fluchte man fort und fort bei dem Opfer des Herakles, zu welchem ein Pflugstier genommen wurde.

1) Sie sind die Verbündeten des Herakles gegen die Dryoper Herod. 8, 43, Paus. 4, 34, 6, Diod. 4, 37, wo der König der Dryoper Phylas heifst, dessen Tochter $Mi\delta\alpha$ vom Herakles die Mutter des attischen Eponymen Antiochos wird. Vgl. alban. Tfl. 68—71, wo dieser Sohn des Herakles ungenau Ktesippos heifst und H. Trachis erbaut und Tirynthier darin ansiedelt. Andre Ansiedler kamen der Sage nach aus Kios in Mysien, daher die Fabel vom Hylas auch in der Gegend von Trachis, Apollon. 1, 1354 ff. Schol.

2) Es ward dem Hesiod von Vielen abgesprochen, Athen. 2, 32, Plut. Symp. 8, 8, 4, wo nach Anleitung dieses Gedichts von Tischen und von Tafelfreuden die Rede ist.

3) Hesiod sc. Herc. 352 ff. 469 ff.

4) Κήυκος γάμος, wie Οινέως γάμος Soph. Tr. 792. Seine Tochter Themistonoe b. Hesiod sc. H. 355, s. Sohn Hippasos b. Apollod. 2, 7, 7. Bei Antonin. L. 26 gilt auch Hylas für einen Sohn des Keyx, weil auch er in Trachis heimisch war.

als ungeladener, aber nichts desto weniger sehr willkommener Gast, was im Sinne des griechischen Alterthums und eines wohlbekannten, diesem Gedichte Hesiods entlehnten Spruchs ein Beweis der engsten Freundschaft und Verbrüderung zwischen Herakles und Keyx war[1]). So waren auch die Angehörigen des Herakles, Deianeira mit ihren Kindern, die stets willkommenen Gastfreunde dieses guten Fürsten von Trachis, vor und nach dem Tode des Helden[2]). In der That sind die Könige Keyx und Aeginios, dieser Fürst der Dorier, dessen Reich in der Heraklesfabel bald in die Hestiaeotis am Olymp, bald in die Landschaft Doris d. h. in jenes Gebiet der überwundenen Dryoper verlegt wird und bei den Traditionen über die Rückkehr der Herakliden jedenfalls hier, also ganz in der Nachbarschaft von Trachis vorausgesetzt werden muſs[3]), diese beiden mythischen Könige also sind die lebenden Bilder einer tief gewurzelten Verehrung des Herakles in der ganzen Gegend am Oeta und dem wichtigen Passe der Thermopylen, welche sich in vielen einzelnen Zügen nachweisen läſst, wie der Oeta zuletzt ja auch der Ort seiner Apotheose ist. Und nicht allein die Dorier und die Malier, sondern auch die an diesem Küstenstriche ansässigen Lokrer bekannten sich mit Eifer zu der Verehrung des Helden und des Gottes Herakles, sowohl die epiknemidischen mit der Hauptstadt Thronion als die opuntischen[4]). Von jenem Könige Keyx aber der älteren Sage ist wohl zu unterscheiden der Vogel Keyx eines Naturmärchens, welches sich erst in viel späterer Zeit so ausgebildet haben kann daſs beide ver-

---

1) αὐτόματοι δ' ἀγαθοὶ ἀγαθῶν ἐπὶ δαῖτας ἴαντα oder ἴασιν. Kratin hatte diesen Spruch einen alten genannt p. 111 Mein., Bacchylides und Plato wiederholen ihn Symp. 174 B, Athen. 5, 5, vgl. Zenob. 2, 19 u. dazu Schneidewin u. Schol. Plat. l. c., *auch Philol. Anz. 1873, 602 ff. — Die Pointe liegt darin daſs nur die allernächsten Freunde und Verwandten das Recht hatten bei solchen Gelegenheiten ungeladen zu erscheinen, Macrob. S. 1, 7, 10. Eustath. Il. 1148, 50.

2) Soph. Tr. 39, Apollod. 2, 8, 1.

3) Ephoros b. Steph. B. Δυμᾶνες· Αἰγίμιος γὰρ ἦν τῶν περὶ τὴν Οἴτην Δωριέων βασιλεύς etc. Vgl. Str. 9, 427. Nach Herod. 1, 56 wohnten die Dorier unter diesem Namen früher im nördlichen Thessalien, am Olymp und der Ossa, dann am Pindos, dann in der Dryopis, von wo sie unter den Herakliden in den Peloponnes zogen.

4) Opus und Theben verehren den H. zuerst als Heros, Diod. 4, 39. Auf einer M. von Kynos, dem Hafen von Opus, H. mit dem Skyphos, Bullet. Napol. 1858 f. 11, 2. 3 p. 108. 120. Abderos, der Liebling des H., aus Opus oder Thronion, oben S. 201, 3. Die Malier und die epiknemidischen Lokrer bilden das Heer des oetaeischen Herakles, Apollod. 2, 7, 7.

wechselt wurden¹). Man nannte ihn einen Sohn des Morgensterns und Gatten der Alkyone, der Tochter des Königs der Winde Aeolos, welcher nach dem Vorgange andrer Dichtungen später mit dem thessalischen Aeolos identificirt wurde, da das Märchen von der Alkyone und den alkyonischen Vögeln früher vielmehr bei den westlichen Griechen heimisch gewesen zu sein scheint. Es ist der Meeresvogel, welcher seine Jungen um die Zeit des kürzesten Tages am Meeresstrande ausbrütet und daher seine Brut leicht in den Stürmen und Wogen dieser Jahreszeit verliert; worüber er zum Bilde einer ängstlichen Sorge und Klage um die Kinder, aber auch einer treuen und zärtlichen Liebe geworden ist. Von jener Seite ist Alkyone schon der Ilias (9, 561) bekannt²), wo die Erklärer erzählen dafs Keyx d. h. der Taucher, auch ein Vogel mit klagendem Ton³), und Alkyone d. h. der Eisvogel Mann und Frau und so hochmüthig gewesen wären, dafs sie sich mit Zeus und Hera verglichen hätten, worauf die Götter sie in jene Vögel verwandelten. Doch habe Zeus aus Mitleid den Winden befohlen während ihrer Brutzeit d. h. sieben Tage vor und sieben Tage nach dem kürzesten Tage nicht zu blasen, daher diese Tage die alkyonischen genannt wurden⁴). Andre Dichter heben

---

1) Wie dieses namentlich b. Ovid M. 11, 270 ff. geschieht. Dafs Aeolos als Vater der Alkyone eigentlich der König der Winde ist, lehrt der Schlufs seiner Erzählung v. 745 ff., vgl. Hygin f. 65 Alcyone Aeoli et Aegiales filia d. h. die T. des Königs der Winde und des Meeresstrandes, weil dieser Vogel ein Strandvogel ist, ἀκταία ὄρνις b. Apollon. 1, 1087. Nach Aristot. H. A. 5, 8 pafste die oft wiederholte Erzählung von den 14 alkyonischen Tagen am besten auf das Littoral des sikelischen Meeres.

2) Vgl. Eur. Iph. T. 1089 ὄρνις, ἃ παρὰ τὰς πετρίνας πόντου δειράδας, ἀλκυών, ἔλεγον οἶτον ἀείδεις etc. Arist. Ran. 1309 ἀλκυόνες, αἳ παρ' ἀενάοις θαλάσσης κύμασι στωμύλλετε, τέγγουσαι νοτίαις πτερῶν ῥανίσι χρόα δροσιζόμεναι. Apollon. 4, 362 τηλόθι δ' οἷς λυγρῇσιν κατὰ πόντον ἅμ' ἀλκυόνεσσι φορεῦμαι.

3) κῆυξ und κῆξ, Od. 15, 479 ἄντλῳ δ' ἐνδούπησε πεσοῦσ' ὡς εἰναλίη κῆξ, auch κηρύλος d. i. das Männchen der alkyonischen Vögel, nach Antigon. Mirab. 23 (27), wo die Verse Alkmans (fr. 26) wenigstens ein enges Verhältnifs zwischen diesem Vogel und den alkyonischen beweisen, vgl. Plin. 32, 86, Schol. Arist. Av. 250. 299. Dieselben Verse Alkmans dienen zur Erklärung von Lukian Okyp. 113 ὁποῖα κῆυξ ἐξιθρίνει τὸν πόδα, wie Nauck Philol. 12. 647 für κῆρυξ hergestellt hat.

4) Schol. Il. 9, 561, Apollod. 1, 7, 4. Schon Simonides und Pindar haben in diesem Sinne von den alkyonischen Vögeln gesungen, s. Aristot. H. A. 5, 8 und Schol. Apollon. 1, 1086 und über die alkyonischen Tage Bekker An. 377, 26, Suid. v. ἀλκυών. ἡμ., Schol. Arist. Ran. 1309. Der Vergleich mit Zeus und Hera ist

die treue Liebe dieses Paars hervor, welche sich bis in den Tod bewährt. Keyx, hier der König von Trachis, trennt sich von der zärtlichen, ihn über Alles liebenden Alkyone, weil er auf die See muſs. Hier leidet er Schiffbruch, seine Leiche treibt zurück an die Küste der Heimath, dort empfängt Alkyone sie mit so heiſsen Klagen daſs die Götter beide in jene Vögel verwandeln, welche gleich berühmt wegen ihrer ehelichen Zärtlichkeit waren[1]). Oder man nannte sie die verwandelten Töchter des Riesen Alkyoneus, welche sich nach dem Tode ihres Vaters von dem kanastraeischen Vorgebirge der Halbinsel Pallene ins Meer gestürzt hätten und durch Amphitrite in jene Vögel verwandelt worden wären[2]). So lebhaft beschäftigten auch diese Thiere den Geist und die Phantasie der griechischen Küstenbevölkerung.

Ein zweites Abenteuer des Herakles in dieser Gegend und während dieses Aufenthaltes ist der Kampf mit dem kriegerischen Kyknos, einem Sohne des Ares und der Pyrene, von dem in verschiedenen Gegenden erzählt wurde, gewöhnlich mit Beziehung auf Apollinischen Dienst und die pythische Processionsstraſse, welche aus dem Tempethale über Larisa und Pherae ans Meer bei Pagasae und dann über Itonos nach Lamia und durch das Land der Malier und Aenianen über den Oeta nach Delphi führte. Bei Hesiod ist der Ort des Kampfes der Pagasaeische Hain des Apoll in der Nähe von Iolkos[3]), bei Pausanias 1, 27, 7 in der Gegend des Peneios, noch Andre erzählten von diesem Kampfe in der des makedonischen Flusses Echedoros[4]). Wahrscheinlich ist Kyknos d. h. der Schwan ein Symbol der stürmischen Fluth, in welchem Sinne er den Triton begleitet (1, 491) und in einer andern Per-

---

durch die Schönheit dieser Vögel und das regenbogenartige Spiel ihrer Farben motivirt, s. Lange verm. Schr. 211.

1) Ovid. M. 11, 270 ff. 410 ff., Hygin f. 65. Auch Plut. de sol. an. 35 rühmt die Zärtlichkeit dieser Vögel, indem er zugleich den Bau ihrer Nester ausführlich beschreibt.

2) Bekk. An., Suid. Bei Virg. Ge. 1, 398 sind sie Lieblinge der Thetis. Nach der Hedyle b. Athen. 7, 48 bringt der verliebte Glaukos der Skylla bald eine Muschel bald τοὺς ἀλκυόνων παῖδας ἐπ' ἀπτερύγους zum Spiel für die Nymphe.

3) Apollo Παγασαῖος oder Παγασίτης, durch dessen Hain der Anauros ins Meer floſs, s. Scut. Herc. 70. 587, Hesych Παγασίτης Ἀπόλλων παρὰ Ἀχαιοῖς ἐν Παγασαῖς καὶ παρὰ Θεσσαλοῖς, Apollon. 1, 404. 411. Auch Eurip. Herc. f. 389 bezieht sich auf diese Gegend, wo es gleichfalls ein Amphanaea gab.

4) Apollod. 2, 5, 11, dahingegen 2, 7, 7 der Kampf in der Gegend von Itonos stattfindet.

sonification bei der ersten Landung der Griechen vor Troja mit Achilles kämpft. Immer wird er als gewaltthätig und räuberisch beschrieben, im Hesiodischen Schilde 479. 480 als Wegelagerer, der beim Haine des Apoll den Processionen auflauert, daher Apoll den Herakles gegen ihn aussendet (69). Der Kampf ist auch von Stesichoros geschildert worden und wird von vielen Vasenbildern gefeiert, die wie gewöhnlich mehrere Götter theilnehmen lassen[1]). Bei Hesiod kommt Herakles im Geleite seines treuen Waffengefährten Iolaos und der Athena, während dem Kyknos sein Vater Ares zur Seite steht, der nach Stesichoros und Pindar den Helden anfangs zurückschlug[2]), obwohl derselbe nach Hesiod mit dem stürmischen Kriegsgotte bei dieser Begegnung eben so leicht fertig wurde, wie er bei Pylos mit ihm fertig geworden war. Andre erzählten dafs Zeus zuletzt mit seinem Blitze die beiden Söhne getrennt habe. Der gefallene Kyknos wird von dem Könige Keyx nach ritterlicher Weise bestattet, aber Apoll zerstört das Grabmal des Verhafsten durch den stürmischen Flufs Anauros.

Bei Apollodor 2, 7, 7. wo Kyknos dem Helden bei dem Zuge von Trachis gegen die Lapithen im nördlichen Thessalien entgegentritt, folgt nach diesem Kampfe ein gleichartiger mit dem Könige Amyntor von Ormenion, der dem Helden gleichfalls die Strafse versperren will, daher er ihn auch tödtet[3]): in welcher Sage also die Beziehung auf jene

---

*1) Gerhard A. V. 121—124, auch Rosenberg die Erinyen S. 70. Aufser Athena und Ares sind Zeus und Poseidon zugegen, vgl. Hesiod v. 103, wo Iolaos zum Herakles sagt, Zeus schütze ihn καὶ ταύριος Ἐννοσίγαιος, ὃς Θήβης κρήδεμνον ἔχει ῥύεται τε πόληα, bisweilen auch Nereus. Poseidon ist der Hippios, dessen Rofs Areion den Wagen des Herakles zieht. Auch wird der Kampf gewöhnlich als ritterlich heroischer beschrieben und vorgestellt. Als plastisches Werk sah man ihn am Amyklaeischen Thron und auf der Burg von Athen. Die früher hierauf gedeutete Metope am Theseion wird jetzt richtiger auf den Kampf mit Geryones bezogen, s. oben S. 202, 1.

2) Ol. 11, 15 τράπε δὲ Κύκνεια μάχα καὶ ὑπέρβιον Ἡρακλέα. Nach den Schol. zu v. 19 mifshandelte Kyknos, ein Sohn des Ares, die Fremden auf der Strafse durch Thessalien. Er schnitt ihnen die Köpfe ab, um seinem Vater einen Tempel daraus zu bauen. So lange dieser ihm beistand, konnte H. ihn nicht bezwingen, hernach besiegte und tödtete er ihn unter dem Beistande der Athena. Nach Stesichoros im Kyknos.

3) Diod. 4, 37, nach welchem dieses Ormenion in der Pelasgiotis zwischen Pherae und Larisa lag, also identisch mit Armenion war. Amyntor ist Sohn des Ormenos und Vater des Homerischen Phoenix Il. 9, 448. Seine Tochter Astydameia gebiert nach Pindar u. A. s. Schol. Ol. 7, 42 vom Herakles den Tlepolemos, den Archegeten der Rhodier, nach Diodor dagegen den Ktesippos.

heilige Strafse von Delphi nach dem Tempethale von neuem hervortritt. In der That erscheint Herakles in diesen Sagen immer als Vorkämpfer des pythischen Apollon am Olymp und am Parnafs, der die Strafse dieses Gottes von seinen Feinden säubert und ihm widerspenstige Völker bezwingt: vielleicht nur ein Repräsentant des alten amphiktyonischen Bundes der streitbaren Völker hellenischen Stammes, welche am Parnafs und Oetagebirge wohnten und unter denen sich frühzeitig die Dorier, die Erben der hellenischen Myrmidonen, vor allen übrigen hervorthaten.

Diese dorischen Sagen vom Herakles waren in jenem alten epischen Gedichte Aegimios behandelt, von welchem leider wenig erhalten ist. Auch leidet die Ueberlieferung an Widersprüchen, da zwischen den Wohnsitzen der Dorier am Oeta und denen am Olymp nicht gehörig unterschieden wird. Als Feinde der Dorier erscheinen die mythischen Lapithen und zwar die in der Gegend des Tempepasses unter dem Könige Koronos. Auch bei diesem kehrt Herakles gelegentlich als Gast ein und verzehrt einen ganzen Stier, so dafs nicht einmal die Knochen übrig bleiben¹), was von selbst an die Dryoper und ihren König Theiodamas erinnert. Auch heifst es dafs ein Dryoperkönig Laogoras mit den Lapithen verbündet gewesen sei und in seinem Uebermuthe in dem Haine Apollons geschmaust habe, weshalb Herakles ihn tödtet (Apollod. l. c.): so dafs die mythischen Lapithen, die Feinde der Dorier, und die historischen Dryoper, die Feinde der den Doriern sehr nahe verwandten Malier, fast wie zwei verschiedene Bilder für dieselbe Thatsache aussehen, zumal da der Kampf des Herakles für Aegimios und die Dorier von Manchen in die Gegend am Oeta verlegt wurde²). Nach der gewöhnlichen Tradition befanden sie sich indessen bei dieser Bedrängnifs in der Hestiaeotis d. h. im nördlichen Thessalien, wohin auch die Sage von Koronos, dem Sohne des Kaeneus, weist (S. 11). Denn so sehr war Aegimios, der berühmte Gesetzgeber und König der Dorier, bei diesem Kriege ins Gedränge gerathen, dafs er den Herakles zu Hülfe rufen mufste, mit dem Versprechen ihm den dritten Theil seines Gebietes und die königliche Würde abzutreten³). Hera-

---

1) Philostr. Imag. 2, 24 nach Pindar s. die Ausgabe von Boeckh 2, 2, 638.
2) Ephor. u. Strabo l. c. Aegimios soll als permanenter König der Dorier 200 Jahre gelebt haben, Plin. 7, 154. Die Feindseligkeit der Dryoper gegen Apoll findet ihr mythisches Vorbild in den Phlegyern vom Parnafs (S. 141), welche den Lapithen nahe verwandt sind.
3) Diod. 4, 37, Apollod. 2, 7, 7.

kles bricht auch zu diesem Zuge von Trachis auf, bezwingt die Lapithen, tödtet den Koronos und übergiebt das Land dem Aegimios der es für seine Nachkommen aufbewahren möge. Nach dem Tode des Herakles adoptirt Aegimios seinen erstgebornen Sohn den Hyllos, von dem alle folgenden Könige der Dorier abstammten und die eine der drei Phylen ihren Namen hatte, während die beiden andern sich von den Söhnen des Aegimios herleiteten[1]). Diese dorischen Herakliden waren von ihrer glorreichen Abstammung so fest überzeugt dafs sie darauf ihre Ansprüche an Argos und den Peloponnes begründeten und sich sogar nicht für eigentliche Dorier, sondern für Achaeer gehalten wissen wollten (Herod. 5, 72). Indessen möchten sie was jene Abstammung betrifft kein besseres Recht gehabt haben als die zahlreichen anderen Herakliden, welche in Griechenland fast in allen Gegenden und aufserhalb Griechenlands auch bei vielen Völkern zu finden waren.

V. Die Apotheose des Herakles.

Die Erzählung von der Apotheose des Herakles hatte in der älteren Poesie offenbar so wenig einen bestimmten Ort als die meisten andern Sagen von den Thaten und Leiden dieses Helden, welche sehr lange romanzenartig behandelt zu sein scheinen. Viele Dichter und Sagenschreiber liefsen sie auf die Gigantomachie folgen, in welcher Herakles, der vom sterblichen Weibe Geborne, den Göttern helfen mufste und mit ihnen den Triumph über die bezwungenen Riesen feierte[2]), andre auf den Cyclus der zwölf Kämpfe, entweder auf die Bezwingung des Höllenhundes, welcher Kampf nach dem Vorgange Homers bei den griechischen Dichtern gewöhnlich für den letzten und schwersten galt, oder auf den dessen Preis die Hesperidenäpfel in seiner Hand waren.

---

1) Pindar P. 1, 62; 5, 70, Ephor. l. c. Αἰγίμιος γὰρ ἦν τῶν περὶ τὴν Οἴτην Δωριέων βασιλεύς. ἔσχε δὲ δύο παῖδας Πάμφυλον καὶ Δυμᾶνα καὶ τὸν τοῦ Ἡρακλέους Ὕλλον ἐποιήσατο τρίτον, χάριν ἀποδιδοὺς ἀνθ᾽ ὧν Ἡρακλῆς ἐκπεπτωκότα κατήγαγεν.

2) Pind. N. 1, 68 ff., Eur. Herc. f. 177 ff., Diod. 4, 15, wo Herakles u. Dionysos nach der Gigantomachie unter die Olympischen Götter aufgenommen werden. Ebenso sind die von Henzen Ann. d. Inst. 29, 101 sq. besprochenen Verse einer Inschrift an der Basis eines dem Herakles geweihten Kraters mit seinen Arbeiten zu verstehen, wo es u. a. heifst: οὕς ποτ᾽ ἄναξ ἐτέλεσσας, ὑπερφιάλους ἀδίκους τε ἄνδρας ἰδ᾽ ὠμηστὰς θῆρας ἐναιρόμενος. τῷ σε καὶ υἷα δίκῃ Κρονίδης θετὸν ἐγγυάλιξε, εἴτέ μιν ἰβριστὴς φώτες, ἄτιμον ἄγον, wo diese Uebermüthigen offenbar die Giganten sind.

Dagegen die trachinische und oetaeische Sage, welche mit der Selbstverbrennung auf dem diese Gegend beherrschenden Berge endigte, natürlicher Weise bei einem Ereigniss in der Nähe anknüpfte, und zwar bei der Zerstörung von Oechalia, dem entweder in der unmittelbaren Nähe von Trachis oder auf Euboea gelegenen [1]. Schon das epische Gedicht des Kreophylos von der Einnahme Oechalias erzählte die Apotheose vermuthlich in diesem Zusammenhange; für uns ist die Erzählung dieser Ereignisse in den Trachinierinnen des Sophokles die wichtigste [2]. Es ist die Rache für jene schimpfliche Abweisung, welche Herakles zu diesem Zuge treibt, da Eurytos ihm die schöne Iole, den Preis seines Bogens verweigerte, worüber Herakles den Iphitos gemordet hatte und sich dem schmachvollen Dienste bei der Omphale unterziehen musste. Er bricht auch hier von Trachis auf, angeblich mit Arkadern d. h. Pheneaten, trachinischen Maliern und epiknemidischen Lokrern. Sein Verhältniss zur Iole ward als ein sehr leidenschaftliches geschildert. Dass Herakles von heftiger Liebe zu ihr entzündet war sagt Sophokles wiederholt und dass Iole diese Liebe, nachdem sie früher der Aphrodite widerstrebt hatte, nicht weniger leidenschaftlich erwiderte verräth Euripides [3]. Aus der Zerstörung der brennenden Burg, bei welcher ihr Vater und ihre Brüder durch blutigen Tod umkommen, folgt sie dem triumphirenden Sieger, auf welchen in Trachis die doppelt verlassene Deianeira in ängstlicher Spannung wartet. Herakles landet auf der Rückkehr bei dem Vorgebirge Kenaeon auf Euboea, der lokrischen Küste gegenüber, um hier auf von ihm geweihter Stätte seinem Vater Zeus zu opfern. Dazu sendet ihm Deianeira das mit dem Blute

---

[1] S. oben S. 224. Ein Trachinier heisst Iphitos b. Schol. Pind. Ol. 9, 43.

[2] Vgl. Apollod. 2, 7, 7, Diod. 4, 37 ff.

[3] Soph. Tr. 351 ff. 497 ff. Die Allmacht des Eros zeigt sich auch an dem sonst unbezwungenen Helden, wie Deianeira v. 441 mit Demuth anerkennt. Vgl. Eurip. Hippol. 549 δρομάδα ναΐδ' ὅπως τε βάκχαν σὺν αἵματι, σὺν καπνῷ φονίοις θ' ὑμεναίοισιν Ἀλκμήνας τόκῳ Κύπρις ἐξέδωκεν. Ion von Chios hatte eine Tragödie Εὐρυτίδαι gedichtet und verschiedene leidenschaftliche Züge sind bewahrt von Plut. Parall. 13. wo Iole sich von der Mauer stürzt, aber durch ihr sich bauschendes Gewand gerettet wird, wahrscheinlich durch die Vorsorge der Aphrodite, wie in der folgenden Geschichte, und bei Hygin f. 35, wo H. den Vater und die Brüder vor ihren Blicken tödtet und darauf die auch den Tod Erwartende als Gefangene davon führt, vgl. Seneca Herc. Oet. 205 ff. 422. u. Serv. V. A. 8, 291. Eine alterthümliche Darstellung der Schlacht auf einer Vase aus Vulci mit den Namen des Eurytos, der Iole (Ἰολείας) und denen von drei Söhnen des Eurytos ist herausgegeben von Minervini Nap. 1851.

des aetolischen Kentauren getränkte Feierkleid. Als Herakles es anlegt und beim Opfer warm geworden ist, dringt ihm das schreckliche Gift in die Haut. In der ersten Wuth schleudert er den Lichas, der das Gewand überbracht hat, vom Vorgebirge ins Meer, wo sein Bild als Klippe aus dem Wasser hervorragte[1], reifst den festgeklebten Rock vom Leibe dafs ganze Stücke Fleisch sich mit ablösen und leidet entsetzliche Qualen. Dann bringt man ihn zu Schiff nach Trachis. Deianeira nimmt sich das Leben, Herakles empfiehlt Iole seinem Sohn Hyllos, der sich später mit ihr vermählt. Der pythische Apoll befiehlt nun den leidenden Helden auf den Gipfel des Oeta, eine wie die meisten Bergeshöhen dem Zeus geheiligte Stätte zu tragen. Hier wird ein mächtiger Scheiterhaufen errichtet, daher der Ort seitdem schlechthin Pyra hiefs[2]. Keiner will diesen in Brand stecken, bis Poeas, der Vater des Philoktet aus Meliboea in Thessalien zufällig des Weges kommt und diesen Dienst verrichtet, wofür ihm Herakles seinen Bogen und den Köcher mit den immer tödtlichen Pfeilen schenkt, die von ihm auf seinen Sohn übergegangen sind, welcher von Andern anstatt des Vaters genannt wurde[3]. Darauf geschieht das Wunder, welches in der Geschichte des religiösen Glaubens der Völker von nicht geringem Interesse ist. Die einfachere Erzählung läfst den leidenden Helden einfach verschwinden[4], die mythologische Gewölk über dem brennenden Scheiterhaufen zusammentreten und unter Donner und Blitz den Sohn des Zeus zum Himmel emportragen[5]. Für die Kunst ward ein bilderreicher Vorgang da-

---

1) Ovid M. 9, 226. Hygin f. 36. Meineke Vind. Str. 168. Λιχάδες hiefsen die Klippen beim Vorgeb. Kenaeon. Λίχας selbst ist dasselbe Wort wie λίθος λιθάς λιχάς vgl. ὄρυχος ὄρυχθος u. Vischer Erinn. a. Griechenl. 660. *Bursian Geogr. 2, 401. 410. Von der Wirkung des Giftes s. Euphorion b. Meineke Anal. Alex. 96 und Statius Theb. 11, 234. *Eine bildliche Darstellung dieses Opfers, durch den beigeschriebenen Namen des Lichas gesichert, auf dem Fragment einer Vase b. Stephani compt. rend. 1869, 179 f.

2) Liv. 36, 30, auch Φρυγία, was dasselbe sagt, Kallim. Dian. 159. Steph. B. und Πυρστών, Lutat. Stat. Theb. 4, 158.

3) Vermuthlich zuerst bei Euripides und von daher auf dem römischen Theater, Vgl. Cic. Tusc. 2, 7, 19, Seneca Herc. Oet. 1485 ff. 1604 ff. Hygin f. 102. Lactant. 1, 9, 11. Daher Lucan 6, 353 pretio nefandae lampados Herculis fortis Meliboea pharetris. Mela 5, 3 Philoctetes alumnus Meliboeam illuminat.

4) Lysias epitaph. 11 ἐπειδὴ Ἡρακλῆς ἐξ ἀνθρώπων ἠφανίσθη, der gewöhnliche Ausdruck für das „Nicht mehr gesehen werden" bei Griechen u. Römern.

5) Apollod. καιομένης δὲ τῆς πυρᾶς λέγεται νέφος ὑποστὰν μετὰ βροντῆς αὐτὸν εἰς οὐρανὸν ἀναπέμψαι. Um den Scheiterhaufen zu löschen entspringt das Flüfschen Dyras. Herod. 7, 198.

raus, indem die Götter den Verklärten in den Himmel förmlich einführten, voran Athena, die auch nach der irdischen Laufbahn des Herakles mit seiner Verherrlichung stets beschäftigte, und Apollo, welcher ihn durch sein Orakel in die harte Knechtschaft des Eurystheus gebracht, aber dabei im voraus auf den Preis der Unsterblichkeit verwiesen hatte[1]). Oder man dachte sich diese Erhöhung wie eine Himmelfahrt, indem bald Athena bald Zeus bald die Siegesgöttin den mit neuer Jugend Bekleideten auf einem Viergespann zum Himmel emporführt, während unten die Dämonen des Waldes, Nymphen und Satyrn, mit der Löschung des Scheiterhaufens beschäftigt sind[2]). Oder man sagte, eine in der hellenistischen und römischen Zeit sehr beliebte Auffassung, dafs das Feuer den sterblichen Theil des Herakles verzehrt und das Göttliche in ihm sich gereinigt und geläutert zu den Unsterblichen emporgeschwungen habe[3]). Im Himmel aber folgte zunächst die Versöhnung mit der Hera, deren Zorn die eigentliche Ursache seines mühsamen Lebens gewesen war und welche ihm fortan eine freundliche Mutter wurde[4]). Ja sie gab ihm ihre einzige Tochter Hebe, das blühende Kind der Liebe des Zeus, die

---

1) Schol. Il. 15, 639; 19, 119 nach Rhianos. Vgl. die Bildwerke am Amyklaeischen Thron: Ἀθηνᾶ ἄγουσα Ἡρακλέα συνοικίσοντα ἀπὸ τούτου θεοῖς Paus. 3, 18, 7 und Ἡρακλῆς ὑπὸ Ἀθηνᾶς καὶ θεῶν τῶν ἄλλων ἀγόμενος ἐς οὐρανόν ib. 19, 4 und das Gemälde des Artemon b. Plin. 35, 139 Herculem ab Oeta monte Doridos exuta mortalitate consensu deorum in caelum euntem. In demselben Sinne sind jene Vasenbilder aufzufassen, wo Athena den Herakles zu Wagen führt und Apollo Dionysos Hermes u. s. w. sie begleiten, z. B. bei Gerhard A. V. t. 136—140, desgleichen die Bildwerke der capitolinischen und der korinthischen Brunnenmündung.

2) So auf verschiedenen apulischen Vasen b. Millingen peint. de vas. pl. 36, Gerhard Ant. Bildw. t. 31, Mon. t. I. 4 t. 41, Bullet. Napol. 1855 t. 14. Vgl. Ovid M. 9, 271 quem pater omnipotens inter cava nubila raptum quadriiugo curru radiantibus intulit astris und Welcker A. D. 3, 298 ff.

3) Theokr. 24, 82 δωδεκά οἱ τελέσαντι πεπρωμένον ἐν Διὸς οἰκεῖν μόχθους, θνητὰ δὲ πάντα πυρὶ Τραχίνιος ἕξει, γαμβρὸς δ' ἀθανάτων κεκλήσεται. Lukian Hermot. 7 καθαρόν τε καὶ ἀκήρατον φέρων τὸ θεῖον ἀνέπτατο ἐς τοὺς θεοὺς διακριθὲν ὑπὸ τοῦ πυρός. Seneca Herc. Oet. 1966 quidquid in nobis mortale fuerat ignis tulit, paterna coelo pars data est.

4) Auf die Versöhnung durch Zeus deutet das Spiegelbild b. Gerhard t. 147. Während den Alten die Vermählung mit der Hebe, also der Schwiegersohn genügte, liefs man Hera später den Herakles förmlich adoptiren, nach herkömmlichem Adoptionsritus wie ihn Diod. 4, 39 beschreibt vgl. Hesych δευτερόποτμος u. Bd. 1, 578, 1. Daher Hera b. Lykophr. 39 die δευτέρα τεκοῦσα des Herakles genannt wird und nach Ptolem. Heph. in Theben ein Hymnos gesungen wurde, in dem man ihn den Sohn des Zeus und der Hera nannte.

Personification des Genusses einer unsterblichen Jugend, deren Beilager mit Herakles nach Menschen und Olympischer Götter Art mit einem festlichen Schmause gefeiert wurde, bei welchem die Götter, wie Sappho dichtete, dem Herakles zuerst Ambrosia zutranken[1]). Also wohnte der Vielgeprüfte fortan im Himmel wie er auf Erden angebetet wurde, als Gott unter den Göttern und der Gemahl der Hebe, in ewiger Freude und Ruhe und in ewigem Genusse der himmlischen Freuden[2]), welche sich die Alten so wenig wie die dieser Welt ohne ein sinnliches Geniefsen zu denken vermochten. Nur dafs Herakles auch im Himmel derbe und unersättlich geblieben sein soll wie er es auf Erden war, daher auch sein Olympisches Dasein die Komiker zu travestirenden Bildern reizte, nachdem Epicharm die Hochzeit der Hebe in demselben Geschmack geschildert hatte[3]). Dahingegen seine höhere Bedeutung für das menschliche Leben, die im Cultus überall anerkannte, in den Namen seiner beiden mit der Hebe im Himmel erzeugten Söhne hervortritt, Alexiares und Aniketos d. i. der Abwender alles Bösen und der Unbesiegbare[4]). Sie stellen die beiden Hauptstücke seiner göttlichen Verehrung dar, die des Herakles Kallinikos und des Alexikakos, also in demselben Sinne wie man den Dioskuren zwei Söhne gab, welche ihr schützendes und hülfreiches Wesen in besonderen dämonischen Personificationen vergegenwärtigten[5]).

1) Sappho fr. 51 κῆ δ᾽ ἀμβροσίας μὲν κρατὴρ ἐκέκρατο, Ἑρμᾶς δ᾽ ἕλεν ὄλπιν θεοῖς οἰνοχόησαι· κῆνοι δ᾽ ἄρα πάντες καρχήσιά τ᾽ ἦχον κἄλειβον, ἀράσαντο δὲ πάμπαν ἐσλὰ τῷ γάμβρῳ. Die Vermählung an einem silbernen Altare im T. der Hera zu Mykeu, Paus. 2, 17, 6, auf einem apulischen Vasenbilde b. Gerhard t. 15. Herakles und Hebe als Paar in Phlius Aelian N. A. 17, 46 vgl. 1, 411, im Kynosarges P. 1, 19, 3.

2) Vgl. die Bd. 1, 411, 2 zu oben S. 167, 2 citirten Stellen und Pind. N. 1, 69 αὐτὸν μὲν ἐν εἰράνᾳ καμάτων μεγάλων ἐν σχερῷ ἁσυχίαν τὸν ἅπαντα χρόνον ποινὰν λαχόντ᾽ ἐξαίρετον ὀλβίοις ἐν δώμασι, δεξάμενον θαλερὰν Ἥβαν ἄκοιτιν καὶ γάμον δαίσαντα πὰρ Δὶ Κρονίδᾳ σεμνὸν αἰνήσειν νόμον. Vgl. Soph. Philokt. 1413 ff., Eurip. Heraklid. 910 ff., Or. 1686 ff., Prop. 1, 13, 23, Ovid Tr. 3, 5, 42, Martial 9, 65, 13 u. A. Auch auf Vasenbildern erscheint Herakles oft als Gott unter den Göttern.

3) Ἥβας γάμος von Epicharm, darin viel Schilderung von leckeren Tafelfreuden, Ahrens dial. Dor. 439 sqq. Vgl. Kallim. Dian. 159 οὐ γὰρ ὅ γε Φρυγίη περ ὑπὸ δρυῒ γυῖα θεωθεὶς παύσατ᾽ ἀδηφαγίης. Horat. Od. 4, 5, 31 Iovis interest optatis epulis impiger Hercules.

4) Ἀλεξιάρης u. Ἀνίκητος Apollod. 2, 7, 7, jenes wie Hesiod sc. Herc. 29 ὄφρα θεοῖσιν ἀνδράσι τ᾽ ἀλφηστῆσιν ἀρῆς ἀλκτῆρα φυτεύσαι vgl. W. T. 464 νεῖος ἀλεξίαρ, παίδων εὐχλήτειρα, Hesych, El. M. v. Paus. 9, 25, 6.

5) S. oben S. 98. Auch die Apotheose der Psyche b. Apul. M. 6, 23.24

VI. Der Cultus des Herakles.

Dieser schwankte zwischen dem eines Heroen, dem man die gewöhnlichen Spenden und Opfer darbrachte, und dem eines Olympischen Gottes, den man wie die andern Unsterblichen verehrte¹). Und zwar soll sich der heroische Cultus zuerst in Opus und in Theben, der des Gottes zuerst in Athen geltend gemacht haben, welchem Beispiele die übrigen Griechen, ja die ganze Welt gefolgt sei²). Denn auch Athen und Attika bekannte sich mit großem Eifer zu dem Dienste des Herakles, welchen der einheimische Heros Theseus aus Dankbarkeit für seine Befreiung aus der Unterwelt durch Abtretung der meisten früher ihm geheiligten Grundstücke gefördert haben soll³). Und wirklich lassen sich viele Heiligthümer in dem ganzen Lande nachweisen⁴), darunter die angesehensten das zu Marathon und das im Kynosarges dicht bei Athen waren, beide aus der Geschichte der Schlacht bei Marathon und durch ihre Spiele bekannt⁵); während in Athen selbst das Heiligthum des

ist zu vergleichen, welche der des Herakles nachgebildet ist. Sie wird nach ihrer Verklärung Mutter der Voluptas.

1) Herod. 2, 44 δοκέουσι δέ μοι οὗτοι ὀρθότατα Ἑλλήνων ποιέειν οἳ διξὰ Ἡράκλεια ἱδρυσάμενοι ἔκτηνται καὶ τῷ μὲν ὡς ἀθανάτῳ, Ὀλυμπίῳ δὲ ἐπωνυμίην θύουσι, τῷ δ' ἑτέρῳ ὡς ἥρωι ἐναγίζουσι.

2) Diod. 4, 39, nach welchem ihm in Opus jährlich ein Eber Bock und Stier geopfert wurde, also eine Trittya, wie zu Athen den Dioskuren s. oben S. 104.6. In Theben und Sikyon war das gewöhnliche Opfer ein Schafbock, Poll. 1, 30, Paus. 2, 10, 1, in Athen ein Stier. Theophr. char. 27, Zenob. 5, 22. *Auf einem angeblich aus Ithome stammenden Votivrelief wird dem Herakles ein Stier und ein Schaf als Opfer gebracht. R. Schoene Reliefs n. 112.

3) Philoch. b. Plut. Thes. 35. Vgl. Eurip. Herc. f. 1325 ff., Aristid. Herc. p. 58.

*4) Harpokr. v. Ἡράκλεια. Vgl. die ausführlichen Nachweisungen b. H. Dettmer de Hercule Attico, Diss. Bonn. 1869, p. 6—54.

5) Herod. 6, 108. 116 und von Marathon insbesondere, wo man sich rühmte den H. zuerst als Gott verehrt zu haben, Pind. Ol. 9, 15; 13, 110 m. d. Schol., Paus. 1, 15, 4; 32, 4, von dem H im Kynosarges P. 1, 19. 3, Athen. 6, 76; 14, 3, wo es τὸ Διομέων Ἡράκλειον genannt wird, wie die dortigen Spiele b. Arist. Ran. 651 Ἡράκλεια τὰν Διομείοις genannt werden. Das Quartier hieß nämlich gewöhnlich Διόμεια vom Diomos, dem Sohne des Kollytos (des Eponymen eines benachbarten Stadtquartiers), bei welchem einkehrend Herakles sein Wohlgefallen an dem Knaben hatte, daher ihm dieser nach seiner Apotheose auf der väterlichen Hestia opferte. Da kam ein Hund und verschleppte die Opferstücke vors Thor an die Stelle wo Diomos darauf τὸ Κυνόσαργες gründete, eigentlich das H. des Herakles, nach welchem aber auch das ganze Quartier benannt wurde. Der Name wird bald durch die weiße Farbe bald durch die Schnelligkeit des Hundes erklärt, denn beides heiße ἀργός Steph. B., Hesych, Phot.

Herakles Alexikakos im Quartier Melite ein grofses Ansehn hatte¹). Ueberall mag sich die Gleichstellung desselben mit den andern Göttern erst allmählich und unter Einwirkung des orientalischen Heraklesdienstes durchgesetzt haben²).

Suchen wir uns aber eine Gesammtübersicht über die Verehrung des Herakles, sowohl des Heroen als des verklärten Gottes zu verschaffen, so wird sich am besten unterscheiden lassen zwischen dem kämpfenden und leidenden, dem geniefsenden und ausruhenden, dem verklärten Kallinikos und Alexikakos, dem ländlichen und idaeischen, und endlich dem philosophischen Idealbilde einer Ethik, welche im Herakles das Muster eines durch Mühe und Arbeit zum höchsten Lohne geweihten Lebens verehrte.

Also zuerst der kämpfende und arbeitende Held, zunächst von der körperlichen Seite, welche beim Herakles im Sinne der älteren Zucht und Sitte fast noch wichtiger ist als die geistige und ethische. Denn wie er vom Schicksal vorzugsweise zur schweren Arbeit bestimmt worden war, so war auch das Mafs seiner Kräfte selbst unter den Heroen ein aufsergewöhnliches und seine ganze Natur mehr auf Derbheit angelegt als auf Geist und Seele; daher alle gymnastischen und athletischen Tugenden bei ihm im höchsten Grade vorhanden waren, die der musikalischen Bildung und des zarteren Seelenlebens aber keineswegs. Unter seinen Kämpfen aber waren für die Palaestra vorzüglich seine vielen Ringerkämpfe berühmt und vorbildlich, die mit dem aetolischen Acheloos, dem libyschen Riesen Antaeos, dem sicilischen Eryx u. s. w., während die Athleten sich an die schwereren Arbeiten hielten z. B. an

v. Διομειι, Διομεϊς, Κυνόσαργες vgl. Göttling Ber. d. sächs. Ges. 6, 14—27, *auch O. Jahn N. memor. d. Inst. 2, 10 f. und Dettmer a. a. O.

1) Arist. Ran. 501 Schol., Hesych ἐκ Μελίτης und Μέλων, Zenob. 5, 22. v. Leutsch Philol. Suppl. 1, 130, * vgl. oben S. 184, 3. Die neuerdings mehrfach, zuletzt von C. Wachsmuth d. Stadt Athen 1, 406 ff. ausgeführte Annahme, dafs der Heraklesdienst in Melite von den dort angeblich angesiedelten Phoenikern gegründet worden sei, ist entschieden abzuweisen. Für den T. des H. zu Melite hat man das sg. Theseion erklären wollen, jedoch wohl ohne zwingenden Grund, vgl. unten b. Theseus. — Ein von Sophokles gestiftetes H. des H. μηνυτής d. h. des Angebers, vit. Soph. 129 ed. Westerm., Hes. v., Cic. de Divin. 1, 25. 54.

2) Ein Beispiel der Art in Sikyon, wo der Heraklide Phaestos aus Kreta, dessen Heraklesdienst meist phoenikischen Ursprungs war, auf göttliche Verehrung dringt, da man früher nur die heroische gekannt hatte, Paus. 2, 10, 1 vgl. 6, 3.

17*

den Kampf mit dem Löwen und in ihm auch den ersten Pankratiasten verehrten[1]). Denn es ist auch dieses eine Eigenthümlichkeit des Herakles dafs er zugleich als Muster eines Epheben und Palaestriten und als das eines Athleten in der vollen Kraft und Reife der körperlichen Entwicklung dienen konnte, daher auch seine Bilder in dieser Hinsicht verschieden waren. Die des Palaestriten waren jugendlich und von leichtem und schlankem Körperbau, wie sie in den Gymnasien viel zu sehen waren, Herakles und Iolaos neben Hermes und Eros oder den Dioskuren[2]). Dahingegen das andere Vorbild das des gewaltigen Athleten mit den riesigen Gliedern und der ungeheuren Muskelkraft ist, dessen Backenstreiche tödtlich waren und dessen Keule Alles niederschmetterte; ein Ideal welches uns der Farnesische Herakles und ähnliche Bilder am besten vergegenwärtigen[3]). Die gymnastischen Uebungen und Anstalten in Theben und ganz Boeotien, so wie die in ihrer Art sehr berühmten in Elis mögen zur Vervollkommnung solcher Vorstellungen am meisten beigetragen haben; in Athen das bekannte Gymnasium des Kynosarges, aus welchem die Secte der Kyniker hervorging, welche im Herakles auch ihr Ideal von Mühe und Arbeit verehrte. Obwohl für die attische Jugend Theseus fast noch mehr als Herakles das Vorbild der Palaestra war, wenigstens im Sinne des feineren ionischen und attischen Geschmacks, welcher dem Theseus die ihm eigenthümlichen und ihn von Herakles unterscheidenden Farben verliehen hatte. Doch verehrten sie diesen beim Eintritte ins Ephebenalter durch einen grofsen Krug mit Wein, indem sie zugleich ihren Verwandten und Kameraden ein kleines Fest bereiteten[4]), wie die Epheben in Sparta vor dem Uebertritte zu den

---

[1]) Paus. 5, 8, 1, Pind. Schol. Pyth. p. 297. Hygin f. 273.

[2]) O. Jahn Ficoron. Cista 37 ff. Hermes und Herakles wurden oft so verbunden Pind. N. 10, 53, Paus. 4, 32, 1: 8, 32, 2. 3, vgl. Bd. 1, 337, 3. Ueber die Zusammenstellung des Eros mit Hermes und Herakles in den Gymnasien Athen. 13, 12 u. Bd. 1, 415, über die mit den Dioskuren Pind. N. 10, 51, oben S. 99. 102. Die körperliche Bildung des παλαιστής beschreibt Philostr. de gym. 35, dieselbe müsse von schlankem und leichtem Bau sein. ἡρμόσθω δὲ ὥσπερ οἱ ξύμμετροι, μήτε ὑψηλὴν μήτε τὸν αὐχένα ἐπεζευγμένος, τουτὶ γὰρ δή, προσφυές μέν, παραπλήσιον δὲ κεκολασμένῳ μᾶλλον ἢ γεγυμνασμένῳ, τῷ γε ἐντύπτῃ καὶ τῶν Ἡρακλείων ἀγαλμάτων ὅσῳ ἰδίῳ καὶ θεοειδέστερα τὰ ἐλευθέρια τε καὶ μὴ ἐντράχηλα etc.

[3]) Bemerkenswerth ist u. a. der Kopf des Athleten Herakles mit geschulterter Keule auf einem Gewicht aus Herakleia Pontike aus der Zeit der römischen Kaiser, Mon. ed. Ann. d. Inst. 1855 p. 1.

[4]) Hesych v. οἰνιστήρια, Athen. 11, 88 vgl. Poll. 6, 22 u Phot. οἰνιστήρια.

Männern gleichfalls dem Herakles ein Opfer darbrachten[1]. Für die Athleten war er vollends der wahre Schutzpatron ihrer Zunft und das Ideal aller ihrer Anstrengungen und Leistungen, daher sie sich gerne mit ihm vergleichen und bei ganz besondrer Meisterschaft auch wohl einen noch innigeren Zusammenhang ihrer Natur mit der seinigen ahnen liessen[2]).

Die gröfste und wichtigste That eben dieses Herakles der Gymnasien und Athleten war die **Stiftung der Olympischen Spiele**, welche die ältere Ueberlieferung immer ihm zuschreibt d. h. dem Sohne des Amphitryon und der Alkmene, während die jüngere neben und vor ihm den idaeischen Herakles nannte, einen Zauberer und magischen Helfer in aller Noth. Jene ältere Ueberlieferung ist die von Pindar, Lysias, Kallimachos und vielen Andern[3]). Die gewöhnliche Veranlassung ist die des Sieges über Elis und den König Augeias, so dafs die Stiftung dieser Spiele mit der Siegesfeier zusammenfällt; wobei übrigens die durch die Rückkehr der Herakliden und die Eroberungen der Dorier und Aetoler veranlafste neue Staaten- und Sagenbildung im Peloponnes mit in Anschlag zu bringen ist. Herakles galt für den Begründer des Agon mit der ganzen Ordnung des Kampfspiels, den Zeitbestimmungen, dem Preise des Olivenkranzes, der stellvertretenden Aufsicht der Dioskuren. Er stiftet selbst die Heiligthümer des Orts, namentlich die sechs Altäre der zwölf Götter und die heroische Verehrung des Pelops, mifst das Stadion mit seinem Fufse aus, wonach angeblich Pythagoras die Länge seines Leibes berechnen wollte[4]), holt aus dem Hyperboreerlande schattige Bäume um jene der Sonne sehr ausgesetzte Stätte am Alpheios damit zu bepflanzen[5]), ja er soll auch die Plage der Stechmücken von Olympia

---

1) Paus. 3, 11, 6.

2) Paus. 6, 5, 3; 11, 2. Aelian V. H. 12, 22. Im Gymnasium zu Elis, einer Art von Musteranstalt, scheinen sie vor ihrem Auftreten in Olympia dem Herakles geopfert zu haben, denn ihm war der dortige $\xi v \sigma t \acute{o} \varsigma$ heilig. Paus. 6, 23, 1. In Rom eine $\sigma \acute{v} v o \delta o \varsigma$ $\xi v \sigma \tau \iota x \acute{\eta}$, $\tau \tilde{\omega} v$ $\pi \epsilon \varrho \grave{\iota}$ Ἡρακλέα ἀθλητῶν ἱερονικῶν στεφανιτῶν, C. I. n. 5906—5913, Grut. 315, 8.

3) Pind. Ol. 3, 11 ff.; 11, 42 ff., Lysias Olymp. b. Dionys. H. Lys. 30. Kallimachos in den αἰτίοις s. *O. Schneider Callim. 2, 64 f.

4) Gell. N. A. 1, 1 vgl. Boeckh metrol. Unters. 282, und Lepsius Ztschr. f. ägypt. Spr. u. Alterth. 1871, 56.

5) Pind. Ol. 3, 13 ff. Bald holt er den wilden Oelbaum (κότινος), von welchem die Kränze für den Olympischen Sieger geflochten wurden (ἐλαία καλλιστέφανος) aus dem Hyperboreerlande, bald die Weifspappel aus Thesprotien, Paus. 5, 14, 3. Der vom H. gepflanzte Stamm des Oelbaums befand sich in der

entfernt haben, welche in diesem feuchten Thale in der heifsen Sommerszeit sonst in ganzen Schaaren zu finden waren¹). Endlich ist Herakles auch der erste Kämpfer und Sieger, neben ihm sein treuer Waffenbruder Iolaos, welcher deshalb in dem alten von Archilochos auf diesen Olympischen Herakles Kallinikos gedichteten Hymnos neben ihm gepriesen wurde²). So wurde auch die Begründung des für die ganze Halbinsel, ja für ganz Griechenland so überaus wichtigen Olympischen Gottesfriedens (ἐκεχειρία) in der gewöhnlichen Tradition dem Herakles zugeschrieben³.

Auch in dem Kampfe der Schlacht war Herakles ein Ideal für Jünglinge und Männer, löwenmuthig und höchst ehrgeizig und kühn wie er war⁴), auch ausdauernd und auf bessere Wehr bedacht, wenn er bei dem ersten Angriffe zurückgeschlagen oder verwundet wurde. Ein immer wiederkehrender Zug der Erzählung von seinen kriegerischen Kämpfen und Schlachten, welcher offenbar zur Beharrlichkeit und guten Kameradschaft aufmuntern sollte. Daher das Sprichwort dafs selbst Herakles es nicht mit Zweien aufnehmen konnte, wobei man gewöhnlich an den Kampf mit der lernaeischen Hydra und an die Verbrüderung mit Iolaos dachte, aber auch an den Kampf mit den beiden Aktorionen und andere Niederlagen⁵).

Nähe des Zeustempels und galt für nicht weniger alt und heilig als die Palme von Delos und die Olive auf der Akropolis von Athen. Paus. 5, 15, 3, Theophr. h. pl. 4, 13, 2. Plin. 16, 240.

1) Durch Stiftung eines Dienstes des Ζεὺς ἀπόμυιος d. h. des Fliegenbanners, P. 5, 14, 2 vgl. Plin. 29, 106, wo von einem deus quem myioden vocant die Rede ist, Aelian N. A. 5, 17. Es wurde ein Stier geopfert. Sobald die Mücken von seinem Blute genossen, entfernten sie sich. Ein gleichartiges Opfer beim Feste des Apollo Aktios auf Leukas nach Aelian ib. 11, 8. Vgl. den Baalsebub der Philister, Stark Gaza 260.

2) Iolaos siegte im Wettrennen, Paus. 5, 8, 1 vgl. oben S. 182. Von dem berühmten, oft in Olympia gesungenen Hymnos des Archilochos ist nur der Anfang erhalten: ὦ καλλίνικε χαῖρ᾽ ἄναξ Ἡράκλεις αὐτός τε καὶ Ἰόλαος, αἰχματὰ δύο, τήνελλα καλλίνικε. Vermuthlich enthielt er eine kurze Uebersicht der Geschichte des Herakles.

3) Polyb. 12, 26, 2.

4) Vgl. oben S. 173, 1. Dem Eifer und Ehrgeize entspricht Ἡρακλῆς ἐριδανάτας (richtiger wohl ἐριδάντας) in Tarent, Hesych. von ἐριδαίνω, dem unermüdlichen Muthe Ἡρακλῆς κυνάδας einer Inschrift vom Olymp b. Heuzey, le Mt. Olympe p. 453, 44.

5) πρὸς δύο οὐδ᾽ ὁ Ἡρακλῆς, Plat. Phaed. 89 C m. d. Schol., Euthyd. 297 C, Zenob. 5, 49.

Auch in sittlicher Hinsicht konnte Herakles zum Muster dienen, wenigstens that er es in späterer Zeit und für solche philosophische Schulen, welche die Tugend in Mühe und Arbeit setzten. Aber die ältere Zeit und Dichtung sah darin, was diese Philosophen zur freien Wahl machten, vielmehr ein höchst unbilliges Schicksal und eine schmachvolle Erniedrigung, oder die Folge eines entsetzlichen Verbrechens, so dafs die Thaten des Herakles wohl den Charakter der Bufse, aber doch mehr den eines schweren Unglücks als einer asketischen Uebung hatten. So die Ilias, für welche Herakles der vor allen geliebte Sohn des Zeus ist, der διος, der διογενής schlechthin, aber zugleich der durch das Schicksal Verstofsene, vom Eurystheus unbillig Geplagte, welcher oftmals „zum Himmel emporweinte", bis Zeus ihm seine Lieblingstochter Athena zu Hülfe schickte (S. 160), und Hesiod, nach welchem Zeus ihn zu einem Helfer in der Noth für Götter und Menschen bestimmt hatte, aber Herakles dessenungeachtet zugleich der beste und der unglücklichste Sohn des Zeus war[1]. Dieses konnte wohl zum Mitleid und zum ernsten Nachdenken über die Wege des Schicksals, die bösen Folgen einer Uebereilung oder Gemüthsverblendung auffordern, aber nicht zur Nacheiferung. Auch haben namentlich die griechischen Künstler bei ihren vorzüglichsten Schöpfungen des Heraklesideals diese eigenthümliche Mischung von unerbittlichem Schicksal und unermüdlicher Kraft am meisten ins Auge gefafst. So beim Farnesischen Herakles in Neapel, einem sehr oft wiederholten Bilde, dessen Original gewöhnlich dem Lysippos zugeschrieben wird[2], eine Darstellung des Athleten von ungeheurer Kraft, welcher nach einem gewonnenen Siege ausruht, der

---

[1] In diesem Sinne sagte Alkmene in den Hesiodischen Eoeen zu ihrem Sohne: ὦ τέκνον ἦ μάλα δή, σε πονηρότατον καὶ ἄριστον Ζεὺς ἐτέκνωσε πατήρ fr. 95 Göttl. Vgl. Soph. Tr. 811 πάντων ἄριστος ἀνὴρ τῶν ἐπὶ χθονί, ὁποῖον ἄλλον οὐκ ὄψει ποτέ Philokt. 1419 ὅσους πονήσας καὶ διεξελθὼν πόνους ἀθάνατον ἀρετὴν ἔσχον.

[2] Müller Handb. § 129, 2, D. A. K. I t. 38, vgl. Stephani ausr. Herakl. 158 ff., welcher die Aechtheit der an der Statue zu Florenz befindlichen Inschrift Λυσίππου ἔργον in Abrede stellt. Eine Statuette in rosso antico deutet durch die Kopfbinde bestimmt auf Sieg, Mon. d. I. 1854 p. 92. Eine Wiederholung in Relief am Thore von Alyzia in Akarnanien ist bemerkenswerth, weil sich dort ein Cyclus der Heraklesicämpfe von Lysippos befunden hatte, s. oben S. 186, 2 u. Heuzey le Mt. Olympe et l'Acarn. t. 11 p. 413. *Neuerdings ist ein Herakleskopf im Besitz von Steinhäuser bekannt geworden, Mon. d. I. 8 t. 54. 55, der eine Parallele zu dem des Farnesischen H. darbietet; vgl. Helbig Ann. 1868. 336 ff., der das Original dieser Werke wohl mit Unrecht dem Lysippos abspricht.

Oberleib durch die Keule gestützt, das Haupt gesenkt und mit schmerzlichem Ausdruck vor sich hinblickend, denn das Schicksal drängt zu neuen und immer neuen Kämpfen. Und mit noch geistigerer Bewegung und bestimmterer Andeutung der Klage über das unbillige Verhängnifs der eherne Kolofs des Lysippos, welcher sich zuerst in Tarent, dann in Rom, zuletzt in Constantinopel befand¹). Hier war Herakles auf einem Korbe sitzend dargestellt, wodurch der Künstler wahrscheinlich an die Stallreinigung des Augeias, die schmählichste von allen Aufgaben des Eurystheus erinnern wollte, das von Kummer gebeugte Haupt mit der geöffneten Hand stützend, der andre Arm herabhängend. Ein ähnliches Bild des Lysippos stellte ihn seiner Waffen beraubt und von Eros Macht gebändigt dar²), denn auch dieser Leidenschaft war die gewaltige Kraft des Alkiden unterthänig und auch sie trieb ihn zu furchtbaren Thaten, wie die Geschichte der Iole und des Iphitos und ihres Vaters und der übrigen Brüder lehrt.

Eben so geläufig war es den Alten aber auch an die sinnlichen Genüsse zu denken, durch welche die Gunst der Götter diesen Helden während seiner irdischen Laufbahn erquickte, nicht blos Athena, sondern auch Aphrodite und Dionysos. Es ist dieses der ausruhende Herakles (ἀναπαυόμενος) d. h. Herakles in seinen Mufsestunden, wo er sich durch Bäder und andere Erquickung, Liebe und Wein, Scherz und Spiel erholte und dabei eine eben so unbefangene Hingebung und eine eben so unerschöpfliche Kraft seiner gewaltigen Natur bewährte als bei seinen Kämpfen und Arbeiten³). Auch sein Leben war reich an

---

1) Stephani a. a. O. 134 ff. In der Beschreibung des Niketas Choniatas erinnern die Worte: τὰς ἰδίας τύχας ἀποκλαιόμενος καὶ δυσχεραίνων τοῖς ἄθλοις, ὅσους αὐτῷ Εὐρυσθεὺς οὐ κατὰ χρείαν, κατὰ δὲ φθόνον μᾶλλον ἀγωνοθέτει sehr bestimmt an Ilias S. 364.

2) Anthol. Pl. 4, 103. 104. Vgl. die Gemme D. A. K. 1, 157, *und Overbeck Ber. d. sächs. Ges. 1865, 43 ff.

3) Ἡρακλῆς ἀναπαυόμενος auf dem Albanischen Relief, vgl. Aelian V. H. 12. 15 τὸν Ἡρακλῆ λέγουσι τὰς ἐν τοῖς ἄθλοις σπουδὰς διαπαιτᾶν ταῖς παιδιαῖς. — τοῦτό τοι καὶ ὁ Εὐριπίδης ἡμῖν ἐπαινίττεται ποιήσας τὸν αὐτὸν τοῦτον θεὸν λέγοντα· παίζω, μεταβολὰς γὰρ πόνων ἀεὶ φιλῶ. λέγει δὲ τοῦτο παιδίον κατέχων. Diod. 4, 14 ἀπὸ γὰρ τῶν πολέμων τραπέντος αὐτοῦ πρὸς ἀνέσεις τε καὶ πανηγύρεις, ἔτι δὲ ἑορτὰς καὶ ἀγῶνας ἐτίμησαν αὐτὸν δωρεαῖς οἰκείαις ἕκαστος τῶν θεῶν, Ἀθηνᾶ μὲν πέπλῳ etc. Aristid. p. 61 οὐ τοίνυν ἐπὶ πράξεσι μόνον καὶ ἀγῶσιν ἔχοι τις ἂν Ἡρακλέους μνημονεύειν, ἀλλὰ κἂν ταῖς εὐθυμίαις τοῦ βίου πολλοῦ τινος ἄξιος. δηλοῖ δὲ τῶν ἀγαλμάτων αὐτοῦ τὰ πλείονα. *S. auch die treffliche Charakteristik b. O. Jahn Bilderchron. S. 42 f.

solchen Scenen, z. B. wenn er bei guten Freunden, beim Molorchos, beim Kentauren Pholos, beim Könige Keyx einkehrend mit ihnen schmauste und zechte oder durch Athena und die Nymphen mit Bädern und schönen Gewändern beschenkt wurde; und die Volkskomödie und die Kunst, auch der Cultus hatte sich dieser Vorstellung mit grofser Vorliebe bemächtigt. Die Ueberlieferungen vom lydischen und assyrischen Herakles, wo die unverwüstliche Kraft in der Ausschweifung zum Begriffe des Heldenthums gehörte und der tarsische Sardanapal zum Essen und Trinken und Spielen aufforderte, weil doch alles Uebrige eitel sei, mögen vielleicht mit zur Verbreitung solcher Anschauungen beigetragen haben. Doch gehörte die Unbefangenheit im sinnlichen Leben auch zur Natur des griechischen Helden und eine ungewöhnliche Kraft wie die des Herakles hatte auch ihre ungewöhnlichen Bedürfnisse, welche ihr sogar nach ihrer Verklärung blieben. Jedenfalls hatte ein alter Schriftsteller[1]) Recht mit den Dichtern nach Homer und Hesiod zu hadern, die von nichts als den kriegerischen Thaten und Feldzügen des Herakles wissen wollten, da er sich doch auch recht gut zu vergnügen und zu erholen gewufst habe und ein Trinker und Esser gewesen sei wie wenige.

Ein aufserordentliches Bedürfnifs verräth zunächst jener Herakles Buphagos, welcher gelegentlich einen ganzen Stier und zwar mit den Knochen verzehrte. Man erzählte davon bei den Dryopern der Oeta, bei den Lapithen am Olymp, zu Lindos auf Rhodos und in verschiedenen anderen Gegenden; wenigstens kannte die attische Komödie drei solche Geschichten vom Hunger des Herakles[2]), zu denen wahrscheinlich auch die von seinem Wettkampfe mit dem Kaukonenkönige Lepreos in Triphylien gehörte. Dieser hatte sich den Zorn des Herakles zugezogen, da er dem Augeias, als der Held seinen Lohn für die Ausmistung seines Stalles forderte, ihn zu binden rieth. Dann aber vertrugen sie sich wieder und begannen nun einen Wettkampf, zuerst im Diskoswerfen,

---

1) Megakleides b. Athen. 12, 6.
2) Tertull. Apolog. 14 tres Hercules famelici irrisi. Wahrscheinlich der Wettkampf mit Lepreos, der Vorfall beim Busiris und der beim lydischen Syleus oder dem phrygischen Lityerses. Vgl. Athen. 10, 1. 2. 8 u. Hesych γέλως ὁ Ἡρακλῆς d. i. der Frefssack. Arist. Lysist. 928 Ἡρακλῆς ξενίζεται, ἐπὶ τῶν βραδυνόντων, οἱ γὰρ ὑποδεχόμενοι τὸν Ἡρακλέα βραδύνουσιν, ἀδηφάγος γὰρ ὁ ἥρως Schol., Suid. Die Komiker pflegten bei solchen Schilderungen des Herakles auch wohl die boeotischen Manieren des grofsen Thebaners aus Licht zu stellen, Athen. 10, 11.

dann im Wasserschöpfen, endlich im Fressen, wer zuerst einen Ochsen verzehren könne. Immer unterlag Lepreos und er wurde darüber so böse, dass er seinen Gegner nun auch zum Waffenkampfe herausforderte, worüber er denn sein Leben verlor¹). Man könnte bei solchen Märchen wohl an die im Culte des Herakles herkömmlichen Stieropfer denken, namentlich wegen des zu Lindos beobachteten Gebrauchs²). Indessen ist diese Eigenschaft der Buphagie nicht blos dem Herakles eigen, sondern auch andern gewaltthätigen Recken, z. B. dem Idas, dem Gegner der Dioskuren, und verschiedenen ähnlichen Wesen der arkadischen Sage³). Also wird darin entweder eine alterthümliche Charakteristik der riesigen Naturkraft überhaupt liegen, da die Riesen sich überall durch unmässige Gier nach Speise und Trank auszeichnen⁴), oder es wird eine Reminiscenz aus alter Naturreligion darin zu suchen sein, beim Herakles etwa an die allverzehrende Kraft der Sonne⁵).

Dieser gewaltigen Esslust des Helden entspricht eine gleiche Lust am Zechen, wodurch Herakles vollends zu einem Liebling der Volkskomödie und obenein zu einem engverbündeten Kameraden des Dionysos geworden ist, dem er sich in manchen Beziehungen als gleichartiger Held und Gott des heiteren, ja ausgelassenen Lebensgenusses sehr nahe anschliesst. Auch an solchen Zechgelagen war die Sage reich; einer der beliebtesten Vorfälle war der beim Kentauren Pholos, den auch die Künstler gerne ausbeuteten⁶). Das Theater fügte seinerseits die Umgebung der Satyrn hinzu, welche die Drolligkeit und

---

1) Athen. 10, 2. Aelian V. H. 1, 20. Paus. 5, 5, 4.
2) S. oben S. 246, 4 u. Hessler Götterd. a. Rhodos H. 1.
3) S. oben S. 95, 3. Ausserdem gab es einen Heros Buphagos mit seinem Weibe Πρώνη zu Pheneos, Paus. 8, 14, 6 und auf mittlerem Wege von Heraea nach Megalopolis im Gebirge einen Ort Βουφάγιον, wo der Fluss Βουφάγος, ein Nebenfluss des Alpheios entsprang, benannt nach einem Heros Βουφάγος, den man einen Sohn des Iapetos und der Thornax nannte. Auch ging die Sage dass Artemis auf der Pholoe einen frechen Βουφάγος mit ihren Pfeilen erschossen habe, Paus. 8, 26, 5; 27, 11.
4) Grimm D. M. 489.
5) Vgl. die indischen und nordischen Sagen vom Indra und vom Thor b. Mannhardt german. Mythen 99 ff. u. IX.
6) Lukian Lapith. 13 εἰ δὲ καὶ κάμοιμι, χαμαὶ τὸν τρίβωνα ὑποβαλλόμενος κείσομαι ἐπ' ἀγκῶνος οἷον τὸν Ἡρακλέα γράφουσιν. 14 ἐς τοὔδαφος καταβαλὼν ἑαυτὸν ἔκειτο ἐμίγνυτο — πήξας τὸν ἀγκῶνα ὀρθόν, ἔχων ἅμα τὸν σκύφον ἐν τῇ δεξιᾷ, οἷος ὁ παρὰ τῷ Φόλῳ Ἡρακλῆς ὑπὸ τῶν γραφέων δείκνυται.

ungenirte Derbheit derartiger Scenen vollends erhöhte¹); ja diese Gestalt des lärmenden und zechenden Herakles war auf dem attischen Theater eine so gewöhnliche und beliebte geworden, dafs Euripides keinen Anstand nahm selbst in seine sonst tragische Alkestis einen solchen Auftritt einzuschieben²). Mit Dionysos wird er nicht allein auf Vasenbildern und andern bildlichen Denkmälern oft zusammengestellt, sondern er erscheint gelegentlich auch in dieser Umgebung als tapfrer Kämpe, indem er mit dem Gotte des Weines selbst in Gegenwart eines Kreises von Nymphen und Satyrn in die Wette trinkt³), oder sein Haupt ist so gut wie das des Bacchus und seiner Gesellen mit Epheu bekränzt⁴), oder man sieht den Herakles neben seinem lieben Bruder und Landsmann auf dem Triumphwagen oder unter den taumelnden und muthwilligen Gestalten des bacchischen Thiasos⁵). So erscheinen auch die bacchischen Dämonen, Satyrn und Silenen, hin und wieder in der Kleidung des Herakles, wie die lydische Omphale⁶). Die Carnevalsscherze und das Volkstheater mögen solche Spiele einer üppigen Phantasie ins Unendliche vervielfältigt haben; doch scheinen auch gewisse Cultusbeziehungen zu Grunde gelegen zu haben, z. B. wenn Herakles den Dionysos aus dem Wasser aus Land trägt, was vielleicht auf die Rückkehr des Gottes der Freude nach dem Winter zu deuten ist⁷). Vollends in Kleinasien, wo Bacchus und Herakles sich in der Vorstellung des Volks von Heldenthum und in den Erzählungen von ihren Kämpfen

---

1) Aristid. 2 p. 105 ἤδη δέ τις καὶ Σάτυρος τῶν ἐπὶ σκηνῆς κατηράσατο τῷ Ἡρακλεῖ, εἶτά γ' ἔκυψε προσιόντος κάτω. Iustin. M. ad gent. 3 ὁ τὰ τοσαῦτα καὶ τοιαῦτα καὶ τηλικαῦτα δράσαι δυνηθεὶς ὡς νήπιος ὑπὸ Σατύρων καταχυβαλισθεὶς καὶ ὑπὸ γυναικίου ἔρωτος ἡττηθεὶς Λυδῆς γελώσης κατὰ γλουτῶν τυπτόμενος ἥδετο. Vgl. Welcker Nachtr. z. Aeschyl. Tril. 319.

2) v. 747 ff. 782 ff., wo Herakles sich ganz im Sinne Sardanapals vernehmen läfst: εὔφραινε σαυτόν, πῖνε, τὸν καθ' ἡμέραν βίον λογίζου σόν, τὰ δ' ἄλλα τῆς τύχης. τίμα δὲ καὶ τὴν πλεῖστον ἡδίστην θεῶν Κύπριν βροτοῖσιν etc.

3) Auf einer goldnen Schale aus Rennes b. Millin Monum. ant. ined. 1. 225, Gal. Myth. 126, 469.

4) Tertull. d. cor. 7 Hercules nunc populum capite praefert, nunc oleastrum, nunc apium. Ein solcher Kopf des Herakles b. Millin G. M. 122. 470.

5) Stephani a. a. O. 197 ff., *O. Jahn a. a. O.

6) S. die Silenus-Lampen b. Böttiger Amalthea 3 t. 6 S. 168 (bes. S. 187) u. Bd. 1, 601, 1.

7) S. Preller Ber. d. sächs. Ges. 7, 23 ff. t. 1. 2, auch *Michaelis Ann. d. Inst. 1869, 204.

und Eroberungen im Morgenlande so nahe berührten dafs sie leicht völlig in einander aufgehen konnten, wie denn auch die Verschmelzung ihrer Attribute, des Bogens und der Pfeile in der skythischen Toxotheke zwischen dem Schlangenpaare und im Vereine mit der bacchischen Lade, auf den kleinasiatischen Kistophoren eine entsprechende Verschmelzung der beiden Culte deutlich genug zu erkennen giebt[1]). Auch kämpfen beide gegen die Amazonen und gegen die Inder, daher beide Helden und Götter Vorbilder der Imperatoren und Triumphatoren im Orient waren, von Alexander d. Gr. und seinen Nachfolgern herab bis zu den römischen Kaisern. Genug dieser bacchische Charakter des Herakles war ein so allgemein anerkannter dafs sehr natürlich auch die herkömmliche Darstellung sowohl des Heroen als des Gottes sich danach richtete. Daher das gewöhnliche Attribut des Skyphos, eines mächtigen Humpens, welcher dem Herakles eben so eigenthümlich war als der zierlichere Kantharos dem Dionysos[2]) und die beliebte Darstellung des derb angezechten oder betrunkenen Herakles, wie dergleichen Bilder in kleinen Erzfiguren oft erhalten sind[3]). Wahrscheinlich dienten sie zu demselben Zwecke wie ein berühmtes Bild des Lysippos, welcher auch hier den Preis errungen hatte, der sogenannte Herakles Epitrapezios, weil man ihn als eine Art von Genius aller Tafelfreuden bei solchen Gelegenheiten auf den Tisch stellte. Das Bild soll zuerst im Besitze Alexanders, dann in dem des Hannibal, dann in dem des Sulla gewesen sein und war später in dem des Novius Vindex, eines römischen Kunstfreundes, bei welchem Martial und Statius es sahen. Ihren Beschreibungen zufolge war es von Erz und kaum einen Fufs hoch. Herakles safs auf einem Stein, der mit einem Löwenfell bedeckt war. Er hielt in der Rechten den Becher, in der Linken die Keule. Der Oberleib war stark zurückgebeugt, der Blick nach Zecher Art gen Himmel gerichtet, doch so dafs er zugleich an die Olympische Verklärung erinnerte und Würde Kraft und Heiterkeit in einer bewundernswürdigen Weise verschmolzen waren[4]). Denn auch

---

1) Pinder Kistophoren, Abh. d. K. A. d. W. 1855 S. 536. Vgl. die Legenden von Bacchus und Herakles in Ephesos bei Tacit. A. 3, 61 und Röm. Mythol. 657. 719.

2) Macrob. S. 5, 21, 16 scyphus Herculis poculum est ita ut Liberi Patris cantharus, doch hat er auf Vasenbildern den Kantharos. Vgl. O. Jahn Einl. z. Münchn. Vasens. XCIX. CXI.

3) Vgl. Welcker A. D. 3, 415. 416, Stephani a. a. O. S. 121, 1, Anthol. Pl. 4, 98. 99.

4) Stat. Silv. 4, 6, besonders herausgegeben von F. Hand P. Papin. Statii

den Olympischen Herakles dachte man sich in diesem Sinne als einen ausruhenden, ja es war nun die ewige Ruhe an die Stelle der vorübergehenden eingetreten, daher dieser Herakles auch wohl als Symbol einer ewigen Seligkeit im Sinne des heidnischen Alterthums diente. Auch war es eine nicht ungewöhnliche Darstellung des verklärten Herakles, ihn mit seinem Becher in der Hand auf einem Lager darzustellen und vor demselben ein Schwein[1]), welches Thier gleichfalls dem Herakles geopfert zu werden pflegte, sei es nun dafs man auch damit blos an Sinnengenufs und leckere Speise oder dafs man zugleich an Demeter und ihre Mysterien erinnern wollte, denen Herakles es verdankte dafs er selbst zu einem Mystagogen der Unterwelt geworden war (S. 222).

Auch die warmen Bäder werden ausdrücklich zu diesen aufserordentlichen Erquickungen des Herakles und für Merkmale der Verweichlichung gerechnet, so dafs die ältere Erziehung sogar dagegen protestirte[2]). Doch waren später die Thermen und Gymnasien fast synonym geworden, so dafs sie insofern allerdings zur Gymnastik der Alten gehörten. Auch waren sie in diesen Zeiten fast überall dem Herakles heilig, welcher wegen so aufserordentlicher und häufiger Kraftanstrengung auch dieser Erholung zu bedürfen schien. In Sicilien wurden in diesem Sinne die warmen Bäder von Himera und Egesta für Gaben der Nymphen zu seinen Gunsten angesehen (S. 214), in Griechenland nannte man in dieser Verbindung gewöhnlich seine Gönnerin Athena und die Thermopylen, in andern Gegenden mit dem Dichter Ibykos auch wohl den Hephaestos[3]). Ueberall, in Griechenland, in den Colonieen, in Italien und zuletzt in der romanischen Welt[4]) wurde der Cult des Herakles auch dadurch sehr gefördert.

Endlich erscheint Herakles auf Vasenbildern und bei andern Gelegenheiten nicht selten mit dem Saitenspiel, sich oder Andre ergötzend[5]),

---

Herc. Epitrap. Novii Vindicis. Ienae 1849. und Martial. 9, 43. 44. * Vgl. auch Michaelis Bull. d. Inst. 1860, 122 ff. Seneca schildert selbst den Herakles auf dem brennenden Scheiterhaufen mit gleichen Zügen: iacuit sui securus et coelum intuens etc. Herc. Oet. 1692 ff.

1) Zoega Bassiril. 2, 108 sq. A. 68, Stephani a. a. O. S. 117.
2) Arist. Nub. 1054 vgl. Athen. 12, 6.
3) Ibykos u. Pisander b. Schol. Ar. Nub. 1050 vgl. Zenob. 6, 49. Hesych Ἡράκλεια λουτρά. Auch die Bäder zu Himera schrieben Manche der Athena zu, Schol. Pind. Ol. 12, 25. Ueber die Thermopylen Herod. 7, 176, Str. 9, 428.
4) Röm. Mythol. 522, 2; 656, 1.
5) Gerhard A. V. t. 68, Trinksch. 1, 15, 3. 4, O. Jahn Münchn. Vas. n. 132,

ja er galt sogar für einen Musageten wie sonst Apollo. Auch dieses hat man für eine Folge der gymnastischen Erziehung angesehen, wo die Bildung des Leibes und die der Seele durch Musik so unzertrennlich gewesen sei, dafs Herakles als Vorstand der Gymnasien natürlicher Weise auch zum Musageten habe werden müssen; doch kann eine aufmerksame Erwägung auch damit nicht übereinstimmen. Eine musikalische Seele wie Amphion war Herakles durchaus nicht, wie schon der Todtschlag des Linos lehrt (S. 179); überdies scheint da wo er neben den Musen genannt und verehrt wird, gewöhnlicher die Eintheilung der Erziehung in Gymnastik und Musik gemeint zu sein als deren Zusammenfassung in einem und demselben göttlichen Schutzpatron[1]). Vielmehr scheint auch dieses Attribut des Herakles wesentlich auf die Momente seiner Erholung und Siegesfeier zu deuten, wie alsbald noch deutlicher hervortreten wird. Wir kennen den Herakles als Musageten übrigens nur in Rom, wo M. Fulvius Nobilior, ein Freund des Ennius, ihm unter dem Namen Hercules Musarum und nach griechischem Muster einen Tempel erbaute, welcher unter August wieder hergestellt wurde[2]), angeblich weil der Gesang der Musen und die Kraft des Herakles einander gegenseitig bedürften, diese jener zur Verherrlichung und jene dieser zur Vertheidigung.

Gewissermafsen eine Collectivfigur von allen diesen heiteren Genüssen und zwar in der Auffassung des verklärten Siegers, dessen Thaten die Erde von allem Scheusal befreit haben und der eben deshalb zugleich

---

Roulez choix d. v. p. t. 7, Welcker Gr. G. 2, 765. Auf geschnittenen Steinen Stephani a. a. O. 156.

1) So namentlich in einer Inschrift aus Chios C. I. n. 2214, wo die Knaben Epheben und Jünglinge, welche in den musischen und gymnischen Kämpfen gesiegt, den Musen und dem Herakles opfern, vgl. zu Athen in der Akademie ein Altar der Musen, ein andrer des Hermes und weiter einwärts ein Altar der Athena und ein andrer des Herakles. Paus. 1, 30, 2 und in Messana Bilder des Apollo der Musen und des Herakles P. 4, 31, 8.

2) S. Becker Röm. Alterth. 1, 612. Preller Regionen 656. *Arch. Ztg. 1868, 115. Bei den von Weichert Caes. Aug. script. rel. 71 sqq. erregten Bedenken ist Macrob. S. 1, 12, 16 Fulvius Nobilior in fastis quos in aede Herculis Musarum posuit unberücksichtigt geblieben, vgl. Charis. p. 74 Lind. u. Mommsen Ber. d. sächs. Ges. 6, 157. Zur Sache vgl. C. I. n. 5987 unter einem Bilde des Herakles mit der Lyra Ἡρακλεῖ τῷ Μουσαγέτῃ Μενόφιλος u. Grut. 1013, 4 Herculi Pacifero et Musis d. i. Ἡρακλῆς θαλλοφόρος C. I. n. 5985, H. mit dem Oelzweige des Friedens s. Stephani a. a. O. 181; *vgl. auch compt. rend. 1868, 35.

ein Schutz gegen alles Böse und alles Uebel ist, ist Herakles Kallinikos d. i. Hercules Victor oder Invictus, eine sehr beliebte Auffassung bei Griechen und Römern und, wie bereits bemerkt worden, das eine Hauptstück seiner göttlichen Verehrung neben der andern d. h. der des Alexikakos. Herakles Kallinikos ist nämlich wesentlich der Sieger im Genuls des Sieges und mit dessen Feier beschäftigt, wie die Alten auch die Nike so oft als personificirte Siegesfeier denken und die Eirene, die Libertas gleichfalls vorzüglich nach Maafsgabe der Segnungen, welche der Frieden und die Freiheit brachten, ausstatteten. Es ist der aus den zahllosen Kämpfen, mit denen sein Geschick ihn heimsuchte, triumphirend Hervorgegangene, zu den Göttern Erhobene, ein Seitenstück zum Zeus Basileus, sofern nämlich auch dieser erst nach schweren Kampfe mit Titanen und Giganten der Olympischen Basileia sich erfreuen konnte [1]). Bald wurde dabei an diesen bald an jenen Kampf gedacht, an die Gigantomachie, den Cyclus der zwölf Kämpfe, die Zerstörung von Troja oder Oechalia u. s. w., aber immer war die Feier des Sieges die Hauptsache, die Feier mit Gesang und Saitenspiel[2]), worüber Herakles selbst zum Musengotte geworden ist, aber auch mit üppigen Gelagen und schwärmenden Festzügen[3]), welche der geniefsenden Kraft des Herakles entsprachen und noch in Rom wesentlich zum Cultus des Hercules Victor gehörten. Daher dieser Herakles Kallinikos zugleich den Lustigen, den Seligen schlechthin bedeutet, den Olympischen Gott der selbst im höchsten Grade guter Dinge war und deshalb zugleich für einen Schutz und Abwender alles Bösen galt. Also pflegte man sein Bild mit einer entsprechenden Inschrift an Häusern, Buden, Krambuden amuletartig anzubringen, wie sonst wohl das der Felicitas d. h. des personificirten Glückes, oder auch das Symbol der männlichen Zeugungskraft[4]); denn wo Glück und Segen weilten, da konnte nach dem Glauben

---

1) Eine parische Inschrift nennt einen Priester τοῦ Διὸς Βασιλέως καὶ Ἡρακλέους Καλλινίκου C. I. n. 2358, vgl. das Vasenbild b. Panofka Zeus Basileus u. H. Kallinikos B. 1847.

2) Eurip. Herc. f. 680 τὸν Ἡρακλέους καλλίνικον ᾄσω παρά τε Βρόμιον οἰνοδόταν παρά τε χέλυος ἑπτατόνου μολπὰν καὶ Λίβυν αὐλόν. El. 865 ἐπάειδε καλλίνικον ᾠδὰν ἐμῷ χορῷ. Vgl. Schoemann op. 3, 192.

3) Eur. H. f. 180 τὸν καλλίνικον μετὰ θεῶν ἐκώμασε. Hesych τετράκωμος, μέλος τι σὺν ὀρχήσει πεποιημένον εἰς Ἡρακλέα ἐπινίκιον. ἐκαλεῖτο τε τέσσαρες κῶμοι. Vgl. Poll. 4, 99. Athen. 14, 9. Von Rom Röm. Myth. 654.

4) Diog. L. 6, 50 νεογάμου ἐπιγράψαντος ἐπὶ τὴν οἰκίαν· Ὁ τοῦ Διὸς παῖς καλλίνικος Ἡρακλῆς ἐνθάδε κατοικεῖ, μηδὲν εἰσίτω κακόν etc. Vgl.

der Alten das Unglück keinen Eintritt gewinnen. Selbst die Bilder des Hercules Victor oder Kallinikos wurden gewöhnlich in diesem Sinne des Genusses und der Festfeier ausgestattet bald mit einem musikalischen Instrumente um auf Spiel und Gesang, bald mit dem Skyphos um auf das herkömmliche Gelage hinzuweisen, und aufserdem etwa mit der gewöhnlichen Siegesbinde oder einem Palmzweig oder einer kleinen Nike auf der vorgestreckten Hand[1]).

Die Verehrung des Herakles Alexikakos, das andre Hauptstück dieses Cultus, schliefst sich also insofern unmittelbar an die des Kallinikos an. Er ist der Gott einer aufserordentlichen physischen Kraft, eines aufserordentlichen Genusses und Segens, welcher als solcher zugleich eine Hülfe in aller Noth, ein Abwender des Bösen und Heiland im Sinne des Heidenthums war. Obwohl allerdings eine andre und höhere Auffassung hier sehr nahe lag und mindestens eben so alt ist als jener volksthümliche Aberglauben. Sie tritt am deutlichsten hervor in der engen Verbindung des Herakles mit dem pythischen Apollo und seinen Sühnungen, von denen auch er, so gut wie Orestes, ein erhabenes Beispiel geben mufste. Also ist damit gemeint der Heros des Lichts, der alles Finstre und Wüste und Ungeheure vertilgt und auch die Ausbrüche seiner eignen Leidenschaft im Dienste des Apoll mit harter Bufse büfst, bis er wieder rein und reif für den Himmel geworden; und zwar geschieht dieses zum Besten und zum Heile sowohl der Götter und der Menschen, da eins der wichtigsten Resultate seiner vielen Mühen und Arbeiten das Wohl der Menschheit und die Befreiung und Veredelung der ganzen Natur der Dinge ist. Schon bei Hesiod sc. Herc. 27 zeugt Zeus diesen Sohn um Göttern und Menschen eine Hülfe in der Noth ($\mathring{\alpha}\varrho\tilde{\eta}\varsigma \mathring{\alpha}\lambda\varkappa\tau\tilde{\eta}\varrho\alpha$) zu gewähren und die späteren Schriftsteller und Dichter heben diese Seite nicht minder eifrig hervor. Wie er selbst den Göttern eine Hülfe geworden lehrt die Gigantomachie, da ohne ihn die Riesen nicht bezwungen werden konnten, auch die Erlösung des Prometheus, da ohne ihn der Frieden zwischen Zeus und dem Titanen nicht wiederhergestellt werden konnte[2]). In den irdischen Kreisen hatten vorzüg-

---

6, 39 u. Clem. Al. Str. 7, 25 p. 843 P., O. Jahn Ber. d. sächs. Ges. 7, 75. Dieselbe Inschrift hat sich in einer Bude zu Pompeji mit rother Farbe angeschrieben gefunden, *C. I. L. vol. 4 n. 733.

1) Stephani a. a. O. 157. 183. *O. Jahn Bilderchron. S. 53 deutet auch die untere Darstellung des albanischen Reliefs auf H. Kallinikos: Alkmene geleite ihren Sohn zur Spende aus der Hand der Siegesgöttin.

2) In menschlichen Kreisen erscheint er als Retter in der Noth in der Al-

lich seine Thierkämpfe diese Bedeutung, die Erde von allen Unthieren und wilden Bestien der ungeschlachten Vorzeit zu befreien[1]), doch nannte man daneben auch die Befreiung seines Vaterlands vom Joche der Orchomenier und die Bestrafung und Vertilgung von so vielen bösen Gewaltherrschern, Wegelagerern, Seeräubern und anderem Gezüchte, welches er überall wo er es fand vernichtete[2]). Daher die gewöhnliche Anrufung des Herakles in tausend Fällen des täglichen Lebens, bald der Verwunderung bald in der Noth[3]), und seine Verehrung bald unter dem Namen Alexikakos oder Alexis bald unter dem des Soter und anderen[4]). Die Philosophen sahen in ihm das Ideal des Menschenfreundes und der Aufopferung, das Volk verband auch mit diesem Glauben mancherlei Aberglauben. Wie brünstig seine Verehrung war lehrt unter andern das eherne Bild des Herakles in Agrigent, welches unter den Küssen und Berührungen der Anbetenden nicht weniger gelitten hatte als der Fufs des h. Petrus in der Peterskirche zu Rom[5]).

kestis des Euripides. Eine ähnliche Rolle spielte er im Athamas στεφανηφόρων des Sophokles. Vgl. Artemid. 2, 37, die Erscheinung des Herakles bedeute etwas Gutes, wenn einem Unrecht geschehn, ἀεὶ γὰρ ὁ θεὸς καὶ ὅτε ἦν ἐν ἀνθρώποις ἐπήμυνε τοῖς ἀδικουμένοις καὶ ἐτιμώρει. Doch kann sie auch Mühsal bedeuten, denn so viel Glanz und Ruhm ihn auch umgiebt, so war sein Leben doch voll Mühe und Qual.

1) Soph. Tr. 1009 sagt Herakles: ὦ πάντων ἀνθρώπων ἀδικώτατοι ἀνέρες, οὓς δὴ πολλὰ μὲν ἐν πόντῳ κατά τε δρία πάντα καθαίρων ὠλεκόμαν. Eurip. H. f. 20 H. hat sich in den Dienst des Eurystheus gegeben ἐξημερῶσαι γαῖαν, εἴθ' Ἥρας ὑπὸ κέντροις δαμασθεὶς εἴτε τοῦ χρεὼν μέτα. 225 πόντια καθάρματα χέρσου τε.

2) Aristid. Herc. p. 54 Ddf. Eurip. Alk. 501 nennt drei Aressöhne zusammen, den Lykaon Kyknos und Diomedes (oben S. 201, 2), Plut. Thes. 6. 11 den Busiris, Antaeos, Kyknos und Termeros, welcher letztere nach Karien gehört und ein Bild des karischen Seeraubs zu sein scheint, Schol. Eur. Rhes. 496. Phot. v. Τέρμερος, Zenob. 6, 6. Einen von Herakles gezüchtigten Wegelagerer Sauros auf der Strafse nach Olympia nennt Paus. 6, 21, 3, einen Soloeis in Sicilien Steph. B. v., viele bestrafte und abgesetzte Tyrannen der Vorzeit, deren Erbe später an die Herakliden oder bessere Herrscher gekommen, ep. Socr. 30 p. 36 sq. Orelli.

3) Das bekannte Ἡράκλεις oder ὦ Ἡράκλεις, Arist. Nub. 184, Acharn. 284, Vesp. 420 u. A., Suid. Et. M. Hesych Ἡράκλεις, ὡς ἀλεξίκακον τὸν Ἡρακλέα εἰς βοήθειαν ἐκάλουν γενομένης βίας, denn so ist zu lesen.

4) Ἀλεξίκακος in Athen, Ἄλεξις in Kos s. oben S. 236, t. Σωτήρ auf den Münzen von Thasos und Smyrna, Κηραμύντης b. Lykophr. 663 d. i. ὁ τὰς κῆρας διώκων, ἀλεξίκακος γάρ Tz. Ein Bild des Apollonios v. Tyana als Herakles Alexikakos in Ephesos, Lactant. 5, 3, 14.

5) Cic. in Verr. 4, 13, 94.

Eine besondre Seite dieser wohlthätigen Hülfe des Herakles ist die des Geleitsgottes (ἡγεμόνιος) auf Wegen und Stegen, Reisen und Märschen[1]). Wie er selbst die ganze Welt durchzogen, Strafsen gebahnt und gereinigt, aufserordentliche Werke an verschiedenen Orten geschaffen hatte, so war er auch der wohlthätige Schutzpatron aller Wanderer, welche in den älteren Zeiten von so vielen aufserordentlichen Gefahren bedrängt wurden. Selbst den Durchbruch beim Olymp und Ossa, die erste Bedingung der Cultur von Thessalien, welcher sonst dem Zeus zugeschrieben wurde, nannten Manche ein Werk des Herakles[2]), wie er in verschiedenen Gegenden auch als Quellengott d. h. als Auffinder süfser und befruchtender Quellen und als Freund der Nymphen verehrt wurde[3]).

Ferner war der Glaube an ihn und seine Hülfe sehr populär im Kreise der Bauern, der Winzer, der Hirten und überhaupt auf dem Lande und in den Bergen eben sowohl als in den Städten. Als Freund der bedrückten Schnitter und Winzer haben wir ihn in dem beliebten Märchen von Syleus und vom Lityerses kennen gelernt: überdies wurde er am Oeta wie sonst Apollo als Schutz gegen die Heuschrecken und zu Erythrae in Kleinasien als Schutz gegen das dem Weinstock schädliche Gewürm angerufen[4]). Als einen Aufseher der Heerden und Beschützer der Hirten lassen ihn alte Bildwerke und Gedichte erkennen[5]); auch wurde sein Antheil an den Heerden des Geryon gewöhnlich in diesem Sinne verstanden. Daher seine Verehrung neben der Grofsen Mutter im Gebirge, mit den einfachen Sitten und Gaben einer

---

1) Xenoph. Anab. 4, 8, 25; 6, 2. 15. 5, 25; * vgl. auch Rev. archéol. 1865, 1, 301.

2) Diod. 4, 18, Lucan 6, 347.

3) Aristid. p. 62 λουτρῶν τε τὰ ἥδιστα Ἡράκλεια ἐπωνυμίαν ἔχοντά ἐστι, χωρὶς δὲ πηγαὶ ποταμίων ὑδάτων ἐπώνυμοι καὶ αὐταὶ τοῦ θεοῦ, τοσαύτην παρὰ ταῖς νύμφαις εἴληχε τὴν προεδρίαν, vgl. die Herakleische Quelle in Troezen Paus. 2, 32, 3 u. O. Jahn Archäol. Beitr. 62, 34. Eigenthümliche Ueberlieferung bei Iustin. M. or. ad gent. 3 καὶ ὄρει, κιθίσας ἵνα λάβῃ ὕδωρ ἔναρθρον φωνὴν ἀποδιδόν, ὡς λόγος. Auch das Vasenbild b. Gerhard A. V. t. 134 und der Spiegel t. 135 sind zu berücksichtigen.

4) Eustath. Il. 34, 25 οἱ γὰρ περὶ Τραχῖνα Οἰταῖοι Κορνοπίωνα λέγονται τιμᾶν Ἡρακλέα χάριν ἀκρίδων ἀπαλλαγῆς ἤτοι πάρνοπων, οὓς ἐκεῖνοι κόρνοπας λέγουσιν, Ἐρυθραῖοι δὲ Ἡρακλῆν Ἰποκτόνον σεβάζονται ὡς φθείροντα τοὺς ἀμπελοφάγους ἶπας.

5) O. Jahn Archäol. Beitr. 62, 34.

Hirtenbevölkerung z. B. in Arkadien[1]). Im Allgemeinen aber wurde dieser Antheil des Herakles an der Fruchtbarkeit des Landes oder seiner Triften ausgedrückt durch das Attribut des Füllhorns[2]), welches sich in der aetolischen Sage vom Acheloos und Oeneus (S. 244) deutlich genug auf den Segen des Bodens und der Weinberge bezieht, in anderen Fällen aber auf Viehzucht. So auf den Münzen von Cypern, wo man auf der einen Seite den Herakles auf einem Felsen sitzend sieht, in der Rechten die Keule, in der Linken das Füllhorn, auf der andern einen liegenden Schafbock[3]), ein Symbol der für die Insel sehr wichtigen Schafzucht; während man anderswo erzählte, Hermes habe dem Herakles das Füllhorn gegeben, als er ausgegangen sei um die Rinder des Geryon nach Myken zu treiben[4]). So galt Herakles in vielen Gegenden auch hinsichtlich der menschlichen Bevölkerung für einen befruchtenden Gott, z. B. zu Thespiae und zu Kos und wo er sonst als Stammvater der Landesbevölkerung oder ihrer hervorragenden Geschlechter genannt wurde[5]).

Endlich der idaeische Herakles, welcher diese Eigenschaft der Befruchtung mit der eines magischen Schutzes gegen Gefahren aller Art verbindet und vielleicht eine Folge jener Verschmelzung des Heraklesdienstes mit dem der idaeischen Mutter ist. Herstammen soll er von Kreta und Onomakritos und der kretische Epimenides sollen ihm zuerst das Wort geredet haben; doch fand Pausanias seinen Cultus auch in Tyros und zu Erythrae in Ionien[6]). In Olympia galt er für den ältesten der fünf idaeischen Daktylen und für den ersten Stifter

---

1) Dio Chrysost. or. 1 p. 12 Emp., Aristid. p. 62 ἴδοις δ' ἂν καὶ ἐν ὄρεσι μέσοις Ἡρακλέα παρὰ Μητρὶ Θεῶν καὶ ἐν ἄστεσι καὶ πάλιν αὖ σὺν Διοσκούροις d. h. auf der See.

*2) Jedoch scheint es nur sehr wenige sichere Darstellungen zu geben, in denen Herakles ein Füllhorn, nicht ein Trinkhorn hält, s. Michaelis Ann. d. Inst. 1869, 201 ff. Ein Füllhorn hat H. angeblich auch auf einem thebanischen Relief, v. Wilamowitz Hermes 8, 431, 1.

3) De Luynes Numism. Cypr. pl. 4. *Nach J. Friedländer trägt Herakles auch auf diesen Münzen kein Füllhorn, sondern ein Trinkhorn.

4) Hesych Ἀμαλθείας κέρας.

5) Von Kos vgl. die Legende und den Hochzeitsgebrauch b. Plut. Qu. Gr. 58, welcher auf Lydien und Kleinasien zurückweist. Zu Thespiae, dessen Herakles Pausanias 9, 27, 5 für den idaeischen zu halten geneigt ist, gab es auch eine dem Herakles befreundete Amaltheia, Palaeph. 46.

6) Paus. 9, 27, 5.

des Kampfspiels¹), in einer Zeit wo Aberglauben mehr galt als Manneskraft, denn vorzüglich dem Aberglauben und noch dazu dem der Weiber diente dieser Herakles, mit Weihen Besprechungen und Amuleten²), wie daran das Alterthum so aufserordentlich reich war. Man nannte ihn deshalb den Beistand (παραστάτης) und verehrte ihn in andern Gegenden auch wohl neben der Demeter und Kore, also als einen Dämon des Landessegens³).

Alle diese Vorstellungen nun mufs man wohl bedenken um das **sittliche Idealbild** des Herakles, wie es sich in den philosophischen Schulen ausgebildet hatte und namentlich die sinkenden Zeiten des Heidenthums viel beschäftigte, in dem rechten Lichte aufzufassen. Auf ein allgemeines Ideal der Menschheit war es bei den alten und volksthümlichen Dichtungen und Ueberlieferungen vom Herakles so wenig abgesehen, dafs man vielmehr gerade durch diese genöthigt wird einen andern Erklärungsgrund seiner Natur und Bedeutung zu suchen. Wohl aber konnte das Beispiel des Herakles in der Entbehrung und der Schule der Noth der Jugend mit Erfolg vorgehalten werden, zumal wenn man die harte Arbeit seines Lebens nicht mehr für ein böses Verhängnifs gelten liefs, sondern für eine **freie Wahl** erklärte. Dieses ist der Sinn der bekannten Fabel vom Herakles am Scheidewege, welche, von dem Sophisten Prodikos aus Keos erfunden und auf seinen Reisen in Griechenland vorgetragen, sich bald in weiten Kreisen eines aufserordentlichen Beifalls erfreute⁴). Dem Jünglinge treten am Scheidewege des

---

1) Diod. 5, 64, Paus. 5, 7, 4, wo die Namen dieser fünf Daktylen diese sind: Ἡρακλῆς, Παιωναῖος, Ἐπιμήδης, Ἰάσιος, Ἴδας.

2) Diod. l. c., wo als Beweis für das höhere Alter des idaeischen Herakles angeführt wird: τὸ πολλὰς τῶν γυναικῶν ἔτι καὶ νῦν λαμβάνειν ἐπῳδὰς ἀπὸ τούτου τοῦ θεοῦ καὶ περιάμματα ποιεῖν, ὡς γεγονότος αὐτοῦ γόητος καὶ τὰ περὶ τὰς τελετὰς ἐπιτετηδευκότος, dergleichen dem thebanischen Herakles doch eigentlich fremd sei. Doch wurde auch dieser nicht selten bei Leibesschäden und als magische Hülfe in der Noth angerufen, wie andre Heroen, Lob. Agl. 1171 sqq. Herakles als Erfinder einer Panacee gegen Wunden in Thessalien, Serv. V. A. 12, 419. Auch dem Heraklesknoten wurde eine magische Kraft zugeschrieben, Plin. 28, 63. v. Leutsch Paroemiogr. 2, 449.

3) Paus. 5, 8, 1. 14, 7; 8, 31, 1; 9, 19, 4.

4) Böttiger Hercules in bivio e Prodici fabula et monumentis priscae artis illustratus Lips. 1829, Welcker kl. Schr. 2, 393—511. Ein höheres Alterthum konnte ihm Buttmann Mytholog. 1, 252 nur in Folge seiner falschen Auffassung der ganzen Heraklesfabel beilegen, vor welcher ihn schon Goethe in seinen Göttern Helden und Wieland hätte bewahren können.

Lebens die Lust und die Tugend entgegen und lassen ihm die Wahl zwischen dem üppigsten Lebensgenufs und einem Leben voller Arbeit und Mühe; er aber entscheidet sich für die Tugend und für die Mühe. Es mochte dabei zugleich die entgegengesetzte Wahl des Paris und die idealen Bilder der Athena und der Aphrodite vorschweben[1], von denen diese die Göttin der Lust und Weichlichkeit ($ἡδονή$, $κακία$), jene die der Tugend und edlen Gesinnung ($ἀρετή$, $καλοκἀγαθία$) war, so dafs sich der hellenische Jüngling damit zugleich dem weichlichen Asiaten entgegensetzte[2]. Genug Herakles wurde nun auch zum Ideale jener männlichen Tugend, welche den steilen Weg der zu den Gestirnen führt[3] absichtlich dem behaglichen Lebensgenusse dieser Erde vorzieht, und die Fabel des Prodikos als eine für die Jugend höchst anregende wiederholt überarbeitet und nachgebildet, vorzüglich von Xenophon Memorab. 2, 1, 21 ff. Oder man bediente sich desselben Ideals in freierer Anwendung, wie dieses der Fall mit dem gleichfalls sehr berühmten Herakles des Antisthenes, des Stifters der kynischen Schule war, welche den Herakles ohnehin vom Kynosarges her als idealen Vorstand ihrer Erziehung verehrte. Denn auch in dieser Schrift, wo Herakles als Lehrer der Tugend unter Jünglingen auftrat und dabei auf das Beispiel des von Chiron erzogenen Achilles hinwies, blieb die Mühe und Arbeit das höchste Gut und der wahre Weg zur Tugend und aller Liebenswürdigkeit[4]. Bis noch später Herakles zum Ideale des Weisen schlechthin im Sinne der kynischen und stoischen Schule geworden war, dem Viele nachstrebten, ein jeder in seiner Weise, z. B. zur Zeit der Antonine, wo diese aus Mythologie und Erkenntnifs gemischte Lebensweisheit besonders beliebt war, ein Kyniker von unge-

---

1) In ähnlicher Bedeutung erschienen beide bei Sophokles, Athen. 15, 35 $Σοφοκλῆς$ $δ'$ $ὁ$ $ποιητὴς$ $ἐν$ $Κρίσει$ $τῷ$ $δράματι$ $τὴν$ $μὲν$ $Ἀφροδίτην$ $ἡδονήν$ $τινα$ $οὖσαν$ $δαίμονα$ $μύρῳ$ $τε$ $ἀλειφομένην$ $παράγει$ $καὶ$ $κατοπτριζομένην$, $τὴν$ $δ'$ $Ἀθηνᾶν$ $φρόνησιν$ $οὖσαν$ $καὶ$ $νοῦν$ $ἔτι$ $δ'$ $ἀρετὴν$ $ἐλαίῳ$ $χριομένην$ $καὶ$ $γυμναζομένην$. Vgl. über die Personification der Tugend und der Lust bei Dichtern und Künstlern Welcker A. D. 3, 310 ff. t. 20 (*s. jedoch auch Klügmann Ann. d. Inst. 1871, 19 f).

2) Ein ähnlicher Gegensatz ist der zwischen Herakles und Andonis den jener gelegentlich für einen Nichtswürdigen erklärt haben soll, Zenob. 5, 47, Schol. Theokr. 5, 21, Hesych. Suid. $οὐδὲν$ $ἱερόν$.

3) Nam virtus mihi in astra et ipsos fecit ad Superos iter, Seneca Herc. Oet. 1942.

4) Diog. L. 6, 2. 16. 18. 104. 105, Plut. de vit. pud. 18, Eratosth. catast. 40, Prokl. in Plat. Alcib. p. 98.

wöhnlicher Leibeskraft dadurch dafs er am Parnafs im Freien lebte und sich durch Bekämpfung der Räuber und Strafsenbau um die dortige Gegend verdient machte[1]).

VII. Die Herakliden.

So viele Herakliden es auch in späteren Zeiten gab, man zählte ihnen zu Liebe gegen siebenzig Söhne des Herakles[2]), so war der Ruhm dieser Geschlechter doch bei weitem nicht so alt wie der der Aeakiden und Pelopiden, mit denen das älteste Epos sich so viel beschäftigt. Vielmehr scheint Herakles als Stammvater edler Geschlechter erst in den Stammbäumen der jüngeren Generationen figurirt zu haben und jedenfalls sind die dorischen Herakliden und die Erzählungen von ihrer sogenannten Rückkehr nach dem Peloponnes mit dem Rechtsanspruch an das Erbe oder die Eroberung ihres grofsen Ahnen ein Product erst der nachhomerischen Zeit.

Die Ilias weifs nur von Herakliden in Tiryns, auf Rhodos und auf Kos. In Tiryns leben nach dem Tode des Herakles seine Söhne und Enkel wie eine Familie. Da hat Tlepolemos, der Sohn der Astyocheia aus Ephyra am Flusse Selleeis, das Unglück den alten Likymnios, einen Halbbruder der Alkmene, aus Versehn zu erschlagen[3]). Also meidet er das Land, indem er sich mit vielem Volk einschifft und nach grofsen Beschwerden auf Rhodos landet, das er nun nach drei Stämmen mit den drei Städten Lindos Ialysos und Kameiros colonisirt und als glücklicher und vom Zeus gesegneter König beherrscht[4]). Zum Zuge gegen Troja führte er neun Schiffe. Als er dort geblieben, wurden seine Gebeine nach Rhodos gebracht und ein Gegenstand religiöser Verehrung. So erzählt Pindar, welcher seine Mutter mit andern alten Schriftstellern nicht Astyocheia nennt, sondern Astydameia und eine Tochter des Amyntor aus der Gegend von Pherae[5]), während man bei jener Stadt

---

1) Sostratos ein Boeotier, ὅτ᾽ Ἡρακλέα οἱ Ἕλληνες ἐκάλουν καὶ ᾤοντο εἶναι, Lukian Demon. 1.

2) Nach Plut. de frat. am. 21 waren es 68 Söhne, nach Antigon. Mirab. 111 (120) 71 Söhne und eine Tochter, nämlich Makaria. Vgl. Apollod. 2, 7, 8.

3) Sein Name hängt zusammen mit dem der alten Feste Λίκυμνα s. Str. S. 373, oben S. 55, 2.

4) Il. 2, 653—670. Nach Schol. Pind. Ol. 7, 42 wäre als Vater der Astyocheia nicht Phylas zu denken, sondern der Il. 2, 513 erwähnte Aktor.

5) Pind. Ol. 7, 20 ff. 77 ff., Schol. v. 36. 42, wo noch mehr Namen und Ueber-

Ephyra am Flusse Selleeis gewöhnlich an die alte und berühmte Stadt in Epiros d. h. am Acherusischen See gelegen (1, 665) und ihren König Phylas dachte¹). So unsicher blieben diese durch sehr verschiedene Rücksichten bestimmten genealogischen Ueberlieferungen.

Die Herakliden von Kos sind die beiden Söhne des Thessalos, Pheidippos und Antiphos, welche von Kos und den benachbarten Inseln mit dreißig Schiffen gegen Troja ziehen²). Gewöhnlich galt dieser Thessalos für einen Enkel des Königs Eurypylos, dessen Tochter Chalkiope nach dem Tode des Vaters die Beute des Herakles geworden (S. 236). Doch gingen Andre auch hier auf Epiros und Ephyra zurück, indem sie beide Söhne des Thessalos oder einen von ihnen nach der Rückkehr von Troja dahin verschlagen und später einen jüngeren Thessalos über den Acheloos nach Thessalien einrücken lassen, dessen der Homerischen Dichtung unbekannter Name auf diese Weise durch jenen Herakliden erklärt wurde³). Auch gab es in Thessalien edle Geschlechter, namentlich das der Aleuaden, welche sich so gut wie die spartanischen Könige der Abkunft vom Herakles rühmten⁴).

Die älteste Kunde von den dorischen Herakliden war die des jüngeren Hesiodischen Gedichtes Aegimios⁵), wo von diesem mythischen Könige der Dorier erzählt wurde daß er aus Dankbarkeit gegen Herakles dessen Sohn Hyllos adoptirt und nach diesem und seinen

---

lieferungen über die Mutter, 141 ff. von einem in Rhodos gefeierten Agon Τλη-πολίμεια.

1) Apollod. 2, 7, 6. S. 2. Diod. 4, 36, Steph. B. Ἐφύρα, obwohl Andre bei dieser Stadt an die in Elis dachten, Str. 8, 338, vgl. Müller Proleg. 363 ff. Auch die Geschichte vom Tode des Likymnios wurde verschieden erzählt, vgl. Schol. Il. 2, 662, Schol. Pind. Ol. 7, 36. 46. 49. Er galt für einen Sohn des Elektryon und der Midea, der Eponyme der alten Burg Midea, welche wiederholt neben Tiryns genannt wird und b. Plin. 4, 17 für Mantinea herzustellen ist. Ueber den Inhalt des Euripideischen Likymnios ist nichts Näheres bekannt.

2) Il. 2, 676—680.

3) Str. 10, 444, Vell. P. 1, 3, Polyaen 8, 44, Schol. Apollon. 3, 1090 u. A. Der Peplos des Aristoteles 39 (27) kennt sogar die Grabschrift von beiden in Ephyra. Andre nannten den Eponymen von Thessalien einen Sohn des Haemon, Steph. B. Αἱμονία.

4) Pind. P. 10 z. A., Buttmann Mythol. 2, 247 ff. Auch der Thessaler Eurylochos, der Anführer im krisaeischen Kriege, galt für einen Herakliden, während sich auf Kos die beiden edlen Geschlechter der Asklepiaden und Herakliden vielfach verschwägert hatten, so daß Hippokrates sich der Abkunft sowohl vom Herakles als vom Asklepios rühmen durfte.

5) O. Müller Dor. 1, 28. Vgl. oben S. 252.

beiden eignen Söhnen Pamphylos und Dymas die drei dorischen Phylen benannt habe. Hyllos galt für den Sohn der Deianeira, der sich nach dem Tode des Vaters mit der Iole, der Tochter des Eurytos von Oechalia vermählt und mit dieser den Kleodaeos zeugt[1]. Dessen Sohn war Aristomachos, der Vater der drei Herakliden Temenos Aristodemos und Kresphontes, unter denen die Dorier den Peloponnes eroberten. Eine der wichtigsten Thatsachen der älteren griechischen Geschichte, von welcher es eine einfach historische Ueberlieferung giebt[2] und eine mythische, in welcher das Geschichtliche mit oetaeischen, attischen und thebanischen Fabeleien seltsam vermischt ist. Nach denselben fanden alle Herakliden oder der gröfsere Theil derselben nach der Apotheose des Herakles zunächst Aufnahme bei dem guten Könige Keyx in Trachis[3], welcher sie aber auf die Länge gegen die Nachstellungen des noch immer feindseligen Eurystheus nicht zu schützen vermochte. Sie suchten und fanden also nun Schutz in der attischen Tetrapolis, wo man vorzüglich in Marathon, dem Orte eines alten Heraklesdienstes (S. 258) und in Trikorythos von ihren Niederlassungen erzählte[4]. Als Eurystheus sie auch da nicht leiden will, kommt es unter dem Oberbefehl des Theseus oder seines Sohnes Demophon, nachdem Makaria, eine Tochter des Herakles und der Deianeira, sich freiwillig geopfert, zu einem Treffen mit jenem alten Gegner des Herakles, in welchem Iolaos Wunder der Tapferkeit verrichtet und seinen endlichen Tod findet[5]. Eurystheus wird auf der Flucht bei den skironischen Felsen vom Hyllos ereilt und erschlagen, der Kopf des Erbfeindes von ihm der Alkmene

---

1) Auch von diesem wufste Hesiod, Schol. Apollon. 1, 824. Den Namen Ὕλλος hielten die Alten für einen lydischen, Paus. 1, 35, 6, Schol. Il. 24, 616 vgl. den Ζεὺς Ὕλλος einer karischen Inschrift Bull. d. Inst. 1853 p. 143. Müller combinirt ihn bekanntlich mit dem der illyrischen Hylleer, Dor. 1, 41.

2) Herod. 1, 56, Thukyd. 1, 12, Ephor. b. Steph. B. v. Δυμᾶνες, Str. 9, 427, Schol. Pind. P. 1, 121.

3) Nach Soph. Tr. 1151 ff. befand sich Alkmene mit einigen Herakliden in Tiryns, andre befanden sich in Theben, endlich Hyllos u. A. am Oeta. Nach Pherekydes b. Anton. L. 33 wurden die Herakliden vom Eurystheus aus Tiryns vertrieben. Hekataeos b. Longin de subl. 27 weifs von ihrer Vertreibung aus Trachis.

4) Deshalb verschonten die Spartaner im peloponnesischen Kriege die Tetrapolis, Diod. 12, 45, Schol. Soph. O. C. 701.

5) Str. 8, 377. Nach der thebanischen Sage fiel Eurystheus durch Iolaos, welcher schon gestorben zu diesem Kampfe noch einmal aus seinem Grabe aufersteht, Pind. P. 9, 79 ff. Schol.

gebracht, welche seine Augen mit ihren Haarnadeln ausgräbt. So dichtete Euripides in den Herakliden sammt andern Tragikern und Lobrednern Athens, bei denen der Schutz, welchen Theseus den bedrängten Kindern seines Freundes gewährt habe, bald zu den stehenden Phrasen gehörte. Doch ist es sicher dass die Grundzüge der Sage zur Zeit der Perserkriege bereits feststanden [1]).

Nach dieser Schlacht und dem Tode des Eurystheus sollen die Herakliden eine Zeitlang in Theben gewohnt haben, wo Alkmene ihren Tod fand und auf wunderbare Weise vom Zeus nach Elysion entrückt wurde, um dort mit dem frommen Rhadamanthys vermählt zu werden [2]), die Hocherhabene, in vielen Liedern als Zierde der Frauen Gefeierte, in der Nähe von Theben und in andern Gegenden gleich einer Göttin Verehrte. Andre dachten sie sich auf dem Olymp mit ihrem Sohne vereint, wie Semele mit dem Dionysos [3]). Aus jener Sage ist mit der Zeit die Landessage von einer Niederlassung des Rhadamanthys in Boeotien und von einer zweiten Vermählung der Alkmene mit ihm geworden [4]). In Theben soll das alte Geschlecht der Aegiden sich der Rückkehr der Herakliden in den Peloponnes angeschlossen haben [5]).

Da das delphische Orakel befohlen hatte „die dritte Frucht" abzuwarten, versucht Hyllos nach Ablauf von drei Jahren die Rückkehr auf directem Wege über den Isthmos. Doch wird er vom Atreus, dem Nachfolger des Eurystheus zurückgeschlagen und fällt selbst im Zweikampfe mit Echemos, dem tapfern Könige von Tegea, an der megarisch-korinthischen Grenze [6]). Das Orakel hatte nicht die dritte Frucht des

---

1) Herod. 9, 27. Vgl. Paus. 1, 32, 5. 44, 14, Apollod. 2, 8, 1. Diod. 4, 57. Müller Dor. 1, 54 ff. Der Altar des Mitleidens (βωμὸς Ἐλέου), bei welchem die Herakliden in Athen Schutz gesucht haben sollen, stand auf dem Markte in der Nähe des Altars des Zeus Agoraeos.

2) Pherekydes b. Antonin. L. 33. Ein Epigramm auf den verklärten Herakles, wie er seine verklärte Mutter nach Elysion führt, um sie dem Rhadamanthys zu vermählen, Epigr. Cyzic. 13. Vgl. Marcell. ad Regill. 59 ff. wo Alkmene neben der Semele in Elysion genannt wird. Im Kynosarges ein Altar der Alkmene und des Iolaos Paus. 1, 19, 3. Hebe und Alkmene in der Nähe des attischen Demos Aexone C. I. n. 93. 214. *Vgl. auch O. Jahn Bilderchr. S. 51 f.

3) Gerhard hyperb. röm. Stud. 1, 304. *Ein V. B., Alkmene auf dem Scheiterhaufen zeigend, das man früher auf eine Apotheose der Alkmene, ähnlich der des Herakles, deutete, wird jetzt anders erklärt, s. oben S. 177, 5.

4) Plut. Lys. 28, Apollod. 2, 4, 11.

5) Ephoros b. Schol. Pind. P. 5, 92. 101, I. 6, 18.

6) Eine alte Ueberlieferung, Herod. 9, 26, Schol. Pind. Ol. 11, 79, Paus. 1, 44, 14.

Landes, sondern die des Geschlechts gemeint, daher der Enkel des Hyllos, Aristomachos, der Sohn des Kleodaeos, von neuem in den Peloponnes einzudringen versucht, jetzt mit einem Orakel ausgerüstet welches ihm auf der „Wasserenge" den Sieg verheifsen hatte. Neuer Irrthum, denn das Orakel hatte nicht den Isthmos gemeint, sondern die Meeresenge von Rhion und Antirrhion, daher auch Aristomachos zurückgeschlagen und selbst von Tisamenos, dem Sohne des Orest, der jetzt in Myken herrscht, getödtet wird. Also zieht sein Sohn Temenos mit seinen beiden Brüdern Aristodemos und Kresphontes über Lokris, indem er sich in Naupaktos einzuschiffen versucht, aber auch dabei wegen der Erschlagung des Weifsagers Karnos durch den Herakliden Hippotes (1, 205) vom Unglück verfolgt wird. Das Orakel legt diesem die gewöhnliche Flucht von neun Jahren auf und befiehlt zugleich „den Dreiäugigen" zum Führer zu nehmen, der sich im Oxylos von Elis findet, da dieser ihnen aus seiner Heimath flüchtig auf einem einäugigen Pferde begegnet[1]). Jetzt kommt es von neuem zur Schlacht, in welcher die Herakliden siegen und Tisamenos fällt. So geht der Zug weiter durch Arkadien in das Herz der Halbinsel, achtzig Jahre nach der Zerstörung von Troja. Endlich die Theilung, bei welcher die Herakliden drei Altäre des Zeus Patroos errichten, auf diesen opfern und darauf um die drei Haupttheile loosen, Argos Lakedaemon und Messene. Jeder wirft ein Loos in ein mit Wasser gefülltes Gefäfs[2]), Temenos und die beiden Söhne des Aristodem, welcher unterwegs gestorben war[3]), einen Stein, Kresphontes eine Erdscholle, die sich im Wasser auflöst. Daher fällt ihm der fetteste Theil d. h. Messene zu, Argos dem Temenos, Lakedaemon dem Eurysthenes und Prokles, von denen sich die beiden Königsstämme in Sparta ableiteten[4]). Endlich

---

1) Paus. 5, 3, 5, Polyaen 1, 9. Nach Apollodor war Oxylos selbst der Einäugige. Er bekam zum Lohne für seinen Dienst die Landschaft Elis. Ueber die Ueberfahrt bei Naupaktos Str. 9, 427. Steph., Suid. v., Bekk. Anekd. 305 στεμματιαίον, μίμημα τῶν σχεδίων, αἷς ἐπλευσαν οἱ Ἡρακλεῖδαι τὸν μεταξὺ τῶν ῥίων τόπον, vgl. Hesych. v. στεμματιαίον, Müller Dor. 2, 344, 2.

2) Eine gewöhnliche Art zu loosen, s. O. Jahn b. Gerhard D. u. F. 1860 S. 83.

3) Die Spartaner wollten von dieser Ueberlieferung „der Dichter" nichts wissen, sondern behaupteten dafs Aristodemos selbst, der Sohn des Aristomachos, sie in ihr Land geführt habe, Herod. 6, 52.

4) Auf den drei Altären sollen sich drei Thiere gefunden haben, welche die Eigenthümlichkeit der drei Theile sinnbildlich darstellten, eine Kröte als Sinnbild von Argos, dessen Herrscher am besten thun würden zu Hause zu bleiben, ein

erzählte die Sage von düstern Katastrophen in dem Hause des Temenos und in dem des Kresphontes, welche Euripides gleichfalls in Tragödien behandelt hatte[1]), sammt der wunderbaren Geschichte des Archelaos, eines Sohns des Temenos, der von seinen Brüdern vertrieben nach Makedonien kam und dort durch seine aufserordentlichen Thaten die Krone gewann. Daher die Herakliden in Makedonien, zu denen sich nicht allein der königliche Stamm mit Alexander d. G. rechnete, dessen Münzen das Bild des Herakles durch alle Welt trugen, sondern auch die Ptolemaeer in Alexandrien[2]).

Ferner gab es verschiedene Stämme von Herakliden in Kleinasien, in Lydien das alte Königsgeschlecht, welches sich vom Herakles und der Omphale ableitete, in Mysien die vom Stamme des Herakles und der Auge und ihrem Sohne Telephos, und noch andre in Karien[3]). Die Ueberlieferungen von der Nachkommenschaft des Herakles und der Omphale standen in späterer Zeit keineswegs fest[4]), ja man dehnte diesen Stamm im Widerspruch mit den Angaben des Herodot auch über die ältere und jüngere Dynastie von Sardes aus, so dafs nun auch Tyrrhenos oder Tyrsenos, der Eponym der Tyrrhener in Griechenland und Italien, zu diesem Stamme gerechnet werden konnte. Daher es später in Argos hiefs dafs bei der Rückkehr der Herakliden ein Abkömmling des Herakles und der Omphale, Hegelaos, der Sohn des Tyrsenos, die Feinde durch den Schall seiner Trompete erschreckt

---

Drache als das von Sparta und seinen furchtbaren Angriffen, ein Fuchs als das der listigen Messenier. In Sparta war das Andenken und der Cult des Herakles ἀρχηγέτης sehr lebendig, s. Xenoph. Hellen. 6, 3, 6. Diog. L. 1, 117. Tyrtaeos fr. 2 u. 11 Ἡρακλῆος γὰρ ἀνίκητον γένος ἐστί.

1) Er dichtete einen Kresphontes, eins seiner vorzüglichsten Stücke, dessen Heldin die auch durch Vasenbilder und andre Bildwerke gefeierte Merope war, O. Jahn b. Gerhard D. u. F. 1854 n. 66, Temeniden und einen Archelaos, s. Nauck tr. gr. p. 339. 395. 463.

2) Ueber den Herakleskopf auf den M. Alexanders d. Gr. s. L. Müller Numism. d'Alex. le Grand p. 12 sqq., nach welchem dieser Kopf sein eignes Porträt nicht auf den von ihm selbst, sondern erst auf späteren, namentlich nach seinem Tode von einigen Städten geschlagenen ist. Der Stammbaum der Ptolemaeer b. Meineke Anal. Al. 346. *Zwei Inschriften aus Makedonien Ἡρακλεῖ θεῷ μεγίστῳ Rev. archéol. 1873, 2, 31.

3) Steph. B. Βάργασα. Ein Heraklide aus Mylasa Herod. 5, 121.

4) Herod. 1, 7 nennt den Sohn des Herakles Ἀλκαῖος, die Schol. Il. 21, 616 Ἀχέλης, Steph. B. Ἀχέλης nach Hellanikos Ἀχέλης, Apollod. 2, 7, 8 Ἀγέλαος, mit dem Zusatze ὅθεν καὶ τὸ Κροίσου γένος, Steph. B. v. Βάργασα nennt ihn Λάμος, Palaeph. 45 Λαομίδης. Zwei Städte in Lydien Namens Herakleia kennt Steph. B.

und das Heiligthum der Athena Salpinx gegründet habe¹), während in Italien Tyrrhenos bald ein Sohn des Herakles und der Omphale genannt wurde, bald ein Sohn des mysischen Telephos²).

Endlich rühmte sich auch die Insel Sardinien ein Erbe des Herakles und von Herakliden bevölkert zu sein, und zwar von den Söhnen der funfzig Thespiaden zu Thespiae in Boeotien, von denen sieben in Thespiae, drei in Theben geblieben, die übrigen vierzig aber unter der Anführung des Iolaos von Herakles nach Sardinien gesendet worden seien, wo Herakles und Iolaos eifrig verehrt wurden³). Indessen ist diese Sage zu einer griechischen offenbar erst durch Verwechselung des libyphoenikischen Iuba oder Iubal mit dem griechischen Iolaos geworden, dessen Name sehr verschieden ausgesprochen wurde⁴), wie denn auch der Herakles, als dessen Sohn der Eponym und Ktistes der Insel Sardus Pater auf Sardinien verehrt wurde, sicher der phoenikische und punische war⁵). Also wird auch der auf Sicilien in verschiedenen Gegenden und namentlich von den eingebornen Hirtenstämmen verehrte Iolaos, wie der Heraklesdienst an vielen Stellen, für eine Folge der phoenikischen und punischen Cultur zu halten sein⁶).

---

1) Paus. 2, 21, 3, Schol. Il. 18, 219, wo Μάλεως herzustellen ist vgl. Hesych v. αἰώρα u. Str. 5, 225, wo der Ort Regis villa in Etrurien so heifsen soll von Μάλεως, einem Sohne des Pelasgos, welcher sich mit seinen Pelasgern von dort nach Athen gezogen habe.

2) Str. 5, 219, Dionys. H. 1, 28, Röm. Mythol. 641. 666.

3) S. oben S. 180 u. Diod. 4, 29. 30, Apollod. 2, 7, 6, Paus. 7, 2, 2; 10, 17, 4, Aristot. Mirab. 100. Eine Stadt Herakleia auf Sardinien kennt Steph. B., einen Portus Herculis gab es im Süden der Insel, im Norden hiefs die Insel Asinara sonst Herculis Insula. In dem alten Olbia, jetzt Terranova, wo man sich attischer Ansiedlung rühmte (Thespiae ward zu Attika gerechnet und Thespios galt für einen Sohn des Erechtheus), ist ein bärtiger Herakles in Bronze gefunden, vgl. Bull. d. Inst. 1858 p. 42. Auch zu Cumae in Italien fabelte man von den Thespiaden, Fest. p. 266 Romam.

4) Auf der aeginetischen Vase b. Welcker A. D. 3, t. 6 heifst er Ϝιόλαος, bei Terentian Violens, auf einem etrusk. Spiegel Vilae, im attischen Dialekt Ἰόλεως. Ueber den libyphoenikischen Iuba, Iubal, Iarbal, welcher dem griechischen Asklepios entspricht, s. Movers Phön. 2, 2, 506, Stark Ber. d. sächs. Ges. 8, 32 ff.

5) Paus. 10, 17, 2, wo der Führer der libyschen Ansiedlung auf Sardinien heifst Σάρδος ὁ Μακέριδος, Ἡρακλέους δὲ ἐπονομασθέντος ὑπὸ Αἰγυπτίων τε καὶ Λιβύων d. i. Makar, ein andrer Name für Melkart s. oben S. 168, 1. Vgl. Sil. Ital. 12, 359 und den Sardus Pater auf sardinischen Münzen b. Eckhel D. N. 1, 270; 5, 245, R. Rochette Herc. Assyr. pl. 5. Σαρδοπάτορος ἱερόν Ptolem. geogr. 3. 3.

6) Diod. 4, 24. 30.

2. Theseus.

Theseus wurde oft der andre Herakles genannt (ἄλλος οὗτος Ἡρακλῆς), mit dem er in der That grofse Aehnlichkeit hat, sowohl in dem allgemeinen Charakter der Sage als in vielen einzelnen Zügen. Wie jener ist er ein Befreier seines Volkes und Landes von wilden Thieren und andern Ungethümen und Gefahren, wozu noch kommt dafs beide als engverbundene Freunde geschildert werden, wenigstens in der attischen Sage, welche diese Freundschaft immer geflissentlich hervorhob. Nur fehlt beim Theseus die tiefere Naturbedeutung und deren vielseitige Uebertragung in bildlichen und ethischen Vorstellungen. Dahingegen bei ihm so vielmehr das Politische hervortritt, ganz im Sinne der jüngeren Zeit und des attisch-ionischen Schauplatzes, welchem diese Sage vornehmlich angehört.

Das Wesentliche ist dafs Theseus der ionische Nationalheros war, daher sein Andenken mit dem des ionischen Poseidonsdienstes aufs engste verbunden war (1, 472), der ideale Sohn und Spröfsling dieses Gottes, der seinen Stamm an den Küsten und auf den Halbinseln und Inseln, über die er sich in seiner mythischen Vorzeit ausbreitete, durch tapfere Thaten Raum schaffte und namentlich Athen von schimpflicher Abhängigkeit befreite und zu besserer Ordnung anleitete. Obwohl hinsichtlich dieser nationalen Bedeutung des Theseus zu bemerken bleibt dafs der Schauplatz seiner Geschichte nur Troezen, der Isthmos, Attika, Euboea, von den Inseln Skyros, Delos, Naxos und Kreta sind, nicht das asiatische Ionien, welches bis auf unbedeutende Ausnahmen von Theseus und den Thesiden nichts gewufst zu haben scheint[1]).

Damit mag es zusammenhängen dafs diese Namen auch dem älteren Epos unbekannt geblieben sind. Alle Stellen der Ilias und Odyssee, wo von Theseus und seinen Söhnen die Rede ist oder auf die Sage von ihnen angespielt wird, sind mehr oder weniger verdächtig[2]), dahingegen das jüngere Epos des Arktinos und Lesches so wie das Hesiodische einige Hauptzüge aus derselben allerdings kannten.

---

1) In Smyrna erzählte man in späteren Zeiten dafs Tantalos Alt-Smyrna am Sipylos, Theseus Neu-Smyrna nach dem Amazonenkriege gegründet habe, wie denn auch der Name Smyrna der einer Amazone sei. Neben diesen beiden rühmte man sich als dritten Gründers Alexanders d. Gr. Tacit. A. 4, 56. Aristid. 1 p. 372. 425. 431. 436. 440. 763 Ddf., Steph. B. Σμύρνα. Bei Herod. v. Hom. 2 ist Theseus ein Aeoler aus Thessalien und Smyrna seine Frau.

2) Nitzsch z. Od. Bd. 3, 357, Stephani Theseus u. d. Minotauros 6. 7.

Immer scheint in Attika, vorzüglich in der Gegend von Marathon und Aphidnae, das Andenken an diesen Helden lebendig geblieben zu sein. Um die Zeit da die attische Bildung und Sage sich selbständiger zu regen anfing d. h. in der des Solon und Peisistratos mögen auch die ältesten Aufzeichnungen und Gedichte von solchem Inhalte entstanden sein, die man allgemein Theseiden nannte[1]). Dann wurde durch die Schlacht von Marathon auch diesen patriotischen Erinnerungen neues Leben verliehen. Man hatte während dieser Schlacht den Theseus gesehen wie er in voller Rüstung seine Landsleute gegen die Barbaren führte, und so wurde denn bald nach den Perserkriegen von der Pythia der Ausspruch gethan dafs die Gebeine dieses Helden von der Insel Skyros, wo er sein Ende gefunden, nach Athen gebracht werden müfsten. Dieses wurde durch Kimon ausgeführt und darauf mitten in der Stadt das Theseion und ein Festtag zur Feier der Rückkehr von Kreta am achten Pyanepsion gestiftet, neben welchem auch in den übrigen Monaten der achte Tag an ihn und seinen Vater Poseidon erinnerte[2]). Seitdem wetteiferten Kunst und Dichtung die Thaten dieses Heroen zu verherrlichen. Die Tempel, die Hallen schmückten sich mit seinen Heldenthaten, mit den Amazonen- und Kentaurenschlachten, in denen der attische Theseus nun eine Hauptfigur wurde, und die attische Bühne wie die attische Sagenschreibung trugen gleichfalls dazu bei sein Bild immer lebendiger zu machen, mit den Alterthümern der Stadt und des Landes zu verschlingen, es im Sinne der Zeit ins Anmuthige und Romantische zu verschönern, bis der Stifter von Athen, der Mutterstadt aller feineren Bildung, zuletzt zum Gemeingut der gebildeten Welt geworden war[3]). Auch gab es in

---

1) Welcker ep. Cycl. 1, 313 ff.; 2, 424, O. Jahn Archäol. Beitr. 271, 41, Nitzsch Sagenpoesie 22.

2) Plut. Thes. 35. 36, wo die Beziehung der Worte καὶ κεῖται μὲν ἐν μέσῃ τῇ πόλει παρὰ τὸ νῦν γυμνάσιον auf das jetzt gewöhnlich sogenannte Theseion *vielfach angefochten ist, zuletzt von Wachsmuth d. Stadt Athen 1, 357 ff.; vertheidigt wird dieselbe von A. Schultz de Theseo, Diss. Breslau 1874. vgl. auch Wissensch. Mtsblätter (Königsberg 1874) 2, 179 ff. — Das Fest der Θήσεια wird in attischen Inschriften nicht selten erwähnt. Das Hauptfest am 8. Pyaneps. wurde mit Spielen gefeiert, worunter auch Wettrennen und ein Fackellauf, Hesych ἱππόδρομος, *A. Mommsen Heortol. 269 ff., Sauppe Götting. Nachr. 1864, 212 ff., K. Keil Philol. 23, 240 f., Schultz l. c. p. 50 sq. — Auf die übrigen Monate bezieht sich Hesych ὀγδόδιον θυσία παρὰ Ἀθηναίοις τελουμένη, Θησεῖ. Am 8. Hekatomb. wurde die Ankunft des Theseus in Athen gefeiert, Plut. Thes. 12.

3) ὁ τῶν καλῶν καὶ ἀοιδίμων οἰκιστὴς Ἀθηνῶν, Plut. Thes. 1. Hauptquellen

der griechischen Heldensage später kaum eine hervorragende That oder ein solches Abenteuer, bei welchem nicht Theseus oder seine Söhne betheiligt worden wären[1]).

a. Geburt und Jugend[2])

Sein Vater Aegeus d. i. eigentlich Poseidon wurde gewöhnlich ein Sohn des Pandion genannt (S. 156), aber von Einigen ein Sohn des Skyrios, was sehr bemerkenswerth ist, da es auf die Insel Skyros hinweist, wo demnach höchst wahrscheinlich ein alter Dienst des ionischen Poseidon bestanden hat[3]). Nachdem die Pandioniden die Metioniden vertrieben haben, herrscht Aegeus in Athen. Aber seine Ehe bleibt ohne Kinder, daher er sich an das Orakel zu Delphi wendet, welches mit einem bildlichen Spruch antwortet[4]). Da Aegeus diesen nicht versteht, wendet er sich an den weisen Pittheus in Troezen. Dieser macht ihn trunken und legt ihn seiner Tochter Aethra bei, einer Geliebten des Poseidon, die in derselben Nacht von diesem Gotte empfängt, der eigentlich für den Vater des Theseus gehalten wurde[5]). Er gab ihm die Macht von drei Wünschen, die nicht unerhört bleiben sollten (Eurip. Hippol. 46), und als Minos auf Kreta Zweifel in seine Abkunft von Poseidon setzte und um ihn zu prüfen seinen Ring ins Meer warf, tauchte Theseus alsbald unter und kam wieder herauf mit

---

sind diese Schrift Plutarchs u. Apollodor 3, 15. Daneben aufserordentlich viele Bildwerke, s. Müller Handb. § 412, 1. 2. *Ueber die von Plutarch benutzten Quellen vgl. G. Gilbert Philol. 33, 46 ff.

1) Daher das Sprichw. οὐκ ἄνευ γε Θησέως Zenob. 5, 33, Plut. Thes. 29.

*2) Die literarischen Zeugnisse über Geburt und Jugend des Theseus und seinen Weg nach Athen sind mit grofser Ausführlichkeit zusammengestellt von N. Schell de Troezene urbe dissertationis p. III, Ofen Progr. 1860.

3) Apollod. 3, 15, 5, wo Heyne die Lesart Σκυρίου ohne Grund bezweifelt, s. Tzetz. Lykophr. 404 u. Plut. Thes. 35 οὔσης αὐτῷ πρὸς τοῖς ἐκεῖ φιλίας καὶ χωρίων ἐν τῇ νήσῳ πατρῴων. Auch der Sturz des Theseus oder eines Sohnes des Poseidon ins Meer beruht vermuthlich auf alter Sage, desgleichen der des Aegeus, von welchem der Name des Aegeischen Meeres abgeleitet wurde, quod eo Aegeus pater Thesei se praecipitaverit, Paul. D. p. 24.

4) Nach Apollodor: ἀσκοῦ τὸν προὔχοντα ποδάονα (*Hercher: πόδα, μέγα) φέρτατε λαῶν μὴ λύσῃς πρὶν ἐς ἄκρον Ἀθηναίων ἀφίκηαι, vgl. Eurip. Medea 663 ff., Plut. Thes. 3. Aegeus in Delphi, Themis als Pythia b. Gerhard A. V. t. 328, D. A. K. 2, 947, *Bd. 1, 391, 3.

5) Die Sage von Troezen b. Plut. 6, vgl. Hygin f. 37. Poseidon in ionischer Bekleidung die Aethra verfolgend auf einem Vasenbilde bei Gerhard A. V. t. 12.

dem Ringe und einem goldnen Kranze, den ihm die Amphitrite geschenkt hatte¹).

Er bekommt den Namen Θησεύς, der verschieden erklärt wird, aber immer durch τιθέναι. Sein Erzieher ist Pittheus, dessen Sprüche der Weisheit und Tugend bei den Alten berühmt waren²). Die Palaestra übte seine Glieder und auf der Laute brachte er es bald zur Meisterschaft. Die Locken seines Vorderhauptes weihte er dem delischen Apoll³), die des hinteren Hauptes trug er lang, wie bei Homer die Abanten von Euboea das Haar tragen und wie es vermuthlich auch die ältere ionische Nationalsitte war. Als Aegeus in Troezen von der Aethra Abschied nahm, legte er sein Schwerdt und seine Sohlen unter einen schweren Felsen im Gebirge zwischen Troezen und Hermione. Sobald sein Sohn im Stande sei diesen Felsen zu heben, solle sie ihn mit dem Schwerdt und den Sohlen nach Athen schicken. Als Theseus sechszehn Jahre alt war, führte ihn die Mutter zu dem Felsen, nannte den Namen seines Vaters, und der Jüngling hob mit leichter Mühe den Felsen⁴).

b. Der Weg nach Athen und der Kampf mit den Pallantiden.

Es gab eine Zeit wo der ionische Stamm die ganze Küste von Troezen über den Isthmos bis Athen beherrschte, daher Theseus als der Reiniger dieses Wegs von allen Gefahren der Natur oder räuberischer Sitte erscheint, vermuthlich mit besonderer Beziehung auf die Heiligthümer des isthmischen Poseidon, welche in älterer Zeit ionisch waren und deshalb für eine Stiftung des Theseus galten. Seine Thaten

---

1) Paus. 1, 17, 3, Hygin P. A. 2, 5, wo dieser Kranz identisch ist mit dem an den Himmel versetzten der Ariadne, die ihn vom Theseus bekommen habe. *Vgl. das V. B., welches De Witte Bull. d. Inst. 1872, 191 f. beschreibt, auf dem Athena, Theseus, Triton und Amphitrite durch Inschriften bezeugt sind.

2) Schneidewin de Pittheo Troezenio, Gott. 1842. Für seinen Pädagogen galt Konnidas, dem in Athen am Tage vor den Theseen ein Bock als Todtenopfer dargebracht wurde, Plut. 4.

3) Schol. Il. 2, 11. Andre nannten den Apoll zu Delphi, wo es einen Platz Θησεία gab, und allerdings war auch dieser Apoll ionischer Nationalgott, s. S. 154. Diese Art das Haar zu scheeren hiefs Θησηίς. Auf Bildwerken älterer Zeit findet sie sich auch oft bei andern Heroen.

4) Ein oft von den Künstlern gebildeter u. gemalter Act, auf der Burg von Athen in einer Gruppe von Erz, Paus. 1, 27, 8. Das Vasenbild bei Gerhard t. 158 scheint den Abschied von der Aethra auszudrücken. Das Oertliche b. Paus. 2, 32, 7, nach welchem diese s. g. πέτρα Θησέως früher βωμὸς Σθενίου Διὸς genannt wurde und der dort entspringende Flufs Ταύριος.

auf dem Wege von Troezen nach Athen haben insofern grofse Aehnlichkeit mit denen des Herakles auf der pythischen Processionsstrafse von Delphi durch Thessalien an den Olymp. Der Cyclus dieser Thaten des Theseus, deren sechs sind, ordnete sich von selbst nach einer örtlichen Folge und ist auf den Bildwerken des ausgebildeten Kunststils eben so häufig als es auf den Vasengemälden von alterthümlicher Zeichnung die Thaten des Herakles sind[1]).

1. Als er über das sehr unwegsame Grenzgebirge zwischen Troezen und Epidauros geht[2]), trifft er auf den Periphetes d. h. den Hochberühmten, einen Sohn des Hephaestos, der wie sein Vater auf schwachen Beinen lebte, aber eine eiserne Keule führte (daher Κορυνήτης), mit welcher er die Vorübergehenden tödtete. Theseus tödtete ihn und nahm seine Keule[3]).

2. Auf dem korinthischen Isthmos trat ihm Sinis d. h. der Beschädiger, der Räuber entgegen, genannt der Fichtenbeuger (Πιτυοκάμπτης), weil er die Wanderer zwang mit ihm eine Fichte niederzubeugen, dann plötzlich losliefs und die Zerschmetterten vollends tödtete[4]). Theseus nahm ihm auf dieselbe Weise das Leben und stiftete in derselben Gegend später die isthmischen Spiele in gelichteter Fichtenwüstung. Bis in diese Gegend reichte, so lange die Pelopiden über die Pelopsinsel herrschten, die Grenze von Ionien[5]), und immer behielten die Athenienser bei den Isthmien gewisse Ehrenrechte.

---

1) Aufser den Bildwerken am Theseion s. Gerhard A. V. t. 159 ff., O. Jahn Einl. in die Vasenk. CCXIII, B. Stark b. Gerhard D. u. F. 1860 S. 123 ff., *O. Jahn D. u. F. 1865, 24 ff., De Witte Bull. 1872, 190 ff., Stephani compt. rend. 1866, 177; 1867, 23, Rutgers Ann. d. Inst. 1863, 159 ff.

2) Curtius Pelop. 2, 430. Epidauros selbst war in alter Zeit ionisch wie Troezen und alle diese Küstenpunkte.

3) Κορυνήτης nach Il. 7, 138, wo Areithoos σιδηρείῃ κορύνῃ ῥήγνυσκε φάλαγγας. Περιφήτης wie Περίφημος.

4) Σίνις von σίνομαι, wie die Σίντιες, Σίνων u. a., vgl. das Fr. der Epigonen b. Schol. Soph. O. C. 378 Αἰτόλυκον, πολέων κτεάνων σίνιν Ἄργει κοίλῳ, Lykophr. 539, auch von Raubthieren und Raubvögeln, Aesch. Ag. 718, Kallim. Ap. 92. Bei Apollodor heifst er ein Sohn Πολυπήμονος καὶ Συλέας τῆς Κορινθίας d. h. des Vielschädigers und der Berauberin. Das Niederbeugen der Fichte beschreibt Hygin f. 38 eben so, dahingegen nach Diod. 4, 59 zwei Fichten zusammengebogen, der Fremde an dieselben gebunden und von ihnen, indem Sinis sie plötzlich auseinanderfahren liefs, zerrissen wurde, vgl. die Execution des Kaisers Aurelian b. Flav. Vopisc. 7. Eine Tochter des Sinis soll vom Theseus den Melanippos geboren haben, Paus. 10, 25, 3, Plut. Thes. 9.

5) Die Tradition von dem alten Grenzsteine mit der Aufschrift gegen Morgen

3. In der beengten und waldigen Gegend von Krommyon trifft er auf eine sehr starke Sau, die man die Graue nannte (Φαιά). Auch sie fiel dem Theseus.

4. Auf dem gefährlichsten Punkte des Passes, wo schroffe Felsen und Klippen sich hoch emporthürmen, Zeus von oben Gewölk und Sturm sandte, Ino mit ihrem Melikertes in wilder Angst ins Meer gesprungen war, hatte sich der Räuber Skiron oder Skeiron eingenistet. Der zwang alle Wanderer ihm die Füsse zu waschen und stiefs sie, wenn sie vor ihm niederknieeten, ins Meer hinab, wo eine grofse Seeschildkröte geschlichen kam und die zerschellten Glieder auffrafs. Theseus that ihm wie er Andern gethan hatte. Es scheint wohl dafs dieser Skeiron, den Euripides durch ein Satyrdrama verherrlicht hatte, ein Bild für die heftigen Stürme ist, welche den Wanderer von den Skeironischen Felsen, so hiefs dieser Pafs, leicht in die See hinunterstiefsen, wo die Klippen seine Glieder zerschellten. Denn die Gefahr dieser Klippen am Fufse des Passes war für den Seemann keine geringere als die der abschüssigen Felsenwand oben für den Wanderer¹).

5. Bei Eleusis, nicht weit von der megarischen Grenze, erwartete ihn der Kampf mit Kerkyon, der Alle die des Weges zogen mit ihm zu ringen zwang, ein Kampf welcher in der Geschichte der attischen Palaestra nicht weniger berühmt war als der des Herakles mit Antaeos. Zugleich befreite er die von ihrem Vater Kerkyon mifshandelte Alope, welche vom Poseidon den Hippothoon geboren hatte, und gab diesem das Reich (1, 483).

6. Nicht weit vom Ausgange nach Eleusis²) züchtigte er den Damastes oder Polypemon d. h. den Zwinger, den Schädiger, den man gewöhnlich Prokrustes nannte, weil er die bei ihm Einkehrenden auf ein Lager zwang und wenn sie zu lang waren die überschüssigen Glied-

---

τάδ' οὐχὶ Πελοπόννησος ἀλλ' Ἰωνία, gegen Abend τάδ' ἐστὶ Πελοπόννησος οὐκ Ἰωνία b. Str. 9, 392, Plut. Thes. 25.

1) Hesych Σκίρων ἀργέστης, δοκεῖ δὲ ἀπὸ τῶν Σκιρωνίδων πετρῶν καταπνεῖν, vgl. Str. 1, 28 u. das Epigramm des Simonides Anth. Pal. 7, 496. Der Verfasser glaubte dort von oben eine Klippe in Gestalt einer grofsen Schildkröte zu sehn. Der Name Σκίρων hängt wohl zusammen mit σκῖρος trocken, felsig, kreidig (1, 168, 3), so dafs zuerst die Felsen und nach ihnen der Wind so genannt worden wäre.

2) Plut. Thes. 11, wo zu lesen ist ἐν Ἐρινεῷ, vgl. Paus. 1, 38, 5. Nach Diod. 4, 59 wohnte Prokrustes ἐν τῷ λεγομένῳ Κορυδαλλῷ τῆς Ἀττικῆς d. h. in der Gegend des Klosters Dafne, beim Uebergange aus der Ebene von Eleusis in die von Athen.

maafsen abhackte, wenn sie zu kurz waren die Füfse länger hämmerte (προκρούειν).

Nun ist der Weg frei und er kommt ungehindert bis an den Kephissos bei Athen, wo ihn die freundlichen Phytaliden (I, 480) vom vergossenen Blute reinigten und darauf in die Stadt führten. Als er durch die Stadt zu seinem Vater geht, der zarte Jüngling mit dem schleppenden ionischen Gewande und zierlich aufgebundenem Haar, spotten die bei einem Tempelbau beschäftigten Arbeiter des schönen Mädchens, das so allein herumstreiche. Da spannt er die Stiere von einem Wagen und wirft den Wagen so hoch in die Luft, bis über die Köpfe der Arbeiter auf dem Dach, dafs Alle erstaunten[1]. Beim Aegeus trifft er die aus Korinth geflüchtete Medea, mit welcher sich Aegeus inzwischen vermählt hatte. Sie weifs dafs sie den Sohn des Hauses vor sich hat und beredet Aegeus den Unbequemen zu vergiften. Schon stand der Giftbecher bereit, da zieht Theseus sein Messer zum Mahle, der Vater erkennt ihn daran und an den Sohlen seiner Füfse, stöfst den Becher um und fällt in die Arme des lange entbehrten Sohnes. Medea wird verbannt und begiebt sich mit Medos, ihrem Sohne vom Aegeus, nach Medien. Man merkt an der Erzählung den Einflufs einer Tragödie des Euripides, welche Aegeus betitelt war[2].

Schon war der alternde König durch seine anhaltende Kinderlosigkeit in grofse Gefahr gerathen. Sein Bruder, der rauhe Pallas, hatte funfzig riesenstarke Söhne[3], die den Aegeus in Athen verachteten und gierig nach seinem Reiche sahen. Als die von dem verlornen Sohne aus der Fremde hörten, thaten sie sich alle zusammen und zogen mit dem Vater gegen Athen. Ein Haufe rückte auf offener Strafse von Sphettos her, ein anderer hatte sich bei Gargettos in einen Hinterhalt gelegt um dem Theseus wenn er mit jenem kämpfte in den Rücken zu fallen. Aber ein Herold verrieth dem Sohne des Aegeus diesen Anschlag, daher sich Theseus gleich auf jenen Hinter-

---

1) Paus. 1, 19, 1.

2) Schol. Il. 11, 741. Plut. Thes. 12, Paus. 2, 3, 7 u. A. Den Moment der Erkennung vergegenwärtigt ein vielfach fälschlich durch Nestor und Machaon erklärtes, in mehreren Exemplaren vorhandenes Terracottarelief, s. O. Jahn Arch. Aufs. 185, 6, Stark Arch. Stud. 93, *Heydemann Analecta Thesea, Diss. Berl. 1865, p. 13 f.

3) Sophokles b. Str. 9, 392 ὁ σκληρὸς οὗτος καὶ γίγαντας ἐκτρέφων Πάλλας. Vgl. Müller in den hyperb. röm. Studien 276 ff., *Schultz de Theseo p. 41 ff.

halt warf und Alle umbrachte, so daſs die Andern von selbst umkehrten¹).

c. Androgeos und der Marathonische Stier.

Die Gegend von Marathon und Aphidnae scheint wie bemerkt das eigentliche Stammland der attischen Theseussage zu sein. Den letzteren Ort nennt die Sage vom Raube der Helena als die feste Burg des Theseus (S. 113) und dieses wiederholt sich in einer Erzählung, nach welcher Theseus zum Zuge nach Kreta von Aphidnae nach Athen kam²). Bei der Schlacht bei Marathon rief sich der Held zuerst aus der Erde aufsteigend seinen Landsleuten ins Gedächtniſs zurück (Paus. 1, 15, 4) und der Freundschaftsbund mit Peirithoos so wie der Aufenthalt der Herakliden wird gleichfalls vorzugsweise in diese Gegend verlegt. So ist auch die Sage vom Marathonischen Stier in dieser Hinsicht bemerkenswerth, zumal da er ein Symbol orientalischen Ursprungs zu sein scheint und mit alten Erinnerungen an die Abhängigkeit von Kreta verbunden war. Ausdrücklich wird er mit dem Sonnenstier des Minos identificirt, welcher vom Herakles gebändigt in jene Gegend sich verlaufen habe, eine verheerende Plage für Menschen und Vieh (S. 200). Schon waren andre Helden demselben erlegen, da zieht Theseus gegen ihn, bändigt ihn wie früher Herakles gethan, führt ihn lebendig nach Athen und opfert ihn dort dem Apollo Delphinios, dessen Dienst und Heiligthum in Athen auch sonst wiederholt in der Geschichte des Aegeus und Theseus genannt wird³). An die Erzählung von diesem Abenteuer knüpfte sich als Episode, wie bei dem Kampfe des Herakles mit dem Löwen die vom Molorchos, die von Kallimachos in einem besonderen Gedichte ausgeführte Fabel von dem guten alten Mütterchen Hekale, die den schönen Jüngling, ehe er gegen den wilden Stier zieht, mit groſser Liebe aufnimmt und pflegt und für seine glückliche Rückkehr

---

1) Die Straſse von Sphettos ist die aus der Mesogaea zwischen dem Hymettos und Brilessos (Pentelikon) nach Athen führende. Gargettos lag am Fuſse des Brilessos. Auch in den benachbarten Demen Hagnus und Pallene beschäftigte sich die örtliche Ueberlieferung mit diesem Kampfe, s. Plut. Thes. 13, Roſs Demen v. Attika 53.

2) Schol. Il. 18, 590.

3) Nach Plut. 12 wohnte Aegeus beim Delphinion. Nach Paus. 1, 27, 9 opferte Theseus den Stier der Burggöttin Athena, auch sah man auf der Burg eine Gruppe von Erz, Theseus mit dem Stier. Vgl. die Metope vom Theseustempel, Gerhard A. V. t. 162, ' Bull. d. Inst. 1872, 194. Heydemann Analecta Thesea p. 22 sqq.

dem Zeus Soter Opfer gelobt. Doch stirbt sie vor dem Wiedersehn, worauf Theseus ihr heroische Ehren und dem Zeus Hekaleios einen Dienst stiftete, zu welchem sich die umliegenden Demen bei gemeinschaftlichem Opfer zu versammeln pflegten[1].

d. Der Befreiungszug nach Kreta.

Wie dieses der bekannteste Theil der Theseussage ist, so scheint er auch der älteste zu sein. Schon die Odyssee 11, 321 erwähnt der Ariadne und ihrer Entführung durch Theseus, hernach dichteten die Kyprien, Sappho und Simonides, Sophokles und Euripides von ihrer Liebe und von ihren Schicksalen. Dazu die vielen darauf bezüglichen Cultustraditionen in Athen und Delos, namentlich im Gottesdienste des attisch-ionischen Apollo mit seinen auf Schifffahrt und Sühnung gerichteten Gebräuchen. Endlich sind auch unter den Vasenbildern die den Tod des Minotauros betreffenden bei weitem die alterthümlichsten und die Vase des Ergotimos und Klitias, die sg. François-Vase, welche mit höherem Alterthum einen grofsen Reichthum an mythologischen Bildern vereinigt, einen kleinen Cyclus beliebter Geschichten aus der Götter- und Heroenwelt, hat in diesen auch eine Darstellung des ersten Jubels über den Tod des Minotauros aufgenommen[2].

Als Veranlassung der Rache des Minos und der Sendungen von sieben Knaben und sieben Mädchen nach Kreta und in das Labyrinth des Minotauros wird immer angegeben der durch Verrath herbeigeführte Tod des Androgeos, eines Sohnes des Minos, und eine in Folge davon verhängte schwere Landesplage[3]. Von Androgeos erzählte die attische Sage und die der Insel Paros. In Athen feierte man ihm im Kerameikos Leichenspiele unter dem Namen Ἐπφυγέτης d. h. des Käm-

---

1) Plut. Thes. 14, Naeke Callimachi Hecale, Bonn 1845 (Opusc. 2), *O. Schneider Callim. 2 p. 174 sqq. — Ueber den Demos Ἑκαλή am Wege von Athen nach Marathon s. Rofs a. a. O. 67.

2) Mon. dell' Inst. 4, 54—57, Gerhard D. u. F. 1850 n. 25. 26, vgl. O. Jahn Einl. in die Vasenk. CLII—CLVII, H. Brunn Bull. d. Inst. 1863, 188ff. Die Bilder sind die der Hochzeit des Peleus und der Thetis, der Rückkehr des Hephaestos auf den Olymp, die kalydonische Eberjagd, der Tod des Troilos durch Achill, die Leichenspiele des Patroklos, die Feier über den Tod des Minotauros, der Kampf zwischen Lapithen und Kentauren, abgesehen von einigen kleineren Gruppen. Zu den b. Stephani (oben S 123, 5) angeführten alterthümlichen Vasenbildern, die den Tod des Minotauros darstellen, ist hinzuzufügen Bullet. Nap. N. S. (1856) t. 13 und Mon. d. I. 6, 15.

3) Catull. 64, 76ff.

pfers von breiten und kräftigen Gliedmafsen¹) und erzählte dabei die Geschichte seines Todes auf verschiedene Weise. Bald zieht er sich durch seine aufserordentliche Stärke und Tapferkeit, mit welcher er bei der Panathenaeenfeier Alle besiegt, den Hafs der Kämpfer aus Athen und Megara in solchem Grade zu, dafs sie ihm auf dem Wege nach Theben zu den Leichenspielen des Laios einen Hinterhalt legen und ihn erschlagen, bald macht er sich dem Aegeus verdächtig, der ihn auf dieselbe Weise oder dadurch dafs er ihn gegen den Marathonischen Stier sendet auf die Seite räumt²). In der Hafenstadt Phaleron hatte er einen Altar unter dem Namen des Heros oder des Heros vom Schiffsende, denn dort pflegten die attischen Schiffer sein Bild aufzustellen³). Immer ist Minos, gerade auf Paros mit einem Opfer der Chariten beschäftigt, über seinen Tod aufs tiefste ergrimmt, so dafs er alsbald eine Flotte rüstet und zuerst Megara bestraft, wo die Liebe der Skylla den eignen Vater Nisos opfert⁴). Dann zog er gegen Athen und wufste, als der Krieg sich in die Länge zog, es bei seinem Vater Zeus zu erwirken dafs Athen mit Hungersnoth und Pestilenz heimgesucht wurde. Umsonst versuchte man es in dieser Noth mit dem Opfer der Hyakinthiden, der Töchter des Hyakinthos aus Lakedaemon, welche auf dem Grabe des Kyklopen Geraestos ihr jungfräuliches Leben dahingaben⁵). Athen mufste nachgeben und auf Befehl des Orakels das thun was

---

1) Hesych ἐπ' Εὐρυγύῃ ἀγών, wo auf den alten Atthidenschreiber Melesagoras verwiesen und ein Vers aus Hesiod citirt wird: Εὐρυγύης δ' ἔτι κοῦρος Ἀθηνάων ἱερῶν, wahrscheinlich zu lesen δ' ἐπίκουρος, so dafs er nach erfolgter Sühne seines Todes als schützender Dämon, namentlich wie es scheint zur See verehrt worden wäre.

2) Apollod. 3, 15, 7, Diod. 4, 60, Schol. Plat. Min. 213, Serv. V. A. 6, 14.

3) Paus. 1, 1, 4, Clem. Al Protr. p. 35 P. mit den Scholien v. 4 p. 109 ed. Klotz, welche sich auf Kallimachos ἐν δ' τῶν αἰτίων berufen, fr. 33 b, ed. Schneider.

4) Bd. 1, 508. Weil Minos bei jenem Opfer auf Paros von der Todesbotschaft überrascht den Kranz vom Kopfe warf und der Flöte Schweigen gebot, wurde das Opfer an die Chariten auch später ohne Kranz und Flöte begangen.

5) Apollod. 3, 15, 8, Harpokr. Ὑακινθίδες, Hygin f. 238. Ihre Namen waren nach Apollodor Ἀνθηίς, Αἰγληίς, Λουσία (Steph. B. v.), Ὀρθαία. Sie waren nach Demosth. Epitaph. p. 1397 identisch mit den Erechthiden (S. 153), weil diese sich ἐν τῷ Ὑακίνθῳ καλουμένῳ πάγῳ ὑπὲρ τῶν Σφενδονίων geopfert haben sollen, Suid. v. παρθένοι. Vgl. Diod. 17, 15 δεῖν τοὺς ἐξατομένους μιμήσασθαι τὰς Λεὼ κόρας καὶ τὰς Ὑακινθίδας καὶ τὸν θάνατον ἑκουσίως ὑπομεῖναι ἕνεκα τοῦ μηδὲν ἀνήκεστον παθεῖν τὴν πατρίδα.

Minos forderte, dafs alle neun Jahre sieben Knaben und eben so viele Mädchen nach Kreta geschickt und in das von Daedalos gebaute Labyrinth gethan würden, dem Minotauros zum Frafs, wie sich die gewöhnliche Erzählung in Attika ausdrückte[1]). Denn das Pathos der Tragödie hatte auch in dieser Hinsicht den Sieg über die Wahrheit der Thatsache hinweggetragen, da diese Sendungen mit dem ennaeterischen Cyclus offenbar eigentlich mit gewissen Sühnungsgebräuchen zusammenhängen und jene Knaben und Mädchen keineswegs geopfert, sondern nur Hierodulen des Cultus wurden, dessen Symbol Minotauros war (S. 124). Doch bleibt die Abhängigkeit von Kreta und die attisch-ionische Bevölkerung der Inseln und Halbinseln mochte sich erst nach schweren Kämpfen von dieser befreit haben.

Zum drittenmal sollte die traurige Sendung nach Kreta abgehen, die Dichter und Künstler haben sogar die Namen der Knaben und der Mädchen bewahrt[2]), da bestieg auch der Heldensohn des Aegeus das Schiff mit den schwarzen Segeln, nachdem er mit dem Vater verabredet, bei glücklicher Rückkehr weifse Segel aufzusetzen[3]). Ehe er abfuhr, es war am sechsten Munychion, am Tage der Delphinien, legte er den Zweig der flehenden Bitte ins Heiligthum des Apollo Delphinios, des Helfers zur See, daher ein ähnlicher Gebrauch an den Delphinien fort und fort beobachtet wurde. Das delphische Orakel soll ihm gerathen haben Aphrodite zu seiner Führerin über See zu machen; da er ihr am Gestade eine Ziege opferte, ward diese zum Bock und darüber Aphrodite Epitragia genannt[4]). Es ist die Göttin des beruhigten Meeres, aber auch die der Liebe, deren Macht Ariadne, die reizende Tochter des grimmen Minos empfinden sollte. Dieser Liebe zu Gefallen giebt Daedalos, der Baumeister des Labyrinths, den Knäul, dessen Faden den schönen Jüngling von Athen durch alle die verworrenen Gänge bis zum Minotauros und nachdem er diesen getödtet eben so glücklich wieder herausführt. Mit den befreiten Knaben und Mädchen

---

1) Plut. Thes. 15. 16.
2) Serv. V. A. 6, 21, O. Jahn Einl. in die Vasenk. CXVIII.
3) Ein alter Zug der Dichtung, vgl. Eurip. Hippol. 752 ὦ λευκόπτερε Κρησία πορθμίς u. s. w. Simonides hatte gedichtet dafs Aegeus seinem Sohne ein feuerrothes Segel mitgegeben habe, die noch brennendere Farbe des Lichtes und der Freude.
4) Bd. 1, 280, 1; 303, 2. Auch weiterhin erscheint Theseus als ein eifriger Verehrer der Aphrodite, deren Cult bei den Ionen und in Attika sehr früh Aufnahme gefunden hatte.

tritt dann der Held hervor, wie dieses ein schönes Gemälde aus Herculanum veranschaulicht, und nun ist großer Jubel der Befreiten und ihrer Befreier. Unter Gesang und Klängen der Laute und bekränzt mit den Kränzen der Liebe tanzen Theseus und Ariadne mit den Knaben und Mädchen zum Andenken an die verschlungenen Windungen des Labyrinths den Geranostanz, wie er auf Kreta und Delos fort und fort getanzt wurde[1]). Darauf erfolgte die Rückkehr. Auf Naxos verläßt Theseus die schlafende Ariadne, Einige sagten aus Liebe zur Aegle von Panopeus[2]), aber eigentlich war dieser Wechsel im Cultus des Dionysos und der Ariadne begründet[3]). Darauf landet er in Delos, wo man ein altes Daedalosbild der Aphrodite und jenen Tanz von ihm ableitete und wo Theseus auch für den Urheber des Wettkampfs der Delier und des Preises der heiligen Palme galt[4]), wie für den der jährlichen Theorie von Athen nach Delos mit allen darauf bezüglichen Gebräuchen; ja das heilige Schiff, dessen man sich zu diesen Sendungen bediente, galt für dasselbe worauf Theseus nach Kreta gefahren war[5]). Endlich kehrt er zurück, vergißt aber in seiner Freude das verabredete Segel aufzuziehen und wird dadurch die Ursache vom

---

1) Daß er auch auf Kreta getanzt wurde folgt aus Schol. Il. 18, 590, wahrscheinlich nach Pherekydes, vgl. Schol. Od. 11, 321. Mithin sind die Darstellungen dieses Actes auf der erwähnten Vase und die Gruppe auf dem Kypseloskasten bei Paus. 5, 19, 1 auf den ersten Jubel auf Kreta zu beziehn, vgl. Preller b. Gerhard D. u. F. 1855 S. 77. (* Anders Stephani compt rend. 1865. 123). Ueber den Geranostanz auf Delos Kallim. Del. 312, Plut. Thes. 21, Hesych γερανουλκός u. Δηλιακὸς βωμός. Ueber den ganzen Cyclus der Theseus und Ariadne betreffenden Bildwerke s. O. Jahn Archäol. Beitr. 1, 251—299, Welcker zu Müller Handb. § 412, 1, *Heydemann Arch. Ztg. 1872, 89f. — Unter den Dichtern bes. Catull. 64, 76—264.

2) Athen. 13, 4. Einen darauf bezüglichen Vers des Hesiod soll angeblich Pisistratos gestrichen haben, Plut. Thes. 20. 29.

3) Bd. 1, 559f. Auf dem schönen Vasenbilde b. Gerhard etr. u. campan. Vasenb. t. 6 verläßt Theseus die Ariadne auf Antrieb der Athena und in demselben Augenblicke, wo sich Dionysos liebend naht.

4) Plut. 21, Kallim. Del. 306ff., Paus. 8, 48, 2; 9, 40, 2. Nach Pherekydes b. Macrob. S. 1, 17, 24 that Theseus auf der Fahrt nach Kreta dem Apollo Ulios und der Artemis Ulia ein Gelübde. Selbst die bei den Thargelien, welche um dieselbe Zeit wie die Delien gefeiert wurden, dargebrachten Sühn- und Menschenopfer erklärten Einige durch den Tod des Androgeos, Hellad. b. Phot. bibl. 534 a, 9.

5) Plato Phaed. 58 A. Plut. Thes. 23, Boeckh Urk. üb. d. Seewesen d. Att. St. 76.

Tode seines Vaters[1]). Bei der Landung opfert er zuerst im Phaleron die bei der Ausfahrt gelobten Dankopfer und zieht darauf mit den Geretteten und den Begrüſsenden hinauf nach Athen in einer aus Jubel über solchen Ausgang und Trauer über den Tod des Aegeus gemischten Stimmung, welche in den Gebräuchen der damals gestifteten Oschophorien einen entsprechenden Ausdruck fand[2]). Darauf begrub er den Vater und feierte am siebenten Pyanepsion, dem Tage der Rückkehr, dem Apollo das Fest der Pyanepsien, welches wie jene Oschophorien zugleich ein Dankfest für den Segen des Jahres und für die Rettung durch Theseus und die glückliche Rückkehr war[3]), daher sich seit Kimons Zeiten diesem Feste des Apollo das der Theseen am achten Pyanepsion anschloſs. Obwohl Theseus schon damals, so erzählten die dankbaren Athenienser wenigstens in späterer Zeit, wie Bellerophon in Lykien mit auserlesenem Besitze beschenkt und unter der Aufsicht der Phytaliden mit einem Opfer verehrt worden sein soll.

c. Seine Stiftungen in Athen.

Wenn man Theseus den Gründer von Athen (οἰκιστής) nannte, so galt dieses vorzugsweise dem sogenannten Synoekismos, mit Beziehung auf welchen man kurz vor den Panathenaeen die Συνοίκια d. h. das Fest des allgemeinen Umzugs nach einem Punkte feierte (1, 173,3). Da nämlich Attika bisher in vielen zerstreuten Ortschaften (σποράδην), von denen die bedeutenderen ihre besondern Hestien und Prytaneen hatten, bewohnt gewesen war, so entstand jetzt durch Theseus die eine Hauptstadt (ἓν ἄστυ) mit einer städtischen Gemeinde und einem centralen Prytaneum, welches nördlich unter der Burg lag: eine in der Geschichte der Stadt Athen und in der

---

[1] Es ist zu vermuthen daſs Sophokles in seinem Aegeus die Geschichte des alten Königs bis zu dieser letzten Katastrophe behandelt hatte. Auf die gewöhnliche Ueberlieferung von dem Zuge nach Kreta und die vielen Bildwerke, welche die Leidenschaft der Ariadne und die Schönheit und Tapferkeit des Theseus in den Vordergrund stellen, hatte dagegen der Theseus des Euripides bestimmend eingewirkt.

[2] Plut. 22. 23 vgl. Bd. 1, 170 f. Jene im Phaleron und zwar am Meeresstrande dargebrachten Opfer werden der Athena Skiras (1, 168), dem Apollo Delphinios und der Aphrodite Epitragia gegolten haben. Man verehrte in jenem alten Hafen von Athen, lange dem einzigen, verschiedene Heroen der Schifffahrt mit Erinnerungen an die Fahrt des Theseus und feierte ihnen ein eigenes Fest τὰ Κυβερνήσια. Plut. 17.

[3] Plut. 22, Bd. 1, 211.

des attischen Gesammtstaates ein für allemal Epoche machende Veränderung[1]). Eben deshalb galt er auch für den wahren Stifter der Panathenaeen, die von jetzt an wirklich das Centralfest des ganzen attischen Staates zu Ehren der obersten Landesgöttin und der übrigen sie umgebenden Landesgottheiten wurden. So weit liegen geschichtliche Vorgänge aus der Zeit der ionischen Stammesherrschaft in Attika zu Grunde, wie dieses namentlich daraus erhellt dafs die ionischen Colonieen in Asien ihr Feuer von dem Prytaneum in Athen mitnahmen. Was aber nun weiter von demokratischen Anordnungen des Theseus erzählt wird dafs er freiwillig auf die königliche Würde verzichtet und statt der βασιλεία eine πολιτεία eingeführt habe und dafs er die ganze Gesetzgebung des Landes neu begründet, auch die ersten Münzen geschlagen habe, darin erkennt man deutlich genug die Zustände und Vorstellungen der Zeit unter Kimon und Perikles, welche den wiedergefundenen Urheber des attischen Staates auch für dessen weitere Entwickelung verantwortlich machen wollten. Doch pflegten die attischen Dichter und Künstler auch in dieser Beziehung an den einmal gegebenen Traditionen festzuhalten, wie Theseus denn namentlich in den Schutzflehenden des Euripides ein ganz entschiedener Demokrat ist[2]). Im Cultus des Theseus hatte dieser Glaube dadurch einen Ausdruck gewonnen dafs sein mitten in der Stadt gelegenes Grab und Heiligthum eine Zuflucht für die ihrer Herrschaft entlaufenen Sklaven und andre Bedrängte und Schutzflehende der niederen Klassen geworden war[3]).

f. Theseus und die Amazonen.

Die weit verbreitete Fabel von den Amazonen scheint auch in Attika ziemlich früh Eingang gefunden zu haben, wahrscheinlich im Zusammenhange mit den attischen Culten der Artemis. Wenigstens war Athen und seine Umgebung reich an Denkmälern und Erinnerungen an jene kriegerischen Jungfrauen, ja man zeigte auch bei

---

1) Ueber Cic. de leg. 2, 2, 5 s. Schoemann opusc. 1, 170 sqq. *Eine andere Auffassung von dem Wesen des Theseischen Synoikismos entwickelt C. Wachsmuth d. Stadt Athen 1, 453 ff.

2) Eurip. Suppl. 403 ff. vgl. Theophr. charact. 26, Paus. 1, 3, 2. Auch Aristoteles hatte sich in diesem Sinne ausgesprochen, Plut. Thes. 25. Man berief sich auf Il. 2, 547, wo Athen und diese Stadt allein δῆμος genannt werde.

3) Plut. Thes. 36, Philochor. b. Et. M., Hesych v. Θρασίου, Schol. Arist. Eq. 1312. Am Feste der Theseen scheinen die Alten und Armen gespeist worden zu sein, Arist. Plut. 627 Schol.

Megara, bei Chalkis auf Euboea und in Thessalien sogenannte Amazonien d. h. alte Grabeshügel der Amazonen[1]). Auch scheint die Sage von den Kämpfen des Theseus und von der Liebe der Antiope zu dem schönen attischen Helden zu den älteren Bestandtheilen dieser heroischen Dichtung zu gehören, wie sie seit den Schulen der Kimonischen und Perikleischen Periode zu einem der beliebtesten und anregendsten Stoffe für die attische Kunstübung geworden war, deren Leistungen in dieser Art wir in zahlreichen und zum Theil ausgezeichnet schönen Vasenbildern noch jetzt verfolgen können[2]). Die Dichter und Sagenschreiber, welche solche Vorgänge mit der mythischen Geschichte in Uebereinstimmung zu setzen suchten, erzählten bald von einer Theilnahme des Theseus an dem Zuge des Herakles, aus welchem er die Amazonenkönigin Antiope als Ehrengeschenk in seine Heimath zurückgeführt habe, bald von der Entführung der Antiope durch Theseus und Peirithoos, bald von einer grofsen Amazonenschlacht in der unmittelbaren Umgebung von Athen, wo der Areopag als Amazonenlager genannt wurde[3]). Und auch der Cultus beschäftigte sich mit diesen Ueberlieferungen, da das Apollinische Fest der Boedromien das Andenken der Amazonenschlacht bewahrte und in älterer Zeit den Amazonen vor dem Feste des Theseus ein Gedächtnifsopfer dargebracht wurde[4]). Der vorherrschende Zug war immer der von der leidenschaftlichen Liebe der Antiope zum Theseus, wie sie aller Bande der Pflicht und der Natur vergessend an seiner Seite gegen ihre Schwestern gekämpft hatte und in diesem Kampfe geblieben war. Oder man dichtete von einer feierlichen Aussöhnung und der Hochzeit des Theseus und der Antiope, aber dafs der für Frauenschönheit und Liebe immer sehr

---

1) Paus. 1, 2, 1. 41, 7, Plut. Thes. 27.

2) Welcker ep. Cycl. 1, 313 ff.; 2, 424 ff., *Stephani compt. rend. 1866, 155 ff. Theseus und Peirithoos sind auf diesen Amazonenschlachten der attischen Schule eben so gewöhnlich als in den Kentauromachieen. Was die Vasenbilder betrifft so sind auf den archaistischen die der Heraklessage, auf denen jüngeren Stils die Theseischen gewöhnlicher, s. Welcker A. D. 3, 312—364, Gerhard A. V. t. 163—166. 329. 330, Apul. Vasenb. t. 4. 5, Schulz die Amazonenvase von Ruvo, Leipz. 1851, Antiq. du Bosph. Cimm. t. 51. 59, *Stephani a. a. O. 167 ff., Klügmann Ann. d. Inst. 1867, 211 ff. Die Namen der Hippolyte und Antiope werden oft verwechselt.

3) Pindar u. Hegias v. Troezen b. Paus. 1, 2, 1, Aesch. Eum. 685, Klidem. b. Plut. l. c.

4) Plut. Thes. 27. Auf Apollinischen Beistand in der Amazonenschlacht deutet die Ueberlieferung b. Macrob. S. 1, 17, 18.

empfängliche Held die ihm Vermählte bald wieder verlassen und sich mit der Minostochter Phaedra verbunden habe, daher Antiope bei dieser neuen Hochzeit gegen ihn heranstürmt, aber durch Herakles getödtet wird[1]). Immer das charakteristische Merkmal der stürmenden Leidenschaft, sowohl in der kriegerischen Begeisterung der Schlacht und des Hasses als in der Liebe. Als Sohn des Theseus und der Antiope nannte man gewöhnlich den keuschen Jäger Hippolytos, den Liebling der Artemis, den tragischen Helden von Troezen. Sowohl hier als in Athen zeigte man alte Denkmäler von der Liebe der Phaedra zu ihm, die Aphrodite angeregt hatte[2]) um seinen Untergang herbeizuführen, der durch den Fluch seines Vaters Theseus veranlaßt wurde. Sophokles und Euripides hatten diese Sage durch hochpoetische und in den Schilderungen von der Macht der Liebe tiefsinnige Tragödien verherrlicht und zahlreiche Kunstdenkmäler, von denen die meisten den Eingebungen des Euripides folgen, liefern die Bilder dazu[3]). Der ursprüngliche Sinn dieser Fabel vom Hippolytos, dem schönen und reinen Sohne der Amazone Antiope, scheint das oft wiederkehrende Märchen vom Morgenstern zu sein, welcher als rüstiger Jäger gedacht wurde wie Kephalos und den Fluthen des Meeres erliegt wie der Jäger Saron, auch ein Liebling der Artemis[4]).

---

1) ὁ τῆς Θησηΐδος ποιητής b. Plut. 28. Von den Geliebten und Vermählten des Theseus s. Plut. 29, Athen. 13. 4. Vgl. Theogn. 1231—34 Σχέτλι' Ἔρως, μανίαι δ' ἐτιθηνήσαντο λαβοῦσαι· ἐκ σέθεν ὤλετο μὲν Ἰλίου ἀκρόπολις, ὤλετο δ' Αἰγείδης Θησεὺς μέγας, ὤλετο δ' Αἴας ἐσθλὸς Ὀιλιάδης σῇσιν ἀτασθαλίαις.

2) Bd. 1, 249, Paus. 1, 22, 1. 2; 2, 32, 1, Eurip. Hippol. 30 Schol., 1423ff., wo auf Volksgesang gedeutet wird. Xenoph. Venat. 1, 11. Ueber den latinischen Virbius s. Röm. Myth. 278. Pindar nannte Demophon einen Sohn der Antiope, Plut. Thes. 28.

3) Besonders häufig auf Sarkophagen, in demselben Sinne wie die Fabel von Meleager, Adonis und andern Frühverstorbenen, O. Jahn Archäol. Beitr. 300—330, *Stephani compt. rend. 1867, 104 f., Heydemann Arch. Ztg. 1871, 157 ff., Conze röm. Bildw. in Oesterr., Wien 1872, S. 6ff. (Denkschr. d. phil.-hist. Cl. d. Akad. Bd. 22), G. Körte Personificationen d. Affekte auf V. B., Berlin 1874, S. 36 f. (V. B. Tod des Hippolytos = Arch. Ztg. 1848, 245), Helbig pompej. Wandg. n. 1242 ff.

4) Bd. 1, 503. Ueber den Namen Ἱππόλυτος, welcher in verschiedenen Ueberlieferungen wiederkehrt, auch in dem Namen der Amazone Ἱππολύτη, s. Pott Z. f. vgl. Spr. 8, 109 ff. Die Alten erklärten ihn durch das Schicksal des Hippolytos, furiis direptus equorum Ovid F. 3, 265. Ἀντιόπη ist der Mond als Gesicht der Nacht s. oben S. 31, 3. Ein Sikyonier Hippolytos, den Apollo zärt-

g. Theseus und Peirithoos. Sein Ende und sein Bild.

Der wahre Grund des Bündnisses zwischen Theseus und Peirithoos ist S. 14 angegeben. Als die Gegend wo die beiden Helden sich zuerst begegnet und gesehen, wie sie so schön und so ritterlich waren, worüber sie alles Kampfes vergessend eine Eidbrüderschaft mit einander schlossen, ward die von Marathon genannt[1]). Nun folgte zunächst das Beilager des Peirithoos und die Kentauromachie (S. 18), dann der gemeinschaftliche Raub der Helena (S. 113), endlich das gemeinschaftliche Wagnifs in der Unterwelt, worüber sie dort festgehalten werden, bis Herakles wenigstens den attischen Helden wieder befreite (S. 223). Als Theseus von dort in die Heimath zurückkehrt, hat sich Alles verändert. Seine Burg zu Aphidnae ist zerstört, seine Mutter ist mit Helena von den Dioskuren entführt, in Athen hat sich Menestheus, der aus der Ilias 2,552 bekannte, der Herrschaft bemächtigt. Also sendet Theseus seine Söhne nach Euboea und schifft selbst nach der Insel Skyros, wo er durch seinen Vater Sippschaft und Besitz hatte. Als er deswegen Ansprüche erhebt, stürzt ihn der König Lykomedes von der Höhe eines Felsens ins Meer. Seine Söhne Demophon und Akamas ziehen mit Elephenor von Euboea, dem Sohne des Chalkodon (Il. 2, 540) vor Troja, kehren nach dem Tode des Menestheus mit der Aethra nach Athen zurück und gelangen wieder zur Herrschaft.

Das Bild des Theseus wurde im Geiste der verschiedenen Zeiten und Kunstschulen verschieden ausgeführt[2]), in dem der jüngeren als

---

lich liebt und so oft er in Delphi erscheint mit den Worten begrüfst καὶ δ' αἴθ' Ἱππολύτοιο φίλον κάρα εἰς ἅλα βαίνει, Plut. Numa 4. Er wurde unter den älteren Königen von Sikyon Ῥόπαλου παῖς τοῦ Φαίστου genannt d. h. ein Heraklide, denn Ῥόπαλος ist der Keulenmann und wie Φαῖστος ein Sohn des Herakles, Paus. 2, 6, 4, Ptol. Hephaest. 186, 25 Westerm., oben S. 259, 2. — *Es möge erwähnt werden, dafs Bursian Geogr. 2, 88 Phädra und Hippolytos für die Mondgöttin und den Sonnengott des ältesten Cultus erklärt. U. Köhler Hermes 3, 312 ff. sieht in der Sage vom Tode des Hippolyt die Erinnerung an einen vulkanischen Vorgang an der trözenischen Küste.

1) Plut. Thes. 30. Soph. O. C. 1590 läfst die Freunde vor dem Gange in die Unterwelt im Haine der Eumeniden von Kolonos den Bund schliefsen. Paus. 1, 18, 5 kennt einen ähnlichen Platz in Athen.

2) Aeltere Werke waren wenig vorhanden. Auf archaistischen Vasen ist Theseus bärtig. Vgl. Plut. Thes. 4, de gloria Athen. 2, Stephani Thes. u. Minot. 41 ff. Von der Freundschaft des Herakles u. Theseus sagt im Sinne der späteren Zeit Aristid. 1 p. 723 τί γὰρ ἐνδοξότερον τῆς Ἡρακλέους καὶ Θησέως ἑταιρίας ἢ τί μᾶλλον τοῖς Ἕλλησιν ἐν καιρῷ· οἳ σκευήν τε τὴν αὐτὴν ἐφό-

das eines anmuthigen, attisch feinen und zarten Jünglings, der als andrer Herakles gewöhnlich auch mit der Keule und dem Löwenfell ausgestattet war, mit diesem ohne den Rachen des Löwen. Vor andern berühmt waren die Theseusbilder des Bildhauers Silanion und des Malers Parrhasios, von welchem letzteren Euphranor sagte es sähe aus als ob Theseus mit Rosen genährt wäre.

C. Heldendichtung.

1. Meleager.

Gleich in dieser Dichtung zeigt sich der Unterschied dieser Klasse von Sagen von den früheren, ja sie ist mehr als eine andre geeignet diesen Unterschied klar zu machen. Es handelt sich nicht mehr um landschaftliche Naturdichtung, nicht mehr um eine und dieselbe Person, welche alles übrige Interesse verschlingt, sondern um epische Thatsachen Personen und Gegensätze d. h. solche wo das menschliche Mitgefühl für Leidenschaft Muth und sittliche Größe in Anspruch genommen wird und wo sich die Handlung in dem ergreifenden Antagonismus entgegengesetzter Mächte bewegt. Solche und ähnliche Naturdichtung, wie wir sie bei den früheren Fabeln oft nachgewiesen haben, mag auch bei diesen Sagen oft zu Grunde liegen, wenigstens läßt sie sich oft durchfühlen, hin und wieder auch nachweisen. Aber nicht darauf kommt es an, sondern auf die höheren poetischen und ethischen Momente der Dichtung, welche hier in langer Uebung und Vollendung das Schönste geschaffen und mit diesem Interesse das einer älteren, aber damals schon veralteten Naturpoesie aufgezehrt und überwältigt hat.

Die Ilias 14, 115 ff. nennt als Stammvater der Könige von Pleuron und Kalydon (S. 243) den Portheus, der bei Andern Porthaon heißt d. h. der Verheerer. Seine drei Söhne Agrios (der Wilde), Melas (der Schwarze) und Oeneus (der Weinpflanzer) bewohnen jene beiden Städte und Burgen. Unter ihren Söhnen bricht eine blutige Feindschaft aus, die zum Kriege zwischen den Kureten und Aetolern führt, von denen jene das Volk von Pleuron, diese das von Kalydon sind. Sie scheinen verschiedener Abstammung, die Aetoler den nördlicheren

---

ρισαν καὶ ταύτα γνόντες ἐμέρουν τὴν γῆν u. s. w. *Eine Statue des Theseus, die auf Lysippos zurückzuweisen scheint, Arch. Ztg. 1874. Tfl. 1, vgl. Michaelis ebd. S. 25.

Hellenen verwandt zu sein¹), da es ohnehin zwischen zwei so nahe benachbarten Burgen in einer so fruchtbaren Landschaft unmöglich ohne heftige Fehden abgehen konnte.

Die uns bekannte Sage geht eigentlich nur die Aetoler von Kalydon an, und zwar nennt sie zwei Personen von ganz verschiedenem Charakter, wie sich denn der eigenthümliche Charakter dieser Gegenden, natürlicher Segen des Landes und wilde Sitte der Bewohner, in diesen aetolischen Ueberlieferungen überall widerspiegelt. Der uns schon bekannte Oeneus (S. 243 f.) heifst in der Ilias zwar reisig (ἱππότα) und er sei tapfrer gewesen als seine Brüder. Indessen war er sonst nur als der absolut Friedliche und Gastliche bekannt, wie dieses auch seinem Namen und seinem Verhältnisse zum Dionysos entspricht, durch dessen Gunst er der erste Winzer geworden²). Er beherbergt den Bellerophon zwanzig Tage lang (Il. 6, 215), beherbergt den Herakles, beherbergt die Jäger des kalydonischen Ebers und tödtet seinen eignen Sohn „den Schützen" (Τοξεύς), weil er über den Graben seines Weingartens springt, bringt nach gesegneter Erndte allen Göttern Hekatomben, nur nicht der kriegerischen Artemis: lauter Bilder des friedlichen und behaglichen Wohllebens an jenen schönen und gesegneten Abhängen, welche unter seinem Sohne Meleager in grofse Noth und schweren Krieg verwickelt werden sollten. Denn wie Oeneus lauter Genufs und Friede, so athmet Meleager lauter Jagd und Krieg und Heldenthum, daher er später ein Sohn des Ares genannt wurde³). Seine Geschichte ist eine der inhaltsreichsten der griechischen Heldensage und für die Entwicklung derselben um so bedeutungsvoller, da sie in den Hauptpunkten der epischen Anlage ganz der des Achill entspricht. Leider giebt die Ilias 9, 524 ff. nur eine Skizze, so dafs nicht alle Züge sicher sind, zumal da durch die späteren Dichter, namentlich die beiden attischen Tragiker Phrynichos und Euripides, die Grundzüge der Fabel und des Zusammenhanges verändert sind⁴).

---

1) Str. 10, 463 ff. Diese Kureten sind mit den kretischen nicht zu verwechseln. Ihr Name deutet wahrscheinlich auf eine bestimmte Art das Haar zu tragen, von κουρά.

2) Apollod. 1, 8, 1. Οἰνεύς von οἴνη, οἶνος vgl. die Stellen und Fabeln b. Athen. 2, 1 u. b. Serv. V. Ge. 1, 8.

3) Apollod. 1, 8, 2. Μελέαγρος ist der Jäger von μέλω und ἄγρα vgl. Μόλορχος oben S. 191, 3. Anders freilich und nach Art der griechischen Dichter Eurip. fr. 521 Μελέαγρε, μελέαν γάρ ποτ' ἀγρεύεις ἄγραν.

*4) Vgl. R. Kekulé de fabula Meleagrea, Diss. Berlin 1861, dessen Ansichten jedoch hinsichtlich der ältesten Form der Fabel und der Wandlungen derselben

Der Zorn der Landesgöttin Artemis[1]) bildet den ersten Antrieb der Verwickelung, ganz im Sinne des älteren Epos. Oeneus hatte sie dadurch beleidigt dafs er in der Lust der Weinlese aller Götter, nur nicht ihrer gedacht hatte. Deshalb sendet sie einen mächtigen Eber in seine blühenden Felder und Pflanzungen, der Alles verwüstet und zerstört[2]). Meleager sammelte darauf viele Jäger aus vielen Städten, auch viele Hunde, denn es war eine gewaltige Bestie und nicht von Wenigen zu bändigen; auch kostete die Jagd vielen das Leben, bis Meleager das Unthier erlegte. Artemis aber, die unversöhnte, erregte nun grofsen Lärm und viel Gezänk um das Haupt und das Fell des Ebers (den Ehrenpreis der Jagd) zwischen den Kureten und Aetolern, bis darüber der Krieg ausbrach. So lange in diesem Meleager mitkämpfte, ging es den Kureten schlecht und sie konnten so zahlreich sie waren nicht aus ihren Mauern heraus. Als aber Meleager sich vom Kampfe zurückzog, weil er zürnte, da wandte sich das Blatt. Er zürnte wegen des Fluches seiner Mutter Althaea und ruhte bei seinem Weibe, der schönen Kleopatra, der Tochter des Idas und der Marpessa. Die Mutter hatte ihm geflucht mit gräfslichen Flüchen, wegen des Mordes ihres Bruders, der von Meleagers Hand gefallen war. In die Kniee zusammen gesunken, unter strömenden Thränen hatte sie die Erde mit ihren Händen geschlagen und zum Aïdes und der schrecklichen Persephone gerufen dem Sohne den Tod zu geben, und die erbarmungslose Erinys hatte den Fluch der Mutter gehört aus dunkler Tiefe. Also tobte der Streit um die Mauern von Kalydon und es baten den Meleager die Aeltesten der Aetoler und schickten zu ihm die Priester der Götter, wieder in die Schlacht zu gehn, und sie versprachen ihm reiche Geschenke, zu Frucht- und Saatfeld an der besten Stelle der Flur von Kalydon fünfzig Morgen Landes. Auch sein Vater, der alte Oeneus kam zu seinem Sohne, drang durch die verschlossene Thür in sein Gemach und bat flehentlich, auch seine Schwestern und selbst die Mutter baten, er aber weigerte sich nur noch mehr. Auch seine Freunde, die liebsten

im Epos (p. 5—9) nicht ganz zutreffend sein dürften. Der Glaube an einen solchen verhängnifsvollen Holzscheit mag immerhin alt sein: ob dieser Zug aber der Meleagerfabel von jeher angehörte, ist damit noch nicht entschieden.

1) Es ist Artemis *Λαφρία* s. Bd. 1, 245, 1.

2) Der wilde Eber in den blühenden Saaten ist das eben so natürliche Bild einer Landesplage wie der wühlende Stier u. dgl., vgl. den geflügelten Eber zu Klazomenae b. Aelian N. A. 12, 38 und auf den Münzen der Stadt, und den mysischen Eber b. Herod. 1, 36, auch Artemid. Oneirokr. 2, 12.

und die besten vermochten nichts über ihn. Da pochte der Kriegssturm an seine Thür, schon rasselten die Geschosse an seinem Gemache, der Feind war auf den Mauern und warf Brände in die Stadt. Da flehte auch die Gattin des Meleager, weinend und alles Elend zerstörter Städte schildernd, den Mord der Männer, die verheerende Wuth der Flammen, das Elend der Kinder und Weiber die in die Sklaverei geführt werden. Das erweichte endlich sein Gemüth und er waffnete sich und ging in die Schlacht und schlug die Feinde zurück. So war der Noth geholfen, aber seinen Lohn hatte er dahin und sie konnten ihm nicht die versprochenen Geschenke geben, die vielen und schönen. — Eine Dichtung die durch den Zorn des Meleager an den des Achill erinnert und dabei in der schönen und zärtlichen Kleopatra ein Gegenstück zur Andromache giebt, so dafs Meleager zugleich Hektor und Achill ist. Dahinter die dämonische Macht des Mutterfluchs[1]) und als letzte Ursache der furchtbar leidenschaftlichen Verwicklung die grollende Artemis. Denn es ist deutlich genug dafs sie auch den Streit um den Eber und dadurch den Krieg erregt hat, in welchem der Bruder der Althaea durch ihren Sohn fiel. Leider wissen wir nicht wie Meleager umkam. Nach den Eoeen und der Minyas[2]) geschah es in der Schlacht mit den Kureten und durch die Pfeile des Apoll, also wie Achill vor Troja fiel.

Das Hochtragische dieser Sage bestimmte schon den Phrynichos, einen der ältesten Dichter der attischen Bühne, sie fürs Theater zu bearbeiten. Der Krieg und der Tod des Bruders der Althaea in dem Kriege war auch bei ihm die Hauptsache, doch wufste er zuerst von dem verhängnifsvollen Brande, den die Moeren bei der Geburt des Meleager seiner Mutter übergeben hatten und welcher, sobald er von den Flammen verzehrt war, seinen Tod herbeiführen mufste[3]). Auch Sophokles dichtete noch in dieser Weise, nämlich so dafs die Handlung sich auf

---

1) Ueber die magische Gewalt des Fluchs, die in vielen griechischen Sagen hervortritt, vgl. Grimm D. M. 1176.

2) Paus. 10, 31, 2. Apollo war der Feind des Idas und der Marpessa, wie darauf auch die Ilias 9, 556 deutet, s. Bd. 1, 219. *Mehrere Sarkophagreliefs scheinen den Tod des Meleager durch Apollo darzustellen. s. Heydemann Arch. Ztg. 1871, 116 ff.

3) Pausan. l. c. Wahrscheinlich entlehnte Phrynichos diesen Zug der Volkssage. Dieser Brand vom Heerde des Hauses ist zugleich ein schönes Symbol der Hestia, als des causalen Mittelpunktes des Familienlebens und seiner Glieder. — *Ueber die Einzelheiten der Tragödie des Phrynichos wissen wir leider nichts Näheres.

dem Hintergrunde des Krieges und seiner Bedrängnisse bewegte¹). Erst durch Euripides wurde die Jagd des kalydonischen Ebers die Veranlassung zugleich des Streites und des Todes des Meleager, welche Verwicklung bei diesem Dichter durch die Liebe des Helden zur schönen Jägerin Atalante noch erhöht wurde. Doch muſs diese Jagd selbst, die groſse Zahl ihrer Theilnehmer, der Streit um den Ehrenpreis schon lange vorher in Liedern und Sagen gefeiert sein. Darauf deutet die Ilias, da ohnehin solche Jagdscenen und Jagdabenteuer, wie sie dem Leben der Griechen in den vielen Gebirgen und Wäldern ihres Landes entsprachen, auch in der Kunst und Dichtung sehr beliebt waren²). Auch knüpfen verschiedene andre Sagen bei dieser Jagd an und namentlich der Antheil des Ankaeos und der Atalante aus Arkadien ist ohne Zweifel alt. Ankaeos, dessen Tod durch den kalydonischen Eber ein stehender Zug der Sage ist, war ein Sohn des Lykurgos von Tegea, dessen Söhne überhaupt für die besten Helden von Arkadien galten³). Atalante d. h. die Starke, die Unermüdliche, angeblich die Tochter seines Bruders, ist ganz die arkadische Artemis in der Gestalt einer epischen Heroine, oder, wie sie daheim in Sagen und Liedern gefeiert wurde, als Berg- und Waldnymphe, die hoch im Gebirge in einer Grotte wohnt, groſs und stark und schnellfüſsig wie der schnellste Hirsch, von Luft und Sonne gebräunt, aber von strahlender Schönheit und eben so schnell erscheinend als wieder verschwindend. Ihr Vater, so hieſs es, hatte sie in den Bergen ausgesetzt, weil er keine Tochter, sondern Söhne haben wollte. Eine Bärin ernährte sie, von Jägern wurde sie groſs gezogen. Dann eilte sie in die Berge, immer auf der Jagd, einsam und bewaffnet, denn sie wollte von keiner Liebe wissen⁴). Endlich bewei-

---

1) Schol. Il. 9, 575. Vermuthlich ist die zweite Erzählung des Verlaufs bei Apollod. 1, 8, 3 οἱ δέ φασιν οὐχ οὕτω Μελέαγρον τελευτῆσαι u. s. w. im Wesentlichen der Inhalt der Sophokleischen Tragödie. Ueber den Meleager des Euripides s. Nauck trag. gr. 114—119, *Kekule a. a. O. S. 20 ff.

2) Stesichoros dichtete Συοθῆραι, die doch wahrscheinlich auf die kalydonische Jagd zu beziehen sind. Ueber die häufigen Jagdscenen auf archaistischen Vasen s. O. Jahn Ficoron. Cista S. 30 ff.

3) Apollon. 1, 164. 398 Schol. Das gewöhnliche Costüm des Ankaeos ist ein Bärenfell und das Doppelbeil.

4) Ἀταλάντη, von α und ταλάω τάλας τάλαντος, eine virago im Gegensatze zu der weichlichen Schönheit der Helena, Schol. Veron. V. A. 12, 468 qualis in tragoediis Atalanta traditur, Plin. 35, 17, wo mit Osann zu lesen ist virago. So schilderte sie namentlich Euripides fr. 528—531 und eine ähnliche Figur ist Virgils Camilla A. 11, 532 ff. Einige nannten sie eine T. des Iasos,

sen auch die vielen und zum Theil sehr alterthümlichen und sehr schönen Bilder von der kalydonischen Eberjagd sowohl die weite Verbreitung als die eifrige Pflege dieser Sage¹).

Meist nach Euripides erzählt Apollodor dass zur Althaea, als ihr Kind sieben Tage alt war²), die Moeren traten und sprachen: „Dann wird dein Kind sterben, wenn jener auf dem Heerde brennende Scheit von der Flamme verzehrt ist." Als das die Mutter hört, nimmt sie den Scheit aus der Flamme und legt ihn in eine Lade. Meleager aber wurde unverwundbar und sehr tapfer, musste aber doch eines frühen Todes sterben. Als nämlich Artemis den Eber gesendet hatte, versammelte er alle besten Helden von Griechenland³) zur Jagd und versprach dem, welcher das Thier erlegen würde, die Haut als Ehrenpreis. Und es kamen Idas und Lynkeus von Messene, Kastor und Polydeukes aus Lakedaemon, Theseus von Athen, Admet aus Pherae, Ankaeos und Atalante aus Arkadien, Iason aus Iolkos, Iphikles und Iolaos aus Theben, Peirithoos aus Larisa, Peleus und Telamon aus Phthia und Salamis u. A. Die Versammelten bewirthete Oeneus neun Tage lang, am zehnten zogen sie aus zur Jagd. Die Männer von Arkadien wollten nicht mit einem Weibe jagen, aber Meleager liebte Atalante und zwang sie diese zuzulassen⁴). Nun wurde das Thier umstellt und Ankaeos

---

Hesiod u. A. des Schoeneus, Euripides des Maenalos, vgl. Apollod. 1, 8, 2; 1, 9, 16; 3, 8, 2, Diod. 4, 34, Aelian. V. H. 13, 1, wo die beiden Kentauren Hylaeos und Rhoekos in Arkadien einen Angriff auf ihre Tugend machen, aber von ihr mit Pfeilen durchbohrt werden, Theogn. 1287 ff.

1) Unter den Künstlern hatte Skopas die Eberjagd im vordern Giebelfelde des T. der Athena zu Tegea abgebildet, s. Paus. 8, 45, 4, Vasenbilder b. Gerhard A. V. t. 235—237. 327, *Stephani compt. rend. 1867, 58 ff. 80 ff., Schlie Ann. d. Inst. 1868, 320 ff. Ein schönes griechisches Terracottarelief b. O. Jahn Ber. d. sächs. Ges. 1848 S. 123—131. *Ein V. B., Meleager der Atalante das Eberfell reichend, Körte Personificationen der Affekte S. 56 ff.

2) An welchem Tage die Kinder um das Feuer der Hestia getragen wurden und Namen bekamen. Bei Ovid M. 8, 451 ff. u. Hygin f. 171. 174 spinnen und singen die Moeren das Schicksal des Knaben, Clotho dixit eum generosum futurum, Lachesis fortem, Atropos titionem ardentem aspexit in foco etc. Aehnliche Sage b. Grimm D. M. 380.

3) Eine Gelegenheit dieselben zu nennen und zu beschreiben, s. Eurip. bei Macrob. 8. 5, 18, 17, Ovid M. 8, 304 ff., Hygin f. 173. Auch die Vasenbilder geben viele Namen, O. Jahn Einl. CXIX. CLIV. Auf einer apulischen Vase, welche den Auszug zur kalydonischen Jagd darstellt, sind die Dioskuren Hauptpersonen Bull. Napol. N. S. 5. tav. 1.

4) Wahrscheinlich durch Vorwürfe der Feigheit, vgl. Pherekydes b. Schol.

zum Tode verwundet. Dann traf zuerst Atalante den Eber durch einen Pfeil in den Nacken, andre Wunden folgten, bis Meleager das Unthier durchbohrte, ausweidete und das Fell der Atalante gab. Darüber ergrimmten seine Vettern, die Söhne des Thestios von Pleuron, dafs ein Weib unter Männern den Ehrenpreis haben solle¹). Also lauerten sie ihr auf und nahmen ihr das Fell des Ebers, worüber Meleager so zornig wurde dafs er sie tödtete. Da steckte Althaea im ersten Schmerze über den Tod ihrer Brüder den Brand ins Feuer, so dafs Meleager eines plötzlichen Todes sterben mufste²). Sie und Kleopatra büfsten ihre Verzweiflung mit dem Leben, die Schwestern des Meleager weinten bei dem Leichenbegängnisse so heifse und unersättliche Thränen dafs Artemis sie zuletzt in klagende Perlhühner, welche man Meleagriden nannte, verwandelte³). Die nicht seltenen Sarkophagsbilder, welche das Ende des Meleager darstellen, geben zu dieser Erzählung lebendige Gruppen. Meleager allein erscheint in mehrfach wiederholten Statuen, die auf ein vorzügliches Original deuten, als heroischer Jäger mit dem Jagdspeere, dem Jagdhund und dem Eberkopf, von schöner und kräftiger Bildung, aber mit dem schwermüthigen Ausdruck eines früh Verstorbenen⁴).

2. Die Argonauten.

Eine sehr verwickelte Sage, die ihren Charakter noch dazu im Laufe der Zeiten mehrfach verändert hat. Die elementaren Bestandtheile verrathen symbolische Traditionen eines alten Glaubens, welcher der Phantasie die Richtung auf eine weite Ferne übers Meer zu dem Sonneneilande Aea gab, das man ursprünglich im Westen suchte (1. 354). Aber bald kam daneben die Vorstellung von dem gegen Morgen gelegenen Aea auf, in einer Zeit wo die immer für die Bewohner des Mittelmeeres sehr wichtige Schifffahrt auf dem schwarzen Meere die Griechen viel in Anspruch nahm, so dafs nun aus dem idealen Aea das geographisch bestimmte Aea Kolchis wurde. In jener ersten Auffas-

---

Il. 2, 212, nach welchen Thersites, einer der Vettern des Meleager, von diesem von einem Felsen herunter geworfen wurde und sich dabei seinen Schaden zuzog.

1) Nach Andern weil Meleager seine Liebe der Verwandtschaft vorzog, Hygin f. 174. Diod. 4, 34, 4 παραπέμψας τὴν οἰκειότητα.

2) Dum fratrum poenas vult exsequi, filium interfecit, Hygin f. 174.

3) So bereits Sophokles, Plin. 37, 40 vgl. Antonin. Lib. 2 nach Nikander, Ovid M. 8, 525 ff. *s Kekule a. a. O. 17 ff., auch Gerland Progr. Halle a. S. Stadtgymn. 1871, 6 f.

4) A. Feuerbach nachgel. Schr. 4, 1—30. *Ein V. B., welches den Tod des

sung zeigen uns einige Andeutungen der Odyssee die Sage, die darin eine den Gesang viel beschäftigende genannt wird¹). Die zweite Auffassung wurde seit Hesiod, Eumelos, dem Gedichte der Naupaktien und gleichzeitigen Dichtern die gewöhnliche, indem ihnen schon die Fahrt bis zu der Mündung des Phasis d. h. nach Kolchis, der durch Pelias dazu gegebene Antrieb, die Liebe der Medea zum Iason und ihre Ankunft und Thätigkeit in Griechenland, namentlich in Iolkos und Korinth bekannt war²). Die Colonialsagen und örtlichen Fabeln der Pflanzstädte an der Propontis und am Pontos, namentlich die von Kyzikos und Herakleia, von Sinope, Trapezus und andern bis an die Mündung des Phasis und darüber hinaus vorgeschobenen Pflanzstädten der Milesier, neben diesen aber auch die von Kyrene in Libyen, die der korinthischen Ansiedelung auf Kerkyra im ionischen Meer trugen dazu bei das geographische Gerüste dieser Dichtung weiter auszubauen, während die Lyriker, unter denen besonders Pindar Pyth. 4 eine der wichtigsten Quellen ist, und die attischen Tragiker die romantischen und pathetischen Momente hervorhoben, besonders die leidenschaftliche Liebe der Medea, ihre Zauberkünste, ihre Rache. Endlich wurde das Ganze von dem alexandrinischen Dichter Apollonios Rhodios in einem fortlaufenden Gedichte überarbeitet und wenigstens mit manchen Resultaten der gelehrten und periegetischen Forschung bereichert, welche durch die wichtigen Scholien zu diesem Gedichte noch weiter ins Licht gesetzt werden³). Die bildende Kunst und die Malerei hat

---

Meleager darstellt, Heydemann Vasens. Santangelo n. 11. Ueber die Reliefs von Sarkophagen und Aschenkisten, welche sich auf die Eberjagd und den Tod des Meleager beziehen, s. Stephani compt. rend. 1867, 95 ff., Matz Ann. d. Inst. 1869, 76 ff. Ueber die Statuen des M. s. Stephani a. a. O. 102 f.

1) Od. 12, 68 ff. Ἀργὼ πασιμέλουσα vgl. Od. 10, 135 Κίρκη — αὐτοκασιγνήτη ὀλοόφρονος Αἰήταο d. h. des grimmen Aeetes, was schon auf die gewöhnliche Auffassung des Verhältnisses zu Iason und Medea deutet.

2) Hesiod th. 992 ff. und die Fragmente p. 271 sqq. Göttl. vgl. Kirchhoff Philol. 15, 5. Ueber Eumelos und die Naupaktien s. Markscheffel Hesiodi cet. fragm. p. 223 sqq. 386 sqq. 408 sqq.

3) Auch Kallimachos hatte verschiedene Acte der Sage berührt, *O. Schneider Callim. 2 p. 46. 58. 70. 78 sqq. Nach dem Vorbilde des Apollonius dichtete Varro Atacinus Argonautica in 4 Büchern, Ovid Am. 1, 15, 21. Prob. Virg. Ge. 1, 14 u. A. Auch Valerius Flaccus folgt dem Apollonios, desgleichen das Orphische Gedicht von den Argonauten, eine Ueberarbeitung des alexandrinischen Gedichtes von einem eben so abergläubischen als unwissenden Verfasser, dessen Zeitalter ein sehr spätes ist. Von neueren Forschungen ist zu empfehlen F. Vater der Argonautenzug 1. 2. Kasan 1845 und Pyl de Medeae fabula Berol. 1850

sich zwar auch mit diesem Sagenkreise beschäftigt, aber mehr in ihren jüngeren Schulen als in den älteren und nicht so angelegentlich als mit den andern Abschnitten der griechischen Heldengeschichte.

Der alte Kern der Sage weist mit grofser Bestimmtheit auf die Minyer, das ist der gemeinsame Name für viele Geschlechter, welche in ältester Zeit über Iolkos in Thessalien, Orchomenos in Boeotien, Pylos in Messenien zerstreut und sehr früh auch auf Lemnos, später zu Amyklae, Thera und Kyrene ansässig waren. Sowohl durch die eigenen Traditionen als durch das was wir sonst von ihnen wissen werden sie als ein vorzüglich den Künsten Poseidons, sowohl den ritterlichen als denen kühner Seefahrt ergebener und dabei sehr reicher und blühender Stamm charakterisirt. Diese Minyer sind auch die eigentlichen Argonauten und alle älteren Bestandtheile der Sage betreffen vorzüglich ihre Geschlechter und ihre Unternehmungen[1]). Nachmals haben sich, wie es bei solchen Dichtungen gewöhnlich der Fall ist, viele andere örtliche oder epische Traditionen angeschlossen.

a. Athamas und die Athamantiden.

Athamas, nach der gewöhnlichen Genealogie einer der Söhne des Aeolos, ist das mythische Bild eines alten Zeusdienstes der thessalischen und boeotischen Minyer, der mit dem des lykaeischen Zeus in Arkadien grofse Aehnlichkeit gehabt haben mufs. Es ist der finstre Zeus der Stürme und des Winters, aber auch der milde und freundliche des lichten Frühlingshimmels. Als winterlich finstrer Gott hiefs er Λαφύστιος, unter welchem Namen er von den thessalischen Minyern zu Halos im phthiotischen Achaia, von den boeotischen auf dem hohen und rauhen Gebirge Laphystion oberhalb Koroneia und Orchomenos verehrt wurde[2]). Dann fordert er blutige Menschenopfer vom Ge-

---

mit vielen archäologischen Nachweisungen. Vgl. dens. über die Literatur des Sagenkreises der Medea Ztschr. f. A. W. 1854 n. 51—54. 61—63. *Neuerdings J. Stender de Argonautarum ad Colchos usque expeditione fabulae historia critica, Kiel 1874.

1) O. Müller Orchomenos und die Minyer S. 258 ff.

2) Z. Λαφύστιος d. i. der Verschlinger von λαφύσσειν d. i. gierig verschlingen, namentlich von wilden Thieren, Löwen (Il. 11, 176 αἷμα καὶ ἔγκατα πάντα λαφύσσει), Bären, Hunden, Adlern. Ueber den Dienst zu Halos am nördlichen Abhange der Othrys Herod. 7, 197, Str. 9, 433, Steph. B. Ἆλος, über den auf dem Berge Laphystion Paus. 1, 24, 2; 9, 34, 4. 5. An beiden Orten erzählte man von der Niederlassung und Regierung des Athamas, von Phrixos und Helle, Nephele und Ino u. s. w. Das Et. M. kennt auch einen Dionysos Λαφύστιος.

schlechte der Athamantiden, welches ganz als ein priesterliches und königliches dieses bestimmten Zeusdienstes erscheint, daher sein mythischer Urheber Athamas[1]) mit seinen Söhnen, ja mit seiner eignen Stimmung und mit seinem eignen Leibe dasselbe leiden mufs was jene finsteren Gebräuche vorschrieben. Als gütiger Gott des Lichtes und des Frühlings, wo die Sonne wiederkehrt und befruchtende Regengüsse das Land erquicken, ist er φέξιος, ein Gott der Gnade und der Zuflucht, der das ihm bestimmte Opfer auf wunderbare Weise in das ferne Sonnenland des Lichtes entrückt oder es durch die Dazwischenkunft wohlthätiger Heroen errettet. Und diese Vorstellungen und Gebräuche des alten Gottesdienstes waren namentlich in der Gegend von Halos so festgewurzelt, dafs sie noch zur Zeit der Perserkriege und später in voller Uebung bestanden[2]). Jedesmal der Aelteste vom Geschlechte der Athamantiden mufste das Prytaneum der Stadt meiden und wurde schonungslos geopfert wenn er sich darin betreffen liefs, auch wenn er das Land gemieden hatte und erst nach langer Zeit wieder heimgekehrt war. Und man begründete diese grausamen Gebräuche dadurch dafs Athamas seinen Sohn Phrixos dem Zeus Laphystios habe opfern wollen und dann selbst habe geopfert werden sollen, aber von seinem Enkel, dem plötzlich aus Kolchis zurückgekehrten Sohn des Phrixos von diesem Opfertode befreit worden sei.

Daraus erklärt sich die Sage von Athamas und seinen beiden Frauen, der guten Mutter Wolke und der bösen Stiefmutter Ino[3]). Von der Wolke (Nephele) hat Athamas die beiden Kinder Phrixos und Helle, wahrscheinlich Bilder des befruchtenden Regens und des milden Lichtes, wie ihn Zeus im Frühling spendet, der wohlbekannte Wolkensammler der lichten Höhen[4]). Ino, die Meeresfrau des benachbarten

---

1) Ἀθάμας erklärt sich vielleicht durch skr. dhmâ stark wehen, schnauben, Pott Zeitschr. f. vgl. Spr. 7, 104. In Teos, welches auch für eine Gründung des Athamas galt (nach Herodot nahmen Minyer aus Orchomenos an den ionischen Niederlassungen Theil) und deshalb von Anakreon das Athamantische genannt wurde, hiefs er auf ionisch Τάμρας s. Str. 14, 633, Steph. B. Τέως. Et. Gud. v. ταφών, Pherekydes b. Schol. Plat. Hipparch. p. 335.

2) Herod. 7, 197, Plato Min. p. 315 C, der die Menschenopfer des lykaeischen Zeus und die der Athamantiden mit denen des punischen Saturn vergleicht.

3) Apollod. 1, 9, 1, Zenob. 4, 38, Tzetz. Lyk. 22, Palaeph. 31, wo Athamas ein König von Phthia heifst. Gewöhnlich dachte man ihn als Boeoter.

4) Φρίξος von φρίξ d. i. der Schauer des Windes auf der Wasserfläche u. φρίσσω d. i. horrere, horrescere vom Meere, vom Saatfelde mit starrenden Aehren, vom Fell mit starrenden Haaren u. s. w. Ἕλλη vielleicht i. q. εἴλη

Strandes¹), hat vom Athamas den Learchos und den Melikertes geboren. Als Stiefmutter, die in vielen griechischen Sagen das böse Princip der Familie ist²), stellt sie den Kindern der Wolke nach und weifs es durch List dahin zu bringen dafs Athamas den Phrixos seinem Gotte, dem Zeus Laphystios opfern will. Sie beredet nämlich die Frauen des Landes den Waizen, mit dem das Feld bestellt werden soll, vorher zu rösten, so dafs Mifswachs die natürliche Folge ist³). Dadurch und durch ein untergeschobenes Orakel wird Athamas genöthigt den eignen Sohn zum Altare zu führen; doch rettet ihn Zeus oder Hermes oder Nephele, indem sie einen goldnen Widder senden, welcher Phrixos und die gleichfalls bedrohte Helle durch die Luft und übers Meer nach Aea entführt. Die zartere Helle fällt unterwegs ins Meer, wodurch der Hellespont zu seinem Namen gekommen ist⁴). Phrixos erreicht glücklich das ferne Eiland des Lichtes, wo er den Widder dem Zeus φέξιος opfert und das goldene Vliefs des Widders dem Aeetes d. h. dem Könige von

---

d. i. Wärme und Glanz des Lichtes, mit verdoppelter Liquida, also wie die tegeatische Αὐγή. Nephele ist wohl im Sinne der Morgenluft zu verstehen (S. 147. 3), woraus sowohl Regen als klarer Himmel entstehen kann. Ein Kentaur Phrixos b. Diod. 4, 12.

1) Bd. 1, 493. Der Name Ἅλος (man sagte ὁ und ἡ) hängt entschieden mit ἅλς zusammen, wie die Stadt denn nicht weit vom Meere lag und das benachbarte Iolkos wesentlich Seestadt war (Bursian Geogr. 1, 78 leitet den Namen von einer salzhaltigen Quelle ab). So waren auch die boeotischen Orchomenier und alle Minyer viel zur See.

2) Eurip. Alk. 309 ἐχθρὰ γὰρ ἡ 'πιοῦσα μητρυιὰ τέκνοις τοῖς πρόσθ', ἐχίδνης οὐδὲν ἠπιωτέρα. Andre Namen für die Stiefmutter dieser Fabel und verschiedene Versionen derselben b. Schol. Pindar P. 4, 288.

3) Auch in diesem Zuge entspricht die Fabel am besten der Gegend von Halos, welches an dem durch seinen Waizenbau berühmten krokischen Gefilde lag, s. 1, 620. Das φρύγειν τὰ σπέρματα (torrere sementem übersetzt Hygin f. 2) entspricht der Natur der Ino als Meeresgöttin, denn das Meer ist unfruchtbar und als solches der fruchtbaren Erde entgegengesetzt; daher der Ausdruck ἁλίσπαρτον und der Gebrauch einen verfluchten Acker mit Salz zu bestreuen, Lob. Agl. 1192.

4) Ἑλλήσποντος Il. 2, 845, πορθμὸς Ἀθαμαντίδος Ἕλλας Aesch. Pers. 70. Sollte bei der Sage vom Sturz der Helle der Gebrauch alter Opfer zu Grunde liegen? Vgl. das ins Meer versenkte Mädchen, als Opfer der Amphitrite und der Nereiden, b. Plut. VII Sap. conv. 20 u. Lykophr. 22 Θέτις παρθενοκτόνος. Phrixos und Helle auf dem Bock durch die Lüfte getragen, sie stürzend u. s. w., eine häufige Vorstellung s. *O. Jahn Ann. d. Inst. 1867, 88ff. Stephani compt. rend. 1869, 109ff., R. Schoene griech. Reliefs n. 124. 133 A. auch Wieseler Göttl. gel. Anz. 1874, 331; vgl. Paus. 1, 24, 2. Apollon. 1, 763. — Man dachte sich Helle als Geliebte Poseidons, von dem sie den Paeon oder Edonos, die Eponymen thrakischer Völkerschaften, geboren habe. Hygin P. A. 2, 20.

Aea übergiebt, der es im Haine des Ares d. h. des blutigen Schreckens aufhängt, wo ein gräfslicher Drache es bewacht. Der Widder ist im Culte des Zeus so entschieden das Symbol der befruchtenden Wolke und der erquickenden Gnade, dafs er auch hier nicht wohl eine andre Bedeutung haben kann[1]). Der goldne Widder ist ein Symbol des Segens der aus der Wolke quillt, ein Unterpfand der Gnade des Zeus und ein Palladium des Glückes und des Reichthums überhaupt, in welcher Bedeutung dasselbe Symbol in der Sage von Myken wiederkehrt[2]). Dieses Palladium in jenem fernen Eilande aufzusuchen, es dem Drachen zu entreifsen und zum bleibenden Besitze der Heimath und ihres Geschlechts zu machen, das ist die Aufgabe der Helden vom Stamme der Minyer, zu welchem auch die Athamantiden gehörten. Phrixos blieb nach der gewöhnlichen Sage beim Aeetes, dem Sohne des Helios, dem Bruder der Kirke, der ihn mit seiner Tochter vermählte. Seine Söhne schickte er nach Griechenland zurück, wo der eine, Kytisoros (ein schon der Sage von Kolchis entsprechender Name), als Befreier des Athamas vom Opfertode, der andre, Argos, als Erbauer der Argo genannt wurde. Von ihnen leitete sich ein Geschlecht ab, welches gleichfalls in Thessalien und Boeotien heimisch war und dessen älteste Glieder schon bei Hesiod erwähnt wurden[3]).

Von Athamas wurde aufser seiner eigenen Gefahr, zur Sühne für den Phrixos geopfert zu werden, noch erzählt dafs er später in einem Anfall von Raserei den einen Sohn der Ino Namens Learchos getödtet, den andern und die Mutter um auch sie zu morden verfolgt habe: welche Fabel gewöhnlich durch den Hafs der Hera motivirt wurde, den sich Ino durch die Pflege des Bacchuskindes zugezogen habe[4]). Ferner er-

---

1) Vgl. den Gebrauch der ἀποδιοπομπίσεις, namentlich auf dem Pelion, 1. 103. 114. Zeus Laphystios entspricht dem μαιμάκτης, Zeus Phyxios dem μειλίχιος. Eine ähnliche Bedeutung hatte Hermes κριοφόρος zu Tanagra, 1. 322. während Aphrodite ἐπιτραγία den Theseus übers Meer führt, oben S. 295.

2) Das goldene Vliefs kannten schon Hesiod und Pherekydes, Hygin l. c.. Simonides hatte es einmal weifs ein andermal πορφυροῦν d. h. meerfarbig genannt, Schol. Apollon. 4, 177. Andre nannten diesen goldnen Widder einen Sohn des Poseidon und der Theophane, Hygin f. 3. 188. Apul. M. 6. 12 in dem Märchen von der Psyche kennt eine ganze Heerde von Lämmern mit goldnem Vliefs, welche Fulgent. mythol. 3, 6 Solis armenta nennt.

3) Herod. 7, 197. Schol. Apollon. 2, 1122, Antonin. Lib. 23. Nach Apollon. 2, 1090ff. hatte Phrixos seine Söhne nach Orchomenos geschickt, doch scheitern sie unterwegs auf der Aresinsel, wo die Argonauten mit ihnen zusammentreffen.

4) Bd. 1, 493. Λέαρχος ist wohl nur ein griechischer Name für den phoenikischen Μελκάρτης.

zählte man von einer dritten Frau des Athamas, Themisto, einer Tochter des Lapithenkönigs Hypseus, welche durch ihre Eifersucht auf Ino neues Unglück über sein Haus gebracht habe[1]. Solche Verwicklungen der Leidenschaft und die Abenteuer des Phrixos verfehlten nicht die attischen Tragiker zu beschäftigen. Aeschylos dichtete einen Athamas, Sophokles einen Phrixos, einen Athamas im Opferkranze ($\sigma\tau\varepsilon\varphi\alpha\nu\eta\varphi o$-$\varrho\tilde{\omega}\nu$), wo Herakles als Retter in der Noth erscheint, und noch einen anderen Athamas, wo sein Wahnsinn und die Angst und endliche Erhöhung der Ino geschildert wurde. Endlich von Euripides gab es einen Phrixos, wo Ino als die hochgeborne Tochter des Kadmos auftrat, welche die Stiefkinder der Wolke nicht ertragen mochte, aber für ihre Arglist durch Verstoßung und Verbannung gestraft wurde, und eine Ino, wo Athamas sich als glücklicher Gatte und Vater in Thessalien befand, Ino aber, in diesem Stücke eine Dienerin, ärmlich, eifersüchtig, abgespannt, dieses Glück wieder störte und zuletzt von dem wahnsinnig gewordenen Athamas ins Meer gejagt wurde: eine von jenen pathetischen Jammergestalten des Euripides, welche dem Geschmacke der Zeit entsprachen, aber von der Komödie nichts desto weniger schonungslos travestirt wurden. Auch Athamas wurde nach der Fabel dieses Stückes zuletzt ganz wild und verdüstert, bis er nach Athamanien auswanderte, wo die Landessage gleichfalls von ihm erzählte[2].

b. *Der Stamm des Kretheus und der Tyro.*

Kretheus gilt gewöhnlich für den ältesten Sohn des thessalischen Aeolos, daher seine Nachkommen auf die Herrschaft in Iolkos den ersten Anspruch hatten. Athamas und Sisyphos sind seine Brüder, jener als Repräsentant des alten aeolischen Stammes in Boeotien, dieser als der in Korinth, endlich Salmoneus, der als sehr übermüthig geschildert wird und sowohl der thessalischen Sage als der von Elis bekannt war. Auf stolzem Wagen, welchen vier Rosse zogen, soll er den Donner und Blitz künstlich nachgeahmt und vom Volke die Opfer des Zeus gefordert haben, bis dieser seiner angemaßten Herr-

---

[1] Athen. 13, 10, Apollod. 1, 9, 2, Schol. Apollon. 2, 1144, Hygin f. 1. Ihre Abkunft weist nach Thessalien, ihre Söhne vom Athamas: Leukon, Erythrios, Schoeneus, Ptoos nach Boeotien, Müller Orchom. 214. Pherekydes nannte Themisto die Stiefmutter des Phrixos, Schol. Pind. P. 4, 288.

[2] Hygin f. 4, Apollod. l. c., Nauck tr. gr. 383 sqq. Nach Euripides dichtete auch Nonnos.

lichkeit mit einem wirklichen Blitze ein Ende machte¹). Der in verschiedenen Formen wiederkehrende Name hängt mit ἅλς d. i. sal zusammen. Also ein stolzer Seekönig der Vorzeit, wenn nicht etwa, wie beim Bellerophon und Sarpedon, ein alter Cultus des Helios-Poseidon zu Grunde liegt. Seine Tochter ist die sagenberühmte Tyro, die vom thessalischen Poseidon den Pelias und Neleus geboren (1, 482) und als Weib des Kretheus die Mutter des Aeson, des Pheres und des Amythaon ist. Aeson ist der Vater des Iason, Pheres der des Admet, Amythaon der des Bias und Melampus, denen wir in Argos und unter den Heroen der Weissagekunst wieder begegnen werden. Pelias und Neleus²) werden von der Sage mehr als Bilder des ältesten Königthums von Iolkos und Pylos gefeiert, das durch den Segen des Poseidon reich an Macht und Gütern und durch seine ritterlichen Künste ausgezeichnet war, als dass sie viel Einzelnes von ihnen zu erzählen wüsste. Neleus hiess Gemahl der schönen Chloris, einer Tochter des Amphion von Orchomenos³), die ihm zwölf Söhne, von denen Periklymenos und Nestor die berühmtesten sind (S. 239), und eine Tochter, die wunderschöne Pero gebiert, die vom Bias die Stammmutter des herrschenden Zweiges der argivischen Amythaoniden wurde. Pelias, dessen Schicksale ganz in die Argonautensage verflochten sind, war der Vater des Akastos und mehrerer Töchter, unter denen Alkestis durch ihre treue Liebe zu dem glücklichen Admet berühmt ist. Dieser herrschte in den weiten und gesegneten Feldern von Pherae am boebeischen

---

1) Od. 11, 236 heisst er ἀμύμων. Vgl. Hesiod b. Schol. Pind. P. 4, 253, wo er ἄδικος heisst, Apollod. 1, 9, 7, Diod. 4, 68; 6, 9, Virg. A. 6, 585 ff. Serv., Hygin f. 61. Es hiess dass er eine Stadt Σαλμωνία oder Σαλμώνη gegründet habe, Str. 8, 356. Der Name ist desselben Stammes wie Ἅλος oder Ἦλος, Ἅλμος oder Σάλμος eine Stadt in Boeotien, Ἁλμωνία von dem Riesen Ἅλμωψ, einem Sohne des Poseidon und der Helle, Steph. B., vgl. Ἅλμος und Πορφυρίων (oben S. 206, 2) die Söhne des Sisyphos, daher das Dorf Ἅλμωνις oder Ὁλμωνις in der Gegend von Orchomenos. Paus. 9, 34, 5, Schol. Apollon. 3, 1094.

2) Auch der Name Νηλεύς wird, wenn er wirklich (wie oft geschieht) von νηλεύς abzuleiten ist, am besten von Poseidonischer Gewaltthat zu verstehen sein, denn auch Poseidon ist νηλεύς, so gut wie der Gott der Unterwelt. *Fick griech. Personennamen S. 59 erklärt Νηλεύς als Νη-αλεύς.

3) Od. 11, 281 ff. Chloris heisst hier die Tochter Ἀμφίονος Ἰασίδαο, ὅς ποτ' ἐν Ὀρχομενῷ Μινυείῳ ἶφι ἄνασσεν. Später galt sie allgemein für eine Tochter des thebanischen Amphion und der Niobe und das einzige Kind von dieser, welches die Götter verschonten. Als Mutter der Orchomenischen Chloris wurde Persephone, eine T. des Minyas genannt. Schol. Od. 11, 281 nach Pherekydes. Von den zwölf Söhnen der Chloris weiss auch die Ilias 11, 692.

See¹), derselben Gegend in welcher die Sage von der Liebe des Apoll zur Koronis und von der Geburt des Asklepios erzählt wurde (1, 423). Sein Glück war die Freundschaft des Apoll, der ihm als Dienstmann an den schattigen Abhängen des Pelion die Heerden hütete, man sagte nachdem er wegen des Asklepios dem Zeus die Kyklopen getödtet hatte und zur Bufse dafür²). Da gediehen die Heerden des Admetos wunderbar und seine Rosse waren die besten vor Troja, als sein Sohn Eumelos dort mit ihnen unter den Griechen erschien, dieselben welche Apoll an der oft gerühmten Quelle Hypereia bei Pherae getränkt hatte³). Als Pelias seine schöne Tochter dem versprach, welcher einen Löwen und einen Eber vor den Brautwagen jochen würde, that Apollo das für seinen Freund, der darauf mit diesem Gespann nach dem benachbarten Iolkos ging und seine Alkestis heimführte⁴). Und als Admet bei seiner Hochzeit der Artemis zu opfern vergessen hatte und dafür Schlangen in dem Brautgemache fand, übernahm es wieder Apoll seine Schwester zu versöhnen, indem er zugleich die Moeren durch süfsen Wein zu dem Versprechen beredete⁵), dafs Admet wenn seine Stunde gekommen des

---

1) Eur. Alk. 588 πολυμηλοτάταν ἑστίαν οἰκεῖ παρὰ καλλίναον Βοιβίαν λίμναν etc. Apollon. 1, 49 οὐδὲ Φεραῖς Ἀδμήτος ἐρριγνέσσιν ἀνάσσων μίμνεν ὑπὸ σκοπίην ὄρεος Χαλκωδονίοιο, d. i. das Gebirge oberhalb Pherae, Hygin f. 14 u. Virg. Cul. 260 mit der Verbesserung von Haupt Mtsber. d. Berl. Akad. 1857 S. 649.

2) Eurip. Alk. z. A. und dazu die Scholien mit sehr verschiedenen Angaben. Nach Pherekydes tödtete Apollo nicht die Kyklopen, sondern deren Söhne, nach Alexandrides dem Delpher wurde ihm die Bufse aufgelegt nachdem er den Drachen Python getödtet; *vgl. Bd. 1, 229, 1. Immer wird Apoll dafür εἰς ἐνιαυτὸν dienstbar, s. Meineke Vindic. Str. 168. Nach den alexandrinischen und römischen Dichtern Kallimachos in Apoll. 49, Rhianos, Tibull, Ovid diente Apollo dem Admet aus Liebe.

3) Il. 2, 763 ff. Schol., Pherekydes u. Sophokles b. Schol. Pind. P. 4, 221. Ueber die Quelle Hypereia s. Ussing Gr. Reisen und Studien 94. Εὐμηλίδαι eine Phratrie in Neapel, dessen Bevölkerung zum Theil aus Thessalien stammte, C. I. vol. 3 p. 716, *O. Jahn Arch. Ztg. 1867, 67.

4) Apollod. 1, 9, 14. Hygin f. 50. 51. Am Amyklaeischen Thron war Admetos abgebildet, wie er die beiden wilden Thiere vor den Wagen spannte Paus. 3, 18, 8. *Eine ähnliche Darstellung auf einem etruskischen Ringe und dem Stuckrelief eines römischen Grabes, s. E. Petersen Ann. d. Inst. 1861, 227 ff. Löwe und Eber vor dem Wagen der Aurora auf M. des Divus Traianus und seines Parthischen Triumphs, Eckhel D. N. 6, 442.

5) Apollod. l. c. vgl. Bd. 1, 436. Artemis und die Moeren gehören beide nothwendig zur Hochzeit, 1, 248. 435. Auch die Hochzeit des Admet war in der griechischen Poesie berühmt, Eur. Alk. 915 ff.

Todes ledig bleiben solle, falls Jemand freiwillig für ihn in den Tod gehen würde, der Vater, die Mutter oder sein Weib. Als aber die Stunde gekommen war und nicht der Vater, nicht die Mutter für den Sohn sterben wollten, wohl aber Alkestis freudig für den Gatten sich opferte, da schickt Persephone über so grofse Treue gerührt sie dem Admetos zurück, oder wie Euripides dichtet Herakles, der den Admetos auch lieb hatte, jagt dem Tode seine Beute beim Grabe wieder ab. Die schöne Fabel, bei welcher alte Ueberlieferungen des Dienstes des Apollo und der Artemis zu Pherae zu Grunde liegen mögen, wurde viel in Liedern des lyrischen Gesanges gefeiert[1]) und vor Euripides hatten Phrynichos und Sophokles auf der attischen Bühne davon gedichtet[2]). Alkestis ist darüber für immer zu einem Muster der ehelichen Liebe und Aufopferung geworden. Was endlich den König Pelias betrifft so wird auch er als reich und mächtig geschildert, wie die ihm von Akastos gehaltenen Leichenspiele denn zu den berühmtesten des epischen Gesanges gehörten. Doch gilt er auch für übermüthig[3]), hart und listig, wodurch er die Ursache des Argonautenzuges, aber auch die seines eigenen Todes wurde. Wie er seinen Bruder Neleus vertrieben hat, der darüber nach Pylos in Messenien auswandern mufste, so verdrängt er in Iolkos den besser berechtigten Aeson, der deshalb seinen Sohn Iason, aus Furcht vor den Nachstellungen des Pelias, in zarter Jugend beim Kentauren Chiron auf dem Pelion verbarg. Auch hatte sich Pelias den Zorn der Hera zugezogen, nach der gewöhnlichen Sage weil er die böse Sidero, welche seine Mutter Tyro so arg geplagt hatte (1, 482), im Haine, ja

---

1) Eurip. Alk. 445 ff., Seneca consol. ad Helv. 17 nobilitatur carminibus omnium quae se pro coniuge vicariam dedit. In Athen ward ein Skolion vom Admet gesungen, s. Poet. lyr. ed. Bergk p. 1225 ed. tert. Die Artemis von Pherae (1, 257, 4) stand der Hekate und Persephone nahe und scheint in einigen Legenden für die Tochter des Admet gegolten zu haben, Hesych Ἀδμήτου κόρη, wenn hier nicht vielmehr der Gott der Unterwelt zu verstehen ist. Müller Dor. 1, 320, Proleg. 300 hält beide, den Gott und den Heros, für identisch. vgl. Schoemann op. 2, 202, 86. *Einen andern wenig glücklichen Weg zur Erklärung versucht Stacke de Admeto et Alcestide, Progr. Rinteln 1873.

2) Schon bei Phrynichos würgte Herakles den Tod und höchst wahrscheinlich kam hier auch die Scene mit den Moeren vor, da Aeschylos Eum. 723 darauf als auf etwas Bekanntes zurückweist. Von Sophokles stammt wohl der Zug der freiwilligen Zurückgabe der Unterwelt, s. Plato Symp. 179 B, Apollod. a. a. O., Welcker Gr. Trag. 344. *Ueber die bildliche Darstellung des Mythos s. E. Petersen Arch. Ztg. 1863, 105 ff., Helbig Pompej. Wandg. n. 1157 ff.

3) Hesiod th. 996 ὑβριστὴς Πελίης καὶ ἀτάσθαλος, ὀβριμοεργός.

am Altare der mächtigen Göttin, zu welcher sie ihre Zuflucht genommen, getödtet hatte. Es ist die pelasgische Hera, die in dieser Gegend viel verehrt wurde (1, 129) und als Schutzgöttin Iasons in der ganzen Argonautensage sehr thätig ist und zwar schon nach der Erzählung der Odyssee 12, 71. Als Iason einst im Winter auf die Jagd ging, alle Höhen voll Schnee lagen und die Ströme vom Pelion übervoll in das Thal des Anauros sich ergossen, da stellte sich Hera um den Jüngling zu versuchen in der Gestalt eines hülflosen alten Weibes an den Strom und jammerte. Iason aber hob sie rüstig auf seine Schultern und trug sie hinüber, wofür die Göttin ihm hernach ihren Beistand in allen Abenteuern gewährte[1]). Neben ihr Athena, welche bei dem Bau der Argo half und die kühnen Helden auf der ganzen Fahrt mit Schutz und Trutz begleitete, daher sie in Kyzikos mit Beziehung auf die Argonautenfahrt als Iasonische verehrt wurde.

c. *Jason und Medea.*

Die beiden Hauptpersonen der Sage, beide offenbar von allgemeinerer religiöser und symbolischer Bedeutung.

Iason gehört vorzüglich zur thessalischen Sage von Iolkos, doch war auch die Sage von seinen Nachkommen auf Lemnos eine sehr alte (Il. 7, 468; 23, 747). Seinem Namen nach[2]) ist er der Helfer, der Heilbringer, der das goldne Vliefs, das Palladium der Wohlfahrt des Landes, aus dem fernen Morgenlande holt und dem von dort die leidenschaftliche und alles Zaubers kundige Medea folgt, welche sicher ein Bild des Mondes ist. Iason dagegen scheint eine dem Asklepios und Aristaeos verwandte Gestalt zu sein, daher er seine Jugend auf dem kühlen Pelion und in der Pflege des Chiron zubringt, ein Dämon des lichten Frühlings mit seiner milden Sonne und seinen befruchtenden Regengüssen, aber auch der Sühnung und Befreiung des Landes von der auf ihm ruhenden Schuld, der als solcher das Vliefs wiederbringt, welches durch Phrixos nach Aea entführt worden war. Auch dieser ist mit einer Tochter des Aeetes vermählt, die unter verschiedenen Namen

---

1) Apollon. 3, 66 ff., ohne Zweifel ein altes Märchen, wo die Hülfe, die Iason der von Sturmfluth und Winter bedrängten Hera gewährt, bedeutsam ist.

2) Ἰάσων von ἰάομαι, Schol. Apollon. 1, 554 ὅτι καὶ Ἰάσων ἐκλήθη παρὰ τὴν ἴασιν, vgl. die Heilgöttin Ἰασώ neben der Πανάκεια und Ὑγίεια b. Arist. Pl. 701, Paus. 1, 34, 2. — *Die früher auf Iason gedeuteten Statuen stellen wohl den Hermes vor, vgl. Lambeck de Mercurii non Iasonis statua, Thorn 1860.

(gewöhnlich heifst sie Χαλκιόπη) nur den Mond bedeuten kann; wobei zu bedenken ist dafs man wie der ganzen Natur, so auch dem Vollmonde des Frühlings von jeher eine besondere Bedeutung beigelegt hat. Auch Medea d. h. die an Mitteln und Anschlägen reiche, die weise Frau, daher Tochter der Ἰδυῖα d. h. der Wissenden[1]), scheint der Sage von Iolkos bekannt gewesen zu sein, wo sie vielleicht in dem Hekatedienste von Pherae, der Stadt des Admet, eine Stütze fand. Aber vorzüglich wissen wir von ihr aus der korinthischen Sage, wo sie für eine einheimische Heroine d. h. für die Tochter des einheimischen Königs Aeetes, des Sohnes des Helios und der Antiope galt, welcher mit seiner Tochter von Korinth nach Aea Kolchis ausgewandert sei. Sie ist durchaus griechische Mondgöttin und ihr Kommen von Morgen nach Griechenland nur das gewöhnliche Spiel des mythischen Bildes, wie umgekehrt Io und Helena sich aus ihrer Heimath in den Orient entfernen. Ihr wesentlicher Charakter ist der der leidenschaftlichen Liebe, wodurch sie zur Verherrlichung der Aphrodite dient, wie denn mehr als ein Bild dieser Leidenschaft in der griechischen Dichtung in seiner ersten Bedeutung eine Allegorie des Mondes ist. Ferner eignet ihr die Kunde aller verborgenen Kraft der Kräuter und Zauberei, worin ihr jene Tochter des Augeias in Elis und die ihr nahe verwandte Kirke auf dem westlichen Aea gleichen (1. 355), nur dafs die griechische Sage und namentlich die Poesie der attischen Bühne auf kein Bild der Zauberei so viel Kunst und grelle Farben der Schilderung verwendet hat als auf Medea[2]). Ohne Zweifel gehörte sie ursprünglich zur mythischen Vorstellung von Aea und erst durch die Identification von diesem mit Kolchis ist sie auf das letztere übergegangen. In Korinth galt sie für unsterblich und für eine Wohlthäterin der Stadt, welche sie von einer Hungersnoth befreit habe, oder für eine alte Königin der Stadt, wie dieses namentlich Eumelos in seinen korinthischen Geschichten und Simonides ausge-

---

1) Hesiod th. 960. Μήδεια, bei den Alexandrinern auch Μήδη, von μήδομαι d. i. βουλεύεσθαι, μηχανίσασθαι im guten und bösen Sinne, vgl. μῆδος, μήδεα Il. 3, 202; 16, 120; 24, 88. 674 u. A.

2) Sie ist die φαρμακίς schlechthin, eine Andre Ἀγαμήδη, ἣ τόσα φάρμακα ᾔδη ὅσα τρέφει εὐρεῖα χθών Il. 11, 741 vgl. Theokr. 2, 15 φάρμακα ταῦτ' ἔρδοισα χερείονα μήτε τι Κίρκας μήτε τι Μηδείας μήτε ξανθᾶς Περιμήδας (d. i. Ἀγαμήδης). Vgl. die Schilderung b. Ovid M. 7, 179ff. u. Welcker kl. Schr. 3. 20ff. Auf Bildwerken wird sie charakterisirt durch das Kästchen mit Zaubermitteln.

führt hatten. Auch erzählte man dafs Zeus sie geliebt, Medea aber diese Liebe aus Ehrfurcht vor der Hera verschmäht habe, weshalb sie der Hera ἀκραία auf der Burg von Korinth so theuer geworden sei dafs Medea ihre Kinder vom Iason, sieben Knaben und sieben Mädchen, im Heiligthume dieser Göttin begraben durfte, wo Hera ihnen Unsterblichkeit verlieh und die Korinthier sie durch jährliche Sühnungsgebräuche verehrten[1]). Die Verbindung der Medea mit dem Iason und dafs sie ihm nach Griechenland folgt und Kinder von ihm gebiert, dieses gehört zu den elementaren Grundzügen der Sage, die sich bei der weiteren Ausführung und Verbreitung derselben aber auch sehr veränderten. Nach der ältesten Sage blieben Iason und Medea in Iolkos, wo sie von ihm den Medeios (Μήδειος) gebar, der wieder vom Chiron auf dem Pelion erzogen wurde, also gleich dem Vater und der Mutter ein Dämon der sinnigen Klugheit und Heilung ist[2]). Später wurde ihre Vermählung mit Iason gewöhnlich nach dem von Korinth colonisirten Kerkyra, der dauernde Aufenthalt von beiden nach Korinth verlegt, bis Iason ihr untreu wird und ihre Kinder den Tod fanden, nach der gewöhnlichen korinthischen Ortssage nicht durch sie selbst, sondern durch die Korinthier[3]). Darauf begibt sich Medea zum Aegeus nach Athen, von dem sie nun den Medos gebiert, der in der späteren ethnographischen Sage zum Herrscher im Morgenlande d. h. zum Könige der Meder ward. Oder sie kehrt zurück zu ihrem Vater Aeetes nach Aea, oder sie wird in Elysion die Gattin des Achill, des herrlichsten aller Heroen[4]), wie nach anderen Sagen Helena. Lauter Andeutungen von einer weitverbreiteten Anwendung dieses alten mythologischen Bildes, das erst durch die gewöhnliche Argonautensage eine so viel enger begrenzte Bedeutung bekommen hat.

1) Paus. 2, 3, 6—8, Schol. Pind. Ol. 13, 74, Schol. Eurip. Medea 10, 20, 276, 1369, Philostr. Her. p. 325 K., Eumelos b. Markscheffel p. 397 sqq. Auch Euripides Medea 1378 ff. spielt auf diese Gebräuche an. Doch wufste die gewöhnliche Ueberlieferung nur von zwei Kindern der Medea.

2) Hesiod. th. 997—1002, Kinaethon b. Paus. 2, 3, 7, (*vgl. jedoch auch Schoemann Hes. Th. S. 283). Simonides hielt es für nöthig dieser ältesten Sage zu widersprechen b. Schol. Eur. Med. 20 vom Iason: ὃ δ᾽ ἵκετ᾽ εἰς Κόρινθον οἱ δὲ Μαγνησίαν ναίειν, ἀλόχου δὲ Κολχίδος εὔνθορος, ἄστεος Αἰχαίου τ᾽ ἀνασσειν.

3) Offenbar wollte man dadurch jene Sühnungsgebräuche im Culte der Hera motiviren.

4) Apollon. 1, 811 ff., Apollod. 1, 9, 28. Von Aegeus s. oben S. 291. Wahrscheinlich eigentlich der Aegaeische Poseidon und erst später auf den attischen König übertragen.

d. Veranlassung und Zurüstung zur Fahrt.

Vom Anlaſs der abenteuerlichen Fahrt erzählt Pindar Pyth. 4. Pelias weiſs durch ein Orakel daſs er durch einen seiner Vettern vom Stamme des Aeolos umkommen werde und sich vor dem mit einem Schuh zu hüten habe[1]. Da kommt Iason vom Pelion herab, zwei Lanzen in der Hand, in der magnetischen Landestracht, ein Pardelfell über die Schultern geworfen, noch schimmerten ihm die wallenden Locken über den ganzen Nacken[2]: ein herrlicher Jüngling, um den das Volk auf dem Markte sich staunend versammelte. Auch Pelias kommt eilends gefahren, sieht den Fremden und daſs er blos am rechten Fuſse beschuht ist und fragt nach seinem Vaterlande und nach seiner Abkunft. Iason antwortet ehrlich und biederen Gemüths: Zwanzig Jahre sei er beim Chiron gewesen, wo dessen Töchter seiner Jugend gepflegt hätten. Nun aber komme er um die königliche Würde seines Vaters zu fordern, die ihm nach dem Rechte des Zeus gebühre. Er sei kein Fremdling, sondern das ächte Kind des Landes und man möge ihm die Wohnung seines Vaters zeigen. Und als er zum Vater kam, da netzte ein Strom heller Freudenthränen die alternden Augen des Aeson, so freute er sich des wunderschönen, des herrlichen Sohnes. Und es kamen die Vettern, als sie von Iason hörten, Pheres von der Quelle Hypereia, Amythaon aus Messene und Admetos und Melampus, alle um seiner froh zu werden. Und Iason schmauste mit ihnen fünf Tage und fünf Nächte lang, dann traten sie alle vor Pelias und Iason nahm das Wort und sprach: Zwar Du hast mich betrogen, aber Friede sei unter uns, da wir so nahe verwandt sind. Die Heerden und die Ländereien, die Pelias seinem Vater genommen, möge er behalten. Den Thron aber möge er freiwillig abtreten, sonst könnte groſses Unglück geschehen. Pelias erwiderte ruhig und listig: Dem sei also. Doch bin ich alt und Du bist jung, darum könntest Du unser Haus von schwerem Zorn der Unterirdischen befreien. Phrixos will daſs seine Seele heimgeholt werde aus dem Lande des Aeetes[3] und das goldne Vlieſs des Widders, der ihn einst aus den Fluthen des Meeres und den Nachstellungen der gottlosen Stiefmutter gerettet habe. So habe ihm Phrixos selbst im Traume gesagt und der Gott zu Delphi treibe zur eiligen Sendung. Das möge Iason nun aus-

---

*1) Apollodor: τὸν μονοσάνδαλον φυλάξασθαι.

2) D. h. er hatte sein Haar noch nicht geschoren, wie Achill bei Homer.

3) Der Scholiast bemerkt daſs dieses ein Zusatz des Pindar sei und daſs die gewöhnliche Sage nur vom goldnen Vliese wisse.

führen und komme er heim, dann wolle er ihm gerne die Herrschaft überlassen, das schwöre er ihm beim Zeus, der ihres Stammes erste Wurzel sei.

So Pindar, dahingegen die gewöhnliche Sage wohl die Pflege beim Chiron auf dem Gipfel des Pelion kannte[1]), den Iason aber dann unter den übrigen Vettern des Pelias seine Jugend zubringen liefs, auf dem Lande und dem Landbau und der Jagd ergeben. Pelias brachte nach dieser Erzählung einst seinem Gotte und Vater Poseidon ein großes Opfer am Strande von Iolkos, wie Nestor das bekannte am Strande von Pylos. Dazu versammeln sich alle Vettern und Sippen des Geschlechts. Da Iason gerade im boebeischen Felde nahe am Anauros pflügt, geht er baarfufs durch den Flufs und bindet drüben wohl die Sandale unter den rechten Fufs, vergifst aber den linken[2]). So kommt er zum festlichen Opfermahle, worauf ihn Pelias am anderen Morgen zu sich bescheidet. Was er thun würde, wenn ihm geweissagt wäre dafs er von einem seiner Vettern sterben werde? Ich würde ihn nach Aea schicken das goldne Vliefs vom grimmen Aeetes zu holen, war die Antwort. Das hatte ihm Hera eingegeben, damit Medea nach Iolkos komme, dem Pelias zum Verderben, wird ganz im Sinne der alten Dichtung hinzugesetzt, wo Hera die bewegende Ursache der Fahrt und der schreckliche Ausgang des Pelias durch Medea und die ihm von Akastos gehaltenen Leichenspiele vermuthlich das Ende der Erzählung waren.

Nun sendet Iason Herolde durch ganz Griechenland und es sammeln sich die Helden aus allen Gegenden. Pindar, Apollonios und Valerius Flaccus geben Verzeichnisse ihrer Namen[3]), bei denen die ältere Erzählung von den späteren Zusätzen der erweiternden und die Sagenkreise combinirenden Dichtung wohl zu unterscheiden ist. Die ältesten Theilnehmer sind die vom Stamme der Minyer[4]) aus Iolkos,

---

1) Namentlich erzählte Hesiod davon, Schol. Pind. N. 3, 92. Steph. B. v. Αἴσων, Schol. Od. 12, 69, nach welchem Chiron auch bei der Ausrüstung der Argonauten thätig war. Vgl. Pherekydes b. Schol. Pind. P. 4, 133, Apollod. 1, 9, 16, Hygin f. 12. 13.

2) Nach Apollon. 1, 10 u. Apollod. blieb der eine Schuh im Schlamm des Flusses stecken.

3) Vgl. auch Hygin. f. 14. Tzetz. Lyk. 175. Sophokles hatte in den Lemnierinnen, Aeschylos in den Kabiren die Argonauten aufgezählt, Schol. Pind. P. 4, 303. Ein vollständiges Verzeichnifs der bekannten Namen b. Burmann zum Valerius Flaccus.

4) Pindar P. 4, 69 μετὰ γὰρ κεῖνο πλευσάντων Μινυᾶν u. s. w., vgl.

Orchomenos und Pylos, dessen junge Mannschaft bei Pindar den Iason zuerst begrüfst: Akastos, der Sohn des Pelias, ein eben so treuer Freund des Helden wie ihm der Vater widerwärtig war, Admet von Pherae, Euphemos und Periklymenos, dieser der uns schon bekannte Nelide aus Pylos (S. 239). Euphemos, einer der hervorragendsten Helden, weil bei ihm die Sage von der Ansiedelung auf Thera und Kyrene anknüpfte, galt auch für einen Sohn des Poseidon, der ihn nach Pindar mit der Europa, der Tochter des Tityos, an den Ufern des Kephisos d. h. in Orchomenos zeugte, durch seinen Vater von so windesschneller Art und Natur, dafs er über die Wogen des Meeres ohne seine Füfse zu benetzen dahin laufen konnte[1]. Ferner Erginos von Orchomenos (S. 180), auch dieser ein Sohn des Poseidon, Tiphys ein berühmter Steuermann von der thespischen Rhede Tiphae am krisaeischen Meerbusen[2] u. A. Aufser diesen Minyern wurde Herakles früh als Theilnehmer der Fahrt genannt, doch waren die Dichter sich nicht einig ob er überhaupt mitgezogen und wie weit er mitgezogen sei, dahingegen in der jüngeren Tradition sein Antheil immer mehr zur Hauptsache wurde[3]. Auch stellten sich die Dioskuren ein, als Schutzgötter zur See und weil der Faustkampf des Polydeukes mit Amykos eine wesentliche Episode der Dichtung war, die geflügelten Boreaden Zetes und Kalais, welche dem Phineus die Harpyien verjagten, Orpheus um die Helden mit seiner Laute zu führen und zu erfreuen, Mopsos um ihnen als Prophet zu dienen[4]. Im Allgemeinen ist zu erwägen dafs die Ar-

---

Apollon. 1, 229 ff. Schol. Auch Ovid, Seneca und das Orphische Gedicht nennen die Argonauten meist Minyer.

1) Apollon. 1, 179 ff., Hygin f. 14, nach denen er aus Taenaron stammte. Nach Hesiod b. Schol. Pind. P. 4, 35 gebar ihn Mekionike dem Poseidon zu Hyrie in Boeotien.

2) Apollon. 1, 105 Schol., vgl. Müller Orchom. 264.

3) Nach der älteren Tradition blieb er schon in Magnesia zurück, Herod. 7, 193, Schol. Apollon. 1, 1289. Nach der jüngeren ist er die Hauptperson neben Iason oder sogar statt seiner der Anführer, Apollon. 1, 341 ff., Diod. 4, 41. Gewöhnlich bleibt er in Mysien.

4) Orpheus wird schon bei Pindar als Theilnehmer genannt und zwar als Sohn des Apoll und ἀοιδᾶν πατήρ. Also ging er als Aoede mit, nicht als Priester und Zauberer, wie bei Apollonios und in der Orphischen Argonautik. Mopsos wird auch von Pindar genannt. Er heifst Τιταρήσιος und ein Sohn des Ampyx oder Ampykos und der Chloris, Apollon. 1, 65 Schol., Hygin f. 14. Hesiod sc. Herc. 181 nennt ihn unter den Lapithen, auch gab es einen nach ihm benannten Ort Μόψιον in Thessalien, Str. 9, 443, Liv. 42, 61. Nach Hygin war er unter den Jägern des kalydonischen Ebers. Die spätere Sage weifs

gonautensage nach ihrer ursprünglichen Anlage weit weniger Gelegenheit zu Heldenthaten als zu Abenteuern im Geschmacke der Odyssee und zu dämonisch wunderbaren Vorgängen gab, wo jene Söhne und Abkömmlinge des Poseidon mit ihrer Meereskunde, ihrer stürmischen Schnelligkeit, ihrer Verwandlungsgabe ganz an ihrer Stelle waren, aber nicht die Helden der Keule oder des Schwerdtes und der Lanze, daher diese auch eigentlich nur eine müfsige Begleitung des Iason bilden. Vom Herakles deutet es die Sage selbst auf naive Weise an dafs er in der Argo nicht an seinem Platze war. Als er sich in dem Schiffe niedergelassen, habe es zu sinken gedroht, und als er zum Ruder gegriffen, sei es gleich in seiner Faust zerbrochen.

Argos, ein Sohn des Phrixos, hatte inzwischen das Schiff Argo gebaut, wobei Athena half und an der Prora einen Splitter von der Dodonaeischen Eiche einliefs, der auf der Fahrt gelegentlich ein Wort mitspricht, prophetisch wie der Stamm von welchem er genommen war[1]. Mopsos erforscht dann den Willen der Göttin, Iason opfert und betet zum Zeus, der mit Blitz und Donner antwortet. Also werden die Ruder eingesetzt und es geht rüstig vorwärts[2]. Der Ruhm dieser Schifffahrt wurde vollends ein aufserordentlicher, seitdem man die Argo d. i. eigentlich die Schnelle für das erste Schiff überhaupt zu halten gewohnt war[3].

c. Die Argonauten auf Lemnos.

Es beruht auf alter und zuverlässiger Ueberlieferung dafs die Minyer sehr früh auf Lemnos ansässig gewesen (Herod. 4, 145), ja es ist

von drei Propheten, dem Mopsos, Idmon und Amphiaraos, Schol. Pind. P. 4, 337.

1) Auch Aeschylos soll von diesem Splitter gedichtet haben, den man sich nach Analogie des Splitters vom Kreuzdorn zu denken hat, welchen man in die Schiffe einzulassen pflegte, weil man diesem Holze eine abwehrende Kraft zuschrieb, Hygin P. A. 2, 37, Kuhn Herabholung des Feuers S. 237. Ἀργώ von ἀργός ist eigentlich die Schnelle, vgl. θοαὶ νῆες. Ein späterer Schriftsteller nannte den prophetischen Meerdämon Glaukos ihren Erbauer und Steurer, Athen. 7, 47.

2) Man schiffte sich ein zu Pagasae, dem Hafen von Iolkos, wonach der Pagasetische Meerbusen heifst. Ein Altar des Apollo ἄκτιος oder ἐμβάσιος erinnerte an die Einschiffung. Nach Theokrit 13, 23 begann die Fahrt mit dem Aufgange der Plejaden d. h. mit dem Beginn der guten Jahreszeit. Das Schiff wurde als Funfzigruderer gedacht, daher man fünfzig Helden darin unterzubringen suchte.

3) Lucan 3, 193 ff., Seneca Med. 2, 304 ff., Valer. Fl. z. A. Auch wird dieses und der Antheil der Athena gewöhnlich als Grund des Katasterismos angeführt.

schon in der Ilias wiederholt von dem „guten Schiffer" (Εὔνηος), dem Sohne des Iason die Rede, der mit den Phoenikern von Sidon und mit den Griechen vor Troja Handel treibt, namentlich diesen von seiner fruchtbaren Insel den Bedarf an Wein zuführt (Il. 7, 167; 21, 41; 23, 746). Die folgende Sage erzählt von dem Ursprunge dieser Minyer auf Lemnos, die später von den attischen Pelasgern von der Insel vertrieben wurden, und zwar ist in dieser Erzählung wieder religiöser Glaube und geschichtliche Erinnerung auf eigenthümliche Weise gemischt. Die Argonauten treffen bei ihrer Ankunft nur Frauen, keine Männer, welche von ihren Frauen alle meuchlings getödtet worden waren, ein Unheil welches Aphrodite angerichtet hatte. Sie hatten dieser Göttin so wenig geachtet dafs sie sie mit einem üblen Geruch strafte, daher die Männer sich Beischläferinnen von der benachbarten Küste holten, eine Schmach welche die ergrimmten Weiber in dem Blute aller Männer sühnten, denn alle wurden sie ermordet, Gatten und Väter, bis auf den einzigen Thoas, den schon der Ilias 14, 230 bekannten König von Lemnos, von dessen Rettung durch seine Tochter Hypsipyle später verschiedene Sagen erzählt wurden[1]). Die minyeischen Helden aber wurden freundlich aufgenommen, als sich ihr Schiff dem Hafen nahete[2]) und pflogen der Liebe mit den vereinsamten Frauen, wodurch auf Lemnos ein neues Geschlecht entstand, namentlich gebar Hypsipyle

---

1) Apollod. 1, 9, 17, Schol. Il. 7, 468. Entweder wird Thoas von seiner Tochter in einem Kasten versteckt, aber später von den Lemnierinnen entdeckt und ins Meer versenkt, während Hypsipyle entflieht und durch Seeräuber nach Nemea verkauft wird, Schol. Pind. Nem. p. 424, Apollod. 3, 6, 4. Oder Hypsipyle rettet den Vater in einem Kahn, der ihn bald nach der Insel Sikinos in der Nähe von Euboea (früher Οἰνόη) führt, Apollon. 1, 622 ff. Schol., bald nach Tauris, dessen aus der Geschichte der Iphigenia bekannter König Thoas nun mit diesem lemnischen identificirt wurde, Hygin f. 15 (wo Hypsipyle nach Theben verkauft wird) und 120. Oder Dionysos, der Vater des Thoas und Stammgott seines Geschlechts, rettet ihn nach Chios, Mythogr. lat. 1, 133. 199. Als Gemahlin des Thoas nannte man eine Heroine Myrina, Tochter des Kretheus, nach welcher die Stadt Myrina auf Lemnos ihren Namen bekommen, Schol. Ap. 1, 601. Sie ist nicht zu verwechseln mit der aus der Ilias 2, 814 bekannten Amazone Myrina, der Eponyme der Stadt Myrina in Aeolis, Str. 12, 573; 13, 623. Eustath. 351, 20, Steph. B. Μύρινα, von welcher man später auch in libyschen Traditionen erzählte, Diod. 3, 54, Anthol. lat. 1, 704.

2) Nach Aeschylos wehrten Lemnierinnen mit den Waffen in der Hand die Landung ab, bis die Argonauten sich eidlich verpflichtet hatten ihnen beizuwohnen. Nach Sophokles kam es sogar zum heifsen Kampfe, Schol. Apollon. 1, 769.

vom Iason jenen Euneos. Auch wurden Kampfspiele gehalten, angeblich zum Andenken des Thoas oder der gemordeten Männer überhaupt, bei denen die Minyer mit den amazonenartigen Frauen kämpfen, unter andern der König Erginos von Orchomenos mit der Hypsipyle im Laufe, wovon Pindar mit Anmuth erzählte. Ueberhaupt waren diese Spiele, deren Preise in Gewändern bestanden, bei den Dichtern berühmt[1]), ja die ganze Verwicklung, der Männermord, die Ankunft der Argonauten und die darauffolgenden Genüsse der Liebe, des Weines und der ritterlichen Spiele, war von Aeschylos und Sophokles in verschiedenen Stücken auf die Bühne gebracht worden[2]). Ein entfernterer religiöser Zusammenhang und Hintergrund dieser Fabel ist dadurch angedeutet dafs der Männermord auf Lemnos jährlich durch Auslöschung alles Feuers gesühnt wurde und dafs die Sage ging auch die Kabiren, die befruchtenden Dämonen der Insel, hätten in Folge dieses Verbrechens Lemnos verlassen[3]). Als Iason und die Argonauten erscheinen und mit den Frauen der Liebe pflegen, sind diese Dämonen aber nicht allein wieder zur Stelle, sondern sie spenden den Helden auch von ihrem süfsen Weine bis zum Uebermaafse und versprechen die Insel nun recht fruchtbar zu machen[4]). Dieses Ab- und Zugehen der Kabiren, das Verlöschen des Feuers und die neue Fruchtbarkeit, der Untergang des einen Geschlechtes und das Wiederaufblühen des andern mag wohl mit alten Cultusideen der beiden Hauptgötter von Lemnos, des Hephaestos und der Aphrodite (1, 142, 3) zusammenhängen und ein mythischer Ausdruck für die jährliche Naturgeschichte des auf diese Götter und

---

1) Pindar P. 4, 252 ff. Schol. v. 450, Ol. 4, 19 ff. Auch Simonides dichtete davon und Philostr. gymn. 3 weifs sogar die einzelnen Ringer zu nennen und dafs Peleus im Pentathlon den Preis gewann. Bei Apollon. 3, 1205 trägt Iason einen Mantel, den er zum Andenken seiner Liebe von der Hypsipyle bekommen hatte, vgl. Val. Fl. 2, 408 ff.

2) Von Aeschylos gehören dahin die Argo, die Hypsipyle und das Satyrspiel der Kabiren, von Sophokles die Lemnierinnen. Auch für die Komiker enthielt dieser Stoff gute Motive. Aristophanes u. A. hatten Lemnierinnen gedichtet.

3) Phot. Κάβειροι δαίμονες ἐκ Λήμνου διὰ τὸ τόλμημα τῶν γυναικῶν μετασχόντες, vgl. 1, 145. Auch die δυσοσμία der Frauen und die Entfremdung der Männer wiederholte sich jährlich. Schol. Apollon. 1, 615. Antig. Mir. 130, wo dieses Uebel von der Eifersucht der Medea bei der Rückkehr der Argonauten abgeleitet wird. Der lemnische Mord (Λήμνιον κακόν) war in seiner Art zum Sprichwort geworden, Aesch. Choeph. 631, Zenob. 4, 91, Apostol. 10, 65.

4) Aesch. fr. 91, 92.

jene Dämonen angewiesenen Bodens sein. Vom Herakles heifst es dafs er sich aller dieser üppigen Genüsse der übrigen Helden weislich enthalten, vielmehr beim Schiffe geblieben und endlich zur Weiterfahrt getrieben habe; auch nannte eine örtliche Tradition bald den Herakles bald den Iason als Stifter des durch die Sage vom Philoktetes berühmt gewordenen Altars der Chryse¹). Ferner lassen die späteren Dichter die Argonauten, ehe sie durch den Hellespont fahren, auf der benachbarten Insel Samothrake anlegen und den dortigen Kabirmysterien huldigen, denen man eine besondere Kraft und Weihe gegen die Gefahren der See zuschrieb²).

f. Kyzikos und Hylas.

Nun folgte eine Reihe von Abenteuern und örtlichen Märchen, welche sämmtlich die Küste der Propontis, des Bosporos und der ersten Einfahrt ins schwarze Meer betreffen. Einige davon scheinen alt zu sein, andre sind offenbar erst durch die griechischen Ansiedlungen in diesen Gegenden entstanden, alle können erst seit der Zeit Episoden der Argonautensage geworden sein, als deren Ziel sich in Kolchis fixirt hatte. So die Sage vom Kyzikos und Hylas, wobei ältere Traditionen der Dolionen d. h. der einheimischen Bevölkerung der Gegend der Stadt Kyzikos zu Grunde liegen mögen. Als die Argonauten dort landen, werden sie zuerst von den Dolionen und ihrem jugendlichen Könige freundlich aufgenommen, dann aber, als sie wieder abgesegelt waren, wurden sie in der Nacht von ungünstigen Winden zurückgetrieben, von Kyzikos und den Dolionen für Feinde gehalten und als solche bekämpft; in welchem Kampfe der König und viel Volks das Leben einbüfste. Daher neue Leichenspiele und eine jährliche Todtenfeier der ionischen Colonie zum Andenken an ihren Eponymen und die anderen Gefallenen³). Inzwischen bleiben die Winde widrig, daher Iason und seine Gefährten

---

1) Nach Philostr. iun. imag. 17 Iason, nach Schol. Soph. Philokt. 194 Herakles, aber auf dem Zuge gegen Troja, vgl. *oben S. 235, 3. Ueber die fälschlich hierher gezogenen V. B. s. Flasch angebl. Argonautenbilder S. 13—23, auch C. Aldenhoven Ann. d. Inst. 1873. 69ff.

2) Apollon. 1, 916 Schol., vgl. oben S. 107.

3) Apollon. 1, 936 ff., Hygin f. 16. 273, Marquardt Cyzicus 43. 135. Ein von Panofka auf den Tod des Kyzikos durch Herakles bezogenes Vasenbild b. Gerhard D. u. F. 1851 n. 27 t. 27, *vgl. auch Overbeck Kunstmyth. d. Zeus S. 260 ff. — Auf dem Dindymenischen Berge gab es eine Iasonische Quelle, in der Stadt ein Heiligthum der Iasonischen Athena und des Iasonischen Apoll.

auf den Berg der Dindymenischen Rhea steigen, „die über Wind und Meer und Erde und über den ganzen Olympos gebietet", ein heiliges Bild stiften und einen heiligen Waffentanz tanzen und sich dadurch des Beistandes der mächtigen Göttin versichern. Beim Weiterfahren zerbricht das Ruder des Herakles. Er geht in den Wald um sich ein neues zu schneiden, Hylas, der Sohn des Dryoperkönigs Theiodamas (S. 247) folgt ihm um Wasser zu schöpfen. Da rauben die Nymphen der Quelle den schönen Knaben[1]. Polyphemos hört sein Geschrei und stürzt mit dem Schwerdte in den Wald, Herakles ihm nach. Inzwischen fahren die Uebrigen weiter, auf besonderen Antrieb der Boreaden und nachdem Glaukos der Meeresdämon den Rath des Schicksals offenbart hat[2]. Herakles aber wich nicht aus dem Lande der Myser bis sie ihm versprochen den Hylas lebendig oder todt herbei zu schaffen, wofür sie ihm Geisel stellten, die Herakles mit sich nach Trachis nahm. Darum suchten die Myser den Hylas fort und fort, jedes Jahr von neuem, indem sie von Kios, dem späteren Prusias, ins Arganthonische Gebirge und an jene Quelle zogen und dem Hylas opferten und ihn dreimal riefen, worauf das Echo den theuren Namen dreimal zurückgab[3]. Auch Bormos bei den benachbarten Mariandynen und in der Gegend von Herakleia war eine ähnliche Figur. Auch er war von den Nymphen geraubt worden, als er, der schöne und blühende Sohn eines reichen Mannes, aus der Quelle für die Schnitter einen kühlenden Trunk schöpfen wollte. Daher ihn die Mariandynen um die Zeit der Erndte fort und fort in wehmüthigen Liedern riefen und um ihn klagten[4]. Es ist die verschwundene Schöne der vegetativen Natur in der heifsen Jahreszeit des verwüstenden Sommers, wo Demeter ihr Kind, Apollo seinen Hyakinthos, Aphrodite ihren Adonis verliert. Die dadurch veranlafsten Klaggesänge wurden hernach von Volk zu Volk gesungen.

g. Der Faustkampf des Polydeukes mit Amykos.

Eine alte und beliebte Dichtung, welche Pisander und Stesichoros

---

1) S. das anmuthige Gedicht des Theokrit id. 13, Apollon. 1, 1207 ff., Nikander b. Antonin. Lib. 26 und über die Gemälde vom Raube des Hylas *Helbig Pompej. Wandg. n. 1260 ff.

2) Daher Herakles später die Boreaden tödtet, s. unten. Polyphemos galt für den Gründer von Kios.

3) Str. 12, 564, Antonin. Lib. l. c., Solin 42. Bd. 1, 594.

4) Athen. 14, 11, Poll. 4, 55, vgl. Nauck Philol. 12, 646 u. Welcker kl. Schr. 1, 10 ff. *Ueber Bormos und Hylas s. auch O. Kämmel Heracleotica, Plauen i. V. 1869. S. 12 ff. 25 f.

berührten, während Epicharmos und Sophokles, dieser in einem Satyrdrama, den ungeschlachten Bebrykerkönig travestirt hatten. Uns erzählen davon Apollonios 2, 1—163 und Theokrit id. 22, 27 ff. Ein schönes Bild dazu gewährt die Verzierung der sogenannten Ficoronischen Cista, eines Gefäfses von ausgezeichnetem Kunstwerthe, welches aus Praeneste stammt und zur Aufbewahrung von gymnastischem Geräth gedient hat. Da war dieser mythologische Act ganz an seiner Stelle, denn der Sieg des Polydeukes über den Amykos gehörte zu den notabelsten Vorgängen der mythischen Vorgeschichte der hellenischen Gymnastik[1]). Der Schauplatz war nach Apollonios die Gegend von Chalkedon (Skutari), also beim Eintritt in den Bosporos, Constantinopel gegenüber. Die Argonauten sind gelandet um Wasser zu schöpfen und sich der Haft des Schiffes ledig am Strande zu tummeln. Sie treffen im Walde auf eine schöne Quelle in der anmuthigsten Umgebung, aber davor lagert der riesige Amykos, König der Bebryker und Sohn des Poseidon, von gewaltigen Muskeln und Gliedern, welche ein Löwenfell umhüllt. Der wehrte Jedem von der schönen Quelle zu trinken und wollte auch die Griechen nicht zulassen. Da stellte sich ihm Polydeukes, der Bruder des Kastor, eben so anmuthig und schön und in allen Künsten der Palaestra gebildet als der Riese plump und garstig war. Sie kämpfen nun einen furchtbaren Faustkampf, bis Polydeukes seinen Gegner überwindet und an einen Baum bindet. Seitdem ist die Quelle Jedem zugänglich und alle Silene, alle Nymphen, alle Menschen, alle Thiere erfreuen sich ihrer und gedenken dankbar des Polydeukes.

h. Phineus.

Sie fahren weiter und kommen an die Salmydessische Küste, das ist der allgemeine Name für die durch Sturm und Klippen gefährliche Küste von Thrakien bei der Mündung ins schwarze Meer[2]), wo die Schifffahrt noch jetzt bei stürmischem Wetter gefährlich ist, wie viel mehr in so hülflosen Zeiten. Hier herrschte Phineus, gewissermafsen der Pförtner des Pontos Euxeinos, der aber erst durch die Argonauten ein solcher d. h. ein gastlicher geworden, denn früher war er ἄξενος und ganz unwirthlich. Phineus ist blind, prophetisch, der Schifffahrt auf dem ganzen Meer kundig, Sohn des Agenor oder wie Andre sagten

---

1) Bröndsted und Braun haben vorzügliche Zeichnungen dieser Bildwerke veröffentlicht, Kopenh. 1847 und Leipz. 1849. Vgl. O. Jahn die Ficoronische Cista, Leipz. 1852 u. das Vasenbild b. Gerhard A. V. t. 153. 154.

2) Aesch. Pr. 725, Xenoph. Anab. 7, 5, 12, Str. 7, 319, Skymn. Ch. 724.

des Poseidon, Gemahl einer Tochter des Boreas, besonders bekannt durch die Harpyien, die ihn zu keinem Mahle kommen lassen, denn immer entreifsen sie ihm die Speisen oder beschmutzen sie mit eklem Unrath. Später ist er zum Könige über alle Völker dieser Küste, sowohl der Thraker auf der europaeischen als der Bithynen Mariandynen und Paphlagonen geworden, für dessen Heimath man Phoenikien hielt und dessen Blindheit man sich durch verschiedene Fabeln erklärte[1]. Alte Ueberlieferungen der pontischen Schifffahrt, deren Wege schon vor den Griechen den Karern und Phoenikern bekannt waren, scheinen dabei zu Grunde zu liegen, Ueberlieferungen in denen der Glaube an geheime Kunde und verborgene Weisheit auf eigenthümliche Weise mit den die Gegend schildernden Märchen von jenen Sturmgeistern verschmolzen ist, welche den König keinen Augenblick zum ruhigen Genusse kommen lassen.

Die griechische Dichtung pflegte sich solche Bilder auf ihre Weise zurechtzulegen. So fafste die attische Bühne die nahe Verwandtschaft des Phineus mit dem thrakischen Sturmkönige Boreas ins Auge, welche doch eigentlich gewifs auch nur die Natur der Gegend ausdrücken sollte. Aeschylos und Sophokles, welcher letztere auch in seiner Antigone 966 ff. an diese Fabel erinnert, hatten sie in diesem Sinne in eigenen Tragödien bearbeitet[2]. Man erzählte nämlich dafs Phineus mit der Kleopatra, einer Tochter des Boreas und der Oreithyia, also mit einer Prinzessin von attischem Geblüte vermählt gewesen. Diese habe er verstofsen „das windesschnell über die Bergeshöhen dahin eilende Götterkind, die in den Schluchten und unter den Stürmen des Boreas Aufgewachsene", um sich mit Idaea, einer Tochter des Dardanos, also mit einer Nymphe des idaeischen Waldgebirges zu vermählen. Sie verleumdet die Kinder der verstofsenen Kleopatra beim Phineus, welcher sie der bösen Stiefmutter preisgibt, die sie nun blendet und lebendig

---

1) Apollon. 2, 178 ff. Schol., Apollod. 1, 9, 21; 3, 15, 3, Schol. Od. 12, 69, Diod. 4, 43. 44, Hygin f. 19. Die Scholien z. Apollon. citiren Hesiod, Pherekydes, Hellanikos u. A., vgl. Hesiod ἐν γῆς περιόδῳ b. Str. 7, 302, wo die Harpyien den Phineus in den skythischen Norden entführen. Einen Ort Phinopolis in der Nähe des Bosporos kennen Str. 319, Plin. 4, 45, Steph. B., letzterer auch ein Φίνειον.

2) Von beiden gab es Tragödien unter dem Titel Phineus, namentlich von Aeschylos die Trilogie Phineus Perser Glaukos, mit dem Grundgedanken des Triumphs der Hellenen über die Barbaren.

in ein Grab einsperrt¹). Dafür straft Zeus den König, indem er ihm die Wahl läfst zwischen Tod und Erblindung. Er zieht es vor nicht mehr den Helios zu sehn, welcher Gott über solche Zurücksetzung ergrimmt ihm darauf die Harpyien über den Hals schickt.

Weit älter ist die Fabel von der Befreiung des Phineus von der Plage der Harpyien durch die geflügelten Söhne des Boreas, Zetes und Kalaïs, die mit den übrigen Argonauten zu ihm kamen²). Die kühnen Schiffer wollen von ihm den Weg nach Kolchis wissen. Er verspricht seine Unterweisung wenn sie ihn von den Harpyien befreien wollen, den geflügelten Genien des Sturms, des Alles wirbelnd mit sich fortreifsenden. Also setzt man dem blinden Könige Speise vor, da kommen gleich die Harpyien aus der Luft herabgestürzt, reifsen Einiges hinweg, besudeln das Uebrige und stürmen davon. Aber die Boreaden eilen ihnen nach, mit gezückten Schwerdtern³). Entweder die Boreaden oder die Harpyien mufsten sterben, jene wenn sie diese nicht einholten, so wollte es der Wille des Schicksals. Also wilde Jagd und Hetzerei in den Lüften und über das Meer, bis die Harpyien zuletzt erliegen oder hülfreiche Götter für sie einen Eid schwören, dafs Phineus niemals wieder von ihnen beunruhigt werden soll⁴). Dieser sagt den

---

1) Schol. Soph. Antig. 980. Sophokles hatte die böse Stiefmutter Idaea und T. des Dardanos genannt, Schol. Apollon. 2, 178, Andre Eidothea u. eine Schwester des Kadmos, *noch Andre Eurytia, Schol. Od. 12, 69. — Nach Diod. 4, 43 wurden die beiden Jünglinge vergraben und beständig gegeifselt.

2) Auf Vasenbildern sind sie gewöhnlich durch Schmetterflügel ausgezeichnet, vgl. Ovid. M. 6, 712 ff. Nach Hygin f. 14 waren sie am Haupte und an den Füfsen geflügelt. * Vgl. Stephani Boreas und die Boreaden (oben S. 149, 1) S. 15 ff.

3) Schon am Kasten des Kypselos, auch am Amyklaeischen Thron war dieses vorgestellt, Paus. 3, 18, 8; 5, 17, 4. *Ueber die Darstellung auf Vasenbildern s. Stephani a. a. O. S. 19, n. 1—3, Flasch Ann. d. Inst. 1874, 3 ff.; besonders figurenreich ist das V. B. Mon. d. Inst. 3 t. 49. Die Schilderung der Harpyien b. Aesch. Eum. 51 ff. Ihre Gestalt war wie die der oft schwer zu unterscheidenden Sirenen zu verschiedenen Zeiten eine verschiedene, bald die von Vögeln bald die von geflügelten Frauen, s. O. Jahn Archäol. Beitr. 101 ff. und über Namen und Abkunft Bd. 1, 458.

4) Bei Apollon. 2, 284 ff. nimmt Iris sich ihrer an, bei Hesiod that es Hermes, beide im Namen des Zeus. Gewöhnlich ging die Jagd bis zu den Strophaden im ionischen Meer (südlich von Zante), wo die Boreaden umgekehrt sein sollen (daher Στροφάδες), wie Antimachos und nach ihm Apollonios dichteten, während Hesiod die Boreaden dort zum Zeus Αἰνήσιος auf Kephallenia (Str. 10, 456) beten liefs dafs sie die Harpyien ereilen möchten, Schol. Apollon. 2, 296 ff. Nach Pherekydes u. A. nehmen die Harpyien ihre

Argonauten darauf den Weg nach Kolchis und welche Gefahr ihrer bei bei den Symplegaden warte. Sie errichten nun auf hohem Berge einen mehrfach erwähnten Altar der zwölf Götter¹) und schiffen darauf der Gefahr des entsetzlichen Felsenthores entgegen. Es waren zwei gewaltige Felsen, welche vom Sturme getrieben immer auf- und zuklappten, eingehüllt in dichten Nebel und von tosendem Lärm umrauscht; selbst die Vögel vermochten nicht hindurchzufliegen. Phineus hatte gerathen eine Taube voranfliegen zu lassen und wenn diese hindurch komme mit kühnem Muthe nachzufahren: sonst müſsten sie auf die ganze Fahrt verzichten. Wirklich schwang sich die Taube hindurch, nur die Schwungfedern wurden durch die zuklappenden Felsen abgeschnitten. Also warten die Griechen bis das Thor sich wieder öffnet, setzen Alle die Ruder ein und hindurch waren sie, nur daſs der ragende Schmuck des Steuers verloren gegangen ist. Ohne Hülfe der Hera hätten sie es nicht vermocht, nach Andern der Athena, die sich zwischen die Felsen stemmte. Seitdem stehen die beiden Klippen wie eingewurzelt und die Einfahrt in den Pontos ist Allen offen²).

i. *Kolchis.*

Noch einmal landeten die Argonauten, nämlich in der Gegend von Herakleia am Pontos, wie die Sagengeschichte dieser blühenden Stadt behauptete³). Auch soll sie Lykos, der König der Mariandynen, freundlich aufgenommen haben, der Prophet Idmon aber dort auf der Jagd einem wilden Eber, der Steuermann Tiphys einer Krankheit erlegen sein, letzterer kurz vor dem Ziele der Fahrt, ein sinniger Zug der Sage,

Zuflucht in eine Höhle auf Kreta, nach Virg. A. 3, 210 ff. hausten sie fortan auf den Strophaden, nach Apollod. 1, 9, 21 floh die eine bis zum Flusse Tigris, die andre bis zu den Strophaden, wo sie erlag. Die Boreaden sollen später, als sie von den Spielen des Pelias heimkehrten, von Herakles ereilt und auf der Insel Tenos, wo man ihre Gräber zeigte, getödtet worden sein zur Strafe für ihren Rath den Herakles am Strande der Dolionen zu lassen, oder wie man sich dieses Ende sonst erklärte, Apollon. 1, 1300 ff. Schol., Apollod. 3, 15, 2. Hygin f. 14, Seneca Med. 3, 634, *Alban. Tfl. 89 ff. b. Jahn Bilderchr. S. 72. Auch Phineus stirbt durch Herakles, Diod. 4, 44, oder man lieſs ihn in einen Maulwurf verwandelt werden, Oppian Kyneg. 2, 615 ff.

1) Apollon. 2, 531 Schol. Pindar P. 4, 203 ff. spricht von einem Heiligthume des Poseidon, Pomp. Mela 1, 19, 5 u. A. von dem des Zeus Urios, s. 1, 95, 1; 126 u. Vater a. a. O. 1, 141. 4.

2) Bd. 1, 569. Simonides nannte die Symplegaden Συνορμάδες, Schol. Eur. Med. 2, Andre Συνδρομάδες.

3) Bei Pindar folgt gleich auf die Symplegaden der Phasis.

welcher sich beim Palinurus in der Aeneide Virgils wiederholt¹). Darauf führt ein andrer Steuermann sie zu dem endlichen Ziele, an den Phasis und nach dem Sonnenlande Kolchis. Dieses ist ein halb mythischer halb geographischer Begriff, bei welchem letzteren wohl an ein mit dem assyrischen Reiche zusammenhängendes altes Culturland am Pontos gedacht werden darf, wofür in der Argonautensage hin und wieder der Name Κύταια vorkommt²). Uebrigens ist die Kunde dieser Sage vom Phasis, von Kolchis, von dem nördlichen und östlichen Theile des schwarzen Meeres eine im höchsten Grade unvollkommene, wie ja selbst aus der wissenschaftlichen Geographie der Alten die fehlerhaften Vorstellungen von diesem Meere erst sehr allmählich gewichen sind. Es war eben das andre Ende der Welt, wie die Heraklessäulen im Westen³), anfangs etwas Imaginäres, später, nachdem sich die Nebel der Einbildung und der Unkunde gesenkt hatten, noch immer ein mythologisches Dogma und ein Anlaß für die mythische Länder- und Völkerkunde allerlei Namen und Bilder aufzuhäufen, der Phasis mit seinem unbekannten Lauf, der Kaukasos mit seiner Wiege der Völker, und hinter beiden der Okeanos mit seinem unendlichen Horizont. Die Erzählung von den Abenteuern in Kolchis war übrigens schon bei Eumelos und in den Naupaktien im Wesentlichen dieselbe wie sie bei Pindar Pyth. 4, 211 ff. vorliegt und nachmals durch Sophokles und spätere Dichter weiter ausgebildet wurde. Immer ist die von der Aphrodite verhängte Liebe der Medea zum Iason der hervorstechende Grundzug.

---

1) Apollon. 2, 720 ff. Schol., Apollod. 1, 9, 23, Hygin f. 14. 18. Das Grab des Idmon befand sich auf dem Markte von Herakleia. Dem Tiphys folgte als Steuermann Ankaeos von Samos, eine berühmte Person der Sage dieser Insel und nicht mit dem arkadischen Ankaeos (S. 306) zu verwechseln. Auch Phrontis und Kanobos, die Steuermänner des Menelaos, starben unterwegs, wie Palinurus und Tiphys, den Seneca Med. 3, 616 ff. wie die übrigen Argonauten wegen ihrer Vermessenheit d. h. als erste Seefahrer ein unglückliches Ende nehmen läßt.

2) Apollon. 2, 399. 1267 Schol., Steph. B. v. Κύτα. Derselbe Name kommt unter verschiedenen Formen an der pontischen Küste vor. Eben daher der schon dem Hesiod bekannte Name Κυτίσωρος für den Sohn des Phrixos. Nach Herodot 2, 104. 105 waren die Kolcher aegyptischer Abkunft, vgl. Apollon. 4, 261 ff. Pindar nennt sie κελαινῶπες.

3) πάντες ὅσοι στηλῶν Ἡρακλέους ἐντὸς καὶ ποταμοὶ Φάσιδος sagt noch Aristides 1 p. 775 Ddf. Viele Denkmäler des Phrixos und Iason von Lemnos bis zum Phasis Str. 1, 45, Vater Argonautenzug 2. 4 ff. 92. 105. Verschiedene Völker am Kaukasos rühmten sich der Abstammung von den Thessalern Iasons, Tacit. H. 6, 34, vgl. Appian bell. Mithrid. 103.

Sie lehrt ihn die Kämpfe bestehen, die Aeetes ihm auferlegt, sie lehrt ihn den Drachen überwinden und das goldne Vliefs entführen, sie opfert Alles, Ehre, Heimath, selbst ihren Bruder um dem geliebten Manne nach Griechenland zu folgen. Ein eben so merkwürdiges Charakterbild der rücksichtslosesten Hingebung an die Liebe als unheimlicher Zauberkraft und in der einen wie in der andern Hinsicht gewifs von Sophokles mit seiner gewöhnlichen Meisterschaft behandelt[1]).

Der gewöhnliche Verlauf ist der dafs Aeetes dem Iason erst gewisse Kämpfe auferlegt und ihm darauf die Erlangung des Vliefses anheimgiebt, während ihn Medea zu jenen Kämpfen mit einer Wundersalbe salbt, die ihn gegen Feuer und Eisen fest macht. Zuerst gilt es feuersprühende Stiere, die mit ehernen Hufen den Boden aufwühlen — sie erinnern von selbst an die Sonnenstiere von Rhodos und Kreta) vor einen ehernen Pflug zu jochen und mit ihnen den Acker des Ares zu pflügen, welches Iason durch jenen Zauber gesichert vollbringt[2]). Dann giebt ihm Aeetes Drachenzähne wie die des Kadmos, aus welchen, nachdem Iason sie in die Furchen jenes Ackers gesäet, gewappnete Riesen emporwachsen, welche wieder nach der Eingebung der Medea gerade so wie die des Kadmos überwunden werden[3]). Darauf sagt ihm der Sohn des Helios wo Phrixos das goldne Vliefs aufgehängt hat, nämlich im Haine des Ares, an einer Eiche die von einem furchtbaren Drachen behütet wurde. Nach der älteren Sage mufste Iason auch diesen Drachen durch Muth und Kraft überwinden, unterstützt von dem Zauber der Medea und der hülfreichen Athena[4]). Nach einer andern und zwar der

---

1) Es gab von Sophokles eine Tragödie Κολχίδες, wo die von Aeetes dem Iason auferlegten Kämpfe geschildert wurden, und eine Σκύθαι betitelte, welche sich mit den Abenteuern der Heimkehr beschäftigte. Aufserdem hatte Antimachos in der Lyde von der Leidenschaft der Medea gesungen. Bei Apollonios bemerkt man besonders in diesen Schilderungen die Spuren ausgezeichneter Dichter. Der Triumph der Aphrodite bei der Leidenschaft der Medea war schon durch die Bildwerke des Kypseloskastens indicirt, s. Paus. 5, 18, 1. Vgl. Hygin f. 22 Iason a Medea Veneris impulsu amatus est, eius opera ab omni periculo liberatus est und Ovid M. 7, 10 ff.

2) Diese Bändigung der Stiere ist mehrfach auf Sarkophagreliefs dargestellt, s. O. Jahn Arch. Ztg. 1866, 236 ff.

3) Vgl. oben S. 25, Apollod. 1, 9, 23. Ovid M. 7, 100 ff., Lucan 4, 549 ff. Schon Hesiod weifs von vielen Kämpfen, doch legt bei ihm Pelias dieselben auf, th. 994 τελέσας στονόεντας ἀέθλους, τοὺς πολλοὺς ἐπέτελλε μέγας βασιλεὺς ὑπερήνωρ, ὑβριστὴς Πελίης καὶ ἀτάσθαλος.

4) Eine Athena Asia aus Kolchis in den Trümmern von Las in Lakonien, Paus. 3, 24, 5.

später gewöhnlichen weigert sich Aeetes trotz der Abrede das Vliefs herauszugeben, ja er will die Argo verbrennen und alle Argonauten tödten, worauf wieder die List und der Zauber der Medea hilft, indem sie in der Nacht den Iason in den Hain des Ares führt, den Drachen einschläfert, so dafs Iason seiner und des goldnen Vliefses leicht Herr wird¹), und darauf mit den griechischen Abenteurern entflieht. Als Opfer dieser rücksichtslosen Leidenschaft fällt ihr Bruder Apsyrtos, welchen Medea nach Sophokles und Euripides noch vor der Flucht aus dem väterlichen Hause schlachtete²), nach Andern unterwegs tödtete, um mit den einzeln ausgeworfenen Stücken die verfolgenden Kolcher aufzuhalten, wobei die Ortssage wieder viel mit Namen und abenteuerlichen Zügen spielte³). Doch scheint etwas Altes zu Grunde zu liegen und es ist wohl möglich dafs dieser zerstückelte Apsyrtos, der Bruder der Medea und der Wagenlenker der Sonnenrosse des Aeetes, den die Sage auch Phaethon nannte⁴), ursprünglich den Morgenstern bedeutete.

k. Die Rückkehr.

Auch über diese gab es sehr verschiedene Erzählungen. Wie man sich die älteste Richtung, welche die Odyssee 12, 68ff. andeutet, zu

---

*1) Ueber die Darstellung dieses Vorgangs auf V. B. und andern Denkmälern, namentlich Sarkophagreliefs s. O. Jahn Arch. Ztg. 1860, 74 ff.; 1866, 238, vgl. auch Heydemann Neapler Vasens. n. 3248 und Stephani compt. rend. 1869, 112 f. Höchst auffallend und wie eine Travestie aussehend ist das V. B. Mon. d. Inst. 2 t. 35. Welcker A. D. 3, t. 24, 1, vgl. auch Flasch angebl. Argonautenbilder S. 25, auf welchem der Drache in Gegenwart der Athena den (durch eine Inschrift bezeichneten) Iason wieder von sich giebt.

2) Sophokles b. Schol. Ap. 4, 228, Eurip. Med. 1334. Bei Sophokles wurde der Mord der Medea dadurch entschuldigt dafs Apsyrtos der Sohn einer Nereide, also das Kind einer andern Mutter gewesen sei, Schol. Ap. 4, 223.

3) Die gewöhnliche Erzählung war dafs Medea die Stücke des Leichnams entweder in den Phasis oder in das Meer geworfen und dadurch die Verfolgung des Aeetes aufgehalten habe, Pherekydes b. Schol. Ap. l. c. Nach Apollod. 1, 9, 24 begrub Aeetes die aufgelesenen Stücke zu Tomi in der Nähe der Donaumündungen, nach Ovid Trist. 3, 9 u. Steph. B. v. Τομεύς wurde Apsyrtos dort zerstückelt, Τόμοι von τέμνω. Nach Apollon. 4, 481, Str. 7, 315, Plin. 3, 151, Steph. B. v. Ἀψυρτίδες geschah der Mord auf den Apsyrtischen Inseln im adriatischen Meer, an der Küste von Istrien, nach Arrian Peripl. 6 u. A. zu Apsaros, einem Küstenorte zwischen Trapezus und der Mündung des Phasis.

4) Φαέθων heifst er b. Apollon. 3, 1236 Schol. vgl. Ap. 4, 225. Andre nannten ihn Αἰγιαλεύς d. h. den Strandmann, Pacuvius b. Cic. N. D. 3, 19, 48, Diod. 4, 45, oder Μεταπόντιος den Seemann, Schol. Eur. Med. 169. Es scheint ein alter Cultus der Anwohner des schwarzen Meers zu Grunde zu liegen.

denken habe ist unklar. Hernach dichtete man nach dem Vorgange Hesiods dafs die Argonauten durch den Phasis in den Okeanos und von da durch Libyen, wo sie ihr Schiff zwölf Tage lang über Land getragen, in den fabelhaften Tritonischen See gelangt seien: ein Weg welchen Hekataeos von Milet dadurch zu vereinfachen glaubte dafs er die Argonauten vom Phasis in den Okeanos, aus diesem in den Nil und so in das Mittelmeer gelangen liefs[1]). Immer ist jener Tritonsee ein feststehender, also gewifs durch alte Sagen gegebener Punkt, wie denn auch die Minyersage von der Colonie zu Thera und zu Kyrene dabei anknüpfte. Hier erhielt nämlich, wie Pindar Pyth. 4 ausführlich erzählt, Euphemos vom Poseidon, der die Gestalt seines Sohnes Eurypylos angenommen hatte, nach Andern vom Eurypylos selbst jene Scholle der Zukunft, welche hernach bei Thera ins Meer fiel und für die Minyer ihre Auswanderung vom Taenaron nach Thera und von dort nach Kyrene bedeutete. Indessen konnte es den Griechen nicht allzulange verborgen bleiben dafs der Phasis kein so bedeutender Flufs sei wie man sich früher gedacht, daher Herodor und Sophokles die Argonauten auf demselben Wege wie sie gekommen zurückkehren und nur etwa an die nördliche Küste der Skythen verschlagen werden liefsen, wo eine sehr mangelhafte Kunde der Phantasie immerhin noch freie Dichtung gestattete. Einige dachten dann an eine Schifffahrt durch den Tanais in den nördlichen Ocean[2]), oder man warf seine Blicke auf die Donau (Istros), deren weiter Lauf mit den vielfach verzweigten Nebenströmen von neuem zu abenteuerlichen Vorstellungen anleitete. So erzählt namentlich Apollonios nach dem Vorgange von Gelehrten die zu ihrer Zeit für geographische Autoritäten galten, indem er zugleich den ganzen Lauf des Schiffes so ordnet dafs einestheils die aus der Odyssee bekannten Abenteuer, aber auch die in der älteren Tradition vom Tritonischen See gegebenen eingereiht werden konnten. Durch die Donau gelangen die Argonauten zunächst in das adriatische Meer und an die Küste von Illyrien[3]). Schon sind sie auf der Höhe von Kerkyra, da fängt es an zu

---

1) Schol. Apollon. 4, 259.

2) So namentlich Timaeos nach Diod. 4, 56, wo die Argonauten bis zu den Quellen des Tanais fahren, dann ihr Schiff in einen andern Strom schaffen, welcher in den nördlichen Ocean mündet und endlich von da gegen Westen fahrend zuletzt bei der Landenge von Gadeira ins mittelländische Meer gelangen. Auch Skymnos von Chios dichtete so, Schol. Ap. 4, 284.

3) Auch Theopomp, Aristoteles, Eratosthenes u. A. glaubten an eine Verbindung des schwarzen Meers mit dem adriatischen durch den Istros, Arist. H.

stürmen und der Splitter der Dodonaeischen Eiche verkündet Untergang, wenn nicht Kirke den Mord des Apsyrtos sühne. Also fahren sie durch den Eridanos in den Rhodanos und auf weiten Irrwegen durch das Land der Kelten und Ligyer, bis sie endlich in das tyrrhenische Meer und zur Insel der Kirke (bei Circeji) gelangen, welche Göttin den Wunsch der ihr so nahe verwandten Medea gerne erfüllt[1]). Darauf geleiten schützende Götter auf Betrieb der Hera das Schiff weiter durch die Skylla und Charybdis, bei den Sirenen[2]) vorbei durch die Plankten, endlich über die Höhe der Sonneninsel Trinakria zu dem Lande der Phaeaken d. h. nach Kerkyra, wo Iason und Medea nach der gewöhnlichen Tradition ihr Beilager feierten[3]). Als sie von da weiter fahren und schon die Küste der Pelopsinsel sehen, packt sie wieder ein Sturm und verschlägt sie an die libysche Küste in eine gefährliche Syrte[4]), wo das Schiff verunglückt wäre, wenn die libyschen Heroinen es nicht durch ein Wunder gerettet hätten. Darauf tragen die Argonauten ihr Schiff zwölf Tage und zwölf Nächte lang, bis sie zu den Hesperiden und von da zu dem Tritonischen See kommen, wo Triton in der Gestalt des Eurypylos erscheint und dem Euphemos die bedeutungsvolle Erdscholle reicht. Derselbe Dämon führt sie dann ins offene Meer, worauf sie erst bei Kreta landen und das Abenteuer mit dem ehernen Talos bestehen (S. 125), dann bei Anaphe durch Apoll aus Sturm und Ungewitter errettet werden (1, 207). Endlich erreicht das Schiff den Hafen von Iolkos.

A. S, 13 p. 598, 16, Str. 7, 317, Eustath. Dionys. 298. Als später die wahre Beschaffenheit jener Gegenden bekannt wurde, hiefs es die Argonauten hätten das Schiff über die Alpen getragen, Plin. 3, 128, Justin 32, 3. Von den Reliquien des Argonautenzugs auf den Inseln und Küsten des adriatischen Meers wufste auch Kallimachos, Str. 1, 46 vgl. Aristot. Mirab. 105 (112).

1) Sie erkennt sie an einer Eigenthümlichkeit aller Kinder des Helios, dem goldstrahlenden Blick ihrer Augen, Apollon. 4, 727, Philostr. i. imag. 7.

2) Eine Beute ihres Gesangs ward Butes, doch rettete ihn die erycinische Aphrodite, indem sie ihn auf das lilybaeische Vorgebirge versetzte, Apollon. 4, 912 ff., Apollod. 1, 9, 25, Hygin f. 14. Nach Hygin f. 260 und Serv. A. 1, 570 gebar Aphrodite von Butes den Eryx, doch nennen Andre statt des Butes den Poseidon, s. oben S. 214.

3) Apollon. 4, 1128 ff., wo die Scholien Manches aus der kerkyraeischen Ortssage hinzufügen, vgl. Hygin f. 23 und Vater Argonautenz. 2, 149 ff. Nach Andern war dieses Beilager in Kolchis gefeiert worden, wo man gleichfalls darauf bezügliche Monumente zeigte, Schol. Ap. 4, 1217.

4) Nach Herod. 4, 179 direct an den Tritonischen See. Ueber den dort erwähnten Dreifufs vgl. Diod. 4, 56.

1. Pelias Tod und Leichenspiele.

Pelias ist wieder der verschlagene und grausame Tyrann, aber er wird überlistet und grausam bestraft durch Medea: ein alter Zusammenhang[1]), obwohl die attische Tragödie auch hier Manches hinzugethan haben mag um die Arglist des Pelias und die Rache der Medea noch mehr ans Licht zu stellen. Diese schleicht sich unter der Maske einer Priesterin der Diana in das königliche Haus d. h. der Hekate, vermuthlich der von Pherae. Sie erscheint dann von neuem und vollends bei dieser Gelegenheit als die allgewaltige Zauberin, die Mutter und das mythische Vorbild aller thessalischen Zauberinnen, von deren Allgewalt über die Kräfte der Natur und die Stimmungen des menschlichen Gemüths die Alten so vieles Wunderbare erzählen[2]). Namentlich versteht sie auch das Alter wieder jung zu machen, ein Aberglaube von dem sich auch in der Sage vom Zagreus und vom Melikertes Spuren finden. So hatte Medea nach Pherekydes und Simonides den Iason durch Aufkochen (ἀνεψήσασα) verjüngt, nach den Nosten seinen Vater Aeson, den abgelebten Greis durch Zauberkräuter, die sie in einem goldnen Kessel gebraut hatte, zu einem kräftigen Jüngling gemacht, nach Aeschylos auch die nysaeischen Nymphen, die Ammen des Dionysos und zwar mit ihren Männern verjüngt[3]). Mit solchen Künsten wufste sie die Töchter des Pelias und den Pelias selbst zu täuschen, der dem jugendlichen Nebenbuhler dann wohl die Spitze zu bieten hoffte. Genug Medea verspricht den Peliaden ihren Vater zu verjüngen und überzeugt sie durch grofse Wunder, plötzliche Finsternifs, aufserordentliche Wirkung von Salben und Tränken, endlich dadurch dafs sie einen alten Bock zerstückelt und in einer Brühe kocht, aus welcher er als schönes

---

1) Pindar P. 4, 250 Μήδειαν, τὰν Πελίαο φόνον, vgl. Pherekydes b. Schol. zu vs. 133 ταῦτα δὲ τῷ Ἰήσονι Ἥρη ἐς νόον βάλλει, ὡς ἔλθοι ἡ Μήδεια τῷ Πελίῃ κακόν. Von Sophokles gehören hierher die Tragödie Πελίας ἢ Ῥιζοτόμοι, woraus ein bedeutendes Fragment erhalten ist b. Macrob. S. 5, 19, 9, von Euripides die Πελιάδες, sein erstes Stück. Daher stammen wohl die Züge einer tragischen Verwicklung b. Apollod. 1, 9, 27 u. Hygin f. 24.

2) Lucan 6, 438 ff. Man sagte dafs Medea auf der Flucht durch Thessalien ihren Kräuterkasten haben fallen lassen und dafs Thessalien darüber so reich an officinellen Kräutern und Zaubermitteln geworden sei, Schol. Arist. Nub. 749, Aristid. 1 p. 76 Ddf. Auch nannte man den Θεσσαλός, den Eponymen der Thessaler, bisweilen einen Sohn des Iason und der Medea, Diod. 4, 55.

3) Eurip. Med. argum., Schol. Arist. Eq. 1321, Ovid M. 7, 159—296.

Thier wieder hervorspringt¹). Die verblendeten Töchter zerstückeln und kochen also ihren eignen Vater.

Auf den Tod des Pelias folgten die von Akastos, seinem Sohn und Nachfolger veranstalteten Leichenspiele (ἆθλα ἐπὶ Πελίᾳ), ein seit alter Zeit in Poesie und Kunst berühmtes Fest. Stesichoros hatte davon gesungen, am Kasten des Kypselos war eine grofse darauf bezügliche Darstellung zu sehen²) und auch in andern Sagen sind manche Nachklänge davon erhalten. Kurz es war das eine von jenen durch alte Tradition und Lieder, in denen die Erinnerung an den Glanz von Iolkos und die Minyer nachwirkte, geheiligten Gelegenheiten zu einer glänzenden Heroenschau, wie sie die griechische Poesie und Kunst in ihren früheren Perioden sehr liebte. Auf jenem Bilde des Kypseloskastens sah man Herakles wie einen Aeltesten und Richter über die Kampfspiele thronend sitzen. Zum Wettrennen bereiteten sich Polydeukes und Admet mit ihren schnellen Rossen und Euphemos, jener Sohn des Poseidon, welcher auch in diesem Kampfe siegte. Admet und Mopsos stellten sich zum Faustkampf, Iason und Peleus zum Ringen, welchen Kampf nach Andern bei diesen Spielen die arkadische Atalante mit Peleus bestand³). Andre schleuderten den Diskos, Andre liefsen sich im Wettlauf sehn, in welchem Alle von Iphiklos besiegt wurden, dem Vater des Protesilaos, der von so wunderbarer Schnelligkeit der Füfse war, dafs er über ein Aehrenfeld ohne die Aehren zu knicken und über die Wogen des Meeres ohne sich die Füfse zu benetzen dahin lief⁴).

---

1) Apollod., Hygin l. c., Zenob. 4, 92, Ovid M. 7, 297 ff. *Vgl. die Vasenbilder b. Gerhard A. V. t. 157, Archäol. Ztg. 1846 t. 10 n. 40, O. Jahn Arch. Ztg. 1867, 57, das Relief Böttigers Amalthea 1, 161 ff. t. 4, Benndorf und Schoene Lateran. Mus. n. 92, das Wandgemälde Helbig n. 1261, b. — Aus einer der Satiren Varros haben sich b. Non. Marc. 158 diese Worte erhalten: Peliam Medeae permisisse ut se vel vivum degluberet, dummodo redderet puellum. Man zeigte die Gräber der Peliaden später in der Gegend von Mantinea, Paus. 8, 11, 1. Alkestis allein galt für unschuldig an dem Tode des Vaters, Diod. 4, 52; 6, 11.

2) Paus. 5, 17, 4. Ueber Stesichoros s. Poet. lyr. ed. Bergk p. 973 sq. ed. tert. Auch unter den angeblichen Tragödien des Thespis werden ἆθλα Πελίου genannt.

3) Apollod. 3, 9, 2. Denselben Kampf sieht man auf alterthümlichen Vasenbildern und etruskischen Spiegeln, s. Gerhard A. V. t. 117. 237, etr. Sp. t. 224, *Stephani compt. rend. 1864, 237 f.; 1867, 24.

4) Schol. Apollon. 1, 45 vgl. Virgils Camilla A. 7, 808 und über jene Spiele Athen. 4, 72. wo aus Stesichoros dieser Vers erhalten ist: θρώσκων μὲν γὰρ Ἀμφιάραος, ἄκοντι δὲ νίκασεν Μελέαγρος und aus Simonides vom Meleager:

Für die Sieger standen schöne Dreifüße bereit, auch sah man die Töchter des Pelias, die nach der älteren Sage also wohl nicht an dem Tode ihres Vaters schuldig waren, und den Iolaos, den treuen Gefährten des Herakles, als Sieger im Rennen mit dem Streitwagen.

m. *Iason und Medea in Korinth.*

Nach Hesiod th. 997 ff. vermählten sich Iason und Medea in Iolkos und blieben dort, obwohl Akastos immer für den Nachfolger des Pelias gegolten zu haben scheint. Nach den Späteren überläßt Iason diesem die Regierung oder beide, Iason und Medea, werden nach dem schrecklichen Ende des Pelias von Akastos vertrieben und wenden sich darauf nach Korinth. Das dortige Schicksal der Medea wird durch den Tod ihrer Kinder und die Trennung vom Iason bestimmt, worüber verschiedene Erzählungen umliefen, bis die Tragödie sich des Stoffes bemächtigte[1]. Durch Euripides ist sie zu jenem großartigen Charakterbilde der Leidenschaft, des Stolzes und der Rache geworden, wie nur er es schaffen konnte, neben ihr freilich Iason zu einem recht erbärmlichen Helden. Um sich mit der Glauke[2], der Tochter des Königs Kreon zu verbinden verläßt er die Medea, durch die er Alles gewonnen, die für ihn Alles geopfert hatte. Nachdem Aegeus dieser ein Asyl versprochen schreitet sie zur Rache, die eben so außerordentlich ist wie ihre frühere Hingebung. Der Nebenbuhlerin sendet sie als Brautgeschenk ein prächtiges Gewand und einen kostbaren Kranz, beide vergiftet, worüber Tochter und Vater unter den gräßlichsten Qualen verscheiden. Um Iason ganz zur Verzweiflung zu bringen, tödtet sie dann selbst ihre Kinder[3], flüchtet auf einem geflügelten Drachenwagen, den

---

ὃς δουρὶ πάντας νίκασε νέους δινάεντα βαλὼν Ἄναυρον ὕπερ πολυβότρυος ἐξ Ἰωλκοῦ. οὕτω γὰρ Ὅμηρος (wahrscheinlich die Thebais) ἠδὲ Στασίχορος ἄεισε λαοῖς. Glaukos soll bei denselben Spielen von seinen Pferden zerrissen sein, Schol. Eur. Or. 308. Die Sieger der gymnischen und musischen Wettkämpfe nennt Hygin f. 273.

1) Vor Euripides hatte ein sonst wenig bekannter Tragiker Neophron aus Sikyon eine ähnliche Tragödie gedichtet, nach ihm behandelten denselben Stoff Ennius, Ovid, Seneca u. A.

2) Andre nannten sie Kreusa, Schol. Eur. Med. 19, Hygin f. 25.

3) Eine Ueberlieferung welche für noch alterthümlicher gelten darf als die von dem Tode der Kinder durch die Korinthier s. oben S. 320, 3. Der Tod der Kreusa, Medeas Mord der Kinder und ihre Flucht auf dem Drachenwagen (sic fugere soleo sagt sie b. Seneca 5, 1022) auf der jetzt in München befindlichen Vase aus Canosa b. O. Jahn Archäol. Ztg. 1847 n. 3 f. 3, Münchn. Vasens. n. 810,

Helios gesendet, nach Athen und vermählt sich hier dem Aegeus, bis sie auch von dort wegen der dem Theseus bereiteten Nachstellungen flüchtig wird und sich nach dem Orient begiebt¹). Von Iasons Ende wurde gewöhnlich erzählt dafs er auf dem Isthmos durch die von ihm dahin geweihte Argo umgekommen sei²). Obwohl auch hier die mythische Völkerkunde der Griechen ihr Möglichstes gethan hat um gleichartige Namen und Ueberlieferungen des Orients mit den einheimischen zu verschmelzen. Pflegte man doch später nicht allein den Königsstamm in Kolchis und Medien, sondern auch den von Armenien von Iason und Medea oder begleitenden Argonauten abzuleiten, die man nun nach dem Tode des Pelias von neuem nach Kolchis aufbrechen und von dort in das innere Asien erobernd vordringen liefs³).

3. Der thebanische Cyclus.

Hier treffen wir zum erstenmal auf ein gröfseres Ganze von epischen Dichtungen, welche sich um einen alten Sagenkern allmählich gesammelt und wie nach bestimmten Gesetzen des organischen Wachsthumes, da sich dasselbe in den trojanischen Sagen wiederholt, von einer gegebenen Mitte nach entgegengesetzten Richtungen entwickelt haben. Diese Mitte war hier das alte Gedicht der sogenannten Thebais, dessen Inhalt der Krieg der Sieben gegen Theben bildete. Dazu ist später eine Oedipodee über die Geschichte des Oedipus, also über die früheren Vorgänge dieses Sagenkreises, und ein Gedicht über die Epigonen und die Schicksale des Alkmaeon, also über dessen spätere Vorgänge hinzugedichtet worden⁴). Wir sind über den Inhalt dieser

---

*auf andern V. B. O. Jahn Arch. Ztg. 1867, 58 ff., auf Sarkophagreliefs O. Jahn ebd. 1866, 239 ff., Dilthey Ann. d. Inst. 1869, 5 ff., Bull. d. I. 1874, 233. Der Mord der Kinder auf Wandgemälden Helbig n. 1262 ff.; im Alterthum war das die kindermordende Medea darstellende Gemälde des Timomachos sehr berühmt.

1) Medeas Flucht von Iolkos nach Korinth und von da nach Athen b. Ovid M. 7, 350 ff. Bei Diod. 4, 54 ff. flüchtet sie von Korinth zunächst nach Theben zum Herakles, den sie durch ihre Mittel vom Wahnsinn heilt, dann nach Athen zum Aegeus, dann mit dem Medos, ihrem Sohne vom Aegeus nach Medien, dessen Königsstamm also eigentlich attischer Abkunft war. Vgl. Hygin f. 26. 27.

2) Er sucht Ruhe unter dem Schiff, da fällt die puppis herunter und erschlägt ihn. s. Eur. Med. 1385 Schol. u. das Argument zu diesem Stücke. Nach Neophron nahm er sich selbst das Leben.

3) Iustin 42, 2. 3 vgl. Str. 1, 45; 11, 503. 530, Vater Argonautenz. 1, 38 ff.

4) Welcker ep. Cycl. 1, 198 ff.; 2, 313—405. Auch die älteren Keime der Sage vom Kadmos und vom Amphion und Zethos werden durch die Thebais gegeben gewesen sein.

Gedichte zu mangelhaft unterrichtet um mit Sicherheit urtheilen zu können. Aber wahrscheinlich fanden sich alle Hauptthatsachen in dem ältesten Centralgedichte, wie die des trojanischen Sagenkreises in der Ilias und Odyssee schon angedeutet, so dass die jüngeren Gedichte aus demselben gleichsam hervorwuchsen, indem sie theils diese Andeutungen theils die Ueberlieferungen der noch nicht aufgezeichneten und der örtlichen Sage und zwar im Geiste ihres jüngeren Zeitalters selbständig ausführten.

Wie sehr diese Sagen und Lieder den griechischen Heldengesang in seiner besten Zeit beschäftigt haben, sieht man auch aus den zahlreichen Beziehungen darauf in der Ilias und Odyssee. Und in der That war es ein gewaltiger Conflict und ein eben so gewaltiges Verhängniss, welches hier die Dichtung in Anspruch nahm. Jener ist der zwischen den beiden mächtigsten Staaten der griechischen Vorzeit, Argos und Theben, dieses das der furchtbaren Schicksale und Verwickelungen im Hause der Labdakiden, welches auch die Helden von Argos und von Kalydon in seine dämonischen Kreise mit hineinzieht und zuletzt mit blutiger Schlacht und dem entsetzlichen Untergange der Sieben und der beiden feindlichen Brüder endigt. Die Gestalten dieser Helden, des aetolischen Tydeus, des argivischen Amphiaraos und des Kapaneus, des Parthenopaeos sind mit grosser Lebendigkeit empfunden und gezeichnet, die epische Anlage der Verwicklung und des allmählichen Fortschritts der Handlung bewährt sich auch in solchen Trümmern der Ueberlieferung als eine sehr wohl geordnete. Einzelne Züge der Charakteristik und der Conception sind von einer so wilden Kühnheit, dass sie einen Eindruck von höherem Alterthum als selbst die Bilder der Ilias machen.

Nachmals haben vorzüglich die attischen Tragiker in diesen Sagen geschwelgt und ihnen dabei freilich viel von ihrer alterthümlichen Färbung genommen und neue Ideenverbindungen und Thatsachen hineingetragen. Aeschylos mit seinem tiefen Ernste, der hier reiche Nahrung für seine Anschauungen von der Unerbittlichkeit des Schicksals und von der Hinfälligkeit alles menschlichen Schimmers fand, Sophokles in seinen unvergleichlichen Dichtungen vom Oedipus in seiner Höhe und in seiner Niedrigkeit und von der aufopfernden Liebe der Antigone für Vater und Bruder, Euripides in den Phoenissen und in anderen Tragödien, in denen er wieder sehr willkürlich mit den mythischen Stoffen verfuhr.

Auch die Kunst hat diesem Kreise manches schöne und bedeutende

Bildwerk abgewonnen, obgleich das Interesse des trojanischen Sagenkreises doch auch in dieser Hinsicht unvergleichlich viel mehr angeregt hat[1]).

a. Oedipus[2]).

Der Stamm, aus welchem Oedipus und seine Söhne hervorgegangen, heifst gewöhnlich der der Labdakiden. Polydoros d. i. der Gabenreiche, der einzige Sohn des Kadmos, zeugt mit der Nächtlichen (Νυκτηίς) den Labdakos, der wie ein andrer Pentheus beschrieben wird[3]). Sein Sohn Laios (Λάιος) war einigen Sagen als der Räuber eines schönen Knaben mit goldnen Rossen (Χρύσιππος) bekannt, der gewöhnlich für einen Sohn des Pelops galt. Oedipus selbst d. i. der Schwellfufs (Οἰδίπους, Οἰδιπόδης) wird als Kind mit durchbohrten und zusammengeschnürten Füfsen, wovon ihm immer das Merkmal blieb, auf dem wilden Kithaeron ausgesetzt, dann auf wunderbare Weise erhalten und gerettet im Auslande erzogen, aus welchem er als schöner und starker Held zurückkehrt, der seinen Vater erschlägt, die böse Sphinx in den Abgrund stürzt, dadurch König von Theben und Gemahl seiner eignen Mutter wird. Möglich dafs auch dabei alte Allegorieen des Naturlebens zu Grunde liegen, etwa ähnliche wie bei den Mythen vom Lykurgos Pentheus und Labdakos: in welchem Falle also Oedipus, der an den Füfsen Verstümmelte, der Geblendete, der seinen Vater Tödtende, seiner Mutter Vermählte, im Sinne des ältesten Märchens eine Personification des Winters gewesen sein würde, so gut wie jene[4]).

---

1) Müller Handb. § 412, 3, J. Overbeck Gallerie heroischer Bildwerke der alten Kunst 1, 3—163 t. 1—6.

2) K. F. Hermann Quaestionum Oedipodearum capita tria, Marb. 1836, F. W. Schneidewin die Sage vom Oedipus, Gött. 1852. *Die natursymbolische Deutung der Oedipussage, wie sie zuletzt namentlich von Bréal Rev. archéol. 1863, 2, 193 ff. ausgeführt war, widerlegt D. Comparetti Edipo e la mitologia comparata, Pisa 1867, vgl. auch Gött. gel. Anz. 1867, 1721 ff.

3) οὗτος ἀπώλετο μετὰ Πενθέα ἐκείνῳ φρονῶν παραπλήσια Apollod. 3, 5. 5. — *Λάιος wäre nach G. Curtius Grundz. 638 aus Λάϝιος entstanden i. q. Δήμιος; der Vater wäre dann erst nach dem Sohne benannt als Λαπιακός, woraus Λάβδακος werden mufste. Dagegen stellt Fick Griech. Personennamen S. 50. 189 Λάβδακος wie Λάβδα zu λάμπω. — Οἰδίπους von οἰδέω οἰδάω wie εἰλίπους, Seneca Oed. 812 forata ferro gesseras vestigia, tumore nactus nomen ac vitio pedum, vgl. Soph. O. T. 1031, Diod. 4, 64 διαπερονήσας αὐτοῦ τὰ σφυρὰ σιδήρῳ, δι' ἣν αἰτίαν Οἰδίπους ὕστερον ὠνομάσθη, Hygin f. 66, Zenob. 2. 68.

4) Von Lykurgos u. Pentheus s. Bd. 1, 566. Lykurgos haut sich selbst in

Das Epos behandelte diese Sage in einem ganz andern Sinne als die Tragödie. In der Odyssee 11, 271—280 wird unter den Heroinen der Unterwelt auch der schönen Epikaste (später gewöhnlich Iokaste) gedacht, welche ihrem Sohne aus Unkunde vermählt gewesen, nachdem dieser seinen Vater getödtet hatte. Aber die Götter brachten solchen Frevel gleich ans Licht. Epikaste nahm sich dann in ihrer Verzweiflung das Leben, Oedipus aber blieb der König von Theben, doch verfolgt von vielen und schweren Leiden, mit denen ihn die Erinyen seiner Mutter heimsuchten. Aus Pausanias 9, 5, 5, der sich auf die Oedipodee und auf ein Gemälde des alten Künstlers Onatas beruft, erfahren wir, dass Oedipus in zweiter Ehe mit der Euryganeia, einer Tochter des Königs der Phlegyer, vermählt war und dass diese in der älteren Dichtung für die Mutter des Eteokles und Polyneikes, der Antigone und Ismene galt, vgl. Schol. Eur. Phoen. 1760. Doch hatte er sich wahrscheinlich auch nach dem Zusammenhange dieser Erzählung vorher geblendet und gerieth dann, verfolgt von dem Gedanken an Vater und Mutter, immer tiefer in Gemüthsverbitterung, so dass er auch auf geringen Anlass seinen Söhnen fluchte, mit welchem Fluche ein neues Moment des Verhängnisses in die Handlung trat. Ein Bruchstück der Thebais (Athen. 11, 14) erzählt von einem Mahle welches Polyneikes seinem Vater vorgesetzt habe, und zwar auf dem silbernen Tische und mit dem goldenen Becher, deren sich die Ahnen des Stammes Kadmos und Laios bedient, welche sich Oedipus aber verbeten hatte. Dadurch wird der Unglückliche an seine ehemalige Herrlichkeit und an seine jetzige Ohnmacht erinnert und flucht seinen Söhnen, als hätten sie ihn zu kränken beabsichtigt. Ein andres (Schol. Soph. O. C. 1375) erzählt dass die Söhne seiner immer sorglich gepflegt, aber einmal aus Versehn vom Opfer anstatt des Schulterstücks die Hüfte geschickt hätten, was der blinde Alte für absichtlichen Schimpf hielt, so dass er in krankhafter Reizbarkeit über beide den schrecklichen Fluch ausspricht. Immer scheint der Fluch einer und derselbe gewesen zu sein, dass sie die väterliche Habe „mit der Schärfe des

---

die Beine und will seine eigne Mutter schänden, Hygin f. 132, auch wird er geblendet und auf alle Weise misshandelt, Diod. 3, 65. Vgl. die verwandten Bilder vom Winter b. Grimm D. M. 725: Der Winter hats verloren, der Winter liegt gefangen, dem Winter gehn die Augen aus u. s. w. Er tödtet seinen Vater weil Winter und Tod wahlverwandt sind und befruchtet als χειμών seine eigne Mutter, die Erde.

Schwerdtes" theilen d. h. über der Theilung sich auf Tod und Leben verfeinden und durch einander fallen sollten[1]), was sich hernach schrecklich erfüllte. Oedipus starb endlich, worauf zu seiner Ehre die üblichen Leichenspiele gehalten wurden[2]). Eteokles und Polyneikes aber entzweiten sich bei der Theilung des Erbes zu blutigem Streite, worüber der Krieg der Sieben entstand, welcher für die alte Sage durchaus die Hauptsache war[3]). Zu bemerken ist das aufserordentliche Gewicht, welches ganz im Sinne der alten Zeit und wie in der Sage vom Meleager auf den Fluch des Oedipus gelegt wird. Man mafs in so alter Zeit dem Fluche des Vaters oder der Mutter eine dämonische Gewalt bei, die nicht durch die Geringfügigkeit des Anlasses, ja selbst nicht durch die Reue dessen der geflucht hatte wieder aufgehoben werden konnte. Auch scheint daneben durch die Lockerung des kindlichen Gefühls bei den Söhnen der natürliche Fluch einer widernatürlichen Verbindung der Eltern angedeutet zu werden[4]). Obwohl auf der andern Seite, aber vielleicht erst bei den späteren Dichtern, das durch die Lieblosigkeit der Söhne Verschuldete durch die Liebe und Innigkeit der Töchter reichlich wieder gut gemacht wurde.

Den attischen Tragikern konnte eine so merkwürdige Schicksalsverwicklung um so weniger entgehen als die Fabel vom Oedipus schon vor ihnen, namentlich durch Verknüpfung derselben mit den Lehren und der Autorität des Apollinischen Orakels zu Delphi eine höhere Weihe erhalten hatte. Wenigstens kennt schon Pindar Ol. 2, 39 ff. die bedeutungsvolle Wendung dafs Oedipus „den alten Spruch der Pythia"

---

1) Welcker nimmt drei verschiedene Flüche an. Doch leuchtet die alte Formel des Fluchs in verschiedenen Stellen der Tragiker deutlich durch. In dem Fragmente der Thebais b. Athen. 11, 14 wird die Verfeindung bei der Theilung, in dem b. Schol. Soph. O. C. 1375 das endliche Ende des Kampfes, der Tod durch Bruderhand hervorgehoben. Pindar P. 4, 145 ff. scheint auf die ältere und einfachere Formel anzuspielen.

2) Il. 23, 679, wo das δεδουπότος Οἰδιπόδαο verschieden erklärt wird, s. Lehrs de stud. Aristarchi p. 103 ed. alt. Auch Hesiod erzählte dafs Oedipus in Theben gestorben sei, und zwar scheint bei ihm Polyneikes damals schon in Argos gewesen zu sein, Schol. Il. 23, 679.

3) Hesiod W. T. 162 τοὺς μὲν ἐφ' ἑπταπύλῳ Θήβῃ Καδμηίδι γαίῃ ὤλεσε μαρναμένους μήλων ἕνεκ' Οἰδιπόδαο. Der Fluch des Oedipus motivirte den Streit der Brüder, dieser den blutigen Krieg. Auch in den Kyprien kam die Geschichte des Oedipus als Episode vor.

4) Wie dieses der Grundgedanke einiger Stücke Calderons ist, s. L. Schmidt Vorr. zu seines Vaters Val. Schmidt Schausp. Calderons p. XXX.

erfüllt habe als er seinen Vater Laios erschlug, worauf die Erinys seine kriegerischen Söhne durch gegenseitigen Brudermord tödtete. Ohne Zweifel waren auch früher alte Prophezeiungen im Spiele gewesen, aber erst durch das pythische Orakel kann die Sage diesen erhabenen Charakter angenommen haben, in welchem sie nun den Griechen ergreifender als jede andre die alte, aber erst in Delphi recht ausgebildete Lehre von der Majestät des Schicksals und der Kurzsichtigkeit der Menschen predigte, welche, indem sie das Schicksal zu umgehen streben, sich nur immer fester in seine Netze verstricken. In diesem Sinne wurde die Sage zuerst von Aeschylos dramatisch überarbeitet, in einer Trilogie welche aus drei Tragödien Laios, Oedipus und den noch erhaltenen Sieben gegen Theben bestand, zu denen als Satyrdrama eine eigne Dichtung von der Sphinx gehörte[1]). Darauf folgte Sophokles mit seinem Oedipus König, welcher uns den Unglücklichen auf der ganz untergrabenen Höhe seines Lebens zeigt, aber auch seinen Sturz mit Schonung beurtheilen lehrt. Seine Einsicht hat er bewiesen da er das Räthsel der Sphinx löste. Jetzt ist er König und Gemahl, eifrig und redlich in beiden Pflichten, eine edle Natur, aber namenlos unglücklich und darüber heftig und bitter geworden, eine natürliche Folge seines hinterlistigen und unverdienten Schicksals. Daher das andere später gedichtete Stück, Oedipus auf Kolonos, eine nothwendige Ergänzung von jenem ist. Der nun ganz Gebrochene, Blinde, Arme, Alte, von seinen Söhnen und von seinem Lande Ausgestofsene, nur noch von seinen Töchtern Behütete, findet endlich den ersehnten Tod und eine Genugthuung seines Schicksals im fremden Lande, da die Unterirdischen sich versöhnt zeigen und sein Grab ein Schutz für das Land sein wird, welches ihn gastlich aufgenommen hatte. Der Fluch des Vaters gegen die Söhne war auch in diesen Gedichten der Grund des schrecklichen Ausgangs derselben. Aber er war nun nicht mehr der hervorstechende Zug der ganzen Verwicklung, sondern Oedipus hatte dadurch, dafs sein eignes Leben zur Offenbarung der Lehre vom Schicksal und der göttlichen Strafgerechtigkeit wurde, eine selbständige und höhere Bedeutung bekommen. Er war wie in der Atridensage Orestes zu einem Paradigma des Glaubens an die Erinyen geworden, mit denen er wohl auch zusammen verehrt wurde[2]), des Glaubens so-

---

[1]) Argum. Aesch. Sept. vgl. Schneidewin Philol. 3, 350 ff.; 5, 180 ff., Oedipussage 21 ff.

[2]) Bei Herod. 4, 149 gründen die thebanischen Aegiden zu Sparta, als in

wohl an die unerbittlich zürnenden Erinyen, welche nun zugleich die Uebertretung des göttlichen Gebotes an Laios und das Verbrechen gegen Vater und Mutter an Oedipus zu rächen hatten, als des milderen an die versöhnlichen Eumeniden, welche den Unseligen zuletzt freundlich und schützend in ihrem Haine aufnahmen und ihm die Stätte gewährten, wo seine Leiche und sein Andenken Freunden und Feinden ehrwürdig werden sollte.

Grofse Veränderungen erlaubte sich auch hier Euripides, obwohl wir im Einzelnen nicht zu folgen vermögen. Die wichtigste war die dafs die auch sonst bekannte Fabel von der Entführung des schönen Knaben Chrysippos durch Laios, also seine wüste Leidenschaft zum ersten Anfang der ganzen Verwicklung geworden war. Darüber nahm Chrysippos sich das Leben, Pelops aber fluchte dem Verderber seines Kindes Laios, der nun nach dem Willen des Schicksals durch seinen eignen Sohn für das an dem Sohne eines Andern begangene Verbrechen gestraft wurde[1]). War auf diese Weise die Schuld des Laios besser als früher motivirt, so mufste doch nun auch das Verbrechen und ganze Schicksal des Oedipus einen andern Ausgang bekommen, wie Euripides denn auch in dieser Hinsicht die herkömmlichen Wege der Sage verlassen hatte.

Die gewöhnliche Erzählung ist die dafs Laios, da er sich Kinder wünschte, von dem Orakel zu Delphi gewarnt wurde, sein Sohn werde ihn tödten, seine Mutter heirathen, sein ganzes Haus tief in Schuld und Blut stürzen. Dennoch wird Oedipus geboren. Die Eltern glauben das Schicksal dadurch zu umgehen dafs sie ihn auf dem Kithaeron aussetzen. Aber das Kind wird durch einen Hirten gerettet, kommt nach Sikyon[2]) oder wie Sophokles dichtete nach Korinth, wo König Polybos (der Heerdenreiche) den Oedipus, so nannte man ihn von dem

---

ihrem Geschlechte ein Sterben der Kinder einreifst, auf Gebot des Orakels ein Heiligthum Ἐρινύων τῶν Λαΐου τε καὶ Οἰδιπόδεω.

1) Auf diesen Fluch des Pelops bezieht sich das gewöhnlich vor dem Oedipus König und vor den Phoenissen abgedruckte Orakel. Die Sage vom Chrysippos war auch der sikyonischen Dichterin Praxilla bekannt und auf apulischen Vasen ist der Vorgang abgebildet, s. Gerhard t. 6, Overbeck S. 4—10, *vgl. auch Ann. d. Inst. 1866, 371 ff. — Die Liebe des Laios zum Chrysippos galt für die erste in ihrer Art. Ueber die Tragödie des Euripides s. Nauck tr. gr. 497. Die gewöhnliche peloponnesische Tradition nannte Atreus und Thyestes als Mörder des Chrysippos.

2) In der alten Sage war Polybos König von Sikyon. Diese Stadt und Korinth fallen in den älteren Sagen überhaupt oft zusammen.

unvertilgbaren Merkmale seiner hülflosen Jugend, wie seinen Sohn aufzieht. Da er über seine Abkunft unsicher geworden, wendet er sich an das Orakel, das ihn vor Vatermord und Blutschande warnt. Also meidet er den Ort, welchen er für seine Heimath hielt, und wendet sich nach Theben. Auf diesem Wege trifft er mit Laios zusammen, der ihn als stolzer König übermüthig behandelt, und erschlägt ihn und seinen Diener, nach Aeschylos auf einem Kreuzwege bei Potniae, ganz in der Nähe von Theben, nach Sophokles auf der sogenannten Schiste, einem Kreuzwege am Eingange der Schlucht am Parnafs, durch welche der Weg nach Delphi führt¹). Denn auch Laios suchte Rath und Hülfe bei dem Apollinischen Orakel, wegen der grofsen Noth in welche Stadt und Land durch die verderbliche Sphinx gerathen war. Diese ist das aus alter und weitverbreiteter Symbolik aufgenommene Sinnbild einer dämonischen Plage, deren bestimmtere physikalische Beziehung kaum noch nachzuweisen ist: eine Art von Würgengel, welcher bald durch rohe Gewaltthätigkeit bald durch Schlauheit und verborgenes Wissen Verderben um sich verbreitet und vorzugsweise der jugendlichen Kraft und Schönheit nachstellt²). In der Gegend von Theben zeigte man einen Berg Phikion oder Sphingion, wo dieses Ungethüm seinen Sitz aufgeschlagen hatte³), auch ist der Name griechischen Ursprungs. Erwähnt wird die thebanische Sphinx zuerst bei Hesiod th. 326, wo sie zum Geschlechte des Typhon, der Echidna und anderer mythologischen Ungethüme gehört⁴); von ihrem Räthsel und der Strafe für den der es nicht zu lösen vermochte, eine Sage welche an die Räthselwettkämpfe auf Tod und Leben erinnert, wissen erst die attischen Tragiker. Es giebt alte aegyptische und griechische Monumente, auf

---

1) Dabei ist die Schwierigkeit des Ausweichens auf den alten Wegen mit eingeschnittenen Gleisen zu beachten, s. E. Curtius z. Gesch. des Wegebaus b. d. Griechen S. 14. 15.

2) Stephani Nimbus u. Strahlenkranz S. 79ff., wo die verschiedenen Eigenthümlichkeiten und Beziehungen dieses Symbols nach Anleitung der Kunstdenkmäler, Münzen u. s. w. am umsichtigsten entwickelt sind. Vgl. Jeep die griechische Sphinx, Gött. 1854, wo die Deutungen älterer und neuerer Zeit recapitulirt werden, und Brunn Bull. d. Inst. 1853 p. 69—75.

3) Hesiod sc. Herc. 33 vgl. Aristid. 2 p. 484 ὁ δ' ἄρα (Πίνδαρος) Κιθαιρῶνος καὶ Ἑλικῶνος πλέως ὧν καὶ Φίκιον ἄκρον etc. Man sagt φίξ und φίξ für σφίγξ Hesiod th. 326, Hesych φίγα, φίκα, σφίγγα. Das Wort hängt zusammen mit σφίγγω würgen.

4) Vgl. Schoemann opusc. 2, 192. 369, *Hes. Th. S. 165 f., dagegen Flach Hesiod. Kosmog. S. 91.

denen die Sphinx wie ein Würgengel über niedergeworfene Feinde oder Jünglinge einherschreitet[1], während auf den Münzen von Gergis in Troas das Bild der Sphinx auf die geheime Weisheit der berühmten Sibylle des Orts deutet. Das thebanische Räthsel ist das bekannte von dem Menschen auf vier, zwei und drei Beinen, welches nur Oedipus zu lösen vermag. Schon hatten viele Jünglinge ihr Leben eingebüſst, nach der epischen Oedipodee zuletzt der schöne Haemon, ein Sohn des Kreon, die letzte Hoffnung des Labdakidenstammes[2]. Darum bietet Kreon dem welcher das Räthsel lösen werde die königliche Würde in Theben und die Wittwe des erschlagenen Laios. Der Retter findet sich und ihm wird der Preis, aber welches entsetzliche Unheil zur Ausstattung! Nach der älteren Sage wurde der Greuel bald nach der Vermählung bekannt, bei den Tragikern erst nachdem Iokaste von ihrem Sohne die Mutter seiner Kinder geworden war. Als endlich die Wahrheit ans Licht gekommen, Iokaste sich getödtet, Oedipus sich geblendet hat, beginnt das neue Verhängniſs mit der Härte der Söhne gegen den Vater, worauf dieser ihnen flucht daſs sie das Erbe „mit dem Eisen" theilen sollen. Ueber der Theilung mit dem Bruder zerfallen begiebt sich Polyneikes nach Argos, wo er eine neue Heimath findet, Eteokles aber behält das Regiment in Theben.

Es gab in Theben eine Ueberlieferung daſs Oedipus nicht in dieser Stadt, sondern in dem attisch-boeotischen Grenzorte Eteonos begraben worden sei und zwar in einem Heiligthume der Demeter, neben welcher er als Heros verehrt wurde[3]. Als man ihn nämlich auch hier nicht dulden wollte, antwortete das Orakel man solle ihn, da er Schutz bei dieser Göttin gefunden habe, in Ruhe lassen (μὴ κινεῖν τὸν ἱκέτην

---

1) Auf aegyptischen Bildwerken als Verzierung an einem Thron s. Lepsius Denkm. a. Aeg. u. Aethiop. 5, 3, 76b u. 77c, wie die παῖδες Θηβαίων ὑπὸ Σφιγγῶν ἡρπασμένοι am Throne des Olympischen Zeus, Paus. 5, 11, 2 und das Schildzeichen des Parthenopaeos b. Aesch. Sept. 541 Σφίγξ ὠμόσιτος — φέρει δ᾽ ἐφ᾽ αὑτῇ φῶτα Καδμείων ἕνα. Vgl. das Terracottarelief aus Tenos und ähnliche Bildwerke b. Overbeck 1, 5. 6; 2, 8, *ein Relief aus Melos b. R. Schoene griech. Reliefs n. 125; über die Münzen von Gergis Steph. B. Γέργις, Stephani a. a. O. 81, 2.

2) οἱ τὴν Οἰδιποδίαν γράφοντες b. Schol. Eur. Phoen. 1760. Der ganze Cyclus der auf die thebanische Sphinx bezüglichen Bildwerke b. O. Jahn Archäol. Beitr. 112ff., Overbeck 15ff., *Heydemann Ann. d. Inst. 1867, 374ff., Michaelis ebd. 1871, 186ff.

3) Schol. Soph. O. C. 91. Vermuthlich wurde Demeter hier in Verbindung mit den unterirdischen Gottheiten verehrt, wie im Heiligthume der Semnen zu Kolonos und sonst.

τῆς θεοῦ). Eine ähnliche Ueberlieferung gab es in dem attischen Demos Kolonos, in welchem das Heiligthum der Eumeniden als der Ort gezeigt wurde wo der Unglückliche endlich zur Ruhe gekommen sei, und zwar wurde sein Grab hier, wie vermuthlich auch in jenem boeotischen Grenzorte, für einen Schutz gegen räuberische Einfälle der Nachbarn gehalten[1]). Aus solchen Ueberlieferungen ist der Oedipus auf Kolonos des Sophokles entstanden, welcher also von der älteren thebanischen Fabel in der Hinsicht abwich dafs Oedipus noch vor seinem Tode Theben verliefs und in der Fremde sein Grab suchte. Nicht freiwillig that er es, sondern vertrieben von den Thebanern und von seinen Söhnen verrathen, dahingegen ihn die zarten Töchter mit treuer Liebe ins Elend begleiten. Apoll hat ihm die endliche Lösung seines Schicksals im Heiligthume der Semnen verkündigt. So wendet er sich als Schutzflehender (ἱκέτης, προστρόπαιος) an die ernsten Göttinnen und geht vertrauend in ihren Hain, wo man eine „eherne Schwelle" d. h. einen unmittelbaren Zugang in die Unterwelt zeigte. Theseus gewährt ihm seinen mächtigen Beistand und weder Kreon noch Polyneikes vermag ihn aus seiner Zuflucht wieder zu entfernen, denn schon hat der blutige Krieg begonnen und beide Parteien bewerben sich jetzt um Oedipus, dessen Theilnahme nach einem Orakel den Sieg verschaffen mufste (Schol. O. C. 388). Noch einmal wiederholt er den furchtbaren Fluch gegen seine Söhne, dann verschwindet er auf geheimnifsvolle Weise. Die Töchter kehren nach Theben zurück um wo möglich die Brüder zu versöhnen.

b. Die Sieben gegen Theben.

Die Thebais galt für eins der vorzüglichsten Gedichte des höheren Alterthums und ward in weniger um die Kritik besorgten Zeiten für ein Werk des Homer gehalten[2]). Obgleich nur wenig davon erhalten ist, so läfst sich doch nach innerer Wahrscheinlichkeit und mit Hülfe

---

1) Die Inschrift des Grabsteins ist auf einer unteritalischen Vase erhalten: νώτῳ μὲν μαλάχην τε καὶ ἀσφόδελον πολύριζον, κόλπῳ δ᾽ Οἰδιπόδαν Λαΐου υἱὸν ἔχω, wahrscheinlich aus dem Peplos des Aristoteles. O. Jahn Einl. z. Vasenk. CXXIV, *Aristot. fr. 64 Bergk. Nicht ohne Beziehung zur Tragödie des Sophokles scheint das V. B. b. Millingen peint. d. vas. 23 zu sein.

2) Der alte Dichter Kallinos und viele andere und achtbare Leute halten die Thebais für ein Gedicht des Homer, sagt Pausanias 9, 9, 3, indem er seinerseits hinzusetzt, es sei das beste nächst der Ilias und Odyssee. Andre schrieben es dem Arktinos von Milet zu, noch Andre liefsen den Verfasser dahin gestellt sein. Thebaidis Cyclicae rel. ed. E. L. de Leutsch Gott. 1830.

mancher Anspielungen der Ilias, der älteren Bildwerke, der Sieben gegen Theben des Aeschylos, der Phoenissen des Euripides, der Reste einer Thebais des Antimachos[1]), endlich des freilich in vielen Punkten sehr frei verfahrenden Gedichtes des Statius der ganze Verlauf des Krieges und der epischen Handlung, so wie in besseren Zeiten davon erzählt wurde, ziemlich sicher feststellen.

In Argos treffen wir bei diesem Kriege das Geschlecht der Amythaoniden vom aeolischen Stamme des Kretheus (S. 315) als das herrschende. Anfangs mit den Neliden in Pylos ansässig waren sie durch Melampus zu grofsen Ehren gekommen, erst zur nächsten Verwandtschaft mit Neleus, nämlich durch die Hand seiner Tochter Pero, die Melampus seinem Bruder Bias durch seine Kunst verborgner Wissenschaft verdiente, dann zu dem gröfsten Theile der Herrschaft von Argos, nachdem Melampus die Töchter des Proetus von ihrer entsetzlichen Krankheit befreit hatte, wofür der König von Tiryns ihm und seinem Bruder Bias zwei Theile seines Reiches abtrat (S. 56). Der Sohn des Bias war Talaos, unter dessen Kindern Adrastos und Eriphyle die berühmtesten sind. Vom Geschlecht des Melampus erzählt die Odyssee 15, 225 ff. Seine Söhne waren Antiphates und Mantios, der des Antiphates Oïkles, der in den Erzählungen vom trojanischen Kriege des Herakles genannt wurde (S. 235), der des Oïkles der berühmte Amphiaraos, berühmt wegen seiner Tapferkeit, seiner Frömmigkeit und seiner prophetischen Gaben. Zeus und Apoll, sagt die Odyssee, liebten ihn mit aller Liebe, doch kam er nicht zu hohen Jahren, sondern er blieb vor Theben, weil sein Weib Eriphyle sich durch schnödes Gold hatte bestechen lassen[2]), wodurch eine der merkwürdigsten Verwicklungen dieses Krieges angedeutet wird. Die Söhne des Amphiaraos sind Alkmaeon und Amphilochos, von denen gleichfalls viele Sagen erzählten, namentlich vom Alkmaeon, dem hervorragendsten Helden im Zuge der Epigonen. Neben diesen Amythaoniden von Argos wurden in den älteren Ueberlieferungen von dem Kriege der Sieben auch Proetiden genannt, die noch in Tiryns herrschend zu denken sind[3]).

---

[1]) Die Reste des Gedichts des Antimachos bearbeitet von Dübner in Hesiodi al. carmina ed. F. S. Lehrs, P. 1840. Ueber die späteren Thebaiden Welcker kl. Schr. 1, 395 ff.

[2]) Od. 11, 326 στυγερήν τ' Ἐριφύλην, ἣ χρυσὸν φίλου ἀνδρὸς ἐδέξατο τιμήεντα.

[3]) Namentlich sind bei Paus. 10, 10. 2 Kapaneus und Eteoklos ὁ Ἴφιος Abkömmlinge des Proetos, vgl. Schol. Pind. N. 9, 30 und oben S. 56.

Von den Pelopiden in Myken heifst es ausdrücklich und schon in der Ilias dafs sie sich an diesem Kriege nicht betheiligt hätten.

Zwischen Amphiaraos und Adrast hatte es Streitigkeiten gegeben, in Folge deren Adrast nach Sikyon ausgewandert war, wo er durch Vermählung mit der Tochter des reichen Polybos (S. 347) zur Herrschaft von Sikyon gelangte, die ihm den Weg zu der von Argos bahnte, Il. 2, 572, Pindar N. 9, 13 ff. Schol. Die Versöhnung mit Amphiaraos wurde durch dessen Vermählung mit der Schwester des Adrast, der begehrlichen Eriphyle erreicht, welche auch für die Zukunft ein für allemal Schiedsrichterin zwischen ihrem Bruder und ihrem Gemahle sein sollte. Dadurch hatte sie eine Macht über Amphiaraos erlangt, deren sie sich hernach zu Gunsten des Adrast und des Polyneikes und zur Befriedigung ihres eignen Gelüstes, aber zum Verderben ihres Gemahls, ja aller argivischen Helden die gegen Theben zogen, und zuletzt auch zu ihrem eignen Verderben bediente. Ihr Bruder Adrast erscheint in dem Zuge der Sieben als König und Führer über Alle[1], wie Agamemnon in der Ilias, wie denn auch sein Wunsch seinem Schwiegersohne Polyneikes zu helfen die bestimmende Ursache des Krieges war. In Sikyon wurde er nach Herodot 5, 67 als König und als Held mit heroischen Ehren gefeiert, deren Feste und Heiligthümer vor dem Tyrannen Kleisthenes zu den angesehensten der Stadt gehörten[2].

Zum Adrast kamen in einer und derselben Nacht Polyneikes von Theben und Tydeus von Aetolien. Polyneikes hatte Theben verlassen, nach der gewöhnlichen Sage vor dem Tode des Oedipus, aber schon mit seinem Fluche belastet und aus Angst vor demselben und dem Brudermorde, daher er mit seinem Bruder Eteokles die Abrede getroffen dafs sie abwechselnd ein Jahr lang die Stadt regieren und die Stadt meiden wollten, an welchen Vertrag sich Eteokles später nicht gebunden glaubte[3]. Tydeus, seinem Namen nach der Zuschläger[4], ist der Sohn des aetolischen Oeneus und der Periboea aus

---

1) Stat. Theb. 4, 68 annis sceptrisque venerabilis aeque.
2) Vgl. Schol. Pind. N. l. c. Er galt in Sikyon für den Stifter eines Heiligthums Ἥρας ἀλεξάνδρου.
3) Eurip. Phoen. 69 ff., doch wird die Sache verschieden erzählt und nach der Andeutung bei Hesiod W. T. 162 scheint die älteste Dichtung die Flucht des Polyneikes einfach durch den Streit bei der Theilung motivirt zu haben.
4) Wie Τυνδάρεως und Karl Martell vgl. G. Curtius Grundz. 225 u. oben S. 90. *Ueber die Sage von der Flucht des Tydeus aus seiner Heimath vgl. O. Jahn Arch. Ztg. 1867, 38 ff.; das von ihm hierauf bezogene V. B. wird jedoch richtiger auf den Tod des Meleagros gedeutet, s. oben S. 305, 4.

Olenos, der seine Vettern erschlagen hatte weil sie seinem Vater Nachstellungen bereiteten, und mit ihnen den Bruder seines Vaters, daher er aus der Heimath flüchtig geworden sich gleichfalls nach Argos an Adrast wendete. In derselben Nacht suchen beide Flüchtlinge bei dem Könige Schutz und Aufnahme, Tydeus mit dem Fell eines wilden Ebers, Polyneikes mit dem eines Löwen bekleidet. Bei Sturm und Regen kommen sie ins Gehöft und gerathen unter einander in heftigen und lauten Streit, worüber Adrast hinzutritt und mit Erstaunen in diesen Männern die Erfüllung eines Orakels wahrnimmt, das ihm geboten hatte seine Töchter einem Löwen und einem Eber zu vermählen[1]. Also giebt er dem Tydeus die Deipyle, dem Polyneikes die Argeia, so dafs sie bei ihm blieben und es gut hatten, wie Diomedes der Sohn des Tydeus und Enkel des Adrast Il. 14, 115 ff. von seinem Vater erzählt, er habe in einem reichen Hause gewohnt, schöne Waizenfelder und Baumgärten und viele Heerden besessen, unter allen Achaeern berühmt durch seine Lanze. Polyneikes und Tydeus sind die beiden Heifssporne des Gedichts, daher die Art wie sie sich hier beim Adrast und in Argos einführen, wo sie die Ursache so grofsen Unheils werden sollten, gewifs auf alter Erzählung beruht. Auch dafs sie bald die vertrautesten Freunde geworden scheint ein ächter Zug der Sage zu sein[2]).

Beide junge Männer dringen nun in ihren Schwiegervater sie mit gewaffneter Hand in ihre Heimath zurückzuführen und Adrast verspricht es ihnen[3]) und sammelt alle Helden von Argos zuerst zu dem Zuge gegen Theben. Dabei galt es vor allen den tapfern Amphiaraos

---

1) Eurip. Phoen. 411 ff., Suppl. 131 ff., Apollod. 1, 8, 4; 6, 1. Schol. Il. 4, 376, Statius. Theb. 1, 350 ff., Hygin f. 69. Das Orakel des Adrast ist durch Mnaseas erhalten. Dafs die Dichtung alt ist sieht man aus dem alterthümlichen Vasenbild b. Overbeck t. 3, 4, S. 88, *Heydemann Arch. Ztg. 1866, 130 Tfl. 206, auf welchem Adrastos und Tydeus inschriftlich bezeugt, die übrigen Personen jedoch nicht alle mit Sicherheit zu bestimmen sind. — Eber und Löwe sind Bilder der höchsten Streitbarkeit s. S. 316.

2) Stat. Theb. 4, 91 fulmineus Tydeus. Derselbe vergleicht 1, 474 die Freundschaft der beiden mit der des Theseus und Peirithoos, Orest und Pylades, vgl. Lactant. zu dieser St.: quatuor namque amicitiarum exempla fuisse certissimum est, Thesei et Peirithoi, Orestis et Pyladae, Achillis et Patrocli, Tydei et Polinicis u. Anthol. lat. 1, 664 vs. 8 Thebanum nullo linquit discrimine Tydeus, Tydea nullo umquam Polynices Marte relinquit.

3) Eurip. Suppl. 160 νέων γὰρ ἀνδρῶν θόρυβος ἐξέπλησέ με. So war Proetos durch seinen Schwiegervater in Lykien zurückgeführt worden. Auf den Zug gegen Theben sollte ein gleicher gegen Kalydon folgen, Diod. 4, 65.

d. h. den Hohenpriester zu gewinnen, dessen Lanze eben so gewaltig war als sein Rath und seine Kunst den Flug der Vögel zu deuten unentbehrlich¹). Die Vettern und Sippen wurden also zur Versammlung und zum Mahle beim Adrast gerufen²). Amphiaraos aber wuſste durch seine Kunst der Weissagung daſs dieser Zug gegen den Willen der Götter sei, daher er abrieth, darüber vermuthlich aber gleich bei dieser Gelegenheit in heftigen Streit mit dem hitzköpfigen Tydeus gerieth, wenigstens war eine dauernde Spannung zwischen beiden durch die Sage angedeutet³). Auch wuſste Polyneikes den frommen Seher durch arge List und mit Hülfe jenes früheren Vertrags zwischen Adrast und Amphiaraos zuletzt doch zum Zuge zu nöthigen. Das prächtige Halsband, welches einst Kadmos der Harmonia geschenkt hatte, war jetzt in seinem Besitze. Er schenkte es der Eriphyle⁴), welcher Amphiaraos wohl verboten hatte Geschenke von Polyneikes zu nehmen, aber sie nahm es doch und entschied nun für die Theilnahme ihres Gemahls am Kriege, dessen blutiges Verhängniſs ihm vor Allen bekannt war⁵). So rüsteten auch die andern Vettern und Helden von Argos und Tiryns,

---

1) Ἀμφιάραος von ἀράομαι, vgl. Ἀμφιτρύων oben S. 176, also i. q. ἀρητήρ. Namentlich Aeschylos schildert ihn als das Ideal eines edlen und tapfern Streiters, Sept. 549 ff., die berühmten Worte welche man bei der Vorstellung auf Aristides bezog, und 590 ff., vgl. Soph. O. C. 1313.

2) Von diesem Mahle wissen wir namentlich aus Antimachos, s. Athen. 11, 33. 50. 65.

3) Apollod. 3, 6, 2. Daſs Tydeus vornehmlich zum Kriege getrieben und in dieser Hinsicht den Gegensatz zu dem beständig an die Götter und ihre Zeichen mahnenden Amphiaraos bildete sagt Aesch. Sept. 380. 573.

4) Bei Apollodor räth ihm dazu Ἴφις ὁ Ἀλέκτορος, auch gewiss ein alter Zug, da nicht blos sein Sohn Eteoklos, sondern auch seine Tochter Euadne durch diese Unternehmung umkommen. Ueber das Halsband s. Bd. 1, 149. Statins Theb. 2, 269 ff. führt es weitläufig aus, wie Hephaestos mit den Kyklopen und Telchinen allerlei bösen Zauber in diesen verhängniſsvollen Schmuck hineinzauberte, vgl. Lactant. zu dieser St. u. zu 3, 274 und das Zauber-Schwerdt b. Sil. Ital. 1, 430. Auch b. Hygin f. 148 heiſst es von der Harmonia: cui Minerva et Vulcanus vestem sceleribus tinctam muneri dederunt, ob quam rem progenies eorum scelerata extitit. Nach einer späteren Dichtung verbarg sich Amphiaraos in einem Versteck, um den nur Eriphyle wuſste, Hygin f. 73, Serv. V. A. 6, 445, daher pudore victus ut in fabulis Amphiaraus Cic. ad fam. 6, 6, 6. * Ob das V. B. Ann. d. Inst. 1863 tav. II die Ueberreichung des Halsbandes an Eriphyle darstelle, bleibt zweifelhaft.

5) Ihm nachgebildet ist der argivische Seher Idmon als Theilnehmer des Argonautenzugs, Hygin f. 14 Hic augurio prudens, quamvis praedicentibus avibus mortem sibi denuntiari intellexit, fatali tamen militiae non defuit.

die Brüder des Adrast und die Proetiden Kapaneus und Eteoklos, nach der ursprünglichen Sage vermuthlich sieben, ohne die beiden Fremden, Polyneikes und Tydeus¹). Diese begaben sich zwar auch nach Myken um zum Zuge zu mahnen und baten und trieben sehr, doch mahnte Zeus durch seine Zeichen ab und so konnte man ihnen nicht zu Willen sein (Il. 4, 376 ff.). Spätere dichteten auch von einer Theilnahme arkadischer und messenischer Helden (Paus. 9, 9, 1), doch scheint das alte Epos davon nichts gewufst zu haben, da selbst Parthenopaeos bei älteren Schriftstellern für einen Sohn des Talaos, also für einen Bruder des Adrast galt²). Die ihn für einen Sohn Arkadiens hielten nannten seine Mutter Atalante. Diese kriegerische Jungfrau habe mit denen die um sie zu freien wagten einen Wettlauf angestellt, wobei jeder von ihr Besiegte sich den Tod gefallen lassen mufste. Schon waren Viele umgekommen, da stellte sich der rasche Melanion ein (Hesiod und Andre nannten statt seiner den Hippomenes aus Onchestos, einen Abkömmling Poseidons), dem Aphrodite goldene Liebesäpfel geschenkt hatte die er beim Wettlaufe fallen liefs, so dafs Atalante zögerte und darüber besiegt wurde³). Für den Sohn dieses Paares galt also bei Manchen Parthenopaeos, der zarte, der schöne, der liebliche, denn die Dichter wetteifern seine hinreifsende Schönheit und zarte Jugend zu schildern, die auch vor Theben ihr blutiges Ende finden sollte.

Also kam es zum Auszuge trotz aller ungünstigen Zeichen, denn

---

1) Apollodor: τινὲς δὲ Τυδέα μὲν καὶ Πολυνείκην οὐ καταριθμοῦσι, συγκαταλέγουσι δὲ τοῖς ἑπτὰ Ἐτεόκλον Ἴφιος καὶ Μηκιστία, vgl. Paus. 10, 10, 2. Mekisteus ist auch der Ilias 2, 566; 23, 678 bekannt, wo er ein Sohn des Talaos, also Bruder des Adrast heifst.

2) Hekataeos von Milet u. A. b. Schol. O. C. 1320.

3) Schon Hesiod kannte diese Fabel vgl. Schol. Il. 2, 674 und Theognis 1287 ff. deutet auf sie. Die Späteren erzählen sie mit dem Zusatze dafs das Paar, als der Freier seiner Lust in einem Heiligthume des Zeus oder der Rhea gefröhnt habe, in einen Löwen und eine Löwin verwandelt wurden, quibus dii concubitum Veneris denegant, Hygin f. 185, Apollod. 3, 9, 2, Ovid Met. 10, 560 ff., Prob. Virg. Ecl. 6, 61. Die drei goldenen Aepfel waren nach Virgil u. A. im Garten der Hesperiden, nach Ovid in einem Garten der Aphrodite auf Cypern gepflückt. Nach Philetas b. Schol. Theokr. 2, 118 τά οἱ ποτὲ Κύπρις ἔδωκε μῆλα Διωνύσου δῶκεν ἀπὸ κροτάφων waren sie von dem Kranze des Dionysos genommen. Andre nannten den Parthenopaeos einen Sohn der Atalante vom Ares, Apollod. l. c., noch Andre vom Meleager und sie habe das Kind, wie Auge den Telephos, auf dem Gebirge Parthenion ausgesetzt, in welchem Sinne vermuthlich auch Pacuvius gedichtet hatte, Hygin f. 99, Ribbeck trag. lat. p. 295.

es war der Grundgedanke des alten Gedichtes dafs dieser Zug gegen den Willen des Zeus, den er mit vielen Zeichen deutlich offenbart hatte, unternommen wurde und deshalb nothwendig mifslingen mufste, trotz der gewaltigsten Anstrengungen der besten Helden ihrer Zeit[1]). Beim Auszuge wurde wieder Amphiaraos in der Erzählung am meisten hervorgehoben. So sah man unter den Bildern des für alte Kunst und alte Mythologie gleich wichtigen Kypseloskastens eine Gruppe, wo Amphiaraos von seinem Weibe und von seinen Kindern Abschied nahm, begleitet von seinem treuen Freunde und Wagenlenker Baton. Eriphyle hatte das verhängnifsvolle Halsband in der Hand, Alkmaeon stand als Knabe neben seinen Schwestern, Amphilochos war noch auf dem Arme einer alten Magd. Schon im Begriff den Wagen zu besteigen wandte sich Amphiaraos noch einmal zur Eriphyle, zürnenden Muthes und mit gezücktem Schwerdte[2]). Auch gab es Lieder von diesem Abschiede und der Ausfahrt des Amphiaraos (Ἀμφιαράου ἐξελασία), die von weisen Lehren erzählten welche der scheidende Held seinen Kindern, die er nimmer wiedersehen sollte, gegeben habe[3]). Doch hiefs es gewöhnlich dafs er dem Alkmaeon beim Abschied die Rache seines Todes an der treulosen Mutter zur Pflicht gemacht habe.

Sie kamen zunächst nach Nemea, wo ihnen von neuem eine bedeutungsvolle Mahnung zur Umkehr bevorstand. In Nemea herrschte Lykurgos, ein Bruder des Admet von Pherae und Priester des nemeischen Zeus, Vater des 'Opheltes, dessen Mutter gewöhnlich Eurydike heifst und dessen Pflege der Hypsipyle anvertraut ist. Diese ergeht sich mit dem Knaben in dem Thale, als die Sieben dahin kommen. Sie suchen nach Wasser, Hypsipyle führt sie zur Quelle und setzt das Kind so lange ins Gras. Da kommt eine Schlange und tödtet es. Vater und Mutter eilen herbei, Lykurgos will in seinem Schmerze Hypsipyle umbringen, aber Tydeus nimmt sich ihrer an und es wäre zum blutigen Kampfe zwischen diesen beiden gekommen, wenn nicht Adrast und

---

1) Pindar N. 9, 18 καί ποτ' ἐς ἑπταπύλους Θήβας ἄγαγον στρατὸν ἀνδρῶν αἴσιαν οὐ κατ' ὀρνίχων ὁδόν, οὐδὲ Κρονίων ἀστεροπὰν ἑλίξαις οἴκοθεν μαργουμένους στείχειν ἐπώτρυν', ἀλλὰ φείσασθαι κελεύθου. So ziehen Hagen und die Burgunden an Etzels Hof, obgleich sie ihres Todes gewifs sind.

2) Paus. 5, 17, 4. Ueber andre auf diesen Abschied bezügliche Bilder s. O. Jahn Archäol. Aufs. 152ff., Overbeck 91ff., Bullet. Nap. 1853 n. 39 N. S. 3 t. 5, *J. de Witte Ann. d. Inst. 1863, 233ff. tav. G, dazu eine Vase im Berliner Museum, citirt bei Körte Personificat. d. Affekte S. 72, 1.

3) Herod. v. Hom. 6, Bergk de com. antiq. 220.

Amphiaraos begütigend eingeschritten wären¹). Dieser erkennt in dem Schicksale des Knaben das verhängnifsvolle Vorzeichen ihres eignen Untergangs, daher er ihm den Namen Ἀρχέμορος giebt d. h. des Führers zum Tode²). Dann wird der Knabe beweint und von den Helden mit Leichenspielen gefeiert, welche nach der gewöhnlichen Tradition zur Stiftung des Nemeischen Kampfspieles Veranlassung gaben³). Die attischen Tragiker, namentlich Euripides, haben das Schicksal der Hypsipyle noch weiter ausgeführt. Sie war bei ihnen nach dem lemnischen Männermorde, aus welchem sie ihren Vater Thoas hatte retten wollen, nach Nemea und in den Dienst des Lykurgos verkauft worden (S. 325), gerieth nun durch den Tod des Archemoros in die äufserste Lebensgefahr und wurde aus derselben nur durch die besonnenen Vorstellungen des Amphiaraos und durch die Dazwischenkunft ihrer beiden vom Iason gebornen und von dem Stammgotte Dionysos behüteten Söhne, des Euneos und Thoas gerettet⁴). Denn Dionysos galt für den Vater des Thoas, den er nach einigen Traditionen auch gerettet haben soll, wie er sein Geschlecht mit einem goldnen Weinstock begabte, durch den es jetzt den Söhnen der Hypsipyle gelang ihre Mutter aus dem drohenden Verderben zu befreien⁵).

---

1) Ein darauf bezügliches Bild am Amyklaeischen Throne, Paus. 3, 18, 7 Ἄδραστος δὲ καὶ Τυδεὺς Ἀμφιάραον καὶ Λυκοῦργον τὸν Πρώνακτος (d. i. *Προάνακτος) μάχῃ καταπαίουσιν, wo Tydeus und Amphiaraos verwechselt sind, vgl. Stat. Theb. 5, 660 ff. Alterthümliche Vasenbilder, die sich vermuthlich auf denselben Vorgang beziehn, b. O. Jahn Ber. d. sächs. Ges. 1853, 21—32 t. 3, Archäol. Ztg. 1854 t. 67. 68 n. 67, Roulez *Ann. d. Inst. 1867, 150 ff., Mon. 8 tav. 41.

2) Schol. Pind. Nem. Argum. p. 424 Ἀμφιάραος δὲ τούτοις μαντευόμενος Ἀρχέμορον αὐτὸν ἐκάλεσεν, ὅτι αὐτοῖς ἀρχὴ μόρου ἐγένετο ὁ τοῦ παιδὸς θάνατος. Wahrscheinlich bezieht sich der berühmte etruskische Scarabaeus der Stoschischen Sammlung auf diese Ereignisse in Nemea, s. v. Köhler ges. Schr. 5, 130 ff., Panofka Gemmen mit Inschriften, B. 1853 S. 56.

3) Pindar Nem. 8, 51; 10, 28, Simonides b. Athen. 9, 54 (Εὐρυδίκας) ἰοστεφάνου γλυκεῖαν ἐδάκρυσαν ψυχὰν ἀποπνέοντα γαλαθηνὸν τέκος u. A. Nach Hygin f. 74 durfte der Knabe nach einem Orakel nicht auf die Erde gesetzt werden bevor er gehen konnte. Daher Hypsipyle ihn in ein dichtes Eppichgebüsch an der Quelle setzte, deren Drachen ihn tödtete. So erklärte man den herkömmlichen Eppichkranz der Spiele, obwohl derselbe nach Schol. Pind. p. 425 erst seit den Perserkriegen herkömmlich war. Die ersten Sieger nennt Apollod. 3, 6, 4 vgl. Stat. Theb. 6. Vasenbilder und andre Bildwerke b. Gerhard Archemoros und die Hesperiden, B. 1836, *ges. Abhdl. 1, 5 ff., Overbeck S. 107 ff.

4) Welcker Gr. Tr. 554 ff., Nauck tr. gr. 467 sqq.

5) Auf der zehnten Platte des T. der Apollonis in Kyzikos waren zu

Es scheint dafs das attische Geschlecht der Euniden, welche sich vom Euneos, dem Sohne des Iason und der Hypsipyle ableiteten und die heiligen Handlungen mit ihrem Kitharspiele zu begleiten pflegten[1], diese und ähnliche Traditionen von dem Stammgotte ihres Geschlechts bewahrt hatten.

Beim weiteren Verlaufe fällt ein helles Licht auf Tydeus, von dem wir durch die Ilias 4, 382 ff. 800 ff.; 10, 285 ff. erfahren. Ein gewaltiger Kämpe, klein von Gestalt, aber von ungestümem Muth und grofser Kraft und dabei ein Liebling der Pallas Athena. Das Reden war nicht seine Sache, wohl aber war er an seiner Stelle wo es mit dem Schwerdte drein zu schlagen galt[2]. Eine seiner glänzendsten Particeen war die Botschaft nach Theben, wozu es eines Mannes von festem Muthe bedurfte. „Als sie an den Asopos d. h. über den Kithaeron gekommen waren, schickten die Achaeer den Tydeus als Boten nach Theben. Da traf er viele Kadmeionen bei einander, wie sie gerade beim Könige Eteokles schmausten. Er richtete seine Botschaft aus, einen Versuch zur Verständigung[3]. Sie aber hörten nicht darauf, sondern luden ihn zum Mahle. Nun wurde er zornig und forderte Alle heraus ihre Kräfte mit ihm zu messen und besiegte Alle leicht, ein so kräftiger Beistand war ihm Athena. Die Kadmeer ergrimmten darüber und legten ihm einen Hinterhalt als er zurückkehrte, fünfzig Jünglinge unter zwei Anführern. Tydeus aber erschlug Alle und liefs nur den einen Führer entkommen, dafs er die Botschaft brächte nach Theben." Ein wichtiger Vorfall auch in der Geschichte des

---

schen Euneos und Thoas ἀναγνωριζόμενοι τῇ μητρὶ καὶ τὴν χρυσῆν δεικνύντες ἄμπελον, ὅπερ ἦν αὐτοῖς τοῦ γένους σύμβολον, καὶ ῥυόμενοι αὐτὴν διὰ τὸν Ἀρχεμόρου θάνατον τῆς παρ' Εὐρυδίκῃ τιμωρίας, Anthol. Pal. 3, 10, wahrscheinlich nach Euripides. Sohn des Dionysos und der Ariadne heifst Thoas b. Schol. Ap. 3, 997, zur Rettung des Thoas hilft Dionysos b. Stat. Theb. 5, 265, Mythogr. lat. 1, 133. 199. So führt er auch die Söhne der Hypsipyle von Lemnos nach Nemea, Stat. 5, 711 ff. Der Bruder des Euneos heifst b. Apollod. 1, 9, 17 Νεβροφόνος, ein bacchischer Name.

1) Harpokr. Phot. Hes. Εὐνείδαι. Daher ist Dionysos auf der Archemorosvase in der Nähe der Söhne der Hypsipyle mit der Leier in der Hand gelagert, O. Jahn b. Gerhard D. u. F. 1858 S. 191.

2) Il. 4, 400, Eurip. Suppl. 902 οὐκ ἐν λόγοις ἦν λαμπρός, ἀλλ' ἐν ἀσπίδι δεινὸς σοφιστής. Dabei etwas derbe und aetolisch, daher das Sprichwort Τυδεὺς ἐκ σιφορβίου s. Plut. Prov. 1, 5, Schol. Il. 4, 400.

3) Il. 10, 288 μειλίχιον μῦθον. Nach Apollodor die Mahnung an den Eteokles, dafs er dem Polyneikes die Herrschaft des nächsten Jahres überlassen solle.

Kriegs, denn auf beiden Seiten war nun Hafs und Zorn aufs äuserste gestiegen. Aeschylos erzählt Sieben 42 ff. von einem blutigen Opfer der Sieben an Ares und die anderen Götter der Schlacht und des Todes, wobei sie sich unter einander feierlich verschworen entweder zu sterben oder die feindliche Stadt zu zerstören, obwohl sie doch Alle ihres Unterganges im voraus gewifs waren.

Also rücken die Argiver an die Stadt und vertheilen sich und ihre Schaaren vor den sieben Thoren, wie Aeschylos und Euripides dieses vermuthlich nach dem Vorgange des Epos ausführen. Eteokles seinerseits wappnet die Thebaner und stellt jedem der Führer einen auserwählten Helden gegenüber, denn auch auf dieser Seite fehlte es nicht an tapferen und streitbaren Männern, unter denen vor allen Periklymenos, ein Sohn des Poseidon und Melanippos, der vierte von den tapfern Söhnen des Astakos gerühmt wurde[1]. Auch achteten die Thebaner der Götter und ihrer Zeichen, darum waren die Götter mit ihnen.

So fragte Eteokles vor der Schlacht den Teiresias wie er den Sieg erlangen könne. Teiresias, der aller verborgenen Dinge Kundige, versprach den Sieg wenn Menoekeus, der Sohn des Kreon, auch dieser vom alten Geschlechte der Sparten, sich dem noch immer wegen des Drachen zürnenden Ares opfere. Willig und freudig thut das der Jüngling indem er sich über der Drachenhöhle auf die Mauer stellt, dort sein Blut mit eigner Hand zur Sühne vergiefst und entseelt in die Höhle hinabstürzt[2], worauf die Kadmeer siegesgewifs ausrücken. Am Heiligthume des ismenischen Apoll[3] kommt es zur Schlacht und noch siegt der kühne Muth der Helden von Argos, so dafs sie die Feinde an die Mauern und in die Thore zurücktreiben. Da greift der wilde,

---

[1] Melanippos war der Hektor des thebanischen Kriegs, aber glücklicher als dieser, s. Aesch. Sept. 407 ff., wo er dem Tydeus gegenübergestellt wird und Herod. 5, 67, wo Kleisthenes durch seine Verehrung die des Adrast aus Sikyon verdrängt. Paus. 9, 9, 1 spricht von Hülfsvölkern der Phlegyer und der Phoker.

[2] Eurip. Phoen. 931. 1009. 1090, Stat. Theb. 10, 756 ff., Hygin f. 68. Ein Bild davon b. Philostr. imag. 1, 4. Die Höhle des Drachen befand sich also vor der Stadt, am Fufse der Mauer, an der Quelle des Ares oder der Dirke, vgl. Unger Theb. Parad. 103 sqq. und oben Bd. 1, 267.

[3] Paus. 9, 9, 1. Bei Aeschylos warnt Amphiaraos noch einmal, als die Argeier am Ismenos lagern, nicht weit von der Dirke, weil die Opfer nichts Gutes verhiefsen, worüber Tydeus und Amphiaraos von neuem in Streit gerathen.

der riesige Kapaneus zu einer Sturmleiter und vermifst sich die Stadt auch wohl gegen den Willen der Götter zu erobern. Und schon ist er auf der Mauer, da trifft ihn Zeus mit loderndem Blitze durch beide Schläfe, dafs die Leiche rauchend und zerschmettert mit der Leiter zusammenbricht, ein warnendes Beispiel des frevelnden Uebermuthes[1]). Auch starb bei diesem Sturm der schöne, der liebliche Parthenopaeos trotz alles Schmuckes seiner strahlenden Waffenrüstung, die nicht weniger berühmt war als seine eigne Schönheit. Periklymenos warf ihm von der Zinne der Mauer einen gewaltigen Felsblock aufs Haupt, dafs es ganz zerschmettert und die blonden Locken von dem rothen Blute ganz entstellt wurden[2]).

Adrast ruft seine Helden vom Sturme zurück und die Thebaner triumphiren. Da aber auf beiden Seiten Viele geblieben sind, vertragen sich die Heere dafs Eteokles und Polyneikes, die Urheber des Kriegs, ihre Sache im Zweikampf ausmachen sollen. So begann der schreckliche Kampf zwischen Brüdern, auf Leben und Tod, im Angesichte der Mutter, eine Wirkung des väterlichen Fluchs, ein Fest der Erinyen und der Keren[3]). Er endete mit dem Tode beider und darauf entbrannte auch der Kampf zwischen beiden Heeren von neuem, in welchem die Götter nun den Söhnen des Astakos Ehre über Ehre gaben. Die besten Helden der Argiver fielen durch sie, Hippomedon und Eteoklos (Aeschyl. Sieben 439 ff. 469 ff.), endlich auch Tydeus, dessen Untergang von dem alten Gedichte wieder mit sehr grellen Farben ausgemalt wurde.

---

1) Einer der bedeutendsten Vorfälle, s. Aesch. Sept. 423 ff., Soph. Antig. 127 ff., Eurip. Phoen. 1180 ff., auch in schönen Bildwerken und Gemälden verewigt, s. das Relief b. Zoega t. 47 und die von Plin. 35, 144, Philostr. imag. 2, 29. 30 und Serv. V. A. 1, 14 beschriebenen Gemälde, letzteres zu Ardea im T. der Castoren, Capaneus fulmine per utraque tempora traiectus, vgl. Overbeck 126 ff. t. 5, 2—6 u. Welcker *A. D. 5, 198 ff. — Immer ist Kapaneus ein Bild des äufsersten Uebermuthes, der noch im letzten Augenblicke trotzt und als solches aus Statius auf Dante Inf. 14, 46 ff. übergegangen.

2) So wurde sein Tod in der Thebais erzählt, dagegen die thebanische Ortssage einen der Söhne des Astakos als seinen Ueberwinder nannte und seinen Tod in die zweite Schlacht verlegte, s. Paus. 9, 18, 4, Eur. Phoen. 1153 ff., Apollod. 3, 6, 8. Von seiner Schönheit und von seinen Waffen Aesch. Sept. 533 ff., Eur. Suppl. 889 ff., Virg. A. 6, 479, Stat. Th. 6, 561 ff.

3) Vgl. die Gruppe auf dem Kypseloskasten b. Paus. 5, 19, 1 und das Gemälde des Onasias ib. 9, 4, 1; 5, 5. Auch die noch vorhandenen Bildwerke, namentlich etruskische Aschenkisten suchen diesen Greuel des Brüderkampfes auf ihre Weise auszudrücken, dadurch dafs Zeus mit einem Blitze dazwischen fährt oder dafs die Brüder im Beisein der Erinyen sterben, Overbeck 135 ff.

Melanippos hatte ihn so schwer verwundet dafs er mit dem Tode rang. Athena aber erlangte vom Zeus die Erlaubnifs ihm zu helfen und eilte herbei um ihm nicht allein das Leben, sondern auch Unsterblichkeit zu gewähren. Aber auch Melanippos war in diesem Kampfe gefallen, durch den schon verwundeten Tydeus, worauf Amphiaraos aus Hafs gegen diesen, weil er gegen seinen Rath und Willen den Krieg durchgesetzt hatte, das Haupt von der Leiche trennte und es dem sterbenden Tydeus reichte. Dieser zerreifst es „wie ein wildes Thier", schlürft in seiner Wuth das Hirn des Getödteten und stirbt[1]). Athena wendet ihr Antlitz von solchem Greuel und eilt davon, nach Einigen indem Tydeus ihr die Bitte nachrief seinem Sohne zu verleihn was ihm selbst nicht beschieden war.

Endlich ereilte auch den Amphiaraos sein Geschick, aber auf eine ganz aufserordentliche Weise. Zeus wollte seinen frommen Seher retten und ihn für immer verherrlichen, in demselben Augenblicke wo sich auch ihm der Tod von Feindeshand nahte. Einer der letzten eilte er hinweg, Baton führte die Rosse, in seinem Rücken drohte die Lanze des tapfern Periklymenos. Da spaltete Zeus mit seinem Blitze die Erde, dafs beide Helden mit Rofs und Wagen in ihrem Schoofse geborgen wurden[2]). Dort waltete nun Amphiaraos als verklärter Held und als Prophet, von den Thebanern selbst und allen Griechen verehrt, ja selbst Kroesos und die Perser befragten sein Orakel um die Zeit ihres Feldzuges in Griechenland (Herod. 1, 46. 49. 52; 8, 134). Nachmals wurde dieses Orakel aus der Nähe von Theben in die von Oropos an der attisch-bocotischen Grenze verlegt, wo ihm ein Heiligthum mit göttlicher Verehrung und mit einem Heilbade und Incubation, auch gymnische und musische Spiele gestiftet wurden, wie davon noch jetzt an Ort und Stelle sichtbare Trümmer vorhanden sind[3]).

---

1) Apollod. 3, 6, 8. Der Kampf des verwundeten Diomedes vor Troja ist diesem Vorgange seines Vaters nachgebildet, Il. 5, 125, wo Athena zu ihm sagt: ἐν γάρ τοι στήθεσσι μένος πατρώϊον ἧκα ἄτρομον, οἷον ἔχεσκε σακέσπαλος ἱππότα Τυδεύς, vgl. Schol. v. 126, die sich auf Pherekydes bezieht u. Eustath. 544, 16. Auch bei Bacchylides, bei Sophokles, bei Euripides kam die Sache vor, Schol. Arist. Av. 1536, Soph. fr. 726, Eurip. fr. 541. Beispiele ähnlicher Kriegeswuth b. Welcker ep. Cycl. 2, 362 ff.

2) Pindar N. 9, 25, Apollod. a. a. O., Paus. 9, 8, 2; 9, 1, vgl. die Bildwerke bei Welcker A. D. 2, 172 ff. t. 9, 15; 10, 16, Overbeck 144 ff.

3) Paus. 1, 34, 2, vgl. Preller Ber. d. sächs. Ges. 1852, 140—188; *Bursian Geogr. 1, 220 f. Wenn gelegentlich von einem Ζεὺς Ἀμφιάραος die Rede ist,

Nur Adrast entkam, denn es rettete ihn sein Rofs Areion, jenes geflügelte Streitrofs von dem die epische und die örtliche Sage so manches Wunderbare erzählte¹). Er entkam in dunklen Trauergewändern (εἵματα λυγρὰ φέρων) durch Areion mit dunkler Mähne, wie sich die alte Thebais ausdrückte (Paus. 8, 25, 5) und dieser Ausdruck von düstrer Trauer und schweren Leiden war bei dem Bilde des Adrast so vorherrschend, dafs die Sikyonier ihn in tragischen Chören feierten, wie die andern Griechen den leidenden Dionysos²). Später pflegte man in ihm auf Veranlassung dieses schwermüthigen Eindrucks und des gleichen Namens ein Bild von der Macht der Adrasteia Nemesis zu sehen, deren Wesen sich in diesem ganzen Kriege so deutlich aussprach.

Aber auch der Sieg der Thebaner war ein so schwer erkaufter, dafs der Ausdruck Καδμεία νίκη zum Sprichwort wurde³). Doch war das verhängnifsvolle Brüderpaar ausgerottet, der grollende Fluch des Oedipus hatte endlich seine volle Sättigung bekommen. So scheint die alte Sage mit Versöhnung geschlossen zu haben, indem es den Vorstellungen des Adrast, dessen süfse Rede bei den Alten berühmt war⁴), gelang die Thebaner zur feierlichen Leichenbestattung zu bewegen, welcher er selbst beiwohnte. Da brannten auf sieben Scheiterhaufen die Leichen der sieben gebliebenen Führer⁵). Adrastos aber gedachte trauernd der Mahnungen des edlen und tapfern Amphiaraos,

---

so ist das zu verstehen wie Ζεὺς Ἡρακλῆς, Ζεὺς Ἀγαμέμνων, Ζεὺς Τροφώνιος, Ζεὺς Ἀσκληπιός, eine Art von Superlativ der heroischen Verehrung. Das Bild des Amphiaraos, auch sein Cultus war dem des Asklepios sehr ähnlich. Seine Tochter Ἰασώ Arist. Plut. 701 Schol., Hesych.

*1) Bd. 1, 484. Dies Rofs mit der Beischrift Ἐρίων auf Münzen von Thelpusa, s. Imhoof-Blumer Ztschr. f. Numism. Berlin 1873, 126 ff.

2) Herod. 5, 67. Adrasti pallentis imago Virg. A. 6, 480, Adrasteo pallore perfusus Ammian. M. 14, 11, 22 vgl. Zenob. 1, 30, Diogenian 1, 54 u. A. Auch in Argos war das Andenken des Adrast und Amphiaraos durch Denkmäler und Heiligthümer befestigt, Paus. 2, 23, 2.

3) Paus. 9, 9, 1. Doch waren die Erklärungen dieses Sprichworts sehr verschieden, s. Zenob. 4, 45 u. Paroem. gr. vol. 2 ed. a Leutsch p. 74.

4) Tyrtaeos fr. 12, 7 οὐδ᾽ εἰ Τανταλίδεω Πέλοπος βασιλεύτερος εἴη, γλῶσσαν δ᾽ Ἀδρήστου μειλιχόγηρυν ἔχοι. Plato Phaed. 269 A τὸν μείλιχρυν Ἄδραστον ἢ καὶ Περικλέα.

5) Eine alte ἀπορία, s. Schol. Pind. Ol. 6, 23. Sie löst sich am besten durch den oben berührten Umstand dafs eigentlich sieben argivische Helden und Polyneikes und Tydeus auszogen. Jetzt waren zwei entkommen, Amphiaraos und Adrast.

den er nun das Auge seines Heeres und eben so unfehlbar im Rathe als im Streite nannte[1]). Also war das ganze Epos eine Verherrlichung des Willens der Götter und ihres Propheten und die Verurtheilung des menschlichen Eigenwillens und der menschlichen Vermessenheit, auf eine tief ergreifende und wahrhaft tragische Weise.

Auf der attischen Bühne wurden diese Ereignisse freilich wieder ganz anders erzählt, indem man mit dem grausen Ende der feindlichen Brüder auch das der beiden Schwestern von demselben Stamme, der Antigone und Ismene verknüpfte und beim letzten Ausgange des Krieges sowohl Adrast als Amphiaraos ihre Zuflucht nach Attika nehmen, diesen dort sein Ende und jenen beim Theseus Hülfe finden liefs: eine von den vielen Verherrlichungen des attischen Alterthums auf Unkosten der älteren Sage.

Von den beiden Schwestern wurde Ismene nach Mimnermos und der älteren Sage von dem thebanischen Helden Periklymenos geliebt und bei einer Zusammenkunft mit ihm von dem wilden Tydeus auf Antrieb der Athena erschlagen, nach Pherekydes an der Quelle Ismene, die von ihr den Namen bekommen haben soll[2]). Von der Heldenthat der Antigone und ihrem traurigen Ausgange giebt Aeschylos zu Ende der Sieben eine Andeutung, wir wissen nicht ob nach dem Vorgange eines älteren Dichters. Desto bekannter ist die herrliche Tragödie des Sophokles, wo er der Kraft und Treue des weiblichen Gemüthes ein so wunderschönes Denkmal gesetzt hat, in der aufopfernden Liebe der Antigone zu ihrem unglücklichen Bruder Polyneikes, die sich durch keine Verwicklung des Lebens, durch kein Gesetz einer willkürlichen Staatsgewalt, nicht durch Brautstand, nicht durch die Aussicht des

---

1) Pindar Ol. 6, 15 ἑπτὰ δ᾽ ἔπειτα πυρᾶν νεκρῶν τελεσθέντων Ταλαιονίδας εἶπεν ἐν Θήβαισι τοιοῦτόν τι ἔπος· Ποθέω στρατιᾶς ὀφθαλμὸν ἐμᾶς, ἀμφότερον μάντιν τ᾽ ἀγαθὸν καὶ δουρὶ μάρνασθαι. Auch die Ilias 14, 114 spricht von dem Grabe des Tydeus bei Theben, vgl. Paus. 9, 18, 2.

2) Argum. Soph. Antig., Schol. Eur. Phoen. 53. Ein alterthümliches Vasenbild aus Caere mit Namen stellt diese Zusammenkunft ohne den Brunnen dar, Welcker *A. D. 5, Tfl. 14, S. 253 ff., andre, wenn sie auf diesen Vorgang bezüglich, scheinen den Brunnen anzudeuten, Overbeck 122. Ἰσμήνη ist ihrem Namen nach eigentlich die Liebliche, denn das Wort ist desselben Stamms wie ἵμερος, skr. ismas, von der Wurzel is, G. Curtius Grundz. 404. Eine in demselben Arg. erhaltene Ueberlieferung der Dithyramben Ions erzählte dafs beide Schwestern, Antigone und Ismene, von Laodamas, dem Sohne des Eteokles, im Tempel der Hera entehrt wurden (καταπροισθῆναι, richtiger καταπροιχθῆναι, doch lesen dafür Andre καταπρησθῆναι).

schrecklichsten Todes abhalten läfst an der einfachen Thatsache des höchsten Naturgesetzes und an dem Gebote der Götter, das die Bestattung der Todten forderte, festzuhalten. Dahingegen das Schicksal der Antigone beim Euripides wieder einen ganz andern und eigenthümlichen Gang nahm. In den Phoenissen leben bekanntlich sowohl Oedipus als Iokaste und die beiden Schwestern noch während der Belagerung der Sieben in Theben, Iokaste tödtet sich nach dem Zweikampfe der Söhne, Antigone wandert fort mit dem Vater, den Kreon nach dem Rathe des Teiresias ausweist. Sie ist von Eteokles dem Haemon, dem Sohne des Kreon und dem letzten Sprossen der ungemischten Sparten, dem künftigen Könige verlobt. Aber sie will ihren Vater nicht verlassen, der auch in diesem Stücke nach Kolonos bei Athen wandert um dort sein Ende zu finden¹). Ihr eigenes weiteres Schicksal behandelte eine zweite Tragödie, die Antigone hiefs; soweit wir nach den wenigen Notizen urtheilen können, die uns darüber erhalten sind, hatte dies Drama einen heiteren Schlufs, indem Antigone in Folge der Dazwischenkunft des Dionysos nicht getödtet, sondern dem Haemon vermählt wurde, dem sie dann den Maeon gebar. Hieran scheint ein späterer Tragiker eine neue Wendung geknüpft zu haben, die uns bei Hygin f. 72 aufbehalten ist. Nachdem Kreons Verbot ausgegangen war legten Antigone und Argeia, die Wittwe des Polyneikes, den Leichnam desselben auf denselben Scheiterhaufen auf welchem der Leichnam des Eteokles verbrannt wurde; wobei sich vermuthlich das auch sonst erzählte Wunder begab dafs noch die Flammen, welche die feindlichen Brüder verzehren sollten, aus einander wichen²). Die Wächter kommen darüber zu, Argeia entflieht, Antigone wird zum Kreon geführt, der sie ihrem Verlobten Haemon übergiebt dafs er sie tödte. Aber Haemon liebt das Mädchen und verbirgt sie deshalb auf dem Lande bei einem Hirten und lebt in heimlicher Ehe mit ihr. Maeon, der Sohn dieser Ehe, kommt als Jüngling nach Theben um sich bei dort gehaltenen Spielen³) zu betheiligen und wird von Kreon an dem Abzeichen aller Sparten, dem Merkmal des Drachen an seinem Leibe erkannt. Umsonst bittet Herakles um Verzeihung für Haemon und Antigone: dieser tödtet sich und die unglückliche Tochter des Oedipus,

---

1) Die Phoenissen sind jünger als Oedipus König, älter als Oedipus auf Kolonos.
*2) Philostr. imag. 2, 29. Stat. Theb. 12, 349 ff., Hygin f. 68.
3) Vielleicht den Leichenspielen des Amphitryon s. S. 181. In der Ilias 4, 394 ist Μαίων Αἱμονίδης einer der Anführer des von Tydeus vernichteten Hinterhalts (S. 358) und der einzige welcher davonkam.

Kreon aber giebt nun seine Tochter Megara dem Herakles, dafs er mit ihr ein neues Geschlecht begründe. Diese späteste Form der Sage dürfte zwei Vasenbildern zu Grunde liegen, deren eines die Hauptpersonen, Haemon, Antigone, Herakles, Kreon, Ismene, durch Inschriften bezeichnet¹).

Endlich das Schicksal des Adrast und der Gebliebenen nach der attischen Sage, wie dieselbe am vollständigsten in den Schutzflehenden des Euripides vorliegt²). Da Kreon die Leichen zu bestatten verbietet, wendet sich Adrast mit den Frauen und Kindern bittend nach Attika. Theseus erhört ihr Flehen, schlägt die Thebaner, bringt die Leichen nach Eleusis und bestattet sie dort, wo ein Denkmal von ihnen gezeigt wurde. Bei der Bestattung stürzt sich Euadne, die Tochter des Iphis, eine Schwester des Eteoklos, in den Scheiterhaufen des Kapaneus, ein rührendes Beispiel ehelicher Treue, von welchem in alten Liedern gesungen wurde³).

c. Die Epigonen.

Auch hier liegen alte Sagen zu Grunde, auf welche schon die Ilias 4, 405 ff. deutet. Doch ermangelte die epische Ausführung in einem eignen Gedichte, obwohl auch dieses dem Homer zugeschrieben wurde (Herod. 4, 32), des höheren Interesses, da diese Epigonen zwar frömmer und glücklicher als ihre Väter, aber bei weitem nicht so poetisch waren. Weder die attischen Tragiker noch die bildenden Künstler haben sich auf diese Dichtung eingelassen⁴), die in ihren wesentlichen Zügen

---

*1) Vgl. Heydemann über eine nacheuripideische Antigone, Berlin 1868 und Arch. Ztg. 1870, 108 ff. Ueber die wenigen andern Darstellungen von der That der Antigone s. die erstere Schrift S. 15 f.

2) Schon Aeschylos hatte davon gedichtet, s. Plut. Thes. 29 vgl. Paus. 1, 39, 2. Die Bitte des Adrast und der grofsmüthige Schutz des Theseus gehörte zu den herkömmlichen Lobeserhebungen der Athenienser, Isokr. Paneg. 54, Aristid. c. Leptin. p. 684 Ddf., wo Adrast neben Oedipus genannt wird, wie die Gräber von beiden bei Kolonos Hippios gezeigt wurden Paus. 1, 30, 4, das des Adrast aber auch zu Megara P. 1, 43, 1. Euripides dichtete die Schlacht zwischen Theseus und den Thebanern hinzu. Nach der gewöhnlichen Ueberlieferung erlangte er die Leichen durch gütliche Vorstellung.

3) Eur. Suppl. 1012 ff., Philostr. Her. 675 von der Laodameia: λέγει αὐτὴν εὐδοκιμωτάτα γυναικῶν πράττειν ἀριθμουμένην ἐν αἷς Ἄλκηστίς τε ἡ Ἀδμήτου καὶ Εὐάδνη ἡ Καπανέως καὶ αἱ ταύταις ἴσαι σώφρονές τε καὶ χρησταί.

4) Es gab von Aeschylos und Sophokles Ἐπίγονοι. Doch bildete der Muttermord des Alkmaeon den eigentlichen Inhalt der Tragödie des Sophokles, welche Attius für das römische Theater überarbeitet hatte, s. Welcker Gr. Tr. 269 ff., Ribbeck tr. lat. 314.

nur ein Nachhall der älteren und weit bedeutenderen Thebais gewesen zu sein scheint. Das jüngere Zeitalter verräth sich auch dadurch dafs das delphische Orakel so wie das des Amphiaraos bei Theben sammt anderem Orakelwesen sehr hervorgehoben wurde. Auch hatte diese Sage in manchen Punkten schon sehr den Charakter geschichtlicher Tradition.

Der wesentliche Unterschied zwischen dem Zuge der Sieben und dem ihrer Nachkommen (Ἐπίγονοι) besteht darin dafs jene gegen den Willen der Götter und gegen ihre Zeichen, diese mit allen günstigen Zeichen ausgerüstet zogen, daher sie bei geringerer Mannschaft doch den Sieg gewannen, wie dieses sowohl in der Ilias als bei Pindar als die Hauptsache hervorgehoben wird[1]. Später hiefs es dafs das delphische Orakel, als die Söhne der gebliebenen Helden vor dem Rachezuge anfragten, den Sieg verkündigte wenn Alkmaeon, der Sohn des Amphiaraos, der Führer sein werde. Alkmaeon aber habe sich des Zuges geweigert, ehe er nicht den Vater, wie dieser ihm scheidend aufgetragen, an der Mutter gerächt habe: worauf Eriphyle noch einmal bestochen wurde und noch einmal zum Kriege trieb, jetzt durch Thersander bestimmt, den Sohn des Polyneikes und durch den kostbaren Peplos, welchen einst Aphrodite oder Athena der Harmonia geschenkt hatte. So weifs sie ihre Söhne Alkmaeon und Amphilochos zum Zuge zu überreden und diesen beiden schliefsen sich die übrigen sieben an, so dafs der Führer im Ganzen wieder neun sind, Aegialeus der Sohn des Adrast, Diomedes der des Tydeus, Promachos der des Parthenopaeos, Sthenelos der des Kapaneus, Thersander der des Polyneikes, Euryalos der des Mekisteus, Polydoros der Sohn des Hippomedon[2]. Als sie vor Theben anlangen befragen sie den Amphiaraos, nämlich den Propheten

---

1) Il. 4, 408 πειθόμενοι τεράεσσι θεῶν καὶ Ζηνὸς ἀρωγῇ· κεῖνοι δὲ σφετέρῃσιν ἀτασθαλίῃσιν ὄλοντο. Pindar P. 8, 48 ὁ δὲ καμὼν προτέρᾳ πάθᾳ νῦν ἀρείονος ἐνέχεται ὄρνιχος ἀγγελίᾳ Ἄδραστος ἥρως. Adrast wurde also noch lebend gedacht. Il. 6, 222 sagt Diomedes, er erinnere sich des Tydeus nicht mehr, ἐπεί μ' ἔτι τυτθὸν ἐόντα κάλλιφ' ὅτ' ἐν Θήβῃσιν ἀπώλετο λαὸς Ἀχαιῶν. Nach Apollodor verflossen zehn Jahre zwischen dem ersten und dem zweiten Zuge.

2) Apollod. 3, 7, 2, wo der letzte Name ausgefallen zu sein scheint, doch ist das Verzeichnifs dieser Helden nicht immer dasselbe, Paus. 2, 20, 3; 10, 10, 2, Eustath. Il. 489, 38, Hygin f. 71. Il. 2, 559ff. sind Diomedes, Sthenelos und Euryalos die Führer der Völker von Argos, Tiryns, Hermione, Asine, Troezen, Epidauros, Aegina u. s. w. in 80 Schiffen, über welche Diomedes den Oberbefehl führt.

zu Potniae bei Theben, worauf Pindar Pyth. 8, 38 ff. deutet. Die Antwort war günstig, schon sehe er den tapfern Erben seines Ruhms Alkmaeon in die Thore der kadmeischen Stadt dringen, doch werde Aegialeus fallen, aber dieser allein, der Sohn des früher geretteten Adrast. Nun wurde zuerst die Stadt belagert, die Umgegend verheert, wie bei dem Kampfe vor Troja. Dann kam es zu einer entscheidenden Schlacht bei Glisas in der Nähe von Theben, wobei vermuthlich etwas Geschichtliches zu Grunde liegt[1]). Laodamas, der wilde Sohn des Eteokles, führt die Thebaner. Durch ihn fällt Aegialeus, er durch Alkmaeon, worauf die Thebaner in die Mauern fliehn. Teiresias räth zu unterhandeln, aber zugleich mit Weib und Kind die Stadt zu verlassen und sich ins Weite zu retten. So thun sie in der Nacht, bei welchem Zuge Teiresias an der Tilphusischen Quelle stirbt, die Uebrigen aber weiter ziehn und nach Einigen nach Thessalien in die Hestiaeotis, nach Andern bis nach Illyrien zu den Encheleern auswandern[2]). Die Argeier plündern und zerstören die Stadt und widmen einen Theil der Beute, darunter Manto, die Tochter des Teiresias, nach Delphi, wohin sie im voraus den besten Theil der Beute gelobt hatten. In Theben regierte nun Thersandros und sein Stamm, von dem sich noch in späten Tagen das Geschlecht des Theron in Sicilien ableitete. Thersandros selbst fiel im trojanischen Kriege bei dem ersten Zuge in Mysien.

d. Alkmaeon.

Eine neue Gruppe von Sagen sammelte sich um den Muttermord des Alkmaeon, der dem des Orestes sehr ähnlich ist. Sie wurden in einem Gedichte zusammengefasst, welches Alkmaeonis (Ἀλκμαιωνίς) hiefs und einen Anhang zu dem Gedichte von den Epigonen gebildet zu haben scheint. Zu den Sagen vom thebanischen Kriege verhielt sich dieses Gedicht etwa wie das der Nosten zu dem trojanischen

---

1) Paus. 9, 9, 2; 19, 2, Welcker ep. Cycl. 2, 385. Auch bei der Zerstörung von Theben liegt Geschichtliches zu Grunde, da Il. 2, 505 Ὑποθῆβαι, nicht Theben und die Kadmeia genannt wird, s. Str. 4, 412.

2) Herod. 5, 61, Paus. 9, 5, 7, Apollod. 3, 7, 3, wo bei Hestiaea an die thessalische Hestiaeotis zu denken ist, s. Herod. 1, 56, Diod. 4, 67. Ein Theil der Geflüchteten kehrte unter Thersander zurück, Paus. 9, 8, 3, wo das Gebirge Homole oder Homolos am Ausgange des Tempethals als ihre Zuflucht in Thessalien genannt wird, daher später das Homoloische Thor in Theben seinen Namen bekommen haben soll, vgl. Schol. Theokr. 7, 103, Steph. B., Müller Orchom. 232. Ueber die Encheleer s. oben S. 27.

Kriege, indem es reich an localen Traditionen und an sogenannten Gründungsgeschichten (κτίσεις) war, welche immer der spätesten Periode der griechischen Mythenbildung angehören. Und so verräth auch sonst der Charakter der aus der Alkmaeonis überlieferten Sagen ein vorgerücktes Zeitalter, obwohl die überall nach Stoff für ihre Dichtungen aussehenden attischen Tragiker doch auch hier manche Verwicklungen fanden, die sich als sehr fruchtbar für die tragische Bühne bewiesen[1]).

Nach der gewöhnlichen Erzählung hinterliefs Amphiaraos bei seinem Abschiede von Argos seinen Söhnen den Auftrag, seinen Tod an der Mutter zu rächen. Nach Einigen tödtete Alkmaeon die Eriphyle vor dem Zuge der Epigonen, nach der herkömmlichen Sage nach seiner Rückkehr von Theben, wie Orestes angetrieben von dem delphischen Apoll[2]). Immer leidet Alkmaeon nach dem Morde wie Orestes und daran knüpft sich seine weitere Geschichte. Er wird von den Erinyen seiner Mutter verfolgt und irrt verstörten Geistes und schwer krank umher, um Reinigung und eine neue Heimath zu suchen. So kommt er nach Psophis in Arkadien, findet endlich Sühnung beim Phegeus und die treueste Liebe bei seiner Tochter Alphesiboea oder Arsinoe, die Sophokles durch eine seiner Tragödien verherrlicht hatte[3]). Aber kaum hat er sich niedergelassen, so entsteht seinetwegen Mifswachs und der Gott treibt ihn weiter an den Acheloos, erst da werde er seine volle Reinheit wiederfinden, erst in einem neuen, nach dem Morde entstandenen Lande der Furien seiner Mutter ledig werden. So wendet er sich zunächst nach Kalydon, wo Oeneus ihn gastlich aufnimmt, dann

---

1) Aristot. Poet. 13 νῦν δὲ περὶ ὀλίγας οἰκίας αἱ κάλλισται τραγῳδίαι συντίθενται, οἷον περὶ Ἀλκμαίωνα καὶ Οἰδίπουν καὶ Ὀρέστην καὶ Μελέαγρον καὶ Θυέστην καὶ Τήλεφον καὶ ὅσοις ἄλλοις συμβέβηκεν ἢ παθεῖν δεινὰ ἢ ποιῆσαι. Aufser der Geschichte des Alkmaeon möchte auch die spätere des Oeneus, ferner die des Atreus und Thyestes in der Alkmaeonis vorgekommen sein. Die Sagen von der Eriphyle hatte Stesichoros überarbeitet. Auf älteren Vasen haben sich bis jetzt von diesen Fabeln keine sicheren Spuren nachweisen lassen.

2) Apollod. 3, 6, 2; 7, 2, 5. Schol. Od. 11, 326. Nach Sophokles hatte Amphilochos Antheil an dem Morde genommen, nach Andern nicht. Meist liegen bei solchen Abweichungen verschiedene Combinationen der Tragiker zu Grunde.

3) Welcker Gr. Tr. 278 ff., Ribbeck tr. lat. 323 und über die örtlichen Sagen in Psophis, welches früher Φηγία d. h. die Eichenstadt geheifsen hatte, Paus. 8, 24, 4. Man zeigte dort das Grab des Alkmaeon in einem Haine von Kypressen, die man die Jungfrauen nannte.

zu den Thesprotern, die ihn aus ihrem Lande treiben, endlich zu den Quellen des Acheloos, wo er von diesem Flufsgotte gereinigt und mit seiner Tochter Kallirrhoe vermählt wird, mit welcher er sich auf den Alluvionen des Flusses an seiner Mündung[1], denn diese waren unter dem neuen Lande zu verstehen, niederläfst. Da erregen jene verhängnifsvollen Kleinodien des kadmeischen Königshauses, das goldne Halsband und der prächtige Peplos der Harmonia, welche Alkmaeon auf seiner Flucht von Argos mit sich genommen und der Alphesiboea in Psophis hinterlassen hatte, von neuem böse Begierde und Hafs und Todtschlag. Kallirrhoe verlangt so dringend nach ihnen, dafs Alkmaeon sich nach Arkadien aufmacht sie zu holen. Er verlangt sie vom Phegeus mit dem Vorgeben, das Orakel habe ihm Heilung von seinem Uebel versprochen, sobald er Halsband und Peplos nach Delphi weihe. Doch verräth sein Knappe für wen diese kostbaren Geschenke bestimmt sind, was Arsinoe in ihrer Liebe nicht irre macht, wohl aber den Phegeus und seine Söhne bestimmt dem Alkmaeon am Wege aufzulauern und ihn todtzuschlagen. Als Kallirrhoe von diesem Morde hört, bittet sie den Zeus, der sie liebt, ihre beiden noch zarten Söhne vom Alkmaeon, Akarnan und Amphoteros alsbald reife Männer werden zu lassen, damit sie sie zu dem Werke der Rache an den Mördern ihres Vaters aussenden könne. So geschieht es und sie eilen zum Könige Agapenor, dem Sohne des Ankaeos in Tegea (Il. 2, 609), wohin die Söhne des Phegeus ihre unglückliche Schwester gebracht hatten, treffen jene und tödten sie, tödten auch den König Phegeus in Psophis und weihen endlich im Einverständnifs mit ihrer Mutter und auf Befehl des Acheloos das Halsband und den Peplos der Harmonia nach Delphi[2]. Von da gehen sie nach Epiros, sammeln dort viel Volks und lassen sich in Akarnanien nieder, während Amphilochos, nach Euripides ein Sohn des Alkmaeon und der Manto, der Tochter des Teiresias, nach Anweisung des delphischen Orakels sich in Argos Amphilochikon ansiedelt[3]. Also war Am-

---

[1] S. oben S. 243. Der Reinigung des Alkmaeon durch das Wasser des Acheloos und anderer derartiger Reinigungen vom vergossenen Blute gedenkt Ovid F. 2, 35 ff.

[2] Später vergriffen sich die Führer des heiligen Kriegs an diesen Kostbarkeiten und an dem gleichfalls dahin geweihten Halsbande der Helena, um sie ihren Weibern zu schenken, unter denen sie neues Unheil anrichteten, Athen. 6, 22, Parthen. Erot. 25 und Mythogr. lat. 1, 151; 2, 78, wo neue Fabeln und neuer Aberglaube hinzugefügt ist. Das Halsband der Harmonia zeigte man auch zu Amathus im T. der Aphrodite und des Adonis, Paus. 9, 41, 2.

[3] Apollod. 3, 7, 7. Euripides hatte einen Alkmaeon in Psophis und einen

philochos der Sprößling alter Propheten sowohl von väterlicher als von mütterlicher Seite, wie er denn auch selbst als Prophet und als Stammvater der einheimischen Sehergeschlechter sowohl in Akarnanien als in Aetolien verehrt wurde[1]).

Mit der Erzählung von den Epigonen und den Schicksalen des Alkmaeon scheint auch die von den letzten Schicksalen des Oeneus zusammengehangen zu haben, auch dieses ein von der attischen Tragödie überarbeiteter Stoff. Oeneus, dieses Bild eines genußreichen Alten, war zugleich von unverwüstlicher Lebensdauer, da er Bellerophon, Herakles, die Jäger des kalydonischen Ebers und nun auch Alkmaeon, alle hinter einander bewirthet. Aber endlich ereilte doch auch ihn das Unglück, da Meleager gestorben und Tydeus nach Argos gegangen war, durch die Söhne des Agrios nämlich, welche immer als die Feinde seines Hauses erscheinen und den Greis nun einsperrten und mißhandelten[2]). Da kommt sein tapfrer Enkel Diomedes ihm zu Hülfe, tödtet seine Feinde und stellt ihn selbst in seiner Herrschaft wieder her. Oder, wie Andre erzählten, er giebt seinem Schwiegersohne Andraemon (Il. 2. 638) die Herrschaft und nimmt den Alten mit sich nach dem Pelo-

---

Alkmaeon in Korinth gedichtet s. Welcker Gr. Trag. 575 ff., Nauck tr. gr. p. 302, Schöll üb. die Tetralogie des att. Theaters 53 u. 69, *auch F. A. Basedow, de Euripidis fabula Ἀλκμέων ὁ διὰ Κορίνθου, Diss. Rostock 1872. — Die Gründung von Argos Amphilochikon wurde bald dem Alkmaeon, bald seinem Bruder bald seinem Sohne Amphilochos zugeschrieben, s. Thuk. 2. 68, Str. 7, 325; 10, 462. Man fabelte dort von einem Flusse Inachos, der am Pindos und Lakmon entspringe, durch das Land der Akarnanen und Amphilochen fließe und dort sein Wasser mit dem des Acheloos vermische, und endlich beim Lyrkeion als argivischer Inachos von neuem zum Vorschein komme, Soph. b. Str. 6, 271 vgl. oben S. 35.

1) Durch Alkmaeon und Amphiaraos stammte er aus dem Geschlecht der Melampodiden (S. 351), daher Melampodiden in Akarnanien Herod. 7, 221 vgl. Aristid. 1 p. 78 Ἀμφιάραος μὲν γὰρ καὶ Τροφώνιος ἐν Βοιωτίᾳ καὶ Ἀμφίλοχος ἐν Αἰτωλίᾳ χρησμῳδοῦσί τε καὶ φαίνονται. Die akarnanischen Seher waren vor andern berühmt, Paus. 9, 31, 4, Lobeck Agl. 310 m.

2) Apollod. 1, 8, 6 und über den Oeneus des Euripides Nauck tr. gr. 423. Oeneus irrte in demselben vertrieben umher wie König Lear, Schol. Ar. Ach. 418 περιῄει ταπεινός, Ovid. Her. 9, 153 solio sedet Agrios alto, Oenea desertum nuda senecta premit. Nach Ephoros b. Str. a. a. O. begleitete Alkmaeon den Diomedes bei dieser That, nach Hygin. f. 175 Sthenelos. *Eine Vase aus Capua scheint diese Rache des Diomedes an Agrios darzustellen, s. Bull. d. Inst. 1871, 123. Vielleicht gehört hierher auch das D. A. K. 2, 957 abgebildete V. B, auf welchem der auf dem Altar kauernde Mann inschriftlich als Agrios bezeichnet ist; vgl. O. Jahn Einl. in d. Vasenk. CCXXV, 1410.

ponnes, wo derselbe nun doch noch in Arkadien durch einige verlaufene Söhne des Agrios seinen Tod und bei Oenoe auf der argolisch-arkadischen Grenze, in der Nähe seiner alten Feindin, der Artemis, ein Grab findet[1]).

4. Der trojanische Cyclus.

Die schönste und reifste Frucht der griechischen Heldendichtung. Denn hier ist Alles zusammengetroffen, um etwas in seiner Art Einziges zu erzeugen, ein Stoff, der die Nation in ihren wichtigsten Interessen berührte und sie viele Generationen hindurch beschäftigte, eine Erregung des poetischen Gefühls welche mit den bewegtesten Zeiten nationaler Wanderungen und Unternehmungen zusammentraf, endlich eine Dichtkunst, welche durch lange Uebung in der Heimath vorbereitet in ein schöneres und gebildeteres Land versetzt wurde und dort verschiedene Dichter von so ausgezeichneter Begabung aufzuweisen hatte, wie sie in den Literaturen aller Völker nur ganz ausnahmsweise vorkommen.

Ohne Zweifel waren diese Sagen durch Erzählung und Dichtung lange vorgebildet, ehe die Ilias und Odyssee entstanden, die beiden centralen Gedichte eines ganzen Cyclus von Epopoeen, die sich nach Anleitung der gegebenen Sagen und mit Rücksicht auf diese beiden Gedichte allmählich ausgebreitet haben. Die Ilias ist die poetische Ueberarbeitung des wichtigsten und bedeutungsvollsten Abschnittes aus dem Sagenkreise vom Kriege vor Troja, die Odyssee dasselbe in dem damit eng zusammenhängenden Sagenkreise von den Abenteuern der Heimkehr (Nosten). Beide Abschnitte wurden dann weiter ausgedichtet und abgerundet, jener durch die Kyprien des Stasinos von Kypros, die Aethiopis und die Iliupersis des Arktinos von Milet und durch die kleine Ilias des Lesches von Lesbos, dieser durch die Nosten des Agias von Troezen und durch die Telegonee des Eugammon von Kyrene[2]).

Das so zuerst in einer fortlaufenden Folge von Epopoeen Ueber-

---

1) Er wird nach Apollod. 1, 8, 6 erschlagen περὶ τὴν Τηλέφου ἑστίαν τῆς Ἀρκαδίας (oben S. 241) und begraben ἔνθα νῦν πόλις ἀπ᾿ ἐκείνου Οἰνόη καλεῖται. Vgl. über die Artemis Οἰνωᾶτις oben S. 58, 1. Wahrscheinlich lag eine Namensverwechslung zu Grunde, wie in der Legende vom Tode Hesiods bei Nemea, Prokl. v. Hesiod. 4, Thuk. 3, 96. Nach Paus. 4, 35, 1 zeugte Oeneus noch im Peloponnes eine Tochter.

2) Die Fragmente dieser Dichter und die von Proklos erhaltenen Auszüge aus dem epischen Cyclus s. b. C. W. Müller de cyclo Graecorum epico, Lips. 1829 u. b. Welcker ep. Cycl. Bd. 2, *die letzteren auch b. O. Jahn Bilderchron. S. 95ff., wozu noch Lehrs Lit. Centralbl. 1874, 668 zu vergleichen ist.

arbeitete, von anderen Dichtern, Mythographen und Grammatikern Nacherzählte, Commentirte, in die zusammenhängende Erzählung des sogenannten epischen Cyclus Verwandelte wurde bald in solchem Grade Gemeingut der Nation, dafs auch die übrige Dichtkunst so wie die bildende Kunst sich am liebsten mit diesen Sagen beschäftigte, wodurch sie nicht allein lebendig erhalten, sondern auch in manchen Punkten erweitert und wesentlich umgebildet wurden. So hat Stesichoros die Abschnitte der Iliupersis, der Nosten und der Oresteia nach seiner Weise neu bearbeitet und Pindars Gedichte sind reich an gelegentlichen Ausführungen der Aeakidensage. Hernach haben Aeschylos in seinen trilogischen Compositionen, Sophokles in seinen zahlreichen dem epischen Cyclus entlehnten Tragödien, Euripides in gleichartigen Stücken eine Menge von poetischen Bildern und Handlungen geschaffen, in denen diese allbeliebten und allvertrauten Gestalten und Begebenheiten nun auch dramatisches Leben gewannen, viele unter ihnen auch erst zu ihrer vollen Bedeutung und zu ihrem seitdem typisch gebliebenen Charakter gelangten, namentlich die Dichtungen von den Pelopiden und Atriden. Dazu kommen endlich die vielen auf diesen Sagenkreis bezüglichen Bildwerke, namentlich die wegen ihrer Beziehungen auf das ältere Epos und die ältere mythologische Poesie und Tradition überhaupt immer wichtiger werdenden Vasengemälde, wie denn von solchen den troischen Sagenkreis erläuternden oder vervollständigenden Bildwerken wegen ihrer besonderen Wichtigkeit für poetische Studien wiederholt eigne Sammlungen gemacht worden sind[1]).

Diese Sagen hatten sich endlich in alle Erinnerungen und Beschäftigungen der Griechen und überhaupt des klassischen Alterthums so eingewurzelt, dafs sie auch am längsten mit demselben ausgehalten haben, daher noch in den letzten Zeiten der klassischen Bildung und Literatur immer neue Sammlungen und gelehrte oder poetische Bearbeitungen derselben entstanden. Unter jenen sind für uns besonders wichtig die Bruchstücke der sogenannten Tabula Iliaca[2]). Unter diesen verdienen die Erzählung von der Zerstörung Trojas bei Virgil, die Achilleis des Statius, der Raub der Helena des Coluthus, die Posthomerika des Quintus Smyrnaeus, die Zerstörung Trojas von Tryphiodor,

---

1) Tischbeins Homer nach Antiken gezeichnet, Inghirami Galleria Omerica, R. Rochette Monuments inédits P. 1833, Jo. Overbeck Gallerie heroischer Bildwerke der alten Kunst I S. 167—819, Müller Handbuch § 415. 416. * vgl. auch Brunn Troische Miscellen, Sitzungsber. d. bayer. Acad. 1868, 1, 45 ff. 217 ff.

*2) O. Jahn griech. Bilderchroniken hggb. v. A. Michaelis, S. 2 ff. 62 ff.

die Antehomerika des Tzetzes als Reste älterer Tradition und als Beispiele eigenthümlicher Ueberarbeitung bei immer noch nicht erstorbenem Interesse Beachtung.

I. Die hervorragendsten Geschlechter und Helden des trojanischen Sagenkreises.

a. Troja und die Dardaniden.

Ueber Troja und seinen alten Königsstamm wissen wir aus der Sage wenig, doch läfst sich danach und durch allgemeinere Combination einiges Wesentliche feststellen.

Die Ilias giebt 20, 215 ff. die Grundzüge der durch die spätere Sage und Sagenbeschreibung weiter ins Einzelne ausgeführten Tradition vom Geschlechte der Dardaniden, welches über Troja und die Umgegend des idaeischen Gebirges herrschte. Der Stammvater Dardanos gilt ihr für einen Sohn des Wolkensammlers Zeus und für den Gründer von Dardania im Oberlande des idaeischen Gebirges (κτίσσε δὲ Δαρδανίην), denn Ilion, die weit und breit berühmte Stadt in der Ebene, habe damals noch nicht existirt, sondern man habe sich auf das Gebirge beschränkt[1]. Die Späteren fügen auch eine Stammmutter hinzu, die Plejade Elektra, die sie bald in Arkadien bald in anderen Gegenden heimisch sein lassen[2], wodurch auch die Heimath des Dardanos von selbst bestimmt wurde, seit dem steigenden Ruhme Samothrakes gewöhnlich auf dieser Insel. Der hohe Berg derselben galt in diesen späteren Ueberlieferungen nämlich für die Wiege der Cultur der ganzen Umgegend, daher auch Dardanos jetzt von Samothrake hinüber an die troische Küste und auf den Ida gelangt, nach Einigen schwimmend oder auf einem Flofs, nachdem eine grofse Fluth sich über die ganze Gegend

---

1) Der gewöhnliche Gang der Cultur, Plat. Leg. 3 p. 702 τὰς τοῦ Δαρδάνου ὑπωρείας τε καὶ τὴν ἐπὶ θαλάττῃ κατοίκισιν vgl. 681 E. Die Δάρδανοι oder Δαρδάνιοι werden neben den Τρῶες und Λύκιοι in der Ilias wiederholt erwähnt. Sie sind speciell das Volk des Aeneas, Il. 2, 819 ff. Von einer Stadt Δαρδανία im Gebirge war jede Spur verschwunden. Dagegen hat die jüngere Stadt Δάρδανος am Hellespont mit der ἄκρα Δαρδανίς oder Δαρδάνιος ihren Namen den Dardanellen mitgetheilt, Str. 13, 592. 606. 587. 595. Einen Dienst des Zeus auf dem Gipfel des Ida erwähnt Il. 22, 170 vgl. Bd. 1, 108. Ohne Zweifel war dieses der eigentliche Stammgott der Dardaniden.

2) In Arkadien ist der Plejadenmythus heimisch, doch nannte man auch Elis, Kreta und selbst Italien als Heimath des Dardanos, s. Bd. 1, 383, Röm. Myth. 672. Dionys. H. 1, 61 läfst den Dardanos durch die Fluth von Arkadien nach Samothrake und von da weiter nach Asien verschlagen werden.

ergossen hatte¹). Der Sohn des Dardanos ist Erichthonios, der in den asiatischen Sagen wegen seines aufserordentlichen Reichthums an gesegneten Feldern und Heerden, namentlich von Rossen edelster Zucht und Gattung berühmt war²). Dessen Sohn hiefs Tros, der Ahnherr der Troer, der Vater des Ilos, des Assarakos und des schönen Ganymedes, den die Götter entführten (1, 412). Mit Ilos und Assarakos theilt sich das Geschlecht in zwei Häuser, die in Priamos und Aeneas ausgehen, zwischen denen nach Il. 13, 460 eine alte Spannung bestand. Ilos gründet Ilion oder Troja an dem bekannten, in den Hellespont ausmündenden Thale des Skamander, eine Gründung welche die Sage in den engsten Zusammenhang mit dem Ursprunge des bekannten Palladion bringt, mit welchem ihr Gedeihen verknüpft war³). Sein Sohn ist Laomedon, dem Poseidon und Apollo Pergamon, d. i. die Burg von Troja bauen, die Herakles zum erstenmale zerstört⁴). Dessen Sohn ist Priamos, der Vater eines blühenden Geschlechts und der König eines mächtigen Staates, welcher nach Il. 24, 544 durch Lesbos, Phrygien und den Hellespont begrenzt wurde. Assarakos dagegen ist der Vater des Kapys, dieser des Anchises, von welchem Aphrodite den Aeneas gebar (1, 293), dessen Haus das des Priamos und die Zerstörung von Troja in dem alten Stammlande von Dardanien nicht allein zu überleben, sondern auch in fernen Gegenden noch einmal zur höchsten Macht und Ehre zu gelangen bestimmt war.

Gleich hier springen doch einige Thatsachen sehr bedeutungsvoll

---

1) Lykophr. 73ff., Tzetz. zu vs. 29 u. 73, Schol. Il. 20, 215 u. A., wo die Schwimmer mit aufgeblasenem Schlauch auf Ninivitischen Denkmälern zur Erläuterung dienen können. Die einfachere Erzählung b. Str. 7, 331 fr. 50, Skymn. Ch. 679 ff. Apollod. 3, 12, 1, Diod. 5, 48 vgl. Bd. 1, 702. Samothrake selbst soll früher *Jagdavia* geheifsen haben, Paus. 7, 4, 3, Steph. B. v. Σαμοθράκη, Kallimachos (*fr. 397) b. Plin. 4, 73.

2) Il. 20, 220 ff., Dionys. H. 1, 62. Diod. 4, 75. Erichthonios gilt später gewöhnlich für einen Sohn des Dardanos und der Bateia, einer T. des Teukros, welcher den Dardanos bei sich aufgenommen und ihm sein Reich hinterlassen habe.

3) Später nannte man den Hügel, auf welchem Troja gelegen hatte (λόφος τις οὐχ ὑψηλὸς καὶ ἔχων ποταμοὺς πολλοὺς ἄνωθεν ἐκ τῆς Ἴδης ὡρμημένους Plato l. c.) den Hügel der Ate, ein Anlafs zu neuen Fabeln, Lykophr. 29, Steph. B. Ἴλιον, Apollod. 3, 12, 3, wo auch eine Beschreibung des Palladion und eine der vielen Legenden wozu dasselbe Veranlassung gegeben, vgl. Heyne obss. p. 295 sqq. u. Bd. 1, 184.

4) Πέργαμα sind in dem späteren Sprachgebrauche überhaupt hochgelegene Burgen, Aesch. Pr. 956, Eur. Phoen. 1098. 1176, Schol. Il. 4, 508, Serv. V. A. 1, 95.

hervor, besonders wenn man sie mit anderen Ueberlieferungen der asiatischen Vorzeit in Verbindung setzt. Der Name Ilion scheint nur eine örtliche Bedeutung zu haben, dagegen der von Troja auf den Volksstamm der Troer deutet, von welchem andre Glieder Teukrer, noch andre Lykier hießen, welche letzteren vor Troja durch Pandaros den Sohn des Lykaon geführt werden: Namen, welche nicht blos einen mythischen, sondern auch einen geschichtlichen Werth haben und von denen namentlich der der Troer und Lykier im Süden von Kleinasien wiederkehrt[1]). Auf der andern Seite ist Assarakos ein assyrischer, Kapys ein phrygischer Name, wie denn auch die in dieser Gegend seit alter Zeit verbreiteten Religionen der Aphrodite und der Rhea Kybele, die Sage von den Amazonen, vom Tithonos, welchen die Ilias 20, 237 einen Sohn des Laomedon und Bruder des Priamos nennt, auch die troische Sage von Herakles (S. 234) entschieden auf alte Verbindungen mit Phönikien, mit Phrygien und Assyrien, kurz mit den Centralstaaten asiatischer Macht und Bildung deuten. Hekabe, die Tochter des Dymas, ist aus Phrygien am Sangarios gebürtig (Il. 16, 718) und selbst der Name Hektor scheint nur die griechische Uebersetzung eines phrygischen Namens zu sein[2]).

Es leidet keinen Zweifel daß Assyrien, der älteste Centralstaat von Asien, in einer sehr frühen Zeit seine Herrschaft und seinen Einfluß über Vorderasien und bis an den Hellespont ausgedehnt hatte (S. 165 f.), während auf der andern Seite die phrygische Nation sich in vielen Ueberlieferungen als eine weit verbreitete und in vielen kleineren Stämmen, zu denen auch die Troer und Teukrer gehört haben mögen, über Kleinasien und das benachbarte Europa ausgedehnte darstellt[3]). Auch darf es für eine Thatsache der ältesten Culturgeschichte gelten, daß diese Völker und Staaten Kleinasiens von Troas bis Lykien, da sie den Griechen an Bildung und politischer Entwickelung vorangeeilt waren, auf Europa und die von Griechen bevölkerten Gegenden lange einen bedeutenden Einfluß ausgeübt haben. Unter den Bundesgenossen

---

1) Wie der Xanthos und der lykische Apollo. Die lykischen Tloes scheinen den idaeischen Τρῶες zu entsprechen, s. oben S. 81, 3.

2) Hes. Δαρεῖος ἐπὶ Περσῶν ὁ φρόνιμος, ὑπὸ δὲ Φρυγῶν Ἕκτωρ, vgl G. Curtius Z. f. vergl. Sprachf. 1, 35. Auch Ἀλέξανδρος und Πάρις ist so ein Doppelname, Grundz. 278. Eine andre Frau des Priamos ist die Tochter eines Lelegerkönigs von Pedasos, Il. 21, 85; 22, 48.

3) Abel in der Stuttg. Real-Encyclop. 5, 1572, *M. Duncker Gesch. d. Alterth. 1⁴, 353. — Die attischen Tragiker und die späteren Dichter überhaupt rechnen die Troer bekanntlich schlechtweg zur phrygischen Nation.

des Priamos sind nicht blos die Völker Kleinasiens, sondern auch die von Thrakien und Herodot 7, 20 erzählt von einem Zuge der Myser und Teukrer, welcher diese Völker noch vor dem trojanischen Kriege durch Thrakien bis Thessalien und an das ionische Meer geführt habe. Dazu kommen die phrygischen Sagen vom König Midas und seinem Silen in Makedonien (1, 533), die nahe Verwandtschaft des nördlichen und des kleinasiatischen Dionysosdienstes (1, 573), die alte Verbindung der Minyer in Thessalien und Argos mit der Insel Lemnos, von welcher die Argonautensage, und südlicher die von Korinth und Tiryns mit Lykien, von welcher die Bellerophonsage und die vom Proetos so deutliche Spuren bewahrt hat, endlich die von Myken mit der Gegend am Sipylos, aus welcher das Königsgeschlecht der Pelopiden seinen Stamm ableitete.

Je weiter man sich in die älteste Geschichte von Griechenland so weit sie zu erforschen möglich vertieft, desto mehr gelangt man zu der Ueberzeugung dafs der Unterschied zwischen den pelasgischen und den hellenischen Zeiten vornehmlich darin bestand, dafs in jenen der Einflufs des Auslandes überwog, in diesen erst das eigentliche, das selbständige Griechenthum sich zu regen begann und sich von jenen ausländischen Einflüssen befreite, was ohne anhaltende und heftige Kämpfe nicht möglich war. Es ist das die Zeit der neuen Namen d. h. der Hellenen, der Aeoler, der Achaeer, der Ionen, der Dorier, unter welchen die Achaeer bei Homer sowohl in Hellas als im Peloponnes vorherrschen. Diese Stämme mögen erst in der Heimath, dann auf dem Meere mit jenen asiatischen Völkern und Staaten zu thun gehabt haben, bis ihnen die Heimath in Folge neuer Bewegungen zu eng wurde und nun das Zeitalter der asiatischen Colonieen begann, unter denen gerade die älteste, die sogenannte aeolische, in eben jenen Gegenden wo einst das Reich des Priamos geblüht hatte neue Wohnsitze suchte, unter Anführern welche sich die Enkel des Agamemnon und Menelaos nannten. Dafs dieses mit der Sagenbildung des trojanischen Kriegs zusammenhängt ist wiederholt bemerkt worden[1]). Obwohl nicht der ganze Krieg, nicht der erste Anfang dieser Sage, nicht die Zerstörung von dem Ilion welches die Ilias beschreibt als eine Folge und poetische Verherrlichung dieser Wanderungen und Ansiedelungen angesehen werden

---

1) Besonders von Rückert und Völker. Ausführlicher handeln über alle den trojanischen Krieg betreffenden Sagen Fuchs de varietate fabularum Troic., Colon. 1830, Uschold Gesch. des trojan. Kriegs, Stuttg. 1836, E. Rückert Trojas Ursprung, Bluthe u. Untergang, Hamb. u. Gotha 1846.

darf, sowohl aus örtlichen Gründen als aus den allgemeineren der griechischen Sagengeschichte¹).

Ueberhaupt muſs man auch bei diesem Kriege zwischen der ersten und zwischen der entfernteren Bedeutung der Thatsachen wohl unterscheiden. Von dem alten Troja steht geschichtlich nur etwa dieses fest daſs es zerstört wurde und daſs dieses geraume Zeit vor den aeolischen Colonieen geschah; obgleich zu beachten ist daſs die alte Ueberlieferung vom trojanischen Pferde auf ein übers Meer gekommenes Volk deutet, denn Schiffe sind hölzerne Pferde (1, 178. 483), auch daſs nicht allein die Sage des trojanischen Kriegs, sondern auch die vom Herakles die Zerstörer Trojas von Argos ausgehen läſst. Doch ist es nicht dieser historische Kern verschollener Thatsachen, über welche nicht mehr aufs Reine zu kommen ist, sondern ihre allgemeine und patriotische Bedeutung, welche diesen Sagen einen so hohen nationalen Werth für die Griechen aller Jahrhunderte verlieh, wie die Sage ja immer centralisirend verfährt d. h. viele gleichartige Erinnerungen um einen thatsächlichen Kern dergestalt ansammelt daſs daraus eine ideale Geschichte von allgemeinerer Bedeutung entsteht. Bei diesem Kriege ist es die eines alten und tiefbegründeten Gegensatzes zwischen Asien und Griechenland, welcher jedenfalls schon in der ersten Zeichnung z. B. des Paris und Menelaos angedeutet ist und mit der Zeit von den Griechen immer lebhafter empfunden wurde. Die erste Schule solcher Empfindungen waren höchst wahrscheinlich eben jene alten Bewegungen, in denen die Griechen aus passiven Pelasgern zu unternehmenden und kriegerischen Hellenen und zu Ansiedlern von Kleinasien wurden, so daſs sich das Bild vom trojanischen Kriege in dieser nationalen Bedeutung und mit dem mythologischen Hintergrunde vom Raube der Helena und von dem Rachezuge der Atriden in derselben Periode zuerst aufgebaut und aus begrenzteren Anfängen allmählich immer weiter ausgebildet haben möchte. Nachmals wurden sie vorzüglich durch die Bewegungen der Perserkriege, die mit dem Aufstande der asiatischen Ionen begannen, der ganzen Nation mit verstärkter Lebendigkeit in die Erinnerung zurückgerufen, man vergleiche nur die Perser des Aeschylos,

---

1) Welcker kl. Schr. 2 p. 1—101, ep. Cycl. 2, 21 ff., vgl. Carlisle diary in turkish and greek waters, L. 1854 p. 79—94. Zur Topographie Forchhammer Beschr. der Ebne von Troja, mit einer Karte von Spratt, Frankf. a. M. 1850. *Ueber die Ergebnisse der neuerdings von H. Schliemann veranstalteten Ausgrabungen vgl. die vorläufigen Besprechungen von Bursian Lit. Centralbl. 1874, 308ff., Conze Preuss. Jahrbb. 34, 398 ff.

den Anfang vom Werke des Herodot und die Antwort welche die Spartaner dem Gelon von Syrakus gaben, als es sich um die Hegemonie gegen die Perser handelte (Herod. 7, 159). Zuletzt war die Seele Alexanders des Grofsen, als er seinen Eroberungszug nach Asien antrat, ganz erfüllt von den trojanischen Heldengestalten, wie er ja die Ilias immer bei sich führte.

Das Bild von Troja und von dem trojanischen Reiche ist in dieser Sage ein sehr blühendes, aber auch ein hochtragisches. Schönheit, Liebe, Macht und Reichthum, Alles vereinte sich in diesem Dardanidenstamme, dessen Urheber Zeus den Dardanos mehr als irgend einen seiner Söhne liebte (Il. 20, 304), dem der Olymp seinen Ganymed, Aphrodite ihren Geliebten verdankte, um den sich einst Poseidon und Apollo wetteifernd bemüht hatten. Und welch ein asiatisch behagliches und patriarchalisch stattliches Bild ist dieser Priamos mit seinen fünfzig Söhnen und mit den vollen Schatzkammern von Gold und kostbarem Erz, von denen alle Leute redeten (Il. 9, 401; 18, 288; 24, 495), an seiner Seite die fruchtbare Mutter Hekabe, das Kind der gesegneten Ebene von Phrygien, wo ihr Gemahl in seiner Jugend gegen die Amazonen gekämpft hat, unter seinen Söhnen der edle und tapfere Hektor, den Apoll vor allen Helden liebt, ja die Dichter pflegten ihn seit Stesichoros einen Sohn des Apoll zu nennen¹). Dazu der Hintergrund mit den reichen Waldungen, blühenden Triften, plätschernden Quellen des Ida²), wo Silene mit Nymphen schäkern, Göttinnen die Söhne des Priamos beglücken, zahllose Heerden von Schafen und Rindern und von windesschnellen Rossen weiden; an der Küste und auf den Inseln die blühenden Städte und Burgen befreundeter Könige, unter denen Eetion im hypoplakischen Theben seine Tochter Andromache dem Hektor gab. Das Alles ist untergegangen und zur Wüste geworden, als die Götter ihr Antlitz abwendeten und die Achaeer unter den Atriden, die Hellenen unter Achill ihren Fufs auf diese Küste setzten, eine Klage für viele Dichter und für viele Jahrhunderte³). Kein Wunder dafs später die

---

1) Tzetz. Lyk. 266 Στησίχορος γὰρ καὶ Εὐφορίων καὶ Ἀλέξανδρος ὁ Αἰτωλὸς ποιηταί φασι τὸν Ἕκτορα υἱὸν εἶναι Ἀπόλλωνος. Bei Schol. Il. 3, 314 wird auch der Name des Ibykos hinzugefügt.

2) Ἴδην δ' ἵκανεν πολυπίδακα, μητέρα θηρῶν Il. 8, 47, gewöhnliche Beiwörter vgl. 14, 283; 15, 151, ἐν ἀκροπόλοις ὄρεσιν πολυπιδάκου Ἴδης Il. in Ven. 54, denn auch diese Form kommt vor, vgl. Hesych s. v. u. Ovid M. 2, 218 celeberrima fontibus Ide.

3) Iam silvae steriles et putres robore trunci Assaraci pressere domus et

Römer einen solchen Reiz empfanden, mit der Geschichte ihres eignen Ruhmes bei diesen zertrümmerten Gestalten eines unvordenklichen Alterthums anzuknüpfen.

b. Argos und die Pelopiden.

Agamemnon und Menelaos sind die Anführer des Kriegs, reiche und mächtige Fürsten, besonders Agamemnon, der König schlechthin, der durch seine Macht und seinen Einfluſs über alle Andere ist. Der Sitz seiner Herrschaft ist Myken, der seines Bruders Amyklae, aber auch Arkadien, Achaja, Messenien und die umgebenden Inseln sind mehr oder weniger von ihm abhängig[1]) und in den folgenden Generationen hat sogar die ganze Halbinsel nach dem Stammvater ihres Geschlechtes den Namen der Pelopsinsel angenommen[2]): ein deutlicher Beweis daſs dieses Geschlecht in den Zeiten der Achaeer d. h. vor der Einwanderung der Dorier unter ihren Königen und Edlen bei weitem das mächtigste und angesehenste war. Wie diese Veränderung sich zugetragen, da früher die Persiden in Myken geboten, darauf geben die Sagen von Pelops und von den Pelopiden einige, wenn gleich sehr unzureichende Auskunft. Sie erzählen von groſsem Reichthum und von asiatischer Abkunft, von auſserordentlicher Macht, aber auch von jähen Schicksalen und entsetzlichen Verbrechen, obwohl diese düstre und tragische Seite der Sage erst durch das jüngere Epos und durch das attische Drama recht zur Sprache gebracht wurde.

Der erste Urheber des Geschlechts ist Tantalos d. h. der Verwegene[3]), ein altes Bild des höchsten Glückes und des jähen Sturzes durch Uebermuth, er und seine Tochter Niobe, die allberühmte. Schon die Ilias 24, 602—617 und die Odyssee 11, 582—593 erzählen von beiden, dann beschäftigten sich wohl die meisten Lyriker mit ihnen, Archilochos, Alkaeos, Sappho, Alkman, Pindar u. A., endlich die attischen Tragiker, von denen Aeschylos und Sophokles die Fabel vom

---

templa deorum iam lassa radice tenent ac tota teguntur Pergama dumetis, etiam periere ruinae etc. Cäsar auf den Trümmern von Troja bei Lucan 9, 966 ff.

1) Il. 2, 108; 9, 149. Thuk. 1, 9. 10.

2) Πελοπόννησος im Hymn. Ap. P. 72, b. Hesiod nach Schol. Il. 9, 246. Νῆσος Πέλοπος in den Kypriern b. Schol. Pind. N. 10, 114.

3) Von der Wurzel τελ ταλ, davon τλῆναι, τάλας, τάλαντον, τόλμα d. i. Kraft zu tragen und zu wagen u. s. w., s. G. Curtius Grundz. 220. Vgl. Pind. Ol. 1, 54 (Bd. 1, 676) u. Himer. ecl. 3, 11 ὑπὲρ τὸν Ἰξίονα τὸ θράσος ἄνθρωπος, ὑπὲρ τὸν Σαλμωνέα τὴν ὕβριν, τὴν τόλμαν ὑπὲρ τὸν Τάνταλον. Horat. od. 2, 18, 36 superbus Tantalus.

Vater und von der Tochter meist in dem Sinne gestaltet hatten, wie sie seitdem erzählt wurde¹). Bei der Niobe kommt noch hinzu das hohe Kunstinteresse, welches sich an die bekannten Meisterwerke der antiken Kunst in Florenz knüpft und durch allmähliches Bekanntwerden gleichartiger Vorstellungen auf anderen Bildwerken und einsichtige Erörterung ihrer ursprünglichen Verwendung und Aufstellung noch gesteigert ist²). Der mythologische Grund und Zusammenhang dieser Sagen ist in der Kürze folgender. Ihre eigentliche Heimath ist das Gebirge Sipylos und die gesegnete Ebene des Hermos, dieselbe in welcher später Magnesia und Sardes blühten. Am Sipylos lag die Burg des Tantalos³), der ein Sohn des Zeus und der Pluto d. h. der reichen Fülle genannt wird und dessen Heerden und Saatfelder sich nach Aeschylos zwölf Tagereisen weit bis an den Ida, ja bis an die Propontis erstreckten⁴). Dabei lebte er mit Zeus und den Göttern wie mit seines Gleichen, genoß an ihren Tischen Nektar und Ambrosia und war der Vertraute ihrer Geheimnisse. Das war mehr als er vertragen konnte, denn wie auch sein Vergehen und dessen Strafe beschrieben werden mag, bald als sinnliche Gier nach Göttergenuß bald als hochmüthige Geschwätzigkeit und Mißbrauch des ihm Anvertrauten⁵), immer ist es

---

1) Es gab eine Niobe des Aeschylos und einen Tantalos und eine Niobe des Sophokles. Die Vermuthungen über die Aeschyleische Niobe sind sehr unsicher. Bekannt ist besonders die grandiose Darstellung ihres Schmerzes, s. Nauck p. 38.

*2) Ueber den Mythus sowie über die Kunstdarstellungen handelt ausführlich K. B. Stark Niobe und die Niobiden, Leipzig 1863.

3) Sipylos oder Tantalis genannt, angeblich eine alte Stadt der Maeoner oder Lyder, nach Andern der Phryger. Daher Tantalos, Niobe, Pelops bald Lyder bald Phryger genannt werden, Pind. Ol. 1, 24, Herod. 7, 9. 11, Tac. A. 4, 55. Die Späteren nannten den Tantalos auch wohl einen Sohn des lydischen Tmolos, Schol. Eur. Or. 5, Tzetz. Chil. 5, 411. Sein angeblicher Sohn Βροτέας, den nur die Späteren kennen, bezieht sich auf Kybeledienst, 1, 536, 3.

4) Aesch. b. Strabo 12, 580. Nach Aesch. fr. stand der Altar des Ζεὺς πατρῷος der Tantaliden auf dem Ida. Einige Schriftsteller nannten Tantalos sogar einen König von Paphlagonien, Diod. 4, 74, Schol. Pind. Ol. 1, 37. Der Reichthum des Tantalos war eben so sprichwörtlich als der des Kinyras, des Midas, des Kroesos, daher das Sprichwort Ταντάλου τάλαντα vgl. Plat. Euthyphr. 11 Ὁ ἐβουλόμην γὰρ ἄν μοι τοὺς λόγους μένειν καὶ ἀκινήτως ἱδρῦσθαι μᾶλλον ἢ πρὸς τῇ Δαιδάλου σοφίᾳ τὰ Ταντάλου χρήματα γενέσθαι, denn diese waren sehr wankelmüthig, daher man auch sagte Ταντάλου τάλαντα τανταλίζεται. Man erzählte von Goldgruben am Sipylos, Str. 14, 680.

5) Nach dem Dichter der Atridenrückkehr war es sinnliche Gier, daher Zeus ihm den Genuß Olympischer Freuden gewährte, aber dazu den oft erwähnten

Vermessenheit und Unvermögen der menschlichen Natur mit den Göttern auf vertrautem Fuß zu leben, welches im Tantalos geschildert wird. Darum stürzte er so schnell und brach mit all seinem Glück und Reichthum zusammen, wovon an Ort und Stelle in solcher Weise und im Hinblick auf solche Zerrüttungen erzählt wurde, daß der alten Fabel wohl eine Naturrevolution, wie in der Katastrophe von Sodom und Gomorrha zu Grunde liegen mag[1]). Seine Kinder sind Pelops und Niobe, geboren von der Dione, deren Name gleichfalls auf die nahe Beziehung dieser Sagen zum Zeusdienste vom Sipylos hinweist[2]). Wie die Fabel vom Pelops früh nach dem Peloponnes verpflanzt wurde, so die von der Niobe nach Theben, doch ist die wahre Heimath von beiden gleichfalls der Sipylos und Kleinasien. Niobe wurde die glückliche, die gesegnete Gemahlin des Amphion von Theben (S. 34), bei welcher Hochzeit nach Pindar zuerst nach der lydischen Weise in Theben gesungen wurde[3]). Dadurch erklärt sich zugleich die Uebertragung dieser Sage

---

„Stein des Tantalos" hinzufügte, der wie das Schwerdt des Damokles über seinem Haupte schwebte, Athen. 7, 11 vgl. Welcker Rh. Mus. N. F. 10, 242 ff. Etwas Aehnliches ist in der Schilderung der Odyssee 11, 582 ff. vorauszusetzen, welche zu dem Sprichworte Τανταλου δίψα Veranlassung gegeben hat. Nach Pindar Ol. 1, 60 theilte Tantalos den irdischen Theilnehmern seiner Tafelfreuden von dem Nektar und Ambrosia der Götter mit, nach Eurip. Or. 8 verrieth er ihnen die Geheimnisse der Götter, nach den Späteren verging er sich bald in diesem bald in jenem oder in beiden Stücken, Diod. 4, 74, Philostr. v. Apoll. 3, 25 p. 54, Hygin f. 82, Cic. Tusc. 4, 16, 35, wo er nach einem lateinischen Tragiker seine Strafe leidet ob scelera animique impotentiam et superbiloquentiam. Spätere fügten das Märchen von dem goldnen Hunde, dem Wächter des Heiligthums des Zeus auf Kreta hinzu, den Pandareos gestohlen und dem Tantalos übergeben, dieser dem Hermes beim Zeus und allen Göttern abgeschworen habe, daher Zeus ihn unter dem Sipylos begräbt, Schol. Od. 19, 518; 20, 66, Schol. Pind. Ol. 1, 90, Paus. 10, 30, 1, Antonin. Lib. 36. Immer ist die Strafe in der Unterwelt etwas Späteres als die in der Oberwelt, Bd. 1, 676.

1) Aristot. Meteor. 2, 8 γενομένου δὲ σεισμοῦ τὰ περὶ Σίπυλον ἀνετράπη. Andre erzählen von der Zerstörung verschiedener Städte an dieser Stelle, darunter auch des ältesten Smyrna, und von der Entstehung eines Sees, den man den des Tantalos nannte, Str. 1, 58, Plin. 2, 205; 5, 117, Paus. 5, 13, 4; 8, 17, 3, Aristid. 1 p. 372. 425. 427. 440, Tac. A. 4, 56.

2) Wenn sie b. Hygin f. 83 Atlantis filia u. b. Ovid M. 6, 174 Pleiadum soror heißt, so ist dieses von der Hyade Dione zu verstehen Bd. 1, 384, 4. Andre nennen andre Namen, Schol. Eur. Or. 5. 11, Tz. Lyk. 52.

3) Plut. de mus. 15 Πίνδαρος ἐν Παιᾶσιν ἐπὶ τοῖς Νιόβης γάμοις φησὶ Λύδιον ἁρμονίαν πρῶτον διδαχθῆναι vgl. Paus. 9, 5, 4. Zur Niobefabel vgl. Apollod. 3, 5, 6, Euphorion b. Schol. Il. 24, 602, Ovid M. 6, 146 ff., Hygin f. 9, die abweichende Version b. Parthen. Erot. 33 und *das oben angeführte Buch von Stark.

in jene Gegend von Griechenland, welche ohne Zweifel die Folge alter Culturverbindung zwischen Kleinasien und dem kadmeischen Theben war. Auch Niobe stand den Göttern nahe, namentlich der Leto, der ehrwürdigen Gattin des Zeus, welche Niobe sehr lieb hatte[1]). Da vermaſs sich die Unglückliche, sich über die Göttin zu erheben, weil diese nur zwei, sie aber zwölf blühende Kinder habe, sechs Söhne und sechs Töchter, welche nun den Pfeilen jener beiden, des Apollo und der Artemis erlagen[2]). Nach der Ilias lagen sie neun Tage in ihrem Blute, weil Niemand da war, sie zu begraben, „denn Zeus hatte die Menschen zu Steinen gemacht", so daſs zuletzt die Götter selbst sie am zehnten Tage begruben[3]). Niobe aber vergiſst Speise und Trank über ihrem Schmerze, bis auch sie zu Stein wird und noch immer ihren Thränen nachhängend im Gebirge sitzt, in den einsamen Felsen am Sipylos, wo die Nymphen des Acheloos ihr Lager hatten und wo man das alte Bild neuerdings wieder aufgefunden hat. Nach der thebanischen, von Aeschylos und Sophokles überarbeiteten Fabel traf sie die Strafe in Theben und zwar wird hier nun auch Amphion in ihren Trotz gegen die Götter und in die Strafe desselben mit hineingezogen, während Niobe in ihre Heimath zurückkehrt und dort zuletzt zu Stein wird. Die Elemente der Sage sind wohl in dem Rheadienste zu suchen, der am Sipylos und in der Gegend von Magnesia, wo die alte Königsburg des Tantalos lag, sehr alt war[4]). Niobe ist selbst die Rhea dieser Berge und dieser Thäler, die fruchtbare Mutter und doch so traurig, im Frühlinge prangend in dem Schmucke blühender Kinder, im Sommer, wenn die heiſsen Pfeile der Götter des Lichtes treffen, verwaist und wie Rachel die über den Leichen ihrer Kinder sitzt und „will sich nicht trösten

---

1) Sappho b. Athen. 13, 28 Λάτω καὶ Νιόβα μάλα μὲν φίλαι ἦσαν ἕταιραι vgl. Aphthon. progymn. 11, Libanios 4 p. 1016 und das Gemälde aus Herculanum *Helbig n. 170, b.

2) Die Zahl der Kinder wurde sehr verschieden angegeben, von den Tragikern gewöhnlich auf vierzehn, s. Aelian V. H. 12, 36, Gell. 20, 7, Nauck tr. gr. 38, 101. Die Knaben fielen nach der gewöhnlichen Erzählung auf der Jagd, entweder im Sipylos oder im Kithaeron, die Mädchen zu Hause.

3) λαοὺς δὲ λίθους ποίησε Κρονίων Il. 24, 611. Nach den Scholien hieſse dies, er machte sie unempfindlich. Vielmehr das Volk büſst mit für die Sünde des Königs, Hesiod W. T. 240. *Die Verse Il. 24, 614—617 scheinen jedoch erst ein späterer Zusatz zu sein; nach der ältesten Form der Erzählung ist Niobe nach jenen neun Tagen nicht auch zu Stein geworden, sondern ἡ δ' ἄρα σίτου μνήσατ', ἐπεὶ κάμε δακρυχέουσα.

4) Bd. 1, 536, 3. Später erzählte man dort auch von der Geburt des Zeus, den Tänzen der Kureten u. s. w., Aristid. ll. cc., Schoemann op. 2, 256.

lassen, denn es ist aus mit ihnen". Zugleich scheint bei ihrer Versteinerung *die Anschauung eines uralten Felsbildes und die Reminiscenz jener Katastrophe mitzuwirken¹).

Auch Pelops gehört nach Asien und an den Sipylos, wo er ursprünglich einen König und nationalen Held dieser Völker bedeutete²). Noch Pausanias fand in jener Gegend, wo seine Heimath zu sein scheint, sehr bestimmte Erinnerungen an Pelops und Tantalos und auch die Geschichte seiner Jugend, seines Sieges über Oenomaos, seiner Entführung der Hippodameia ist vermuthlich asiatischen Ursprungs. Erst durch die Uebersiedelung eines Geschlechts, welches sich von ihm ableitete, werden diese Sagen nach dem Peloponnes verpflanzt worden sein, obgleich allerdings selbst der vorsichtige Thukydides 1, 9 an der Auswanderung des Pelops nicht zweifelt. Und zwar ist es in der ältesten Ueberlieferung höchst wahrscheinlich gleich Myken gewesen, wo Atreus und die Atriden, denn dieses ist der engere Name des nach Griechenland verpflanzten Zweigs, Wurzel schlugen und mit aufserordentlichen Reichthümern ausgestattet ihre Herrschaft über die ganze Halbinsel verbreiteten. Die gewöhnliche Erzählung von einer Auswanderung des Pelops nach Pisa und von seiner dortigen Niederlassung, so dafs Atreus und Thyestes erst durch Flucht von dort nach Myken gelangen, scheint das Product späterer Umstände zu sein.

Die einfache Ueberlieferung der Ilias 2, 100 ist die dafs Agamemnons Scepter göttlicher Abkunft und durch die Hände des Pelops, des Atreus und des Thyestes gegangen war, ehe es in die seinigen gelangte, dafs er damit über viele Inseln und ganz Argos herrsche. Die später herkömmliche Fabel ist dagegen theils durch die Sagen vom Ursprunge der Olympischen Spiele, die zuerst von Pisa und erst später von Elis abhingen, theils durch die Mythologie der Bühne bestimmt worden.

---

1) Pherekydes erzählte dafs Niobe, als sie nach ihrer Rückkehr die Stadt zerstört und Tantalos unter dem schwebenden Felsblock sah, den Zeus um die Verwandlung gebeten habe, Schol. Il. 24, 617, wo die Erzählung mit den Worten schliefst: ὅτι δὲ αὐτῆς δάκρυα (wie die der Byblis in dem karischen Märchen b. Anton. Lib. 39) καὶ πρὸς ἄρκτον ὁρᾷ, vgl. die genaueren Angaben über dieses Bild der Niobe am Sipylos, zwei Stunden von Magnesia b. Qu. Smyrn. 1, 300 ff. Auch Sophokles weifs von diesem versteinerten Bilde und seinen Thränen, Antig. 823 ff., El. 151 ἅτ᾽ ἐν τάφῳ πετραίῳ αἰαὶ δακρύεις, vgl. Paus. 1, 21, 5; 8, 2, 3 und von dem Grabe des Tantalos in derselben Gegend 2, 22, 4; 5, 13, 4. *Ueber das Tantalosgrab und den Niobefelsen handelt neuerdings K. B. Stark Nach dem griech. Orient, 1874, S. 231—254. 391 f.

*2) Vgl. jedoch dagegen Grote-Fischer griech. Mythol. 1, 143 f.

Namentlich ist durch diese die Familiengeschichte der Pelopiden gleich der der thebanischen Labdakiden zu jener Verkettung von entsetzlichen Verhängnissen und Verbrechen geworden, welche einen Lieblingsstoff der antiken Tragödie bildeten.

Die Sage von Pisa ist durch Pindar Ol. 1, 24 ff. erhalten. Tantalos wollte als Genosse des Göttermahls seinen Sohn dem Zeus schlachten, wahrscheinlich in demselben Sinne wie der arkadische Lykaon und der boeotische Athamas, was später als Greuel empfunden und demgemäfs erzählt wurde[1]). Den schon zerstückelten Knaben setzen die zum Opfermahl gebetenen Götter wieder zusammen, die fehlende Schulter, Demeter oder Thetis hatte davon gegessen, wird von Elfenbein eingesetzt, daher alle Pelopiden als erbliches Abzeichen ihres Geschlechtes ein weifses Mal auf der Schulter hatten[2]). Darauf wächst der schöne Knabe auf dem Olymp unter den Göttern auf, ein Liebling des Poseidon wie Ganymedes des Zeus, bis die Verschuldung seines Vaters zur Folge hat, dafs er wieder auf die Erde entlassen wurde. Da verlangt ihn nach der schönen Hippodameia, der Tochter des mörderischen Oenomaos, eines Sohnes des Ares, der mit windesschnellen und geflügelten Rossen ausgestattet war[3]) und am Alpheios in der Gegend von Olympia sein Wesen trieb, eigentlich wohl nur ein Bild des stürmischen Meers, welches Pelops mit Hülfe des Poseidon und seiner Geliebten, der Hippodameia überwindet. Oenomaos weifs durch ein Orakel dafs er durch den Mann seiner Tochter Hippodameia d. h. der Rossebändigerin, einer Göttin des beruhigten Meers, also eines der Aphrodite verwandten Wesens[4]) um-

---

1) Vgl. Eurip. Iph. T. 380 ff. Nach Serv. V. A. 6, 603, G. 3, 7 wollte Tantalos die Götter dadurch in Versuchung führen.

2) Welches Mal auf sehr verschiedene Weise gedeutet wurde, Schol. Pind. Ol. 1, 37. 38, vgl. Virg. Ge. 3, 7 humeroque Pelops insignis eburno u. Philostr. imag. 1, 30. Vor Pindar scheint Hesiod die Sage in den grofsen Eoeen ausführlich erzählt zu haben. Pelops schön wie Ganymed, Aristid. 2 p. 555. Auf Bildwerken gleicht er dem Paris, s. das Relief b. Campana op. in plast. t. 66.

3) Equos Aquilone velociores habuit Hygin f. 84, ventorum flatu creatos Mythogr. l. 1, 21. Sie hiefsen nach Schol. Ap. 1, 752 Ψύλλα und Ἅρπινα. Der Name Οἰνόμαος ist wohl zu verstehn wie οἶνοψ πόντος Od. 1, 183 vgl. den Giganten Πορφυρίων oben S. 206, 2. Er ist ein Sohn des Ares in demselben Sinne wie der thrakische Diomedes oben S. 200. Seine Mutter heifst wie das eine Rofs Ἅρπινα und eine T. des Asopos, oder Εὐαρέτη und T. des Danaos, Schol. Ap. l. c., Schol. Pind. Ol. 6, 144. Eine andre Sage erzählte von einem Sohne des Oenomaos, dem Leukippos welcher Daphne geliebt, Paus. 8, 20, Parthen. erot. 15.

4) Ἱπποδάμεια ist sogar ein Beiname der Aphrodite, s. 1, 282, 5. Sie er-

kommen werde. Daher die stürmischen Wettfahrten mit den Freiern seiner schönen Tochter, bei denen er mit seinen Flügelrossen Alle überholt, sie im Vorbeirennen mit der Lanze durchbohrt und darauf mit ihren Schädeln den Tempel seines Vaters schmückt[1]). Da kam Pelops und siegte, durch die Gunst des Poseidon, der ihm ein Gespann geflügelter Rosse schenkte die noch schneller als die des Oenomaos waren, und durch die Gunst der Aphrodite, die das Herz der Hippodameia mit Liebe zu dem schönen Jüngling aus Lydien entzündete und Myrtilos, den Wagenführer des Oenomaos, einen Sohn des Hermes zur tückischen List gegen seinen Herrn verführte[2]). Pindar Ol. 1, 71 ff. erzählt wie Pelops in der Nacht an den Strand des Meeres gegangen sei und den Poseidon gerufen habe, der ihm darauf den goldnen Wagen und das Gespann unermüdlicher Flügelrosse schenkte. Damit ausgerüstet erscheint er in Elis, wo schon dreizehn Freier der blutigen Lanze des Oenomaos gefallen waren und triumphirt über diesen, wie Sophokles und Euripides es in Tragödien und viele Künstler in Bildwerken und Gemälden ausgeführt hatten[3]). Myrtilos steckt keinen Pflock, nach

---

scheint auf den Abbildungen vom Kampfe immer als Braut des Pelops, neben ihm auf dem Wagen, bei den Dichtern als heftig von der Macht der Aphrodite entzündet. Für ihre Mutter galt die Plejade Sterope d. i. die Strahlende, Apollod. 3, 10, 1, obwohl Eratosth. cat. 23 u. Hygin P. A. 2, 25 diese die Mutter des Oenomaos nennen. In Olympia wurde Hippodameia von den Frauen als Stifterin eines Wettlaufs der Mädchen zu Ehren der Ehegöttin Hera verehrt, Paus. 5, 16, 3 vgl. 6, 20, 4.

1) ἐκ τῶν κρανίων ἐκείνων ναὸν ἔμελλε κατασκευάσειν, ὥσπερ καὶ Ἀνταῖος καὶ Εὔηνος καὶ Φόρβας καὶ Διομήδης ὁ Θρᾷξ καὶ Κύκνος ὁ ἐφ' Ἡρακλέους ἀναιρεθείς Tzetz. Lyk. 160 vgl. Schol. Pind. I. 3, 92. Hippodameia betrat den Wagen der Freier, nach Lukian Charid. 19 damit sie durch ihre Schönheit verwirrt würden. Die Fahrt war vom Altare des Zeus zu Olympia bis zu dem des Poseidon am Isthmos, Schol. Ap. 1, 752, Diod. 4, 73. Hesiod kannte die Namen der getödteten Freier, Paus. 6, 21, 7.

2) Nach der gewöhnlichen Erzählung verspricht Hippodameia dem Myrtilos ihre Gunst. Als er sie unterwegs, auf Euboea, beim Geraestischen Vorgebirge, geniefsen will und darüber vom Pelops ins Meer gestürzt wird, beschwört er seinen Vater Hermes ihn zu rächen, was dieser später dadurch thut dafs er den goldnen Widder zum Zankapfel zwischen Atreus und Thyestes macht, s. Schol. Eur. Or. 981, Schol. Il. 2, 104, Tzetz. Lyk. 156, Serv. V. Ge. 3, 7. Nach Andern hatte ihm Pelops dasselbe oder die Hälfte seines Reichs versprochen, Paus. 8, 14, 7, Hygin f. 84.

3) Das Wettrennen am Kypseloskasten Paus. 5, 17, 4 vgl. die von Apollon. 1, 752 ff. und b. Philostr. im. 1. 17. 30 u. Philostr. jun. 9 beschriebenen Bilder. *Ueber die erhaltenen bildlichen Darstellungen s. Kekulé Ann. d. Inst. 1864, 83 ff. und die von ihm p. 84, 1 citirten Abhandlungen; dazu Ann. 1861,

Andern einen Pflock von Wachs in den Radzapfen des Wagens auf dem Oenomaos führt, so dafs er unterliegen mufste, verliert aber selbst sein Leben durch Pelops, der ihn auf der Heimfahrt nach Lydien ins Meer wirft, in das Myrtoische Meer welches nach seinem Sturze benannt wurde: ein deutlicher Beweis dafs Pelops ursprünglich bei diesem Abenteuer von Lydien ausgehend und dahin wieder zurückkehrend gedacht wurde.[1]) Ja man erzählte dafs Pelops, wie er mit den Wunderrossen des Poseidon über das Meer zu fahren vermochte, so jetzt sein Beilager mit der Hippodameia am Meeresstrande und über den Wogen gefeiert habe, begrüfst von dem Chore der Nereiden[2]), so dafs er wohl eigentlich selbst ein Poseidonischer Dämon gewesen. Erst eine spätere Version der Fabel, wie sie von den achaeischen Pelopiden in Pisa ausging, welche aber erst seit der Rückkehr der Herakliden dort ansässig wurden[3]), scheint die Sage in Pisa befestigt und mit unmittelbarer Beziehung auf die Stiftung der Olympischen Spiele ausgebildet zu haben, welche seit der angeblich durch Herakles geordneten Einrichtung den Pelops als ihren ersten Urheber nannten und sowohl sein Grab als das Haus des Oenomaos und andere auf diese Sage bezügliche Monumente auf dem durch jene Erinnerungen geweihten Schauplatze zeigten[4]).

Noch weit mehr als diese Fabel ist die folgende von den Nachkommen des Pelops im Peloponnes, besonders vom Atreus und Thyestes durch die späteren Combinationen örtlicher Sagen und Dichtungen der attischen Tragiker verändert worden. Die Ilias 2, 100 ff. weifs blos von Pelops, dem Herrn der stürmischen Rosse[5]), von Atreus

---

290 f., Bull. 1874, 52, auch die in Sallets Ztschr. f. Numism. 2, 100 angeführten Münzen.

1) Vgl. Eurip. Or. 989 ff., Cic. Tusc. 2, 27, 67 equi Pelopis illi Neptunii, qui per undas currus suspensos rapuisse dicuntur. Das Myrtoische Meer ist das beim südlichen Vorgebirge von Euboea, dem stürmischen Geraestos, s. 1, 473. Auch bei Lesbos erzählte man vom Sturze des Wagenführers des Pelops ins Meer, der hier Killos hiefs, Schol. Il. 1, 38. Spätere Dichter, namentlich Phanokles, wufsten von einer alten Feindschaft der Dardaniden und Pelopiden, da Tantalos den Ganymedes entführt habe, worüber später Pelops das Land habe meiden müssen, s. Welcker ep. Cycl. 2, 33, M. Schmidt Didym. 359.

2) Himer. or. 1, 6 vgl. ecl. 32, 8.

3) E. Curtius Z. f. Alterthumsw. 1852 n. 3, Pelop. 2, 47. 559.

4) Das Pelopion in Olympia und seine heroische Verehrung galt für eine Stiftung des Herakles. Im vordern Giebelfelde des Zeustempels sah man eine figurenreiche Darstellung des Kampfes zwischen Pelops und Oenomaos, Paus. 5, 10, 2.

5) πλήξιππος. Immer werden die Lyder und überhaupt die asiatischen Völker als φιλιππότατοι geschildert, s. Herod. 1, 79, Philostr. im. 1, 17, daher das Sprichwort Λύδιον ἅρμα und Il. 10, 431 καὶ Φρύγες ἱππόμαχοι καὶ Μῄονες ἱπποκορυσταί.

und von dem heerdenreichen Thyestes (πολύαρνος), der sein Scepter dem Agamemnon hinterläſst, die hesiodische Sage wohl von der majestätischen Würde und von den groſsen Reichthümern des Pelops und der Pelopiden¹), aber noch nichts von ihren unerhörten Verbrechen. Doch vermehrte sich ihre Anzahl mit der Zeit, da Pindar zuerst von sechs tugendreichen Söhnen des Pelops spricht, deren Namen von späteren Sagenschreibern hinzugefügt werden²). Die groſse Reihe jener Verbrechen aber beginnt erst mit der Tragödie, welche dabei von verschollenen Sagen des späteren Epos, namentlich der Alkmaeonis angeleitet gewesen zu sein scheint. Häufig wird der vom Pelops am Myrtilos begangene Mord als der erste Anhub der schrecklichen Verirrungen und dämonischen Rachegeister bezeichnet, welche nun in diesem Hause ihren Sitz aufschlugen³), während Andere den Mord des schönen Chrysippos, des Lieblings des Pelops, den eine Nymphe ihm geboren, durch Atreus und Thyestes als die erste Ursache dieser düstern Geschicke und zugleich als die der Zerstreuung der Pelopiden nannten⁴). In Folge davon verlassen jene beiden die Gegend von Pisa und wenden sich in die von Myken, wo sie sich zuerst in der alten Feste Midea niedergelassen, dann nach dem Tode des Eurystheus die Herrschaft über Myken gewonnen haben sollen, dessen merkwürdige Trümmer noch die stummen Zeugen von der Herrlichkeit dieses Geschlechtes sind⁵). Atreus ist Gemahl einer Tochter des Minos, der verbuhlten

1) Hesiod b. Suidas ἀλκή· Ἀλκὴν μὲν γὰρ ἔδωκεν Ὀλύμπιος Αἰακίδῃσι, νοῦν δ' Ἀμυθαονίδαις, πλοῦτον δέ περ Ἀτρείδῃσι, vgl. Il. 9, 38 Diomed zum Agamemnon: σκήπτρῳ μέν τοι ἔδωκε τετιμῆσθαι περὶ πάντων, ἀλκὴν δ' οὔ τοι ἔδωκεν, ὅ τε κράτος ἐστὶ μέγιστον u. Il. 11, 46 βασιλῆα πολυχρύσοιο Μυκήνης. Tyrtaeos 12, 7 οὐδ' εἰ Τανταλίδεω Πέλοπος βασιλεύτερος εἴη. Thuk. 1, 9.

2) Plut. Thes. 3 meint daſs Pelops eben so sehr durch seine zahlreiche Nachkommenschaft als durch seinen Reichthum zu solchen Ehren gekommen sei, πολλὰς μὲν ἐκδόμενος θυγατέρας τοῖς ἀρίστοις, πολλοὺς δὲ ταῖς πολιτείαις υἱοὺς ἐγκατασπείρας ἄρχοντας. Vgl. Paus. 5, 8. 1, Schol. Pind. Ol. 1, 144, Schol. Eurip. Or. 5. Das Wesentliche dieser bis Megara und Boeotien verbreiteten Pelopiden ist daſs sie Könige und Führer der Achaeer sind. s. die Inschrift des alten Anathems zu Olympia, Paus. 5, 25. 5.

3) Soph. El. 504 ff., Eur. Or. 989 ff. u. A.

4) So hatte Hellanikos erzählt, Schol. Il. 2, 105, dem vielleicht Thuk. 1, 9 folgt. Von den Tragödien des Euripides und Attius soll die eine die Entführung des Chrysippos durch Laios (oben S. 347), die andre seinen Tod durch Atreus und Thyestes zur Hauptsache gemacht haben, s. Welcker Gr. Trag. 533 ff., Ribbeck tr. lat. 345.

5) Curtius Pelop. 2. 401 ff., *Bursian Geogr. 2, 45 ff. 63. — Auf die erste Ansiedelung der Pelopiden in Midea wird hingewiesen bei Paus. 6, 20, 4 und

Aerope¹) und im Besitze eines Lammes oder Widders mit goldenem Vliefs, welches ihm seine von Thyestes angefochtene Herrschaft sichert. Deshalb entwendet es ihm dieser, mit Hülfe der von ihm verführten Aerope. Aber Zeus schreitet zu Gunsten des Atreus als des Erstgebornen mit einem Wunder ein, indem er die Sonne, da sie bisher im Westen aufgegangen, rückläufig werden und seitdem im Osten aufgehen und im Westen untergehen läfst²), so dafs Thyestes flüchten mufs. Doch kehrt er bittend und demüthig zurück an den Heerd des Bruders, der ihn scheinbar wohlwollend aufnimmt, aber dann durch die entsetzliche Rache straft dafs er den Sohn des Thyestes schlachtet und dem eignen Vater davon zu essen vorsetzt, wie davon namentlich Aeschylos den Aegisthos als Sohn des Thyestes erzählen und dieses Verbrechen des Atreus und den Fluch seines Vaters als den Grund alles späteren Unheils bezeichnen läfst³). Dahingegen die späteren Tragiker, Sophokles Euripides und die Römer, die unnatürlichen Verbrechen, welche der Geist der Rache in diesen Häusern erzeugte, noch mehr häuften, indem sie den Thyestes nach dem entsetzlichen Mahle nach Thesprotien entfliehen und dort wie es scheint, also von den Unterirdischen des Todtenorakels sich den Gedanken eingeben liefsen, mit seiner eigenen Tochter Pelopia einen Rächer zu erzeugen, wie er es hernach in einer finstern Nacht zu Sikyon wirklich ausführte. So entstand Aegisthos, welcher darauf mit seiner

---

Apollod. 2, 4, 5. 6, wo Μιδία und Μιδεία ein phrygisches Weib heifst, da ohnehin der Name an Midas erinnert. Vgl. oben S. 72. 279, 1.

1) Bei Hesiod u. A. galten Agamemnon und Menelaos für Söhne des Pleisthenes, eines früh verstorbenen Sohns des Atreus, und Aerope für die Gemahlin dieses Pleisthenes, den aber Homer nicht kennt, s. Schol. Il. 1, 7; 2, 249, Tzetz. Exeg. Il. 68, 20 u. A. vgl. oben S. 128. Das Wesentliche ist die Abstammung der beiden Atriden von einer übelberüchtigten Kreterin, Soph. Ai. 1295 ff., Eur. Or. 18, Hel. 391, Lykophr. 150.

2) Plato Polit. 269 A τὸ περὶ τὴν Ἀτρέως τε καὶ Θυέστου λεχθεῖσαν ἔριν φάσμα — τὸ περὶ τῆς μεταβολῆς δύσεώς τε καὶ ἀνατολῆς ἡλίου καὶ τῶν ἄλλων ἄστρων, ὡς ἄρα ὅθεν μὲν ἀνατέλλει νῦν, εἰς τοῦτον τότε τὸν τόπον ἐδύετο, ἀνέτελλε δ' ἐκ τοῦ ἐναντίου, τότε δὲ δή, μαρτυρήσας ἄρα ὁ θεὸς Ἀτρεῖ μετέβαλεν αὐτὸ ἐπὶ τὸ νῦν σχῆμα. Vgl. Schol. Il. 2, 106, wo Zeus dem Atreus das Wunder vorher durch Hermes ankündigt.

3) Aesch. Agam. 1583 ff., wo Aegisth, ein dritter Sohn neben den beiden geschlachteten, als kleines Kind mit seinem Vater Thyestes vertrieben wird und später mit dem Vorsatz der Rache zum Agamemnon zurückkehrt. Das Verhältnifs zwischen Atreus und Thyestes (ἀμφίλεκτος ὢν κράτει) scheint sich Aeschylos wie das der thebanischen Brüder gedacht zu haben. Die verrätherische Aerope wurde bei Sophokles und Euripides vom Atreus ins Meer geworfen, Schol. Eur. Or. 800, Schol. Arist. Vesp. 763, Welcker Gr. Trag. 684.

Mutter an den Hof des Atreus versetzt wurde und diesen, nachdem auch sein Vater dort von neuem erschienen war, nach dem Willen des Schicksals ermordete, mit demselben Schwerdte in welches sich kurz zuvor die Pelopia gestürzt hatte[1]). Die alte Ueberlieferung von einer zwischen Agamemnon, dem Sohne oder Enkel des Atreus, und Aegisthos, dem Sohne des Thyestes bestehenden Feindschaft und von ihren blutigen Folgen mag den ersten Anstofs zu solchen Dichtungen gegeben haben, um rückwärts in demselben Geschlechte, wo dieses vorgegangen, in ähnlichen Verbrechen und unnatürlichen Störungen aller Familienbande eine Ursache der späteren Vorgänge nachzuweisen. Alt scheint auch das Symbol des goldnen Widders zu sein, welcher von selbst an den der Athamantiden erinnert und wie dieser ursprünglich ein Symbol der Gnade des Zeus und der von ihm unterstützten Herrschaft der Atriden gewesen sein wird; obwohl die Tragiker diesen Widder gewöhnlich eine Gabe des zürnenden Hermes nannten, welcher dadurch Zwietracht unter die Brüder gesäet und dadurch den Mord seines Sohnes Myrtilos gerächt habe[2]). Das Wunder des veränderten Sonnenlaufs ist wohl die

---

1) Hygin f. 87. 88. Von Sophokles gab es einen Ἀτρεύς ἢ Μυκηναῖαι, einen Θυέστης ἐν Σικυῶνι und einen Θυέστης δεύτερος, von Euripides Κρῆσσαι, wahrscheinlich identisch mit dem Θυέστης, und einen Πλεισθένης, dem vermuthlich die Skizze b. Hygin f. 86 entlehnt ist. Von den Römern behandelten Ennius, Pacuvius, Attius, Varius, zuletzt Seneca diese Fabeln. Dafs auch Sophokles den Thyest seine Tochter schänden liefs um einen Rächer an seinem Bruder zu erzeugen. vgl. Ovid Ib. 361, Dio Chrys. 66, 6, Seneca Ag. 33 Mythogr. 1, 22. darf man aus fr. 227 folgern. Dafs das Orakel aus der Unterwelt kam deutet Hygin f. 88 an: Thyestes profugit ad regem Thesprotum, ubi lacus Avernus dicitur esse etc., nach Seneca Ag. 294 kam es vom Apollo. Die Künstler haben sich auf diese Greuel wenig eingelassen.

2) Dio Chrys. l. c. ὅτι μὲν γὰρ διὰ χρυσοῦν πρόβατον ἀνάστατον συνέβη γενέσθαι τηλικαύτην οἰκίαν, τὴν Πέλοπος, οἱ τραγῳδοί φασιν. καὶ κατεδηδοκότι μὲν τὰ τοῦ Θυέστου τέκνα, τῇ Πελοπίᾳ δὲ ὁ πατὴρ ἐμίχθη καὶ τὸν Αἴγισθον ἔσπειρεν, οὗτος δ' ἀπέκτεινε μετὰ τῆς Κλυταιμνήστρας τὸν Ἀγαμέμνονα — κἀκείνην Ὀρέστης ὁ υἱός etc., mit Berufung auf Euripides und Sophokles. Vgl. Eur. El. 699 ff., Iph. T. 813 ff., Or. 995 ff., Schol. Or. 800 u. 989. Pherekydes wufste nichts vom Zorne des Hermes und die Alkmaeonis hatte den Hirten genannt, durch den der Widder dem Atreus überbracht worden war, Schol. Or. 988. Bei Attius nannte Atreus denselben ein Geschenk des Zeus und regni stabilimen mei, vgl. Seneca Thyest. 225 ff. est Pelopis altis nobile in stabulis pecus, arcanus aries, ductor opulenti gregis. — Possessor huius regnat, hunc cunctae domus fortuna sequitur. Nach Paus. 2, 18, 2 lag ein Widder auf dem Grabe des Thyestes, ὅτι τὴν ἄρνα ὁ Θυέστης ἔσχε τὴν χρυσῆν, μοιχεύσας τοῦ ἀδελφοῦ τὴν γυναῖκα.

Folge eines Mifsverständnisses der alten Dichtung dafs Helios im westlichen Aea nicht allein seinen Untergang, sondern auch seinen Aufgang hatte (1, 354); die Dichter haben es auf verschiedene Weise zu erklären gesucht, Euripides u. A. so dafs Atreus zuerst die der Bewegung des Himmels entgegengesetzte Richtung des Sonnenlaufs erkannt und durch diese Erkenntnifs seine Herrschaft gesichert habe[1]), die römischen poetischer dadurch dafs sie den Sonnengott beim Anblick des grausen Mahles auf halbem Wege umkehren und darüber eine plötzliche Verfinsterung entstehen liefsen[2]). Was dieses entsetzliche Mahl des Thyestes betrifft so erklärt es sich wohl am besten unter der Voraussetzung dafs dabei eine dunkle Kunde von Opfern an den Zeus Herkeios d. h. an den Familiengott des Hauses der Atriden zu Grunde lag, die den in Hause der Athamantiden gebräuchlichen ähnlich gewesen sein mögen[3]) und zugleich an das Opfer des Pelops erinnern, womit Tantalos die Götter zu erfreuen dachte.

c. Hellas und die Aeakiden.

Sagen von ehrwürdigem Alterthum und von unvermischt hellenischer Abstammung, da hier einmal wieder keine ausländischen Einflüsse stattgefunden haben. Dazu sind die Aeakiden, namentlich Achill und der grofse Aias, das höhere ideale Element im Heldengesange von dem Kriege vor Troja, die Tapferen, die Starken, die Ritterlichen schlechthin, die Alles durch ihren Muth zwangen und unsterblichen Ruhm einem kurzen Leben vorzogen, wie sie diesen Ruhm denn auch in reichlichstem Maafse gefunden haben[4]). Besonders ist das Lob ihres Helden-

---

1) Angeblich auch Sophokles s. Achill. Tat. isag. 122 E (Soph. fr. 668, Eur. fr. 853). Derselben Deutung folgen Polybios u. Strabo 1, 23 vgl. Welcker Gr. Tr. 361. Es ist dieselbe Weisheit, welche den Stein des Tantalos zur Sonne machte, Eur. Or. S. 982ff., Lucret. 3, 978.

2) Ovid A. A. 1, 327ff., Tr. 2, 392, Stat. Theb. 4, 307, Lucan Phars. 1, 543; 7, 451. Hygin f. 88. 258. Von einem ähnlichen Wunder dichtete Attius in seinem Brutus, Cic. de div. 1, 22, 44.

3) Diese Auffassung wird durch die Andeutungen b. Seneca Thyest. 641 ff. unterstützt.

4) Pindar Isthm. 6, 24 οὐδ' ἔστιν οὕτω βάρβαρος οὔτε παλίγγλωσσος πόλις, ἅτις οὐ Πηλέος ἀίει κλέος ἥρωος, εὐδαίμονος γαμβροῦ θεῶν, οὐδ' ἅτις Αἴαντος Τελαμωνιάδα καὶ πατρός. Vgl. Hesiod oben S. 387, 1 u. b. Polyb. 5, 2, 6 οἵους Ἡσίοδος παρεισάγει τοὺς Αἰακίδας, πολέμῳ κεχαρηότας ἠύτε δαιτί, das Epigramm des Pyrrhos b. Plut. Pyrrh. 26 u. Paus. 1, 13, 2 αἰχμηταὶ καὶ νῦν καὶ πάρος Αἰακίδαι (Ennius meinte freilich mit Beziehung auf denselben König: stolidum genus Aiacidarum, bellipotentes sunt magis quam sapientipotentes, Cic. de divin. 2, 56, 116), endlich Aristot. rhet. 3, 17

muthes und ihrer Heldenstärke ein erbliches in der griechischen Poesie, obwohl Achilleus wenn er von den Waffen ausruht auch vom Ruhme der Vorfahren zu der Laute zu singen weifs und Aeakos, der Stammvater, durch ganz Griechenland wegen seiner Frömmigkeit berühmt war.

Die allgemeine Grundlage dieser Sage scheint ein alter Cultus des Zeus zu sein, in Gegenden welche Hellas hiefsen und von Völkerstämmen, welche sich wahrscheinlich mit Beziehung auf jenen Cultus Hellenen nannten und unter Königen und edlen Geschlechtern lebten, die sich vom Stamme des Aeakos, des Sohnes jenes Zeus der Hellenen ableiteten. Viele, unter ihnen Aristoteles, hielten die Landschaft Hellopia bei Dodona und den Quellen des Acheloos für das älteste Hellas[1]), vielleicht nicht mit Recht, doch wissen wir aus Il. 16, 233 dafs Achilleus den Zeus von Dodona, den pelasgischen, als seinen Stammgott verehrte, so dafs dieser Stamm und sein Gott also jedenfalls mit den ältesten Erinnerungen der griechischen Nation zusammenhing. Ferner begegnen wir einer Landschaft Hellas, der ältesten uns bekannten, und dem Stamme der Hellenen im südlichen Thessalien, in der Nachbarschaft von Phthia, wo Peleus und Achill ihr erbliches Reich hatten, letzterer vor Troja der Führer aller Völker von Pharsalos bis Trachis, welche sich Myrmidonen und Hellenen und Achaeer nannten[2]). Endlich wurde auf Aegina, welche Insel später für das Stammland der Aeakiden gehalten wurde, Zeus als Ἑλλάνιος oder Πανελλήνιος verehrt d. h. als der von allen Hellenen angebetete Zeus der Bergeshöhen und des Wetters, welcher gleich dem Zeus ἀκραῖος auf dem obersten Pelion bald ein zürnender, bald ein gnädiger war, je nachdem er seinen Hellenen den befruchtenden Regen spendete oder entzog. Sowohl in Thessalien als auf Aegina erscheint neben dem Namen der Hellenen der der Myrmidonen, welcher in Thessalien von einem Stammvater

---

ὃ ἔλεγε Γοργίας ὅτι οὐχ ὑπολείπει αὐτὸν ὁ λόγος· εἰ γὰρ Ἀχιλλέα λέγει Πηλέα ἐπαινεῖ, εἶτα Αἰακόν, εἶτα τὸν θεόν, ὁμοίως δὲ καὶ ἀνδρίαν.

1) Aristot. Meteor. 1,14 von der Deukalionischen Fluth, es habe dieselbe stattgefunden περὶ τὸν Ἑλληνικὸν μάλιστα τόπον καὶ τοῦτον περὶ τὴν Ἑλλάδα τὴν ἀρχαίαν, αὕτη δ' ἐστὶν ἡ περὶ Δωδώνην καὶ τὸν Ἀχελῷον. Schol. Il. 21. 194 ἡ ἀρχαιοτάτη Ἑλλὰς περὶ Δωδώνην καὶ Σελλοὺς ἔκειτο, ὅθεν ὁ Ἀχελῷος ἐκρέων etc. Vgl. Bd. 1, 97. Die Deukalionssage scheint erst später dahin übertragen zu sein.

2) Il. 2, 681 ff.; 9, 395. 447. 478; 16. 595. Od. 11, 495 ff. u. A. Thuk. 1, 3 Ὅμηρος Ἕλληνας οὐδαμοῦ τοὺς ξύμπαντας ὠνόμασεν οὐδ' ἄλλους ἢ τοὺς μετ' Ἀχιλλέως ἐκ τῆς Φθιώτιδος, οἵπερ καὶ πρῶτοι Ἕλληνες ἦσαν. Vgl. Str. 9, 431—434.

Myrmidon, einem Sohne des in eine Ameise (μύρμηξ) verwandelten Zeus abgeleitet[1]), auf Aegina aber dadurch begründet wurde dafs Zeus seinem Sohne Aeakos, dem ersten Könige von Aegina, sein Volk aus den Ameisen der Insel erschaffen habe[2]). Was endlich den Namen der Hellenen betrifft so scheint sich derselbe im nördlichen Griechenland vorzüglich mit der Sage von Deukalion und seinem Sohne Hellen verbreitet zu haben, welcher letztere bald König von jenem alten Hellas bald als der der opuntischen Lokrer gedacht wurde[3]), im südlichen mit der von dem frommen Könige Aeakos und seiner Fürbitte beim Zeus für alle Hellenen, in beiden Richtungen unter dem besondern Einflufs des delphischen Orakels.

Alte Sagen und Bilder dieses Zeuscultes, wie sie sich in verschiedenen Sitzen jener Bevölkerung verschiedentlich gestaltet hatten, mögen zu den Dichtungen vom Aeakos, vom Peleus, vom Achill und Aias, den durch alle Welt berühmten Heroen dieses Stammes geführt haben. Später wurden sie nach Art der genealogisirenden Mythendichtung auf ein bestimmtes Schema von persönlicher Abstammung und örtlicher Verzweigung zurückgeführt, dem man nur einen untergeordneten Werth beimessen darf. Läfst sich der ursprüngliche Sinn dieser Sagen auch nicht immer nachweisen, so leuchtet doch so viel ein dafs auch hier der Aufschluss über das Aelteste in dem Kreise jenes Zeusdienstes und der damit zusammenhängenden Mythendichtung zu suchen ist.

Aeakos, der Sohn des Zeus und der von ihm nach Oenone entführten Aegina, einer Tochter des Asopos, ist wesentlich der durch seine Frömmigkeit und Gerechtigkeit berühmte Priesterkönig, der durch sein Gebet der durstenden Erde und den schmachtenden Hellenen Regen verschaffte und nach seinem Tode einer der Richter in der Unterwelt wurde[4]). Aegina, nach welcher die Insel ihren gewöhnlichen Namen

---

1) Clem. Al. Pr. p. 34 P., Arnob. 4, 26, wo die Mutter des Myrmidon Eurymedusa und T. des Kleitor, Clem. Ro. Homil. 5, 13, wo sie T. des Acheloos heifst, und wirklich gab es einen Acheloos in der Gegend von Lamia, Str. 434. Den Myrmidon kennen auch Hellanikos b. Athen. 10, 9 u. Apollod. 1, 7, 3.

2) Hesiod b. Schol. Pind. N. 3, 21, Hygin f. 52, Ovid M. 7, 517 ff. u. A. Ohne Zweifel gab der Name der Myrmidonen den ersten Anlafs zu dieser Fabel. Doch schildert sie zugleich den Charakter der aeginetischen Bevölkerung, Ovid vs. 655 *mores quos ante gerebant nunc quoque habent, parcumque genus patiensque laborum quaesitique tenax et qui quaesita reservent.* Anders Str. 8, 375.

3) Bd. 1, 66, 2 vgl. Str. 432 von einer zerstörten Stadt Hellas im Oberlande des Enipeus, deren Einwohner sich nach Melitaea (früher Pyrrha) gezogen, wo man auf dem Markte das Grab des Hellen und der Pyrrha zeigte.

4) Βασιλεὺς χειρὶ καὶ βουλαῖς ἄριστος Pind. N. 8, 8, Ἑλλήνων ὁσιώτατος

angenommen, ist zu einer Tochter des Asopos von Phlius und Sikyon geworden, nachdem die genealogisirende Dichtung diesen Fluſs zu einem Stammvater vieler Geschlechter gemacht hatte¹). Eine weitere Folge davon war die Sage, daſs Zeus die schöne Nymphe als Adler durch die Lüfte entführt habe, nur gesehen von Sisyphos auf Akrokorinth, der diesen Raub dem Vater verrieth und dafür zum Lohne auf seiner Burg die Quelle Peirene entspringen sah, aber seinen Verrath hernach durch die bekannte Strafe in der Unterwelt büſsen muſste (S. 75 f.). Auf der nach ihr benannten Insel gebiert Aegina vom Zeus den Aeakos, welcher als die Hellenen bei schwerer Dürre von Ost und West zu ihm kamen, auf den höchsten Berg der Insel, wo Zeus Hellanios verehrt wurde, hinaufstieg und mit seinen reinen Händen zu ihm um Erbarmen flehte, worauf alsbald Gewölk sich zusammenzog und ein reichlicher Regen niederströmte²). Das Heiligthum des Aeakos (τὸ Αἰάκειον) in der Stadt Aegina bewahrte noch zur Zeit des Pausanias ein Bildwerk, wo man die Abgesandten aller Hellenen sah, wie sie sich auf Befehl der Pythia an Aeakos gewandt hatten³).

Man erzählte vom Aeakos auch in Thessalien, und zwar scheint er auch hier für einen Diener des Zeus gegolten zu haben⁴). Doch ist die

---

Plut. Thes. 10, εὐσεβέστατος ἁπάντων Apollod. 3, 12, 6. Wahrscheinlich hängt auch der Name mit dieser flehenden Fürbitte zusammen, welche in der Erzählung immer am meisten hervorgehoben wird, vgl. Schol. Pind. N. 5, 17, Schol. Ar. Eq. 1253 u. A., Αἰακὸς von αἰάζω d. i. στένειν, θρηνεῖν, vgl. αἴαγμα, αἰαγμός, αἰακί, ἀπὸ τοῦ αἰάζω Arkad. 107, das letztere freilich bedenklich, doch kann Αἰακὸς nicht wohl von αἶα γαῖα abgeleitet werden. Also eigentlich ein Fürbitter, wie Ἀμφιάραος.

1) Bd. 1, 450, 2. Die Ortssage erklärte die Kohlen im Asopos durch den Blitz, durch welchen Zeus den verfolgenden Asopos heimgeschickt habe, Apollod. 3, 12, 6 (*bei Hercher unter dem Texte). Zeus und Aegina als Weihgeschenk der Phliasier zu Olympia und Delphi, Paus. 5, 22, 4; 10, 13, 3. *Ueber die erhaltenen bildlichen Darstellungen s. Overbeck Kunstmyth. d. Zeus S. 399 ff. — Eigentlich bedeutet Αἴγινα einen felsigen Strand, woran das Meer brandet, daher der Name auf der Insel Ios wiederkehrt, Plut. v. Homer. 3, Bd. 1, 466.

2) Clem. Al. Str. 6 p. 753, wo Aeakos den Zeus anfleht οἴκτειρα τετρυμένην τὴν Ἑλλάδα. Vgl. Isocr. Euagor. 15 σωθέντες δὲ καὶ τυχόντες ὧν ἐδεήθησαν ἱερὸν ἐν Αἰγίνῃ κατεστήσαντο κοινὸν τῶν Ἑλλήνων οὗπερ ἐκεῖνος ἐποιήσατο τὴν εὐχήν d. h. oben auf jenem Berge s. Bd. 1, 118, 2.

3) Paus. 2, 29, 6. Die Noth, in welcher Aeakos geholfen, wurde in Attika durch den Mord des Androgeos, im Peloponnes durch eine blutige That des Pelops motivirt, Apollod. 3, 12, 6, Diod. 4, 61. Schon b. Pindar N. 8, 11 kommen Gesandte aus Athen und Sparta.

4) Steph. B. Δῖα (oder Δῖον) πόλις Θεσσαλίας, Αἰακοῦ κτίσμα.

vollständigere Sage jedenfalls aeginetischen Ursprungs, namentlich die genealogische Combination, durch welche Peleus und Telamon zu Söhnen des Aeakos und der Endeïs, also zu Brüdern geworden sind, da die Ilias nur den Achill als Aeakiden kennt und von einer Verwandtschaft zwischen Achill und Aias nichts weifs und noch der Genealog Pherekydes den Telamon und Peleus, die Väter des Aias und des Achill, wohl für Freunde, aber nicht für Brüder gelten lassen wollte¹). So war man sich auch rücksichtlich ihrer Mutter Endeïs nicht einig, ob darunter die Tochter des Kentauren Chiron auf dem thessalischen Pelion zu verstehen sei oder eine Tochter des Skiron, nach welchem die Skironischen Felsen in der Nähe von Salamis und Megara benannt wurden²); wie andererseits die Nymphe Aegina, die Mutter des Aeakos, in Thessalien für die Gemahlin des Aktor und Mutter des Menoetios galt, den Hesiod sogar einen Bruder des Peleus genannt hatte³), so verschieden spielten auch hier die örtlichen Ueberlieferungen durch einander. Genug alle diese Helden des troischen Sagenkreises, Achill und Aias der Telamonier, die Helden von Phthia und Salamis, auch Patroklos der Sohn des Menoetios und der lokrische Aias der Sohn des Oïleus, die Helden von Opus, bildeten später eine engverbundene Gruppe, sei es dafs wirklich eine alte Stammverwandtschaft zwischen gewissen Geschlechtern dieser Gegenden bestand, sei es dafs die combinirende Dichtung die durch alte epische Tradition Verbundenen später auch zu Verwandten gemacht hat. Eine Consequenz aber des gemeinschaftlichen Ausgangspunktes von Aegina war es dafs Peleus und Telamon, die beiden Söhne der Aegina, ihre angebliche Heimath in Folge eines aufserordentlichen Anlasses aufgeben mufsten. Es ist dieses ein von beiden Brüdern gegen ihren dritten Bruder Phokos begangenes Verbrechen, von welchem schon die Alkmaeonis wufste⁴). Die Nereide

---

1) Apollod. 3, 12, 6. Pherekydes nannte den Telamon einen Sohn des Aktaeos, des Repräsentanten der attischen Akte, und der Glauke, einer T. des Kychreus, des Autochthonen von Salamis.

2) T. des Chiron nach Schol. Pind. N. 5, 12, Schol. Il. 16, 14, Hygin f. 14 u. A. T. des Skiron nach Plut. Thes. 10, Paus. 2, 29, 7, Apollod. l. c.

3) Eustath. Il. 112, 44 vgl. Pind. Ol. 9, 69, Schol. v. 107 und Apollod. 1, 7, 3. Aktor d. i. der Führer, der König, daher der Name in verschiedenen Genealogieen genannt wird, galt für einen Sohn des Myrmidon.

4) Schol. Eur. Androm. 678 vgl. Hesiod th. 1003 und Pind. N. 5, 12. Die Nereide verwandelt sich in eine φώκη, daher der Name Φῶκος, den man natürlich auch mit dem der Phoker combinirte, obwohl der Eponym von diesen

Psamathe hatte ihn dem Aeakos geboren, und er war so gut und lieb und so geschickt in allen Leibesübungen, dafs der Vater ihn mehr als seine beiden älteren Söhne liebte und diese deshalb einen tödtlichen Hafs gegen den jüngeren Bruder fafsten. Also erschlugen sie ihn und mufsten nun, vom Zorne des Vaters bedroht, ihr Glück in der Fremde suchen. So gelangte Telamon nach Salamis, Peleus nach Phthia.

Der Name Πηλεύς bedeutet wahrscheinlich dasselbe was Πάλλας, also einen Schwinger, den Schwinger der furchtbaren Todeslanze vom Pelion, welche vom Peleus auf seinen Sohn Achilles übergegangen ist[1]) und ein eben so wesentliches Attribut dieser beiden Aeakiden bildet als der ungeheure Schild des grofsen Aias. Auch ist Peleus mit einem wunderbaren Messer ausgerüstet, einer Gabe des Hephaestos, welches seine Feinde im Kuhmist verstecken, er aber findet es mit Hülfe des Chiron wieder, des guten Berggeistes vom Pelion, eines stets bereitwilligen Freundes und wird dann sowohl der wilden Kentauren des Gebirges als seiner Feinde Herr: das sind märchenhafte Züge einer alterthümlichen Ueberlieferung[2]), welche ursprünglich wohl auch noch einen anderen Sinn als den der gewöhnlichen Sage hatten[3]). Nach dieser erscheint der aus Aegina flüchtige Peleus zuerst in Phthia beim Eurytion, einem Sohne des Aktor, desselben Aktor wie es scheint welcher sonst als Vater des Menoetios genannt wurde. Eurytion giebt ihm den dritten Theil seines Gebietes und seine Tochter Antigone, die vom Peleus die schöne Polydora gebiert, die Geliebte des Flufsgottes Spercheios und Mutter des Menesthios, welcher neben Achill über die Myrmidonen gebietet[4]). Dann geht Peleus mit seinem Schwiegervater auf die Jagd des kalydonischen Ebers, bei welcher er ihn unfreiwillig

---

eigentlich für einen Enkel des Sisyphos galt, Apollod. 3, 12, 6, Schol. Il. 16, 14, Schol. Pind. N. 5, 25, Antonin. Lib. 38, Paus. 2, 29, 2; 10, 1, 1. 4, 7 vgl. 2, 4, 3.

1) Il. 16, 141 τὸ μὲν οὐ δύνατ' ἄλλος Ἀχαιῶν πάλλειν, ἀλλά μιν οἶος ἐπίστατο πῆλαι Ἀχιλλεὺς Πηλιάδα μελίην, τὴν πατρὶ φίλῳ πόρε Χείρων Πηλίου ἐκ κορυφῆς, φόνον ἔμμεναι ἡρώεσσιν. Πηλεὺς von πῆλαι, gegen welche Ableitung aber Pott Z. f. vgl. Spr. 8, 177 Bedenken äufsert.

2) Zuerst bei Hesiod, Schol. Pind. N. 4, 95. Der Kuhmist, Apollod. 3, 13, 3 τὴν μάχαιραν ἐν τῇ τῶν βοῶν κόπρῳ κρύψας ἐπανέρχεται, erinnert an den Stall des Augeias, vgl. oben S. 199. Auch dieses Messer soll von Peleus auf Achill und von diesem auf Neoptolemos übergegangen sein, Tzetz. Lyk. 328.

3) Apollod. l. c., Tzetz. Lyk. 175 p. 414, zum Theil nach Pherekydes.

4) Il. 16, 173 ff. Der angebliche Vater war Βῶρος ὁ Περιήρους. Auch Hesiod hatte davon erzählt und Pherekydes die Polydora eine Schwester des

tödtet¹), daher er auch Phthia wieder verläfst und weiter nach Iolkos zum Akastos, dem Sohne des Pelias flüchtet, wo er von neuem gereinigt wird und einen bleibenden Aufenthalt nimmt, wie er denn auch als Theilnehmer des Argonautenzugs und der Leichenspiele des Pelias genannt wurde, auf diesen als Ringer, der sich mit der Atalante gemessen²). In Iolkos bereitet ihm die verschmähte Liebe der Frau des Akastos neue Abenteuer, welche zu seiner gröfsten Verherrlichung führen sollten. Sie verleumdet ihn bei der verlassenen Antigone in Phthia, die sich darüber das Leben nimmt, und beim Akastos (bei diesem wie Stheneboea den Bellerophon beim Proetos), worauf derselbe auf einer Jagd im Pelion durch List seinen Tod herbeizuführen sucht. Denn immer wurde Peleus unter den berühmtesten Jägern der Vorzeit genannt, und der Volksgesang scheint sich auch in dieser Hinsicht viel mit ihm beschäftigt zu haben³). So soll er auch auf dieser Jagd alle übrigen Theilnehmer durch die Zahl der von ihm erlegten Thiere, die er durch die ihnen ausgeschnittenen Zungen nachwies, beschämt, dann aber sich zum Schlafe niedergelegt haben, worauf Akastos sein Messer im Kuhmist versteckte und ihn in dem wilden Gebirge allein liefs. Denn die Götter hatten ihm zum Lohne für seine Mäfsigung durch Hephaestos mit jenem Messer von so wunderbarer Kraft ausrüsten lassen, dafs Peleus dadurch in allen Gefahren der Jagd und des Handgemenges Sieger bleiben mufste; Akastos aber versteckte es in der Absicht dafs Peleus danach suchend den wilden Kentauren in die Hände fallen solle. Und wirklich geschah dieses und es wäre sein Tod gewesen, wenn nicht Chiron seinem lieben Freunde zu Hülfe ge-

---

Achill genannt. Schol. 175. Andre nannten Aktor anstatt des Eurytion, Diod. 4, 72. Ueber die verschiedenen Frauen und die Töchter des Peleus s. Vater im Archiv f. Philol. u. Pädag. 17, 1St ff.

1) Aristid. 2 p. 168 πέπονθας ταὐτὸν τῷ Πινδάρου Πηλεῖ, ὃς τῆς τε θήρας διήμαρτε καὶ τὸν Εὐρυτίωνα φίλτατον ὄντα ἑαυτῷ προσδιέφθειρε. τὸ δ' αὐτὸ κἀν τοῖς ὕστερον οἶμαι Ἀδράστῳ τῷ Γορδίου φασὶ συμβῆναι. Die kalydonische Jagd nennt Apollodor. Andere wissen nur von einer gewöhnlichen Jagd, s. Antonin. Lib. 38, Schol. Aristid. 3 p. 463 Ddf. Pindar hatte den Peleus auch an dem troischen und dem Amazonenzuge des Herakles und an der Argonautenfahrt theilnehmen lassen, Schol. Eur. Androm. 781.

2) S. oben S. 339 und Philostr. gymn. 3, wo Peleus in den Spielen der Argonauten auf Lemnos Alle im Ringen besiegt und zugleich der erste Sieger im Pentathlos ist. Wahrscheinlich bestimmte das Wortspiel πάλη und Πηλεύς zu solchen Dichtungen.

3) Peleus auf der Hirschjagd als Gegenstück zu der Eberjagd des Meleager b. Gerhard A. V. t. 327. Vgl. Xenoph. de venat. z. A., Philostr. Her. 9, Apollod. l. c.

kommen und ihm wieder zu seinem Messer verholfen hätte, mit welchem der Held nun nicht allein jener Ungethüme des Gebirges Herr wird, sondern auch nach Iolkos zurückkehrend König und Königin tödtet und darauf selbst über die Stadt und ihre Herrschaft verfügt¹).

Doch war ihm noch eine viel gröfsere Verherrlichung zugedacht, die Vermählung mit der Thetis, durch welche er Vater des Achilleus wurde: eine der berühmtesten Sagen des Alterthums, von welcher viele Dichter gesungen hatten, für deren Verlust die alterthümlichen Vasenbilder und andere Bildwerke einigermafsen entschädigen. Nach Ilias 24, 59 hat Hera die Thetis aufgezogen und dem Peleus zum ehelichen Gemahl gegeben, weil dieser den Göttern lieb war, aber gegen den Willen der mächtigen Nereide, da Thetis Il. 18, 432 ff. über Zwang klagt²). Die späteren Sagen erzählten dafs Zeus und Poseidon um die mächtigste der Nereiden gefreit hatten, bis Themis oder Prometheus den Willen des Schicksals offenbarte dafs ein Sohn der Thetis vom Zeus der Herr des Himmels werden müsse, worauf die Götter ihre Vermählung mit Peleus beschliefsen³). Doch ergiebt sich die Göttin dem sterblichen Manne nur gezwungen, wobei Peleus wieder von seinem engverbundenen Freunde berathen wird, dem Kentauren Chiron, neben welchem Peleus in einem Orte Thessaliens sogar mit Menschenopfern verehrt worden sein soll⁴). Also belauert er die Nereide in einer Grotte

---

1) Hesiod hatte ausführlich von diesen Abenteuern erzählt, s. Porphyr. z. Il. 6, 164. 165 b. Valcken. z. Ammon. p. 242 Ἡσίοδος τὰ περὶ τοῦ Πηλέως καὶ τῆς Ἀκάστου γυναικὸς διὰ μακρὸν ἐπεξελθών. Auch Pindar kommt wiederholt darauf zurück, N. 3, 33 γέγαθε Πηλεὺς ἄναξ ὑπέραλλον αἰχμὰν ταμών, ὅς καὶ Ἰαωλκὸν εἷλε μόνος ἄνευ στρατιᾶς, I, 54 ff. (wo die Schol. v. 95 ein längeres Bruchstück aus der Erzählung Hesiods bewahrt haben); 5, 26 ff. Vgl. überdies Apollod. 3, 13, 3, Schol. Apollon. 1, 224, Schol. Pind. N. 4, 88, Antonin. Lib. 38, und über das oft erwähnte Messer des Peleus Aristoph. Nub. 1063 Schol., Zenob. 5, 20. Serv. V. A. 9, 505. Nach Pherekydes b. Schol. Pind. N. 3, 55 nahm er Iolkos mit Hülfe Iasons und der Dioskuren, vgl. Apollod. 3, 13, 7, Nicol. Damasc. fr. 56 (Hist. Gr. fr. 3, 389) und Suid. v. Ἀταλάντη. Von Euripides gab es einen Peleus, welcher vermuthlich dieselben Abenteuer und den traurigen Ausgang der Antigone behandelte.

2) Vgl. Apollon. 4, 790 ff., wo Hera vollends als die eigentliche Anstifterin der Ehe zwischen Peleus, des ἄριστος ἐπιχθονίων, und der Thetis geschildert wird.

3) Pind. I. 7, 26 ff., Apollod. 3, 13, 5, Schol. Il. 1, 519, Bd. 1, 79. 456.

4) Clem. Al. Protr. p. 37 P., wo aus einem sonst nicht bekannten Schriftsteller Monimos die Nachricht erhalten ist, ἐν Πέλλῃ τῆς Θετταλίας Ἀχαιὸν ἄνθρωπον Πηλεῖ καὶ Χείρωνι καταθύεσθαι, wofür Panofka Berl. Mtsber. 1857 S. 479 scharfsinnig vermuthet ἀχαιόν, d. h. ἔλαφον, vgl. Schol. Apollon. 4, 175, Hesych s. v., Lob. Proleg. 215, durch welches Wort vielleicht auch die Hyper-

am Meere, wie Menelaos den Proteus, und bezwingt sie trotz aller Verwandlungen und vieler Schrecknisse von Schlangen und wilden Thieren; man zeigte den Ort wo dieses geschehen war an dem Sepiasstrande der magnetischen Halbinsel unter dem Pelion, und verehrte dort wie an vielen anderen Punkten der griechischen Küste Thetis im Kreise der anderen Nereiden¹). Dann wird in der bedeutungsvollen Höhle des Chiron auf dem Gipfel des Pelion das Beilager gefeiert, zu welchem wie bei dem des Kadmos und der Harmonia alle Götter erschienen und Geschenke brachten, während Apollo und die Musen von der Zukunft seines Sohnes sangen. Damals schenkte Chiron dem Peleus seine berühmte Lanze, eine Esche vom Pelion, Poseidon die Rosse, alle Götter die Waffen, mit denen Achill vor Troja kämpfte²). Aber auch Eris erschien, nicht geladen doch um so verderblicher, denn sie warf bei diesem Feste jenen Apfel unter die Göttinnen, welcher die Aufschrift „der Schönsten" trug und dadurch zu dem Urtheile des Paris und weiter zu dem Raube der Helena und zu dem Trojanischen Kriege führte. Dann führte Peleus sein Gemahl nach dem schönen Enipeusthale in die Gegend von Pharsalos, wo man später das Thetideion zeigte, in welchem Thetis als Gattin des Peleus gewohnt habe³). Dort verlebte auch Achilleus seine Jugend, obwohl die Mutter nicht selten mit ihm an den vertrauten Meeresstrand

---

boreerin Ἀχαία b. Paus. 5, 7, 4 sich erklären liefse. Doch ist es selten und Clemens spricht in dem Zusammenhange nur von Menschenopfern. Aus Clemens wiederholt Cyrill dieselbe Nachricht mit einigen Varianten, Hist. Gr. fr. 4, 454.

1) Herod. 7, 191. Vgl. Pind. N. 3, 35 ποντίαν Θέτιν κατέμαρψεν ἐγκονητί, 4, 62 πῦρ δὲ παγκρατὲς θρασυμαχάνων τε λεόντων ὄνυχας ὀξυτάτους ἀκμάν τε δεινοτάτων σχάσαις ὀδόντων ἔγαμεν ὑψιθρόνων μίαν Νηρεΐδων, Soph. b. Schol. Pind. N. 3, 60, wo Thetis sich in Löwe und Schlange, Feuer und Wasser verwandelt, Eurip. Androm. 1257 ff., Ovid M. 11. 229 ff. u. A. Bei den Späteren verwandelt sich Thetis εἰς σηπίαν, wegen der Σηπιὰς ἀκτή, Schol. Ap. 1, 582, Tzetz. Lyk. 178. *Ueber einen ähnlichen Volksglauben bei den Neugriechen berichtet B. Schmidt Volksleb. d. Neugr. 1, 116. — Viele Kunstdarstellungen, namentlich V. B., welche die Verfolgung oder noch häufiger den Kampf zum Gegenstande haben, s. b. Overbeck S. 172 ff, Stephani compt. rend. 1867. 25 ff.; 1869, 181 f., Bull. d. Inst. 1871, 273, R. Schöne griech. Reliefs n. 133, Arch. Ztg. 1874, 59. Vgl. Schlie zu den Kyprien S. 14—45.

2) Il. 16, 143 ff. 867; 17, 194. 443; 18, 84; 19, 390; 23, 277; 24, 62, die Kyprien b. Schol. Il. 16, 140. Hesiod dichtete ἐπιθαλάμια εἰς Πηλέα καὶ Θέτιν. Vgl. Pindar N. 3, 56; 5, 22 ff., Eurip. Iphig. A. 704. 1040 ff., Catull. 64. Vasenbilder und andere Bildwerke bei Overbeck 197 ff. Höchst merkwürdig ist die figurenreiche Darstellung auf der Vase des Klitias u. Ergotimos (S. 293, 2).

3) Dieses Thetideion wird wiederholt erwähnt in Euripides Andromache. Vgl. Str. 9, 431, Schol. Pind. N. 4, 81 u. A.

unter dem Pelion zu ihren Schwestern den Nereiden ging oder zum alten Vater Nereus in die Tiefe des Meeres, wo sie ihrem Kinde schöne Märchen und alte Göttergeschichten erzählte[1]). Peleus aber blieb der Liebling der Götter wie er es nach Il. 24, 534 ff von seiner Geburt an gewesen war, ein mächtiger und reicher König seiner tapferen Myrmidonen, Hellenen und Achaeer und mit allen guten Gaben gesegnet, nur dafs Thetis ihm blos den einen Sohn und diesen ach! zu so frühem Tode gebar.

Achilleus, der Sohn dieses Paares, ist durch die griechische Heldendichtung in ihren besten Zeiten in solchem Grade zum epischen Helden geworden, dafs eine Vermuthung über eine andre und frühere Bedeutung als diese epische kaum an ihrer Stelle ist. Auch giebt der Name trotz vieler etymologischen Vermuthungen keinen sicheren Aufschlufs[2]). Wohl aber hat sich die Sage und Dichtung bemüht zu dem aus der Ilias und den übrigen Gedichten des troischen Sagenkreises so wohl bekannten Bilde eine entsprechende Jugendgeschichte zu erfinden, die nach dem Geiste der Zeiten verschieden ausfiel. Nach der Ilias pflegte der alte Phoenix seiner kindlichen Jahre, derselbe welcher ihm vom Vater nach Troja als Rath und Beistand mitgegeben wurde. Vom Chiron läfst dasselbe Gedicht ihn die Heilkunde für Wunden lernen, sein Haupthaar aber, welches er später dem todten Freunde darbrachte, vom Peleus dem heimathlichen Flufsgotte Spercheios geweiht werden; ein Beweis mehr dafs die ältere Tradition sich die Pflege und das Gedeihen seiner jungen Jahre wie die jedes andern griechischen Jünglings dachte[3]). Dahingegen man später allerlei Wunderbares und eine frühe Trennung der unsterblichen Mutter von dem sterblichen Vater hinzufügte. Schon das alte Gedicht vom Könige Aegimios erzählte dafs Thetis ihre vom Peleus gebornen Kinder in ein Becken mit siedendem Wasser geworfen habe, um zu erfahren ob sie sterblich oder unsterblich seien, und dafs auf diese Weise mehrere umgekommen seien, bis Peleus den Achill gerettet habe, aber darüber mit seiner Mutter zerfallen sei: wofür Andre dichteten dafs diese ihn

---

1) Il. 1, 396 vgl. 16, 574, wo Thetis als bleibende Gemahlin des Peleus gedacht wird.

*2) Einige haben Ἀχιλλεύς und Ἀχελῷος für verschiedene Sprossen derselben Wurzel erklärt, s. Welcker ep. Cycl. 2, 37, Rückert Trojas Ursprung 144 ff. G. Curtius Grundz. 118 hält die Erklärung des Namens Ἀχιλεύς durch Ἐχέλαος, Volkshalter sprachlich für möglich, ohne sich jedoch dafür zu entscheiden. Lehrs Aristarch S. 429 möchte Ἀχιλεύς als den „Schmerzenssohn" auffassen.

3) Il. 9, 485 ff.; 11, 832; 23, 140 ff.

wie die eleusinische Demeter den Sohn des Keleos Nachts ins Feuer gelegt, Tags mit Ambrosia gesalbt habe, um ihn auf diese Weise unsterblich zu machen, bis Peleus einst in der Nacht sein Kind in den Flammen sah und durch seine Angst das Werk unterbrach und Thetis verscheuchte[1]. Darauf bringt Peleus den Achill zum Chiron, der den Knaben mit dem Gedärm von Löwen und dem Mark von Ebern und Bären grofszieht, ihm den Namen Achilleus giebt, den die Alten nach ihrer spielenden Weise erklären[2], und darauf in der Jagd und Heilkunst oder, wie die Späteren dichteten und malten, in allen ritterlichen und musischen Künsten unterrichtete. Unter den angeblichen Gedichten des Hesiod befand sich eins, Χείρωνος ὑποθῆκαι betitelt d. h. die Sprüche des Chiron, wo gewisse Grundzüge der Gottesfurcht, Tugend und Weisheit nach griechischer Lebenserfahrung in der Form einer Lehre des weisen Kentauren an seinen Zögling eingekleidet waren[3]; wie man sich denn später in den philosophischen Schulen bemühte, den Achill der heranwachsenden Jugend als ein Muster der Tapferkeit und der vollendeten Liebenswürdigkeit anzuempfehlen, in welchem Sinne der Zögling des Chiron namentlich von Gorgias und dem Herakles des Antisthenes gepriesen wurde[4]. Dahingegen sich die Dichter und Künstler darin gefielen entweder das idyllische Zusammenleben des Heldenknaben mit Chiron und den ihn umgebenden Waldfrauen, der

---

1) Apollon 4, 865 ff., Schol. v. 816, Apollod. l. c. Nach Lykophr. 178 waren vor dem Achill sechs andre Knaben im Feuer umgekommen. Noch später ist die Dichtung von der Eintauchung in die Styx, s. Statius Achill. 1, 269 ff. und die Bildwerke b. Overbeck 284.

2) Nach Apollod. 3, 13, 6 hiefs er früher Λιγύρων d. h. der Schreier und wurde dann Ἀχιλλεύς genannt ὅτι τὰ χείλη μαστοῖς οὐ προσήνεγκε, weil er seine Lippe an keine Brust gelegt, vgl. Tertull. de pall. 4 quandoquidem labiis vacuerat ab uberum gustu. Euphorion b. Et. M. v. Ἀχιλλεύς erklärte den Namen, weil er vom Chiron zu den Myrmidonen zurückgekehrt sei χιλοῖο πάμπαν ἄπαστος, ohne bis dahin gewöhnliche Kost genossen zu haben, Meineke Anal. Al. 98. *Kallimachos fr. 549 Schneider leitete Ἀχιλλεύς ab ἀπὸ τοῦ εἶναι ἄχος τοῖς Ἰλ(ι)εῦσιν. Das Citat aus einem Epithalamius des Agamestor Pharsalius b. Tzetz. Lyk. 178, wonach Achilleus früher Πυρίσσοος geheifsen habe, beruht auf einer Erfindung des Ptolem. Heph., vgl. Hercher N. Jahrbb. f. Phil. Suppl. 1, 272. 280. 292.

3) Vgl. Pindar P. 6, 21 ff., Eurip. Iphig. A. 926 ff., Stat. Achill. 2, 113 ff., Schneidewin de Pittheo Troezen. 5—9.

4) Der Herakles des Antisthenes sagte von ihm: μέγας γὰρ καὶ καλὸς καὶ ὡραῖος· οὐκ ἂν αὐτοῦ ἠράσθη δειλὸς ἐραστής, vgl. Schneidewin l. c. p. 6 und über den Achill des Gorgias Fofs de Gorg. Leont. p. 77. Herakles und Achill beim Chiron zusammentreffend auch b. Ovid F. 5, 381 ff.

Philyra und Chariklo, weiter auszumalen¹) oder die kindlichen Uebungen seiner Kraft zu schildern, wie er bald daheim in der Höhle des Kentauren den Speer schwang und spielend grofse Dinge verrichtete, bald draufsen im Walde Löwen und Eber tödtete und ihre noch zuckenden Leiber zu seinem Lehrer trug, sechsjährig zuerst und die ganze Zeit hindurch; es staunten über ihn Artemis und Athena, wenn er ohne Hunde und ohne Netze selbst der flüchtigsten Hirsche Meister wurde, so grofs war die Schnelligkeit seiner Füfse²). Auch die Vasenbilder und sonstige Kunstdarstellungen beschäftigen sich gerne mit seiner Jugend; vorzüglich findet sich in verschiedenen Wiederholungen, besonders auf Pompejanischen Wandgemälden, eine Gruppe von ausgezeichneter Schönheit, wo der Kentaur den jungen Heros im Spiele der Lyra unterrichtet³). Oder man liefs ihn seine Mutter und den alten Nereus und die Nereiden besuchen oder vor dem Zuge gegen Troja Abschied von ihnen nehmen⁴). Denn hatte sich Thetis auch von dem sterblichen Gemahle getrennt, so konnte sie doch von dem Sohne nicht lassen, sondern immer umgab und begleitete sie ihn schützend und versorgend, sie und ihre Schwestern, der Chor der Nereiden, durch das Leben bis zu seinem Tode und zur endlichen Verklärung durch welche die Getrennten wieder vereinigt wurden, auch Peleus der Vater und Neoptolemos der Sohn des Achill: ein Reiz für den Volksglauben und zur Märchendichtung an mancher Küste und an mancher Strommündung⁵).

---

1) Bei Apollon. 1, 553 schaut Achill auf dem Arme der Philyra den abfahrenden Argonauten zu, während Chiron ihnen Glück auf die Reise wünscht. Vgl. 4, 812 und Pind. N. 3, 43 Φιλύρας ἐν δόμοις. Eine romantische Ausführung der Geschichte des Peleus und Achill nach Art der späteren Redekünstler b. Philostr. Her. 729 sqq.

2) Pind. N. 3, 43—52, wo das ἐξέτης τὸ πρῶτον den Anfang seines Unterrichts beim Chiron ausdrückt, da auch Hesiod so gedichtet hatte, s. Quintil. 1, 1, 15. Ueber die Jagdübungen vgl. Soph. b. Eust. Il. 877, 59 τὸν Ἀχιλλέα τραφῆναί φασιν ἐν τῷ Πηλίῳ πᾶν μῆλον (d. i. θηρίον) θηρῶντα.

3) Zahn 2, 23; 3, 25. 32. 33, *Helbig n. 1291 ff. Wahrscheinlich liegt ein Meisterwerk zu Grunde. vgl. Plin. 36, 29 nec minor quaestio est in Septis Olympum et Pana, Chironem cum Achille qui fecerint. *Ueber andre Darstellungen, die sich auf Achills Jugend beziehen, s. Overbeck a. a. O. 252 ff., Heydemann Vasens. Santangelo n. 160.

*4) Achill in Begleitung des Hermes von Nereus und den Nereiden Abschied nehmend Bull. Napol. N. S. 5 t. 2 mit den Namen Thetis, Kymothoe, Psamathe, vgl. Brunn troische Miscellen S. 66. Aehnlich Welcker A. D. 3, 401 ff. Tfl. 25.

5) Bd. 1, 457, 2. Der verklärte Peleus mit der Thetis wiedervereinigt, Eurip. Andром. 1257.

Telamon, der Vater des grofsen Aias, ist gleichfalls erst durch das jüngere Epos und die attische Tragödie mehr hervorgezogen worden. Seinem Namen nach ist er der Dulder, der Träger[1]), denn die gewaltige Kraft des Sohnes ist ein Erbe seines Vaters. Seine Heimath ist nach der gewöhnlichen, durch attischen Einflufs bestimmten Erzählung die Insel Salamis, wohin er nach dem Morde des Phokos von Aegina seine Zuflucht nimmt[2]). Der dortige König und Autochthon Kychreus hinterläfst ihm das Reich. Sein Weib ist Eriboea oder Periboea, eine Tochter des Pelopiden Alkathoos aus Megara[3]), zu welchem Staate die Insel Salamis in älterer Zeit gehörte. Dann kommt Herakles um ihn zum Zuge gegen Troja abzuholen und betet bei der Einkehr zum Vater Zeus, dafs er dem engverbundenen Freunde einen Sohn schenken möge. Zum Zeichen der Erhörung erscheint ein Adler, daher der Name Aias[4]). Oder, wie Andere, namentlich Aeschylos dichteten, Herakles erschien kurz nach der Geburt des Aias, nahm das Kind beim Gebete auf seinen Arm und hüllte es in seine Löwenhaut, daher Aias an seinem ganzen Leibe bis auf eine kleine Stelle an der Achsel unverwundbar geworden[5]). Von Troja brachte Telamon als Ehrenpreis der Beute Hesione, die Tochter des Laomedon nach Salamis, wo sie den Teukros von ihm gebar, den bekannten Halbbruder des Aias[6]).

So ist auch bei den Ueberlieferungen von diesem Helden, dem tapfersten vor Troja nächst dem Achill, zwischen denen des alten Epos und denen der jüngeren Zeit, wo attische Ansprüche und die Tragödie

---

1) Τελαμών von der Wurzel τελ, ταλ, daher die Τελαμῶντες in der Architectur, wie Ἄτλαντες. Telamonische Faustschläge sagte man sprichwörtlich, Hesych Τελαμώνιοι κόνδυλοι, vgl. den Komiker b. Athen. 6, 34.

2) Soph. Ai. 134. 596, Eurip. fr. 534 (Macrob. S. 5, 18, 17), wo Telamon als Theilnehmer der kalydonischen Jagd geschildert wird, ein goldener Adler auf seinem Schilde, sein Haupt mit Trauben bekränzt, Σαλαμῖνα κοσμῶν πατρίδα τὴν εὐάμπελον. Vgl. Apollon. 1, 90 ff., Paus. 1, 35, 2; 2, 29, 7 u. A. Telamon war in Athen nicht weniger populär als Aias, vgl. die Skolien b. Athen. 15, 50 u. Hesych Τελαμῶνα ᾄδειν.

3) Ἐρίβοια bei Pindar und Sophokles, Περίβοια bei Xenoph. Kyneg. 1, 9, Apollodor 3, 12, 7 u. A.

4) S. oben S. 232. Der Name wurde oft mit dem Digamma ausgesprochen Αἴϝας, etr. aivas. In Italien schrieb man früher Aiiax.

5) Schol. Soph. Ai. 833, Schol. Il. 14, 404; 23, 821, Lykophr. 455 ff.

6) S. oben S. 236. Τεῦκρος Τελαμώνιος Il. 13, 170. Auch am Argonautenzuge und an dem Zuge des Herakles gegen Elis soll Telamon sich betheiligt haben, daher man auch zu Pheneos ein Grab des Telamon zeigte, Paus. 8, 15, 3, Schol. Pind. Ol. 11, 39.

einwirkten, wohl zu unterscheiden. Die Ilias kennt ihn wie gesagt noch nicht als Aeakiden, wohl aber als den Besten nach Achill[1]), dem er gleich ist an Muth und Kraft, nur dafs Achill ein Idealbild des behenden Kriegers ist und dabei von anmuthiger Sitte und lebhafter Empfindung für Zorn und Leidenschaft, aber auch für Liebe, Freundschaft, Dichtung und alle zarteren Lebenstriebe, während an Aias Alles riesig ist und wuchtig, er selbst bedächtig und kurz angebunden, so dafs er sich ganz zum heroischen Vorbilde des schwergerüsteten Phalangiten eignete. Er ist von gewaltigen Gliedern ($πελώριος$ Il. 7, 211), breiter und höher als alle Uebrigen (3, 226 ff.), von unerschütterlicher Kraft und Mannheit, der $πύργος\ Ἀχαιῶν$ mit seinem ungeheuren Schilde, den er wie einen Thurm vor sich herträgt und der so wesentlich zu ihm und seinem Andenken gehörte, dafs sein nach Athen verpflanzter Sohn, der Erbe seines Schildes, Eurysakes d. h. Breitschild, ein Heiligthum in Athen Eurysakeion genannt wurde und Salamis seine Münzen mit diesem weltberühmten Schilde schmückte[2]). Viele Worte macht er nicht, aber immer ist er unerschrockenen Gemüthes ($ἄγλωσσος\ μέν,\ ἦτορ\ δ'\ ἄλκιμος$ Pindar) und im Kampfe voran, in allen kritischen Momenten der Schlacht ihre Stütze, und wenn er weichen mufs grimmig wie ein Löwe, den die Hunde und Wächter der Nacht mit Spiefsen und Bränden von der fetten Heerde zurücktreiben, oder zäh wie ein Esel, der sich in ein üppiges Kornfeld gedrängt hat und trotz aller Schläge eifriger Knaben nicht wieder herauszubringen ist (Il. 11, 545—565). Dahingegen der Charakter des späteren Aias wesentlich dadurch bestimmt wird dafs er so gut wie Achill Aeakide, also ein Sprößling des Zeus ist (Soph. Ai. 389. 641), ferner nicht mehr blos ein salaminischer, sondern ein attischer Landesheros, endlich ein tragischer Held, wie wir ihn namentlich durch den Aias des Sophokles kennen[3]). Ein attischer Held war er geworden seitdem Salamis aus dem Besitze von Megara in den von Athen übergegangen war; bei welcher Gelegenheit die Ilias durch einen angeblich von Solon eingeschobenen Vers die Ansprüche Athens hatte unterstützen müssen[4]). Ja der salaminische Aias wurde

---

1) Il. 2, 768; 13, 321 ff.; 17, 279, Od. 11, 469. 556. Eben so Alkaeos fr. 48 $Κρονίδα\ βασίληος\ γένος\ Αἴαν,\ τὸν\ ἄριστον\ πεδ'\ Ἀχίλλεα$ und das Skolion l. c. $ταῖ\ Τελαμῶνος\ Αἶαν\ αἰχμητά,\ λέγουσί\ σε\ ἐς\ Τροίαν\ ἄριστον\ ἐλθεῖν\ Δαναῶν\ μετ'\ Ἀχιλλέα$. Vgl. Soph. Ai. 1340, Horat. S. 2, 3, 193.

2) Bröndsted Reisen u. Unters. 2, 312—314.

3) Welcker kl. Schr. 2, 264—355.

4) Solon soll im Schiffskataloge Il. 2, 557 nach $Αἴας\ δ'\ ἐκ\ Σαλαμῖνος\ ἄγεν$

durch Kleisthenes sogar zu einem attischen Stammesheroen und in der Zeit der Perserkriege schienen Aias und die Aeakiden von Aegina sich in der Tapferkeit der nach ihm benannten Phyle und in den Streitern von Salamis von neuem zu offenbaren[1]). Dazu kam der Einfluss der attischen Tragödie, für welche das Schicksal des Aias nach dem Streite über die Waffen des Achill, auch das seines Halbbruders, des Teukros, und seines Sohnes Eurysakes von der gefangenen Königstochter aus Phrygien, der Tekmessa, ein beliebter Gegenstand war. Früher hatte es geheissen, Athena habe bei jenem Streite zu Gunsten des Odysseus gegen Aias entschieden, vermuthlich aus keinem andern Grunde als weil der herkömmliche Verlauf des trojanischen Kriegs die Klugheit des Odysseus zuletzt für wichtiger hielt, als die Tapferkeit des Achilles und Aias. Jetzt musste Aias als unterliegender auch der schuldige sein; daher derselbe Held, welchen die Ilias verständig nennt und als gottesfürchtig schildert[2]), nun zu einem Frevler gegen die Götter überhaupt und gegen Athena insbesondere wurde, wofür diese ihn mit Wahnsinn straft und in diesem Wahnsinn sich mit solcher Schmach beladen läfst dafs er nicht länger leben mochte, eine Auffassung welche nach Sophokles die allgemeine wurde. Ja dieser Held ist darüber bei den späteren, namentlich den römischen Dichtern vollends zu einem prahlerischen und jähzornigen Kriegsmann geworden, dessen Fehler von selbst zu seinem Untergange führten, Odysseus ihm gegenüber freilich auch zu einem zungenfertigen Advocaten, welcher mehr durch seine Schlauheit und Beredtsamkeit als durch die Gerechtigkeit seiner Sache den Sieg davon trug[3]).

Wer mag des Achill gedenken, ohne den Patroklos mitzunennen, den edlen und tapfern Sohn des Menoetios, ohne den der Pelide nicht länger leben mochte? Auch galt er für einen nahen Verwandten

---

δυοκαίδεκα νῆας den Vers eingeschaltet haben στῆσε δ' ἄγων ἵν' Ἀθηναίων ἵσταντο φάλαγγες. In Megara dagegen las man: Αἴας δ' ἐκ Σαλαμῖνος ἄγεν νέας ἔκ τε Πολίχνης ἔκ τ' Αἰγειρούσσης Νισαίης τε Τριπόδων τε, lauter kleine megarische Ortschaften, Plut. Sol. 10, Str. 9, 394. *Vgl. auch Lehrs Aristarch S. 147.

1) Herod. 5, 66; 8, 64. 121, Plut. Them. 15. Sympos. 1, 10, 3.

2) Il. 7, 289 sagt Hektor zu ihm: ἐπεί τοι δῶκε θεὸς μέγεθός τε βίην τε καὶ πινυτήν, περὶ δ' ἔγχει Ἀχαιῶν φέρτατος ἐσσί. Beispiele seiner Gottesfurcht Il. 7, 194; 17, 645. Dagegen Soph. Ai. 756 ff.

3) Pacuvius v. 36 cum recordor eius ferocem et torvam confidentiam. 37 feroci ingenio, torvus, praegrandi gradu. Attius v. 158 pervico Aiax animo atque evocabili. Theokr. 15, 138 Αἴας ὁ μέγας βαρυμάνιος ἥρως. Ovid M. 13, 1—381.

des Achill; hatte Hesiod doch seinen Vater einen Bruder des Peleus genannt (S. 394). Seine Heimath war das lokrische Opus, von wo ihn der Vater als Knaben, nachdem er beim Würfelspiel einen Kameraden unversehens erschlagen hatte, nach Phthia zum Peleus brachte, wo er nun mit dem Achilles gemeinschaftlich erzogen wurde[1]. Ihre Freundschaft wurde eine so innige dafs spätere Dichter, namentlich Aeschylos sich dieselbe nach der Sitte ihrer Zeit als einen Liebesbund auf Tod und Leben gedacht haben[2]. Ein Landsmann des Patroklos ist ferner der **lokrische Aias**, ein Sohn des Oileus, der eigentliche Stammesheld der Lokrer, daher die Münzen von Opus seine kriegerische Gestalt zeigen[3]. Er ist der kleinere Aias neben dem grofsen, der leichtbewaffnete neben dem schwerbewaffneten, da die Lokrer in der Ilias überhaupt leichtbewaffnet sind[4]. Bei der Zerstörung von Troja machte er sich durch den Frevel gegen Athena und ihre Schutzflehende Kassandra bekannt, den er auf der Rückkehr von Troja mit seinem Leben büfste. Endlich **Teukros**, in welchem sich das Blut der Aeakiden mit dem der Dardaniden kreuzte, denn die troische Hesione hatte ihn dem Telamon auf Salamis geboren: der beste Bogenschütze unter den Griechen, den sein Halbbruder Aias in der Schlacht mit seinem Schilde zu decken pflegt (Il. 8, 266 ff.; 12, 370 ff.), nach dem Tode desselben der Schutz seines Sohnes Eurysakes, nach der Rückkehr in Salamis von dem alten Telamon zurückgewiesen, weil er ohne seinen Bruder heimzukehren wagte, und dadurch neuen Abenteuern preisgegeben.

d. Diomedes und Odysseus.

In der troischen Sage treten sie oft zusammen auf, ein Doppelbild von Muth und List, obwohl diese Paarung erst durch diese Sage hervorgerufen zu sein scheint, denn ursprünglich gehörte jeder zu einem eigenthümlichen Zusammenhange älterer nationaler Ueberlieferungen.

Diomedes, der Sohn des ungestümen Tydeus, ein Held der aetolischen und argivisch-thebanischen Sage, ist in der Ilias der Führer

---

1) Il. 23, 85 ff., Hellanikos b. Schol. Il. 12, 1, Apollod. 3, 13, 8.

2) Aesch. b. Athen. 13, 75. 79. Vgl. Plato Symp. 180 A. Zenodot und Aristarch strichen Il. 16, 97—100, weil diese Verse auf dasselbe erotische Verhältnifs zu deuten schienen, *vgl. Lehrs Aristarch p. 187.

3) Vgl. O. Jahn Archäol. Aufs. 167.

4) Il. 13, 701 ff. vgl. 2, 527 ff. Dieser Aias wurde von den opuntischen und italischen Lokrern als Hort der Schlachten angerufen; man liefs in der Schlachtreihe sogar einen Platz für ihn offen, Konon 18, Paus. 3, 19, 11. Mehr über ihn

der Völker, welche zur Herrschaft der Amythaoniden gehörten¹). Ungestüm wie sein Vater und ein Liebling der Athena wie er, aber glücklicher, denn er erlangte wirklich durch sie die Unsterblichkeit²), schont er im Kampfe wenn sie an seiner Seite steht selbst der Götter nicht. Dazu ist er der eigentliche Entführer und Träger des troischen Palladion, des alten Bildes mit der geschwungenen Lanze, welches Diomedes nach Argos gebracht, wo seine Nachkömmlinge mit der Pflege desselben beschäftigt blieben, als ein Verehrer der Athena und ein Verbreiter ihres Cultus auch in vielen andern Gegenden bekannt. In Argos wurde sein Schild als Reliquie am Feste der Athena durch die Stadt getragen³), in Methone (Modon) galt ein Tempel der Athena Anemotis d. h. der den Stürmen Gebietenden für seine Gründung, in Italien rühmte man sich in verschiedenen Gegenden das Palladion durch ihn erhalten oder Rossezucht und griechische Sitten von ihm gelernt zu haben, zu Salamis auf Cypern wurde er angeblich neben der Athena und der Kekropide Agraulos mit Menschenopfern verehrt⁴). Kurz dieser Held gehört wesentlich zum Athenadienste in seiner hellenischen Bedeutung, sofern sie die stürmische Wetter- und Kriegsgöttin ist, die Göttin der Wogen und der Rosse und des wildbewegten Kampfes in der Schlacht.

Endlich Odysseus, auch er ein besonderer Liebling der Athena und zugleich einer der gröfsten Lieblinge der griechischen Heldensage überhaupt, ja wohl der populärste von allen, wie sich denn auch der griechische Nationalcharakter in keinem so treu widerspiegelt wie in ihm. Zu dem weit idealeren Achill verhält er sich etwa wie Hermes zum Apoll, eine seltene Mischung von Muth und rüstiger Kraft mit Schlauheit und unverwüstlicher Geistesgegenwart, deren Züge weit mehr als es sonst im Epos der Fall zu sein pflegt gewissen realen Lebensbedingungen entlehnt zu sein scheinen. Die Vorbilder dazu mochten sich vorzüglich dort finden wo Odysseus eigentlich zu Hause ist und von wo auch die Sage von ihm eigentlich abstammt und sich aus

bei Bröndstedt die Bronzen von Siris 501ff. Auch die Abstammung des Oileus führt zurück auf Opus, Eustath. Il. 277, 18.

1) Il. 2, 559 vgl. oben S. 353.
2) Pind. N. 10, 7, Horat. Od. 1, 6, 15 vgl. oben S. 361.
3) Kallimach. lav. Pall. 35ff. vgl. Schol. v. 1 u. 37, Plut. Qu. Gr. 48, O. Müller kl. Schr. 2, 169. Auch das H der Athena ὀξυδερκής auf der Burg von Argos war eine Stiftung des Diomedes, ὅτι οἱ μαχομένῳ ποτὲ ἐν Ἰλίῳ τὴν ἀχλὺν ἀφεῖλεν ἡ θεὸς ἀπὸ τῶν ὀφθαλμῶν, Paus. 2, 24, 2. A. ἀνεμῶτις ib. 4, 35, 5.
4) Porphyr. d. abstin. 2, 54.

localen Anfängen allmählich zu dem reichen und lebensvollen Charakterbilde entwickelt hat¹): auf den griechischen Inseln und in dem griechischen Seeleben, also unter jenen betriebsamen, durch weiten und breiten Verkehr mit Osten und Westen und durch alle möglichen Abenteuer geschulten Völkern und Stämmen des griechischen Mittelmeers, deren Einfluss auf die griechische Sage und Mythologie und überhaupt auf griechische Bildung und Cultur nicht hoch genug angeschlagen werden kann. Immer ist das Seeleben die Schule des Abenteuers, der Geistesgegenwart, der unverdrossenen Ausdauer, der List gewesen, da den Griechen ohnehin die Natur des Meeres und aller Meeresdämonen eine listige und unverwüstlich wandelbare zu sein schien. Bedenken wir vollends das Seeleben damaliger Zeit, die Gefahren der Schifffahrt, das bunte Gemisch der Völker, den Handel und Wandel, den Seeraub, den Sclavenhandel, der allen Besitz, alles Leben auf den Küsten und Inseln unsicher machte, so werden wir es um so eher begreiflich finden wie sich aus solchen Anfängen gerade ein solches Heldenbild entwickeln musste.

„Odysseus bin ich, der Sohn des Laertes, dessen List im Munde aller Menschen und dessen Ruhm bis zum Himmel gedrungen ist"²). mit diesen Worten führt er sich selbst bei den Phaeaken ein, und sein vielgewandtes und verschlagenes Wesen, wie er sich durch alle Welt herumgetrieben und aller Menschen Sitz und Sinn erkannt habe, wird gleich zu Anfang des ihm gewidmeten Gedichtes hervorgehoben. Dazu kommt dafs schon die Odyssee 19, 394 seine Abstammung vom Autolykos, dem Sohne des diebischen Hermes, dem berühmtesten aller Spitzbuben kennt, wozu die spätere Zeit die vom Sisyphos hinzugefügt hat³).

---

1) J. F. Lauer Geschichte der Homer. Poesie 247—292.
2) Od. 9, 19 εἴμ' Ὀδυσεὺς Λαερτιάδης, ὅς πᾶσι δόλοισιν ἀνθρώποισι μέλω καί μευ κλέος οὐρανὸν ἵκει. Auch der Name scheint wesentlich mit den vielen Erfahrungen und Heimsuchungen zusammenzuhängen die er ausgehalten, der πολύτλας δῖος Ὀδυσσεύς, der ταλασίφρων. Es ist der Vielaushaltende, von dem Zorne der Götter, namentlich des Poseidon Vielgeplagte, Ὀδυσσεύς von ὀδύς — ὀδώδυσται, ὠδυσάμην, vgl. Od. 1, 62; 5, 340. 423; 19, 275. 407. *Den Versuch einer anderen Etymologie erwähnt G. Curtius Grundz. 131. — Auf Vasen findet sich die Form Ὀλυτεύς oder Ὀλυττεύς, auch Ὀλυσεύς, in Sicilien sagte man Οὐλίξης, in Italien Ulysses oder Ulixes, in Etrurien Uthuxe, s. Röm. Myth. 664, 2.
3) Ueber Autolykos s. 1, 319. Die Abstammung vom Sisyphos b. Aeschyl. fr. 169 u. Soph. Philokt. 417. 1311, Ai. 189, wo die Scholien aus einem andern Stücke des Sophokles die an den Odysseus gerichteten Worte erhalten haben: οἱ

409 Auch ist sein wahres Element immer das Abenteuer und die List, selbst im trojanischen Kriege, wo deshalb nach dem Tode des Achill und Aias Odysseus am meisten hervortrat, wie dieses schon im alten Heldengesange ausgeführt wurde (Od. 8, 75—82 Schol.), so dafs er zuletzt durch seine List erreichte was Achill durch seine Tapferkeit nicht vermocht hatte. Vollends im Gesange von den Abenteuern der Heimkehr verschlang das Interesse für diesen Helden so früh und in solchem Grade alles andere, dafs die übrigen Keime der Sage sich neben ihm nur auf unvollkommene Weise entwickeln konnten.

Freilich ist darunter nicht die gemeine List eines schlechten Charakters und einseitiger Verstandesbildung zu verstehen, wofür die spätere Tragödie und Sophistik sie oft genommen, sondern die natürliche und nothwendige eines in der Schule unzähliger Gefahren reif gewordenen Mannes, wie ja bei allen Völkern und zu allen Zeiten, die sich mit den Gefahren der Natur und des Lebens in ununterbrochenem Kampfe befanden, die Verschlagenheit und Geistesgegenwart nicht weniger hoch als Muth und Kraft und der Mann am höchsten geschätzt worden ist, bei welchem sich beide Eigenschaften vereinigt fanden. So bildet sich besonnener Muth und unverrückte Ausdauer fest ins Herz geschlossener Lebensziele, was diesen Helden der Athena so theuer machte (1, 184, 1) und was ihn trotz aller Gefahren der Meereswogen und der Meeresdämonen, trotz Poseidon und Helios zuletzt doch noch in die Heimath und zu Weib und Kind führte, in die arme und doch so liebe Heimath, nach welcher sein Herz sich zwanzig Jahre lang gesehnt hatte. Auch das ist ein dem Seeleben und seinen Abenteuerlichkeiten entlehnter Zug, da überall gerade unter solchen Gefahren der Sinn für ein stillbefriedigtes, engbegrenztes Leben in der Heimath am meisten ausgebildet wird, wie die alte Odyssee dieses auch durch ihren letzten Ausgang auf überaus sinnige Weise ausgedrückt hatte. Dazu ist Odysseus aber auch ein heroischer Held so gut wie alle übrigen, eben so muthig und unverdrossen in der Schlacht als er es im Gedränge von Sturm und Wogen ist, ausgezeichnet in allen kriegerischen und ritterlichen Uebungen, sein Rath nicht allein der beste, sondern auch ge-
410 schmückt mit einer Redefülle, die wie Schneegestöber aus seinen Lippen drängt, seine persönliche Anmuth, vollends wenn Athena nachhilft, auch für zarte Mädchen unwiderstehlich¹).

πάντα πράσσων, ὡς ὁ Σίσυφος πολὺς ἔνδικος ἐν σοὶ πάντα χώ μητρὸς πατὴρ d. h. Autolykus. Vgl. von beiden Tzetz. Lyk. 344.

1) „Auf Bildwerken erscheint er als eine kurze, gedrungene Schiffergestalt,

Und so ist es auch ein sehr schöner und sinniger Zug der Sage dafs sie gerade diesem vielgeprüften und weitverschlagenen Manne die beste von allen Frauen, die Krone aller griechischen Heldenfrauen gegeben hat, die schöne, die sinnige und vor allen Dingen die treue und sittsame Ikariostochter Penelope, eine nahe Verwandte der Helena und Klytaemnestra und doch wie so ganz von beiden verschieden. In der Gegend von Pellana, wo einst Tyndareos und Ikarios mit ihren Kindern gewohnt hatten, sah man ein Bild der edlen Schaam ($Aἰδοῦς$), welches der Sage nach Ikarios nach dem Abschiede von seiner Tochter geweiht hatte. Umsonst versuchte er den Odysseus zum Umzug von Ithaka in die schönsten Thäler von Lakedaemon zu bestimmen, umsonst wenigstens Penelope zurückzuhalten. Schweigend verhüllte die Tochter ihr Antlitz mit dem bräutlichen Schleier und folgte dem erwählten Manne[1]), um ihm durch das ganze Leben eben so treu zu bleiben, wie sie es in diesem schweren Augenblicke gewesen war. Telemachos war kaum geboren als Odysseus sein junges Weib verlassen mufste. Zehn Jahre dauerte der Krieg, zehn Jahre die Heimkehr. Einsam und traurig harrte sie des Gemahls, bis sich die Hallen mit zudringlichen Freiern füllten, der heranwachsende Sohn, die Eltern zur neuen Vermählung trieben. Wie oft war sie durch falsche Botschaft getäuscht worden, wie war ihre Seele zuletzt so ganz verzagt und verkümmert, ihr schöner Leib wäre von den vielen Thränen, den durchwachten Nächten ganz zerstört worden, wenn die Götter nicht seine Frische durch erquickenden Schlummer immer wieder hergestellt hätten. Aber wie dringend und verführerisch die Umstände, wie wahrscheinlich das Ausbleiben des Gemahles sein mochte, sie wufste und wollte nur von ihm wissen. Und sie war viel zu sehr die würdige Gemahlin des Odysseus um sich

---

in allen Bewegungen des Körpers nicht weniger gewandt als stämmig und festen Tritts, die ihre königliche Abkunft lieber verbirgt als zur Unzeit mit ihr hervortritt. Sogar die angeborne Schlauheit weifs sein Antlitz unter beredter, Zutrauen erweckender Freundlichkeit zu verstecken. Bart und Haare zeigen eine gewisse Nachlässigkeit der Anmuth, aber während er sich mit dem Ausdrucke der Jugendlichkeit begnügt, zeigt die prall gewölbte Stirn den erfahrenen, weisen Mann, dessen durchdringender Blick selbst Ungeheuer bändigen würde." Braun in Gerhards hyperb. röm. Stud. 2, 19.

1) Paus. 3, 20, 10. Ihrem Namen nach ist $Πηνελόπη$ die Spinnerin, Gewebearbeiterin, s. Bd. 1, 616, 3. G. Curtius Grundz. 276, mit dem bedeutungsvollen Zuge des Gewebes, welches sie immer von neuem auflöst um immer von neuem daran zu weben, Od. 2, 94; 19, 149ff. Spätere Fabeleien b. M. Schmidt Didymi fr. p. 363.

nicht unter den schwierigsten Umständen doch behaupten zu können, im Nothfalle auch wohl durch kluge List und durch feine Berechnung.

II. Der Krieg.

Eine Uebersicht der wichtigsten Ereignisse desselben richtet sich von selbst nach der Zahl und Art der epischen Gedichte, welche von seinen verschiedenen Abschnitten erzählten. Ist von diesen gleich nur die Ilias vollständig erhalten, so besitzen wir doch von den übrigen theils Bruchstücke ihrer ursprünglichen Texte theils die wichtigen Auszüge aus dem sogenannten epischen Cyclus, obschon dieser jene Gedichte nicht vollständig, sondern nur in einer zusammenfassenden und hin und wieder verkürzenden Ueberarbeitung enthalten zu haben scheint[1]). Die zahlreichen Tragödien der attischen Bühne und die vielen Bildwerke über alle wichtigeren Abschnitte dieses Cyclus tragen wesentlich bei zur Ergänzung des Fehlenden, zumal da sie vorzugsweise gerade solche Abschnitte berühren, von denen die ältere epische Ueberlieferung verloren gegangen ist.

a. Die Kyprien[2]).

Ein Gedicht, welches von der Ursache des Krieges und seinem Verlaufe in den ersten neun Jahren d. h. bis zum Anfange der Ilias (Il. 2, 134) erzählte, aber sowohl hinsichtlich der einzelnen Sagen seines Inhalts als nach dem ganzen Geiste seiner Auffassung einer bedeutend jüngeren Zeit angehörte.

In der Ilias war einfach die Entführung der Helena die Ursache des Kriegs, ein Vorgang welcher hier durchaus als etwas sittlich Verletzendes angesehen wurde, wodurch Menelaos in seinen theuersten Rechten gekränkt und die Ehegöttin Hera zur unversöhnlichen Feindin von Troja wird. Also war die argivische Hera, wie in der Heraklessage, auch nach der ältesten Auffassung des trojanischen Kriegs eine Hauptursache der Verwicklung, die Hera von Argos, Myken und Sparta, deren Schützlinge die Atriden sind (Il. 4, 51) und welche wie sie Il. 4, 26 sagt vielen Schweiss vergossen und wie oft ihre Pferde müde gejagt hat, um alle die Helden gegen Priamos und Paris zusammen zu bringen, sie und die kriegerische Athena, die Schutzgöttin aller achaeischen

---

1) Nitzsch Sagenpoesie der Griechen, 36 ff. 386 ff.
2) Henrichsen de carm. Cypriis Havn. 1828. Engel Kypros 1, 596—682. Welcker ep. Cycl. 1, 300 ff.; 2, 85—168. 495—521. *Schlie zu den Kyprien, Progr. Waren 1874 (der Rath der Themis; Peleus und Thetis).

Helden. Beide Göttinnen dringen deshalb auch im weiteren Verlaufe des Kriegs immer von neuem auf Rache und Zerstörung, so dafs Zeus mit seiner stillen Neigung für Troja und Hektor (Il. 4, 43—49) und mit seinen auf Verherrlichung des Achill gerichteten Planen immer vollauf zu thun hat um diese beiden mächtigen Göttinnen im Zaume zu halten. Anders die Kyprien, welche ihre Erzählung mit einer Berathschlagung zwischen Zeus und Themis, der personificirten Providenz begannen, wie man der Uebervölkerung der Erde steuern könnte. Als bestes Mittel zu diesem Zwecke wurde ein tüchtiger und recht langer Krieg beliebt, zu welchem Ende Eris jenen Streit unter den drei Göttinnen anstiften mufste, in welchem Aphrodite durch das Urtheil des Paris siegte, Athena und Hera aber die unversöhnlichsten Feindinnen von ihm und allen Trojanern wurden[1]). Also wurde vorzüglich die Macht der Göttin von Kypros und Kythera durch dieses Gedicht verherrlicht und auf diesem Wege die Dichtung von Paris und Helena zwar in gewisser Hinsicht in ihren ursprünglichen Cultuszusammenhang wieder eingerückt[2]), aber im Uebrigen der ältere und sittlichere Zusammenhang des epischen Gesanges doch sehr verändert.

Wie Aphrodite und Helena so erschien auch Paris in den Kyprien, vermuthlich nach Anleitung örtlicher Traditionen, in einem andern Lichte und als Mittelpunkt eines gröfseren Sagencomplexes, welcher gleichfalls bei den späteren Dichtern und Künstlern einen lebhaften Anklang gefunden hat. Er ist ganz der orientalische Held, zugleich mannhaft und weichlich wie Dionysos, wie Sardanapal, wie der lydische Herakles, grofs in der Schlacht und grofs im Harem, der gerade Gegensatz zu den griechischen Helden, namentlich zu Menelaos und zum Achill[3]). Als Hekabe mit ihm schwanger ging sah sie im Traume einen Feuerbrand, der ganz Troja zu entzünden drohte. Darum läfst Priamos das Kind im Idagebirge aussetzen[4]), wo es durch eine Bärin ernährt

---

1) Der Apfel der Eris mit der Aufschrift „der Schönsten" ist eine spätere Erfindung. Wenigstens kennen ihn erst die späteren Darstellungen des Parisurtheils. *Vgl. auch Fränkel Arch. Ztg. 1873, 38.

2) Bd. 1, 274. 290. 439 und von der Helena oben S. 109 ff. Nach Eurip. Or. 1639 war die Schönheit der Helena das Mittel zu dem Kriege, durch welchen die Götter die Last der Erde erleichtern wollten, ὡς ἀπαντλοῖεν χθονὸς ὕβρισμα θνητῶν ἀφθόνου πληρώματος.

3) Aehnliche Schilderungen in der Ilias z. B. 6, 522, doch ging die spätere Kunst und Dichtung viel weiter, vgl. Bd. 1, 293.

4) Vgl. die Verse des römischen Tragikers, vermuthlich des Ennius im Alexander, b. Cic. de Divin. 1, 21.

wird und darauf unter Hirten und Heerden aufwächst, geliebt von der idaeischen Nymphe Oenone, deren Name und Natur die Art dieses idyllischen Waldlebens weiter ausführt. Als er so in diesen schönen Bergen seine Heerde treibt¹), erstarkt im Kampfe mit Räubern und wilden Thieren und seine Mufse mit dem Spiel der Laute vertreibend, da erscheinen die drei Göttinnen vor ihm, geführt von Hermes, den Paris kennen mufste. Aber die Erscheinung der Göttinnen erschreckt ihn und es kostet Mühe ihn zu beruhigen und zu dem Urtheile zu bestimmen. Hera verspricht ihm die Herrschaft über Asien, Athena Sieg und Kriegesruhm, Aphrodite den Besitz der Schönsten, die Paris allem Uebrigen vorzieht, so dafs er von nun an der Liebling und der erkorne Held der Glücks- und Liebesgöttin ist²). Alsbald ändert sich sein Schicksal und sein Stand. In Troja konnte die Mutter ihr Kind nicht vergessen, Priamos suchte ihren Schmerz durch Spiele zu Ehren des verlornen Sohnes zu beruhigen. Als Kampfpreis wird ein Prachtstier aus der Heerde ausgesetzt die im Gebirge weidet, ein Stier den Paris vor allen Stücken seiner Heerde liebte. Also geht er mit in die Stadt, die männliche Lust der Spiele erweckt seinen Muth, er kämpft mit und besiegt Alle, selbst den Hektor, der Hirt die Prinzen. Darüber ergrimmen seine Brüder und wollen ihn tödten, aber Kassandra erkennt ihn, sie die gleich jetzt das ganze Schicksal ihres Hauses vor Augen sah, aber wie immer nicht gehört wurde³). Nun mahnt Aphrodite zur Fahrt nach

---

1) Wie Ganymed und Anchises, denn dieser idyllische Hintergrund ist in den asiatischen Fabeln sehr beliebt, Longus 4, 17 βουκόλος ἦν Ἀγχίσης καὶ ἔσχεν αὐτὸν Ἀφροδίτη, αἶγας ἔνεμε Βράγχος καὶ Ἀπόλλων αὐτὸν ἐφίλησε, ποιμὴν ἐν Γαργαρίδης καὶ αὐτὸν ὁ Ζεὺς ἥρπασε. Die Veranlassung zu dem Doppelnamen Πάρις und Ἀλέξανδρος wird verschieden erklärt, dieser zweite Name gewöhnlich durch seinen Schutz der Hirten, wie namentlich bei Euripides geschah, Varro l. l. 7, 82, Apollod. 3, 12, 5. Nach G. Curtius Grund. 275 würde Πάρις Kämpfer bedeuten, vgl. Virg. A. 5, 370 solus qui Paridem solitus contendere contra.

2) Schon die Ilias 24, 25—30 gedenkt dieses Urtheils, doch ist es wohl ein späterer Zusatz, *vgl. Lehrs Aristarch 187. — Zu Grunde liegen die mehrfach erwähnten Schönheitswettkämpfe der griechischen Frauen, worauf schon ein Alter diese Sage zurückführte, τρία γάρ ἐστι τῶν ἐπιχωρίων γέρα τὰ εἰς τὴν τῆς εὐμορφίας κρίσιν καταστάντα, Schol. Ven. Eur. Andr. 276. Sie werden auf Lesbos und Tenedos, also in der Nähe von Troas, und in andern Gegenden erwähnt, Il. 9, 129 Schol., Athen. 13, 90, Bd. 1, 640, 3.

3) Vgl. die Schilderung aus dem Alexander des Ennius b. Cic. de Divin. 1, 31 (Ribbeck trag. lat. p. 17—19). Nach Eurip. Androm. 294—299 hatte Kassandra schon bei der Geburt des Paris seinen Tod gefordert. *Die Wiedererkennung

Amyklae und hilft selbst beim Schiffbau. Umsonst warnt Oenone, die jetzt verschmähte Nymphe des Gebirges, die ihn endlich verläfst um ihn nicht eher als kurz vor seinem Tode wiederzusehen, da er sie mit hoffnungsloser Wunde aufsuchte¹). So war seine Geschichte in verschiedenen Tragödien des Sophokles und Euripides und in vielen Bildwerken der Künstler ausgeführt worden, von welchen letzteren besonders die aufserordentlich zahlreichen Vasengemälde, welche das Urtheil des Paris darstellen eine inhaltsreiche Uebersicht gewähren²). Anfangs ernster und einfacher werden diese bildlichen Darstellungen, wie die Beschreibungen der Dichter mit der Zeit immer üppiger und Aphroditens siegreiche Schönheit zur Hauptsache, bis Paris zuletzt die Entblöfsung der drei Göttinnen fordert, da er früher nur über den Werth ihrer Gaben zu entscheiden gewagt hatte³).

Viele Freier hatten sich beim Tyndareos um die Hand seiner wunderbar schönen Tochter gemeldet; er hatte ihnen vor der Entscheidung den feierlichen Schwur abgenommen dafs Alle für Einen stehen wollten, wenn dem vorgezogenen Gemahle der Helena Unrecht geschehen sollte⁴). Der Atride Menelaos war der Glückliche, der mannhafte Bruder des mächtigen Agamemnon, worauf das Beilager des liebenden Paares mit grofsen Feierlichkeiten begangen wurde⁵). Aber Tyndareos hatte der Aphrodite zu opfern vergessen, wofür ihn die

---

des Paris ist sehr häufig auf etruskischen Aschenkisten abgebildet, Brunn urne Etrusche tav. 1 ff., Schlie Darst. d. troischen Sagenkr. S. 1 ff., vgl. auch Ann. d. Inst. 1869, 256 f.

1) O. Jahn Paris u. Oenone, Greifsw. 1844, Arch. Beitr. 330—351.

2) Es gab von Sophokles und von Euripides einen Alexander, vgl. Hygin. f. 91, Welcker Gr. Tr. 462 ff., und von Sophokles überdies ein Urtheil des Paris als Satyrdrama. Schilderungen b. Eurip. Iph. A. 178 ff. 575 ff. 1283 ff., Androm. 273 ff., Tr. 924 ff., bildliche Darstellungen schon auf dem Kypseloskasten und dem Amyklaeischen Thron, Paus. 3, 18, 7; 5, 19, 1. Auch giebt es unter den vorhandenen Vasenbildern einige sehr alterthümliche, obschon die Mehrzahl dem eleganteren Geschmack der apulischen Vasenmalerei angehört. Vgl. Gerhard A. V. I. 170—176, *Welcker A. D. 5, 366 ff, Overbeck a. a. O. 206 ff, Stephani compt. rend. 1861, 33 ff.; 1863, 1 ff., Brunn troische Miscellen S. 46 ff., Gaedechens Rh. Mus. 29, 309.

3) τῶν σωμάτων οὐ δεηθεὶς λαβεῖν διάγνωσιν, ἀλλ' ἐπετέθεις τῆς τῶν θεῶν ὄψεως Isokr. Hel. 42. Die Entblöfsung fordert er b. Propert. 2, 2, 14, Ovid Her. 17, 116, Lukian D. D. 20.

4) Hesiod hatte ausführlich von den Freiern der Helena, Stesichoros von ihrem Schwure gedichtet.

5) Eur. Hel. 638. Stesichoros dichtete ein ἐπιθαλάμιον Ἑλένης, woraus Theokrit in seinem gleichartigen Gedichte Einiges entlehnt haben soll. s. id. Schol. 18.

mächtige Göttin dadurch strafte dafs sie ihrer Leidenschaft Macht über die Herzen seiner Töchter gab¹). So kam Paris, mit allen Reizungen der Liebesgöttin ausgestattet, der Held asiatischer Pracht und Ueppigkeit²), gastlich aufgenommen von den Dioskuren und vom Menelaos, dessen Weib von Aphroditens Macht und dem verführerischen Gaste nur zu schnell entzündet wurde: auch dieses ein sehr beliebter Gegenstand der späteren Historienmalerei. Menelaos war nach Kreta geschifft, die Dioskuren durch den Streit mit den Aphariden beschäftigt, als der Verführer mit seiner schönen Beute davon eilte, in der Nacht und mit vielen Schätzen³). Nach einer Fahrt von drei Tagen, einen so günstigen Wind und eine so ruhige See gewährte Aphrodite, erreichten sie glücklich Troja⁴).

Iris sagt es dem Menelaos, der schnell nach Hause eilt und zuerst mit seinem Bruder, dem mächtigsten Könige der ganzen Halbinsel⁵) rathschlagt. Dann begiebt er sich nach Pylos zum alten Nestor, dem liebenswürdigen Greise, der die Lapithen gekannt, mit den Aktorionen gekämpft⁶), das Blutbad des Herakles unter seinen Brüdern überlebt

---

1) So dichteten Stesichoros und Hesiod, die auch die Untreue der Klytaemnestra dadurch erklärten, Schol. Eur. Or. 239, Hesiod ed. Göttl. p. LIX. Vgl. Bd. 1, 291, 2.

2) ἀνθηρὸς μὲν εἱμάτων στολῇ χρυσῷ τε λαμπρὸς, βαρβάρῳ χλιδήματι, Eurip. Iphig. A. 73, vgl. Tr. 991 ff., Kykl. 182 ff., Bd. 1, 293. Immer hat in den alten Sagen asiatische Pracht, asiatischer Reichthum grofse Gewalt über das ärmere Griechenland. Bei Lukian D. D. 20 und in den bildlichen Darstellungen wird dagegen die Hülfe der Aphrodite und ihrer Dämonen lebhaft hervorgehoben s. O. Jahn Ber. d. Sächs. Ges. 1850, 176 ff. Overbeck 263 ff., Welcker zu Ternite t. 30. 31, *Helbig n. 1288 ff., Stephani compt. rend. 1861, 115 ff., Brunn urne Etr. t. 17 ff., Schlie troischer Sagenkr. S. 23 ff.

3) Der Einschiffung mit vielen Schätzen, denn Menelaos ist als Atride nothwendig reich zu denken, gedenkt die Ilias 3, 70. 91; 7, 350. 363; 13, 626; 22, 115. Nach einer späteren Version entführte Paris die Helena, als sie am Meeresstrande mit einem bacchischen Opfer beschäftigt war, Lykophr. 103.

4) So erzählten nach Herod. 2, 117 die Kyprien. Nach dem epischen Cyclus dagegen sendete Hera einen Sturm, wodurch das Schiff bis Sidon verschlagen wurde, vgl. Il. 6, 290. Mit den Kyprien stimmt Horaz überein Od. 1, 15, wo Nereus dem verwegenen Paare die Zukunft von Troja verkündet. Spätere Ortssagen führten sie auch nach Libyen und Karien, Steph. B. v. Σαμυλία und Διοσκούρων κώμη.

5) Menelaos erscheint schon in der Ilias als sehr abhängig vom Agamemnon, z. B. 10, 121—123. Stesichoros und Simonides dichteten sogar, dafs Agamemnon König von Sparta gewesen sei, Schol. Eur. Or. 46.

6) Oben S. 237. Von den Thaten seiner Jugend Il. 4, 319; 11, 674; 23, 630 m. d. Scholien.

hat und nun unter dieser jüngeren Generation der troischen Heroen als ehrwürdiges Denkmal und wie ein lebendiges Orakel der Vorzeit erscheint, der mit süfser Zunge und allezeit liebreichem Wohlwollen nicht müde wird den jungen Helden aus seinem Schatze von Erfahrungen und Erzählungen zu spenden, von denen diese immer ergötzlich, jene immer weise sind[1]). So spendet er nun auch den wackern Atriden von diesem Schatze, tröstend und rathend, und darauf beginnt ein Werben und Sammeln (ἀγερμός) durch ganz Griechenland, welches zuletzt alle namhaften Helden zu dem Zuge der Rache an Paris und dem ganzen Troja bestimmte. Viele waren als Freier der Helena durch ihr feierliches Wort gebunden, Andre lockte die Ehre und das Abenteuer, Alle waren aufs tiefste beleidigt durch eine That wie diese, wo sich Verführung, List, Diebstahl, schnöder Bruch des Gastrechtes, Beschimpfung von ganz Griechenland zu einem Verbrechen vereinigte.

Am meisten Mühe machte es die beiden zu gewinnen, welche zum Siege vor Troja und zur Zerstörung von Troja am meisten beitrugen, Odysseus und Achill. Jener war viel zu klug und fühlte sich auf seinem Ithaka, an der Seite seiner jungen Frau, die eben ihr erstes Kind an der Brust hatte[2]), viel zu behaglich als dafs er zu einer so weit aussehenden Unternehmung hätte Lust haben können. Als also Nestor und Menelaos ihn zu holen kamen, stellte er sich wahnsinnig und trieb allerlei Unsinniges. So spannte er einmal ein Pferd und einen Ochsen vor einen Wagen, worauf Palamedes um ihn zu entlarven den kleinen Telemachos mit dem Schwerte bedrohte; oder, wie später erzählt wurde, er setzte seinen Schifferhut auf, spannte das Pferd und den Ochsen vor und fing damit an zu ackern, worauf Palamedes das Kind in die Furche legte, so dafs der Vater sich nun doch verrieth und mit fort mufste, sichern Bewufstseins dafs er Weib und Kind erst nach langen langen Jahren wiedersehen würde[3]). Das begründete eine Bitterkeit in seinem Ge-

---

1) Il. 1, 248 ff. λιγὺς Πυλίων ἀγορητής, τοῦ καὶ ἀπὸ γλώσσης μέλιτος γλυκίων ῥέεν αὐδή, u. s. w. Er gehört wie der aetolische Oeneus zu den Heroen, die immer wieder auf dem Platze sind, vgl. Ovid M. 12, 182 ff. Nach Hygin f. 10 schenkte Apollo aus besonderer Vorliebe seinem Leben die Jahre der von ihm getödteten Niobiden, der Brüder seiner Mutter Chloris.

2) Od. 11, 444; 24, 115, wo Agamemnon und Menelaos den Odysseus persönlich auffordern. Darauf werben Odysseus und Nestor Andre, Il. 11, 767.

3) Sophokles, welcher den Charakter des Odysseus überhaupt durch die verschiedensten Gelegenheiten der Heldensage entwickelt hatte, dichtete auch einen Ὀδυσσεὺς μαινόμενος, vgl. Hygin f. 95, Welcker Gr. Tr. 100 ff. Gemälde des Parrhasios und Euphranor, Plin. 35, 129, Plut. de aud. poet. 3. Ein andres be-

müthe, die ihn später zur argen Rache an Palamedes trieb, der in dem jüngeren Epos überhaupt in einem sehr charakteristischen Gegensatze zu dem Helden von Ithaka erschien. Es ist Palamedes von Nauplia, der Seeheld von Argos, der Sohn des tückischen Seemannes Nauplios (S. 51), der Bruder des kundigen Steuermannes Oeax, Palamedes selbst ein absolut erfinderischer und anschlägiger Kopf wie Odysseus, nur dafs seine Anschläge mehr die der Kunst und Wissenschaft[1]), die des Odysseus die der Erfahrung und des verwegenen Abenteuers sind. Vom Achill erzählt die Ilias dafs Nestor und Odysseus zum Peleus kamen und dieser darauf seinen Sohn, Menoetios seinen Patroklos willig und mit väterlichen Ermahnungen entliefs, der Greis und die Jünglinge bewogen durch die den Atriden widerfahrene Beschimpfung[2]). Als dritter schlofs sich der alte Phoenix an, welcher nach Homer beim Peleus Schutz und neue Herrschaft gefunden, den Achill noch auf seinen Knieen geschaukelt hatte und ihn nun als väterlicher Freund und Berather in das Griechenlager, die Versammlung so vieler Helden, und vor Troja begleitete[3]). Auch widerstrebte Thetis nach dieser älteren Sage nicht, da sie wufste, dafs ihr Sohn nur bei längerem Verharren in diesem Kriege den Tod finden, bei zeitiger Rückkehr weniger Ruhm haben, aber dafür um so länger leben würde (II. 9, 410). Dahingegen man später die örtlichen Ueberlieferungen der Insel Skyros, wo thessalische Doloper von Achill und seinem Sohne Pyrrhos oder Neoptolemos erzählten[4]), mit der älteren Tradition auf verschiedenen Wegen auszugleichen versuchte und darüber zu neuen Combinationen geführt wurde. Schon in der Ilias

---

schreibt Lukian de domo 30. Die Späteren liefsen ihn sein Wort erst geben und dann wieder zurücknehmen, beim Ackern Salz säen, oder zu allerletzt sich entschliefsen, Cic. de off. 3, 26, 98, Ovid M. 13, 36, Serv. V. A. 2, 81.

1) Παλαμήδης von παλάμη, παλαμάομαι, welches eigentlich die Bedeutung der technischen Geschicklichkeit hat. Vgl. O. Jahn Palamedes, Hambg. 1836.

2) Il. 11, 782 σφῶ δὲ μάλ' ἠθέλετον, vgl. 1, 152 f.; 7, 127 ff.; 9, 252 ff. 438 ff.; 23, 85 ff. Euripides hatte einen Phoenix gedichtet, in welchem Stücke derselbe von seinem Vater geblendet und durch Peleus und Chiron wieder sehend wurde, Nauck trag. gr. 488.

3) Abschiede des Achill und Patroklos von ihren Vätern, des Aias und Teukros vom Telamon auf Vasenbildern, s. Overbeck 276 ff. *Ueber Achills Abschied vgl. auch Brunn troische Miscellen S. 64 ff. Abschied des Aias und Menestheus im Sinne der attischen Sage und in einer parallelen Darstellung ein Abschied des Theseus vom Aegeus auf der schönen Schale des Kodros, herausg. von Braun, Gotha 1843, vgl. O. Jahn Arch. Aufs. 181 ff.

4) Σκῦρος Δολοπίς Schol. Il. 9, 668. Die Insel hatte zwei Häfen, Ἀχίλλειον und Κρήσιον, Schol. Il. 19, 326, vgl. Thuk. I, 98, Plut. Kim. 8.

ist von einem Eroberungszuge des Achill gegen Skyros und von seinem Sohne auf dieser Insel die Rede[1]). In den Kyprien und der kleinen Ilias wurde er auf der Rückkehr von dem mysischen Feldzuge dahin verschlagen, vermählte sich mit der Deidamia, der Tochter des Königs Lykomedes, und wurde durch sie Vater jenes tapferen Sohnes, ohne den Troja nicht bezwungen werden konnte; der Grosvater nannte ihn Pyrrhos, Phoenix aber Neoptolemos, weil sein Vater Achill schon so früh in den Krieg gezogen[2]). Endlich entstand aus uns nicht bekannten Anfängen die Dichtung von dem als Mädchen verkleideten Achill auf Skyros, welchen Polygnot malte und Sophokles und Euripides auf die Bühne brachten[3]). Thetis, so erzählte man, habe aus mütterlicher Sorge und weil sie die Zukunft wuste ihren Sohn noch als Knaben nach jener Insel gebracht und unter die Mädchen des Königs Lykomedes versteckt, worauf Deidamia einen zärtlichen Bund der Liebe mit ihm schliest. Dann erscheinen Diomedes und Odysseus, um den Peliden aus einer so unwürdigen Verborgenheit hervorzuziehn und ihn für den Krieg zu gewinnen. Also mischen sie Waffen und Stücke einer Rüstung unter allerlei weibliche Geschenke, breiten diese vor den Mädchen aus und lassen dazu den Schall der Trompete ertönen, worauf der verkleidete Achilleus alsbald zu jenen greift und aller Rücksicht und Vorsicht vergessend den übrigen Helden sich anschliest. Viele Dichterstellen und Bildwerke beweisen dafs diese Fabel sich eines grosen Beifalls erfreute[4]).

In der geschützten Bucht von Aulis versammelten sich die Schiffe und dort begab sich das Zeichen, dessen die Ilias 2, 300 ff. gedenkt. Beim Opfer unter einer Platane schiefst eine Schlange vom Altare zu

---

1) Il. 9, 668 wo Skyros Ἐνυῆος πτολίεθρον hiefs, angeblich nach einem Kreter, welcher Sohn des Dionysos und der Ariadne gewesen, vgl. d. Schol. Achills Sohn auf Skyros Il. 19, 326.

2) Paus. 10, 26, 1 vgl. den Auszug des Proklos und Liban T. 4 p. 50, wo gleichfalls die Rückkehr von dem mysischen Feldzuge nach Aulis zu verstehen ist. Den Namen Νεοπτόλεμος erklärten Andre von seiner eignen Jugend bei dem Zerstörungskriege, Schol. Il. 19, 326.

3) Von beiden gab es Tragödien unter dem Titel Σκύριοι oder Σκύριαι, vgl. Welcker Gr. Tr. 102 ff. 476 ff. Polygnot b. Paus. 1, 22, 6.

4) Apollod. 3, 13, 8. Schol. Il. ll. cc., Hygin f. 96, Bion id. 2, 15, Ovid M. 13, 162 ff., Stat. Achill. 1, 206 ff.; 2, 18 ff. Ein Bild des Inhaltes b. Philostr. jun. 1. Erhaltene Darstellungen in Gemälden, Sarkophagreliefs u. s. w. b. O. Jahn Arch. Beitr. 352 ff., Gerhard D. u. F. 1555 t. 113 S. 157, Overbeck 287 ff., *Helbig pompej. Wandg. n. 1296 ff.

dem Baume empor, wo sie ein Nest von Sperlingen, acht Junge und die Mutter verzehrt, aber darüber selbst zu Stein wird: was Kalchas auf die neun Jahre des Krieges und die Zerstörung Trojas im zehnten deutet. Darauf folgte in den Kyprien der jedenfalls erst durch die aeolischen Colonieen veranlafste Feldzug nach Mysien, dem Reiche des Herakliden Telephos, der seinem Vater vor allen übrigen Herakliden glich[1]). Die Griechen hielten diese Küste für die trojanische und plünderten, Telephos stellt sich ihnen mit seinen Mysern entgegen, tödtet Thersander, den Sohn des Polyneikes (S. 366), und stürmt wider die Landenden, bis Achilles und Patroklos ihm in den Weg treten. Patroklos wird verwundet, dem Peliden aber vermag der Heraklide nicht zu widerstehen, er flieht, verwickelt sich auf der Flucht in eine Weinrebe, die der ihm zürnende Dionysos hatte wachsen lassen, und wird von der Lanze Achills am Schenkel verwundet[2]). Als die Griechen sich wieder eingeschifft hatten, wurden sie von einem Sturme überfallen und zerstreut, bei welcher Gelegenheit Achilles nach Skyros gelangt. Telephos aber erfährt durch ein Orakel dafs seine Wunde nur durch den der sie geschlagen wieder geheilt werden könne (ὁ τρώσας καὶ ἰάσεται) und sucht deshalb den Agamemnon mit den übrigen Griechenführern in Argos auf. Hier greift er im Palaste Agamemnons den kleinen Orestes, flüchtet mit ihm an den Hausaltar und droht das Kind zu tödten, wenn er nicht geheilt werde; auf welche Weise er wirklich die Heilung durch den heftig widerstrebenden Achill erzwingt, mit dem Roste desselben Speeres der ihn verwundet hatte[3]). Die Grie-

---

1) Paus. 10, 28, 4. Herakles als Löwenbändiger und der verwundete Heraklide Telephos, beide von gleicher Körperbildung, T. mit der Löwenhaut, auf einem Marmordiskos in München b. v. Lützow Münchner Antiken t. 2. 3. Zur Geschichte seiner Jugend s. oben S. 241.

2) Pindar Ol. 2, 43; 9, 70ff., Isthm. 5, 41; 8, 49. Den Kampf zwischen Achill und Telephos sah man im Giebelfelde des Athenatempels zu Tegea. Auf die Weinrebe deutet Pind. I. 8. 19 durch die Worte ἀμπελόεν πεδίον, vgl. Schol. Il. 1, 59, Lykophr. 206. 1246 Tz., nach welchen Dionysos als Σφάλτης d. h. σφήλας τὸν Τήλεφον verehrt wurde. Thersanders Grab wurde in Mysien gezeigt. Paus. 9, 5, 7. Der verwundete Patroklos von Achill verbunden, auf der Schale des Sosias. Gerhard Trinksch. t. 7, D. A. K. 1, 210.

3) Ueber den Telephos des Euripides, des Ennius, des Attius, und über die Bildwerke s. Welcker Gr. Tr. 477ff., O. Jahn Telephos und Troilos Kiel 1841, Archäol. Aufs. 164—180, b. Gerhard D. u. F. 1857 t. 106. 107 u. 106. 107, Overbeck a. a. O. 294ff. *Brunn urne Etr. t. 26ff., Schlie a. a. O. S. 39ff. Vgl. Horat. Epod. 17, 8 Movit nepotem Telephus Nereium, in quem superbus ordinarat agmina Mysorum et in quem tela acuta torserat und über die Heilung Plin. 25, 42; 34,

chen wußten durch ein Orakel daß Telephos ihr Führer nach Troja sein müsse, daher sie nun um so williger von neuem aufbrachen.

Also schifft man sich zum zweitenmale ein[1]) und versammelt sich wieder in Aulis, wo jetzt durch Agamemnons Frevel, den er schrecklich büßen mußte (denn hier wird schon sein späteres Schicksal eingeleitet), eine neue Störung des Zuges veranlaßt wurde. Auf einer Jagd soll er sich ein beßrer Jäger als selbst Artemis zu sein gerühmt oder eine heilige Hindin der Artemis erlegt haben[2]), oder, wie später die Tragiker erzählten, er hatte in dem Jahre, da seine Tochter Iphigeneia geboren wurde, der mächtigen Göttin die schönste Frucht des Jahres gelobt und diese Frucht darzubringen später doch angestanden[3]). Genug die Flotte der Griechen wurde durch heftige Stürme, welche von der Artemis gesendet wurden, in der Bucht von Aulis lange zurückgehalten: für die Sage zugleich eine Gelegenheit die allbeliebte Erfindung des Palamedes, das Brettspiel und die Würfel, zur Unterhaltung der ungeduldigen und Mangel leidenden Helden geltend zu machen[4]). Endlich erklärt Kalchas den Zusammenhang und fordert das Opfer der Iphigeneia. Agamemnon schickt nach ihr, angeblich um sie dem Achill zu vermählen. Als er sie zu opfern im Begriff ist, wird sie von der Artemis zu den Tauriern entführt und unsterblich gemacht[5]), an-

---

152. In Kroton erzählte man etwas Aehnliches von den Führern in der Schlacht am Flusse Sagra. Der eine habe für seine Wunde Heilung in Sparta durch den Speer des einen Tyndariden, der andre auf der Insel Leuke beim lokrischen Aias gesucht, s. Meineke Com. Gr. 2, 2, 1230 sqq.

1) Die Ilias weiß nur von einer einmaligen Einschiffung des Agamemnon, welche von glücklichen Zeichen begleitet ist, 2, 112. 286. 351.

2) Nach dem Auszuge des Proklos ἐπὶ θήρας βαλὼν ἔλαφον ὑπερβάλλειν ἔφησε καὶ τὴν Ἄρτεμιν. Hygin f. 98 quod Ag. in venando cervam eius violavit superbiusque in Dianam est locutus. Vgl. Tzetz. Lyk. 183.

3) Eurip. Iph. T. 20, Cic. de off. 3, 25, 95. In der Iphigeneia in Aulis ist gar kein Grund des Opfers angegeben. In späteren Dichtungen wurde die Liebe Agamemnons zum schönen Argynnos als Ursache des langen Aufenthalts genannt, s. Rh. Mus. f. Philol. N. F. 4, 401.

4) S. die lebendige Schilderung des Lebens im Lager b. Eur. Iphig. A. 190 ff., vgl. Overbeck 308 ff. Würfel und Brettspiel nannte Sophokles fr. 393. 435. Man zeigte den Stein, auf welchem sich die Griechen vor Troja die Zeit mit den von Palamedes erfundenen Spielen vertrieben, Eustath. Il. 228, 2, Polem. fr. p. 64.

5) Ἄρτεμις δὲ αὐτὴν ἐξαρπάσασα εἰς Ταύρους μετακομίζει καὶ ἀθάνατον ποιεῖ, nach Proklos, vgl. Bd. 1, 250, 4. Die Ilias 9, 144. 287 kennt drei Töchter des Agamemnon, Chrysothemis, Laodike und Iphianassa, zu denen die Kyprien Iphigeneia hinzufügten, Schol. Soph. El. 157, welche andre Dichter für eine Tochter des Theseus und der Helena hielten. Bei den Tragikern tritt Elektra an die

statt ihrer aber eine Hirschkuh als Opfer an den Altar gestellt: ein neuer Anlaſs für die tragischen Dichter und für ausgezeichnete Maler, sich in eigenthümlichen und geistreichen Compositionen zu versuchen[1]).

Jetzt endlich gelangen sie bis zur Insel Tenedos an der trojanischen Küste. Als sie sich zum Schmause lagern ward Philoktetes von einer Schlange gebissen, die ihm jene unheilbare und ganz unleidliche Wunde zufügte, um derentwillen seine Gefährten ihn nach Lemnos brachten und dort unbarmherzig seinen Leiden überliefsen[2], oder, wie Sophokles dichtete, er wurde auf der kleinen Insel Chryse, als er den Altar der Göttin Chryse aufsuchte, durch die Natter gebissen, oder Philoktet hatte wegen seines Antheils an der Verklärung des Herakles, wofür er dessen Bogen bekam, den Zorn der Hera gereizt und wurde nun auf ihr Anstiften bei jenem gleichfalls durch das Andenken an Herakles geweihten Altar verwundet, an den ein Orakel die Griechen gewiesen hatte, diese Wendung nämlich hatte Euripides der Fabel gegeben[3]). Also eine neue Verzögerung des Schicksals, denn nur durch den Bogen des Herakles konnte der Frevler Paris bestraft und Troja bezwungen werden. Dasselbe Mahl auf Tenedos oder Lemnos gab aber auch zu einem Streite zwischen Agamemnon und dem leicht aufwallenden Achilleus Anlaſs, welcher sich durch ein Versehen bei der Einladung verletzt fühlte: ein Vorspiel des viele Jahre späteren Strei-

---

Stelle der Laodike, bei Euripides Iphigeneia an die der Iphianassa, dahingegen Sophokles wie die Kyprien vier Töchter annimmt, Iphigeneia und Iphianassa als zwei Personen.

1) Auſser der Iphigeneia in Aulis gab es gleichartige Stücke von Aeschylos und Sophokles. Ueber die Bildwerke und Gemälde O. Jahn Archäol. Beitr. 378 ff., Overbeck 314 ff., *Brunn urne Etr. t. 35 ff., Schlie a. a. O. S. 60 ff.

2) Il. 2, 721. 722 Schol., wo οἱ νεώτεροι die Tragiker sind. Nach den Schol. v. 721 wurde auch auf Imbros von dem Schlangenbiſs erzählt. Vgl. Soph. Philokt. 193 τὰ παθήματα κεῖνα πρὸς αὐτὸν τῆς ὠμόφρονος Χρύσης ἐπέβη u. Bd. 1, 160, 5. Man scheint dieser Göttin einen besonderen Einfluſs auf Wind und Wetter, also auf die Schifffahrt zugeschrieben zu haben.

3) Vgl. Hygin f. 102 und die Excerpte aus Dio Chrysost. b. Nauck tr. gr. p. 451 sqq. Cic. Tusc. 2, 7, 19 aspice Philoctetam, cui concedendum est gementi, ipsum enim Herculem viderat in Oeta magnitudine dolorum eilantem, vgl. oben S. 255. Philoktets Verwundung nach einem schönen Vasenbilde Mon. d. I. 6, 8, vgl. Ad. Michaelis Ann. 29, 232—274 t. II. I, *und J. Friedländer Arch. Ztg. 1871, 79, der eine Darstellung des leidenden Philoktet auf Münzen von Lamia in Thessalien nachweist. *Auch auf den beiden Vasenbildern, welche Herakles der Göttin Chryse opfernd darstellen (oben S. 235, 3), ist Philoktet zugegen, s. Flasch a. a. O. S. 18. 20.

tes, welches Sophokles zur Dichtung eines eignen Dramas veranlafst hatte¹).

Endlich kam es zur Landung im Hafen von Troja. Die Troer widersetzten sich ihr unter der Anführung von Hektor. Protesilaos, der Sohn des Iphiklos aus Phylake, opferte sich für die Griechen, der jüngst Vermählte, nur einen Tag seiner Liebe froh Gewordene: ein schönes Beispiel des Heldenmuthes und der Aufopferung, denn er wufste dafs der zuerst den troischen Boden Betretende sterben müsse. Und er und Laodameia, eine Tochter des Akastos, ein ebenso rührendes Beispiel der Gattenliebe, denn sie ruhten nicht bis die Unterirdischen ihnen einen Tag des Wiedersehens bewilligt hatten, und als er dann für immer geschieden war und auch ein Bild des theuren Gatten, welches sie sich von ihm gemacht hatte und abgöttisch verehrte, der Verlassenen geraubt und verbrannt wurde, stürzte sie sich verzweifelnd in die lodernden Flammen. Auch an dieser Erzählung merkt man deutlich genug die Spuren der Tragödie²).

Dann trat auf troischer Seite Kyknos vor, ein Sohn des Poseidon und ein Wunder der Küste bei Tenedos, eigentlich wohl ein Meeresdämon, der unter dem Bilde des Schwans vergegenwärtigt und mit blutigen Opfern verehrt wurde, jedenfalls ein dem Kyknos der Heraklessage entsprechendes Wesen³). Nach Hesiod war er weifs am Kopfe, nach Hellanikos weifs am ganzen Leibe, dabei riesig grofs und stark, eisenfest und unverwundbar, so dafs er den Griechen die Landung wohl verwehren mochte⁴). Dennoch trat ihm Achill entgegen,

---

1) Ἀχαιῶν σύλλογος ἢ Σύνδειπνοι, Nauck p. 128. Es scheint, dafs Achill gar nicht oder erst nachträglich eingeladen wurde. Die Ilias 8, 229 ff. spricht von einem grofsen Schmause auf Lemnos, wo jeder sich grofser Thaten gerühmt, die er vor Troja vollbringen werde.

2) Die Ilias 2, 699 weifs von dem Tode des Protesilaos und dem Schmerze seiner Wittwe in Phylake, welche die Kyprien Polydora und eine T. des Meleager nannten, Paus. 4, 2, 5. Bei Sophokles fiel Protesilaos durch Hektor. Zum Protesilaos des Euripides vgl. Welcker S. 494 ff., über die Sarkophagreliefs dens. A. D. 3, 553 ff., Overbeck 327 ff.; *Protesilaos auf Münzen des phthiotischen Theben s. R. Weil Arch. Ztg. 1873, 40 ff.

3) Seine Herrschaft ist Kolonae an der troischen Küste, Tenedos gegenüber, doch erzählte man von ihm auch auf Tenedos, Paus. 10, 14, 2, Diod. 5, 83, Schol. Il. 1, 38. Tzetz. Lyk. 232. 33. Bald wird er von einem Schwan erzogen, bald verwandelt er sich nach seinem Tode in einen Schwan, Lyk. 237, Athen. 9, 49, Ovid M. 12, 145.

4) Schol. Theokr. 16, 19, Aristot. rhet. 2, 22, Schol. Pind. Ol. 2, 147. Von Sophokles gehörten in diesen Zusammenhang die Hirten, Ποιμένες, Welcker S. 113 ff. Nivea proles Cycnus aequorei dei, Seneca Agam. 215.

der kühne Sohn der mächtigeren Nereide. Es war die erste That des jungen Helden in diesem Kriege¹). Da er den seltsamen Recken nicht verwunden konnte, so erwürgte er ihn in seinem eigenen Helmbande. Einige wollten wissen dafs auch Tennes, der Sohn des Kyknos und mythischer König der Insel Tenedos, durch Achilles umgekommen sei.

Die Troer zogen sich zurück, die Griechen richteten sich in ihrem Schiffslager ein und sendeten Odysseus und Menelaos als Gesandte nach Troja, um Helena und die geraubten Schätze zurückzufordern. Davon erzählt Antenor in der Ilias 3, 203 ff., der bei der Zerstörung Trojas verschonte Griechenfreund, der jene beiden aufgenommen und vor allem Volk vertreten hatte. Menelaos war ansehnlicher und redete kurz und bündig²), Odysseus bedeutender und mit einer strömenden Fülle der Gedanken und Worte. Helena wäre gern ihrem Gemahl gefolgt, denn schon bereute sie ihre Flucht mit dem weichlichen Paris, da Aphrodite ihren Sinn bethört hatte; auch redete Antenor mit Nachdruck zum Frieden. Aber Paris und sein Anhang trat den Besonnenen mit Uebermuth entgegen, ja sie forderten das Leben des Menelaos³). Also nahm der Krieg seinen Lauf, in den nächsten Jahren ein schrecklich verwüstender, denn die Trojaner enthielten sich aus Furcht vor Achill der offenen Feldschlacht. Selbst Hektor wagte sich damals nicht von dem Schutze der Mauern zu entfernen (Il. 5, 788; 9, 352 ff.).

Es folgten die vielen Plünderungszüge in der Umgegend von Troja, auf welche die Ilias oft zurückblickt. Bald zog man zu Wasser aus, bald zu Lande, immer war Achilleus Führer und Sieger und der Schrecken seines Namens erfüllte die ganze Umgegend, reiche Beute das Griechenlager. Bald wurden Städte und Inseln zerstört, Tenedos und Lesbos und Lyrnesos und Pedasos und Theben, die Stadt des Eetion, wo der Vater der Andromache und alle ihre Brüder umkamen und von der Beute Briseis an Achill, Chryseis an Agamemnon gegeben

---

1) Pindar Ol. 2, 82, Isthm. 5, 39. Auch Hektor und Achill suchten bei diesem Landungskampfe oder später ihre Kräfte zu messen, wurden aber daran gehindert, Il. 7, 113, Welcker A. D. 3, 428 ff.

2) Nach Art der Spartaner, Soph. fr. 179.

3) Il. 3, 203 vgl. 7, 344 ff., Ovid. M. 13, 200 ff. Sophokles dichtete eine Ἑλένης ἀπαίτησις, vielleicht so dafs die Gesandten von Tenedos ausgeschickt wurden, Schol. Il. 3, 206. Antenor war der trojanische Nestor, Eurip. b. Athen. 15, 1 εἴ μοι τὸ Νεστόρειον εὔγλωσσον μέλος Ἀντήνορός τε τοῦ Φρυγὸς δοίη θεός. Die Ilias nennt ihn 3, 146 ff. unter den Demogeronten des skaeischen Thors, die vor Alter sich nicht mehr am Kriege betheiligen konnten, aber um so trefflicher im Rathe waren.

wurde¹). Bald lauerte Achill in der Nähe der Stadt oder in den Schluchten des Ida auf die Söhne des Priamos, um sie zu fangen und für reiche Lösung zu verkaufen (Il. 11, 104; 21, 35 ff.). Oder es galt den fetten Heerden im Gebirge, wie den Rindern des Aeneas, welcher damals wohl auch selbst durch Achill und seine Führerin Athena umgekommen wäre, wenn er sich nicht durch die eiligste Flucht gerettet hätte (Il. 20, 89 ff. 187 ff.).

Die Kyprien scheinen von diesen Ereignissen nur solche hervorgehoben oder dazu andre hinzugefügt zu haben, welche ihrer Auffassung von den beiden Haupthelden, Achill und Odysseus, am meisten entsprachen und dabei dem ferneren Verlaufe des Krieges, so wie er von dem jüngeren Epos bis zu seinem Ende erzählt wurde, zur Vorbereitung dienen konnten.

Zuerst verlangte es den Achill den Grund und Preis des Krieges, die schöne Helena zu sehen, mit welcher er nach einem späteren Glauben selbst auf der Pontosinsel vereinigt lebte; daher Aphrodite und Thetis die beiden zusammenführten, den gröfsten Helden und die schönste Frau dieses Sagenkreises²). Darauf verlangten die Griechen nach Hause, denn die Lage war schwierig und der Krieg zog sich sehr in die Länge (Thuk. 1, 11). Doch wurden sie vom Achill zurückgehalten, als ob jene Begegnung seine Lust am Kriege von neuem entzündet hätte. Dann folgten in den Kyprien jene Plünderungszüge gegen die Heerden des Aeneas, gegen Lyrnesos und Pedasos und andre Ortschaften der Umgegend und der Tod des Troilos, eine für den weiteren Verlauf des Krieges sehr wichtige, auch durch eine Tragödie des Sophokles und sehr viele Vasenbilder ausgezeichnete Begebenheit, in welcher Achilles ganz als blutiger, unbarmherziger Krieger erschien, der selbst den Zorn des Apollo zu reizen kein Bedenken trug, so dafs dadurch zugleich sein eigener Tod durch Apollo und Paris im voraus motivirt wurde. In der Ilias 24, 256 nennt Priamos den rossefrohen Troilos unter seinen früh verstorbenen Söhnen. In der jüngeren epischen Ueberlieferung war den Vasenbildern und den Fragmenten des Sophokleischen Troilos nach zu urtheilen der Zusammenhang folgen-

---

1) Il. 1, 366 ff.; 2. 690 ff.; 6, 414 ff.; 9, 128. 328 ff.; 11, 625. Od. 3, 105. Auch Hesiod dichtete von diesen Plünderungszügen des Achill, Schol. Il. 6, 35.

2) καὶ μετὰ ταῦτα Ἀχιλλεὺς Ἑλένην ἐπιθυμεῖ θεάσασθαι καὶ συνήγαγεν αὐτοὺς εἰς τὸ αὐτὸ Ἀφροδίτη καὶ Θέτις, die Kyprien nach Proklos. Später erzählte und motivirte man die Begegnung auf verschiedene Weise, Lykophr. 171 ff. Tzetz. *Ein pompejanisches Wandgemälde, das Welcker hierauf beziehn wollte, wird richtiger auf Ares und Aphrodite gedeutet, s. Helbig n. 327.

der¹). Der zarte Jüngling, er galt gewöhnlich für den jüngsten Sohn des Priamos, wagte sich aus der Stadt ins Freie um seine Rosse zu tummeln, in der Nähe eines Brunnens, aus welchem die troischen Frauen zu schöpfen pflegten. Dort lauert Achilles ihm auf, verfolgt den auf seinem Rosse entfliehenden, ereilt und tödtet ihn am Altare des Apoll, indem er ihn zugleich nach einem bei hinterlistigen Tödtungen gebräuchlichen Kriegsgebrauche verstümmelt und die abgehauenen Glieder um seinen Nacken hängt²). Ueber die Leiche entsteht ein Kampf mit den zu Hülfe herbeieilenden Troern, an deren Spitze Hektor steht, der nun wenigstens den Leichnam zur Todtenklage heimbringt³). Es war der Thymbraeische Apollo, dessen Heiligthum durch diese blutige That entweiht wurde, ein Gott der in den troischen Sagen immer als ein sehr mächtiger und heiliger erscheint⁴). Auch wurde Troilos, um die Wirkung dieser Katastrophe zu verstärken, von Manchen für einen Sohn des Apollo erklärt und hinzugefügt, es sei im Schicksal beschlossen gewesen dafs Achilles sterben müsse, sobald er einen Sohn des Apollo getödtet habe; daher andre Dichter den traurigen Vorfall in eine spätere Zeit verlegten, nach dem Tode des Hektor und Memnon, wo Troilos nun dem Achilles in offener Schlacht entgegenzutreten wagt, aber von seinen eignen Rossen geschleift das Leben einbüfst⁵). Oder man dichtete, so beliebt war dieser Gegenstand mit

---

1) Ueber die Tragödie des Sophokles und die vielen Vasenbilder sammt andern Kunstdenkmälern s. Welcker Gr. Tr. 124 ff., *A. D. 5, 439 ff., Overbeck a. a. O. 338 ff., O. Jahn Telephos u. Troilos Kiel 1841, b. Gerhard D. u. F. 1856 n. 93 t. 91—94, Telephos u. Troilos, an Welcker 16. Oct. 1859, *Arch. Ztg. 1863, 57 ff.; ebd. 1871 Tf. 48, Brunn urne Etr. 1. 48 ff., Schlie a. a. O. 85 ff.

2) In diesem Sinne nannte Sophokles den Achill ἀλήτην μοσχαλισμάτων fr. 561, vgl. Iasons Verfahren beim Morde des Absyrtos b. Apollon. 4, 477 m. d. Glosse u. d. Schol. u. Hesych, Phot., Suid. μοσχαλίσματα, Nauck Aristoph. Byz. p. 221. Es war eine Art von Mordsühne. Auf verschiedenen Vasenbildern sieht man den abgehauenen Kopf des Troilos, *den Achill schliefslich den Troern zuwirft.

3) Horat. Od. 2, 9, 15 nec impubem parentes Troilon aut Phrygiae sorores flevere semper. Vgl. Cic. Tusc. 1, 39, 93 non male ait Callimachus multo saepius lacrimasse Priamum quam Troilum. Von seiner Jugend Quint. Smyrn. 4, 423 ff.

4) Vgl. Bd. 1, 201; 225. Sophokles nannte dieses Heiligthum ausdrücklich und die Vasenbilder deuten es bald durch einen Altar an, bald durch den Omphalos oder einen Dreifufs und Palmen, Gerhard A. V. t. 223—226. Eurip. Rhes. 508 nennt diesen Altar in der Nähe der Stadt. Aber nach Str. 13, 598, Schol. Rhes. 504 war dieses Heiligthum wenigstens von dem späteren Ilion 50 Stadien entfernt.

5) Virg. A. 1, 474 ff., Seneca Agam. 747, vgl. Tzetz. Posthom. 384, Anson. Epit. 18.

der Zeit geworden, daſs Achilles von der zarten Schönheit des getödteten Knaben auf ähnliche Weise wie von der getödteten Amazone Penthesilea bewegt worden sei[1]).

Auch das Schicksal eines anderen Sohnes des Priamos wurde in diesem Zusammenhange erzählt, des aus der Ilias bekannten Lykaon, welchen Achilles in der Nacht gefangen hatte, als er in einem Baumgarten Holz zu seinem Wagen schnitt; worauf Patroklos ihn nach Lemnos brachte und an Euneos, den Sohn des Iason, verkaufte. Von dort wurde er weiter nach Imbros verhandelt, bis er auf das feste Land versetzt entwischte und zu seinen Eltern zurückkehrte, der Arme, denn Tags darauf ereilte ihn Achilles zum zweitenmale[2]). Endlich starb auf griechischer Seite Palamedes, der Sohn des Nauplios, der durch viele Erfindungen und weise Rathschläge um die Griechen Hochverdiente, aber das Haupt der Friedenspartei und deshalb den Entschlosseneren vermuthlich lange anstöſsig, wozu beim Odysseus noch die Bitterkeit jener Erinnerung an Ithaka und gekränkter Ehrgeiz hinzukam. Nach den Kyprien fiel Palamedes durch Odysseus und Diomedes, indem sie ihn beim Fischfange ertränkten (Paus. 10, 31, 1). Die Tragiker gefielen sich darin den Gegensatz zwischen Odysseus und Palamedes noch weiter auszumalen, worüber Palamedes zuletzt auf Unkosten des Odysseus zu einem Bilde des der Arglist unterliegenden Weisen geworden ist[3]). Sie dichteten nämlich daſs Palamedes in Folge einer falschen Anklage seines Gegners, nachdem dieser Gold in seinem Zelte verborgen und ihn dadurch und durch einen untergeschobenen Brief des Priamos des Einverständnisses mit den Feinden überführt hatte, trotz aller Erinnerungen an seine Verdienste verurtheilt und gesteinigt wurde. Das sollten die Griechen bei ihrer Rückkehr von Troja schrecklich büſsen.

1) Lykophr. 307—13, Serv. V. A. 1, 474.
2) Il. 21, 35 ff.; 23, 746.
3) Vgl. den später oft auf Sokrates gedeuteten Vers des Euripides: ἐκάνετ' ἐκάνετε τὰν πάνσοφον, ὦ Δαναοί, τὰν οὐδὲν ἀλγύνουσαν ἀηδόνα Μουσᾶν fr. 591. Dagegen Sophokles den Odysseus im Aias als einen so edelmüthigen Feind erscheinen läſst. Es gab einen Palamedes von Aeschylos, von Sophokles und von Euripides, in welchem letzteren Oeax, der Bruder des Getödteten, den Vater die traurige Kunde durch beschriebene und ins Meer geworfene Ruder wissen lieſs. Von den Erfindungen des Palamedes Aesch. fr. 176, Soph. fr. 393. 396. 435, Eurip. fr. 582, wo ihm auch die der Buchstaben zugeschrieben wird, Plin. 7, 192. 198. 202. Das Haupt der Friedenspartei war er nach Virg. A. 2, 84. Zur Fabel vgl. Hygin f. 105, Serv. V. A. 2, 81, Philostr. Her. 685. 708 ff. und die apokryphischen Reden des Gorgias und Alkidamas.

b. Die Ilias.

Das älteste aller griechischen Heldengedichte, das sich mit der Zeit durch gröfsere oder kleinere Einschaltungen nicht wenig verändert haben mag, aber doch immer bei weitem das schönste, das unerreichbar vollendete blieb. Der Kern ist ein Gedicht zur Verherrlichung des Achill, dessen Anlage dem vom Meleager (S. 303) sehr ähnlich ist. Seine aufserordentliche Kunst und seelenvolle Güte scheint dasselbe bald zum Anhalt und Mittelpunkt vieler anderen Lieder vom Kriege vor Troja gemacht zu haben, so dafs es zunächst selbst zu einem Auszuge und Miniaturbilde dieses Krieges und seiner Helden und des ritterlichen und kriegerischen Lebens und Treibens der Heroen überhaupt wurde. Als darauf vorzüglich bei den asiatischen und bei den Inselgriechen eine älteste epische Literatur entstand, ward es zur Mitte einer gröfseren Folge von gleichartigen Gedichten, welche den Sagenstoff des troischen Krieges immer weiter ausdehnend und ausbreitend, sich wie jüngere Bäume und Sprossen um den alten Mutterstamm gruppirt haben. Der kurze Inhalt ist folgender.

Agamemnon ist der grofsmächtige König[1], stolz, gebieterisch, prächtig wie Atreus von den Tragikern geschildert wurde. Achill dagegen, der seinen Vater in zarten Jahren verlassen hatte und seitdem von einem Triumphe zum andern geeilt ist, der feurige Held, der Liebling des Ruhmes und der Götter, edel von Gemüth, aber heftig und reizbar[2]. Briseis und Chryseis, jene schönen Gefangenen, geben zu einem Conflicte Anlafs, in welchem Achill aufs tiefste gekränkt wurde, da er liebte und in der Sache Recht hatte. Die Folge ist dafs er sich vom Kriege, den er bisher fast ganz allein getragen, zurückzieht und dafs Thetis zum Zeus eilt, um ihn um Demüthigung für Agamemnon und die Achaeer und um Genugthuung für ihren Sohn zu bitten. Das gewährt Zeus der Nereide in Erinnerung der grofsen Verdienste, die sie sich früher um ihn erworben.

Ein falscher Traum beredet darauf den Agamemnon, jetzt sei der rechte Augenblick gekommen, im neunten Jahre des Kriegs, da das Schicksal von Troja auf seine Erfüllung dringt. Also versammelt er zuerst die Führer und das Heer zur Berathung, dann rücken Alle zur

---

1) Ἀγαμέμνων d. i. der Hochgesinnte.

2) Impiger, iracundus, inexorabilis, acer Horat. A. P. 121. Aristoteles poet. 15 rühmt die Kunst womit er bei Homer und Agathon zugleich als hart und als weich geschildert werde, von Agathon vermuthlich in seinem Telephos.

offenen Schlacht vor Troja ins Feld, welche die Trojaner jetzt freudig annehmen. In jener Berathung lernen wir das ganze Gewoge und die ganze Bewegung des grofsen Haufens kennen, sammt der höchst charakteristischen Gestalt des Thersites[1]), welcher mit andern Elementen aus der aetolischen Sage in die troische übergegangen zu sein scheint: beim Ausrücken und bei der ersten Begegnung den Werth der Führer[2]) und den persönlichen Gegensatz der beiden, welche die nächste Veranlassung zum Kriege gegeben, des Menelaos und des Paris.

Aphrodite und Hera, diese mit Hülfe der Athena, vereiteln die gehoffte Entscheidung durch ihren Zweikampf: also entbrennt die offene Feldschlacht, zum erstenmale nach so langer Belagerung. Zunächst wird Diomedes und seine Schutzgöttin Athena verherrlicht. Sie führt ihn von Sieg zu Sieg, schützt ihn gegen Wunden, öffnet seine Augen und giebt ihm Muth selbst der Götter nicht zu schonen. Also fallen viele Helden seiner Lanze, andre müssen weichen, selbst Aeneas, der Sohn und Schützling der Aphrodite, welche Diomedes schonungslos verwundet, ja selbst der furchtbare Ares mit seinen grausigen Gesellen, welche Athena von neuem demüthigt. Ein schrecklich schönes Schlachtengemälde, in welchem der Waffentausch zwischen Diomedes und Glaukos eine anmuthige Episode bildet.

Nun erscheint Hektor, der beste Held der Trojaner, tapfer und stark wie einer, die Stütze seines Vaterlandes, ein edler Mann, zärtlicher Gatte und Vater, geliebt vom Zeus und Apoll, der würdige Gegner des Peliden, die Quelle seiner bittersten Schmerzen, in der Ilias auch die wahre Ursache und der Vorläufer seines frühen Todes. Sein Abschied von der Andromache öffnet einen Blick in das Innere von Troja, welcher uns mit der innigsten Theilnahme erfüllt. Sein Zweikampf mit Aias dem Telamonier lehrt uns diesen Helden näher kennen, seine riesige Gestalt, seinen ungeheuren Schild von sieben Häuten, seine wilden Blicke, seine wuchtigen Schritte (7, 206—224). Es folgt nach diesem wieder vergeblichen Zweikampf ein Stillstand in welchem

---

1) Vgl. Jacobs verm. Schr. 6, 81—106, Döderlein in den Verh. der neunten Vers. der Philologen, Jena 1847 S. 62—66. Seiner Abkunft nach war er Aetoler und ein naher Verwandter des Diomedes, denn sein Vater Agrios galt für einen Bruder des Oeneus, obwohl Andre andrer Meinung waren, vgl. Eustath. Il. 204, Apollod. 1, 8, 6 u. A., oben S. 307, 4. *Das Ende des Thersites erzählte die Aethiopis, vgl. unten.

2) Durch das Gespräch auf der troischen Mauer Il. 3, 146—242 und durch den Umgang des Agamemnon 4, 250—421. Der sogenannte Schiffskatalog ist spätern Ursprungs.

die Griechen ihr Schiffslager durch Mauer und Graben zur Festung machen.

Als es von neuem zur Schlacht kommt verbietet Zeus allen Göttern die Theilnahme und begiebt sich selbst auf den Ida, um von dort die Entscheidung zum Nachtheil der Griechen zu fügen. Mit Donner und Blitz erschreckt er ihre besten Helden, so dafs Alle in die Mauer fliehen. Auch ein Ausfall wird von dem furchtbar wüthenden Hektor zurückgeschlagen. Jetzt wollen Hera und Athena ihren vielgeliebten Achaeern beispringen, aber Zeus schreckt sie zurück mit den heftigsten Drohungen. Wäre nicht die Nacht hereingebrochen, so würde es schon jetzt zum Aeufsersten gekommen sein.

Schon ist Agamemnon ganz ergriffen von Reue und Niedergeschlagenheit und bietet dem Achill Genugthuung und reiche Geschenke. Phoenix, Aias und Odysseus bringen die Botschaft an den Beleidigten, aber dieser will von keiner Versöhnung wissen. Vielmehr droht er sich morgenden Tags nach Hause einzuschiffen. Das Aeufserste, zu dem er sich auf die dringendsten Vorstellungen der alten Waffenfreunde bequemt, ist ein Beistand für den Fall der Noth, wenn Hektor die Schiffe in Brand stecken sollte, wodurch auch sein und seiner Myrmidonen Schiffslager Gefahr leiden könnte.

Es folgt die Episode einer nächtlichen Versammlung der besorgten Führer und ein Abenteuer des Diomedes und Odysseus, die hier wieder ganz das zusammengehörige Paar des stürmischen und des besonnenen Muthes sind (10, 243 ff.). Erst fangen und tödten sie den troischen Kundschafter Dolon, dann überfallen sie eine so eben eingetroffene Schaar von Thrakern unter Rhesos, den sie mit Andern im Schlafe tödten, worauf sie seine schimmernd weifsen Rosse entführen. Rhesos ist eins von jenen zahlreichen Bildern früh gebrochener Jugendblüthe, wie sie in vielen alten Liedern besungen wurden und hin und wieder auch zu einer festeren mythologischen Verdichtung gelangten[1]).

---

1) Il. 10, 435 heifst er παῖς Ἠιονῆος (des Stranders) und es werden seine Rosse gerühmt, weifs wie der Schnee, leicht wie der Wind u. s. w. Später galt er für den Sohn des Flusses Strymon und einer Muse (man nannte bald diese bald jene), der den Griechen gleich am ersten Tage grofsen Schaden gethan und deshalb auf Anstiften der Hera und Athena durch den nächtlichen Ueberfall des Odysseus und Diomedes umgekommen sei, s. Pindar b. Schol. Il. 10, 435, Apollod. I, 3, 4 und Euripides Rhesos, der sich mehr an die Ilias hält. Nach seinem Tode wurde Rhesos als Βάκχου προφήτης und ἀνθρωποδαίμων am Pangaeos d. h. in Amphipolis am Strymon von den attischen Colonisten verehrt, Eurip. Rhes. 979, Schol. v. 342, Polyaen 6, 53. Auch von der Bevöl-

In der Schlacht des folgenden Tags thut Agamemnon, den Zeus noch einmal verherrlichen wollte und der hier ganz als tapfrer und prächtiger Kriegsheld erscheint, Wunder der Tapferkeit, so dafs die Troer bis dicht an die Stadt zurückweichen. Da wird zuerst er verwundet, dann Diomedes, dann Odysseus, dann Machaon der Asklepiade, so dafs sie die Schlacht verlassen müssen. Noch wird sie eine Zeitlang von Aias dem Telamonier gehalten, aber bald schreckt Zeus auch diesen. Hektor dringt nach und nun handelt es sich um die Schutzmauer der Griechen.

In fünf Zügen dringen die Trojaner gegen diese vor. Sarpedon bricht mit seinen Lykiern zuerst durch die Mauer, Hektor sprengt das Thor mit einem Felsblock und hinein ergiefst sich der Strom der Feinde. Noch wird er aufgehalten durch Poseidon, welcher einen Augenblick wo Zeus das Schlachtfeld vernachlässigt zum Frommen der Griechen benutzt. Dann schläfert Hera den Zeus in ihren Armen ein, so dafs der griechenfreundliche Bruder vollends freie Hand bekommt. Aias trifft den Hektor mit einem mächtigen Steine, dafs er zusammenstürzt und bewufstlos fortgetragen wird.

Die Griechen sind eben im besten Zuge den Feind aus der Mauer hinauszuwerfen, da erwacht Zeus und regiert die Schlacht wieder nach seinem auf die Verherrlichung Achills zielenden Plane. Poseidon mufs die Griechen verlassen, Apollo giebt dem Hektor seine Kräfte wieder und stürmt dann selbst mit ihm gegen die Mauer, die nun wie ein Sandhaufen zusammenstürzt. Bald handelt es sich um die Schiffe, die Aias umsonst gegen Hektor vertheidigt.

Schon zehrt die Flamme an dem vordersten, auf welchem Protesilaos zuerst gelandet war, da läfst sich Achill bestimmen den Patroklos und seine Myrmidonen seinen Freunden zu Hülfe zu schicken. Patroklos war ausgegangen und mit hellen Thränen des Mitleids wieder zurückgekehrt. Der ehrwürdige Nestor hatte zu ihm gesprochen: Will Achill nicht selbst kämpfen, weil ihn vielleicht die Mutter gewarnt hat, so sollte er wenigstens Dich und die Myrmidonen lassen, damit wir

---

kerung der Rhodope wurde er verehrt, als Jäger und als Reiter, Philostr. Her. 684, desgleichen in der Gegend von Byzanz, Suid. v. Ῥῆσος, und in der von Kios in Mysien, wo Arganthone, die Nymphe des Gebirgs, sein Weib hiefs, Steph. B. Ἀργανθών. Wahrscheinlich ein Flufsgott des Volksglaubens von Thrakien und Mysien; wenigstens war Ῥῆσος auch der Name eines Flusses am Ida, Il. 11, 20, Hes. th. 340, und sein Vater Στρυμών ist vollends der Strömende, G. Curtius Grundz. 354. *Vgl. jedoch auch N. Jahrbb. f. Phil. 1873, 202, 13.

doch etwas Luft bekommen. Das bestellte eben Patroklos seinem Freunde, da sieht dieser den Brand des Schiffes und treibt selbst zur Eile.

Er giebt dem Patroklos seine Rüstung und seinen Wagen, dafs er die Troer von den Schiffen zurückjage, aber dann wieder umkehre. Die Myrmidonen folgen mit Begeisterung. Aber Patroklos wird durch die Furie der Schlacht von den Schiffen zur Mauer, von dieser aufs freie Feld und bis in die Nähe von Troja getrieben. Viele Helden fallen seiner Lanze, auch Sarpedon, der liebe Sohn des Zeus. Da treten ihm Hektor und Apoll entgegen. Dieser entwaffnet, jener tödtet ihn und nun beginnt ein wilder Kampf um die Leiche, welche die besten Helden kaum gegen den schon in den Waffen des Achill prangenden Hektor zu behaupten vermögen.

Endlich eilt Antilochos zum Achill um ihm die schreckliche Kunde zu bringen. Achill ahnte Trauriges, denn die Mutter hatte ihm gesagt, dafs der Beste der Myrmidonen noch bei seinem Leben fallen würde. Nun erfährt er was geschehen und überläfst sich dem wüthendsten Schmerze, an welchem Thetis und alle Nereiden Theil nehmen. Thetis empfindet zugleich das ganze Leid der Zukunft, wie ihr Sohn nach kurzem und an bittern Schmerzen reichem Leben nun auch bald dahin sein werde. Sie sagt es ihm selbst, erst werde Hektor durch ihn und gleich darauf werde er selbst fallen (18, 96).

Aber Achill denkt an nichts als an den Tod des Freundes und an Rache, schnelle und blutige Rache. Thetis eilt auf den Olymp zum Hephaestos, eine neue Rüstung für ihren Sohn zu holen. Und schon bringen die Freunde den gräfslich entstellten Leichnam, den die beiden Aias kaum gegen Hektor vertheidigen. Da erscheint Achill an dem Graben und ruft und droht so gewaltig, dafs die Troer erschrocken umkehren. Jetzt kann er sich an der Leiche des geliebten Jugendfreundes, der ihm das Licht seines Lebens gewesen, seinen Klagen und seinen Thränen überlassen. Es ist ihm ein süfser Trost bei der Bestattung des Patroklos zugleich an seine eigene zu denken, denn vereint wollen sie ruhen in dem stillen Grabeshügel am Hellespont, der noch jetzt Vorüberschiffenden vom Ruhme des Aeakiden zeugt.

Inzwischen schmiedet Hephaestos die neue Wunderrüstung und Thetis bringt sie dem Sohne, begleitet von den Nereiden. Achill versammelt die Helden um zur Schlacht zu treiben und jenen Streit mit Agamemnon zu verwünschen. Was kümmern ihn jetzt die Geschenke des Königs; die Götter mufsten in diesem Leib und Seele verzehrenden

Schmerze für seine Stärkung sorgen[1]). Als Briseis zurückkehrt und den todten Freund sieht, bricht auch sie in die rührendsten Klagen aus. Immer klarer zeichnet sich das edle Bild des Patroklos, des tapfern Mannes mit der treuen und zarten Seele, der in solchem Grade die Liebe des Peliden gewonnen hatte.

Endlich kommt es zur Schlacht, in welcher Hektor die Griechen zu kühn im offnen Felde erwartet. Furchtbar wüthet die Lanze des Achill im dichten Gedränge der Troer, nachdem die Götter ihr zuerst den Aeneas, darauf den Hektor entrissen hatten. Dann treibt er eine ganze Schaar in den Skamander und mordet und schlachtet dort so entsetzlich, dafs der Flufs sich empört und den Würger zu erwürgen droht, wenn nicht Hera und Hephaestos dem Bedrängten zu Hülfe gekommen wären.

Nun drängen alle Troer in die Stadt, denn schon naht der Schreckliche. Umsonst beschwören Vater und Mutter den Hektor dieser Begegnung auszuweichen. Wie er herausschreitet, furchtbar wie der Kriegsgott, ergreift den Sohn des Priamos wilde Angst und er sucht zu entrinnen. Dreimal jagt nun Achill seinen Feind um die Stadt und es jammert den Zeus des Hektor, der ihn immer mit reichen Opfern geehrt, und er greift zur Wage um die Todeslose zu wägen. Hektors Schale sinkt, Apollo verläfst ihn, Athena bringt ihn zum Stehen, bald ist er dem Speere Achills gefallen, der ihn an seinen Wagen bindet und um die Stadt schleift, hinter ihm seine Myrmidonen mit wildem Triumphgeschrei. Dem antwortet das Geheul der Klagenden von der Stadtmauer, des Priamos und der Hekabe, der Andromache, die Klage von ganz Troja. Schon hatten Alle das nahe Schicksal vor Augen.

Neue Todtenklage im Lager der Myrmidonen und Todtenschmaus. In der Nacht erscheint Patroklos seinem Freunde und dringt auf Bestattung; Achill möge seine und die eignen Gebeine in demselben Kruge beisetzen. Also wird der Leichnam verbrannt und bestattet und es folgen die Leichenspiele, bei denen sich die ritterlichen Künste aller Helden im besten Lichte zeigen.

Hektors Leiche lag im Staube, den Hunden und der Verwesung und neuen Mifshandlungen seines Feindes preisgegeben, bis es alle Götter erbarmte, denn Hektor war ihnen allen theuer gewesen. Apollo

---

[1] Ein Bildwerk am Kypseloskasten deutete auf die von Paus. 5, 19, 2 erzählte Sage dafs damals der inzwischen zu den Göttern eingegangene Kentaure Cheiron, der alte Freund des Peleus und Achill, dem letzteren ein Nepenthes geschickt habe.

schützte die Leiche, Zeus sandte zur trauernden Thetis, dafs sie zu ihrem Sohne gehe und ihn willig zur Auslieferung des Leichnams stimme. Dann wandte sich Iris in das ganz in Kummer versenkte Haus des Priamos und bestimmte ihn mit reichen Geschenken der Auslösung zum Achill zu gehen. Er ganz allein, der tiefgebeugte Greis machte sich auf, von einem treuen Diener begleitet, in der Nacht, geführt und behütet vom Hermes, der ihn bis an das Zelt des Peliden bringt. Da lag der klagende Vater zu den Füfsen des klagenden Sohnes, denn Achill dachte bei diesem Anblick seines eignen Vaters daheim, der ihn nicht wieder sehen werde, und es flossen ihre Thränen ineinander und Wehmuth, tiefe Wehmuth über alles Erdenschicksal löste den nagenden Schmerz, der die Seele Achills bis jetzt umklammert hatte. Priamos aber führte die Leiche seines Sohnes nach Troja, damit auch sie nun feierlich bestattet würde. Elf Tage sollten diese Gebräuche dauern, am zwölften wieder der Krieg beginnen.

So der Verlauf des erhabenen Gedichts, welches, wie es überhaupt auf die Bildung Sitte und Erziehung der Griechen einen kaum zu ermessenden Einflufs ausgeübt hat, so namentlich die Seele der Dichtkunst und der bildenden Kunst war. Auch in stofflicher Hinsicht, da die vorzüglichsten Dichter der attischen Bühne, Aeschylos und Sophokles, aus der Ilias den Inhalt ausgezeichneter Tragödien schöpften und die Maler und bildenden Künstler alle lebendigeren Scenen nach ihrer Weise auszudrücken versuchten. Aeschylos hatte in der Trilogie der Myrmidonen, Nereiden und Phryger den letzten Abschnitt der Handlung, vom Gefecht bei den Schiffen bis zur Auslösung der Leiche, dramatisch bearbeitet und dabei den Schmerz des Achill über den Tod des Patroklos auf eine tief ergreifende Weise ausgedrückt[1]). Sophokles hatte in seinen Gefangenen (Αἰχμαλωτίδες) den Streit zwischen Agamemnon und Achill zu Anfang der Ilias und wahrscheinlich auch den Kampf bei den Schiffen (ἐπὶ ναυσὶ μάχη), ferner den Verlust des Patroklos und Achills Rache für die Bühne bearbeitet; wenigstens läfst die Kunde von solchen Dramen des römischen Tragödiendichters Attius ein Gleiches von Sophokles vermuthen[2]). Auch die Tradition der Künstler hielt sich vorzüglich an die bewegtesten und verhängnifsvollsten Acte der Handlung, den Abschied Hektors von den Seinigen und

---

1) Welcker Tril. 415 ff. Gr. Tr. 33 ff., G. Hermann Opusc. 5, 136 sqq., Nauck tr. gr. p. 31. 66.

2) Schöll üb. d. Tetralogie des att. Theaters 107 ff.

sein späteres Schicksal, den Kampf bei den Schiffen, den Zorn des Achill, seinen Schmerz um Patroklos und seine Rache bis zum Opfer an der Leiche des Freundes[1]); neben welchen düsteren Scenen die freundlichen Gestalten der Thetis mit ihrem Gefolge der Meeresjungfern, wie sie dem Achilles die Waffen aus der Götterschmiede überbringen, eine anmuthige Abwechselung sind[2]). Auch der Volksglaube that das Seinige hinzu, da Hektor später in Ilion, Patroklos in seiner Vaterstadt Opus mit den gewöhnlichen Folgen für Sage und Gottesdienst verehrt wurden[3]).

c. Die Aethiopis.

Ein Gedicht des Arktinos von Milet, in welcher Stadt Achill als Heros verehrt wurde. Es ist nach der Ilias das älteste, doch erkennt man auch so deutlich eine Nachbildung der Ilias, welcher es auch darin glich dafs es vornehmlich ein Gedicht zur Verherrlichung des Achill, eine Achilleis war. Wesentliche Unterschiede waren die Einflüsse des späteren Glaubens z. B. die Mordsühne und Heroenverehrung und die Einflechtung neuer Ereignisse in den trojanischen Krieg, welche die Ilias schon deshalb nicht gekannt haben kann, weil sie es wiederholt

---

1) Overbeck 371 ff. Eine Auswahl von Vasenbildern b. Gerhard A. V. 177—204. Dazu die wichtigen Publicationen Mon. d. I. 6, 19—21, Brunn Ann. 30, 352 ff., wo der Mittelpunkt verschiedener Scenen nicht sowohl der Zorn als der Schmerz des Achill zu sein scheint, vgl. Il. 19, 309 ff. Das Todtenopfer an Patroklos als Wandgemälde in einem Grabe zu Vulci, *Mon. d. I. 6, 31, Ann. 1859, 353 ff., auf einer Vase aus Canosa Mon. 9, 32. 33, Michaelis Ann. 1871, 166 ff., vgl. auch Schlie troischer Sagenkr. S. 120 ff. Ueber die Darstellungen vom Loskauf der Leiche Hektors s. Benndorf Ann. 1866, 241 ff. — Der Zweikampf des Menelaos und Alexandros inschriftlich bezeugt auf einem V. B. b. Froehner choix de vases grecs pl. 3; die nächstfolgende Scene mit dem Pfeilschufs des Pandaros b. Brunn urne Etr. t. 66, 1, Schlie a. a. O. S. 114 ff., vgl. O. Jahn Bilderchron. S. 13 f. Der Kampf des Aias und Hektor b. Froehner ebd. pl. 4. Ueber die Darstellungen von Hektors Abschied vgl. auch Brunn troische Misc. S. 73 ff.

2) Overbeck 432 ff. vgl. O. Jahn Ber. d. Sächs. Ges. 1854, 183, Roulez choix d. v. p. pl. 14, *Stephani compt. rend. 1865, 41 ff. Als Verzierung von Waffenstücken Bullet. Nap. N. S. 6 t. 14.

3) Von Hektor Philostr. Her. 683 vgl. Virg. A. 5, 371, *auch den Brief Julians Hermes 9, 258 f. Von Hektor und Patroklos Clem. Ro. Homil. 6, 22 ὅπου καὶ Ἕκτορα ἐν Ἰλίῳ καὶ Ἀχιλλέα ἐν Λευκῇ τῇ νήσῳ οἱ ἐκεῖ προσκυνοῦσιν, Πάτροκλον Ὀπούντιοι, τὸν Μακεδόνα Ἀλέξανδρον Ῥόδιοι, vgl. die von Lobeck Agl. 575 angeführte Stelle. Der bewaffnete Heros auf den Münzen von Opus kann also sowohl Patroklos sein als der lokrische Aias.

und ganz bestimmt ausspricht dafs Achill gleich nach Hektor sterben werde, wie sie denn auch zwar nicht den Tod des Helden beschreibt, wohl aber den ganzen Schmerz und alle traurigen Empfindungen über seinen Tod vorwegnimmt. In der Aethiopis dagegen traten als neue Gestalten erst die Amazone Penthesilea, dann der Aethiope Memnon auf und erst nachdem dieser den Antilochos und Achill deshalb (wie in der Ilias wegen des Patroklos Hektor) den Memnon erschlagen hatte, wurde er selbst von seinem Schicksal ereilt. Uebrigens war das Gedicht mit grofser Kunst erfunden und ausgeführt, auch sind die darin behandelten Sagen in der griechischen Kunst und Poesie immer sehr beliebt gewesen. Diese späteren Nachklänge müssen auch hier wesentlich beitragen die Conception erster Hand wieder herzustellen.

Noch war Troja mit der Klage des Hektor beschäftigt, als die **Amazone Penthesilea** mit andern Amazonen als Bundesgenossin erschien, eine Tochter des Ares, Thrakerin nach ihrer Abkunft. So wacker fochten diese kriegerischen Jungfrauen in der wieder entbrannten Schlacht, dafs die Griechen von neuem sehr bedrängt wurden, bis Achill hinausstürmte und die Amazonenkönigin erlegte. Schon hatte er sie tödtlich getroffen, da sah er ihre frische Jugend und grofse Schönheit und gestattete bewegten Herzens den Troern ihren Leichnam fortzutragen, dafs er feierlich bestattet werden möge¹). Als Thersites ihn deswegen beschimpfte und verleumdete, ja den Leichnam der kriegerischen Jungfrau verstümmelte, tödtete er den Unverschämten mit einem Faustschlag, worüber Diomedes als naher Verwandter des Thersites sehr erzürnt wurde, so dafs unter den Griechen ein Aufstand ausbrach²). Achilles schiffte also nach Lesbos um dem Apoll und seiner Schwester und Mutter ein Opfer darzubringen, worauf Odysseus ihn

---

1) θαυμάζων ἐκτείνης τὴν ῥώμην ὁμοῦ καὶ τὸ κάλλος καὶ τὸ νεαρὸν τῆς ἡλικίας ἐδάκρυε καὶ τοῖς Ἕλλησι παρεκάλει ταφῆς ἀξιοῦν τὴν νεάνιδα Tzetz. Lyk. 999 vgl. Prop. 3, 11, 13—16 u. Iustin M. ad gent. 1 ὑπὸ Ἀμαζόνος νεκρᾶς νενίκητο. Dafs die Amazonen in der Aethiopis zu Pferde gekämpft, wie Welcker ep. Cycl. 2, 216 annimmt, ist kaum wahrscheinlich, obgleich die Amazonen oft beritten gedacht (Pind. Ol. 8, 47) und auch der Kampf zwischen Achill und Penthesilea auf einigen Vasenbildern so dargestellt wird. Doch spricht Virgil A. 11, 661 von ihrem Wagen, quum se Martia curru Penthesilea refert. Vgl. dens. A. 1, 490 ff. und Seneca Agam. 217.

2) Dafs Thersites dem Achill und dem Odysseus immer besonders verhafst gewesen sagt die Ilias 2, 220. Die spätere Fabel b. Lykophr. 999 Tz., Quint. Smyrn. 1, 722 ff., Schol. Il. l. c., Schol. Soph. Philokt. 445 u. A. Von dem dramatischen Dichter Chaeremon gab es einen Ἀχιλλεὺς Θερσιτοκτόνος. *Das

von dem vergossenen Blute reinigte. Der tiefe Eindruck, den die sterbende Penthesilea auf Achill machte, wurde durch die Künstler dadurch noch mehr hervorgehoben dafs sie die Jungfrau in seinen Armen sterben liefsen¹).

Dann erschien Memnon, das Kind des fernen Aethiopiens, ein Sohn der Eos und des Tithonos, also ein naher Verwandter des Priamos²), in strahlender Waffenrüstung, welche auch ein Werk des Hephaestos war, der schönste aller Männer vor Troja, also ein ebenbürtiger und in allen Stücken würdiger Gegner des Achill. Thetis wufste dafs ihr Sohn sterben müsse sobald er diesen Held getödtet, daher ihn Achill im Kampfe vermied. Da fiel Antilochos durch Memnon, der liebenswürdige Sohn des Nestor, der dem Peliden nach dem Tode des Patroklos sein bester Freund geworden war: ein berühmtes Beispiel kindlicher Liebe, denn er suchte mit seinem Leibe den fliehenden Vater zu retten (Pindar P. 6, 28 ff.). Nun galt es den Freund zu rächen, seine Leiche zu sichern, so dafs Achill keine andre Rücksicht kannte. Beide Mütter flehten und sorgten, Eos und Thetis, als ihre Söhne kämpften und Zeus wieder zur Wage griff, bis endlich Memnon fiel und von seiner Mutter klagend in die ferne Heimath getragen wurde. Aeschylos und Sophokles hatten diese Dichtung verherrlicht³) und viele Kunstwerke beschäftigten sich mit der ganzen Geschichte des Memnon, von seiner Ankunft bis zu der verhängnifsvollen Entscheidung durch die Wage des Zeus, der Entführung der Leiche durch Eos oder die geflügelten Brüder Schlaf und Tod, und der Todtenklage⁴). Diese letzte

---

Bruchstück einer statuarischen Gruppe, welche die Gewaltthat des Achilleus gegen Thersites darstellte, s. b. R. Schöne Arch. Ztg. 1866 Tfl. 208, 1. 2, S. 153 ff., vgl. ebd. 1855 Tfl. 76 und O. Jahn Bilderchron. S. 27.

1) So das Gemälde des Panaenos, des Bruders des Phidias, in Olympia s. Paus. 5, 11, 2 und verschiedene Sarkophagreliefs. Vasenbilder b. Gerhard A. V. t. 205—207, Trinksch. t. C, 4—6, wo Penthesilea zu Achills Füfsen um Erbarmen fleht, während er ihr von oben den tödtlichen Stahl in die Brust stöfst. Vgl. Overbeck a. a. O. 497 ff. *und Bull. d. Inst. 1868, 136. Die Ankunft der Amazonen vor Priamos Brunn urne Etr. t. 67, 1. Schlie a. a. O. S. 123 ff.

2) Il. 20, 237, Apollod. 3, 12, 4, Diod. 4, 75.

3) Von Aeschylos gab es einen Memnon und eine Psychostasie, von Sophokles einen Memnon und Aethiopen, vgl. G. Hermann opusc. 7, 343 sqq., Nitzsch Sagenpoesie 607 ff.

4) Vgl. die von Paus. 5, 22, 2 beschriebene Marmorgruppe zu Olympia, Memnons Todtenklage b. Philostr. 1, 7, die des Antilochos ib. 2, 7, Overbeck 512—536. *Zum Zweikampf des Achill und Memnon vgl. noch Conze Melische Thongefäfse Tfl. 3, S. VI, Heydemann Arch. Ztg. 1871, 168, Neapler Vasens.

hatte ihre Begründung im Cultus des Memnon, sowohl an seinem Grabe zu Susa, welches gewöhnlich für seine Heimath galt, als an dem an der Mündung des Flusses Aesepos in Mysien gelegenen, wo man das Märchen von den Memnonischen Vögeln erzählte, den verwandelten Aethiopen des Memnon, welche jährlich aus ihrer fernen Heimath herkämen um an dem Grabe ihres verstorbenen Herrn zu kämpfen und zu klagen[1]). Ohne Zweifel lagen bei solchen Dichtungen alte orientalische Sagen und Gebräuche zu Grunde, welche sich frühzeitig über Kleinasien verbreitet hatten. Doch fuhr die Dichtung und der Volksglaube fort den Memnon nach eigner Eingebung zu verherrlichen. Der Thau des frühen Morgens, sagte man, sei die Thräne der Eos, womit sie an jedem Morgen von neuem das geliebte Kind beweine, und als man später in Aegypten, in der Nähe von Theben, die bekannten Klänge des alten Kolosses hörte, glaubte man den altberühmten Helden des Ostens zu hören, welcher mit diesen Tönen früh Morgens die Mutter begrüße, also noch immer ein Leben habe, während sein Gegner und Besieger Achill, der Sohn der Nereide, für immer verstummt sei, sowohl in seinem Grabe am Hellespont als in seiner thessalischen Heimath[2]).

Achill wurde durch die Geister der Schlacht bis in die Nähe der Stadt getrieben, in die verhängnißvolle Gegend des Skaeischen Thores, wo Apoll den Sturm der Griechen schon mehr als einmal gebrochen hatte, wenn sie im Begriff waren „wider das Schicksal" d. h. ehe die Stunde gekommen war die Stadt zu zerstören. Schon wollte Achill durch das Thor hinein dringen, da traf ihn ein Pfeil des Paris, den Apollo lenkte, nach der jüngeren Sage in die allein verwundbare Ferse[3]). Später erzählte man von einem Verlöbnisse des Achill mit

---

n. 2430. 2781, Santangelo n. 120. Ueber die Psychostasie, durch welche das Schicksal der beiden Kämpfenden entschieden wurde, vgl. L. Schmidt Ann. d. I. 29, 118 ff., Mon. 6, 5. Die Leiche des Memnon wird gewöhnlich von der Eos entführt, O. Jahn Arch. Beitr. 108, *Froehner choix de vases grecs pl. 2, auch auf dem Theater, Poll. 4, 130, doch griffen auch hier, wie bei der Leiche Sarpedons, der Schlaf und der Tod zu, Gerhard A. V. t. 221. 222, Mon. d. I. 6, 21.

1) Schon Polygnot deutete auf diese Vögel, Paus. 10, 31, 2. Ueber das Grab am Aesepos und zu Susa und über die Klagen und die Memnonischen Vögel hier und dort s. Str. 13, 587, Mosch. id. 3, 42, Ovid M. 13, 576 ff., Aelian N. A. 5, 1, Plin. 10, 74, Serv. V. A. 1, 751, Cramer An. Paris. 1, 25. Memnons Straße von Susa durch Phrygien an den Hellespont b. Paus. l. c. u. Diod. 2, 22. Vgl. Bd. 1, 361 und Welcker ep. Cycl. 2, 204 ff.

2) C. I. n. 4717.

3) Auf den Tod durch den Apoll deutet schon die Ilias 19, 416; 21, 277;

der Polyxena und dafs er bei dieser Gelegenheit im Tempel des Apoll von Thymbra meuchlings getödtet sei, in demselben Tempel, den er früher durch das Blut des Troilos befleckt hatte[1]). Immer ist Apoll der eigentliche Urheber seines Todes, der Schutzgott Trojas und der Priamiden, so gereizt durch den Tod des Troilos, des Hektor, dafs er seiner eignen Versprechungen bei der Hochzeit des Peleus und der Thetis vergessen hatte[2]).

Ueber seiner Leiche und um seine Waffen entbrannte ein wüthender Kampf, der den ganzen Tag währte, so dafs sich Berge von Erschlagenen um den todten Helden häuften, bis endlich Zeus mit einem Sturmwinde darein fuhr, so dafs die Griechen den Leichnam und die Waffen retten konnten[3]). Aias trug den Gefallenen, Odysseus wehrte die verfolgenden Feinde ab. Auch diese Vorgänge, sowohl der Kampf um die Leiche als die bei dem Streite um die Waffen Achills oft erwähnte Rettung des Leichnams, sind durch schöne Kunstwerke, jener durch die Gruppe im Giebel des Athenatempels von Aegina, dieser durch ein statuarisches Werk von noch höherem Werthe verewigt worden[4]).

Nun war wieder Klage über Klage bei den Griechen. Antilochos wurde bestattet, Achills Leichnam ausgestellt. Da erschien Thetis mit den Nereiden aus dem Meere aufsteigend; die Griechen erbebten als sie die göttlichen Stimmen über den Wogen hörten und wären entflohen, wenn der erfahrene Nestor sie nicht zurückgehalten hätte. Und sie stellten sich zur Klage um den Leichnam, den sie mit köstlichen Gewändern bekleideten, und die neun Musen traten zu ihnen und klagten mit ihnen: da blieb kein Auge trocken. Siebzehn Tage und Nächte

---

22, 359, wo der sterbende Hektor mit dieser Rache droht. Vgl. Soph. Philokt. 334, Virg. A. 6, 56, Horat. Od. 4, 6, 3—24. Die allein verwundbare Ferse b. Hygin f. 107, da Achill doch Il. 21, 166 am rechten Arm verwundet wird.

1) Hygin f. 110, Serv. V. A. 3, 322, Philostr. Her. 737; *vgl. O. Jahn Arch. Ztg. 1869, 1 ff., der die Vermählung des Achill mit Polyxena auf einem Sarkophagrelief nachweist.

2) Aesch. b. Plat. rep. 2 p. 383 B. Daher b. Catull 64, 300 Apollo und Artemis bei jener Hochzeit allein nicht zugegen sind.

3) Od. 24, 37 ff. Vgl. Od. 5, 309, wo Odysseus auf seinem Flofs an diesen Kampf denkt. Wäre ich doch gestorben ἤματι τῷ ὅτε μοι πλεῖστοι χαλκήρεα δοῦρα Τρῶες ἐπέρριψαν περὶ Πηλεΐωνι θανόντι.

4) Welcker A. D. 1, 44 ff., akad. Kunstmus. zu Bonn S. 75 ff., Overbeck 537 ff., *L. Urlichs über die Gruppe des Pasquino, Winckelmannsprogr. Bonn 1867, O. Donner Ann. d. Inst. 1870, 75 ff. Auch die Vasenbilder beschäftigen sich oft mit diesen Vorgängen.

dauerte diese Klage der Sterblichen und Unsterblichen: am achtzehnten Tage wurde die Leiche verbrannt, mit vielen Opfern und kriegerischen Umzügen um den brennenden Scheiterhaufen, bis am nächsten Morgen die Gebeine gesammelt werden konnten, in einem goldnen Kruge, den Hephaestos dem Dionysos, dieser der Thetis geschenkt hatte, die des Achill vermischt mit denen des Patroklos, und abgesondert aber in demselben Kruge die des Antilochos, welchen Achill nächst dem Freunde seiner Jugend am meisten geliebt hatte. Dann wurde der berühmte Grabeshügel am Gestade des Hellespontos aufgeworfen, welcher Vorüberschiffenden fort und fort den Ruhm des grofsen Aeakiden verkündete. So erzählt die Odyssee 24, 43—84, nach welcher Achilles so gut wie die anderen Helden und Verstorbenen in der Unterwelt ist[1]). Dahingegen die späteren Begriffe von Heroenthum und Heroendienst von selbst zu einer noch gröfseren Verherrlichung geführt haben; und schon in der Aethiopis entführte Thetis den Leichnam des Sohnes aus dem brennenden Scheiterhaufen, um den Seligen im Geleite aller Götter und Dämonen nach der Insel Leuke an der Donaumündung zu bringen, wo er von den Pontosschiffern und den griechischen Colonieen als verklärter Heros und Ποντάρχης mit seinen Freunden und Geschlechtsverwandten verehrt wurde, mit Spielen, Opfern und Weihungen[2]): wahrscheinlich eine Folge seiner älteren Verehrung am Hellespontos und zu Milet, durch dessen Handel und Pflanzstädte der Pontos erst zum Euxeinos wurde. Andre Dichter nannten statt dieser Insel Elysion d. h. die Inseln der Seligen im Weltmeere des Untergangs und verbanden ihn dort oder auf Leuke mit der Medea oder mit Iphigenia[3]), oder mit Helena, den heldenmüthigsten aller Heroen vor Troja

---

1) Od. 11, 467 ff., wo Achilles, Patroklos und Antilochos gleichfalls zusammen auftreten, als vierter Aias der Telamonier. Den Chor der Musen an der Leiche Achills kennt auch Pindar I. 7, 56 ff. Den goldnen Krug hatte Dionysos der Thetis zum Dank für die Rettung vor dem Thrakerkönige Lykurgos geschenkt, Schol. Od. 24, 74 vgl. Lykophr. 273 Tz.

2) Schon Alkaeos nannte ihn einen König der Skythen fr. 49. Von der heiligen Insel Pind. N. 4, 49, Eurip. Iph. T. 435 ff., das Werk des Skopas b. Plin. 36, 26 (Bd. 1, 493), Paus. 3, 19, 11, nach welchem auch die beiden Freunde und die beiden Aianten, der lokrische und der salaminische dort zugegen gedacht wurden. Vgl. v. Köhler sur les iles et la course d'Achille, Mém. de l'Acad. de S. Petersb. 10, 581—819 u. Boeckh C. I. 2 p. 87 n. 2076. 2077. 2080. 2096b—f. Auch am kimmerischen Bosporos befand sich ein Achilleion Str. 11, 494.

3) Von der Medea Apollon. 4, 814 Schol., welcher sich auf Ibykos und Simonides beruft, von der Iphigenia Antonin. Lib. 27 nach Nikander u. Eustath

mit der schönsten Frau und der Ursache wie dem Preise des Kriegs. Oder man verehrte ihn und den Vater neben der Thetis und den Nereiden sowohl an der Küste Sepias unter dem Pelion, der durch die kühne Werbung des Peleus berühmten Stätte, als sonst hin und wieder an den Küsten und Strommündungen; oder es war der gewöhnliche Heroencultus in den vielen Städten und Gegenden, die sich zu seiner Verehrung bekannten[1]). Sein ausgezeichnetes Bild war das eines jugendlich schönen und starken Helden von schlankem und leichtem Körperbau[2]).

Auf die Bestattung folgten die Leichenspiele, bei denen Thetis Preise von nie gesehener Schönheit und Kostbarkeit aussetzte (Od. 24, 90). Auch kam es nun zur Entscheidung über die Waffen des Achill, auf welche sowohl Odysseus als Aias Anspruch machten, vor einem Gerichte, bei welchem Odysseus seine Sache so gut zu führen wußte, daß er den Sieg gewann, den verhängnißvollen, in Folge dessen sich Aias in sein Schwerdt stürzte (Od. 11, 545). Denn Aias war an Heldenmuth und Heldenkraft der Nächste an Achill, darüber konnte kein Zweifel sein. Aber Odysseus, auch dieser tapfer und beim Kampf um die Leiche hochverdient, war klüger und beredter als Aias und unerschöpflich an listigen Anschlägen, welche für die nächste Zukunft des Kriegs noch mehr als Heldenmuth und Heldenkraft entscheiden

---

Dion. P. 306. Beide Combinationen stammen wohl aus dem Pontos. Von der Helena Paus. l. c. u. Philostr. Her. 745. *Die Fabelei des Ptolemaeos Hephaestion vom Euphorion, einem geflügelten Kinde der Helena und des Achill, ist wohl eine reine Erfindung desselben, vgl. auch Hercher N. Jahrbb. f. Phil. Suppl. I, 251.

1) Das angesehenste Heiligthum blieb immer das am Hellespont, wo durch die Mytilenaeer und Athenienser sogar ein kleiner Ort Achilleion entstand und von den Iliern regelmäßige Todtenopfer gebracht wurden, aber auch von Andern durch regelmäßige oder außerordentliche Sendungen, namentlich von den Thessalern, s. Str. 13, 596. 600, Plin. 5, 125, Philostr. Her. 742. Hier soll Achill dem Homer im vollen Glanze seiner Waffen erschienen sein und der Dichter darüber das Licht seiner Augen verloren haben, Westerm. biogr. p. 31, 20. Der Cultus auf der Insel Astypalaea, den Cic. N. D. 3, 18, 45 besonders hervorhebt, hängt ohne Zweifel mit den Aeakiden auf Kos zusammen, worüber O. Müller ind. schol. Gott. 1838. II. des Achill in der Nähe von Sparta, wo die Epheben ihn verehrten, Paus. 3, 20, 8, Kenotaphium im Gymnasium zu Elis mit einem Trauerfest der Frauen, P. 6, 23, 2. In Epiros verehrte man ihn unter dem Namen Ἄσπετος Plut. Pyrrh. 1. Andre Heiligthümer oder Denkmäler in der Nähe von Smyrna, an der Küste von Messana, in Tarent, in Sicilien b. Steph. B. v. Ἀχίλλειος δρόμος u. Aristot. Mirab. 106.

*2) Vgl. auch L. Urlichs über die Gruppe des Pasquino S. 35 ff.

sollten. Hatte er doch noch vor kurzem bei einem Opferschmause mit Achill gestritten, nicht lange vor dem Tode des letzteren, dafs Troja nur durch Klugheit, nicht durch Tapferkeit zu bezwingen sei, zur grofsen Freude des Agamemnon, welcher durch ein Orakel wufste dafs auf diesen Streit der Besten das nahe Ende folgen werde (Od. 8, 75—82 Schol.). Deshalb traten jetzt die Aeakiden einer nach dem andern ab und der List des Laertiaden blieb die Palme vorbehalten; obwohl die Dichtung jenen Sieg des Odysseus natürlich noch anders motivirte. Namentlich sollte Pallas Athena für ihn entschieden haben, sie und die troischen Gefangenen, wie es in einem interpolirten Verse der Odyssee hiefs[1]) und wahrscheinlich Arktinos in der Aethiopis gedichtet hatte; während die kleine Ilias in gleichem Sinne die Entscheidung durch ein belauschtes Gespräch troischer Frauen auf der Mauer der belagerten Stadt herbeiführen, aber auch hier Athena zur rechten Zeit das für Odysseus entscheidende Wort eingeben liefs[2]). Auch war in der Aethiopis bereits von dem verdüsterten Gemüth des Aias die Rede, welches der Asklepiade Podaleirios an seinen flammenden Augen erkannte, in der kleinen Ilias entschiedener von seinem Wahnsinn und wie er in demselben die Heerden geschlachtet habe. Weiter dichtete Aeschylos von dem Schicksal des Aias und seines Halbbruders, des Teukros, von dem Waffengerichte bis zur Heimkehr des Teukros[3]), und eben so Sophokles in dem erhaltenen Aias und andern sich anschliefsenden Tragödien. Es ist die Selbstüberhebung des Aias, in welcher er beim Abschiede von seinem Vater auch wohl ohne die Götter fertig zu werden gemeint und später den Beistand der Athena ausdrücklich verschmäht hatte, welche bei Sophokles sein Schicksal entscheidet. Darum ist er im Waffengerichte unterlegen, darum schlägt ihn die Göttin mit Wahnsinn, als er in der Nacht ausgeht um sich an den Atriden und an Odysseus zu rächen, so dafs er statt ihrer die Heerde trifft; eine Schmach, die der Hochgesinnte um keinen Preis überleben mag. Also stürzt er sich in sein Schwerdt, das Schwerdt des Hektor,

---

1) Od. 11, 547 παῖδες δὲ Τρώων καὶ Παλλὰς Ἀθήνη. Aristarch verwarf den Vers, da diese Wendung der Sage erst „bei den Kyklikern" vorkomme, vgl. d. Schol.

2) Aristoph. Eq. 1056 Schol.

3) Von Aeschylos gehören dahin die drei Stücke Ὅπλων κρίσις, Θρῇσσαι, wo das Schwerdt des Aias bei dem ersten Versuche des Selbstmordes sich bog, bis „ein Dämon" ihm die verwundbare Stelle seines Leibes zeigte, und Σαλαμίνιαι, s. G. Hermann Opusc. 7, 362—387. Von römischen Dichtern behandelten Ennius, Pacuvius, Attius u. A. dieselben Fabeln.

welches ihm dieser in dem bekannten Zusammentreffen für seinen Gürtel gegeben und welches sich nun als das Geschenk des Feindes an seinem Leben erwies¹). Doch hat die attische und andrer Griechen Verehrung auch diesem Heroen trotz eines solchen Endes zu den höchsten Attributen des Heroendienstes verholfen²) und ausgezeichnete Künstler beschäftigten sich mit seiner Katastrophe³), welche von dem griechischen Theater auf das römische verpflanzt wurde, während der Volksglaube späterer Zeiten in der Hyakinthosblüthe die Anfangsbuchstaben seines Namens und den Ausdruck seiner Klage erkannte⁴).

d. Kleine Ilias und Iliu Persis.

Die kleine Ilias, welche die Vorfälle von dem Waffenstreite zwischen Aias und Odysseus bis zur Zerstörung Trojas und zur Einschiffung der Griechen behandelte, wurde verschiedenen Dichtern, aber gewöhnlich dem Lesches von Lesbos zugeschrieben. Er war beträchtlich jünger als Arktinos, von dem es gleichfalls eine Iliu Persis d. h. ein Gedicht von der Zerstörung Trojas gab. Neben diesen Gedichten, so weit wir ihren Inhalt übersehen können, sind häufige Anspielungen der Odyssee und viele Tragödien und Bildwerke zu berücksichtigen.

Nachdem die kleine Ilias den Waffenstreit und das Ende des Aias in ihrer Weise erzählt hatte, führte sie zunächst den Philoktet aufs

---

1) Soph. Ai. 661 ff. 756 ff. 815 ff. 1026 ff.
2) Nach der kleinen Ilias wurde Aias nicht einmal ordentlich verbrannt, so zürnte Agamemnon, Eustath. Il. 285, 34, vgl. Horat. S. 2, 3, 187 ff. Doch entschied sich mit der Zeit die Meinung immer mehr zu seinen Gunsten, wozu sein Charakter als Aeakide und sein Cultus in Athen und andern Gegenden nicht wenig beitrug, vgl. Pind. N. 7, 20 ff.; 8, 23 ff., Welcker kl. Schr. 2, 291. Von dem Aianteion am Hellespont, wo die Rhodier einen Ort desselben Namens gründeten, entsprechend dem Achilleion am andern Flügel des alten Schiffslagers, s. Str. 13, 595, Plin. 5, 125, Paus. 1, 35, 3, welcher aus dem Munde der späteren Bevölkerung dieser Gegend die Sage erzählt dafs die Waffen des Achill nach dem Schiffbruch des Odysseus bei dem Grabe des Aias antrieben. Ueber den Cult auf Salamis und in Athen s. unten.
*3) Das Waffengericht malten Parrhasios und Timanthes; über die erhaltenen Darstellungen s. Overbeck a. a. O. 563 ff., Lübbert Ann. d. Inst. 1865, 82 ff. Aias in Leidenschaft und Wahnsinn malte Timomachos, vgl. auch O. Jahn Bilderchron. S. 29, Stephani compt. rend. 1869, 44 f. Ueber Darstellungen vom Selbstmorde des Aias s. Heydemann Arch. Ztg. 1871, 60 ff.
4) Euphorion b. Meincke Anal. Al. 69. 123 vgl. Ovid M. 13, 394, Plin. 21, 66, Paus. 1, 25, 3. Auch b. Soph. Ai. 430 wird der Name Αἴας mit αἰαῖ und αἰάζειν combinirt.

Schlachtfeld. Odysseus war es, der in einem Hinterhalte dem troischen Wahrsager Helenos auflauerte und ihn gebunden ins Griechenlager führte, wo er überhaupt die Zukunft und namentlich dieses verkündigte dafs Troja ohne Philoktet und seinen Bogen, den Bogen des Herakles nicht genommen werden könne¹). Philoktet mufste also von Lemnos herbeigeholt werden, eine Aufgabe, welche in der kleinen Ilias Diomedes ausführte, während die drei Tragiker, denn aufser Sophokles hatte auch Aeschylos und Euripides einen leidenden Philoktet gedichtet, den Odysseus auch bei diesem Acte die Hauptperson sein liefsen²). Dann wurde Philoktets Wunde durch den Asklepiaden Machaon geheilt und nun kam es zu einem Zweikampfe zwischen ihm und Paris, dessen Bogen sich durch den Tod des Achill als einen nicht weniger verhängnifsvollen erwiesen hatte. Paris fiel, worauf seine Leiche von Menelaos mifshandelt, aber dann doch von den Troern bestattet wurde³). Helena, die ohne Liebe und Gemahl nun einmal nicht zu denken war, verband sich nach seinem Tode mit dem tapfern Deiphobos, einem andern Sohne des Priamos.

Doch war auch ein Aeakide zur Erfüllung des Schicksals von Troja nothwendig, obwohl dieser eigentlich nur im Auftrage des Odysseus handelte. Dieser holt nämlich jetzt den Neoptolemos, den jugendlichen Sohn und das Ebenbild des Achill von Skyros⁴), und giebt ihm die Waffen seines Vaters, der ihn durch eine Erscheinung vollends begeisterte. Sein würdiger Gegner auf troischer Seite war Eurypylos, der Sohn des Herakliden Telephos, den seine Mutter, eine Schwester des Priamos, durch Geschenke bestochen diesem zu Hülfe gesendet

---

1) Pind. P. 1, 52 ff. vgl. oben S. 420. Daher der Bogen des Herakles zweimal über Troja triumphirt, Soph. Philokt. 1439, Prop. 3, 1, 32.

2) Dio Chrysost. or. 52 vgl. Nauck tr. gr. p. 62. 482. Sophokles hatte auch einen Philoktet in Troja gedichtet. *Die Abholung Philoktets von Lemnos ist in verschiedenen Momenten mehrfach auf etruskischen Aschenkisten dargestellt, Brunn urne Etr. t. 69 ff., Schlie a. a. O. S. 134 ff., O. Ribbeck Philocteta des Accius, Kiel 1872. — Der Zweikampf des Philoktet und Paris b. Brunn t. 72, 8, Schlie S. 148 ff.

3) Die späteren Künstler und Dichter wissen von einer letzten Begegnung mit der idaeischen Nymphe Oenone, wo diese sich ihn zu heilen weigert, hernach aber, als es zu spät ist, vor Schmerz und Reue umkommt, Apollod. 3, 12, 6, Konon 23, Qu. Smyrn. 10, 259 ff.

4) Philostr. d. J. 1, 1. Wahrscheinlich bezogen sich die Doloper des Sophokles auf diese Abholung. Welcker Gr. Tr. 140 ff. Auf dringende Bitten des Lykomedes, nicht nach Troja zu gehn, deutet Cic. Lael. 20, 75, wohl nach einer römischen Tragödie.

hatte, schön wie Memnon und streitbar wie wenige¹). Dieser also fiel dem Neoptolemos und die Griechen waren seitdem wieder die Herren des Schlachtfeldes.

Also zogen sich die Trojaner von neuem hinter ihre Mauern zurück, die das Verhängnifs jetzt auch nicht mehr aufhalten konnten. Zunächst wurde das hölzerne Pferd auf Veranlassung der Athena durch Epeios gezimmert, höchst wahrscheinlich der Nachklang eines alten Orakelspruchs (S. 377), den die Griechen durch Helenos erfahren hatten. Dann erfolgte das in der Odyssee 4, 240—264 beschriebene Wagnifs des Odysseus, wie er sich durch Schläge und Wunden entstellte und in Lumpen gehüllt als Bettler in die feindliche Stadt einschlich, wo nur Helena ihn erkannte und von ihm ins Geheimnifs gezogen wurde. Von Haus zu Haus kundschaftete er die Gelegenheit aus, tödtete zuletzt viele Wächter und kehrte endlich wohlbehalten ins Lager zurück. Gleich darauf folgte das neue Abenteuer des Odysseus und Diomedes, wie diese beiden sich einschlichen um das Palladion der Burggöttin, welches das Heil der Stadt verbürgte, aus Troja zu entführen. Durch eine unterirdische Wasserleitung gelangten sie in die Burg und wieder hinaus; doch wufste man von einem heftigen Streit zwischen beiden über den Besitz des Palladion, da Diomedes immer für den eigentlichen Entführer und Träger des wunderbaren Bildes galt, Odysseus aber auch an dieser Ehre seinen Antheil haben wollte²).

Darauf beginnen die Ereignisse der eigentlichen Iliu Persis, wo es bei manchen Punkten von selbst einleuchtet, dafs die des Arktinos älteren, die des Lesches jüngeren Ueberlieferungen und Ansichten

---

1) Od. 11, 505 ff. Die Mutter des Eurypylos, eine zweite Eriphyle, liefs sich durch das Geschenk des goldnen Weinstocks, den Zeus für Ganymed gegeben hatte (1, 412) bestimmen. Das Volk des Eurypylos heifst v. 521 Κήτειοι, das ist ein andrer Name für die Myser, Welcker ep. Cycl. 2, 137. Nach Aristot. poet. 23 gab es eine Tragödie Eurypylos. Nach der kleinen Ilias b. Paus. 3, 26, 7 war der Asklepiade Machaon vorher durch Eurypylos gefallen.

2) Daher das Sprichwort Διομήδειος ἀνάγκη, welches schon in der kleinen Ilias durch diesen Streit erklärt wurde, s. Hesych v., Zenob. 3, 8, Konon 34. Sophokles dichtete in seinen Lakonerinnen von dem Raube des Palladion, Ion in seinen Wächtern, Welcker Gr. Tr. 145 ff. 918 ff., ep. Cycl. 2, 242. Von den zahlreichen bildlichen Darstellungen, welche gleichfalls auf jenen Streit deuten, O. Jahn Philol. 1, 46—60, Ann. d. I. 30, 228—264, Overbeck 578 ff. *Der Raub des Palladiums auf einem Wandgemälde mit den beigeschriebenen griechischen Namen des Diomedes, Odysseus, der Helena und Aethra Arch. Ztg. 1874, 116.

folgte. Aufser diesen beiden hatte auch Stesichoros eine Iliu Persis gedichtet¹), von älteren Künstlern Polygnot zu Delphi eine Iliu Persis gemalt, bei welcher, so weit wir darüber nach der Beschreibung des Pausanias zu urtheilen vermögen, vorzüglich die Ueberlieferungen der kleinen Ilias zu Grunde lagen²).

Zunächst wurde erzählt, wie die besten Helden unter der Anführung des Odysseus (Od. 8, 492 ff.) in das hölzerne Pferd stiegen, die Uebrigen ihr Zeltlager verbrannten und nach Tenedos schifften. Die Troer finden das seltsame Pferd und berathschlagen was damit zu thun sei. Einige, darunter Aeneas und der Apollonspriester Laokoon, ein Bruder des Anchises, rathen es ins Meer zu stürzen oder zu verbrennen, Andere bestehen darauf dafs man es auf die Burg bringe und der Schutzgöttin Athena weihe³). Diese dringen durch, man zieht das Pferd durch die Mauer (denn die Thore waren zu klein) in die Stadt und überläfst sich darauf ganz der Freude beim Schmause und bei jubelnden Klängen, als ob nun alle Noth des Krieges überwunden wäre. Da ereignet sich das bedenkliche Zeichen dafs Laokoon und der eine von seinen Söhnen durch zwei plötzlich erscheinende Schlangen erwürgt wird⁴), was die Gläubigen in ihrem Wahne noch bestärkt, aber den Aeneas zur schleunigen Auswanderung nach Dardania bestimmt, von wo aus Troja früher gegründet worden war und wo das Geschlecht des Aeneas nach sichern Nachrichten noch längere Zeit nach der Zerstörung Trojas blühte⁵).

---

1) Besonders wichtig wegen ihrer Nachricht von der Auswanderung des Aeneas nach Italien, εἰς τὴν Ἑσπερίαν, die hier zuerst vorkam, daher die tabula Iliaca auf dieses Gedicht verweist. Doch ist es bedenklich deshalb den Inhalt des alten Gedichtes nach diesem so viel jüngeren Bildwerke zu bestimmen. * Vgl. auch O. Jahn Bilderchron. S. 38, 248.

2) Welcker in den Abh. der Akad. z. Berl. v. J. 1847, B. 1849 S. 88 ff. Von den erhaltenen Bildwerken Overbeck 607 ff., *Heydemann Iliupersis auf einer Trinkschale des Brygos, Berlin 1866, Brunn troische Miscellen S. 226 ff.

3) So die kleine Ilias. In der Odyssee und wahrscheinlich auch bei Arktinos wurde das Pferd gleich auf die Burg gezogen und darauf dort berathen. Λαοκόων oder Λαϝοκόϝων, wie Priscian auf einem alten Dreifufs zu Constantinopel las, d. i. der Volkszünder, Priester, von κόω, wie Πύρκων und πυρκόος. * G. Curtius Grundz. 151 und A. Fick Griech. Personenn. S. 120 stellen wohl mit Recht den zweiten Theil des Namens zu κοέω, wahrnehmen.

4) Beim Opfer des Poseidon am Strande. Man glaubte dafs er den Zorn des Apollon gereizt habe. Bakchylides und Euphorion hatten davon gedichtet und von Sophokles gab es eine Tragödie Laokoon, Welcker 151 ff. Die bekannte Gruppe ist nach den Inspirationen der Tragödie gedacht.

5) Schon die Ilias deutet darauf 13, 459; 20, 306. Nach Arktinos nahm

Die griechischen Helden aber im hölzernen Pferde hatten noch manche Anfechtungen zu bestehn (Od. 4, 271 ff.; 11, 524 ff.), bis endlich Sinon in der Nacht die verabredeten Feuerzeichen gab und die Flotte schnell von Tenedos zurückkehrte[1]). Darauf ergossen sich die Griechen aus dem Pferde und aus den Schiffen in die noch vom Freudenrausche trunkene Stadt und es begann ein Morden und Plündern, in welchem endlich die Rache ihre volle Sättigung fand, aber auch das Unheil vorbereitet wurde, welches die triumphirenden Sieger auf ihrer Rückkehr treffen sollte. Bei der Wohnung des Priamos und bei der des Deiphobos wüthete die nächtliche Schlacht am heftigsten. Dort kämpfte Neoptolemos, von dem auch Priamos getödtet wurde, nachdem er umsonst seine Zuflucht an den Altar des Zeus Herkeios der Dardaniden genommen hatte. Beim Hause des Deiphobos kämpften und siegten Menelaos und Odysseus, so dafs jener zuletzt eindringen und den verhafsten Nebenbuhler tödten konnte[2]). Auch Helena wäre seinem Schwerdte gefallen, wenn ihre siegreiche Schönheit nicht alle Vorsätze der Rache und Strafe zu nichte gemacht hätte, daher Menelaos sie zu den Schiffen führte[3]). Kassandra flüchtete sich in das Heiligthum der Burgpallas, welches der lokrische Aias so wenig achtete, dafs er sie mit Gewalt von dem Bilde der Göttin rifs und dabei dieses mit umstürzte: ein Frevel

---

Aeneas auch das ächte Palladion mit sich, Dionys. H. 1, 69. Die Flucht des Aeneas auf Vasen und andern Bildwerken Overbeck 655 ff., *Heydemann Iliupersis S. 31, 1, auch Arch. Ztg. 1871, 119 ff., O. Jahn Bilderchron. S. 35 f.

1) Νὺξ μὲν ἔην μέσση, λαμπρὴ δ' ἐπέτελλε σελήνη nach der kleinen Ilias und zwar im Thargelion ὀγδόῃ φθίνοντος, nach Andern ὀγδόῃ ἱσταμένου, Dionys. H. 1, 63, Clem. Al. Str. 1 p. 381 P., Tzetz. Lyk. 344, Schol. Eur. Hek. 892.

2) Od. 8, 517 vgl. Virg. A. 6, 494 ff., wo Helena das Zeichen giebt und ihren ersten Gatten Menelaos in die Kammer des schlafenden Deiphobos führt. Vielleicht nach Lesches.

3) Menelaos im Begriff die Helena zu ermorden am Kasten des Kypselos, Paus. 5, 18, 1. Nach der gewöhnlichen Ueberlieferung besiegte sie ihn durch Entblöfsung ihres Busens, Aristoph. Lysistr. 155 Schol. Nach Stesichoros wollten die Griechen sie steinigen, liefsen aber bei ihrem Anblick die Steine fallen. Auch Polygnot hatte auf seinem Gemälde die siegreiche Schönheit der Helena sehr in den Vordergrund gestellt. Die bildlichen Darstellungen drücken die erst sehr gewaltsame, dann schnell veränderte Stimmung des Menelaos gleichfalls sehr lebendig aus *und heben aufserdem meistens die Hülfe der Aphrodite und ihrer Dämonen entschieden hervor, s. Overbeck 626 ff., dazu Dilthey Arch. Ztg. 1873, 75 ff., die Anführungen ebd. S. 76, 1 u. O. Jahn Bilderchron. S. 34. Auch auf zwei Metopen des Parthenon scheint diese Scene dargestellt zu sein, Michaelis Parthenon S. 139.

der Alle empörte, aber doch ungerochen blieb¹), weshalb der Zorn der mächtigen Göttin ihn und so viele Andere auf der Heimkehr um so schrecklicher traf. Andromache wurde dem Neoptolemos als Ehrenpreis gegeben; die Aermste mufste auch noch ihren Astyanax hergeben, damit er nach dem Rathe des Odysseus von der Mauer geschleudert würde²). Demophon und Akamas, die Söhne des Theseus, fanden dessen Mutter wieder und durften sie mit Erlaubnifs der Helena nach Athen zurückführen. Hekabe, die Unglückselige, mufste es noch erleben dafs ihre Tochter Polyxena auf dem Grabe des Achill geopfert und ihr Sohn Polydoros, den Priamos mit vielem Gelde dem Thrakerkönige Polymestor anvertraut hatte, von diesem ermordet am Strande gefunden wurde. Sie nahm schreckliche Rache dafür und wurde darauf in einen Hund verwandelt, dessen Bild man am thrakischen Strande sah³). Troja wurde den Flammen übergeben und ganz zerstört, bei welcher Zerstörung die feindlichen Götter selbst mit Hand anlegen (Virg. A. 2, 608). Gerettet wurden aufser Aeneas und den Seinigen nur Antenor und die Antenoriden, die den Griechen durch alte Gastfreundschaft Verbundenen, nach Einigen auch bei dem Verrathe der Stadt Betheiligten⁴).

---

1) Nach Arktinos wollten die Griechen ihn steinigen, aber Aias floh an den Altar der Göttin und wurde darüber gerettet. Nach Paus. 10, 31, 1 in der Beschreibung des Polygnotischen Gemäldes trieb Odysseus die Griechen zur Steinigung des Aias, vgl. 1, 15, 3. Ein Bild der Gewaltthat des Aias auf dem Kypseloskasten P. 5, 19, 1, auch sind Vasenbilder und andre Darstellungen häufig, Overbeck 635 ff., *Heydemann Iliupersis S. 29, 4. — Von der Schändung der Kassandra im T. der jungfräulichen Göttin, deren Xoanon (nämlich das in dem T. der Athena befindliche) deshalb die Augen nach der Decke emporgeschlagen habe, wissen erst die späteren Dichter, Kallimachos (*fr. 13 d Schn.) b. Schol. Il. 13, 66 und Lykophr. 1141 ff.

2) Νήπιος ὃς πατέρα κτείνας παῖδας καταλείπει, Worte des Odysseus in der Iliu Persis des Arktinos. Nach der kleinen Ilias tödtete ihn Neoptolemos auf eigene Hand und so stellen es auch die Bildwerke dar, Overbeck 622 ff., *Heydemann Iliupersis S. 13 ff.

3) Nach Euripides in der Hekabe, vgl. Ovid M. 13, 569, Str. 7, 331, 56 u. A. Nach Stesichoros wurde sie von Apoll nach Lykien entrückt. Aufser jenem Stücke des Euripides geben seine Troerinnen ein lebhaftes Bild der Iliu Persis, welchem Kreise auch Sophokles den Stoff zu verschiedenen Tragödien entlehnt hatte. Vgl. die Titel Σίνων (wahrscheinlich identisch mit dem Laokoon), Πρίαμος, Αἴας Λοκρός (wahrscheinlich sein Frevel und das Gericht der Griechen), Ἀντηνορίδαι. Auch von den römischen Tragikern gab es Stücke entsprechenden Inhalts.

4) Auf dem Gemälde des Polygnot zu Delphi und bei Sophokles war das Haus des Antenor durch ein ausgehängtes Pardelfell den Griechen kenntlich,

Man liefs sie sich bald dem Menelaos anschliefsen und bei dieser Fahrt nach Libyen und Kyrene verschlagen werden¹), bald, und dieses war später die gewöhnliche Ueberlieferung, mit den Henetern über Thrakien an das adriatische Meer und von dort nach Italien an die Pomündung gelangen, wo Padua bekanntlich für eine Gründung Antenors galt.

III. Die Abenteuer der Heimkehr.

Diese Abenteuer bildeten unter dem Titel der Nosten (Ἀχαιῶν νόστος Od. 1, 326. 350—352) das neueste und schon deshalb ein sehr beliebtes Thema des epischen Gesanges der besten Periode, der es aber in diesem Kreise niemals zu solcher Einheit und einem so geschlossenen Zusammenhange gebracht hat, auch nicht bringen konnte, wie in den Liedern und Sagen vom Kriege selbst. Natürlich mufste von Anfang an die Beziehung auf einzelne Personen vorherrschen, deren Schicksale nur in den früheren Acten des troischen Sagenkreises zu einer und derselben Handlung in einander gegriffen hatten.

Das vorherrschende Interesse des Krieges vor Troja war das des kriegerischen Muthes und Heldenthums, das der Rückfahrten das verwegene Abenteuer in fremden Ländern und unter tausend Gefahren, wo List und Muth und Ausdauer an ihrer Stelle sind; daher die beiden ältesten Gedichte dort ganz der Verherrlichung des Achill, hier der des Odysseus gewidmet sind, dessen wesentlicher Charakter eben in jener Vereinigung von List und Muth besteht. Doch deutet die Odyssee zugleich die Themata an, welche in diesem Kreise sonst den Gesang viel beschäftigten. Vorzüglich war es die Sage vom Untergange des lokrischen Aias und seiner Unglücksgenossen (4, 499 ff.) und die von der Rückkehr der beiden Atriden, von denen Menelaos mit seiner Helena weit nach Aegypten verschlagen, Agamemnon nach seiner Rückkehr von seinem eignen Weibe erschlagen und darauf von seinem Sohne an der Mutter gerächt wurde: ein Vorgang von welchem so oft und immer mit solchem Nachdruck die Rede ist (1, 29 ff. 298 ff.; 3, 248 ff.; 4, 512 ff.; 11, 385 ff.), dafs man hier schon die Keime einer sehr fruchtbaren Sagenbildung der Zukunft sieht. Dennoch scheinen die späteren Epopoeen,

---

Paus. 10, 27, 2, Str. 13, 608, nach den Späteren half sein Verrath zur Zerstörung der Stadt, Lykophr. 340—47 Tz., Dionys. H. 1, 46. Unter seinen Söhnen wurde Helikaon ausgezeichnet, der mit Laodike der T. des Priamos Vermählte, Il. 3, 123, Paus. 10, 26, 3.

1) Pind. P. 5, 83, Schol. v. 108. Die andre Ueberlieferung b. Virg. A. 1, 242 Serv., Liv. 1, 1, Str. 13, 608, Stiehle Philol. 15, 593 ff.

namentlich die Nosten des Agias von Troezen und die Telegonie des Eugammon von Kyrene, sich weit weniger auf diesen Stoff geworfen, als nach Art der cyclischen Epiker die von der Odyssee beiläufig angedeuteten oder noch nicht erwähnten Sagen aus späteren Quellen, namentlich aus zerstreuten Colonialsagen ergänzt und weiter ausgesponnen zu haben: worüber diese ganze Nostendichtung zuletzt vollends ihr höheres episches Interesse eingebüfst hat und zu einem lockern Gemisch von sehr verschiedenen Zuthaten, älteren und jüngeren geworden ist[1]).

Um so begieriger sind die lyrischen und tragischen Dichter, Stesichoros, Aeschylos, Sophokles, Euripides zu jener an Verhängnissen und Katastrophen so reichen Fabel vom Tode des Agamemnon und von der Rache des Orestes zurückgekehrt, aus welcher schon Stesichoros unter dem Titel Ὀρέστεια ein eignes Ganze geschaffen hatte[2]), welches bei solcher Behandlung, wie sie ihm durch jene Tragiker zu Theil wurde, vollends der begünstigte Abschnitt dieser ganzen Sagenbildung werden mufste. Das bezeugt auch der grofse Reichthum von Bildwerken welche sich mit diesem Abschnitt beschäftigen, während aufser demselben nur etwa noch das alte Gedicht von den Fahrten und Abenteuern des Odysseus das Drama und die Künstler zu bedeutenderen Leistungen angeregt hat.

a. Die Rückkehr der Atriden.

Der alte Nestor erzählt in der Odyssee 3, 102 ff. eben so frisch von Troja und den Abenteuern der Heimfahrt, als er vor Troja von den Thaten seiner Jugend zu erzählen pflegte. Es waren ruchlose Leute unter den Zerstörern von Troja, darum zürnte Athena und schickte viel Elend auf der Rückkehr. Es begann mit einem Streite der beiden Atriden, die ganz gegen die Ordnung, spät Abends, als die Achaeer voll süfsen Weines waren, eine Versammlung beriefen, in welcher Menelaos zur schleunigen Abfahrt trieb, während Agamemnon noch bleiben und heilige Hekatomben darbringen wollte, um den Groll der Athena zu besänftigen. Wie sich die beiden zankten, zerfielen zuletzt alle in zwei

---

1) Welcker ep. Cycl. 1, 278 ff. 311 ff.; 2, 281 ff. In welchem Verhältnifs das von Athen. 7, 14 citirte Gedicht Ἀτρειδῶν κάθοδος zu den Nosten und die Thesprotis des Musaeos, Clem. Al. Str. 6, 2 p. 751 P., Paus. 8, 12, 3, zu der Telegonie des Eugammon gestanden mufs dahingestellt bleiben.

2) Es werden von diesem Dichter Nosten und eine Oresteia angeführt, bei welcher letzteren ein früherer Lyriker Xanthos vorgearbeitet hatte s. Poet. lyr. ed. Bergk p. 973. 983 sqq. ed. tert.

Haufen, von denen sich der eine früh Morgens einschiffte, der andre beim Agamemnon zurückblieb. Jene kamen bei ruhigem Meere bis Tenedos, da erhob sich von neuem ein Streit, worauf Odysseus mit Andern wieder zum Agamemnon zurückkehrte. Nestor und Diomedes fuhren gleich weiter, auch Menelaos, der sie bei Lesbos einholte, von wo sie bei günstigem Winde hinüber nach Euboea schifften und bei Geraestos dem Poseidon opferten. Vier Tage darauf war Diomedes mit den Seinigen in Argos, Nestor in Pylos, wo er von den Uebrigen wenig erfahren hat. Doch weifs er dafs Neoptolemos glücklich zu seinen Myrmidonen und dafs auch Philoktet und Idomeneus wohlbehalten in der Heimath angelangt sind. Was die Atriden betrifft so weifs auch er von dem schrecklichen Ausgange des Agamemnon und der Rachethat des Orestes zu erzählen, die eben alle Götter und alle Menschen beschäftigt. Menelaos war mit ihm bis Sunion geschifft, wo sein Steuermann Phrontis starb, der also bestattet werden mufste[1]). Als er darauf weiter schiffte, fafste ihn ein Sturm bei Malea, der ihn nach Kreta trieb, wo die Mehrzahl seiner Schiffe scheiterte. Mit den übrigen fünf wurde er nach Morgen verschlagen, wo er sich sieben Jahre lang unter vielen Abenteuern umhertrieb, aber grofse Schätze sammelte, mit denen er endlich glücklich in die Heimath gelangt ist, Od. 4, 81 ff. In Cypern, bei den Phoeniken, bei den Aegyptiern, ja auch bei den Aethiopen, den Erembern und im fernen Libyen (nach Pindar P. 5, 84 in Kyrene) ist er gewesen, während Aegisthos daheim seinen Bruder erschlug und mit dem Weibe desselben vermählt über Argos herrschte. Namentlich haben Helena und Menelaos in dem an Schätzen und verborgner Kenntnifs reichen Aegypten herrliche Geschenke bekommen, in Theben mit den hundert Thoren (Il. 9, 381, Od. 4, 126) und in Thonis an der Nilmündung, wo die Königin Polydamna, die Gemahlin des Thon, der Helena wunderbare Heilmittel geschenkt hat, so wunderbare dafs sie alle Schmerzen des Gemüthes stillen. In dieser Gegend mufste Menelaos auch am längsten verweilen, bis er endlich auf der Insel Pharos den weifsagerischen Meeresdämon Proteus beschlich und von ihm seine Zukunft erfuhr (1, 500) und dafs er den Göttern auf dem Nil zu opfern

---

1) Vgl. Paus. 10, 25, 2. Die kleine Insel Helena j. Makronisi bei Attika (*Bursian Geogr. 1, 356) führte diesen Namen nach Einigen weil Paris dort nach der Entführung zuerst bei der Helena geruht, Eur. Hel. 1674, nach Andern weil Helena und Menelaos dort bei der Rückkehr von Troja einkehrten. Diese verstanden die νῆσος κραναί, Il. 3, 444 von einer Insel der lakedaemonischen Hafenstadt Gytheion gegenüber, s. Paus. 1, 35, 1; 3, 22, 2.

unterlassen habe¹). Also schiffte er noch einmal zurück in den Nil, brachte die Opfer und eilte dann mit günstigem Winde in die Heimath, die er gerade an demselben Tage erreichte wo Orestes den Leichenschmaus seiner Mutter und des Aegisthos hielt (Od. 3, 309). Telemach traf ihn und Helena wieder daheim in der hohlen Lakedaemon, im vollen Genusse seiner Reichthümer und ihrer Schönheit, in einem Palaste der „wie der Glanz der Sonne oder des Meeres" strahlte. Sie waren gerade mit der Hochzeit ihrer Tochter Hermione beschäftigt, welche Menelaos dem Neoptolemos vor Troja verlobt und die er in diesen Tagen nach Phthia gesendet hatte, und mit der Hochzeit seines Sohnes Megapenthes. So lebten sie glücklich und in Ehren, bis beide endlich nach Elysion entrückt wurden (1, 670). Also eine in allen Grundzügen ausgebildete Sage, die bei weiterer Ausführung ein östliches Gegenbild zur Odyssee hätte werden müssen. Helena blieb in dem älteren Gesange bis zu ihrem Ende der Verzug aller Götter und Menschen und ein ungetrübtes Wunder von Glanz und Schönheit, die noch zuletzt allen Kummer, den die Treulose ihrem ersten Gemahl bereitet hatte, ganz überstrahlt und zudeckt, ja ihn auch nach Elysion mit hinüberzieht²). Wie man sie dort oder auf der Insel Leuke dem Achill gesellt und wie sie in Sparta an der Seite des Menelaos als eine Göttin des weiblichen Reizes verehrt worden, davon ist früher die Rede gewesen (S. 438, 3; 109f.)

Die Rückkehr des Agamemnon mit den bei ihm Gebliebenen war in den Nosten des Agias ausführlicher beschrieben. Als er sich endlich einschiffen wollte, erschien ihm der Geist des Achilles und suchte ihn zurückzuhalten, indem er ihm alles Bevorstehende vorhersagte: eine Erscheinung welche Sophokles in seiner Polyxena auf die Bühne gebracht hatte³). Unterwegs, als sie durch das aegaeische Meer

---

1) Später ist Proteus ein König von Aegypten und die wahre Helena bei ihm, nur ein Bild von ihr in Troja, Herod. 2, 112 ff., oben S. 111. Θῶν oder Θῶνις heifst hier ein Wächter der Nilmündung; auch ist der Name nur der alten Stadt zu Liebe erdichtet, vgl. Str. 17, 800, Steph. B. So wurde der Name der Stadt Kanobos in derselben Gegend von dem dort verstorbenen Steuermann des Menelaos abgeleitet, von dem man nun allerlei Geschichten erzählte, wie von der Helena und dem Könige Thonis, Hekataeos b. Aristid. 2 p. 452, Skylax p. 105, Nikand. Ther. 312, Tacit. A. 2, 60, Aelian N. A. 9, 21; 15, 13.

2) Vgl. die oben S. 111, 2 angeführte Abhandlung von Lehrs.

3) Nauck tr. gr. 195, Welcker 176 ff., Schöll Tetral. 99 ff. Letzterer denkt sich die Lakonerinnen, den Laokoon oder Sinon, den lokrischen Aias und die Polyxena als Tetralogie mit fortlaufendem Zusammenhang.

fahren, schicken die zürnenden Götter einen schrecklichen Sturm, durch welchen viele Schiffe an der gefährlichen Küste des kaphareischen Vorgebirges von Euboea zu Grunde gingen, mit ihnen Aias der Lokrer, der hier die verdiente Strafe fand. Poseidon zerstörte seine Schiffe, rettete aber ihn selbst auf eine grofse Klippe bei Mykonos, so dafs er mit dem Leben davon gekommen wäre, wenn er nicht in seinem Uebermuthe geprahlt hätte, er werde wohl auch gegen den Willen der Götter aus dem Schlunde des Meeres entkommen. Da griff Poseidon seinen Dreizack mit beiden Händen und traf die Klippe so gewaltig dafs sie mitten auseinander klaffte. Mit der einen Hälfte stürzte Aias ins Meer und trieb noch eine Weile in der schäumenden Brandung umher, bis er in die Tiefe versank[1]. Oder, wie man später gewöhnlich erzählte, Athena rächte selbst den wider sie begangenen Frevel, indem sie den vom Zeus entliehenen Blitz auf Aias und sein Schiff schleuderte, unterstützt vom Poseidon, welcher ihr zu Liebe das ganze aegaeische Meer in die furchtbarste Aufregung versetzte[2]. Ja selbst durch seinen Tod war die strenge Göttin noch nicht versöhnt, sondern auch seine lokrische Heimath mufste für seinen Frevel eine schwere Bufse büfsen, indem sie sich einer schlimmen Pestilenz und Hungersnoth nur dadurch erwehren konnte dafs sie auf tausend Jahre die Sendung von zwei aus den edelsten Familien ausgelesenen Jungfrauen nach Ilion gelobte, welche dort, wenn sie bei ihrer Ankunft von den Iliern ereilt wurden, den Tod erlitten, wo nicht, bis zu ihrem hohen Alter im Tempel der ilischen Athena die niedrigsten Sklavendienste verrichten mufsten[3]. Mit der Erzählung und Schilderung von jenem entsetzlichen Sturme aber pflegte die nachhomerische Poesie auch die von der Rache des

---

1) Od. 4, 499 ff., wo die Γυραί grofse Klippen bei Mykonos sind (γυρός d. i. κυρτός, rund). Vgl. die Beschreibung des Sturms b. Aesch. Agam. 650 ff. Es ist der vom Hellespont herwehende Wind. ὁ Ἑλλησποντίας, welcher solche Schiffbrüche verursachte, Herod. 7, 188, Aristot. 973, 21 Bekk.

2) Eur. Troad. 75 ff., Virg. A. 1, 39 ff., Seneca Agam. 528 ff., vgl. das Gemälde des Apollodor Aiax fulmine incensus b. Plin. 35, 60 u. das bei Philostr. 2, 13. Sein Leichnam wurde von Thetis und ihren Meerfrauen in der Nähe von Delos auf einer Klippe Τρέμων bestattet, Lykophr. 396 Tzetz.

3) Polyb. 12, 5, Lykophr. 1141 ff. Tz., Str. 13, 600, Plut. de ser. num. vind. 12, wo Verse Euphorions citirt werden, Aen. Takt. 31, Schol. Il. 13, 66. Diese Sendungen waren jedenfalls sehr alt, auch dauerten sie bis zum Phokischen Kriege. Doch ist der Athenadienst, dem sie gewidmet waren, nicht der alte troische, sondern der von Neu-Ilion s. Bd. 1, 176, 4. Dem Aias selbst feierte man in Opus Αἰάντεια, Schol. Pind. Ol. 9, 166. Von einem Trauerfeste, bei welchem ein Schiff verbrannt wurde, Tz. Lyk. 365.

Nauplios zu verbinden, welcher, nachdem er umsonst in Troja Genugthuung für den Tod seines Sohnes Palamedes gefordert hatte, die Rückkehrenden in der Nacht, als sie von jenem Sturm überfallen wurden, an der gefährlichsten Stelle der Küste von Euboea durch falsche Feuerzeichen in die Brandung hineinlockte und dadurch der Mehrzahl der Schiffe und Menschen einen sicheren Untergang bereitete. Schon die Nosten und Stesichoros scheinen von dieser Sage gewufst zu haben, welcher Sophokles wiederum ein dramatisches Gemälde von lebendiger Wirkung abgewonnen hatte¹).

Bei den Erzählungen vom Tode des Agamemnon und der Rache seines Sohnes ist die ältere Auffassung wohl von der jüngeren zu unterscheiden. Nach der Odyssee ist durchaus Aegisthos der Schuldige und die That des Orestes eine unbestritten rühmliche. Die Götter hatten den Aegisth gewarnt und ausdrücklich auf Orestes hingewiesen, er aber hat sich dadurch nicht abhalten lassen seinen bösen Lüsten zu folgen (Od. 1, 32—43). Während Agamemnon und die andern Heroen vor Troja schwere Mühsal ausstanden, machte er sich daheim mit schmeichlerischen Reden an die einsame Klytaemnestra, entfernte den biedern Sänger, den ihr Gemahl ihr als Rath und Stütze zurückgelassen hatte, führte sie darauf in seine Wohnung²) und gewann sie ganz und gar (3, 263—275). Dann kam Agamemnon zurück und freute sich seiner glücklichen Rückkehr, worauf Aegisthos, der schon lange einen Späher an der Küste unterhalten hatte, gleifsnerische Botschaft zu ihm sendet um ihn zum Mahle einzuladen, für welches er zwanzig handfeste Männer als Mörder bereit hielt. Arglos begab sich Agamemnon in seine Wohnung und liefs sich nieder zu seinem Mahle, da wurden sie von den Leuten Aegisths überfallen, er und seine Begleiter und alle niedergemetzelt „wie Schlachtvieh in einem reichen Hause". Der ganze Saal schwamm im Blute, und sterbend mufste Agamemnon es mit ansehen wie die arge Klytaemnestra selbst am Morde theilnahm, indem sie Kassandra, die Tochter des Priamos, tödtete, welche Agamemnon mit sich

---

1) Es wird citirt ein Ναύπλιος καταπλέων und ein Ναύπλιος πυρκαεύς, vermuthlich dasselbe Stück, da Nauplios nach der Rückkehr von Troja die Rache ausübte. Zur Fabel vgl. Eur. Hel. 1126 ff., Seneca Ag. 557 ff., Hygin f. 116, Schol. Eur. Or. 422, Tzetz. Lyk. 354. 1093. Von Stesichoros vgl. Tzetz. Posthom. 750 u. Phalar. ep. 9, von den Nosten Apollod. 2, 1, 5. Nauplios stürzte zuletzt selbst ins Meer, Seneca Med. 658.

2) Diese lag nach Od. 4, 519 entfernt von Myken, in einer andern Gegend der peloponnesischen Küste.

von Troja gebracht hatte (Od. 4, 512—537; 11, 385—461). Nun herrschte Aegisth sieben Jahre lang als König im goldreichen Myken, bis im achten Orestes aus Athen zurückkehrte und den arglistigen Mörder seines Vaters sammt der mitschuldigen Mutter tödtete, der tapfre Sohn des Agamemnon, dessen That von aller Welt gepriesen wurde (Od. 3, 196—200). Der Leichnam des Aegisthos wurde eine Beute der Hunde und der Vögel.

Später ist an dieser Sage zunächst dadurch sehr viel verändert worden dafs man die That des Aegisthos und der Klytaemnestra als das Glied einer ganzen Kette von Verhängnissen und Verbrechen auffafste, so dafs Aegisthos, früher mit seinem Vater Thyestes als kleines Kind vom Atreus ausgewiesen und später zum Agamemnon zurückkehrend, nun als das vom Vater absichtlich mit seiner eignen Tochter erzeugte Werkzeug der Blutrache erschien (S. 388) und neben ihm Klytaemnestra als die durch das Opfer der Iphigenia empörte Mutter und dem Agamemnon längst entfremdete Gattin[1]). Noch mehr aber dadurch dafs man die That des Orestes nicht blos als schuldige Blutrache, sondern auch als entsetzlichen Muttermord ins Auge fafste, der ihm zwar von Apollo geboten, aber von den Erinyen mit schrecklichen Plagen des Leibes und des Geistes geahndet wurde, bis er nach vielen Büssungen und langem Umherirren nach den göttlichen und menschlichen Gesetzen der Mordsühne gereinigt und bürgerlich wieder hergestellt wurde. Eine Dichtung zu welcher die Grundzüge vermuthlich schon bei Stesichoros gegeben waren[2]), die aber dann vorzüglich durch Aeschylos auf so tiefsinnige und kunstreiche Weise ergriffen und ausgeführt wurde, dafs Orestes darüber zum bedeutungsvollen Bilde eines der grofsartigsten tragischen Conflicte geworden ist (1, 687), wie Oedipus in der thebanischen Sage. Bekanntlich schildert von seiner hierher gehörigen Trilogie der Agamemnon die Rückkehr dieses Helden und seinen Mord durch Klytaemnestra, die hier die eigentliche Schuldige ist und nach dem Gemahle auch die Kassandra mordet, deren furchtbare

---

1) Aesch. Ag. 1417, Soph. El. 530. Nach Eurip. Iph. A. 1150 ff. war Klytaemnestra zuerst mit Tantalos, einem Sohne des Thyest vermählt, den Agamemnon überfiel und mit dem Kinde der Klytaemnestra tödtete, worauf letztere wider ihren Willen mit ihm vermählt wurde, eine Sage auf welche auch Paus. 2, 18, 2 anspielt.

2) Wenigstens wurde Orestes bei diesem Dichter von Apoll gegen die Erinyen unterstützt, Schol. Eur. Or. 258. Doch ist zu bemerken dafs die Orestessage den Vasen alten Stils noch nicht bekannt ist, auf den jüngeren aber meist in Uebereinstimmung mit der Tragödie dargestellt wird.

Gesichte zugleich die Vergangenheit und Zukunft des entsetzlichen Hauses, in welches sie als Kriegsgefangene versetzt worden, mit unheimlichen Schlaglichtern beleuchten. Im zweiten Stücke, den Choephoren, begegnen sich Orestes, der bei den Tragikern immer in Phokis erzogen wird und dort seinen Freund Pylades gewonnen hat, und Elektra, seine leidende und entschlossene Schwester, am Grabe des Vaters; worauf Orestes unterstützt von Elektra zum Werke der Rache schreitet, nach welcher sich gleich die Furien des Muttermordes einstellen um ihn mit unerbittlicher Wuth von Ort zu Ort zu verfolgen. Im dritten, den Eumeniden, ist Orestes schon in Delphi, am Herde des Gottes der ihn zu der blutigen That angetrieben hatte gereinigt worden, eilt aber noch von den Erinyen verfolgt nach Athen um sich dort vor das Gericht des Areopag zu stellen, vor welchem die Erinyen als seine Klägerinnen, Apollo als sein Zeuge und Fürsprecher auftreten, bis Athena selbst durch ihren Stimmstein das Urtheil zu seinen Gunsten entscheidet.

Die folgenden Dichter haben diesen fruchtbaren Stoff dadurch noch weiter ausgebildet dafs sie theils die von Aeschylos nur angedeuteten Charaktere und Situationen z. B. der Elektra mehr hervorzogen oder die Leiden des Orest und die Conflicte, in welche er durch seine That mit der bürgerlichen Gerechtigkeit verwickelt wurde, weiter ausmalten[1]). Theils haben sie sie dadurch und zwar auf eine sehr glückliche Weise erweitert, dafs sie das Schicksal der einst zu den Taurern entrückten Schwester Iphigenia mit dem des Orest verschmolzen, wobei ältere Cultussagen von einem durch Iphigenia nach Griechenland verpflanzten Cultus der Artemis Tauropolos zu Grunde lagen (I, 251). Im Auftrage des pythischen Apoll begiebt sich nun Orestes mit seinem Freunde Pylades an die taurische Küste und entführt von dort durch List und mit Hülfe der Götter seine wiedergefundene Schwester und das Bild der Artemis, deren Cultus in Griechenland zwar ein blutiger blieb, aber doch nicht länger Menschenopfer forderte. So vorzüglich Euripides in seiner Iphigenia bei den Taurern, einer Tragödie deren aufserordentliche Wirkung man auch in den zahlreichen Bildwerken verfolgen kann, welche sich bei ihren Darstellungen dieser Ereignisse

---

1) Sophokles in der Elektra, Euripides in der Elektra und im Orest, in welchen Stücken die Fabel wie gewöhnlich sehr frei behandelt ist. Die Sage von der taurischen Iphigenia hatte Sophokles in eigenthümlicher Umbildung behandelt in seinem Chryses, den Pacuvius überarbeitete, vgl. Naeke opusc. 1, 91, Welcker Gr. Tr. 210 ff., Ribbeck tr. lat. 284.

mehr oder weniger der Euripideischen Tragödie anschliefsen¹). Aufserdem ist auch sowohl der Mord des Agamemnon durch Aegisth und Klytaemnestra als die Rachethat des Orestes, seine Verfolgung durch die Furien, seine Zuflucht und Sühnung in Delphi, seine Freisprechung in Athen durch viele Gemälde und Sculpturen verherrlicht worden²).

Agamemnon und Orest blieben in den Culten und Sagen des Peloponnes immer sehr angesehn. Jener wurde als das heroische Vorbild eines mächtigen Königthums, welches den gröfsten Theil der Halbinsel umfafste, auch in Sparta verehrt und zwar als Ζεὺς Ἀγαμέμνων, was nichts weiter als den höchsten Grad der heroischen Ehre ausdrückt³); ja selbst sein Scepter, das alte von Zeus geweihte, durch die Hände des Atreus und Thyestes gegangene, wurde mit der Zeit zum Gegenstand einer abgöttischen Verehrung⁴). Der Cult des Orestes blieb längere Zeit auf Arkadien beschränkt, wo man gleichfalls von seiner Verfolgung durch die Erinyen, seiner Bufse und seiner endlichen Wiederherstellung erzählte⁵), bis die Spartaner sich auch seine Reliquien aneigneten (Herod. 1, 67. 68.) Seine Nachkommen herrschten bis zur Rückkehr

---

1) Welcker Gr. Tr. 1164 ff. vgl. Preller Ber. d. Sächs. Ges. 1850, 239 ff. Ueber den Dulorestes des Pacuvius Naeke Opusc. 1, 83 sqq., Welcker a. a. O. 1150 ff., Ribbeck 251. Der Name Δουλορέστης, dessen sich auch Varro bediente (Non. Marc. 345, 7), erklärt sich am natürlichsten dadurch, dafs Orestes, so lange er mit seinem Fluche beladen blieb, ein Hierodul des Apollo war, vgl. Bd. 1, 230. Ueber die bildlichen Darstellungen O. Jahn Ann. d. Inst. 20, 203 ff., Overbeck S. 723 ff., *Reifferscheid Ann. 1862, 116 ff., Helbig ebd. 1865, 330 ff., Bull. 1868, 138 f., Schlie a. a. O. S. 173 ff.

*2) Overbeck 677—747, Welcker A. D. 5, 287 ff., Stephani compt. rend. 1863, 252 ff., Benndorf Ann. d. Inst. 1865, 212 ff., Brunn urne Etr. t. 74 ff., Schlie a. a. O. S. 155 ff., A. Rosenberg die Erinyen, Berlin 1874, S. 45 ff., auch Conze Arch. Ztg. 1871, 163. Ueber Orest und Elektra vgl. auch O. Jahn Ber. d. Sächs. Ges. 1861, 100 ff. Ob das spartanische Relief Ann. 1862 tav. C, vgl. Arch. Ztg. 1870, 272 ff. hierher gehört, bleibe dahingestellt.

3) Lykophr. 335. 1124. 1369 Tzetz., Clem. Al. Protr. p. 32 P., Eustath. Il. p. 168, 11 u. A. Man hat daraus folgern wollen dafs Agamemnon eigentlich Zeus sei, da dieselbe Formel in der spätern Heroenverehrung doch auch sonst vorkommt, s. oben S. 361, 3 u. Lauer Gesch. der Homer. Poesie 140 ff. Die hohe Verehrung seines Andenkens in Sparta bezeugt Herod. 7, 159. Gräber des Atreus und Agamemnon in den Ruinen Mykens Paus. 2, 16, 5. Cult des Agamemnon zu Klazomenae Paus. 7, 5, 5.

4) Paus. 9, 40, 6.

5) Eur. El. 1273, Or. 1640 ff. Schol. Nach der arkadischen Legende nahm sich Artemis seiner in derselben Weise an wie nach der delphischen Apollo. Die angebliche Stadt Ὀρέστειον hiefs eigentlich Ὀρεσθάσιον, vgl. Paus. 8, 3, 1; 5, 3; 34, 1. 2.

der dorischen Herakliden über die peloponnesischen Achaeer. Dann wanderten sie aus und nahmen an den aeolischen Colonieen in Asien Antheil, zu derselben Zeit wo die letzten Neliden Messenien verliefsen und sich nach Attika übersiedelten, um dort theils zu bleiben und zu herrschen theils von dort die ionischen Colonieen nach Asien zu führen (Paus. 2, 18, 5—7.) Die Sage von der Iphigenia bei den Taurern hatte ihr und dem Orest und seinem Freunde Pylades ein Heiligthum in der Nähe der Stadt Chersonesos an der Südspitze der Krim verschafft[1]), die Aehnlichkeit des Cultus der taurischen Artemis mit der zu Komana in Kappadokien und sonst in Asien verehrten Göttin die Namen der Geschwister auch dahin verbreitet[2]). Ja selbst Aricia in Latium rühmte sich in Folge ähnlicher Uebertragungen die später nach Rom geschafften Reliquien des Orestes zu besitzen[3]).

b. Die Odyssee.

Der kurze Inhalt dieses unvergleichlichen Gedichts ist folgender.

Odysseus wird mit seinen zwölf Schiffen zunächst zu den Kikonen an der thrakischen Küste verschlagen, wo der Apollonpriester Maron ihm den köstlichen Wein giebt, der ihm hernach so gute Dienste beim Kyklopen Polyphemos leisten sollte. Nach der Plünderung eines Ortes werden seine Gefährten beim Zechgelage am Meeresstrande von den Kikonen überfallen und viele getödtet.

Als sie weiter fahren werden sie von einem heftigen Sturme aus Norden verschlagen, dann auf der Höhe von Malea von Neuem durch Nordwind von der Küste ins weite Meer hinausgetrieben, wo sie neun Tage lang planlos umherirren. Am zehnten kommen sie an die (libysche) Küste der Lotophagen, deren gewöhnliche Speise, der Lotos, auf die Geniefsenden die Wirkung hatte dafs sie Rückkehr und Vaterland darüber vergafsen.

Sie schiffen weiter und kommen zu den Kyklopen, mit denen diese Fahrt sich schon ganz in die Märchenwelt des westlichen Oceans verliert, wo geographische Bestimmungen nicht mehr möglich sind (1, 510 ff.). Die Mehrzahl der Schiffe bleibt bei einer kleinen Insel am Strande. Odysseus fährt mit dem seinigen aus Land, geräth dort in die Höhle des Polyphem, blendet diesen und entkommt glück-

---

1) Lukian Toxaris 5—7 vgl. Str. 7, 308, Skymn. 855.
2) Str. 12, 535, Dio Cass. 36, 13, Ael. Lamprid. Antonin. Heliogab. 7. Vgl. Bd. 1, 251.
3) Röm. Myth. 279.

lich¹), zieht sich aber durch diese That den Zorn des Poseidon zu, der ihn von nun an unerbittlich verfolgt.

Dann kommen sie zum Aeolos und der Aeolosinsel, wo sie einen ganzen Monat verweilen (1, 519). Neun Tage waren sie von dort gefahren und schon sahen sie die Küste von Ithaka, da begiebt sich Odysseus unglücklicher Weise zur Ruhe, seine Kameraden öffnen den Schlauch, und rückwärts geht es wieder bis zum Aeolos, welcher sie nun barsch abweist.

Nach einer abermaligen Fahrt von sechs Tagen kommen sie zu der Küste der Laestrygonen und der Stadt des Lamos mit einer Bevölkerung von Riesen und Menschenfressern, in einer Gegend wo Tag und Nacht sich so nahe kommen, dafs ein Mann der nicht zu schlafen brauchte doppelten Tagelohn verdienen könnte²). Arglos gehen einige Griechen von dem schönen Hafen hinauf zur Stadt, wo der eine gefressen wird, während die andern davonlaufen. Die Laestrygonen eilen ihnen nach und zerstören im Hafen alle Schiffe bis auf das eine des Odysseus.

Trauernd setzt das vereinsamte Schiff seine abenteuerliche Bahn fort und kommt nach dem Sonneneilande Aea (1, 354), wo die schöne Kirke, die Schwester des Aeetes wohnt, eine böse Zauberin, die alle verborgenen Kräuter kennt³) und die Menschen in Thiere verwandelt, welche bei veränderter Gestalt ihr menschliches Bewufstsein behalten. Einsam wohnt sie in ihrer geräumigen Höhle im schattigen Grunde der Insel, bedient von Nymphen der Flüsse und der Berge, wo sie unter reizenden Gesängen wunderschöne Gewänder webt, wie die Götter sie

---

1) Auf die bekannte Weise, die manche Vasenbilder veranschaulichen, s. Overbeck 760 ff., zu dessen die Odyssee betreffender Sammlung von Bildwerken s. die Nachträge von *Welcker A. D. 5, 224 ff., O. Jahn Ber. d. Sächs. Ges. 1854, 49 ff. (Odysseus und Iros), R. Förster Ann. d. Inst. 1869, 157 ff., Arch. Ztg. 1871, 127 (Blendung des Polyphem), Conze Ann. 1872, 187 ff. (Rückkehr des Odysseus), Brunn urne Etr. t. 86 ff., Schlie a. a. O. S. 178 ff. (Polyphem, Sirenen, Kirke, Tödtung der Freier, Wiedervereinigung mit Penelope). Vgl. auch Anm. 2 und S. 455, 1.

2) Schon Krates erkannte darin eine Andeutung der hellen Nächte des Nordens, s. Nitzsch z. Od. 10, 81 ff., Lauer Gesch. der Hom. Poesie S. 293 ff. Λάμος ist Schlund, Abgrund, Höhle, s. Bd. 1, 507. Später setzten die Griechen die Laestrygonen nach Sicilien bei Leontini, die Römer nach Italien bei Formiae, vgl. Röm. Myth. 664, 3. Auf diese letztere Gegend sind auch die in Rom gefundenen Wandgemälde zu beziehen, *Arch. Ztg. 1852 Tfl. 45. 46.

3) Vgl. Hom. Κάμινος ἢ Κεραμεῖς v. 15 δεῦρο καὶ Ἡλίου θύγατηρ, πολυφάρμακε Κίρκη, ἄγρια φάρμακα βάλλε, κακοῦ δ' αὐτούς τε καὶ ἔργα.

tragen. Als die Gefährten des Odysseus dahin gelangen, finden sie sie umgeben von Wölfen und Löwen, die den fremden Männern wedelnd entgegenkommen. Sie selbst werden in Schweine verwandelt. Nur Eurylochos entkommt und erzählt seinen Freunden bebend von dem neuen Wunder. Odysseus geht dennoch hin, trifft unterwegs den freundlichen Hermes, der ihn mit einem kräftigen Gegenzauber ausrüstet und überwindet damit die Kirke. Gleich erkennt sie nun den Odysseus, denn Hermes hatte ihr seinen Besuch bei der Rückkehr von Troja angekündigt. Sie theilen also das Lager und Kirke verwandelt seine Kameraden wieder in Menschen. Alle leben bei ihr ein ganzes Jahr lang herrlich und in Freuden. Dann dringt Odysseus auf die Rückkehr und wird von der Kirke zunächst auf die Unterwelt verwiesen, wo er den abgeschiedenen Seher Teiresias wegen seiner Zukunft befragen soll[1]).

460   Es folgt die bekannte Nekyia der Odyssee (1, 667). Das Schiff wird von einem Nordwinde durch den Okeanos an eine niedrige Küste getrieben, wo die Haine der Persephone und die Wohnung des Aïdes ist. Odysseus gräbt eine Grube, schüttet in diese die Todtenopfer und gelobt andere nach seiner Rückkehr. Von Teiresias erfährt er die Wege und Bedingungen seiner Rückkehr und dafs der Zorn des Poseidon ihm dieselbe sehr erschweren werde. Wenn er und seine Gefährten sich nicht an den Heerden des Sonnengottes vergreife, so würden sie die Heimath doch noch erreichen. Wo nicht, so steht ihnen das Schlimmste bevor. Er selbst kann vielleicht gerettet werden, wird aber erst sehr spät, nach dem Verluste aller Gefährten und auf einem fremden Schiffe zurückkehren und daheim Alles ganz zerrüttet und beschädigt vorfinden, seine Frau von übermüthigen Freiern umlagert. Sollte es ihm gelingen diese zu tödten, so soll er gehen und ein Ruder auf seine Schultern nehmen, bis er zu solchen Leuten komme die nichts vom Meere noch von der Kost des Meeres (Salz) noch von Schiffen und Rudern wissen. Wenn ihm dann Jemand frage was er mit der Wurfschaufel da auf seiner Schulter wolle, dann werde er zur Stelle sein,

---

1) Odysseus und Kirke als Paar, von Nymphen bedient, auf dem Kypseloskasten Paus. 5, 19, 2. Andere Bildwerke mit verschiedenen Scenen der Handlung bei Overbeck 778 ff., *O. Jahn Arch. Ztg. 1865, 17 ff., Schlie a. a. O. S. 182 ff. — Odysseus und der Schatten des Teiresias Mon. d. I. 4, 19 vgl. Welcker A. D. 3, 452 ff. *Ob die Philol. Anz. 1873, 572, 4 aufgestellte Behauptung, dafs auf diesem V. B. der Kopf des Teiresias interpolirt sei, begründet ist, kann der Hrgbr. nicht entscheiden.

solle dort sein Ruder in den Boden stofsen, dem Poseidon ansehnliche Opfer bringen, heimkehren und allen Göttern nach der Reihe Hekatomben darbringen. Das heifst er solle dann dem Meere und seinen Werken und Göttern für immer entsagen, so werde er zuletzt noch ungeschoren vom Meere (ἐξ ἁλός) in hohen Jahren eines sanften Todes sterben. Odysseus sieht dort auch seine Mutter, die ihm von der unerschütterlichen Treue seiner Penelope erzählt, vom Telemachos, von den Leiden seines Vaters und ihren eignen Sorgen die sie ins Grab geführt haben, er sieht die Heldenfrauen der Vorzeit, die verstorbenen Helden von Troja und andre Gestalten der Unterwelt.

Als er zurückkehrt giebt ihm Kirke noch guten Rath für die nächsten Abenteuer, dann schiffen sie weiter, zunächst bei den Sirenen vorbei (1, 504), darauf durch die Skylla und Charybdis (1, 506), endlich zu der Insel Dreispitz wo die Heerden des Helios weiden (1, 351). Hier werden sie einen ganzen Monat durch widrige Winde aufgehalten, so dafs sich zuletzt böser Hunger einstellt. In der Verzweiflung schlachten sie von den heiligen Thieren, als Odysseus grade abwesend ist. Als sie dann weiter segeln, überfällt sie ein furchtbares Ungewitter, Zeus wirft seinen Blitz unter die Ruchlosen, nur Odysseus rettet sich auf dem Mastbaume, auf dem er abermals durch die Skylla und Charybdis hindurch getrieben wird, worauf er noch neun Tage in der weiten See umherirrt. Am neunten gelangt er zur Insel Ogygia „wo der Nabel des Meeres ist", der ganz einsamen Wohnung der Okeanine Kalypso, wo Niemand hinkommt, weder ein Gott noch ein Sterblicher (1, 461).

Hier weilt Odysseus sieben Jahre lang wie in einem Venusberge. Kalypso will den Helden nach Nymphenart nicht von sich lassen, thut ihm Alles zu Liebe, will ihn unsterblich machen. Er aber will davon nichts hören, sondern immer sitzt er am Strande und schaut ins weite Meer hinaus und netzt die weichen Gewänder, die ihm Kalypso angezogen, mit den heifsen Thränen seines Heimwehs. Wohl sucht sie ihm mit zärtlichen und schmeichelnden Worten die Gedanken an Ithaka auszureden. Er aber wünschte sich den Tod vor Sehnsucht auch nur den aufsteigenden Rauch seines Landes zu sehen.

Und auch daheim auf Ithaka war grofse Noth und grofse Sehnsucht. Ein Jahr verdrängte das andre und kein Odysseus kam, keine sichere Nachricht von ihm. Also meldeten sich neue Freier um die schöne und durch alle Welt berühmte Penelope, die sie lange hinhielt mit Versprechungen und mit listigen Anschlägen, wie mit dem Sterbekleide für den alten Laertes, woran sie Tags webte um in jeder Nacht die

Arbeit jedes Tages wieder aufzutrennen. Drei Jahre hatte sie dadurch die Entscheidung aufgeschoben, da verriethen es treulose Mägde und die Freier wurden zahlreicher und dringender. Sie nisteten sich ein in dem reichen Hause, prafsten von seinem Ueberflufs, verzehrten seine Heerden, verführten seine Knechte und Mägde, drückten den heranwachsenden Telemachos. Penelope hoffte und harrte von Jahr zu Jahr, fragte nach jeder Botschaft, konnte und wollte sich nicht scheiden von der Hoffnung den Odysseus wiederzusehen, noch von seiner Wohnung und von seinem Sohne. Und dennoch mufste sie einsehn dafs auf diese Weise Haus und Hof des Sohnes, das Einzige was ihm vom Vater geblieben, zu Grunde gerichtet werden würde.

So vergingen sieben bange Jahre, da hatten endlich die Götter ein Einsehn, vor Allen Athena die dem Odysseus immer sehr hold gewesen war und nur aus Rücksicht auf Poseidon bis jetzt zurückgehalten hatte. Dieser war zu den Aethiopen gegangen als sie in der Götterversammlung an den Odysseus erinnerte, an den sich Zeus gerne erinnern liefs. Rasch wurde nun Hermes zur Kalypso gesendet dafs sie den Helden endlich entlasse, während Athena nach Ithaka eilte um dem allmählich zum Jüngling gewordenen Telemach kühne Gedanken und feste Entschlüsse einzuflöfsen, dafs er den Freiern die Stirn biete und sich in der Welt nach seinem Vater umsehe.

Also beruft der Jüngling eine Versammlung, macht seinem Schmerz in männlichen Worten Luft und erhält ein Schiff um nach Pylos zu fahren, wo er den alten Nestor nach seinem Vater fragt, immer begleitet von der gütigen Athena, die ihn wie ein älterer Freund den jüngeren behütet und beräth[1]). Von Pylos fährt er mit einem Sohne Nestors nach Sparta zum Menelaos um auch dort Kundschaft zu holen. Er sieht Helena, das Wunder der Welt, wird reichlich beschenkt, eilt zurück, schifft sich rasch in Pylos ein und entkommt glücklich den Nachstellungen der Freier, denen seine Kühnheit doch bedenklich geworden.

---

1) Während Od. 3, 464 Polykaste, die jüngste Tochter Nestors, den Telemach nach heroischer Sitte badet und salbt, wufste Hesiod schon von einer Verbindung zwischen beiden, welcher ein Sohn Perseptolis entsprossen sei, den Hellanikos und Aristoteles als Sohn des Telemach und der Nausikaa kannten. Der attische Redner Andokides leitete sein Geschlecht von ihm ab. Vgl. Eustath. 1796, 40, Suid. Ἀνδοκίδης. Unter dem Kaiser Hadrian wurde der Dichter Homer durch einen pythischen Spruch für einen Sohn des Telemach und der Polykaste oder Epikaste erklärt, s. das Certam. Homer. et Hesiod. b. Westerm. Biogr. p. 35, 31 u. Suid. v. Ὅμηρος.

Und siehe auch der Vater war inzwischen in der lange ersehnten Heimath angelangt, auf eben so wunderbaren und abenteuerlichen Wegen wie er bisher vom Schicksal geführt worden war. Auf einem Flosse, das er sich selbst gezimmert, wagte er sich von Ogygia in die See und fuhr siebzehn Tage lang, bis er in der Ferne die Berge der Phaeaken sah. Da kommt Poseidon von den Aethiopen zurück, sieht ihn und erregt solchen Sturm dafs das Flofs gleich eine Beute der Wellen wird. Leukothea hilft mit ihrem Schleier, der ihm Kraft giebt zwei Tage und zwei Nächte zu schwimmen, bis es ihm gelingt die Küste von Scheria zu erreichen. Hier findet ihn Nausikaa, kleidet ihn und führt ihn in die Stadt zu ihrem Vater Alkinoos. Freundlich aufgenommen erzählt er von seinen Abenteuern, wird reichlich beschenkt und endlich durch das wunderbare Phaeakenschiff in der Nacht heimgebracht.

Schlafend war er heimwärts geführt, schlafend an den Strand der Insel getragen, die er nun aufwachend nicht erkannte, bis Athena ihm die Augen öffnete und ihren Rath für das noch Bevorstehende gab. In der Gestalt eines alten, verkümmerten, zerlumpten Bettlers, so hatte die Göttin ihn entstellt, geht er in das Gehöft des biedern Sauhirten Eumaeos, eines der Wenigen deren Treue allen Versuchungen der Ungeduld, der Ungewifsheit, des Wohllebens der Freier widerstanden hatte. Treuherzig aufgenommen bleibt er dort bis Athena auch seinen Sohn zurückführt und seine Schritte in dasselbe Gehöft leitet. Nun finden sich Vater und Sohn wieder und schmieden die Pläne ihrer Rache an den leichtsinnigen, ganz übermüthigen und arglistigen Freiern. Es waren über hundert, lauter blühende Jünglinge, aus den besten Häusern Ithakas und der umliegenden Inseln.

Der neue Morgen war angebrochen als zuerst Telemachos in dem Männersaale erschien, dann Odysseus, verhöhnt von seinen eignen Leuten und von den Freiern, begrüfst und erkannt nur von einem sterbenden Hunde. Bettelnd besieht er sich die zudringlichen Gäste und die Gelegenheit seines Hauses. Der unverschämte Iros macht ihm die eigene Schwelle streitig, aber er wirft ihn nieder mit einem Schlage. Da erschien Penelope und erregte von Neuem die Hoffnung der Freier, schon mit dem letzten Entschlusse des Nachgebens kämpfend. Sie hört von dem fremden Manne, der im Saale sei, hat eine Unterredung mit ihm und läfst ihm die Füfse waschen von der treuen Eurykleia, die Odysseus als Kind gepflegt hatte. Diese erkennt ihn an einer Narbe am Beine, die er sich auf einer Jagd am Parnafs geholt hatte, wird aber von ihrem Herrn verhindert ihre Freude laut werden zu lassen [1]).

Schon wird die That der Rache vorbereitet. Die Zeichen sind günstig, die Freier hätten sich durch manches Unheimliche warnen lassen, wären sie nicht ganz verblendet gewesen. In der Stadt wurde ein Fest des Apollon gefeiert, da brachte Penelope den verhängnissvollen Bogen des Eurytos, den Iphitos einst dem Odysseus geschenkt hatte (S. 225), damit wer ihn spannen und damit den Meisterschuss thun könne ihr Gemahl werde. Odysseus, der sich nun auch dem Eumaeos und dem gleichfalls bewährten Rinderhirten Philoetios zu erkennen gegeben, bekommt ihn in seine Hände, spannt ihn, schiesst erst durch die Beile, schiesst dann nach den Freiern, und nun beginnt das Würgen, bei welchem Telemachos und die beiden Hirten an seiner Seite stehn, Athena ihre Aegis schüttelt, bis alle Freier in ihrem Blute liegen.

Der Saal ist gereinigt als Penelope aus einem tiefen Schlafe, den die Götter über sie gebreitet hatten, erwacht und die Botschaft von der Rückkehr des so lange ersehnten Gemahles empfängt. Noch kann sie es nicht fassen, mag nicht daran glauben, auch dann noch nicht als Athena ihm seine wahre, seine schöne und blühende Gestalt zurückgegeben hatte. Erst als sie an sichern Zeichen merkt dass es kein Andrer sein kann, giebt sie sich dem Entzücken des Wiedersehens hin, die treue, die kluge, die oft getäuschte Penelope, deren ruhige Besonnenheit zugleich der wahre Grund und das unverwüstliche Unterpfand ihrer Treue war. „Aus Uebereilung, mit diesen Worten rechtfertigt sie sich, folgte Helena dem fremden Manne und das war der Anfang alles Unheils für uns und für alle Andern."

Nun ruhte Odysseus wieder bei seinem lieben Weibe, nun sah er seinen alten Vater Laertes wieder, nun durfte er sich seiner Heimath, seiner Habe, seiner Unterthanen wieder erfreuen, die es unter ihm immer so gut gehabt hatten.

Sowohl Aeschylos als Sophokles hatten der Odyssee einen Cyclus von Dramen abgewonnen. Von Aeschylos gehörten dahin die Todtenbeschwörer, in welchem Stücke Teiresias schon den Tod des Odysseus nach der späteren Deutung d. h. durch den Stachel eines Seethiers

---

[1]) Schöne Bilder der Penelope und dieser Scene s. Thiersch Epochen 2. Ausg. S. 430 ff. Penelope wie sie den Freiern den Bogen des Odysseus bringt, schamhaft zagend und gedankenvoll, Wandgem. aus Stabiae b. Zahn 3, 46 *nach der Deutung von O. Jahn (Helbig n. 239).

weifsagte, eine Penelope und die Sammler der Gebeine d. h. die Bestatter der getödteten Freier[1]), von Sophokles, welcher sich besonders gerne mit den Homerischen Gedichten und Sagen befafste, eine Nausikaa, die Phaeaken und das Stück Niptra d. i. das bekannte Fufsbad der Eurykleia[2]).

c. Spätere Nostendichtung.

Auch in diesem Kreise der Nosten wirkte der einmal angeregte Trieb der Sagendichtung fort, so dafs die vornehme und stattliche Anknüpfung bei der Rückkehr von der Eroberung Trojas allmählich zum herkömmlichen Anfange der genealogischen und örtlichen Mythographie wurde. Gewöhnlich versuchte man sich auf diese Weise mit den griechischen oder trojanischen Helden des troischen Sagenkreises in Verbindung zu setzen, daher wir diese Heroen, da sie einmal im Wandern waren, in den verschiedensten Gegenden wiederfinden, die meisten zuletzt in Italien und überhaupt im Westen, weil der natürliche Wanderungstrieb der Sage in Uebereinstimmung mit der Geschichte dahin zuletzt seine Richtung nahm. Von den römischen Chroniken ist diese Art das Alte mit dem Neuen zu verschmelzen bekanntlich in die des Mittelalters übergegangen.

Die ältesten Sagen der Art hatten die Nosten des Agias und die Telegonie des Eugammon gesammelt, wo die Andeutungen des älteren Epos, namentlich der Odyssee, mit örtlichen Traditionen des Heroendienstes und der Geschlechtersage auf eigenthümliche Weise ausgeglichen wurden[3]). Ihrer Anregung folgten die attischen Tragiker, da sie auch in diesen Gebieten noch manche schicksalsvolle Verknüpfung fanden. Weit weniger hat sich die Kunst mit diesen Sagen beschäftigt, ein Beweis dafs sie nicht zu den allgemein volksthümlichen gehörten.

Zu den Merkmalen des jüngeren Zeitalters gehört auch dieses, dafs die attischen Heroen sich auf alle Weise geltend zu machen suchen, namentlich die attischen Aeakiden (S. 403) und die Thesiden. Unter jenen beschäftigten die Sage besonders die Heimkehr des Teukros, des Halbbruders des Telamonischen Aias, und die des Eurysakes,

---

1) Ψυχαγωγοί, Πηνελόπη, Ὀστολόγοι, vgl. fr. 269 u. Nitzsch Sagenpoesie 595 ff.

2) Ναυσικάα ἢ Πλύντριαι, Φαίακες (vielleicht identisch mit der Nausikaa), Νίπτρα, Schöll Tetralogie 119 ff. Auch von Pacuvius gab es Niptra.

3) Welcker ep. Cycl. 2, 281—310, R. Stiehle Philol. 4, 99—110; 8, 49—77; 10, 151—168; 15, 592—619. Ueber das Verhältnifs der Nosten und der Hesiodischen Eoeen zu der Odyssee vgl. Kirchhoff ebd. 15, 1—29.

welchen die phrygische Königstochter Tekmessa dem Aias vor Troja geboren hatte, endlich die letzten Schicksale des alternden Telamon auf Salamis; wie namentlich Aeschylos und Sophokles und nach ihrem Vorgange verschiedene römische Tragiker diese Ueberlieferungen für die Bühne bearbeitet hatten¹). Besonders war es der kühne und feste Muth des Teukros welcher von den Dichtern oft verherrlicht wurde, wie er, in Salamis von seinem Vater Telamon zurückgewiesen, weil er ohne seinen Bruder und ohne dessen Sohn Eurysakes zurückkehrte, ungebrochenen Sinnes eine neue Heimath suchte und diese nach langem Umherirren auf Cypern fand, wo die Stadt Salamis, ein Mittelpunkt der griechischen Bildung, für seine Gründung galt²). Auch soll er damals einen Dienst des Zeus zu Salamis mit Menschenopfern gegründet haben, welche erst zur Zeit Hadrians abgeschafft wurden³), wie sich denn auch die erblichen Priesterkönige des Zeus zu Olbe oberhalb Soli in Kilikien von seinem und seines Sohnes Aias Stamme zu sein rühmten, welcher auf Cypern noch einmal in den Königen Enagoras und Nikokles von sich reden machte⁴). Dagegen Eurysakes und sein Sohn oder Bruder Philaeos sich der Sage nach von der Insel Salamis nach Athen und Brauron übergesiedelt hatten und die Stifter von blühenden Geschlechtern geworden waren, zu denen sich viele berühmte Männer zählten, Miltiades, Kimon, Alkibiades und der Geschichtschreiber Thukydides⁵). Auch gab es auf Salamis ein Heiligthum des Aias und ein Fest der Aianteia, bei welchem sich Athen durch seine Epheben und andre festliche

---

1) Von Aeschylos gehören dahin die Σαλαμίνιαι vgl. die Τεῦκροι θυμολέοντες b. Aristoph. Ran. 1041, von Sophokles der Teukros und der Eurysakes. Ennius hatte einen Telamo, Pacuvius einen Teucer, Attius einen Eurysaces gedichtet. Eurysakes befand sich bei der Rückkehr von Troja auf einem andern Schiffe als Teukros und scheint erst nach manchen Schicksalen auf Salamis angelangt zu sein, Serv. V. A. 1, 619 und die Verse des Pacuvius b. Cic. de Orat. 2, 46, 193. Telamon war inzwischen von Salamis vertrieben worden. Cic. Tusc. 3, 18, 39; 29, 71. Vgl. über diese Stücke bes. Schöll Sophokl. Werke Bd. 4 Anhang.

2) Pind. N. 4, 47, Aesch. Pers. 892, Eur. Hel. 92 ff., Virg. A. 1, 619 ff., Horat. Od. 1, 7, 21 ff.

3) Tacit. A. 3, 62, Lactant. 1, 21, 1 vgl. Str. 14, 672.

4) Isokr. Enag. 13 ff., Nikokl. 28.

5) Plut. Solon 10, Paus. 1, 35, 2, Didymos b. Schol. Pind. N. 2, 19 und Marcellin. v. Thuk. 3. Auch der Demos der Philaiden leitete sich ab von Philaeos, Steph. B. Φιλαΐδαι und in Hypate behauptete man sogar daſs Teukros, der Eponym der troischen Teukrer, von dort nach Troas übergesiedelt sei. Dionys. H. 1, 63.

Gebräuche betheiligte¹), zumal seitdem Kleisthenes den Aias zu einem der zehn attischen Stammesheroen erhoben und die ruhmvollen Ereignisse der Perserkriege auf ihn und die übrigen Aeakiden von neuem hingewiesen hatten. Weniger berühmt als dieses attische Heroengeschlecht blieben die beiden Thesiden Akamas und Demophon, schon deshalb weil die troische Sage eigentlich nichts von ihnen zu melden hatte. Doch wufste der attische Patriotismus sie dennoch einzuschwärzen, indem man sie als Volontäre den Krieg mitmachen liefs und vorzüglich ihren Antheil an der Zerstörung von Troja hervorhob, wo sie ihre Grofsmutter Aethra aus der Knechtschaft befreit haben sollen²). Eben diese Aethra und ihr der Ilias 3, 144 bekanntes Verhältnifs zur Helena war auch wohl die Ursache weswegen man sie an der Gesandtschaft, als es die Helena zurückzufordern galt, sich betheiligen liefs³), während die Ansprüche, welche auch Athen auf den Besitz des troischen Palladion erhob, dahin führten dafs man von ihnen, namentlich vom Demophon, auch bei dieser Gelegenheit erzählte⁴). Ja sie bekamen auch ihren Antheil an den Abenteuern der Heimkehr, indem man von Demophon in der Gegend von Amphipolis in Thrakien erzählte, wie seine Geliebte Phyllis aus Sehnsucht nach ihm in einen Mandelbaum verwandelt worden, dessen Verlust und Trieb der Blätter noch von ihrer Liebe zeugte⁵), und Akamas, obgleich auch er seit

---

1) Hesych. v. *Αἰάντεια*, vgl. die von E. Curtius in den Nachr. d. Ges. d. W. zu Göttingen 1860 n. 28 behandelten Inschriften, *und A. Mommsen Heortol. 411. Auch der Gebrauch des Lectisternium zu Athen b. Schol. Pind. N. 2, 19 bezog sich wohl auf dieses Fest. Nach Hesych v. *Αἰάκειον* gab es auch ein H. des Aeakos in Athen.

2) Schon Arktinos erzählte davon in seiner Iliu Persis, dann Polygnot, Paus. 20, 26, 1. Vgl. das trojan. Pferd auf der Burg von Athen P. 1, 23, 10, Soph. Philokt. 562, Eur. Hek. 125 ff. (Schol. v. 119), Virg. A. 2, 262, Demosth. epitaph. 29, Plut. Thes. 35.

3) Bei dieser Gelegenheit soll sich Laodike, die Frau des Antenoriden Helikaon, eine T. des Priamos, in Akamas oder Demophon (sie werden oft verwechselt) verliebt und einen Sohn Munitos von ihm geboren haben, welcher später in Olynthos durch den Bifs einer Schlange umkam, Lykophr. 495 ff., Parthen. 16, Plut. Thes. 34.

4) Bald giebt Diomedes das Palladion dem Demophon freiwillig zur Verwahrung, bald wird es ihm oder den Argeiern, die man sich auch wohl von Agamemnon angeführt denkt, bei einer Landung im Hafen Phaleron mit Gewalt abgenommen, Lysias b. Schol. Aristid. p. 320 Ddf., Paus. 1, 28, 9, Poll. 8, 118. Suid. *ἐπὶ Παλλαδίῳ*, Clem. Al. Protr. p. 42 P., Polyaen 1, 5. Auch die Vasenbilder heben diesen Antheil der Thesiden an der Entführung des Palladion hervor.

5) Ovid Her. 2, Hygin f. 59. Serv. V. Ecl. 5, 10, Mythogr. lat. 1, 159, Plin.

Kleisthenes einer der attischen Stammesheroen war, den Führer einer Colonie nach Cypern sein liefs, wo es ein Akamantisches Gebirge gab¹).

Andre Sagen und Dichtungen beschäftigten sich mit den letzten Schicksalen des Peleus und des Neoptolemos. Dieser kehrte nach den Nosten auf den Rath der Thetis nicht übers Meer, sondern zu Lande, also durch Thrakien zurück, wo dieses Gedicht ihn in Maroneia mit Odysseus zusammentreffen liefs. Er erreichte dann glücklich das Stammland seines Vaters und Grofsvaters, in welchem der mit ihm zurückgekehrte Phoenix nun sein Grab fand. Neoptolemos begab sich darauf zu den Molottern, wohin er nach andern Ueberlieferungen gleich von Troja und zwar zur See verschlagen wurde²). Auch soll er dort den Peleus angetroffen und Helenos und Andromache als Kriegsgefangene mit sich geführt, ja von einem prophetischen Ausspruche des letzteren angeleitet an dem „allnährenden See von Epiros" d. i. wahrscheinlich der acherusische See in der fruchtbaren Gegend von Ephyra (Kichyros) und Pandosia sich niedergelassen³) und König von Epiros d. h. der Thesproter und Molotter geworden sein. Daher der königliche Stamm der Pyrrhiden in Epiros, angebliche Aeakiden, sein Geschlecht von Neoptolemos und der Lanasse vom Stamme des Herakles ableitete⁴), und neben dem Pyrrhos oder Neoptolemos auch Peleus und Achilleus, letzterer unter dem Namen Aspetos d. h. der unsäglich Grofse, in Epiros mit göttlichen Ehren verehrt wurde; während Helenos, nach dem Abzuge des Neoptolemos mit der Andromache vereinigt, ein König der Chaoner in Epiros geworden sein soll und als solcher bei Virgil seinen Landsmann, den Aeneas, auf seiner Fahrt nach Italien

---

16, 108, Pallad. de insit. v. 61. 97. 149. Lukian de saltat. 40 nennt Akamas statt Demophon.

1) Lykophr. 494 Tz., Str. 14, 683, Hesych v. ἀκάμαντον. Auch nach Grofsphrygien soll Akamas verschlagen sein, denn auch dort gab es eine Stadt, die an seinen Namen erinnerte, Steph. B. Ἀκαμάντιον und Σύνναδα.

2) Pind. N. 4, 51; 7, 35 ff. Auch die Odyssee 11, 534 läfst ihn zu Schiffe heimkehren.

3) Schol. Od. 3, 188, Eustath. 1463, 34. Zur παμβῶτις λίμνη Ἠπείρου vgl. Soph. Phil. 391 ὁρεστέρα παμβῶτι Γᾶ und die πίειρα ἄρουρα Od. 2, 328. Auch der Name Πανδοσία und die alte Verehrung der chthonischen Götter deutet auf Fruchtbarkeit. Es ist dieselbe Gegend welche auch in der Heraklidensage und durch das Psychopompeion von Thesprotien berühmt war, s. oben S. 279 u. Bd. 1, 665.

4) Plut. Pyrrh. 1, Iustin 17, 3.

an dieser Küste freundlich aufnimmt[1]). Neoptolemos nämlich begab sich zuletzt nach Delphi, nach der gewöhnlichen Tradition um den Apoll wegen des Todes seines Vaters zur Rechenschaft zu ziehen, worüber er durch einen Priester desselben und auf Befehl der Pythia am Opferheerde getödtet wurde, aber darauf in der Nähe des Tempels ein ehrenvolles Grab und heroische Ehren erlangte[2]), eine endliche Ausgleichung der von dem jüngeren Epos immer so stark hervorgehobenen Feindschaft zwischen Achilles und Apoll. Anderen Traditionen folgte die attische Bühne, für welche Sophokles und Euripides, jener im Peleus und in der Hermione[3]), dieser in seiner Andromache diese Sagen bearbeitet hatten. Peleus, schon in der Ilias während der Abwesenheit des Achill bedrängt, wurde nach der späteren Tradition von seinem alten Gegner Akastos (S. 396) vollends vertrieben, bis Neoptolemos aus Troja zurückkehrte und seinen Grofsvater wieder einsetzte[4]). Seitdem herrschen beide neben einander in Pharsalos und Phthia. Neoptolemos hat von der Andromache einen Sohn, den Molossos, den einzigen Stammhalter der Aeakiden, welcher später mit seiner Mutter nach Epiros auswandert und unter dem Schutze des Helenos heranwächst[5]), dahingegen die ihm früher verlobte und nach seiner Rückkehr von Troja vermählte Hermione (S. 450) ohne Kinder bleibt. Deshalb stellt sie mit Hülfe des Menelaos der Andromache nach, welche Peleus rettet,

---

1) Virg. A. 3, 290 ff. Nach dem Dichter Simmias b. Schol. Eur. Androm. 14 begleitete auch Aeneas den Neoptolemos als Gefangener nach Epiros.

2) Pind. N. 7, 40 ff. Schol., Str. 9, 421, Paus. 10, 24, 5. Der Tod des Neoptolemos durch Orest auf etruskischen Aschenkisten b. R. Rochette Mon. inéd. p. 208 ff., Overbeck 745 ff., *auf einem V. B. durch Inschriften bezeugt Jatta, Ann. d. Inst. 1868 tav. E, p. 235 ff.

3) Nauck tr. gr. p. 140. 189, Vater im Archiv f. Philol. u. Pädag. 17, 166 ff. Auch die Φθιώτιδες des Sophokles gehörten vermuthlich in diesen Zusammenhang.

4) Il. 18, 434; 24, 488 vgl. Eur. Tr. 1126 ff., Horat. A. P. 96.

5) Eur. Andr. 24 ff. 1243 ff., wo auch die Vermählung der Andromache mit dem Helenos angedeutet wird. Die spätere Ueberlieferung kannte drei Söhne des Neoptolemos und der Andromache, den Μολοσσός, Πίελος und Πέργαμος, s. Paus. 1, 11, 1. 2, Hygin f. 123, wo für Amphialum wohl zu schreiben ist Pialum (Piales heifst er b. Iustin 17, 3) und die sehr verdorbenen Schol. Eur. Androm. 24. 32. Μολοσσός ist der Eponymus von Molossien, Πίελος galt für den Sohn des Neoptolemos im Stammbaume der Pyrrhiden d. h. der epirotischen Aeakiden, Πέργαμος für den Ktistes von Pergamon in Mysien, wo man ein Grab der Andromache zeigte, die mit ihrem jüngsten Sohne in die Heimath zurückgekehrt sei, Paus. l. c., Serv. V. Ecl. 6, 72. Daher auch die Pergamener Aeakiden zu sein behaupteten, C. I. n. 3538, 32.

während Orestes der Hermione zu Hülfe kommt, nachdem er den Neoptolemos zu Delphi erschlagen. Nach der peloponnesischen Sage galt nämlich Hermione gewöhnlich für die Gemahlin des Orestes. Oder man erzählte dafs der aus seiner Herrschaft vertriebene Peleus den Neoptolemos vor Troja habe aufsuchen wollen, darüber nach der Insel Kos verschlagen sei und hier sein Grab gefunden habe[1]). Denn auch auf dieser Insel gab es Aeakiden, welche ihre Stammesheroen mit sich dahin gebracht hatten.

Von den letzten Schicksalen des Odysseus erzählte die Telegonie des Eugammon und zwar mit vielen, von den Andeutungen der Odyssee doch sehr abweichenden Zuthaten späterer Sagenbildung. Nachdem die Leichen der Freier bestattet sind, opfert Odysseus zuerst den Nymphen (vgl. Od. 13, 355 ff.) und begiebt sich darauf nach Elis um nach den Rinderheerden zu sehen, bei welcher Gelegenheit er beim Könige Polyxenos, welcher auch mit vor Troja gewesen war, einkehrt und von ihm mit einem kostbaren Mischgefäfse beschenkt wird[2]). Darauf kehrt er zurück nach Ithaka, bringt die von Teiresias vorgeschriebenen Opfer und geht dann auf das Festland zu den Thesprotern, ohne Zweifel um die von Teiresias vorgeschriebene Wanderung anzutreten. Er hört von dem Dodonaeischen Orakel dafs ihm Gefahr von seinem Sohne drohe, vermählt sich mit der Königin der Thesproter Kallidike und ist der Anführer ihres Volkes in einem Kriege mit den Brygern, wo seine alte Schutzgöttin Athena ihm noch einmal aus der Noth hilft, in welche Ares seine Mannen gebracht hatte, und Apollo den Frieden herstellt. Nach dem Tode der Kallidike übernimmt Polypoites die Herrschaft, ihr Sohn vom Odysseus, den einheimische Sagen also als Stammvater der dortigen Könige nannten, während es den Odysseus doch wieder nach seinem Ithaka zieht. Nicht lange hat er sich von neuem der Heimath erfreut, da erscheint Telegonos, sein Sohn von der Kirke, welcher sich aufgemacht hatte um seinen Vater zu suchen. Da er die Insel plündert, so tritt ihm Odysseus entgegen, wird von ihm mit einem Rochenstachel verwundet, den die Mutter ihm anstatt der Lanzenspitze gegeben hatte, und findet auf diese Weise einen sehr schmerzvollen Tod: eine spätere Version der Prophezeiung des Teiresias, Odysseus werde seinen Tod ἐξ ἁλός finden, welche Aeschylos und Andere so

---

1) Kallimachos b. Schol. Pind. P. 3, 167 vgl. Schol. Eur. 1118.

2) Auf demselben war die Geschichte des Trophonios und Agamedes und die vom Schatze des Augeias zu sehen, welche episodisch eingeflochten wurden. Vom Könige Polyxenos Il. 2, 623. Paus. 5, 3, 4.

erzählten dafs Odysseus von dem giftigen Seethiere aus der Höhe getroffen wurde, indem ein Reiher es auf ihn fallen liefs¹). Als Telegonos vernommen dafs er seinen Vater getödtet, ist er sehr betrübt und nimmt seine Leiche und Penelope und Telemach mit sich in seine Heimath, wo beide unsterblich und Telemach Gemahl der Kirke, Telegonos der der Penelope wird²). Die Insel der Kirke wurde bekanntlich nach der jüngeren Tradition in die Gegend von Circeji an der latinischen oder tyrrhenischen Küste verlegt, daher man fortan dort von ihrem Zauber und von ihren Kräutern erzählte³) und sowohl Odysseus als Telegonos in der italischen Sagengeschichte viel genannt wurden. Kennt doch schon Hesiod th. 1011—1018 Agrios und Latinos und Telegonos als Söhne des Odysseus und der Kirke und als Könige der Tyrrhener in ferner Inselbucht d. h. in der der Latiner und Etrusker. Und so erzählten auch die Sagen von Cumae und von Cortona von Odysseus oder von Ulixes, wie man ihn in Italien nannte, während die von Tusculum und Praeneste den Telegonus als ihren Ktistes nannten⁴). Ja selbst an den spanischen Küsten wufste man von Odysseus und von seinen Abenteuern zu erzählen⁵).

Auch viele Andre von den troischen Heroen wurden mit der Zeit in Italien angesiedelt, namentlich Diomedes, und zwar dieser vorzüglich im Küstengebiete des adriatischen Meeres. Er habe, so wird diese Uebersiedelung motivirt, Argos nach seiner Rückkehr wieder verlassen müssen, weil ihm seine Gemahlin Aegialeia, die Tochter des Adrastos, untreu geworden war, wie Klytaemnestra dem Agamemnon.

---

1) Aesch. fr. 269 vgl. Sext. Emp. adv. Math. 1, 267 und das Vasenbild b. Welcker A. D. 3, 459; *5, 345. Der andern Version folgte Sophokles in seinem Ὀδυσσεὺς ἀκανθοπλήξ, den Pacuvius nachgebildet hatte, vgl. Welcker Gr. Tr. 240 ff., Schöll Tetral. 123. 131. Ueber den Rochen (τρυγών) und seinen Stachel Nikand. Ther. 828 ff., Plin. 9, 155, zur Fabel Lykophr. 795, Oppian Halieut. 2, 497 ff., Hygin f. 127, Eustath. Od. 1676, 44 u. A. Telegonus parricida Horat. Od. 3, 29, 8. Es gab von Sophokles auch einen Euryalos, wo dieser, ein Sohn des Odysseus und der Tochter eines epirotischen Gastfreundes, auf Ithaka durch Odysseus selbst umkam, nachdem die Eifersucht der Penelope ihn dazu verleitet hatte, kurz vor seinem eigenen Tode durch Telegonos, Parthen. erot. 3.

2) Nach Hygin f. 127 war Latinus ein Sohn der Kirke und des Telemach, Italus der der Penelope und des Telegonus. Andere genealogische Combinationen b. Eustath. Od. 1796, 39 und Tzetz. Lyk. 805. 808.

3) Theophr. H. Pl. 5, 8; 9, 15, nach welchem Aeschylos das ganze tyrrhenische Volk ein φαρμακοποιὸν ἔθνος genannt hatte. Vgl. Plin. H. N. 25, 11.

4) Fest. v. Mamiliorum, Dionys. H. 4, 45, Röm. Myth. 665.

5) Str. 1, 22; 3, 149. 157.

Er rettet sein Leben durch die Flucht, irrt auf dem Meere umher bis Libyen und Iberien, und findet endlich eine neue Heimath in dem italischen Daunien, wo er sich mit der Tochter des Königs Daunus vermählt und verschiedene Städte gründet, namentlich Argos Hippion oder Argyripa. Auch befand sich in dieser Gegend die Diomedeische Insel, auf welcher er (denn Athena hatte ihm Unsterblichkeit verliehen) gleich einem Gotte verehrt wurde, ein Genosse der Dioskuren und bedient von den Diomedeischen Vögeln, in welche sich seine Griechen verwandelt hatten[1]). Von welchen Mittelpunkten sich dieser Cultus des argivischen Heroen dann weiter verbreitet hatte, sowohl landeinwärts und zu den Griechen in Metapont und Thurii als längs der Küste des adriatischen Meeres bis Ancona und der Pomündung[2]). Andere Uebertragungen der Art sind die von Idomeneus und Meriones aus Kreta nach Italien und Sicilien[3]), die von Philoktet aus seiner thessalischen Heimath nach Kalabrien[4]), endlich der Cultus der Atriden, Tydiden, Aeakiden und Laertiaden und dazu der Agamemnoniden noch insbesondre, also sämmtlicher Heroen des heroischen Sagenkreises in Tarent[5]).

ANHANG.

Die Heroen der Kunst.

Nämlich der Kunst im Sinne jener ältesten Vorzeit, wo der Glaube an den unmittelbaren Verkehr zwischen Göttern und Menschen so lebendig war, daſs alle Erkenntniſs und Bildung die das Leben beruhigte oder verschönerte, die Zukunft aufschloſs, die Thaten der Vorzeit durch begeisterte Dichtung vergegenwärtigte, die Verehrung der Götter durch

---

1) Virg. A. 11, 225 ff., Ovid M. 14, 457 ff., vgl. Lykophr. 592 ff. und Schol. Pind. N. 10, 12, nach welchem schon Ibykos von diesem Culte wuſste, u. Röm. Myth. 663. Die Verwandlung seiner Gefährten in Vögel hängt wie die der Memnonischen Vögel ohne Zweifel mit dem Glauben zusammen daſs die Seele eines Verstorbenen einem Vogel gleich sei.

2) Skylax p. 16, Polemo b. Schol. Pind. l. c., Str. 5, 214. 215; 6, 283, Plin. 3, 103 ff. 120. 151.

3) Nach kretischem Glauben lagen sie in Knosos begraben und wurden dort in der gewöhnlichen Weise als Heroen verehrt, Aristot. pepl. 15 (23), Diod. 5, 79. Die Ueberlieferung von Italien und Sicilien b. Virg. A. 3, 400 ff., Diod. 4, 79.

4) Lykophr. 911 ff., Apollod. b. Str. 6, 254. Auch seinen Bogen soll Philoktet mit sich nach Italien gebracht und in einen Tempel des Apollo geweiht haben. Aristot. Mirab. 115, Euphorion b. Meineke Anal. 75.

5) Aristot. Mirab. 106.

alte Gesänge, alte Bilder, alte Gebäude begründete, für eine Wirkung und Offenbarung der Götter gehalten, also entweder auf sie selbst oder auf von ihnen begeisterte Seher und Dichter zurückgeführt wurde. Es gehören dahin vor allen die Heroen der Weifsagekunst und Dichtkunst, denen sich ferner die der Baukunst und der bildenden Kunst anschliefsen mögen.

a. Die Heroen der Weifsagekunst.

Die Weifsagung war eine Kunst sofern sie nicht blos auf unmittelbarer Begeisterung und Gemüthserregung beruhte, wie die der Sibyllen (1, 225), sondern zugleich eine künstliche und sinnliche Auslegung der in der Natur d. h. durch Vögelflug, Zeichen der Eingeweide, das Feuer des brennenden Opfers, Stimmen, Begegnisse u. s. w. gegebenen Andeutungen war. Es mufs eine Zeit in Griechenland gegeben haben wo ihre Seher in allen diesen Geschäften nicht weniger geübt und gebildet waren als die italischen, und ohne Zweifel würde bei reiferer Entwickelung der theokratischen Elemente eine ähnliche Disciplin wie dort zu Stande gekommen sein, was bekanntlich nicht der Fall war. Wohl aber haben sich manche interessante Sagen von solchen Sehern, ihrer Bildung, ihrer Kunst das Räthselhafte zu enträthseln, ihrem tiefen Einblick in die Geheimnisse der Natur und des Seelenlebens erhalten, welches letztere sie zugleich zu Sühnern und zu den ältesten Aerzten machte[1]. Ohne Zweifel hat das Alles zu manchem Aberglauben Anlafs gegeben, aber es ist doch auch nicht zu verkennen dafs namentlich diese Uebung auf alles Bedeutungsvolle der Naturerscheinung und des Naturlebens seinen Geist zu richten dem bildlichen Principe der griechischen Mythologie ganz nahe verwandt ist. Gewifs würde manches eigenthümliche Bild dieser Mythologie und der griechischen Religion überhaupt, der ältesten Orakelsprache und der verwandten Poesie von selbst seine Erledigung finden, wenn uns von diesen Räthselspielen und symbolischen Deutungen, von denen solche Sagen erzählen und zu

---

1) Vgl. die vielen Seher und Propheten b. Clem. Al. Str. 1, 21, 132. 133 u. Lobeck Agl. 260 sqq. Die älteste und am weitesten verbreitete Art der Weissagung war immer die aus dem Fluge der Vögel, s. Cic. de leg. 2, 13, 33: Iam vero permultorum exemplorum et nostra est plena respublica et omnia regna omnesque populi cunctaeque gentes, augurum praedictis multa incredibiliter vera cecidisse. Neque enim Polyidi neque Melampodis neque Mopsi neque Amphiarai neque Calchantis neque Heleni tantum nomen fuisset neque tot nationes id ad hoc tempus retinuissent, Arabum, Phrygum, Lycaonum, Cilicum maximeque Pisidarum, nisi vetustas ea certa esse docuisset.

denen sich die Analogieen in den Ueberlieferungen anderer Völker finden, noch mehr erhalten wäre.

Die merkwürdigste Erscheinung ist in dieser Hinsicht Melampus d. h. der Schwarzfuss und das Geschlecht der Melampodiden, von denen nach landschaftlichen Sagen von Thessalien, Pylos und Argos ein eignes Gedicht des Hesiod berichtete[1]). Für uns sind die wichtigsten Nachrichten durch die Odyssee 11, 287 ff.; 15, 225 ff., durch Pherekydes und durch Apollodor 1, 9, 11. 12 erhalten.

Die Melampodiden gehörten zu den zahlreichen Geschlechtern welche sich zur Tyro, der Tochter des Salmoneus, als zu ihrer gemeinschaftlichen Ahnfrau bekannten, zunächst zu der Nachkommenschaft des Amythaon. Dieser ging mit Neleus von Thessalien nach Messenien, wo seine Söhne Melampus und Bias neben dem Stamme des Neleus blühten. Neleus will seine Tochter Pero, um die alle Welt freit (S. 315) keinem Andern geben als dem welcher die Heerden des Phylakos an der thessalischen Othrys, ein Erbtheil seiner Mutter Tyro, in seinen Besitz bringen werde. Das bewirkte Melampus für seinen Bruder Bias durch seine Sehergabe und durch seine grofse Klugheit, denn Amythaons Kinder hatten Verstand wie Wenige und ihre ganze Geschichte war eine Verherrlichung ihrer tiefen und verborgenen Einsicht[2]), wie die der Aeakiden eine Verherrlichung des Muthes und der Kraft, die der Atriden der Macht und des Reichthums. Seine Sehergabe verdankte Melampus einer Brut von Schlangen, deren getödtete Eltern er begraben und die er selbst grofsgezogen hatte, welche Wohlthat sie ihm dadurch vergalten dafs sie ihm die Ohren ausleckten, worauf er die Stimmen der

---

1) Die Μελαμποδία welche auch die Geschichte anderer Weissager enthielt s. p. 289 ed. Göttl. Doch hatte Hesiod auch in den grofsen Eoeen davon erzählt, Schol. Apollon. 1, 118. Vgl. Eckermann Melampus u. sein Geschlecht, Gött. 1840 und zu dem Namen Μελάμπους die Μελάμποδες als Bevölkerung von Aegypten b. Apollod. 2, 1, 5, die λευκόποδες oder λυκόποδες b. Arist. Lys. 665 Schol., die σκιάποδες b. Arist. Av. 1553, Plin. 7, 23 u. dgl. m. Man erklärte sich den Namen dadurch dafs die Sonne ihm als kleinen Knaben die Füfse verbrannt habe, Schol. Theokr. 3, 43. Eigentlich scheint er ein symbolischer Ausdruck seines Charakters als bacchischen Sühnpriesters und Sehers zu sein, vgl. den Dionysos Νυκτέλιος 1, 564, 3, die Νυκτίδαι, γένος τι τῶν τὰς λοιμικὰς νόσους ἰατευόντων Hesych, die Κελαινώ und die Μέλαινα b. Paus. 10, 6, 2, den Ὀρφεύς u. s. w.

2) Ἀλκὴν μὲν γὰρ ἔδωκεν Ὀλύμπιος Αἰακίδῃσι, νοῦν δ' Ἀμυθαονίδαις u. s. w. s. oben S. 387, 1. Daher heifst die Mutter der Amythaoniden Εἰδομένη, d. h. die Wissende. Die beiden Brüder Melampus und Bias scheinen List und Gewalt auszudrücken.

Vögel verstand und alle Zukunft zu deuten wufste¹). Er begiebt sich also nach Phylake, wo jene Heerden von einem Hunde so gut behütet wurden dafs weder ein Mensch noch ein Thier in ihre Nähe kommen konnte. Melampus wufste als Seher voraus dafs er bei seinem Wagnifs ergriffen und eingesteckt werden würde, aber er verliefs sich auf unverhoffte Hülfe, die nicht ausblieb. Wirklich wurde er über dem Versuche jene Heerden zu entführen ertappt, gebunden und in harter Verhaftung gehalten. Und schon ist fast ein Jahr vergangen, da hört Melampus in seinem Gefängnifs wie die Würmer im Holze des Daches sich unter einander erzählten dafs in kurzer Zeit der Balken durchgefressen sein würde, verlangt also schnell in ein andres Gemach geführt zu werden, worauf jenes einstürzt. Phylakos wufste nun dafs er es mit einem Seher zu thun habe und befragte ihn wegen seines Sohnes Iphiklos, der von seiner Mutter Klymene, einer Tochter des Minyas²), die Gabe wunderbarer Schnelligkeit hatte (S. 339), aber durch einen unglücklichen Zufall in seiner Jugend die Zeugungsfähigkeit verloren hatte. Melampus verspricht zu helfen, aber unter der Bedingung dafs ihm jene Heerden ausgeliefert würden. Er schlachtet also dem Zeus einen Stier, schneidet ihn in Stücke und ruft die Vögel zum Mahle. Melampus fragt sie, aber sie wissen alle nichts, bis auf einen Geier der nicht mitgekommen ist. Also wird er herbeigeholt und erzählt dafs Iphiklos als Kind einen heftigen Schreck gehabt habe über ein blutiges Messer, mit welchem Phylakos Böcke verschnitten hatte und dann den Sohn bedrohte; worauf er es in einen Baum gestofsen habe, wo in-

---

1) Bei Apollodor wird ihm auch die Weifsagung aus Eingeweiden und Apollinische Begeisterung, nachdem er mit Apollo am Alpheios zusammengetroffen sei, zugeschrieben; auch hiefs er in den grofsen Eoeen φίλτατος Ἀπόλλωνι, Schol. Apollon. l. c. In Argos galt er mehr für einen Dionysospriester. Die Erzählung von der Reinigung der Ohren durch Schlangen oder Drachen wiederholt sich in der Geschichte der Kassandra und in verwandten Märchen, an die noch Demokrit geglaubt haben soll, Plin. 10, 137; 29, 72 vgl. Schoemann opusc. 2, 351, 4 u. Liebrecht z. Gervas. ot. imp. 155. In einem serbischen Märchen b. Karadschitsch S. 17 rettet ein Hirt einer Schlange das Leben bei einem Waldbrande, worauf ihr Vater, der Schlangenkönig und im Besitze unermefslicher Schätze, ihn die Thiersprache lehrt, und zwar so dafs Hirt und Schlange sich dreimal gegenseitig in den Mund spucken. Der Hirt versteht darauf die Sprache der Vögel und aller Thiere.

2) Die Odyssee 11, 326 nennt sie unter den berühmten Frauen der Vorzeit und so thaten die Nosten und Polygnot, vgl. Hesiod p. 301 ed. Göttl. Apollonios nennt Iphiklos unter den Argonauten, wo Gleichartiges vom Euphemos erzählt wurde, Schol. Apollon. 1, 45 u. oben S. 323.

zwischen der Bast darüber gewachsen sei. Jener Schreck sei die Ursache der Unfruchtbarkeit[1]). Gelinge es das Messer wieder aufzufinden, so solle er den Rost davon abschaben, denselben mit Wein vermischen und davon dem Iphiklos zehn Tage lang eingeben; dann werde dieser einen Sohn zeugen. Melampus findet das Messer, thut wie ihm gesagt (worauf Iphiklos Vater des Podarkes wurde), erhält die Kühe, treibt sie nach Pylos, bekommt dafür die schöne Pero und überläfst diese seinem Bruder Bias.

Später erfolgte die Uebersiedelung der beiden Brüder nach Argos, nach den Andeutungen der Odyssee 15, 225 ff. in Folge jenes dem Melampus auferlegten schweren und unbilligen Abenteuers, welches ihn in die äufserste Gefahr gebracht hatte und wofür er sich nach seiner Rückkehr, nachdem die schöne Pero seinem Bruder Bias vermählt worden war, am Neleus rächte; nach der gewöhnlichen Erzählung auf Veranlassung der bösen Krankheit der Töchter des Proetos, durch deren Heilung Melampus für sich und seinen Bruder einen so bedeutenden Antheil an dem Gebiete und der Herrschaft von Argos erwarb (S. 56). Und so erscheint Melampus in der argivischen Sage auch sonst als Sühnpriester und als Stifter mysteriöser Dienste, namentlich bacchischer Orgien[2]).

Gewifs ist dafs die Amythaoniden seitdem in Argos als mächtiges und blühendes Geschlecht und mit einem die Proctiden verdunkelnden Antheil an der Herrschaft angesiedelt waren, wie sich dieses namentlich in der Geschichte des thebanischen Kriegs und der Epigonen zeigte,

---

1) Dieses scheint der älteste Sinn der verschieden erzählten Sage zu sein, s. Pherekydes b. Schol. Od. 11, 287. 290, Apollod. l. c. u. Schol. Theokr. 3, 43. Ein verwandter Aberglaube wird erzählt in K. A. Böttiger, biogr. Skizze v. s. Sohne, Lpz. 1837 S. 80. „Der Grofsvater heilte sich sympathetisch (von der Gicht) durch einen Span aus einem grünen Baume, der, mit dem Blute des geritzten kranken Gliedes besprengt, wieder in den Baum eingefügt und von der Rinde überwachsen wurde. Mit dem Jäger bestand der Vertrag den Baum nicht umzuhauen. Als dies aber durch einen neuangestellten Förster geschah, stellte sich auch das Uebel furchtbar wieder ein und er starb bald." Nur dafs hier das Uebel in den Baum gebannt, dort aber das mit dem Baum verwachsene Messer, die Ursache des Uebels, wieder abgelöst und sein Rost (wie der der Lanze Achills, oben S. 418) als Medicin gebraucht werden mufs. Der Geier gilt auch sonst für ein kluges und menschenfreundliches Thier und seine Erscheinung für ein gutes Zeichen, Plut. Rom. 9.

2) Herod. 2, 49 vgl. Bd. 1, 568. Auch die Heilwurzel μελαμπόδιον, eine Art Helleboros, soll durch ihn bekannt geworden sein, Theophr. H. Pl. 9, 10, Plin. 25, 21.

wo die ersten Helden der Sage, Adrast, Amphiaraos, Alkmaeon, Amphilochos aus diesem Geschlechte abstammen (S. 351). Der Cultus des Amphiaraos zu Theben und zu Oropos (S. 361) und der des Amphilochos in Akarnanien und Aetolien (S. 369f.) verbreitete den Ruhm der Melampodiden auch in diese Gegend von Griechenland. Noch andre in alten Sagen berühmte Seher dieses Geschlechtes waren Polypheides, der Sohn des Mantios, durch die Gnade Apollons der beste Seher nach dem Tode des Amphiaraos, und dessen Sohn Theoklymenos, welcher nach einem Todtschlage aus Argos nach Pylos und von dort mit Telemachos nach Ithaka entfloh, wo er bis zu seinem Tode in grofsen Ehren gelebt haben soll (Od. 15, 249 ff., Schol. v. 223), endlich Polyidos d. h. der Vielwisser, der Sohn des Koiranos (des Herrn), den die Ilias 13, 663 ff. und Pindar Ol. 13, 75 in Korinth kennen und von dem man auch in Megara erzählte¹), obwohl die attischen Tragiker ihn gewöhnlich einen Argiver nennen; denn sowohl Aeschylos als Sophokles und Euripides haben von ihm gedichtet und zwar im Zusammenhange der Fabel vom kretischen Glaukos, einem Sohne des Königs Minos und der Pasiphae²). Zu Grunde liegt ein altes Sehermärchen allegorischen Inhalts, in welchem zugleich der Triumph der Seherkunst nach ihren drei Functionen der Räthsellösung, der Deutung des Vögelflugs und der Heilkunde geschildert wurde. Glaukos, vermuthlich ein Bild des Morgensterns, fällt als Kind beim Spiele in ein Fafs mit Honig: ein Ausdruck für einen frühen Tod, bei dem das Bild vom Honigfafs der im Orient nicht ungewöhnlichen Sitte die Verstorbenen in Honig beizusetzen entlehnt ist³). Die Kureten sagen dem

---

1) Paus. 1, 43, 5, wo auch die vollständigere Genealogie: Πολυείδου, τοῦ Κοιράνου τοῦ Ἄβαντος τοῦ Μελάμποδος. Anders Pherekydes b. Schol. Il. 13, 663. Korinth gilt für die Heimath des Polyidos auch b. Cic. de Divin. 1, 40, 89 Quid? Polyidum Corinthium nonne Homerus et aliis multis et filio ad Troiam proficiscenti mortem praedixisse commemorat?

2) Von Aeschylos gehören dahin die Κρῆσσαι, von Sophokles die μάντεις ἢ Πολύιδος, von Euripides der Πολύιδος, vgl. Welcker Gr. Tr. 767 ff. und zur Fabel Hygin f. 136, Apollod. 3, 3, 1. 2, Tzetz. Lyk. 811, Gädechens in der Hall. A. Encyclop. 69, 187.

3) Herod. 1, 198 von den Babyloniern ταφαὶ δέ σφι ἐν μέλιτι, vgl. Lucr. 3, 886 ff. es sei gleich ob man sich nach dem Tode von den Thieren zerreifsen oder von dem Feuer verbrennen lasse aut in melle situm suffocari etc. Varro b. Non. Marc. 230, 20 quare Heraclides Ponticus plus sapit qui praecipit ut comburerent quam Democritus qui ut in melle servarent, denn man schrieb dem Honig eine conservirende Kraft zu, Plin. 7, 35: 22, 208. Das Spiel des Glaukos scheint mir gleichgültig; bald spielt er Ball, bald verfolgt er eine Fliege oder

Minos es gebe in seiner Heerde (S. 121) eine Kuh, welche dreimal die Farbe wechsele, indem sie erst weifs, dann roth, dann schwarz sei; offenbar ein Symbol des Mondwechsels. Wer für diese Farbenwandlung das richtige Bild zu finden wisse, der werde ihm auch zu seinem verlornen Sohne helfen. Der grofse König beruft seine Seher, die einheimischen bleiben die Antwort schuldig, der Fremdling Polyidos aus Argos löst das Räthsel, indem er die Wunderkuh mit der Frucht des Maulbeerbaums vergleicht, dessen Beere gleichfalls zuerst weifs, dann roth, dann schwarz sei[1]). Also wird Polyidos gezwungen das verschwundene Kind des Minos zu suchen und findet es wirklich durch die Zeichen der Vögel, nach Euripides durch das einer Eule (γλαῦξ), welche sich auf den Keller setzte, in dem Glaukos seinen Tod gefunden, und die aus- und einfliegenden Bienen verscheuchte[2]). Minos fordert nun dafs er den Glaukos wieder lebendig mache und steckt ihn, da er widerspenstig ist, mit dem Todten in dieselbe Grabkammer. Da sieht Polyidos eine Schlange an den Todten herankriechen. Als er sie getödtet, kommt eine zweite Schlange mit einem Kraut wodurch sie die getödtete wieder lebendig macht. Mit demselben Kraute ruft nun auch Polyidos den todten Knaben wieder ins Leben, worauf Minos ihn zwingt dem wiedererstandenen Sohne seine Seherkunst zu lehren. Er thut es, heifst aber den Glaukos bei der endlichen Abreise nach Argos in seinen Mund spucken, worüber der Knabe die erlernte Seherkunst wieder vergifst[3]). Eine ganz ähnliche Geschichte wurde in Lydien erzählt von einer kleinen Schlange, welche die Mutter durch ein Kraut wieder ins Leben zurückgerufen, worauf dasselbe Kraut zur Wiederbelebung des Wunderknaben und Landesheroen Tylos, den ein Drache getödtet hatte, angewendet worden. Und auch in Arabien und

---

eine Maus, denn die Lesart ist unsicher (μυῖαν oder μῦν). Der Morgenstern konnte so gut Glaukos genannt werden wie die Morgenröthe γλαυκή heifst b. Theokr. 16, 5 vgl. Bd. 1, 160, 1. Vgl. die Fabeln vom Atymnos und Miletos oben S. 133.

1) Hygin l. c. Nach Aeschylos b. Athen. 2, 36 und Apollodor nannte er die Brombeerstaude.

2) Hygin l. c. vgl. Aelian N. A. 5, 2. Ein Seeadler, der aus dem Meere an die Küste flog und dort verweilte, hatte ihn vorher belehrt dafs der Knabe nicht ertrunken, sondern auf dem festen Lande umgekommen sei, fr. 637.

3) So wendet Apollo die der Kassandra verliehene Weifsagung dadurch zum Unheil dafs er ihr in den Mund spuckt, Serv. V. A. 2, 147. Vgl. über den Zauber durch Anspucken, Ausspucken u. s. w. Grimm D. M. 1056, Liebrecht z. Gervas. ot. imp. 122, O. Jahn Ber. d. Sächs. Ges. 1855, 85.

andern Gegenden wufste man von derselben Wunderkraft gewisser Kräuter[1]).

Andre berühmte Sehergeschlechter, in denen sich die Gabe und die Kunst der Weifsagung erblich fortpflanzte, waren die Klytiaden, Iamiden und Telliaden, welche in Olympia im Dienste des Zeus (1, 114) weifsagten, doch berichtet die Sage von ihnen nur wenig. Iamos, der Stammvater der Iamiden galt für einen Sohn des Apoll und einer arkadischen Nymphe Euadne, einer Tochter Poseidons, der auf einer Veilchenflur geboren (Ἴαμος von ἴον), von zwei Schlangen ernährt, durch seinen Vater Apoll nach Olympia geführt und mit einem doppelten Schatze der Weifsagung ausgerüstet wird, die Stimmen der Luft zu verstehen und aus den Opfern des Zeus zu weifsagen, s. Pindar Ol. 6, 29 ff. Der Stammvater der Klytiaden galt für einen Sohn des Melampodiden Alkmaeon und der Alphesiboea von Psophis[2]). Ferner die Galeoten (Γαλεῶται) in Sicilien, eigentlich Weifsager aus den Bewegungen der Eidechse, doch waren auch sie Propheten und Sühnpriester im weiteren Sinne des Worts und in und aufserhalb Siciliens sehr angesehen. Sie leiteten ihr Geschlecht ab von Galeotes, einem Sohne des Apollo und einer hyperboreischen Königstochter[3]). Auch mag hier noch Bakis genannt werden d. h. der Sprecher (von βάζειν), ein Prophet der Ekstase oder wie die Alten sich ausdrückten ein von Nymphen Ergriffener (νυμφόληπτος); also das männliche Gegenbild zur weiblichen Sibylle. Die älteren Schriftsteller kennen nur einen Bakis, der aus Eleon in Boeotien gebürtig gewesen sein soll und dessen in Athen gesammelte und nach Art der sibyllinischen Sprüche in Rom befragte Orakel (χρησμοί) sich besonders in der Zeit der Perserkriege bekannt machten. Die späteren kennen auch einen attischen und einen arkadischen Bakis, welcher letztere gelegentlich als heilender Sühnpriester in Sparta auftrat[4]).

---

1) Plin. 25, 14 vgl. Nonn. 25, 451 ff. Das Wunderkraut hiefs βάλλις. Mehr b. O. Jahn Ber. d. Sächs. Ges. 1851, 133, Liebrecht a. a. O. 113.

2) Paus. 6, 17, 4 vgl. oben S. 368.

3) Steph. B. Γαλεῶται vgl. v. Ὕβλα u. Bd. 1, 237, 1. Bei Suid. v. ἀκέσματα wird ein berühmter Wahrsager und Sühnpriester aus der Galeotis von Minos nach Kreta gerufen um den verlornen Glaukos wieder aufzufinden.

4) Herodot, Aristophanes, Plato, Cic. de Divin. 1, 18, 34, Paus. 10, 12, 5 wissen nur von einem Bakis, Plut. d. Pyth. orac. 10, Aelian V. H. 11, 53, Schol. Arist. Eq. 123, Pac. 1071, Suid. Βάκις von dreien. Vgl. Göttling de Bacide fatiloquo, Jen. 1859 (= Opusc. acad. p. 198 ff.). Ein ähnlicher Prophet war Euklos auf Cypern, Paus. 10, 12, 5; 14, 3; 24, 3. Lob. Agl. 300, e.

Endlich hat sich in den verschiedenen Kreisen der epischen Dichtung das Andenken von berühmten Sehern der Vorzeit erhalten, welche mit der Zeit wie die andern Helden dieser Sagenkreise mehr und mehr zu mythischen Personen und Gegenständen mannichfachen Aberglaubens geworden sind, in dem troischen das des Kalchas und auf der troischen Seite des Helenos und der Kassandra, in dem thebanischen das des Teiresias, in dem der Argonautensage das des Mopsos. Bei weitem der berühmteste von ihnen ist Teiresias, da nächst dem Epos die Tragödie sich aufserordentlich oft mit ihm beschäftigte und seine grofse Macht über die Natur, seine tiefe Einsicht in alle verborgenen Dinge, die ruhige Würde seines Auftretens in den Verwicklungen der Leidenschaft zu schildern liebte. Seinem Namen nach ist er Zeichendeuter im weiteren Sinne des Wortes, obwohl auch er vorzüglich als Augur d. h. als Beobachter des Vogelflugs geschildert wird[1]). Aus dem Geschlechte der kadmeischen Sparten gebürtig soll er bis zu dem letzten Ausgange des kadmeischen Thebens d. h. bis zur Zerstörung der Stadt durch die Epigonen gelebt haben. Schon bei Homer ist er blind, aber der einzige dem Persephone auch nach seinem Tode Besinnung gelassen[2]); von Odysseus citirt erscheint er mit einem goldenen Scepter. Pindar N. 1, 60 nennt ihn den Propheten des höchsten Zeus, auf der attischen Bühne erschien er gewöhnlich in der Ausstattung der Apollinischen Propheten d. h. mit dem Lorbeerkranze und einem netzartigen, aus Wolle geflochtenen Ueberwurfe[3]). Seine Lebensgeschichte wurde seit Hesiod und Pherekydes mit vielen wunderbaren Zügen erzählt, in denen die drei Merkmale der Blindheit, der prophetischen Erkenntnifs und eines ungewöhnlich langen Lebens die vorherrschenden sind; letzteres dauerte nach Hesiod sieben Geschlechter lang. Bald soll er blind geworden sein weil er den Menschen zu viel vom Rathe der Götter mitgetheilt, bald weil er als Knabe die Athena im Bade gesehen, worauf die Göttin ihm seiner Mutter Chariklo zu Liebe, einer Nymphe die ihr sehr theuer war, das Gehör gereinigt

---

1) Τειρεσίας von τείρεα d. h. himmlische Zeichen, speciell die Gestirne, verw. mit τέρας, τέρατα d. h. prodigia, portenta, Nägelsbach Hom. Th. 146, Nachhom. Th. 169.

2) Od. 10, 492 ff. vgl. Plat. Men. 100 A. So behält Aethalides, der Sohn des Hermes, sein Gedächtnifs im Hades, 1, 331, 3. Uebrigens ist Teiresias so gut Schatten wie die übrigen, und auch er mufs Blut trinken ehe er zum vollen Bewufstsein kommt, Od. 11, 90 ff. Abbildungen der Citation s. oben S. 458, 1.

3) dem ἀγρηνόν Poll. 4, 116, Schoene de person. in Eur. Bacch. 54 sqq.

habe, so dafs er alle Stimmen der Vögel verstand; auch habe sie ihm einen dunkeln Stab in die Hand gegeben, mit dem er fortan so sicher wie die Sehenden seine Strafse zog[1]). Oder man erzählte mit Hesiod die muthwillige Geschichte dafs Teiresias einst auf dem Kithaeron oder dem Kyllene ein Schlangenpaar bei der Begattung mifshandelt und darüber in ein Mädchen verwandelt worden sei; einige Zeit darauf aber, als er noch einmal solch ein Schlangenpaar traf und schlug, sei er wieder Mann geworden. Da habe Zeus sich einmal mit der Hera gestritten, welches Geschlecht der Liebe am meisten Genufs verdanke, worüber Teiresias als Schiedsrichter herbeigerufen sei. Als er zu Gunsten des weiblichen Geschlechts entschieden, habe Hera in ihrem Zorn ihn geblendet, Zeus aber ihm zur Entschädigung die Kunst der Weifsagung und ein sehr langes Leben verliehen[2]); nicht zum Heile des Teiresias, wie er selbst beim Hesiod klagte, da er doch immer menschlich zu fühlen und zu denken fortfuhr, also durch seine Seherkunst nicht wenig zu leiden hatte[3]). Die Tragödie ist reich an Beispielen seiner wunderbaren Gabe und an daraus entsprungenen Verwicklungen mit der weltlichen Gewalt, welcher die Dichtung überhaupt die geistliche Gewalt der Priester und der Propheten entgegenzusetzen liebte; auch bewahrte die örtliche Sage von Theben mancherlei Andenken von ihm[4]). Zuletzt soll er im Epigonenkriege selbst zum Auszuge aus der Stadt gerathen haben, aber nach dem Auszuge schon

---

1) Pherek. b. Apollod. 3, 6, 7, Kallim. lav. Pall. 58—130, wo die Erblindung des Knaben nach solchem Anblick eine natürliche Folge uralter Gesetze ist, während bei Pherekydes Athena selbst ihn blendet. Vgl. Propert. 4, 9, 57.

2) Apollod. l. c., Schol. Od. 10, 494, Tzetz. Lyk. 682. 683, Phlegon Trall. mirab. 4, wo auch auf Dikaearch, Kallimachos u. A. verwiesen wird, Ovid M. 3, 316 ff. Hesiod ist bei diesem Sehermärchen der Verf. der Melampodie. Manche erzählen die Geschichte so, dafs Teiresias als er das erstemal das Weibchen verwundet, zum Weibe wird, als er hernach das Männchen verwundet, wieder zum Manne. Aehnliche Beispiele von Geschlechtswechsel b. Antonin. Lib. 17 nach Nikander. *Die angebliche Ausspinnung dieser Geschichte zu einer siebenmaligen Verwandlung durch Sostratos b. Eustath. Od. 1665, 47 beruht auf einer Erfindung des Ptolem. Heph., s. Hercher N. Jahrbb. Suppl. 1, 286 f.

3) Schon um dieser menschlichen Schwäche willen ist Apollo allein der rechte Prophet, Eur. Phoen. 954 ff. Φοῖβον ἀνθρώποις μόνον χρῆν θεσπιῳδεῖν, ὃς δέδοικεν οὐδένα. Seine Blindheit liefsen die Dichter den Teiresias nie bedauern, Cic. Tusc. 5, 39, 115. Tiresias grandaevus sprichwörtlich bei Lucilius.

4) Paus. 9, 16, 1; 18, 3; 19, 2. Stuhl der Manto zu Theben 9, 10, 3. In Orchomenos Τειρεσίου χρηστήριον Plut. def. or. 44. In Makedonien monimentum Tiresiae Plin. 37, 180.

in der ersten Nacht gestorben sein in Folge eines Trunkes aus der tilphusischen Quelle in der Gegend von Haliartos, wo man auch sein Grab zeigte¹); so wesentlich gehörte Teiresias zu dem kadmeischen Theben und dieses zu ihm. Seine Tochter Manto soll nach der Eroberung Thebens von den Siegern als edelste Beute nach Delphi geweiht worden sein, wo sie nach Einigen im Dienste des Gottes und als dessen Geweihete blieb²); dahingegen die gewöhnliche Sage sie nach Kleinasien versetzte. Kalchas der Thestoride, der Beste der Vogelschauer, welcher das Gegenwärtige, das Zukünftige und das Vergangene wußte, ist der Prophet der Griechen vor Troja, welcher ihren Zug leitete durch seine ihm von Apollo verliehene Weissagung (Il. 1, 69 ff.). Sowohl sein eigner Name als der seines Vaters Thestor scheint einen von göttlichem Geiste Bewegten anzudeuten³). Von seiner Jugend wissen auch die Späteren nichts zu erzählen. Helenos und Kassandra, die Kinder des Priamos und der Hekabe, sollen nach jüngerer Tradition in ihrer zarten Jugend bei der Feier ihres Geburtsfestes im Heiligthume des thymbraeischen Apollo vergessen worden sein, worauf man sie am andern Morgen wiederfand umringelt von Schlangen, welche ihnen die Ohren ausgeleckt hatten, daher sie die Sprache der Vögel und alle Naturlaute verstanden. Von der Kassandra setzt eine alte Dichtung hinzu dass Apollo ihr aus Liebe die Gabe der Weissagung verliehen, aber völlige Hingebung fordernd und zurückgewiesen seiner Gabe alle Ueberzeugungskraft genommen habe. In der Ilias 24, 700 ein Glied der königlichen Familie, wie alle ihre übrigen Geschwister, dachte man sie sich später in der Einsamkeit weissagend, in einer Felsengrotte, gleich den Sibyllen oder der deutschen Veleda in ihrem Thurm⁴). Nach der Zerstörung Trojas fiel sie dem Agamemnon zu und kam mit

---

1) Apollod. 3, 7, 3. 4, Paus. 7, 3, 1; 9, 33, 1.

2) Diod. 4, 66, wo sie Daphne und eine Sibylle heißt, von der Homer viel gelernt habe.

3) Θέστωρ ist gleichen Stammes mit Θέστιος Θέσπιος s. oben S. 91, 5 u. G. Curtius Grundz. 509, Anm. Er galt später für einen Sohn des Apollo und der Aglaja und man erzählte auch von ihm und seinen Töchtern allerlei romantische Abenteuer, Hygin f. 190, Tz. Lyk. 427. Der Name Κάλχας erklärt sich durch Hesych καλχαίνει d. i. ταράσσει, πορφύρει, στένει, φροντίζει, ἄχθεται, κακᾷ, ἐκ βυθοῦ ταράσσεται. Vgl. Soph. Ant. 20, Eur. Heraklid. 40.

4) So bei Lykophron vgl. Tzetz. argum., Eustath. Il. 663, 40, Apollod. 3, 12, 5, Hygin f. 93, Serv. V. A. 2, 247. Die Sage von der verschmähten Liebe des Apollo kennt Aeschylos. Die Kyprien werden zuerst dergleichen erzählt und die späteren Dichter das Ihrige hinzugethan haben.

ihm nach Myken um mit ihm zugleich den Tod zu leiden, worauf sie in verschiedenen Gegenden neben Apollo unter dem Namen Alexandra verehrt wurde[1]). Endlich Mopsos, ein Name welcher wahrscheinlich semitischen Ursprungs ist und in diesen Dialekten dasselbe bedeutete was Teiresias d. h. einen Zeichendeuter[2]). Die Argonautensage kannte einen Mopsos aus Thessalien, den Sohn des Ampyx (S. 323), den sie zugleich als wehrhaften Krieger und als Seher beschreibt und welcher nach einer späteren Ueberlieferung in Libyen ankam, wo er als Prophet weit und breit verehrt wurde[3]). Ferner weifs dieselbe Ueberlieferung von einem Mopsos oder Mopsopos, nach welchem Attika den Namen Mopsopia bekommen habe[4]). Von diesen beiden also wäre drittens der in den asiatischen Ueberlieferungen d. h. zu Kolophon, aber auch in Pamphylien und Kilikien oft genannte Mopsos, der Sohn der Manto, der Tochter des Teiresias, zu unterscheiden; wenn dieser Name nicht in allen Fällen desselben Ursprungs und nur durch die örtliche und epische Ueberlieferung über verschiedene Personen vertheilt ist. Wufsten doch auch von Mopsos, dem Sohne der Manto, schon die älteren Dichter und Sagenschreiber zu erzählen, die Thebais, die Melampodie, Pherekydes u. A. Die Traditionen des berühmten Orakels zu Klaros bei Kolophon und der seit alter Zeit wegen ihrer Weifsager und Orakel berühmten Bevölkerung von Pamphylien und Kilikien haben diesen Namen so weit verbreitet und andre griechische, den des Kalchas und des Amphilochos, mit herbeigezogen. Denn auch auf diesem Gebiete wiederholt sich die früher beobachtete Erscheinung, dafs die Heroen der Vorzeit mit den Colonieen und dem zunehmenden Verkehre nach Osten und Westen zu wandern beginnen, worauf man von ihren Stiftungen und von ihren Gräbern bald hier bald dort erzählte, eine Folge

---

1) In Amyklae und Leuktra, Paus. 3, 19, 5; 26, 3. Ἀλεξάνδρα ist die Männer Abwehrende, die Jungfräuliche, Κασσάνδρα eher das Gegentheil, Ztschr. f. vgl. Spr. 1, 32. Die Geschichte ihres Todes Od. 11, 421, Pind. P. 11, 20, Aesch. Agam. 1146 ff., Paus. 2, 16, 5, der auch von Zwillingen weifs, welche Kassandra dem Agamemnon geboren.

2) Μόψος von מופת d. h. Zeichen, Wunder.

3) Die ältere Sage liefs ihn bei den Spielen des Pelias mitkämpfen (S. 339), die jüngere in der libyschen Wüste verunglücken, Apollon. 1, 80; 4, 1502 ff., Hygin f. 14, Seneca Med. 652, Lykophr. 577 ff. Er wurde später gewöhnlich für identisch mit dem kilikischen Mopsos gehalten, s. Ammian. Marc. 14, 8, 3 und dessen intpp.

4) Str. 9, 443 vgl. Steph. B. Μοψοπία u. Meineke Anal. Al. 12. Auch Pamphylien soll einmal Μοψοπία geheifsen haben d. i. Prophetenland. Plin. 5, 96.

Preller, griech. Mythologie II. 3. Aufl. 31

der gewöhnlichen Zurückführung bestehender Institute auf alte und berühmte Namen.

So erzählten schon die Nosten des Agias daſs der Prophet Kalchas nach der Zerstörung Trojas zu Fuſs und in Begleitung der beiden Lapithen Leonteus und Polypoites nach Kolophon gewandert sei; wozu Andre noch andre Namen hinzusetzten, den des Amphilochos, den man bald einen Sohn des Amphiaraos bald des Alkmaeon und der Manto nannte (S. 369) und den des Asklepiaden Podaleirios, denn Mantik und Arzneikunde gingen gewöhnlich Hand in Hand, vorzüglich in den später so allgemein verbreiteten Traumorakeln[1]). In Kolophon oder vielmehr in Klaros soll Kalchas mit Mopsos zusammengetroffen sein und durch ihn den Tod erlitten haben, wie ihm geweiſsagt worden war daſs er sterben müsse, sobald er einen besseren Propheten als er selbst sei antreffen werde. Sie messen sich im Räthselwettkampf und Mopsos besiegte ihn, der jüngere Prophet den älteren, Mopsos der Sohn der Manto und des Propheten Rhakios, wie man zu Klaros gewöhnlich erzählte[2]). Der pythische Apollo zu Delphi habe die ihm von der Beute der Epigonen geweihte Manto nach Kolophon geschickt und dort mit dem Rhakios vermählt: eine Verknüpfung des Apollinischen Orakels zu Klaros mit dem Centralsitze aller Prophetenkunst zu Delphi, welche sich in der Legende des Branchidenorakels zu Didymoi in der Nähe von Milet wiederholt, da auch hier das Geschlecht des Stifters Branchos, des von Apollo geliebten Hirtenknaben, nach der einen Fassung der Sage von väterlicher Seite auf Delphi zurückgeführt wurde[3]). Die Räthsel welche dem Kalchas das Leben kosteten, haben Hesiod und Pherekydes aufbewahrt[4]), der Wettkampf selbst und der Tod des Kalchas wurden von Sophokles nach Kilikien, von jüngeren Dichtern in das Heiligthum des

---

1) Stiehle Philol. 8, 60 ff. Der Auszug des Proklos aus den Nosten behauptet daſs Kalchas zu Kolophon den dort verstorbenen Teiresias begraben hatte, der also mit seiner Tochter Manto von Theben dahin versetzt worden wäre. Auch gab es so gut mehrere Gräber desselben Propheten an verschiedenen Orten als andre Heroengräber. Doch ist hier vermuthlich Kalchas mit Teiresias verwechselt.

2) οἱ τὴν Θηβαΐδα γεγραφότες b. Schol. Apollon. 1, 308, wo Ῥάκιος genannt wird Λέβητος υἱός und Μυκηναῖος. Nach Paus. 7, 3, 1 war er ein Kreter. Nach Schol. Nikand. Ther. 958, Alexiph. 11 kam Manto nach Kolophon mit einem Bacchiaden, also wohl aus Korinth, vgl. Apollod. 3, 7, 7. Ῥάκιος oder Λάκιος scheint gleichfalls ein alter Prophetenname zu sein und dasselbe zu bedeuten was Βάκις, vgl. Welcker ep. Cycl. 1, 209.

3) Konon 33. Mythogr. lat. 1, 81; 2, 85. Vgl. *Gelzer de Branchidis p. 2 und Bd. 1, 226, 3.

4) Str. 14, 642. Tzetz. Lyk. 427—30. 980.

Gryneischen Apollo (1, 225 f.) verlegt¹); so beflissen waren alle diese Institute sich mit den Blumen der älteren griechischen Sage zu schmücken. Namentlich waren Pamphylien und Kilikien, die Stammlande semitischer Nation, ein rechtes Prophetenland, daher sowohl Kalchas als Amphilochos und Mopsos dahin gekommen und vorzüglich die beiden letzteren die angesehensten Orakel dieser Gegenden Mallos und Mopsuestia d. h. den Heerd des Mopsos (Prophetensitz) begründet haben sollen; ja bis nach Syrien und Phoenikien liefsen Manche ihre Begleiter gelangen, da bei zunehmender Hellenisirung auch diese Gegenden den Ruhm ihrer Vorzeit bei den Griechen borgten²). Zuletzt, so erzählte man, kamen Mopsos und Amphilochos in einem blutigen Kampfe um die Herrschaft durch einander um, zu Magarsa an der Mündung des Pyramos, wo noch ihre Gräber feindlich geschieden waren³), also in der Nähe von Mallos, dem berühmtesten Orakel zur Zeit der römischen Kaiser, wo die alten Propheten sich wie gewöhnlich durch Träume offenbarten. Endlich im Westen wufste sich besonders das frühzeitig graecisirte Apulien eines Grabes und Traumorakels des Kalchas und des Asklepiaden Podaleirios, ferner eines Heiligthums der Kassandra zu rühmen, zu welchem letzteren die Mädchen in Bedrängnissen der Liebe ihre Zuflucht nahmen⁴). Aber auch in der Gegend von Siris zeigte man ein Grab des Kalchas, und Ocnus, der Gründer von Mantua, galt für einen Sohn des Tiberflusses und der thebanischen Manto⁵). Selbst in Spanien führte ein gleichlautender Name zu dem Glauben an eine Einwanderung und den Tod des berühmten Sehers Amphilochos⁶).

b. Die Heroen der Musenkunst.

Die Sagen von ihnen geben richtig verstanden eine ziemlich anschauliche Uebersicht über die Entstehung, die Stimmungen, die verschiedenen Gattungen und Thätigkeiten der ältesten griechischen Poesie.

Orpheus galt in der poetischen Ueberlieferung der Griechen gewöhnlich für den ältesten Kitharöden, und als solcher für einen

---

1) Serv. V. Ecl. 6, 72, Meineke Anal. Alex. 78.
2) Herod. 7, 91, Kallinos u. A. b. Str. 14, 668 vgl. 675, Cic. de Divin. 1, 40, 87, Stichle Philol. 8, 63. Ueber das Orakel zu Mallos G. Wolff de noviss. orac. aet. 30, über Mopsuestia Ritter Asien 9, 2, 97.
3) Str. 14, 676, Lykophr. 439 ff. Tzetz. Vgl. Euphorion b. Meineke Anal. 90.
4) Lykophr. 1131 ff., Str. 6, 284, Tz. Lyk. 1050.
5) Virg. A. 10, 198 Serv. vgl. Röm. Myth. 460. Von dem Grabe des Kalchas bei Siris, den hier Herakles durch eine Maulschelle getödtet hatte, Lyk. 978 ff. Tz.
6) Str. 3, 157, Iustin 44, 3.

Liebling des Apollo, in welchem Sinne namentlich Pindar und Aeschylos von ihm dichteten¹). Doch führt der Zusammenhang der Sage und des Cultus vielmehr auf jene pierischen Thraker, welche durch ihre Kunst und Liebe der Musik in so hohem Grade berühmt waren und als älteste Diener der Musen diesen und vielen mythischen Sängern ihren Namen mitgetheilt haben²). Ihre früheren Sitze waren die am Olympos in der Landschaft Pierien mit den alten Musenquellen und den danach benannten Ortschaften Libethra und Pimpleia, in der Nähe der Stadt Dion³), von wo sie von den makedonischen Königen vertrieben nach Thrakien auswanderten d. h. in die Gegend jenseits des Strymon, wo sie sich an den südlichen Abhängen des Pangaeos niederließen; daher auch in dieser Gegend dieselben durch den Cult des Dionysos und der Musen berühmten Namen genannt wurden⁴). Auch weist die Fabel vom Orpheus deutlich genug zurück auf jenen Wechsel von Naturjubel und tiefstem Schmerz, wie er sich in dem bacchischen Dienste am stärksten ausdrückt; wie denn auch die von ihm gestifteten Mysterien wesentlich bacchischen Inhaltes waren und selbst sein Name am besten aus diesem Zusammenhange erklärt wird⁵). Seine Geburt wurde gewöhnlich nach dem innern Thrakien verlegt, wo der Hebros entspringt; dort hatte ihn, so dichtete man, die Muse Kalliope „die vornehmste von allen" (1, 404) vom Oeagros geboren, welcher gewöhnlich als König von Thrakien gedacht wurde, aber eigentlich der Flußgott einer Gegend ist, in welcher der Hebros entsprang⁶), einer Schaftrift im Gebirge,

---

1) Pind. P. 4, 176 ἐξ Ἀπόλλωνος δὲ φορμιγκτὰς ἀοιδᾶν πατὴρ ἔμολεν, εὐαίνητος Ὀρφεύς, welcher hier ein Theilnehmer der Argonautenfahrt ist, wie bei Apollonios u. A. Aeschylos dichtete von ihm in den Bassariden. Auch Simonides und Ibykos gedachten seines Ruhmes und der Macht seines Gesanges.

2) Vgl. Bd. 1, 399 u. Strabo 10, 471.

3) Ueber diese Gegend jetzt Heuzey le Mont Olympe 94 ff.

4) Himer or. 13, 4 Λειβήθριοι Παγγαίου πρόσοικοι, vgl. Iamblich v. Pythag. 146. Zur Geschichte der Pierer Thuk. 2, 99, Herod. 7, 112.

5) Ὀρφεύς vermuthlich desselben Stammes wie ὄρφνη, ἔρεβος, also der Dunkle, wie Pentheus und ähnliche Bilder des ekstatischen Bacchusdienstes, vgl. G. Curtius Grundz. 473 und oben S. 472.

6) Oeagrius Hebrus Virg. Ge. 4, 524, wozu Servius: Oeagrus fluvius est, pater Orphei, de quo Hebrus nascitur. Schon Pindar nannte Orpheus einen Sohn des Oeagros, später nannte man ihn wohl auch einen Sohn des Apollo, Schol. Pind. P. 4, 313. Vgl. Apollon. 1, 25, Mosch. 3, 14—17, Orph. Argon. 77 ff. u. A. Merkwürdig ist Hygin f. 165, wo Marsyas Oeagri filius, pastor, unus ex Satyris, die Flöte erfindet. Also auch hier die Musen neben Dionysos und seinen Dämonen.

wie der Name Οἴαγρος aussagt, da ohnehin die Hirten hier und sonst die ältesten Künstler und Lehrer des Gesanges sind. Daher Orpheus gewöhnlich ein Thraker genannt und von den Dichtern und Künstlern in diesem Sinne beschrieben und abgebildet wurde[1]; obwohl der Schauplatz seines Gesanges und seiner Leiden nicht allein Thrakien in weitester Ausdehnung war, auch das Gebiet des Hebros und dessen Küste mit Inbegriff des Landes der Kikonen[2], sondern auch jenes alte Pierien am Olympos, welches trotz der Auswanderung seiner alten Bewohner an deren poetischen und religiösen Traditionen festhielt. Der Inhalt dieser Erzählungen ist bald die göttliche Macht des Gesanges, den Orpheus von seiner Mutter gelernt und womit er alle Natur bewegt, die Vögel in der Luft, die Fische im Wasser, die Bäume, die Felsen, die wilden Thiere in ihren Schluchten, wie Horand in der Gudrun und Wannemuine in den Sagen und Liedern der finnischen Nation; und bei solchen Schilderungen verweilen die älteren Dichter am liebsten[3], auch die Künstler, welche den Orpheus in der Umgebung der durch ihn besänftigten Thiere darzustellen pflegten[4]. Oder man erzählte wie er um seiner Liebe willen und durch seinen Gesang die Schrecknisse der Unterwelt überwunden, oder von seinem eignen Tode durch die wüthenden Maenaden des Gebirgs: alles dieses vermuthlich früher in verschiedenen Liedern, welche später zu einem Ganzen zusammengefafst wurden. So war bei Aeschylos in den Bassariden das grausame Schicksal des Orpheus nicht die Folge seiner Liebe zur Eurydike, sondern seiner Vernachlässigung des Dionysos, da er mit seinem Saiten-

---

1) Virg. A. 6, 645 Threicius longa cum veste sacerdos. Es ist dieses das gewöhnliche Costüm der mythischen Sänger, auch des Thamyris und Musaeos, obwohl Orpheus von Polygnot in hellenischer Tracht dargestellt wurde, *dem darin mehrere Vasenbilder folgen, Paus. 10, 30, 3, O. Jahn Einl. z. Münchn. V. S. CCX, Heydemann Arch. Ztg. 1868, 4.

2) ὁ Κίκων b. Str. 7, 330 fr. 18. Auch die römischen Dichter nennen ihn gewöhnlich so, daher er auch in dem weinreichen Ismaros (Od. 9, 198) zu Hause ist, Virg. Ecl. 6, 30, Prop. 2, 13, 5. Vgl. die Bäume des Orpheus in der Gegend von Aenos an der Mündung des Hebros, welche seiner Leier von Pierien bis dahin gefolgt waren, Nikand. Ther. 460 Schol., Apollon. 1, 28.

3) Simonides b. Tzetz. Chil. 1, 309, Aesch. Ag. 1630, Eurip. Bacch. 560, Iph. A. 1211, vgl. Apollon. 1, 26 ff. u. A. b. Unger Theb. Parad. 441.

4) Am Helikon Orpheus, bei ihm die Telete, ihn umgebend von Stein und Erz θηρία ἀκούοντα ᾄδοντος, Paus. 9, 30, 3, in Pierien ναὸς καὶ ἄγαλμα τοῦ Ὀρφέως καὶ αἱ Πιερίδες Μοῦσαι καὶ τὰ θηρία αὐτῶν περιεστῶτα τὰ ξόανα, Ps. Kallisth. v. Alex. 1, 42. Vgl. Philostr. iun. imag. 6 u. dazu Welcker p. 611, O. Müller Handb. § 413, 4.

spiel, das Apoll ihm geschenkt, beschäftigt nur von diesem Gotte und von dem lichten Gestirne des Tages wissen wollte¹). Doch wird auch die Dichtung von seiner Liebe und dem Gange in die Unterwelt nichts desto weniger für alt gelten dürfen, obgleich erst die alexandrinischen und römischen Dichter ausführlicher davon erzählen²). Von der schönen Nymphe Eurydike, welche auch von Aristaeos geliebt und vor diesem fliehend das Opfer einer giftigen Natter wurde, die unter dem Grase lauerte: ein Bild der schönen Jahreszeit wie Persephone, Adonis, Linos u. A. Da hallten Berge und Thäler wieder von den Klagen der Nymphen, und unter ihnen sang und klagte Orpheus, auf allen Wegen und Stegen seine verschwundene Liebe suchend. Ja er wagte sich hinunter in das finstere Reich der Schatten und besiegte auch hier Alles durch die Gewalt seines Saitenspiels und seines Gesanges, alle Geister und alle Schrecknisse, auch das harte Herz der Persephone und die erbarmungslosen Erinyen. Und sie gaben ihm seine Eurydike zurück, nur solle er sich nicht nach ihr umsehen, was die Ungeduld seiner Liebe doch nicht unterlassen konnte³), so dafs sie von neuem, nun auf immer für ihn verloren war⁴). Sieben ganze Monate safs Orpheus in seinen Schmerz versunken am Ufer des Strymon⁵), unter freiem Himmel, ohne zu essen und zu trinken, ohne Sinn für Liebe oder sonst ein Glück, bis er sich zuletzt in das höhere Gebirge der Rhodope und des Haemos zurückzieht, wo es wüste und winterlich ist, und dort von den rasenden Weibern der bacchischen Feier zerrissen wird: ein Bild des Winters und seiner Agonieen, wie sein schöner Gesang, der ihn zum Liebling des Apollo machte und alle Welt bezauberte,

---

1) Eratosth. catast. 24, Schol. Arat. lat. p. 67, Hygin P. A. 2, 7, vgl. G. Hermann opusc. 5, 19.

2) Virg. Ge. 4, 454 ff., Ovid M. 10, 1—85, Seneca Herc. f. 569 ff., Herc. Oet. 1031 ff. u. A. Vor ihnen Hermesianax b. Athen. 13, 71, welcher die geliebte Nymphe Ἀγριόπη nennt, wenn dafür nicht Ἀργιόπη zu lesen ist. Doch kennt schon Eurip. Alk. 357 den Gang des Orpheus in die Unterwelt, vgl. Plato Symp. 179 D und über das Orphische Gedicht der κατάβασις ἰς ᾅδου Lobeck Agl. 373.

3) Doch wird zugleich auf den natürlichen Gegensatz gedeutet, welcher zwischen der Forderung des Glaubens und der Ungeduld des sinnlichen Sehenwollens besteht. Odit verus amor nec patitur moras, munus dum properat cernere perdidit, Seneca Herc. f. 588.

4) Schönes Relief Orpheus, Eurydike und Hermes Psychopompos b. Zoega Bassiril. t. 42 vgl. O. Jahn b. Gerhard D. u. F. 1853 S. 53. 54.

5) Virg. Ge. 4, 507, Ovid M. 10, 73. Die Zahl sieben scheint durch den Ritus der Orphischen Mysterien bestimmt zu sein, so gut wie das Fasten.

der natürliche Jubel des Frühlings und des wiederkehrenden Lichtes ist. Später fügte man hinzu dafs die Maenaden ihn zerrissen hätten, weil er zu spröde gewesen, oder weil er auch die Männer von jedem Liebesgenufs entfernt oder weil er gegen jede Frauenliebe verhärtet zuerst einen schönen Knaben, den Boreaden Kalaïs geliebt und auch die thrakischen Männer zu gleicher Liebe verführt habe[1]; während diese ihre Frauen für die blutige That dadurch bestrafen dafs sie sie tättowiren[2]: eine Folge der spätern Barbarei in diesen Gegenden, welche sich auch in andern Zügen der Sage ausdrückt, da jene mythischen Thraker d. h. die Pierer unmöglich so unempfänglich für Kunst und Bildung wie die historischen gewesen sein können. Die zerrissenen Glieder des Orpheus werden von den Musen bestattet, nach der gewöhnlichen Ueberlieferung in Pierien am Olymp[3], obgleich auch in jener geweihten Gegend von Thrakien ein Grab und ein Heiligthum des Orpheus bestanden zu haben scheint, wo Mysterien des Bacchus gefeiert wurden und damit die Erinnerungen an Orpheus eng verbunden waren[4]. Das Haupt aber und die Leier des Orpheus schwimmen auf den Wogen des Hebros bis ins Meer und über das Meer mit süfsem Schall und lieblichem Geflüster nach Lesbos, der durch ihre Musik und ihre Dichter hochberühmten Insel, welche jene Reliquien des göttlichen Sängers, in einem Grabe bei Antissa beigesetzt, mit ihren Wundergaben ganz und gar durchdrangen so dafs selbst die

---

1) Phanokles b. Stob. floril. 64, 14, Virg., Ovid. Eine andere Version b. Hygin P. A. 2, 7.

2) Auch davon weifs Phanokles, vgl. Plut. de sera n. v. 12. Auch von den Vasenbildern, welche den Tod des Orpheus darstellen, nehmen einige darauf Bezug, s. Mon. d. I. 1, 5, O. Jahn Münchn. Catal. n. 383, *Mon. 9 tav. 30. Ueber die auf den Tod des Orpheus bezüglichen V. B. überhaupt s. Heydemann Arch. Ztg. 1868, 3 ff., Flasch Ann. d. Inst. 1871, 126 ff.

3) Paus. 9, 30, 3—5, wo verschiedene Legenden dieser Gegend zusammengestellt sind und die Säule mit der Urne darauf, in welcher die Reliquien des Orpheus verwahrt wurden, sich durch verschiedene Münzen mit ähnlichen Graburnen auf Säulen erklärt, welche sich auf Leichenspiele beziehn. Jene Reliquien befanden sich früher in der Gegend von Libethra, später nach der Zerstörung dieses Orts in der von Dion, vgl. Diog. L. 1, 5. Von einem wunderthätigen Bilde des Orpheus bei Libethra berichtet Plut. Alex. 14.

4) Vgl. das Prooem. des Orphischen Hieros Logos b. Iambl. v. Pyth. 146 und die Erzählung b. Konon 45, wo gleichfalls von dem thrakischen Libethra die Rede zu sein scheint. Orphisch-bacchische Weisen am Olymp sind dagegen b. Plut. Pomp. 24 vorauszusetzen. Die Peutingersche Tafel nennt in der Nähe von Dion einen Ort Sabatium, vgl. auch Bd. 1, 577.

Nachtigallen in der Nähe dieses Grabes noch schöner als gewöhnlich sangen¹). Dieses die poetische und musikalische Bedeutung des Orpheus, neben welcher sich die mysteriöse von selbst dadurch erklärt dafs sowohl sein Gesang als die Sage von ihm aufs engste mit dem mystischen Cultus des Dionysos zusammenhängt, für dessen Stifter er gewöhnlich gehalten wurde²). Je mehr sich mit diesem Cultus andere Elemente, namentlich die der aegyptischen und pythagoreischen Mystik und Askese verschmolzen, desto mehr wurde auch Orpheus zu einem Weihepriester und Mysterienstifter in allgemeinerer Bedeutung, so dafs er zuletzt in den verschiedensten Gegenden und Beziehungen als solcher genannt wurde. Und mit diesen Bestrebungen zugleich entstand eine apokryphische Literatur verwandten Inhalts, welche sich gleichfalls mit diesem geweihten Namen schmückte, so dafs Orpheus d. h. der Verfasser dieser Apokrypha nicht selten für einen der ältesten griechischen Dichter, namentlich für älter als Homer und Hesiod ausgegeben wurde; eine Prätension gegen welche schon Herodot protestirte und welcher gegenüber Aristoteles mit Recht behauptete dafs es einen Dichter Orpheus niemals gegeben habe³). Auch wiederholt sich dieses Spiel mit alten Namen und apokryphischen Schriften religiösen und mythologischen Inhalts mehr oder weniger bei allen diesen mythischen Sängern der Vorzeit.

Ein andres Bild dieser alten Musenkunst ist Thamyris (Θάμυρις, att. Θαμύρας), mit welchem der Gesang schon als gebildete Kunst auftritt, in vornehmer und selbständiger Haltung und als eine solche welche auch wohl ohne die Musen oder im Wettkampfe mit ihnen ausgeübt werden könne. Es ist der sehr geübte Sänger, der bei Fürsten und Edlen oder vor der versammelten Menge eines Festes⁴) die he-

---

1) Phanokl. l. c., Ovid M. 11, 50 ff., Lukian adv. ind. 11, de saltat. 51. Aristid. 1 p. 841 Ddf. οἴ φατε τὴν νῆσον ἅπασαν ἡμῖν εἶναι μουσικήν καὶ τούτου τὴν Ὀρφέως κεφαλὴν αἰτιᾶσθε, Antigon. Mirab. 5. Nach Philostr. v. Apollon. 4, 14, Her. 704 war dieses Adyton bei Antissa mit dem Haupte des Orpheus eine Zeitlang ein angesehenes Orakel. Vgl. die Geschichte desselben Haupts b. Konon 45, das am Olymp begrabene Haupt des Korybanten Bd. 1, 708, das des S. Titus auf Kreta b. Pashley 1, 175 ff., das auf der Rhone nach Vienne geschwommene Haupt des S. Mauritius u. dgl. m.

2) Apollod. 1, 3, 2 εὗρε δὲ καὶ τὰ Διονύσου μυστήρια. Diod. 3, 64 διὸ καὶ τὰς ὑπὸ Διονύσου γενομένας τελετὰς Ὀρφικὰς προσαγορευθῆναι. Vgl. Lactant. 1, 22, 15 und Herod. 2, 81.

3) Cic. N. D. 1, 38, 107 vgl. Herod. 2, 53.

4) Θάμυρις ist i. q. πανήγυρις, σύνοδος, θαμυρίζει i. q. ἀθροίζει, συνάγει, Hesych.

roischen Sagen der Vorzeit singt: ein blinder Sänger, welches Bild sich in dieser Gruppe von Sagen sowohl bei den Propheten als bei den Musenjüngern oft wiederholt[1]) und auf die tiefe innere Sammlung des Gemüths oder auch auf den nahen Umgang mit den Musen deuten sollte, da sich der Verkehr mit Nymphen und überhaupt das zu tiefe Eindringen in die Geheimnisse der Natur nach dem Glauben der Alten leicht auf diese Weise rächte. Beim Thamyris aber wurde die Blindheit früh für eine Strafe seines Uebermuthes gehalten. Schon die Ilias 2, 594 ff. kennt die Sage wie der thrakische Sänger (ὁ Θρῇξ) sich am Hofe des Eurytos zu Oechalia gerühmt habe, er werde siegen und müfste er es selbst mit den Musen, den Töchtern des Aegistragenden Zeus, aufnehmen. Da traten sie ihm selbst, als er seines Weges weiter zog, bei der Stadt Dorion entgegen und machten seinem Gesange ein für allemal ein Ende, indem sie ihm das Licht der Augen und den göttlichen Gesang und seine Kunst der Laute nahmen: ein Vorgang welcher hier in eine Gegend von Messenien verlegt wird, während andere Sagen davon in Thessalien, in der Gegend von Trikka und in der des Dotischen Gefildes erzählten[2]). Spätere Gedichte didaktischen Inhaltes machten dann aus Thamyris ein Beispiel des bestraften Uebermuthes in der Unterwelt und zwar im Gegensatze zum frommen Orpheus, in welchem Sinne ihn Polygnot und andre Künstler gebildet oder gemalt hatten[3]). Endlich brachte Sophokles seine Geschichte auf die tragische Bühne. Thamyris war hier ein thrakischer König am Athos, Sohn des Philammon und der Nymphe Argiope, ein grofser Künstler der Musik und Dichtkunst und von gleicher Schönheit, aber darüber bis zur äufsersten Frechheit eingebildet und verwegen, so dafs er ein Opfer seines Uebermuthes und zum Sprichworte geworden ist[4]).

---

1) Der blinde Teiresias s. S. 478. Der blinde Demodokos, τὸν πέρι Μοῦσ' ἐφίλησε, δίδου δ' ἀγαθόν τε κακόν τε· ὀφθαλμῶν μὲν ἄμερσε, δίδου δ' ἡδεῖαν ἀοιδήν, Od. 8, 63. Der blinde Sänger aus Chios im H. auf den del. Apoll 172. Auch der Name Ὅμηρος bedeutet nach alter Ueberlieferung einen Blinden.

2) Eustath. Il. 298, 30. In das Dotische Feld verlegte Hesiod den Wettkampf und die Blendung, Steph. B. v. Δώτιον, Meineke p. 258. Daher Dotion ira flebile Pieridum Lucan 6, 352. Ueber das später verschwundene Δώριον Str. 8, 350.

3) Paus. 10, 30, 4 vgl. 9, 30, 2 u. Plin. 35, 144. Die Minyas hatte von seiner Strafe in der Unterwelt gedichtet, von ihm und Amphion, Paus. 4, 33, 6; 9, 5, 4. Auch der Kampf des Thamyris mit den Musen wurde dargestellt, O. Jahn Arch. Beitr. 100, *Heydemann Ann. d. Inst. 1867, 363 ff.

4) Man sagte Θάμυρις μαίνεται von solchen welche bei guter Vernunft

Andre Dichter verlegten sein Reich und den Wettkampf an den Pangaeos oder in andre durch Orpheus und die Kunst der Musen berühmt gewordene Gegenden von Thrakien, wie er denn mit Orpheus überhaupt oft zusammengestellt wurde und Plato auch die Hymnen von beiden mit Auszeichnung nennt[1]). Dahingegen sein Vater Philammon, dessen Name gleichfalls sehr berühmt war und den Pherekydes anstatt des Orpheus an dem Argonautenzuge theilnehmen ließ[2]), gewöhnlich für einen Delpher und den ältesten pythischen Sänger galt, von dessen Geburt und Abstammung allerlei Märchen am Parnaß erzählt wurden.

Andre Sänger der Vorzeit, und auch diese galten gewöhnlich für Thraker, sind Bilder von volksthümlichen Weisen und Liedern, wie sie durch ganz Griechenland und auf den Inseln bei heitern oder traurigen Gelegenheiten gesungen wurden und die Lyrik ihrer Empfindungen gewöhnlich mit einem entsprechenden mythologischen Inhalte bekleideten, aus welchem die Tradition eine Geschichte solcher Sänger zu bilden pflegte. So der berühmte Linos (1. 377) und Hymenaeos und Ialemos, die Söhne von drei Musen, welche in einem verlornen Gedichte Pindars ihre früh gestorbenen Söhne beklagten[3]). Ialemos, der für einen Sohn des Apoll und der Kalliope galt, ist der einfachste Ausdruck jener vielgestaltigen Klagegesänge über frühen Tod, die für die Natur- und Lebensanschauung der alten Religionen so charakteristisch sind[4]). Auch Hymenaeos, das Bild der Hochzeitslust und der Hoch-

---

etwas Verrücktes vornahmen, Hesych s. v., Zenob. 4, 27. Ueber den Θάμυρις des Sophokles, wo der Dichter selbst in der Hauptrolle auftrat, Welcker Gr. Tr. 419 ff., Nauck p. 144. Zur Fabel vgl. Str. 7, 331, 35, Schol. Il. 2, 595, Eustath. Il. 298, 30; 299, 5, Apollod. 1, 3, 3. Die sinnliche Begierde des Thamyris nach den Musen möchte ich nicht für einen späteren Zusatz halten, da die Thraker in dieser Hinsicht verrufen waren, vgl. Tereus und Eumolpos, auch Ixions Gier nach Hera u. dgl.

1) Plato leg. 8 p. 829 E vgl. Ion 533 C u. de rep. 10 p. 620 A, wo sich die Seele des Orpheus in einen Schwan, die des Thamyris in eine Nachtigall verwandelt. An den Pangaeos verlegt Eur. Rhes. 921 ff. den Wettkampf. Vgl. Paus. 4, 33, 4. Konon 7, Suid. Θάμυρις. Apokryphische Theogonieen von Linos, Thamyris, Musaeos u. s. w. Schoemann opusc. 2, 4 sqq.

2) Pherekydes b. Schol. Apollon. 1, 23 vgl. Heraklides b. Plut. de mus. 3, Paus. 10, 7, 2, vgl. oben S. 323.

3) Schol. Eur. Rhes. 892, Bergk poet. lyr. p. 335 ed. tert. Linos galt gewöhnlich für einen Sohn der Urania, Orpheus für den der Kalliope, Hymenaeos für den der Klio u. s. w. Apollod. b. Schol. Rhes. 342, doch waren die Dichter in solchen Genealogieen nichts weniger als consequent. Ueber Rhesos s. oben S. 428.

4) Hesych v. Ἰάλεμος, ἰαλεμώδης, ὕψος, v. Leutsch Paroemiogr. 2, 72.

zeitsgesänge, ward in verwandtem Sinne, obgleich von sehr verschiedenen Fabeln geschildert. Catull 61 nennt ihn einen Sohn der Urania, eine Zierde des Helikon, einen Chorführer der guten Aphrodite d. h. der ehelichen Liebe, so dafs er ihm also wohl wie eine Nebenfigur des Eros erschienen ist[1]). In andern Sagen galt er für einen Sohn der Terpsichore, der bei seiner Hochzeit verschwunden sei und seitdem bei jeder Hochzeit mit Sehnsucht vermifst und gesucht werde, in attischen für einen argivischen Jüngling, der sich den attischen Frauen, als sie die Demeter feiernd von Seeräubern überfallen worden, hülfreich erwiesen habe, was auf die Feier der Thesmophorien an der Küste von Kolias deutet[2]). Noch andre Lieder nannten ihn einen Sohn des Magnes in Thessalien und der Klio, welchen Apollo und Thamyris geliebt hätten[3]), oder einen Sohn des Dionysos und der Aphrodite, der beim Hochzeitsgesange des Dionysos und der Ariadne oder der Althaea Stimme und Leben verloren habe[4]). Immer ist er ein Bild des schönsten jugendlichen Reizes der Liebe, der Unschuld, der Lust und des Gesanges, aber auch des Abschiedes von schöner Jugend und Unschuld und deshalb bei allem Jubel doch wehmüthig ernst.

Wieder andre Traditionen der Art sind Nachklänge örtlicher Kunstübung, entweder im Zusammenhange mit alter Apollinischer Festfeier und entsprechender Hymnendichtung, wohin z. B. der Lykier Olen gehört (1, 190, 1), oder in dem der Orakelpoesie und einer dem eleusinischen Gottesdienste verwandten Kunstübung, in welchem Kreise sich namentlich die Ueberlieferungen vom Musaeos bewegen. Denn immer ist dieser ein vorzüglich attischer und eleusinischer Dichter, sowohl was den Inhalt der ihm zugeschriebenen Orakel betrifft[5]), als hinsichtlich der übrigen Poesieen und Traditionen. Für seine Mutter galt gewöhnlich Selene oder Mene d. h. die Mondgöttin, weil diese wie die Nymphen für eine Urheberin ekstatischer Gemüthsbewegungen

---

1) Als ernsterer Eros erscheint er auch in Bildern, s. Müller Handb. § 392, 1, D. A. K. 2, 707. Der personificirte Γάμος in einem Hymenaeos des Philoxenos, dessen Anfang Γάμε θεῶν λαμπρότατε Athen. 1, 9 erhalten hat. u. b. A., ein Sohn des Eros b. Nonn. 40, 401.

2) Schol. Il. 18, 493, Philem. p. 174, Prokl. Chrestom. b. Phot. bibl. 321 a 22, Servius V. A. 4, 99 vgl. 1, 640. Bei der Hochzeit der argivischen Danaiden wurde der erste Hymenaeos gesungen nach Hygin f. 273, vgl. oben S. 54.

3) Antonin. Lib. 23, Apollod. 1, 3, 3, Suid. v. Θάμυρις.

4) Serv. V. Ecl. 8, 30, A. 4, 127.

5) Herod. 7, 6; 8, 96; 9, 43, Paus. 10, 9, 5; 12, 5.

und eines prophetischen Geistes angesehen wurde¹). Seinen Vater und sein Geschlecht pflegte man bald in Thrakien, der Heimath des geistlichen Gesanges überhaupt, bald in Eleusis zu suchen, dessen Cultus den Inhalt verschiedener ihm zugeschriebener Gedichte bildete. Die, welche ihn einen Thraker und Sohn oder Schüler des Orpheus nannten, hatten vorzüglich solche Gedichte im Sinne, welche Sühnung oder Heilung und Weihe versprachen, in welchem Sinne Orpheus und Musaeos namentlich von Euripides, Aristophanes und Plato zusammen genannt werden²). Dahingegen die attischen und eleusinischen Genealogieen des Musaeos, welche ihn einen Sohn des Antiphemos oder des Eumolpos nannten³), sich auf einen alten Hymnos auf die eleusinische Demeter berufen mochten, welchen Pausanias für ein ächtes Werk des Musaeos hält⁴), oder auf ein an seinen Sohn Eumolpos gerichtetes Gedicht über die Unterwelt, in welchem er den Gerechten die Belohnung ewiger Tafelfreuden in jenem Leben verheifsen und unter diesen Verklärten, wie es scheint, vorzüglich eine eleusinische Priesterin Antiope oder Deiope verherrlicht hatte⁵). Ein schönes Vasenbild stellt den Musaeos als Zögling der Musen dar, wie man denn auch seinen gewöhnlichen Aufenthalt und sein Grab zu Athen auf dem der Akropolis gegenüber gelegenen Musenhügel zeigte⁶), ein andres als Zögling des

---

1) Plato Resp. 2 p. 364 E, Hermesianax b. Athen. 13, 71.

2) Arist. Ran. 1032 Ὀρφεὺς μὲν γὰρ τελετάς θ' ἡμῖν κατέδειξε φόνων τ' ἀπέχεσθαι, Μουσαῖος δ' ἐξακέσεις τε νόσων καὶ χρησμούς. Vgl. Eur. Rhes. 941 ff., Plato Protag. 316 D, Ion 536 B, Resp. 2 p. 364 E. Apolog. 41 A, Str. 10, 471; 17, 762. Ein Sohn des Orpheus heifst M. b. Diod. 4, 24.

3) Einen Sohn des Eumolpos und der Selene nannte ihn Philochoros, Schol. Arist. Ran. 1033. Andre schoben den Ἀντίφημος oder Ἀντιόφημος zwischen beide ein, oder sie gingen mit diesem zurück auf den eleusinischen Autochthonen Kerkyon, Suid. v. Μουσαῖος, Schol. Soph. O. C. 1051.

4) Paus. 1, 22, 7; 4, 1, 4. Ein Eleusinier heifst Musaeos auch b. Aristid. 1 p. 414, ein Vf. von Hymnen des Dionysos b. dems. p. 47.

5) Ἀντιόπη nennt sie Hermesianax b. Athen. 13, 71, wo besonders die Worte γνωστὴ δ' ἐστὶ καὶ εἰν ἀίδῃ zu beachten sind, Δηιόπη hiefs sie gewöhnlich s. Paus. 1, 14, 2, Schol. Soph. l. c., Aristot. Mirab. 131. Auf dieses Gedicht scheint mir Plato Resp. 2 p. 363 C zu deuten, Μουσαῖος — καὶ ὁ υἱὸς αὐτοῦ d. i. Eumolpos vgl. Suid. Μουσαῖος — ἔγραψεν ὑποθήκας Εὐμόλπῳ τῷ υἱῷ und das Gedicht Εὐμολπία b. Paus. 10, 5, 3. Virgil zeichnet den Musaeos in seiner Unterwelt besonders aus, A. 6, 667, so dafs es wohl ein berühmtes die Unterwelt betreffendes Gedicht von ihm gegeben haben mufs.

6) Paus. 1, 25, 6 vgl. Eur. Rhes. 945 ff., wo Apollo und die Musen ihn unterrichten. Das Vasenbild Mon. d. I. 5, 37 vgl. Welcker A. D. 3, 462 ff., O. Jahn Annal. 24, 198. Ein andres Grab im Phaleron, Diog. L. 1, 3.

Linos, den man als Lehrer des Herakles kannte[1]). Wieder ein andres Gedicht, welches Pausanias dem Onomakritos, dem Redacteur der Orakel des Musaeos, zuschreibt, wollte wissen dafs Boreas der Thraker, der Freund und Verwandte Athens, den Musaeos fliegen gelehrt habe, ein bildlicher Ausdruck für den stürmischen Schwung seiner Begeisterung[2]). Auch ist hier noch Pamphos zu nennen, ein andrer attischer Hymnendichter der Vorzeit, nach welchem sich ein attisches Geschlecht benannte, dessen Frauen vermuthlich seine Hymnen zu singen pflegten, gleichfalls vorzüglich im Culte der eleusinischen Demeter[3]). Die späteren Grammatiker benutzten eine Sammlung attischer Hymnen, in welcher die des Musaeos, des Pamphos u. A. zusammengestellt gewesen sein werden[4]).

Auch in den älteren Ueberlieferungen von Homer herrscht noch die mythische Auffassung vor, obwohl die jüngere Tradition der vielen Städte, die sich um seine Geburt stritten und der pragmatisirende Eifer der Historiker und Grammatiker, welche ihn hier oder dort unterzubringen und seine Abstammung mit der des Orpheus und des Musaeos und des Hesiod zu verschlingen suchten, die ächten Farben des Gemäldes aufserordentlich entstellt haben[5]). Man mufs dabei wohl bedenken dafs für die älteren Dichter und Gebildeten Homer eine Collectivperson von so weiter Bedeutung war, dafs ihm nicht allein die Ilias und die Odyssee, sondern auch die gleichartigen Gedichte der Thebais, der Epigonen, der Kyprien u. A. zugeschrieben werden konnten, ferner dafs der epische Gesang und die epische Dichtkunst in den angeregten Zeiten, welche auf die Ansiedelungen und Eroberungen in Kleinasien folgten, an so vielen und verschiedenen Stellen geübt wurde, dafs sich eine Concurrenz um den Ursprung der ältesten Meisterwerke dieser Kunst, sobald sie gesammelt vorlagen, von selbst bilden mufste. Denn immer sind es die asiatischen Griechen, auf welche die ältesten Traditionen zurückweisen, namentlich die aeolischen und ionischen. Die wichtigste Stadt auf dem aeolischen Festlande war Kyme, dessen Bürger mit den Stammesgenossen auf Lesbos vereinigt sich in mehreren kleinen Städten auch am Ida festsetzten und zugleich süd-

---

1) Mon. ed. Annal. 1856 t. 20, O. Jahn p. 95.

2) Paus. 1, 22, 7.

3) Hesych Παμφίδες γυναῖκες Ἀθήνησιν, ἀπὸ Πάμφου τὸ γένος ἔχουσαι. Vgl. Meier de gentil. Att. 34. 49 und Preller Dem. u. Pers. 384 ff. Der Hymnos auf die eleusinische Demeter scheint dem Homerischen sehr nahe gestanden zu haben.

4) Poll. 10, 162. Athen. 14, 68.

5) Vgl. die Sammlung der vitae b. Westermann Biogr. 1—45 und Welcker ep. Cycl. 1, 122 ff., Lauer Gesch. d. Homer. Poesie 69—130.

licher Neon Teichos und Smyrna gründeten, welches letztere später an die Ionier verloren ging. In diesem Kreise, wo die Lieder der Ilias sich zuerst zum gröſseren Gedichte gestalten mochten, scheinen auch die ältesten Fabeln von ihrem Dichter entstanden zu sein, den man einen Sohn des Flusses Meles, an welchem Smyrna liegt, und einer Nymphe Kritheis nannte, also so gut wie Orpheus, den Sohn des Flusses Oeagros und der Muse Kalliope, als ein mythisches Wesen dachte[1]. Dahingegen die ionischen Griechen, deren rühriges und seekundiges Treiben man sich am liebsten als die Wiege der Odyssee denkt, auf der Insel Ios ein altes Grab des Homer verehrten, an welchem neue Märchen von seiner Geburt und Jugend entstanden und sich mit jenen in Smyrna in Verbindung setzten[2], während Chios von dem blinden Sänger des Hymnos auf den delischen Apollo, den man für Homer hielt, als seine Heimath genannt wird und der Wohnort eines Geschlechtes der Homeriden war, welches sich von Homer ableitete und sich wahrscheinlich auch des erblichen Besitzes ihm zugeschriebener Gedichte rühmte[3]. Dieses sind die Einschlagsfäden eines Gewebes, an welchem die Ruhmsucht der folgenden Zeiten, aber auch die Schmeichelei und

---

[1] Eine Nymphe heiſst Kritheis in dem cert. Hom. et Hes. p. 34, 10 Westerm., in dem genus Hom. ib. 27, 3. wo hinzugesetzt wird ἄλλοι δ' αὐτοῦ τὸ γένος εἰς Καλλιόπην τὴν Μοῦσαν ἀναφέρουσιν, b. Tzetz. in Iliad. p. 8 u. A. Ein alter und herkömmlicher Name für Homer war Μελησιγενής oder Μελησιάναξ, beide offenbar von Dichtern stammend. Ueber den Fluſs Meles vgl. Himer ecl. 13, 31, Aristid. 1 p. 377. 444 Ddf. Ein Bild, die Liebe der Nymphe Kritheis und des Fluſsgottes Meles darstellend, b. Philostr. 2, 8. Lukian Demosth. enc. 9 nennt jene eine Dryade.

[2] Ein Mädchen aus Ios wird zur Zeit der ionischen Colonie schwanger ὑπό τινος δαίμονος τῶν συγχορευτῶν Μούσαις und kommt darauf durch Seeräuber nach Smyrna, wo Maeon d. h. der Lyder, weil Smyrna in dieser Landschaft lag, sich mit ihr vermählt und Homer von ihr am Meles geboren wird. So erzählte Aristoteles nach Plut. v. Hom. p. 21, 23 Westerm. Der Maeonide ist ein gewöhnlicher Name für Homer bei Griechen und Römern. Das Grab auf Ios und das herkömmliche Opfer einer Ziege erwähnen Skylax, Strabo. Varro b. Gell. 3, 11 u. A. Die Inschrift des Grabes war: ἐνθάδε τὴν ἱερὴν κεφαλὴν κατὰ γαῖα κάλυψεν, ἀνδρῶν ἡρώων κοσμήτορα, θεῖον Ὅμηρον.

[3] Harpokr. Ὁμηρίδαι γένος ἐν Χίῳ, ὅπερ Ἀκουσίλαος ἐν γ', Ἑλλάνικος ἐν τῇ Ἀτλαντιάδι ἀπὸ τοῦ ποιητοῦ φησιν ὠνομάσθαι. Vgl. Schol. Pind. N. 2, 1, wo Pindar das Wort Ὁμηρίδαι in weiterer Bedeutung gebraucht: Ὁμηρίδας ἔλεγον τὸ μὲν ἀρχαῖον τοὺς ἀπὸ τοῦ Ὁμήρου γένους, οἳ καὶ τὴν ποίησιν αὐτοῦ ἐκ διαδοχῆς ᾖδον· μετὰ δὲ ταῦτα καὶ οἱ ῥαψῳδοὶ οὐκέτι τὸ γένος εἰς Ὅμηρον ἀνάγοντες. Pindar nannte Homer einen Smyrnaeer, Simonides einen Chier, Bakchylides einen Ieten.

überflüssige Gelehrsamkeit fortspann¹), bis Homer zu dem Dichter schlechthin geworden war und von Alexandrien und Rom als solcher verehrt wurde, und nicht allein als solcher, sondern auch als ein Heros des Gesanges und der Poesie, den man sich nach einem mühevollen Leben zu den Göttern erhoben dachte und in sehr vielen Städten durch Tempel, Gymnasien und Statuen vergegenwärtigte²), ihn und seine beiden Töchter, die Ilias und die Odyssee, welche man gerne neben ihm abbildete, wie in andern Compositionen andre Personen und Schöpfungen seiner Phantasie. Und fragte man nach dem Namen, so wufste man auch darauf mit kühnen Erklärungen zu antworten, welche von selbst zu neuen Geschichten führten, wie in seiner Heimath die Blinden ὅμηροι genannt wurden, weil sie eines Führers bedurften³), worauf die Verständigen freilich antworteten dafs ein Dichter wie dieser unmöglich blind gewesen sein könne⁴), oder dafs er in seiner Jugend als Geifsel (ὅμηρος) von einem Orte zum andern geführt worden sei; zu welchen Erklärungen die Neueren die des Zusammenfügers hinzugethan haben, auch sie eine vieldeutige und eine bestrittene⁵).

---

1) So wurde Homer zu einem Athenienser, weil Athen später für die Metropole von Smyrna galt, zu einem Argiver, weil seine Gedichte sich viel mit Argos beschäftigten, zuletzt sogar zu einem Römer, weil man Spuren römischer Sitte bei ihm zu finden glaubte.

2) Am berühmtesten war das Ὁμήρειον in Smyrna, Str. 14, 646, vgl. die Grotte Homers an den Quellen des Meles Paus. 7, 5, 6. Nächstdem mag besonders glänzend gewesen sein das zu Alexandrien, wo Homer sitzend abgebildet war, um ihn herum die Städte, ὅσαι ἀντιποιοῦνται τοῦ Ὁμήρου, Aelian V. H. 13, 22. Ὁμήρειον auf Chios C. I. n. 2221. Glänzende Statue zu Salamis auf Cypern, Anthol. Pal. 7, 5, in Kolophon mit der Ilias und Odyssee als Töchtern, Plut. b. Westerm. p. 23, 71, in Argos mit göttlichen Ehren, cert. Hom. et Hes. ib. p. 44, Aelian V. H. 9, 15. Apotheose Homers nach Archelaos von Priene und auf einer silbernen Vase aus Herculanum (auf beiden die Ilias und Odyssee neben ihm), Münzen mit dem Kopfe oder dem Bilde Homers, deren von vielen Städten geschlagen wurden, und andere Bildwerke b. Millin G. M. 543—549, Zahn 3, 28, *Ztschr. f. Numism. 1 (1873), 294, Michaelis b. O. Jahn Bilderchroniken S. 57 ff. — Homers Geist erscheint dem Ennius, Lucr. 1, 120 ff., Cic. Acad. pr. 2, 27, 88.

3) Plut. b. Westerm. p. 21, 2 οὕτω δ' ἐκάλουν οἵ τε Κυμαῖοι καὶ οἱ Ἴωνες τοὺς τὰς ὄψεις πεπηρωμένους παρὰ τὸ δεῖσθαι τῶν ὁμηρευόντων, ὅ ἐστι τῶν ἡγουμένων, nach Ephoros, welcher selbst aus Kyme gebürtig war.

4) τυφλὸν δ' ὅσοι τοῦτον ἀπεφήναντο, αὐτοί μοι δοκοῦσι τὴν διάνοιαν πεπηρῶσθαι· τοσαῦτα γὰρ κατεῖδεν ἄνθρωπος ὅσ' οὐδεὶς πώποτε, Prokl. b. Westerm. p. 26. Vgl. Cic. Tusc. 5, 39, 114. Doch glaubte Plato an die Blindheit, Phaedr. 243 A.

5) Ὅμηρος, von ὁμοῦ und ἄρειν, wobei man sich auf den Ζεὺς Ὁμάριος

Nicht weniger mythisch ist das Andenken Hesiods, obgleich dessen Persönlichkeit sich schon mehr verdichtet, namentlich wenn wir seine Autorschaft mit seinen Verehrern am Helikon auf das Gedicht der Werke und Tage beschränken[1]). Von seiner Jugend erzählt eine alte Dichtung dafs ihm, als er, ein armer Hirtenknabe aus Askra, am Fufse des Helikon seine Lämmer geweidet, die neun Musen erschienen, ihm einen Lorbeerzweig aus ihrem Haine gereicht und ihn dadurch zum Dichter geweiht hätten[2]). Weiter behauptete man dafs er bei den zu Ehren des verstorbenen Königs von Euboea Amphidamas veranstalteten Spielen zu Chalkis mit Homer um den Preis gekämpft und gesiegt habe und berief sich deshalb auf einen alten Dreifufs in demselben Musenhaine am Helikon, welchen angeblich Hesiod nach diesem Siege geweiht hatte[3]). Sein Grab zeigte man zu Naupaktos bei den ozolischen Lokrern, in der Nähe der Meeresenge, wo er der Sage nach ermordet, aber an seinen Mördern glänzend gerächt wurde[4]), ein andres zu Orchomenos, wohin sich die Bewohner von Askra, als ihre Stadt von Thespiae zerstört wurde, gerettet hatten und wohin deshalb die Reliquien des Hesiod auf Veranlassung einer Seuche aus Naupaktos übertragen sein sollen[5]). — Und so ist auch die übrige Literaturgeschichte der Griechen, namentlich die der Dichter, mit Mythen und Fabeln reichlich versetzt, sei es dafs ein altes von jüngeren Generationen misverstandenes Bild und Denkmal dazu veranlafste, oder ein Gleichnifs des Dichters selbst oder der natürliche Trieb eines phantasievollen Volks, das Leben seiner Lieblinge zu den Göttern zu erheben: man braucht nur an Arion und seinen Delphin zu erinnern, an die Kraniche des Ibykos,

d. i. Ὁμαγύριος und das Ὁμάριον der Achaeer, Polyb. 2, 39, 6; 5, 93, 10 zu berufen pflegt, vgl. G. Curtius de nom. Homeri Kil. 1855 u. Em. Hoffmann Homeros und die Homeridensage v. Chios, Wien 1856.

1) Paus. 9, 31, 4. Ὅρος τᾶς γᾶς τᾶς ἱαρᾶς τῶν συνθυτάων τᾶν Μωσᾶν τᾶν Εἱσιοδείων, Inschrift aus Thespiae b. Keil *Philol. 23, 231.

2) Hesiod th. 22 ff. vgl. die Schol., Prokl. b. Westerm. p. 45 u. Lukian rhet. praec. 4. Man dachte sich die Weihe oft so, dafs Hesiod von den Lorbeerblättern gegessen und dadurch begeistert worden sei.

3) Varro b. Gell. 3, 11, Paus. 9, 31, 3.

4) Davon hatte Eratosthenes gedichtet s. Bergk Anal. Alexandr. 1, 17 sqq. Vgl. Goettling de vita Hesiodi, vor der Ausgabe Hesiods.

5) Paus. 9, 38, 2 vgl. Aristoteles im Staate der Orchomenier, eine Quelle verschiedener Berichte über Hesiod, Hist. Gr. fr. ed. C. Müller 2, 144. Auf dem Grabe zu Orchomenos sollen diese Verse zu lesen gewesen sein, die man dem Pindar zuschrieb: χαῖρε δὶς ἡβήσας καὶ δὶς τάφου ἀντιβολήσας, Ἡσίοδ' ἀνθρώποις μέτρον ἔχων σοφίης.

an die Wunder aus dem Leben des Pindar, des Simonides, des Sophokles[1]).

c. Die Heroen der bildenden und der Baukunst.

Hier treffen wir auf griechische und orientalische Anschauungen in eigenthümlicher Vermischung, wie denn auch die älteste Technik dieser Künste den Griechen gewifs aus dem Orient kam.

Namentlich gehören dahin die Sagen vom Daedalos d. h. dem Künstler[2]), von dem man in Attika, auf Kreta und bis nach Italien und Sicilien erzählte. Die Sagen auf Kreta scheinen die alterthümlichsten zu sein. Er bildet hier die Kuh für Pasiphae, das Labyrinth für Minotauros, den Tanzplatz für Ariadne, lauter figürliche Ausdrücke für die Wunder des Himmels und der Erde[3]), so dafs also Daedalos in dem älteren Zusammenhange dieser Mythen die Bedeutung eines kosmischen Demiurgen gehabt haben möchte. Dann ward er zum Künstler schlechthin, sowohl im Sinne der ältesten Baukunst, die sich in Höhlenbauten, imposanten Grabanlagen, kolossalem Mauerwerk bewährte, als in dem der Bildnerei zum Behufe des Cultus, welcher in der frühesten Zeit meist Schnitzbilder (ξόανα i. q. δαίδαλα Paus. 9, 3, 2) erforderte. Daedalos ist nun der allgemeine Repräsentant solcher Thätigkeit und der heroische Begründer und Vorstand der damit beschäftigten Innungen, nur dafs das charakteristische Merkmal seiner eignen Bilder immer dämonisches Leben blieb, dafs sich die Glieder, die Augen bewegen, wie frommer Glaube oder fromme Täuschung denn oft solche Wunder hervorrief (Paus. 2, 4, 5). In diesem Sinne wurde er vorzüglich in Attika von dortigen Künstlerinnungen verehrt, daher auch seine Geschichte besonders hier gepflegt und erzählt wurde, auch auf dem Theater[4]). Die örtlichen Sagen wurden wie gewöhnlich combinirt und

---

1) Lehrs populäre Aufs. 197 ff. Ueber Arion vgl. Böckh in den Abh. der Berl. Ak. a. d. J. 1836 S. 73.

2) δαίδαλος von δαιδάλλω. So heifst auch Hephaestos, ja dieser wird auch Παλαμάων genannt. Doch sind beide deshalb nicht zu identificiren, denn die engere Bedeutung des Daedalos ist die eines Tektonikers, Daedalus ingenio fabrae celeberrimus artis, Ovid M. 8, 159. Vgl. Bd. 1, 149, 1 und zur Etymologie Pott Zeitschr. f. vgl. Spr. 6, 30 ff.

3) Der Chor der Ariadne Il. 18, 592 wird am wahrscheinlichsten für einen Tanzplatz gehalten. Die Tänze der Ariadne aber sind ein Bild für ihre Vereinigung mit Dionysos (1, 559) oder mit Theseus (S. 296).

4) Sophokles im Daedalos und in den Kamikiern s. oben S. 123. In den Kretern des Euripides die Geschichte der Pasiphae und ihres Stiers, auch ein Gesang des Ikaros, Schol. Ar. Ran. 849. Vgl. Hygin f. 39. 40. 44.

es hiefs nun dafs er in Athen geboren sei, ein Sohn des Eupalamos oder Palamaon d. h. des Kunstfertigen und ein Glied des königlichen Erechthidenstammes (S. 156), ausgezeichneter Baukünstler und der erste Erfinder menschlich gestalteter Bilder. Seine Schwester Perdix hat einen Sohn Talos, welcher sein Schüler ist und so geschickt und erfinderisch, dafs er seinen Meister zu übertreffen droht, daher Daedalos ihn von der Burg herabstürzt¹). Er will den Leichnam heimlich begraben, wird aber dabei ertappt und das Verbrechen vom Areopag verurtheilt, weshalb Daedalos zum Minos nach Kreta flieht und nun dort seine Kunst übt. Aber Minos zürnt wegen des der Pasiphae geleisteten Dienstes, daher er weiter flieht, mit künstlichen, durch Wachs gebundenen Flügeln, er und sein Sohn Ikaros, welcher zu hoch fliegend der Sonne so nahe kommt, dafs das Wachs seiner Flügel schmilzt und er ins Meer stürzt; daher das Ikarische Meer und die Insel Ikaros oder Ikaria, wo der Jüngling durch Herakles ein Grab gefunden²). Daedalos entkommt nach Sicilien zum Könige Kokalos, der ihn gegen Minos in Schutz nimmt, ja diesen seinetwegen tödtet (S. 122), worauf er neue Proben seiner wunderbaren Baukunst ablegt, deren sich verschiedene Gegenden Siciliens rühmten. Auch in Italien und Sardinien wurde von ihm erzählt, im Osten in Kleinasien und Aegypten.

Die Sage von zwei andern Künstlern der Art, die immer zusammen genannt und speciell als Baukünstler von Höhlen, Grotten, Schatzkammern und kryptenartigen Tempeln gedacht wurden, mag griechischen Ursprungs sein, doch haben sich frühzeitig Elemente der orientalischen Märchenwelt mit ihr verschmolzen. Es sind Trophonios und Agamedes, von denen Τροφώνιος wohl eigentlich der chthonische

---

1) Das älteste Beispiel der weit verbreiteten Sage vom Meister und Gesellen, s. Lange verm. Schr. Leipz. 1832 S. 224 ff. Τάλως heifst auch Κάλως, wie Ταλαός, der Vater des Adrast, auch Κάλαός genannt wird. Paus. 1, 21, 6; 26, 5, Schol. Soph. O. C. 1320, Eur. Or. 1643. Als vorzüglichste Erfindung des Talos wird die Säge genannt. — *Nach Soph. fr. 301 und Ovid M. 8, 236 ff. heifst der von Daedalos getödtete Schwestersohn Perdix und wird in den gleichnamigen Vogel, d. h. vielleicht den Kibitz, verwandelt; vgl. auch Gerland über die Perdixsage, Progr. Halle a. S. Stadtgymn. 1871.

2) Zum Dank dafür macht Daedalos ein Bild des Herakles (es befand sich zu Olympia) welches dieser selbst für lebendig hielt, Apollod. 2, 6, 3. Hes. πλήξαντα καὶ πληγέντα, Eustath. Il. 882, 38. Zur Fabel Apollod. 3, 15, 8. 9, Diod. 4, 76 ff., wo Daedalos nach seiner Verurtheilung in Athen zuerst in den Demos der Daedaliden und von da nach Kreta flüchtet, Ovid M. 8, 183 ff. Tzetz. Chil. 1, 19. Daedalos und Ikaros b. Zoega t. 44, *auf einem V. B. Heydemann Neapler Vasens. n. 1767. — Andre Bildwerke b. Müller § 418, 1, O. Jahn Arch. Beitr. 237 ff.

Hermes ist¹), der segenspendende (ἐριούνιος), über die Reichthümer der tiefen Erde gebietende (1, 321. 334), aber zugleich listige und heimlich geschäftige, in die Tiefe der Erde ein- und ausschlüpfende, Ἀγαμήδης dagegen d. i. der Hochheilige vermuthlich Aïdoneus oder Pluton, der Gott der Unterwelt und des chthonischen Reichthums (1, 657). Wie die chthonische Demeter in Hermione für eine Schwester des Klymenos d. h. des Pluton gehalten wurde, so galten Trophonios und Agamedes gewöhnlich für Brüder²). Man erzählte von ihnen in Boeotien und in Arkadien und Elis, meist in Verbindung mit jenen mythischen Schatzhäusern der Vorzeit, auf welche in so manchen alten Sagen angespielt wird und nach Anleitung jenes aegyptischen oder orientalischen Märchens vom Schatze des Rhampsinit, welches wesentlich mit der Construction solcher unterirdischen Anlagen zusammenhängt. Sie erbauen diese Schatzhäuser, das des Minyas zu Orchomenos, das des Hyrieus zu Hyria, das des Augeias in Elis und bestehlen sie dann, ganz nach der Weise wie Herodot jenes Märchen erzählt³). Doch bauen sie auch andre Gebäude, Tempel und Königsburgen⁴), wie man denn in verschiedenen Gegenden die ältesten Tempelanlagen auf sie zurückführte, namentlich in Delphi, wo Apoll sie dadurch belohnte dafs er ihnen am siebenten Tage nach der vollendeten Arbeit, als sie noch in der vollen Festfeier des gelungenen Werks begriffen waren, einen sanften Tod schickte⁵). Von dem Orakel zu Delphi soll auch der Cultus und das Orakel des Trophonios zu Lebadea angeordnet sein, wo er der Sage nach von dem Könige Hyrieus verfolgt zuletzt unter die Erde entschlüpft war. Gewifs ist dafs dasselbe schon zur Zeit der Perserkriege eines bedeutenden Ansehns genofs und sich in diesem sehr lange erhielt⁶). Trophonios wurde hier unter dem Namen eines Zeus Trophonios

---

1) Cic. d. nat. d. 3, 22, 56. Arnob. 4, 14. Τροφώνιος von τρέφω. Boeotische Inschriften nennen ihn Τρεφώνιος.

2) Abweichende Traditionen aus Orchomenos und Stymphalos b. Suidas u. Schol. Ar. Nub. 508.

3) Herod. 2, 121 vgl. Diod. 1, 62, Paus. 9, 37, 3, Schol. Ar. l. c.

4) In Stymphalos den Poseidonstempel Paus. 8, 10, 2. Von dem λάινος οὐδός unter dem T. zu Delphi weifs schon der H. in Ap. P. 116 ff., wo sie dem Apollo beim Bau seines Tempels halfen, υἱέες Ἐργίνου, φίλοι ἀθανάτοισι θεοῖσιν. Vgl. Steph. B. Δελφοί.

5) Pindar b. Plut. cons. ad Apollon. 14.

6) Paus. 9, 39. 40, Plut. de genio Socr. 21 ff., Philostr. v. Apollon. 8. 19, Suid. v. Τροφώνιον. Schoemann Gr. Alterth. 2³, 336 ff. Das Oertliche am besten b. Ulrichs Reisen u. Forsch. 1, 166 ff. *Bursian Geogr. 1, 208 f.

verehrt, neben ihm vorzüglich Demeter und Persephone, jene mit dem Beinamen Herkyna, welchen Namen auch die Flufsnymphe von Lebadea führte, und als Europa d. h. die Dunkle, lauter Namen und Umstände die auf die tiefe Erde und ihre Geheimnisse deuten. Das Orakel scheint wie das des Amphiaraos vornehmlich den Anfragen von Kranken gedient zu haben, wenigstens wurden Trophonios und die Nymphe Herkyna wie Asklepios und Hygieia abgebildet. Es war eine unterirdische Schlucht, in welche die Fragenden hinabfuhren um dort auf geheimnisvolle und betäubende Weise allerlei Offenbarungen zu erhalten, welche hernach aufgeschrieben und gedeutet wurden.

Auch die Geschichte der Malerei hatte ihre mythischen Anfänge, z. B. wenn man den ersten Maler in Griechenland Eucheir und einen Verwandten des Daedalos nannte[1]), ferner die der Plastik d. h. die der Kunst in Thon zu bilden, wie namentlich die Künstler, welche sich mit Demaratos von Korinth nach Italien übergesiedelt und dort zuerst die Plastik gelehrt haben sollen, Eucheir, Diopos und Eugrammos[2]), gewöhnlich für mythische Personen gehalten werden. Doch mufs man sich hüten aus solchen bedeutungsvollen Namen zu rasch auf mythische Ueberlieferung zu schliefsen, da bei den Griechen derartige Namen auch in ihrem gewöhnlichen Familienleben beliebt waren.

---

1) Plin. 7, 205 nach Aristoteles. Aber auch ein Künstler aus Athen geschichtlichen Andenkens hiefs Εὔχειρ Εὐβουλίδου, Paus. 8, 14, 7, Plin. 34, 91.

2) Plin. 35, 152, wo der Name Diopos noch nicht auf befriedigende Weise erklärt ist. Auch ein Maler Namens Ekphantos soll mitgegangen sein, Corn. Nep. b. Plin. 35, 16, und dieser Name ist doch wohl der einer wirklichen Person. Vgl. Boeckh Abh. der Berl. Ak. 1836 S. 75 ff.

Zusätze und Berichtigungen.

Zu S. 41 Anm. 6: Vgl. auch Engelmann Arch. Ztg. 1873, 124 ff.

Zu S. 63 Anm. 5: Ueber einen Spiegel aus Palaestrina mit den Namen Pherse, Menerva, Enie, Pemphetru s. Kekulé Ann. d. Inst. 1873, 126 ff.

Zu S. 67 Anm. 1: Eine Pyxis, Perseus und die Nymphen darstellend, wird erwähnt von Gaedechens Rh. Mus. 29, 313, 4.

Zu S. 79 ff.: Ueber die bildlichen Darstellungen der Bellerophonsage s. jetzt die Zusammenstellung von Engelmann Ann. d. Inst. 1874, 5—37. 267, tav. A—E. Vgl. übrigens auch Flasch angebl. Argonautenbilder S. 36 ff.

Zu S. 118 Anm. 4: Einige Nachträge zu den Europadarstellungen giebt Stephani compt. rend. 1870. 71, 182 f.

Zu S. 149 Anm. 1: Vgl. auch G. Perrot l'enlévement d'Orithyie par Borée. Oenochoé du Musée du Louvre. Paris 1874.

Zu S. 202 Anm. 1: Das Relief aus Cypern ist auch abgebildet bei J. Doell die Sammlung Cesnola, Mém. de l'Ac. imp. d. sc. Ptrsbg. Sér. 7, T. 19, n. 4, 1873, Tfl. 11, 6. Ebd. Tfl. 7, 8 eine Statue des Geryones von gleichem Fundort.

S. 331 Anm. 3 Z. 3 v. o. lies: Flasch Ann. d. Inst. 1874, 175 ff.

Zu S. 339 Anm. 2: Eine Darstellung der Leichenspiele des Pelias, durch die den einzelnen Personen beigeschriebenen Namen sicher bezeugt, auf einer Vase aus Caere, s. C. Robert Ann. d. I. 1874, 93 ff., Mon. 10 tav. 4. 5.

Zu S. 356 Anm. 2: Die Vase im Berliner Museum ist jetzt publicirt von C. Robert Ann. d. I. 1874, 82 ff., Mon. 10 tav. 4. 5.

Zu S. 357 Anm. 3: Archemoros auf Münzen von Argos und Korinth, s. J. Friedlaender Arch. Ztg. 1869, 99.

REGISTER.

Abae 227.
Abaris 197.
Abdera 2, 201.
Abderos 2, 201. 202.
ἀθέλιος 349, 2.
Abendstern 365.
Ἀβώβας 287, 2.
ἀθώρ 349, 2.
Ἀχαιία 627, 1. 2, 397, 4.
Achaletische Nymphen 30, 3.
Acheles (Flufs) 30, 3.
Acheles, Sohn des Herakles, 2, 283, 4.
Acheloiden 505.
Acheloos 29. 98. 450. 2, 243. 369. 392, 1.
Acheron 671.
Acherusischer See 665. 672.
Achilleus 457. 2, 320. 391. 399—401.
    415. 416. 418. 420—440.
Ἀδηφαγία 638.
Adler des Zeus 62. 101. 105. 113. 411,
    5. 413. 2, 393.
Admet 215. 229. 2, 315—317. 321. 323.
Adonis 284—288. 575.   [339.
Adonisgärten 286.
Adonisklage 285—288. 292. 378.
Adoptionsritus 578.
Adrasteia 106. 440. 2, 362.
Adrastos 2, 351—363. 365.
Aea 354—356. 2, 308. 457.
Aeakos und Aeakiden 678. 679. 2, 390
    bis 405.   [335.
Aeetes 509. 2, 312. 313. 319. 322. 334.
Aegae, aegaeisches Meer 465—468. 471.
Aegaeon 42. 134. 466. 513. 2, 211, 2.
Aegeus 466. 472. 2, 156. 287. 291. 320.
    340. 341.
Aegialeia 2, 469.
Aegialeus (Apsyrtos) 2, 335, 4.
Aegialeus, S. des Adrast, 2, 366. 367.
Aegiden 205. 2, 281.
Aegimios 2, 248. 252. 253.
Aegina 118. 466. 2, 76. 391—394.
Aegis des Apollon 96. 218.

Aegis der Athena 62. 96. 157. 179. 187.
  — des Zeus 96.
Aegisthos 2, 388. 452. 453.]
Aegle 431. 462. 2, 296.
Aegyptos, Aegyptiaden 2, 47—53.
Aello 458.
Aeltere und jüngere Götter 26. 37. 689.
Aeltere Musen 405.
Aeneas 281. 293. 2, 374. 423. 427. 431.
    444. 467, 1.   [457.
Aeolos und Aeolosinsel 519—521. 2,
Aeolos und Aeoliden 2, 74. 249. 310. 314.
Aeon 36. 45, 2.
Aepfel der Hesperiden 32. 462. 2, 216
    bis 221. 355, 3.
ἀήρ 34. 308, 2.
Aerope 2, 128. 388.
Aeson 2, 315. 317. 321. 338.
Aethalides 331. 333. 2, 478, 2.
Aether 32. 33. 34. 51. 85. 93, 1. 128. 133.
Aethiopen 353.
Aethiopis 2, 433—441.
Aethra 161. 2, 114. 287. 288. 445, 1. 465.
Aethusa 2, 30, 3.
Aetolische Sagen und Culte 238. 247.
    550. 2, 243. 302—308. 352. 370.
Agamede 2, 199.
Agamedes 2, 498. 499.
Agamemnon 2, 379. 418. 419. 420. 426
    bis 429. 448—455.
Aganippe 400.
Agapenor 2, 369.
ἀγαθὴ τύχη 443.
ἀγαθὸς δαίμων 121, 3. 444.
Agaue 566.
Agdos, Agdistis 531. 533. 534.
Agelaos 2, 283, 4.
Agenor 2, 23. 24. 50.
Ἀγητόρια 205, 2.
Ἀγγελία 326, 4.
ἀγχυλομήτης 46. 74.
Aglaia 395. 396. 2, 480, 3.
Aglaurides 165, 2. 166.

Aglauros 164. 165, 2. 172. 333, 1. 2. 138. 406.
ἀγορὰ Ἡφαίστου 147, 3.
— θεῶν 50. 87.
Agrae 245. 649.
Ἀγριώνια, Ἀγριάνια 2, 57, 2.
Agraulos 165, 2. 166, 2.
Agreus 374.
Ἀγριάνιος (Monat) 568, 2.
Agrionien 567. 568.
Agriope 2, 486. 2.
Agrios, Bruder des Oeneus, 2, 370. 371. 427, 1.
Agrios, Sohn des Odysseus, 2, 469.
ἀγὼν ἀμφορίτης 207, 2.
— εὐανδρίας 175, 2.
— κάλλους s. Schönheitswettkämpfe.
— νεῶν 485. 487, 3.
Αἰάντεια 2, 451, 3. 464. 465.
Aias der Lokrer 2, 405. 445. 451.
Aias der Telamonier 2, 390. 402—404. 427. 429. 437. 439. 440.
Αἰγαῖον ὄρος 104, 4.
Αἰγίπαν 616.
αἰγίς, αἰγίζειν 96, 1.
Αἰγοκέρως 617, 1.
Ἀΐδης, Ἀιδωνεύς 655.
Ἄϊδος δόμος 663.
Ἄϊδος κυνέη 655.
Ἄϊδου στόμα 624. 665. 666.
Αἰδώς 70. 438. 2, 409.
Αἰθάλη, Αἰθάλεια 145, 1.
Αἴθρα 40, 2.
Αἴθων 638.
αἴλινον 377.
αἴξ, αἶγες, αἰγιαλός 466.
Αἶσα 432.
Αἰώρα, ἑώρα 552.
Akademie 80. 168. 556. 2, 113.
Akakallis 2, 127.
Akamas 2, 301. 446. 465.
Akarnan 2, 369.
Akarnanien 30. 231. 2, 369.
Akastos 2, 315. 323. 339. 340. 396. 467.
Akeles 2, 283. 4.
Akesis 431.
Akidalia 395.
Ἀκμονίδης 40, 1.
Akmon 40, 1. 544.
Ἄκρατος 593.
Akrisios 2, 54. 60. 72.
Ἀκταί 599, 5.
Aktaeon 375—377.
Aktaeos oder Aktaeon 2, 139. 394. 1.
Aktor 2, 237. 394. 395.
Aktorionen 2, 237—239.

Alalkomenae 153. 176.
Alalkomeneus 153, 1.
Alalkomenios (Monat) 176, 1.
Ἀλέαια 161, 4.
Alebion 2, 213.
Ἀλήϊον πεδίον 2, 87. 88.
Alektor 2, 354, 4.
Aleos 2. 240.
Ἀλῆτις 551.
Alexandria 580. 637, 2.
Alexiares 2, 257.
Ἀλκαῖος, Ἀλκείδης 2, 176, 4. 179. 183.
Alkathoos 2, 34. 403.
Alkestis 2, 315—317. 339, 1.
Alkinoos 2, 461.
Alkippe 268.
Alkmaeon 230. 2, 351—370.
Alkmene 109. 2, 131. 176. 272, 1. 280.
Alkon, Heilgott, 427. [281.
Alkon, der Schütz, 2, 210, 3.
Alkyone 383. 2, 30, 3.
Alkyone, Alkyonische Vögel und Tage 2, 248—250.
Alkyoneus 57, 1. 58. 61, 1. 2. 206.
Allerseelenfest 330. 331. 525. 644. 645. 651. vgl. Todtendienst.
Almops 2, 315, 1.
Almos 2. 315, 1.
Aloeus 81.
Aloiden 81.
Alope 483. 2, 290.
Alpenstrasse des Herakles 2, 213, 3.
Alpheios 244. 450.
Alphesiboea 2, 368. 369.
Alter, alte Männer, alte Weiber 360, 3.
Althaea 31, 2. 550. 2, 304—308.
Althaemenes 2, 128. 129.
Althepos, Althepia 480. [453.
Amaltheia, die Nymphe, 30. 31. 105.
— die Ziege 105. 2, 244.
Amarynkeus 2, 238.
Amarynthos, Amarynthien 245.
Amazonen 254. 576. 2, 85. 228. 233. 434.
Ambrosia 89. 2, 554. 566.
Ambubaiae 287, 2.
Anisodaros 2, 82.
Ἀμμάς 528.
Ammonium 113.
Amnisos 421.
Ampelos 575.
Amphiaraos 2, 323, 4. 339, 4. 351—363. 475. 501.
Amphidamas 2, 496.
Amphiktyon 2, 139.
Amphilochos 2, 351. 369. 475. 482. 483.
Amphion 2, 30—34. 141. 315, 3. 381.

Amphitrite 153. 467. 489—490. 2, 288.
Amphitryon 2, 176—181.
Amphoteros 2, 369.
Ampyx 2, 323. 4. 481.
Amyklae 203. 2, 89. 379.
Amyklaeon 204.
Amymone 480. 2, 51.
Amykos 2, 323. 328. 329.
Amyklas 204, 2.
Amyntor 2, 251.
Amythaon 2, 315. 321. 472. [475.
Amythaoniden 2, 56. 315. 351. 406. 474.
ἀναγώγια, καταγώγια der Aphrodite 303, 4.
Anaïtis 256.
ἀνακαλυπτήρια 645.
Anakeion, Anakeia 2, 98. 104.
Ἄναξις, Ἄνακοι 2, 104. 105.
Ἄναξις, Ἄνακτες 696.
ἀνατολαί Ἡλίου 353. 354, 5. 369, 1.
ἄνακις 2, 98.
Anchirrhoe 2, 50.
Anchises 283. 293. 2, 374.
Andania 205. 707. 2, 224.
Andraemon 2, 370.
Androgeos 2, 293. 393, 3.
Andromache 2, 422. 427. 446. 466. 467.
Andromeda 2, 69—71.
ἀνεμοχοῖται 389, 5.
Anemone 285.
ἄνεμος, animus 389, 1.
Anesidora 76, 2.
Aniketos 2, 257.
Anios, Anion 226. 380. 557.
Ankaeos 2, 306. 307. 333, 1.
ἄνω, οἱ 83, 2. 91.
ἄνοδος und κάθοδος der Persephone 629. 644.
Ἀνώγων 2, 98.
Anspucken, Ausspucken 2, 476, 3.
Antaeos 2, 217—219.
Antaia 260, 4.
Antenor 2, 422. 446.
Anteros 416.
Anthedon 502.
Anthesphorien 644.
Anthesterien 330. 554.
Anthologie der Persephone u. a. 624, 1. 644.
Antigone, Tochter des Eurytion, 2, 395. 396.
Antigone, Tochter des Oedipus, 2, 363 bis 365.
Antilochos 2, 430. 435. 438.
Antiope, Amazone, 2, 233, 1. 299.
— Eleusinische Priesterin, 2, 492.

Antiope, Mutter des Aeetes, 2, 319.
— Mutter des Amphion, 2, 30—34.
Antiophemos, Antiphemos 2, 492.
ἀντίστροιαι 639, 1.
ἀνυποδησία 99, 1.
ἄορνος λίμνη 672.
Ἀῶος 287, 2.
Apatureon (Monat) 300, 5.
Apaturia 147. 247. 300.
Ἀπελλαῖος, Ἀπελλαιών 189, 2.
Ἀπέλλων 189.
Apemosyne 2, 128.
Apesas 100. 2, 190, 2.
Apfel 303, 1. 462. 2, 216. 355.
— der Eris 2, 411, 1.
Aphareus, Aphariden 2, 90. 95—97.
ἀφ' Ἑστίας ἄρχεσθαι 347.
Aphidna, Aphidnae 2, 96, 1. 113. 292.
ἀφροδίσιος ὅρκος 110, 3.
Aphrodite 43. 275.
— Ἀγχισιάς 293, 3.
— Αἰνειάς 281.
— Ἀκιδαλία 395, 4.
— ἀκραία, ἀκρία 278.
— Ἀμαθουσία 272. 278, 4.
— ἀναδυομένη 275. 305.
— ἄνθεια 283.
— ἀπατουρία 300.
— ἀποστροφία 278, 1. 291.
— ἀρεία 279. 305.
— Ἅρμα 2, 28, 3.
— ἀφρογενής 275, 2.
— βαιῶτις 289, 3.
— γαληναίη 281. 282.
— δωρῖτις 278. 283.
— ἔγχειος 279, 2.
— ἐλεήμων 296, 4.
— ἑλικοβλέφαρος 289, 3.
— ἐν ἀσπίδι 279, 3.
— ἐν ἕλει 283.
— ἐν καλάμοις 283.
— ἐν κήποις 173. 283.
— ἐνόπλιος 279, 4.
— ἐπήκοος 296, 4.
— ἐπιστροφία 291. [313, 1.
— ἐπιτραγία 280, 1. 303. 2, 295.
— ἐπιτυμβιδία 289, 1.
— Ἐρυκίνη 273. 278. 298. 303. 305. 2, 193, 1.
— ἑταίρα 301.
— εἰδωσώ 301, 2.
— εὔκαρπος 283.
— εὔπλοια 278. 291.
— εὐστέφανος 289.
— ἔφιππος 282.
— ζείδωρος, ἠπιόδωρος 283.

Aphrodite Ζερυνθία 257, 3.
— Ἰδαία 273. 283. 294.
— ἱπποδάμεια 282. 2, 384, 4.
— καλλίπυγος 302, 1.
— καλυκῶπις 289, 3.
— Κασινία 303, 3.
— κουροτρόφος 300.
— Κτησύλλα 300.
— Κυθέρεια 272. 273. 275. 2, 89.
— Κύπρις, Κυπρογένεια 272. 274. 275. 283.
— Κωλιάς 299. 411, 1. 640.
— λιμενία, λιμνησία 281, 5. 282.
— μανδραγορῖτις 297, 1.
— Μορφώ 291.
— νικηφόρος 280. 305.
— νυμφία 300, 3.
— ξείνη 2, 111.
— Ὀλυμπία 301, 1.
— οὐρανία 276—281.
— πάνδημος 277. 300. 301.
— παρακύπτουσα 296, 4.
— πασιφάεσσα 279, 1.
— Παφία 272. 278. 283. 284. 304.
— πελαγία, ποντία 281. 498.
— περιβασώ, περιβασία 301, 2.
— πόρνη 301.
— πρᾶξις 300, 3. 418, 2.
— στρατεία 279, 2.
— στρατονικίς 302.
— Συρία 302.
— τυμαλῖτις 301, 2.
— τυμβώρυχος 288, 1.
— φιλομμειδής 289. 302, 4.
— φυσική 302, 4.
— χρυσῆ 290, 2.
— ψίθυρος 296, 4.
— ὡπλισμένη 279, 3.
Aphrodite älteste der Moeren 279.
— fischend 282, 4.
— Genetrix 280. 306.
— in der Gigantomachie 62.
— Göttin der Ehe und Fruchtbarkeit 298. 300.
— Göttin des Frühlings 283.
— — des Glücks 294, 1.
— — der Hetaeren 301.
— — der Liebe 291—298.
— — der Philosophen 276.
— — der Schönheit 288—291.
— paeta 289, 3.
— Virgo caelestis 279. 280.
— und Ares 267. 279. 2, 28.
— — Athena 288.
— — die Chariten 289. 395. 396.
— — Dionysos 575. 609.

Aphrodite und Eros 413. 414.
— — Hephaestos 142. 2, 326.
— — Herakles 2, 169.
— — Hermes 311. 420.
— — Nemesis 440, 1.
— — die Nereiden 457. 492.
— — Peitho 418.
— — Persephone 285. 288. 661. 662.
— — Poseidon 282. 477, 2.
Apis, Apia 231. 2, 37.
ἀποδημία des Apollon 197.
— der Artemis 197, 4.
ἀποδιοπομπήσεις 103. 115. 2, 313, 1.
ἀπὸ δρυός, ἀπὸ πέτρης 64, 1.
Apollon ἀγήτωρ 205, 2.
— ἀγραῖος, ἀγρεύς, ἀγρευτής 216.
— ἀγυιεύς 219.
— ἀειγενέτης 350, 1.
— αἰγλήτης 207.
— ἀκερσοκόμης 193. 234.
— ἀκέσιος 220.
— ἄκτιος, ἀκταῖος 375, 7. 2, 324, 2.
— ἀλευρόμαντις 225, 2.
— ἀλεξίκακος 219—221. 230.
— Ἀμυκλαῖος 204.
— Ἀναφαῖος 207.
— ἀργειφόντης 319, 1.
— ἀρνοκόμης 215, 1.
— ἀρχηγέτης 214.
— Ἀτύμνιος 2, 133, 5.
— ἀφήτωρ 232.
— βοηδρόμιος 211. 218.
— γαλάξιος 215, 1.
— γενέτωρ 217.
— δαφναῖος, δαφνίτης 233, 2.
— δαφναφόρος 229, 3.
— δειραδιώτης 244, 1.
— δελφίνιος 207. 2, 292. 295.
— Διδυμαῖος, Διδυμεύς 226, 3.
— Διὸς προφήτης 114. 221.
— δρομαῖος 218.
— ἑβδομαγενής, ἑβδόμειος 193. 199.
— εἰκάδιος 193, 4.
— ἑκατηβόλος 193. 232.
— ἕκατος 232.
— ἐκβάσιος 208, 1.
— ἐμβάσιος 208, 1. 2, 324, 2.
— ἔναυρος 199, 2.
— ἐν Ἀκτίῳ 208, 2.
— ἐπάκτιος 208, 1. 375, 7.
— ἐπικούριος 221.
— ἐπιμήλιος 215, 1.
— ἐρεθίμιος 208, 5.
— ἐρισαθεύς 215, 1.
— ἐρυθίβιος 208, 5. 2, 148, 3.
— ἑῷος 199.

Apollon Ζηρύνθιος 257, 3.
— ϑαργήλιος 208.
— Θεάριος 213, 3.
— ϑοραίος, ϑοράτης 215, 1.
— ϑυραίος 219.
— Ἰασόνιος 208, 1.
— ἰατρόμαντις 231, 2.
— ἰήιος 195.
— Ἰχναῖος 201, 1.
— καϑάρσιος 231.
— καλλίτεχνος 428.
— Καρνεῖος 205.
— κουροτρόφος 217.
— Κύνϑιος 193, 2.
— Λατῷος 190, 3.
— Λευκάτας 208, 2.
— Λιβυστῖνος 221, 1.
— λοίμιος 221.
— Λοξίας 228.
— Λυκηγενής, Λύκιος, Λύκειος 201 bis 203. 379. 2, 37. 84, 2.
— λυκοκτόνος 203, 1.
— μαλόεις 215, 1.
— μεταγείτνιος 211.
— Μοιραγέτης 436.
— Μυρτῷος 208, 1.
— ναπαῖος 215, 1.
— νεομήνιος 193, 4. 199.
— νόμιος 205. 215. 373.
— νυμφηγέτης 216, 2.
— ξανϑός, ξουϑός 2, 154.
— οἰκίστης 214.
— ὀρχηστής 223, 3.
— οὔλιος 220.
— Παγασαῖος, Παγασίτης 2, 250, 3.
— Παιάν, Παιήων, Παιών 195. 220.
— πατρῷος 217. 236, 2. 2, 154.
— ποίμνιος 215, 1.
— Πορνοπίων 202.
— προόψιος 208, 1.
— προστατήριος 219.
— προστάτης 221, 1.
— Πυϑαεύς 213, 3.
— Πύϑιος 195. 213. 228. 2, 162.
— σαυροκτόνος 237.
— Σαρπηδόνιος 2, 132.
— Σμινϑεύς, Σμίνϑιος 201. 202.
— στρατάγιος 218, 2.
— σωτήρ 231.
— Τεμπείτης 201, 1.
— τράγιος 215, 1.
— Τριόπιος 206.
— Φαναῖος 208, 1.
— φιλήσιος 226, 3.
— φύξιος 203.
— χρυσάωρ, χρυσάορος 232.

Apollons Abreise und Wiederkehr 197.
Apollon als Heilgott 220. 423.
— als Todesgott 218.
— beim Admet 215. 229. 2, 316.
— beim Laomedon 215. 2, 234.
— der Delische 191. 197. 199. 200. 2, 258.
— der Didymaeische 226.
— — Gryneische 225.
— — Ismenische 226. 2, 179. 183. 359.
— — Klarische 226. 2, 482.
— — Ptoische 226. [437.
— — Thymbraeische 201. 225. 2, 424.
— und die Chariten 396. 397, 3.
— — die chthonischen Götter 205. 206. 228. 656.
— — Dionysos 221—224. 402. 586.
— — Herakles 217. 2, 162—164. 246. 251. 256.
— — Hermes 217. 309. 313.
— — Kyrene 373.
— — Marsyas 606.
— — die Moeren 436. 2, 316.
— — die Musen 223. 402. 403.
— — die Nymphen 216.
— — Orest 688. 2, 453—455.
— — Zeus 221.
Apollinische Kathartik 225—231.
— Mantik 224—225.
— Musik 222.
Ἀπολλωνόβλητος 218, 3.
ἀποσκοπεῖν 611, 3.
Apsyrtos 2, 335. 337.
Ἀραί 685.
Arachne 151.
Archaleus 2, 208, 2.
Archemoros 2, 357. 501.
Areia (Insel) 2, 197.
ἀρεία κρήνη 267.
Areion (Roß) 484. 485. 2, 188. 362.
ἄρειον τεῖχος 267.
Areiopag, } 180. 265. 689. 2, 454.
ἄρειος πάγος }
Ares 81. 262. 2, 313. 334.
— ἀγνεύς 269.
— γυναικοϑοίνας 269.
— Ἐννάλιος 265.
— ϑηρίτας 268.
— ἵππιος 265, 3. 269.
Ares Gott der Schlachten 263.
— Gott des gewaltsamen Todes 264, 3.
— Sonnengott 269.
— Söhne 2, 200. 354.
— und Athena 177. 263. 266.
— — Aphrodite 267.
— — Apoll 263.

Ares und Herakles 2, 200—202. 250.
Aresthanas 426.
Ἀρετή 177.
Arethusa 244. 453.
Arganthone 2, 145, 4.
Argaphia 395.
Ἀργή 239, 1. 2, 197.
Argeia 2, 353. 364.
Argeios 2, 235, 4.
Ἀργειφόντης 317. 318.
Ἀργής 42.
Argiope 2, 24. 3. 489.
Argo 2, 309. 324. 341.
Argonauten 2, 308—341.
Argonautica 2. 309.
Argos Amphilochikon 2, 35. 369.
Argos Panoptes 317. 318. 2, 38. 41.
Argos, Sagen und Culte, 128. 135. 150. 202. 568. 2, 34—74. 99. 157. 282. 283. 351. 379—390.
Argos, Sohn des Phrixos, 2, 313. 324.
Argynnos 2, 419, 3.
Ariadne 558—562. 2, 295.
Ἀριδήλα 560.
Arimaspen 197.
Arimer 55. 2, 83.
Arion 2, 497, 1.
Aristaeos 373—375. 557.
Aristeas 197.
Aristomachos 2, 282.
Arkadien 101. 242. 312. 321. 471. 610. 619. 2, 193. 306.
ἀρκτεία, ἀρκτεῦσαι 246, 3.
Arkturos 385.
Arne 481. 521.
Ἀρνεῖος Mt., Ἀρνηίδες ἡμέραι 379.
ἄροτοι ἱεροί 169, 2.
ἄροτος παίδων 641, 1.
Arrhephorien 172. 639, 1.
ἀρρηφόρος, ἐρρηφόρος 173.
Arrhetophorien 172, 3. 639, 1. 710.
Arsinoe, T. des Leukippos 216, 4. 427.
— T. des Phegeus, 2, 368. 369.
Artamis, Artemis 237, 2.
Artemis ἄγγελος 259, 1.
— ἁγνή 249.
— ἀγροτέρα 245.
— αἰθοπία 246, 3.
— Ἀλφειοῦσα, Ἀλφειωνία 244.
— Ἀμαρυσία 245.
— ἀμφίπυρος 261, 2.
— ἀριστοβούλη 249.
— ἀσπαλίς 253, 1.
— Ἀφαία 253.
— Βορειτηνή 256, 2.
— βούβατος 252, 1.

Artemis Βραυρωνία 246, 3. 252.
— δαφναία 239.
— δελφινία 239. 253.
— Δερρεᾶτις 244.
— δέσποινα 243.
— Δηλιάς 238, 2.
— Εἰλείθυια 421, 3.
— ἐκβατηρία 240, 2.
— ἐλαφηβόλος 245, 4.
— ἐλαφία, ἐλαφιαία 241.
— ἑλεία 244, 2.
— Ἐλευσινία 243, 1.
— ἑλλοφόνος 245, 4.
— ἐλευθέρα 421, 3.
— ἐνοδία 243, 1.
— Εὔκλεια 249.
— εὐπορία 243, 1.
— εὐπραξία 248, 1.
— Ἐφεσία 253.
— ἡγεμόνη 243.
— ἡμέρα, ἡμερασία 2, 57.
— Θερμία 240, 2.
— ἰαχυνθοτρόφος 206, 5.
— ἰοχέαιρα 239.
— Ἰσσωρία 252, 3.
— Ἰφιγένεια 250, 4.
— καλλίστη 240. 243.
— Καρυᾶτις 243. 245, 3.
— Κελκαία 246, 4.
— Κναγία, Κνακαλησία, Κνακεᾶτις
— Κολαινίς 245, 2.   [241, 5.
— Κολοηνή 256.
— κονδυλῖτις 247, 5.
— κορία 2, 57.
— κορυθαλία 243.
— κουροτρόφος 243, 3. 249.
— Κτησύλλα 300.
— λαφρία 245. 2, 304.
— Λευκοφρυηνή 255.
— λιμενοσκόπος 240.
— λιμναία, λιμνᾶτις 240. 244.
— λοχεία, λοχία 248.
— λυγοδέσμα 250, 2.
— Λύκεια 239.
— λυσίζωνος 248.
— Μουνυχία 246.
— Νανᾶ 256, 3.   [1.
— Οἰνωᾶτις 2, 35, 4. 58, 1. 196. 371,
— Ὀρθία, Ὀρθωσία 250.
— Ὀρτυγία 238.
— παιδοτρόφος 243, 3.
— Περγαία 255.
— Περσία, Περσική 256.
— ποδάγρα 247, 5.
— ποταμία 240. 244.
— προπυλαία 243, 1.

Artemis Σαρτιδονία 2, 132.
— Σαρωνίς 503.
— σελασφόρος 239.
— σοωδίνα 421, 3.
— στροφαία 243, 1.
— σώτειρα 248. 262.
— Ταυρώ, Ταυρική, Ταυροπόλος, ταυρωπός 251. 2, 454.
— Τμωλία 256, 2.
— ύμνία 242, 1. 243.
— φακελῖτις 250, 2.
— Φεραία 257. 311. 2, 317, 1. 338.
— φιλολάμπαδος 261, 2.
— φωσφόρος 239.
— χελῖτις 247. 5.
— χιτώνη, χιτωνία 248.
— χρυσάορος 232, 4.
— χρυσηλάκατος 240, 3.
Artemis und Apoll 239.
— — Demeter 243.
— — Hekate 256. 258.
— — die Moeren 435. 2, 316.
— — die Nymphen 240.
— — Orion 367. 370.
— — Persephone 243. 661.
Artemisia, Artemision Mt. 241. 244, 3. 245, 2. 254, 1.
Ἀσία, Ἄσιος λειμών 73, 1. 2, 117.
Askalaphos 263. 681. 2, 223.
Asklepiaden 425. 428. 429. 431.
Ἀσκληπίεια 426. 427, 3.
Asklepios 321, 5. 423. 2, 284, 4. 316.
Asklepios ἀγλαόπις 429.
— αἰγλάηρ 429.
— κοτυλεύς 2, 242, 4.
— Σωτήρ 430.
Asklepios und Flüsse 448, 1.
— und Quellen 451.
Askoliasmos 552.
Askra 82. 401. 403. 2, 496.
Asopos 450. 453. 2. 75. 76. 384, 3. 392.
Ἄσπετος 2, 439, 1. 466.
ἀσπὶς ἡ ἐν Ἄργει 135. 2, 53.
ἀσφοδελὸς λειμών 664. 669.
Assarakos 2. 374. 375.
Astakos 2, 359.
Astarte 152, 3. 272. 2, 44. 116.
ἀστέρες der Dioskuren 2, 106.
Asteria 41. 238. 257.
Asterion, Bach, 129, 1.
Asterion, König in Kreta, 2, 118.
Asterios 2, 135.
Astraea 70, 3.
Astraeos 40. 359. 386.
ἀστρόβλητος 379, 3.
ἄστροις σημειοῦσθαι 366, 2.

Astyanax 2. 446.
Atabyron. Atabyris 108. 2, 128, 3.
Atalante 2, 306. 339. 355.
Ate 115. 437. 2, 374, 3.
Athamas. Athamantiden 116. 494. 2, 310—314. 384.
Ἀθήνη, Ἀθηναία, Ἀθηνᾶ 151. 152.
Athena ἀγελείη, ἀγέστρατος u. s. w. 175, 4.
— ἄγλαυρος 165, 2.
— ἀγοραία 180. 188.
— ἀηδών 182, 4.
— αἴθυια 178, 1. 2, 139, 3.
— ἀκρία 161.
— Ἀλαλκομένη, -μενηΐς 176.
— Ἀλέα 161. 2, 240. 243.
— ἀλκίς 176.
— ἀνεμῶτις 178, 1. 2, 406.
— ἀπατουρία 179.
— Ἀρεία 177.
— ἀρχηγέτις 180.
— Ἀσία 2, 334, 4.
— ἀτρυτώνη 175, 4.
— βασίλεια 180.
— βοαρμία 181, 4.
— βομβυλία 182.
— βοΐδεια 181, 4.
— βουλαία 180.
— γενετιάς 179, 4.
— γεφυρῖτις 185, 1.
— γιγαντοφόντις 62, 6.
— γλαυκῶπις 159.
— γοργοφόνος, γοργῶπις 159.
— ἐγκέλαδος 60, 2.
— Ἑλλωτίς 160.
— Ἐργάνη 171. 181. 710.
— ζωστηρία 161, 2. 264, 4.
— Ἡφαιστία 146, 2.
— Ἰλιάς 176.
— ἱππία 178.
— Ἰτωνία 176. 180.
— κλειδοῦχος 162, 2.
— κόρη, κορία, κορησία 153, 2.
— κουροτρόφος 179.
— Λημνία 187.
— Λινδία 156. 178. 181. 2, 49.
— μηχανῖτις 184.
— μουσική 183, 1.
— Νεδουσία 153.
— Νίκη, νικηφόρος 62. 177. 407.
— ξενία 180, 3.
— ὀβριμοπάτρη 154.
— Ὄγγα, Ὄγχα, Ὀγχαία 153. 2, 25.
— ὀξυδερκής 161. 2, 406, 3.
— ὀπτιλέτις, ὀπτιλῖτις 161.
— παιωνία 179, 3.

Athena Παλληνίς 60. 167.
— παναχαίς 180.
— πάνδροσος 165. 2.
— Παρθένος 162, 3. 183. 186.
— περσίπολις 174, 4.
— Πολιάς, πολιοῖχος 162—167. 171 bis 175. 180.
— προμαχόρμα 175, 4.
— πρόμαχος 162. 176. 186.
— πρόνοια, προναία 161.
— Σάλπιγξ 183, 2. 2, 284.
— σθενιάς 176.
— Σκιράς 167. 171. 183.
— Σουνιάς 178, 1.
— σταθμία 180, 2.
— σώτειρα 180.
— Τριτογένεια 152.
— Ὑγίεια 179.
— ὑπερδεξία 180. 3.
— φρατρία 179.
— χαλινίτις 178. 484. 2, 81.
— χαλκίοικος 180.
— χρυσαιγίς 157, 3.
Athena Blitze schleudernd 157.
— in der Gigantomachie 60. 62. 157 bis 174.
— und Aphrodite 279.
— — Apollo 179, 3.
— — Ares 177. 266.
— — die Argonauten 2, 319. 324. 332. 334. 335, 1.
— — Dionysos 171.
— — Hades 176, 2.
— — Hephaestos 146. 163.
— — Herakles 2, 160. 256.
— — Kadmos 2, 25.
— — Nike 177. 407. 409.
— — Odysseus 184. 2, 406.
— — Perseus 2, 62. 67.
— — Poseidon 166. 178. 188. 2, 137.
— — Zeus 127. 154. 157. 180.
Ἀθῆναι, Städte, 151, 2. 2, 139, 3.
Ἀθήναια 146, 2.
Ἀθηνᾶς ψῆφος 180, 2.
Athen und Attika, Sagen und Culte, 44, 3. 103. 143. 146. 157—175. 209. 245. 268. 427. 476. 525. 537. 550 bis 557. 614. 633—637. 639—644. 645 bis 653. 687. 2, 135—157. 258. 286 bis 302. 363. 365. 403. 464. 465. 477. 491. 492.
Atlanten 464.
Atlantis, Atlantisches Meer 463.
Atlas 32. 41, 3. 382. 460—464. 2, 69. 216. 220. [448—456.
Atreus und die Atriden 2, 386—390.

Atropos 434.
Ἀττίδεια 538, 2.
Attis 533—536. 575.
Atymnos, Atymnios 216, 3. 2, 133.
Αὐδηναῖος, Αὐδωναῖος Mt. 657, 3.
Auge 160. 2, 240.
— ἐν γόνασι 422.
Auge der Gestirne 369. s. auch ὄμμα.
Augeias und sein Stall 2, 198—200.
Aulis 2, 417. 419.
Αὔως, aurora, ausel 349, 2.
Aura, Aurae 388. 520. 2, 147.
Autochthonen 63. 67, 3.
Autolykos 319. 327. 2, 407.
Automatia 441.
Auxo 396.
Axieros, Axiokersa, Axiokersos 310. 704.
Bad der Aphrodite 284. 290, 1. 307.
— der Athena 172, 1.
βαίτυλος 47, 1.
Bakis 2, 477.
Βάχχος, Βαχχέβαχχος 549.
βάλλις 2, 477, 1.
βαλλητύς 651, 2.
Βάπται 576, 3.
βάραθρον, βέρεθρον 52.
Bärin, Gestirn, 243. 367. 385.
Bärin, der Artemis heilig 241.
βασάρα, βασσάρα, Βασσάραι 575, 2.
Bateia 2, 374, 2.
Baton 2, 356. 361.
Battos 314.
Baubo 648, 2.
Bäume 63. 529. 534. 597. 617.
βεκκεσέληνος 64, 2.
Bellerophon 2, 77—89. 501.
Belos 2, 23. 24. 50.
Bendis, Bendideen 160, 5. 260.
Benthesikyme 467. 2, 149.
Berekynthia 528.
Berge 35. 94. 463.
Beutel des Hermes 336.
Bias 2, 315. 472. 474.
Bienen 105. 710.
Bier 581, 2.
Βλάστη 629, 3.
Blitz 42.
Blutgeld, Blutsühne 230.
Bock 303. 589.
Boedromien, Boedromion 211. 2, 154, 2. 299.
Boeotien, Sagen und Culte, 129. 226. 469. 481. 620. 2, 21—34. 176. 341 bis 371. 477. 478. 496. 499.
Bogen des Apoll 232.
— — Eurytos 2, 225. 254.

Bogen des Herakles 2, 187. 420. 442.
— — Odysseus 2, 462.
— — Philoktet 2, 420.
Bootes 385.
Boreaden 2, 151. 328. 331.
Boreas 196. 386. 388. 2, 148—152. 330. 493. 501.
Bormos 2, 328.
Bosporos 2, 39. 42.
Branchos, Branchiden 226. 2, 482.
Brauron, Brauronien 246. 251. 252. 553, 2.
Βριαρεύς, Βριάρεως, Ὀβριάρεως 42. 513. 2, 211.
Brimo 158. 257. 311. 646, 4.
Βρῖσαι 584, 2.
Briseis 2, 422. 426.
Britomartis 252.
Βρόντης 42.
Broteas 536, 3. 2, 380, 3.
Βούβρωστις 638, 2.
βουγάϊος 136, 3.
Bukatios Mt. 212.
βουκόλιον 169, 2.
βούλιμος 136, 3.
Bunte Gewänder 291.
βούπαις 136, 3.
Buphagos 2, 239. 265.
Buphonien 103. 137, 1.
Busiris 2, 219.
Butaden 169.
Butes 169. 2, 138. 151, 2. 337, 2.
Buzyges 169. 642.
Byblis 296. 2, 135.
Byblos 284. 292, 2. 2, 44.
Βύζη 493, 2.
Βύσιος Mt. 193. 195, 1. 211.
Cacus 2, 213.
Camillus 333.
χαλαζοφύλακες 389, 5.
Χαλκεῖα 146. 171.
Chalkiope, Tochter des Aeetes, 2, 319.
— — — Eurypylos, 2, 236.
Chalkodon, Chalkodontiden 2, 155. 236.
Chaos 33—36. [401.
Chariklo, Gemahlin des Chiron, 2, 18.
— Mutter des Teiresias, 2, 478.
Charilas 229, 2.
Charis, Chariten 138, 2. 142. 290. 395 bis 398. 418.
Χάριτες Προιτίδες 2, 58, 1.
Charitesia 395.
Charon 672. 673.
Charonia 672.
Charybdis 507. 2, 337. 459.
Chelydorea 313, 3.

Chimaera 2, 82.
Chione 2, 149. 150, 4.
Chios 369—371. 558.
Chiron 114. 376. 423. 2, 15—18. 317. 318. 320. 321. 322. 395—401.
Χλόεια 631, 2.
Chloris 394.
— Gemahlin des Ampykos 2, 323, 4.
— — — Neleus 2, 315. 415, 1.
Choen 330, 2. 554.
Chronos 36. 45, 2.
Chrysaor 2, 65. 202.
Chryse 160. 2, 235, 3. 327. 420.
Chryseis 2, 422. 426.
Chrysippos 2, 343. 347. 387.
Chrysothemis 2, 419, 5.
χρυσοῦν θέρος 209.
Chthonische Götter 83. 522. 643.
χθόνια 645.
Χθονία 165, 3. 2, 153.
χθόνιοι, οἱ 53, 1. 83, 2.
χθών 524, 4.
Chytren 330. 555.
Cicade 360.
Cumae 61. 666. 668. 672. 2, 214. 469.
Δαίδαλα 132, 2.
Δαιδάλη Μήτιδος 155, 2.
Δαιδαλίων 2, 150, 4.
Daedalos 148. 2, 121. 136. 499—501.
δαίμων 88.
Daemonen 71. 120. 149. 442—444. 517.
Δαῖρα, Δάειρα 311, 1.   [2, 6.
Daktylen 543. 544. 2, 275.
Damastes 2, 290.
Damatrios Mt. 639.
Damia und Auxesia 618, 2.
Damnameneus 544.
Δάν, Δήν 92.
Danae 2, 59—61. 71. 72. 74.
Danaer 2, 45. 49. 54.
Danaiden 597. 677. 2, 45—54. 493, 4.
Danaos 178. 202. 2, 45—54.
Daphne 216. 233. 2, 384, 3.
Daphnephorien 221, 3. 233, 2.
Daphnis 324. 594. 595.
Dardania 2, 373.
Dardanos 383. 702. 2, 330. 373. 378.
Darrhon 431.
Daulis 2, 143, 1.
Δαυλίς, Fest in Argos, 2, 54, 5.
Daunos 2, 470.
Deianeira 2, 243—246. 254. 255.
Deidamia 2, 19. 417.
Deimos und Phobos 266. 267.
Deino 2, 63.
Deion, Deioneus 2, 12. 146.

Deiope 2, 492.
Deiphobos 2, 442. 445.
δειπνοφόρια 173, 2.
Deipyle 2, 353.
Delia 210. 2, 296.
Delos 191—193. 197. 199. 200. 222. 226. 235. 238. 380. 421. 557. 2, 151. 296.
Delphi 47. 161. 193—195. 198. 200. 201. 202. 203, 2. 208. 211—214. 222. 227. 236. 346. 563. 572. 2, 150. 170. 345. 366. 369. 467. 499.
Delphin 207. 208. 304. 463. 468. 488.
Delphinien 209. 2, 295.
Delphinion 209.
Delphinios Mt. 207, 2.
Delphyne, Delphynes 194.
Δημήτηρ 618, 2. 630, 2.
Demeter ἀζησία 631, 2.
— ἁλωάς 632.
— ἁμαία 632.
— ἀμαλλοφόρος 632.
— Ἀμφικτυονίς 643.
— ἀναξιδώρα, ἀνησιδώρα 628.
— Ἀχαιά 627.
— ἀχθεία 627, 1.
— ἱλέγηρις 631.
— ἐνδρομώ 627, 3.
— ἐπίασσα 634, 2.
— ἐπιλυσαμένη 641, 2.
— ἐπιπόλα 634, 2.
— ἐποικιδία 634, 2.
— Ἐρινύς 621. 627.
— Ἔρκυννα 2, 500.
— Ἑρμοῦχος 632, 5.
— ἐρυσίβη 208, 5. 631.
— εὐαλωσία 632.
— εὔκαρπος 631.
— εὔπυρος 630.
— εὐρυόδεια 627, 3.
— εὐρώπη 2, 500.
— εὔχλοος 631.
— ζείδωρος 630.
— θεσμοφόρος 639—641.
— ἱμαλίς 498, 3. 632.
— ἰουλώ 632.
— καρποφόρος 631.
— κατάγουσα 629.
— καῦστις 631.
— κουροτρόφος 629.
— Λίβυσσα 637, 2.
— μαλοφόρος 633, 2.
— μεγάλαρτος 632.
— μεγαλόμαζος 632.
— μέλαινα 626.
— ξανθή 632.
— ὀμπνία 631.

Demeter πολύκαρπος 631.
— ποτνιά 618.
— πυλαία 640, 3. 643.
— πυροφόρος 630.
— σεμνή 618.
— σπερμοῦχος 632, 5.
— σωρῖτις, πολύσωρος 632.
— ταυροπόλος 634, 1.
— φιλόπυρος 630.
— φοινικόπεζα 632.
— χαλκόκροτος 574, 1.
— χαμύνη 638.
— χθονία 643—645.
— χλόη, χλοηφόρος 631.
— ὡρηφόρος 632.
Demeter als Ackergöttin 630—633.
— die suchende 621.
— und Dionysos 633. 645. 646. 650.
— und Poseidon 622.
Δημήτριοι 643.
Δημήτρια 645, 1.
Demophon, Sohn des Keleos, 635.
— — — Theseus, 2, 301. 446. 465.
δενδροφυεῖς 64, 1.
Deo 626.
Derkynos 2, 213.
Δευκαλίδαι 66, 1.
Deukalion 65. 73, 1. 99, 4.
Δεύς 92.
Dexamenos 2, 245.
Dia (Hebe) 411.
Dia 2, 12. 13.
Diasien 103.
διχομηνίαι 362.
Didymoi 226.
Dienstbarkeit des Apoll 215. 229, 2. 234. 316.
— — Herakles 2, 185.
— — Kadmos 2, 26.
— — Orestes 230. 2, 455, 1.
— — Poseidon 2, 234.
Dike 70, 3. 120. 710.
Dikte 105.
Diktynna 252.
Diktys 2, 61. 71.
Dindymene, Dindymon 528. 531. 537. 2, 328.
δῖοι, διογενεῖς 121.
Διομήδειος ἀνάγκη 2, 443, 2.
Diomedes 2, 366. 370. 405. 417. 425. 427. 428. 434. 442. 443. 449. 465, 4. 469. 470.
— der Thraker, 2, 200.
Diomeia 2, 258, 5.
Δῖον 97. 400.
Dione 99. 271. 274. 2, 384.

Dionysia 552—556.
Διόνυσος, Διώνυσος 549.
Dionysos ἀγριώνιος 569.
— αἰγοβόλος 590, 1.
— ἀνθεύς, ἄνθιος 584.
— ἀνθρωπορραίστης 569.
— βάσσαρος, βασσαρεύς 575, 2. 592,
— βουγενής 568, 1. 589. [2.
— βουκέρως 589, 3.
— βρισαῖος, βρισεύς 584. 592, 2.
— βρόμιος 549.
— δασύλλιος 584.
— δενδρίτης 583.
— διθύραμβος 547.
— διμήτωρ 547.
— εἰραφιώτης 547. 589, 6.
— Ἐλευθερεύς, ἐλεύθερος, ἐλευθέριος 551. 553, 3. 555. 585.
— ἔνδενδρος 591, 1.
— ἐνόρχης 588, 1.
— Ἐνυάλιος 587, 3.
— ἔριφος, ἐρίφιος 589, 6.
— εὐβουλεύς 584, 6. 659, 3.
— εὐεργέτης 584, 6.
— εὔιος 549. 570, 2.
— εὔκαρπος 584.
— εὐστάφυλος 582, 2.
— ἥβων 411, 4. 592, 2.
— θηλύμορφος 549. 575.
— θρίαμβος 579, 4.
— Θυωνεύς, Θεωνίδας 563.
— ἰατρός 585, 3.
— ἰσοδαίτης 564, 3. 660, 2.
— ἰυγγίης 549.
— καθάρσιος 587.
— κισσοχαίτης 588.
— Κρήσιος 559, 5. 568, 2.
— Λιβῆνος 583.
— Ληναῖος 553, 3.
— λικνίτης 565. 572.
— Λιμναῖος 553, 3.
— λυαῖος, λύσιος 555. 585.
— Μιθυμναῖος 558, 4.
— μειλίχιος 569, 2. 584.
— μελαναιγίς 590, 1.
— μελπόμενος 586.
— μηρορραφής 547.
— νυκτέλιος 549, 2. 564, 3. 570, 1.
— ὀρειφοίτης 550.
— ὀρθός 393, 2.
— ὀρσιγύναιξ 570, 2.
— παιώνιος 585, 3.
— παυσίλυπος 585.
— πέλεκυς 566, 2.
— περικιόνιος 547, 1. 591, 1.
— πυριγενής 547.

Dionysos σταφυλίτης 582, 2.
— συκιάτης, συκίτης 584, 5.
— ταυροκέρως, ταυρόμορφος 571.
— ταυροφάγος 589, 1. [589.
— Ὕης 548. 583.
— φαλλήν 588, 1.
— φλεύς, φλοιός 583.
— χαριδότης 569, 2.
— χθόνιος 565, 1.
— χοιροψάλας 588, 1.
— χόρειος 585, 1.
— ψίλαξ 555, 2.
— ὠμάδιος, ὠμηστής 569. 572.
— vgl. auch Liber Pater.
Dionysos' Auferweckung 565. 572.
— Leiden 564.
— Rückkehr 572. 574.
— Vermählung mit der Basilissa 554.
Dionysos als Arzt 585.
— — Culturgott 584.
— — Eroberer 579—581. 587.
— bei der Gigantomachie 59, 1.
— der Eleusinische 645—648. 649.
— — Indische 578—581. 592, 2.
— und Aphrodite 575. 609.
— — Apollo 221. 402. 564, 3. 586.
— — Ariadne 558—562.
— — Aristaeos 374.
— — die Chariten 395. 396. 571.
— — Demeter 584. 633. 645.
— — Eirene 394, 1. [562.
— — Hephaestos 143—144. 557, 2.
— — Herakles 563. 2, 266—268.
— — die Kentauren 2, 20.
— — Midas 532.
— — die Musen 402. 571.
— — die Nymphen 547. 550. 571.
— — Pan 615. [583.
— — Perseus 2, 73.
— — Priap 609.
— — Rhea 530. 535. 574—578.
— — Silen 605. 606.
— — der Triton 562.
Diopos 2, 500.
Διός Mt. 97.
Διός αἶσα 433.
— αἶγαί 93, 1.
— βουλή 84. 432.
— βοῦς 137, 1.
— κορυφή 154, 4.
— κώδιον 96. 115. 170, 4.
— μάστιξ 95, 5.
— ὀφθαλμός 42, 1. 113. 352, 1.
— ὄχημα 95.
Διοσημίαι 113.
Διοσκούρεια 2, 100.

Dioskuren 2, 31. 91—108. 307, 3. 323.
— λευκόπωλοι 2, 101.   [414.
— σωτῆρες 2, 105.
— φιλόξενοι 2, 103.
— in Athen 650. 2, 104. 113.
— und Kabiren 2, 107.
Dipolien 103. 170, 4.
δίψιον Ἄργος 2, 36. 46.
Dirke 2, 32. 33. 178.
Δίς 92.
Δισαύλης, Τρισαύλης 634, 3.
Diskos (Symbol der Sonne oder des Mondes) 204. 2, 72.
Disoteria 121, 3.   [593.
Dithyrambos 199. 547. 556. 568. 586.
Dodona 30. 97—100. 113. 197. 384. 710. 2, 324.
Δοίη ἡ Μαιάνδρου s. Eidothea.
δόκανα 2, 102, 2.
Dolionen 2, 327.
Dolon 2, 428.
Doppelbeil 112, 2. 269, 5. 2, 228.
Doris 453. 455.
Dorische Sagen und Culte 201. 474. 2, 252. 279.
Δώς, Δωτώ 98, 2.
Dotisches Feld 98, 2. 423. 424, 1. 620, 2. 2, 489.
Drachenkampf des Apoll 193. 194. 222. 226, 1. 229.
— — Herakles 2, 234.
— — Iason 2, 334.
— — Kadmos 267. 2, 25.
Drachensaat, Drachenzähne 2, 28. 334.
δράκων 165, 1.
Drei Götter vor den übrigen 86. 87.
— Kroniden 50. 127.
Dreifuſs 232.
Dreifuſsraub des Herakles 2, 162.
Dreitheilung der Welt 50. 83.
Dreizack des Apoll 208, 1.
— — Poseidon 166. 467. 472. 480.
Δρεπάνη, Δρέπανον 45, 3.
Dritter Tag 174, 1.
Dryaden 596.
Dryoper 2, 246. 252.
Dryops 611.
Dulorestes 230. 2, 455, 1.
Dymas 2, 375.
Dyrrhachos, Dyrrhachium 485, 3.
δύσμαιναι 569, 1.
Eber 241. 285. 303. 2, 304, 2.
Eber und Löwe 2, 316. 353.
Ἐχέφρων 2, 193, 3.
Echidna 56.
Echion 566.

Echo 597. 612.
Edonos 2, 312, 4.
Eetion 2, 422.
Egesta, Egestos 2, 234, 1.
Ehen des Zeus 109.
Eherne Becken, Schilde, Klappern bei drohenden Gefahren des Himmels 106. 375, 2. 2, 198.
Ehernes Geschlecht 69.
Ei 35.
— der Dioskuren 2, 93. 107, 1.
— — Leda 2, 92. 93. 98.
Eiche des Zeus 98.
Eid beim Styx 28, 1.
Eidechse 237, 1.
Εἰδομένη 2, 472, 2.   [331, 1.
Eidothea, Schwester des Kadmos, 2,
— T. des Maeander, 2, 135, 2.
— T. des Proteus 500.
Eileithyia 138. 173, 1. 192. 299, 4. 421 bis 423.
— εὔλινος 422, 2.
— und die Moeren 434.
Eioneus 2, 428, 1.
Eirene 393.
Eiresione 211.
Eisen, eisernes Geschlecht 68. 70.
Ἐκδύσια 248, 2.
ἐλαία πάγχυφος 167, 2.
Ἰλακάτεια 2, 166, 3.
Elaphebolien, Elaphebolion 241. 245.
Elara 195.
Elatos, Elateia 424, 1.
Elektra, T. Agamemnons, 2, 454.
— die Plejade, 383. 2, 373.
Elektron 357. 358.
Elektryon 2, 176. 205.
Ἐλέου βωμός 2, 281, 1.
Eleusinia, groſse, 650.
— kleine, 649.
Eleusinische Weihe 652—653.
Eleusinischer Agon 651.
Eleusinischer Krieg 2, 152.
Eleusis 620. 634. 635. 645—653.
Eleuther 2, 30, 3.
Eleutherae 550. 2, 30. 31.
Elis 179. 244. 269. 280. 569. 571. 2, 237. 260. 261.
S. Elmsfeuer 2, 105.
ἐλπίς 77, 1.
ἠλύσια, ἐνηλύσια 123, 3.
Elysion 670. 678. 680. 2, 129. 438.
Emathion 361. 2, 220.
Empusa 260.
Empyromantie 114.
Enalos 503.

Encheleer 2, 26. 367.
Ἐγχώ 563, 4.
Endeis 2, 394.
Enden der Erde 27. 32.52.668. 670. 2, 62.
Endymion 363 364. 710.
ἔνεροι, inferi 667, 1.
Enkelados 59. 60.
Enna 625.
Ennaeteris 229. 2, 119. 164. 226.
ἐνόδια σύμβολα 627.
Entbindung der Alkmene 422. 2, 178.
— — Leto 161, 1. 192. 421. 422.
Enyalios, Enyo 265. 2, 63. 501.
Enyeus 2, 417, 1.
Ἠοίης 257, 2.
Eos 32, 1. 359—361. 2, 89. 144—147. 435. 436.
— αἰγλήεσσα 359.
— ἰανθόφορος 359, 5.
— κροκόπεπλος 359.
— λευκόπτερος, λευκόπωλος 359.
— ῥοδοδάκτυλος 359.
— χαροπή 359.
— χρυσόθρονος 359.
— χρυσοπέδιλος 359, 5.
Epaphos 2, 39—49. 50.
Epeios 2, 443.
Ἐφέσια 254, 1
Epheu 204, 3. 558. 590.
Ἐφιάλτης, Incubus, 617, 4.
Ephialtes, der Gigant, 69. 81.
Ephyra 263. 665. 2, 198. 245. 279. 466.
Ἐπιδαύρια 427, 3.
Epidauros 425.
ἐπιδημία des Apoll 198, 1. 212, 1.
Epigonen 2, 365—367.
Epikaste = Iokaste 2. 344.
— = Polykaste 2, 460, 1.
Ἐπικλείδια 632.
ἐπικλώθειν 432.
Ἐπικρίνατα 631, 3.
Epimenides 116.
Epimetheus 76.
Epione 431.
Epiphanieen der Dioskuren 2, 99—108.
— — Götter 90.
— — Heroen 2, 6, 1.
ἐπίστιον, ἐφέστιον, ἐφέστιοι 344. 345.
Ἐπωπή, 94, 1.
Epopeus 2, 31.
Epoptie 652.
Eppich 487. 2, 357, 3.
Erato 407. 613.
Erde s. Gaea.
Erdgeister 71.
Erebos 32. 34. 36. 668.

Ἐρίχθων 163, 1. 164, 1.
Ἐρεχθηὶς θάλασσα 167. 472.
Erechtheische Jungfrauen 165.
Erechtheus 163. 439. 2, 138. 140. 152 bis 154.
Ἐρευθήνια 208, 5.
Ergane 182, 1. 710.
ἐργαστῖναι 171.
Erginos 2, 189. 323. 326. 499, 2.
Eriboea 2, 402.
Erichthonios 163. 164. 173. 178. 179. 525, 2. 649, 3. 2, 137, 2. 138. 140.
— Sohn des Dardanos, 2, 374.
Eridanos 196. 197. 358. 450.
Erigone 551.
Erikapaeos 36.
ἐρωτός 507, 1.
Erinyen 33. 43. 435. 677. 684-690. 710. 2, 346 368. 453.
Eriphyle 2, 351—356. 366. 368.
Eris 266. 2, 398. 411.
Eros 34. 36. 62. 310. 413—416.
— Frühlingsgott 414, 3.
— und Pan 616.
— — Priap 609.
— — Psyche 416.
Ἡροσάνθεια 644, 4.
Eroten 417.
Erotidia 415. 2, 180.
Errhephorien, Erseph., ἐρρηφόροι 172.
Erymanthischer Eber 2, 193.   [173.
Erysichthon 169. 638. 2, 138.
Erytheia 58. 462. 2, 203. 205. 208. 209. 211. 216, 2.
Erytheis 462.
Erythrios 2, 314, 1.
Eryx, Erycina 273. 278. 298. 303. 2, 193, 3. 214. 337, 2.
Erz und Eisen 68, 1.
Esche, Eschenholz 43, 2. 69.
Esel 533. 589. 603. 609. 652.
Eselsopfer des Apoll 196, 3. 604, 1.
— der Winde 389.
Eteokles 2, 344. 345. 349. 350. 352-364.
Eteoklos 2, 351, 3. 355 360.
Etesien 374.
Etrusker 333, 2. 2, 108, 3.
Euadne 2, 365. 477.
Εὐαμπεύς 2, 130, 3.
Euamerion 431.
Euboea 129, 1. 473. 513, 1. 557. 2, 41, 2.
Εὔβοια, Nymphe, 323, 1.
Εὐβουλεύς 584, 6. 639, 1. 659.
Eucheir 2, 500.
Eudaimonia 419.
εὐεργία, θεοεργία 326, 3.

Εὐτεχνία 632.
Eugrammos 2, 500.
Εὔιος 549.
Eukleia 249. 419.
Εὔκλειος Mt. 249, 1.
Euklos 2, 477, 4.
Eule 160. 681.
Eumaeos 2, 461.
Eumelos, Εὐμηλίδαι, 2, 316.
Eumeniden 2, 347. 350. 454.
Eumolpos, Eumolpiden 647. 2, 149. 152—154. 492.
Euneos 558. 2, 325. 358.
Eunomia 393.
Eunomos 2, 245, 3.
Εὐωπίμη, 685.
Eupalamos 2, 498.
Euphemos 2, 323. 336. 337. 339.
Euphorion 2, 438, 3.
Εὔφρων, 33, 1.
Euphrosyne 395.
Europa, Erdtheil, 2, 117.
Europa, Tochter des Agenor 278. 2, 24. 29. 115—119. 133. 134. 501.
— Tochter des Tityos, 2, 323.
Euryale 368. 2, 64.
Euryalos, Sohn des Mekisteus, 2, 366.
— — — Odysseus, 2, 469, 1.
Εὐρυβία, 40.
Eurydike, Gemahlin des Orpheus, 2,
— — Lykurgos, 2, 356. [486.
Euryganeia 2, 344.
Εὐρυγύης 2, 293.
Eurykleia 2, 461.
Eurylochos 2, 458.
Eurymedon 511.
Eurymedusa 2, 392, 1.
Eurynome 394.
Eurynomos 669. 682. 2, 245, 3.
Εὐρυφάεσσα 40, 2.
Eurypylos, S. des Poseidon, 2, 236. 336. 337.
— — — Telephos, 2, 242. 412.
Eurysakes 2, 403. 404. 463. 464.
Eurystheus 2, 159. 178. 185. 280.
Euryte 268.
Eurythoe 2, 384, 3.
Eurytia 2, 331, 1.
Eurytion 2, 19. 202. 211. 216, 1. 395.
Eurytos 60, 5. 2, 224—226. 254. 462.
εὐσίλαος Διὸς οἶκος 93, 1.
Euterpe 407.
Euxantios 2, 127, 4.
ἐξ ἁμαξῶν 554.
Fackel des Ares 269.
— der Artemis 239. 258.

Fackel der Demeter u. Pers. 627. 650. 654. 662.
— des Eros 414, 4.
— der Maenaden 570.
— des Pan 613. 614.
— der Selene 362.
Fackellauf 80. 147. 160. 168. 252. 505, 1. 554, 2.
Federn für Schnee 2, 198.
Fesselung der Hera 134. 141.
— des Zeus 134. 144.
Feuer, s. Kraft u. Ursprung 72. 73.
— heiliges, 315. 346. 613, 3.
Fichte 363, 4. 487. 534. 567. 613. 617.
Fische der Aphrodite 304.
Flöte, Flötenmusik 182. 183. 223. 605.
Flügelschuhe 335.   [606.
Flüsse 28. 446—451.
Fuchs 2, 147.
Gades 2. 168. 208. 211.
Gaea 34. 43. 59. 63. 163. 227. 344. 524 bis 526. 618.
— ἀνησιδώρα 76, 2.
— εὐρύστερνος 34. 525, 4.
— καρποφόρος 524, 3. 526, 2.
— κάτοχος 330, 4.
— κουροτρόφος 166, 1. 525. 526, 2.
— ὀλυμπία 526.
— παμμήτειρα 524.
— πανδώρα 76, 2. 524.
— πελώρη 34.
— πρωτόμαντις 525.
— χθονία 524. 525.
Γῆς ὀμφαλός 213, 1.
— χάσματα 624.
Galanthis, Galinthias 2, 184.
Galateia 456. 515.
Galene 454. 501, 2.
Galeoten 237, 1. 2, 477.
Gamelion 137, 2.
Gamos 2, 491, 1.
Ganymeda 411.
Ganymedes 411. 2, 374. 386, 1.
Gärten der Götter 31. 461.
Gauas 287, 2.
Geburt der Aphrodite 274.
— des Apollo 161. 192. 211. 421.
— der Artemis 238. 241, 3. 421.
— der Athena 153. 154. 174. 188.
— des Bacchus 546.
— der Dioskuren 2, 92.
— des Hephaestos 111. 144, 1.
— der Hera 130.
— des Herakles 2, 178. 184.
— des Hermes 312.
— des Orion 371.

33*

Geburt des Perseus 2, 60.
— des Zeus 104. 108.
γίγαντες 57, 2. 63, 4. 64, 1. 65, 2.
Geier 270.
Geifselung der Knaben 250.
Geisterbeschwörung 260.
Gelanor 2, 18.
Gelo, Gello 508, 1.
γενέσια 525, 2.
Γενετυλλίδες, Γεννάϊδες 299.
Gephyraeer 185, 1. 627, 1. 2, 23.
Geraestos, Gerastos 473. 474, 3. 514.
Γεραίστια, Γεραίστιος u. a. 473, 2.
Geranostanz 2, 296.
γεραραί 554.
γέροντες, Meeresgötter, 2, 63.
Geryoneus 59. 316, 3. 2, 202—216. 501.
Geweihte der Unterwelt 652. 680.
Giganten 43. 57. 58. 61. 390. 510. 524. 2, 83. 211. 214.
Gigantomachie 57—63.
Gingras 287.
Γλαυκή 501, 2.
Glauke, T. d. Kreon, 2, 340.
— T. des Kychreus, 2, 394, 1.
γλαυκός, γλαυκώ, γλαύσσω 160, 1. 501. 2, 76.
Glaukos der Lykier 2, 131. 427.
— Pontios 501—504. 2, 324, 1. 325.
— Potnieus 2, 76. 77. 339, 4.
— S. des Minos, 2, 475. 476. 477, 3.
Γλαυκώπιον 160, 1.
γλαῦξ 160.
Γνητες, Ἰγνητες 198, 2.
Götter der Ober- und Unterwelt 83.
Göttergruppen 86.
Götterkämpfe 26.
Göttersprache 89, 2.
Götterversammlung bei Sikyon 74.
Goldne Aepfel 462. 464.
Goldnes Geschlecht 69.
Goldner Hund 2, 141. 380, 5. [157.
Goldner Regen bei der Geburt Athenas
— — — — des Herakles 2, 177, 3.
— — — — Perseus 2, 60.
Goldner Schmuck 291.
Goldnes Vliefs 2, 312. 334. 335.
Goldner Weinstock 412. 2, 443, 1.
Goldner Widder 2, 312. 388, 2. 388. 389.
Golgoi 284, 2.
Gordias 532.
Gorgo, Gorgone, Gorgoneion 32. 157. 158. 159. 2, 59. 64—68. 242. 243.
Gorgophone 2, 73, 2. 90, 1.
Γορπιαίος Mt. 45, 3. 561.
Grab der Aphrodite 287.

Grab des Dionysos 564.
— — Zeus 105. 106.
Gracci 99, 4.
Graeen 32. 2, 62—67. 501.
Granate 139. 284. 534, 2. 628, 2.
Greife 197.
Grofse Götter 618. 696.
Grofses Jahr 229. 2, 26.
Grofse Mutter s. Rhea.
Gryneion 225.
Gürtel der Aphrodite 289.
— des Ares 264, 4. 2, 202.
— der Hippolyte 2, 202.
Gyes, Gyges 42. 43, 1.
Gygaeischer See 256. 451.
Ἁδρεύς 632.
Haemon 2, 319. 364. 365.
Ἁγνή 206, 1.
Hahn 430. 658.
Αἱμόνιος 31, 1.
Halia 498.
Ἅλια, Ἁλίεια 350.
Halimos 640.
Halirrhothios 268.
Haloen 633.
Halos 2, 310. 312. 315, 1.
Halosydne 454. 500.
Hamadryaden 597.
Ἁπλοῦν 189.
Harmonia 149. 300. 398, 3. 419. 702. 2, 26—29. 354. 366. 369.
Harpalykos, Harpalyke 2, 152.
Harpe 45, 3. 2, 66.
Harpina 2, 384, 3.
Harpyien 458. 461, 2. 2, 330. 331.
Hase 303. 602.
Haupthaar geweiht 217. 447.
Hebe 138. 410. 2, 256. 257.
Heerd, Heerdfeuer 342. 344. 347.
Heerde des Admet 2, 316.
— — Apoll 313. 316.
— — Augeias 2, 199.
— — Geryoneus 2, 202—216.
— — Hades 2, 203.
— — Helios 351. 2, 121. 203. 205. 214. 459.
— — Minos 2, 121. 476.
— — Neleus 314, 2. 3.
— — Phylakos 2, 472.
— der Selene 363. 613.
Hegelaos 2, 283.
Ἡγεμόνη 396.
ἡγητορία 172.
Heilkunde 429.
Εἱμαρμένη 432.
Hekabe 2, 375. 411. 446.

Ἑκαέργη 239.
Hekale 2, 292.
Hekate 256—260. 2, 319. 338.
— ἄγγελος 259.
— ἄφραττος 260, 3.
— δᾳδοῦχος 257, 2.
— ἐνοδία 258.
— ἐπιπυργιδία 258, 2.
— εὐκολίνη 258, 3.
— ζέα 258, 1.
— καλλίστη 258, 1.
— κουροτρόφος 258, 3.
— μονοπρόσωπος 258, 2.
— μουνογένεια 257.
— πρόπυλα, πρόπολις 259, 2.
— τρίμορφος 258.
— τριοδῖτις 259.
— τριπρόσωπος 258, 2.
— ὑπολάμπτειρα 258, 1.
— ὑπομελάθρα 259, 2.
— φυλακή 257, 2.
— φωσφόρος 257, 2. 258.
— χθονία 257, 2.
Hekate und Hermes 331.
Ἑκατεία, Ἑκαταία 259.
Ἑκάτης δεῖπνα 259.
Hekatomben des Zeus und der Hera 137, 1.
Hekatombeus, Hekatombaeon 204. 210.
Ἑκατομφόνια 269.
Hekatoncheiren 42—43. 49. 52.
Hektor 2, 375. 378. 421. 424. 427—433.
Ἐλεουλιών Mt. 632, 3. [440.
Helena 295. 2, 92. 98. 104. 109—114. 369, 2. 411, 2. 422. 423. 438—443. 445. 450.
Ἑλένεια 2, 109, 4.
Ἑλενηφόρια 246, 3. 2, 109, 4.
Helenos 2, 442. 466. 467. 480.
Heliaden 352. 357.
Helike 465. 467. 471. 474. 488.
Helikon, Berg 400. 472. 710.
Ἑλικών 448, 3.
ἧλοι 351, 4.
Helios 349—358.
Helios ἀκάμας 350.
— ἀρχηγέτης 350, 1.
— ἡμεροδρόμος 354.
— πανόπτης 352.
— φαέθων 352. 357.
— φαεσίμβροτος 353.
Helios giebt und nimmt das Gesicht 352, 2. 369. 2, 331.
— ist Herr über Blitz und Donner 2, 78. 80.
— in Korinth 2, 78.

Helios und Herakles 2. 209. 210.
— — die Horen 392, 2.
— — Poseidon 349, 3. 2, 78, 1. 315.
— — seine Kinder 3, 337, 1.
Ἑλίσσων 448, 3.
Hellas 97. 2, 391. 392.
Helle 2, 311. 312.
Hellen 2, 392.
Hellespontos 2, 312.
Ἑλλοί 97, 5.
Hellopia 97. 2, 391.
Hellotis, Ἑλλώτια, Ἑλλωτία 160. 2, 81, 1. 115. 118.
Hemera 32. 34. 359.
Ἑωσφόρος 364.
Hephaestos 140—150.
Hephaestos Αἰτναῖος 148, 2.
— ἀμφιγυήεις 141.
— Δαίδαλος 148.
— κλυτοτέχνης 148.
— κυλλοποδίων 141.
— Λιπαραῖος 147, 3.
— Παλαμάων 149, 1. 154, 5.
Hephaestos in der Meerestiefe 141.
— Rückkehr in den Olymp 143.
— und Aphrodite 142. 267. 2, 326.
— — Athena 73. 146. 163.
— — Dionysos 143. 144.
— — Hera 141. 143.
— — Hestia 342, 2.
— — Prometheus 72. 80. 146. 168.
Hera 128.
Hera αἰγοφάγος 128, 2. 136, 7.
— αἰθοίη 136. 138, 2.
— ἀκραία 129. 136. 2, 320.
— ἀλαλκομένη 176, 1.
— ἀνθεία 132, 1.
— βουναία 136, 7.
— βοῶπις 136.
— γαμηλία 137.
— Εἰλείθυια 138. 421, 2.
— εὐεργεσία 136, 7.
— εὐρωπία 136, 3.
— ζυγία 137.
— ἠύκομος 138, 2.
— Ἰμβρασία 130, 1.
— Κιθαιρωνία 132, 2.
— κυδρή 135. 138, 2.
— κυνῶπις 136, 3.
— λευκώλενος 138, 2.
— νυμφευομένη 133, 1.
— Ὀλυμπιὰς βασίλεια 136, 2.
— ὀμφαλιτόμος 138, 5.
— ὁπλοσμία 135.
— παρθένος, παρθενία 130. 133, 1.
— πελασγίς 129, 4. 2, 318. [138.

Hera τελεία 130. 133, 1. 137, 2. 140.
— ὑπερχειρία 128, 2.
— χρυσόθρονος 136. 139.
Hera als Ehe- und Geburtsgöttin 137. 138. 435.
— als Wittwe 132.
— bei Okeanos und Thetis 27.
— die argivische 128. 2. 36. 37. 41.
— die hadernde 133. 134. 262. [157.
— die säugende 139.
— gefesselt 134. 143.
— im trojanischen Krieg 135. 2, 410.
— in der Argonautensage 2, 318. 322. 332. 337. 338, 1.
— und Herakles 133. 134, 3. 2, 157 bis 160. 178. 256.
— — Io 129.
— — Iris 410.
— — Medea 129.
— — die Titanen 134.
— — Zeus 128. 130. 132. 135.
Ἥραιος Mt. 130, 2.
Heraklea 2, 171, 1.
— am Pontos 666. 2, 233. 332. 333, 1.
Ἡράκλεια, Ἡράκλειον 2, 184. 258.
Ἡράκλειος Mt. 2, 184.
Ἡρακλῆς 127. 2, 158. 183.
Herakles ἀγητήρ 2, 188, 1.
— ἀγώνιος 2, 259.
— ἀλεξίκακος 2, 163. 259. 272. 273.
— ἄλεξις 2, 236, 4.
— ἀναπαυόμενος 2, 189. 264.
— ἀρχηγέτης 2, 282, 4.
— βουφάγος 2, 239. 246. 265.
— δῖος, διογενής 2, 158. 263.
— ἐπιτραπέζιος 2, 268.
— ἐριθανάτας 2, 262, 4.
— ἡγεμόνιος 2, 274.
— θαλλοφόρος 2, 270, 2.
— θυμολέων 2, 173, 1.
— ἱποκτόνος 2, 274, 4.
— ἱπποδέτης 2, 181, 2.
— καλλίνικος 2, 236. 271. 272.
— κηραμέντης 2, 273, 4.
— κορνοπίων 2, 274, 4.
— κυνάδας 2, 262, 4.
— μαινόμενος 2, 182.
— μελάμπυγος 2, 231.
— Μήλων 2, 184, 3. 259, 1.
— μηνυτής 2, 259, 1.
— Μουσαγέτης 2, 270.
— Ὀλύμπιος 2, 258. 269. 271.
— παλαίμων 491, 4. 2, 218.
— παλαιστής 2, 260, 2.
— παραστάτης 2, 276.
— πολέμων 2, 218.

Herakles πονηρότατος καὶ ἄριστος 2.
— πρόμαχος 2, 183, 4. [158. 263.
— ῥινοκολοίστης 2, 181, 1.
— σωτήρ 2, 273.
— τετράγωνος 2, 184, 2.
— τριέσπερος 2, 177, 4.
— ὡπλισμένος 2, 188, 1.
Herakles als Athlet 2, 259. 260.
— — Daphnephor 2, 179.
— — Tripodophor 2, 162.
— am Scheidewege 2, 276.
— Apotheose 2, 253—257.
— ἆθλοι 2, 172. 185.
— auf dem Flosse 2, 168.
— auf dem Olymp 2, 257.
— Besieger der Unterwelt 683. 684.
— betrunken 2, 268.
— Bogen und Pfeile 2, 187. 420. 412.
— der aegyptische 2, 169.
— — aetolische 2, 171.
— — argivische 2, 157. 169. 173. 185 bis 223.
— — assyrische 2, 165—167.
— — attische 2, 171. 258.
— — dorische 2, 170. 247. 252. 253.
— — farnesische 2, 260. 263.
— — gaditanische 2, 168. 169. 208. 209. 211.
— — iberische 2, 212.
— — idaeische 2, 275. 276.
— — indische 2, 220.
— — italische 2, 213—215.
— — keltische (gallische) 2, 213.
— — libysche 2, 210. 217. 218.
— — lydische 2, 166. 226—231.
— — makedonische 2, 171.
— — oetaeische 2, 170. 174. 246-255.
— — phoenikische 2, 167. 168.
— — sikelische 2, 214. 215.
— — skythische 2, 216. [365.
— — thebanische 2, 170. 176—185.
— — thesprotische 2, 171. 245.
— Füllhorn 2, 275.
— gegen die Amazonen 2, 233.
— — Elis 2, 237.
— — Ephyra 2, 245.
— — Lakedaemon 2, 242.
— — die Lapithen 2, 252.
— — Pylos 2, 239.
— — Troja 2, 173. 232—236.
— geweiht 650, 1. 652, 1. 2, 222.
— Gott der Bauern, Hirten und Winzer 2, 274. 275.
— Gott der Quellen 2, 274.
— Ideal der Sittlichkeit 2, 276.
— — — Weisheit 2, 277.

Herakles in der Gigantomachie 59. 63.
2, 236. 253.
— in den Gymnasien 2, 260.
— — der Komoedie 2, 265—267.
— — Pheneos 2, 238.
— in der Schlacht 2, 262.
— Keule und Löwenfell 2, 189.
— Schlangenwürger 2, 178.
— Selbstverbrennung 2, 166. 167. 420.
— und Acheloos 2, 243.
— — Aias 2, 402.
— — Aphrodite 2, 169. 193, 3.
— — Apoll 2, 162—164. 256.
— — Ares 2, 200—202. 250.
— — Athena 2, 160. 256.
— — Atlas 2, 220.
— — Dionysos 563. 2, 229. 266-268.
— — Hades 2, 240.
— — Hebe 411. 2, 256.
— — Hera s. diese.
— — Medea 2, 311, 1.
— — Prometheus 77. 79.
— — die Pythia 2, 164.   [267.
— — Satyrn 601. 2, 182, 3. 266.
— unter den Argonauten 2, 323. 324.
327. 328. 339.
— Verbrechen und Sühnung 2, 163.
— Waffen 2, 187.
— warme Bäder 2, 269.
Heraklesknoten 2, 276, 2.
Herakliden 119. 2, 278—284.
— assyrische 2, 166.
— dorische 2, 253. 279 - 283.
— karische 2, 283.
— koische 2, 279.
— libysche 2, 218, 1.
— lydische 2, 283.
— makedonische 2, 283.
— mysische 2, 242. 283.
— rhodische 2, 278.
— sardinische 2, 284.
— thessalische 2, 279.
Ἡράσιος Mt. 128, 2.
Herkyna 2, 500.
Ἑρμαῖ, Opferknaben 333.
Ἑρμαια 337.
ἑρμαῖοι λόφοι 324.
ἕρμαιον 326.
Ἑρμαῖος Mt. 313, 1. 330, 2.
Hermaphroditos 419—420. 609.
Ἑρμάων, Ἑρμᾶν 307, 1.   [420.
Herme, Hermenbildung 324. 325. 326.
Ἑρμείας, Ἑρμέας, Ἑρμῆς 307.
Hermeroten 420, 6.
Hermes ἀγήτωρ 326.
— ἀγοραῖος 316, 1. 336.

Hermes ἀγώνιος, ἐναγώνιος 337. 342.
— αἱμυλομήτης 328.
— ἀκάκητα 320.
— Ἀργειφόντης 317. 318. 2, 38.
— ἀλεξίδημος 322, 1.
— βοίκλεψ 318, 4.
— διάκτορος 308. 315. 326. 341.
— δίκαιος 334, 4.
— Διὸς ἄγγελος 326. 337.
— δόλιος 328.
— δώτωρ ἑάων 320.
— ἐμπολαῖος, ἐπιπολαῖος 336.
— ἐνόδιος 316. 324.
— ἐπιθαλαμίτης 322, 1.
— ἐπιμήλιος 322.
— ἐπιτέρμιος 327, 1.
— ἐριούνιος 164, 2. 320. 334.
— ἐριχθόνιος 164, 2.
— ἑρμηνεύς 340.
— εὐάγγελος 326, 4.
— εὔκολος 321, 3. 337.
— ἡγεμόνιος 326.
— ἡγήτωρ ὀνείρων 329.
— θεῶν κῆρυξ 332.
— κάτοχος 330, 4.
— κερδῷος 321. 329. 334.
— κλέπτης 327, 3.
— κλεψίφρων 328.
— κληδόνιος 323, 2.
— κουροτρόφος 321.
— κριοφόρος 322. 341. 2, 313, 1.
— Κυλλήνιος 312.
— κυνάγχης 317, 3.
— λευκός 337, 4.
— λόγιος 340. 342.
— νόμιος 321. 322.
— νύχιος 327, 2.
— οἰνοχόος 332.
— ὀνειροπομπός 329.
— παιδοκόρος 337.
— παλιγκάπηλος 336.
— πεισίνους 339, 2.
— πολύγιος 337, 2.
— πομπαῖος 331.
— πρόμαχος 337.
— προπύλαιος 326.
— πυλαῖος 331.
— πυληδόχος 325.
— στροφαῖος 325.
— σῶκος 320. 322, 5.
— τρικέφαλος, τετράκ. 325.
— τρισμέγιστος 340.
— χαριδώτης 338. 339.
— χθόνιος 320. 329—331.
— χρυσόρραπις 334.   [669.
— ψυχαγωγός, ψυχοπομπός 329. 334.

Hermes Erfinder der Leier 313. 338. 401.
— Gott der Diebe 327.
— — — Gymnasien 336.
— — — Herolde 332. 334.
— — — Kaufleute 334.
— — — Redner 339.
— — — Schatzgräber 329.   [329.
— — des Schlafes und der Träume
— ithyphallisch 309. 311. 325. 333.
— und Aphrodite 310. 420.
— — Apoll 309. 315. 338. 2, 162.
— — Athena 327.
— — die Chariten 339. 397, 1.
— — Dionysos 555, 2.
— — Hekate 311. 331.
— — Hestia 343.
— — Iris 410.
— — die Nymphen 323.
— — Pan 324. 610. 617, 1.
— — Persephone 310. 331.
Ἑρμῆς ἐπισήλθι 339.
Ἑρμοῦ κλῆρος 326, 3.
— ψῆφος 326, 3.
Hermesstab s. κηρύκειον.
Hermione 2, 450. 467.
Heroen 70. 2, 1—8.
Herois 229, 2. 564, 1.
Herophile 225.
Herse 164. 165, 2. 173. 240.
Hesiodos 2, 496.
Hesione 2, 234—236. 402.
Hesperiden 31. 32. 33. 131. 355. 461.
 2, 216—221. 337. 355, 3.
Hesperos 364. 365.
Hestia 342—349.
— βουλαία 345, 4.
— κοινή 345.
— πρυτανεία 345, 4.
— πρυτανῖτις 345, 5.
— πευθόμαντις 346.
Hestia und Gaea 344, 2.
— — Hephaestos 342.
— — Hermes 343.
— — Poseidon 344.
Ἑστία πόλεως 347.
Hesychia 393, 4.
Hesychidae 690, 1.
Ἑταιρίδεια 118, 3.
Heteremerie der Dioskuren 2, 95. 96.
Hierodulen der Aphrodite 298.
ἱεροθύται 347.
ἱερὸς γάμος 132.
ἱερὰ κορυφή 154, 4.
Hilaira 2, 98.
ἱμαῖα μέλη 498, 3.
Himalia, Himalis, ἱμάλιος 498.

Himeros 414.
Himmel und Olymp 51, 1.
Himmlische Götter 84. 91.
Hippodameia 2, 383. 384—386.
Hippokoon, Hippokoontiden 2, 91. 242.
Ἱπποκράτεια 472, 1.   [243.
Hippokrene 401.
Hippolyte 2, 202. 233.
Hippolytos 249. 295. 2, 300.
Hippomedon 2, 360.
Hippomenes 2, 355.
Hippothoon 483. 2, 290.
Hirsch, Hirschkuh 234. 241. 261. 376.
 377. 383. 2, 196. 241.
Ἱστία, Ἱστίαια 342, 1. 345, 5.
Hochzeit des Admet u. d. Alkestis 436.
 2, 316.
— — Dionysos u. d. Ariadne 560.
— — Herakles u. d. Hebe 406. 2, 257.
— — Iason u. d. Medea 2, 337, 3.
— — Kadmos u. d. Harmonia 397.
 403. 2, 26.
— — Menelaos u. d. Helena 2, 113.
— — Peleus u. d. Thetis 403. 2,
 397. 398.
— — Pluton u. d. Persephone 645.
— — Zeus u. d. Hera 31. 130.
Höhlen der Nymphen 596. 598.
— des Pan 617.
— — Poseidon 471.
— der Rhea 528.
Homeros 2, 460, 1. 493—495.
Honig 105, 6. 2, 475.
Ὡραῖα 525, 2.
Horen 392—394.
Ὅρκος der Styx 28, 1.
Hörner der Flüsse 449.
Hund, Hundsstern, Hundstage 204. 372
 bis 380. 426. 551. 2, 148. 234, 1. 258.
Hunde der Aphrodite Kolias 299, 3. [5.
— des Ares 268.
— der Hekate 259.
— der Hera 317, 3.
Hyaden 165, 3. 384. 548.
Hyagnis 605.
Hyakinthiden 165, 3. 2, 294.
Hyakinthos, Hyakinthia, Hyakinthios
 204. 206.
Hyas 384.
Hybris 438.
Hybristika 420.
Ὑδροφόρια 207, 2.
Ὕης, Ὕη 548. 583.
Hygieia 322. 2, 431.
Hylas 594. 2, 247. 327. 328.
Hyllos 2, 245. 247. 253. 279. 280. 282.

Hymenaeos 2, 54. 490. 491.
Hymnen auf Zeus 122.
οἱ ὕπατοι 83, 2. 91.
Hyperboreer 196—199. 2, 151. 152.
Hypereia 2, 316.
Ὑπερίων 40. 349.
Hypermnestra 2, 49—54.
Hyperoche 239, 1.
Hypnos 364.
Hypseus 2, 314.
Hypsipyle 2, 325. 326. 356. 357.
Hyria, Ὑριεύς 370. 383. 2, 30. 499.
Ὑστέρια 303, 3.
Iacchos 646. 650.
Jahreszeiten als Knaben 610, 1.
Ialemos 2, 490.
Iambe, ἴαμβοι 648, 2.
Iamiden 114. 2, 477.
Ἰαπετοί 46, 3.
Iapetos 39. 41. 48.
Iardanos 2, 226. 227.
Iasios, Iasion 82. 637. 702.
Iaso 431. 2, 318, 2. 361, 3.
Ἴασον Ἄργος 2. 39.
Iason 2, 309. 315. 317. 318—335. 338. 340. 341.
Ida 93, 4. 105. 108. 527. 543. 574. 2, 378.
Ida, Nymphe 106.
Idaea 2, 330. 331.
Ἰδαῖον ἄντρον 105.
Idalium 284. 2.
Idas 219. 2, 95—97.
Idmon 2, 323, 4. 332. 354, 5.
Idomeneus 2, 127. 449. 470.
Ἴδυια 355. 2, 319.
ἰὴ ἰὴ παιῆον 195.
Ikaria 550.
Ikarios, Vater der Penelope, 2. 90. 409.
Ikaros, Ikarios, Ikarion 385. 551.
— S. des Daedalos, 2, 498.
— Insel. 558.
Ilias 2, 371. 372. 426—433.
— die kleine 2, 441—447.
Ἰλίεια 176, 4.
Ilion 2, 373—375.
Iliu Persis 2, 441—447.
Illyrios 2, 27, 1.
Ilos 2, 374.
Ἴμβρος, Ἴμβραμος, Ἴμβρασος 130, 1.
Immarados 2, 149. [310.
Ἰνάχια 495.
Inachos 2, 35. 36. 369, 3.
Incubation 99. 429. 2, 361.
Indischer Feldzug des Bacchus 578 bis 581.
— — — Herakles 2, 220.

Ino 492. 2, 311—314.
Ἰνωπός 193, 2.
Inseln als Okeaninen 453.
— der Seligen 54. 70. 676.
Io 317. 2, 38—45. 501.
Iokaste 2, 343. 349.
Ἰολάεια, Ἰολάειον 2. 184.
Iolaos 2, 181. 184. 192. 262. 280. 284.
Iole 2, 225. 254.
Iolkos 129. 2, 309. 314. 315. 318. 396.
Ion 347. 2, 154. 155.
Ionisches Meer 2, 42.
Ionische Sagen und Culte 116. 200. 207. 472. 552. 621. 2, 154. 285. 376.
Iope 2, 71.
Iphianassa 2, 419, 5.
Iphigeneia 250. 2, 110. 113. 419. 420. 438. 454.
Iphikles 2, 178. 181. 239.
Iphiklos 2, 339. 421. 473. 474.
Iphimedeia 81.
Iphis 2, 354, 4.
Iphitos 2, 225.
Iris 409. 2, 414.
Iros 2, 457. 1. 461.
Isis 2, 39—44.
Ismaros 2, 150, 1.
Ismene 2, 363—365.
Ἰσοδαίτης 660.
Isthmos, isthmische Spiele 486. 492. 496. 2, 289. 290.
Istros 450. 2, 336.
Italus 2, 469, 2.
Ithome 100.
Ἰθύφαλλος 608, 4.
Itylos, Itys 2, 140—144.
Ἰυγγίς 549.
Iynx 297.
Ixion 116. 676. 2, 12.
Kabeiro 501.
Kabiren, Kabirenmysterien 145. 333. 540. 543. 695—709. 2, 107. 326. 327.
Καδμεία νίκη 2, 362.
Καδμεῖοι, Καδμείωνες 267. 2, 23.
Καδμεῖα γράμματα 2. 22. 3.
Κάδμιλος, Κάσμιλος 310. 333. 704. 708. 1. 2, 23. 3.
Kadmos 56. 397. 2, 22—29.
Kaeneus 2, 11.
Καίρατος 2, 115.
Καιρός 441.
χαλαζοϕύλα 244.
Kalais 2, 149. 323. 331. 487.
Kalathos 654.
Kalchas 2, 418. 419. 480. 482. 483.
Kallidike 2, 468.

Καλλιγένεια 640.
Kalliope 404. 407. 2. 181.
Kallirrhoe 2, 369.
Καλλίστεια 138, 1.
Kallisto 100, 3. 102. 242. 385.
Kallithyia 2, 40.
Καλλόνη 700, 1.
Kallynteria 171.
Κάλως, Kalaos, Talos, Talaos 2, 498, 1.
Kalydonischer Eber 2, 304—308. 395.
Kalyke 296.
Kalypso 461. 2, 459.
Kanake 520.
Kandaules 2, 227.
Kanobos 2, 333, 1.
Kapaneus 2, 351, 3. 355. 360.
Kapheira 497.
Kapys 2, 374.
κάρ, κάρνος 205, 4.
Karer, Karische Culte 112. 363. 378. 474. 2, 83. 120. 131—135.
Karneasion 205.
Κάρνεια 205. 206.
Karneios, Karnos, S. des Zeus u. der Europa, 205, 2. 2, 116, 3.
— Mt. 206.
Karnos 205.
Karpo 166. 393.
Karyatiden 243.
Kasmilos s. Καδμίλος.
Kassandra 224. 2, 412. 445. 452. 476, 3. 480. 483.
Kassiepeia 2, 69. 133.
Kassotis 401.
Kastalische Quelle 401, 3.
Kastor 2, 95—98. 101. 102.
καταϊξ, καταιγίς, καταιγίζειν 96, 1.
καταιβάτης 172, 1.
καταχθόνιοι 81.
κάθοδος, καταγωγή Κόρης 629. 645.
κάτω οἱ 83, 2.
Katreus 2, 128. 129.
Kaukasos 56. 79. 2, 333.
Kaunos u. Byblis 296. 2, 135.
Κηδαλίων 369.
Kekrops 2, 136—138. 139.
Kekropiden 164. 171, 4. 173. 2, 137.
Keladon 2, 135.
Kelaenae 605. 607. 2, 230.
Kelaeno 383.
Keleos 635. 2, 400.
Kelmis 544.
Kentauren 2, 15—20. 194. 245. 246.
Kentauromachie 2, 18. 193. 222, 1.
Keos 374.
Kephalos 356. 2, 144—148.

Kepheus, Kephenen 2, 69—71.
— in Tegea 2, 240. 242.
κέραμος χάλκεος der Aloiden 81, 4.
Kerberos 663. 668. 2, 222. 223.
Kerdo 2, 37.
Keren 135. 691.
Kerkopen 2, 230. 231.
Kerkyon 2, 290. 492. 3.
Kerkyra 519. 2, 309. 336. 337.
Keryken 332. 647.
Kerykeion 333. 335.
Kerynitische Hindin 2, 196.
Keto 459.
Kette, die goldne 81. 85.
Κευθώνυμος 2, 212, 1.
Keyx 2, 174. 247. 280.
Keyx, Vogel, 2, 248. 249.
κίκιστς 2, 66, 1.
Killos 2, 386, 1.
Kimmerier 668.
Kinyras 287. 292.
Kirke 259. 355. 508. 2, 337. 457. 469.
Kithaeron 566. 2, 32.
Kithaeronischer Löwe 2, 180. 189, 3.
Kithar 223.
Klaros 225. 2, 481. 482.
χλιδών, χλιδόνες 323, 2.
Kleitos 360.
Kleopatra 219. 2, 149. 304. 308. 330.
κλέπτειν 327.
Κλήτα 396.
Klio 407.
Klitor 2, 57, 1.
Klodonen 573.
Κλῶθες, Κλωθώ 434.
Klymene, T. des Katreus, 2, 128.
— — — Minyas, 2, 173.
— — — Okeanos, 357.
Κλύμενος 659.
Klytaemnestra 2, 114, 1. 452. 453.
Klytiaden 2, 477.
Klytios 60.
Knabenliebe 110. 112. 575, 3.
Knidos 277.
Knosos 106. 2, 115. 119. 123. 129.
Κόβαλοι 600, 5.
Kobolde 600. 617.
Koios 41, 1. 190, 3.
Koiranos 2, 175.
Kokalos 2, 122.
Κοκκύγιον 131. 3.
Kokytos 29. 672.
Kolchis 2, 308. 333. 341.
Κωλιάς, Κωλιάδες 299.
Kolonos 2, 350.
Κομαιθώ 2, 177, 2.

Kometen 371. 384.
Κῶμος, κωμῳδία 556. 593.
Κονίσαλος 608, 4.
Köpfe für Quellen 449. 2, 47.
Kopo 229, 3.
Koprens 2, 185, 3.
Koralios 153.
Κόρη 618. 645. 649.
Korinth 129. 178. 273. 298. 2, 74—89. 309. 320. 340.
Koroebos 379.
Koronis 423. 424.
Koronos 2, 11. 252.
κορυβαντιᾶν 542.
Korybas, Korybanten 529. 535. 542. 543. 575.
Korykische Grotten 596, 5.
Κορυνήτης 2, 289.
κορυφή, ἱερὰ κορυφή 93.
Kos 428. 2, 236. 279.
Kottos 42. 43, 1.
Kotys, Kotytto, Kotyttien 576.
Krähe 423.
Kranich 136, 4. 632, 1.
Kranaos 2, 139.
Krataeis 506. 507.
Κράτος, Βία 48. 111.
Κρεῖος, Κρῖος 40.
Kreon, König von Korinth, 2, 340.
— — — Theben, 2, 349. 359. 364. 365.
Kresphontes 2, 282. 283.
Kreta 43. 47. 104. 130. 132. 190. 260. 206, 4. 252. 372. 412. 505. 620. 2, 114—135. 145. 210. 295. 337. 475. 497.
Kretischer Stier 2, 200.
Kretheus 2, 314.
Kreusa, Tochter des Erechtheus 2, 154. 155.
— — — Kreon, 2, 340, 2.
Kreuzdorn 2, 324, 1.
Kritheis 2, 494.
Krokische Ebene 620.
Krommyonische Sau 2, 290.
Krone der Ariadne 560.
Κρόνια 44.
Κρονιών Mt. 44. 210.
Kronios 498.
Κρόνοι, κρόνιοι, κρονίωντες, κρονικοί 46, 3.
Κρόνος, Κρονίδης, Κρονίων 38. 41. 44—47. 52. 54. 68. 671. 2, 18.
— ἀγκυλομήτης 46.
— εὐκαίτης, εὐρυγένειος 54, 1.
Kronos u. das goldne Geschlecht 68.

Kroton 2, 100. 103. 104.
Krotopos 379. 2, 48.
Kteatos 2, 237.
Kuh 137, 1. 313. 316. 317. 318. 654. 2, 25. 27. 38—44. 56. 120. 476.
Kuhbremse 2, 42. 215.
Kukuk 131.
Kureten 106. 529. 539—541. 581. 582, 1. 2, 198. 302. 303, 1.
κουροτρόφοι Flüsse und Quellen 28.
Kyaneen 509.
Κυανέψια 211, 3.
Kyathos 2, 245, 3.
Κύβηλοι 531, 2.
Κυβέλη, Κυβήβη 528. 529. 531.
Κυβερνήσια 2, 297, 2.
Kychreus 2, 394, 1. 402.
Κυδοιμός 266.
Kydon, Kydonia 337. 2, 127, 5.
κυκεών 651, 1.
Kyklopen 42. 49. 95. 147. 425. 511—515. 2, 456.
Kyklopische Mauern 514. 2, 73.
κύκλωψ σελήνη 42, 1.
Kyknos 358. 2, 250. 421.
Kyllaros 2, 101.
Kyllene 100. 312. 382. 2, 479.
Κυμοθόη 455. 492, 1.
Κυμοπόλεια 42, 2.
Κέναιθα 380.
Κυνοσόντις 379.
Kynortas 204, 2.
Kynortion 426.
Kynosarges 2, 258.
Kyparissos 216, 3.
Kyprien 2, 110—125.
Kypros 272. 283. 284. 292. 419. 561.
Kyrene 44, 3. 178. 206. 373. 2, 100. 336.
Κύρις, Κίρρις 287.
Κύταια 2, 333.
Kythera 272.
Kytisoros 2, 313. 333, 2.
Κῦρος 498.
Kyzikos 124, 2. 182, 2. 2, 327.
Λᾶ, Λᾶς 2, 101.
Λάα, Λάσα, Λάρισα 2, 10, 2.
Labdakos 2, 343.
Labyrinth 2, 124. 295.
Lachesis 434.
Ladon 461. 2, 221, 2.
Laertes 2, 462.
Laestrygonen 2, 457.
Laios 2, 343—348.
Lakedaemon 100. 119. 383. 2, 89—114.
Lakereia 423.
Lakinion, Lakinios 130. 2, 215.

Lamia 507.
Lamos 507, 4. 2, 457.
Lampeia 2, 193.
Lampsakos 609.
Laodamas 2, 363, 2. 367.
Laodameia 2, 131. 421.
Laodike, T. des Agamemnon, 2, 419, 5.
— Hyperboreerin 239, 1.
— T. des Priamos, 2, 465, 3.
Laogoras 2, 252.
λαοί von λᾶς 67, 1. 2, 382. 3.
Laokoon 2, 444.
Laomedon 215. 2, 234. 374.
Λαπέρσαι 2, 101.
Laphystion 567. 2, 310.
Lapithas 423.
Lapithen 2, 9—14. 251. 252.
λαπίζειν 2, 11.
Λάρινος, λαρινοί βόες 2, 206, 1.
Latinos 2, 469.
Lattich 285, 4.
Learchos 494. 2, 312. 313.
Lebadea 2, 499.
Lebes 2, 482, 2.
Leda 2, 90—93. 95.
Λείβηθρον, Λείβηθρα 399, 2. 2, 484.
Λειμών, Λειμῶνες 380, 2.
Λεΐς 480.
Leleger, λεκτοί 66, 2.
Lemnos 72. 78. 141. 142. 143. 144. 160. 309. 558. 2, 324—327. 420.
Λῆναι 570.
Lenaea 553.
Lenaeon, Heiligthum, 553, 3.
— Mt. 553.
Leonteus 2, 482.
Lepreos 2, 265.
Lerna 2, 47. 51. 52.
Lernaea, lernaeische Mysterien 563. 568. 2, 74.
Lernaeische Hydra 2, 192. 216, 1.
Lesbos 234, 2. 503. 558. 2, 487.
Lethaeos 2, 117.
Lethe 679.
Leto 41. 91. 109. 190. 191. 2, 90. 382.
— κοιογενής 190, 3.
— κουροτρόφος 190, 4.
— κυανόπεπλος 191.
— μυχία, νυχία 190, 4.
Leto als Wölfin 203, 2.
Letoon 190, 4.
Λευκὰς πέτρη 669.
Leukate 208.
λεύκη, Weifspappel 351.
Leuke, Insel 2, 438.
Leukippos, S. des Oenomaos 2, 384, 3.

Leukippos und die Leukippiden 2, 90. 97. 98.
Leukon 2, 314, 1.
Leukothea 493—496.
Λέχερνα 132, 1.
Liber Pater Tasibastenus 573, 1. 710.
Libera 561.
Libitina 288.
Libya 2, 50.
Lichas 2, 255.
Liebende in der Unterwelt 296.
Liebesgeschichten des Poseidon 480.
— — Zeus 109.
Liebeszauber 297.
Lieblinge der Aphrodite 291.
— des Apoll 216.
— — Herakles 2, 201, 3.
Λιγύρων 2, 400, 2.
λίχνον, Λικνίτης 565. 572. 590, 3. 629.
Likymnios 2, 235, 4. 242. 278.   [3.
Limnae, Limnaeon 244. 250.
Limnae in Athen 553. 556. 583.
Linos 377—379. 2, 179. 490. 493.
Liparaeische Inseln 515. 520.
Λίψ 388, 3.
Litai 438.
Lityerses 2, 229.
Lobrine 537.
Lösung der Titanen 53. 79.
— des Prometheus 79.
Löwe 46, 2. 138, 5. 372. 374. 529. 539. 589. 2, 190.
Löwe und Stier 539, 2.
Lokros 2, 58.
Lorbeer 193, 2. 229. 233. 588, 2.
Lotophagen 2, 456.
Λοξίας 228.
Λοξώ 239, 1.
λουτρίδες 172, 1.
Λυδαί 574, 3.
Lydische Sagen und Culte 112. 181. 182. 256. 378, 1. 401. 535. 542. 2, 171. 226—231. 380. 383.
Λυκάβας 202, 4. 351, 4.
Λύκαια 102.
Lykaion 100—102.
Lykaon, Lykaoniden 65. 101. 102. 116. 2, 384.
— S. des Priamos 2, 425.
Λύκειον 202. 236, 2.
Λύκειος ἀγορά 202, 3.
Λυκιάδες κόραι 202, 3.
Lykien, Lykier 190—191. 199. 201 bis 203. 458. 499. 2, 55. 77. 82—87. 131. 132. 375.
Lykomedes 2, 301. 417.

Lykoreia 66. 116, 1.
Lykos 202. 2, 30—32. 156.
— der Telchine 499, 1.
— König der Mariandynen, 2, 233.
— (Lykaon) 2, 201, 2. [332.
— und Nykteus 383.
Lykosura 102. 116, 1.
Lyktos 104.
Lykurgos, S. des Dryas, 565. 579, 1. 2, 30. 151, 2.
— Sohn des Pheres, 2, 356. 357.
Lynkeus 135. 2, 52—54.
— der Apharide 2, 95—97.
Lyrkeia 2, 35. 52.
Lyrnos, Lyrnessos 293, 3.
Λύσσα 373.
λίξ, λίκε, λικόψως u. s. w. 202, 4.
Μᾶ 528. 535, 3.
Machaon 429. 2, 429. 442. 443, 1.
Maemakterien 104.
Maenaden 570. 2, 486. 487.
Macon, S. des Haemon, 2, 364. 365.
— Vater des Homer, 2, 494, 2.
Maera 376. 380. 551. 2, 58.
Magie 259. 260.
Magnes 2, 491.
Magnesia 2, 382.
Maia 312. 382, 2. 382.
μαιμάω, μαιμάσσω 60, 3. 104, 2.
Makar 2, 168.
Makareus 520.
Makaria 2, 280.
Makedonien 572. 2, 283.
Makris 557.
Malea 606, 3. 614. 2, 195.
Malophorios Mt. 633, 2.
μαμμόθρεπτος 69, 3.
Mandelbaum 534.
Maneros 377.
Mantinea 472. 481.
Mantios 2, 475.
Manto 2, 367. 369. 479. 480. 482. 483.
Marathon 2, 258. 280. 292.
Mariandynen 2, 233. 328.
Maron 604. 2, 456.
Marpessa 219. 2, 304.
Marsyas 183. 533. 535. 605—607. 615.
Μάσνης, Μάσσις 605, 3. [710.
Mater turrita 530. 539.
Medea 259. 295. 2, 291. 309. 319. 333. 438.
Medeios 2, 320.
Medos 2, 291. 320. 341, 1.
Medusa, Medusenhaupt 159. 2, 59. 64 bis 72. 242.
Meeresgötter 445.

Μέγαιρα 690.
Megamede 2, 180. 199.
Megamedes 40, 3.
Megapenthes 2, 450.
μέγαρα 620, 1. 639, 1.
Megara 508. 620. 2, 34.
— Herakles' Frau, 2, 181. 365.
Mekionike 2, 323, 1.
Mekisteus 2, 355, 1.
Μηχώνη 631.
Melampus, Melampodiden 568. 2, 56. 315. 321. 370, 1. 472—474.
Melampygos 2, 231.
Melaneus 2, 225.
Melanion 2, 355.
Melanippe 483.
Melanippos 2, 359.
Meleager 2, 222. 302—308. 339, 4.
Meleagriden 2, 308.
Meles 2, 494.
Melia 2, 36. 50, 5. 194.
Meliaden s. Melische Nymphen.
Μιλιγουνίς 419, 12.
Melikertes 493—496. 503. 2, 312. 313.
Melische Nymphen 43. 597. vgl. auch Melia.
Melissa, Melissen, μέλισσαι 105. 710.
Melkart 2, 168.
Melpomene 407.
Memnon 361. 2, 435. 436.
Memphis 2, 43. 111.
Μήν 577, 2.
Μήνη 361. 2, 491.
Menelaos 501. 2, 109. 379. 413. 422. 442. 445. 448—450. 467.
Menestheus 2, 301.
Menesthios 2, 395.
Menoekeus 2, 359.
Menoetios 41. 2, 212. 223. 394. 395.
Menschen und Giganten 57.
— ihre Entstehung und Schöpfung 63. 80. 529.
Meriones 2, 123. 127, 6. 470.
Merope 383. 2, 76. 283, 1.
Meroper 2, 236.
Messenien 100. 205. 427. 619. 2, 89.
Μήστρα 638.
Metageitnia, Metageitnios 211.
Metalle 68.
Metaneira 635.
Metapontios 2, 335, 4.
Μήτηρ Βερεκυντία 528.
— Δινδυμίνη 528.
— θεῶν 527.
— — εὐάντητος 538, 2.
— — ἰατρίνη 538, 2.

Μήτηρ Ἰδαία 527.
— ὀρεία 527.
— Σικελίνη 528.
Μήτηρ 2, 123.
Methapos 707.
Methe 592. 606, 2.
Metion, Metioniden 2, 156.
Metis 36. 109. 154.
Metragyrten 531.
μητρῷον 537. 619, 2.
Midas 531. 532. 604.
Midea 2, 72. 387.
Milch und Honig 105.
Milchstraſse 51, 1. 139, 1. 2, 179.
Miletos 278. 708. 2, 133. 134.
Mimallonen 573.
Mimas 60.
Minos 508. 678. 2, 119—123. 127. 287. 293—296. 475. 476.
Minotauros 2. 123—125. 293—297.
Minthe 681.
Minyas, Minyaden 567.
Minyer 2, 310. 322. 324. 336.
Misenus 491.
Mnemosyne 41. 109. 398.
Μνησίλεως 2, 98.
Μνησίνοος 2, 98.
Mohn 631. 653. 693.
Μοῖρα, Μοῖραι 432—437. 2, 305. 307. 316.
Μώλεια 2, 237, 3.
Molione, Molioniden 2, 237. 238.
Moloch 46. 54, 1. 2, 124. 126.
Molorchos 2, 191.
Molos 2, 127, 6. 237, 3.
Molossos 2, 467.
Mond, Alter des M. 64, 2.
Mondfinsterniſs 106.
Mondgesicht 158, 1.
Mopsos 2, 323. 324. 339. 481.
Mordsühne 115.
Morgenstern und Abendstern 356. 364.
Munitos 4, 465, 3. [519.
Munychia, Munychios 246.
Musaeos 361. 2, 491—493.
Μοῦσαι, Μοίσαι, Μῶσαι, Μῶαι 399, 1.
Muschel der Aphrodite 276. 304.
Μουσαῖα 400.
Μοίσαια 401.
Musen 398—407. 710.
— helikonische 400. 406.
— olympische 399.
— pierische 399. 406.
— und Sirenen 505.
Mykenae 128. 2, 72. 379. 383. 387.
Μέλας, ϑεοὶ μελάντιοι 499.

Myrina 2, 85. 3. 325, 1.
Myrmidon, Myrmidonen 2, 391.
Myrrha 285.
Myrte 281. 653.
Myrtilos 2, 385. 387.
Mysien, Sagen und Culte 112. 2, 110. 241. 328.
Mysterien 521. 646. 648. 650. 659.
Mystische Lade 590. 3. 654.
μῦϑοι, μυϑολογία 1, 1.
Νᾶα 98, 2.
Nacht und Dunkel 32—34. 36. 356. 692.
Nächtliche Feier 521. 570.
Nachtigall 2, 140—144.
Naiaden 454, 4. 595.
νάω, νᾶρος 98, 2. 454, 4.
Narkissos 598. 625. 690, 1.
νάρϑηξ 590.
Nauplios 2, 51. 128. 241. 452.
Nausikaa 2, 461.
Naxos 82. 109. 143. 489. 557. 560. 562. 583. 2, 151. 194, 3.
Nebelhülle 517.
Nebelkappe 655. 2, 66. 67.
νεβρίς, νεβρίζειν 571.
Nebrophonos 2, 357, 5.
νεκρομαντεία s. Todtenorakel.
Nektar 89, 2.
Nekyia 664. 2, 458.
νεκύσια 525, 2.
Neleus, Neliden 469. 482. 2, 239. 240. 315. 317. 472—474.
Nemeischer Löwe 2, 189—191.
Nemeische Spiele 2, 357.
Νεμέσια 439.
Νέμεσις 440.
Nemesis 438. 2, 92. 110. 362.
Neoptolemos 347. 2, 416. 417. 442. 445. 446. 450. 466—468.
Νεότης 411, 5.
Nephele 2, 17. 147, 3. 195. 311. 312.
Nereiden 454—458. 492. 494.
Nereus 454—458.
nerina f. marina 454, 4.
Nerites 457.
Nessos 2, 245.
Νῖσις 454, 4.
Nestor 2, 237. 240. 315. 414. 429. 437.
Nikaea 575, 5. [448.
Nike 48. 177. 407—409.
Νικηφόροι Götterbilder 409, 3.
Nil 28. 150. 2, 43. 48. 50. 220.
Niobe, argivische, 109. 2, 37.
Niobe, Tantalos' Tochter, Niobiden 219. 2, 315. 3. 379—383. 415, 1.
Nisos 508. 2, 156. 294.

Nisyros 60.
Nomios 373.
Νόμιος πολυκέφαλος 182, 3. 2, 68.
— Πύθιος 223.
Nosten 2, 417—470.
Νόστος, Εὔνοστος 498, 3.
Νότος 387.
νουμηνίαι 362.
Nykteis 2, 343.
Nykteus 383. 2, 30—32.
νύμφα 593. 2, 596.
Nymphaea 599.
Νύμφαι ἅλιαι 455, 3. 595.
— Γεραιστιάδες 473, 2.
— Ἐχεδωρίδες 596, 1.
— θοῦριδες 595, 3.
— idaeische 597.
— Ἰωνίδες 596, 2.
— kithaeronische 596.
— κουροτρόφοι 596.
— libethrische 399.
— μακρόβιοι 597, 1.
— nysaeische 547. 2, 338.
Nymphen 35. 323. 452. 593—599.
— des Perseus und Herakles 2, 66. 66. 217. 501.
— und Dionysos s. Dionysos.
— — Kureten 540.
— — Pan 611. 612.
Nymphenliebe 594. 595.
Nymphenraub der Satyrn 600.
Nymphenstimmen 612, 2.
Nymphentanz 599.
Νυμφόληπτοι 595.
Nysa 547. 557. 578. 579. 604. 624.
Oaxos 2, 127, 5.
Oberwelt und Unterwelt 83.
Ocnus 2, 483.
Odyssee 2, 371. 456—463.
Odysseus 2, 405—410. 415. 417. 422. 425. 428. 431. 437. 439—446. 449. 456—463. 468. 469.
Oeagros 2, 484.
Oeax 2, 416. 425, 3.
Oebalos, Oebalia 2, 90.
Oechalia, Οἰχαλίας ἅλωσις 2, 174. 225. 254.
Oedipus 2, 343—350.
Oelbaum des Apoll 193, 2.
— der Athena 166. 175. 181.
— der Hera 2, 41, 2.
— des Herakles 2, 261.
Oeneus 550. 2, 243—245. 303. 352. 368 bis 371.
Oeniadae 2, 243.
Oenomaos 112. 383. 2, 383—386.

Oenone 2, 412. 413. 442, 3.
Oenopion 369. 593.
Ogen, Ogenidae 27, 1.
Ogyges 27. 2, 139.
Ogygia 2, 459.
Oikles 2, 235.
οἰκουρὸς ὄφις 165, 1.
Οἰχοῖς 278, 2. 2, 135.
Oileus 2, 405.
Οἰνιστήρια 2, 260, 4.
οἰνοτρόποι, αἱ 557.
Oionos 2, 242.
Οἰτόλινος 378.
Okeaninen 447. 453.
Okeanos 26. 31, 1. 36. 40. 79, 1. 2. 152. 446. 2, 209. 333. 336.
Oknos 682.
Ὠκυπέτη 458.
Olen 130. 190. 196. 2, 491.
ὀλολυγή bei Geburten 422, 1.
Olympia 49. 112. 113. 124—126.
Ὀλύμπιοι 91 [386.
Olympische Spiele 96. 409. 2, 261. 262.
Olympos 50. 84. 85. 97. 100. 2, 201.
Olympos, der Flötist, 605. 606.
ὄμμα αἰθέρος 352, 1.
ὀμφαί 113.
Omphale 2. 166. 226—229. 283. 284.
Omphalos 213. 346.
Onchestos 153, 5. 470. 486.
Ὄγχειον 153, 5.
Opheltes 2, 356. 357.
Ophion 395.
Opus 2, 248. 258.
Orakel 113. 225—228. 2, 361. 482. 483. 499.
Orchomenos 264. 377. 395. 567. 2, 180. 310. 499.
Oreaden 595.
Oreithyia 2, 148. 501.
Ὠρεός 370.
Orestes 230 254. 687. 2, 415. 452 bis 456. 467.
Orestheus 551.
Orion 366—372. 381. 382. 384. 385.
Orion. Ὠαρίων 370.
— βοώτης 382, 1.
— τριπάτωρ 371, 1.
— ξιφήρης 366, 4.
Ormenos, Ormenion 2, 254.
Orneae 609.
Oropos 2, 361.
Ὧρος, Ὡραία 480.
Orpheus 232, 4. 399. 400. 683. 2, 323. 483—488.
Orphische Theogonie und Mythologie

25. 35. 48, 1. 53. 57, 2. 122. 155. 523.
551. 623. 661. 2, 488.
Ὀρθάνης 608, 4.
Orthros 2. 202. 211.
Ortygia 238.
Oschophorien 170. 561. 2, 297.
Ὀσογώς 475. 478.
Ὄσσα 113.
Otii campi 82, 2.
Otos 82. 82.
Paean 195. 199.
Paeeon 195. 220. 429, 3.
Paeon 2, 312, 4.
Paidia 419.
Palaemon 493—496.
Παλαιμάων 2, 497, 2. 498.
Palamedes 2, 415. 416. 419. 425.
Paliken 148.
Palinuros 518. 2, 333.
Palladion 151. 176. 184. 2, 374. 406.
443. 444, 5. 465.
Pallas 151. 159, 2. 2, 156. 291.
Pallas, Gigant, 59. 60.
Pallas, Titane, 40. 151.
Pallene, Demos, 60. 167.
— Halbinsel, 58. 2, 207. 235, 2.
Palme auf Delos 192.
Pamphos 2, 493.
Pan 610.
— ἀγρεύς 613, 7.
— αἰγιπόδης, αἰγοπρόσωπος 617, 1.
— ἄκτιος 375. 7. 614, 2.
— ἐνόδιος 613.
— χεροβάτης 617, 1.
— νόμιος 611.
— πομπαῖος 613.
— στρατιώτης 615, 5.
— τραγόπους, τραγοσκελής 617, 1.
— ὕπατος 611, 2.
— φιλεύιχος 612, 2.
— χορευτής 614, 1.
Pan, Lichtgott, 613.
— Prophet, 613.8
Pan's Musik 612. 614.
— Schlaf 612.
— Tod 616.
Pan und Bacchus 615.
— — Echo 597. 612.
— — Eros 616.
— — die Nymphen 611. 613.
— — Rhea 615.
— — Selene 363. 613.
Panakeia 431.
Panathenaeen 173—175. 176, 4. 2, 298.
Pandaisia 419. [380, 5.
Pandareos u. s. Töchter 299. 2, 141.

Pandaros 201. 2, 375.
Pandia 363. 2, 42.
Pandion, Pandioniden 2, 140. 141. 156.
Pandora 76. 165. 3. 2, 153.
Pandrosos 164. 165, 2. 166. 171, 4. 333, 1.
Πᾶνες, Πανίσκοι 617.
Panionien 474.
Panischer Schrecken 612. 617.
Pannychis 419.
Panope 456.
Panther 589.
Πάπας 536. 608.
Papposilene 608.
Παρήγορος 418, 2.
Paris 140. 293. 2, 411—414. 422. 436.
442.
Parnafs 567.
Paros 2, 127. 233. 293.
Parthenopaeos 2, 355. 360.
Parthenope 505, 1.
Πασικράτεια 621, 3.
Pasiphae 2, 120—122.
Pasithea 396.
Patara 226.
Patroklos 2, 404. 416. 418. 425. 429 bis
431. 433.
Pegasos 95. 2, 65. 68. 79—81. 88.
— von Eleutherae 551, 1.
Peiras, Peirasos, Peiren 2, 39.
Peirene 2, 75. 81. 90, 1. 393.
Peirithoos 2, 13. 223.
Peitho 397. 418. 2, 37.
πέλαγος 35. 354.
Pelasger und Hellenen 67. 2, 376. 377.
Pelasgos in Argos 65. 2, 37. 51.
— — Arkadien 63, 3. 64, 2. 102.
Peleiaden 99.
Pelethronisches Thal 2, 15.
Peleus 2. 338. 394—401. 466. 467.
Peliaden 2, 338—340.
Pelias 469. 482. 2, 315. 317. 321. 322.
338. 339. 501.
Pelion 114. 375. 424. 2, 13. 15. 318.
395—399.
Pelopia 2, 358.
Peloponnesos 470. 471, 2. 2, 289. 379.
Pelops, Pelopiden 119. 2, 379—390.
Pelorien 97.
Peloron 368. 369, 2. 505.
Penelope 616. 2, 409. 459—463. 469.
Penthesilea 2, 434. 435.
Pentheus 566.
Pephredo, Pephrido 2, 63. 501.
Peplos der Athena 61. 171—174.
— — Hera 135.
Πεπρωμένη 432.

Perdix 2, 498.
πέρην Ὠκεανοῖο 27, 2.
Pergamon 428. 708. 2, 242.
Pergamos 2, 467, 5.
Periboea 2, 352. 402.
Perieres 2, 90.
Periklymenos, S. des Neleus, 2, 239. 315. 323.
— S. des Poseidon, 2, 359. 360. 361.
Periphetes 2, 289. [363.
Pero 2, 315. 472—474.
Πέρσης, Περσεύς, Περσαῖος 40, 4. 257. 2, 58, 4.
Perses und Perser 2, 73.
Perseus 100, 2, 576. 2, 58—74. 501.
Περσίφασσα 662.
Persephone 657.
— βριμώ 257.
— δέσποινα 618. 621.
— ἐπαινή 656.
— Κόρη Δήμητρος 618. 649. 650.
— λέπτυνις 657, 2.
— λεύκιππος 645, 1.
— μελίβοια, πολύβοια 658.
— μουνογένεια 622, 3.
— πότνια 618.
— σεμνή 618.
— φλοιά 658.
— φωσφόρος 662.
— Χειρογονία 641, 2.
Persephones ἄνοδος, κάθοδος 629. 644.
— Anthologie 624. 625. 644.
— Beilager 645.
— Haine 664.
— Raub 624—630.
— Thalamos 657, 2.
Persephone, Fruchtgöttin 632, 2.
— Königin der Unterwelt 655.
— T. des Minyas 2, 315, 3.
— Todesgöttin 691, 4.
— und Aprodite 285. 288. 661. 662.
— — Artemis 661.
— — Dionysos 646. 661.
— — Hekate 257. 661.
— — die Sirenen 505.
Perseptolis 2, 460, 1.
Persiden 2, 73.
Pessinus 531. 533. 574.
Petasos 335, 3.
Pfau 130, 1. 137, 1. 319, 1. 2, 41.
Pfeile des Apoll, des Helios 231.
— — Eros 414.
Pfeiler und Balken 123. 139.
Pferde und Schiffe 178. 483. 2, 377. 443. s. auch Rosse.
Pferdeopfer 350. 389. 485.

Pflug, Erfindung der Athena 184, 4.
Pflügungen, heilige 169.
Pforte der Unterwelt 663.
Phaeaken 515—519. 2, 337. 461.
Phaedra 295. 2, 300.
Phaenna 396.
Phaethon, S. des Helios, 357—358.
— oder Apsyrtos 2, 335.
— — Eridanos 358, 3.
— der Stern 279. 365. 2, 145.
Phaethusa 354.
Phaleron 2, 294. 297.
Phallos 302. 311. 444. 553. 588.
Phanes 36.
Phaon 294.
Pharia Isis 2, 44.
φαρμακίδες 682. 2, 184, 1. 319, 2.
φαρμακοί 210.
Pharos 500. 2, 44.
Phasis 450. 2, 309. 333. 336.
φάσσα, φάττα 662.
Phegeus 2, 368. 369.
Pherae 423. 2, 315. 316.
Pherephattia, Pherephattion 644. 662.
Pheres 2, 315. 321.
Φερσέφαττα, Φερσέφασσα 662.
Φερσεφόνη 662.
Phikion, Sphinkion 2, 348.
Philaeos 2, 464.
Philammon 2, 490.
Philoetios 2, 462.
Philoktet 2, 255. 420. 441. 442. 470.
Philomela 2, 142—144.
Philonis 2, 150, 4.
Philyra 2, 18. 401.
Phineus 2, 70. 329—332. 501.
Phlegra 58. 61.
Phlegyas 423. 2, 14.
Phlegyer 263. 2, 14. 30.
Phobos 266. 267.
Phoenix 2, 116. 133. 399. 416. 428. 466.
Φοιβαῖον 2, 98.
φοιβάς, φοιβάζω 189, 1.
Φοίβη, Titanin, 41. 227.
— T. des Leukippos, 2, 98.
Φοῖβος 189. 229.
Phokos 2, 394. 395.
Pholos, Pholoe 2, 193—195. 266.
Phorbas 217. 2, 14, 2.
Φόρκη λίμνη 459, 1.
Phorkiden 460. 2, 63.
Φόρκου πύλαι 459, 2.
Phorkys und Keto 459. 2, 62.
Phorminx 223.
Phoroneus 65. 2, 36—38.
Φορωνικὸν ἄστυ 2, 37.

Phrixos 2, 311—314. 321.
Phrontis 2, 333. 1. 449.
Phrygien 528—534. 542. 571. 576. 605. 608. 695. 708. 2. 375. 378.
φθείρ, φθίρ 363, 4.
Phylakos 2, 472. 473.
Phyleus 2, 199. 239.
Phyllis 2, 465.
Phytaliden 116. 480. 2, 291.
Φωσφόρος 364.
Pielos 2, 467, 5.
Pierien 399. 400.
Pieros 406.
πῖλος 323.
Pimpleia 399. 2.
Piraeen 553. 2.
Pisa 2, 386.
Pithoigia 441. 554.
πίθοι des Zeus 121, 2.
πίθος der Pandora 76, 3.
Pittheus 2, 287. 288.
Pityokamptes 2, 289.
Pitys 613.
Plakiane 537.
Plankten 381. 509. 2, 337.
Pleiaden 381—384.
Pleisthenes 2, 388, 1. 389, 1.
Πληϊόνη 382.
πλιμοχόαι 651.
Πλιξαῦρος 452.
Pluto, M. des Tantalos, 2, 380.
Πλούτων, Πλουτεύς 659. 660, 2.
— ἀγανώτατος 659.
— ἀγήσανδρος, ἀγησίλαος 660.
— ἄγριος 657, 1.
— ἀδάμαστος 626. 657, 1.
— ἀμείλιχος 626. 657, 1.
— ἔμπεδος 660. 2.
— ἑσπέριος θεός 668, 1.
— εὔβουλος, εὐβουλεύς 659.
— Ζαγρεύς 660.
— ζειροφόρος 683. 2.
— Ζεὺς χθόνιος 622. 655.
— ἰσοδαίτης 660.
— ἴφθιμος 660, 3.
— Κλύμενος 659.
— κλυτόπωλος 660.
— πελώριος 660, 3
— πολυδέγμων, -δέκτης, -ξενος 660.
— πολυώνυμος 660.   [663.
— σκότιος 656, 2.
— στυγνός 657, 1.
— φερέσβιος 658.
— χρυσήνιος 660.
Pluton und Persephone 622. 623. 625. 656. 662. 667. 683. 690, 2.

Plutonia 672.
Plutos, Pluton 182. 1. 394, 1. 412. 632, 2. 637. 640. 650.
Plynteria 171.
πλυντρίδες 172, 1.
Podaleirios 429. 2, 440. 482. 483.
Podarge 388. 458. 2, 101, 4.
Podarkes 2, 474.
Poeas 2, 126. 255.
Ποιναί 685.
Ποίθιοι 214, 4.
οἱ πολλοί, οἱ πλείους 660.
Poltys 2, 235.
Polyboia 204, 2.
Polybos, Sohn des Hermes, 323, 1.
— von Korinth 2, 347. 352.
Polybotes 60.
Polydamna 2, 449.
Polydektes 2, 61. 71.
Polydeukes 2, 95—98. 101—103. 328. 329. 339.
Polydora, Tochter des Meleager 2, 121, 2.
— — — Peleus, 2, 395.
Polydoros, Sohn des Hippomedon, 2.
— — — Kadmos, 2. 26. 343.   [366.
— — — Priamos, 2, 446.
Polyhymnia, Polymnia 407.
Polyidos 2, 81. 475. 476.
Polykaste 2, 460, 1.
Polymele 322.
Polymestor 2, 446.
Polyneikes 2, 344. 345. 349. 350. 352 bis 364.
Polypemon 2, 289, 4. 290.
Polypheides 2. 475.
Polyphemos, der Argonaut, 2, 328.
— — Kyklop. 511. 515. 2, 456. 457, 1.
Polypoites, der Lapithe, 2. 482.
— Sohn des Odysseus, 2, 468.
Polyxena 2, 437. 446.
Polyxenos 2, 468.
Ποντάρχης 2, 438.
Pontos 40. 453.
— euxinos 2, 329.
Πόρκος, Πορκεύς 459, 3.
Πόρος 413, 2.
Porphyrion 58. 2, 206, 2. 315, 1.
Portheus, Porthaon 2, 302.
Poseideon Mt. 476.
Poseidon 464.
— ἀσφάλιος 469. 477—479.
— γαιήοχος 469. 477.
— γενέθλιος, γενέσιος 480.
— δαμαῖος 184.
— δωματίτης 479, 2.

Poseidon Ἑλικώνιος 467.
— ἐννοσίγαιος, σεισίχθων 469. 477.
— ἐπιλίμνιος 479.
— Ἐρεχθεύς 167, 1. 472.
— ἐρίκτυπος, ἐρισφάραγος 475.
— ἐυρυκρείων, -μέδων, -σθενής 475.
— εὐρύστερνος 475.
— ἰατρός 473, 3.
— ἴωψιος 484.
— ἱππηγέτης 473, 3.
— ἵππιος 167. 482—485. 2, 81.
— Καλαυρεάτης 470, 1.
— κρηνοῦχος 479.
— κυανοχαίτης 475.
— νυμφαγέτης 479.
— πετραῖος 469. 484.
— σωτήρ 477.
— ταύρειος 468.
— τροπαῖος 477.
— φυτάλμιος 480.
Poseidon der Quellen und Brunnen 479.
— in der Gigantomachie 60.
— und Aphrodite 282. 477, 2.
— — Apollo 2, 78.
— — Athena s. Athena.
— — Demeter 481. 622.
— — Dionysos 481.
— — Helios 2, 78.
— — Palaemon 496.
— — Telchinen 496.
— von Aegae 465—467.
Pothos 414.
Ποτιδάν, Ποτειδάν etc. 465.
Πότνιαι 618. 687.
Praxidiken 120, 2.
Praxiergiden 171.
Praxithea 2, 153.
Priamos 2, 236. 374. 375. 378. 432. 445.
Priapos 588. 608—610.
Proetiden 2, 54—57. 351.
Proetos 2, 54—58. 81.
Προηρόσια 636, 3.
Prokne 2, 142—144.
Prokris 165, 3. 2, 145—147.
Prokrustes 2, 290.
Promachos, Sohn des Herakles, 2, 193,3.
— — Parthenopaeos, 2, 366.
Προμήθεια 81. 419.
Prometheus 45. 71—81. 154. 2, 220.
— ἀγκυλομήτης 74.
— ἀκάκητα 74, 1.
— πυρκαεύς 78, 1.
— πυρφόρος 72.
Prometheus gepfählt 77, 3.
— Herold und Opferer 74. 332.
— mit Ring und Weidenkranz 78.

Prometheus plastischer Künstler 79.
— Prophet 78. 80.
Pronax 2, 357, 1.
Prophasis, T. des Epimetheus, 77, 1.
πρὸς δύο οὐδ᾽ ὁ Ἡρακλῆς 2. 262, 5.
προσίλῃνοι 64, 2
Prostitution 297. 298.
Protesilaos 2, 421.
Proteus 500. 2, 235. 449.
Protogeneia 66, 2. 165, 3. 2, 153.
Προτρύγαια 583, 1.
Προχαριστήρια, Προσχαριστήρια 170.
Prytaneion 345—348. 2, 297.
Psamathe 379. 456. 2, 395.
Psophis 2, 194. 368.
Psychomanteia s. Todtenorakel.
Ψυθρεύς Mt. 328, 3.
Psylla 2, 384, 3.
Pterelaos 2, 177.
Ptolemaeer 580.
Ptoos 2, 314, 1.
Pyanepsia, Pyanepsion 211. 2, 297.
Pygmaeen 2, 218.
Pygmalion 288.
Pylades 2, 454.
Pylos 314. 317. 469. 2, 240. 315. 414.
πύλος, πυλάρτης, πυλάοχος 368, 1.
 663. 2, 240.
Pyra des Herakles 2, 166. 167. 255.
Pyraea 630, 1.
Pyraechmes 2, 181, 2.
Pyrasos 620. 630, 1.
Pyrene 2, 212, 4.
Pyriphlegethon 671. 672.
Πυρίσοος 2, 400, 2.
πυρπαλάμαι 72, 2.
Pyrrha 66.
Pyrrhiche 62, 6. 106. 183. 540. 2, 102.
Pyrrhiden 99.
Πυρριχοὶ βόες 2, 206, 1.
Pyrrhos s. Neoptolemos.
Πυθία 212. 213. 229.
Πύθιον 213. 214. 2, 156.
Python 193. 194. 212. 2, 316, 2.
Πυθώ 195.
Quellencultus 451. 452. 2, 46.
Rabe 424.
Rad 2. 13; s. auch Sonnenrad.
Regenbeschwörung 95, 2. 102.
Reinigungen und Sühnungen 114.
Rhadamanthys 670. 678. 2, 129—131.
 281.
Rhadine 296.
Rhakios 2, 482.
Rhamnus 439. 2, 92. 110.
Rharisches Feld 169.

Rhea Kybele 526—539. 2. 328.
— Mutter der Persephone, 530. 623.
— — des Zeus 101.
— und Demeter 530. 537. 623.
— — Dionysos 530. 535. 574. 575.
— — Kronos 47. 104.
— — Pan 615.
Rhene 322.
Rhesos 2, 428.
ῥίον, ῥία, Ῥία, Ῥίττα 471, 1.
Rhipaeen 32. 2. 387.
Rhodos 44, 3. 51. 108. 156. 178. 181. 182. 202. 206. 349. 350. 474. 496. 497, 1. 498. 563. 2, 49. 128. 246. 278.
Rhoetos 60.
Ῥοιώ 370, 1. 557.
Rinderdiebstahl des Hermes 215. 312. 313.
Rose 285. 556, 3.
Rosse des Achilles 388.
— — Ares 265.
— — Diomedes 2, 200. 201.
— der Dioskuren 2, 101.
— — Eos 350, 2. 359.
— des Helios 350. 2, 78. 80.
— — Oenomaos 2, 385.
— — Poseidon 466. 482. 485. 2, 385.
— der Winde 388. 519.   [386.
Sabos, Sabazios, Sabazia 576.
Salamis 2, 402. 403.
— auf Kypros 274. 2, 464.
Salben der Aphrodite 290, 1.
Salmakis 420.
Salmoneus 2. 314.
Salz 2, 312, 3.
Samos 129. 132. 135. 338. 471, 1.
Samothrake 309. 333. 471, 1. 543. 697 bis 707. 2, 29. 107. 327. 373.
Sandes, Sandon 2, 165. 166.
Σάος, Σάων, Σάμων 322, 5. 703.
Sapphos Sprung 209.
Sardanapal 2, 165. 166.
Sardes 535. 2, 166.
Sardinien 374. 2, 284.
Sardonisches Gelächter 2, 126.
Sardos, Sardus Pater 2, 284.
Σάρων, Σαρώνια 503.
Sarpedon 2, 116. 131—134. 235. 429. 430.
Satyrdrama 601.
Satyrn 35. 599—602.
Satyros, σατύριον 600, 1.
Σατύθαι, Σαύδοι 605, 1.
Säulen des Atlas 460.
— — Herakles 463. 2, 210. 211. 333,
— — Proteus 460, 3.   [3.

Scepter 119.
Scheria 516.
Schiffe und Pferde s. Pferde.
Schildkröte 280. 313.
Schlaf und Tod 691.
Schlange, Schlangenbildung 62. 164. 335. 430. 444. 448. 578. 654. 2, 27. 137. 472. 473, 1. 476. 480.
Schlangenwagen 635.
Schlauch der Silene, des Marsyas 607.
Schmiede des Hephaestos 145. 147. 150. 369. 515.
— der Kyklopen 515.
— — Telchinen 497.
Schoeneus 2, 314. 1.
Schönheitswettkämpfe 138. 640. 3. 2, 412, 2.
Schwalbe 2, 141—144.
Schwan 491.
— und Leda 2, 92. 93. 111.
Schwäne des Apoll 193. 196. 373, 2.
— der Aphrodite 304, 2.
Schwein 303, 3. 384. 654. 2, 269.
Schwurgötter 87. 120.
Seekrebs 2, 192.
Seelen nach dem Tode 669. 670.
σειληνός, σιληνός 603. 2.
σείρ, σείριος 372, 2.
σειρίασις 379, 3.
Selene 40, 3. 361—364. 613. 2, 41.
Σελλοί 97, 5. 99. 2, 391, 1.
Semele 376. 546. 563.
Σιραί 618. 687. 689.
Σιπιὰς ἄκτη, 2, 398, 1.
Septerion, Septeria 229, 2.
Seriphos 2, 61. 71.
Sibyllen 225.
Sichel des Kronos 45.
Sicilien 148. 206. 515. 594. 621. 624. 644. 2, 122. 208. 214. 215.
Side 370.
Σιδηρώ 68, 2. 482. 2, 317.
Sidon 2, 116.
Sieben gegen Theben 2, 350—365.
Siebenter Tag 193.
Sigeon 160, 1.
Sikinnis 600.
Sikyon 71. 205. 280. 2, 31. 84. 347. 352. 388.
Silber, silbernes Geschlecht 68. 69.
Silen, Silene 532. 603—608.
Sinis 2, 289.
Sinon 2. 445.
Sintier 145.
Sipylos 108. 528. 536. 2, 380. 382.
Sirenen 138, 5. 504—506. 2. 337. 459.

Sirios 372—380. 551.
Sisyphos 676. 2. 74—76. 314. 393. 407.
Sithon 2, 235, 2.
Skephros 216. 350. 2, 47.
σκίρα, σκίρος, σκιρρος 168, 3.
Skira 170, 2. 171, 1. 639, 1.
σκιράψιον, σκιρομάντεις 183.
Skiron, Ort, 168. 169. 170. 183, 3.
Skiron, Skeiron, Räuber, 2, 290. 394.
Skirophorien, Skirophorion 170. 645.
Skiros 168, 2.
Skirtoi 600.
Σκοπιαί 599, 5.
Skorpion 371.
Skylla 503. 506—509. 2, 337. 459.
Skyros 2, 286. 287. 301. 416. 417.
Σκυφίος 484.
σκύφος des Dionysos 588.
— — Herakles 2, 268.
Sminthios Mt. 202.
Smyrna 2, 285, 1.
Solymer 2, 84.
Sonne und Mond 91.
Sonnenaufgang und -Untergang 352 bis 357.
Sonnenbahn 354. 2, 390.
Sonnenbecher 355. 2, 209—212.
Sonnenburg 353. 357.
Sonnenheerde 351. 2, 313, 2. 459.
Sonnenrad 73, 3. 2, 13.
Sonnenrofs 2, 80. 121.
Sonnenstier 2, 121. 124. 200. 292. 334.
Sonnenteich 353.
Sosipolis 442. 444.
Σωτῆρες, Σώτειραι 121, 3.
Sparta 119. 180. 205. 243. 268. 279. 291. 301. 569. 2, 94. 100. 109. 282. 455.
Spartaios 498.
Sparten 65. 2, 25. 28.
Specht 2, 144.
Speer, Sinnbild des Krieges u. Blutgerichts, 269, 6.
Spercheios 2, 395. 399.
Sperlinge 303, 4. 304, 1.
Sphinx 2, 348.
Spinnen und Weben 171.
σπουδαίων δαίμων 182.
Staphylos 557. 561. 582, 2. 603, 2.
Steinfeld bei Arles 2, 213.
Stentor 136, 5. 333.
Sternbilder 366. 385.
Sterne 356.
Sterope 383. 2, 384, 4.
Steropes 42.
Στήθαιον 426, 1.
Sthenoboea 2. 55. 81. 89.

Sthenelos, Sohn des Kapaneus, 2, 366. 370, 2.
— — — Perseus, 2, 73. 2. 159. 178.
Σθενία 111. 2, 54, 1.
Σθενώ 2, 64.
Stier 252. 418. 468. 485. 571. 575. 589. 2, 116—118. 121. 128. 3. 200. 214. 292.
Stierkämpfe 468. 485. 651. 2. 710.
Strophaden 2, 331, 4.
Strymon 2, 215.
Stymphalische Vögel 2, 197. 198.
Styx 28. 48. 499. 671.
Sühnungen im Culte des Apoll 209. 228—231.
— — — — Dionysos 587.
— — — — Zeus 114. 115.
Sunion 167. 178. 473, 1. 485.
Syleus 2. 229.
Syme 503.
Symplegaden 509. 2, 332.
Συνδρομάδες 2, 332, 2.
σύνναοι, σύμβωμοι 87.
Συνοίκια, Συνοικίσια 173, 3. 2, 297.
Συνορμάδες 2, 332, 2.
Syria Dea 302.
Syrinx 223, 4. 339. 612.
Taenaron 470. 474. 666.
Ταινάρια 470, 2.
Talaos 2, 355.
Talos auf Kreta 2, 125. 337.
Talos, S. der Perdix, 2, 498.
Tamariske 234, 2. 284.
Tamiraden 292, 3.
Tammuz 286. 287.
Tanagra 321. 333. 371.
Tantalos 675. 2. 379—383.
— Sohn des Thyestes, 2, 453, 1.
Taras 474.
Ταράξιππος 2, 76.
Tarsos 2, 44. 73. 88. 165. 166.
Tartaros 34, 2. 52. 55. 679. 680.
Tartessos 2, 208.
Taube 303. 662.
Tauben des Zeus 98. 105. 381.
Ταύρεια 468, 1.
Ταυρεών Mt. 252, 2.
Taygete, Taygetos 100. 383. 569. 2, 93. 101. 196.
Tegea 380. 2, 241—243.
Tegyra 226. 2, 150.
Tegyrios 2, 149.
Teiresias 113. 2, 359. 364. 367. 458. 478—480.
Tekmessa 2, 404.
Telamon 2, 232—236. 394. 395. 402. 405. 464.

Telchinen 496—500.
Teleboer 2, 148. 176. 177.
Telegonos 2, 468. 469.
Telemachos 2, 409. 415. 460. 462. 469.
Telephassa 2, 24.
Telephos 2, 241. 418.
Telesidromos 635, 1.
Telesphoros 431.
Telete 593.
Telliaden 2, 477.
Telodike 2, 37.
Temenos 2, 282. 283.
Tenedos 112. 2.
Tennes 2, 422.
Tenos 473.
Tereus 2, 143.
Termeros 2, 273, 2.
Termilen 202. 2, 84. 228.
Terpsichore 407.
τεθαλλοδοῖς 69, 3.
Tethys 27. 28. 40. 385. 446.
τετράγωνος ἐργασία 325, 1.
Teukros 2, 402. 405. 440. 463. 464.
Teumessischer Fuchs 2, 147.
Teuthras 2. 241.
Θάλασσα 453. 475, 2.
Thalia 395. 407.
Thallo 166. 393.
θαλλοφόρος 175.
Thalysia 633, 1.
Thamyris 2, 488—490.
Thanatos 691. 692, 4.
Θαργήλια 209.
Thasos, Insel, 310. 395, 3. 558. 2, 24. 168. 235.
— Knabe 379.
Thaumas 458.
Thebais 2. 341. 350.
Theben 153. 226. 267. 546. 2, 21—34. 341—371.
Θεία 40.
Theiodamas 2. 247. 328.
Themis 41. 109. 112. 173, 1. 227. 390 bis 391.
Themiskyra 2, 233.
Θεμίστιος Mt. 391, 4.
Θεμιστιάδες 2, 66, 3.
Themisto 2. 314.
Θεοδαίσια 559.
Θεοδαίσιος Mt. 559, 2.
Θεογάμια 644, 4.
θεοί, θεός 86. 432.
θεοί und δαίμονες 88.
Θεοίτια 552.
Theoklymenos 2, 475.
θεῶν ἀγορά 50. 87.

θεῶν ὄχημα 463, 4.
Theonoe 500.
Theophane 481. 2, 313. 2.
Θεοφάνια 198, 1. 212.
Theoxenia 212. 2, 99. 100. 104.
Theoxenios Mt. 212, 1.
Thera 2, 336.
Θεραπνατίδια 2, 109. 4.
Therapne 2, 96. 98. 109.
Thermodon 2, 233.
Thersander 2, 366. 367. 418.
Thersites 2, 307, 4. 427. 434.
Theseion, Theseia 2, 286. 297. 298.
Theseus 171. 472. 2. 223. 285—302. 365.
— und die Amazonen 2, 298—300.
— — Ariadne 559. 2, 293—296.
— — Helena 2, 112. 113.
— — Herakles 2, 258. 285.
— — Peirithoos 677. 2, 14. 113. 223. 301.
Thesmophoria 639—642. 645, 1. 2, 49. [50.
Thesmophorios Mt. 639.
Thespiae 401. 415. 2, 180.
Thespios, Thespiaden 2, 180. 254.
Thessalien 48. 425. 469. 2, 9—20.
Thessalonich 708.
Thessalos 2, 236. 279.
Thestalos 2, 239.
Thestios 2, 91.
Thestor 2, 480.
Thetis 78. 134. 141. 456. 565. 2, 312. 4. 397—401. 416. 417. 423. 426. 430. 433. 437. 466.
Thiasos 570, 3. 592.
Thierkreis 354.
Thoas 558. 2, 325. 357.
Thon, Thonis 2, 449.
Θόωσα 459. 513.
Thorikos 2, 145.
Θόρναξ 131, 3.
Thrakien 263. 386. 566. 572 576. 2, 143. 149. 151. 152. 484.
Thrakische Sänger 399. 647. 2, 484 489. 490
Thrien 323.
Θρινακίη 351. 2, 459.
θρόνα 2, 15, 1.
Θούριος 59, 2.
Thurmbau zu Babel 82, 1.
Θυία, Nymphe, 388, 4. 2, 150, 3.
— Fest, 563, 4. 571, 3.
Θυιάς, Θυιάδες 570.
Thyestes 2, 386—390.
Thymbra s. Apollo.
Thyone 546, 1. 563.

Thyrsos 587. 590.
Tiphys 2. 323. 332. 333, 1.
Tiryns 2, 39. 55. 72. 81. 185. 226. 278.
Τιταία, τιταίνειν, Τιτανόπαν, τιτός 39, 1.
Titan (Helios) 41, 5.
Titanen 36—41. 52. 58. 581. 708.
Titanomachie 36. 47—53. 108.
Tithenidien 243.
Tithonos 360. 2, 145. 435.
Τίτθιον ὄρος 425.
Τιτώ 41, 5. 360, 2.
Tityos 195. 675.
τίτυροι 600, 2.
Tlepolemos 2, 278.
Tmaros, Tomaros 98.
Tmolos 108. 535. 574. 615, 3. 2, 227. 229. 380, 3.
Todtenbeschwörung und -orakel 260. 331. 665. 666. 2, 388.
Todtendienst 665. 673.
Todtengerippe 669.
Todteninsel und -schiffer 516.
Todtenrichter 678.
Tomi 2, 335, 3.
Torone 2, 235.
Toxaris 427.
Trachis 2, 246—251. 254. 255.
Traum, Träume 669. 694.
τρίαινα s. Dreizack.
Trieterische Bacchenfeier 565. 569. 577.
Trikka 425.
Trinakria 2, 337.
Triopas 638.
Triopion, Triopia 206. 481. 621, 2. 638.
Triptolemus 333, 1. 634—637. 642. 647. 651. 678. 2, 40. 44.
Tritogeneia 152.
Triton, Tritonen 491—493. 508. 2, 337.
Triton, Flufs und See, 152. 450, 3. 491. 2, 67. 336. 337.
Tritopatoren 389. 2. 105, 1.
Trittya 2, 104, 6. 258, 2
Trochilos 135. 2, 40.
Troezen 470. 479. 503. 2, 287—289. 300.
Troilos 2. 423. 424.
Troische Sagen und Culte 108. 151. 172, 1. 184. 201. 225. 273. 274. 293. 294. 322. 597. 2, 232—236. 373—379. 410—447.
Trompete 183.
Trophonios 2, 498—500.
Tros 2, 374.
Tyche 441—445.
τύχη πόλεως 445.
Τύχων 444, 3. 608, 4.

Tydeus 2, 352—361. 363.
Tylos 636, 3. 2, 476.
τυμβάδες 260, 2.
Tymnos, Tymnesos 2, 134, 1.
Tympanon 539. 542.
Tyndareos 2, 90—92. 243. 409. 413.
Tyndariden 2, 92.
Τυφαονίη πέτρη 79, 3.
Τυφαόνιον 55. 3.
Typhon, Τυφῶνες 54—56. 134. 386. 390. 2, 29.
Τυφῶς, Τυφωεύς, Τυφών, Τυφάων 55, 2.
Τύρβας 593.
τύρβη 568, 2.
Tyro 469. 482. 2, 315. 472.
Tyros 2, 24, 2. 116, 2. 167.
Tyrrhener 333, 2. 562.
Tyrrhenos 2, 283. 284.
Unterwelt 522. 656. 663—684.
— Bilder 681.
— Flüsse 671.
— Gericht 678.
— Strafen 675. 679.
Οὖπις 239, 1. 248.
Urania 407.
Οὐράνια 119, 2.
οὐράνιοι, οἱ 83, 2. 91.
Οὐρανίωνες 40, 1.
Uranos 33. 34. 37—43.
Οὐρία, Οὐριεύς, Οὐρίων 370.
οὖρος, οὖροι 517. 518.
Veilchen 534. 556.
Verhüllen des Hauptes bei Kronos 46.
Vierzahl 313. 325.
Vulkanismus 37. 54. 58.
Wachtel 238.
Waffentanz der Götter 49.
Wage des Zeus 111, 1. 2, 431. 435.
Wagen der Eos 359. 2, 316, 4.
— des Helios 350.
— der Nacht 357.
— der Selene 362.
— des Zeus 95.
Weifsagung 112. 224. 2, 471.
Weltei 35.
Widder 96. 115. 303. 310, 1. 323. 340. 2. 313.
Wiedehopf 2, 142—144.
Winde 386.
Winter 566. 2, 204. 207. 343.
Wolf 101. 202. 234. 2, 48. 201.
Wolken 51. 389.
Xanthos 2, 81. 131.
Xuthos 2. 154.
Ζάγκλη 45, 3. 368.

Zagreus 53. 106, 4. 564. 584. 646. 660, 2. 661.
Ζᾶτις 126, 1.
Ζάς, Ζαντός 92, 2.
Zeit s. Chronos.
Ζῆλος, Νίκη, 48. 111.
Ζηνοποσειδῶν 468, 1. 475.
Zephyros 386. 388. 394.
Zerynthische Höhle 257.
Zetes 2, 149. 323. 331.
Zethos s. Amphion.
Zeugung in der Theogonie und Mythologie 35. 38. 110.
Ζεύς, Ζήν, Ζᾶν, Ζίς 92.
Zeus Ἀγαμέμνων 2, 455.
— ἀγήτωρ 111.
— ἀγοραῖος 120.
— ἀγώνιος 111.
— αἰγίοχος 96.
— αἰγοφάγος 136, 7.
— αἰθέρι ναίων 85. 93, 1.
— Αἰνήσιος 2, 331, 4.
— ἀκραῖος 93, 3. 114, 3. 2, 394.
— ἀλαλκομενεύς 176, 1.
— ἀλάστωρ 115.
— ἀλεξίκακος 115.
— ἀλιτήριος 115.
— Ἀμφιάραος 2, 361, 3.
— ἀπατούριος 117.
— Ἀπεσάντιος 100, 2. 2, 58, 3.
— ἀποβατήριος 95, 1.
— ἀπόμυιος 2, 262, 1.
— ἀποτρόπαιος 115.
— ἀργικέραυνος 94, 2.
— ἄρειος 111.
— ἀρίσταρχος 122, 2.
— Ἀσκληπιός 428.
— ἀστέριος 107. 2, 117. 123.
— ἀστεροπητής 94, 2.
— Ἀταβύριος 108, 1. 2, 128.
— ἀφέσιος 100, 2.
— βασιλεύς 118.
— βιδάτας 103, 1.
— Βοττιαῖος 97. 119.
— βουλαῖος 120. 180.
— βροντῶν 112. 533, 3.
— γαμήλιος 117.
— Γελέων 2, 48, 1.
— Γελχανός 107.
— γενέθλιος 117.
— γεωργός 103, 1.
— δικαιόσυνος 120, 2.
— Δικταῖος 105, 1.
— Δωδωναῖος 97. 119.
— Ἐκάλειος 2, 293.
— ἐλευθέριος 121. 316, 4.

Zeus Ἑλλάνιος 118. 126, 4. 2, 394.
— ἐνάλιος 123, 5.
— ἔνδενδρος 103, 1.
— ἐξακεστήριος 115, 2.
— ἐπάκριος 93, 3.
— ἐπιδώτης 121, 2.
— ἐπικάρπιος 103, 1.
— ἐπικλόπιος 328.
— ἐπιρρύτιος 103, 1.
— ἐπόψιος, ἐπόπτης 94, 1.
— ἐργαῖος 103, 1.
— ἐρίγδουπος πόσις Ἥρης 136.
— ἐριθήμιος 103, 1.
— ἑρκεῖος 117. 2, 390.
— ἑστιοῖχος 117.
— ἑταιρεῖος 118.
— εὐάνεμος 94.
— εὐβουλεύς 659, 3.
— εὔφημος, εὐφάμιος 113, 2.
— ἐφέστιος 117. 120, 4.
— ζύγιος 117.
— θαλάσσιος 2, 116, 4.
— Ἰδαῖος 105. 108.
— Ἰθωμάτας 100. 111. 269.
— ἱκέσιος, ἱκταῖος etc. 116. 120.
— ἱκμαῖος 114. 374.
— καθάρσιος 87, 1. 114. 115.
— καππώτας 116.
— καραιός 93, 3.
— Κάριος 112, 2.
— καταιβάτης 123.
— κελαινεφής 94, 2.
— κεραύνιος 95.
— Κρηταγενής 104, 3. 541, 4.
— Κρηταῖος 2, 130, 3.
— κτήσιος 117.
— Λαβρανδεύς 112.
— Λακεδαίμων 119.
— λαπέρσιος 2. 101, 2.
— Λαρίσιος, Λαρισαῖος 97.
— Λαφύστιος 2, 310. 312.
— Λύκαιος 100—102. 116, 1.
— μαιμάκτης 103. 115. 2, 313, 1.
— μειλίχιος 103. 115. 116. 2, 313, 1.
— μελισσαῖος 105, 6.
— μεσίρκιος 117, 1.
— μηλώσιος 103, 1.
— μήστωρ ὕπατος 153.
— Μοιραγέτης 436.
— μόριος 103, 1. 169.
— μυλεύς 499, 4.
— ναῖος 98.
— νεφεληγερέτης 94.
— ξένιος 120.
— ξύναιμος 117, 1.
— ὄλβιος 117, 4.

Zeus Ὀλύμπιος 26. 91. 96. 103. 111. 124.
— Ὁμαγύριος 118.
— Ὁμάριος 495, 5.
— ὄμβριος 94.
— ὁμόγνιος 117, 1.
— Ὁμολώιος 118.
— ὁράτριος 118, 1.
— ὅριος 120.
— ὅρκιος 120.
— Ὀσογώς 475, 1.
— οὐράνιος 119.
— οὔριος 95. 126. 518, 2, 332, 1.
— παγκρατής 121.
— παιάν 115, 2.
— παλαμναῖος 115.
— πανελλήνιος 118. 2, 391.
— πανομφαῖος 113.
— πανόπτης 94, 1.
— Παπαῖος 536.
— πατρῷος 117, 2, 282. 380, 4.
— Πελασγικός 97, 4.
— Πελινναῖος 371, 5.
— πέλωρος 97.
— τίσιος 120.
— πλούσιος 117.
— τελειός 103. 120.
— προμανθεύς 72, 1.
— προστρόπαιος 115, 2.
— Σαβάζιος 577.
— σθένιος 111.
— Σολυμεύς 2, 85, 2.
— στήσιος 111.
— στρατηγός 112, 2.
— στράτιος 112.
— σωτήρ 121. 444, 2, 191.
— Ταλλαῖος 107.
— τέλειος 117. 121.
— τεράστιος 329, 1.
— τερπικέραυνος 94, 2.
— τιμωρός 120, 2.
— Τμάριος 98, 1.
— τροπαῖος 111.
— Τροφώνιος 2, 499.
— ὕτιος 94. 95, 2.
— Ὑνναρεύς 104, 4.
— ὕπατος 85, 3. 93, 3. 103, 2, 137.
— ὑπερδέξιος 180, 3.
— ὕψιστος 93, 3. 127, 3.

Zeus φαλακρός 107, 1.
— φίλιος 118.
— φύξιος 116, 1. 2, 311.
— φράτριος 117.
— Φρύγιος 533, 3.
— χάρμων 118.
— χθόνιος, καταχθόνιος 123, 5. 127, 3. 622. 655.
— χρυσάωρ 112.
Zeus als Haupt der olympischen Götterversammlung 86. 91. 94.
— — Kind und Knabe 105. 126.
Zeus, Athena, Apoll 86.
Zeus das Haupt der Welt und der Götter 26. 38. 50. 84—86.
— der Allerhöchste und Letzte 121.
— der Gigantensieger 61. 62. [122.
— — Titanensieger 49. 111. 126.
— des Phidias 51. 124.
— ὁ θεός schlechthin 86. 121. 122.
— ohne Ohren 124.
Zeus, Poseidon, Aidoneus 47. 50.
Zeus und Apoll 224.
— — Ares 91. 94.
— — Athena 127. 154. 155. 180.
— — Dione 91.
— — Dionysos 527. 549. 577.
— — Hera 128. 130. 132. 135, 2. 158.
— — Herakles 126, 2. 158.
— — Hermes 91. 94. 308.
— — Hestia 343.
— — Kronos 37. 44. 48. 106.
— — Leto 91. 109.
— — Nike 48. 62. 407.
— — Persephone 564. 581.
— — Themis 390. 391.
— — Thetis 79.
— — Typhon 55. 56.
— Vater der Götter und Menschen 86. 117.
Ziege 96. 136, 7. 426. 466. 512. 589.
Ζόννυσος, Ζόννυξος 92, 2. 588.
ζόφος 655. 668.
Zweizack 658.
Zwillinge, Sternbild, 2, 106.
Zwölf Götter 87, 2, 332.
— Kämpfe des Herakles 2, 186.
— Titanen 39.

www.ingramcontent.com/pod-product-compliance
Lightning Source LLC
Chambersburg PA
CBHW080352030426
42334CB00024B/2850